1984年9月20日，第六届全国人民代表大会常务委员会第七次会议通过《中华人民共和国森林法》

新华社供稿

毛泽东1958年在四川省郫县观看慈竹生长情况

林业部办公厅供稿

1959年 9 月　毛泽东在山东农业科学研究所观看该所培植的木棉树

中国图片社供稿

周恩来1964年3月在云南省昆明市海口林场栽植油橄榄树

谢源孝供稿

周恩来1960年在全国群英会上接见林业劳动模范马永顺等

林业部办公厅供稿

刘少奇1961年7月视察黑龙江省丰林林业局的森林更新情况

中国图片社供稿

朱德1956年
在北京琴园
参观菊展

中国图片社供稿

邓小平1986年 4 月参加全民义务植树劳动

杨振军摄

李先念1986年参加全民义务植树劳动

新华社供稿

李鹏1986年4月在北京展览馆参观林业科技成果展览

1986年10月27日国家副主席乌兰夫参观在京举办的首次全国林产品展销会。

徐有芳供稿

田纪云1986年9月视察黑龙江省伊春林区

徐有芳供稿

杨钟1985年7月视察
桃山林业局人参园

崔纯摄

1986年12月，林业部科学技术委员会第三届委员会议在武汉召开

杨丹摄

1986年10月，中国芬兰林业交流议定书在北京签字

丁克仁摄

茫茫林海——丰林自然保护区
原始针阔混交林

崔纯摄

林网纵横——赤峰市郊区
太平乡农田防护林

宝音朝克图摄

# 三北防护林

基本上控制了水土流失的山西省吉县水土保持林一角

新华社供稿

宁夏泾源县封山育林后恢复的山林

新华社供稿

宁夏西吉县马建乡的万亩林场

新华社供稿

## ·期工程

陕西省靖边县的防护林

新华社供稿

甘肃省干旱造林研究中心的科技人员采用容器育苗新技术

新华社供稿

甘肃省民勤治沙综合试验站的沙障

新华社供稿

城市绿化——郑州市金水路俯瞰

丁克仁摄

林丰牧旺

杨丹摄

宣化驻军造林

范德元摄

飞播装种

王文生摄

河北省赛罕坝林场机械化育苗

范德元摄

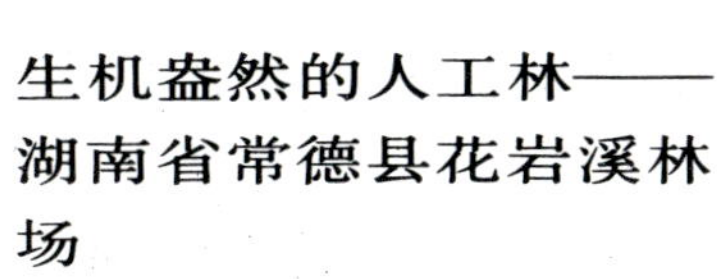

生机盎然的人工林——湖南省常德县花岩溪林场

湖南省林业厅供稿

森林警察在林区巡逻

新华社供稿

防治森林病虫害

范德元摄

奔赴火场——
大兴安岭加格
达奇护林航空
站防火机降队

徐政治摄

北京市儿童为抢救大熊猫义卖风筝

新华社供稿

把病饿大熊猫抬下山

蒲涛摄

飞瀑直下——九寨沟自然保护区

丁克仁摄

采伐作业

王树森摄

索道集材

丁克仁摄

临江刨花板厂

沈孝辉摄

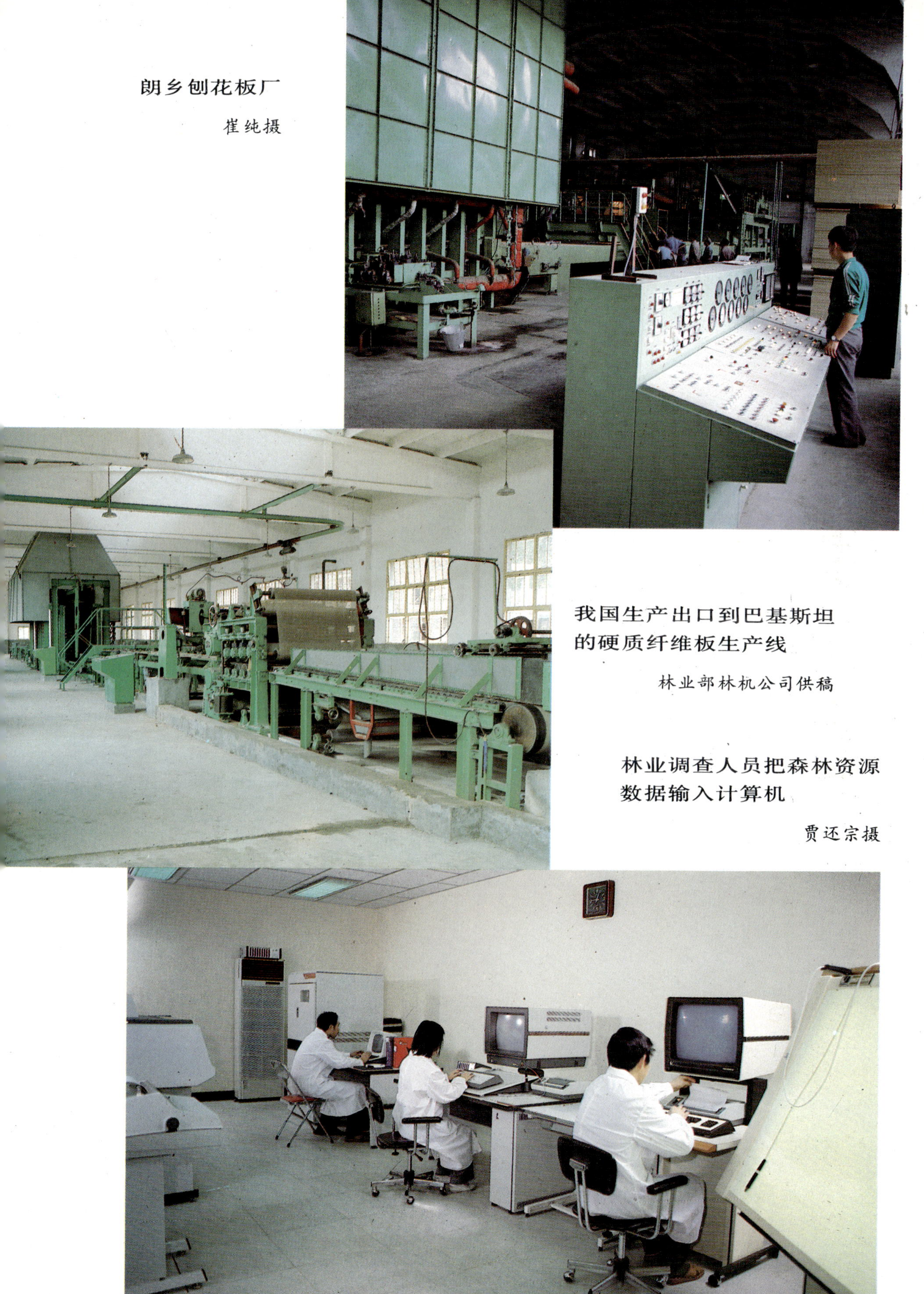

朗乡刨花板厂

崔纯摄

我国生产出口到巴基斯坦的硬质纤维板生产线

林业部林机公司供稿

林业调查人员把森林资源数据输入计算机

贾还宗摄

中外学术交流

赵宗源摄

北京林业大学学生在老师指导下实习

田海光摄

东北林业大学教学主楼

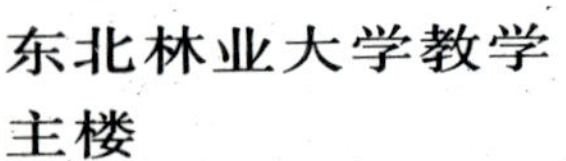

崔纯摄

1986年10月，第一届林副产品展销会在北京举行

林业部宣传司供稿

浙江省安吉县充分利用当地资源，发展编织业

王锦秋摄

吉林市松花湖林场发展多种经营，进行木耳栽培

张佩昌摄

1986年10月，全国林业中等专业学校第一届田径运动会在长沙市举行

中国林业体协供稿

绿色摇篮——黑龙江省伊春市林业文工团1986年到北京演出

丁卫国摄

镜泊湖林业疗养院

于德惠摄

## 中国林业年鉴编辑委员会



## 中国林业年鉴编辑部

# 特 约 编 辑

(按姓氏笔划为序)

# 发刊词

保护现有森林，积极营造新林，扩大森林资源，建立森林永续经营体系，最大限度地发挥森林生态效益、经济效益和社会效益，是现代化林业建设的基本要求。

森林是人类生存、生活的必要条件，与人类的关系十分密切。人类不仅是森林的开发利用者，而且也是森林的培育者。随着人类社会的发展，林业生产的发展大体上经历了手工业简单利用阶段、工业化大面积采伐阶段和现代化永续经营阶段。

中华民族在漫长的封建社会时期，以小农经营方式从事林业生产活动，曾在林业立法与林业经营管理、品种资源管理、林业科技、林产品加工以及永续利用和古森林生态学思想等方面，为人类做出了宝贵的贡献。

鸦片战争以后，中国沦为半殖民地、半封建社会。沙俄、日本等帝国主义列强大肆掠夺我国东北等地的森林资源。另一方面，西方近代林学理论逐渐引入中国；1914年，在革命先驱孙中山的倡导下，制定颁布了我国第一部《森林法》。

1949年中华人民共和国成立，我国林业从此进入了大规模有计划地建设社会主义林业的新的历史时期。党和政府对林业建设十分重视。建国37年来，在党中央、国务院和各级人民政府的领导下，林业建设取得了前所未有的成就：建立了林业行政、事业、科研、教育等机构；制定了一系列比较完整的林业方针、政策、法律、条例和各种规程；建立了完整的造林经营和森林工业企业生产体系；培养了一支林业科技、教育、管理和生产队伍；大面积地营造了防护林、用材林和各种经济林；保护了森林资源，提高了森林覆盖率。

特别是在党的十一届三中全会后，我国社会主义林业建设步入了以实现林业现代化为目标的振兴时期。党和国家领导人为我国林业建设做出了重大决策。我国林业在坚持四项基本原则和改革、开放、搞活的方针指导下，8年来，在恢复和健全林业组织机构，制定颁布《中华人民共和国森林法》，加强林业法制建设，开展全民义务植树，推行平原绿化，营造"三北"防护林，建设用材林基地，引进先进林业科学技术等方面都取得了显著的成就。

回顾历史，在前进的道路上，我国林业的发展虽然取得了很大成绩，但与整个国民经济发展的需要和广大人民群众的愿望，差距还很大。我们一定要认真总结经验，吸取教训，改进工作，并虚心学习世界先进科学技术和管理经验，用正确的科学的决策组织林业建设，探索出一条具有中国特色的社会主义林业建设道路。

1987年版《中国林业年鉴》是我国第一部林业年鉴，辑录了1949～1986年37年间中国林业建设各个方面的基本情况和基本资料，是研究中国林业的资料性工具书。该卷编纂从1986年11月开始到1987年7月结束，时间短促，讹误之处在所难免，请读者批评指正。

1987.7.3.

# 编辑说明

一、《中国林业年鉴》是一部综合反映我国社会主义林业建设重要活动、发展水平、基本成就与经验教训的大型资料性工具书。每年一卷，反映上年度情况。1987年版为第一卷，资料收录1949～1986年。

二、年鉴的基本任务是，为我国林业战线和有关部门的各级生产和管理人员、科技工作者、林业院校师生以及广大社会读者全面、系统地提供我国森林资源消长、森林培育、林政保护、森林工业、林业经济、科学技术、教育以及体制改革等方面的年度信息和有关资料。

三、编纂内容设24个栏目。除介绍国内情况外，还设有“国际林业信息”一栏，以供读者了解世界林业发展动态。为便于读者阅读理解，特设“林业专业名词解释”栏目。释文中所引用数字，以林业部计划司提供的“林业经济统计”和林业部资源司编发的《全国森林资源统计》为依据。除在“各省、自治区、直辖市林业”中专条介绍台湾省林业外，其他统计资料除说明外均不含台湾省数字。

四、年鉴编写实行条目化，条目标题力求简洁、规范。长条设黑体和楷体两种层次标题。全卷编排按内容分类；索引按汉语拼音字母顺序。附录设中外名称对照表。条头设【 】。按分类栏目设书眉。

五、年鉴撰稿及资料收集由林业部机关各司、局、厅，部直属各单位承担。“各省、自治区、直辖市林业”由各省（区、市）林业厅（局）承担。所提供的资料、数字较为准确、可靠。我国森林资源建国前数字，采用《当代中国的林业》中的数据。

六、释文中的计量单位执行1984年国务院《关于在我国统一实行法定计量单位的命令》和文化部出版局、国家计量局《贯彻〈中华人民共和国法定计量单位〉的联合通知》及国家计量局公布的《〈中华人民共和国法定计量单位使用方法〉的函》等规定。数字用法按国家语言文字工作委员会等七部门1986年底联合公布的《关于出版物上数字用法的试行规定》执行。

七、条目、文章一律署名，文责自负。

八、释文中凡提到“党的”字样均指中国共产党；“××年代”指20世纪××年代；“建国以来”系指中华人民共和国建立以来。

中国林业年鉴编辑部

# 栏　目（1949～1986）

# 目　　录

## 中国林业概述



## 森林资源与保护



## 森 林 培 育

## 义务植树与绿化基金



## 森 林 工 业

## 林业调查规划设计

## 林业教育



## 林业科学技术

## 林业宣传

## 林业经济统计（1949～1986）

## 林业基本建设与财务



## 人　物

## 机关团体



## 专　文



## 中国林业大事记



## 对外科技交流、经济合作与贸易

## 重要会议

## 国际林业信息

# 特 辑

## 国家领导人重要讲话、文章

### 毛泽东主席的复电*

东北森林工业管理局转

东北森林工业劳动模范大会全体代表同志们:

你们三月二十六日信收到了,我祝贺你们在森林工业生产中所获得的成就。

几年来,你们在恢复与发展东北的森林工业和供应国家与人民需要的木材工作中,起了巨大作用。希望你们继续保持不骄傲自满与虚心学习的精神,团结全体职工,创造和推广先进经验,发挥潜在力量,提高劳动生产率,降低成本,坚持合理采伐,做好木材运输与运输设备的建设工作,为完成和超额完成国家计划而努力。祝你们在今后工作中获得新的胜利!

毛泽东 一九五四年三月廿七日

* 选自《东北森林工业》1954 年第 8 期。

# 植树造林是百年大计*

（1966年2月23日）

周恩来

林业工作要面向全国，依靠全党全民，要两条腿走路。林业部过去只注意林区采伐，我看主要任务还是造林。工业犯了错误，一二年就可能转过来，林业和水利上犯了错误，多少年也翻不过身来。我最担心的，一个是治水治错了，一个是林子砍多了。治水治错了，树砍多了，下一代人也要说你。我国森林覆盖率只有百分之十多一点。十六年来，全国砍多于造，是亏了。二十世纪还剩下三十几年，再亏下去不得了。造林是百年大计，要好好搞。

造林也要两条腿走路，要依靠六亿农民。四旁植树也是个大工作。兵团要搞试点。用剃光头的办法采伐森林，采光了就走，修一条林区铁路废一条，这怎么得了！营林是建设社会主义，我们不能吃光了就算，当败家子。过去林业部长梁老经常讲这个问题。现在抓紧造林还不晚。

林业部要把主要力量放在南北方造林上。要调查公社的造林办法，总结推广经验。

国营与群众营林，重点放在群众；伐木与育林，重点放在育林；前方与后方，重点放在前方。重点放对了，才能用得少，造得多。总得在第三个五年计划时期摸出一套林业工作的经验来。

北方八省地区大，人口多，树林少，造林工作搞起来能很快发展。南方各省条件好，更要做好。南方本来有林，现在一些地方也有水土流失的现象。南方造林、护林、用林都很重要。

林业部到处提倡植树，可是在眼睛鼻子底下，就是到北京机场这一段路好，北京到天津的路上最难看了。十多年了，要你们在铁路两旁植树，就是不种，可难看了！有人讲公路上好一些，可是我从火车上看公路，也是一样。树本来是容易种的，与公社结合，委托给他们，分段负责，就能种好管好。

西北地区造林要集中在黄河泥沙主要来源地区，不要孤零零地分散搞。分散了，投资很大，功效很小，起不了多大作用。

西北黄土高原搞了多少年造林啦？劳大功小，要很好总结经验。陕北防沙林带有人烟，地下水浅，就可以造林。靖边、定边高原上水位低，不容易成林。要有选择、有阵地地前进。面对黄河流域二十八万平方公里水土流失区，只要有雄心壮志，有愚公移山的精神，就能战胜它。黄土

* 这是同出席全国林业工作会议的西北各省、自治区林业厅（局）长和西北林业建设兵团、林业部负责同志的谈话；选自《周恩来选集》下卷。

高原是我们祖宗的摇篮地，是民族文化的发源地，但是这个地方的森林被破坏了。我们不仅要恢复森林面貌，而且要发展得更好。

西北局要搞一个领导小组，管农垦、水土保持。农林互相支援有好处。植树造林是百年大计，总得坚持到二十一世纪。华北大有可为，西北更是大有可为。

# 在呼伦贝尔盟林业干部会上的讲话*

（1961年8月6日）

刘少奇

这次我到小兴安岭、张广才岭去看了一下，提了一些问题。到这里看了大兴安岭，今天也想提几个问题。对这里的情况，你们比我了解，你们是内行。我今天的讲话，只是提问题，提意见，供你们参考。

第一个问题：充分利用森林资源，尽可能地满足国家和人民群众多方面的需要。

这里特别提出，既要满足国家的需要，又要满足人民群众的需要，而且是多方面的需要，不是单方面的需要。在盖工厂、修铁路、开矿山等生产建设方面，需要大量的枕木、坑木、包装用材、建筑用材；在农村生产方面，需要大量的木材制造犁杖、车辆、锄柄、刀把等农具；在城乡人民生活方面，家家户户用的水桶、锅盖、擀面杖，床铺、桌、椅、板凳等家具，都需要木材；牧民支帐篷，渔民造船，也少不了木材。人一生下来，就需要个摇篮，人死了，按过去的习惯，还需要一口棺材。总之，从生到死，都离不开木材。这些多方面的需要，都应该安排。当然，现在还不能完全满足需要，所以提了个尽可能地满足。你们是否尽了可能？你们是尽了你们的能力，但还没有尽一切可能，如山上还有很多小规格木材没有拉下来。一方面山上有大量资源，另一方面全国人民又迫切需要，如何把山上的资源和人民的需要结合起来，充分利用森林资源，尽可能地满足国家和人民群众多方面的需要，这就是你们的工作。过去你们主要是搞大木头，只满足几种需要，如原木、坑木、枕木，而对人民群众复杂的需要注意不够。能不能既把大木头拿下来，也把小木头和枝丫拿下来，充分满足社会各方面的需要？这是一个问题，请你们研究。当然，要把小木头和枝丫都拿下来，有一系列的问题，麻烦得很，困难不少，但是，困难能不能克服呢？请你们考虑。

第二个问题：工资制度与木材价格。

---

* 选自《刘少奇选集》下卷。

这个问题与第一个问题有关。现在是既要搞大木头，又要拉小木头，但问题是，搞小木头收入低，搞大木头收入高，因为小木头价格低，大木头价格高。我想，在木材价格方面，可分两种：一种是收购价(出场价)，另一种是销售价。收购价应当是小木头贵(因为费工、成本高)，大木头便宜(因为省工、成本低)，可以把收购大木头的价钱降下来，小木头的价钱加上去。销售价则反过来，小木头便宜，大木头贵一些。这样势必使小木头不赚钱或者少赚钱，大木头多赚钱。大木头应当贵一些，因为几百年才收获一次。在工资方面，大小木头的采、集、运、装的工资应当分别计算，搞小木头的定额应低一些，搞大木头的定额应高一些，以刺激大家既愿意生产大木头，也愿意生产小木头。这样做有利于生产，符合按劳付酬的原则。现在山上小木头很多，就是不愿砍，即便是砍了的也不愿意拉下来，主要原因是工资制度和价格政策问题。因此是不是把工资和价格调整一下，使工人对小木头愿意采、愿意集、愿意装、愿意运，使工资和价格政策适合生产发展的需要。生产关系不适合，就妨碍生产力的发展，调整一下，使它适合了，就会促进生产力的发展，促进森林资源的充分利用，从而满足国家和人民群众各方面的需要。

你们的林区津贴，上山的和坐办公室的、冬季和夏季、晴天和雨天都没有区别，是否应该区别一下？林业局、林场所在地房子好、生活好，津贴应该低一点，到山上工作条件差，津贴应该高一点。这样，才可以鼓励人们到山上去，要不然都愿意坐办公室。林业部给的津贴，你们应当再细分一下，分配得合理，使在山里参加生产的人多得一些。工人中有这样的议论："出工不如不出工，多出工不如少出工。"我问他们什么道理，他们说，不出工发百分之七十的工资，而出工的也只能完成定额的百分之七十。所以，你们要研究一下，是他们没有努力，还是定额过高了？如果定额过高就应当修改。工人有病不出勤要有医生的证明，无故旷工不但不应当发工资，还应该受处分。国家规定是因待料停工才发给百分之七十的工资，不是发给无故旷工的人。劳动纪律要整顿一下，要鼓励人们出勤。

商业部门走后门，你们这里有没有？党委要抓一下这件事。有的地方上山的工人买不到雨衣胶鞋，而干部和干部的家属反而买到了。我提议，商店到多少货，要由上一级商业部门贴布告公布，由职工大会讨论如何合理分配。要体现按劳分配的原则，多劳多得。特别是现在东西缺乏的时候，多得的不要光是人民币，而且要多得实物。要体贴群众，群众才信服你们。

第三个问题：恢复合理的规章制度。

最近几年，林业上有些合理的规章制度被废除了，相反，有些不合理的规章制度却没有废除。"两参一改"是要改不合理的规章制度，而不是要改合理的规章制度。因此，合理的规章制度，过去被废除了的，要恢复。例如伐区工艺设计、伐区拨交与验收、检尺员由上级委派、检尺打号锤制度等，是不是恢复？我看要恢复。还有，过去森工局和营林局是分设的，以后合在一起了。如果现在没有人管营林，是否还要恢复？当然不一定设两个局，但是在林业局下面分设两个单位是需要的，一个管采伐，一个管营林。是现在这样好，还是恢复过去两个局好？请你们考虑。另外，也有的制度不合理反而没有废除，如根河林区的山上据说丢了不少牛马套子拉不动的大木材，若是截断了集材就要受罚，而丢在山上倒不受罚。我看截断了拉下来不但不应受罚，而且应当受奖。

现在每立方米木材收四至六元的育林费，这一大笔款，你们是怎么用的？应该专款专用，不能拿给林业局修礼堂、招待所。现在用不完的，应该积累起来作为基金，将来再用。育林费应由林业部、林业厅、林业管理局掌握起来，不能交给下边分散使用。

新的手工工具是有作用的，但不要机械化，只用人力，是不划算的。机械化水平一定要逐步提高。没有机械，用牛马也好，也可用冰雪滑道。机修力量一定要加强，林业局应当有大修设备，如现有的技术工人和设备不够，可以从大的机械厂抽调一些。

每个林业局都应当有机械工程师和林业工程师，要建立工程师负责制。林业局副局长中至少应当有一个是林业大学毕业生，林场应当有一个中等林业学校毕业生任副场长。工段很重要，实际权力操在工段长手里，因此，工段长也应当分批训练一下，使他们懂得林业技术。也可以调林业大学或中等林业学校毕业生做副段长，由他们负责技术工作，建立起技术责任制。

第四个问题：采伐与更新方式。

有人说择伐好，有人说皆伐好，到底哪样好？我看应该根据不同的条件因地制宜，有的可以采取皆伐，有的可以采取择伐，以有利于提供木材、有利于更新为目的。

更新是以天然更新为主，还是以人工更新为主？小兴安岭的红松，大树一砍，小树往往就死了。大兴安岭的落叶松，天然更新的幼树长得很好，可见这里天然更新是可能的。而且这样大的面积，人工更新也没有那么多劳力和投资。那末，是提以天然更新为主呢，还是提以人工更新为主呢？恐怕还是提以人工更新为主，不然都不搞人工更新了。人工更新长得快，产量高，采伐方便。天然更新的每公顷一般出材几十立方米至一百立方米，而人工更新的每公顷一般可产三百立方米，搞得好可产四百至五百立方米。在带岭，林业局的同志讲每公顷可产七百立方米。他们是算了帐的，我看了，的确长得不坏。这样，人工更新一公顷的产量可等于天然更新五公顷的产量，而且将来的成本也是最便宜的。可能到我们下一代，采伐主要是采人工更新的林子，而不是天然更新的林子。我们不否定天然更新和人工促进更新的说法，但是人往往走容易走的路，所以仍要提以人工更新为主，实行两条腿走路。

你们应当总结一下人工更新的经验。看来小兴安岭人工更新比你们好，经验比较多，他们那里有成片长起来的林子，你们这里就很少，栽活的不多。你们要总结栽树经验，要想办法栽活。要有专业队伍，采取包栽、包活、包成林的办法，工资也可按栽活多少来计算，如栽活一百棵树，当年给一部分工资，第二年检查再按活多少给一部分，第三年检查后付清工资。现在是没有专人负责，林场、工段、小组、个人都应当有责任制。

第五个问题：林业局的体制。

现在是以林业局为基本核算单位，一个局管几十个单位、几万人口，将来还要增加。一个林业局把人民公社、政府、企业都合在一起，管采伐又管更新，管生活又管政法、商业、学校，管得了吗？是否可以这样：以林场为基本核算单位，森林铁路管理处、贮木场、制材场也分别是一个核算单位，林业局作为一个总公司或公司，进行综合核算，对林场实行几包几固定。这是一个意见，是否可行？当然不能一下子就变，可先做个别典型试验。

政府和公社是否分出去？政府的事由政府来管，林业局光管采伐、更新和木材加工方面的事。人民公社还是搞集体所有制，不一定搞全民所有制了，没有高度机械化，搞全民所有制有困难。企业用月工资七十元的工人去搞农业怎么能行？成本太高，划不来。人民公社、政府和企业分开，核算单位下放，事情就好办了。你们研究一下。

根河林业局有一个工人提议，划一块三千公顷左右的林地，安置十到十二户人家，国家给他们盖房子，给每人开二亩地(其中五分作自留地)，给一些小农具、牲口，组成一个小合作社。他们的主要任务是搞林业，不是搞商品粮。十几户人家有十几个全劳动力，每个劳动力负责约三百公顷林地的造林、育林和森林保护，每月发给少量工资。他们还可以再开一亩自留地并经营林副业生产，冬天可以帮助林场集材，其所得产品除征税统购的以外，由自己处理。这个办法是否可以试一下，但是要给他们规定几条责任。

对林区的农民，是否也可以采取这个办法？国家让他们开点地，贷给他们小农具和耕畜，房屋也可以贷款建，或者他们自己建。安置一部分农民进林区组成合作社，主要是搞农业，生产商品粮、商品菜，逐步解决林区职工粮食、副食品的需要。几年后贷款还清，耕畜农具等生产资料即归合作社所有。在安置农民的地方，也可以考虑安置一些牧民，还可以采取同样办法安置一些手工业者进林区。

这样算一下帐，可能需要一笔不小的投资，但也不会太多，至少比林业局用月工资七八十元的林业工人去造林育林和办农牧场便宜得多。群众愿意，国家也有利。

今天就提这些意见，请你们考虑研究，怎么办由你们决定，总之希望把事情办好。

# 依靠党依靠群众完成林业方面的巨大任务*

## 朱德副主席在全国林业厅局长会议上的讲话记要

(1958年11月10日)

同志们：你们这次会议开得很好，交流了工作经验，研究了克服林业方面的困难的办法。虽然在今后的大跃进中会遇到一些问题，但只要依靠党和依靠群众，这些问题是容易解决的。

1958年我国人民在党的总路线的光辉照耀下，以冲天的干劲进行社会主义建设，预计在1959年我国的建设规模和速度，将会更大更快。为了适应这样的建设规模和速度，木材的生产必须紧紧地跟上来。

---

* 选自《中国林业》1958年第15期。

在木材的生产上，首先要注意原木的生产。明年全国木材的需要量约6000万至7000万立方公尺，可是国家初步计划只能生产5500万立方公尺，其余部分要采取综合利用木材的办法来解决。因此，各省必须保证完成生产5500万立方公尺木材的任务，如有可能的话，还应该尽量争取超过。在采伐中所需要的人力、机械、器材、运输工具等，应及早准备，并纳入各省明年的计划中去。在采伐运输方面，要大力开展群众性的技术革命运动，这主要是依靠群众的力量和群众的智慧，把水运、雪运、架空索道以及人力畜力等，都要利用起来。

在木材的分配上，要实行严格的管理，除列入国家计划的以外，地方上额外需要的木材，由地方上自己解决。特别是木材比较多的地方，还应该依靠公社的力量，更多地采伐和调运出一部分来，以支援全国的建设事业。

要强调木材的综合利用。据国家统计局的材料，现在木材的浪费现象相当严重，全国采伐的木材仅利用了30%左右，废掉的就有70%。大致情况是：采伐时约有30%的梢头、枝丫等丢在林区；原木成为锯材时，又有30%的锯屑和板皮没有利用；锯材制成门窗家具时，还有40%的锯屑和刨花等丢掉。因此，必须积极推广木材的综合利用，大量地利用废料来制造纤维板、刨花板等人造板。北京的木材厂这样综合利用以后，由原来木材利用率的45%，提高到95%。如果全国都能这样，节约木材的数字，将是十分巨大的。木材综合利用的关键，首先是要有综合利用的机器，如压板机等。今后每个专区应该做到有一个木材综合利用厂，然后再逐步做到每县有这样一个厂。

要注意推广代用品，大量节约木材。不仅是在甘肃、新疆等缺木材的地区要推广代用品，就是在东北和南方各省木材多的地区，也要推广代用品。现在洋灰做的轨枕、洋灰和陶瓷做的矿柱、“四不要”的楼房等已经试验成功，应该把这种成功的经验迅速普及到全国各地去。另外，全国以木材作燃料的地方很多，据国家计委估算，全国每年燃烧掉的木材将近4000万立方公尺，特别是最近炼钢炼铁中，烧掉的木材也不少。今后应该大力提倡以煤炭来代替木材燃料，并逐渐做到由不用木材做燃料，进而做到不用高粱杆、玉米杆、棉杆以及灌木林等作燃料，使这些东西，全部用于人造纤维和人造板。这是件十分有利的事情，各地要大力提倡。

继续贯彻造林绿化运动，凡荒地、荒山及“四旁”尚未造林的地方，今后应该普遍造林。林业部提出明年造林4～5亿亩的计划，这是可以做到的。造林要首先强调成活率，其次要使长期林、短期林、经济林相互结合，即多年成材的树和短期能够收益的树以及经济林木等相互结合起来。各地的气候和地理条件不同，造林的树种也有不同，既要种松杉，也要种杨柳，同时还要种桃、李、桑、茶等，这种长短结合，用材林和经济林结合，群众是十分欢迎的。我国各地正在大搞水利建设，要结合水利建设把造林运动带动起来。如河道两岸，水渠两侧，水库周围，都应该随着水利的兴修，马上把树种起来。目前各人民公社正在规划布置和建设居民点，在规划中要尽量做到园林化，使我国真正成为一个木材用不完、瓜果吃不完、桑茶采不完的环境优美的共产主义的大花园。这个光荣任务，必须由每个人民公社担负起来。

关于改造沙漠和戈壁问题，你们已经做了规划，希望你们努力完成这个规划。如果全国16亿亩沙漠和戈壁能够普遍绿化的话，我国西北和内蒙等地区的气候，将会发生极大的变化，那时，这些地区将会变成真正的“塞外江南”。

同志们：上面所说的这些任务，是伟大的又是艰苦的，当然不会没有困难。但是只要同志们回去以后，依靠党的领导和群众力量，把木材的采伐、加工工作和造林绿化工作，同整个工业生产统一起来安排，上述各项任务定能胜利完成。希望同志们努力再努力，跃进再跃进。

# 大办林业，以适应国民经济建设的需要*

（1964年1月8日）

董必武

我看了林业部印发的一本内部参考文件，是全国林业会议的资料，这个文件很好，可以发到各县、各公社。关于林业问题，这上面都说到了，它讲了我国林业的现状，我们的基本需要，克服困难的办法。这些我都不讲了。

我在前不久召开的全国人民代表大会的湖北小组会上讲过发展林业的意见，在这里再强调一下。我们中国的林业要赶上象芬兰、瑞典这样的林业发达国家，搞成片成块的林子固然需要，象东北、西南大片国有林区，广东、广西、湖南也有成片的。但是如果光这样发展大片的国有林区，到底什么时候，才能克服我们的困难呢？现在我们每年需要上千万立方米的木材。按照一九六三年和一九六四年用量来算，每年要差几百万立方米。还不包括民用材。这就是说有很大缺口。这是根据现在的采伐量算的，如按正常采伐量来说，已经是不少了。今后需要的采伐量不会比现在少。枕木、坑木这两项用材量最大，基本建设也要用，农村建房修房还没有计算进去。估计这样下去，每年缺的这个数量，要在三十多年以后，在逐年增加造林面积的基础上，才有可能补得起来。每年缺这么多，运力不够也是原因，这是一个情况。再就是林区迹地更新的问题。这些年来，我们砍伐了多少？栽了多少？我们这方面做得差，更新的只有六成，更新为什么跟不上采伐呢？一是布置得迟了，二是砍伐不经济。有的地方蔸子留得高，我在麻城龟山看到的都是很高的蔸子。这是个很大浪费。上述情况表明，为了适应我国国民经济建设的需要，林业工作面临着十分艰巨的任务。

现在是否可以提大办林业的口号呢？我认为现在完全可以提出这个口号。大办不是说今天干一下算了，而是要一直贯彻下去。我们要急起直追，赶上去，实现林业的现代化，适应国民经济建设的需要。有没有可能花钱不多，花一点劳动力就办到这一点呢？我有四点建议：

* 这是董必武同志在湖北省召开的林业座谈会上的讲话；选自《董必武林业文选》。

一、铁路两旁植树。铁路两旁都有隙地，东北的铁路就占地很宽。那里有的植了树，有的树植了如何管理就没有考虑。至于新修的铁路，差不多没有搞。铁路两边都留了十五米宽，植一行树，一公里可栽二百五十棵，栽两行就是五百棵，错开还可以栽三行。全国铁路约有几万公里，一公里打栽五百棵树，那有多少！十五年到二十年后，铁路上的枕木就可以部分自给了。不适合做枕木的就统一调剂嘛！有了树就好办了。铁路两旁植树，这不需要增加好多钱，钱增加不多，劳动力也可以不增加，铁路上有道班，一个道班只管十来公里，把这个事情交给道班是可以的。不够还可请点临时工，有了这个任务，就给他们增加一点工资，因为他们增加了一点劳动量。树大了每年都有收益，就可以给他们一点奖励。如果说，我们在搞社会主义，还讲这干什么！这就不对了，按劳付酬嘛！铁路上要自己搞点苗圃，自己培育树苗，并且都要注意当地的气候条件。一般应搞速生易生树苗。要经过调查研究，事先做好准备。要把它当一件事来做。铁路修好了，验收的时候，要看栽了树没有，栽了树就算完成了，没有栽就补栽。视察也把这当个内容。一年搞若干公里，二十多年以后铁路上要用的木料就可以自给相当部分了。

二、公路两旁植树。公路植树比铁路更差些，全国修了几十万公里公路，如一半种上树，那就很可观了。湖北境内管辖的国道、省道、县道要造林。林业是经济工作，经济工作是要算帐的。公路也应栽速生树、易生树，如南方的桉树、北方的白杨。公路两边栽树都可能要加点钱。动员群众的力量，也要给点钱，公路上的道班也可以栽树，公路道班的工作并不很紧，雨季的事情可能多一些。验收公路，也要包括植树。铁路、公路这两方面造林，管理上花的劳动力不多，只要按季节浇点水，象湖北这样的气候，雨水多不浇水也可以。

三、水利干渠也可以绿化。绿化的观点要贯彻到生产队，哪些地方栽树，栽什么树，由大家商量决定，干渠不是处处都能栽树的，栽树只有公家得益，群众没有好处也是不行的。

四、湖北的村子周围造林是大有可为的。我提一个傻想法，你们和县、公社商量一下，每个农户一年植十棵树，湖北有六百八十万户，如以四百万户计算，就有四千万棵。十年就是四亿棵，三十年就是十二亿棵，就是花点钱，弄点苗子，县里先办些点试一试。农户植树，订个三十年的计划，公社供给他们的树苗，还可以收点费。这种投资只要连续十年就可以。种这些树用的土地不多，这是见缝插针来植树，你栽上一棵树就归你所有，四旁都可以植树，公社可以讨论，精神是做到没有旷土。树木的管理不仅要有管理的办法，还要有奖励，有处罚。还要造成社会风气，动员全体人民爱林护林，把损坏树木当作不道德的事情。

我说的是搞散碎林，这样造林不仅国家花钱不多，花劳动力很少，还有不怕火、不怕虫的好处。成片林有两怕：怕火，怕虫。还有个好处可以解决农村的烧柴问题，烧柴在湖北江汉平原地区是个大问题。大家看这是不是大办林业的好办法。当然，造大片林是要的，我说的这些办法是补充办法。

我们现在是木材太少了。木材可以造纸，木材少纸也少，造纸的纸浆还是可以出口的东西。化学纤维也少不了木材，胶合板都少不了木材，树木多了枯枝落叶还可当肥料。总之，希望你们奋斗数年，把这几项搞起来，使林业有个大发展，以适应国民经济建设的要求。

# 邓小平同志谈林业*

植树造林，绿化祖国，是建设社会主义、造福子孙后代的伟大事业，要坚持二十年，坚持一百年，坚持一千年，要一代一代永远干下去。

# 在中国绿化基金会理事会议上的讲话*

（1985 年 9 月 27 日）

乌 兰 夫

同志们：

中国绿化基金会今天召开全体理事会议，大家审议了基金会的章程、会徽和基金的管理使用办法，我都赞成。希望大家积极把这一工作做好。

中国绿化基金会是致力于绿化基金的筹集、使用，为扩大绿色植被，绿化国土，治理山河，建设良好的自然生态环境，造福人类而作出贡献的人民团体。

大力植树造林、种草种花，增加覆盖国土的绿色植被，不仅是一项经济建设，也是精神文明建设，更重要的是关系到人类生存的问题。在墨西哥结束不久的第九届世界林业大会发表的声明，呼吁各国采取行动，最大限度地保护世界上日益减少的森林。其原因就是由于森林的大量减少，直接影响到人类的生存和繁荣。世界森林的破坏和减少，许多地区生态系统遭到破坏，造成严重

---

* 选自《人民日报》1983 年 3 月 13 日第 1 版。

* 选自《中国林业》1985 年第 11 期。

的水土流失，连年洪水泛滥。本世纪八十年代，每年全世界有六百亿吨肥沃的表土被冲刷流入海洋，每年沙漠化面积以六百万公顷的数量扩大，目前地球上三分之一土地受到沙漠化的威胁，情况是非常严重的。就以我国来说，每年有二千万亩草原在沙化退化，有二百一十三个县的一亿亩农田受风沙的危害，还有一百多万平方公里水土流失面积没有得到治理。这种状况，给人类生产生活带来难以估量的损害。

解放以来，我们的党和国家对发展我国的国土绿化事业一直十分重视，毛主席早在五十年代就向全国人民发出"绿化祖国"，"实行大地园林化"的伟大号召；中央还做过若干规定。十一届三中全会以来，中央采取了有力决策，作出了一系列指示、决定，全国人大和国务院颁布了有关法律、法令。特别是第五届全国人民代表大会第四次会议通过了《关于开展全民义务植树运动的决议》，中共中央、国务院发出《关于深入扎实地开展绿化祖国运动的指示》以后，全国广大人民群众，对绿化祖国的认识有了进一步提高，积极行动起来，加快了绿化祖国的进程，取得了很大成绩。

但是，必须清醒地认识到，我们的国土绿化是很落后的，生态环境很不理想，与四个现代化建设和人民日益增长的物质和文化生活的需要极不相适应。我国的森林覆盖率仅有12%，还有大量的荒山、荒滩有待绿化；旧的森林采伐迹地需要更新；退耕下来的土地，需要很快种树种草；两亿亩沙化退化的草原需要恢复和建设；黄河、淮河、海河、辽河等流域的水土流失需要继续治理；受风沙危害的大片土地需要建设绿色屏障；公路、铁路、河流、水库、厂矿等应该绿化的地方尚未全部绿化；城市是人口最集中的地方，环境面貌也急待改善。这就是摆在全国人民面前的艰巨、长期而又紧迫的伟大任务。

我们要有改造自然的雄心壮志，也必须正视我们面临的困难。既要知难而进，又要扎扎实实，讲求实效。各级领导同志，都要积极响应中央的号召，把绿化祖国的责任担在自己肩上，身体力行，带领群众，年年植树造林，种草种花，坚持不懈，真正把绿化工作抓出成效来。全国各行各业、各族人民，都要积极行动起来，为绿化祖国出力。新闻、广播、电视、电影、文艺、出版等文化宣传部门，要加强关于绿化国土的宣传。宣传绿化对环境保护的重大意义，讲清楚改善环境同人类生活、生存的关系。要使人人积极投入绿化行列，人人都爱护绿化成果，在这方面养成良好的社会风尚。我国有九百六十万平方公里的土地，占世界陆地面积的6.4%，占亚洲面积的35%，如果把我们的国土绿化搞好了，不但造福于我国人民，对于改善世界生态环境，也是个积极贡献。

我国有充足的人力资源，广大人民群众又有改造自然面貌、绿化祖国的强烈愿望，这是加速绿化进程的有利条件。但是绿化是一项宏伟的建设工程，需要有大量资金，除了国家拿出一定投资外，还需要有社会各方面的关心和支持。在财力、物力、人力上，大家都来作贡献，祖国的绿化事业，就一定能够加快速度。我们也欢迎港澳同胞、海外侨胞和国际友人对我国的绿化事业给予支持。让我们发扬集腋成裘，众志成城的精神，为绿化家乡、绿化中华大地共同努力。

# 持续稳定地发展绿化祖国的伟大事业*

## ——在中央绿化委员会第五次全体会议上的讲话

（1986年2月27日）

万　里

同志们：

这次会议开得很好。去年绿化工作的进展情况、基本经验和今后安排，杨钟同志已经讲了。中央几个部门的同志也讲得很好。我完全同意。现在，我想和同志们商量一个问题，就是如何使绿化祖国的伟大事业持续稳定地发展下去。

去年在中央绿化委员会会议上，我曾经讲过，要把绿化祖国当作一个世世代代持续进行的大工程。不能图表面文章，要讲求实效；不能只讲种了多少棵，不讲活了多少棵。过去许多地方，每年统计绿化面积不少，但实际保存下来的并不多。从局部地区来看，绿化的成绩确实很大，但从九百六十万平方公里的整个国土来看，我国的生态环境还没有得到多大改善，有些地方建国后还遭到了破坏，至今没有完全恢复，甚至有的地方现在还在破坏。对这一点，我们的头脑要清醒。今年是“七五”计划的第一年，我认为有必要进一步讲清楚这个问题。过去的五年，也就是“六五”期间，中央对林业问题发了好几个重要文件，又颁布了《森林法》，《草原法》和《环境保护法》等法规，大的方针、政策、法令都定了，但没有严格地按法律办事，有些具体政策还很不落实，而且变动频繁，需要稳定，更需要进一步完善、配套，发挥政策、法律的整体效益。这几年绿化的步伐加快了，但同农业、牧业、渔业相比，林业仍然是国民经济中的一条短腿。这种状况对于我国的社会主义现代化建设，对于不断提高人民生活水平和环境质量，是一个重大的制约因素。林业的基本特点是生产周期长，见效慢，有些林子只具有社会效益，缺乏商品效益。因此，林业的发展需要国家统筹，各方密切配合，更需要长期坚持不懈的努力。希望大家针对这个特点，多出主意，多想办法，进一步发展当前已经出现的好势头，加快绿化的步伐，并且切实做到“栽一片活一片”，使全国绿化建设一年比一年好，一年比一年扎实。下面讲几点具体意见，供同志们讨论。

### （一）肯定成绩，克服缺点，再接再厉，继续前进

去年中央绿化委员会提出的各部门绿化分工负责的建议，得到了积极的响应。实践证明，这

* 选自《中国林业》1986年第3期。

是调动各方面积极性、加快绿化步伐的有效措施。几年来，解放军一直走在绿化运动的前列。共青团组织广大青少年发挥了绿化突击队的作用。冶金、煤炭、石油等部门，去年都确定了专人负责，制定了规划，开辟了资金来源，并以点带面，取得了成效。教育部门的校园绿化也有较大进展。但也有少数部门和单位，重视不够，动作迟缓。全国还有很多水源区、河堤、水库周围没有绿化起来，有关部门要认真抓这件事，迅速改变面貌。地方政府要为他们创造条件，给予支持和帮助。

北京、天津、南京、兰州、沈阳等大城市，福建三明、山西临汾、湖北沙市、黑龙江双鸭山等中小城市，绿化年年有新的进展和变化，他们种树、种草、种花相结合，形成多种绿化格局，向美化环境方面努力。农村绿化成绩也很突出，特别是过去林木稀少的豫东平原，三十个县的三千多万亩农田实行了林网化，植树四亿六千多万株，已构成我国面积最大的人工平原林区。但是，也有些城市，如安徽芜湖、吉林长春、云南昆明等，仍有随意侵占绿地、乱砍林木的现象。有些农村这个问题也很严重，四川省宝兴县擅自把大片国有林划为乡(镇)所有，导致大片森林被乱砍滥伐。对这些问题应依法办事，严肃处理，坚决纠正。

## (二)坚持国家、集体、个人一齐上的方针政策

有些边远荒山，群众不便造林，当地政府应负责营造，不能任其荒芜下去。现有的国有林区和国营林场，是我国用材林的重要基地，所有制不要改变。森林和别的不一样，要几十年、上百年才能长起来，要保持稳定经营，加速改革经济体制，调整产业结构，建立和完善各种形式的经济责任制，扩大经营自主权，增强自我改造、自我发展的能力，把国有林管好，把国营林场办好。

集体林区木材要坚持放开，不要退回去。要针对放开后出现的新情况，采取积极措施加以引导，使木材的生产和流通尽快步入正轨。在广大农村，当前主要问题是稳定和完善林业生产责任制。对大面积的集体林，可以由专业队、组承包经营；可以折股联营，办新的合作经济；也可以由家庭承包经营。只要有利于森林的保护和发展，具体经营形式可由群众自主选择。集体的荒山荒滩，要根据群众的意愿和经营能力，全部或部分地划给或承包给群众经营。现在，有些基层干部和农民仍然存在怕变心理，有的自留山、责任山变成了“自流山”，划了还是荒着。因此有必要重申既定的政策：谁造谁有，合造共有。自留山上所种林草归己，允许继承，允许转让。林木采伐依法，产品处理自主。承包的山林、草场，要严格按照合同办事，不得单方面改变，更不得随意撕毁。承包期可以三十年、五十年，承包权可以继承，可以转让。这些党和国家的基本政策及有关法规，应当经常地、反复地、不厌其烦地进行宣传，做到家喻户晓，真正得到落实。

## (三)充分发挥林草专业户、重点户、联合体的作用

我们早就讲过，专业户绝大多数是农民中善于把各种生产要素组合起来的最积极、最活跃的分子，是一批具有技艺和经营能力的发展生产力的带头人。林草专业户、重点户和联合体，大胆承包和开发荒山荒滩，见效慢，风险大，条件特别艰苦，理应受到加倍的爱护和更多的支持。目

前，有一部分专业户、联合体很不巩固，遇到种种困难，难以继续经营，有的地方甚至出现解体的情况，应当引起高度重视。各地及有关部门对他们的合理要求应给予切实有效的帮助，主要是帮助他们搞好规划，调整生产结构，提高经营效益，实行以短养长，以工补林、林牧结合，增强发展的能力。个别由于规模过大，经营困难的，应积极引导，把规模搞适当，使其得到完善和发展。

党和政府鼓励勤劳致富。坚持共同富裕目标和允许一部分人先富起来的政策，两者是一致的。不论在造林种草方面，还是在农业、工业、服务业、运输业等方面，均应切实尊重“两户一体”的经营自主权，让他们放开手脚，大胆创业，敢于致富。坚决保障他们的合法权益，严禁对他们进行敲诈勒索、侵占他们的劳动成果及其他侵犯行为。不论何人，有犯法行为，应依照法律程序处理，不得重复乱批乱斗乱抓乱封的错误做法。

## (四)抓好绿化重点工程和基地建设

近几年来，各地在发动群众“四旁”植树，绿化自留山、责任山的同时，都有计划地抓了一些绿化工程和基地建设，如“三北”防护林工程，太行山绿化工程，黄土高原水土保持工程，黄河防护林工程，海防林工程，江河和交通干道的绿化，城镇公园、环城林带和风景林的建设，速生丰产林、经济林及牧草基地等等。办好这些工程和基地，对于提高造林种草质量、改善区域性的生态环境，提供木材和其他林畜产品，都有重要作用。许多地方把这些建设和义务植树结合起来，做到了花钱少、办事多、效益高，这个经验值得推广。为了适应经济建设和社会发展的需要，各地和有关部门，要对绿化工程和基地建设作出长远规划和实施方案。凡是群众能够办的，就要放宽政策，充分依靠群众去办；对那些投资多群众无力办的重点工程和大型基地应由国家给予资助，或鼓励地方、部门同群众联办。一切工程和基地建设，必须搞好科学论证和规划设计。施工要进行承包，严格检查验收。国营单位的林草基地建设要发挥示范作用。各级政府要统一规划，责成各主管部门做好组织和服务工作。

## (五)依靠科学技术，提高绿化的质量和效益

高质量地发展绿化事业，必须依靠科学技术。过去许多地方造林种草成活率低，质量不高，效益不好，重要原因就是不讲科学技术，缺乏严格的科学管理，这是个历史教训。

绿化规划必须从实际出发。一个地方，适宜栽什么树、种什么草，就栽什么树、种什么草。要因地制宜，适地适树适草，乔、灌、草相结合。在干旱半干旱地区，应当草灌先行。

要下功夫抓好苗木的培育。种苗短缺、苗木质量不高，仍然是目前绿化工作的薄弱环节。一定要采取措施，改变这种状况。采集树种、草籽，要在有关部门的科学指导下进行。苗木培育要立足本地，大力发展乡土树种草种。要调动各方面力量搞好苗圃建设，保证绿化需要。

各地和有关部门要通过多种形式，普及科技知识，搞好技术服务。要加强林草的栽培、防火、抚育管理和防治病虫害以及林草综合利用的科学研究。对已有的科技成果，要大力推广运用。封

山育林育草和飞播造林种草等，投资少、见效快，有条件的地方要大力推广。退耕还林还草要从实际出发，按自然规律行事，有计划有步骤地进行，取得更好的效益。

全民义务植树运动要深入持久地开展下去。随着城乡经济体制改革的进行，全民义务植树面临着一些新情况和新问题。比如，农村土地承包到户后，有些地方缺乏义务植树的公共场地；有些城市也缺乏绿化场地和苗木；由于农村劳务报酬提高，动员义务植树困难等等，这些问题均应研究解决。希望各地认真总结经验，切实改进工作，从实际出发，采取灵活多样的形式，履行植树义务，使这个运动更富有活力和成效。

绿化祖国是关系经济振兴和社会发展的千秋大业，必须发扬“愚公”精神，坚持不懈地抓到底。中央一再指出，要把这个责任放在各级党委、政府和所有单位领导干部的肩上。各级党政军领导干部，都要带头植树种草，做好组织领导和督促检查工作。应当指出，市、县一级是个关键。市、县的领导要做到以下几条：一是对绿化祖国的重大意义有明确认识，把绿化工作摆上重要议事日程，有专人抓，有责任制；二是制订好绿化规划和实施方案，一任接一任地坚持执行下去；三是认真落实政策，调动广大群众绿化祖国的积极性；四是加强法制，保护好林草资源；五是抓好苗圃建设，要亲自搞一项绿化工程或一个山头的绿化。胡耀邦同志视察山西临汾时指出：“一任书记要绿化一座山头。”如果全国三百多个市的市委书记、市长，二千多个县的县委书记、县长都能这样做，党政军各部门、企事业单位负责人都能这样做，绿化祖国的伟大事业就一定大有希望。我们的广播、电视、报纸等所有新闻单位，都要经常不断地宣传绿化工作，及时表扬好的，批评差的，造成一个绿化美化人人有责的文明的社会风尚，绿化祖国的群众运动就一定能持续稳定地发展下去。

# 考察黑龙江、内蒙古林区时的讲话（摘要）*

（1986年9月12日）

田纪云

这次到黑龙江和内蒙古，主要是看看林区，作些调查研究。看了大小兴安岭林区后，又听了一些情况介绍，印象很深刻。大小兴安岭林区，虽然存在一些问题，主要是有的地方采育比例失调，有的地方过伐，甚至搞毁灭性的采伐；但总的讲，那里林业资源情况还是不错的，是全国最好的森林地带。许多林业局贯彻了采育结合的方针，既给国家建设提供了木材等资源，又保持了森林的茂盛不衰。建国以来，我国国有林区建立了131个林业局，形成了一支包括营林、木材采

* 选自《中国林业》1986年第11期。

运、加工等专业组成的100多万人的职工队伍，为保护生态环境、支援国家经济建设、繁荣山区经济作出了贡献。林业工作的成绩应该肯定。对林业的前途不要过于悲观。林业，有问题，也有希望。只要明确正确的指导思想，确定正确的战略布局，采取正确的方针和政策，林业振兴就大有希望。下面，我围绕振兴林业这个课题讲几点意见，供同志们研究时参考。

**一、要提高对林业的认识。**对造林育林、发展林业的重要意义并不是所有的人都认识了。从直观上看，大家都知道木材有很多用处，可以盖房子，可以造纸，可以做家具，等等；但对森林的社会作用、社会效益，对生态环境的影响，则不一定都很清楚。没有森林，就会大大影响水土保持，对农业、对牧业都会造成极大影响。不发展林业，不保护森林资源，气候、特别是小气候就会恶化，就可能出现西北高原那样的状况。从历史上看，西北黄土高原地区原先也是林木茂盛，并不是现在这个样子，否则怎么会有“丝绸之路”呢?! 它是历史上多种原因毁灭森林造成的恶果。现在造林搞得好的地方，小气候就在逐渐变好，农牧业也发展了，陕甘宁地区有的地方就明显地感受到这一点。森林与人类的生活关系很大。森林能够保护和改善人类赖以生存的生态环境，不断为人类提供发展经济和社会生活所不可缺少的木材、能源材料和各种林产品以及动物、植物性副产品。发达的林业，也是国家富足、民族繁荣、社会文明的标志之一。总之，保护和发展森林资源，是关系人类生存条件和环境的大问题，是关系子孙后代的大问题。保护和发展林业，首先就要认识林业，重视林业。发展林业，不仅仅是林业部门的事，而是全社会的事，全体人民的事。加强宣传教育，提高人们的认识，是解决林业问题的前提。在干部中要宣传，在群众中也要宣传。要围绕贯彻《森林法》，用各种群众喜闻乐见的形式，广泛宣传保护森林资源和发展林业的重要意义，提高搞好林业建设的自觉性。

**二、要确立正确的指导思想和经营方针。**我国森林面积小，资源比较缺乏，覆盖率低，同世界许多国家比较，可以说，我国目前还是一个贫林国。针对这种情况，我们林业的指导思想是什么，经营方针是什么，应当很好研究，尽快加以明确。林业目前问题不少，如森林覆盖率下降的问题，经营上的“单打一”、光吃树的问题，队伍臃肿问题，木材价格不合理问题，管理体制问题，经济政策方面的问题，等等。但是，首先要抓住主要矛盾，否则头疼医头，脚疼医脚，暂时可能好过一点，几年以后依然如故，不能从根本上解决问题。只有把问题看准，抓住主要矛盾加以解决，才有希望。至于哪些先解决，哪些后解决，可以研究。我看林业的主要弊端正如黑龙江省森工总局的同志所说的是“三个单一、一个大”。“三个单一”就是单一的计划经济，只讲供需关系，我要多少，你就砍多少；单一的木材生产，光是砍木头，卖木头；单一的所有制形式。“一个大”，就是企业吃国家的“大锅饭”，职工、家属吃企业的大锅饭。吃树的人象“滚雪球”一样，越滚越多。全国国有林区靠砍树吃饭的人有400万，东北林区近200万人。结果过伐严重，采育失调，森林覆盖率下降，林木蓄积量减少；企业包袱越背越重，经济发生危困。二者互相影响，互为因果，越砍越穷，越穷越砍，造成恶性循环。过去矛盾已经形成，今后不能再增加矛盾。在今后一个相当长的时期内，不应指望林业为国家直接提供多少利润，而应逐步增加投入，使之有活力，有生机，改变目前的状况。林业的根本出路在于大力造林、育林，增加森林资源，提高覆盖率，这应当是我们的奋斗目标。在经营方针上应当强调采育结合，以育为主；综合开发，多种经营；改善管理，提高效益。当然，有些过熟林不采伐不行，会自生自灭，这是资源的浪费。对中龄林实行有计划的间伐更新也是必要的。但决不可只采不育。有的林业局资源已经枯竭了，无以为生了，但还在那里砍，连“子孙后代”都砍光了。对这样的地方要迅速作出决断，另谋生路，不能再砍了。森林资源分布不均衡，这也是我国林业的一个突出特点。东北森林面积大、覆盖率高，而西北就不同了。不仅全国不平衡，一个省内大体也是如此。总之，如何大搞植树造林，如何实行有计划的采伐，如何逐步提高森林覆盖率、逐步增加我国林木蓄积量？要围绕这些根本性问题来考虑林业的指导思想、战略布局和经营方针。我们不能犯“吃祖宗饭，造子孙孽”的错误，应当按照周恩来同志生前的要求，做到“越采越多，越采越好，青山常在，永续利用”。林区，要以营林为基础，采育结合，综合开发，全面发展。以林为基础，或者叫“以林为主”，或者叫“以林为本”，叫什么可以研究，但都不能简单理解为以砍伐为主，绝不能这么干。林业的价值决不是仅仅在于砍伐上。综观大小兴安岭林区的情况，那里不仅林木资源丰富，而且动、植物资源也很丰富，地下资源品种多，储量大。林区，适宜林农牧渔综合经营、林工商并举。要广开财源，决不能“单打一”，单靠砍树吃饭，那是灾难性的做法。林区的综合开发条件十分优越，要充分认识这一点。今后林区实行综合开发经营，木材不一定是所有林业企业的主要收入，在这个问题上也要因地制宜。开矿，办企业，搞食品加工，发展第三产业，门路十分广阔，要进行立体开发，以工副业养林业。不树立这么个观念，提高森林覆盖率是不可能的，林业经济也不可能进入良性循环。

**三、认真研究管理体制问题**。现在的林业管理体制有许多不适应的地方。一是条块关系没有理顺；二是政企关系没有理顺；三是条条之间关系也没有理顺，各方面积极性受到限制，没有充分发挥出来。当然，管理体制是个十分复杂的问题，需要很好地调查研究，不是一下子能够彻底解决的。但目前在有利于调动各方面积极性的原则下，可采取一些改进措施。比如，林业局内部政企职责如何划分，如何减少非生产人员，如何提高工作效率，都是可以研究改进的。要下决心精简行政人员，充实生产和经营人员。有的地方都是林业职工，没有其他一般居民，不搞政企合一，而另设一套机构，恐怕就不一定合适。凡政企合一的林业局，其机构设置不要强调上下对口，有的一个部门可以对上头几个、十几个部门，人员要精干，办事效率要高。在经济上，要研究如何做到有利于加强企业经济核算。现在是“一锅煮”，企业负担越来越重，一些不该进成本的也进入成本了，没法正确核算企业成本，没法考核企业的优劣。一定要合理划分企业与行政的开支范围。

**四、要大力改善企业内部经营管理，提高经济效益**。当前，有这么几点可以考虑：一是根据森林资源情况，适当调整队伍。无林可伐的地方，要转到营林和多种经营上来，多余人员可适当调到资源丰富、急需开发的地方去。一开始，就实行采育结合，多种经营，不要“单打一”。要适当投资，为多种经营创造一些必要的条件。二是根据林业的特点和实际，研究改革劳动制度问题。吃“大锅饭”不是长久之计。从长远看，只有改革劳动制度，才有利于形成林业职工队伍的良性循环，有利于提高职工队伍素质。要有点战略眼光，要看得远一些。三是职工及家属子女要积极兴办多种经济形式的第三产业。提倡八仙过海、各显神通，广开生产和经营门路。这样，既可安排许多人就业，又能繁荣经济。

**五、认真研究一下林业经济政策。**关于一些经济政策问题，请国务院有关部门认真研究一个意见，报国务院批准后实行。总的原则是要给林业以积极扶持，增强其活力。

总之，现在林业存在的一些问题是一种综合症，因此必须实行综合治理。林业部门要认真总结经验，把工作做得更好。同时，要给林业以必要的外部条件。这样，振兴林业才有希望。

# 全国人民代表大会、国务院颁发的林业法律、决定等文献

## 中国土地法大纲(摘录)

(中国共产党全国土地会议 1947 年 9 月 13 日通过)

**第九条** 若干特殊的土地及财产之处理办法，规定如下：

(甲)山林、水利、芦苇地、果园、池塘、荒地及其他可分土地，按普通土地的标准分配之。

(乙)大森林、大水利工程、大矿山、大牧场、大荒地及湖沼等，归政府管理。

(丙)名胜古迹，应妥为保护。被接收的有历史价值或学术价值的特殊的图书、古物、美术品等，应开具清单，呈交各地高级政府处理。

(丁)军火武器及满足农民需要后余下的大宗货币、资财、粮食等物，应开具清单，呈交各地高级政府处理。

**第十四条** 在土地制度改革期间，为保持土地改革的秩序及保护人民的财富，应由乡村农民大会或其委员会指定人员，经过一定手续，采取必要措施，负责接收、登记、清理及保管一定转移的土地及财产，防止破坏、损失、浪费及舞弊。农会应禁止任何人为着妨碍公平分配之目的而任意宰杀牲畜，砍伐树木，破坏农具、水利、建筑物、农作物或其他物品，及进行偷窃、强占、私下赠送、隐瞒、埋藏、分散、贩卖这些物品的行为。违者应受人民法庭的审判及处分。

## 中华人民共和国土地改革法(摘录)

(中央人民政府 1950 年 6 月 30 日公布)

### 第一章 总 则

**第一条** 废除地主阶级封建剥削的土地所有制，实行农民的土地所有制，借以解放农村生产力，发展农业生产，为新中国的工业化开辟道路。

### 第四章 特殊土地问题的处理

**第十六条** 没收和征收的山林、鱼塘、茶山、桐山、桑田、竹林、果园、芦苇地、荒地及其他可分土地，应按适当比例，折合普通土地统一分配之。为利于生产，应尽先分给原来从事此项生产的农民。分得此项土地者，可少分或不分普通耕地。其分配不利于经营者，得由当地人民政府根据原有习惯，予以民主管理，并合理经营之。

**第十八条** 大森林、大水利工程、大荒地、大荒山、大盐田和矿山及湖、沼、河、港等，均归国家所有，由人民政府管理经营之。其原由私人投资经营者，仍由原经营者按照人民政府颁布之法令继续经营之。

**第十九条** 使用机器耕种或有其他进步设备的农田、苗圃、农事试验场及有技术性的大竹园、大果园、大茶山、大桐山、大桑田、大牧场等，由原经营者继续经营，不得分散。但土地所有权原属于地主者，经省以上人民政府批准，得收归国有。

**第二十条** 没收和征收土地时，坟墓及坟场上的树木，一律不动。

## 第五章 土地改革的执行机关和执行方法

**第三十条** 土地改革完成后，由人民政府发给土地所有证，并承认一切土地所有者自由经营、买卖及出租其土地的权利。土地制度改革以前的土地契约，一律作废。

**第三十三条** 在土地改革完成以前，为保证土地改革的秩序及保护人民的财富，严禁一切非法的宰杀耕畜、砍伐树木，并严禁荒废土地，破坏农具、水利、建筑物、农作物或其他物品，违者应受人民法庭的审判及处分。

# 中华人民共和国环境保护法(试行)

(一九七九年九月十三日第五届全国人民代表大会常务委员会第十一次会议原则通过)

## 第一章 总 则

**第一条** 根据中华人民共和国宪法第十一条关于“国家保护环境和自然资源，防治污染和其他公害”的规定，制定本法。

**第二条** 中华人民共和国环境保护法的任务，是保证在社会主义现代化建设中，合理地利用自然环境，防治环境污染和生态破坏，为人民造成清洁适宜的生活和劳动环境，保护人民健康，促进经济发展。

**第三条** 本法所称环境是指：大气、水、土地、矿藏、森林、草原、野生动物、野生植物、水生生物、名胜古迹、风景游览区、温泉、疗养区、自然保护区、生活居住区等。

**第四条** 环境保护工作的方针是：全面规划，合理布局，综合利用，化害为利，依靠群众，大家动手，保护环境，造福人民。

**第五条** 国务院和所属各部门、地方各级人民政府必须切实做好环境保护工作；在制定发展国民经济计划的时候，必须对环境的保护和改善统筹安排，并认真组织实施；对已经造成的环境污染和其他公害，必须作出规划，有计划有步骤地加以解决。

**第六条** 一切企业、事业单位的选址、设计、建设和生产，都必须充分注意防止对环境的污染和破坏。在进行新建、改建和扩建工程时，必须提出对环境影响的报告书，经环境保护部门和其他有关部门审查批准后才能进行设计；其中防止污染和其他公害的设施，必须与主体工程同时设计、同时施工、同时投产；各项有害物质的排放必须遵守国家规定的标准。

已经对环境造成污染和其他公害的单位，应当按照谁污染谁治理的原则，制定规划，积极治理，或者报请主管部门批准转产、搬迁。

**第七条** 在老城市改造和新城市建设中，应当根据气象、地理、水文、生态等条件，对工业区、居民区、公用设施、绿化地带等作出环境影响评价，全面规划，合理布局，防治污染和其他公害，有计划地建设成为现代化的清洁城市。

**第八条** 公民对污染和破坏环境的单位和个人，有权监督、检举和控告。被检举、控告的单位和个人不得打击报复。

**第九条** 凡进入或者经过中国领陆、领水、领空的外国人和外国的航空器、船舶、车辆、物资、生物等，必须遵守本法和其他有关环境保护的条例、规定。

## 第二章 保护自然环境

**第十条** 因地制宜地合理使用土地，改良土壤，增加植被，防止土壤侵蚀、板结、盐碱化、沙漠化和水土流失。

开垦荒地、围海围湖造地、新建大中型水利工程等，必须事先做好综合科学调查，切实采取保护和改善环境的措施，防止破坏生态系统。

**第十一条** 保护江、河、湖、海、水库等水域，维持水质良好状态。

保护、发展和合理利用水生生物，禁止灭绝性的捕捞和破坏。

严格管理和节约工业用水、农业用水和生活用水，合理开采地下水，防止水源枯竭和地面沉降。

**第十二条** 开发矿藏资源，必须实行综合勘探、综合评价、综合利用，严禁乱挖乱采，妥善处理尾矿矿渣，防止破坏资源和恶化自然环境。

**第十三条** 严格遵守国家森林法规，保护和发展森林资源，进行合理采伐，及时抚育更新，严禁毁林开荒、乱砍滥伐，防止森林火灾。

大力植树造林，绿化荒山荒地，绿化沙漠区和半沙漠区，绿化村庄、城镇和工矿区。要充分利用工厂、矿区、学校、机关内外和村旁、路旁、水旁、宅旁等一切零散空地，植树种草，实现大地园林化。

**第十四条** 保护和发展牧草资源。积极规划和进行草原建设，合理放牧，保持和改善草原的再生能力，防止草原退化，严禁滥垦草原，防止草原火灾。

**第十五条** 保护、发展和合理利用野生动物、野生植物资源。按照国家规定，对于珍贵和稀有的野生动物、野生植物，严禁捕猎、采伐。

## 第三章 防治污染和其他公害

**第十六条** 积极防治工矿企业的和城市生活的废气、废水、废渣、粉尘、垃圾、放射性物质等有害物质和噪声、震动、恶臭等对环境的污染和危害。

**第十七条** 在城镇生活居住区、水源保护区、名胜古迹、风景游览区、温泉、疗养区和自然保护区，不准建立污染环境的企业、事业单位。已建成的，要限期治理、调整或者搬迁。

**第十八条** 积极试验和采用无污染或少污染的新工艺、新技术、新产品。

加强企业管理，实行文明生产，对于污染环境的废气、废水、废渣，要实行综合利用、化害为利；需要排放的，必须遵守国家规定的标准；一时达不到国家标准的要限期治理；逾期达不到国家标准的，要限制企业的生产规模。

超过国家规定的标准排放污染物，要按照排放污染物的数量和浓度，根据规定收取排污费。

**第十九条** 一切排烟装置、工业窑炉、机动车辆、船舶等，都要采取有效的消烟除尘措施，有害气体的排放，必须符合国家规定的标准。

大力发展和利用煤气、液化石油气、天然气、沼气、太阳能、地热和其他无污染或者少污染的能源。在城市要积极推广区域供热。

**第二十条** 禁止向一切水域倾倒垃圾、废渣。排放污水必须符合国家规定的标准。

禁止船舶向国家规定保护的水域排放含油、含毒物质和其他有害废弃物。

严禁使用渗坑、裂隙、溶洞或稀释办法排放有毒有害废水，防止工业污水渗漏，确保地下水不受污染。

严格保护饮用水源，逐步完善城市排污管网和污水净化设施。

**第二十一条** 积极发展高效、低毒、低残留农药。推广综合防治和生物防治，合理利用污水灌溉，防止土壤和作物的污染。

**第二十二条** 加强对城市和工业噪声、震动的管理。各种噪声大、震动大的机械设备、机动车辆、航空器等，都应当装置消声、防震设施。

**第二十三条** 散发有害气体、粉尘的单位，要积极采用密闭的生产设备和生产工艺，并安装通风、吸尘和净化、回收设施。劳动环境的有害气体和粉尘含量，必须符合国家工业卫生标准的规定。

**第二十四条** 对有毒化学品必须严格登记和管理。对剧毒物品应当严加密封，防止在储存和运输过程中散漏。

对放射性物质、电磁波辐射等，必须按照国家有关规定，严加防护和管理。

**第二十五条** 严防食品在生产、加工、包装、运输、储存、销售过程中的污染。加强食品检验，不符合国家卫生标准的食品，严禁出售、出口和进口。

## 第四章 环境保护机构和职责

**第二十六条** 国务院设立环境保护机构，主要职责是：

(一)贯彻并监督执行国家关于保护环境的方针、政策和法律、法令；

(二)会同有关部门拟定环境保护的条例、规定、标准和经济技术政策；

(三)会同有关部门制定环境保护的长远规划和年度计划，并督促检查其执行；

(四)统一组织环境监测，调查和掌握全国环境状况和发展趋势，提出改善措施；

(五)会同有关部门组织协调环境科学研究和环境教育事业，积极推广国内外保护环境的先进经验和技术；

(六)指导国务院所属各部门和各省、自治区、直辖市的环境保护工作；

(七)组织和协调环境保护的国际合作和交流。

**第二十七条** 省、自治区、直辖市人民政府设立环境保护局。市、自治州、县、自治县人民政府根据需要设立环境保护机构。

地方各级环境保护机构的主要职责是：检查督促所辖地区内各部门、各单位执行国家保护环境的方针、政策和法律、法令；拟定地方的环境保护标准和规范；组织环境监测，掌握本地区环境状况和发展趋势；会同有关部门制定本地区环境保护长远规划和年度计划，并督促实施；会同有关部门组织本地区环境科学研究和环境教育；积极推广国内外保护环境的先进经验和技术。

**第二十八条** 国务院和地方各级人民政府的有关部门，大、中型企业和有关事业单位，根据需要设立环境保护机构，分别负责本系统、本部门、本单位的环境保护工作。

## 第五章 科学研究和宣传教育

**第二十九条** 中国环境科学研究院、有关的科学研究机构和大专院校应当大力开展环境科学基础理论、环境管理、环境经济、综合治理技术、环境质量评价、环境污染与人体健康、自然环境合理利用与保护等问题的研究。

**第三十条** 文化宣传部门要积极开展环境科学知识的宣传教育工作，提高广大人民群众对环境保护工作的认识和科学技术水平。

要有计划地培养环境保护的专门人才。教育部门要在大专院校有关科系设置环境保护必修课程或专业；在中小学课程中，要适当编写有关环境保护的内容。

## 第六章 奖励和惩罚

**第三十一条** 国家对保护环境有显著成绩和贡献的单位、个人，给予表扬和奖励。

国家对企业利用废气、废水、废渣作主要原料生产的产品，给予减税、免税和价格政策上的照顾，盈利所得不上交，由企业用于治理污染和改善环境。

**第三十二条** 对违反本法和其他环境保护的条例、规定，污染和破坏环境，危害人民健康的单位，各级环境保护机构要分别情况，报经同级人民政府批准，予以批评、警告、罚款，或者责令赔偿损失、停产治理。

对严重污染和破坏环境，引起人员伤亡或者造成农、林、牧、副、渔业重大损失的单位的领导人员、直接责任人员或者其他公民，要追究行政责任、经济责任，直至依法追究刑事责任。

## 第七章 附则

**第三十三条** 国务院根据本法，可以制定有关环境保护的条例、规定。

# 国务院批转交通部关于坚决制止乱砍滥伐公路两旁树木的报告

国发〔1979〕275号

各省、市、自治区革命委员会(人民政府)：

国务院同意交通部《关于坚决制止乱砍滥伐公路两旁树木的报告》，现转发给你们，请结合当地的实际情况，研究执行。

搞好公路的绿化，对于稳固路基，美化路容，调节气候，保护农田，加强战备和保障行车安全都有重要作用，也可为国家和集体增产木材，积累财富。各地区和有关部门，一定要加强领导，做好这一工作。认真贯彻落实国务院《关于保护森林制止乱砍滥伐的布告》和《森林法(试行)》，坚决制止乱砍滥伐公路两旁树木的现象。对于爱护树木有功者要给予表扬和奖励，对破坏树木者要依法惩处，以巩固和发展绿化公路的成果。

附：关于坚决制止乱砍滥伐公路两旁树木的报告

中华人民共和国国务院
一九七九年十一月二十三日

# 关于坚决制止乱砍滥伐公路两旁树木的报告

国务院：

为了解各地公路部门贯彻《森林法(试行)》的情况，总结先进单位的经验，今年五月，我部会同林业部组成调查组，分别对广东，湖北，安徽，河南，河北，山东等省的公路绿化情况进行了调查。总的看来，公路绿化成绩是显著的，各省都有一些先进单位。但也发生不少乱砍滥伐公路两旁树木的情况，有的相当严重。如全国绿化先进单位安徽省涡阳县，一九七一年以来路旁新栽植的树木，现已被砍一百五十九万株，占原栽总数的百分之五十九。山东省德州地区，去年冬季擅自决定砍伐一百多公里干线公路上的树木，省领导发现予以批评后，今年三月该区夏津县又砍伐三十余公里的公路树木。河南省虽已处理过一些破坏树木的问题，但今年仍有一些县、社发生乱砍公路两旁树木的事件，有的甚至殴打制止砍树的养路员，有的大队还把砍的树在市场上高价出售。由于乱砍滥伐，全国公路绿化里程大为减少，如广东省仅一九七七至一九七八年间，就减少八百九十七公里，湖北省一九七一年以来，减少一千多公里。公路两旁树木受到这样严重的破坏，除一部分是属个人盗伐外，多数是一些地、县、社、队的个别领导人，借口办工业，兴修水利需要资金材料等，无视国家的林业政策法令，肆意乱干造成的。为了坚决制止乱砍滥伐公路两旁树木的歪风，巩固公路绿化成果，我们建议：

一、各地要加强对公路绿化工作的领导。迅速采取有力措施，认真贯彻落实国务院《关于保护森林制止乱砍滥伐的布告》和《森林法(试行)》。广泛宣传公路绿化的重要性，教育干部、群众自觉爱护公路两旁树木。各级交通部门都要把公路绿化工作摆在重要议事日程上，配备专人负责管理。

二、公路绿化要在公路主管部门组织下，认真贯彻国造国有，队造队有，合作造管的收益按比例分成的林业政策，以调动广大养路职工和沿线社队绿化公路的积极性。过去合作造管的公路两旁树木，其收益分配的按原规定执行，权属和收益不明确的应抓紧解决，并立档备查，防止发生纠纷。

三、要严格履行公路两旁树木采伐更新批准手续。干线公路由省、市、自治区公路主管部门批准，县社公路由地区公路主管部门批准。凡未按批准权限乱砍滥伐的，必须承担法律责任，赔偿经济损失。

四、严格实行护路有功者奖，破坏者罚的政策。对乱砍滥伐公路两旁树木的事件，建议当地公安、政法和林业部门配合公路交通部门，认真调查处理，情节严重的，应依法惩办。

以上报告如无不妥，请批转各省、市、自治区参照执行。

交通部

一九七九年十月二十三日

## 中共中央　国务院

# 关于大力开展植树造林的指示

(一九八〇年三月五日)

## 一

在实现四个现代化的历史进程中，大规模地开展植树造林，加速绿化祖国，是摆在我们面前的一项重大战略任务。当前，林业是国民经济中一个极为薄弱的环节。我国的森林覆盖率只有百分之十二点七，在全世界一百六十多个国家和地区中占第一百二十位。由于森林少，而且不断遭到破坏，使自然生态失掉平衡，不能有效地减免水旱风沙等自然灾害，保障农业高产稳产，木材和林副产品也十分短缺。但是，对于这种严重的情况，我们的许多同志却往往认识不足。应当指出，农林牧互相依赖，缺一不可，居于同等重要的地位。水利是农业的命脉，森林能够涵养水源。植树造林是一项根本的农业基本建设，林业没有一个大的发展，我国农业是过不了关的。搞好绿化，对于防治空气污染，保护和美化环境，增强人民身心健康也有着重大意义。因此，必须动员全党、全军和全国各族人民，发扬愚公移山、艰苦创业的精神，大搞植树造林运动，持久地坚持下去，扎扎实实地奋斗几十年，从根本上改变我国的自然面貌和经济面貌。

## 二

实行大地园林化，把森林覆盖率提高到百分之三十，是全国人民一项建设社会主义、造福子孙后代的长期奋斗目标。第一步，到本世纪末，要力争使全国森林覆盖率达到百分之二十。要坚韧不拔地抓好西北、华北北部和东北西部防护林体系，华北、中原、东北等地的农田林网化和“四旁”绿化，南方、北方的速生用材林基地和以木本油料为主的经济林基地，东北等林区的迹地更新等重点建设。

各地要结合农业区划，根据《森林法(试行)》对不同地区森林覆盖率的要求，尽快作出本省、本地区、本县的植树造林和森林覆盖率的规划，提出五年、十年和本世纪末分别达到的目标。五年规划，要作得扎实具体，并且层层落实。到一九八五年，要基本实现平原地区的农田林网化和“四旁”绿化；林区的迹地更新要跟上采伐，并还清旧帐；主要经济林产品要达到或者超过历史最高水平；绿化居民点及其附近的宜林荒山荒地。

为了加速我国林业建设，尽快解决木材和经济林产品供应不足问题，各地应选择条件较好的地方和适宜的树种，大力营造速生丰产林，在资金和物资上给予重点保证，进行集约经营。少林缺材的省(区)，更要力争早日实现木材自给或半自给。在烧柴困难的地方，还应大办沼气和积极发展薪炭林。城乡各个单位和家家户户，有条件的都要种植干、鲜果树。

## 三

要坚持贯彻依靠社队集体造林为主，积极发展国营造林，并鼓励社员个人植树的方针，国家、集体、个人都来兴办林业。

集体的荒山荒地，要在统一规划下，实行社造社有，队造队有，合造共有的政策。所有集体造林，都要认真建立包栽、包活、包成林的责任制度，完成任务好的要进行奖励。对于零星分散的荒山荒地，可以由生产队向社员提供种苗，评记工分，在生产队指定的地方造林，林木归队，间作收入归户；也可以户造户管，林木收益比例分成。社队造林主要依靠自力更生、劳动积累。对营林任务大和贡献木材、林产品多的社队，国家要重点扶持，在粮食销购上也应尽可能给予照顾。

鼓励社员在房前屋后和生产队指定的地方植树造林。在社队荒山荒地多、群众缺柴的地方，还可以由省、市、自治区作出规定，在不影响集体林业发展的前提下，划给社员一定数量的自留山或荒沙荒滩，植树种草。这些树木和林产品，永远归社员个人所有，并可在集市上出售。

不论公社、大队、生产队所有的，还是社员个人的林木，都应明确林权，长期稳定不变。对于林权纠纷，各地党委和政府应组织专门力量，按照有利生产、有利团结的原则，及时抓紧解决。

尊重社队经营林业的自主权。国家的木材收购计划，要同社队协商，统一安排，适当留有余地。少林地区，社队自己的林木，可以自采自用或议价出售。集体林区，在合理经营利用森林资源的前提下，社队完成国家收购任务后，余下的木、竹及其制品，可以议价出售。林木采伐要经过审批。议价出售的木、竹，都应照章纳税。

国有林区范围内的社队和群众，都应积极参加护林防火，保护和发展国有林。国营林业企业应该组织他们参加各项林业生产活动，付给合理报酬，使林区社队和群众得到经济利益。

社队附近的国有荒山荒地，国家近期无力造林的，可由社队造林，地权不变，林木归社队所有，但不准开荒种粮或改作他用，以避免水土流失，也可以实行国社合作造林，比例分成。

各行各业都要积极造林。工厂、矿山、机关、学校等单位住地和部队营区，以及农场、牧场经营的地区，由各主管单位植树种草，自造自有。铁路、公路、河渠两侧，水库周围，由这些单位自造自有；也可以与社队合作造林，比例分成；或者由附近社队造林，林木归社队所有。上述各主管单位都应当按照当地人民政府规定的期限，完成造林任务。煤矿、造纸等用材较多的单位，要积极建立自己的用材林基地，也可以与国营或社队林场合作造林。提倡农村中、小学建立自己的林场或苗圃。提倡共青团、少先队开展热爱祖国、热爱社会主义的公益活动，发挥青少年的生力军作用。他们利用业余时间参加城郊、农村社队造林，可实行收入按比例分成或给予适当补助，作为青少年活动的经费。

加速城市绿化建设，发动群众大力种树、种草、种花，管理好园林绿地，美化市容。城市附近的国有荒山荒地，要在统一规划下，实行机关、团体、学校、部队等单位分段包干，义务造林，由林业部门组织管护，或者谁造谁管谁有。也可以组织待业青年专业队，参加城市和郊区的绿化工作。

新建的工业基地、水库、粮食和牧业基地，以及大中城市的市政建设，必须把植树造林列入建设规划，按期完成造林绿化任务。

为了鼓励群众发展林业的积极性，要通过调查研究，尽快改变目前木材价格不合理的状况。同时，应当改进育林基金的管理办法，保证用于更新和造林。

### 四

办好社队林场，实行群众造林和专业队管理相结合，加强经营管理，积极巩固和发展造林成果。凡有成片造林、营林任务的社队，都应该切实办好林场或专业队。要根据自愿互利、按劳分配的原则，合理解决办场所需土地、资金、劳力以及收益分配、场员报酬等问题。国营林场也要努力提高科学管理水平，充分发挥示范作用。国营林场和社队林场，都要坚决贯彻"以林为主，多种经营，长短结合，以短养长"的方针，搞好经济核算，努力增加收入，逐年扩大再生产。

林工商综合经营是建设我国现代化林业的方向。这种经营体制，可以适应林业生产长期性、连续性的特点，使营林、采伐、加工的全过程合理化，能够按照森林条件和社会需要，做到有计划地组织生产，增加国家和社队的经济收益，更好地实现采育结合，以林养林，越采越多，越采越好，青山常在，永续利用。各地应当积极试点，逐步把林场办成林工商联合企业。

### 五

实行科学造林、育林，切实加强技术指导，纠正植树造林只求数量，不顾质量的偏向。要搞好调查设计，因地制宜地确定林种、树种、落实技术措施，建立严格的检查验收制度，并认真加强抚育管理。

一定要按照造林计划，选育良种，培育壮苗。要建立布局合理的种子生产基地，努力实现种子生产专业化、质量标准化，造林良种化。要挑选热爱林业的积极分子，办好社队苗圃。国营苗圃要繁殖、推广优良树种，指导社队育苗。

大力培养林业科学技术人才和管理人才。在广大干部和群众特别是青少年中，普及林业科学技术知识，积极开展科学实验，提高造林质量和科学管理水平。

积极开展封山育林、封沙育草，并在有条件的地方，推广飞机播种造林、种草。在西北黄土高原等水土流失和风沙危害地区，要大力种草和发展灌木，做到乔、灌、草相结合。

### 六

各级党委和人民政府，都要把林业建设列入自己的议事日程，认真加强领导，主要领导同志要亲自抓。要大力宣传贯彻《森林法(试行)》。要健全和充实林业机构，并在财力、物力、人力上给予必要的保证。实践证明，各级领导，特别是县委，只要把林业摆在重要位置，狠下功夫，持之以恒，条件较好的地方三、五年，差的地方十年左右，就能大见成效。全国有二百多个造林绿化较好的县，象湖南的株洲，河南的鄢陵，山西的右玉，陕西的淳化，山东的兖州，黑龙江的绥化等，都这样办到了，为我们做出了榜样。我们共产党人是以改造社会、改造自然为己任的，如果我们的同志在一个地方工作多年，没有把那里的造林工作搞好，长期山河依旧，那就辜负了党和人民的期望。各级领导同志都应严肃地想一想这个问题，作出认真的回答。我们要树雄心，立壮志，带领群众，苦干实干，抓好典型，坚持不懈地大造其林。同时采取有效措施，坚决制止乱砍滥伐、毁林开荒，切实保护好现有林木，并且千方百计地节约木材。今后，从中央到地方，每个负责同志，除年老有病的外，每年要带头种树，养成一种人人植树爱林的良好社会风气。要把全国各行各业、各方面的力量都动员起来，为实现绿化祖国、美化我们伟大的社会主义江山这个宏伟目标而努力奋斗。

中共中央　国务院

## 关于保护森林发展林业若干问题的决定

(一九八一年三月八日)

林业是国民经济的重要组成部分。发达的林业，是国家富足、民族繁荣、社会文明的标志之一。在相当长期的历史上，我国林业基础极为薄弱，森林破坏却非常严重。因此，在社会主义现代化建设进程中，保护林木，发展林业，是一项十分紧迫的战略任务，必须引起全党和全国各族人民的高度重视。

建国以来，在党和人民政府的领导下，经过广大人民群众和林业职工的艰苦奋斗，林业建设取得了一定成绩，为国家提供木材九亿立方米，人工造林保存面积四亿二千万亩，对社会主义建设作出了重要贡献。但是，由于历史上遗留下来的森林很少，我们对林业的重要性认识不足，工作指导上又有“左”的错误和影响，因此尽管做了大量工作，林业的落后面貌仍然没有改变。

当前突出的问题是，森林破坏严重，砍的多，造的少，消耗过多，培育太少。这就使我国木材和林产品的供需矛盾更加尖锐，自然生态环境进一步恶化，这种局面如果任其发展下去，必将给农牧业生产和人民生活带来极其不利的后果，贻患子孙后代。

发生上述问题的原因是，长期以来，没有把林业放在与农牧业同等重要的地位。林权不稳，政策多变。营林资金很少，木材价格不合理，取之于林多，用之于林少。林区没有因地制宜，以林为主，多种经营。林业生产重砍轻造，没有坚持以营林为基础的方针。木材多头经营，体制混乱，“一把锄头造林，百把斧头砍树”。森林管理不严，法纪长期废弛。所有这些，都严重地挫伤了广大群众和各方面造林育林护林的积极性，阻碍了林业的发展。

为了迅速扭转林业面临的严重局面，坚决制止乱砍滥伐，切实保护现有森林，严格控制采伐，降低资源消耗，进一步落实林业政策，充分调动各方面的积极性，大力开展造林育林，使林业建设逐步走上健康发展的轨道，特作如下决定。

## 稳定山权林权，落实林业生产责任制

（一）国家所有、集体所有的山林树木，或个人所有的林木和使用的林地，以及其他部门、单位的林木，凡是权属清楚的，都应予以承认，由县或者县以上人民政府颁发林权证，保障所有权不变。各级党委和人民政府，必须尽快作出部署，组织力量在明春以前完成这项工作。

凡林权有争议的，由有关政府，组织有关双方，协商解决。协商无效时，提请人民法院裁决。在纠纷解决之前，任何一方都不准砍伐有争议的林木，违者依法惩处。

（二）要根据群众的需要，划给社员自留山（或荒沙荒滩），由社员植树种草，长期使用。划自留山的面积和具体办法，由各省、市、自治区规定。

社员在房前屋后、自留山和生产队指定的其他地方种植的树木，永远归社员个人所有，允许继承。

（三）国营林场和社队都要按照中央《进一步加强和完善农业生产责任制的几个问题的通知》精神，结合林业生产的特点，认真落实林业生产责任制。要根据各尽所能、按劳分配的原则，切实把责任和报酬、整体利益和个人利益紧密地联系起来。社队集体林业，应当推广专业承包、联产计酬责任制。可以包到组、包到户、包到劳力。联系造林营林成果，实行合理计酬、超产奖励或收益比例分成。具体办法，要从实际出发，走群众路线，因地制宜，允许多种多样。

## 木材实行集中统一管理

（四）各省、市、自治区要根据用材林的消耗量低于生长量的原则，严格控制采伐量。要以国营林业局和林区县为单位，按轮伐要求，合理确定年度木材、毛竹采伐量。国家统配材、地方用材、国营林业单位和其他部门自用材等，都要纳入采伐计划，实行全国“一本帐”。省、市、自治区和国家有关部门的年采伐计划，由国家计委会同林业部进行综合平衡，与各省、市、自治区协商确定，统一下达执行。各级不准层层加码和计划外采伐，木材不进行议购议销。

国有林的采伐，由省、市、自治区林业主管部门统一安排。集体林的采伐，由县林业行政部门发给采伐证；其他部门采伐自己经营的林木和社队集体采伐自用材，由当地林业行政部门按照《森林法（试行）》的有关规定进行审批，发给采伐证，无证采伐的，以破坏森林论处。

（五）国营林业局生产的规格材，除自用的和地方按规定留成的部分外，全部由国家统购。林区社队集体生产的规格材，国家统购70%至90%，具体比例由省、市、自治区确定。林区的非规格材和社员的木材，国家不实行统购。

非林区社队和社员生产的木材，国家不实行统购。

（六）林区木材及半成品由林业部门统一经营管理，其他任何部门和单位都不得进入林区采伐、收购和加工。销区的木材供应和市场销售体制不变。

供销、轻工、外贸、社队企业等部门需要的柴、炭、木柄、木棍及大宗木制成品、半成品等，均应纳入计划，由林业部门组织生产，提供货源。

林区社队和各单位办的木材加工厂，必须认真进行整顿。凡是产品质次价高、浪费木材或本身没有林木资源的，要坚决关停并转；允许继续开业的，所需原料要纳入计划。

林区及毗邻县不开放木竹自由市场。林区社队集体生产的非规格材、自留材（包括社队集体参加国营林业生产建设分得的木材）及其加工的大宗成品、半成品，由林业部门代销，也可以由林业部门批准，统一组织产区和销区互通有无。社员自有的木材，可以凭大队证明，由林业部门代销。

非林区木竹自由市场是否开放，由省、市、自治区人民政府确定。

## 对林业的经济扶持

(七)有计划有步骤地调整集体林区和国有林区的木材价格。提价增加的收入，应当留给木材生产单位，不准截留。具体方案由国家物价总局和林业部另文下达。

(八)建立国家林业基金制度。要把国家的林业投资，财政拨款，银行贷款，按规定提取的育林基金和更改资金，列入林业基金，由中央和地方林业部门，按规定权限，分级管理，专款专用，年终结余允许跨年度使用。各地每年要尽可能从地方财政中，拿出一部分资金来扶持林业。支援公社的投资，老区、少数民族地区、边疆地区支援不发达地区的基金，以及银行用于农业的贷款，由地方政府规定一定比例，用于发展林业。国家林业基金制度的具体条例，由林业部会同财政部制订，报国务院批准执行。当前国家营林、森工投资和社队造林补助费，由中央和省、市、自治区林业、财政部门掌握使用。

(九)适当提高集体林区和国有林区(黑龙江、吉林、内蒙古林区除外)育林基金和更改资金的征收标准，扩大育林基金征收范围。具体办法由林业部、财政部拟定。

(十)各省、市、自治区凡没有划定林区县和林区社、队的，必须根据实际情况，明确划定。为了进一步落实林区以林为主的方针，要合理安排林区县和林区社、队的粮食购销任务。粮食自给有余的，征购任务要稳定下来；粮食不能自给的，应该减购或者增销，保证林区群众的口粮标准不低于邻近产粮区。

## 木材综合利用和节约代用

(十一)要充分利用林区的采伐、加工和造材的剩余物，大力生产木片，开展小材小料加工，发展人造板生产。

当前要重点搞好现有木材加工和综合利用工厂的挖潜、革新、改造，提高生产能力和产品质量。今后要有计划地发展林区加工和综合利用。木材综合利用属于轻工业性质，各地区、各部门要从资金、燃料、动力等方面给予支持。

为了弥补木材供应不足，要大力开展木材的节约、代用工作。煤炭、铁道、建材等用材较多的部门，在采用金属矿柱、水泥轨枕、钢铁门窗等多种代用品方面已经取得显著效果，应当积极推广，并继续研制新的代用品。

(十二)努力改变林区烧好材的习惯。林区职工、社员群众，以及机关、部队、学校、厂矿企业等单位，都要改烧枝丫、茅柴。有条件的地方，应当实行以煤代木，发展沼气和小水电等，大力节约木材。要采取经济补贴办法，鼓励林区的单位和群众不烧好材。要有一定的流动资金，并把节约木材的收入继续用于这项工作。这方面潜力很大，应以林业部为主，会同有关部门进行试点，总结经验，制订方案，逐步实行。

## 抓紧林区的恢复和建设

(十三)各省、市、自治区，要根据森林的不同效益，抓紧搞好主要林区的林种划分工作，确定不同林种的经营方针和经营措施。有计划地扩大防护林、薪炭林、经济林，以及自然保护区等特种用途林。对过量采伐的林区，要坚决把木材产量调减下来，并稳定一个时期，给以休养生息的机会。要加快新林区的开发建设，抓紧后续森林资源的培育。同时，要认真搞好护林防火，严禁毁林开荒。

(十四)认真贯彻以营林为基础的方针，切实纠正以原木生产为中心，重采轻造的错误做法。要在思想上和实际工作中把森林工业和营造抚育森林真正统一起来。今后开发新林区，要从全面经营森林出发，统筹安排森工与营林的生产建设和投资。对尚未建设的后期林场，主管企业要抓紧进行建设，逐步实现合理布局、合理经营。林业企业必须做到在采伐后当年或次年更新。今后对林业企业的考核，要把更新造林和育林列为首要标准，并与企业利润留成、职工经济利益紧密联系起来。没有完成任务的，要追究领导责任。

(十五)国营林业单位要因地制宜地采取多种形式，组织林区社队参加护林、造林、育林、采伐、修路等各项生产建设活动，付给合理报酬；建设新的林业企业，应当尽可能吸收林区群众参加生产建设。要通过多种途径，使社队和群众从发展林业中得到好处。但不能采取把国有林划给集体的办法，来解决林区社队群众的经济利益问题。

(十六)民族自治地方的国有林区，要把保护和开发森林同民族自治地方的经济利益密切结合起来。经上级领导机关批准，可在木材产品的分配和利润分成等方面，采取不同于一般地区的办法，给民族自治地方以更多的自主权和经济利益。要吸收当地少数民族群众参加林业生产建设，积极培养少数民族林业干部和技术人材。

(十七)黑龙江、吉林、内蒙古等林区的地方政府和企业要组织当地知识青年参加林业生产建设。可以组织他们利用林区采伐、加工和造材剩余物以及部分抚育间伐的小材小料，开展综合利用，发展集体经济。产品由林业企业按照国家或省（区）规定的价格统一经销。

对知识青年为主的集体所有制单位，要按照国务院对城镇上山下乡知识青年在农村或城镇郊区所办的场（厂）队有关规定，实行减税、免税等优待政策。

安置林区知识青年所必需的资金，可以采取借款方式予以扶植。资金来源，由企业利润中留成解决，不足部分报请省（区）人民政府批准，从地方财政中适当给予补助，或者在企业营业外支出项下列支。

（十八）各省、市、自治区要继续搞好林工商联合企业的试点工作，条件成熟的地方可以逐步推广。

## 大力造林育林

（十九）要进一步贯彻1980年中共中央、国务院《关于大力开展植树造林的指示》，坚持依靠社队集体造林为主，积极发展国营造林，并鼓励社员个人植树的方针，发动城乡广大人民群众和各行各业，扎扎实实地植树造林。要因地因时制宜，保质保量，包栽包活包成林，防止形式主义和无效劳动。

绿化祖国，人人有责。全国广大干部、职工、学生和人民解放军指战员，除老弱病残者外，每年都要参加几天植树造林的义务劳动。各级领导干部，每个共产党员、共青团员，更要带头造林。要按单位划分责任区，限期完成绿化任务。

农村社队都应因地制宜地每年安排适当的劳动日，从事造林育林。

农垦、水利、铁路、交通等部门，都应当把造林绿化作为本部门的一项生产建设任务。煤炭、造纸和其他以木材为原料的大型企业，都应提取一定数量的育林费，建立原料林基地。各部门可以在国家划定的地方植树造林，自造自有；也可以同林业部门或社队联合造林，按比例分成。

各大、中、小城市，都应当把造林绿化纳入城市建设规划，发动群众种树、种草、种花，美化市容，改善人民生产生活环境，亦应建立责任制。

（二十）各省（市、区）、地、县，要在今年内，制定并落实植树造林、扩大森林覆盖率的五年规划，并提出十年、二十年的奋斗目标，每年检查一次造林成果。

平原、丘陵广大农区和林区内条件好的荒山荒地，植树造林潜力大，见效快，各地应当采取有力措施，尽快地把这些地方绿化起来。对于地广人稀、交通不便的大山区，主要采取封山育林和飞机播种的方式发展林业。继续抓好“三北”防护林体系和速生用材林基地建设，因地制宜地大力发展各种经济林木。

在烧柴困难的地方，要把发展薪炭林作为植树造林的首要任务，划定地段，组织社队、社员，以及机关、部队、厂矿、学校、农牧场等单位，积极营造，谁造归谁所有。

（二十一）科学造林育林，提高造林质量。要搞好造林技术训练和规划设计；建立林木种子公司和种子管理制度，抓紧良种基地和苗圃建设，培育良种壮苗；要普遍建立造林检查验收和奖励制度。加强森林抚育和病虫害防治，积极开展抚育间伐和次生林的改造，提高森林质量。坚决克服只造不管的偏向。

森林抚育要纳入各级林业计划，逐年增加投资，加快抚育进度。

（二十二）国营林场当前要抓好抚育间伐。各地应当尽可能地在投资上给以支持。林场要以林为主，多种经营，综合利用，以短养长。国营林场在抚育期间，收入不上交，以林养林。

整顿巩固社队林场、专业队，有条件的应继续发展。过去由生产队抽调土地、劳力、资金兴办的林场，要明确山林权属和收益分配办法。可以联合办场，按股分配收益。要加强经营管理，搞好劳动计酬，广开生产门路，增加经济收入。

## 发展林业科学技术和教育

（二十三）林业科研必须为林业生产建设服务。科研、教学和生产单位要密切协作，切实解决好林业生产建设中的关键技术问题。要集中力量开展林木良种、适地适树、治沙造林、病虫害防治、森林调查技术、采伐更新方式、林业机械、林产工业的技术改造、林业经济和技术政策等项目的研究。同时，搞好科研成果的推广工作。

我国是世界上森林植物种类最多的国家之一，有许多经济价值很高的珍稀动植物。要大力加强自然保护区的管理，开展野生动植物的调查、研究和利用。

要努力改善科技人员的工作条件和生活条件，稳定林业科技队伍。

加强林业调查和资源管理工作。各省、市、自治区要尽快弄清森林资源的基本情况，搞好规划设计，为林业生产建设提供科学依据。为此要充实调查力量，改善技术装备。

（二十四）努力发展林业教育事业。当前，应当集中力量办好几所林学院及重点学科，提高教学质量。要开办大学专科和函授教育，加强和发展中等林业教育，为基层生产单位培养技术骨干。要重视林业职工和林区县、社领导干部的培训工作。办好林区的中、小学教育。要积极创造条件，把一部分普通中学改为林业职业学校。同时积极抓好林业知识的普及教育，在中、小学教材中要增加林业常识内容。

### 加强党和政府对林业的领导

（二十五）各级党委和政府要把林业摆到重要位置，列入议事日程，切实加强领导，主要领导同志应当亲自抓，并要有负责干部分管。健全各级林业机构。对于在林业工作上作出优异成绩的单位和个人，应当给予表扬和奖励。

坚决贯彻执行《森林法（试行）》。大力加强林业法制的宣传，建立群众性的护林组织、护林制度和护林公约。要把提倡人人爱林、护林作为建设社会主义精神文明的重要内容。各级干部，特别是领导干部，必须严格执法、守法。对于破坏森林的行为和违法犯罪分子，要分别情况，给予纪律处分，情节严重的，要依照《刑法》的有关规定，追究刑事责任。林区要抓紧建立和健全林业公、检、法机构。

各级林业部门要深入实际，调查研究，改进领导作风和工作方法，认真加强思想政治工作，关心林业职工和林区群众的生活，充分调动他们的社会主义积极性。

发展林业是一项长远的社会主义建设事业和改造自然的百年大计。我国幅员辽阔，人口众多，树木品种丰富，发展林业的潜力很大。中央相信，只要全党和全国各族人民奋发图强，艰苦奋斗，发扬愚公移山的革命精神，并且善于总结历史的经验教训，彻底清除“左”的思想影响，继续贯彻执行党的十一届三中全会以来确定的路线、方针、政策，我国林业的落后面貌就一定能够得到逐步改变，我国林业的发展是大有可为，大有希望的。

# 国务院批转国家城建总局等部门关于加强风景名胜保护管理工作报告的通知

国发〔1981〕38号

各省、市、自治区人民政府，国务院各部委、各直属机构：

国务院同意国家城建总局、国务院环境保护领导小组、国家文物局、旅游总局《关于加强风景名胜保护管理工作的报告》，希望各地结合实际情况，制定有关实施办法，采取有力措施，切实把这项工作做好。

附：关于加强风景名胜保护管理工作的报告

中华人民共和国国务院
一九八一年三月十七日

# 关于加强风景名胜保护管理工作的报告

国务院：

我国历史悠久，山河壮丽。风景名胜、文物古迹之多，为世界罕见。搞好风景名胜的保护管理工作，对于丰富人民的文化生活，促进旅游事业的发展，为“四化”建设服务，具有重要意义。“文化大革命”期间，不少风景名胜受到严重破坏，树木被砍伐，环境污染，文物古迹被毁坏。有的游览胜地被长期占用，变成了禁区。粉碎“四人帮”之后，情况有所好转，许多地方重视了风景名胜的保护管理工作。但是，问题仍然很多。当前突出的问题是：风景名胜区没有划定范围，管理体制和管理机构不健全；在风景名胜区内开山取石、毁林垦荒、滥伐树木、污染环境等现象仍未停止；风景名胜区的维护、建设工作跟不上旅游发展的需要。由于缺乏统一管理，在一些游人集中的风景点，出现一些单位及个人争抢地盘，搭棚设摊，推销商品的情况，把优美的游览胜地，变成了杂乱的市场。广大群众和部分国家人大代表、政协委员一再呼吁，要求加强对风景名胜的保护管理工作。我们认为，划定风景名胜区的范围，建立健全管理体制和管理机构，制订有关政策法令和规章制度，加强风景名胜的保护管理工作已刻不容缓。现提出如下意见：

一、对全国风景资源进行调查，确定风景名胜区的等级范围

建议由各省、市、自治区城建园林、文物和环境保护等部门组织力量，对各地的风景名胜资源分期分批进行调查。当前，要首先对重点的风景名胜区进行调查，做出评价、鉴定，确定风景名胜区的等级和范围。对一些闻名中外、具有独特的自然和人文景观、规模较大的风景名胜区应列为国家重点风景名胜区。

国家重点风景名胜区的名单及其范围由所在省、市、自治区人民政府提出，送国家城建总局审查汇总，报国务院批准。第一批申请列为国家重点风景名胜区的名单和范围，请各地于一九八一年九月以前报送。范围的划定要保持风景面貌完整，满足旅游需要，不受行政区划的限制。为了保证风景名胜区不受污染，保护生态环境，在风景名胜区的外围，还应根据需要划出一定的保护地带。风景名胜区范围划定后，要立碑刻文，标明界区，建立档案。

二、建立健全风景名胜区的管理体制和管理机构，实行统一管理

风景名胜区的保护、管理和规划建设业务，由各级城市建设部门归口负责。涉及到环保、文物、旅游、农林、商业服务等方面的问题，应在省、市、自治区人民政府的领导下，由城建部门牵头，商同各有关部门协调解决。要充实和加强风景名胜区的管理机构，各管理机构要认真贯彻执行国家有关政策法令，负责风景名胜区的保护、规划、建设和管理，统一安排园林、文物、环保、旅游服务各方面的风景名胜区的任务和工作。原设在风景名胜区的文物单位和旅游服务机构等，应遵守和执行风景名胜区的规章制度和管理机构的统一规定，但现行管理体制不变，其内部业务仍归各主管部门直接领导。城市郊区的风景名胜区，由城市园林部门直接管理，不另设机构。

风景名胜区必须加强管理，经常保持整洁、安静、优美的环境和良好的秩序。要妥善安排游人的食宿、交通等各项工作，改善经营管理，提高服务质量。

三、加强风景名胜区的保护工作

风景名胜区的地形、地貌、水体、山石、动物、植物、土壤、大气必须严加保护。重要的景点、古树名木和文物古迹要建立说明牌和保护标志，严格按照国家规定进行保护。要防止山林火灾和树木的病虫害。妥善安排好风景区内农民的生产和生活。严禁任何人在风景名胜区内毁林、垦荒、狩猎、放牧、凿石、取土。风景名胜区内污染严重的工厂要限期治理或迁出。休养所、疗养院、饭店等单位排放的废水、废气、废渣，要符合国家规定的环境保护标准。占用风景点和游览区的机关、部队、企事业单位要限期退出。

要发动群众保护风景资源，要向游人和风景名胜区的职工、社员广泛宣传保护风景名胜的意义和国家有关政策法令，使保护风景名胜成为群众性的工作。风景名胜区内可建立群众性的保护小组。对保护风景名胜有功的要奖励，对损坏风景名胜的要处罚。

各风景名胜区管理机构要制订出保护管理办法，报省、市、自治区人民政府批准执行，送国家城建总局备案。

四、有计划地进行风景名胜区的开发和建设

风景名胜区的开发建设要统一规划、统筹安排。各省、市、自治区城建部门和风景名胜区管理机构要组织技术力量，对风景名胜区的总体布局、绿化、交通、水、电、旅游服务设施等进行全面规划，根据财力可能分期开发、逐年建设。城市郊区风景名胜区的规划，要纳入城市建设总体规划。国家重点风景名胜区的规划由国家城建总局组织审查，报国务院批准后，由省、市、自治区城建园林部门组织实施。

风景名胜区内的各项建设要按上级批准的规划和基建程序进行，由风景名胜区管理机构统一安排实施，各单位不得各自为政。在风景名胜区内不准建设与风景、旅游无关的建筑物。在保护地带内不准建设有害环境的工厂和单位。在风景点和公共游览区内不准建设旅馆和休养、疗养机构。

风景名胜区的建设，首先要恢复和发展林木植被，保持自然生态，增加山林野趣。建筑形式一定要因地制宜，保持当地的特色，与景观协调一致，切不可损害风景名胜的自然风貌。要勤俭节约，充分利用原有设施，不要大拆大建。风景名胜区的维护和建设资金主要是地方财政投资和风景名胜区自己的收入。

以上如无不当，请批转各地参照执行。

国家城市建设总局
国务院环境保护领导小组
国家文物事业管理局
中国旅行游览事业管理总局
一九八一年二月十日

# 国务院关于发布《行政区域边界争议处理办法》的通知

国发〔1981〕92号

各省、市、自治区人民政府，国务院各部委、各直属机构：

现将《行政区域边界争议处理办法》发给你们，请遵照执行。

附：行政区域边界争议处理办法

国务院

一九八一年五月三十日

# 行政区域边界争议处理办法

**第一条** 为了妥善处理行政区域边界争议，以利于巩固和发展安定团结的政治局面和促进社会主义现代化建设，特制定本办法。

**第二条** 处理边界争议，必须坚持有利于各族人民的团结，有利于当地群众的生产和生活，有利于行政管理，有利于社会主义建设的原则。

**第三条** 处理边界争议，应当从实际情况出发，主要参照解放后的历史，结合自然地形，实事求是地解决问题。

**第四条** 处理边界争议，争议双方必须依照有关政策、法律和法令的规定，用协商的办法来解决。

**第五条** 省、自治区、直辖市境内的边界争议，应当由当地双方人民政府协商解决，达成协议的，应当由双方负责人在协议书上（附图）签字盖章，报请上一级人民政府批准。经反复协商仍达不成协议的，双方可将各自的解决方案报请上一级人民政府决定。

**第六条** 省、自治区、直辖市之间的边界争议，应当由有关省、自治区、直辖市人民政府协商解决。达成协议的，应当由双方负责人在协议书上（附图）签字盖章，报请国务院批准。经反复协商仍达不成协议的，双方可将各自解决方案报国务院决定。

**第七条** 边界争议解决后，行政区域界线有变更的，必须按行政区域变更的有关规定办理报批手续。

**第八条** 本办法发布前，经双方负责人签字的协议文件继续有效，但原协议因情况发生变化需要修改的，应当按本办法的有关规定由双方重新协商修订。在新协议未经上级批准前，双方仍应遵照原协议。

**第九条** 各级干部特别是领导干部，都应当以对国家和人民高度负责的精神，采取积极态度认真做好处理边界争议工作，争议双方都要严格要求自己，克服本位主义，讲团结、顾大局、发扬互谅互让精神，妥善处理好自己管辖区域与毗邻区域的边界争议。

**第十条** 边界争议未解决前，当地人民政府应当主动教育自己一方的干部和群众，搞好同毗邻地区的友好和团结互助关系，任何一方或个人都不得以任何借口扩大事态，侵害国家、集体和个人财产，更不许械斗伤人。发生武装械斗，致使群众遭受伤亡，财产遭受损失的，必须追究领导和肇事者的责任，根据情节轻重给予行政处分，或由司法机关依法惩处。

**第十一条** 边界争议较多的省、自治区，可根据需要临时设立由人民政府负责人和有关部门负责人组成的处理边界争议领导小组，有计划地抓紧解决边界争议。

**第十二条** 本办法由民政部负责解释。

**第十三条** 本办法自发布之日起施行。

# 国务院办公厅转发林业部关于稳定山权林权落实林业生产责任制情况简报的通知

国办法〔1981〕61号

各省、市、自治区人民政府：

遵照国务院领导同志指示，现将林业部《关于稳定山权林权落实林业生产责任制情况简报》转发给你们，请参照执行。

稳定山权林权，落实林业生产责任制，是党在农村经济政策的重要组成部分，是保护森林发展林业的一项根本措施，同时也是关系到山区、林区安定团结的一件大事。今年三月八日，中共中央、国务院《关于保护森林发展林业若干问题的决定》中，要求各地“必须尽快作出部署，组织力量，在明春以前完成这项工作。”鉴于这项工作政策性强，涉及面广，任务繁重，请各地务必加强领导，作出具体部署，建立领导小组，组织工作队伍，抓紧进行。凡是行动迟缓的地方，都要迅速赶上来。

各地要将这项工作的部署和进展情况，于近期内向国务院做一次报告。

附：关于稳定山权林权落实林业生产责任制情况简报

中华人民共和国国务院办公厅

一九八一年七月十一日

# 关于稳定山权林权落实林业生产责任制情况简报

今年三月，中共中央、国务院发出《关于保护森林发展林业若干问题的决定》之后，我们派出工作组到南方林区，对稳定山权林权和落实林业生产责任制的情况作了一些调查。六月初，又邀请辽宁、河北、山西、湖南、福建、四川、贵州省林业厅和六个市、县的负责同志进行了座谈。现将有关情况简报如下：

## （一）

稳定山权林权、落实林业生产责任制工作，已有十多个省、区进行了试点，其中抓得较早的地方，已经全面铺开。贵州省委、省人民政府，早在去年六月就部署开展林业“三定”（稳定山权林权、划定自留山和确定林业生产责任制）工作，并且抓得很紧。全省抽掉了近万名干部，组成工作队，深入社队帮助工作。目前，在全省八十七个县中，已有三十四个县全面铺开，四十四个县正在试点。四川、河北两省进展也较快。辽宁、内蒙古、湖南、江西、浙江、广东、福建、北京等省、市、区都在进行试点。

在已进行定权发证落实林业生产责任制的地方，广大干部群众热烈拥护，称赞中央这一决定是爱民的好政策。凡是搞得好的地方，都大大激发了群众爱林育林的积极性，开始出现了造林又多又好，山林火灾下降，乱砍滥伐减少的可喜局面。

但从目前进展情况看，不少地区刚刚进行布置；有些地区还停留在一般号召上，没有具体行动。看来，如不抓紧时机，集中力量，花大功夫，很难按照中央《关于保护森林发展林业若干问题的决定》的要求，在明春以前完成。

## （二）

各地试点经验表明，要搞好稳定山权林权、落实林业生产责任制工作，各级党政领导机关必须高度重视，纳入重要议事日程，由主要负责同志亲自动手，从以下几个方面加强具体指导：

一、选择有代表性的地方，搞好试点，培训骨干，制定落实政策的具体步骤、方法。

二、这项工作涉及面广，政策性强，工作量大，单靠业务部门是很难完成的。必须在党委统一领导下，建立领导小组，设立办公室，从有关部门抽调足够的力量，组成工作队，分期分批完成。

三、一般分四步进行：一是组织基层干部、群众学习有关政策，提高认识，解除群众怕变、干部怕乱、怕麻烦等各种思想顾虑。二是实地查山定界，调处山林纠纷，清理乱砍滥伐，群众讨论定案。三是造册发证，建立林业生产责任制，订立护林公约，制定林业发展规划。四是检查验收。

以上这几个方面的工作基本搞好了，才能够保证工作质量，防止走过场。

## （三）

各地在稳定山权林权、落实林业生产责任制工作中，对有关政策问题的解决办法，归纳起来主要有以下几点：

一、确定山权林权，坚持以现在的权属为基础，凡是没有争议的，都予承认，稳定下来，不再变动。避免牵动面过大，引起混乱。

山林权属有争议的，充分协商，合理解决。林权，坚持谁造谁有、合造共有的政策，维护国家和集体造林成果，防止借口山林纠纷，乱砍滥伐，拆场毁林。集体的山权，一般以"四固定"时确定的权属为准；"四固定"时未确定权属的，参考合作化或土改时确定的权属。

二、集体所有的山林，过去按规定或协议划归国营林场、伐木场的，凡是已按协议付给了报酬，或后来作过清理的，都予承认，不再重新处理。当时未经协议，后来也未作过清理的，通过协商，采取联营或收益分成的办法，给社队以合理报酬。

由公社、大队筹集土地、劳力、资金兴办的社队林场，要明确山林权属和收益分成办法，已有协议的按协议兑现，没有协议的协商确定。

三、许多地方把划定自留山（平原地区划定自留荒滩荒地），鼓励社员植树造林，看成是利用农村剩余劳力，加快绿化，解决社员烧柴用材，发展多种经营的一项重大政策。强调要提高认识，解放思想，适当放宽。

凡是有条件的地方，都根据群众烧柴、用材的实际需要、经营能力的大小和荒山荒地的多少，就近给社员划一定数量的自留山。新划的自留山上有零星树木的，有的折价归社员个人，有的规定收益以后按比例分成。近处没有荒山荒地的社队，组织社员在远山造林，然后调换。

自留山的面积，一般都是荒山荒地多的多划，少的少划。有些地方按亩计算，规定每户三至五亩，多的每户达到十亩。有些地方按百分比计算，规定自留山面积占社队林业用地总面积的5%至15%，个别的达到20%至30%。

过去划定的自留山，社员已经营多年，就是面积多一些，也予以承认，不再调整。

四、有些地方，还把稳定山权林权、划定自留山和落实林业生产责任制作为一个整体，与完善农业生产责任制结合起来，一起进行。建立林业生产责任制，既借鉴于农业生产责任制的做法，又充分注意林业本身具有的公益性、社会性强和生产周期长、破坏容易恢复难的特点，形式多种多样。

大面积的林木和大型防护林，一般都建立林场或专业队（组），实行专业承包责任制。小片林木、农田林网和零星树木，一般包到组、到户、到劳，实行联产计酬，或收益分成。田间地边的树木，采取"树随地走"的办法，由农业承包者统一负责。

林木生产周期长，承包年限，一般规定五年、十年、二十年不变。

林业部

一九八一年六月三十日

# 五届人大四次会议关于开展全民义务植树运动的决议

（一九八一年十二月十三日第五届全国人民代表大会第四次会议通过）

中华人民共和国第五届全国人民代表大会第四次会议，审议了国务院提出的关于开展全民义务植树运动的议案。会议认为，植树造林，绿化祖国，是建设社会主义，造福子孙后代的伟大事业，是治理山河，维护和改善生态环境的一项重大战略措施。为了加速实现绿化祖国的宏伟目标，发扬中华民族植树爱林的优良传统，进一步树立集体主义、共产主义的道德风尚，会议决定开展全民性的义务植树运动。凡是条件具备的地方，年满十一岁的中华人民共和国公民，除老弱病残者外，因地制宜，每人每年义务植树三至五棵，或者完成相应劳动量的育苗、管护和其他绿化任务。会议责成国务院根据决议精神制订关于开展全民义务植树运动的实施办法，并公布施行。会议号召，勤劳智慧的全国各族人民，在中国共产党和各级人民政府的领导下，以高度的爱国热忱，人人动手，年年植树，愚公移山，坚持不懈，为建设我们伟大的社会主义祖国而共同奋斗！

# 国务院 中央军委

# 关于军队参加营区外义务植树的指示

各省、市、自治区人民政府，各大军区、省军区、野战军，军委各总部、各军兵种，国务院各部委、各直属机构：

全国五届人大四次会议《关于开展全民义务植树运动的决议》中指出：植树造林，绿化祖国，是建设社会主义，造福子孙后代的伟大事业，是治理山河、维护和改善生态环境的一项重大战略措施，号召全国各族人民以高度的爱国热忱，人人动手，年年植树，愚公移山，坚持不懈，为建设我们伟大的社会主义祖国而共同奋斗。最近，中央军委领导同志指出：军队在植树造林中，要积极地多做工作，除搞好军队营区植树造林外，营区外十公里范围内，要与地方共同协商搞好植树造林。这一重要指示，对军队参加义务植树运动提出了更高的要求，也将有力推动全国义务植树运动的开展。

为了积极响应五届人大四次会议关于开展全民义务植树运动的号召，贯彻军委领导同志的指示，军队和地方应紧密配合，主动协作，搞好军队营区外义务植树造林。现特作如下指示：

一、植树造林，绿化祖国是全国人民的光荣义务，是人民解放军义不容辞的责任，也是军队对祖国建设应作的贡献。广大指战员在义务植树运动中，要起模范带头作用，做绿化祖国的尖兵。在当地政府的统一规划下，分工负责，密切协作，保质保量地完成义务植树任务。

二、军队在营区外植树，要与当地政府协商，根据军队驻地所在城市、农村和平原、山地、海防、边防等不同情况，因地制宜，明确军队义务植树的任务，在当地绿化委员会统一部署和指导下，分期分批地组织实施。今年应作好规划、选种、育苗和抓好试点，为今后植树造林、绿化祖国打下基础。

三、军队在营区外植树，地权属军队的，如军用公路支线等，所需苗木由军队负责。栽植后的管护可采取军队自管、军民共管或交给当地群众管理三种形式。林木收益本着谁管谁收的原则办理。军民共管的经双方协商，可实行按比例分成。

四、军队在营区外植树，地权属地方的，由地方单位或社队提供苗木，军队出劳力义务植树，保证质量。管护由地权所有者负责，林木收益也归地权所有者支配。

五、军事禁区植树由军队承担，地权属国家的苗木、种植、管护均由军队负责，地权不变，林权归军队，当地政府应按规定发给林权证书。地权属集体的，由当地驻军与地方政府或社队签订协议，苗木、种植、管护一般由军队负责，收益由双方协商，按比例分成。

六、各地林业部门要大力支持军队植树造林工作，主动帮助部队解决树种、苗木来源和技术指导，为部队搞好植树造林创造必要的条件。部队也要主动与当地政府和林业部门协商解决有关军队义务植树中的问题。

七、军政、军民要密切联系，同心协力开展全民义务植树运动。各地绿化委员会应吸收当地驻军领导同志参加，共同研究规划，分配任务，明确责任，具体协商有关事宜，抓好义务植树任务的落实。同时，要树立以法治林的观念，认真做好管护工作，对植树造林、绿化祖国、维护《森林法(试行)》有功者，应予以表扬或奖励；对一切破坏林木的行为要坚决制止，严重者应依法处理。

中华人民共和国国务院
中国共产党中央委员会军事委员会
一九八二年二月十二日

# 国务院关于开展全民义务植树运动的实施办法

（一九八二年二月二十七日国务院常务会议通过）

为了切实贯彻执行第五届全国人民代表大会第四次会议《关于开展全民义务植树运动的决议》，特制定如下实施办法。

一、县以上各级人民政府均应成立绿化委员会，统一领导本地区的义务植树运动和整个造林绿化工作。各级绿化委员会由当地政府的主要领导同志，以及有关部门和人民团体的负责同志组成。委员会的办公室设在同级政府的主管部门，不另增加编制。

个别地方，由于气候、土地等条件限制，确实难以开展植树运动的，经省、自治区、直辖市绿化委员会批准，可以不开展全民义务植树运动，不成立绿化委员会。

二、各级绿化委员会应当组织和推动本地区各部门、各单位，通过各种形式，广泛深入地宣传《关于开展全民义务植树运动的决议》和本实施办法，宣传全民植树、绿化祖国的重大意义，认真做好思想动员，提高认识，造成声势，做到家喻户晓，人人皆知。同时，要努力做好调查研究、规划安排、苗木培育、技术训练等准备工作，有计划有步骤地开展植树运动。要扎扎实实，讲求实效，不搞形式主义和“一刀切”。

三、凡是中华人民共和国公民，男十一岁至六十岁，女十一岁至五十五岁，除丧失劳动能力者外，均应承担义务植树任务。各单位要将人数据实统计上报当地绿化委员会，作为分配具体任务的依据。

县级绿化委员会在分配义务植树任务时，要按照每人每年植树3至5棵的要求，确定具体指标，因地制宜地进行灵活多样的安排。可以按单位划分责任地段，承担整地、育苗、栽植和管护任务；也可以按相应劳动量，分配承担造林绿化的某一单项和几个单项的任务。此项任务，可以一年一定，也可以一定几年。

对十一岁至十七岁的青少年，应当根据他们的实际情况，就近安排力所能及的劳动。

四、此项义务劳动，限于用在本县、本市所辖范围，营造国有林和集体林。义务植树的地段或参加绿化劳动的项目，各地要经过周密的调查研究，作出统一规划和安排。城市要优先搞好风景游览区、名胜古迹和主要街道等公共场所的绿化。农村要尽快搞好“四旁”绿化和农田防护林建设。机关、团体、企业、学校等单位和居民区，都要大力植树、种草、栽花，美化环境。

五、使用义务劳动，在国有土地上栽植的树木，林权归现在经营管理这些土地的单位所有；没有明确经营管理单位的，由当地政府指定的部门、单位所有。在集体土地上义务栽植的树木，林权归集体单位所有。如果情况特殊，另有协议或合同，按协议或合同的规定办理。对林权所有单位，县以上人民政府要发给证书，切实保障其合法权益。

六、为确保义务植树所需苗木，各地应当努力办好现有的国营苗圃和集体苗圃，并安排必需数量的土地和专业人员，扩建和新建苗木基地，培育良种壮苗。凡是有条件的单位，都要积极自办苗圃。提倡城镇家庭和农村社员开展营养钵育苗。

七、对义务栽植的树木和现有的林木，必须大力加强培育管护，确保成活成林，不受破坏。林木所有的单位或承担管护义务的单位，应当根据情况组织林场、专业队或确定专人负责管护。要严肃法制和纪律，建立爱林护林的乡规民约。采伐更新，必须按照森林法的规定，经过林业或园林部门批准。城市绿地要严加保护，不得侵占破坏。违者要给予经济处罚或法律制裁。

八、植树绿化，要讲究科学，注重实效。要培训技术骨干，加强技术指导，普及植树绿化的技术知识，严格按照技术规程办事，保证质量。

九、对义务植树，各单位每年都要进行检查，并将完成情况据实上报。绿化委员会应当定期组织评比，成绩优异的，要给予表扬和奖励；年满十八岁的成年公民无故不履行此项义务的，所在单位要进行批评教育，责令限期补栽，或者给予经济处罚。整个单位没有完成任务的，要追究领导责任，并由当地绿化委员会收缴一定数额的绿化费。

十、各级林业和园林部门，应当在绿化委员会领导下，会同有关部门，努力搞好规划设计和苗木培育等各项具体工作。基层机构不健全的，应当充实和加强。

十一、义务植树所需的苗木费、管护费，应当根据自力更生勤俭节约的原则，一般由林权所有单位负责解决。有的单位因绿化任务大，资金困难，确实无力承担全部费用的，按单位隶属关系，由各级财政酌情解决。参加义务植树的单位和个人所需交通等费用，由参加单位自理。

十二、开展全民义务植树运动是促进整个造林绿化的一个重大措施。各地在开展此项运动时，必须同加快整个造林绿化工作结合起来，在苗木、经费、技术力量的使用和林木管护等方面进行统筹安排，既要搞好义务植树，又要完成年度造林绿化计划。对于一个地方来说，完成了义务植树任务，但整个造林绿化工作没有做好，不能给予表扬和奖励。

十三、根据《关于开展全民义务植树运动的决议》和本实施办法的规定，各省、自治区、直辖市人民政府可以结合实际情况，制定实施细则。

人民解放军指战员参加营区外义务植树的办法，按国务院、中央军委“关于军队参加营区外义务植树的指示”〔(1982)3号〕的规定执行；营区内植树办法，由解放军总部另定。但各地人民政府必须密切合作，合理规划，帮助军队解决应解决的实际问题。

# 国务院办公厅转发国家城建总局关于全国城市绿化工作会议报告的通知

各省、市、自治区人民政府，国务院各部委、各直属机构：

国家城市建设总局《关于全国城市绿化工作会议的报告》，经国务院领导同志同意，现转发给你们，请参照执行。

开展义务植树，搞好城市绿化，对于建设优美、清洁的社会主义现代化城市有着重要的意义，同时也是建设社会主义精神文明的一项重要内容，各地要结合具体情况，制定规划和措施，切实抓好。

附：关于全国城市绿化工作会议的报告

中华人民共和国国务院办公厅

一九八二年四月二十二日

# 关于全国城市绿化工作会议的报告

国务院：

经国务院领导同志批准，国家城市建设总局于二月二十日至二十六日在北京召开了全国城市绿化工作会议。出席会议的有省、市、自治区城建局主管城市绿化工作的副局长、工程技术人员，北京、天津、上海市园林局长和各省会、自治区首府城市园林局(处)长，重点风景旅游城市园林局(处)长和部分风景名胜区管理局长，部分绿化先进的工厂、机关和有关院校、部门的代表，共一百九十多人。

会议主要研究如何贯彻落实五届人大四次会议关于开展全民义务植树运动的决议，加强城市的绿化建设。会议总结了前一段城市园林绿化工作，提出了贯彻人大《决议》需要解决的问题和具体措施，讨论了《关于加强城市园林苗圃建设的意见》、《关于加强城市和风景名胜区古树名木保护管理的意见》，还交流了加强城市绿化建设的经验。

从一九七八年十二月在济南召开全国城市园林绿化工作会议到现在的三年多来，城市绿化工作有了较大的进展，取得了一定的成绩。据一九八〇年底的统计，全国二百二十个城市园林绿地总面积达八万五千五百四十三公顷，其中城市公园六百七十九个，面积一万六千一百九十二公顷，园林苗圃面积七千九百八十六公顷。一九八一年全国城市植树总数已达四千万株以上。

但总的来说，目前我国城市绿化水平还是很低的。据一百八十个城市统计，城市绿化覆盖率低于10%的有九十二个。按人口平均的公共绿地面积，许多城市只有二至三平方米，北京也只有五平方米多，同国际上一些同类城市相比，差距很大。由于绿化覆盖率低，地被植物少，裸露地面多，经常尘土飞扬，影响市容卫生和环境面貌，各方面意见很多。造成这种状况的原因，除十年动乱期间城市园林苗圃、公共绿地被大量侵占，城市绿化遭受严重破坏之外，另一个原因是多年来在“左”的错误思想影响下，抓城市的生产建设多，抓维护城市的生态平衡和人民生活环境的改善少。近年来情况虽有好转，但忽视城市绿化的思想，至今仍在一部分同志中存在。同时，在我们园林绿化工作中，也还有不少缺点，例如对城市普遍植树绿化，特别是对发动群众搞好工厂、机关、学校、居住区的植树绿化重视不够；对苗圃建设和育苗工作抓得不紧；养护管理工作薄弱，树木花草的成活率、保存率不高。这些问题，要在贯彻执行人大《决议》过程中，努力加以解决。

会议对城市开展全民义务植树运动、加强城市绿化工作问题，提出以下几点意见：

## 一、深入学习，大力宣传人大《决议》

开展全民植树运动，不仅能够动员广大人民群众用自己的双手，加速绿化祖国、美化城市的进程，而且对于激发人民振兴中华的爱国热忱，树立集体主义、共产主义的道德风尚，必将产生深远的影响。一个城市的文明程度如何，绿化水平是一个很重要的标志。全国开展的“全民文明礼貌月”活动，也首先要求抓好环境的净化、绿化、美化。要组织园林绿化部门的全体职工，认真学习全国人大关于开展全民义务植树运动的决议，自觉地把城市绿化工作搞好，同时要利用各种宣传工具，向城市各行各业的广大干部、群众广泛深入地宣传人大《决议》，使每个人都懂得种植树木花草对于维护和改善生态平衡，建设环境优美、清洁卫生的现代化城市的重要意义，鼓励大家争当义务植树的模范。

## 二、把普遍绿化作为城市园林绿化部门的工作重点

各级园林部门要把城市绿化建设，搞好普遍绿化作为工作重点。特别是在目前城市园林绿地面积很少，绿化覆盖率很低的情况下，更应该把普遍绿化抓紧抓好。一方面，要搞好城市公共绿地的植树绿化；另一方面，要大力组织群众，搞好工厂、机关、学校特别是居住区的环境绿化。工作重点抓对了，城市绿化建设才能获得较快的发展。

## 三、搞好城市园林绿化的规划设计统筹安排绿化任务

城市绿化的内容，包括植树、种草、栽花，有条件的地方还可以种竹子，栽植各种攀缘植物、地被植物等。城市植树绿化，不但要增加绿化覆盖面积，逐步做到“黄土不露天”，而且要注意常绿树与落叶树、乔木与花灌木的搭配，搞好植物配置。在城市中开展义务植树运动，一定要充分考虑城市绿化与农村造林的不同特点，按照城市绿化规划设计的要求进行。凡是有条件的城市，绿化覆盖率近期应达到30%，本世纪末达到50%；每人平均公共绿地面积，近期应达到三至五平方米，本世纪末达到七至十一平方米。各城市在总体规划中，应当按照上述指标安排绿化用地，并注意合理分布。规划确定的城市园林绿地，不经园林部门同意和原审批机关批准，任何单位和个人不准随意改变使用性质。

为使城市义务植树运动能够按照园林绿化规划的要求，有计划、有步骤地进行，当前首先要调查清楚城市中有多少可供绿化的土地，全部绿化起来需要多少苗木和劳动力，可组织多少劳动力参加市区绿化等基本情况，作为统筹安排义务植树任务的依据。符合参加义务植树运动要求的劳动力，既可参加植树、种草、栽花，也可用于整地、育苗和养护管理。各地可根据具体情况，将每人每年义务植树三至五棵的任务，大体折算为三至五个劳动日。每个劳动日应完成多少任务，要因地制宜，由各地自行确定。

为了取得经验，使义务植树运动稳步向前发展，一定要抓好重点。就全国来说，以京、津、沪三个直辖市，二十六个省会、自治区首府城市，以及桂林、苏州、承德、大连、青岛等一些风景旅游城市和历史文化名城为重点。各类城市对如何抓好重点，推动全面，要及时总结经验，交流推广。

## 四、加强苗圃建设，搞好苗木供应

苗木是城市绿化的物质基础。绿化城市，必须苗木先行。现在，许多城市的苗木供应不足。不但数量不足，而且品种少，质量差。城市苗木不能自给，靠外购苗木搞绿化，不但会增加运费，影响树木成活率，还可能加速病虫害的传播。因此，加强城市园林苗圃（包括草圃、花圃）的建设，加快苗木（包括草皮、花卉）的生产自给，是开展全民义务植树运动、搞好城市绿化的一个急待解决的问题。解决的办法，一是适当增拨用地，扩大现有苗圃面积。据一些绿化较好的城市测算，一个城市的园林苗圃面积，一般应相当于建成区用地总面积的2%至3%。目前多数城市都低于2%，远远不能满足需要。同时要求各市人民政府督促有关部门将过去被占用的苗圃尽快退还。二是要加强现有园林苗圃的经营管理，建立各项生产责任制，实行定额管理。加强科学试验，实行科学育苗，加快苗木的繁植、生长过程，提高单位面积的产量。加强引种驯化、品种改良工作，培育适合当地生长、观赏价值较高的树木、草皮、花卉品种。同时要以园林苗圃为骨干，积极组织有条件的工厂、机关、学校等单位开展群

众育苗。

## 五、专群结合，加强养护管理

“三分栽、七分管”。加强植树绿化的养护管理，提高树木花草的成活率和保存率，是城市绿化的重要环节。建国以来，各城市每年植树的数量不少，但保存下来的树木不多。因此要认真克服重植轻管的思想，千方百计提高植树绿化的成活率和保存率。加强树木花草的养护管理，应采取专业队伍管护与群众管护相结合的方法。要在群众中普遍开展爱护树木花草的教育，特别是要在中小学生中进行这种教育。各地都要总结这方面的经验，及时加以推广。

在管理工作中，当前存在的另一个问题是，已有的园林绿地被侵占，树木被砍伐。据二十二个省、市、自治区的不完全统计，城市园林绿地被占面积共达一万一千公顷，约为这些城市园林绿地总面积的五分之一。中共中央 1978 年 13 号文件虽明确规定，被非法侵占的园林、绿地，要一律限期退出，但至今仍有个别部门和领导，不顾中央上述规定，不听取城市园林部门的意见，随意批准占用园林绿地进行其他建筑。很多城市见缝插针，违反规划要求，圈地、砍树、搭棚建店，搞违章建筑，使城市树木、绿地不断减少。因此，必须重申中共中央 1978 年 13 号文件的规定，非法占用园林绿地的，一定要限期退还。拒不退还者，予以经济处罚或法律制裁。城市中所有树木(不论是公有还是私有)的更新采伐，都必须服从城市园林部门的统一管理。不经园林部门批准，任何单位和个人都不得随意砍伐。违者也要给予经济处罚或法律制裁。

## 六、适当增加城市园林绿化资金

城市园林绿化的维护、建设资金，一般来自城市维护费，部分城市还可从上年工商利润中提取的 5%的城市维护费中安排。不少城市在分配城市维护、建设资金时，安排给园林绿化的比例过小。据一九八〇年全国二百二十个城市统计，在城市维护费中，用于园林绿化的支出，平均只占总支出的 11.3%，最低的还不到 5%，已经影响到园林绿化工作的正常开展。当前，国家财政有困难，不可能拿出很多钱来搞城市绿化，但城市绿化所需维护、建设资金必须保证。此外，今后新建工厂、机关、学校、住宅区等，可以在基建投资中安排一部分树苗、草皮购置费，发动群众搞绿化。

## 七、加强技术指导和技术培训

植树绿化，要讲究科学，注重实效。城市园林部门要积极举办植树绿化技术训练班，或委托园林学会举办专题讲座，编写植树、种草、栽花的各种小册子，普及城市绿化的技术知识，加强植树绿化的技术指导。植树绿化要严格按照技术规程办事，保证质量。

全国园林部门职工队伍中，技术人员仅占职工总数的 2%左右，并且多数职工的文化、技术水平较低。各单位要利用一切可能条件加强技术培训工作，努力提高职工的文化、技术水平。要积极筹办城建高等学院的园林专业，争取有关部门加强现有高等院校园林专业的领导，加速人材的培养。要积极开展园林科研和情报工作。

城市园林部门要加强政治思想工作，激发广大职工的爱国主义和建设社会主义的热情，同时要关心园林职工的生活，有些城市园林机构不健全，领导力量比较薄弱，不能适应城市园林绿化工作的需要，应当调整和加强。

## 八、加强公园和风景名胜区的植树绿化

城市的公园、动物园、植物园以及风景名胜区，是城市绿化的重要组成部分。近几年，各地在恢复园容，整修园林建筑，加强服务事业的经营管理和建设风景名胜区方面，都做了大量工作，取得了成绩。但是，在城市公园的工作中，不少城市注重园林建筑工程，忽视绿化建设和树木养护；注重抓经济收入，对如何进一步发挥公园的基本功能注意不够。在一些风景名胜区建设中，也有注意旅馆、饭店建设多，对如何增植林木、保护植被和自然景观注意不够的情况。以上这些偏向，要切实加以改变。

公园和风景名胜区是供广大群众休息、观赏、游览的地方，必须保持树木葱郁，花草繁茂，环境优美，空气清新。各类公园、风景名胜区都要在开展全民义务植树运动中，大力加强植树绿化。在公园建设中，要利用各种观赏树木、花卉以及草皮、地被植物等组织园林空间，创造富于生气的自然景观，给人以清新、安静舒适之感。目前，许多公园里，亭、台、楼、阁之类的建筑已经不少，我们应该在加强绿化，搞好园林植物配置，提高园艺水平方面多下功夫。各个风景名胜区主要是保护好现有林木不被砍伐破坏，同时要搞好植树绿化，使之四季常青。

开展全民义务植树运动，进行城市绿化建设，涉及到各个部门和单位，任务很重。各市人民政府要加强领导。城市园林部门要在市绿化委员会的统一部署下，与兄弟单位密切配合，圆满地完成这一

艰巨任务。

以上报告如无不妥，请批转各地参照执行。

国家城市建设总局
一九八二年四月三日

# 国务院关于公布《国家建设征用土地条例》的通知

国发〔1982〕80号

各省、市、自治区人民政府，国务院各部委、各直属机构：

《国家建设征用土地条例》，已经一九八二年五月四日第五届全国人民代表大会常务委员会第二十三次会议原则批准，现予公布施行。

附：国家建设征用土地条例

国务院
一九八二年五月十四日

# 国家建设征用土地条例

**第一条** 根据中华人民共和国宪法，为合理使用土地资源，保证国家建设必需的土地，并妥善安置被征地单位群众的生产和生活，特制定本条例。

**第二条** 国家进行经济、文化、国防建设以及兴办社会公共事业，需要征用集体所有的土地时，必须按照本条例办理。禁止任何单位直接向农村社队购地、租地或变相购地、租地。农村社队不得以土地入股的形式参与任何企业、事业的经营。

**第三条** 节约土地是我国的国策。一切建设工程，都必须遵循经济合理的原则，提高土地利用率。凡有荒地可以利用的，不得占用耕地；凡有劣地可以利用的，不得占用良田，尤其不得占用菜地、园地、精养鱼塘等经济效益高的土地。

各地区，特别是大城市近郊和人口密集地区，都应当按照土地利用规划，对各项建设用地严格加以控制。

在城市规划区范围内进行建设，必须符合城市规划的要求，并同改造旧城区结合起来，以减少新占土地。

**第四条** 国家建设征用土地，凡符合本条例规定的，被征地社队的干部和群众应当服从国家需要，不得妨碍和阻挠。

**第五条** 征用的土地，所有权属于国家，用地单位只有使用权。

**第六条** 各项工程使用土地必须符合国家有关土地管理、环境保护、水土保持等法规的要求，防止土地沙化、水土流失、水源枯竭、泥石流、盐碱化、洪涝灾害和环境污染。因此造成损失的，用地单位必须进行整治或支付整治费用，并对受害者给予相应的补偿。整治的要求和整治费、补偿费的标准，由用地单位、受害单位和有关单位在当地县、市土地管理机关主持下协商决定。达不成协议的，由县、市人民政府决定；县、市人民政府决定不了的，报上一级政府决定。不能恢复耕种的土地作为征地处理，按本条例规定的审批权限，由县、市以上人民政府安排使用。

被征用土地内有与工农业生产和群众生活密切相关的水源、渠道、涵闸、管道、道路、电缆等设施的，用地单位和施工单位应当在当地人民政府组织下，会同有关部门妥善处理，不得擅自阻断或破坏；发生阻断或破坏的，应加以修复或建设相应的工程设施。

**第七条** 征用土地的程序：

一、申请选址。用地单位持经批准的建设项目设计计划任务书或上级主管机关的有关证明文件，向拟征地所在地的县、市土地管理机关申请，经县、市人民政府审查同意后，进行选址。在城市规划区范围内选址，还应当取得城市规划管理部门同意。

二、协商征地数量和补偿、安置方案。建设地址选定后，由所在地的县、市土地管理机关组织用地单位、被征地单位以及有关单位，商定预计征用的土地面积和补偿、安置方案，签订初步协议。

三、核定用地面积。建设项目的初步设计经批准后，用地单位持有关批准文件和总平面布置图或建设用地图，向所在地的县、市土地管理机关正式申报建设用地面积，按本条例规定的权限经县、市以上人民政府审批核定后，在土地管理机关主持下，由用地单位与被征地单位签订协议。

四、划拨土地。征地申请经批准后，由所在地的县、市土地管理机关根据计划建设进度一次或分期划拨土地，并督促被征地单位按时移交土地。

**第八条** 征用土地的审批权限：

征用耕地、园地一千亩以上，其他土地一万亩*以上，由国务院批准；征用直辖市郊区的土地，由直辖市人民政府批准；征用五十万人口以上城市郊区的土地，由所在市人民政府审查，报省、自治区人民政府批准；征用其他地区耕地、园地三亩以上，林地、草地十亩以上，其他土地二十亩以上，由所在县、市人民政府审查，报省、自治区人民政府批准；在上述限额以下的，由县、市人民政府批准。

省、自治区、直辖市人民政府可以根据本地区实际情况，适当放宽或缩小县、市人民政府审批征地数额的权限。

一个建设项目所需土地，应当根据总体设计一次报批，不得化整为零。分期建设的工程应当分期征地，不得早征迟用。铁路、公路干线所需土地，可以分段报批和办理征地手续。

**第九条** 征用土地应当由用地单位支付补偿费。

各项补偿费的标准：

一、土地补偿费。征用耕地(包括菜地)的补偿标准，为该耕地年产值的三至六倍，年产值按被征用前三年的平均年产量和国家规定的价格计算。各类耕地的具体补偿标准，由省、自治区、直辖市人民政府在此范围内制定。征用园地、鱼塘、藕塘、苇塘、宅基地、林地、牧场、草原等的补偿标准，由省、自治区、直辖市人民政府制定。征用无收益的土地，不予补偿。

二、青苗补偿费和被征用土地上的房屋、水井、树木等附着物补偿费的标准，由省、自治区、直辖市人民政府制定。但是在开始协商征地方案后抢种的作物、树木和抢建的设施，一律不予补偿。

征用城市郊区的菜地，还应当按照有关规定向国家缴纳新菜地开发建设基金，具体办法另订。

**第十条** 为了妥善安排被征地单位的生产和群众生活，用地单位除付给补偿费外，还应当付给安置补助费。

安置补助费的标准：

一、征用耕地(包括菜地)的，每一个农业人口的安置补助费标准，为该耕地每亩年产值的二至三倍，需要安置的农业人口数按被征地单位征地前农业人口(按农业户口计算，不包括开始协商征地方案后迁入的户口)和耕地面积的比例及征地数量计算。年产值按被征用前三年的平均年产量和国家规定的价格计算。但是，每亩耕地的安置补助费，最高不得超过其年产值的十倍。

二、征用园地、鱼塘、藕塘、林地、牧场、草原等土地的，安置补助费标准由省、自治区、直辖市人民政府参照一般耕地的安置补助费标准制定。

三、征用宅基地的，不付给安置补助费。

个别特殊情况，按照上述补偿和安置补助标准，尚不能保证维持群众原有生产和生活水平的，经省、自治区、直辖市人民政府审查批准，可以适当增加安置补助费，但土地补偿费和安置补助费的总和不得超过被征土地年产值的二十倍。

**第十一条** 用地单位支付的各项补偿费和安置补助费，除被征用土地上的附着物中产权确属个人的其补偿费应当付给本人，集体种植的土地上的青苗补偿费可以纳入当年集体收益分配外，都应当由被征地单位用于发展生产和安排因土地被征用而出现的多余劳动力的就业和不能就业人员的生活补助，不得移作他用。有关领导机关和其他单位不得以任何借口占用。

**第十二条** 因征地造成的农业剩余劳动力由县、市土地管理机关组织被征地单位、用地单位和有关单位分别负责安置。安置的主要途径有：

一、发展农业生产。改良土壤，兴修水利，改善耕作条件；在可能和合理的条件下，经县、市土地管理机关批准，适当开荒，扩大耕地面积；也可以由用地单位结合工程施工帮助造地，但要按造地数量相应扣除安置补助费。

二、发展社队工副业生产。在符合国家有关规定的条件下，因地制宜，兴办对国计民生有利的工副业和服务性事业。

三、迁队或并队。土地已被征完或基本征完的生产队，在有条件的地方，可以组织迁队；也可以按照自愿互利的原则，与附近生产队合并。

按照上述途径确实安置不完的剩余劳动力，经省、自治区、直辖市人民政府批准，在劳动计划范围内，符合条件的可以安排到集体所有制单位就业，并将相应的安置补助费转拨给吸收劳动力的单位；用地单位如有招工指标，经省、自治区、直辖市人民政府同意，也可以选招其中符合条件的当工人，并相应核减被征地单位的安置补助费。

生产队的土地已被征完，又不具备迁队、并队条件的，本队原有的农业户口，经省、自治区、直辖市人民政府审查批准，可转为非农业户口或城镇户口。原有的集体所有的财产和所得的补偿费、安置补助费，由县、市以上人民政府与有关社队商定

---

* 占用、征用林地按《中华人民共和国森林法》第十五条规定办理。

处理，用于组织生产和不能就业人员的生活补助，不准私分。

**第十三条** 经批准安排被征地单位人员就业的，农业户口转为非农业户口或城镇户口的，相应的粮食供应指标以及不能就业人员的生活安置工作，分别由当地劳动、公安、粮食、民政部门负责办理。

**第十四条** 征用土地拆迁集体的和社员的房屋时，由生产队或房屋所有者按照社队的统一安排进行重建。

**第十五条** 被征地单位用补偿费和安置补助费兴建生产生活设施所需建设物资，社队能够解决的，由社队自行解决；社队不能解决的，由当地政府协助解决；地方无法解决的少数统配部管物资，经县、市土地管理机关审查核实后，由用地单位随同建设项目向国家有关部门申请分配。物资价款由被征地单位支付。

**第十六条** 大中型水利、水电工程建设的移民安置办法，由国家水利电力部门会同国家土地管理机关参照本条例另行制定。

**第十七条** 被征地单位不得在本条例规定的补偿、补助范围以外，提出额外要求或附加条件。

**第十八条** 在工程项目施工过程中，需要建设材料堆场、运输通路和其它临时设施的，应当尽量在征地范围内安排。确实需要另行增加临时用地的，由建设单位向原批准工程项目用地的主管机关提出临时用地数量和期限的申请，经批准后，同生产队签订临时用地协议，并按生产队土地前三年平均年产值逐年给予补偿。在临时用地上不得修建永久性建筑。使用期满，用地单位应当负责恢复土地的耕种条件，及时归还生产队，或按恢复工作量向生产队支付费用。

架设地上路线、铺设地下管线、建设其它地下工程以及地质勘探等部门进行野外工作需要临时使用土地的，按照上述原则办理。使用期限在一年以内的，由所在县、市人民政府批准。

建设单位为选择建设地址而需要对土地进行勘测时，应当征得当地县、市人民政府同意；造成损失的，应当按照实际情况给予补偿。

**第十九条** 遇到抢险或紧急的军事需要等特殊情况急需用地时，属于临时用地的可以先使用，并立即报告所在地县、市人民政府；属于永久用地的，经县、市以上人民政府同意，可以先使用，并按照规定的审批权限，补办征地手续。

**第二十条** 已征用的土地上有青苗的，在不影响工程正常进行的情况下，应当等待农民收获，不得铲毁；凡在当地一个耕种收获期内尚不需使用的土地，建设单位应当与生产队签订协议，允许农民耕种。

**第二十一条** 已征用二年还不使用的土地，除经原批准征地的机关同意延期使用的土地外，当地县、市人民政府有权收回，并报原批准机关备案。原用地单位不得擅自处理，其他单位和个人不得侵占。收回的土地，可作如下处理：(一)按本条例规定的审批权限，有偿拨给其他符合征地条件的单位使用。其费用按原用地单位实际支付的各项补偿费、安置补助费计算，交原用地单位按国家有关规定处理。(二)借给生产队耕种。生产队在耕种期间，不准在土地上兴建任何建筑物和种植多年生作物。国家建设需要使用时，生产队必须立即交还，不得再提出补偿、安置的要求；有青苗的，用地单位应当酌情付给青苗补偿费。

铁路沿线以及因安全防护等特殊需要，符合国家规定的留用土地，不得视为征而未用的土地。

**第二十二条** 被征用土地上的坟墓，由用地单位报请当地人民政府公告坟主迁移，并支付迁坟费。无主坟墓，由用地单位代迁或深埋。

在征用的土地内发现文物古迹或无主财物，用地单位和施工单位应当负责保护，并报县、市以上人民政府处理。

**第二十三条** 跨县的工程，征地工作由省、自治区、直辖市人民政府土地管理机关统一组织。

**第二十四条** 各级人民政府的土地管理机关和用地单位的上级主管部门，应当对已征用土地的使用情况和安置方案的落实情况及时进行监督检查。

**第二十五条** 对违反本条例的，分别情况给予经济制裁、行政处分，直至追究刑事责任。

一、采取非法手段骗取批准征用土地的，超越审批权限批准征用土地的，征地协议无效；情节严重的，对主管人员和直接责任人员给予行政处分，可以并处罚款。

二、侵占集体土地的，占用临时用地期满不归还的，责令退还土地，并赔偿所造成的经济损失；情节严重的，对主管人员和直接责任人员给予行政处分，可以并处罚款。

三、买卖、租赁或变相买卖、租赁土地的，违法转让土地的，没收其非法所得，在非法占用的土地上建造的建筑物予以没收或拆除；情节严重的，对主管人员和直接责任人员处以罚款，并可以给予行政处分。

四、对批准征用的土地，一方当事人坚持无理要求，拒不签订征地协议的，由土地管理机关裁决。当事人任何一方不执行征地协议，致使对方遭受经济损失的，责令赔偿；情节严重的，对主管人员和直接责任人员处以罚款。

五、挪用或占用补偿费和安置补助费的，责令退赔；情节严重的，对主管人员和直接责任人员给予行政处分，可以并处罚款。侵占招工、转户指标的，招工、转户无效；情节严重的，对主管人员和直接责任人员给予行政处分，可以并处罚款。

上列各项，行政处分由土地管理机关提出意见，报请县级以上人民政府批准，责令所在单位或其上级主管机关决定和执行。经济制裁由土地管理机关决定并限期执行；当事人不服的，可以在期满前向人民法院起诉；期满不起诉又不履行的，由土地管理机关提请人民法院依照民事诉讼程序强制执行。

在征地过程中，煽动群众闹事，阻挠国家建设，贪污、盗窃国家和集体财物，行贿、受贿，敲诈勒索，以及其它违法犯罪行为，构成犯罪的，由司法机关依法追究刑事责任；情节轻微、不构成犯罪的，分别给以治安管理处罚或经济制裁、行政处分。

**第二十六条** 对个人罚款数额，最低为人民币三十元，最高不超过本人六个月的收入。

全民所有制企业、事业单位和行政机关支付的经济赔偿，应从该单位的企业基金、利润留成、经费包干结余等资金中支付，不得列入生产成本或摊入基本建设投资。

**第二十七条** 在本条例公布以前，征用土地已按国家有关规定达成协议的，仍按照原协议执行。

**第二十八条** 全民所有制单位同农村社队联合投资建设的项目，需要使用农村社队集体所有土地的，视同国家建设征用土地，按照本条例的规定办理。

**第二十九条** 城镇集体所有制单位进行建设或同农村社队联合投资建设的项目，需要使用农村社队集体所有土地的，比照本条例的规定办理。

**第三十条** 农村人民公社和生产大队进行建设，需要使用生产队土地的，也应当给予补偿并对农民进行妥善安置，具体办法和补偿、安置标准由省、自治区、直辖市人民政府参照本条例制定。

**第三十一条** 国家建设使用国有荒山、荒地、滩涂以及其它单位使用的国有土地，按照本条例规定的程序和审批权限无偿划拨；收回社队长期耕种的国有土地，根据具体情况给予社队适当补助。使用河滩地，还必须经水利、水产和交通部门批准。

**第三十二条** 各省、自治区、直辖市人民政府可以根据本条例，结合当地具体情况，制定实施办法。

**第三十三条** 本条例自公布之日起施行。一九五八年一月六日国务院公布的《国家建设征用土地办法》即行废止。

# 水土保持工作条例

（一九八二年六月三十日国务院发布）

国发〔1982〕95号

## 第一章 总 则

**第一条** 防治水土流失，保护和合理利用水土资源，是改变山区、丘陵区、风沙区面貌，治理江河，减少水、旱、风沙灾害，建立良好生态环境，发展农业生产的一项根本措施，是国土整治的一项重要内容。为了做好水土保持工作，特制定本条例。

**第二条** 水土保持工作的方针是：防治并重，治管结合，因地制宜，全面规划，综合治理，除害兴利。

**第三条** 全国水土保持工作由水利电力部主管。并成立以水利电力部为主，有国家计划委员会、国家经济委员会、农牧渔业部、林业部参加的全国水土保持工作协调小组，以加强有关部门之间的联系，定期研究解决水土保持工作中的重大问题，做好水土保持工作。有防治水土流失工作任务的地方各级人民政府，应根据具体情况设立必要的水土保持工作机构。

水土保持工作机构的任务是：贯彻执行国家有关水土保持的方针、政策、法令；进行水土保持查勘，编制水土保持规划，并组织实施；督促检查有关部门的水土保持工作；组织开展有关水土保持的科学研究、人才培养和宣传工作；管好用好水土保持经费和物资。

各江河流域机构应负责本流域的水土保持查勘、规划、科学研究工作，协助和推动流域内各省、自治区、直辖市水土保持工作部门做好水土保持工作。

水土保持站、农业技术推广站、林业站、水利站、农机站、土肥站、草原站等都有责任帮助当地社队做好水土保持工作。

**第四条** 山区、丘陵区、风沙区的各级人民政府必须把水土保持工作列入计划，加强领导，统一规划，组织协调，进行宣传教育，发动群众做好这项工作。水利、农业、林业、畜牧、农垦、环保、铁道、交通、工矿、电力、科学研究等部门，必须密切协作，分工负责，做好与本部门有关的水土保持工作；宣传、出版部门应有计划地开展水土保持宣传工作，普及水土保持科学知识，提高干部和群众对水土流失危害和水土保持重要性的认识。

**第五条** 农村社队和国营农、林、牧场，应在当地人民政府制定的水土保持整体规划指导下，根据当地自然条件和群众生产、生活的实际需要，制定具体的水土保持计划，组织实施。

**第六条** 防治水土流失，要动员社会力量，依靠群众自力更生。国家在经费、物资方面给予必要的扶持，对重点地区应给予较多的援助。

各级计划部门，应将水土保持工作列入国民经济年度计划。国家安排的水土保持经费，应专款专用，不得挪作他用。各级水土保持工作部门和财政部门应加强对经费的管理，注重投资效果。

## 第二章 水土流失的预防

**第七条** 二十五度以上的陡坡地，禁止开荒种植农作物。省、自治区、直辖市人民政府可以根据当地地形地貌、土壤、耕地和人口密度等情况，规定低于二十五度的禁垦坡度。

**第八条** 风沙危害严重地区，崩山、滑坡危险区，易产生泥石流地区，铁路、公路、河流、渠道两侧的山坡，水库淹没区周围，自然保护区，风景区，名胜古迹和重要历史文化遗产区，禁止开荒、挖沙和开山炸石。

**第九条** 黄土高原地区的黄土丘陵沟壑区和高原沟壑区，禁止开荒。有关省、自治区应根据具体情况规定禁垦的区域。

**第十条** 严禁毁林开荒、烧山开荒和在牧坡牧场开荒。

**第十一条** 任何单位和个人在禁垦坡度以下的坡地上开荒，必须经县级人民政府批准，并须采取水土保持措施。违者，责令退耕造林种草。

国营农场在禁垦坡度以下的坡地上开荒，必须按国家有关规定报批。在报批的开荒计划中必须包括水土保持实施方案，实施方案应在计划批准前征求水土保持工作部门的意见，批准后由水土保持工作部门监督实施。

**第十二条** 严禁滥伐林木破坏水土保持。凡按国家规定采伐森林，在报批的采伐计划中必须包括采伐迹地更新和防止水土流失的实施方案，实施方案应在计划批准前征求水土保持工作部门的意见，批准后由水土保持工作部门监督实施。

**第十三条** 在坡地上整地造林、幼林的中耕除草和油茶、油桐等经济林木的垦复，必须采取水土保持措施，防止造成水土流失。

**第十四条** 水利、铁道、交通、工矿、电力等部门，在山区、丘陵区、风沙区兴建工程和进行生产时，应尽量减少破坏地貌和植被；开采土、石、沙料，可能导致水土流失的，必须采取水土保持措施；废弃的土、石、沙料和矿渣、尾沙必须妥善处理，不准倒入江河、水库；工程竣工时，取土场、开挖面等范围内的裸露土地，由施工单位负责采取植物措施和必要的工程措施，保护水土资源。

各部门在报批的工程规划设计和生产计划中，必须包括防治水土流失的实施方案，实施方案应在计划批准前征求水土保持工作部门的意见，批准后由水土保持工作部门监督实施。已造成水土流失的，限期治理。治理水土流失所需要的经费，基本建设单位从基本建设投资中列支，生产企业单位从企业更新改造资金或生产发展基金中列支。

**第十五条** 山区、丘陵区、风沙区县级人民政府应根据当地情况，组织农村社队和国营农、林、牧场有计划地进行封山固沙、育林育草，轮封轮牧，积极发展薪炭林和饲草、绿肥植物，改变铲草皮、挖树兜、滥樵、滥牧等习惯，保护植被。

**第十六条** 山区、丘陵区、风沙区县级人民政府对于农村社队和国营农、林、牧场等单位以及个人从事的挖种药材、养柞蚕、培育木耳香菇、烧木炭、烧砖瓦、挖矿、开石等副业生产，必须结合生产规划和水土保持要求，制定具体办法，有组织有领导地进行，防止乱挖乱倒土石和破坏植被，造成水土流失。

## 第三章 水土流失的治理

**第十七条** 在山区、丘陵区治理水土流失，应按照当地自然条件，以小流域为单元，实行全面规划，综合治理，集中治理，连续治理，植物措施与工程措施相结合，坡面治理与沟道治理相结合，田间工程与蓄水保土耕作措施相结合，治理与生产利用相结合，当前利益与长远利益相结合，讲求实效。

**第十八条** 现有的坡耕地，在禁垦坡度以上的，应根据不同情况，区别对待：人少地多的社队，应在平地和缓坡地积极建设基本农田、提高单位面积产量，将坡耕地退耕，造林种草；人多地少的社队，退耕确有困难的，应按照坡度大小，规定期限，修成梯田或者采取其他水土保持措施。现有的坡耕地，在禁垦坡度以下的，应采取等高耕种、等高沟垅种植、草田轮作、修梯田等水土保持措施，防治水土流失。

**第十九条** 当地人民政府应结合实行农业生产责任制情况，因地制宜，采取适当形式，组织社队群众力量，落实治理水土流失任务。

水土流失治理任务大的社队，需要协作治理的，应贯彻自愿互利、等价交换、合理负担的原则。治理后的管理任务、收益分配和新增耕地的使用，由参加治理的单位共同商定。原土地所有权不变。

**第二十条** 为解决治理所需树草苗木种子，农村社队和有关单位应积极建立必要的苗圃、种子基地。

**第二十一条** 任何单位和个人因开荒、搞副业、挖矿、筑路、兴修水利水电、采伐森林和其他生产建设活动造成水土流失的，应负责治理。当地人民政府有权督促检查，限期治理。

**第二十二条** 各地对水土保持设施(包括工程和树草)必须落实管理责任，加强管理养护，扩大效益，充分发挥保水保土的作用。

农村社队应根据水土保持设施的情况，落实管理养护责任；对有些水土保持设施还可制订管理养护公约，建立必要的管理养护组织。水利、铁道、交通、工矿等部门和国营农、林、牧场对所属范围以内的水土保持设施，应建立管理养护组织或确定专人管理养护。

**第二十三条** 对于水土保持设施和水土保持试验场地、仪器设备，任何单位和个人不得侵占和破坏。

**第二十四条** 东北、华北、西北风沙区，在国家统一规划下，由当地人民政府组织农村社队和国营农、林、牧场营造防护林，集中连片种草，防风固沙。其他风沙区，当地人民政府应有计划地采取有效措施，控制风沙危害。

**第二十五条** 对沙化、退化的草原和草山草坡，应根据草场的载畜能力有计划地调整载畜量，轮封轮牧，播种牧草，营造防护林，恢复植被，改良牧场。水土流失严重地区，应积极发展人工种植饲草，提倡圈养，改变野外放牧习惯，以恢复植被。

**第二十六条** 在有倒山轮种、刀耕火种习惯的地区，当地人民政府应加强宣传教育，帮助建设基本农田，推行农业科学技术，从各方面创造条件，逐步改变耕作习惯，以利保持水土。

对轮歇的坡地，应及时种植牧草或绿肥植物，以增加地面植被。

## 第四章 教育与科学研究

**第二十七条** 教育、水利、农业、林业等部门应在有关高等院校设置水土保持专业或课程，水土流失严重的省、自治区可设立中等水土保持学校或在水利、农业、林业等中等专业学校设置水土保持专业或课程，大力培养水土保持科学技术人才。中小学的有关课程应有水土保持内容。

**第二十八条** 中国科学院和水利、农业、林业科学研究部门，省、自治区、直辖市水土保持工作部门和流域机构，应对所属与水土保持有关的科学研究单位加强领导，认真开展水土保持科学研究，及时总结推广水土保持科学研究成果。

水土保持科学研究工作必须紧密联系实际，为防治水土流失和发展生产服务。应在重点研究水土保持应用技术的同时，加强基础理论和有关社会经济方面的研究，为防治水土流失提供科学依据。

## 第五章 奖励与惩罚

**第二十九条** 有下列先进事迹之一的单位和个人，按照成绩大小，由各级人民政府给予表彰和奖励。

(一)预防水土流失或管理养护水土保持设施成绩突出的。

(二)长期坚持治理水土流失，速度快，质量高，保持水土和经济效益显著的。

(三)积极改变广种薄收习惯，保持水土，发展农、林、牧业生产有显著成效的。

(四)对水土保持科学技术有较大发明、创造、革新或其他较大贡献的。

(五)在水土保持科学研究、教育、宣传推广和管理工作中取得显著成就的。

(六)坚决同破坏水土保持的行为作斗争立有功绩的。

(七)在基层从事水土保持工作十五年以上，热爱本职工作，表现突出的。

**第三十条** 违反本条例规定，有下列行为之一的单位和个人，应负责赔偿损失。对肇事单位的负责人或肇事人应给予行政处分。触犯刑律的，追究刑事责任。

(一)违反第七、八、九、十、十一条规定开荒或在允许开垦的坡地上开荒拒不采取水土保持措施，造成严重后果的。

(二)违反第十二、十三条规定，拒不进行迹地更新或采取防止水土流失措施，造成严重水土流失的。

(三)违反第十四条规定，拒不采取水土保持措施，造成水土流失灾害的。

(四)从事副业生产乱挖乱倒土石或破坏植被，造成水土流失灾害的。

(五)违反第二十三条规定，侵占或破坏水土保持设施、水土保持试验场地或仪器设备的。

**第三十一条** 对违反本条例的行为，任何单位和个人都有权检举、控告。被检举、控告的单位和个人，不得打击报复，违者依法惩处。

## 第六章 附 则

**第三十二条** 各省、自治区、直辖市人民政府可以根据本条例，制定实施细则。

**第三十三条** 本条例自发布之日起施行。

# 中共中央 国务院
# 关于制止乱砍滥伐森林的紧急指示

中发〔1982〕45号

（一九八二年十月二十日）

当前，许多地方再次出现了乱砍滥伐森林的歪风，并且，这股风还在继续蔓延扩大。产生这种情况的原因，主要是有关的党、政领导机关，对违法毁林事件的严重性认识不足，打击不力，有的甚至不抓不管，听之任之。必须使同志们明白，当前，森林工作中确实存在一些问题，如增拨抚育基金、控制采伐计划、调整购销价格等问题，有的还没有解决，或没有完全解决，林区群众生活还有一些实际困难等等，这些都必须有准备、有步骤地一一加以解决。但是，这需要相当的时间。而对当前的违法毁林事件，决不可借口工作中存在缺点就可以有法不行，执法不严。国家制定的有关森林的法律、法令，体现着全国各族人民的根本利益，受到广大群众的拥护，甘愿犯法毁林的只是极少数，姑息放纵这些极少数犯法者，是对人民的犯罪。只有对少数犯法者坚决给以打击，才能有效地刹住这股歪风，鼓励更多的人保护森林，发展林业，否则，百年树木，毁于一旦，将造成无法弥补的损失。为此，特紧急指示如下：

一、中共中央、国务院责成凡有森林地方的县委和县人民政府，负责监督护林法令的执行。望立即采取果断措施，限期制止乱砍滥伐森林事件。无论任何单位或者个人，利用任何手段侵占和破坏国有的和集体所有的山林，都必须彻底追查，依法惩办。对这些犯法者制止不力，就是失职，上级党委和政府必须追究县委书记和县长的领导责任。

二、对于破坏森林的任何单位或者个人，要分别情况，该退赔的必须退赔，该罚款的必须罚款，该判刑的要依法判刑。不管什么人，也不论是哪一级干部，犯法者同罪，不得姑息、包庇，或者借故掩护顶着不办。对当前毁林严重的地方，要抓住几个典型案件，从重从快处理，处理结果，要在报纸上公布，以震慑犯罪分子，教育广大干部、群众。中共中央、国务院决定由中纪委会同林业部等有关部门组成工作组，重点协助一些省、自治区抓好毁林案件的处理工作，和纠正某些党、政机关领导不力的问题。

三、抓紧搞好稳定山权、林权、划定自留山，确定林业生产责任制工作。凡是没有搞完林业“三定”的地方，除国家计划规定的木材生产任务以外，其它采伐暂时一律冻结。“三定”结束的地方，必须切实加强林政管理，普遍制定乡规民约，严格执行木材采伐审批和运输管理制度，没有林业部门发给的证明，不得采伐、运输和销售木材。林区和毗邻地区的木竹自由市场，必须坚决关闭。同时，要认真解决好山林纠纷。在山林纠纷解决之前，任何一方都不准先发山林权证，不准砍伐有争议的林木，不准挑动、制造新的山林纠纷，违者要追究责任，严肃处理。集体所有林，要实行专业承包责任制，不允许按人平分。

四、保护森林、发展林业是我国社会主义建设中的一个重大问题。对森林的保护和管理必须加强，在任何时候都不能丝毫放松。今后对乱砍滥伐歪风，应当随起随刹，绝不能手软。各级党委和人民政府对坚决刹住当前乱砍滥伐森林的歪风，今后如何加强对森林的管理和保护，以及进一步落实林业政策等问题，一定要立即进行一次认真的检查，针对存在的问题，作出具体部署，切实把工作抓好，务求取得成效。

请各省、市、自治区党委、人民政府于今年年底前向中央、国务院写出报告。

# 中华人民共和国宪法(摘录)

(一九八二年十二月四日第五届全国人民代表大会第五次会议通过，现予公布施行)

## 第一章 总 纲

**第八条** 农村人民公社、农业生产合作社和其他生产、供销、信用、消费等各种形式的合作经济，是社会主义劳动群众集体所有制经济。参加农村集体经济组织的劳动者，有权在法律规定的范围内经营自留地、自留山、家庭副业和饲养自留畜。

城镇中的手工业、工业、建筑业、运输业、商业、服务业等行业的各种形式的合作经济，都是社会主义劳动群众集体所有制经济。

国家保护城乡集体经济组织的合法的权利和利益，鼓励、指导和帮助集体经济的发展。

**第九条** 矿藏、水流、森林、山岭、草原、荒地、滩涂等自然资源，都属于国家所有，即全民所有；由法律规定属于集体所有的森林和山岭、草原、荒地、滩涂除外。

国家保障自然资源的合理利用，保护珍贵的动物和植物。禁止任何组织或者个人用任何手段侵占或者破坏自然资源。

**第十条** 城市的土地属于国家所有。

农村和城市郊区的土地，除由法律规定属于国家所有的以外，属于集体所有；宅基地和自留地、自留山，也属于集体所有。

国家为了公共利益的需要，可以依照法律规定对土地实行征用。

任何组织或者个人不得侵占、买卖、出租或者以其他形式非法转让土地。

一切使用土地的组织和个人必须合理地利用土地。

**第二十六条** 国家保护和改善生活环境和生态环境，防治污染和其他公害。

国家组织和鼓励植树造林，保护林木。

# 国务院 中共中央军委<br>关于印发《军队营区植树造林与林木管理办法》的通知

〔1982〕42号

各省、市、自治区人民政府，各大军区、省军区、野战军、军委各总部、各军兵种，国务院各部委、各直属机构：

现将林业部、总参谋部、总政治部、总后勤部联合拟订的《军队营区植树造林与林木管理办法》印发你们，望认真贯彻执行。

附：军队营区植树造林与林木管理办法

国务院

中共中央军事委员会

一九八二年十二月二十日

# 军队营区植树造林与林木管理办法

为搞好军队营区(包括仓库、医院、学校、场站),以及工厂、农场、马场、训练场地等的绿化工作,加强林木管理,根据《中华人民共和国森林法(试行)》、国务院《关于开展全民义务植树运动的实施办法》和《中国人民解放军营产管理条例》规定精神,制订本办法。

## 一、营区植树造林

(一)植树造林,绿化祖国,是每个军人的光荣义务。各部队要按照"每人每年义务植树三至五棵,或者完成相应劳动量的育苗、管护和其它绿化任务"的要求,在每年"植树节"前后和适宜植树的季节,组织广大干部、战士、职工、家属在营区大力植树造林。

(二)团以上单位在营区内植树造林,要在明确权属的前提下,搞清适宜植树的地段、面积和立地条件,因地制宜地制订植树造林规划,绘制分布图,分期分批组织实施。

(三)营区"四旁"植树要多种速生乔木,辅以花草、果木,逐步向花果化、园林化方向发展,为部队战备训练和日常生活提供良好的环境。按基地面积计算,每十五平方米左右要有一棵成活树(城镇驻军基地面积过小的以种满种足为原则);基地面积大、空地多、条件好的单位,人均成活树要达到二十株以上。

(四)部队对较大面积的宜林荒山荒地,要因地制宜地营造防护林、用材林、经济林、果木林,尽可能做到以林为主,多种经营。

(五)部队的农牧场要营造林带、林网和防风固沙林、水土保持林,实现农田、牧场林网化。

(六)有条件的团以上单位,要自办苗圃,培育树苗。省军区、野战军、后勤分部以及军区空军、海军舰队,要选择条件好的地方,建立苗木基地,逐步实现植树造林苗木自给。

(七)植树造林要讲究科学,坚持适地适树、良种壮苗、细致整地、适当密度、合理混交,精细种植和抚育保护等基本措施,严格按照林业生产规律和技术规程办事。

(八)营区植树造林要实行责任制,采取包栽、包活、包成林的办法,按规划完成绿化任务。在规划限期内没有完成造林任务而无正当理由的,要追究单位领导的责任。

(九)新建营区的绿化,要与建设工程同时规划,同时设计,其绿化面积,一般不得少于总用地面积的25%,所需经费列入基建投资开支。

(十)各级林业部门要大力支持部队植树造林,积极帮助部队搞好造林规划,培训干部,培育良种、壮苗,进行技术指导。

## 二、营区林木管理

(一)营区范围内由部队营造的以及国家批准划给的林木是营区的组成部分,统由各级营房部门管理。团以上单位要详细记载每年种植数、投资数、收益数和林木、果木、林副产品的采伐、更新、抚育、加工、利用情况,掌握林木资源消长变化,建立完善的档案资料。植树造林完成、保存和收益情况于每年十二月底统计上报。

(二)部队在营区内植树,林木属于军队所有、山权林权有争议的,应主动与地方政府协商,明确权属。凡权属明确为部队所有的山林,归所驻部队经营,由当地县以上人民政府颁发山林权证书。山林权证书由各军区、军区空军和海军舰队营房部门永久保存,基层单位营房部门留存副本,部队移防、撤销时列入移交,不得销毁。

(三)部队在军事禁区内的荒山荒地植树,地权属国家的,林权归军队,县以上人民政府要发给林权证书;地权属集体的,要与社队签订协议,商定种植、管护和林木收益分配办法。禁区内原有林木权属不变,部队要积极协助地方有关部门和社队搞好林木的抚育管理和病虫害的防治,不得砍伐。

(四)在自然保护区和风景游览区的部队营区和军事禁区,无论山、地权归属如何,其绿化应在地方统一规划和指导下进行。种植的林木和原有林木、植被,要严格保护,严禁损害、砍伐和狩猎。

(五)营区植树造林主要靠自力更生,艰苦创业。所需经费应从林产收益中解决。军区或总部酌情给予适当补助。

(六)营区植树造林所需劳力,主要依靠部队自己动手。花果树木多的,可雇请少量园艺工人。造林面积大的,应组织一些有经验的专职人员进行管理。

## 三、营区林木保护

(一)各单位要采取有效措施保护营区的树木、植被，适时浇水、除草、施肥、修枝、防治病虫害，保证林木正常生长。

(二)营区树木多、造林面积大的，要指派护林员，或由执勤巡逻人员兼职护林。护林员要切实负起责任，经常巡护，防止人畜损害树木，制止一切可能引起破坏林木的行为。

(三)禁止毁林开荒、毁林搞副业。有条件的要封山育林，不准在幼林区及封山区和各种防护林带砍柴、放牧。切实搞好森林防火。

(四)为维持生态平衡，要积极宣传和开展爱鸟、护鸟活动。严禁捕猎营区内外的国家保护的珍稀动物。

(五)主动与地方取得联系，商请驻地公社、大队、公安派出机关协助管护好营区林木。

## 四、营区林木采伐

(一)采伐营区林木，要以不影响隐蔽和绿化整体规划为原则，经过批准，办理手续，有计划地进行。

(二)属于促进林木生长的抚育伐，或部分砍伐"四旁"成材树木，由所属单位提出申请计划，经师以上机关批准，方可实施。驻城市部队营区林木，只能进行卫生伐和更新性采伐，并报经城市园林或林业部门批准。采伐的木材主要用于本单位营房、营具的维修。

(三)成片林木的主伐，由造林单位编造计划，将采伐的目的、地点、林种、林相、面积、蓄积、方式和更新措施等，报经军区、军种后勤部批准。年采伐量在一百立方米以上的，须征得所在省、市、自治区林业部门同意；年采伐量在一百立方米以下的，军区、军种后勤应将批件抄当地县林业部门。地方林业部门应发给采伐证和木材出境证。采伐的林木由军区、军种营房部门统一计划，以合理的价格调拨部队内部使用。

(四)采伐营区林木，应按国家规定缴纳育林基金。缴纳标准，每立方米木材或每百根竹子(楠竹)十五元，全部留给部队用于更新造林、育林、护林防火、病虫害防治等支出，专款专用。育林基金由用材单位缴总后勤部，由总后勤部管理。

(五)部队营造的林木及林产品收益归军队支配，林产收入实行分成。军区、军种和省军区、野战军、后勤分部提取30%作为扩大造林、育林基金，其余70%归造林或经营单位所有，主要用于迹地更新、造林育林，少部分可酌情用于解决部队的实际问题。

(六)坚持采育结合。林木的年采伐量不得超过年生长量。采伐后的迹地要做到当年或次年更新，实现越采越多，越采越好，青山常在，永续利用。

(七)有条件加工的造林单位，要搞好木材的综合利用，为部队制作营具、用具及建筑材料，所得资金按林产收入处理。

## 五、奖励与惩罚

(一)营区植树造林取得优异成绩的单位和个人，由团以上单位给予精神或物质奖励。

(二)对于毁坏、损害、盗窃、破坏和滥伐营区林木，及过失引起森林火灾的，要按其情节轻重分别给予批评教育、行政处分、罚款，直至追究刑事责任。

# 国务院关于发布《植物检疫条例》的通知

国发〔1983〕2号

各省、市、自治区人民政府，国务院各部委、各直属机构：

现将《植物检疫条例》发给你们，望遵照执行。

附：植物检疫条例

国务院

一九八三年一月三日

# 植物检疫条例

**第一条** 为了防止为害植物的危险性病、虫、杂草传播蔓延，保护农业、林业生产安全，制定本条例。

**第二条** 农牧渔业部、林业部主管全国的植物检疫工作，各省(自治区、直辖市)农业、林业行政部门主管本地区的植物检疫工作。

**第三条** 县级以上地方各级农业、林业行政部门所属的植物检疫机构，负责执行国家的植物检疫任务。

植物检疫人员进入车站、机场、港口、仓库以及其他有关场所执行植物检疫任务，应穿着检疫制服和佩戴检疫标志。

**第四条** 凡局部地区发生、危险性大、能随植物及其产品传播的病、虫、杂草，应定为植物检疫对象。农业、林业植物检疫对象和应施检疫的植物、植物产品名单，由农牧渔业部、林业部制定。各省(自治区、直辖市)农业、林业行政部门可以根据本地区的需要，制定本省(自治区、直辖市)的补充名单，并报农牧渔业部、林业部备案。

**第五条** 局部地区发生植物检疫对象的，应划为疫区，采取封锁、消灭措施，防止植物检疫对象传出；发生地区已比较普遍的，则应将未发生地区划为保护区，防止植物检疫对象传入。

疫区应根据植物检疫对象的传播情况、当地的地理环境、交通状况以及采取封锁、消灭措施的需要来划定，其范围应严格控制。

**第六条** 疫区和保护区的划定，由省(自治区、直辖市)农业、林业行政部门提出，报省(自治区、直辖市)人民政府批准，并报农牧渔业部、林业部备案。

疫区和保护区的范围涉及两省(自治区、直辖市)以上的，由有关省(自治区、直辖市)农业、林业行政部门共同提出，报农牧渔业部、林业部批准后划定。

疫区、保护区的改变和撤销的程序，与划定时同。

**第七条** 调运植物和植物产品，属于下列情况，必须经过检疫：

(一)列入应施检疫的植物、植物产品名单的，从疫区运出之前，或从其他地区运入保护区之前，必须经过检疫；

(二)凡种子、苗木和其他繁殖材料，不论是否列入应施检疫的植物、植物产品名单和运往何地，在调运之前，都必须经过检疫。

**第八条** 按照第七条的规定必须检疫的植物和植物产品，经检疫未发现植物检疫对象的，发给植物检疫证书。发现有植物检疫对象，但能彻底消毒处理的，托运人应按植物检疫机构的要求，在指定地点作消毒处理，经检查合格后发给植物检疫证书；无法消毒处理的，应停止调运。

植物检疫证书的格式由农牧渔业部、林业部制定。

对可能被植物检疫对象污染的包装材料、运载工具、场地、仓库等，也应实施检疫。如已被污染，托运人应按植物检疫机构的要求处理。

因实施检疫需要的车船停留、货物搬运、开拆、取样、储存、消毒处理等费用，由托运人负责。

**第九条** 按照第七条的规定必须检疫的植物和植物产品，交通运输部门和邮政部门一律凭植物检疫证书承运或收寄。植物检疫证书应随货运寄。具体办法由农牧渔业部、林业部会同铁道部、交通部、中国民用航空局、邮电部制定。

**第十条** 省(自治区、直辖市)间调运种子、苗木和其他繁殖材料，调入单位必须事先征得本省(自治区、直辖市)植物检疫机构的同意并向调出单位提出检疫要求，调出单位必须根据所提检疫要求向本省(自治区、直辖市)植物检疫机构申请检疫。调入省(自治区、直辖市)的植物检疫机构对调入的种子、苗木和其他繁殖材料应查核检疫证书，必要时可进行复检。

省(自治区、直辖市)内调运种子、苗木和其他繁殖材料如何检疫，由各省(自治区、直辖市)自行规定。

**第十一条** 种子、苗木和其他繁殖材料的繁育单位，必须有计划地建立无植物检疫对象的种苗繁育基地、母树林基地。试验、推广的种子、苗木和其他繁殖材料，不得带有植物检疫对象。植物检疫机构应实施产地检疫。

**第十二条** 从国外引进、可能潜伏有危险性病、虫的种子、苗木和其他繁殖材料，必须隔离试种，植物检疫机构应进行调查、观察和检疫，证明确实不带危险性病、虫的，方可分散种植。

**第十三条** 农林院校和试验研究单位对植物检疫对象的研究，不得在检疫对象的非疫区进行。因教学、科研确需在非疫区进行时，属于农牧渔业部、林业部规定的植物检疫对象须经农牧渔业部、林业部批准，属于省(自治区、直辖市)规定的植物检疫对象须经省(自治区、直辖市)农业、林业行政部门批准，并应采取严密措施防止扩散。

**第十四条** 植物检疫机构对于新发现的检疫对象和其他危险性病、虫、杂草，必须及时查清情况，立即报告省(自治区、直辖市)农业、林业行政部门，采取措施，彻底消灭，并报告农牧渔业部、林业部。

**第十五条** 按照第五条第一款和第十四条的规定采取消灭措施而使用的药剂、人工和销毁受感染的植物、植物产品及其他物资所需的紧急防治费和补助费，各省(自治区、直辖市)在每年的植物保护费、森林保护费或国营农场生产费中予以适当安排。

**第十六条** 违反本条例规定的，应给予批评教育或行政处分；造成损失的，并应视情况责令赔偿。触犯刑律的，依法追究刑事责任。

对违章调运的植物和植物产品，植物检疫机构有权予以封存、没收、销毁或责令改变用途，所造成的一切经济损失由违章责任者承担。

**第十七条** 植物检疫机构执行检疫得收取检疫费，具体办法由农牧渔业部、林业部制定。

**第十八条** 进出口植物的检疫，按照《中华人民共和国进出口动植物检疫条例》的规定执行。

**第十九条** 本条例的实施细则由农牧渔业部、林业部制定。各省(自治区、直辖市)可根据本条例及其实施细则，结合当地具体情况，制定实施办法。

**第二十条** 本条例自发布之日起施行。国务院批准、农业部一九五七年十二月四日发布的《国内植物检疫试行办法》同时废止。

## 中共中央　国务院

# 关于深入扎实地开展绿化祖国运动的指示

(一九八四年三月一日)

近几年来，绿化祖国的群众运动，正在中华大地上蓬勃展开。随着中共中央、国务院《关于保护森林发展林业若干问题的决定》和五届全国人大第四次会议《关于开展全民义务植树运动的决议》以及有关政策的贯彻执行，全国植树造林工作取得了一定的成绩，积累了不少好的经验。在农村，给五千万农户划定了二亿五千万亩自留山，百分之八十的社队落实了山权林权，建立了林业生产责任制，林业专业户、重点户应运而生，新的林业合作经济开始出现。但是，我国森林覆盖率低，荒山荒地很多，而绿化祖国运动的发展也很不平衡，造林质量还不够高，一些地方乱砍滥伐，破坏林草植被的现象还相当严重，绿化祖国的任务仍然十分艰巨。为把这项治理国土、造福子孙的伟大事业继续推向前进，做到一年比一年好，一年比一年扎实，以适应社会主义现代化建设的需要，特作如下指示。

### 一、进一步提高对绿化祖国重大意义的认识

绿化祖国是实现自然生态系统良性循环的第一位工作，是关系到本世纪末实现工农业年总产值翻两番的重大战略问题。我国由于历史上的种种原因，许多森林和草场遭到严重破坏，生态环境日益恶化。这种状况，已经越来越多地引起人们的关注，很多地方开始采取措施保护和发展林草植被。但是，不少地方的工作还不够得力，跟不上形势发展的要求。有些同志还不善于将眼前利益和长远利益相结合，思想还不够解放，对经过长期努力才能取得效果的绿化事业，缺乏坚定的信心。应当指出，我国的社会主义现代化建设，必须有一个良好的生态环境。把生态系统的恶性循环转化为良性循环，根本出路在于大力种树种草，增加覆盖国土的绿色植被。这是一项长远建设，必须及早动手。迟疑不决，只会贻误时机。有的地方过去自然条件很差，由于领导有远见，抓得及时，抓得得力，抓得得法，五年、十年、二十年，山河面貌就已改观，取得了明显的经济效益和生态效益。我们应当抓住这样的先进典型，对绿化祖国的重要性和紧迫性广泛深入地进行宣传，教育全体共产党员、共青团员、国家干部和广大人民群众更好地行动起来，人人动手，年年植树，种草种花，以愚公移山的精神长期坚持下去。到本世纪末，力争把全国森林覆盖率由现在的百分之十二提高到百分之二十；种草面积达到五亿亩，使退化、沙化的草场逐步得到恢复和改良。城市绿化要与城市建设协调发展，凡是可以绿化的地方都要绿化起来。

## 二、扩大视野，因地制宜，加速绿化

绿化祖国，就是在全国一切可能的地方，都要因地制宜，种树种草种花，扩大覆盖国土的绿色植被。

长期以来，人们往往把绿化理解为只是种树，种树又只是种乔木，不注意乔灌草结合；治山治水只偏重工程措施，而忽视生物措施；对不同的环境条件，不加区别地实行同样的要求。这些片面观点和错误做法，应当改正。必须扩大视野，因地制宜，才能促进绿化事业的发展。

造林绿化要乔灌草相结合，宜乔则乔，宜灌则灌，宜草则草。在干旱、半干旱和水土流失严重，植树造林困难的地区，应当草、灌先行。在植树造林中，不仅要发展用材林，而且要大力发展各种经济林、薪炭林、防护林和特种用途林等，树种也要多样，合理配置，与当地需要协调起来。

我国自然条件千差万别，对绿化工作要实行分类指导。在广大农村，要尽快把“四旁”和易于绿化的荒山荒滩，首先绿化起来，平原地区要努力实现农田林网化。在城镇，应当按城镇建设规划，发动机关、学校、部队、企事业单位和居民种树种草种花，美化市容，改善生活和工作环境。在矿区，要抓紧造林，搞好废矿绿化。在地广人稀、交通不便的地区，要采用飞机或人工撒播树种、草籽，以及封山封沙育林育草等方式，加快绿化。在现有林区，要坚决纠正重采轻造的错误作法，做到采育结合，及时更新。过伐林区要注意休养生息，限期还清更新欠帐，使森林得到迅速恢复和发展。

## 三、放宽政策，建立和完善林业生产责任制

绿化荒山荒滩，是开发性事业，只有进一步放宽政策，发动群众，依靠群众来进行，才能成功。

集体的荒山荒滩，要根据群众的意愿和经营能力，全部或部分地划给社员作自留山、滩，由县级人民政府发给使用证，土地集体所有；所种林草归己，长期经营，允许继承，可以折价转让。目前有的地方对划自留山放不开手，这种状况应当改变。划定自留山后，其余的荒山荒滩，要统一规划，采取多种形式，放手承包给农民作为责任山、滩，由承包者长期经营，承包期限和收益分配由双方商定。承包期可以三十年、五十年，承包权可以继承，可以转让。要明确宣布：自留山、滩的产品，由社员个人自行处理；责任山、滩的产品，除按合同规定的集体提留和完成国家派购任务外，其余归承包人处理，林木的采伐按国家规定执行。

对现有森林、草原，要因林因草制宜，经群众讨论，确定不同形式的承包责任制。集体所有的经济林、竹林、防护林、用材林等，可以由专业队（组）承包经营，可以折股联营办新的林业合作经济，也可以由家庭承包经营。集体林场和国营林场，都要建立和完善各种形式的生产责任制，改善经营管理，提高经济效益。国营林场还应采取多种形式，吸引和指导附近社队群众参加护林、造林、抚育、采伐、修路等林业生产建设活动，有的也可以划定范围，实行联合经营，使林区群众从中得到经济实惠。

为了充分发挥社会力量加快绿化建设，应当允许城镇待业人员和离休、退休的干部、职工，到附近乡村承包荒山造林种草。部队和厂矿企业等单位，凡有条件的，也可以通过协议，由国家或集体划给一定数量的荒山荒滩，种树种草，为本单位生产生活服务。要鼓励跨地区跨行业以补偿贸易或联营等形式，进行合作造林，投资者所得木材不抵扣国家计划分配指标。各种有利于加快绿化的措施和作法，都应当允许试行；一切行之有效的经验，都应当总结推广；经营者的正当权益，都应当受到法律保护。

## 四、积极支持林业专业户的发展

林业专业户、重点户和联合经营体的出现，是农村发展中的新生事物。他们相信党的政策，又具有一定的劳力、资金、技术条件和管理才能。他们大胆承包荒山荒滩，兴办家庭或合作的林场、苗圃、果园、茶园等，对发展林业生产，促进绿化事业起了很好的作用。他们是林业战线的积极分子，是开发性生产的重要力量，应当珍惜爱护，积极支持。

对开发性的承包，政策上更要放宽。在荒山荒滩多的地方，鼓励群众集资、联合大面积承包。在水土流失地区，推广小流域承包治理的经验。要尊重承包者的经营自主权，依法保障其权益，让他们放开手脚，发展林业，治山致富。

对各种专业户、重点户，在物质奖励和资金扶持上要适当，主要靠自力更生，国家可从良种苗木、生产技术、市场信息、运输销售等方面，有效地给以协助和支持。要帮助他们合理规划，培训人员，提高经营水平，增加经济效益。

各地情况不同，不要统一规定专业户、重点户的标准，下达发展任务。更不要用行政手段去强使他们联合。要注意总结经验，表彰先进，积极引导，使其不断完善和提高。

## 五、深入开展全民义务植树运动

全民义务植树，对建设社会主义物质文明和精神文明具有深远的意义。年满十一岁的中华人民共和国公民，除老弱病残者外，都要承担义务植树任

务。全国凡能植树的地方都要把全民义务植树运动认真地开展起来，坚持下去。

城市义务植树，应当走在前头。要尽快改变目前城市绿化覆盖率低，园林绿地少，裸露地面多，环境污染严重的状况。要广泛发动群众搞好城区和郊区的绿化，各级领导机关都应积极行动，成为表率。京津沪三大城市、各省会城市和自治区首府、历史文化名城和重点风景旅游城市，要力争四、五年内使城市的园林绿化和环境面貌有一个根本的改观。各厂矿、企业、机关、学校、驻军等单位，要结合整顿厂容、校容、院容，搞好绿化，争取二、三年内使本单位的环境改变面貌。人民解放军在义务植树方面有很大贡献，今后还应走在前面，发挥生力军的作用。

农村义务植树，要根据各地的不同情况进行安排。

城乡义务植树，都要按照《国务院关于开展全民义务植树运动的实施办法》，有规划，有任务，有要求，建立管护责任制，定期检查验收，实行奖惩，把全民义务植树运动落到实处。

## 六、切实抓好种苗，保证绿化需要

种苗短缺，苗木质量不高，是当前绿化工作的薄弱环节。各地应根据绿化规划，本着适地适树适草的原则，认真做好树种、草籽和苗木的准备。要广泛发动群众，特别是广大青少年，在有关部门的指导下采集各种适合需要的树种、草籽。苗木培育要立足于本地，大力发展乡土树种草种。农村要下决心拿出一定数量的好地育苗。积极发展育苗专业户、重点户，提倡机关、企事业单位和城镇居民，采取多种形式育苗，国家和集体对群众育苗要给以扶持。国营、集体苗圃，要发挥骨干和示范作用。林牧部门要加强科研和技术指导，抓好良种壮苗的培育和调剂工作，有计划地建立区域性的采种基地和良种基地，尽可能多地提供优良品种。国营苗圃不准擅自改变经营方向，减少育苗面积。任何单位不许侵占苗圃用地。

## 七、认真保护林草植被

我国林草植被稀少，必须十分珍惜。现有的森林、草原是我国的自然生态屏障，如果任其减少和衰败，后果不堪设想。要反复进行宣传教育，使爱护树木花草成为城乡人民的良好风尚。

对破坏森林、草原的行为，必须严加制止。对破坏林草植被的犯罪分子要坚决打击。对山林权属纠纷要及时调处，未经解决，双方都不得采伐，违者必究。对毁林毁草歪风，要随起随刹，不能姑息迁就。严格实行木材采伐计划“一本帐”，制止过量采伐。要注意防止森林火灾和病虫害。对水源林、风景林和自然保护区，要采取措施，认真加以保护。积极推进木材的节约代用，减少森林资源消耗。在宜林地区，要调整粮食的征购、供销政策，处理好农业和林业的矛盾，有计划有步骤地退耕还林还牧。对现有草场要加强管理，更新改良，合理放牧，防止草原退化。对城市绿地要严加保护，任何单位和个人不得侵占和破坏。城市树木的砍伐更新，要经园林部门批准。对古树名木要建立档案和标志，重点保护。

解决缺柴地区农民和部分城镇居民的燃料问题，对于保护好林草植被至关重要。在燃料困难的地方，应把发展薪炭林作为植树造林的首要任务。某些以木材为能源的企业，生产规模必须严加控制。要大力开发小水电、沼气、太阳能、风能，推广以煤代木及节柴灶等，解决群众的实际困难。

## 八、讲究科学，注重实效

过去许多地区造林成活率低，质量不高，除了林权不稳，法制不严等因素外，工作不扎实，不讲究科学也是重要原因。问题的严重性还在于，现在仍有一些同志对这个历史教训并未引起足够的重视。我们必须充分认识绿化事业的科学性和艰巨性，彻底改变枉费人力、财力、物力，不讲实际效益的形式主义的作法。一定要扎扎实实做好组织工作，种一片活一片，种一个山头绿一个山头，防止绿化工作走过场。

搞好规划，是科学植树种草的前提。各地都要根据土地利用区划，制订出长期的绿化规划，提出今后五年、十五年的奋斗目标及分年实施方案。城市的园林绿化规划，要纳入城市总体规划和经济发展规划。规划一经审定，必须认真组织实施。

要加强科学技术指导。当前，林业、园林、草原技术人才缺乏，必须努力加以培养。要办好各级各类林业、园林、草原等专业学校，实行定向招生、定向培养和定向分配。尤其要加强短期培训，近一、二年，要训练一批专业户和群众的绿化技术骨干。各地都要以林业、草原工作站，国营和集体林场、草场，林业专业户为依托，搞好技术服务，普及科技知识，推广科技成果。要进一步落实知识分子政策，动员和组织林业、草原科技人员，到山区、林区及干旱地区服务，支持他们同经济组织或个人签订承包合同，为绿化建设做出贡献。

认真检查验收，确保绿化效果。各个地区和单位，对绿化工作，每年都要进行一次认真的检查。对任务完成得好的，要给予表扬和奖励，宣传他们的先进事迹。工作后进的，要给予批评教育，促使他们迎头赶上。对那些弄虚作假的，要追究领导人的责任。

## 九、自力更生为主，广辟绿化资金渠道

加快绿化速度，要有一定的资金保证。绿化资金应以自力更生为主，依靠八亿农民，依靠各行各业。要鼓励农民投资投劳，开发荒山荒滩。要允许农村劳力、资金、技术的流动与合作，支持平原缺材地区与山区合资经营，共同兴林得利。要鼓励林区人民走长短结合、以短养长的道路，既要有长远打算，又要有近期收益。要允许集体林区有领导的搞林副产品的初加工，允许他们用自留材、抚育间伐材、困山材、小径材及其半成品等同外地换粮换物，或实行代销，搞活经济，以林养林。要积极帮助农民为抚育间伐材、小径材和困山材疏通渠道，找到出路，不要统得太死。要把中央和地方的现有绿化资金管好用好，充分发挥其应有效益。煤炭、造纸、铁道、交通、农垦、水电、城建等部门和企业，按规定提取和掌握的绿化资金，要专款专用。对老、少、边、贫地区，要改善单纯救济的办法，实行以工代赈，把经济扶持同种树种草、发展生产结合起来。为了满足国内外关心我国绿化事业，愿意提供捐赠的人士的要求，成立"中国绿化基金会"。

## 十、切实加强对绿化工作的领导

绿化祖国的有利条件很多，但任重道远，难度很大，如果不下大的功夫，是难以实现的。关键在于对绿化事业要有很大的决心，正确的政策，得力的措施。中共中央、国务院重申：要把植树种草、绿化祖国的责任放在各级党委、政府和所有单位领导干部的肩上。从现在起，各级各届的党政军主要领导干部，都要带头种树种草，并且要按照国家规划，一年认真抓几次，切实解决工作中存在的问题，保质保量完成或超额完成本地区、本单位的绿化任务。这要作为一项制度，成为考核干部的一个重要内容。

各级绿化委员会，要统一领导本地区的绿化工作，对各行各业进行指导、协调、督促和检查，不断总结经验，卓有成效地开展工作。各地党政军主要领导干部，要亲自过问和支持绿化委员会的工作。新闻宣传部门要加强绿化祖国的宣传报道。各级林业、农牧、城建、水利、科研等工作部门要奋发努力，当好参谋，做好工作。

中共中央、国务院要求各级党委和人民政府都要十分重视绿化工作，进一步动员各族人民，知难而进，坚持不懈，为加速绿化我们伟大的社会主义祖国，尽快改变山河面貌而奋斗！

# 国务院批转林业部、民政部等部门关于调处省际山林权纠纷问题的报告的通知

国发〔1984〕95号

各省、自治区、直辖市人民政府，国务院各有关部门：

国务院同意林业部、民政部、公安部、司法部和国家民族事务委员会《关于调处省际山林权纠纷问题的报告》，现发给你们，请遵照执行。

各地区要把这项工作摆到议事日程上来，加强领导，作出具体部署。毗邻省、区双方要主动联系，协调行动，密切配合，共同做好工作，争取在今明两年内，把现有山林权纠纷处理好，以增进边界地区各族人民的团结，推动建设事业的发展。

附：林业部、民政部等部门关于调处省际山林权纠纷问题的报告

国务院

一九八四年七月十七日

# 林业部、民政部等部门关于调处省际山林权纠纷问题的报告

国务院：

近几年来，省与省之间的山林权纠纷问题十分突出，造成人民生命财产和森林资源的严重损失，影响安定团结。为此，我们深入重点地区作了调查，并和部分省、区研究了解决意见，现报告如下：

## 一

十一届三中全会以来，党中央、国务院对解决山林权属问题非常重视。一九八一年三月，中共中央、国务院发出了《关于保护森林发展林业若干问题的决定》，要求各地抓紧做好落实山林权和林业生产责任制工作，积极解决山林权属纠纷。一九八二年十月，中共中央、国务院在《关于制止乱砍滥伐森林的紧急指示》中，再次强调要抓紧处理这个问题。三年来，各地认真贯彻党中央和国务院的指示，在林业"三定"中狠抓了山林权纠纷的调处工作。据统计，全国一百四十多万起纠纷已解决了一百二十八万多起。但是，省际山林权纠纷大都没有解决，至今全国还有一千三百六十多起，争执面积达一百四十多万亩，纠纷较多的是南方各省。省际山林权纠纷的原因主要是：(1)山林权属不清。一些地区山林权历经变动，工作粗糙，造成权属混乱。(2)省、区之间的行政界线不清。有的地方过去没有划过或没有划清省、区界线，纠纷双方掌握的行政区划图省、区界线不一致，各执己图，争要山林。(3)有些干部、群众受无政府主义、本位主义和封建宗族思想的影响。

省际山林权纠纷调处工作，长期以来没有统一的政策，行动不统一，使许多纠纷久拖不决。不少地方经常发生争占山林、滥伐林木的事件，甚至引起大规模械斗，不仅造成生命财产和森林资源的严重损失，而且破坏了边界地区安定团结和民族团结，影响生产建设，亟需妥善解决。

## 二

调处省际山林权纠纷，必须从有利于安定团结、民族团结，有利于保护森林、发展林业，有利于群众生产生活和四化建设出发，教育干部和群众，发扬共产主义风格，克服本位主义，互谅互让，通过协商解决问题。在调处工作中，应掌握以下政策原则：

(一)根据《中华人民共和国土地改革法》的有关规定，解放前的旧契约不能作为确定山林权属的依据。

(二)山林权属应以土地改革时确定的权属为基础，以人民政府颁发的土地证为主要凭证；没有土地证的，可参考土地改革时的土地清册。凡土地改革时已经分配的山林，其权属一律不再变动。

土地改革时双方重复分配的山林，凡都能提出确凿证据的，其权属应本着有利于生产管理和兼顾双方利益的原则，协商解决；协商不成的，原则上按双方各半并结合自然地形划分，但如属土地改革后新造的人工林，林权谁造谁有，山权仍按各半的原则处理。

土地证上记载的山林四至与面积不符的，以四至为准，确定权属；四至不准确的，协商解决。

双方都没有进行土地改革，或者土地改革了但都拿不出凭证的山林，属国营单位之间的争执，如省、区的行政区域界线清楚，以行政区域界线为界，山林座落在哪一个省、区就归哪一个省、区所有；属集体单位之间或国营单位与集体单位之间的争执，凡是人工林，其山权、林权均归造林一方所有；天然林和荒山荒地，则应根据历史和现时的经营状况，兼顾双方利益，协商解决。

在土地改革、合作化时期，为帮助少数民族社队发展生产，汉族社队划归少数民族社队的山林，其权属不再变动。

(三)在土地改革以后合作化以前，因迁居、嫁娶随带的或赠送他人的山林，凡已在接受一方办理入社手续的，属接受一方社队集体所有；没有办理入社手续的，仍归原社队集体所有。合作化以后迁居、嫁娶随带的或赠送他人的山林，其权属仍归原社队集体所有。

(四)解放以后，确属越界在对方土地上营造的人工林，应当按照山权不变，林权归造林者所有，适当照顾山权一方利益的原则，协商解决。

(五)对于省、区的行政区域界线有争执的，应按照国务院发布的《行政区域边界争议处理办法》(国发〔1981〕92号)规定，参照解放后的历史状况和自然地形，由双方协商确定，并按照行政区域变更的有关规定，办理报批手续。

(六)省际山林权纠纷已经双方协商达成过协

议，或经上级政府、司法机关裁决过的，双方都要维护原来的协议和裁决，不得以任何借口单方面修改或推翻。对于同一纠纷有数次协议或裁决的，以最后一次协议或裁决为准。

(七)发生省际山林权纠纷，当地双方应主动协商解决，也可以报请上级政府或有关部门调解处理。在纠纷解决之前，必须维持现状，任何一方都不准进入争执地区砍伐林木和从事基本建设或其它生产活动；也不准发放山林权证，已发放的一律无效。

省际山林权纠纷一经双方协商达成协议或经上级有关部门调解、裁决处理，都要有协议书或裁决书，绘制山林位置图，并由山林座落所在地的县(市)人民政府据以发给山林权证，由双方共同设置永久性界标。

(八)有省际山林权纠纷的地区，双方可根据以上政策原则，结合本地的实际情况，协商制定解决纠纷的双边规定。纠纷双方根据自己的实际情况，协商签订的协议，亦应承认有效。

以上政策原则，只适用于调处省际山林权纠纷，省、区内的纠纷，仍按各省、区自己原来的规定处理。

## 三

调处省际山林权纠纷，是一项涉及面广、政策性强的工作，必须加强组织领导，采取正确的工作方法。

(一)坚持双方主动协商，上级帮助，把纠纷解决在基层。省际山林权纠纷，实际上是两个省、区基层单位的纠纷，应当主要依靠纠纷双方自己协商解决。经双方反复协商达不成协议的，提请县人民政府或司法机关调解；两县确实解决不了的，由省、自治区或行署、自治州协助处理。经各级调解均解决不了的，由省、区人民政府各自将纠纷的情况及解决的具体意见、方案，提请国务院主管部门协调，确实协调不了的，由主管部门提出意见报国务院决定。各地在调处工作中要注意充分发挥省际护林联防组织的作用。

(二)做好纠纷地区干部的思想工作，严格执行法纪。在调处工作中，双方有关领导要顾全大局，以身作则，并教育各自一方的干部，严格按照国家的有关政策、法律办事，坚决反对本位主义、无政府主义和封建宗族思想。对伪造、涂改证据，或以其他借口蓄意制造纠纷或阻挠纠纷解决的人，要严肃处理。对挑起械斗，破坏森林，造成人民生命财产严重损失的直接责任者，要予以追究，触犯刑律的要依法惩办。

(三)加强组织领导。省际山林权纠纷，大都包含有行政边界和其他资源的争执，有些涉及民族关系。建议省际山林权纠纷较多的省、区人民政府，组织林业、民政、公安、司法和民族事务等有关部门，协调行动，共同做好调处工作，促进纠纷的解决。

以上报告如无不妥，请批转各地遵照执行。

林业部
民政部
公安部
司法部
国家民族事务委员会
一九八四年六月九日

# 中华人民共和国主席令

## 第十七号

《中华人民共和国森林法》已由中华人民共和国第六届全国人民代表大会常务委员会第七次会议于一九八四年九月二十日通过，现予公布，自一九八五年一月一日起施行。

附：中华人民共和国森林法

中华人民共和国主席　李先念
一九八四年九月二十日

# 中华人民共和国森林法

（一九八四年九月二十日第六届全国人民代表大会常务委员会第七次会议通过）

## 第一章 总 则

**第一条** 为了保护、培育和合理利用森林资源，加快国土绿化，发挥森林蓄水保土、调节气候、改善环境和提供林产品的作用，适应社会主义建设和人民生活的需要，特制定本法。

**第二条** 在中华人民共和国领域内从事森林的采伐利用、培育种植、经营管理活动，都必须遵守本法。

**第三条** 森林资源属于全民所有，由法律规定属于集体所有的除外。

全民所有的和集体所有的森林、林木和林地，个人所有的林木和使用的林地，由县级以上地方人民政府登记造册，核发证书，确认所有权或者使用权。

森林、林木、林地的所有者和使用者的合法权益，受法律保护，任何单位和个人不得侵犯。

**第四条** 森林分为以下五类：

（一）防护林：以防护为主要目的的森林、林木和灌木丛。包括水源涵养林，水土保持林，防风固沙林，农田、牧场防护林，护岸林，护路林。

（二）用材林：以生产木材为主要目的的森林和林木，包括以生产竹材为主要目的的竹林。

（三）经济林：以生产果品，食用油料、饮料、调料，工业原料和药材等为主要目的的林木。

（四）薪炭林：以生产燃料为主要目的的林木。

（五）特种用途林：以国防、环境保护、科学实验等为主要目的的森林和林木。包括国防林、实验林、母树林、环境保护林、风景林，名胜古迹和革命纪念地的林木，自然保护区的森林。

**第五条** 林业建设实行以营林为基础，普遍护林，大力造林，采育结合，永续利用的方针。

国家鼓励林业科学研究，提高林业科学技术水平。

**第六条** 国家对森林资源实行以下保护性措施：

（一）对森林实行限额采伐，鼓励植树造林、封山育林，扩大森林覆盖面积。

（二）根据国家和地方人民政府有关规定，对集体和个人造林、育林给予经济扶持或者长期贷款。

（三）征收育林费，专门用于造林育林。

（四）煤炭、造纸等部门，按照煤炭和木浆纸张等产品的产量提取一定数额的资金，专门用于营造坑木、造纸等用材林。

（五）建立林业基金制度。

**第七条** 国家和省、自治区人民政府，对民族自治地方的林业生产建设，依照国家对民族自治地方自治权的规定，在森林开发、木材分配和林业基金使用方面，给予比一般地区更多的自主权和经济利益。

**第八条** 国务院林业主管部门主管全国林业工作。县级以上地方人民政府林业主管部门，主管本地区的林业工作。乡级人民政府设专职或者兼职人员负责林业工作。

**第九条** 植树造林、保护森林，是公民应尽的义务。各级人民政府应当组织全民义务植树，开展植树造林活动。

**第十条** 在植树造林、保护森林以及森林管理等方面成绩显著的单位或者个人，由各级人民政府给予精神的或者物质的奖励。

## 第二章 森林经营管理

**第十一条** 各级林业主管部门依照本法规定，对森林资源的保护、利用、更新，实行管理和监督。

**第十二条** 各级林业主管部门负责组织森林资源清查，建立资源档案制度，掌握资源变化情况。

**第十三条** 各级人民政府应当制定林业长远规划。国营林业企业事业单位和自然保护区，应当根据林业长远规划，编制森林经营方案，报上级主管部门批准后实行。

林业主管部门应当指导农村集体经济组织和国营的农场、牧场、工矿企业等单位编制森林经营方案。

**第十四条** 全民所有制单位之间、集体所有制单位之间以及全民所有制单位与集体所有制单位之间发生的林木、林地所有权和使用权争议，由县级以上人民政府处理。

个人之间、个人与全民所有制单位或者集体所有制单位之间发生的林木、林地所有权和使用权争议，由当地县级或者乡级人民政府处理。

当事人对人民政府的处理决定不服的，可以在接到通知之日起一个月内，向人民法院起诉。

在林木、林地权属争议解决以前，任何一方不得砍伐有争议的林木。

**第十五条** 进行勘察设计、修筑工程设施、开采矿藏，应当不占或者少占林地；必须占用或者征用林地的，按照有关法律规定办理。占用、征用林地面积二千亩以上的，报国务院批准。

## 第三章 森林保护

**第十六条** 地方各级人民政府应当组织有关部门建立护林组织，负责护林工作；根据实际需要在大面积林区增加护林设施，加强森林保护；督促有林的和林区的基层单位，订立护林公约，组织群众护林，划定护林责任区，配备专职或者兼职护林员。

护林员可以由县级或者乡级人民政府委任。护林员的主要职责是：巡护森林，制止破坏森林资源的行为。对造成森林资源破坏的，护林员有权要求当地有关部门处理。

**第十七条** 地方各级人民政府应当切实做好森林火灾的预防和扑救工作：

(一)规定森林防火期。在森林防火期内，禁止在林区野外用火；因特殊情况需要用火的，必须经过县级人民政府或者县级人民政府授权的机关批准。

(二)在林区设置防火设施。

(三)发生森林火灾，必须立即组织当地军民和有关部门扑救。

(四)因扑救森林火灾负伤、致残、牺牲的，国家职工由所在单位给予医疗、抚恤；非国家职工由起火单位按照国务院有关主管部门的规定给予医疗、抚恤，起火单位对起火没有责任或者确实无力负担的，由当地人民政府给予医疗、抚恤。

**第十八条** 各级林业主管部门负责组织森林病虫害防治工作。

林业主管部门负责规定林木种苗的检疫对象，划定疫区和保护区，对林木种苗进行检疫。

**第十九条** 禁止毁林开垦和毁林采石、采砂、采土以及其他毁林行为。

禁止在幼林地和特种用途林内砍柴、放牧。

进入森林和森林边缘地区的人员，不得擅自移动或者损坏为林业服务的标志。

**第二十条** 国务院林业主管部门和省、自治区、直辖市人民政府，应当在不同自然地带的典型森林生态地区、珍贵动物和植物生长繁殖的林区、天然热带雨林等具有特殊保护价值的林区，划定自然保护区，加强保护管理。

自然保护区的管理办法，由国务院林业主管部门制定，报国务院批准施行。

对自然保护区以外的珍贵树木和林区内具有特殊价值的植物资源，应当认真保护；未经省、自治区、直辖市林业主管部门批准，不得采伐和采集。

**第二十一条** 林区内列为国家保护的野生动物，禁止猎捕；因特殊需要猎捕的，按照国家有关法规办理。

## 第四章 植树造林

**第二十二条** 各级人民政府应当制定植树造林规划，因地制宜地确定本地区提高森林覆盖率的奋斗目标。

各级人民政府应当组织各行各业和城乡居民完成植树造林规划确定的任务。

宜林荒山荒地，属于全民所有的，由林业主管部门和其他主管部门组织造林；属于集体所有的，由集体经济组织组织造林。

铁路公路两旁、江河两侧、湖泊水库周围，由各有关主管单位因地制宜地组织造林；工矿区，机关、学校用地，部队营区以及农场、牧场、渔场经营地区，由各该单位负责造林。

全民所有和集体所有的宜林荒山荒地可以由集体或者个人承包造林。

**第二十三条** 全民所有制单位营造的林木，由营造单位经营并按照国家规定支配林木收益。

集体所有制单位营造的林木，归该单位所有。

农村居民在房前屋后、自留地、自留山种植的林木，归个人所有。城镇居民和职工在自有房屋的庭院内种植的林木，归个人所有。

集体或者个人承包全民所有和集体所有的宜林荒山荒地造林的，承包后种植的林木归承包的集体或者个人所有；承包合同另有规定的，按照承包合同的规定执行。

**第二十四条** 新造幼林地和其他必须封山育林的地方，由当地人民政府组织封山育林。

## 第五章 森林采伐

**第二十五条** 国家根据用材林的消耗量低于生长量的原则，严格控制森林年采伐量。全民所有的森林和林木以国营林业企业事业单位、农场、厂矿为单位，集体所有的森林和林木以县为单位，制定年采伐限额，由省、自治区、直辖市林业主管部门汇总，经同级人民政府审核后，报国务院批准。

**第二十六条** 国家制定统一的年度木材生产计划。年度木材生产计划不得超过批准的年采伐限额。计划管理的范围由国务院规定。

**第二十七条** 采伐森林和林木必须遵守下列规定：

（一）成熟的用材林应当根据不同情况，分别采取择伐、皆伐和渐伐方式。皆伐应当严格控制，并在采伐的当年或者次年内完成更新造林。

（二）防护林和特种用途林中的国防林、母树林、环境保护林、风景林，只准进行抚育和更新性质的采伐。

（三）特种用途林中的名胜古迹和革命纪念地的林木、自然保护区的森林，严禁采伐。

**第二十八条** 采伐林木必须申请采伐许可证，按许可证的规定进行采伐；农村居民采伐自留地和房前屋后个人所有的零星林木除外。

国营林业企业事业单位、机关、团体、部队、学校和其他国营企业事业单位采伐林木，由所在地县级以上林业主管部门审核发放采伐许可证。

铁路、公路的护路林和城镇林木的更新采伐，由有关主管部门审核发放采伐许可证。

农村集体经济组织采伐林木，由县级林业主管部门审核发放采伐许可证。

农村居民采伐自留山和个人承包集体的林木，由县级林业主管部门或者其委托的乡、镇人民政府审核发放采伐许可证。

采伐以生产竹材为主要目的的竹林，适用以上各款规定。

**第二十九条** 审核发放采伐许可证的部门，不得超过批准的年采伐限额发放采伐许可证

**第三十条** 国营林业企业事业单位申请采伐许可证时，必须提出伐区调查设计文件。其他单位申请采伐许可证时，必须提出有关采伐的目的、地点、林种、林况、面积、蓄积、方式和更新措施等内容的文件。

对伐区作业不符合规定的单位，发放采伐许可证的部门有权收缴采伐许可证，中止其采伐，直到纠正为止。

**第三十一条** 采伐林木的单位或者个人，必须按照采伐许可证规定的面积、株数、树种、期限完成更新造林任务，更新造林的面积和株数必须大于采伐的面积和株数。

**第三十二条** 林区木材的经营和监督管理办法，由国务院另行规定。

**第三十三条** 从林区运出木材，必须持有林业主管部门发给的运输证件，国家统一调拨的木材除外。

经省、自治区、直辖市人民政府批准，可以在林区设立木材检查站，负责检查木材运输。对未取得运输证件或者物资主管部门发给的调拨通知书运输木材的，木材检查站有权制止。

## 第六章 法律责任

**第三十四条** 盗伐森林或者其他林木，情节轻微的，由林业主管部门责令赔偿损失，补种盗伐株数十倍的树木，并处以违法所得三至十倍的罚款。滥伐森林或者其他林木，情节轻微的，由林业主管部门责令补种滥伐株数五倍的树木，并处以违法所得二至五倍的罚款。

盗伐、滥伐森林或者其他林木，情节严重的，依照《刑法》第一百二十八条的规定追究刑事责任。

盗伐林木据为己有，数额巨大的，依照《刑法》第一百五十二条的规定追究刑事责任。

**第三十五条** 违反本法规定，超过批准的年采伐限额发放林木采伐许可证或者超越职权发放林木采伐许可证的，对直接责任人员给予行政处分；情节严重，致使森林遭受严重破坏的，对直接责任人员依照《刑法》第一百八十七条的规定追究刑事责任。

**第三十六条** 伪造或者倒卖林木采伐许可证的，由林业主管部门没收违法所得，处以罚款；情节严重的，比照《刑法》第一百二十条的规定追究刑事责任。

**第三十七条** 违反本法规定，进行开垦、采石、采砂、采土、采种、采脂、砍柴和其他活动，致使森林、林木受到毁坏的，由林业主管部门责令赔偿损失，补种毁坏株数一至三倍的树木。

**第三十八条** 采伐林木的单位或者个人没有按照规定完成更新造林任务的，发放采伐许可证的部门有权不再发给采伐许可证，直到完成更新造林任务为止；情节严重的，可以由林业主管部门处以罚款，对直接责任人员由所在单位或者上级主管机关给予行政处分。

**第三十九条** 当事人对林业主管部门的罚款决定不服的，可以在接到罚款通知之日起一个月内，向人民法院起诉；期满不起诉又不履行的，林业主管部门可以申请人民法院强制执行。

## 第七章 附 则

**第四十条** 国务院林业主管部门根据本法制定实施办法，报国务院批准施行。

**第四十一条** 民族自治地方不能全部适用本法规定的，自治机关可以根据本法的原则，结合民族自治地方的特点，制定变通或者补充规定，依照法定程序报省、自治区或者全国人民代表大会常务委员会批准施行。

**第四十二条** 本法自一九八五年一月一日起施行。

## 附：《森林法》引用的刑法有关条款

**第一百二十八条** 违反保护森林法规，盗伐、滥伐森林或者其他林木，情节严重的，处三年以下有期徒刑或者拘役，可以并处或者单处罚金。

**第一百五十二条** 惯窃、惯骗或者盗窃、诈骗、抢夺分私财物数额巨大的，处五年以上十年以下有期徒刑；情节特别严重的，处十年以上有期徒刑或者无期徒刑，可以并处没收财产。

**第一百八十七条** 国家工作人员由于玩忽职守，致使公共财产、国家和人民利益遭受重大损失的，处五年以下有期徒刑或者拘役。

**第一百二十条** 以营利为目的，伪造或者倒卖计划供应票证，情节严重的，处三年以下有期徒刑或者拘役，可以并处、单处罚金或者没收财产。

犯前款罪的首要分子或者情节特别严重的，处三年以上七年以下有期徒刑，可以并处没收财产。

# 国务院关于切实加强护林防火工作的紧急通知

国发明传(1986) 5号

各省、自治区、直辖市人民政府：

入春以来，江西、湖北、浙江、广东、福建、陕西、甘肃、贵州、云南等省，连续发生森林火灾一千二百多起，烧林五十二万多亩，死亡二十一人，损失严重。南方一些省、区去冬雨雪少，今春干旱，目前仍处在防火季节；北方去冬雪少干燥，现进入春季护林防火季节。请各地务必加强对护林防火工作的领导，确保林区安全。为此，紧急通知如下：

一、各级人民政府要切实加强春季护林防火工作。对当前防火情况要进行一次认真检查，针对存在的问题，采取相应的措施，指定一名领导负责，抓好落实工作。特别是今春森林火灾比较严重的地区，要认真吸取教训，防止火灾的发生。

二、严格执行野外用火规定，严密控制火源。要结合林区放开、搞活的新情况，完善防火措施，落实护林防火责任制，对违犯防火规定的，要严肃处理。

三、广泛开展护林防火宣传教育。通过各种形式，深入宣传《森林法》和有关护林防火的规章制度，做到家喻户晓，使广大林区群众知法、懂法，自觉护林防火。

四、凡易发生森林火灾的林区，要组织和加强季节性的专业扑火队；武装森林警察部队和航空护林站等专业队伍，要集中全力做好防火、灭火工作；林业公安部门要与有关单位密切配合，加强防范。

五、按照《森林法》的规定，健全护林防火机构，充实专职人员，掌握火情动态，加强指挥和联络。一旦发生火情，主要领导干部要及时组织扑救。对于大火灾、特大火灾和造成人身伤亡的，公安部门要立案调查，对肇事者和失职人员要从严处理。

国务院

一九八六年三月二十二日

# 林业部关于发布《中华人民共和国森林法实施细则》的通知

林护〔1986〕173 号

各省、自治区、直辖市人民政府：

根据《中华人民共和国森林法》第四十条的规定，我部制定了《中华人民共和国森林法实施细则》，已于四月二十八日经国务院批准，现发布施行。

附：

一、国务院关于《中华人民共和国森林法实施细则》的批复

二、中华人民共和国森林法实施细则

林业部

一九八六年五月十日

# 国务院关于《中华人民共和国森林法实施细则》的批复

国函〔1986〕57 号

林业部：

国务院批准《中华人民共和国森林法实施细则》，由你部发布施行。

附：中华人民共和国森林法实施细则

国务院

一九八六年四月二十八日

# 中华人民共和国森林法实施细则

（一九八六年四月二十八日国务院批准）

（一九八六年五月十日林业部发布）

**第一条** 根据《中华人民共和国森林法》（以下简称森林法）第四十条的规定，制定本细则。

**第二条** 森林资源，包括林地以及林区内野生的植物和动物。

森林，包括竹林。林木，包括树木、竹子。林地，包括郁闭度零点三以上的乔木林地，疏林地，灌木林地，采伐迹地，火烧迹地，苗圃地和国家规划的宜林地。

**第三条** 省、自治区、直辖市林业主管部门，根据林业部关于森林资源清查和划分林种的规定，负责组织划定本地区的防护林、用材林、经济林、薪炭林和特种用途林。

地方重点的防护林和特种用途林的确定，由省、自治区、直辖市林业主管部门提出意见，报同级人民政府批准公布；国家重点的防护林和特种用途林的确定，由林业部提出意见，报国务院批准公布。

**第四条** 征收育林费和建立林业基金制度的具体办法，由林业部和财政部制定。

**第五条** 煤炭、冶金、造纸、铁道、交通、农垦、水电、城建等部门，应当提取或者安排造林绿化资金，并制定使用管理办法，实行专款专用。

**第六条** 国家对造林、育林给予低息长期贷款，

贷款指标和利率由中国人民银行总行拟订，报国务院批准后施行。

**第七条** 各级人民政府应当按照《国务院关于开展全民义务植树运动的实施办法》的规定，组织全民义务植树。

**第八条** 省、自治区、直辖市林业主管部门，根据同级人民政府的部署和林业部的有关规定，定期组织森林资源调查，为编制森林经营方案，建立森林资源档案，确定森林采伐限额提供依据。地方森林资源管理、调查设计的机构设置和人员配备，由省、自治区、直辖市林业主管部门根据实际需要提出方案，报同级人民政府批准，所需经费列入地方财政预算。

**第九条** 因勘察设计、修筑工程设施、开采矿藏的需要，必须占用国有林地的，应当遵守下列规定：

（一）占用林地单位根据上级主管部门批准的计划任务书或设计文件，按照国家土地管理法规规定的审批权限和程序提出占地申请，报县级以上人民政府批准。占用林地面积二千亩以上的，由省、自治区、直辖市人民政府报国务院批准。

（二）占用林地单位必须伐除所占林地上的林木时，应严格遵守采伐及其他有关规定，并按照批准文件中指定的地点，将伐倒木集中归堆，交森林经营单位处理。

（三）占用林地单位应当向森林经营单位补偿实际损失。占用林地时间在一年之内的，可以适当降低补偿标准。具体补偿办法由省、自治区、直辖市人民政府制定。

（四）森林经营单位在所经营的林地内修筑直接为林业生产服务的道路或者其他工程设施的，按照上级主管部门批准的文件执行。

征用集体所有林地的，按国家土地征用法规办理。征用林地面积二千亩以上的，由省、自治区、直辖市人民政府报国务院批准。

**第十条** 国营林业局、国营林场经营的各类土地的面积及其界线，除了经过原批准机关同意或者按照本细则第九条规定批准的以外，其他单位和个人不得变更。

**第十一条** 地方各级人民政府应当根据实际需要，组织有关部门建立健全护林防火组织，负责护林防火工作。

林区的村民委员会和国营企业、事业等单位，应当建立基层护林防火组织，划定责任区，落实责任制。

在大面积林区可开展航空护林，增加护林设施，加强森林保护。

在行政区域交界的林区，有关地方人民政府应建立护林联防组织，负责联防地区的护林工作。

**第十二条** 发生森林火灾时，当地人民政府必须立即组织军民积极扑救。商业、粮食、物资、卫生等部门应当做好物资供应和医护工作，铁路、交通、民航、邮电等部门应当优先提供运输和通讯工具。

**第十三条** 发生林木病虫害时，有关经营单位和个人应当及时除治；发生严重林木病虫害时，当地人民政府应当采取紧急除治措施，防止蔓延，消除隐患。

**第十四条** 全国森林覆盖率的奋斗目标为30%。县级以上地方人民政府按照山区一般达到70%以上、丘陵区一般达到40%以上、平原区一般达到10%以上的标准，确定本行政区域内的森林覆盖率的奋斗目标。

森林覆盖率是指全国或一个地区森林面积占土地面积的百分比。森林面积是指郁闭度零点三以上的乔木林地面积，经济林地和竹林地面积；国家特别规定的灌木林地面积，农田林网以及村旁、路旁、水旁、宅旁林木的覆盖面积也列为森林面积。

**第十五条** 植树造林应遵守造林技术规程，实行科学造林，保证质量。

县级人民政府对造林应认真组织验收，核实造林面积。对所造林木应按面积抽取2%以上进行检查，成活率不足85%的，不得计入年度造林完成面积。

**第十六条** 全民所有的森林和林木以国营的林业局、林场、农场、厂矿为单位，集体所有的森林和林木及农村居民自留山的林木以县为单位，根据合理经营和永续利用的原则，提出年森林采伐限额指标，逐级上报，由省、自治区、直辖市林业主管部门汇总、平衡，经同级人民政府审核后，报国务院批准。

除了用材林的成熟林和过熟林蓄积量超过用材林的总蓄积量三分之二的个别省和自治区以外，其他省、自治区、直辖市都必须按用材林的消耗量低于生长量的原则，核定年森林采伐限额。

国务院批准的年森林采伐限额，每五年调整一次。

**第十七条** 凡采伐全民所有制单位经营的森林和林木、集体所有制单位所有的森林和林木以及农村居民自留山的林木，都必须纳入国家的年度木材生产计划；但采伐农村居民自留山的薪炭林除外。

**第十八条** 凡采伐林木都必须申请林木采伐许可证。但采伐竹子和不是以生产竹材为主要目的的竹林，以及农村居民采伐自留地、房前屋后自有的零星林木除外。

申请林木采伐许可证的单位和个人，应分别情况提交下列文件：国营林业局、国营林场应提交伐区调查设计文件和上年度更新验收证明；其他单位应提交有关采伐的目的、地点、林种、林况、面积、蓄积、方式和更新措施等内容的文件，部队还应提交师级以上领导机关同意采伐的文件；个人应提交包括采伐的地点、面积、树种、株数、蓄积、更新时间等内容的文件。

**第十九条** 林木采伐许可证的核发，除森林法已有规定的以外，县属国营林场和机关、团体、学校，由所在地的县林业主管部门核发；省、自治区、直辖市和设区的市、自治州所属的国营林业局、国营林场，其他国营企业、事业单位和部队，由所在地的省、自治区、直辖市林业主管部门或其授权的单位核发；林业部直属的国营林业局，由林业部或其授权的单位核发。

负责核发林木采伐许可证的部门和单位，在接到采伐林木申请后，除特殊情况外，应在一个月之内办理完毕。

遇有紧急抢险情况，必须就地采伐林木的，可以免除申请林木采伐许可证，但事后组织抢险的单位和部门应将采伐情况报当地县级以上林业主管部门备案。

**第二十条** 省、自治区、直辖市林业主管部门，可根据森林法和本细则等有关规定，制定林木采伐管理办法。

**第二十一条** 从林区运出木材，依森林法第三十三条规定发给的运输证件，从木材起运点到终点全程有效。

发放运输证件的单位，由省、自治区、直辖市林业主管部门规定。

**第二十二条** 对违反森林法行为的行政处罚规定如下：

（一）盗伐森林或者其他林木，林区木材一立方米以下、幼树五十株以下的，非林区木材半立方米以下、幼树二十株以下的，或者相当于上述损失的，责令赔偿损失，补种盗伐株数十倍的树木，并处以违法所得三至七倍的罚款；滥伐森林或者其他林木，林区木材五立方米以下、幼树一百株以下的，非林区木材二立方米以下、幼树五十株以下的，责令补种滥伐株数五倍的树木，并处以违法所得二至四倍的罚款。

盗伐森林或者其他林木，林区木材超过一立方米、幼树超过五十株的，非林区木材超过半立方米、幼树超过二十株的，或者相当于上述损失的，除责令赔偿损失、补种树木以外，并处以违法所得五至十倍的罚款；滥伐森林或者其他林木，林区木材超过五立方米、幼树超过一百株的，非林区木材超过二立方米、幼树超过五十株的，除责令补种树木以外，并处以违法所得三至五倍的罚款。

盗伐的林木或其变卖所得，应予追缴，返还原主。

（二）伪造或者倒卖林木采伐许可证、木材运输证件的，处以五十元至一百元的罚款；对已获利的除应予没收外，并处以违法所得二至五倍的罚款。

（三）采伐林木的单位或者个人，没有按照规定完成更新造林任务，情节严重的，除承担代为更新造林的费用外，并可处以相当于所需造林费用的罚款。

（四）在森林防火期违反规定用火的，处以十元至五十元的罚款；违反规定用火引起森林火灾的，责令限期更新造林，赔偿损失，并处以五十元至五百元的罚款。

**第二十三条** 盗伐、滥伐森林或者其他林木情节严重以及其他违反森林法的行为构成犯罪的，由司法机关依法追究刑事责任。

**第二十四条** 对违反森林法行为的行政处罚，由县级以上林业主管部门或其授权的单位决定。

当事人对林业主管部门所作的罚款决定不服的，可以在接到罚款通知之日起一个月内，向人民法院起诉；期满不起诉又不履行的，作出决定的林业主管部门可以申请人民法院强制执行。

林业行政处罚文书格式，由林业部统一制发。

**第二十五条** 违反森林法规定，致使防护林、经济林、特种用途林、珍贵树木和自然保护区的森林资源遭受破坏的，除应当依法追究刑事责任的以外，按本细则第二十二条的规定从重处罚。

**第二十六条** 被责令补种树木者因故不能补种的，可以交纳造林费，由林业主管部门收取后代为补种。

**第二十七条** 地方各级人民政府应加强林业法制和林政管理工作，建设好林政、林业公安队伍。

**第二十八条** 本细则由林业部负责解释。

**第二十九条** 本细则自发布之日起施行。

# 中国林业概述

## （1949～1986）

## 发展中的中国林业

森林是陆地生态系统的主体。森林能够涵养水源，保持水土，防风固沙，改良土壤，调节气候，减免自然灾害，保障农牧业稳产高产和人类生活的安定，在维护陆地生态平衡、促进生态良性循环中起着主导作用。森林还能为国家建设和人民生活提供木材、烧柴、木本粮油、工业原料等林产品，以及干鲜果品、食用菌类、药用植物等山珍特产。森林与人类休戚相关，是人类生存的必要条件。发达的林业，是国家富足、民族繁荣、社会文明的标志之一。

### 一

中华人民共和国成立时，旧中国遗留下来的森林很少，祖国的大好河山满目疮痍，林业基础极为薄弱。中华人民共和国成立后，党和政府十分重视发展林业，从中央到地方，普遍建立了林业机构，制定了一系列方针、政策和法令，开始了大规模的林业建设。全国各族人民艰苦奋斗，勤俭建国，大力植树造林，开发建设林区。据第五个五年计划时期的森林资源清查资料，全国森林覆盖率已由40年代末的8.6%提高到12%。37年来，林业部门已向国家提供14亿多立方米木材、近30亿根竹材及大量的茶油、桐油、生漆、核桃、板栗、笋干、香菇、木耳、中药材等林副产品。现在，林业已经成为包括育苗造林、管护经营、木材采运、林产工业、林产品经销等多门类的产业，已经成为拥有3万多个单位、240多万职工的产业部门。林业建设的成就，有力地支援了国家经济建设，绿化美化了城镇乡村，改善了人民生产、生活条件，扩大了出口贸易，对社会主义建设作出了重要贡献。

在造林绿化方面，群众性的造林活动有较快发展。从山丘到平原，从沙区到海疆，从农村到城市，到处可见装点祖国锦绣河山的动人场面。为保护农田、改善生态环境和建立新的木材生产基地，在祖国广袤的土地上营造起了各类人工林。从50年代起，在东北西部、内蒙古东部、河北西部和河南东部营造了防护林；在从鸭绿江口到北仑河口，长达1.8万公里的大陆海岸线上，营造了8000公里海防林带。从1978年起，我国在华北、西北、东北（简称“三北”）的沙漠化和严重水土流失地区着手建设防护林体系，经过8年的努力，第一期工程已于1985年超额完成，造林605.5万公顷，保护农田800万公顷。平原林业蓬勃发展，华北、中原已有145个县达到平原绿化标准，森林覆盖率已由中华人民共和国成立之初的2%上升到10.7%。在30多年中陆续建立起来的4171个国营林场起了示范作用。这些林场的经营面积有5350多万公顷，其中有林地2500多万公顷，新造林660多万公顷。从50年代中期兴起的集体林场，现有17.5万多个，经营面积近1700万公顷。不少林场在50年代和60年代营造的人工林，已是郁郁葱葱，形成了新的林业基地。南方集体林区各省营造以杉木为主要树种的用材林530多万公顷，发展竹林130多万公顷。特别是东北、西南国有林区，在支援国家建设和提高人民生活水平中作出重大贡献的同时，为恢复和扩大森林资源尽了很大努力。黑龙江省的林口、南岔、朗乡和绥棱林业局以及吉林省的临江林业局，20多年来的人工更新造林面积都已接近7万公顷。造林绿化，使我国以往无林少林地区的自然面貌有较大改观，为建立后备森林资源基地奠定了基础。

党和国家历来十分重视森林的保护和管理。1950年，国家制定了“普遍护林，重点造林”的方针，建立了森林保护机构，开展了林政管理。为制止乱砍滥伐林木，党和政府多次发出指示、通知和布告，并在重点林区建立健全了林业公安、检察和法院机构，就防止森林火灾和病虫害提出了“预防为主，积极消灭”的方针。国家致力于逐步健全护林防火组织，推行防火责任制，实行区域联防，增添防火设施，尽量采用先进的防火技术。到1986年，全国有森林防火专业人员近万人，开辟防火线19万公里，架设瞭望台2300多座、防火用通讯线路4万多公里。在东北、西南等地的国有林区，陆续成立了1个航空护林局、1个航空护林总站，有12个航空护林站，配备了空降灭火队。与50年代相比，火灾次数和毁林面积已大为减少。为防治森林病虫害，已建立森林植物检疫所，设立4个生物防治中心、1394个防治(检疫)站和3600多个测报站（点）。在防治措施上，正由人工防治和药物防治为主，逐步转向综合防治。

我国地域辽阔，自然景观多姿，动植物种类繁多。为保护自然生态和珍稀动植物资源，从1956年至今逐步开展了自然保护区的建设工作。到1986年，全国共建立自然保护区333处；仅由林业部门管理的自然保护区就有308处，其中定为国家级的有26个。这些自然保护区，保护着水杉、银杉、金钱松、钟萼木、珙桐等珍稀树种；保护着大熊猫、金丝猴、牛羚、白唇鹿、朱鹮、丹顶鹤等珍稀动物。为加强国际合作，我国参加了《濒危野生动植物种国际贸易公约》，并同日本国签订了《保护候鸟及其栖息环境协定》。四川省卧龙、吉林省长白山、广东省鼎湖山和贵州省梵净山四个自然保护区，参加了人与生物圈自然保护区网。

在森林工业方面，早在抗日战争胜利后，就开始在东北解放区开发林区，建立森林工业，为支援解放战争作出了重大贡献。中华人民共和国成立以来，相继开发建设了东北大兴安岭、小兴安岭、长白山林区，西北天山、阿尔泰山、秦岭、白龙江林区，西南高山林区和南方9省集体林区，陆续建立了一批国营森工企业，修建了16.47万公里林区公路和1万多公里森林铁路。森林工业的发展，使渺无人烟的天然森林得到开发利用，出现了一批新的城镇和居民点，兴办了林区电网、林区医院、林区中小学校、图书馆、剧院和商业服务等社会设施。在国有林区，已建立大中型采运企业131个，年木材生产能力达3000多万立方米。在南方集体林区，建设了木材运输及贮存的工程设施，木材生产能力有很大提高。到1986年，全国林区计划内木材年产量已由中华人民共和国成立之初的500多万立方米提高到6500万多立方米。林产工业发展很快，锯材的年生产能力已达1500万立方米。特别是从50年代后期开始，胶合板、纤维板和刨花板的生产发展更快，到1986年，各种人造板的年产量已达185万立方米。松香、栲胶、紫胶等林产化工产品，产量大幅度增加，质量也有很大提高。林业机械制造工业有很大发展，产品已达500多种，有力地促进了林业生产的机械化。目前，国有林区木材生产的主要工序和筑路施工，基本上实现了机械化，综合平均机械化水平达到87%。南方集体林区的国营采育场，在伐木、集材、装车、出河和归楞等方面，大部分实现机械化。群众伐木、集材和运材，也较普遍地使用了新式工具或小型机械。木材加工和林产化工企业，普遍实现了机械化或半机械化，有的企业的一些产品生产还实现了部分自动化。造林、育林作业的机械化水平也有一定提高。

我国的林业科学研究和教育事业发展迅速。中华人民共和国成立前夕，我国只有几个林业实验所、场和木材试验馆，科研人员不到200人。中华人民共和国成立前没有专门的高等林业院校，只在21所大学里设立森林系，在9所中等农业学校中设有林科，规模小，招生人数很少。中华人民共和国成立前的40年中，高、中等林业院校培养的人才还不到3000人。从50年代初开始，林业科研发展很快，1952年建立了中央林业研究所，1958年扩充为中国林业科学研究院，目前，下属有林业、木材工业、科技情报、亚热带林业、热带林业等8个研究所，森林调查及计算技术等两个中心，磴口等3个实验局，成为学科比较齐全的林业科学研究中心。包括各省、自治区、直辖市及部分地区和县的林业科研机构，到1984年底，全国有333个科研单位，科研人员7000多人。37年来，已取得科技成果2000多项。其中，有86项荣获全国科学大会奖。林业教育事业也得到了广泛开展，现已建立北京、东北、南京、中南、西北、西南等11所高等林业院校，以及41所中等林业学校，并在18所农学院内设立了林学系。到1986年底，全国高等林业院校毕业生有6.4万人。37年来，陆续办起了10多所林业干部教育院校，广泛开展了职工教育和培训，提高了职工的政治素质和业务素质。

由于党和政府的重视，林业宣传工作得到了加强。从1950年开始，编辑、出版了《中国林业》杂志，1953年正式成立了中国林业出版社，先后出版图书、教材1800余种。林业部及一些省、自治区、直辖市的林业部门也发行了一批林业期刊，有的地方还办了林业报纸。全国性的《中国林业报》已经试刊，并决定于1987年7月正式发行。近年来，林业部门充分利用电影、电视、录像、摄影等各种手段，广泛宣传发展林业的重要性，反映林业发展状况。所有这些，对提高广大干部、群众对林业的认识，宣传贯彻林业方针政策，交流生产经验，传播国内外先进科学技术，推动林业建设，起了很好的作用。

中华人民共和国成立以来，尽管我国林业走过一段弯路，有过挫折和失误，但总的说来，是发展的，取得的成绩也是显著的。

## 二

我国的林业建设成就，是在党和人民政府的领导下，经过广大干部、工人、农民、知识分子、人民解放军和其他劳动群众艰苦奋斗取得的。

党和国家的领导人历来十分重视发展林业。毛泽东、周恩来、刘少奇、朱德、董必武等老一辈无产阶级革命家，多次指示我们要搞好林业建设。中华人民共和国成立后，毛泽东向全国发出了“绿化祖国”、“实行大地园林化”的伟大号召；周恩来亲自研究林业发展的大政方针，并语重心长地告诫我们，对现有林区的经营，决不能“吃祖宗饭，造子孙孽”。刘少奇亲自到东北、内蒙古林区视察，并指示要在国有林区建立营林村。朱德非常关心山区建设，对发展林业作过很多重要指示。

党的十一届三中全会以后，党和国家已经把发展林业、绿化祖国作为一项基本国策，提高到极其重要的地位。邓小平首先倡议开展全民义务植树运动，并身体力行，亲自上山植树造林。

中央领导对林业建设作出明确指示。党和国家为振兴林业，作出了一系列重大决策。1979 年，国家颁布了《中华人民共和国森林法(试行)》，并于 1985 年 1 月 1 日起正式施行。1980 年 3 月 5 日，中共中央、国务院发布了《关于大力开展植树造林的指示》。同年 12 月 5 日，国务院发出《关于坚决制止乱砍滥伐森林的紧急通知》。1981 年 3 月 8 日，中共中央、国务院颁发了《关于保护森林发展林业若干问题的决定》，总结了历史经验，有力地推动了林业战线的拨乱反正。国家在 1981 年规定了 3 月 12 日为我国的植树节；五届全国人大四次会议通过了《关于开展全民义务植树运动的决议》。1984 年 3 月 1 日，中共中央、国务院又下达了《关于深入扎实地开展绿化祖国运动的指示》，把造林绿化推向了一个新的高潮。

我国林业，尽管经历了十年动乱的破坏，但由于党的十一届三中全会以来逐步放宽林业政策，采取了一系列行之有效的措施，当前的林业形势很好，是中华人民共和国成立以来稳定发展的时期。

(一) 开展了林业“三定”(即稳定山权林权，划定自留山和确定林业生产责任制)工作，初步解决了长期以来山林权属不清、林权纠纷严重的问题。到 1984 年，全国已有 3/4 的县和 4/5 的乡村完成了林业“三定”，共解决林权纠纷事件 128 万多起，有效地调动了群众经营林业的积极性。全国除了 4000 多个国营林场、131 个国营林业企业、17 万多个乡村集体林场外，已给 5000 多万农户划了 3133 多万公顷自留山，有 4000 多万公顷山林承包到户，初步形成了以公有制为主、多种经济成分和经营方式并存的林业经济新格局。林业专业户、重点户和各种联合体已发展到 400 多万户，“两户一体”和个人造林的比重已由 1981 年的 6.7%提高到 1986 年的 55%以上。广大平原及西北的少林无林地区，造林绿化有突破性发展。河南、山东、江苏等省的一些地方的农田林网和农林间作，已经突破了一个县甚至一个地区的界限，初步形成了网带片相结合的农田防护林体系。开展全民义务植树运动以来，5 年里共植树 50 亿多株。

(二)进一步贯彻落实以营林为基础的方针，逐步改变了过去造林片面追求数量，忽视质量，管理粗放的做法，建起了一批造林绿化工程和用材林基地。除地方兴办的小型绿化工程外，规模较大的区域性工程就有 3000 多处。为缓和我国木材供需的尖锐矛盾，除地方自建的小片用材林基地外，先后在小兴安岭的林口、勃利地区以及豫东地区、鲁西南地区、皖北地区、洞庭湖地区、海南岛、黔东南和四川盆地的盆中盆周地区，建起了 8 大片区域性用材林基地，总面积达 200 多万公顷。山西、广东等省已开始推广工程造林，即按工程要求营造新林，开始了我国造林史上新的历程。

(三)随着林业政策的逐步放宽，林业分配、流通领域的僵化格局开始打破。尤其是 1985 年中共中央、国务院颁布《关于进一步活跃农村经济的十项政策》以后，在南方集体林区取消木材统购，开放木竹市场，逐步放开木材经营，为活跃林区经济和发展林业的商品生产，创造了宽松的环境。林业部门适应开放、搞活的需要，及时转轨变型，使各地林农不同程度地增加了收入，木材价格逐步趋于合理，林业生产逐渐转向有计划的商品经济的轨道。

(四)通过林业内部产业结构的调整，林业经济单一经营的局面有所改变。1985 年，全国 4000 多个国营林场多种经营和综合利用的销售收入占总收入的 37%；国有林区林业企业的多种经营和综合利用产值达 16 亿元，相当于这些林业企业总产值的 36%。长期以来没有被人重视的林区资源优势，正开始发挥；林业企业自我调节和自我发展的活力正逐渐增强。

综观当前我国林业，正在继续贯彻“以营林为基础，普遍护林，大力造林，采育结合，永续利用”的方针，逐步实行三个转变，即造林育林由依靠集体为主，转向依靠 8 亿农民，国家、集体、个人一起上；森工企业由以原木生产为中心，转向以营林为基础，采育结合，综合经营；林业经营由封闭式的产品生产，转向开放式的商品生产。

## 三

党的十二大提出了到本世纪末的战略目标、战略重点和战略步骤。就林业战线来说，主要任务是要奋发努力，到本世纪末力争把全国的森林覆盖率由“五五”计划时期的12%提高到20%；木材的年产量由1980年的5000万立方米增加到1亿立方米；林木生长量在现在的基础上增长1倍；林业总产值在1980年的基础上力争翻两番。实现这个战略目标，我国大部分地区的自然生态环境将得到改善，森林资源消耗量将控制在低于生长量的水平上，木材供需的尖锐矛盾会有较大缓和，林区山区群众的生活水平将有较大幅度的提高。

实现上述战略目标是社会主义四个现代化建设的需要，任务十分艰巨。特别是我国森林资源经过大量采伐利用，现已过量消耗，老林区有下降、萎缩的趋势，表现为森林资源急剧减少和老林区山区经济长期处于贫困状况。因此，为使我国林业有一个大的发展，必须确定正确的指导思想、战略布局和经营方针。首先，要大力造林、育林，增加森林资源，提高森林覆盖率，这是发展我国林业的根本途径。林业改革的指导思想应该从充分发挥森林的生态效益、社会效益和经济效益出发，并把这三大效益有机结合起来，逐步理顺林业内部以及林业同其它各业的各种经济关系，经过一个时期的努力，建立起林业经济体制的新框架。其次，在战略布局上，要采取坚决措施，使老林区得以休养生息，加强森林培育，增加后备资源。在自然条件优越的我国东南部地区和平原地区，有重点地培育速生丰产林，争取尽早解决木材供需矛盾。在“三北”地区、太行山、长江中上游、沿海风沙危害严重和水土流失地区，通过植树种草，大力增加植被，改善生态环境，增强国土保安能力。第三，在经营方针上，要继续调整产业结构，进行综合开发、立体开发，发展多种经营和多种产业，逐步形成以林业为主的多门类的产业结构，把林业的资源优势转化为经济优势。

中国社会主义林业建设37年的历程说明，发展林业要坚持实事求是，从我国的国情、林情出发，按照自然规律和经济规律办事。

(一)要从战略上提高对保护森林、发展林业的认识，广泛动员全社会办林业。对于林业在国民经济中的地位和森林的重要作用，我们的认识是逐步深化的。中华人民共和国成立之初，为了支援战争和大规模经济建设，较多地从天然林中伐取木材，这在当时是必要的。但是，由于我们在较长一段时期里没有全面理解森林的多种效益，没有突出造林育林，加上某些政策上的失误，导致毁林开荒、乱砍滥伐，使森林资源遭受损失，破坏了生态平衡。党的十一届三中全会以后，人们对森林的生态效益和维护人类生存的作用，有了进一步的认识，认识到森林是陆地生态系统的主体，是自然界物质循环和能量交换的枢纽，在保护自然界生态平衡中占有主导地位。林业的再生产，实际上是生态环境的再生产。绿化祖国大地，不仅是多产木材，多产林产品，更重要的是为了我们中华民族繁荣昌盛，为了子孙后代的健康和幸福。环顾世界各国，一个国家的森林资源保护得好坏和林业发展得快慢，都和这个国家的政府、社会、人民对林业的认识有着密切的关系。我们应该从战略高度认识保护森林、发展林业的重要性，动员起全社会的力量，振兴林业，绿化祖国，充分发挥森林的经济效益、生态效益和社会效益，促进国民经济翻番目标的实现。

(二)要继续贯彻执行以营林为基础的方针。林业建设，包括培育森林和采伐利用两个基本方面。一代森林采伐以后，经过更新造林、抚育管理，第二代森林才能成长起来。培育森林和采伐利用，互为条件，前后衔接，形成一个完整的生产循环。营林是基础，是决定林业生产的主导方面。采伐以营林为依托，又为森林的再生产创造条件。马克思曾指出，社会再生产的正常进行，要求社会总产品的各个部分都能实现补偿和替换，不仅是价值补偿，而且是物质补偿。马克思主义的这一基本理论，对林业建设具有重要的指导意义。长期以来，我国林业企业采育比例失调，就在于采伐木材后，造林和营林生产得不到应有的价值补偿和物质补偿，破坏了森林再生产的基础和条件。所以，必须遵循自然规律和经济规律，进一步贯彻落实以营林为基础的方针，把采育结合起来，加强管护现有森林，合理采伐，及时更新，并且在一切宜林的地方广植林木，增加森林植被，保持和增加森林蓄积，改变我国森林资源少、分布不均的状况。国家应有计划地营造各种防护林，并尽快建立起一批用材林基地。要加快现行林业计划体制、林业财务体制的改革步伐，使之适应贯彻以营林为基础方针的需要，促进林业建设的全面发展。同时，要开阔视野，发展多层次、多种产品的生产，实行开放式经营。要继续调整林业产业结构，充分利用林区资源优势，开拓新的生产领域，大力发展多种经营和综合利用，促使林业生产向社会化、商品化、专业化方向发展。

(三)要坚持改革、开放、搞活的方针，解放思想，放宽政策，用政策引路，靠政策兴林。中国人口多，荒山荒地多，发展林业必须依靠广大群众。为了调动他们经营山林的积极性和主动性，必须解放思想，放宽政策。政策放宽得够不够的主要标志，是广大群众经营林业的积极性是否调动起来，他们是不是踊跃向荒山荒地投资、投劳，认真保护现有森林、林木。为了振兴林业，尽快实现祖国绿化，必须建立和完善林业生产责任制，改革林业经营方式，扩大经营者的自主权，使人民群众治山有权，造林有责，营林有利，责权利结合。山林的经营方式应从实际出发，无论是家庭承包、联产承包，还是折股联营或组成经济联合体，都要有利于保护森林，发展林业。现有的荒山荒滩，可以承包给农民造林；允许城镇待业人员和离休退休的干部或工人到附近乡村承包荒山造林。鼓励跨地区、跨行业以补偿贸易或联营形式合作造林。集体林区已经取消木材统购，木竹市场已经开放，要尽快完善配套措施。对国有林区的林业企业和国营林场，也要进一步放宽政策，扩大其经营自主权，使之增强经营活力。要采取多种形式，吸引农民群众参加林业生产建设活动，让他们从经营林业中得到经济实惠，尽快富裕起来。要多方筹集资金，加快造林绿化的步伐。

(四)要依靠科学技术进步，加速发展林业。我国林业科学技术水平不高，培育森林方面的技术力量尤其薄弱，很不适应振兴林业的要求。我国地域辽阔，各地自然条件差异很大，加上林业生产周期长，投资收效慢，林业管理工作中稍有失误，就会影响十几年，甚至几十年。因此，发展林业更要讲求科学，尊重科学。要用现代科学技术及装备武装林业，尽快提高林业特别是造林育林的技术水平。要组织林业科技人员攻关，加强应用技术和开发技术的研究。研究的重点，应该是如何提高林木生长量和开展综合利用。要抓好林业科技成果的应用和推广，积极开展林业标准化工作，把先进的科学技术转化为生产力。林业生产建设，要讲究科学布局，做好规划设计，因地制宜，适地适树；广泛选用良种壮苗，营造混交林，用科学方法培育森林。要大力发展林业教育事业，加快智力开发，紧密结合林业生产的需要，更多更好地培养各级各类林业科技人才和管理人才，更加广泛地普及林业科技知识。

(五)要加强林业法制建设，做到依法治林。林木生长周期长，森林破坏容易恢复难。为保护森林、发展林业，必须依靠法律手段，依法治林。1984 年六届人大常委会正式颁布了《中华人民共和国森林法》。1986 年经国务院批准，又公布了《中华人民共和国森林法实施细则》。这是我国林业的基本大法，是发展我国林业的准则。《森林法》的宗旨，是保护、培育和合理利用森林资源，加速国土绿化，发挥森林的多种效益，适应社会主义建设和人民生产、生活的需要。因此，要大力宣传《森林法》，认真贯彻执行《森林法》及其实施细则，使它的精神和内容家喻户晓。在贯彻《森林法》及其实施细则中，要认识和摆正放宽政策、搞活经济同依法治林、从严管理的关系。放宽政策和从严管理，相辅相成，紧密结合，互相促进，目标是一致的。为了保障和促进林业建设的发展，必须加强林业法制建设，做到有法必依，执法必严，违法必究。

当前，正是发展林业的大好时机。我国还有近 1 亿公顷的宜林荒山，有比较充裕的劳动力资源，有许多先进典型，特别是中央对发展林业、绿化祖国的高度重视，这些都是我国加速发展林业的根本保证和有利条件。展望未来，我国的林业建设事业，大有希望，大有可为，大有前途。绿化祖国，建设具有中国特色的社会主义现代化林业，前景宽广而美好。我们相信，再经过较长时期的努力，我国林业跻身于世界林业发达国家的行列，是完全可以做到的。

(林业部办公厅)

# 森林资源与保护

**【森林资源综述】** 森林资源，是指森林面积、林木蓄积量以及森林中其他生物物质的种类和数量，例如林木的根、叶、花、果、皮、分泌物、菌类及其他植物、动物等。本文所述的森林资源，只限于森林面积和林木蓄积量。

森林资源数量是反映所在区域林业状况的重要指标之一。例如，森林覆盖率直接反映所在区域森林拥有量的水平；根据林木蓄积量与人口数量的平均占有水平，可以直接看出当地生产木材的资源状况，并可据此判断该区域长期的木材供需平衡状况。

**中国森林资源概况** 根据第五个五年计划期间的森林资源清查资料，中国林业用地面积为26713.02万公顷。其中，有林地（即通常所说的森林）面积 11527.74 万公顷，森林覆盖率 12%；有林地蓄积 90.2 亿立方米。此外，还有疏林地 1720 万公顷，蓄积 5.42 亿立方米；灌木林地 2773 万公顷；散生木、“四旁”树、农田林网树木蓄积 6.9 亿立方米。

**中国现有森林分布** 主要分布在东北、西南国有林区和东南部的亚热带、热带地区。其中，东北和内蒙古自治区东部林区的森林面积为 2850 万公顷，约占全国森林面积的 1／4；蓄积量约 28 亿立方米，占全国森林蓄积量的 30%。西南高山峡谷林区的森林面积 1147.9 万公顷、蓄积量 26 亿立方米，分别占全国总量的 10%和 29%。亚热带、热带林面积 700 余万公顷、蓄积量约 6 亿立方米，约占全国总量的 6%左右。华北、西北地区森林很少。

按地貌划分，大片森林几乎全部分布在边远山区。交通方便、人烟稠密的平原地区和丘陵区、浅山区，基本上没有大片森林。

按气候条件划分，绝大部分森林分布在多年平均年降水量≥400 毫米的东南一侧。这条多年平均年降水线，从东北的大兴安岭北端西麓起，向西南迂回曲折，沿青藏高原过拉萨以西，向南到国境。这条线的东南一侧，热量和水分条件都宜于乔木林生长，森林面积占全国的 98%以上。这条线的西北一侧，森林很少，森林面积不足全国的 2%，基本原因还是水热条件不宜于乔木林生长；青藏高原和各高山上部因地势过高，全年有霜冻，不能生长乔木林。其余区域，虽然气温较高，热量也能满足乔木林生长需要，但大部分地区年降水量＜400 毫米，林木仍不能生存。在高山中部和某些山麓地带或局部水热条件适宜的地方，才有森林分布。

按行政区域划分，森林面积超过 600 万公顷的，有黑龙江、内蒙古、云南、湖南、四川、西藏、吉林 7 个省、自治区；森林蓄积量超过 6 亿立方米的，有黑龙江、西藏、云南、四川、内蒙古、吉林 6 个省、自治区。森林覆盖率普遍偏低，除台湾省为 55%外，其余 29 个省、自治区、直辖市中，黑龙江省的森林面积最大，但森林覆盖率仅为 33%。

各省、自治区、直辖市森林资源情况（根据“五五”森林资源清查资料）见表 1。

按《中华人民共和国森林法》规定的五大林种划分，现有有林地的林种结构见表 2。表中所列各林种面积和蓄积量，是按过去的区划标准统计的。若按照《森林法》要求制订新的区划标准后，用材林比重将有所减少，其他林种数量将有所增加。

**中国现有森林的起源与龄组结构** 在工农业比较发达、人烟稠密、交通方便的地方，森林较少而木材需要量大，成熟的天然林大部分早已被采伐，现有林的大部分是中龄和幼龄的人工林。例如，长江中下游及其以南地区，现在普遍靠采伐中幼龄林，甚至砍小杆，来满足需要。在人口少、交通不便的偏远山区，成熟的天然林保存较多。例如，西南高山峡谷林区现有森林的绝大多数处于过熟状态，平均林龄为 200 年。全国现有人工林总面积 2781.15 万公顷，占全国森林面积的 24.1%；蓄积量 2.7 亿立方米，占全国森林蓄积量的 3%。在已经划分了林龄组的森林中，幼龄林面积 3345 万公顷，占全国森林面积的 35%；幼龄林蓄积量 7 亿立方米，占全国森林蓄积量的 8.8%。中龄林面积 3473 万公顷，占全国森林面积的 36.3%；中龄林蓄积量 26.9 亿立方米，占全国森林蓄积量的 33.7%。过熟林面积 2744 万公顷，占全国森林面积的 28.7%；过熟林蓄积量 45.9 亿立方米，占全国森林蓄积量的 57.5%。

**中国森林资源优势树种的地理分布** 组成一片森林的主要树种或者在组成比重中占优势的树种，叫优势树种。有些树种要求的环境相近，或者在分布带中居于相同、相似的位置，但这些树种数量较少，为了统计上的方便，调查人员常常把一些近似的树种合并起来，叫优势树种组。中国森林，因为不同区域的自然条件有很大差异，所以组成森林的优势树种很多，其中面积或蓄积量占全国1%以上的有13个树种或树种组。这些优势树种中，又以马尾松林为最多，分布在淮河、秦岭以南的13个省、自治区，总面积1424万公顷，蓄积量4.8亿多立方米。13个优势树种或树种组在全国有林地面积和蓄积量中所占比重及其分布情况见表3。

**表1 各省、自治区、直辖市森林面积、蓄积概况**

| 省、自治区、 | 森林面积 | | 森林覆盖率 | | 森林蓄积量 | | 省、自治区、 | 森林面积 | | 森林覆盖率 | | 森林蓄积量 | |
|---|---|---|---|---|---|---|---|---|---|---|---|---|---|
| 直辖市 | 万公顷 | 名次 | % | 名次 | 万立方米 | 名次 | 直辖市 | 万公顷 | 名次 | % | 名次 | 万立方米 | 名次 |
| 全国 | 11527.74 | | 12.0 | | 902700 | | | | | | | | |
| 北京 | 14.38 | 27 | 8.1 | 20 | 14.6 | 28 | 河南 | 141.99 | 21 | 8.5 | 19 | 3188.5 | 22 |
| 天津 | 2.99 | 29 | 2.6 | 26 | 18.7 | 29 | 湖北 | 377.99 | 13 | 20.3 | 13 | 9860.4 | 18 |
| 河北 | 167.68 | 20 | 9.0 | 18 | 2649.5 | 23 | 湖南 | 687.23 | 4 | 32.5 | 6 | 16021.0 | 15 |
| 山西 | 81.00 | 24 | 5.2 | 22 | 3334.0 | 21 | 广东 | 587.86 | 8 | 27.7 | 8 | 20340.6 | 12 |
| 内蒙古 | 1374.01 | 2 | 11.9 | 17 | 84777.6 | 5 | 广西 | 522.72 | 10 | 22.0 | 11 | 22065.2 | 11 |
| 辽宁 | 365.27 | 14 | 25.1 | 9 | 10039.4 | 17 | 四川 | 681.08 | 5 | 12.0 | 16 | 104880.4 | 4 |
| 吉林 | 607.89 | 7 | 32.2 | 7 | 65697.5 | 6 | 云南 | 919.65 | 3 | 24.0 | 10 | 109703.3 | 3 |
| 黑龙江 | 1529.44 | 1 | 33.6 | 4 | 143662.8 | 1 | 贵州 | 230.93 | 16 | 13.1 | 14 | 12640.5 | 16 |
| 上海 | 0.79 | 30 | 1.3 | 28 | 1.9 | 30 | 西藏 | 632.03 | 6 | 5.1 | 23 | 140052.5 | 2 |
| 江苏 | 32.47 | 25 | 3.2 | 25 | 322.6 | 26 | 陕西 | 447.14 | 12 | 21.7 | 12 | 25153.3 | 8 |
| 浙江 | 342.89 | 15 | 33.7 | 3 | 7918.3 | 19 | 甘肃 | 176.90 | 19 | 3.9 | 24 | 16402.1 | 14 |
| 安徽 | 179.16 | 18 | 13.0 | 15 | 5458.4 | 20 | 青海 | 19.45 | 26 | 0.3 | 30 | 1715.4 | 24 |
| 福建 | 449.64 | 11 | 37.0 | 2 | 29638.0 | 7 | 宁夏 | 9.51 | 28 | 1.4 | 27 | 277.0 | 27 |
| 江西 | 546.23 | 9 | 32.8 | 5 | 23632.8 | 9 | 新疆 | 112.09 | 22 | 0.7 | 29 | 20027.8 | 13 |
| 山东 | 90.47 | 23 | 5.9 | 21 | 483.7 | 25 | 台湾 | 196.95 | 17 | 55.1 | 1 | 22684.6 | 10 |

**表2 现有林地林种结构**

| 林种 | 面积（万公顷） | 占全林比重（%） | 蓄积量（亿立方米） | 占全林比重（%） |
|---|---|---|---|---|
| 防护林 | 1000 | 9.1 | 8.8 | 11.1 |
| 用材林 | 8063 | 73.2 | 68.8 | 86.2 |
| 经济林 | 1128 | 10.2 | | |
| 薪炭林 | 369 | 3.4 | 0.7 | |
| 特种用途林 | 130 | 1.2 | 1.4 | |
| 竹林 | 320 | 2.9 | | |

**中国森林资源展望** 由于受自然条件的限制，全国宜于乔木林生长而又可用于发展林业的面积仅2.8亿公顷，扣除林区内必须修建的房屋、道路，各种可能形成森林的面积约2.53亿公顷，森林覆盖率26.3%。

在上述森林中，木材林（即生长木材并能在一定程度上以某种方式取得木材的森林，如用材林、防护林、薪炭林等）面积将占76%左右。林种结构将有较大变化。例如，防护林、经济林、薪炭林、特种用途林等的面积，以及除经济林和特种用途林外的蓄积量，都将大幅度增加；用材林所占比重将相应减少。

随着木材林面积的增加和集约经营水平的提高，中国未来的森林蓄积将有较大幅度的增加。

① 据测算，未来森林面积中可以期望以某种方式生产木材的森林为1.93亿公顷，仅按现在的总蓄积计算，森林蓄积量可达160亿立方米，比现在增加八成。

② 鉴于中国森林生长现状是在极少进行抚育管理的情况下形成的，且成、过熟林比重较大，自

然枯损率高，所以平均单位面积上的蓄积量水平比较低。随着林业的现代化，逐步实现全面科学经营，单位面积的蓄积量将大幅度增加。按目前世界平均水平，中国森林总蓄积量可望超过210亿立方米，是现在的2.3倍。

表3 13个优势树种占全国有林地面积和蓄积量的比重及分布

| 优势林分 | 林分面积 | | 林分蓄积 | | 分布省、自治区、直辖市 |
|---|---|---|---|---|---|
| | 万公顷 | % | 万立方米 | % | |
| 马尾松林 | 1424.37 | 14.9 | 48556.39 | 6.1 | 江苏、浙江、安徽、福建、江西、河南、湖北、湖南、广东、广西、四川、贵州、陕西 |
| 栎类林 | 1187.12 | 12.4 | 81296.67 | 10.1 | 黑龙江、吉林、内蒙古、河北、山西、北京、河南、甘肃、陕西、四川、贵州、云南、青海、新疆 |
| 落叶松林 | 996.18 | 10.4 | 100019.8 | 12.5 | 黑龙江、吉林、辽宁、内蒙古、河北、山西、北京、陕西、四川、云南、青海、新疆 |
| 杉木林 | 607.12 | 6.4 | 23733.39 | 3.0 | 江苏、浙江、安徽、江西、福建、广东、广西、湖南、湖北、河南、陕西、四川、贵州、云南 |
| 云南松林 | 577.87 | 6.1 | 43176.23 | 5.4 | 四川、贵州、云南 |
| 桦木林 | 489.97 | 5.1 | 30868.63 | 3.9 | 黑龙江、吉林、内蒙古、北京、河北、山西、陕西、四川、云南、西藏 |
| 云杉林 | 346.92 | 3.6 | 90593.02 | 11.4 | 黑龙江、吉林、内蒙古、北京、河北、山西、陕西、四川、甘肃、宁夏、青海、云南、西藏 |
| 杨树林 | 243.73 | 2.6 | 10710.78 | 1.3 | 北京、天津、河北、山西、内蒙古、辽宁、吉林、黑龙江、山东、陕西、云南、甘肃、青海 |
| 冷杉林 | 228.65 | 2.4 | 70633.79 | 8.8 | 湖北、四川、云南、陕西、甘肃、吉林 |
| 油松林 | 119.66 | 1.2 | 4167.78 | 0.5 | 北京、天津、河北、山西、内蒙古、辽宁、河南、陕西、甘肃、青海、山东、四川 |
| 柏木林 | 134.12 | 1.4 | 4499.13 | 0.6 | 湖北、湖南、四川、贵州、云南、西藏、陕西、甘肃、青海、北京、河北、山西、山东 |
| 红松林 | 38.90 | 0.4 | 8384.86 | 1.1 | 黑龙江、吉林、辽宁 |
| 乔松林 | 34.78 | 0.4 | 8289.19 | 1.0 | 西藏 |

③ 中国未来的森林，大部分集中在秦岭、淮河以南的亚热带和热带地区，以及东北地区、西南高山峡谷地区，这三大片的自然条件都比较好。在科学经营管理下，生长率将普遍提高。在水热条件优越的亚热带和热带地区，只要树种适宜，30年生的林分，平均每公顷的蓄积量可望超过200立方米，有的甚至可超过300立方米。东北地区经过科学管理的中龄林，每公顷的蓄积量也可达到200立方米以上。西南高山峡谷林区的水分条件好，昼夜温差大，现在靠自然演替形成的林分，平均每公顷蓄积量超过225立方米，许多森林可望达到每公顷1000立方米以上。展望未来，中国森林资源的发展前景广阔。

(张华龄)

## 森林病虫害防治

**【综 述】** 据1980～1984年全国第一次森林病虫普查资料统计，我国有各种森林病虫害6500多种，当前在全国范围内大量发生的约有200余种，其中在林业生产上经常造成危害和损失的有松毛虫、松干蚧、美国白蛾、杨干象虫、白杨透翅蛾、杨树天牛、榆树金花虫、舞毒蛾、大袋蛾、天幕毛虫、竹蝗、杉梢小卷蛾、双条杉天牛、油茶尺蛾、松突圆蚧和落叶松落叶病、落叶松枯梢病、杉木炭疽病、杉木细菌性叶枯病、泡桐丛枝病、毛竹枯梢病、油茶炭疽病、杨树烂皮病、枣疯病、松苗立枯病等20多种。由于我国森林过量采伐，新造纯林面积增大，经营管理粗放，树势生长衰弱，森林生态环境恶化等原因，给多种森林病虫害的大发生与扩散蔓延创造了有利条件。20世纪70年代中期以来，我国森林病虫害发生面积呈现急骤扩大蔓延的趋势，每年因各种病虫的危害至少要损失1000多万立方米的生长材积。目前，全国尚有近60%的受害林木未能得到及时的防治。

20世纪50年代，我国森林的生态环境较好，人类对森林的干扰活动也较少，森林与林中生物之间处于相对稳定的状态，森林病虫害对林木的危害矛盾不大突出。这一时期森林病虫害的特点是发生面积小，成灾种类少。当时对林木为害较大的松毛虫，主要是发动群众人工捉虫、摘茧、除卵块、绑草把等办法来防治，或者少量使用农用小型喷粉、喷雾器喷施国产的“六六六”药剂治虫。每年防治面积200万～500万亩，防治效果很好。

60年代，随着森林的开发和人类干扰森林活动的增加，以及人工纯林的出现，使林分结构逐步劣变，林中生物相互制约的关系受到破坏，造成森林病虫害发生面积逐步扩展、危害种类逐步增多的趋势。这一阶段发生的主要种类有松毛虫、松干蚧、竹蝗、竹螟和苗木立枯病、枣疯病等。每年的防治面积发展扩大到800万～1000万亩左右，防治面积占发生面积的20%左右。在防治手段上开始采用以化学药剂为主兼用生物防治的做法。使用的药剂种类主要是有机氯类的“六六六”、“滴滴涕”，有机磷类的“敌百虫”、“一六〇五”、“一〇五九”，及“六六六”烟剂和苏云金杆菌、青虫菌等生物制剂。在施药方法上开始使用动力机械、飞机喷药、烟剂熏杀等方法，一般防治效果达80%以上。安阳林业制药厂生产的以“六六六”粉为主剂的“六二一”烟剂，对防治竹蝗有特效。武汉染料厂生产的青虫菌对防治松毛虫也有很好的效果。60年代初，在广泛发动群众、开展联防联治基础上，采用药物防治和人工捕打相结合的方法，在我国南方数省、区竹蝗大发生区，曾一举取得基本控制竹蝗发生危害的巨大成绩。1960年以后，由于推广使用了飞机喷药和地面烟剂熏杀害虫技术，初步解决了因树木高大、水源缺乏、地广人稀而产生的施药困难问题，对推动我国森防技术的进步有重要意义和作用。

70年代，由于林区森林的过量采伐，松、杉、杨等人工纯林面积的进一步扩大，林木管理普遍粗放，降低了森林自身抗御病虫害的能力，以及大量使用农药治虫干扰了病虫发生周期，并杀伤了有益天敌等原因，促进了森林病虫害进一步地迅速扩大蔓延。这一时期的主要发生种类有松毛虫、松干蚧、杉白蚁、杉梢小卷蛾、油茶尺蛾、杨树天牛和落叶松落叶病、杉木叶枯病、毛竹枯梢病、枣疯病等。在防治手段上为避免公害污染，在采用化学药剂防治的同时，大力发展了生物防治措施，并注意作好营林技术防治工作。在化学防治方面逐步淘汰了用药量大、残留量多的有机氯类农药，改用了有机磷类的乐果、氧化乐果、敌敌畏、久效磷、马拉硫磷及敌敌畏插管烟剂等药剂治虫，防治效果可达90%以上。1971年以后，生物治虫技术发展迅速，白僵菌、赤眼蜂的生产与应用在国际上已处于领先地位，平腹小蜂、病毒、益鸟招引、驯化等研究和应用也大有进展。生物治虫的防治效果一般保持在50～80%左右。并在营林技术上开始注意改造纯林林相，营造混交林，推行封山育林，加强林木管护等措施。在施药方法上，除大面积使用飞机和地面动力机械进行常规喷药防治外，1978年后大力推广使用了省工、节药、成本低的低容量和超低容量喷药治虫新技术，为缺乏水源、交通不便、运输困难的山区防治病虫害提供了方便。在70年代的森林病虫防治中，国家和地方每年支出防治经费约4000万元，使用农药约4000多吨，每年防治面积达3000多万亩，已占发生面积的30%左右。

80年代以后，每年的病虫害发生面积基本上保持在70年代中期以后的水平。但是防治能力大大增加，防治技术继续提高。国家和地方每年投入的防治经费4000万～5000万元左右，使用各种药剂约4000多吨，每年平均防治面积已扩大到4000万亩，占发生面积的40%左右。主要防治的种类有松毛虫、松突圆蚧、美国白蛾、多种天牛、春尺蛾、榆树金花虫和松针褐斑病、落叶松枯梢病、泡桐丛枝病等。在用药种类上，开始采用高效低毒、用药量少的菊酯类(溴氰菊酯、氯氰菊酯)农药及无公害污染、不杀伤天敌的仿生性农药(灭幼脲等)，在防治松毛虫等主要害虫中均取得良好的效果。在防治方法上，除大量使用常量、低量、超低量等喷药技术外，还大力推广了综合治理技术措施，并取得明显的经济效果和社会效益。综合防治技术措施的特点是采用系统工程管理的作法，通过调查制定出总体防治方案，从林区的生态系统出发，根据不同的被害类型，合理地协调运用营林、化学、生物、物理等防治措施，促进森林生态平衡，达到长期控制病虫不成灾的目的。通过1981～1985年在辽宁、安徽、浙江3省和1982～1985年在山东、山西2省分别进行松毛虫、杨树天牛大面积综合防治试点取得成功经验基础上，1986年在全国21个省、自治区、直辖市开展了以松、杨林木为主的近20个病虫种类，6800多万亩的综合防治示范推广工作。总的要求是在经过3年的阶段性综合治理后，普遍能达到基本控制各地主要成灾的病虫害，尽可能地改变我国森林病虫害严重的局面。

在80年代的病虫害防治中，还大力推广实行了多种形式的治虫承包责任制，贯彻了“谁受益，谁负担”的精神，突破了长期以来由国家全包治虫防病的做法。这一改革扩大了财源，增加了活力，进一步推动了各地森林病虫害防治的深入发展。此外，在应用物理技术措施黑光灯、双翼高压电网灭虫灯和电子计算机等进行诱虫和预测预报技术方面也有很大的进展。

**主要成就** 主要表现在以下几个方面：

*建立机构与扩大队伍* 森林病虫害防治是一项技术性比较强的工作，必须建立有组织机构和配备专业技术人员，才能及时地掌握病虫发生情况，不失时机地组织群众作好防治工作。经过多年的组织建设，到1986年底，全国已有省、地、县三级森林病虫防治检疫站或森林植物检疫站1390多个，共有防治检疫专业技术人员6000多人；病虫测报站（点）3000多个，专职和兼职测报人员6000多人。基本上形成了上下一体、层层负责的统一指挥系统，在组织领导各地防治森林病虫害工作中起到很好的作用。

*完成全国森林病虫普查* 在全国首次森林病虫普查中，外业调查面积6.7亿亩，共设立线路调查点43.9万个，调查标准地16.3万块，固定观察点0.87万个，调查主要树种190多种，采集病虫标本167.3万号次、昆虫天敌标本9.1万号次。通过内业资料汇总后，共编制出：《全国森林病虫普查工作总结》，《全国森林病虫普查技术报告》，《全国森林昆虫普查名录》(5086种)，《全国主要树种主要害虫名录》，《全国森林昆虫天敌名录》(1391种)，《全国森林病害名录》(1500种)，全国森林主要虫害分布图，全国森林主要病害分布图，全国森林植物检疫对象及疫区、保护区分布图，全国主要树种主要病害、虫害、鼠害发生面积统计资料等10项与生产密切结合的重要工作成果。这项工作的完成不仅填补了我国有史以来从未进行过全面系统调查的空白，也是我国森林病虫害防治工作的一项重大基础建设，为今后有重点、有计划地开展防治工作提供了科学依据。

*发展生物防治技术* 20世纪70年代以后，我国大力发展了生物防治工作，白僵菌、赤眼蜂的生产技术和应用得到普及和推广，使用生物治虫面积最高已达1000多万亩，已成为防治多种害虫的一种重要手段。赤眼蜂繁蜂技术工艺流程中的收蛾、绞卵、洗卵、粘卡、接蜂等工序初步实现生产机械化。在实践中还创造出大空间繁蜂和散卵接蜂等新技术，繁蜂所需要的中间寄主卵也已人造成功，初步解决了天然中间寄主卵“北卵南调”的运输困难问题，为今后大规模工厂化生产提供了便利条件。白僵菌高孢子粉提纯工艺的研究成功，解决了使用粗质白僵菌粉治虫中运输量大、保存时间短、粘着力差、耗费菌粉多的难题，进一步提高了白僵菌的生产技术和治虫效果。以病毒治虫和招引、驯化鸟类治虫技术也有一定的研究和发展。我国生物治虫技术应用的广泛，生产工艺的独特，均居世界先进水平，引起各国的重视和赞扬。

*实行林木检疫* 林木检疫是防止危险性病虫害传播蔓延、保护林业生产发展的一项重要措施。这项工作在我国起步较晚。根据1983年国务院颁布的《植物检疫条例》精神，重新修订公布了对外、对内林木检疫对象名单，为各口岸进口林木和国内省际间林木调运提供了检疫依据。为了集中力量加强对林木检疫技术的研究实施，1985年在林业部原南、北方森林植物检疫所的基础上，在沈阳市合并建成全国森林植物检疫防治所，各省、自治区、直辖市也分别在防治站内配备了检疫力量。目前，已有专职检疫员3500多人，兼职检疫员8000多人，在全国初步形成检疫网络系统。在开展林木检疫技术研究、苗木产地检疫、木材调运检疫、加强进出口林木种子、苗木审批管理等方面发挥了重要作用。

*生产与科研相结合* 各级林业科研、数学与生产单位相结合，加强了对防治技术、林用药剂、喷药机械的研究与试制，并对生产中一些重大课题组织协作攻关。经过多年的努力工作，基本摸清了我国近600余种主要林木病虫害种类的发生规律及防治办法，研制出适合林区专用的林研-5786、(6)-111-A、621、741等多种杀虫烟剂，适于低量、超低量喷雾的多种油剂（如敌马油剂等），适合高大林木喷药使用的3MF-4型动力喷粉喷雾机、喷烟机及双翼高压电网灭虫灯等，在推动提高森林病虫害防治技术发展上作出了贡献。 （刘克敏）

**【中国森林病虫害】** 当前在我国林业生产上经常大量发生并造成经济损失的森林病虫害有20多个种类（见附表）。

松毛虫是我国林业的大害虫，现有19种。发生面积大、分布范围广、繁殖能力强，对松科树种危害十分严重。发生成灾时，针叶食尽、形似火烧，导致死亡。经树木解析测定，受松毛虫危害后的松林每年每亩减少材积生长量0.092立方米，估计全国每年因松毛虫害至少减少林木材积生长量370万立方米。

天牛、木蠹蛾类是严重危害杨树属树种材质及生长的重要害虫。受害后的杨树每年每亩要减少材积生长量0.18立方米，全国每年因此类害虫为害而减少杨树材积生长量达576万立方米，是影响杨树成林成材的一个重要原因。

泡桐丛枝病是我国泡桐生长地区普遍发生的一种病害。树冠上徒长有簇状小丛枝，外观似鸟巢。一般发病率为30～40%，严重时高达80%以上，可以造成病株死亡。全国每年因丛枝病为害减少桐木材积生长量260万立方米。

落叶松枯梢病是我国东北人工落叶松林的主要病害，为害3～20年生的林木，造成提前落叶和新梢枯死。连年受害后的林木，在胸径、树高、材积上都有明显的下降。吉林省每年因枯梢病为害而损失的材积生长量达34.6万立方米。 （刘克敏）

**【森林植物检疫】** 建国前，我国没有开展森林植物检疫（以下简称森检）工作，致使国内原来没有的一些危险性病虫害从国外传了进来。例如，危险性害虫日本松干蚧〔*Matsucoccus matsumurae* (Kuwana)〕和落叶松早期落叶病（*Mycosphaerella larici-leptolepis* Itosato et al.）就是随日本军国主义侵华时传入我国的，至今仍危害严重。

建国后，我国的植物检疫，包括森林检疫工作，逐步得到加强。1951年对外贸易部颁布了《输出输入植物病虫害检验暂行办法》，1954年制定了《输出输入植物检疫暂行办法》及《输出输入植物应施检疫种类与检疫对象名单》。1964年，经国务院批准，对外植物检疫工作交由农业部管理，在国境、水、陆及航空口岸建立动植物检疫所，统一执行对外动植物检疫工作。1966年9月，农业部、对外贸易部联合颁布了《关于执行植物检疫工作的几项规定（草案）》和《进口植物检疫对象名单（草案）》，提出34种进口植物检疫对象，其中有检疫性林木病害4种，虫害2种。

1978年5月，农林部召开了口岸林木检疫工作座谈会。会后颁发了《国外林木检疫对象名单》以及《进出口木材、林木种子、苗木检疫操作方法》。1980年，国务院规定林业部协助农业部做好口岸动植物检疫所工作，负责有关检疫对象的调查、科研、检验、处理方法的制定以及技术培训等。林业部在1978年和1984年先后举办了2期口岸林木检疫员培训班，1985年又对1978年规定的《国外林木检疫对象名单》作了修订，确定了11种进口林木检疫对象名单和禁止进口植物名单（林业部分）（见附表）。但是，由于我国口岸林木检疫工作基础薄弱，仍有不少危险性病虫害传入我国。如国内原来没有的美国白蛾〔*Hyphantria cunea* (Drury)〕，1979年由朝鲜传入我国辽宁省，已造成巨大危害，1984年又蔓延到山东和陕西2省，至今尚未扑灭。1982年传入广东省的松突圆蚧（*Hemiberlesia pitysophila* Takagi），现仍在继续扩散蔓延，危害严重。

对外检疫和国内检疫是相辅相成的。我国于1954年开展了国内植物检疫工作。1957年，经国务院批准，农业部颁发了《国内植物检疫试行办法》。对植物检疫的任务、执行机构、应施检疫的植物及其产品的检疫检验、签证和除害处理、交通和邮电部门与植物检疫机关的配合，设置兼职检疫员等都作了规定。1964年，林业部制定了《国内森林植物检疫暂行办法（草案）》，提出了19种国内森林植物检疫对象，确定了应施检疫的森林植物及其产品，推动了国内森林植物检疫工作。1979年8月29日，林业部公布了杨树苗木检疫暂行规定，1981年4月29日又建立了引进林木种子、苗木履行检疫审批制度。

1983年1月3日，国务院颁发了《植物检疫条例》，这标志着我国植物检疫（包括森检）工作进入一个新阶段。根据《植物检疫条例》的有关规定，1984年9月17日，林业部制定了《植物检疫条例实施细则》（林业部分），并公布了20种国内森林植物检疫对象和应施检疫的森林植物、林产品名单（见附表），又会同有关部门制定、公布了一系列的森检规章。如《国内森林植物检疫收费办法》、《关于植物检疫人员制服供应办法》和《关于国内邮寄、托运植物和植物产品实施检疫的联合通知》。通知中规定了实施检疫的种子、苗木、繁殖材料和其他应施检疫的植物、植物产品名单，其中森林植物类有：①落叶松、紫穗槐、柠条、黄连木的种子；②杨树、泡桐的苗木；③油松、赤松、马尾松的带皮原木。

国务院发布《植物检疫条例》近4年来，我国森林检疫经多方努力，已初见成效。①成立了机构，配备了人员，建立了一支队伍。②主要口岸所加强了林木检疫工作，配备了森林保护技术人员，加强了对外林木检疫的技术指导，阻止了一些危险性病虫害的入侵。如1984年，中国林木种子公司从日本进口的扁柏种子，经检疫发现了危险性虫害扁柏种子小蜂（*Megastigmus cryptomeriae* Yano），及时向日方作了退货处理，挽回了经济损失，也防止了危险性虫害传入我国。③截止1986年4月，有18个省、自治区、直辖市制定了适合本地区的《森林植物检疫实施办法》或《植物检疫实施办法》，规定补充检疫对象有害虫74种、病菌24种。④一些地方对危险性病虫进行了普查。如广东省对松突圆蚧的发生范围进行了全面的调查；江西省对日本松干蚧和松针褐斑病（*Lecanosticta acicola*）的危害进行了调查；江苏省对发生在中山陵的松材线虫〔*Bursaphelenchus xylophilus* (Steimeret et Buhrer) Nickle〕的危害、传播蔓延的情况进行全面调查；浙江省对花木病虫害进行了调查；河南省对检疫对象的分布和危害也作了调查，在森林病虫害的检疫和防治上取得了一定的成果。⑤林业部还草拟了《国内森林植物检疫技术操作规程》、《国内森林植物检疫对象和应施检疫的森林植物、林产品名单的检疫办法》和修改《国内森林植物检疫收费办法》等。⑥林木种子、苗木和木材产地、调运的检疫工作，在国内也逐步开展起来。如黑龙江省自 1983 年以来，对 349 个国营苗圃，6630 个集体苗圃和 1.8 万多个个体苗圃实施了检疫，共检苗木 4391 亿株，查出有检疫对象的苗木 32 亿株，对不合格的苗木进行了处理或销毁；还检疫了林木种子 219.5 万公斤，木材 60 万立方米等。甘肃省对全国支援的 108 万公斤草种、树种复检了 56 万公斤，查出有检疫对象 33.5 万公斤，对被害严重的 13.5 万公斤种子作了灭虫处理。⑦在森林检疫的科学技术研究，有关检疫管理制度的建立和健全，检疫人员的培训等方面也作了许多工作。但因森林检疫工作基础薄弱，还存在不少问题和困难。如机构不健全；人员配备不足、素质低，不能相对稳定；检疫证书的签发不按规定办，出现了漏检现象；与铁路、交通、邮电和民航等有关部门协调配合不好；检疫经费缺乏、技术落后等。

（王淑英）

**【森林植物检疫规章制度】**《植物检疫条例》是 1983 年 1 月 3 日由国务院发布的。此条例规定全国的植物检疫工作由农牧渔业部、林业部主管，各省、自治区、直辖市的植物检疫工作由各省、自治区、直辖市农业、林业行政部门主管，县级以上地方各级农业、林业行政部门所属的植物检疫机构执行国家的植物检疫任务。执行任务时应穿着检疫制服和佩戴检疫标志。《条例》对检疫对象、应施检疫的植物及其产品的确定，疫区保护区的划定，应施检疫的范围、如何进行调运检疫等都做了规定。对建立无植物检疫对象的种苗繁殖基地，实施产地检疫，从国外引进可能潜伏有危险性病虫的种子、苗木和其他繁殖材料必须隔离试种，不得在非疫区对植物检疫对象进行研究，植物检疫机构执行检疫收取检疫费等，在条例中都做了明确规定。根据条例的有关规定，农牧渔业部、林业部还应分别制定实施细则，并和有关部门共同制定关于邮寄、托运的有关检疫规定以及制服供应办法和收费办法，各省、自治区、直辖市还要根据本地区的实际情况制定实施办法。

《植物检疫条例实施细则》（林业部分）是经国务院批准，1984 年 9 月 17 日由林业部公布的。在此细则中规定了全国对内森林植物检疫工作，由林业部林政保护司执行；各省、自治区、直辖市的检疫工作，由林业厅（局）的森林植物检疫站或森林病虫防治检疫站执行；森林植物检疫员必须由林业、森保助理工程师，或中等林业专业学校毕业生，连续从事森保工作 3 年以上，熟悉业务的技术员担任。《细则》对各级森林植物检疫机构的主要职责，检疫对象的划定、控制和扑灭以及对调运检疫、产地检疫都做了比条例更具体的规定，并明确指出国务院各有关部门及直属单位从国外引进（包括赠送、交换）林木种子、苗木和其他繁殖材料，由林业部林政保护司审批，地方各部门、单位或个人引种，由所在省、自治区、直辖市林业厅（局）的森林植物检疫机构审批。《细则》还规定了对于执行检疫工作有优异成绩的单位和个人给予奖励，对违反森林植物检疫法规的单位和个人予以惩处，并根据《条例》的要求规定了森林植物检疫员证、植物检疫证书、引进林木种子、苗木检疫审批单、产地检疫记录的格式和确定了国内森林植物检疫对象和应施检疫的森林植物、林产品名单。

《关于国内邮寄、托运植物和植物产品实施检疫的联合通知》是 1983 年 8 月 1 日由农牧渔业部、林业部、铁道部、交通部、邮电部和国家民航局联合颁发的，并附有《实施检疫的种子、苗木、繁殖材料和其他应施检疫的植物、植物产品名单》。通知中明确规定，凡邮寄、托运规定的种子、苗木等繁殖材料和其他应施检疫的植物、植物产品，应事先办理检疫手续；各省、自治区、直辖市农业、林业行政部门还可根据本地区的需要会同当地邮政、民航、铁路和交通运输部门作出补充规定；各有关部门收寄和承运植物和植物产品时要严格按以上规定办理。

《植物检疫人员制服供应办法》是 1984 年 10 月 8 日由农牧渔业部、林业部、财政部联合颁发的。本办法明确规定了着装范围，在县级以上地方各级农业、林业行政部门所属的植物检疫机构内的，经省级农业（林业）行政部门批准，报农牧渔业部（林业部）备案的专职“植物检疫员”或“森林植物检疫员”均应穿着统一服装，其他人员一律不着装。并规定了制服式样、标志及用料、标准和发放办法。在此办法中对经费、服装管理、气候区域的划分也做了明确规定。

《国内森林植物检疫收费办法》是 1984 年 12 月 24 日由林业部、财政部共同颁发的。本办法对调运检疫、产地检疫中如何收费的问题做了具体规定，并指出各级检疫机构收取的检疫费应用于发展森林植物检疫事业，具体管理和使用办法由同级的林业和财政部门商定，还附有《国内森林植物检疫收费标准表》。

1986 年底，全国已有 18 个省（区、市）制定了植物检疫实施办法，确定了本省的森林植物检疫对象补充名单。

（陈　超）

**【森林植物检疫机构及任务】** 自 1983 年国务院颁发《植物检疫条例》、1984 年林业部颁发《植物检疫条例实施细则》（林业部分）以来，到 1986 年底，全国省、地、县三级共建立森林植物检疫机构——森林植物检疫站或森林病虫防治检疫站 1374 个，配备专职森林植物检疫员 3500 多人。

林业部林政保护司主管全国的森林植物检疫工作，制定各种有关森林植物检疫的法规；确定全国的检疫对象；组织培训森林植物检疫技术人员；掌握全国森林植物检疫工作动态。

全国有 26 个省、自治区、直辖市已成立了省级的森林植物检疫机构。其主要任务是负责宣传、贯彻与植物检疫有关的政策法令、规章制度；制定本省森林植物检疫实施办法，补充规定本省检疫对象和应施检疫的森林植物和林产品名单；对危险性森林病虫组织调查，划定疫区、保护区，提出封锁、扑灭检疫对象的措施，必要时执行现场检疫任务；对可能带有危险性森林病虫的种子、苗木和其他繁殖材料，指定试种单位，进行隔离试种观察；检查指导本省各森林植物检疫站或森林病虫防治检疫站的工作。

省以下各级森林植物检疫机构包括地、县两级。其主要任务是宣传、贯彻与植物检疫有关政策法令、规章制度；在种苗繁殖基地执行产地检疫，指导种苗生产单位或种苗专业户建立无检疫对象的种苗繁殖基地；在指定的车站、港口、机场、仓库等场所，执行检疫任务；对危险性森林病虫进行调查，负责检疫对象的封锁扑灭工作；对引进种苗的隔离试种情况进行调查、观察、记载。

林业部森林植物检疫防治所主要负责对内、对外森林植物检疫对象的调查与观察，检疫、检验和消毒处理技术的试验和示范；协助林业主管部门制定森林植物检疫的行政法规、技术规程；掌握国内外森林植物检疫信息，提供咨询服务，编写有关资料；协助林业主管部门培训检疫员；承担有关植物检疫的科研项目等。（陈　超）

**【森林病虫害预测预报】** 预测预报是通过对森林病虫害的系统调查与观察，并结合有关资料，运用科学的手段，准确及时地预报病虫害的发生期、发生量、发生范围和危害程度的一种技术办法。

我国从 60 年代开始，就开展了以虫情调查为主的测报工作。到 1986 年，全国已建立测报站、点 3000 多个，有专职测报员 2000 多人以及一大批兼职测报人员。有 17 个省、自治区、直辖市制定了测报技术规程或方案，对主要病虫害定期进行调查与观察，及时发布短期预报。1986 年，林业部在沈阳市林业部森林植物检疫防治所，设立了林业部森林病虫害预测预报中心，加强了对测报工作的组织和技术管理。

**害虫测报** 目前对害虫主要进行发生期和发生量的预报。

*发生期的预报方法* ①发育进度法。根据害虫林间发育进度的检查结果，参考当时的气温加相应的虫态历期，推算以后虫态的发生期。②有效积温预测法。在适宜害虫发生的季节里，温度的高低是害虫发育快慢或发生期迟早的一个重要因素。当测得某一害虫的发育起点温度和有效积温后，便可根据当年同期的平均气温，结合近期的气象预报，对这种害虫的下一虫期的发生期做出预报。③物候法。自然界的动植物中，某些物种对同一地区外界环境条件有相同的时间性反应。如春尺蛾一般在杨树展叶期为幼虫的盛发为害期。

*发生量的预测方法* ①有效基数预测法。通过对林间的虫情调查，掌握上一代的虫口基数，根据上一代有效虫口数量、生殖力、存活率，预测下一代的发生数量。②形态指标预测法。它是以害虫的形态及生理状况指标来预测害虫的一种方法。如松毛虫可根据蛹的重量、雌性比等发育质量指标来预测下一代的发生趋势。③经验指数预测法。经验指数是从研究分析害虫猖獗发生的主导因子得出的，反过来应用于害虫的测报上。如内蒙古自治区化德县对春尺蛾的观察认为：当年 6 月份的降雨量为 60～100 毫米，6 月中、下旬在土层 10～40 厘米内土壤含水量为 8.5～16.5%，次年春尺蛾大发生；降雨量为 40～60 毫米，含水量为 16.5～19%，次年春尺蛾中发生；降水量为 100 毫米以上，40 毫米以下，含水量 19%以上，8.5%以下，次年春尺蛾小发生。

**病害预测** 主要根据病害流行前寄主的感病状况与病原物的数量，病害发生与环境之间的关系，当地的气象预报等因素进行预测。预测的主要方法：①林间调查，直接了解大面积林地病害的发生发展情况，在林间选有代表性的地点，定株定期进行调查，记载发生情况。②孢子捕捉，对借助气流传播，季节性较强的真菌病害，可挂玻片捕捉真菌孢子，根据捕捉到的孢子数量和时间进行预测。

**采用先进技术** 随着电子计算机技术的发展，多元回归、逐步回归、判别分析等方法，渗入到预测预报中，利用电脑模拟害虫的发生动态，确定预报模型，以及利用电算建立测报数据库，存贮测报资料等逐步得到应用。如浙江省江山县通过对幼虫期各龄级数量的调查，利用计算机建立了松毛虫发生期和二三代分化比的测报模型，只要在年初调查 1 次幼虫各龄级的数量，就可预报全年各虫态的发生期及二三代分化比。南京林业大学、黑龙江省尚志县等单位，根据气候因子与松毛虫发生量的关系，利用电子计算机建立预报模型，对松毛虫的发生量进行预报，取得了较好的结果。

为了提高测报精度，虫情调查技术也进一步改进，采用了黑光灯、性外激素监测虫情。根据害虫的分布型采用相应的调查方法。如马尾松毛虫采用对角线调查法，抽样数为 0.16%。对高大的树木，采用在树冠下铺塑料布，收集1天松毛虫的虫粪，根据虫粪数推算虫口密度，解决了树高人工难以调查的问题。

由于测报技术的改进，使测报工作从定性预报走向了定量预报，从以短期预报为主逐步过渡到中、长期预报。（蔡炳城）

**【森林病虫害防治技术】** 森林病虫害防治包括在病虫害发生前的预防和发生后进行治理两个方面，防治技术包括营林、生物、化学和物理方法以及综合防治技术。

**营林技术防治** 根据病虫害的生物学特性及其发生、蔓延的消长规律，提高林木自身抗病虫能力的一种方法。一般采取选用抗病虫品种；选用良种壮苗；适地适树，营造混交林；加强对林木的抚育管理，及时间伐，合理修枝，清除被害木；进行封山育林，增加天敌数量等方法。1972年以来，湖南省浏阳县对9300公顷松林采取以封山育林为主的措施防治松毛虫，封山育林区与未封山育林区比较，天敌昆虫种类由43种提高到104种，卵期寄生率由3.81～8.42%增加到14.52～67.49%，蛹期寄生率由23.35%提高到36.26～67.49%。造成了不利于病虫发生的生态条件，控制了松毛虫的危害。

**生物防治** 是利用有益的寄生性、捕食性天敌，或其产生的活性物质来防治病虫害的方法。它具有对人畜无害，不杀伤天敌，不污染环境等优点。目前，我国用于生物防治的有白僵菌、赤眼蜂、病毒和鸟类等。1986年，我国生物防治的面积为70万公顷。1983年，广东省采用高孢白僵菌乳剂防治松毛虫，平均杀虫率为80%。1986年，甘肃等省用春尺蛾核型多角体病毒防治春尺蛾1、2龄幼虫，每亩用量$1.5 \sim 2.5 \times 10^{10}$多角体，虫口下降率为91.7%。人工合成的白杨透翅蛾性外激素，对雄虫具有较强的引诱作用，已在生产上大面积应用。林木生长周期长，组成复杂，天敌资源丰富。如我国松毛虫的天敌种类有320种，利用天敌来控制松毛虫的发生具有独特的作用。因此，生物防治采取保护、招引、迁移和释放等措施，可达到自然控制病虫害的效果。

**化学防治** 具有杀虫率高，见效快，能迅速控制病虫害的发生与蔓延等优点。目前使用较多的药剂类型有胃毒剂、触杀剂、内吸剂和熏蒸剂等。在选用农药时，注意使用高效、低毒、低残留的农药品种。如采用菊酯类农药防治松毛虫，用量少、成本低，杀虫效果可达90%以上。在用药方法上，对一些害虫，除采用常规的喷粉、喷雾技术外，还用拟除虫菊酯毒笔涂干，或在树上喷成毒环防治松毛虫幼虫；用磷化锌毒签、磷化铝片剂堵孔防治蛀干害虫；用氧化乐果涂环、呋喃丹埋根防治榆蓝叶甲，防治效果好，既不杀伤天敌，又减轻了对环境的污染。

**物理防治** 是人工应用简单工具及光、电、辐射等物理技术防治病虫害的方法。如山东、河南等省采用修除病枝的方法防治泡桐丛枝病，使发病率显著降低。安徽省淮北地区发动群众，摘除大袋蛾袋囊40万公斤，结合农药除治，使树木保叶率均在80%以上。许多害虫具有较强的趋光性，利用黑光灯诱杀松毛虫、竹螟等森林害虫，在生产上已广泛应用。

**综合防治技术** 病虫害综合防治是充分利用病虫与环境之间的关系，以营林措施为基础，发展森林生物群落中不利于病虫发生，而有利于林木生长的因素，因地制宜、经济有效地运用生物、物理、化学等相辅相成的措施，防止环境污染，把病虫害控制在不成灾的水平。它具有如下特点：①从生态总体出发，强调充分利用自然因素对病虫的控制作用。②合理使用各种防治方法，采用的防治方法应互为补充，而不是互相矛盾。③防治病虫的目的不在于彻底消灭，而是把病虫控制在经济允许的水平之下。④要求采取的防治措施应达到安全、有效、经济。

综合防治是病虫害防治的发展方向。我国从1981年开始，在安徽省滁县地区、辽宁省建平县和浙江省衢州市的26万公顷松林中，进行了大面积松毛虫综合防治试点。1982年，又在山西省朔县、山东省兖州县进行了杨树蛀干害虫的防治试点。经过5年的工作，在试点林区，基本上控制了害虫的危害。如在松毛虫的综合防治中，主要做法是：划分松林被害类型，实行分类施策，搞好虫情调查，确定防治指标，根据虫情发生状况，采取不同的防治措施。虫情较重的，采用菊酯类化学农药全面压低虫口；虫情较轻的，采用生物防治和治点保面控制虫源地。实行封山育林，营造混交林，合理修枝，补植阔叶树种，促进生态平衡，在增强森林自控能力的基础上，逐步把松林控制在有虫不成灾的水平。

为了推广综合防治的经验，1986年，林业部组织全国20个省、自治区开展了综合防治示范推广工作，综合防治林木面积450多万公顷，防治对象20多种，根据各地的实际情况，采取切实可行的防治措施。经过一年来的努力，各示范推广点工作已经初见成效。（蔡炳城）

**【林业药械】** 目前，国内林业上使用的喷药机械有以下几个类型：

**背负式机动弥雾喷粉机** 全国的农药机械有20多万台，林业上使用的只有2000多台，约占总数量的1%。只有西北林业机械厂生产的3 MF-4弥雾喷粉机专供林业部门使用。该机1975年开始生产，年产量一般1000台左右。1983年开始，该厂还生产中国林业科学研究院研制成功的超低量喷头，与3 MF-4机配套使用，进行超低量和低容量作业。和同类农业药械相比，其射程较高，但用于林业，仍不够理想。

**工农-36型担架式机动喷粉弥雾机** 垂直射程较高，对一般大树，均可使喷布着药。该机只能进行常量喷药，耗药、耗水量大，林区由于山高、路陡、缺水源，靠人工运药、担水进行作业，颇感困难。上海内燃机厂、苏州农业机械厂、金华农业药械厂和衡阳市农业机械厂等都有生产。

**喷烟机** 利用机器发动时产生的高温，将化学药剂转化成烟，在林中形成烟云，笼罩树冠熏杀病虫。适用于林木高大、林相较好、郁闭度较大的林中。国产有3 Y-35烟雾机，该机为3 Y-10型烟雾机的换代产品，由浙江省林业科学研究所和西北林业机械厂等单位研制，1986年11月通过技术鉴定，准备批量生产。

**病虫害防治检疫专用汽车** 1986年首次改装生产。有两种型号：一种是用北京130底盘改装的BQ 132型林业病虫害防治专用车，在原客货两用汽车的车厢内装有1台担架式喷雾(粉)机，和一个1吨的贮液罐，垂直射程15米以上。适用于平原地区的片林、林网和“四旁”树木的病虫防治。一种是用北京212底盘改装，供检疫测报用的河北牌BQ 212林业病虫防治检疫专用车。车体为小型面包。适于林区爬坡和在坎坷的道路上行驶。车内设有小型工作台、仪器柜，带有0.75千瓦的小型发电机和双翼电网灭虫器(沈阳市整流器厂生产)，可供无电林区作业。两种汽车都由保定汽车制造厂改装生产。从1986年起，每年安排生产30辆。

**飞机** 偏远林区山高林密，人烟稀少，人工防治病虫害困难，适于应用飞机喷药进行防治。国内只有中国民航专业航空局承担这项业务。供使用的飞机只有运-5型一种，约100多架。自1980年以来，每年大约飞行近4000小时，作业面积约700万亩。目前，存在机型单调、布点不均衡、调机困难，费用较高等问题。今后应研制中、小型专业飞机，以便更经济、灵活、适时地开展飞机防治业务，充分发挥飞机防治的优势。（陈宏贞）

**【林药生产】** 全国生产林药的厂家只有安阳林药厂和洛阳微生物制品厂两家。安阳林药厂主要加工生产杀虫、杀菌的化学农药和化学除草剂。洛阳微生物制品厂生产杀虫的细菌制剂——苏云金杆菌粉剂。按设计规模，安阳林药厂的生产能力为年产粉剂2.5万吨、烟剂2000吨、油剂1000吨。洛阳微生物制品厂生产能力为年产菌剂200吨，实际生产能力可达400吨。近3年来，平均年产量，安阳林药厂为560吨，其中1986年为460吨。洛阳微生物制品厂为135吨，其中1986年为230吨。1986年，全国防治森林病虫害的农药使用量为1131.78吨，两厂生产的林药占农药总使用量的60.97%。

**产品** 化学农药共有6个剂型：粉剂、油剂、乳剂、烟剂、胶囊剂、胶悬剂，23个品种：25%对硫磷微胶囊剂、25%及50%苏脲Ⅰ号胶悬剂、敌对杀虫烟剂、敌马杀虫烟剂、百菌清烟剂、多菌灵烟剂、蚊蝇净烟剂、百菌清烟柱、50%杀虫净油剂、50%杀虫快油剂、25%敌马油剂、25%双敌油剂、10%百菌清油剂、25%增效氧化乐果油剂、25%马拉松油剂、25%敌敌畏油剂、25%敌百虫油剂、15%落枯净油剂、5%粉锈宁油剂、40%增效氧化乐果乳油、10%百菌清乳剂、3%敌百虫粉剂、40%敌马粉剂。

**科研** 两厂都有专门的技术班子负责农药生产的研究和技术管理工作。安阳林药厂还设有农药技术研究所，致力于新杀虫、杀菌剂和除草剂的开发研究。洛阳微生物制品厂正在研究改进苏云金杆菌的剂型。两厂的归口管理部门是林业部林业机械公司。（陈宏贞）

# 自然保护区

**【综　述】** 自然保护区是保护自然环境和自然资源、拯救濒于灭绝的生物物种、进行科学研究的重要基地，是开展自然保护工作的重要措施之一。

世界上第一个自然保护区——美国黄石公园建立于1872年。100多年来，这项新兴事业引起了世界各国的普遍重视并得到迅速的发展。据1982年出版的《联合国国家公园和保护区名录》统计，有136个国家已建立各种类型的自然保护区3002个。

我国的自然保护区建设起步于50年代。经过30多年的发展，现已初具规模。据1986年底统计，全国建立自然保护区333处(见附表)，其中由林业部门管理的森林和野生动物类型自然保护区308处，占90%以上。

根据保护的主要对象，我国的自然保护区分为3种类型：①森林类型。主要保护对象是不同地带的典型森林生态系统和有特殊保护价值的林区。②野生动物类型。主要保护对象是珍贵稀有野生动物及其栖息、繁殖地区。③自然历史遗迹类型。主要保护对象是特殊的地质地貌、火山熔岩等。按照国务院各部门的职责分工，森林类型和野生动物类型自然保护区由林业部门负责管理。

林业系统管理的自然保护区，除四川省卧龙自然保护区、陕西省佛坪自然保护区、甘肃省白水江自然保护区直属林业部管理外，其他均为地方管理。

在科学研究上有重要价值，或在国际上影响较大的自然保护区，经国务院批准列为国家级自然保护区。截止到1986年，全国国家级自然保护区有30个，其中林业系统管理26个。国家级自然保护区其隶属关系不变，在建设资金上，林业部给以一定的扶持。

为指导自然保护区建设，1980年全国农业区划委员会在成都市召开自然保护区区划会议，制定了自然保护区区划原则和建立自然保护区的条件和依据。林业部为推动自然保护区建设的发展，1983年、1986年2次召开自然保护区工作会议，审定自然保护区区划方案，确定自然保护区的战略目标；总结工作，交流经验，表彰先进，研究贯彻落实《森林和野生动物类型自然保护区管理办法》的具体措施。

1985年6月，国务院批准《森林和野生动物类型自然保护区管理办法》，对自然保护区的性质、任务和各项管理工作，包括机构设置、投资渠道等各个方面都做了原则规定，是指导自然保护区建设的法规性文件。

经过30多年的努力，自然保护区建设取得很大成绩：

**保护自然环境和自然资源** 一些典型的森林生态系统，如热带森林、红树林、亚热带常绿阔叶林、温带落叶阔叶林、天然红松林、寒温带针叶林以及水源涵养林和一些珍贵树种，得到了较好保存；一些珍稀野生动物，有的免于灭绝，有的在数量上还有所发展，如扬子鳄、海南坡鹿的数量都有很大增长。

**进行科学研究** 在20多处自然保护区进行了多学科的综合考察，100多处自然保护区开展了单项或多项专业考察，编写了考察报告，发表了学术论文。如基本查清了吉林省长白山自然保护区内的动植物资源，出版了专著。我国与世界野生生物基金会合作，在四川省卧龙自然保护区建立了大熊猫保护研究中心，对大熊猫的野外生态，人工饲养、繁殖等进行系统研究。1986年8月，“研究中心”人工饲养的大熊猫成功地生下幼仔。

**开展对外科技交流** 四川省卧龙、吉林省长白山、广东省鼎湖山和贵州省梵净山自然保护区参加了世界“人与生物圈”保护区网。国际鹤类基金会会长乔治·阿其波多次到黑龙江省扎龙自然保护区和当地科技人员一起对丹顶鹤进行科学研究，还多次率外国专家到江西省鄱阳湖进行考察。1985年2月，阿其波和中外鸟类工作者，在该保护区首次发现了1350只最大的白鹤群。长白山、向海、武夷山、卧龙、唐家河、小寨子沟、西双版纳等自然保护区多次接待国外考察团组，那里的自然环境和自然资源给来访者留下了深刻印象。1986年10月，世界野生生物基金会会长菲利普亲王来我国参观考察了福田、卧龙、鄱阳湖、西双版纳自然保护区。

(张玉山)

**【国家级自然保护区】** 我国自然保护区建设始于1956年，截止1986年底，全国自然保护区总数达333处，其中国家级自然保护区30处，见附表。国家级自然保护区是经各省、自治区、直辖市人民政府审定，报国务院批准的。除环境保护系统管理的阿尔金山、蛇岛和中、上元古界地质剖面3处，中国科学院管理的鼎湖山1处之外，其余26处均属林业系统管理。

我国国家级自然保护区都具备较高的科学价值，是各种自然生态系统的典型代表，是濒危珍稀植物的原生地和珍稀野生动物的主要栖息地，在国际自然保护方面有一定的影响。它们在维护生态平衡、物种保护、建设管理、科学研究、科普教育和国际合作等方面，都展示出各自的特点，发挥了积极的作用。 (严 旬)

**【生物圈保护区】** “人与生物圈”研究计划是联合国教科文组织在1971年实施的一项计划。它的主要目的是：在自然科学和社会科学共同合作的基础上，研究生物圈资源的合理利用和保护；预测人类当今的活动对未来的影响，从而提高人类有效地管理生物圈资源的能力。

生物圈保护区是“人与生物圈”研究计划中的一个项目。生物圈保护区的宗旨是通过保护各种类型的生态系统来保护生物遗传的多样性。生物圈保护区具有保护、研究、教育、培训等多种功能。目前，按“人与生物圈”研究计划建立的世界生物圈保护区网，分布于66个国家，有261处。我国的长白山、卧龙、鼎湖山自然保护区于1980年1月经联合国教科文组织批准加入世界生物圈保护区网。梵净山自然保护区于1986年10月批准加入。

参加世界生物圈保护区网的长白山、卧龙、鼎湖山、梵净山自然保护区都是我国不同自然生态系统中的典型代表。它们为“人与生物圈”研究计划提供了理想的场地，并已开展了有关项目的研究。如1979年在长白山、卧龙、鼎湖山自然保护区内分别进行了“长白山森林生态系统结构、功能及生产力的研究”，“卧龙自然保护区生态系统及大熊猫生态、人工繁殖的研究”，“鼎湖山亚热带常绿阔叶林生态系统的结构、功能及生产力的研究”等课题研究。

1984 年，梵净山自然保护区开展了"梵净山森林生态系统定位研究"。1985 年，由林业部和中国"人与生物圈"国家委员会联合对卧龙自然保护区进行了综合评议。其评价是：卧龙自然保护区通过国际合作，在保护、科研、教育和基本建设方面都取得显著成绩，为保存以大熊猫为主的珍稀动物作出了贡献。 （严 旬）

**【保护抢救大熊猫】** 1983 年，四川、陕西、甘肃 3 省箭竹大面积开花枯死，危及大熊猫的生存。大熊猫分布地区共有各种竹林 996 万亩，开花枯死 374 万亩，约占 39%。其中大熊猫喜食的冷箭竹、糙花箭竹和缺苞箭竹 750 万亩，开花枯死 351 万亩，约占 46.8%。大熊猫分布的 43 个县，这次受灾的有 26 个县，其中灾情较重的有四川省的宝兴、平武、青川、芦山、南坪、松潘县，陕西省的佛坪、洋县、太白县，甘肃省的文县等 10 个县。这些县的大熊猫较多，约占总数的 63%，是保护抢救工作的重点。

党中央、国务院对救灾工作十分重视。国务院决定，自 1984 年起，3 年内每年拨出救灾款 400 万元（基建、事业费各 200 万元），保证了救灾工作的顺利开展。林业部和四川、陕西、甘肃 3 省政府成立了抢救大熊猫领导小组，把救灾工作列入重要议事日程。

开展宣传教育，扶持当地群众开辟新的生产门路，实行保护责任承包制，建立专业巡逻和野外观察点，组织抢救医疗队。3 年来，四川、陕西、甘肃三省共抢救大熊猫 86 只，其中救活 62 只（放回野外 27 只），抢救无效死亡 24 只，在野外发现大熊猫尸体 67 具。救灾工作取得较好成绩。

为掌握救灾情况，推动救灾工作，林业部先后在成都、兰州、汉中市召开了抢救大熊猫会议，具体部署抢救工作，交流经验，表彰奖励一批在保护抢救大熊猫工作中做出贡献的单位和个人。

抢救大熊猫的工作牵动着亿万人民的心。国内广大群众和国外有关组织和机构纷纷捐款和提供物资，支持抢救工作。目前，我国和世界野生生物基金会合作，正在对大熊猫的分布、数量以及竹林开花、更新等情况进行全面调查。拟在调查基础上，制定我国大熊猫栖息地的长期保护管理计划，将目前的应急措施转为科学的保护管理，从根本上解决大熊猫种群的保护问题。 （黄祝兰）

## 野生动物保护管理

**【综 述】** 我国幅员辽阔，自然环境复杂多样，野生动物资源丰富。仅陆栖脊椎动物就有 2100 多种，其中鸟类 1186 种，兽类 450 种，爬行类 320 种，两栖类 210 多种，是世界上野生动物种类最多的国家之一。

但是，由于历史的、社会的种种原因，我国野生动物资源曾经受到很大破坏，一些珍禽异兽濒于灭绝。如原产我国的野马、麋鹿、高鼻羚羊、犀牛等已经绝迹；大熊猫、东北虎、野象、金丝猴、华南虎、扬子鳄、朱鹮等正处于濒临灭绝的危机之中。

1958 年 2 月，国务院责成林业部把全国狩猎事业统一管理起来。随后，林业部保护司设立狩猎管理处。一些省、自治区根据具体情况，逐步建立了管理机构。1959 年，林业部首次提出保护大熊猫、金丝猴等珍稀动物。1962 年 9 月 14 日，国务院发布《关于积极保护和合理利用野生动物资源的指示》，提出"加强资源保护、积极驯养繁殖、合理经营利用"的方针，加强了对狩猎生产的管理。从此，开创了我国的野生动物保护事业。

党的十一届三中全会以来，野生动物保护工作进一步得到发展。1980 年，我国加入了《濒危野生动植物种国际贸易公约》组织。国务院批准在林业部设立中华人民共和国濒危物种进出口管理办公室，作为我国政府的《公约》执行机构。并在中国科学院设立了濒危物种科学组，作为我国执行《公约》的科学咨询机构。从而使我国野生动物及其产品的进出口逐步走上了科学管理的轨道。1981 年 3 月 3 日，我国政府同日本政府签订了《保护候鸟及其栖息环境协定》。1981 年 9 月 25 日，国务院又批转了林业部等 8 个部门《关于加强鸟类保护，执行中日候鸟保护协定的请示》，同意设立全国鸟类环志办公室，并确定全国每年开展"爱鸟周"活动，在群众中广泛、持久地进行爱鸟护鸟教育。1983 年，国务院发布《关于严格保护珍贵稀有野生动物的通令》，林业部和农牧渔业部共同向国务院报送了《中华人民共和国野生动物资源保护管理条例》（草案）。为了切实保护好我国珍稀动物大熊猫，1985 年初，国务院批准了外交部、林业部等《关于通盘处理大熊猫的赠送以及出国展出或演出等涉外问题的请示》，明确外展大熊猫由林业部会同外交部、城乡建设环境保护部报国务院批准，对更好地保护这一濒危物种具有积极的指导作用。1986 年 9 月，林业部副部长董智勇访问澳大利亚，代表我国政府与澳大利亚政府签订了《中澳候鸟保护协定》，推动了我国鸟类保护和候鸟环志工作的深入开展。

目前，中央和省级的野生动物和自然保护行政管理队伍约300多人；10多个省、自治区颁布了野生动物保护法规或布告、通告。为加强群众性宣传教育及与国际野生动物保护组织建立广泛联系，1983年成立中国野生动物保护协会。为加强和协调鹤类保护工作，1983年2月，林业部批准成立全国鹤类联合保护委员会，常务工作由黑龙江省林业厅主持。1981年5月，黑龙江、吉林、辽宁3省组织成立东北保护野生动物联合委员会；1983年，陕西、甘肃、新疆、宁夏、青海省、自治区成立西北五省(区)野生动物保护委员会，定期召开会议，共同研究野生动物保护管理工作。这些组织的建立，促进了重点省、自治区野生动物保护工作的协调发展。

野生动物的科研、教育和珍稀动物的驯养繁殖取得了进展。科研机构除中国科学院所属各动物研究所和高等院校的生物系外，由林业部负责指导或管理的还有东北、西北、华南3个濒危动物研究所和全国鸟类环志中心。在东北林业大学设有野生动物系，学制四年，每年培养专业本科生50～60名。自1973年开始，在野生动物重点分布的黑龙江、吉林、青海、新疆、云南、四川、陕西、广东、广西等省、自治区开展了动物资源调查，初步掌握了主要珍贵动物的种类、分布，并对大熊猫等十几种珍稀动物进行了生物生态学方面的研究。1983年在陕西省洋县境内重新发现处于濒危状态的世界珍禽朱鹮。经陕西省人民政府批准，建立了保护观察站。由于全面采取了保护措施，朱鹮数量已由7只增加到28只。鸟类环志工作已取得成绩。至1986年，全国已建立环志站点40个，环志鸟类163种，环志数量达23000多只，并初步掌握了一些候鸟的迁徙规律。

为保护和发展我国珍稀动物，1985年开始引进原产我国的野马和麋鹿，分别在新疆吉木萨尔和江苏大丰林场建立了驯养繁殖场，旨在发展种群数量及通过野化试验，达到恢复野外种群的目的。此外，还在北京、四川、安徽、黑龙江等地分别建立了大熊猫、金丝猴、朱鹮、扬子鳄及猫科动物等珍稀动物驯养繁殖中心，以求在人工条件下发展种群，保护濒危物种。

为了更好地保护和合理利用我国野生动物资源，各级林业部门加强了对狩猎和猎枪弹具的管理。1980年，国家计委、经委发出《关于猎枪等民用枪枝生产、销售问题的通知》中，重申猎枪生产由林业部归口管理，负责分配。为此，林业部在哈尔滨成立猎枪弹具经销中心。一些省、自治区还根据实际情况划定了禁猎区，规定了禁猎期以及禁止使用的猎捕工具和猎捕方法。1984年以来，先后在黑龙江、青海省开展了对外狩猎活动，2年共接待了近60名外国狩猎爱好者，猎捕马鹿、石羊、狍子等61只，取得了很好的经济效益。同时，对林业部门做好野生动物保护工作起了促进作用。

野生动物保护的国际交流与合作有了很大发展。建国以来，我国曾作为国家礼品，先后向苏联、朝鲜、日本、墨西哥、美国、英国、法国、联邦德国和西班牙等9个国家赠送了大熊猫共23只。大熊猫、金丝猴等我国特产珍稀动物，也作为友好使者到美国、日本、加拿大、西班牙、瑞典、爱尔兰等国展出，为增进我国与世界各国人民的友谊作出了贡献。1982年以来，林业部与日本环境厅已举行过3次工作会议，研究贯彻中日候鸟保护协定的有关问题。1985年，两国还交换了候鸟环志小组，合作开展环志工作。1986年，林业部与美国内政部签署中美自然保护区和野生动物保护交流与合作协议书，为中美两国在野生动物保护方面进行长期合作奠定了基础。我国还在大熊猫、金丝猴、雪豹、朱鹮、白唇鹿的调查和研究方面，与美国、日本、联邦德国等签订了长期合作协议。 (李玉铭)

**【鸟类保护和环志】**

**鸟类保护** 我国有鸟类1186种，占世界鸟类种数的14.4%，其中候鸟约占50%，是世界上拥有鸟类种类最多的国家。我国野生鸡类有56种，占世界野鸡种类的1/5。全世界有15种鹤，我国就有9种，其中丹顶鹤、黑颈鹤主要分布在我国。

建国以来，我国在保护、研究和合理利用鸟类资源方面做了不少工作，取得了一定的成绩。1962年9月14日，国务院发出《关于积极保护和合理利用野生动物资源的指示》，第一次明文规定，对珍贵、稀有或特产的鸟兽严禁猎捕，并在其栖息地建立保护区，加以保护，使鸟类资源得到了有效的保护。

党的十一届三中全会以来，国家对鸟类保护十分重视。特别是自1981年3月，我国政府与日本政府签订《保护候鸟及其栖息环境协定》以来，为加强鸟类保护，同年9月25日国务院批转林业部等8个部门《关于加强鸟类保护，执行中日候鸟保护协定的请示》中，规定每年春季确定一周为“爱鸟周”，开展各种宣传教育和保护活动。到1982年，已有24个省、自治区、直辖市颁布了保护条例、办法或布告，进一步加强了鸟类保护和进出口管理工作。1982年12月21～27日，林业部在大连市召开全国鸟类保护和环志工作座谈会，这是第一次专门研究鸟类保护和环志的工作会议。

为进一步加强中日两国鸟类保护，中国候鸟保护代表团一行5人，参加了1983年2月22日至3月2日在日本东京举行的首次中日候鸟保护协定工作会议，双方交流了鸟类保护工作，并就有关问题进行了商议。

为了进一步加强鸟类保护，推动“爱鸟周”活动开展，1984年4月在北京由林业部、中国野生动物保护协会、人民音乐出版社等单位联合举办了爱鸟护鸟音乐会。1984年4月，在北京成立了全国鹤类联合保护委员会，加强了对鹤类的保护管理；有关省成立了分会，并开展了保护等工作。1984年11月，中日双方在北京召开了中日保护候鸟协定第二次工作会议。这次会议除交流鸟类保护工作外，还就朱鹮保护繁殖及拍摄电影及开展中日环志合作问题进行了商议。

应日本环境厅邀请，中国代表团一行5人，于1985年6月5日前往日本东京参加了中日野生鸟兽保护会议。这次会议签署了《关于中日共同保护、繁殖研究朱鹮的会谈纪要》，并就共同开展鸟类环志等问题交换了意见。根据《纪要》，我方将北京动物园饲养的1只雄性朱鹮以3年为限借给日本，与日本的朱鹮配对繁殖；日方同意通过国际协力事业团派专家到中国朱鹮栖息地进行可行性调查，然后根据调查结果由国际协力事业团研究今后进行技术合作的可能性。会上对中日首次候鸟环志合作商订了计划，并对中日双方合拍野生动物电影有关事宜又进行了磋商。

1986年2月26日，为贯彻落实国务院《关于严格保护珍贵稀有野生动物的通令》，切实保护好现有朱鹮，拯救这一濒危物种，使其复壮发展，由林业部林政保护司与陕西省林业厅联合建立陕西朱鹮保护观察站，下设姚家沟、三岔河观察点，负责朱鹮保护管理和有关科研工作。同年4月22日，林业部与联邦德国布伦姆国际鸟类保护基金会就建立朱鹮驯养繁殖中心达成协议。该基金会为“中心”提供1/2基建经费、先进仪器设备和培训科研技术人员，并对野外保护管理和科研工作给予资助。自1981年5月，我国重新发现朱鹮以来，在保护管理、科研方面做了大量工作，取得了较好成绩。现在朱鹮已由发现时的7只增加到28只。1986年11月25日，中国代表团一行5人，赴日出席中日候鸟保护协定第三次工作会议。双方商议了中日合作保护朱鹮的实施计划、中日合作开展候鸟环志计划、合拍野生动物电影问题，并议定第四次中日候鸟保护协定工作会议1988年下半年在北京举行。

全国自1982年正式开展首次“爱鸟周”活动以来，到1986年，全国已有28个省、自治区、直辖市开展了“爱鸟周”（有的地方确定“爱鸟节”）活动，加强爱鸟护鸟的宣传教育。有的增划了鸟类保护区，开展了鸟类资源调查，严肃处理了一些破坏鸟类资源的案件。在“爱鸟周”期间，各地利用各种宣传工具，开展了内容丰富、形式多样的活动形式，向广大群众，特别是青少年进行爱鸟护鸟的宣传教育，还有的举办了有关展览，设置了“爱鸟林”，开展了护鸟、放鸟和挂置人工巢箱等活动。所有这些，都取得了较好效果。

**候鸟环志**　候鸟环志是保护和研究鸟类的一项重要措施。为在全国范围内有计划、有步骤地把候鸟环志工作开展起来，1981年11月，经国务院批准，在林业部设立了全国鸟类环志办公室，负责组织全国鸟类环志行政管理和组织协调、国际联系等工作。为了开展鸟类环志科研工作和进行鸟类环志的科研管理，1982年6月，林业部委托中国林业科学研究院承担全国鸟类环志的研究任务，批准建立全国鸟类环志中心。同年12月，在大连召开的全国鸟类保护和环志工作座谈会上，决定立即着手进行鸟类环志的准备工作，以便1984年春正式开展环志试点工作。会上由全国鸟类环志中心设计了鸟类环志的技术规则和鸟类环志的环、表、卡等工具，制定了开展环志的方法和要求，规定了候鸟环志站、点设置的原则、条件和要求。开展环志的具体地点和单位，由省一级林业行政部门与科研、教学等单位商议后报全国鸟类环志办公室审定。全国鸟类环志中心将环志站、点编入全国鸟类环志网，由环志中心按规定向该站、点提供环志鸟种中相应的环、表、卡。各环志站、点在环志工作结束后及时向“中心”报送环志的表、卡。为适应国际合作的需要，执行中日候鸟保护协定，首先在东部沿海设置环志站、点，并兼顾内地在有条件的地区进行环志工作。

1983年8月1～10日，由全国鸟类环志中心、青海省野生动物管理委员会和青海省鸟岛自然保护区管理站在青海湖鸟岛进行了首次鸟类环志试验，对斑头雁、鱼鸥共1015只做了环志试验。这次环志不仅取得可喜成果，而且培训了环志人员，为1984年全国环志试点工作提供了有益经验，建立了我国第一个候鸟观察站。

1984年9月11～24日全国鸟类环志办公室在山东省长岛县召开了鸟类环志研究会。这次会议主要研究、交流各地环志工作情况，介绍鸟类环志基础知识，参加实际操作试验，研究各地下一步开展环志的计划。此次会议为各地培训了技术骨干50多名，推动了全国候鸟环志工作的开展。1984年，全国做了环志的鸟类达12目、18科、53种、3084只。到1984年为止，全国有12个省、自治区、直辖市（主要是东部沿海地区）共建立了22个环志站、点。

1985年1月，全国鸟类环志中心会同贵州生物研究所在草海自然保护区对1只黑颈鹤做了环志，这是我国对鹤类环志的首次记录。1985～1986年，在草海、扎龙自然保护区及四川若尔盖黑河牧场，分别对黑颈鹤4只、丹顶鹤8只、白枕鹤1只、灰鹤1只、蓑羽鹤3只等17只鹤类做了环志。

1985年10月7～16日，应全国鸟类环志中心邀请，日本野鸟之会常务理事川崎惟男等一行4人，同我方4人组成中日环志合作交流组，在青岛候鸟保护环志站进行了首次环志交流，共对9目、16科、

30种、393只鸟类做了环志，双方并就环志技术、捕鸟、度量、年龄、性别鉴定等进行了交流和研讨。1985年，全国共对18目、37科、163种、8327只鸟类进行了环志，并建立了环志站、点35个。

1986年1月，应日本山阶鸟类研究所邀请，林业部派4人鸟类环志小组前往日本鹿儿岛出水一级环志站，进行首次环志合作交流。1986年，全国共对18目、163种、11545只鸟类进行了环志，其中山东省长岛鸟类环志站和青岛鸟类保护环志站对8663只鸟类进行了环志，占全国环志总数的75%。

根据我国候鸟迁徙特点以及为保证执行中日候鸟保护协定，环志站、点配置重点在东部沿海设置。由北向南依次建立了候鸟繁殖地的扎龙、洪河、向海等环志站、点，中途停息地的大连、长岛、青岛、日照等环志站、点，越冬区建立了广东福田、广西北海市围州岛等站、点。到1986年止，全国已建立环志站、点共40处。这些站、点均根据各自地区候鸟分布特点开展环志工作。如扎龙、向海等湿地型环志站、点侧重水禽和涉禽；沿海岛屿或陆地类站、点侧重鸣禽及猛禽和海鸟，滩涂型环志站、点侧重涉禽的鸻鹬类。全国从1983年开始，到1986年止，进行了环志的鸟类共达163种、23971只。同期回收到国内外环志鸟类128只。

从国内环志回收信息初步证实了我国候鸟迁徙路线大致可分为东路：沿海向南；中路：穿过黄河、长江南下；西路：沿横断山脉南下，也可穿越喜马拉雅山脉南飞的推论，为掌握我国候鸟迁徙规律提供了宝贵的资料。（王乃华　徐　军）

**【珍贵野生动物研究】** 林业部自1956年先后在云南、四川、广西、吉林等省、自治区进行森林资源调查与自然保护区规划的同时，也开展了珍稀野生动物的初步调查与研究。

60年代初，由林业部组织，有中国科学院、中国林业科学研究院、青海省畜牧厅和青海省野生动物资源管理委员会等单位派人参加，共计20多人在青海省进行了为期近2年的野生动物专项考察。1962年，国务院正式公布了一批国家重点保护动物的名单。1973年，农林部组织召开了重点省、自治区珍贵动物保护与调查座谈会，研究布署对大熊猫、金丝猴、长臂猿、亚洲象、野骆驼、野马、野驴、藏羚、羚牛、白唇鹿、海南坡鹿、丹顶鹤、黑颈鹤、白鹤、黄腹角雉等珍贵动物进行分布、数量、生态等方面的调查、研究工作。在调查中发现了四川梅花鹿、广西白头叶猴、云南黑鹿、西藏斑羚等新种或亚种。在这之后，有些省、自治区又陆续单独进行了所在区域综合或单项野生动物资源的考察与研究。从而为我国野生动物保护与管理提供了初步依据。

在初步进行了资源调查的基础上，1980年以后逐步对一些稀有珍贵动物的生态、数量、人工驯养繁殖、遗传生化等方面设立了一些专项课题，使野生动物的研究进入了一个新阶段。在陕西省洋县找到了“失踪”20多年的珍禽——朱鹮，在世界引起了关注。近几年安排了大熊猫、长臂猿、驼鹿、羚牛、金丝猴、朱鹮、丹顶鹤、黑颈鹤等30多项科研课题。大熊猫的人工繁殖获得了成功，丹顶鹤的人工孵化技术取得了新进展，初步掌握了黑颈鹤、丹顶鹤、白鹤等的生态及迁徙情况，珍贵大型猛兽——雪豹的考察也进入了新阶段。在珍贵动物资源的研究包括水禽方面，在江西、黑龙江、吉林等省第一次使用了航空调查技术，基本摸清了丹顶鹤、黑颈鹤、白鹤、白枕鹤、白鹳等珍禽的分布和数量。1982～1983年，为了寻找野马，又在新疆通过航空调查，对野驴等荒漠动物进行了调查。在黑龙江省对东北虎也做了航空调查。这都为野生动物的保护与管理进一步地奠定了基础。“黑颈鹤的生态研究”、“丹顶鹤的人工孵化研究”、“扬子鳄的分布、生态及人工繁殖研究”、“乌裕尔河流域鹤类的研究”、“羚牛生态生物学及保护的调查研究”等几项科研成果通过了林业部的鉴定。

中国的野生动物研究已引起了国际的注意，先后有一些国际组织、国家和个人同中国进行野生动物研究与保护方面的合作。世界野生生物基金会同林业部在大熊猫的保护与调查研究上进行了成功的合作。美国纽约动物学会同林业部在雪豹的调查研究上取得了满意的成果。我国与联邦德国布伦姆国际鸟类保护基金会、日本政府在朱鹮保护与研究的合作正在进行，使朱鹮由刚找到时的7只增加到28只。在白唇鹿的研究方面与日本北海道大学签订了为期5年的研究协议，研究正在进行中。（范志勇）

**【对外开展狩猎活动】** 我国野生动物资源十分丰富，可供狩猎的动物近百种。但是，长期以来没有摆脱传统的利用方式，野生动物产品大多作为毛皮、野禽野味出口，不仅资源浪费大，而且经济效益也不高。

为了更好地保护和合理利用野生动物资源，1984年在黑龙江省桃山林业局建立了我国第一个对外开放的狩猎场。1985年11月，经林业部同意，在青海省都兰县进行了试验性的对外狩猎活动，取得了较好的效果。在此基础上，林业部先后批准建立了黑龙江省乌龙、白山狩猎场，吉林省露水河狩猎场和恢复黑龙江省平山狩猎场。

自1984年以来，黑龙江、青海两省林业部门共接待和安排12批外国狩猎爱好者近60人次来华狩猎和试猎，猎取马鹿、狍子、石羊等19种动物共61只，为国家创汇40多万美元，取得较好的经济效益和社会效益，并逐步改变了过去单纯的经营利用方式。

在开放的狩猎地区，为保证狩猎活动顺利进行，各级政府和林业主管部门进一步加强了野生动物的保护管理，猎区群众也从对外开展狩猎活动中得到了经济实惠。实践证明，对外开展狩猎活动是一项利国利民具有广阔前景的事业。 （王 伟）

**【猎枪管理】** 为了加强野生动物资源保护，严格猎枪管理，防止发生伤亡事故和犯罪分子利用猎枪进行破坏活动，国家计划委员会1972年2月1日《关于猎枪生产管理的复函》和国家计划委员会、国家经济委员会1980年《关于猎枪等民用枪支生产、销售的通知》中，规定猎枪生产由林业部归口管理，负责分配。在此基础上，林业部于1981年委托东北林学院编制LY514—81标准，得到国家标准局批准。根据“标准”要求，并通过部级技术鉴定，分别确定齐齐哈尔猎枪厂、辽宁省宽甸鸟枪厂、河南省西峡县农林机械厂、吉林省辉南猎枪厂、哈尔滨市猎具厂、四川长安机器厂生产猎枪猎具。为加强猎枪弹具生产、销售管理，维护社会治安，保护野生动物和合理利用野生动物资源，林业部于1984年发出《关于猎枪弹具定点生产和经销管理办法的通知》，并成立了林业部猎枪弹具经销中心（设在哈尔滨市），使猎枪猎具的生产、销售、分配以及管理走上了正轨。 （王 伟）

**【濒危物种进出口管理】** 1980年12月24日，国务院批准在林业部设置中华人民共和国濒危物种进出口管理办公室（以下简称濒管办），作为我国执行《濒危野生动植物种国际贸易公约》（以下简称《公约》）的管理机构。其对外的职责和任务是代表中国发放允许出口证明书、允许进口证明书及允许再出口证明书，并和其他缔约国及本公约秘书处进行联系。

几年来，濒管办对外代表国家负责与《公约》总部及下设的各个委员会、成员国以及十几个其他有关国际组织进行了对外联系工作。在海关和口岸检疫机关的协助与配合下，加强了野生动植物，尤其是濒危物种及其产品的进出口管理。对符合《公约》和国家规定，允许国际贸易的物种及其产品，在严格审核的基础上，签发了允许进口、出口和再出口证明书。

为加强野生动物保护管理和濒危物种的拯救工作，濒管办分别在广州、西安、哈尔滨设立了华南、西北和东北濒危动物研究所；在北京建立了濒危动物驯养繁殖中心；在黑龙江建立了猫科动物驯养繁育中心；在新疆建立了野马驯养繁殖场。

1985年，为进一步完善和加强濒危物种的进出口管理工作，濒管办先后在广州、北京、天津、上海建立了办事处。 （黄建华）

## 森林防火

**【综 述】** 中华人民共和国成立以前，森林防火事业一片空白，火灾发生任其自燃自灭。

中华人民共和国成立以后，党和政府十分重视森林资源的保护管理工作。1949年9月制定颁布的《中国人民政治协商会议共同纲领》第三十四条明确提出“保护森林，并有计划地发展林业”的方针。1950年，林垦部制定了“普遍护林，重点造林，合理采伐、利用”的方针。以后，又提出了“防重于救”和“预防为主，积极消灭”的护林防火方针，并采取了一系列的预防、扑救措施，使我国森林防火事业从无到有、由小到大地逐步发展。

**森林防火任务和范围** 森林防火，是森林资源保护工作的一个重要组成部分。依照《中华人民共和国森林法》规定，森林保护由各级林业主管部门实行管理和监督。鉴于森林防火是一项社会性、群众性和专业性很强的工作，《中华人民共和国森林法实施细则》确定由各级人民政府组织有关部门建立护林防火组织，在大面积林区进行森林防火设施建设，宣传组织群众，划定护林防火责任区，订立护林防火制度，切实做好护林防火工作。森林防火的主要任务是：贯彻执行“预防为主，积极消灭”的方针，落实护林防火方针、政策以及各项规章制度，做好森林火灾的预防和扑救工作，保护森林资源安全。其工作范围包括国家、集体和个人所有的森林和林木。

**发展概况** 37年来，我国森林防火事业的发展，大体上经历了4个阶段：

逐步开展阶段（1949～1956年）。中华人民共和国建立初期，东北地区森林防火事业开展较早。东北人民政府于1950年10月，最早组建了武装护林大队，以后逐步发展成为东北、内蒙古林区的森林警察；1951年2月，吉林省实行护林防火责任制。1951年10月26日，政务院财政经济委员会发布了《东北及内蒙古铁路沿线林区防火办法》，在全国范围内推广他们的经验。但因措施不力，1951年，全国发生森林火灾达5100多次，受害森林面积225万公顷。松江和黑龙江2省在1951年4～5月发生森林火灾，烧毁大面积森林，烧死47人，烧伤300多人，扑火耗用49万个工日，损失严重。两省主席为此受到记过处分。由于森林火灾严重，1952年3月4日，中共中央和中央人民政府政务院分别发出《关于防止森林火灾问题给各级党委的指示》和《关于严防森林火灾的指示》，接着政务院人民监察委员会发出《关于严防森林火灾对各级监委的指示》，要求各级监委将检查各级地方人民政府对护林防火的布置及执行情况作为一项重要工作内容。至1952年底，全国有18个省、自治区成立了护林防火指挥机构，建立起群众性的护林防火组织，制定了各项护林防火规章制度。1952年与1951年相比，全国火灾受害森林面积减少74.1%，东北、内蒙古林区减少96.7%。

1952年以后，各地森林防火事业虽然有所加强，但是，对大面积偏远林区火灾还缺乏控制能力。1955年5月，内蒙古自治区小孤山，黑龙江省额穆尔河与鹤岗发生3次特大森林火灾，受害森林面积占全国受害森林面积的35.4%。1956年4月，在大、小兴安岭偏远原始林区发生的特大森林火灾，受害森林面积占当年黑龙江省和内蒙古自治区森林受害面积的80%，占全国森林受害面积的73.2%。对此，中共中央、国务院于1956年4月18日发出《关于加强护林防火的紧急通知》，要求各地，特别是重点国有林区，积极建立森林经营机构。同年8月，林业部召开了东北、内蒙古林区护林防火科学技术座谈会，研究确定了在加强群众性护林防火活动的同时，在林区内部积极建立基层森林经营机构，有计划地推行护林防火技术措施。

全面建设阶段(1957～1965年)。1957年1月，林业部成立了护林防火办公室，主管全国护林防火业务工作。从此护林防火建设进入了以"群防群护为主，群众与专业护林相结合"的时期，林区县、区、乡无森林火灾竞赛活动在全国普遍开展起来。林业部于1958年10月和1959年1月，分别在吉林省靖宇县召开北方13省、自治区和广东省广宁县召开南方12省、自治区护林防火现场会，又于1960年3月在郑州市召开全国森林保护工作会议，总结推广了各地护林防火的经验。

1960年1月29日，中国政府同苏联政府签订了《关于护林防火联防协定》。

在法制建设方面，1961年3月3日林业部、公安部、农业部、农垦部联合发布了《关于烧垦烧荒、烧灰积肥和林副业生产安全用火试行办法》，对野外生产用火的管理做了具体规定。1963年5月27日，国务院颁发了《森林保护条例》，把多年来护林防火的成功经验和行之有效的办法用法令形式固定下来，作为全国护林防火工作的准则。

1964年12月，林业部在内蒙古自治区海拉尔市召开东北、内蒙古林区护林防火工作会议，着重研究了大兴安岭林区的护林防火建设问题，确定由呼伦贝尔盟负责成立大兴安岭林区护林防火建设指挥部；在重点林区建立防火站，修筑防火公路，架设通讯线路，修筑瞭望台，开辟防火线，购置防火专用车辆、电台和灭火机具设备等；加强东北、内蒙古林区和西南林区的航空护林建设；开展省与省之间和重点林区之间的护林联防以及国际之间的中苏护林防火联防活动；加强护林防火科学研究工作。其它重点国有林区和集体林区也都开始配备专职或兼职护林人员，进行地面防火设施建设。

由于局部地区出现特大干旱天气，1965年4月下旬，内蒙古自治区兴安盟发生特大森林火灾。

总的来讲，这一阶段森林火灾大幅度下降，是森林防火事业开展较好的时期。

停顿阶段(1966～1976年)。在"文化大革命"期间，森林防火事业陷于停顿，不少地方护林防火组织机构瘫痪，专职人员下放，一些林区基层防火站、点和西南航空护林站被下放给地方领导，重点林区刚刚开始兴建的护林防火设施停建，有的设施年久失修失去作用；林区公、检、法部门被砸烂，行之有效的护林防火规章制度受到批判，乱砍滥伐破坏森林和森林火灾十分严重。1966年9月，新疆维吾尔自治区乌苏县发生原始森林地下火灾。1967年9月23日，中共中央、国务院、中央军委联合发出《关于加强山林保护管理，制止破坏山林、树木的通知》。1975年邓小平同志主持中央工作期间，国务院根据当时森林火灾的严重情况，7月份在哈尔滨市召开了全国护林防火工作现场会议，在会上严厉批评了1975年4月23日在大兴安岭地区松岭区的平岗西，因自流人员在野外做饭引起森林火灾(共燃烧6天，出动750人扑救。火场面积15万亩，其中受害森林面积6万多亩)造成严重损失的松岭区有关领导。会议研究了制止森林火灾的具体措施。但是，由于"四人帮"借口批判右倾翻案风的干扰，以致会议决议未能贯彻执行，因而森林火灾更加严重，1976年黑龙江省就两次发生特大森林火灾。

恢复与全面发展阶段(1977～1986年)。党的十一届三中全会以来，森林防火事业同其它事业一样，开始恢复了生机。1979年2月23日五届全国人大常委会第六次会议原则通过《中华人民共和国森林法(试行)》，1981年2月9日国务院发出《关于加强护林防火工作的通知》，同年3月8日中共中央、国务院联合发布《关于保护森林发展林业若干问题的决定》，林业部根据这些文件精神和林区护林防火工作的实际情况，多次召开全国和地区性护林防火工作会议，研究部署森林防火工作，进一步加强了森林防火组织、专业队伍和设施建设。

1980年以来，东北、内蒙古林区森林火灾次数下降，特别是一些重点地区，基本上没有发生大森林火灾。1986年春季，江西、福建、云南、四川等省连续发生森林火灾，为此，国务院3月24日发出了《关于加强护林防火工作的紧急通知》，要求各级政府切实加强护林防火工作，采取有效措施制止森林火灾的继续发生。3月下旬，云南省安宁县和玉溪市先后发生2起大的森林火灾，并造成扑火职工、群众和解放军被烧死80人、烧伤近百人的重大恶性事故。为此，国务院3月31日发出了《关于云南省森林火灾严重情况的通报》，林业部派出了由部级领导带队的工作组，赴云南省协助灭火和火灾案件的处理工作。根据国务院领导要求，云南省政府向国务院写出了检查报告，并采取了防止森林火灾的具体措施。1986年12月3～7日，林业部在江西省九江市召开了全国森林防火工作会议，认真总结了1986年春季森林火灾严重的经验教训，研究了治理森林火灾的根本性措施，表彰奖励了各地涌现出来的森林防火先进单位和先进个人。

**森林防火事业的成就** 37年来，我国森林防火事业已经取得了较大的进展和成就，建立健全了各级护林防火组织机构，林区防火设施建设已初具规模，森林防火专业队伍有所加强，航空护林事业有了较大发展，建立健全了各种护林防火制度，森林防火科学技术有了进展，森林火灾危害程度逐年下降。从50年代起，森林火灾的危害总的是下降趋势。特别是党的十一届三中全会以后，重点林区护林防火组织建设和设施建设有了一定基础，控制火灾的能力有了增强，森林火灾显著减少。50年代初期，平均每年发生森林火灾2万多次，受害森林面积150多万公顷，森林火灾受害率(指火灾受害森林面积占该地区森林面积的比例)为13.8‰。1955和1956两年是森林火灾最严重的时期，平均每年森林火灾受害率高达24‰。60年代初火灾受害率下降到9.8‰，至1978年下降到4.35‰。1981～1985年，平均每年森林火灾受害率为3.5‰。1981年以来，吉林省已连续6年没有发生过受害森林面积在千亩以上的大火灾。

**森林防火事业的展望** 37年来，我国森林防火事业虽然取得了很大成绩，积累了一些成功的经验。但是必须看到，在工作上还存在不少问题。主要是一些地方和部门对保护森林的重要意义认识不够，投放在森林防火上的人力、物力和资金不足，林区防火设施薄弱。特别是，一些大面积偏远林区还缺乏控制火灾的能力，再加上林区火源复杂，有人为火，有自然火，而且受气候变化的影响很大。因此，森林火灾常常起伏不定，稍一疏忽，就会酿成大的灾害。

为了巩固已取得的成果，尽快扭转一些地方森林火灾严重局面，今后的工作还要继续加强：①进一步提高各级领导的认识，真正把森林防火作为林业建设上的一项重要任务来抓；②建立、健全各级森林防火组织机构，全国尽快形成一套完整的森林防火指挥系统；③广泛筹集资金，加强重点林区空中和地面防火、灭火设施建设，提高控制火灾的能力；④充实森林防火科研技术力量，培养专业人才，普及使用森林防火、灭火新技术，加快实现森林防火现代化的步伐。初步规划，到本世纪末，力争消灭万亩以上特大森林火灾，控制千亩以上大火灾，全国年均森林火灾受害率下降到1‰以下。逐步开创一个森林防火事业的新局面，为我国社会主义现代化建设做出贡献。 (常铁余)

**【中国森林火灾】**

**森林火灾的危害** 据统计，1950～1986年全国平均每年发生森林火灾1.5万多次，平均每年累计受害森林面积达96万多公顷，平均每年森林受害率为8.6‰。为扑救火灾平均每年耗用人工140多万个工日，扑火经费540多万元，死亡97.5人，烧伤640多人，损失巨大。例如：1976年9月黑龙江省绥棱林业局发生一场特大森林火灾，持续烧了近40天，受害森林面积达35万公顷，共出动10737人参加扑火，迫使全局停产36天，消耗食粮38.5万公斤，耗用扑火经费近百万元。1976年秋季，黑龙江省沾河顶子一场大火，持续40多天，先后出动3万多人扑火，受害森林面积66万多公顷。此外，还烧掉已收割的大豆225吨、小麦590吨，烧毁尚未收割的庄稼490多公顷。由于当地农场职工和农民群众上山扑火，收割时间推迟了半个月之久，给农业生产带来严重影响。1986年3～4月间，云南省安宁县的青龙寺和玉溪市的刺桐关，连续发生2次森林火灾，受灾面积2000多公顷，共出动1.5万多人扑火，直接经济损失达300多万元。在扑火中，当地职工、群众和解放军指战员有80人被烧死，近百人被烧伤，损失惨重，应当认真吸取教训。

火灾对森林的危害十分严重，据黑龙江省大兴安岭地区护林防火指挥部进行的火场实地调查，火灾对森林各类不同林分破坏的程度(火烧后濒死木和枯立木株数所占的比例)是：以柞、桦为优势树种的次生林，平均受害率为49%。以落叶松为优势树种的成熟林，受害率为59%；中、壮林为63%；15年生以下的幼树，经过1次火烧后全部死亡。火烧后平均每亩森林损失木材蓄积1～2立方米。

**我国森林火灾的特点**

*南方林区发生次数多* 全国发生森林火灾次数，各地区所占的比例是：南方集体林区占52.63%，居全国首位；西南林区占36.95%，居第二位；其它少林地区占6.08%，居第三位；东北、内蒙古林区只占4.3%，居第四位。

*东北、内蒙古林区受害面积大* 全国森林火灾受害面积，各地区占的比例是：东北、内蒙古林区占51.45%，居全国首位；南方集体林区占24.75%，居第二位；西南林区占21.43%，居第三位；其它少

林地区占 2.38%，居第四位。

*每隔四五年就上升或下降 1 次* 根据 1950～1985 年的统计分析，森林火灾时起时伏，每隔四五年就出现 1 次火灾严重的高峰年。火灾次数和受害面积分别占全国森林火灾累计次数 3%以上和累计受害面积 5%以上的年份是：1951、1952 年，1955、1956 年，1961、1962 年；次数占 2%，面积占 4%以上的年份有：1976、1977 年，1979、1980 年。此外，在 1969、1970 年和 1972、1973 年两个时期，占全国火灾次数和受害森林面积总数的比例虽然较小，但是要比前后邻近的年份所占的比例高。这种不同年份森林火灾严重程度的上下波动，是与一些年份的气候条件、降雨量和干旱程度以及森林内部可燃物质积累的多少有密切关系。如 1976 和 1977 两年由于干旱，森林火灾严重。这两年每年发生火灾均在 2 万次以上，受害森林面积占全国累计受害森林面积的 4.5%以上。1978 年降雨量增多，森林火灾减少。1979 年气候异常，再次出现特大干旱，森林火灾又严重发生。

*集中发生在少数“多火灾”地区* 历年来，森林火灾多，损失严重的地区，多集中发生在黑龙江、内蒙古、云南、广西和贵州 5 个重点省、自治区。1950～1983 年，平均每年森林火灾发生次数占全国的 42.5%，受害森林面积占全国的 75%。在这 5 个省、自治区内，又集中发生在少数几个地区、盟、自治州或县、旗的范围内，称作“多火灾”地区。全国的重点火灾地区有：黑龙江省的大兴安岭、黑河地区，内蒙古自治区的呼伦贝尔、兴安盟，云南省的思茅地区、临沧地区、大理白族自治州、丽江地区、红河哈尼族彝族自治州、文山壮族苗族自治州、楚雄彝族自治州、迪庆藏族自治州，贵州省的黔南布依族苗族自治州、黔东南苗族侗族自治州、黔西南布依族苗族自治州，广西壮族自治区的百色、河池、南宁等地区。其它省、自治区也有各自的“多火灾”重点地区、县。全国约有 30 多个地区、盟、自治州和 100 多个县、旗，是过去森林火灾和特大火灾发生较多的地方。这些地方的特点是林区面积大，地处偏远，防火期干旱风大，火源复杂不易控制，加上森林燃烧性高，扑救困难，极易发生大的森林火灾。因此，多年来一直将这些地方作为防火工作的重点。

*引起森林火灾主要是人为火源* 根据 1982 年的统计，全国发生的森林火灾中，已查明原因的人为火源占 99.4%，其中生产性用火引起的火灾占 67%，非生产性用火引起的火灾占 31.6%，由国外烧入和坏人纵火引起的占 0.8%；自然火源（主要是雷击火）引起的火灾仅占 0.6%。在生产性用火中，因烧荒、烧垦引起的火灾占 52.7%。南方林区以生产性火源为主，占本地区森林火灾发生次数的 72.3%，其中仅烧荒一项就占 57%，个别年份达 80%以上。东北林区以非生产性火源为多，占本地区森林火灾发生次数的 56.7%，其中在野外吸烟、烤火做饭和上坟烧纸 3 种火源引起的火灾约占本地区发生火灾次数的 45%左右。在自然火源中，黑龙江省和内蒙古自治区因落雷引起的森林火灾占两省、自治区发生火灾次数的 7.1%。其中：黑龙江省占 5.7%，内蒙古自治区占 10%左右。这些雷击火又多发生在大兴安岭原始林区，雷击火源占该林区火灾发生次数的 38%。例如，1979 年 6～7 月，内蒙古自治区呼伦贝尔盟额尔古纳右旗的北部原始林区连续发生 37 处雷击火，由于气候干旱，发现和扑救不及时，酿成了树冠火和地下火灾，延烧 1 个多月，使8万多公顷原始森林付之一炬，造成了巨大损失。上述情况必须引起我们高度的警惕和认真的注意。

**我国的森林火险季节** （防火期）

①东北、内蒙古林区。我国地理位置处于北半球，东北、内蒙古地区属于寒温带气候，由于受大气环流的影响，在一年四季之中，出现春季和秋季两次干燥的气候条件。夏季降雨量较多，空气湿润；冬季气温低，积雪封冻，没有燃烧的条件。因此，这一地区的林火多发生在春、秋两个季节。

春季防火期一般从 3 月下旬开始到 7 月中旬结束，火险期在 120 天左右，火灾发生最多的是在 5 月份；秋季防火期一般从 9 月中旬开始到 11 月中旬结束，火险期在 100 天左右，火灾发生最多的是在 10 月份。

②南方林区。南方地区属于亚热带和热带气候，一年之中只有干、湿两季之分。干季降雨量较少，空气湿度低，气候干燥，容易发生火灾；湿季降雨量多，气候湿润，不易发生火灾。因此，这一地区只有一个冬春防火期。

冬春季防火期一般从 11 月中旬开始到翌年 4 月底结束，火险期在 150 天左右，火灾发生最多的是在 2、3 两个月份。

③西北林区（主要是新疆）。这一地区属于温带的高原森林草原带，年降雨量少，冷热变化剧烈，特别是夏、秋季节风大沙多，气候干燥。因此，火灾多发生在夏、秋两季之间。

夏、秋防火期一般从 7 月份开始到 9 月底结束，火险期 100 天左右，火灾发生最多的是在 8、9 月份。

随着每年气候的变化，防火期也可能会提前或向后推移。 （常铁余）

**【森林防火组织建设和群众性防火活动】** 森林防火是一项社会性、群众性很强的工作，涉及面广，情况复杂，需要在各级政府领导下，组织有关部门，动员社会各方面力量的合作与支持。森林防火的组

织形式有:

**护林防火组织** 目前，全国除山东、江苏、河南、甘肃、上海、天津6个省、自治区、直辖市外，已有23个省、自治区、直辖市和林区地(盟、州)、县(旗)各级政府设立了护林防火指挥部和办事机构，具体管理护林防火业务。全国的131个国营林业局、4100多个国营林场以及林区的乡村、厂矿、农场、牧场、铁路等部门，也大都建立了护林防火组织，配备了专职或兼职护林人员。1983年，全国已有各种专职护林员26万多人，兼职护林员43万多人。

**各级护林防火联防组织** 全国省与省(自治区)之间建立护林防火联防组织的有：云南、贵州、广西；湖南、广东、广西；湖南、贵州、广西；福建、浙江、江西；湖南、广东、江西、福建；江西、湖北、安徽；江苏、浙江、安徽；黑龙江、吉林、辽宁、内蒙古；四川、云南；四川、陕西；河南、山西；河南、湖北；河南、陕西；陕西、甘肃；内蒙古、河北等16个。有的联防组织设有办事机构，配备专职人员，负责本联防区的护林防火工作。许多地方建立了基层联防组织。各个联防组织本着“自防为主，积极联防，团结互助，保护森林”的方针，宣传贯彻执行有关护林防火方针、政策、法令，检查、评比护林防火联防活动开展情况，不仅防止毗连地区的森林火灾，而且对解决林权纠纷，制止乱砍滥伐都起到了较好的作用。

**中苏护林防火联防** 为了防止中国和苏联各自境内的火灾烧越国境线，继续蔓延造成的危害，1960年1月29日，中华人民共和国政府和苏维埃社会主义共和国联盟政府在莫斯科签定了《关于护林防火联防协定》。协定规定：沿中苏两国国境线，中国方面东起图们江，苏联方面东起哈山湖，西至双方和蒙古人民共和国交界处，划定沿线两侧各50公里的地区为双方联防地区。在联防区各自境内，相对地各建8处护林防火联络站。协定有效期为5年。期满后没有再继续签订协定。此协定执行期间，对中苏边境地区的护林防火起了一定作用。

**群众性护林防火** 林区基层单位已普遍建立了行政领导、单位系统、群众划片护林防火责任制。1983年以后，各地实行了护林防火承包责任制，发动群众订立“护林公约”，或其它“乡规民约”等。经过大量群众性宣传教育工作，重点林区对于护林防火基本上做到了“家喻户晓，人人自觉”。居住在林区的群众养成了防火期不在野外吸烟用火，刮五级以上大风不生火做饭的习惯，发现火情立即报告，听到火警自动前往扑救。特别是，中国人民解放军已成为预防和扑救森林火灾的尖兵，一些重大的森林火灾，多数是驻防在林区附近的解放军指战员为主力扑灭的。共青团和民兵也是林区防火、灭火的骨干力量。由于常年不懈地开展群众性的护林防火活动，增强了基层干部和群众爱林、护林的自觉性和责任心。各地涌现出了一大批护林防火先进单位和模范人物，受到国家和地方各级政府的表彰与奖励。

(常铁余)

**【重点林区防火设施建设】** 国家和地方政府每年都拨出专款，集中用于重点林区和火险程度大的边远林区防火设施建设。1964年12月林业部在内蒙古自治区海拉尔市召开东北、内蒙古林区护林防火工作会议，着重研究了护林防火设施建设问题，并制订了《关于大、小兴安岭林区护林防火设施建设规划方案》。此方案1965年经国务院批准开始实施，在容易发生森林火灾的偏远林区，建立防火站18处，修建瞭望台67座，修筑防火公路4000多公里，其中包括从黑龙江省的嫩江县到最北端的漠河之间长达700公里的防火公路。同时，还购置了一大批防火、灭火机具和通讯等设备，加强了大、小兴安岭重点林区控制火灾的能力。自1978年以来，一些地方政府和林业企业单位，如黑龙江省伊春市、内蒙古自治区牙克石林业管理局、湖南省江华县、广东省英德县、福建省建瓯县、河北省塞罕坝林场等也自行安排了一些资金，用于护林防火设施建设。使这些林区的防火条件有了进一步的改善，控制火灾的能力有了提高。

伊春林区从1980～1983年，自筹资金进行护林防火专业队伍和设施建设。目前，全林区已基本实现了“四网”(观察瞭望网、通讯联络网、公路交通网、林带网)和“三化”(队伍专业化、扑火工具机械化、灭火方法科学化)。到1986年，该林区护林防火基本建设有了进一步的发展。现已建成防火瞭望台100座，每座瞭望台都配有40倍望远镜和通讯机；配备无线对讲机332部，风力发电机76台；修筑防火公路5300公里，营造防火林带2100公里。共组建护林防火、灭火专业队伍1600多人，配备护林防火指挥车27辆，扑火运输车37辆，巡护摩托车250辆。扑火专业队伍装备风力灭火机800多台，以及灭火专用工具。伊春林区的“网、化”建设基本形成以后，使这一林区全部控制在地面设施网络的监护之下，森林火灾的危害程度显著降低。1961～1978年，该林区平均每年森林火灾受害率为18‰，自1980年以来，平均每年森林火灾受害率只有0.001‰，林区护林防火设施建设发挥了重要作用。

截止到1986年，全国重点林区已建立森林防火站334处(其中国境地区15处)，修建瞭望台2320座，修筑防火公路26045公里，架设防火电话线路40916公里，营造防火林带13626公里，每年开辟国境、林缘、林内和铁路两侧防火线19.6万公里，建立火险天气预测预报站112处。还配有有线和无线通讯设备，有电台1820部，对讲机2446部，风力发电机113部。装备风力灭火机2395部，护林防火宣传车253辆，防火指挥车552辆，摩托车1564辆，装甲运输车22辆和其它防火、灭火设备，重点林区的护林防火设施建设已初具规模。（常铁余）

**【航空护林】** 我国航空护林事业开始于20世纪50年代初。1952年，林业部开始在东北、内蒙古林区建立了嫩江、博克图和呼玛3处航空护林基地，配备捷克斯洛伐克产的爱罗-45型飞机5架和C-47型飞机1架，担任部分林区的空中巡护报警和侦察火情任务。随着护林防火事业的发展，至1958年，航空护林场、站已增加到6处，苏联产的里-2型和国产运-5型飞机开始用于航空护林，巡护航线增加到17条，空中航空护林范围扩大，对重点偏远林区的护林防火工作开始显示出重要作用。1960年林业部在黑龙江省嫩江县成立航空护林总站，1964年改为林业部东北航空护林局，统管东北、内蒙古林区的航空护林工作。先后建成嫩江、加格达奇、塔河、根河、海拉尔、乌兰浩特、伊春、黑河、佳木斯和敦化等10处航空护林站，在满归设有直升飞机场。航空护林局(含场、站)的工作人员共250人。1962～1965年，先后接收伞兵部队转业跳伞人员308名，组建成空降灭火大队，进行飞机跳伞灭火。1965年林业部购买国产直-5型直升飞机7架交民航使用，用于向火场直接运送扑火人员，发挥了有火早发现、扑救及时的优势，取得较好效果。从此，航空护林由空中巡护报警，发展到飞机直接灭火的阶段。

为了加强西南林区的航空护林工作，1961年林业部在云南省昆明市建立了西南航空护林站，在成都、思茅和百色建立航空护林分站，共配备专职人员35人，担负西南地区的航空护林任务。

"文化大革命"期间，林业部东北航空护林局和西南航空护林站交由地方管理。

1979年东北航空护林局归由林业部直接领导，航空护林事业有了新的发展。1980年，林业部购买美国产贝尔-212型直升飞机2架，1982年又购买苏联产米-8型直升飞机4架，交民航部门用于东北、内蒙古重点林区的航空护林、灭火。1978年开始在嫩江和加格达奇航站组建了森林警察机降灭火专业队，取得较好效果。近几年又在根河、塔河、伊春、黑河和敦化航空护林站建立了森林警察机降灭火专业队，共1000多人，配备了现代化的灭火工具和设备，航空护林事业得到逐步发展和壮大。为了加强西南林区的护林防火建设，1985年经国务院批准，恢复西南地区航空护林站，由林业部直接领导，1986年改为总站，下设6个分站，总编制129人，担负云南、四川、广西和贵州等省、自治区的航空护林任务。至1987年可初步建成思茅、百色和西昌3个分站，开展航空护林业务。1986年在西南林区进行了直升飞机机降灭火试验，已取得成功经验。

此外，近几年新疆维吾尔自治区自筹资金，在阿勒泰和伊犁重点林区开展了航空护林。1985年在林业部的支持与协助下，进行了直升飞机机降灭火试验，也取得较好效果。

**航空护林飞机机型** 随着航空护林事业的逐步发展壮大，用于航空护林的飞机种类和数量逐年增多。目前，全国每年用于护林防火的飞机有30多架，其中直升飞机有10余架。用于空中巡护和运输的固定翼飞机有：国产的运-5型、运-11型和初教-6型飞机，苏联产的里-2型、伊尔-12型、伊尔-14型和安-24型等多种飞机；用于机降、运送扑火队伍的直升飞机有：美国产的贝尔-212型、苏联产的米-8型和国产的直-5型等直升飞机。

航空护林飞机主要执行林区空中巡护报警、侦察火情、机降灭火、化学灭火、人工降雨、火场指挥、火场调查、空投空运灭火物资食品和进行急救等任务，主要保护东北、内蒙古、西南、西北的重点林区。巡护航线已达40多条，火情观察员已有60多人，实际巡护范围已扩大到5300多万公顷。

**航空护林的作用与效果** 航空护林的特点是：巡护范围广，发现火情及时；扑火效率高，能够达到打早、打小、打了的扑火目的；可以节省大量扑火耗用的人力、物力，减少森林火灾损失，最适宜担负人烟稀少、交通不便偏远原始林区的防火、灭火任务。

航空护林事业的发展，对保护森林的作用越来越大。据不完全统计，1960～1966年，共飞行4790架次，12000多小时，空中视察火场412个，巡护中发现火情209起。特别是空中跳伞灭火的应用，把森林灭火提高到了一个新水平。1964～1966年，对79处火场进行跳伞灭火，空降伞兵885人次，成功的扑灭了63起山火，火灾扑灭率达到80%。

自1978年，直升飞机广泛用于防火、灭火，空运森林警察灭火专业队伍进行灭火，其效用更加明显。1980～1983年，飞机空中巡护发现和侦察林火943处，用直升飞机空运灭火专业队员16000多人次，扑灭森林火灾324处，其中当天扑灭的林火占78%。近些年在嫩江和加格达奇航站开展了飞机化学灭火，使用运-5型和米-8型直升机装载化学灭火药剂直接向火场喷洒灭火，从试验到应用，共计对95处火场进行了飞机化学灭火作业，直接扑灭的有18处火场，其余的77处火场是配合专业扑火队伍扑灭的。

（常铁余）

**【森林警察】** 武装森林警察部队是东北、内蒙古重点偏远林区护林防火、灭火的一支专业武装力量，其主要任务是：护林防火、灭火，保护森林资源安全和维护林区社会治安。黑龙江、吉林和内蒙古3个森林警察总队共有森林警察7600多人，布防区为大、小兴安岭，完达山和长白山林区1300多万公顷的森林，约占全林区森林面积的40%。

**队伍发展沿革** 中华人民共和国建立后，由于东北、内蒙古林区森林火灾十分严重，受害森林面积占全国的60%以上，为此，东北人民政府于1950年批准组建了辽东、吉林、松江和黑龙江4省武装护林大队，共1600多人。1952年经中央同意，内蒙古自治区抽调公安部队1个骑兵团，改建为护林大队，编制300多人。1953年，根据中央的决定，将武装护林大队改建为武装护林警察，编制增至3000多人。

1956年，除黑龙江省仍保留武装护林警察建制外，其他省、自治区将武装护林警察改为护林员。由于削弱了护林防火专业力量和控制火灾的能力，致使森林火灾频繁发生。为了扭转森林火灾的严重局面，1960年林业部东北航空护林局从伞兵部队接收伞兵308人，组建成空降灭火大队，属森林警察建制。吉林省和内蒙古自治区分别于1962年和1963年恢复了森林警察部队，团级建制，兵力增至7000多人，由省、自治区林业厅(局)和武警部队双重领导，以林业部门领导为主。

1967～1972年，武装森林警察部队实行军管。1973年仍由林业部门领导，由中国人民解放军总参谋部、总政治部、总后勤部负责代管代供。1978年，经国务院、中央军委批准，森林警察部队战士实行义务兵役制，1980年又批准连以下干部实行现役制，由三总部代管代供。经3省、自治区党委批准，森警部队改为武装森林警察总队(师级建制)，由3省、自治区林业厅(总局)领导。1984年，经国务院同意，武装森林警察部队列入中国人民武装警察部队序列。

**森林警察部队的主要作用** 30多年来，森林警察部队在护林防火、灭火，保护森林方面起到了重要作用。特别是，1978年和1980年战士干部实行现役制以来，部队的战斗力有了进一步增强。尤其是森林警察乘直升飞机巡护森林、扑灭森林火灾作用更加明显，在预防和扑救偏远林区火灾方面有了新的突破。1980年以来，森林警察部队及时发现和扑灭森林火灾600多处，起火后2小时或当天扑灭的火灾占65%以上。 (常铁余)

**【森林防火科学技术与研究】** 森林防火是一项科学性和技术性很强的工作。1961年，中国林业科学研究院设立了航空化学灭火研究室，有13名科学技术人员进行化学灭火药剂和灭火机具的研究工作。1965年9月，经科委批准，将中国林业科学研究院航空化学灭火研究室和中国科学院林业土壤研究所防火研究组合并，成立林业部森林防火研究所，所址设在黑龙江省嫩江县。在东北、内蒙古和西南林区进行森林火险天气预测、预报和雷击火探测方法的研究。1969年，交由东北林业总局领导，现在由黑龙江省林业科学研究院领导，所址迁至哈尔滨市。森林防火研究所有科学技术人员40多人，专门从事森林防火、灭火技术的研究。目前，东北林业大学、北京林业大学和东北航空护林局以及一些地方的护林防火部门与生产单位也都配备了一些教师和技术人员，进行森林防火、灭火技术的研究。当前，进行研究的项目有：森林火灾机理、森林火险等级预测预报、高效能森林化学灭火药剂、森林灭火弹、人工降雨灭火、红外线探火仪、风力灭火机、森林防火灭火机具、营林用火、计划烧除、森林灭火运输车辆以及防火装备等。部分研究项目已取得成果，应用于实际生产。

**森林防火、灭火新技术应用** 目前，已开始应用于我国的森林防火、灭火工作的新技术主要有：

*人工促进降雨防火、灭火* 在森林火险期内，选择适合降雨的天气条件，用人工催化降雨的方法进行防火、灭火。目前，我国用于促进人工降雨的催化剂有：干冰、碘化银、尿素、四聚乙醛等。利用飞机、降雨火箭、高射炮等作为播撒工具，将某种催化剂带入高空云层中促进人工降雨。在东北和西南林区曾进行多次灭火试验和实际应用，均取得较好效果。

*森林化学灭火* 森林化学灭火是用化学药剂阻滞森林火灾的发生和蔓延的一种灭火方法。我国使用的化学灭火剂有704型和75型两种，其成份：主剂为磷酸铵、尿素和硫酸铵；粘稠剂为水玻璃和膨润土加磷酸三钠；润湿剂为洗衣粉；防腐剂为重铬酸钾以及酸性大红和水。使用飞机或背负式灭火器，将化学灭火药剂直接喷洒在火头或火线上，进行直接灭火，或将药剂喷洒在火头或火线发展方向前方一定距离的植被上，形成隔离带，阻止火的蔓延。由于化学药剂成本较高，目前只在东北、内蒙古和西南林区开展。用化学药剂灭草，开设防火线的工作正在试行。

*利用红外技术探测林火* 红外线探火是利用红外线探火仪和红外线摄影来探测林火。应用红外线热辐射原理，可以发现初起林火和地下火，可透过烟雾，拍摄火线及火区，监视火烧迹地余火和测算火烧迹地面积等。目前，我国自行研制生产的地面红外探测仪和飞机装载红外扫描相机，已应用于东北、内蒙古林区的森林防火、灭火。

*利用人造地球卫星探测林火* 目前国家气象局北京卫星气象中心，已开始利用气象卫星发现和监视森林火灾。1986年通过气象卫星地面接收站，曾准确测定了东北林区几处森林火灾的位置和火场范围，制成火灾发生发展情况的彩色照片，进行火灾

分析，为森林防火指挥部门提供了可靠的森林火灾信息和依据。这项工作的开展，不久将能广泛地应用于我国的森林防火事业。

利用电子计算机进行火险预报　根据气象部门提供的大量气象因子数据，输送到电子计算机，经过运算，得出精确的火险指标，预报出森林火险天气和林火发生的可能性，还可以计算出防火、灭火的“最佳”方案。目前，我国东北、内蒙古一些重点林区已经开始应用电子计算机进行火险预报。

**森林防火专业技术人员培训**　随着我国森林防火事业的发展，需要大量有文化、有知识、懂业务的森林防火专业人才。除了在林业院校设立森林防火专业班外，林业部于1978年在黑龙江省丰林林业局、1980年在四川省温江地区、1982年在吉林省永吉县、1985年在北京市和1986年在秦皇岛市分别举办了5期森林防火专业干部训练班，请专家和教授讲授森林火灾原理和防火、灭火技术，共培训重点省(区)、地(州、盟)、县(旗)和林业局的森林防火专职干部610多人。吉林、四川、广东、新疆、云南、黑龙江和内蒙古等省、区和一些林区地、县也层层举办各级训练班，培训森林防火专职业务人员。通过技术培训，使广大林区森林防火专业人员的政治素质和业务技术素质都有了进一步提高。

(常铁余)

## 林业公安工作

**【综　述】**　我国林业公安工作开展较早。1945年，东北、内蒙古刚解放，许多匪、特、反、坏分子纷纷潜逃到林区，林区社会治安非常混乱。为保卫林业生产和人民群众生命财产安全，各林务局由所在县公安局派员做秘密保卫工作。40年代末，林业公安工作转为公开，主要任务是以防特、防盗、防火、防治安灾害事故为中心的企业内部保卫工作。中华人民共和国成立后，我国社会主义经济建设全面开展，木材供需矛盾日渐突出，加上执法不严，管理不善，森林资源屡遭破坏。为此，我国东北、内蒙古国有林区从50年代开始就普遍加强了林业公安工作。但从全国讲，林业公安工作仍比较薄弱，“文化大革命”期间又遭到严重破坏。直到党的十一届三中全会以后，林业公安工作进入一个新的时期。1984年1月27日，劳动人事部决定林业公安干警实行民警工资制，享受与公安干警同等工资待遇；同年5月3日，国务院批准林业公安编入公安序列，实行双重领导、以地方为主的管理体制，享受与公安机关同等的政治待遇；1985年6月21日，劳动人事部等单位解决了林业公安干警中的工人，经过严格的政治考核，通过业务考试合格后转为干部的问题。党和政府的关怀，极大地调动了广大林业公安干警的积极性，不论在保卫森林资源安全，保障林业生产建设顺利进行，还是在打击严重刑事犯罪活动的斗争中，都做了大量工作，取得明显成绩。据统计，1984年全国林业公安系统，在有关单位配合下，共查处森林案件7.86万起，处罚违法犯罪分子9.83万人，收缴木材6.44万立方米，为国家挽回经济损失900多万元。四川省大渡河、雅砻江两个木材水运局，每年流送木材150万立方米，1982年以前，每年平均被哄抢、盗窃木材8万多立方米。1982年两个木材水运局建立公安局后，由于广大干警的努力，在2年多时间，查处了一批案件，打击哄抢、盗窃木材犯罪分子159人，刹住了这股歪风。到1984年下半年，木材损失下降到1.20万～1.30万立方米，为国家挽回经济损失近千万元。在打击严重刑事犯罪活动斗争中，全国19个省、自治区林业公安机关从1983年6月至1985年6月，查破各类刑事案件数万起，各类治安案件近10万起，极大地震慑了犯罪分子，促进了林区社会治安的好转，1984年比1983年刑事发案率下降53.9%。林区社会治安的好转，促进了森林资源安全保卫工作。

1984年11月26日林业部公安局正式办公，在理顺林业公安内部的工作关系方面，做了大量工作。1985年10月28日至11月2日，林业部与公安部联合召开全国林业公安工作会议。会议明确了林业公安工作是公安工作的一个重要方面。林业公安机关是公安机关的组成部分，是公安机关派驻林区的治安行政力量。主要任务是保卫森林资源安全，维护林区社会治安，保障林业生产建设顺利进行。保卫森林资源安全是首要任务。林业公安机关原则上行使同级公安机关的职责权限。林业公安机关实行双重领导，以地方为主的管理体制。林业部公安局是部的职能机构，也是公安部业务局序列，执行相应的职权，受林业部和公安部双重领导。各省、自治区、直辖市和地、县两级林业部门设立的林业公安处（局)、科（股)，是本部门的职能机构，同时编入省、地、县三级公安机关业务序列，实行双重领导。大面积国有林区的县级林业公安局，已形成系统领导为主的，仍执行现行的领导和管理体制。作为地、县两级公安机关的派出的设在林业部门的林业公安分处、分局、派出所，受同级林业部门和派出机关的双重领导。

1985年5月13日，公安部、最高人民检察院、最高人民法院联合发出《关于盗伐滥伐森林案件改由公安机关管辖的通知》后，同年6月20日，林业部与公安部联合发出《关于盗伐、滥伐森林案件划归公安机关管辖后有关问题的通知》，对案件的交接和交接后的案件如何立案、侦查等问题都做了详细规定。1986年8月20日，林业部和公安部联合发出《关于森林案件管辖范围及森林刑事案件立案标准的暂行规定》，同年10月18日，林业部、公安部又联合发布与其配套的《森林案件综合统计月报表》。这样，森林案件从立案、侦查到报表都有了较为成龙配套的制度，推动了林业公安正规化、规范化建设。为检查全国林业公安工作会议精神落实情况，交流、推广依法治林经验，1986年9月5～10日，林业部公安局召开了森林保卫工作座谈会。会议分析并估计当前盗伐、滥伐森林的形势；重申保卫森林资源是林业公安工作的首要任务；强调要认真查处森林案件，狠抓大要案，确保森林资源安全。据统计，1986年全国重点林区发生森林案件6.78万起，破坏林地10.34万公顷，损失木材252.54万立方米，毁坏树木1.34亿株，造成经济损失6440.42万元。各地林业公安机关查处森林案件5.03万起，破案率74.2%，其中发生重大、特大森林案件1822起，破案1421起，破案率78%。受处分7.98万人，其中逮捕1596人、刑事拘留484人、治安拘留6439人、劳动教养78人。收缴木材6.99万立方米，共挽回经济损失1957.02万元。

为提高公安队伍素质，狠抓了各级领导班子的建设，开展理想、道德、纪律教育，严格执行有关条例、条令和守则，树立人民警察为人民的人生观。1986年1月，在林业公安系统开展纪律作风和贯彻内部条令大检查。针对检查中发现的问题，制定和完善"从严治警、整顿队伍"的措施，实现警风基本好转。　（常　滨　刘振偿）

**【林业公安机关】** 林业公安机关始建于建国初期。1951年1月12日，东北人民政府《关于建立森林公安机关的决定》要求在森林工业总局下属的松江、黑龙江、伊春、牡丹江、吉林、辽东6个森林工业管理局设立森林公安处，在森林工业管理分局设立森林公安分局或派出所。1953年7月6日，东北公安局、东北森林工业管理局联合指示，决定在森林工业局改森林公安分局、派出所为森林工业公安局，在松江省和黑龙江省、吉林省公安厅分别增设森林工业保卫处、科，撤销松江、吉林、辽东等6个森林公安处。随着大面积国有林区开发建设，又先后在内蒙古自治区牙克石林业管理局、黑龙江省林业总局以及所属的伊春、牡丹江、松花江等林业管理局和林业部大兴安岭林业管理局建立公安处，改吉林省公安厅森林工业保卫处为森林保卫处。在东北、内蒙古森林工业局普遍建立公安局。"文化大革命"期间，林业公安机关被撤销。党的十一届三中全会以来，国家很重视林业公安机关组织建设，1979年1月15日，国务院发布《关于保护森林，制止乱砍滥伐的布告》，要求建立林区公安派出所。此后在全国重点林区普遍建立林区公安派出所，以清理林区流动人口，加强护林防火工作，维护林区社会治安。1980年12月1日，林业部、司法部、公安部、最高人民检察院联合发出《关于在重点林区建立与健全林业公安、检察、法院组织机构的通知》，要求在国有林区林业管理局或森林集中连片地区建立健全林业公安处，在国营林业局、木材水运局建立健全林业公安局；在森林资源比较多的省、地、县三级公安机关内增设林业公安处、科；在大型国营林场、自然保护区等单位建立林业公安派出所。1984年5月3日，国务院批准林业部建立公安局。目前，林业公安机关有3种类型：①东北、内蒙古及甘肃白龙江等国有林区设立的县级林业公安机关；②四川、广东、云南等省国有林区设立的、作为公安机关派出的林业公安分处、分局和派出所；③森林资源比较多的省、地、县三级林业部门设立的林业公安处（局）、科（股）。全国有26个省、自治区、直辖市建立了林业公安机构，共有干警26453人。

（刘振偿）

**【林业公安干警教育培训】** 林业部很重视林业公安干警教育培训工作。1985年以来，委托四川省林业干部学校举办了4期林业公安领导干部训练班，共培养训练各级林业公安机关局长、政治委员和其他领导干部500多人。为尽快提高整个队伍的政治素质和业务水平，1985年9月，在东北林业大学增设大专2年制林业政法专业，招收应届高中毕业生30名；1986年9月，委托西南政法学院举办林业公安管理干部专科班，招收40名学员；选送林业公安在职干部到公安部管理干部学院、沈阳刑警学院等公安院校成人大专班学习。林业部还发挥各级林业公安机关办学积极性，采用多渠道、多层次的办法举办各种林业公安干警训练班，培养训练了一大批林业公安干警。据统计，1985～1986年安徽、辽宁、广东、新疆、黑龙江、吉林等16个省、自治区共举办林业公安干警训练班510期，训练了1.75万人，培训率达66%。同时，还委托省级公安管理干部学院和有关院校举办林业公安大专班，招收学员757人；参加电视大学、业余大学、函授大学学习的有1681人；参加公安专业在职和业余学习的有5751人，参加学习的干警共8189人，占林业公安干警总数的32.8%。

（刘振偿）

**【森林案件的管辖范围】** 1986年8月20日，林业部、公安部共同制定了森林案件管辖范围和森林刑事案件的立案标准，对森林案件管辖范围作了具体规定。林业公安机关管辖的森林案件有11种：①盗伐森林、林木案；②滥伐森林、林木案；③故意毁坏林木、苗木案；④盗窃木材案；⑤抢夺木材案；⑥以暴力胁迫或其他方法强行砍伐森林、林木案；⑦故意放火烧毁森林、林木案；⑧过失烧毁森林、林木案；⑨伪造、倒卖林木采伐许可证和木材运输证案；⑩倒卖国家统配木材、非法经营木材或国家保护的野生动物及其产品，情节严重的案件；⑪违法狩猎案。同时还规定了没有建立林业公安机关的地方，上述案件由地方公安机关管辖。

对已构成刑事犯罪的森林案件，按情节轻重又分为一般案件、重大案件、特别重大案件，并规定其立案标准。（刘振偿）

**【林区社会治安管理】** 林区社会治安工作是国家行政管理的重要组成部分，也是林业公安工作的一个重要方面。林业公安机关通过林区社会治安管理，积极同一切扰乱公共秩序和危害社会治安的行为作斗争，惩罚了犯罪，保护了人民。同时还根据林区特点，强化了治安管理措施，巩固与发展了安定团结的局面，保护了森林资源。林区社会治安管理的主要工作是：

**清理林区流动人口，打击流窜犯** 建国初期，林区敌情严重，林业公安机关每年都进行大规模的武装搜山，抓获了一大批匪、特、反、坏分子，扭转了林区社会治安混乱的局面。进入60年代，林区交通条件有了改善，流入林区的人员逐年增加。他们随意毁林开荒、毁林搞副业、野外用火，危及森林资源安全。另外，一些犯罪分子利用林区偏僻的特点，流窜或隐匿作案，增加了不安定因素。林业公安机关采取各种治安管理措施，清理了大量的流动人口，打击了流窜犯和破坏森林的违法的犯罪分子。

**进行“三情”调查，建立管理档案** “三情”即山情、林情和社情，是林业公安机关开展森林资源安全保卫工作重要的基础建设。通过“三情”调查，摸清管辖区内的山川、道路、森林分布、林种结构、村屯分布，以及易遭破坏的时间、地段、线路和作案对象，进行登记造册、制图作表，建立档案。

**实行林区治安承包制** 在基层林业企业单位，将综合治理措施和社会治安的要求，以承包合同的形式逐级承包，并把责、权、利紧密挂钩。

**维护林业专业户经营林业的合法权益** 对党的十一届三中全会以来涌现出的大批林业专业户给予热忱支持，保护他们经营林业的合法权益。

（刘振偿）

**【林区城镇消防】** 由于林区城镇远离地方消防部门，一旦发生火灾，不能及时进行扑灭。为此，国家很重视林区城镇消防工作。从1957年起，在东北、内蒙古林区设立公安消防队、企业专职消防队、义务消防队，或配备专职消防人员。随着国家消防体制的改革，根据公安部等5单位《关于改变企业实行义务兵役制的消防队体制的通知》精神，1985年吉林、内蒙古林区和黑龙江伊春、林业部大兴安岭林区仍保留公安消防队，其他林区都改为企业专职消防队。

林业消防机构结合林区城镇特点，大力开展林区安全防火和普及消防常识的宣传教育活动，认真贯彻执行消防法规，坚持“预防为主，防消结合”的方针，建立健全以各司其职为中心的岗位责任制，制定以安全防范为主要内容的防火制度，对重点单位和要害部门建立消防档案。林业消防机构对预防和扑救林区城镇火灾起了重要作用，使火灾逐年下降，经济损失明显减少。据黑龙江省林业公安处统计，1980年林区城镇火灾为236起，经济损失达239.16万元，1985年火灾下降到50起，经济损失62.27万元，分别下降73.96%、74.90%。吉林省还出现一批全年无火灾事故的林业局。（刘振偿）

**【林区治安保卫委员会】** 林区治安保卫委员会是林区基层群众自治的治安保卫组织，是林业公安机关密切联系群众的桥梁。林区治安保卫组织建于1951年。30多年来，在协助林业公安机关防特、防盗、防火、防治安灾害事故，调解职工内部纠纷、监督安全生产等方面做了大量工作。据统计，1983年内蒙古自治区牙克石林区治安保卫组织协助林业公安机关破获各种案件183起。当前，随着党的改革、开放、搞活政策的贯彻执行，林区流动人口显著增加。在新形势下，林区治安保卫委员会为了防止流窜作案犯罪分子，订立“街规民约”，组织群众看门护院、值班巡逻，安全检查，把群众性的安全防范工作扎扎实实地坚持下去，促进了林区安定团结。

（刘振偿）

**【北三家林区公安派出所开展依法治林经验】** 辽宁省清原县北三家林区公安派出所建于1981年，现有4名干警。管辖区内有林地70万亩，森林蓄积180万立方米，森林覆盖率70%。几年来，这个所在加强基层基础建设，依法治林工作中做出成绩，1986年被评为省公安战线双文明单位。这个所的主要做法是：

**开展法制宣传教育** 《中华人民共和国森林法》公布后，这个所立即协助乡（镇）政府举办学习班，培训骨干200多人，推动了各村屯学习、宣传、贯彻《森林法》的工作，受教育群众达90%以上。在有关单位协助下，这个所组装了7台护林防火宣传车，每到森林防火期，深入本管辖区的乡村、林场等单位宣传护林防火法规，公布历年来的森林火灾案例。把《森林法》编成8个“要”，即砍伐林木要审批，采伐迹地要更新，运输木材要证件，山林纠纷要停砍，野外用火要申请，出售木材要交费，乱砍滥伐要处罚，破坏资源要追究，以通俗易懂的语言向群众宣传。同时还对典型案例进行公开处理，扩大了宣传效果。

**进行规范化建设** 这个所把管辖区分成三片，每个民警负责一片，要求民警要熟悉本片的山情、林情和社情。这个所在规范化建设方面做了大量工作，编制了1图（警务图）、3表（森林案件查处情况表等）、22种簿（护林防火组织和人员登记簿、护林员登记簿等）、13种规章制度（岗位责任制等）。1985年全所管辖区没有发生森林刑事案件，森林治安案件只发生17起，比1982年下降43.5%。

**实行目标管理** 实现目标管理是无森林火灾、无森林刑事案件、无毁林开荒（或搞副业）。具体有8个指标，主要有：火警烧毁森林不得突破有林地总面积的0.03‰，森林治安、刑事案件的作案人数分别不得突破总人口的0.8‰、0.03‰，森林案件查处率达90%以上。采用评分制，满分为100。按月评比，半年小结，年终总结。这样，使干警做到干有方向，赶有目标，学有榜样，形成一个你追我赶的竞赛高潮。同时，还出现一批秉公办案、不徇私情，争挑重担的好人好事。建所以来顶住说情风13次、拒贿18次，被誉为“森林卫士”的光荣称号。

（刘振偿）

## 林业检察、法院工作

**【综 述】** 国家很重视林业检察、法院工作。1979年7月1日公布的《中华人民共和国人民法院组织法》规定了包括设置森林法院在内的专门法院。同日公布的《中华人民共和国人民检察院组织法》规定了省一级或者县一级人民检察院可在林区等区域设置人民检察院，作为派出机构。同年8月，最高人民检察院约请林业部等单位商量在林区等区域设置检察院问题。鉴于人民法院、人民检察院和公安机关，进行刑事诉讼，应当分工负责，互相配合，互相制约，以保证准确有效地执行法律的原则，林业部认为，在依法治林活动中，应通盘考虑林业公安、检察、法院机构的设置。随后，起草了机构设置方案，并于1979年11月25～30日召开了全国林业公检法工作座谈会，进行讨论修改。1980年12月1日，林业部、司法部、公安部、最高人民检察院联合发出《关于在重点林区建立与健全林业公安、检察、法院组织机构的通知》。鉴于林业检、法两院机构组建工作发展不平衡，1981年3月8日，中共中央、国务院《关于保护森林发展林业若干问题的决定》中强调林区要抓紧建立和健全林业公、检、法机构。1982年，最高人民检察院先后批准黑龙江、吉林、甘肃等省在大面积国有林区建立林区检察院、林区检察分院，作为省人民检察院的派出机构。1982年11月2日，林业部向全国人大法制委员会作《关于林区检察院和森林法院组建情况的报告》。1985年5月13日，公安部、最高人民检察院、最高人民法院联合发出《关于盗伐滥伐森林案件改由公安机关管辖的通知》后，同年11月，林业部与最高人民检察院召开了全国林业检察工作座谈会，并于1986年3月6日，林业部、最高人民检察院联合发出《关于调整林业检察任务和机构等问题的通知》，要求进一步加强林业检察工作，明确了林业检察机关任务调整后，要做好森林案件的审查批捕、审查起诉等工作。由于专门法院较多，容易分散审判权，1983年9月2日，六届全国人大常委会第二次会议修改了《中华人民共和国人民法院组织法》的有关条文，删去了“森林法院”作为专门法院的规定。鉴于林业是国民经济的重要组成部分，又是薄弱环节，实行依法治林工作势在必行，最高人民法院研究决定，改森林法院为林区基层法院，改中级森林法院为中级人民法院分院。

林业检察、法院工作是检察工作和审判工作的一个重要方面。林区检察院是检察机关派驻林区的法律监督机关。林区检察分院行使省人民检察院分院职权，林区检察院行使县人民检察院职权；在省、地、县级人民检察院内设置的林业检察处、科，是同级检察院的一个业务部门，在同级检察院领导下工作。林区法院是人民法院派驻林区的审判机关，中级人民法院分院行使中级人民法院的职权，受高级人民法院监督，林区基层法院行使基层人民法院的职权，受中级法院和分院的监督。在省、地、县三级人民法院内设置的林业审判庭，是同级人民法院的业务部门，完成同级人民法院授权的工作。

国有林区设立的林区检察院负责管辖区内的全部检察工作，做好森林案件和其他刑事案件的审查批捕、审查起诉和经济、法纪案件的侦查工作。在森林资源较多的省、地、县设立的林业检察处、科，完成同级人民检察院授予的林业检察工作。林区法院负责林区全部审判工作，审理林区刑事、民事、经济案件。省、地、县三级人民法院内设立的林业审判庭，审理森林案件、调处山林权属纠纷案件，以及同级人民法院授予的其他林业审判工作。林区检察院通过行使检察权、林区法院通过审判活动，及时批捕起诉、及时审理森林、木材经济、木材经济合同纠纷和其他刑事案件，有效地保卫森林资源安全，维护林业企事业单位合法权益。几年来，全国林业检察系统办理了大量森林案件。如吉林省各级林业检察院1983～1986年办理各类刑事、经济案件5007起，其中盗伐、滥伐森林案件1312起，占总案件26%。收缴木材17.52万立方米，为国家挽回经济损失近3000万元。福建省林业检察系统1982～1985年受理盗伐、滥伐森林案1086起，立案侦查508起、806人，其中起诉到人民法院386起、511人。收缴木材1.15万立方米，为国家挽回经济损失300多万元。林区法院组建后，加强了林业经济审判工作。黑龙江、吉林两省林区法院和福建、湖南两省人民法院林业审判庭积极受理木材经济合同纠纷，取得很好效果。如黑龙江、吉林两省林区法院在短短3年时间里，除审结大量盗伐、滥伐森林案件外，还审结木材货款纠纷案件1143起，收回欠款988万元。各地人民法院林业审判庭采用调解与裁决相结合的办法，正确、合法、及时地调处了大量山林权属纠纷案件。福建省各级人民法院林业审判庭自1983年以来，受理山林权属纠纷案件1402起，审结971起，审结率达69.25%。湖南省各级人民法院林业审判庭1986年审结山林权属纠纷案486起，解决处理山林面积9.71万亩，森林蓄积21.85万立方米。保障了当事人合法权益，减少了森林资源破坏，保障和促进了林区经济体制改革的顺利进行。

林业部重视林业检察、法院干部培训工作。自1982年以来，先后举办了6期林业司法干部训练班，同时还选送学员到原中央第一、第二政法干校和司法部、最高人民检察院举办的其他干部训练班学习，培训人员达500人，培训率在10%以上。这些同志回到原工作单位后，大多数肩负领导重任或成为业务骨干。各地还挖潜办学，有不少单位已做到全员轮训。为尽快提高在职干部的理论水平，林业部还委托北京市政法管理干部学院招收大专班学员，各地积极组织干部报考本省政法管理干部学院，参加业余法律大学、电视大学和函授大学学习，以适应依法治林工作需要。（徐茂亭）

**【林业检察机构】** 从1981年起，全国重点林区开始组建林业检察机构，现有两种类型：①在大面积国有林区的林业局所在地建立林区检察院，在林业管理局所在地或森林集中连片地区建立林区检察分院。林区检察院、分院内设刑事、经济、法纪检察科；②在森林资源比较多的省、地、县三级人民检察院内增设林业检察处、科或配备一定数量干部，负责人民检察院授予的林业检察工作。另外，在一些重点林区配备了一批不脱产的林业检察员。到1986年，全国有13个省、自治区建立了林业检察机构，共有干警2367人。（徐茂亭）

**【林业法院机构】** 从1978年起，东北、内蒙古、西南国有林区所在县在管辖区的林业局建立一批林区人民法庭，调解民事纠纷和审理县人民法院授予的刑事案件。1982年12月，黑龙江、吉林两省国有林区在原有林区人民法庭基础上组建了森林法院，甘肃省白龙江林区和云南省西双版纳林区组建森林法院，在林业管理局所在地或森林集中连片地区组建中级森林法院。1983年11月，分别改为林区基层法院和中级人民法院分院。在林区基层法院和中级人民法院分院内设刑事、民事、经济、林业审判庭。在森林资源比较多的省、地、县三级人民法院内增设林业审判庭，负责人民法院授予的林业审判工作。到1986年，全国有14个省、自治区建立林业法院机构，共有干警2012人。（刘振偿）

**【查处森林案件的分工】** 1982年3月，最高人民法院、最高人民检察院、公安部、林业部、工商行政管理总局联合发出《关于查处森林案件的管辖问题的联合通知》和1985年5月13日，公安部、最高人民检察院、最高人民法院联合发出《关于盗伐滥伐森林案件改由公安机关管辖的通知》，对查处森林案件作了分工：①盗伐、滥伐森林案件；不服管理，行凶殴打木材检查人员、护林人员、市场管理人员；因山林权属纠纷，相互殴斗，致人重伤、死亡的；由公安机关受理。②以营利为目的，贩卖倒运木材，进行投机倒把活动的，由工商管理部门查处；情节严重，需要追究刑事责任的，转交公安机关立案侦查。③因山林权属引起的纠纷案件，原则上由双方协商解决。协商无效的，报上一级人民政府调处。调处无效的，由人民法院裁决。（刘振偿）

**【岚下乡开展综合治理经验】** 岚下乡是福建省顺昌县的偏远山区乡，管辖10个村，1.8万人。有林地面积20.80万亩，森林蓄积量56.5万立方米，森林覆盖率76%。发展林业是这个乡的优势。但是，曾有一度是“近山光、远山光、杉木竹子全砍光”的乱砍滥伐的重灾区。《中华人民共和国森林法》公布后，在省人民检察院林业检察处的指导下，顺昌县人民检察院林业检察科与县林业局公安科、县人民法院林业审判庭密切配合，开展综合治理，出现了由乱到治、林茂粮丰、群众安居乐业的可喜变化。1985、1986年分别被评为县、地区先进单位。主要做法是：

**开展普及法律教育** 《中华人民共和国森林法》

公布后，全乡召开学习会85场次，树立法制宣传栏26个，张贴《森林法》251份、村规民约4000张，出动宣传车8辆、电影队2个，以通俗易懂的语言进行宣讲《森林法》，受教育达1.5万人次。在宣传中，以案释法，对1名监守自盗的护林员进行公开宣判，扩大宣传效果。1985年全乡没有发生盗伐、滥伐森林。

**建立健全管理体制** 面临集体林区取消木材统购，实行议购议销的新形势，这个乡坚持“流通要搞活，采伐先管严”的原则，以村为单位，制发了4种表格：检验任务通知书、征求结算单、限额采伐登记卡、限额采伐月统计表，及时控制林木采伐限额。同时，采取4项措施：①村民造林要申请；②伐区要设计，护林员要到采伐现场作指导；③村民自用材经批准后，由护林员带到指定山场采伐；④坚持一次装车检尺木材，以防在运输途中盗运或盗窃木材。这个乡从造林到森林保护、采伐、木材运输都有一套较为严密的规章制度和防范措施，以制止破坏森林资源违法犯罪行为。

**调整护林队伍** 为改变护林队伍年龄偏大、文化程度偏低的状况，这个乡采用群众推荐，领导审核，本人考试的办法，选拔具有一定文化程度、政策水平较高、原则性强、年轻的护林员48人。新组建的护林队伍，乡设护林队，由主管副乡长兼任队长。村设护林小组，由党支部书记或支部委员兼任组长。护林员实行分片包干和奖罚制度，对责任区内实现“四无”（无火灾、无盗伐、无挖笋、无毁林开荒或搞副业）的，每年奖励200元；在责任区内，每盗伐1株树木，扣发护林员工资4元。对不称职的护林员随时撤换，以保证队伍的纯洁，执法护林。

（刘振偿）

**【贝江河林场哄抢、盗伐林木案】** 广西壮族自治区国营贝江河林场建于1962年，位于融水县境内，林地10.70万亩，森林蓄积量70多万立方米。

从1981年开始，周围群众零星盗伐林场的林木，因制止不力，逐步发展成为群众性哄抢，盗伐，1985年上半年达到高峰，上山盗伐的群众最多1天达3000多人。他们不仅盗伐林木，而且殴打护林人员、砸汽车、剪电话线，切断林场与外界的联系。据林场调查，1981～1985年，共毁坏森林面积达4.5万亩，损失林木21万立方米。

贝江河林场发生的哄抢、盗伐林木歪风之所以长期得不到制止，追其原因，除领导不重视，管理不严外，主要是没有能有力地运用法律武器打击犯罪分子的嚣张气焰。

1985年8月，在有关部门的协助下，柳州地区和融水县先后抽调100多人组成工作组，经过3个多月的调查，终于查清了盗伐林木的情况，并对这起哄抢林木大案作了处理。

融水县公、检、法机关依法对一小撮带头哄抢林木，殴打护林人员，以及盗伐林木情节严重触犯了刑律的犯罪分子进行了打击。县公安局逮捕犯罪分子34人，县人民法院依法对6名犯罪分子判处10～18年有期徒刑。追回木材1500多立方米，挽回经济损失和罚款29万多元。基本刹住了哄抢、盗伐林木的歪风。

（曹 真）

# 附 表

## 部分地区森林病、虫种类

| 病虫名称（中名、学名、科属） | | | 分布区域 | 危害树种 |
|---|---|---|---|---|
| 1. | 马尾松毛虫 | *Dendrolimus punctatus* Walker 枯叶蛾科 松毛虫属 | 安徽、河南、陕西、四川、云南、贵州、湖南、湖北、江西、江苏、浙江、福建、广东、广西、台湾 | 马尾松、湿地松、火炬松 |
| 2. | 油松毛虫 | *Dendrolimus tabulaeformis* Tsai et Liu 枯叶蛾科 松毛虫属 | 河北、辽宁、陕西、山西、山东、四川、北京 | 油松、樟子松、华山松、白皮松 |
| 3. | 日本松干蚧 | *Matsucoccus matsumurae* (Kuwana)珠蚧科 松蚧属 | 山东、辽宁、江苏、浙江、上海、安徽 | 赤松、油松、马尾松、黑松、黄松、千头松 |

(续)

| | 病虫名称(中名、学名、科属) | | 分布区域 | 危害树种 |
|---|---|---|---|---|
| 4. | 光肩星天牛 | *Anoplophora glabripennis* (Motsch.)天牛科 | 辽宁、河北、山东、河南、湖北、江苏、浙江、福建、安徽、陕西、山西、甘肃、四川、广西 | 杨、柳、榆、元宝枫、苦楝、桑 |
| 5. | 榆蓝金花虫 | *Pyrrhalta aenescens* Fairm 叶甲科 | 河北、河南、山东、山西、甘肃、辽宁、吉林、黑龙江、内蒙古 | 榆 |
| 6. | 杨干象虫 | *Cryptorrhynchus lapathi* Linne 象甲科 | 辽宁、吉林、黑龙江、甘肃、山西、河北、内蒙古 | 杨、旱柳 |
| 7. | 大袋蛾 | *Cryptothelea variegata* Snellen 袋蛾科 | 云南、贵州、四川、湖北、湖南、广东、福建、江西、浙江、江苏、安徽、河南、山东、台湾 | 泡桐、悬铃木、白榆、刺槐、麻栎、重阳木、垂柳、扁柏、苹果、核桃 |
| 8. | 黄脊竹蝗 | *Ceracris kiangsu* Tsai 竹蝗属 | 湖南、四川、江西、福建、广东、广西、湖北、江苏、浙江、安徽、云南 | 毛竹 |
| 9. | 白杨透翅蛾 | *Parathrene tabaniformis* Rottenberg 透翅蛾科 | 河北、北京、河南、内蒙古、江苏、浙江、山西、陕西 | 杨、柳 |
| 10. | 杉梢小卷蛾 | *Polychrosis cunninghamiacola* Liu et Pai 卷蛾科 | 福建、江西、浙江、江苏、安徽、湖南、湖北、四川、广东、广西 | 杉 |
| 11. | 皱鞘双条杉天牛 | *Semanotus bifasciatus sinoauster* Gressitt 天牛科 | 安徽、江苏、浙江、江西、福建、河南、湖北、湖南、广东、广西、四川、贵州 | 杉 |
| 12. | 春尺蛾 | *Apocheima cinerarius* Erschoff 尺蛾科 | 宁夏、新疆、陕西、甘肃、青海、内蒙古、河北、山东 | 沙枣、杨、柳、槐、桑、榆、苹果 |
| 13. | 油茶尺蛾 | *Biston marginata* Shiraki 尺蛾科 | 湖南、湖北、江西、广西、台湾 | 油茶、油桐、乌柏、茶树 |
| 14. | 美国白蛾 | *Hyphantria cunea* (Drury) 灯蛾科 | 辽宁、山东、陕西 | 糖槭、桑、白蜡、樱花、杨、柳、榆、栎、桦 |
| 15. | 舞毒蛾 | *Lymantria dispar* (L.) 毒蛾科 | 黑龙江、吉林、辽宁、内蒙古、陕西、宁夏、甘肃、新疆、青海等 | 杨、榆、栎、柳、桦、槭、椴、云杉、苹果 |
| 16. | 松突圆蚧 | *Hemiberlesia pitysophila* Takagi 盾蚧科 突圆蚧属 | 广东等 | 马尾松 |
| 17. | 落叶松落叶病 | *Mycosphaerella larici-leptolepis* Ito et al. | 黑龙江、吉林、辽宁、河北、山东、甘肃 | 落叶松 |
| 18. | 落叶松枯梢病 | *Guignardia laricina* (Sawada) Yamamoto et K. Ito | 黑龙江、吉林、辽宁、山东 | 落叶松 |
| 19. | 泡桐丛枝病 | Mycoplasma-Like-Organism | 河南、山东、河北、安徽、陕西、江苏、浙江、江西、湖北、湖南 | 泡桐 |
| 20. | 毛竹枯梢病 | *Ceratosphaeria phyllostachydis* sp. nov. Zhang | 浙江、江苏、安徽、上海 | 毛竹 |
| 21. | 油茶炭疽病 | *Glomerella cingulata* (Stonem.) Spauld et Schrenk | 湖南、湖北、江西、浙江、广西、河南 | 油茶 |
| 22. | 油桐枯萎病 | *Fusarium oxysporum* Schlecht. | 湖南、广西、广东、浙江、四川、江西、安徽 | 油桐 |
| 23. | 杉木炭疽病 | *Glomerella cingulata* (Stonem.) S. et. S. | 江西、福建、浙江、安徽、湖北、湖南、广东、广西、四川 | 杉 |

（续）

| | 病虫名称（中名、学名、科属） | | 分布区域 | 危害树种 |
|---|---|---|---|---|
| 24. | 杨树烂皮病 | *Valsa sordida* Nit. | 黑龙江、吉林、辽宁、河北、内蒙古、山西、陕西、甘肃、新疆、青海 | 杨、旱柳 |
| 25. | 枣疯病 | Mycoplasma-Like-Organism | 山东、河北、河南、山西、陕西 | 枣、酸枣 |

注：全国主要森林病虫种类正在汇总整理中。

（刘克敏）

## 中华人民共和国进口植物检疫对象名单（林业部分）

| 中名 | 学名 | 分布国家和地区 | 应施检疫的森林植物和林产品 |
|---|---|---|---|
| 松突圆蚧 | *Hemiberlesia pitysophila* Takagi | 日本，中国广东、台湾、香港地区 | 马尾松、湿地松、黑松的松针枝条、球果 |
| 美洲榆小蠹 | *Hylurgopinus rufipes* (Zichhoff) | 美国，加拿大 | 榆属树种、榉树、美洲椴树（带皮原木） |
| 美国白蛾 | *Hyphantria cunea* (Drury) | 加拿大、美国、匈牙利、南斯拉夫、捷克斯洛伐克、罗马尼亚、奥地利、苏联、波兰、保加利亚、法国、日本、朝鲜、南朝鲜、中国 | 糖槭、桑、法国梧桐、柏、柳、榆等植物的苗木、原木、林产品、垫仓物、交通工具、包装物 |
| 松褐天牛 | *Monochamus alternatus* Hope | 日本 | 马尾松、冷杉、云杉、雪松、桧属、落叶松等带皮原木 |
| 欧洲榆小蠹 | *Scolytus multistriatus* (Marsham) | 苏联、英国、西班牙、捷克斯洛伐克、波兰、奥地利、美国、加拿大、圭亚那、北非各国、爱尔兰、罗马尼亚、瑞士、荷兰、法国、民主德国、联邦德国、希腊、匈牙利等 | 榆属树种、山柏、李栎、山毛榉、千金榆的带皮原木 |
| 欧洲大榆小蠹 | *Scolytus scolytus* Fabricius | 英国、法国、民主德国、联邦德国、伊朗、捷克斯洛伐克、奥地利、比利时、西班牙 | 榆属树种、杨、柳、胡桃、榉树、千金榆、榉树的带皮原木 |
| 松材线虫 | *Bursaphelenchus xylophilus* (Steimer et Buhrer) Nickle | 日本、美国、法国、中国江苏 | 黑松、赤松、黄松、火炬松、班克松原木和枝条 |
| 栎枯萎病 | *Ceratocystis fagacearum* (Bretz.) Hunt | 美国、苏联、南斯拉夫、罗马尼亚 | 栎属、栗属、石栎属、栲属树种的木材、苗木 |
| 栗疫病 | *Endothia parasitica* (Murrill.) And. et And. | 美国、加拿大、欧洲南部、日本、印度、中国局部发生 | 板栗、欧洲山毛榉、栎类树木的苗木及带皮原木 |
| 杨树细菌性溃疡病 | *Pseudomonas syringae* f. *populea* S. et D. | 法国、英国、荷兰、民主德国、苏联、波兰、匈牙利、比利时、丹麦、瑞典、挪威、美国 | |

（续）

| 中名 | 学　名 | 分布国家和地区 | 应施检疫的森林植物和林产品 |
|---|---|---|---|
| 榆枯萎病 | *Ceratocystis ulmi* (Buisman) Moreau | 美国、加拿大、苏联、波兰、罗马尼亚、匈牙利、保加利亚、荷兰、意大利、比利时、捷克斯洛伐克、南斯拉夫、奥地利、葡萄牙、丹麦、希腊、瑞典、挪威、英国、法国、联邦德国、瑞士、西班牙 | 榆属、榉属、水榆属树种的木材、苗木 |

（林政保护司病虫害防治处）

## 中华人民共和国禁止进口植物名单（林业部分）

| 禁止的植物 | 禁止进口的国家或地区 | 禁止进口的原因（防止的检疫对象） | |
|---|---|---|---|
| 榆树苗、插条*Ulums* spp. | 美国、加拿大、欧洲各国 | 榆枯萎病 | |
| 松属树苗、接穗 *Pinus* spp. | 美国、意大利、法国、联邦德国、日本，香港、澳门地区 | 松材线虫、松突圆蚧、松褐天牛 | |

注：因科研需要，进口少量植物、种苗，需事先向中华人民共和国动植物检疫总所申请，办理特许进口审批。

（林政保护司病虫害防治处）

## 国内森林植物检疫对象和应施检疫的森林植物、林产品名单

| 检疫对象 | | | 应施检疫的森林植物和林产品 |
|---|---|---|---|
| 中　名 | 学　名 | 分布地区 | |
| 白杨透翅蛾 | *Paranthrene tabaniformis* Rottenberg | 北京、天津、河北、山西、内蒙古、辽宁、吉林、黑龙江、陕西、甘肃、青海、宁夏、新疆、江苏、浙江、安徽、山东、河南、四川 | 杨属植物及旱柳、唐柳的苗木和插条 |
| 杨干象 | *Cryptorrhynchus lapathi* Linne | 河北、内蒙古、辽宁、吉林、黑龙江、陕西、甘肃、新疆、湖南、四川 | 杨树、旱柳、白桦的苗木及插条 |
| 杨圆蚧 | *Quadraspidiotus gigas* (Thiem et Gerneck) | 北京、山西、内蒙古、辽宁、吉林、黑龙江、甘肃、青海、宁夏、新疆、江苏、河南 | 杨、柳的苗木、插条、带皮原木 |
| 柳蛎盾蚧 | *Lepidosaphes salicina* Borchs. | 内蒙古、辽宁、吉林、陕西、甘肃、青海、宁夏、新疆、河南、云南 | 杨、柳、榆、核桃楸的苗木、插条，带皮原木、薪炭材 |
| 日本松干蚧 | *Matsucoccus matsumurae* (Kuwana) | 辽宁、山东、江苏、上海、浙江、安徽 | 油松、赤松、琉球松、黄山松、日本黑松、马尾松的苗木，带皮原木、薪炭材枝条 |
| 松突圆蚧 | *Hemiberlesia pitysophila* Takagi | 广东 | 马尾松、湿地松、黑松松针、枝条、球果 |

（续）

| 检疫对象 | | | 应施检疫的森林植物和林产品 |
|---|---|---|---|
| 中名 | 学名 | 分布地区 | |
| 美国白蛾 | *Hyphantria cunea* (Drury) | 辽宁、陕西、山东 | 糖槭、桑、法国梧桐、杨、柳、榆等植物的苗木、原木、林产品、垫仓物、交通工具、包装物 |
| 紫穗槐豆象 | *Acanthoscelides plagiatus* Reiche et Saulcy | 北京、天津、河北、辽宁、吉林、陕西、宁夏 | 紫穗槐种子 |
| 柠条豆象 | *Kytorrhinus immixtus* Motschulsky | 内蒙古、陕西、甘肃、青海、宁夏 | 柠条种子 |
| 落叶松种子广肩小蜂 | *Eurytoma laricis* Yano | 河北、山西、内蒙古、辽宁、吉林、黑龙江 | 落叶松种子、果实 |
| 黄连木种子小蜂 | *Eurytoma plotnikovi* Nikolskaya | 河北、山西、陕西、河南 | 黄连木种子 |
| 落叶松枯梢病 | *Guignardia laricina* (Sawada)Yamamoto et K. Ito. | 河北、内蒙古、辽宁、吉林、黑龙江、陕西、宁夏、山东 | 落叶松苗木、枝梢及接穗的皮部 |
| 泡桐丛枝病 | M L O | 北京、天津、河北、山西、陕西、甘肃、江苏、浙江、安徽、山东、河南、湖北、湖南、广西、四川、云南 | 严禁从病区引进泡桐的苗木、枝条和种根 |
| 板栗疫病 | *Endothia parasitica* (Murr.) And. et And. | 北京、河北、辽宁、江苏、浙江、江西、山东、河南、湖南、广东、广西 | 栗、栎的苗木、接穗，带皮原木、枝条 |
| 枣疯病 | M L O | 北京、天津、河北、山西、辽宁、陕西、甘肃、新疆、江苏、浙江、安徽、山东、河南、湖北、湖南、广西、四川 | 禁止病区苗木、接穗、插条等繁殖材料送入非病区。 |
| 毛竹枯梢病 | *Ceratosphaeria phyllostachydis* Zhang | 上海、江苏、浙江、安徽、江西 | 母竹、竹材、竹梢 |
| 松疱锈病 | *Cronartium ribicola* J. C. Fischer ex Rabenhorst | 山西、辽宁、吉林、黑龙江、陕西、甘肃、新疆、山东、河南、湖北、四川、云南 | 马尾松、赤松、樟子松、红松、华山松、偃松等二针松和五针松苗木 |
| 杨树花叶病毒病 | P M V | 北京、新疆、山东、河南、湖南 | 严禁病株进入非病区 |
| 松枯萎病（又名松材线虫） | *Bursaphelenchus xylophilus* (Steimeret et Buhrer) Nickle | 江苏、湖南 | 黑松、赤松、黄松、火炬松、班克松的原木和枝条 |
| 国外松褐斑病 | *Lecanosticta acicola* | 福建、江西、广东、广西 | 国外松、马尾松、黑松的苗木种子 |

（林政保护司病虫害防治处）

# 全国自然保护区名录

（1986．12）

| 地区 | 自然保护区名称 | 位　　置 | 面　积（公顷） | 主　要　保　护　对　象 | 建立日期 |
|---|---|---|---|---|---|
| 北京 | 松山自然保护区※ | 延庆县 | 6667 | 森林植被和野生动植物种 | 1985 |
| | 百花山自然保护区 | 门头沟区 | 1700 | 自然植被和野生动植物资源 | 1985 |
| 天津 | 八仙桌子自然保护区 | 蓟县、兴隆县、遵化县 | 414 | 森林植被及野生动物 | 1984 |
| | 地质剖面自然保护区※ | 蓟县 | 800 | 地质剖面 | 1984 |
| | 贝壳堤自然保护区 | 滨海沿线 | 100 | 古海岸遗迹 | 1984 |
| | 盘山自然保护区 | 蓟县 | 711 | 古迹及风景名胜 | 1984 |
| 河北 | 小五台山自然保护区 | 涿鹿县、蔚县 | 22000 | 温带森林生态系，珍禽褐马鸡 | 1983 |
| | 雾灵山自然保护区 | 兴隆县 | 14580 | 温带森林生态系，猕猴分布北限 | 1983 |
| 山西 | 历山自然保护区 | 垣曲、沁水翼城、阳城县 | 24800 | 暖温带森林植被，珍稀动物麝，大鲵，勺鸡等 | 1983 |
| | 芦芽山自然保护区 | 宁武、岢岚、五寨县 | 21453 | 珍稀禽褐马鸡，华北落叶松次生林 | 1980 |
| | 庞泉沟自然保护区※ | 交城、方山县 | 10446 | 珍稀禽褐马鸡，华北落叶松，云杉次生林 | 1980 |
| | 蟒河自然保护区 | 阳城县 | 5600 | 猕猴及暖温带森林植被 | 1983 |
| 内蒙古 | 努登自然保护区 | 乌拉特后旗 | 28040 | 珍贵荒漠植物梭梭林 | 1983 |
| | 白音敖包自然保护区 | 克什克腾旗 | 6737 | 珍贵植物沙地红皮云杉林 | 1980 |
| | 大青沟自然保护区 | 科尔沁左翼后旗 | 8183 | 珍贵天然阔叶混交林 | 1980 |
| | 达赉湖自然保护区 | 新巴尔虎右旗 | 400000 | 珍禽、候鸟及湿地生态系统 | 1986 |
| 辽宁 | 医巫闾山自然保护区※ | 北镇、义县 | 14000 | 油松阔叶混交林 | 1981 |
| | 老秃顶子自然保护区 | 桓仁县 | 5930 | 长白山植物区系原生型森林生态系及珍稀植物紫杉等 | 1981 |
| | 仙人洞自然保护区 | 庄河县 | 1733 | 森林生态系 | 1981 |
| | 白石砬子自然保护区 | 宽甸县 | 6667 | 红松阔叶混交林 | 1981 |
| | 凤凰山自然保护区 | 凤城满族自治县 | 3900 | 华北珍稀动植物种 | 1981 |
| | 老铁山自然保护区※ | 大连市 | 17000 | 候鸟和蛇类 | 1980 |
| | 候鸟河段自然保护区 | 本溪县 | 500 | 珍稀水禽鸳鸯、天鹅等 | 1984 |
| | 樟子松种子林自然保护区 | 昌图县 | 1314 | 樟子松、油松、杨树种子林 | 1981 |
| | 双台子河口自然保护区 | 大洼、盘山县 | 7000 | 丹顶鹤、白鹤、灰鹤等珍禽及栖息环境 | 1985 |
| | 南刘杖子自然保护区 | 凌源县 | 1333 | 柞、山杨原生型森林及野生动物 | 1984 |
| | 西平自然保护区 | 台安县 | 1466 | 野生动物和森林生态系 | 1984 |
| | 冯家沟自然保护区 | 凌源县 | 13 | 苍鹭及栖息环境 | 1984 |
| | 沙果沟自然保护区 | 凌源县 | 1200 | 柞、山杨原生型森林及野生动物 | 1984 |
| | 碾子沟自然保护区 | 凌源县 | 1133 | 柞、山杨原生型森林及野生动物 | 1984 |
| | 劈山自然保护区 | 朝阳县 | 3333 | 柞、山杨原生型森林及野生动物 | 1981 |
| | 刘炮手沟自然保护区 | 朝阳县 | 2000 | 柞、山杨原生型森林及野生动物 | 1981 |
| | 花坤、孙家沟自然保护区 | 朝阳县 | 3333 | 柞、山杨原生型森林及野生动物 | 1981 |
| 吉林 | 长白山自然保护区※ | 安图、抚松、长白县 | 190582 | 整个自然综合体 | 1960 |
| | 向海自然保护区※ | 通榆县 | 105467 | 珍稀鸟类丹顶鹤等及沙丘蒙古黄榆自然景观 | 1981 |
| | 莫莫格自然保护区 | 镇赉县 | 144000 | 珍稀鸟类丹顶鹤等 | 1981 |
| | 松花湖自然保护区 | 永吉、桦甸、蛟河县、吉林市郊 | 354098 | 水源涵养林及野生经济动植物 | 1982 |
| | 左家自然保护区 | 永吉县 | 6008 | 天然次生林 | 1982 |
| | 火山群自然保护区 | 伊通县 | 100 | 火山群 | 1983 |

（续）

| 地区 | 自然保护区名称 | 位　置 | 面积（公顷） | 主要保护对象 | 建立日期 |
|---|---|---|---|---|---|
| 黑龙江 | 丰林自然保护区 | 伊春市 | 18400 | 原始红松林 | 1963 |
| | 扎龙自然保护区 | 齐齐哈尔市 | 42000 | 以丹顶鹤为主的珍贵水禽 | 1979 |
| | 凉水自然保护区 | 伊春市 | 6394 | 原始阔叶红松林 | 1979 |
| | 七星砬子自然保护区 | 桦南、集贤县 | 33000 | 东北虎等珍稀野生动物 | 1980 |
| | 五大连池自然保护区 | 德都县 | 70000 | 火山地质地貌 | 1980 |
| | 镜泊湖自然保护区 | 宁安县 | 120000 | 原始针阔混交林 | 1980 |
| | 牡丹峰自然保护区 | 牡丹江市 | 40000 | 天然次生林生态系 | 1981 |
| | 黑龙宫自然保护区 | 尚志县 | 3600 | 两栖动物林蛙 | 1982 |
| | 呼玛河自然保护区 | 呼玛县 | 30000 | 大麻哈、鳇鱼等鱼类 | 1982 |
| | 逊别拉河自然保护区 | 逊克县 | 14000 | 大麻哈、鳇鱼等鱼类 | 1982 |
| | 呼中自然保护区 | 大兴安岭呼中区 | 194000 | 寒温带针叶林生态系及珍稀野生动物 | 1983 |
| | 洪河自然保护区 | 同江、抚远县 | 16333 | 自然沼泽及珍稀水禽 | 1984 |
| | 山河自然保护区 | 阿城县 | 871 | 两栖动物林蛙 | 1984 |
| | 松峰山自然保护区 | 阿城县 | 1465 | 阔叶次生林生态系 | 1984 |
| | 兴凯湖自然保护区 | 密山县 | 16537 | 鹤类和天鹅等水禽栖息繁殖地 | 1986 |
| 江苏 | 云台山自然保护区 | 连云港市 | 63 | 暖温带落叶阔叶林 | 1981 |
| | 泉山自然保护区 | 徐州市 | 370 | 暖温带植被及人工侧柏林 | 1984 |
| | 宝华山自然保护区 | 句容县 | 140 | 北亚热带落叶常绿阔叶混交林 | 1981 |
| | 光福自然保护区 | 吴县 | 61 | 以木荷为主的常绿阔叶林 | 1981 |
| | 龙池自然保护区 | 宜兴县 | 123 | 中亚热带常绿阔叶林 | 1981 |
| | 盐城沿海滩涂珍禽自然保护区 | 射阳、大丰、响水、东台、滨海县 | 40660 | 以丹顶鹤为主的珍禽 | 1983 |
| | 麋鹿自然保护区 | 大丰县 | 1000 | 麋鹿和栖息环境 | 1986 |
| 浙江 | 凤阳山自然保护区 | 龙泉山 | 4667 | 珍稀及孑遗树种白豆杉等及珍稀野生动物 | 1975 |
| | 西天目山自然保护区※ | 临安县 | 1000 | 珍稀树种柳杉、金钱松、银杏等及珍贵野生动物 | 1975 |
| | 乌岩岭自然保护区 | 泰顺县 | 607 | 半原始常绿阔叶林及珍稀野生动物 | 1975 |
| | 古田山自然保护区 | 开化县 | 1333 | 常绿与落叶阔叶林 | 1975 |
| | 九龙山自然保护区 | 遂昌县 | 2000 | 珍稀树种连香树，马褂木，白豆杉等及珍稀动物华南虎等 | 1983 |
| | 龙王山自然保护区 | 安吉县 | 1200 | 落叶阔叶林植被 | 1985 |
| | 百山祖自然保护区 | 庆元县 | 1333 | 百山祖冷杉 | 1985 |
| | 龙塘山自然保护区 | 临安县 | 667 | 针阔混交林植被 | 1985 |
| 安徽 | 扬子鳄自然保护区※ | 广德、郎溪、宜城泾县、南陵县 | — | 珍稀爬行动物扬子鳄及其栖息环境 | 1982 |
| | 清凉峰自然保护区 | 歙县 | 1038 | 珍贵野生动植物种 | 1982 |
| | 马宗岭自然保护区 | 金寨县 | 3490 | 北亚热带落叶阔叶林及珍贵野生动物 | 1982 |
| | 皇藏峪自然保护区 | 萧县 | 2333 | 暖温带落叶阔叶林 | 1982 |
| | 古牛降自然保护区 | 祁门、石台县 | 6433 | 中亚热带常绿阔叶林及珍稀野生动物 | 1982 |
| | 皇甫山自然保护区 | 滁县 | 3587 | 北亚热带落叶林及候鸟 | 1982 |
| | 升金湖自然保护区 | 安庆地区 | 33333 | 白鹤、白头鹤、丹顶鹤等珍禽及越冬栖息环境 | 1986 |
| | 清凉峰自然保护区 | 绩溪县 | 3000 | 珍贵野生动植物 | 1986 |

（续）

| 地区 | 自然保护区名称 | 位置 | 面积（公顷） | 主要保护对象 | 建立日期 |
|---|---|---|---|---|---|
| 福建 | 武夷山自然保护区※ | 建阳、崇安、光泽县 | 56527 | 亚热带森林生态系及珍稀动植物 | 1979 |
| | 莘口自然保护区 | 三明市 | 1126 | 珍贵树种格氏栲，米槠等 | 1980 |
| | 南靖乐土自然保护区 | 南靖县 | 21 | 南亚热带雨林 | 1980 |
| | 万木林自然保护区 | 建瓯县 | 177 | 中亚热带常绿阔叶林 | 1980 |
| | 罗卜岩自然保护区 | 沙县 | 200 | 楠木为主的中亚热带常绿阔叶林 | 1983 |
| | 鸳鸯猕猴自然保护区 | 屏南县 | 1039 | 珍稀动物鸳鸯、猕猴等 | 1984 |
| | 牛姆林自然保护区 | 永春县 | 156 | 森林生态系 | 1984 |
| | 梅花山自然保护区 | 上杭、连城、龙岩县 | 22133 | 森林生态系 | 1985 |
| | 戴云山自然保护区 | 德化县 | 9731 | 森林生态系 | 1985 |
| | 黄栲林自然保护区 | 闽清县 | 232 | 黄栲林及生态环境 | 1985 |
| | 将石自然保护区 | 邵武市 | 1187 | 森林生态系 | 1986 |
| 江西 | 井冈山自然保护区 | 井冈山市 | 15873 | 中亚热带常绿阔叶林及珍稀野生动物华南虎等 | 1981 |
| | 庐山自然保护区 | 九江市、星子县 | 30493 | 自然历史遗迹及珍贵植物金钱松、香果树等 | 1981 |
| | 九连山自然保护区 | 龙南县 | 4067 | 原始亚热带常绿阔叶林 | 1981 |
| | 武夷山自然保护区 | 铅山县 | 5333 | 亚热带针叶林及灌木草甸生态系 | 1982 |
| | 官山自然保护区 | 宜丰县 | 6467 | 中亚热带常绿阔叶林和落叶阔叶林 | 1981 |
| | 桃红岭自然保护区 | 彭泽县 | 4500 | 南方梅花鹿种群等野生动物 | 1981 |
| | 鄱阳湖自然保护区 | 永修县 | 22400 | 珍稀候鸟越冬地 | 1984 |
| | 下庄自然保护区 | 永丰县 | 2000 | 原生常绿阔叶林 | 1984 |
| | 大鲵自然保护区 | 靖安县 | 100 | 珍稀两栖动物大鲵 | 1980 |
| | 河蚌自然保护区 | | 22833 | 三角河蚌、褶纹蚌 | 1980 |
| 山东 | 长岛自然保护区 | 长岛县 | 5250 | 鹰、隼等猛禽及候鸟栖息地 | |
| | 曲阜自然保护区 | 曲阜县 | 217 | 珍稀猛禽、鹭类及文物古迹等 | 1982 |
| | 青岛市鸟类自然保护区 | 青岛市 | 1065400 | 珍稀鸟类及其栖息地 | 1982 |
| | 日照自然保护区 | 日照县 | 40000 | 森林生态系及灰喜鹊 | 1982 |
| | 南四湖自然保护区 | 微山县 | 126400 | 雁、鸭等珍稀水禽越冬地 | 1982 |
| | 鹤伴山自然保护区 | 邹平县 | 533 | 森林生态系及农林益鸟 | 1984 |
| | 沙窝自然保护区 | 惠民县 | 466 | 森林生态系及农林益鸟 | 1984 |
| | 高城自然保护区 | 高青县 | 161 | 森林生态系及农林益鸟 | 1984 |
| | 潭阳自然保护区 | 无棣县 | 10000 | 天鹅、鹤等珍稀鸟类 | 1984 |
| | 高青艾里-阎张自然保护区 | 高青县 | 33 | 珍稀鸟类天鹅等 | 1984 |
| | 沂山自然保护区 | 临朐县 | 3200 | 森林生态系及金雕等珍贵猛禽 | 1982 |
| | 弥河流域自然保护区 | 临朐县 | 467 | 珍贵猛禽及农林益鸟 | 1982 |
| | 老龙湾自然保护区 | 临朐县 | 13 | 农林益鸟及名胜古迹 | 1982 |
| | 芝罘自然保护区 | 烟台市芝罘区 | 22750 | 候鸟越冬栖息地 | 1984 |
| | 福山自然保护区 | 烟台市福山区 | 60700 | 候鸟越冬栖息地 | 1984 |
| | 威海自然保护区 | 威海市 | 39800 | 候鸟越冬栖息地 | 1984 |
| | 伟德山自然保护区 | 荣成县 | 6667 | 候鸟越冬栖息地 | 1984 |
| | 招虎山自然保护区 | 海阳县 | 6667 | 森林生态系及鸟类栖息地 | 1984 |
| | 牙山自然保护区 | 栖霞县 | 6667 | 森林生态系及鸟类栖息地 | 1984 |
| | 槎山自然保护区 | 荣成县 | 2667 | 森林生态系及鸟类栖息地 | 1984 |

（续）

| 地区 | 自然保护区名称 | 位置 | 面积（公顷） | 主要保护对象 | 建立日期 |
|---|---|---|---|---|---|
| 山东 | 罗山自然保护区 | 招远县 | 6667 | 森林生态系及鸟类栖息地 | 1984 |
| | 艾山自然保护区 | 蓬莱县 | 5333 | 候鸟栖息地 | 1984 |
| | 五龙河自然保护区 | 莱阳县 | 265200 | 候鸟栖息地 | 1984 |
| | 母猪河自然保护区 | 文登县 | 127800 | 候鸟栖息地 | 1984 |
| | 埍垛山自然保护区 | 牟平县 | 6667 | 鸟类栖息地及森林生态系 | 1984 |
| | 夹河自然保护区 | 烟台市福山区 | 200000 | 候鸟栖息地 | 1984 |
| | 黄垒河自然保护区 | 乳山县 | 65200 | 候鸟栖息地 | 1984 |
| | 黄水河自然保护区 | 黄县 | 98300 | 候鸟栖息地 | 1984 |
| | 乳山河自然保护区 | 乳山县 | 95400 | 候鸟栖息地 | 1984 |
| | 王河自然保护区 | 掖县 | 7600 | 候鸟栖息地 | 1984 |
| | 大沽河自然保护区 | 莱阳县 | 463100 | 候鸟栖息地 | 1984 |
| | 八河库自然保护区 | 荣城县 | 533 | 候鸟栖息地 | 1984 |
| | 原山自然保护区 | 淄博市 | 1000 | 森林生态系 | 1985 |
| 河南 | 宝天曼自然保护区 | 内乡县 | 4200 | 过渡地带森林生态系及珍稀野生动植物 | 1980 |
| | 宝天曼自然保护区 | 南召县 | 3333 | 过渡地带森林生态系及珍稀野生动植物 | 1982 |
| | 老界岭自然保护区 | 西峡县 | 15333 | 过渡地带森林生态系及珍稀野生动植物 | 1982 |
| | 太白顶自然保护区 | 桐柏县 | 3533 | 水源涵养林及珍稀动植物 | 1982 |
| | 金岗台自然保护区 | 商城县 | 4200 | 亚热带森林植被过渡类型及珍稀野生动植物 | 1982 |
| | 连康山自然保护区 | 新县 | 2000 | 常绿阔叶林及珍稀野生动植物 | 1982 |
| | 鸡公山自然保护区 | 信阳县 | 3000 | 亚热带森林植被过渡类型及珍稀野生动植物 | 1982 |
| | 董寨自然保护区 | 罗山县 | 9333 | 珍贵鸟类 | 1982 |
| | 龙池曼自然保护区 | 嵩县 | 7502 | 过渡地带综合性森林生态系及珍稀野生动植物 | 1982 |
| | 老君山自然保护区 | 栾川县 | 2000 | 过渡地带综合性森林生态系及珍稀野生动植物 | 1982 |
| | 石人山自然保护区 | 鲁山县 | 1333 | 过渡地带综合性森林生态系及珍稀野生动植物 | 1982 |
| | 小秦岭自然保护区 | 灵宝县 | 4000 | 森林生态系及珍贵动植物 | 1982 |
| | 猕猴自然保护区 | 济源县 | 10667 | 猕猴等野生动物资源 | 1982 |
| | 太行山禁猎区 | 济源县 | 2000 | 猕猴等野生动物资源 | 1982 |
| 湖北 | 神农架自然保护区※ | 房县、兴山、巴东县 | 77333 | 森林生态系及珍稀动物金丝猴等 | 1982 |
| | 星斗山自然保护区 | 利川、威丰、恩施县 | 2880 | 珍稀植物珙桐、水杉等 | 1982 |
| | 小河自然保护区 | 利川县 | 60000 | 原生水杉母树林 | 1981 |
| | 木林子自然保护区 | 鹤峰县 | 466 | 珍贵植物 | 1983 |
| | 九宫山自然保护区 | 通山县 | 3995 | 中亚热带森林生态系，珍贵植物种及名胜古迹 | 1983 |
| 湖南 | 洛塔自然保护区 | 龙山县 | — | 古水杉及其环境 | 1982 |
| | 壶瓶山自然保护区 | 石门县 | 13333 | 天然次生林及珍贵种光叶珙桐等 | 1982 |
| | 索溪峪自然保护区 | 慈利县 | 5333 | 猕猴等野生动植物及森林生态系、砂岩峰林地貌 | 1982 |
| | 天子山自然保护区 | 桑植县 | 3340 | 猕猴等野生动植物及森林生态系、砂岩峰林地貌 | 1982 |
| | 八大公山自然保护区※ | 桑植县 | 20000 | 亚热带过渡类型生物群落、珍稀动植物 | 1982 |
| | 君山自然保护区 | 岳阳县 | 84000 | 珍稀水禽中华秋沙鸭、鹤等栖息地、白鳍豚 | 1982 |

(续)

| 地区 | 自然保护区名称 | 位置 | 面积(公顷) | 主要保护对象 | 建立日期 |
|---|---|---|---|---|---|
| 湖南 | 小溪自然保护区 | 永顺县 | 10000 | 低海拔天然次生林生态系 | 1982 |
| | 云山自然保护区 | 武冈县 | 3333 | 森林生态系及原生生物模式标本采集地 | 1982 |
| | 紫云万峰山自然保护区 | 新宁、城步县 | 22840 | 珍贵树种银杉、长苞铁杉、资源冷杉混生群落及森林生态系 | 1982 |
| | 黄桑自然保护区 | 绥宁县 | 15700 | 森林演替各阶段森林群落及野生雉类 | 1982 |
| | 舜皇山自然保护区 | 东安县 | 10000 | 亚热带常绿阔叶林及珍稀植物种混生群落 | 1982 |
| | 舜皇山自然保护区 | 新宁县 | 3000 | 亚热带常绿阔叶林及珍稀植物种混生群落 | 1982 |
| | 大围山自然保护区 | 浏阳县 | 10533 | 森林生态系及珍贵动植物 | 1982 |
| | 阳明山自然保护区 | 双牌县 | 2800 | 黄杉母树林及伴生植物 | 1982 |
| | 九嶷山自然保护区 | 宁远县 | 5700 | 斑竹和竹类生态系 | 1982 |
| | 南岳自然保护区 | 衡山县 | 13333 | 绒毛皂荚等珍稀树种及森林生态系 | 1982 |
| | 千家洞自然保护区 | 道县 | 6667 | 中亚热带南部亚地带植被类型 | 1982 |
| | 大远源口自然保护区 | 江永县 | 9866 | 天然次生林、福建柏及其森林生态系 | 1982 |
| | 桃源洞自然保护区 | 酃县 | 10000 | 天然次生林、资源冷杉、候鸟迁徙停息地及森林生态系 | 1982 |
| | 八面山自然保护区 | 桂东县 | 20000 | 亚热带常绿阔叶林及华南虎、短尾猴等珍稀动物 | 1982 |
| | 莽山自然保护区 | 宜章县 | 6667 | 南亚热带常绿阔叶林，水鹿、红面猴等珍稀动植物 | 1982 |
| | 鸟州自然保护区 | 衡南县 | 35 | 鸟类及其栖息环境 | 1982 |
| | 天门山自然保护区 | 大庸市 | 123 | 珍稀树种珙桐、红榧等 | 1986 |
| | 顶辽自然保护区 | 资兴县 | — | 银杉等珍稀植物及森林生态系 | 1986 |
| 广东 | 尖峰岭自然保护区 | 乐东县 | 1600 | 热带雨林及珍稀动物 | 1976 |
| | 大田自然保护区※ | 东方县 | 2500 | 海南坡鹿 | 1976 |
| | 东寨港自然保护区※ | 琼山县 | 2534 | 红树林 | 1980 |
| | 坝王岭自然保护区 | 昌江县 | 2000 | 长臂猿 | 1981 |
| | 南湾自然保护区 | 陵水县 | 933 | 猕猴 | 1976 |
| | 西沙自然保护区 | 西沙群岛 | 330 | 白鲣鸟 | 1981 |
| | 黑石顶自然保护区 | 封开县 | 4000 | 亚热带常绿阔叶林 | 1979 |
| | 车八岭自然保护区 | 始兴县 | 7545 | 亚热带常绿阔叶林、珍稀动植物 | 1982 |
| | 新港自然保护区 | 河源县 | 933 | 亚热带常绿阔叶林、珍稀动植物 | 1976 |
| | 邦溪自然保护区 | 白沙县 | 333 | 海南坡鹿 | 1976 |
| | 六连岭自然保护区 | 万宁县 | 2200 | 热带雨林及珍稀动植物 | 1982 |
| | 青皮林自然保护区 | 万宁县 | 1666 | 青皮林 | 1980 |
| | 青澜港自然保护区 | 文昌县 | 2000 | 红树林 | 1982 |
| | 大平洞自然保护区 | 阳山县 | 2667 | 亚热带常绿阔叶林和珍稀野生动物 | 1983 |
| | 八宝山自然保护区 | 乳源县 | 3200 | 亚热带常绿阔叶林和珍稀野生动物 | 1984 |
| | 古田自然保护区 | 惠东县 | 4300 | 亚热带常绿阔叶林和珍稀野生动物 | 1984 |
| | 内伶仃岛自然保护区 | 深圳市 | 500 | 猕猴 | 1984 |
| | 丰溪自然保护区 | 大埔市 | 635 | 亚热带常绿阔叶林和珍稀野生动物 | 1984 |
| | 白水岭自然保护区 | 陵水县 | 4000 | 热带雨林和珍稀野生动物 | 1984 |
| | 南昆山自然保护区 | 龙门县 | 2000 | 亚热带常绿阔叶林和珍稀野生动物 | 1984 |
| | 鼎湖山自然保护区※ | 肇庆市 | 1140 | 南亚热带季风常绿阔叶林 | 1956 |
| | 秤架自然保护区 | 阳山县 | 7867 | 亚热带常绿阔叶林、针阔混交林 | 1983 |

（续）

| 地区 | 自然保护区名称 | 位置 | 面积（公顷） | 主要保护对象 | 建立日期 |
|---|---|---|---|---|---|
| 广东 | 五指山自然保护区 | 琼中县 | 18664 | 热带雨林、珍贵稀有动植物 | 1985 |
| | 大东山自然保护区 | 连县 | 8000 | 亚热带常绿阔叶林、珍稀动植物 | 1985 |
| | 观音山自然保护区 | 佛冈县 | 3000 | 亚热带常绿阔叶林、珍稀动植物 | 1985 |
| | 甘什岭自然保护区 | 三亚市 | 2000 | 珍贵树种铁棱木 | 1985 |
| | 阴那山自然保护区 | 梅县 | 200 | 亚热带常绿阔叶林、珍稀动植物 | 1985 |
| | 罗浮山自然保护区 | 博罗县 | 2400 | 亚热带常绿阔叶林、珍稀动植物 | 1985 |
| | 同乐大山自然保护区 | 郁南县 | 267 | 亚热带常绿阔叶林、珍稀动植物 | 1985 |
| 广西 | 花坪自然保护区※ | 龙胜各族自治县、临桂县 | 17400 | 珍贵树种银杉及中亚热带常绿阔叶林 | 1961 |
| | 猫儿山自然保护区 | 兴安、资源县 | 45100 | 珍贵树种及水源涵养林 | 1976 |
| | 弄岗自然保护区※ | 龙洲县 | 8000 | 北亚热带石灰岩季雨林及珍贵动植物白头叶猴、蚬木等 | 1979 |
| | 崇左自然保护区 | 崇左县 | 5200 | 白头叶猴等珍稀动物 | 1981 |
| | 扶绥自然保护区 | 扶绥县 | 10000 | 白头叶猴等珍稀动物 | 1981 |
| | 大新自然保护区 | 大新县 | 29900 | 珍稀动物白头叶猴、黑叶猴等 | 1980 |
| | 陇瑞自然保护区 | 宁明县 | 2100 | 珍稀动植物白头叶猴、金花茶及自然环境 | 1980 |
| | 大明山自然保护区 | 武鸣县 | 58200 | 水源涵养林、鸟类及其栖居环境 | 1980 |
| | 农信自然保护区 | 那坡县 | 10500 | 蚬木及水源涵养林 | 1980 |
| | 德厚自然保护区 | 那坡县 | 12200 | 水源涵养林 | 1980 |
| | 大王岭自然保护区 | 百色市 | 19200 | 水源涵养林 | 1980 |
| | 澄碧河自然保护区 | 百色市 | 16200 | 水源涵养林 | 1980 |
| | 十万大山自然保护区 | 上思县 | 26700 | 水源涵养林 | 1980 |
| | 布柳河自然保护区 | 天峨县 | 45300 | 珍贵树种蚬木及水源涵养林 | 1982 |
| | 穿洞河自然保护区 | 天峨县 | 11600 | 猕猴及水源涵养林 | 1982 |
| | 滑水冲自然保护区 | 贺县 | 12000 | 森林生态系 | 1982 |
| | 三匹虎自然保护区 | 南丹县 | 4200 | 水源涵养林 | 1982 |
| | 大瑶山自然保护区 | 金秀县 | 13500 | 珍稀动物瑶山鳄蜥及水源涵养林 | 1982 |
| | 花贡自然保护区 | 西林县 | 15700 | 水源涵养林 | 1982 |
| | 大平山自然保护区 | 桂平县 | 20400 | 水源涵养林 | 1982 |
| 四川 | 卧龙自然保护区※ | 汶川县 | 200000 | 大熊猫等珍稀动物及森林生态系 | 1975 |
| | 王朗自然保护区 | 平武县 | 27700 | 大熊猫等珍稀动物及森林生态系 | 1963 |
| | 唐家河自然保护区※ | 青川县 | 40000 | 大熊猫等珍稀动物及森林生态系 | 1978 |
| | 马边大风顶自然保护区 | 马边县 | 30000 | 大熊猫等珍稀动物及森林生态系 | 1978 |
| | 美姑大风顶自然保护区 | 美姑县 | 16000 | 大熊猫等珍稀动物及森林生态系 | 1978 |
| | 九寨沟自然保护区 | 南坪县 | 60000 | 大熊猫等珍稀动物及森林生态系 | 1978 |
| | 蜂桶寨自然保护区 | 宝兴县 | 40000 | 大熊猫等珍稀动物及森林生态系 | 1975 |
| | 白河自然保护区 | 南坪县 | 20000 | 金丝猴等珍稀动物 | 1963 |
| | 小寨子沟自然保护区 | 北川县 | 6100 | 大熊猫等珍稀动物及森林生态系 | 1979 |
| | 铁布自然保护区 | 若尔盖县 | 23000 | 梅花鹿等珍稀动物及森林生态系 | 1965 |
| | 喇叭河自然保护区 | 天全县 | 12000 | 羚牛等珍稀动物及森林生态系 | 1963 |
| | 金佛山自然保护区 | 南川县 | 900 | 银杉等珍贵树种及森林生态系 | 1979 |
| | 缙云山自然保护区 | 重庆市 | 1400 | 亚热带森林自然景观 | 1979 |
| | 黄龙寺自然保护区 | 松潘县 | 40000 | 大熊猫等珍稀动物及自然景观 | 1983 |
| | 攀枝花苏铁自然保护区 | 渡口市 | 310 | 攀枝花苏铁 | 1983 |

（续）

| 地区 | 自然保护区名称 | 位置 | 面积（公顷） | 主要保护对象 | 建立日期 |
|---|---|---|---|---|---|
| 贵州 | 梵净山自然保护区※ | 江口、印江县，松桃苗族自治县 | 41902 | 森林生态系及珍稀动植物灰金丝猴、珙桐等 | 1978 |
| | 雷公山自然保护区 | 雷山、台江、剑河、榕江县 | 50000 | 珍贵树种秃杉林 | 1982 |
| | 红枫湖自然保护区 | 清镇县 | 11000 | 人工湖泊 | 1981 |
| | 银杉自然保护区 | 道真县 | 4600 | 银杉等珍稀动植物及森林生态系 | 1984 |
| | 桫椤自然保护区 | 赤水县 | — | 珍稀植物桫椤、小黄花茶等及森林生态系 | 1984 |
| | 草海自然保护区 | 威宁县 | 5334 | 黑颈鹤、灰鹤、白鹳等珍稀鸟类及高原湖泊生态系统 | 1985 |
| 云南 | 南滚河自然保护区 | 沧源县 | 6983 | 热带季雨林及珍稀动物野象、虎等 | 1980 |
| | 西双版纳自然保护区※ | 景洪、勐海、勐腊县 | 200000 | 热带森林生态系及珍稀野生动植物种 | 1980 |
| | 天池自然保护区 | 云龙县 | 6667 | 云南松原始林、高原湖泊及珍稀野生动物 | 1983 |
| | 威远江自然保护区 | 景谷傣族彝族自治县 | 7780 | 思茅松原始林及珍稀野生动物懒猴等 | 1983 |
| | 黄连山自然保护区 | 绿春县 | 13835 | 常绿阔叶林及珍稀野生动物长臂猿、蜂猴等 | 1983 |
| | 白马雪山自然保护区 | 德钦县 | 180000 | 高山针叶林水源林及珍稀野生动物 | 1983 |
| | 高黎贡山自然保护区※ | 腾冲、泸水县，保山市 | 123333 | 亚热带常绿阔叶林、高山针叶林及珍稀野生动物 | 1983 |
| | 纳帕海自然保护区 | 中甸县 | 2067 | 黑颈鹤等珍稀鸟类及其栖息地 | 1984 |
| | 药山自然保护区 | 巧家县 | 10213 | 高山天然林生态系、中药材 | 1984 |
| | 雕林山自然保护区 | 禄丰县 | 613 | 高原森林植被 | 1984 |
| | 海子坪自然保护区 | 彝良县 | 2780 | 天然楠竹、罗汉竹及天麻生境 | 1984 |
| | 普渡河自然保护区 | 禄劝彝族、苗族自治县 | 11 | 天然苏铁林 | 1984 |
| | 三江口自然保护区 | 永善县 | 680 | 原始阔叶林生态系及珍贵树种峨嵋栲等 | 1984 |
| | 驾车自然保护区 | 会泽县 | 8287 | 天然华山松林生态系 | 1984 |
| | 碧塔海自然保护区 | 中甸县 | 4133 | 高山针叶林及水禽 | 1984 |
| | 玉龙雪山自然保护区 | 丽江纳西族自治县 | 26000 | 高山森林生态系及珍稀动物滇金丝猴等 | 1984 |
| | 哈巴雪山自然保护区 | 中甸县 | 21907 | 高山森林生态系及珍稀动物滇金丝猴等 | 1984 |
| | 哀牢山自然保护区 | 楚雄市、双柏、镇沅县，新平彝族傣族自治县，景东彝族自治县 | 50360 | 亚热带常绿阔叶林生态系及各种珍稀动物 | 1986 |
| | 无量山自然保护区 | 景东彝族自治县 | 23353 | 南亚热带山地森林垂直景观及珍稀动物 | 1986 |
| | 莱阳河自然保护区 | 思茅县 | 7000 | 热带、南亚热带森林、珍稀野生动植物 | 1986 |
| | 龙山自然保护区 | 孟连傣族拉祜族佤族自治县 | 54 | 珍贵植物龙血树 | 1986 |
| | 铜壁关自然保护区 | 盈江、陇川、瑞丽县 | 34160 | 南亚热带季雨林，珍稀动物长臂猿、野牛等 | 1986 |
| | 大雪山自然保护区 | 永德县 | 15787 | 南亚热带常绿阔叶林及珍稀动物蜂猴、豹等 | 1986 |
| | 大围山自然保护区 | 屏边苗族自治县、河口瑶族自治县 | 15367 | 南亚热带雨林、珍稀动物 | 1986 |
| | 分水岭自然保护区 | 金平苗族瑶族傣族自治县 | 10760 | 山地阔叶林、苔藓林等南亚热带森林，珍稀动物长臂猿 | 1986 |
| | 泸沽湖自然保护区 | 宁蒗彝族自治县 | 8127 | 高山针叶林，高原湖泊、水禽栖息地 | 1986 |
| | 怒江自然保护区 | 贡山独龙族怒族自治县、碧江县 | 375433 | 亚热带高山针阔混交林及珍稀植物秃杉、珙桐，珍稀动物金丝猴、小熊猫等 | 1986 |
| | 老君山自然保护区 | 麻栗坡县 | 4507 | 南亚热带森林、野生动物 | 1986 |
| | 小桥沟自然保护区 | 西畴县 | 1894 | 南亚热带常绿阔叶林 | 1986 |
| | 十八连山自然保护区 | 富源县 | 1213 | 湿性常绿阔叶林、野生山茶 | 1986 |

（续）

| 地区 | 自然保护区名称 | 位置 | 面积（公顷） | 主要保护对象 | 建立日期 |
|---|---|---|---|---|---|
| 西藏 | 巴结自然保护区 | 林芝县 | 8.7 | 巨柏及生态环境 | 1985 |
| | 樟木口岸自然保护区 | 聂拉木县 | 6852 | 亚热带珍贵野生动物及自然景观 | 1985 |
| | 江村自然保护区 | 吉隆县 | 34060 | 珍贵树种长叶松、长叶云杉及生态系 | 1985 |
| | 岗乡自然保护区 | 波密县 | 4600 | 原始云杉(高产林)及森林生态环境和野生动植物 | 1985 |
| | 墨脱自然保护区※ | 墨脱县 | 62620 | 山地垂直森林景观及珍贵动植物 | 1985 |
| | 察隅自然保护区 | 察隅县 | 101400 | 亚热带常绿阔叶林及云南樟、润楠、含笑等 | 1985 |
| 陕西 | 太白山自然保护区※ | 太白、眉县、周至县 | 54103 | 森林生态系及自然历史遗迹 | 1965 |
| | 佛坪自然保护区※ | 佛坪县 | 35000 | 珍贵动物大熊猫及森林生态系 | 1978 |
| | 朱鹮自然保护区 | 洋县 | 5000 | 珍稀鸟类朱鹮 | 1983 |
| | 杜松自然保护区 | 府谷县 | 6354 | 杜松林生态系 | 1961 |
| | 臭柏自然保护区 | 神木县 | 7666 | 臭柏林生态系 | 1976 |
| 甘肃 | 白水江自然保护区※ | 文县、武都县 | 95292 | 大熊猫等珍稀动物及森林生态系 | 1978 |
| | 莲花山自然保护区 | 临潭、康乐县 | 6855 | 森林生态系 | 1982 |
| | 盐池湾自然保护区 | 肃北蒙古族自治县 | 424800 | 白唇鹿等珍稀动物及高寒地带生态系 | 1982 |
| | 大苏干湖自然保护区 | 阿克塞哈萨克族自治县 | 3500 | 鸟类及其栖息环境 | 1982 |
| | 小苏干湖自然保护区 | 阿克塞哈萨克族自治县 | 850 | 鸟类及其栖息环境 | 1982 |
| | 安南坝自然保护区 | 阿克塞哈萨克族自治县 | 390000 | 野骆驼及其生境 | 1982 |
| | 干海子自然保护区 | 玉门市 | 300 | 鸟类及其栖息环境 | 1982 |
| | 东大山自然保护区 | 张掖市 | 4921 | 青海云杉及其生境 | 1980 |
| | 寿鹿山自然保护区 | 景泰县 | 11060 | 青海云杉及其生境 | 1980 |
| | 昌岭山自然保护区 | 古浪县 | 3670 | 青海云杉及其生境 | 1980 |
| | 连古城自然保护区 | 民勤县 | 14000 | 沙生植物群落 | 1982 |
| | 尕海自然保护区 | 碌曲县 | 3500 | 鸟类及其栖息环境 | 1982 |
| | 郭扎沟自然保护区 | 卓尼县 | 2509 | 紫果云杉及其生境 | 1982 |
| | 头二三滩自然保护区 | 徽县，两当县 | 31937 | 羚牛等珍稀动物及森林生态系 | 1982 |
| | 麦草沟自然保护区 | 天水市 | 3567 | 青冈次生林及其生境 | 1982 |
| | 黑河自然保护区 | 两当县 | 4200 | 红桦林生态系 | 1982 |
| | 崆峒山自然保护区 | 平凉市 | 1089 | 森林生态系及名胜古迹 | 1982 |
| | 兴隆山自然保护区 | 榆中县 | 2219 | 、老云杉林及自然生态系统 | 1982 |
| 青海 | 鸟岛自然保护区 | 刚察县 | 53550 | 斑头雁等野生水禽及其栖息繁殖地 | 1975 |
| | 孟达自然保护区 | 循化撒拉族自治县 | 9544 | 森林生态系及珍贵树种 | 1980 |
| | 隆宝自然保护区※ | 玉树县 | 10000 | 黑颈鹤等珍禽及栖息环境 | 1984 |
| 宁夏 | 贺兰山自然保护区 | 石咀山、银川市，平罗、贺兰、永宁县 | 61000 | 干旱区森林生态系及珍贵动植物青海云杉、蓝马鸡等 | 1982 |
| | 六盘山自然保护区 | 固原、隆德、西吉海原、泾源县 | 7000 | 高原温带阔叶林、落叶阔叶林及珍稀动物金钱豹等 | 1982 |
| | 罗山自然保护区 | 同心县 | 8900 | 温带针叶林生态系 | 1982 |
| | 云雾山自然保护区 | 固原县 | 1300 | 高原干旱草原生态系 | 1982 |
| | 沙坡头自然保护区 | 中卫县 | 12000 | 干旱沙漠植被 | 1983 |
| | 青铜峡自然保护区 | 青铜峡市 | 3333 | 天鹅等水禽及栖息环境 | 1984 |

（续）

| 地区 | 自然保护区名称 | 位置 | 面积（公顷） | 主要保护对象 | 建立日期 |
|---|---|---|---|---|---|
| 新疆 | 哈纳斯自然保护区※ | 布尔津县 | 250000 | 寒温带针阔混交林生态系 | 1980 |
| | 天池自然保护区 | 阜康县 | 38069 | 森林生态系及野生动植物种 | 1980 |
| | 布尔根河自然保护区 | 青河县 | 5000 | 河狸及其栖息环境 | 1980 |
| | 巴音布鲁克自然保护区※ | 和静县 | 100000 | 天鹅等珍稀水禽及其生境 | 1980 |
| | 托木尔峰自然保护区 | 温宿县 | 100000 | 冰川及下部森林、野生动物 | 1980 |
| | 卡拉麦里山自然保护区 | 昌吉回族自治州、阿勒泰地区 | 1700000 | 以野驴为主的有蹄类野生动物 | 1982 |
| | 塔里木自然保护区 | 尉犁、轮台县 | 387900 | 胡杨、灰杨林及其生境 | 1983 |
| | 雪岭云杉自然保护区 | 巩留县 | 28000 | 雪岭云杉及其生境 | 1983 |
| | 小叶白蜡自然保护区 | 伊宁县 | 400 | 小叶白蜡林、杨树林及其生境 | 1983 |
| | 甘家湖自然保护区 | 乌苏县 | 104000 | 梭梭林及其生境 | 1983 |
| | 霍城自然保护区 | 霍城县 | 35000 | 四爪陆龟及其生境 | 1983 |
| | 塔什库尔干自然保护区 | 喀什地区 | 1500000 | 高寒荒漠野生动物雪豹、盘羊等 | 1984 |
| | 塔城自然保护区 | 裕民县 | 1500 | 巴旦杏及其生境 | 1980 |
| | 阿尔金山自然保护区※ | 且末、若羌县 | 4500000 | 高寒荒漠野生动物野驴、野牦牛等 | 1983 |
| | 野核桃自然保护区 | 巩留县 | 1180 | 野核桃林及其生境 | 1983 |
| | 黑蜂自然保护区 | 伊犁地区 | — | 黑蜂及其巢址 | 1980 |
| | 乌鲁木齐地质自然保护区 | 乌鲁木齐市 | 200000 | 保护侏罗纪煤盆地质构造层 | 1986 |
| | 那孜-确鹿特自然保护区 | 伊犁州 | 16400 | 草甸类草地 | 1986 |
| | 福海金塔斯自然保护区 | 阿勒泰地区 | 9767 | 草原类草地 | 1986 |
| | 奇台自然保护区 | 昌吉州 | 12333 | 荒漠、半荒漠草地 | 1986 |
| | 阿尔金山野骆驼自然保护区 | 若羌县 | 1512500 | 野骆驼及栖息环境 | 1986 |

※ 为国家级自然保护区。

（林政保护司自然保护处）

# 森林培育

**【森林培育综述】** 我国古代森林茂密，层峦叠翠。由于千百年来自然和社会的种种原因，森林不断遭到破坏，资源锐减，每况愈下。到中华人民共和国建立时，全国森林只剩下8280万公顷，仅占国土面积的8.6%。森林的贫乏和分布不均，给国计民生带来一系列后患：水土大量流失，自然灾害频繁，木材和林产品短缺，严重地影响着国家计划经济，破坏山区生产结构，影响国土保安和国土整治。

建国37年来，党和政府根据各个阶段国民经济的发展需要，及时提出一系列有助于调动群众，特别是广大农民造林营林积极性的方针、指示、决定；推行相应的管理体制；采取必要的经济扶持措施；总结交流各地的先进经验；引进国外能为我所用的先进技术和优良树种；坚持造管结合，封育结合，长短结合；实行国家、集体、个人一起上的方针，广泛、深入宣传“绿化祖国”和“实现大地园林化”的宏伟目标，我国造林、营林事业取得了巨大的成就。据“五五”全国森林资源清查，1950～1981年，全国新造人工林保存面积为2781万公顷，加上封山育林的成果，到1981年，全国有林地面积为11527万公顷，森林覆盖率上升到12%。“六五”期间，在造林绿化上普遍实行乔、灌、草、花相结合，用材林与经济林相结合，人工造林、飞播造林、封山育林相结合的措施，加速了造林绿化的进程，多数地区的造林质量也有了提高。

**方针与重点** 建国初期，全国林业生产的总方针是“普遍护林，重点造林，合理采伐和合理利用”，1950年政务院《关于全国林业工作指示》还强调“大量采种育苗，以备来年造林之用”。当时确定的全国造林重点是：在淮河、辽河、永定河及黄河上游的汾、洛、泾、渭等流域，重点营造水源林；在豫东、东北西部、西北的三边、榆林等地营造防沙林。据统计，1949～1952年以防护林的营造面积为大，共完成1334万亩，占同期全国各林种造林总面积的52%。

随着国家经济建设事业的发展，木材供应不足的矛盾开始出现。为此，林业部根据1953年政务院《关于发动群众开展造林、育林、护林工作的指示》精神，在下达《1954年全国林业工作重点》中，提出“普遍护林护山，大力造林育林，全面采伐利用木材”的方针，并强调“大力营造用材林”。从此，我国造林的战略布局，由“重点造林”开始转向全面“大力营造人工林”；造林的林种由以防护林为主，转到以用材林为主；造林重点由风沙等自然灾害多的西北华北，转到自然条件好、林木生长快，能较快地建成国家后备森林资源的南方13个省(区)。1955年，全国造林步伐加快，完成2565万亩，比上一年增长46.5%，其中用材林完成1420万亩，占55%。以后各个年度用材林的扩种面积一直遥遥领先，最高年达75.5%(1974)。其中南方地区建国后新造保存的人工用材林的优势林分面积占全国的66.7%，而且60年代前期和以前营造的杉、松、檫、桉等用材林，已采伐更新一两次，为国家提供了木材。

经济林的造林育林在50年代均呈现一派欣欣向荣的气象。1950年，林垦部发布的《关于春季造林的指示》，要求各地大力培植“油桐、樟、茶、漆、乌桕、核桃、栗、梨、杏、花椒、枣等特用树种”。从1956年中共中央提出《一九五六到一九六七年全国农业发展纲要草案》开始到70年代末的二十多年时间里，经济林的造林面积仅次于用材林，并有4年的比重超过30%，其中1958、1959这两年分别达到37.6%和37.3%。而且50年代中后期，核桃、茶油、桐油、柏油等几种主要经济林产品的产量，还创历史最好水平。但以后很长一段时间，生产长期徘徊，产量升少降多。党的十一届三中全会后，生产出现新的转机，多数品种的产量刷新了历史纪录。近两年，一些林果产区在“认真贯彻普遍护林，大力造林，采育结合，以育为主，综合开发，多种经营”的方针指导下，大搞名优特稀经济林产品基地建设，大抓常规技术的推广应用，生产面貌有了较大的改观。

薪炭林在80年代以前造林面积很少，每年只一二百万亩，近几年发展进度加快，每年新造面积都在800万亩以上，增长四五倍，而且有继续上升的趋势。1985年，林业部安排21个省(区、市)的43个县，进行薪炭林试点示范；1986年，有关薪炭林的科研正式列入国家“七五”科技攻关项目。

**组织队伍及形式** 主要有4种类型：

①国营林场造林。国营林场是我国绿化边远大面积荒山、培育具有一定规模后备森林资源的林业生产经营性的事业单位，又发挥着示范群众、指导群众开展造林、营林活动的作用。50年代后期，全国国营林场事业在1958年中共中央、国务院《关于在全国大规模造林的指示》精神的指导下，蓬勃发展。两年间，林场由1957年的419处，猛增到3959处。全国现有国营林场4171处。其中经营面积在10万亩以上的大型林场1521处，占36.46%，最大的甘肃省小陇山林场，经营面积1200万亩。国营机械化造林林场由无到有，由小到大。1953年，吉林省通榆县建起第一个机械化造林站，1955年改为机械化林场。目前，各省(区)已建立国营机械化林场110处。更多的国营林场、苗圃在部分工序上采用机械作业，加快了造林进度。37年来，国营林场造林包括飞播，年均完成804万亩，80%以上为用材林，现有森林面积占全国森林面积的1/5，蓄积量为16.3亿立方米，占全国森林蓄积的15.9%。

②农民集体和个人造林。1981年以前的32年间，群众造林面积占81.1%，群众育苗占90%。1981年3月中共中央、国务院发布《关于保护森林发展林业若干问题的决定》和一系列重要指示后，各级林业部门都把调整、改革林业经济体制放在首位，全面开展了以稳定林权、划定自留山、确定责任制为内容的林业“三定”工作，全国有1781个县，475万个村完成了林业“三定”，分别占应进行“三定”的县、村的77.5%和82%。已给全国5700多万农户划分自留山4.7亿多亩，承包责任山6亿多亩，占全国宜林荒山、荒滩、荒坡面积的90%以上，并定权发证，安定人心。目前，林业专业户、重点户和各种联合体的造林比例已由1981年的6.7%上升到50%以上。乡村合作林场(原社队林场)仍然是农村集体造林的一种主要组织形式，林场个数有所增加，经营活力增强。家庭林场和小林园、小果园、小茶园正在各地崛起。最近四五年间，全国集体和个人的造林的比例都在90%上下，其中1984年占91.6%，1985年占90.9%。1985年，个人造林面积占全部造林总面积的57.12%，内蒙古、四川、陕西、黑龙江和广西等省、自治区个人造林的面积都在400万亩以上，还涌现出一批年造林、治理小流域百亩、千亩的造林大户。

③国营森林工业企业部门平均每年迹地更新造林作业面积三四百万亩。近年，更新速度加快，1985年完成552万亩，其中黑龙江206万亩。伊春林区更新造林速度由50年代年均造林11.5万亩，到1985年达到了92万亩。

④全民义务植树。为了加速实现绿化祖国的宏伟目标，全国五届人大四次会议根据邓小平的提议，于1981年12月通过了《关于全民义务植树运动的决议》，这项决议得到了广大群众的积极拥护，是绿化祖国的伟大创举。每年全国有2亿多人履行这一义务，植树10亿多株。城市园林绿地面积比开展义务植树前增加近一半。农村不少村庄建了许多公益的绿化点，有的还建立了乡镇公园。部门系统的绿化有了很大发展。人民解放军走在义务植树运动的前列，5年内营区植树1.1亿株，成片造林67万亩，植草坪3000万平方米，还支援地方植树1.5亿株。群众性的义务植树运动正在深入扎实地展开。

**重点工程**

①平原农区林业建设。我国平原地区历来是国家的“粮仓”、“粮库”，人多地少，寸地寸金。由于“山上种树，平原种粮”这一老传统的束缚和人们对“栽树胁地”缺乏分析，认识上存在一定的主观、片面，所以长期以来，平原农区特别是对广阔的农田被视为林业的“禁区”。因此，整个平原地区林木稀少，木材靠统配，给国家和交通运输造成很大的压力，而且农田增产也失去保障。

50年代初期，东北和中原一些平原的农户开始小范围的林带建设，而作为一种产业进入大农业结构，大面积推行农林间作和农田林网，突破县甚至一个地区的界限，形成千万亩相连，网、带、片、点相结合的农田林网的格局，则是在党的十一届三中全会以后，其中华北中原8省、市的平原农区林业建设工作尤为突出，历年来已经建设农田林网的耕地面积达1.6亿亩，占这个地区耕地总面积的45.7%，农林间作面积4765万亩，占适宜间作面积的57.7%，占总面积的45.7%，成片造林面积达3277万亩，其中小片丰产林285万亩，“四旁”植树49亿株。森林覆盖率由建国初期的2％左右提高到10.7%。豫东、徐淮、皖北、鲁西南、汾河平原等广大地区，已分别形成由几个县到几十个县连成的平原林业体系，被称为“农区的林区”。平原绿化事业的推进，不仅改善了平原农区的生态环境，减少干热风的危害，保障农作物增产，也部分解决了“四料”俱缺的困境。一些开展平原绿化工作较早的县，如河南的民权、安徽的亳县、山东的冠县，年产木材都不下5万立方米，变木材调进为调出。现在淮北平原的木材产量比皖南老林区多。

②“三北”防护林建设。我国西北、华北北部、东北西部有1.37亿公顷的沙漠、戈壁，风起沙扬，压地填井，严重地威胁着200多个县的1000多万公顷农田和600多万公顷牧场。为了保障农牧业生产，中共中央、国务院于1978年决定在“三北”地区建立防护林体系。林业部门根据因害设防，因地制宜的原则，统一规划，合理布局，实行农林牧相结合；林带、林网、片林营造相结合；乔、灌、草相结合，造管并举。工程浩大而艰巨，被誉为“绿色万里长城”。第一期工程从1978年到1985年，集资17.1亿

多元，投入劳力7亿多个工日，完成人工造林保存面积605.5万公顷，超过计划2%，加上飞播造林、“四旁”植树和封山、封沙育林的成果，成绩更为可观，林木覆盖率已由过去的4%提高到5.9%。有800万公顷农田和117万公顷牧场得到不同程度地保护，不但防止了沙化面积的扩大，而且进入了全面改造和利用沙漠的新阶段。在控制有名的害河永定河等7条流域的水土流失方面，也取得了新的进展，控制面积超过30%。

“三北”防护林建设的第二期工程从1986年开始，由12省(区、市)的396个县(旗)扩大为13省(区、市)的512个县(旗)，治理面积由347万平方公里增加到400万平方公里，预计10年左右完成。

③封山育林。据“五五”森林资源清查，全国现有幼龄林面积3345万公顷中，除去923万公顷人工经营外，其余2425万公顷是封山育林和天然更新的结果。

**体制改革** 在全国经济体制改革逐步深入开展的影响与推动下，各地和各级林业部门都抓住时机，除贯彻、推行各种形式的林业生产责任制外，着重针对群众造林资金少、使用又不当和国营林场经营单一等弊端进行改革，初见成效。

①改依靠国家投资造林为多渠道集资，分别实行“以工补林”，“以林养林”，“以副补林”。湖南省龙山县从1982年起，通过各种渠道，每年筹集营林资金80万元左右，相当于国家年投资20万元的4倍，年造林六七万亩，绿化进度大大加快。

②改无偿投资为有偿投资，贴息还本或低息贷款，实行合同制，谁造林、谁贷款，权、责、利明确。

③开展工程造林。由国家投资补贴，坚持实行目标管理。从1980年开始，林业部在20个省(区)和4个计划单列市的118个县113个国营林场进行合资营造丰产林的试点工作，到1986年底，已投资8400万元，营造丰产林160万亩，竹林垦复11万亩。一些省(区)也自筹资金，重点投放，按工程项目进行管理。丰产林主要为桉树、湿地松、欧美杨、杉、楸等用材树。广东省阳江县近4年来，营造的窿缘桉、木荷、大叶相思、湿地松等速生丰产林27万亩，成活率和保存率均达到94%以上。湿地松每株每年高生长1米，径生长1厘米，与粗放造林相比，经济效益大大提高。

④对国营林场、苗圃松绑放权，培植经营活力。允许自主安排计划，使用资金，处理产品，合理分配，招聘人才，内引外联，放开搞活。目前，很多国营林场、苗圃都程度不同地发生了明显的变化。即由封闭式的生产型转变为开放式的生产经营型；由单一的林业生产结构转变为以林为主，多种经营，跨行业经营的综合经济结构；由单纯依靠国家投资的“输血型”事业单位转变为积极增强自我发展能力的“造血型”事业性生产经营单位。例如，浙江省建德林场发展围坝养鱼、网箱养鱼，办起了机械化养鸡场、家具厂、沙发厂，建立了笋山、茶园，兴建精制茶厂。产品不断由粗加工变成精加工，实现了产、供、销一条龙。7年来，累计收入达184.5万元，为前29年的3.8倍。几年来，自筹资金造林，培育丰产林超万亩，抚育中幼林2万亩，建设林区公路10公里，建房1万多平方米。森林蓄积量由1978年的9.2万立方米猛增到28.7万立方米。职工的生活水平也有了提高。全场有156户职工搬进了新楼房，职工人均收入由1978年的473元增至1985年的1244元，增长了1.6倍。

为了尽快增强国营林场“以短养长”的活力，1986年1月24日，林业部、国家计委、财政部、国家物价局联合发出通知，规定“国营林场在抚育期间的收入不上缴地方财政，用于以林养林”，“事业性的国营林场，其林业生产项目和林场举办的多种经营、综合利用项目所得利润，暂不征所得税。”这些规定对国营林场的开放搞活，将起到积极作用。

**存在问题** 当前，我国造林、育林事业中突出的问题是：①林业生产多数处于粗放经营阶段。造林质量不高，面积不实，中幼林抚育跟不上，尤其是飞播林的抚育欠账多，生长量不高。②保护管理设施差，水平低。③林种结构不合理，防护林比例太小。人工林中纯林比例偏高，导致病虫害增加。④良种繁育工作差，良种生产数量少，远远满足不了造林用种需要。⑤科技力量薄弱，技术水平差。经济林木的经营管理水平差，广种薄收，靠天吃饭的局面没有大的改观，单产低、产值低，难以形成山区脱贫致富的经济支柱。 (屈树业 谢源孝)

## 林木种子生产

**【综 述】** 我国林木种子生产事业包括4个方面：①组织群众在现有林木中采集种子，作为农产品出售，用于育苗造林；②建立种子生产基地(包括良种基地、采种基地)，有计划地组织生产种子；③有计划地组织国内外优良树种的引种、驯化和推广；④种子进出口。目前，全国每年生产种子约4000万公斤，用于造林绿化事业。

**发展沿革** 20世纪50年代初，主要是发动群众自己采种、自己育苗、自己造林。随着农村社会主义改造完成，林业部在1956年7月召开了第一次全国林木种子工作会议，提出“自用自采积极支援缺种地区”的方针和建立种子基地等一系列种子生产经营措施。此后，直到60年代初，各地相继开展了种源调查、种子基地规划、种子检验，采取合理解决采种报酬、议购议销、奖售等经济政策，发展种子生产，国家有计划地收购种子，调剂余缺。到1965年，林业部成立了林木种子公司，大部分省、自治区相继成立种子(苗)机构；制定了保护种源、种子检验、调拨等制度，种子经营事业逐步发展。全国林木种子年采收量已达2500余万公斤，种子质量大大提高，基本满足造林需要。此外，从1964年起，科研部门与生产单位协作，开始进行松、杉等树种的优树选择和建立种子园试点。

“文化大革命”中，林木种子的经营管理很多地方陷于停顿。党的十一届三中全会之后，林木种子生产事业迅速恢复和发展。

1978年11月，国家林业总局召开了林木种子工作会议。根据林木种子生产开始转向全面经营及繁育良种的发展趋势，并针对种子质量低、数量不足，影响造林质量问题，会议研究了《林木种子发展规划》，提出了“实现林木种子生产专业化、质量标准化、造林良种化”的目标，强调要恢复、健全各级林木种子机构，加强经营管理，建设一批种子生产基地，建立良种繁育体系。1979年，国务院批准林业部恢复组建中国林木种子公司，各地相继恢复了种子(苗)机构。同年，国家将林木种子生产建设纳入基本建设计划，实行专项投资。大规模的林木种子生产建设自此开始。1980年，中共中央、国务院《关于大力开展植树造林的指示》和1981年中共中央、国务院《关于保护森林发展林业若干问题的决定》等文件中指出：要“建立布局合理的种子生产基地，努力实现林木种子生产专业化、质量标准化、造林良种化”，“建立林木种子公司和种子管理制度”。根据文件精神，林业部先后在1982、1983年召开了林木种子会议，制定了《全国林木种子生产基地建设规划》和《依靠技术进步发展林木种子生产的意见》，调整了种子生产基地布局和生产任务；进一步明确了到本世纪末林木种子生产发展方向，实现专业化、标准化、良种化的步骤和有关技术政策；提出了加强种子经营，狠抓基地质量，提高经济效益的措施。1981年，经国务院批准，中国林木种子公司扩大了国内外引种及种苗进出口业务。各地的林木种子生产经营进一步加强，我国林木种子事业在健康发展。

**机构人员和投资** 到1985年，全国31个省、自治区、直辖市和计划单列市设立了林木种子(苗)公司(站)，212个地(市)、750个县建立了林木种子(苗)专业机构。全国林木种子经营管理及良种繁育的职工、科技人员3600余人。“六五”期间，林木种子生产基地建设国家每年投资800万元左右。各地对种子基地的投资逐步增加。据不完全统计，1985年全国25个省、自治区、直辖市及基层单位投入资金1230余万元。

**林木种子生产基地** 到“六五”末期，已建主要树种的良种基地(包括母树林、种子园、采穗圃)4.5万余公顷，其中重点基地200余处，良种基地网在全国已初步形成。良种基地大多设在国营林场内，也有一部分单独设立，实行科研与生产相结合，按1981年林业部颁发的《林木选择育种技术要领》进行设计施工和经营管理。1986年，已具备生产良种约75万公斤、穗条约4700万根的能力。良种的增产效益显著。自1983年，对油松、柠条、马尾松等种子用量大的树种，由国家扶持，在种源好的种子集中产区，陆续建立了一批采种基地，加强了经营管理，有计划地组织采收、调剂，基本上满足了人工、飞播造林用种需要。1986年又决定在杉木优良种源区建4处采种基地，供应营造丰产林用种。近年来，各地正积极发展本地区的基地。四川省过去造林用种子，大量靠外省调入，近年建立15个树种的采种基地，采种量占总用种量的61%，主要树种种子基本自给。

**经营管理** 为适应农村经济体制改革的新形势，各地在对林木种子放开搞活的同时，加强经营管理，修订种子经营管理办法，发展专业户采种，林业部门签订合同预购；加强现场检验；采取由省林木种子公司经营大批量种子调拨等措施。林业部和农牧渔业部于1986年5月成立联合小组，起草了《中华人民共和国种子法》。同年，林业部开会审定了《主要树种种子区》标准，审议了《速生丰产林基地种苗管理暂行办法》，在1987年施行。为加强种子检验工作，林业部在1983年分别在南京成立南方林木种子检验中心，在北京成立北方林木种子检验中心。1982年10月，《林木种子检验方法》标准由国家标准局发布实施。1986年，林业部审定了《林木种子》标准。全国省级种子机构及种子生产基地的检验人员和设备逐步得到充实。目前，对良种及大量调拨、贮存的种子基本经过正规检验，为全面开展种子质量管理初步奠定了基础。 (王正平)

**【采种基地】** 采种基地主要在种源较好、产种量大、群众有采种习惯的地区建立。在基地内设立林木种子专业机构，配备必要的采收、加工、检验、贮藏和运输等设施。

20世纪60年代初期，全国各地相继建立了一批落叶松、杉木、紫穗槐等树种的采种基地。党的十一届三中全会以后，各地结合种源调查，陆续开展采种基地规划，1982年8月26日林业部正式审定通过《全国林木种子生产基地建设规划》，将采种基地纳入国家建设项目。近几年，一些省、自治区在红松、樟子松、落叶松、油松、马尾松、杉木、柠条等树种的主要产种区，建立了一批采种基地。同时，对建立珍稀树种采种基地也给予重视。实践证明，采种基地的建立，促进了种子生产。过去，柠条种子连年不足，经过努力，到1985年已全部满足造林绿化的需要。四川省建立包括15个树种的采种基地46处，年产种子可达75万公斤；种子质量也有明显提高，如马尾松种子1986年平均种子发芽率较过去提高10～20%，柳杉种子发芽率比省外调进的平均高1倍。

为解决飞播造林用种不足的问题，到1986年底，林业部与12个省、自治区合建18处油松、马尾松采种基地，面积约127万公顷，年平均产种量油松约170万公斤，马尾松约90万公斤，分别占该树种年种子总产量的70%和50%。近两年，这两个树种的种子基本上满足供应，种子质量也有显著提高，油松种子且略有贮备。

1986年，林业部为解决营造杉木速生丰产林良种不足问题，决定在福建、广西、贵州、湖北等省、自治区的杉木优良种源区，由部、省(区)合建4处采种基地，规划年产良种9万公斤。 （黄大康）

**【母树林】** 我国从20世纪50年代开始营建母树林，但一直发展缓慢。1979年以来，母树林建设正式纳入良种基地建设计划，到1986年，已建立各种类型、不同树种的母树林3万多公顷，产种能力已达到45万多公斤。内蒙古自治区华北落叶松育苗造林已全部使用母树林的种子；东北林区的红松母树林，华北地区的油松母树林，西南地区的云南松、华山松母树林都已大量产种。据河北、辽宁等省对油松、华北落叶松母树林后代进行初步测定，其遗传增益一般达到3～5%，发芽率比一般种子提高10%以上。

1986年，各地开展了以提高母树林产量为中心的经营管理，通过科研与生产的密切协作，总结出选好优良林分、修鱼鳞坑(梯田)保水、多次疏伐、适当修枝、通风透光、适时松土施肥、防治病虫害等促进高产稳产的技术措施。为加强对大面积的母树林经营管理工作，内蒙古自治区、黑龙江省等国有林区制定了母树林经营管理办法，开展了母树林资源普查，建立了档案，颁发了母树林证书。并有计划地对母树林进行疏伐改造。云南省的云南松、华山松母树林经多次疏伐改造，产量逐步提高，目前年产种子7.5公斤/公顷。 （管长岭）

**【种子园建设】** 1964年6月，中国林学会召开了林木良种选育学术会议，提出各省林业科学研究机构、各国营林场要开展良种选育工作。从此，我国有关科研单位开始了杉木、油松、马尾松、油茶、落叶松等树种选优建立种子园的科学研究。到1965年，福建、湖南、黑龙江等省已建立了试验性的初级种子园200多亩。全国进行大规模的林木种子园建设始于1978年，到1986年底，已建立了杉木、油松、落叶松、马尾松、湿地松、红松、樟子松、油茶等40多个树种的种子园，面积达9000多公顷。1986年，产种量约30万公斤(包括大粒种子)，可以满足20余万公顷造林用种需要。其中，发展较快的福建、浙江、江西、湖南等省杉木种子园生产的良种基本上可以满足国家安排的速生丰产用材林基地造林需要；湿地松种子园生产的种子已能满足全国造林用种的30%。

为保证重点，加强种子园科学管理，提高经济效益，从1981年起采取国家与地方共同投资联合建设的办法，收到了良好的效果。到1986年底，中国林木种子公司已与25个省、自治区、计划单列市林业厅(局)联合建设了杉木、马尾松、湿地松、油松、樟子松、落叶松等树种种子园131处，面积达5600公顷。1986年，产种8.4万公斤，发挥了带头和示范作用，有些已开始形成良种繁育中心。在技术上，我国的林木种子园是按照林业部1981年颁发的《林木选择育种技术要领》进行建设，用精选的优树(优良无性系)接穗在园内进行嫁接种植，采取集约经营的各项措施如作好梯田保水、及时松土除草、合理施肥、人工辅助授粉等，使母树早结实，并使种子高产稳产。近年来，各地种子园不断出现高产稳产典型，如江西省信丰县林木良种场杉木种子园连续几年产量稳定在75公斤/公顷以上；浙江省临安县横板乡杉木种子园高产达150公斤/公顷；广东省台山县红岭湿地松种子园产量稳定在110公斤/公顷的水平。为进一步提高杉木改良的水平，1986年在湖北、湖南、江西等地开始建立第一代生产性种子园14.6公顷，预计建成后生产的种子其遗传增益为20%左右。 （管长岭）

**【建立良种测定林和示范林】**

**良种测定林** 用优良无性系种子园(或优树)、母树林生产的种子进行科学设计，小面积施工造林，以比较鉴定其增产效益，不断选优去劣，是林木良种繁育的一个重要环节。同时也是宣传、推广良种的一种好方式。测定林树种在分布区内适当布点，为便于管理，一般设在林木良种基地内。到1986年底，全国共建立了各种类型的测定林2900多公顷，其中杉木良种测定林的测试结果已用于生产。测定表明：杉木初级种子园所产种子增产效益在10～15%。福建、浙江、江西、湖南等省通过测定林已选出一批优良无性系，最高增产效益达50%。利用这些优良无性系已开始建立第一代生产性的种子园。到1986年，已建立了60多公顷双亲本子代测定林，为建立更高一级的种子园及用优良无性系繁殖造林打下了基础。河南、山东省对211个刺槐、白榆初选无性系建立了8片测定林，到1986年选出具有速生、干直、材积增产40%以上的优良无性系16个，1985年已通过部级鉴定在生产上推广（表1）。其他树种，如杨树、泡桐、楸树等用材树种在一些省内经过建立测定林，选出了一定数量的优良无性系以及优良类型。有的已在局部推广，如小黑杨，豫杂1号泡桐，意大利63、69、72号杨树，抱头毛白杨，截叶毛白杨，金丝楸，长果楸等等。经济树种油桐、乌桕、核桃等通过建立测定林也选出了一批优良品种，如浙江林学院选出的油桐浙林选3号、5号、8号、2号、10号等，其增产效益达70%左右。

**良种示范林** 使用良种或优良无性系在群众易于见到的地段，采取带状或块状对比的方式成片营造示范林，表明良种增产的潜力是林木良种推广的一个重要做法。近年来，不少省、自治区为了加速林木良种的推广工作，都重视了良种示范林的营建工作。通过示范林的实际效果，使广大群众对林木良种有所认识。福建省在尤溪、邵武等地营造了180公顷杉木良种示范林后，当地群众看到了良种造林的增产效果，积极使用良种造林，杉木良种得到迅速推广，到1985年这两个县杉木造林已全部实现良种化。河南省为更快地推广毛白杨优良无性系，1986年在禹县、南乐县各建立了600多公顷的毛白杨示范林。江西、浙江、山东、辽宁等省在建立良种示范林的基础上规划1990年内建设30个良种化示范县。

表1 1985年经林业部鉴定推广的优良无性系

| 树种 | 系号 | 平均增益(%) | 研究单位 | 备注 |
|---|---|---|---|---|
| 白榆 | 8045 | 23.0 | 河南省林业科学研究所等 | |
| | 8033 | 30.5 | 河南省林业科学研究所等 | |
| | 8023 | 31.8 | 河南省林业科学研究所等 | |
| | 8019 | 32.3 | 河南省林业科学研究所等 | |
| | 8001 | 36.0 | 河南省林业科学研究所等 | |
| | 8025 | 43.6 | 河南省林业科学研究所等 | |
| | 8024 | 66.4 | 河南省林业科学研究所等 | |
| | 8015 | 70.0 | 河南省林业科学研究所等 | |
| 刺槐 | 鲁刺75102 | 40以上 | 山东省林业科学研究所等 | |
| | 鲁刺73042 | 40以上 | 山东省林业科学研究所等 | |
| | 鲁刺73007 | 40以上 | 山东省林业科学研究所等 | |
| | 鲁刺73068 | 40以上 | 山东省林业科学研究所等 | |
| | 鲁刺75078 | 40以上 | 山东省林业科学研究所等 | |
| | 鲁刺74059 | 50以上 | 山东省林业科学研究所等 | |
| | 鲁刺73010 | 50以上 | 山东省林业科学研究所等 | |
| | 鲁刺73001 | 50以上 | 山东省林业科学研究所等 | |
| 白花泡桐 | C 001 | 30以上 | 中国林业科学研究院林业研究所等 | 对照为兰考桐、川泡桐 |
| 毛泡桐 | C 161 | 抗丛枝病 | 中国林业科学研究院林业研究所等 | |

（管长岭）

**【林木引种驯化】** 我国林木引种驯化历史悠久。有的国外树种早已成为我国乡土化树种，如诃子（藏青果）、石榴、菩提树、油橄榄、三球悬铃木等在我国都有上千年历史。19世纪中叶以后，由于近代交通的发达，引入我国的外来树种种类开始大量增加（表2）。到1985年底，从外国引入我国种植成功的主要树木已有82科280属622种。1949年以前，外来树种多为零星种植，或偶见于庭园，或栽于植物园。建国后，林木引种驯化工作开始大规模进行。

**国外林木良种推广**

①用材林树种。如桉树，全国各地先后曾引种过300多种，育苗造林的211种，成功地选用于生产的有窿缘桉、柠檬桉、大叶桉、赤桉、蓝桉等十几种。通过驯化培育措施，使桉树在我国的栽植范围从北纬23°以南向北扩展到北纬33°，人工造林面积跃居世界前列，达到47万公顷。杨属引种选育的无性系达3000多个，大大丰富了我国杨属的树种资源。我国平原农区推广了一大批杨树优良品系，成

为营造速生丰产林的主要树种。我国杨树人工林达到330多万公顷。松属引种约41种，比较成功的有22种，其中东北地区有7种，华北地区5种，亚热带地区12种，南亚热带、热带地区9种，云贵高原1种。在亚热带低山丘陵区大面积推广种植的有湿地松、火炬松，人工林面积分别达到41万公顷、10万公顷；在华东地区沿海沙滩、岛屿及低山丘陵区有日本黑松，仅浙江省人工林面积就有4万公顷。其他如池杉、落羽杉，建国前我国仅有200多株，现已遍布长江中下游平原、珠江三角洲，是低湿地造林及河湖堤岸绿化的主要树种。日本落叶松在东北地区中南部和山东省于20世纪50、60年代大量栽植，近几年引种范围迅速南移，河南西部、湖北西部、四川西部的人工林已达3000公顷，生长速度大大超过当地树种，被河南西部群众誉为“北方杉木”。大叶相思既是速生用材树种，又是良好薪炭林树种，60年代初引入华南各地迅速推广，仅广东省就有3.3万公顷。

此外，目前已初步鉴定了一批很有前途而有待推广的优良树种。适于南方的有加勒比松、晚松、墨西哥柏、马尖相思等；适于北方的有班克松、刚松、铅笔柏等。加勒比松在我国北纬22°以南的低山丘陵及沿海台地生长快、干型直、材性好、抗风力强、产脂量高，生产潜力很大，是营造速生丰产林的主要树种之一。铅笔柏耐寒、耐旱、抗风、耐瘠薄、生长较快，是铅笔制造业的最佳用材，可望成为北方石质山区造林的优良树种。墨西哥柏可望成为南方石灰岩山地的速生造林树种。

②特用经济林树种。如黑荆树皮是提取优质栲胶的原料，福建、江西、浙江等省都已建立起上千公顷的基地，培育材(柴)皮兼用林。油橄榄在60年代末、70年代初大量引种造林，引入品种达130个，目前全国共有500万株，主要分布在西南与长江中下游低山丘陵。经过摸索总结，确定了秦岭以南、巴山北坡、湖北西部的三峡低谷地带为最适宜引种区。

③防护林树种。木麻黄自1956年开始大规模造林以来，沿着广西沿海东上至浙江温州湾北的玉环县，漫长的海岸线及沿海岛屿，木麻黄防护林带纵横交错，绵亘数千里，形成了一道防风固沙、护岸护滩的绿色长城，人工林总面积达16万公顷，它是我国建国以后应用引种驯化成果大规模植树造林的重大成就之一。紫穗槐是良好的编织原料、优良的绿肥与饲料，建国后在我国从东北地区中部至长江流域，从华东至西北地区的东南部都有大面积栽植，用以固沙保水、固土护坡。刺槐是营造水土保持林、固沙造林、薪炭林及“四旁”绿化的优良树种，建国后发展迅速，从北纬23°～46°，东经86°～124°的广大区域内都有栽培。

④观赏树种。悬铃木常见于我国大多数城市作行道树。世界三大庭园观赏树种南洋杉、雪松、金松我国都已引种。异叶南洋杉在福州以南至南宁沿海各地主要作为城市庭园绿化树种，雪松则在华南以北，辽宁大连以南各大城市作为主要绿化树种。以斑斓多采、艳丽多姿著称的日本樱花，引入我国有

表2　我国从国外引种驯化的部分主要造林树种

| 树　种 | 原产地或引来地 | 引入时间 | 开始大量推广时间 | 主要引种地区 |
|---|---|---|---|---|
| 雪松 | 印度 | 建国前 | 70年代 | 辽南至华南以北 |
| 日本落叶松 | 日本 | 建国前 | 60年代 | 长白山区、鲁、豫、鄂、川 |
| 加勒比松 | 古巴 | 1964、1973 | 1984 | 北纬23°以南 |
| 湿地松 | 美国 | 30年代 | 70年代 | 亚热带低山、丘陵区 |
| 晚松 | 美国 | 1960 | 待推广 | 亚热带低山、丘陵区 |
| 火炬松 | 美国 | 30年代 | 1979 | 中、北亚热带，南暖温带低山、丘陵区 |
| 日本黑松 | 日本 | 建国前 | 50年代 | 辽、鲁、苏、皖、浙、闽 |
| 落羽杉 | 美国 | 建国前 | 50年代 | 长江、珠江平原湖区 |
| 池杉 | 美国 | 建国前 | 50年代 | 长江．珠江平原湖区 |
| 日本扁柏 | 日本 | 1953 | 可推广 | 长江中下游中高山区 |

（续）

| 树　　种 | 原产地<br>或<br>引来地 | 引入时间 | 开始大<br>量推广<br>时间 | 主要引种地区 |
|---|---|---|---|---|
| 日本花柏 | 日本 | 50年代 | 可推广 | 长江中下游中高山区 |
| 墨西哥柏 | 墨西哥 | 1954 | 待推广 | 长江中下游中低山区 |
| 铅笔柏 | 美国 | 50年代 | 待推广 | 华北、华东 |
| 木麻黄 | 澳大利亚 | 建国前 | 1956 | 南方沿海 |
| 意大利63、69、72杨 | 意大利 | 1972 | 1979 | 华东、华中地区、长江中下游平原 |
| 加拿大杨 | 欧洲 | 建国前 | 50年代 | 华东、华北 |
| 意大利214杨 | 意大利 | 60年代初 | 70年代 | 豫、冀、鲁、晋、辽 |
| 波兰15号杨 | 波兰 | 1959 | 70年代 | 华北、东北南部 |
| 健杨 | 比利时、波兰 | 1958、1959 | 70年代 | 华北、东北地区南部 |
| 沙兰杨 | 民主德国 | 1954 | 70年代 | 黄淮平原至沈阳以南 |
| 银桦 | 澳大利亚 | 50年代 | 60年代 | 中、南亚热带地区 |
| 美国鹅掌楸 | 美国 | 建国前 | 可推广 | 亚热带平原地区 |
| 悬铃木（3种） | 欧、美 | 建国前 | 50年代 | 北方城镇 |
| 日本樱花（16种） | 日本 | 70年代 | 70年代 | 各大城市 |
| 大叶相思 | 澳大利亚 | 1961 | 60年代末 | 中、南亚热带 |
| 马尖相思 | 澳大利亚 | 1979 | 1985 | 粤、桂 |
| 黑荆 | 澳大利亚 | 50年代 | 60、70年代 | 中、南亚热带 |
| 紫穗槐 | 美国 | 建国前 | 50年代 | 东北地区中部至长江流域 |
| 刺槐 | 美国 | 建国前 | 50年代 | 华北、东北、西北、华东 |
| 火炬树 | 美国 | 1975 | 70年代末 | 华北、西北、华东 |
| 桉属树种 | 澳大利亚 | 多为建国后 | 60年代 | 华南沿海、华东南部、西南 |
| 油橄榄 | 欧洲 | 建国前 | 1964 | 西南、长江中下游低山 |
| 柚木 | 印度、缅甸 | 建国前 | 70年代 | 滇、粤、桂、闽 |

16种之多，很多大城市都已有栽培。

**国内树种引种驯化**　被称为活化石的水杉，从四川、湖北交界的山地走向江南平原河网地区，60年代以后发展迅速，江苏、浙江、湖北、安徽都超过1亿株。原仅分布在大兴安岭北坡、呼伦贝尔草原的樟子松已成为“三北”防护林的造林树种之一，在“三北”地区年降雨量400毫米左右的沙地上，种植面积达3万公顷。沙漠地区使用梭梭、花棒、毛条、沙拐枣、沙地柏等大量造林固沙，仅甘肃河西沙区就栽植了梭梭1万多公顷。热带、南亚热带地区选出了多种珍贵阔叶树，为大面积营造针阔混交林提供了优良树种。广西近几年推广应用红木荷、火力楠、米老排、蚬木、格木、红锥等造林2.3万多公顷，福建营造建柏、格氏栲、樟树等珍贵树种人工林3000多公顷。此外，秃杉、藏柏、珙桐等珍贵稀有树种的驯化利用也都取得了新的进展。

**引种繁育**　为了提高引种驯化的增产效益，在开展引种工作中把引种试验与种源试验紧密结合起来，对一些主要引进树种进行了种源试验，这样就增加了引种成功的机会，并做到在适地适树的前提下引入最佳种源，取得最好的效果。同时，对一些引进树种开展了选优、杂交育种等林木改良工作，选育出中山柏、雷林1号桉、柳隆桉、杂交马褂木等一批优良品种供生产上推广应用。为解决引进树种的生产用种，结合我国的自然条件，建立了引进树种的种子（穗条）生产基地。目前，桉属、木麻黄、大叶相思、黑松、池杉、落羽杉等树种的造林用种已自给有余，外来杨树优良品种的繁殖圃遍布全国各地，马尖相思、黑荆等种子基本自给，用种量最大的湿地松年产种子1万多公斤，自给率达到50%，火炬松、加勒比松、铅笔柏等种子生产基地也已初具规模。　（游应添）

**【林木种子采收】** 我国平均每年种子采收量约4000万公斤，主要是群众在天然林和人工林内采集。近几年，林木良种基地内的种子园、母树林已开始生产种子，到1986年，良种采收量约75万公斤。1979～1985年，我国主要树种平均采收量见（表3）。

1952年，林业部颁布了《采种技术规程》，对采种区，种子结实预测方法，种子采集、加工、贮藏、调运等技术要求做了规定。70年代前，林木种子采收办法是组织农民在指定的国有林地或集体林内采种，由农村的集体单位将种子统一交售林业部门或供销部门。党的十一届三中全会以后，随着农村农业生产责任制的建立和林木种子经营放开，为了保护母树，防止个人抢采掠青，提高种子的产量和质量，多数采种基地由林业主管部门和基地经营管理者划定采种责任区组织农民群众采种。同时，也制定一些有利于采种的乡规民约。在集体林内采种，群众自采自售，有的地方出现了经营种子的专业户。

表3 我国主要树种1979～1985年年均采收量

单位：万公斤

| 树种 | 采收量 | 树种 | 采收量 |
|---|---|---|---|
| 总计 | 2395 | | |
| 油松 | 260 | 刺槐 | 227 |
| 马尾松 | 185 | 白榆 | 70 |
| 红松 | 175 | 栎类 | 140 |
| 杉木 | 105 | 苦楝、川楝 | 50 |
| 华北落叶松 | 20 | 油桐 | 130 |
| 长白落叶松 | 7 | 油茶 | 153 |
| 兴安落叶松 | 5 | 核桃 | 70 |
| 侧柏 | 80 | 柠条 | 210 |
| 樟子松 | 2 | 紫穗槐 | 140 |
| 云南松 | 125 | 酸刺 | 25 |
| 华山松 | 173 | 花棒、踏郎 | 3 |
| 柏木 | 40 | | |

长期以来，采种现场管理不严，种子采收技术落后，抢采掠青，见种就收的现象普遍存在，导致有的林木种子的遗传品质下降。近两年来，种子的采收管理有一定加强。《中华人民共和国种子法》（送审稿）已初步完成。（周建铭）

**【林木种实加工、贮藏】** 目前，我国林木种实的加工处理几乎全是简单手工或小农具作业，种实加工机具研制推广起步晚。1981年，从美国引进一套针叶树球果烘干、脱粒及清选设备，用于樟子松种实加工。东北林学院研制的IHTZ-80型樟子松球果烘干机于1982年通过部级鉴定，在福建、浙江等省少量推广。黑龙江省勃力县营林局研制的IHTZ-20型远红外线樟子松球果烘干机于1983年通过省级鉴定，在全省推广。1983年，辽宁省昌图县林业机械厂参照国内外球果烘干机特点设计的热交换窑式球果烘干机，以55～60℃的热风干燥球果，一次加工球果2000公斤，生产周期20～24小时，主要在南、北方的种子园、采种基地推广。此设备中的热风炉结构简单，热效能较高，制造成本低，可用煤炭或枝丫做能源。烘干窑隔成10间，热风分路通进，能控制风量和调节风温，全窑温度均衡，烘干效果好。目前，全国有各种类型的球果烘干机50多台，每年约可加工针叶树球果600万公斤。近年来，有的单位将小型农用种子干燥、清选机械移植到林木种子干燥、清选上，如选型得当，效果也较好。

因我国林木种子大多是采收后短期贮存，当年或次年用于造林，各地种子集中产区及省、地、县林木种子单位设有常温仓库备用。到1986年，我国已建低温林木种子库20余座，库容约250万公斤。（周建铭）

**【林木种子检验】** 我国林木种子检验工作近年来逐步加强。1982年10月1日国家标准局颁布《林木种子检验方法》国家标准，规定了种子净度、千粒重、发芽率、生活力、优良度、含水量、病虫害感染程度7项测定方法；测定优良度、生活力的快速检验方法，并附有118个主要树种的种子检验技术指标。1986年，林业部审定和通过了《林木种子》国家标准，并于1987年颁布实施。该标准以种子净度、发芽率（或生活力、优良度）和含水量为分级指标，按3个等级列出了115个主要树种的分级指标。1982年，林业部分别在南京、北京成立了南方和北方林木种子检验中心，负责南方和北方林木种子检验业务的科研、技术咨询、仲裁检验和林木种子进出口检验等工作。1986年，全国有20个省、自治区的种子机构设有种子检验室，设专职检验人员2、3人；除配备一般检验仪器外，还设有软X射线仪、光照发芽柜等先进仪器。有近100个地区（市）、县林业单位设有专职或兼职检验人员1、2人，配备有一般检验设备。1982～1986年，全国各地共举办林木种子检验训练班20多次，培训人员500余人次。目前，各地在种子购销、调拨、贮存等环节上都不同程度地进行林木种子检验。陕西省对飞播造林用种全部由省林木种子公司检验，签发飞播造林使用证后进行使用，种子质量达到国家标准。福建省林木良种基地生产种子全部由省林木种苗公司检验室派人抽样检验，按质分等定价，促进了良种播种品质的提高，同时为节约用种提供了依据，如杉木育苗使用良种，播种量已降到4公斤/亩，比普通种子用量减少一半多。（王维丽）

**【林木种子进出口】** 1981年7月10日，国家进出口管理委员会正式批准同意由中国林木种子公司统一经营管理林木种子进出口业务。

中国林木种子公司根据国内外不同需要，按照平等互利，友好合作的原则，积极与世界各国和地区的林业种苗生产、科研单位及工商界建立和发展业务关系，1986年已达40多个客户。经营范围包括乔木、灌木种子，苗木、条、穗和根等繁殖材料。

1981～1986年，我国先后从美国、印度、澳大利亚、日本、联邦德国、古巴、荷兰等10多个国家和地区购进湿地松、火炬松、雪松、大叶相思、日本五针松等100多种造林绿化和观赏植物种子共139.6吨，苗木5.3万株，穗条9.2万条，球根6100个，价值共计496.4万美元。其中，1986年进口树种27种，花卉23种，以及药用植物的种子计23吨；33种树苗0.3万株、51种观叶植物与花苗1.6万株，3种穗条2.1万条。价值为81万美元。同时，还向美国、澳大利亚、日本、联邦德国等16个国家和地区出口林木种子4.1吨。其中，1986年向美国等10个国家及香港的28个客户，出口豆梨、白皮松、杜梨、黑松、紫藤、四照花等77种种子2.7吨。

林木种子进出口事业的发展，不仅丰富了我国造林绿化树种，为国家创收一定外汇，同时也促进了国际友好往来及科技林木种苗交流。（覃洛清）

**【林木种实害虫防治试点】** 种实病虫害防治是林木种子经营上的一个薄弱环节。近年来，许多地区由于种实病虫害严重，造成种子产量、质量下降，影响了造林质量。1984年，林业部拨专款进行林木种实害虫防治试点。第一批选定陕西省洛南县，山西省沁源县，内蒙古自治区清水河县、达拉特旗、杭锦旗，吉林省长春市净月潭林场，辽宁省清原县大孤家林场分别进行油松、柠条、樟子松、落叶松种实害虫防治试点。1985年，林业部委托北京林学院开办林木种实病虫害训练班，有15个省、自治区、直辖市35人参加了培训。

1986年，第一批防治试点工作基本结束。于10月间在湖南省长沙市召开了防治试点总结会议。会议还邀请了科研、教学单位的有关专家进行评议，一致认为试点取得了较好的成绩：①摸清了虫情，如油松、柠条、樟子松、落叶松的主要种实害虫种类、生活史、生活习性和生物学特性；②初步筛选出较为有效的防治方法；③培训了一批专业人员；④防治经济效果明显，如洛南县3年共防治林木虫害4866.7公顷，平均好果率达93.67%，比防治前提高62.14%，种子质量，一级种子由过去25%提高到40%，种子增益可达100多万元。据内蒙古自治区柠条种实害虫防治试点调查，防治1亩，可增产柠条种子1.6公斤。

在第一批防治试点的基础上，又选定了湖南、四川、浙江、广东等省进行马尾松、杉木、湿地松等南方主要树种的种实害虫防治试点。（阚秀如）

## 苗木生产

**【综　述】** 我国的育苗事业经历了由少到多，从国营到集体，由小型分散育苗到建立大型育苗生产基地的发展过程。在全国范围内已经初步形成苗木生产体系。现有各种苗圃8.8万多处，其中乡、村集体苗圃8万多处，占91%；国营苗圃8000多处（其中县营苗圃2358处，森工企业苗圃1100处），占9%。在县营2358个国营苗圃中，建国以前建立的有83个。

近几年来，全国每年育苗面积600万亩左右，其中集体和个体育苗占90%，国营育苗占10%。每年为植树造林提供苗木250亿株以上。

**育苗方针政策** 从20世纪50年代初起，我国着重发展国营苗圃，同时提倡群众育苗。1950年5月16日，政务院发出的《关于全国林业工作指示》中要求“各县应保留一定数量之土地，准备经营苗圃。”各地恢复了大部分旧有县苗圃，同时新建了一批国营苗圃。1953年7月9日，政务院发布《关于发动群众开展造林、育林、护林工作的指示》，要求“群众造林所需苗木，主要依靠发动各村、各户、各互助组、合作社自己采种、育苗来解决”。1955年9月，林业部召开全国种苗工作座谈会提出，“当前育苗工作要以提高单位面积产量、保证质量为中心，加强国营苗圃的经营管理，依靠农业生产合作社积极开展合作社的自育、自造”，在全国贯彻推行了群众“自采种、自育苗、自造林”的“三自”方针。1956年4月2日，林业部、财政部联合颁发《关于农业生产合作社培育树苗收入免纳农业税的规定》。对种苗特别困难地区由国家适当资助。对某些缺少的树种，采取贷种、贷苗、贷苗奖励或有价供应等办法解决，各地互通有无。1959年12月21日，全国林业厅（局）长会议上提出林业建设“基地化、林场化、丰产化”的方针。会后，全国社队林场迅速发展，由互助组、合作社育苗过渡到生产队、组育苗和社队林场育苗，并逐步发展成为县（旗）、公社、大队、生产队四级育苗；并坚持就地造林，就地育苗的原则。国营苗圃的发展方向是以巩固、提高为主，适当发展，主要任务是供应国营造林用苗，城镇、“四旁”绿化用大苗和资助一部分群众造林用苗。对群众育苗进行示范和技术指导。“文化大革命”期间，育苗事业受到严重干扰破坏。

党的十一届三中全会以后，1980～1982年，中共中央、国务院先后发布的《关于大力开展植树造林的指示》、《关于保护森林发展林业若干问题的决定》，国务院发布的《关于开展全民义务植树运动的实施办法》等文件中，都明确提出并强调一定要按照造林计划选育良种，培育壮苗；各地应努力办好现有的国营苗圃和集体苗圃，安排必需数量的土地和专业人员；国营苗圃要繁殖、推广优良树种，指导集体育苗。

1980年11月，林业部在湖北省咸宁地区召开全国林业育苗经验交流会，提出了“采用良种，培育壮苗，因地制宜建立苗木生产基地，为植树造林提供足够的苗木”和“以社队育苗为主，积极搞好国营苗圃，鼓励各行各业和社员个人育苗”的任务与方针。1981年3月14日，林业部、财政部联合颁发《国营苗圃经营管理试行办法》，对国营苗圃的性质、任务、经营方向、管理制度等作了明确规定，要求国营苗圃贯彻执行“以育苗为主，开展多种经营，把苗圃经济搞活”的方针。

1982～1986年由财政部每年拨给国营苗圃生产周转金1000万元，5年计5000万元。资金由各省（区、市）掌握周转使用。1981～1983年林业部每年拨给国营苗圃多种经营周转金100万元，3年计300万元，已陆续到期偿还。在“七五”期间，每年还可从林业项目贴息贷款中争取部分资金，用于发展国营苗圃的多种经营。这些资金，对改善苗圃生产条件，搞活经济，促进国营苗圃生产发展，提高经济效益，增加职工收入，具有很大的意义。

1986年3月12日，林业部发出了《关于抓好部分地区苗木生产中产需脱节问题的通知》，强调就地造林，就地育苗的原则，以计划指导为主，市场调节为辅，积极推行合同育苗，使苗木生产与造林绿化相衔接。

**群众育苗生产** 群众性的育苗生产，各地给予一定的技术和经济上的扶持，促进了苗木生产的发展。全国现有集体骨干苗圃27166个，当前普遍推行了以联产承包为主的各种形式的生产责任制，逐步实行苗木产销合同制，集体苗圃得到了进一步的巩固与提高。近年来，“两户一体”（育苗专业户、重点户、育苗联合体）育苗迅速发展，1985年全国个体育苗户有1166885个，育苗面积378.8万亩，占全国育苗总面积689.1万亩的54.9%，产苗176.9亿株，一些地方长期苗木短缺的局面得到了改善。今后群众性的育苗生产，仍将是苗木供应的一个重要方面，有待于进一步加强宏观引导，提高育苗技术和质量，把苗木生产与造林绿化紧密的衔接起来。

**育苗生产技术** 育苗生产经过多年实践，积累了一套较为丰富的育苗技术经验。如推广松杉全光育苗、杉木播种育苗、床垅播种育苗、扦插和嫁接育苗等技术。近年来，各地采取塑料大棚育苗、温室育苗、容器育苗、地膜覆盖育苗以及生长素在扦插育苗上的应用等技术发展很快。为加速繁殖优良无性苗木，组织培养在生产上也开始应用。

各地从1953年起，开始抓工具改革，到50年代末，有不少苗圃实现了半机械化。目前，黑龙江、吉林、辽宁等省的部分国营苗圃已基本实现了育苗作业机械化。北方多数国营苗圃的整地、灌水、起苗和防治病虫害也初步实现了半机械化和机械化，提高了生产效率和作业质量。1979年，东北、内蒙古林区营林机械评选会议确定，11种育苗机械可以投产并在东北地区推广。

为提高育苗技术和质量，由林业部制订、国家标准局审定通过的《主要树种造林苗木》和《育苗技术规程》两项国家标准已正式颁布，从1986年1月1日起执行。 （李长发）

**【容器育苗】** 林木容器育苗与普通的裸根苗相比，具有育苗期短、造林季节长、节省用种、成苗率高、苗木质量和规格易于控制、造林成活率高、便于育苗和造林机械化等优点。特别是在造林立地条件较差或干旱地区造林，效果更为显著。

我国早在20世纪50年代，华南地区群众就已开始对桉树、木麻黄等造林不易成活的树种试用容器（营养砖）育苗，并获得了成功。近年来，全国开展塑料大棚、温室容器育苗试验，也取得了较大成就。目前，每年生产的容器苗约占全国总产苗量的1～2%。培育的树种有桉树、木麻黄、杉木、马尾松、樟子松、油松、侧柏、落叶松、红松、云杉、湿地松、火炬松等数十种。使用的容器种类有营养砖、块、钵，纸容器包括用废牛皮纸、废报纸制作的容器袋、蜂窝纸杯、泥炭纸杯，塑料薄膜容器，硬塑料容器等，以塑料薄膜袋使用得最多，各地塑料厂均可以加工制作。一般容器规格：直径4～8厘米，高8～20厘米。 （李长发）

**【地膜覆盖育苗】** 地膜覆盖栽培在林业育苗和造林工作中也开始应用。地膜覆盖育苗，在春季可使土壤耕作层地温提高30%以上，出苗一般提前两星期左右。

地膜覆盖育苗是一项行之有效、省工省料、综合效益显著的先进育苗技术，具有广阔的发展前景。河南省许昌地区林业科学研究所泡桐地膜覆盖育苗，使埋根当年苗平均高度达5.22米，最高单株6

米以上，比对照苗高平均增加16%，苗粗平均大31%，出圃率提高12%，纯经济效益增加50%以上。河南省1986年地膜覆盖育苗面积达20万亩。1984年8月，内蒙古乌拉特前旗呼和苏木朝克林业专业组用地膜覆盖育胡杨苗获得成功，解决了胡杨种子细小、在高温季节苗床温度不易保持、导致大量苗木死亡的问题。播后第二天出苗，第五天出全苗，第十九天调查，每亩有小苗260万株，大部分长出4片真叶，根长2.5厘米，出苗整齐，生长良好。

（李长发）

**【阔叶树采穗圃】** 一些可以无性繁殖的阔叶树种，用选优测定出来的优良无性系建立采穗圃，生产优质种条是良种选育及推广的主要手段。近几年来，采穗圃建设已初见成效。到1986年底，已建立杨树、柳树、泡桐等树种的采穗圃900多公顷，年产优良种条（根）4700多万条（根）。现在中原地区的杨树、泡桐基本上实现了造林良种化。山东、河南等省的刺槐、白榆优良无性系通过建立采穗圃已在生产上大量推广。在建立采穗圃推广良种的同时，重点抓了品种更新，使良种的增产效益逐步提高，刺槐、白榆、泡桐优良无性系增益达30～40%。在采穗圃的经营管理上不断总结经验，推广了嫩枝、根段扦插，插穗催根以及袋接、根接等先进技术，使优良条（根）、苗的产量不断提高。1986年，又发展了楸树、核桃等树种的采穗圃80多公顷。同时，一些地区把建立采穗圃和良种繁殖圃结合起来，形成了采穗、育苗、造林生产系列化。

近年来，湖南省的科研单位对杉木优良无性系建立培萌圃、采条圃的研究取得了成果。这种方法可缩短杉木育种周期、保持优良个体性状，开辟了杉木良种无性繁殖新的途径，已开始在南方各省推广。

（管长岭）

## 防护林建设

**【综　述】** 中华人民共和国成立后，党和政府首先在自然灾害严重的地区，组织营造固沙防护林。1949年，在风沙非常严重的河北西部正定、行唐、灵寿、新乐、无极、藁城等6个县连片营造防风固沙林，取得了较好的护田护村效果。接着河南东部、陕西北部、内蒙古、甘肃、辽宁等风沙灾害严重地区，也相继开展治沙造林活动。

1952年1月9日，东北人民政府发布《关于营造东北区西部防护林带的决定》。原计划营造范围南起辽东半岛和山海关，北至黑龙江省富裕、甘南县，长1100公里，宽300公里，包括21个县（旗）。后又扩大范围，连同内蒙古东部辽宁省沿海地带，共60个县、旗，规划造林面积300万公顷。从1952～1963年实际保存面积12.7万公顷。河北永定河下游，新疆农垦区，广东雷州半岛、海南岛等地党和政府部门也相继展开了农田防护林的营造工作。在营造过程中，林业部针对大部分地区存在的机械设计的形式主义倾向，提出了“因地制宜，因害设防”的原则。

60年代初期，东北、内蒙古等地区科研、教学、生产等单位联合开展了防护林科技问题会战。林业部1966年1月20日颁发了《东北西部、内蒙古东部农田防护林营造设计及经营技术试行方案》。新疆等林业科学研究部门经过对农田防护林大量的对比试验观测，于70年代提出了窄林带、小网格的科学营造方式，其防护效益大大高于宽林带、大网格。从70年代起，全国各地包括甘肃、新疆、青海绿洲农区，宁夏前套灌区，内蒙古中部、华北平原、长江中下游平原等，都开始普遍推广窄林带、小网格的营造方式，广泛开展农田防护林的营造活动。

沿海地区，江苏、辽宁、河北等省于1952年开始营造海岸林带或林网。50年代中期，广东省电白县在海滩流沙上营造木麻黄林带成功；山东省在沿海沙滩营造黑松获得成功；江苏省在沿海盐碱地营造刺槐、紫穗槐获得成功。南、北方海岸林带的营造初具规模。1955年7月，第一届全国人民代表大会第二次会议通过《关于根治黄河水害和开发黄河水利的综合规划的决议》。根据这个决议的精神要求，黄河中游各省、自治区开始了水土保持林的营造工作。淮河、海河、辽河上游水土流失地区，也相继开展水土保持林的营造工作。在1963年召开的黄河中游水土流失重点区第二次会议上，全国水土保持委员会主任廖鲁言根据林业部提供的调查材料，首先提出了“重视灌木造林”问题。1964年林业部副部长惠中权又在黄河中游水土流失重点区第三次会议上，提出了“乔、灌、草相结合”的方针。

在“大跃进”和“文化大革命”时期，不少防护林遭到了严重破坏。四川省嘉陵江、涪江、沱江流域的森林覆盖率由28%锐降为3～5%，其中有19个县下降到不足1%，以至长江中上游的生态环境急剧恶化，水土流失面积成倍增长。“长江变黄河”的尖锐问题被提了出来。在北方无林少林地区，虽然已造防护林起到明显的护田增产作用，但土地沙漠化的速度远远大于绿化的速度，风沙旱涝灾害日益严重地危胁北方广大群众的生产生活。

党的十一届三中全会以后，防护林的营造出现了新的形势，开始步入"体系建设"新的发展阶段。目前，山东省800多公里海堤，70%以上的地段营造了海岸防风固沙林带，100多条大中型河堤和主要干线公路大部分营造了护堤林和护路林，有40%的农田建成防护林网。一些县已初步形成了带、网、片相结合的综合性防护林体系。

1978年11月25日，国务院决定在我国的西北、华北北部、东北西部风沙危害和水土流失严重地区建设防护林体系(简称"三北"防护林体系)。1978～1985年的第一期工程规划，超额2%胜利完成，人工造林保存面积605.5万公顷。1986年，开始进行第二期工程建设。

继"三北"防护林建设开展之后，林业部于1986年的全国林业厅(局)长会议上又重点提出了另外几个大型防护林体系建设工程。这些工程是：①绿化太行山工程，已于1986年完成了规划设计；②沿海防护林体系建设工程；③长江中上游防护林体系工程，开始着手前期工程的准备。除此以外，各省、自治区、直辖市针对自己的情况也开展了各种防护林的营造活动。1983年，河南省发动群众，开始大规模营造豫北黄河故道防护林。福建省也在1982年作出了绿化"五江"的决定，即通过绿化闽江，把九龙江、汀江、晋江、赛江两岸的绿化也带动起来，以达到"保持水土，平衡生态，增加收益，美化江山"的目标。 (李一功 王晓华)

**【"三北"防护林体系建设】** "三北"防护林体系工程，1978年经国务院批准正式纳入国家建设计划。包括新疆、甘肃、青海、宁夏、陕西、山西、内蒙古、河北、北京、辽宁、吉林、黑龙江12个省、自治区、直辖市的396个县(旗)，治理面积为347万平方公里。

这项工程的特点是：①由水土保持林、防风固沙林、农田防护林、基本草牧场防护林等多种防护林种因地设置、统筹规划、相互结合；②防护林与用材林、经济林、薪炭林相结合；③人工营造、封山育林与保护天然林相结合；④乔、灌、草相结合，从而形成片、网、带相结合的大规模的防护林体系，对控制黄河、辽河等水系的水土流失，减免风沙危害，建立农业生产的良性生态环境，具有深远的意义。第一期工程(1978～1985年)规划人工造林面积593万公顷。8年来，实行民办国助、多方集资、全民动手、谁造谁有的方针政策，中央和地方财政共投资17.1亿元，群众和驻军投入7亿个工日，完成人工造林605.5万公顷，超过计划任务2%；飞机播种造林10.6万公顷；"四旁"植树15亿株；同时，还封山、封沙育林89.7万公顷，生态效益明显，有800万公顷农田和117万公顷草场得到不同程度的保护；部分地区的风沙危害有所减轻；水土流失得到一定的控制。黑龙江省和吉林省的西部农业区、宁夏回族自治区的银川平原、甘肃省的河西走廊和新疆维吾尔自治区的和田一带，已基本建成农田防护林体系。1985年4月，"三北"防护林建设领导小组召开第三次会议，总结了第一期工程的成绩、经验和问题，提出了第二期工程规划。建设年限从1986年开始，10年完成，建设范围由396个县扩大为466个县，治理面积由347万平方公里增加到400万平方公里。计划人工造林636.7万公顷，飞播造林17.1万公顷，封山封沙育林育草154.5万公顷。建设的重点地区和重点项目是：京津周围的绿化，毛乌素沙地和科尔沁沙地的防风固沙林，北京—包头—兰州铁路沿线和黄河沿岸的防护林。1986年12月6日，国务院"三北"防护林建设领导小组和林业部在北京召开"三北"防护林体系建设第一期工程先进单位暨劳动模范表彰大会，向73个先进单位和41名劳动模范颁发了证书和奖章。

(李一功 王晓华)

**【沿海防护林】** 我国的大陆海岸线绵延18000余公里，横跨热带、亚热带、温带3个气候带，贯穿辽宁、河北、天津、山东、江苏、上海、浙江、福建、广东、广西10个省、自治区、直辖市的180个县(市)，总面积3亿7千万亩。沿海防护林建设从1949～1984年底，人工营造防护林71万公顷，6000余公里的海岸固沙林带在流动沙地上建立起来，见表4。

**表4 10省(区、市)防护林情况**

| 地区 | 现有防护林面积(万亩) | 主要造林树种 |
|---|---|---|
| 合计 | 1074.3 | |
| 辽宁 | 245.7 | 刺槐、黑松、紫穗槐、杨类 |
| 河北 | 11.6 | 刺槐、紫穗槐、旱柳 |
| 天津 | 0.4 | 绒毛白蜡、刺槐 |
| 山东 | 320.5 | 黑松、刺槐、杨类 |
| 江苏 | 32.1 | 刺槐、水杉、紫穗槐 |
| 上海 | 2.5 | 水杉、落羽杉、池杉 |
| 浙江 | 39.7 | 刺槐、黑松、木麻黄、池杉、马尾松、黑荆 |
| 福建 | 154.1 | 木麻黄、湿地松、火炬松、桉类、马尾松、木荷、台湾相思、红树类、竹类、黑荆 |
| 广东 | 248.2 | 木麻黄、湿地松、火炬松、桉类、马尾松、木荷、台湾相思、红树类、竹类、黑荆、油甘子、番石榴、大叶相思、加勒比松、马尖相思、水松、红椎 |
| 广西 | 19.5 | 木麻黄、湿地松、火炬松、桉类、马尾松、木荷、台湾相思、红树类、竹类、黑荆、油甘子、番石榴、大叶相思、加勒比松、马尖相思、水松 |

1981～1982年，林业部组织力量对沿海地区沿海防护林情况进行调查。1984～1986年，林业部又先后组织力量到广东、福建、浙江、山东、辽宁、河北等省沿海调查研究，进一步了解营造沿海防护林体系的必要性、迫切性及其重大的经济、国防和政治意义；同时向有关省、自治区、直辖市发出了制定沿海防护林体系建设规划的通知，着手进行全国沿海防护林体系建设规划。规划指导思想是按照因地制宜、因害设防的原则，建立带、网、片，乔、灌、草及多林种相结合，生态效益与经济效益相结合的沿海防护林体系。

中央领导同志重视沿海防护林体系建设。1983年中央军委主席邓小平在大连视察时，曾多次提到要加快沿海绿化问题。（李一功　王晓华）

**【太行山绿化】** 建国30多年来，太行山绿化取得了一些成绩，人工造林44万公顷，已有一批靠山致富的典型乡村。但多数地区仍然林草覆盖率低，水土流失严重，生态环境恶化，群众生活十分贫困。

为了改变太行山区的面貌，1983年7月和10月，林业部两次召开有太行山系分布的北京、河北、山西、河南4省(市)的林业厅(局)负责同志及有关专家、教授参加的规划座谈会，并组织6个组分赴4省(市)调查研究。在各省(市)规划的基础上，制定出《加速绿化太行山的规划意见》，建议国家计委作为重点项目，列入国家基本建设计划。国家计委提出属于国家扶持的基本建设投资，由林业部基本建设投资中统筹安排；属于地方的投资，分别纳入各级地方基本建设计划。1984年6月，在山西省召开了绿化太行山规划论证会，提出了“组织群众，造林种草，保护植被，改善生态，以短养长，富山保川”的指导思想，太行山区各县(市)分别于1984年5月和1985年7月开展县级绿化规划设计，1986年10月完成全省规划设计汇总工作。1986年底，整个太行山系、涉及110个县的绿化规划设计工作全部完成。太行山现有395万公顷的宜林荒山荒地，计划在“七五”、“八五”、“九五”期间或更长一点时间，完成绿化任务，实现太行山这条“黄龙”变“绿龙”的目标。1987年开始试点工作。

（李一功　王晓华）

**【小流域治理】** 在山区、半山区和丘陵区的沟、谷，采取修建梯田、筑谷坊和种树种草的方法，以减缓地面径流，保水保土称为小流域治理。以户承包治理小流域，是我国农村实行农业家庭联产承包责任制后出现的治理水土的一种有效形式。

1981年，山西省河曲县旧县公社农民苗混瞒一家承包集体的一条小毛沟——新尧沟。两年间，就把这条面积300多亩的小流域治理了一半，经济收入翻了一番，达到6700元，人均收入超千元。苗混瞒的治山经验，很快地推广到附近乡村，带动全县1/3的农户包治5100多条小流域，面积约67万亩，已完成治理面积12万多亩。河曲的经验在全省推广。1986年，山西省承包小流域的户数超过65万户，承包治理面积达1500万亩。

近年，山西的经验又推广到黄河中上游、东北地区和南方广大丘陵山区。承包的农户达500万，承包治理面积突破1亿亩。陕西省1986年初，家庭承包治理小流域达到204万户，承包面积4100万亩，分别比前两年增加20.6倍和11.7倍，已完成治理870万亩，占承包面积的21%，并且取得明显的防护效益和经济效益。据榆林、延安两地区测定，现在每年入黄泥沙由20世纪50年代的5.16亿吨和2.28亿吨，减少到3.87亿吨和1.8亿吨，下降25%和21%。从经济效益上看，该省横山县墩渠村的小流域承包户在治理的沟内大种沙打旺、柠条等，1985年仅出售治理坡面种植的灌木种子一项就收入20.4万元，户均1316元，人均313元，树草收入占总收入的77.3%。目前，各省(区)在承包的形式和作法上又有所创新，事业方兴未艾。（谢源孝）

**【退耕还林】** 我国毁林开荒和陡坡开荒的由来已久，而点多面广，持续时间又长的是在“大跃进”以后的五六年间。随着国家粮食生产形势的逐步好转，各地坡耕面积相对压缩，新开垦的“挂画地”大为减少。截至1986年，全国仍有开荒种粮的陡坡地约1.2亿亩。

**主要成绩** 党的十一届三中全会以来，全国粮食持续增产，农村经济搞活，山区群众收入增多，这就为全面退耕还林创造了条件。1985年，中共中央、国务院《关于进一步活跃农村经济的十项政策》中指出：“山区二十五度以上的坡耕地要有计划有步骤地退耕还林还牧，以发挥地利优势。口粮不足的，由国家销售或赊销。”1985年，全国完成退耕还林1400万亩，等于1982～1984年3年退耕还林面积的总和，加上1986年和1982年前3年的退耕数，累计退耕还林3915万亩，占应退耕还林总面积的1/3。湖南省安化县退耕还林工作抓得早，进度快，全县毁林开荒共约50万亩，1979年开始抓退耕工作，当年完成3万亩；以后每年以8～10万亩的速度推进。现在全县60%以上的退耕地栽上了树。北方山区多利用退耕岗坡地种植见效快、产值高的果木树和调料树。如山西省1986年退耕还林52万亩，超计划30%，其中60%用于发展山楂、山杏、核桃、花椒和柿、栗、苹果等经济林木。吉林省白城地区，1984年退掉8.4%的坡耕地，由于集中力量在好地上下了功夫，粮食产量比上年增长6.5%，农业总产值增长了14.5%，均创历史最高水平。

**政策与措施** 各地在退耕还林中，都实行“谁耕谁退，谁退谁造，谁造谁有”政策，明确新植的林木归退耕者所有，长期经营，可以转让和继承；对不执行退耕还林的户，一些县和乡还分别进行罚款、核减销粮指标或将开荒地收回。

在经济扶持上，各省（区）除从1985年国务院下拨的200亿公斤支持农村产业结构调整的用粮中，安排退耕还林用粮16.4亿公斤外，还从地方机动粮中挤出一部分予以扶持。甘肃省规定：凡农户退1亩坡地还林还草，每年平价供应口粮25公斤，连供3年；退耕地造林每亩补助15元。浙江省规定：退耕还林后经验收合格，每年由县供应平价粮250公斤并享受育林费补贴。南方还有些山区县对历来缺粮的乡村实行粮食减购增销，一定3年，人均口粮指标稳定在250公斤（原粮）的基础上。这些措施对推动退耕还林都起到了积极作用。

**存在问题** 当前退耕还林工作中存在一些问题。一是退耕还林任务大的地区多数是“老、少、边”，农户家底薄，“还林”的收益慢，几年之内生活来源没有保障，信心不足。二是返销粮价格高，农户一般不愿出钱买贵米吃，而县里的财力有限，补贴不起。三是指定的平价粮供应点太远，往返几十里山路，而且粗粮多，每斤价比征购粮高几分钱，农户感到不方便，不合算。

1986年，全国退耕还林只有655万亩，比上一年减少745万亩。有些县、乡又出现复耕的苗头，值得注意。

（谢源孝）

## 用 材 林 建 设

**【综　述】** 大力营造用材林，是解决我国木材供需矛盾的主要途径。党的十一届三中全会以来，我国用材林建设进入了一个蓬勃发展的新时期。

**基地与布局** 据统计，1978～1985年全国用材林基地造林430万公顷。以南方集体林区为重点的一批用材林基地已初步形成。如遍布南方集体林区500多个县的杉木林基地；广东省雷州半岛和海南行政区的桉树基地，粤中的国外松基地；长江中下游两岸、滨湖地区的意大利良种杨基地；山东省聊城、菏泽、临沂地区的杨树基地；河南省周口地区的泡桐基地；河北省承德地区的落叶松、油松基地；山西省雁北地区的杨树基地；辽东和黑龙江省的林口、勃利、桦南落叶松基地等，都已初具规模。

**经营水平与方式** 进入80年代，我国用材林基地建设，特别是速生丰产用材林基地建设，强调要按工程管理，按项目投资，按设计施工。初步形成了造林总体设计—作业设计—检查验收—建立技术档案一套较完整的科学管理体系。基地建设的集约经营程度大大提高。在新营造的430万公顷用材林基地中，速生丰产用材林基地占一半左右。

在经营形式上，按照所有权与经营权可以适当分离的原则，正向多样化发展。乡村集体林场由专业队、组承包，得到了巩固；“一户牵头，多户入股，办场经营，按股分红”的联户林场有了迅速发展；按“集体出山，林场出钱，山权不变，林权归场，收益分成”原则办起的联办林场，为宜林荒山不多的国营林场大面积营造用材林闯出了一条新路。这些反映林业特点、体现责权利统一、灵活多样的管理形式，在很大程度上克服了长期以来“平均主义”和“大锅饭”的弊端，促进了用材林建设的发展。

**定向培育** 据预测，到本世纪末，造纸材的需要量按照最低标准测算，将比现在增加6倍以上，在各类生产建设用材中，增加幅度最大。因此，全国用材林建设以造纸材基地发展最快。如海南行政区近5年营造桉树造纸林3.5万公顷；粤中国外松造纸材基地已达20万公顷；湖北省的国外松、意大利杨造纸材基地10万公顷。轻工系统的15个造纸企业，到1985年已造原料林7.4万公顷。

**造林资金** 为了保证用材林建设顺利进行，国家采取以下几种途径解决营造用材林的资金问题：①国家计划内基本建设投资。近几年，林业部每年在营林基本建设投资中拨出2000万～3000万元资金用于部、省合资营造速生丰产用材林。1980～1986年，共投资8300多万元，造林10万公顷。②地方投资。有些省、自治区和县每年从地方财政中拨出一定资金发展用材林。广东省近几年每年从省财政中拿出1291万元用于基地造林。湖北省1980～1985年共拿出1300万元，其中省计委安排500万元，省财政安排800万元，发展速生丰产林。③由国家银行发放林业贷款。近几年，不少省、县从农业贷款中划出一定数额，作为林业贷款，林业部门从所掌握的集体林育林基金和国家拨给的造林补助费中支付利息。福建、广东、广西、辽宁、湖北等省（区）已采取这一办法。广东省每年发放林业贷款1000万元，湖北省从1984年起，连续每年发放林业贴息贷款2000万元。1986年，国家又决定发放林业项目贴息贷款3亿元，其中42%用于丰产林的营造。④提取育林基金。福建省将林价款的20～50%由林业部门代扣，作为育林基金，造林后返还原单位。搞得好的三明地区，每年造林资金的

80%已由生产单位从林价款的分配中解决。江西省崇义县从每立方米木材的林价中提取10元作为林权单位的育林资金，由县林业站代管，专户存入银行，用于营林生产，不准平调，不准挪用。实行这一制度以来，每年可提取营林资金120万～150万元。⑤需材部门投资。80年代以来，一些缺材地区和需材较多的部门，以补偿贸易、合资建场等方式与农村集体合作造林，需材部门投资、出技术，农村集体投工，所产木材主要供应投资部门。这样，既能给需材部门提供木材，又能帮助农民兴林致富，互利互惠，一举两得。

1981年，轻工业部、林业部、财政部联合发出通知，部署建设造纸材基地试点。每吨纸提取10～15元，作为造林资金，自办或合办造纸林基地。到1985年，佳木斯、齐齐哈尔、吉林、石砚、鸭绿江、南平、青州、柳州等15个造纸企业，已造原料林7.4万公顷。福建省古田县的5个乡47个村，自1981年以来引进南平造纸厂资金121.1万元，相当于该县同期造林投资64.8%，营造马尾松、湿地松造林原料林6978公顷，为该县同期造林总面积的27%。湖南人造板厂1985年与洞庭湖区10县1市3个国营农场签订合同，营造21万公顷的胶合板原料林。合同签订后的第一年就造杨树丰产林4700公顷。黔东南杉木主要产区锦屏县1980～1982年与江苏省高邮、兴化等县签订合同，以木换粮，3年换回大米1.17万吨，全县每人平均70.5公斤。该县1982、1983两年还从外地引进资金3551万元，用于发展林业。由于引入大批资金，林农得到实惠，兴林蔚然成风，每年造林面积比70年代增长1～2倍，1983年完成幼林抚育2.27万公顷，还修筑了林区公路。各地产需协作形式多种多样，一般都建立在自愿互利的基础上，经所在地公证机关公证，报有关部门备案。⑥利用外资。1982年，联合国粮食计划署援助的2606项目，是在山东省的冠县、莘县，四川省的珙县营造速生丰产林1.15万公顷，到1986年共受援小麦39792.34吨，食油553.4吨，造林15970公顷，第一期工程顺利完成。1985年，我国又从世界银行贷款3890万美元，在黑龙江、四川、广东3省27个县92个国营林场建设8.2万公顷的商品材基地。目前，项目正在顺利进行中。⑦个人自筹资金。1986年，安徽省岳西县群众自筹资金10万元，广东省廉江县1986年群众集资45万元发展速生丰产用材林。

在资金使用上，许多地方改革了过去无偿补助的做法，逐步实行了有偿投资。有的采取合资造林，签订合同，规定投资比例、建成年限、收益分配办法；有的将营林投资专项存入银行，银行以贷款方式，根据借款单位和个人的各自规模，技术状况，自然条件，按照林业部门的规划布局和生产安排，区别不同情况发放，待林木成材后，归还本息。无论采用哪种方式，都会使生产者承担一定的经济责任，变压力为动力，提高资金使用效果。

（孙书晋）

**【速生丰产林建设】** 营造速生丰产林，建设用材林基地，是我国林业建设的战略措施。早在20世纪50年代末60年代初，林业部曾提出营造人工林实行“基地化、林场化、丰产化”的方针，并规划用材林基地240片。由于1958年“大跃进”和“文化大革命”的干扰，规划未能实施。70年代中，又提出在我国南方建设以杉木林为主的速生用材林基地，国家拨出专款给予扶持，到1980年统计营造面积达320万公顷。1980年3月5日，中共中央、国务院发布的《关于大力开展植树造林的指示》中明确提出：“为了加速我国林业建设，尽快解决木材和经济林产品供应不足问题，各地应选择条件较好的地方和适宜的树种，大力营造速生丰产林，在资金和物资上给予重点保证，进行集约经营。”林业部为了摸索和积累经验，利于指导全国各地营造速生丰产林工作，从1980年起，先后在20个省、自治区的111个县106个国营林场，与省、自治区联合进行试点，到1986年底种植速生丰产林作业面积10万多公顷，主要造林树种为杉木、桉树、杨树、湿地松等（表5）。在此

**表5　全国速生丰产林试点造林面积统计**

单位：公顷

| 地　区 | 杨　树 | 杉　木 | 湿地松 | 桉　树 | 其　他 |
|---|---|---|---|---|---|
| 山西 | 3800 | | | | |
| 山东 | 3600 | | | | |
| 辽宁 | 1800 | | | | |
| 黑龙江 | 2533 | | | | |
| 安徽 | | 5600 | | | |
| 浙江 | | 4000 | | | |
| 福建 | | 4200 | | | |
| 江西 | | 4600 | 2800 | | |
| 湖北 | 5333 | 2000 | 2000 | | 666 |
| 湖南 | | 9533 | | | |
| 广东 | | | 3400 | 32066 | 4000 |
| 广西 | | | | 3133 | |
| 四川 | | 2266 | | | |
| 贵州 | | 1666 | | | |
| 总　计 | 17123 | 33865 | 8200 | 35199 | 4666 |

注：1.杨树中，山西、辽宁、黑龙江主要是小黑杨等；山东省主要是沙兰杨、I-214等；湖北省主要是意大利杨I-72、I-69。

2.其他：湖北省有水杉、池杉等；广东省有木麻黄、柚木、石梓、加勒比松等。

同时，不少省、自治区也积极开展营造速生丰产林，据不完全统计，全国各省、自治区已种植速生丰产林作业面积达 150 多万公顷。根据几年的试点造林调查，我国初步拟出一些主要速生造林树种的产材标准。杉木，按 20 年生计算，年平均蓄积生长量10.5 立方米/公顷以上；小黑杨，按 15 年生计算，年平均蓄积生长量 15 立方米/公顷以上；"I-72"杨，按 10 年生计算，年平均蓄积生长量 22.5 立方米/公顷以上等等。这些指标较现有林的生长水平有很大提高，与一些先进国家比较还是低的，但它符合我国目前的技术水平和经营水平。

在试点造林中，针对我国造林工作中的主要问题，在技术措施方面，着重抓：①造林调查设计。没有批准的造林设计材料，不得造林，着重解决适地适树问题，按山头地块落实适宜的造林树种。②良种与壮苗。凡是试点造林，要选用适宜种源区的经过鉴定的良种育苗；造林用苗要经过选苗分级，用一级苗造林。③加强幼林抚育和管理。分别树种要求连续幼林抚育 3～5 年，确保幼林的正常生长环境。④鉴于造林地普遍缺磷，在栽植时，一般施磷石粉做基肥，或用磷肥泥水浸根造林。

（郭连庆）

**【2606 项目工程】** 2606 项目工程是联合国粮食计划署对我国援助的速生丰产林建设项目工程。该项目工程分别在山东省的聊城地区冠县和莘县境内的黄河故道，包括14个乡、232个村、2 个国营林场和 2 个国营苗圃；四川省的宜宾地区的珙县，包括 19 个乡、112 个村进行。其任务是从 1982～1986 年 4 年内完成营造速生丰产用材林 1.15 万公顷，其中山东省 4000 公顷，四川省 6500 公顷及 1000 公顷边缘土地将由种植农作物改种树木。

该援助项目的目的是：通过营造建立速生丰产用材林基地，促进经济发展和保护农业土地，提供更多的木材和薪炭材，并有助于改善生态环境，实现粮食自给。该项目还要起示范作用。

造林树种：山东省主要是杨树、刺槐及泡桐。四川省主要是杉木、马尾松和檫树。预计杨树 10～15 年产材 120～150 立方米/公顷，杉木 20 年产材 210 立方米/公顷。经调查，山东省在 1982 年冬和 1983 年春营造的毛白杨，平均高为 8.12 米，平均胸径 10.23 厘米，平均年高生长 1.23 米，胸径年生长 2.67 厘米。两省造林任务已分别于 1985 年 6 月和 11 月提前超额完成。（贺先彬）

**【国外优良用材树种造林】** 我国从国外引进不少速生丰产优质用材树种，已成为用材林基地建设重要树种。

**桉树** 从澳大利亚引进的桉树，已经大面积用于造林的有窿缘桉、柠檬桉、蓝桉、大叶桉、直干桉、赤桉以及我国培育的雷林 1 号桉，近年来引进的巨桉、刚果 12 号桉等 10 余种。栽培地点主要是广东、广西、福建、江西、四川、云南等省(区)。到 1980 年，全国共有桉树 21.32 万公顷，蓄积 633 万立方米。其中广东、广西栽培最多，广东省桉树面积为 16.52 万公顷，占全国 77.5%；蓄积 590.36 万立方米，占全国 93.2%。该省雷州林业局有桉树 3.56 万公顷，蓄积 111.3 万立方米。

近几年，桉树又有较大发展，仅广东、广西已发展到 40 多万公顷。在海南岛作为定向培育造纸材的桉树，从 1982 年～1986 年已营造速生丰产林 3 万多公顷，长势良好。如临高县 1983 年营造窿缘桉 13.4 公顷，1986 年初调查，平均高 7.7 米，平均胸径 7.2 厘米，蓄积为 54 立方米/公顷。广西东门林场 1981 年由中澳双方技术合作营造桉树示范林 600 公顷，1986 年底已超额完成 800 公顷，引种桉树 13 个品种、28 个种源。经栽培实验表现较好的有 6 个品种，它们是尾巨桉、小果灰桉、赤桉、巨桉、布拉斯桉、圆角桉。其共同特点是生长快、长势好。1983 年营造的赤桉，1985 年底调查，平均高 12.8 米，比该场同期造的柠檬桉高出 1/3 左右；1984 年造的尾巨桉，19 个月的平均高 9.2 米，比同期营造的窿缘桉高出 1/3。

现广东雷州林业局、电白县林科所，广西东门林场学习巴西优株萌枝扦插育苗新技术，当年造林植株高达 5 米左右。

**杨树** 杨树是一种分布范围较广的树种，我国是杨树分布的中心，从南到北都有分布。但南方型的杨树品种都是在 1972 年开始从意大利引进的，品种有 I-214〔POPULUS×EURA-MERICANA (DODE) GUINER CL.'I214'〕、I-72〔POPULUS×EURAMERICANA(DODE) GUINIER CL. 'SAN· MARTINO'('I72/58')〕、I-69〔POPULUS DELTOIDES BARTR CL.'LUX'('I69/55')〕、I-63〔POPULUS DELTOIDES BARTR CL. 'HARVARD'('I63/51')〕,属欧美杨类，到目前推广发展有 10 多万公顷，其中以湖南、湖北、河南、山东、江苏等省较多。分布比较集中的有山东东部南沂河、沭河冲积平原和洞庭湖平原及江汉平原。这些杨树具有速生丰产、材质好和易于繁殖的优点，尤其是在长江中下游冲积平原表现最好。

林业部于 1980 年在江苏省泗阳县召开了第四次平原绿化会议，会上参观了泗阳县杨树良种栽培，同年 11 月又在泗阳县举办了杨树良种试验推广训练班，有 14 个省(区)150 个县派人参加，每个学员带回 2000 根种条，为我国良种杨树引种推广与发展起了重要的作用。如湖北省自 1980 年冬以后，在沿长江、汉江两岸的滨湖平原地带发展杨树，栽植较多的有 24 个县，1984 年底统计，全省已营造人工林

4.5万公顷，其中营造片林2000公顷已上的有嘉鱼、监利。从湖北省栽植情况看，I-63、I-69、I-72杨比I-214杨生长快，嘉鱼县1981年春栽植，到1982年调查情况见表6。

表6 意大利杨不同品种生长情况

| 无性系 | 定植基数 | | 生长量 | | 净生长量 | | | |
|---|---|---|---|---|---|---|---|---|
| | $H$ | $D_{1.3}$ | $H$ | $D_{1.3}$ | $H$ | 比率(%) | $D_{1.3}$ | 比率(%) |
| I-63杨 | 2.8 | 1.8 | 7.8 | 8.3 | 5.0 | 200.0 | 6.5 | 270.8 |
| I-69杨 | 2.4 | 1.1 | 7.8 | 6.8 | 5.4 | 216.0 | 5.7 | 237.5 |
| I-72杨 | 3.0 | 2.7 | 7.8 | 9.4 | 4.8 | 192.0 | 6.7 | 279.2 |
| I-214杨 | 2.7 | 1.8 | 5.2 | 4.2 | 2.5 | 100.0 | 2.4 | 100.0 |

注：$H$单位米，$D_{1.3}$单位厘米。

在同样管理情况下，幼林高生长以I-69杨最大，比I-214杨大116%，粗生长以I-72杨最大，比I-214杨大179.2%。

**湿地松** 我国引种湿地松已有50余年历史，引种最早的是30年代广东省台山县旅美华侨肖德钦，他带回一批湿地松种子，在当地即今沙栏乡肖美村种植数千株，经多年砍伐，现仅存34株。经1980年测量，树高18米，胸径39.78厘米。1947年，联合国救济署向我国一些林场赠送湿地松、火炬松种子，经在南京市老山林场、江西吉安、安徽马鞍山等地试种，普遍生长良好。1964年，我国开始少量进口湿地松种子。1965年，广东省在台山县红岭建立一个较大的湿地松无性系种子园，面积110多公顷，现年产种0.8万～0.9万公斤。据1984年统计，全国约有湿地松40多万公顷，火炬松10万公顷左右，主要分布在广东、广西、湖南、湖北、浙江、安徽、江西、四川等地，尤以广东较多，约占总面积的1/2左右。近年来，台山、阳江、电白、开平等县建立了湿地松用材林基地，大面积营造湿地松用材林，仅台山县就约有湿地松林4.7万公顷。一般年高生长量60～100厘米，胸径年生长量0.93～1.81厘米。

据国内外资料报道：湿地松前10年比火炬松生长快，其后生长缓慢，材积生长量最终不如火炬松大。因此，我国近几年已减少湿地松种子进口，而增加火炬松种子的进口数量。雷州半岛、海南岛已逐渐扩大加勒比松的引种栽培。 （贺先彬）

**【南方珍贵用材树种引种与栽培】** 我国南方地区珍贵用材树种多，引种栽培的面较广。

**柚木** 马鞭草科，落叶大乔木，热带树种。木材坚硬，纹理美观，为世界著名用材树种。原产缅甸、印度等国。我国从19世纪初期开始引种，至今云南西双版纳有近百年生的大柚木，胸径达1.24米。1960年以后，全国多点引种栽培。目前已扩展到7省(区)的45个县(市)，栽培面积约6万亩。主栽品种为金纹柚木、黑纹柚木、棕色柚木和黄灰色柚木，而以金纹柚木最为名贵。广东省海南岛的尖峰岭、云南省临沧县的畹町和广西的合浦等地成片种植的柚木，长势良好，能正常开花结实，林木生长量达到甚至超过原产地，见表7。

表7 柚木生长情况表

| 地点 | 林龄 | 平均树高(米) | 平均胸径(厘米) | 年平均高生长(米) | 年平均胸径生长(厘米) |
|---|---|---|---|---|---|
| 尖峰岭 | 16 | 18.50 | 24.50 | 1.16 | 1.53 |
| 尖峰岭 | 10 | 15.50 | 16.81 | 1.54 | 1.68 |
| 畹町 | 12 | 15.51 | 13.96 | 1.29 | 1.16 |
| 合浦 | 11 | 11.00 | 15.40 | 1.00 | 1.40 |

云南红河县1978～1984年成片营造柚木林67亩，零星植树3000多株，生长发育正常。8年生树高一般在10米左右，最高的12米；胸径一般为10厘米，最好的16厘米。

**石梓** 马鞭草科，落叶乔木。海南岛特产热带季雨林树种。材质韧而稍硬、稍重，花纹美丽，为上等用材。1980年，中国林业科学研究院大青山实验局进行以石梓为目的树种的营造混交林试验，到1984年实测：5年生石梓林木平均树高12.7米，平均胸径12.10厘米；而同林龄的石梓纯林平均树高为10.64米，胸径只有9.61厘米。

**蚬木** 椴树科，半常绿大乔木，热带树种。边材淡红色，心材暗红色，质重坚硬，沉水，珍贵用材树种。广西壮族自治区龙州县1976年新建一蚬木林场。该场现有蚬木人工林3500亩。已郁闭成林的面积约占1/4，平均树高4.6米，地径6.5厘米。试验林16亩，平均树高5.7米，地径8.8厘米。

（谢源孝）

## 竹林培育

【综 述】 竹子在我国南方普遍分布，是我国南方林业中的一个优势。大力发展竹林生产，开发竹子综合利用，兴建丰产笋园，能加速山区经济繁荣，有助于缓解木材供需矛盾，丰富人民的物质生活，扩大出口货源，发展前景广阔，生产大有可为。

**发展动态** 建国以来，党和政府重视发展竹林。1950年3月，林垦部向全国发布的第一个《春季造林指示》中，就将竹子列为主要造林树种，鼓励大量培植。1956年6月，国务院还专门发出《关于保护和发展竹林的通知》，要求各级政府采取有效措施，保护、发展竹林，督促各地制定发展规划，扩大竹林资源。经过几年的努力，到50年代末期，全国竹林面积在原有3000万亩的基数上增长约10%。进入60年代后，由于三年自然灾害的影响，资源遭到破坏，护笋养竹成效甚微，荒芜面积增加，生产处于低潮。

为此，林业部1962年在江苏省的“竹乡”宜兴县召开全国竹子生产会议，研究生产问题，部署基地建设，探讨丰产途径；同时抓紧与财经部门商洽，争取国家投资。1963年7月，经国务院批准，由财政部、林业部和中国人民银行发出通知，决定“垦复竹子所必需的生产资金，可以从长期农业贷款中适当解决”；并由国家拨出专款在浙江、江西、福建、湖南、湖北、四川和贵州7省的18个毛竹基地县垦复荒芜竹林，适当发展。与此同时，一些主产省和基地县也积极筹集资金，重点投放。到1965年，全国竹林面积达到3548万亩，竹林垦复面积近500万亩次。

“文化大革命”中，竹林生产遭到破坏。党的十一届三中全会后，国家和地方财政对恢复发展竹林采取了措施，加强了毛竹商品生产基地建设。1982年，国家从基本建设费，周转金中拨出457万元，在湖南、江西、四川、湖北、安徽等省进行毛竹垦复和丰产竹林试点，面积为139800亩。四川省长宁县规定：用大母竹(毛竹)造林时，补助费由每亩8元提高到30元，小母竹造林由每亩5元提高到20元，成竹林抚育由每亩0.5元提高到3元，垦复老残竹林每亩补助6元。并落实其提高部分的经费由县从经营竹材部门的利润和毛竹扶持费中解决，对生产促进很大。但仍有很多产区工作重点不突出，措施无力，生产起色不大。1982年7月，林业部在北京召开南方12省(区)竹林经营利用汇报会，针对当前竹林经营粗放，单位面积产量低的现状，提出主攻方向，重视内涵发展。要求：巩固好一类竹林，提高二类竹林，积极垦复三类竹林，大力挖潜，增进效益。

为了尽快普及和提高培育丰产竹林的经营管理水平，同年10月，林业部在毛竹集中产区的浙江省德清县毛竹中心产区的莫干山举办毛竹丰产技术培训班，为南方毛竹产区县和竹林多的国营林场培训了一批专业人才。所有这些，对加速恢复发展竹林生产，都起到一定的推动作用。

近几年来，南方的一些地区还在江河两岸大量种竹，构成绵亘几十公里的绿竹林带。福建省“五江”绿化工程的漳州市区到南漳县的西溪两岸，从1982年以来已种各类竹子6100亩，现已发挥了明显的生态效益和经济效益，仅竹子每年增收达100万元。南靖县山城乡张渠村在“农业学大寨”运动中砍掉堤岸边竹林120亩改种粮食，1981年9月发生特大洪水，冲毁这里的堤岸70米，全村90%的农田被淹，直接经济损失132万元。近几年来，他们又在堤外种竹1.9万丛。

**生产成就** 据“五五”森林资源清查，全国竹林面积319.96万公顷，其中毛斑竹林249.66万公顷，占78%。1978～1986年，全国新造竹林124万亩。采伐毛竹22.7亿株，平均每年2.5亿株。国家收购毛竹7.74亿根，占采伐量的34%，平均年收购8600万根，比1953～1977年25年间平均年收购量7954万根，增长8.1%。

全国笋干产量上升也较快。1985年产笋干4640万公斤，刷新了1983年3720万公斤的高产纪录。年产量多的为浙江省，一般占全国总产的1/3左右，最高年达到41.3%(1985)。

在竹类研究方面，一些省(区)的林科所、林业院校对经济竹种引种栽培、毛竹天然混交林的效益、北京栽培竹类的越冬、南竹北移、竹螟的发生规律和防治措施等都作了大量的调查研究，作出了科学的小结，对生产起到指导作用。在竹林的综合利用和以竹代木造纸上还有所创新。

**存在问题** 当前竹林生产中存在的突出问题：一是经营粗放，全国平均年产竹材不足100公斤/亩，只相当于一般丰产竹林的1/10，增产潜力远远没有得到发挥；二是南方省(区)的竹林生产由林业、商业两个部门分管，而且管理体制多变，几进几出，上下不对口，产供销不能形成“一条龙”，流通渠道不畅。如江西省抚州地区70年代每年平均上调毛竹280万根，1980～1982年3年平均调出数降到233.6万根，1983年继续下降，到1984年毛竹已基本调不出去。其他省(区)也不同程度地出现卖竹难问题，挫伤了竹农的经营积极性。目前，毛竹滞销现象有所好转，但还须进一步作出努力。

(谢源孝　赵虔一)

**【竹林垦复】** 我国竹林经营粗放，就毛竹林而言，目前尚有2/3处于荒芜状态，每亩立竹度在100株以下，年产竹材不足100公斤。而经营较好的大面积毛竹林，如浙江省的德清和安徽省的广德等县的竹林，每亩立竹度都在170株以上。河南省博爱县的丰产竹林，年产竹材1500～2000公斤/亩。两者相对照，差幅悬殊，大力垦复，势在必抓。

党的十一届三中全会以来，全国已垦复荒芜毛竹、刚竹等大型竹林400多万亩，取得较好的经济效益。湖北省蒲圻县长冲乡1983年垦复毛竹林1695亩，并结合进行压青增肥，到1986年平均每亩立竹度比3年前增加40株，新竹胸径增大2.4厘米。湖南省东安县大庙口林场约7600多亩毛竹林，1982年以来坚持劈山垦复，合理采伐，竹子长势旺，发笋多，到1986年，平均每亩立竹度由1982年的70株增加到128株，增长82.8%。浙江省安吉县灵峰寺林场溶口分场的毛竹林，由于采取了施肥、压青和除“三头”等丰产措施，每亩立竹高达346株，平均胸径在10厘米以上。(赵虔一)

**【竹子造纸】** 加紧开发和合理利用竹林第二森林资源，积极推广竹子造纸，是缓解我国木材、纸张供需矛盾的一项战略措施。

我国早在1700多年的晋代就开始利用竹子造纸，而以竹代木生产机制纸是在20世纪40年代初期。当时的四川省宜宾县中元造纸厂即今长江造纸厂就采取用硫酸盐法漂白竹浆生产市场紧缺的打字纸和道林纸。建国后，我国利用竹类造纸又有新的发展。目前，福建、江西、湖南、广西、四川、贵州、云南8省(区)有98家纸厂分别用100%的竹浆或不同比例的竹、木浆生产双面胶版纸、牛皮纸、新闻纸和高强度的伸性纸袋纸，在技术经济上都取得了较为理想的效果。但也程度不同地存在竹材供应不足和不及时等问题，影响生产进度，也打乱了需求单位的计划。近年，一些省(区)通过加强横向联系，推行竹纸联合，产需挂钩，定向培育，对口供应，共建纸料生产基地，既扶持了乡村竹林生产，又保证了纸厂原料供应，两全其美。

林纸联合共建造纸竹林的形式多种多样，总的要求是自愿互利，签订合同，权、责、利明确，取得公证。四川省宜宾长江造纸厂与周围产竹县乡的作法是：纸厂每生产1吨竹材纸提取25元作为扶持竹林生产的资金，重点投放；竹林采伐时，按合同要求，2/3按当地价格卖给纸厂，其余1/3由竹农自行处理。执行几年来，双方都感到满意。

(赵虔一)

**【笋用竹林】** 我国经营竹林历来以生产竹材为主，挖笋作为副业，单位面积的产笋量低，商品量更少。1986年，全国收购的笋干，按现有毛竹林总面积框算，平均每亩竹林仅提供商品笋干2公斤，与笋用竹林相比，相差数十倍甚至上百倍。现在，国内外市场对竹笋和笋制品的需求量大，客观形势要求我国笋用竹林要大发展。

我国有30多种优良笋用竹林，而以毛竹笋的产量高，质量也好。实行科学培育，品种合理搭配，还能做到一年四季生产鲜笋，源源供应市场。

我国江浙一带有栽培笋用竹林的经验。浙江省余姚市毛竹专业户陈康飞培育1.55亩自留山笋用林，由于采取培土施肥等措施，集约经营，并掌握谷雨前后留养母竹这一丰产技术，1983年产鲜笋2531.5公斤，平均亩产1630公斤，1986年亩产突破2500公斤，1亩笋用林的纯收入超过3000元。浙江省竹笋产量居全国首位，现有竹笋加工厂60个，规模最大的安吉县山河竹笋加工厂，年加工竹笋150万公斤。浙江省的竹笋除供应上海、南京两大城市外，近两年又开发了清汁笋罐头新产品，主销日本，年出口量约1万吨，占全国竹笋出口量的一半。这一产品又开始在美国、法国和联邦德国市场试销，发展前景广阔。(赵虔一)

## 经济林生产

**【综　述】** 经济林生产在我国具有悠久的历史。20世纪50年代，我国经济林产量保持持续上升的趋势，有几种主要经济林产品的年产量，创历史最高水平。以后产量降低，长期徘徊不前。

1974年，国务院召开了全国棉油糖麻烟生产会议。1975～1978年，农林部先后召开了3次全国油茶生产现场会和1次全国桐油生产会议。李先念等中央领导同志就加速恢复发展油茶、油桐、生漆等经济林生产作了重要指示。1976年，国家开始拨专款建设以木本油料为主的生产基地，4年共投资1亿多元，对新林的营造和老林的抚育改造起到一定推动作用。

党的十一届三中全会后，经济林生产迅速发展，主要产品产量稳步上升。“六五”期间，经济林生产由过去以发展木本油料为主转向大力发展干鲜果品、饮料原料生产基地建设，由单纯生产原料开始向生产、贮藏、加工、销售“一条龙”的方向发展。同时，积极开发沙棘、猕猴桃、刺梨、酸枣等野生资源，扩大了经济林生产领域，加快了资源优势向经济优势转化。

为了研究经济林生产在农村新形势下的发展战略，总结经验，林业部于1985年底在河北省赞皇县召开了全国经济林生产汇报会，并于1986年初发出《关于调整林业结构大力发展经济林的通知》，进一步明确了“七五”期间经济林生产主要方向是：抓好名、特、优商品基地建设，实行集约化经营，以内涵扩大再生产为主，产供销加工统一经营。并明确要求林业部门要干果鲜果一起抓，统筹规划，合理安排。1986年，国家安排经济林贴息贷款2300多万元，一些省、市和地县、还从地方财政中拨款，给基地建设以有力的支持。

**生产现状** 据“五五”森林资源清查，我国现有经济林1.69亿亩，占有林地面积10.2%。1950～1981年32年间，新造经济林已成林面积达9390万亩，占同期全国人工造林成林总面积的28.2%。1976～1986年的11年间，平均每年新造经济林1000万亩左右，其中基地造林比重较大，质量较高。1986年，山东和河北两省营造经济林分别占本省造林面积的一半以上。河北省沧州地区1986年新造经济林30多万亩，占现有经济林面积的34%。山西省1986年在造林重点工程中，营造经济林69.5万亩，占全省工程造林47.3%。湖北省的郧阳、宜昌、孝感、黄石等地(市)，近几年新造经济林面积均占造林面积的35%以上，同时增加了栽培品种，提高了干鲜果木林的比重。

“六五”期间，全国主要经济林产品平均年产量与“五五”期间相比，红枣增长25.4%，核桃增长24.2%，板栗增长24%，油茶籽增长23.8%。而且油茶、核桃、红枣、板栗、生漆、八角、棕片产量都超过历史最高纪录。桐油和乌桕的年产量至今仍未恢复到50年代的最高年水平。随着经济林的不断发展，各地还涌现出一批早实丰产典型。山东省招远县板栗密植园，8年生亩产板栗544.5公斤；河北省献县郝高官村新植枣树密植园，定植第四年平均亩产鲜枣207.25公斤，第五年471.5公斤，第六年506.15公斤。这说明，我国经济林生产蕴藏着巨大增产潜力。

根据1980年不变价格计算，1984年经济林产品产值约15亿元。经济林产品出口创汇已由1981年的1.5亿美元，增加到1985年的3亿多美元。经济林生产已成为一些地区脱贫致富的主要产业，一些乡村经济林产品收入人均几百元乃至上千元。山楂等果品主产区的万元户逐年增加，广西八角主产

**表8 主要经济林树种的优良品种和类型**

| 树种 | 品种、类型 | 主产地 |
|---|---|---|
| 油茶 | 永兴中苞红球 | 湖南永兴 |
| | 红球油茶 | 浙江、江西 |
| | 岑溪软枝油茶 | 广西岑溪、藤县 |
| | 葡萄油茶 | 广西灵川 |
| | 攸县油茶 | 湖南攸县 |
| | 红桔油茶 | 福建、贵州 |
| 油桐 | 小米桐 | 四川、贵州、湖南 |
| | 光桐3、6、7号家系 | 中国林业科学研究院亚热带林业科学研究所 |
| | 浙林选5号、3号、8号 | 浙江林学院 |
| | 立枝桐 | 四川万县、达县 |
| | 郧阳桐 | 湖北郧阳 |
| | 葡萄桐 | 湖南湘西 |
| | 千年桐桂皱27号、1号、2号、6号 | 广西 |
| 核桃 | 元丰 | 山东 |
| | 薄壳香 | 北京 |
| | 辽核1号 | 辽宁 |
| | 新疆浑85 | 新疆 |
| | 禹林1号 | 河南 |
| | 山西7806 | 山西 |
| 板栗 | 明栗 | 河北 |
| | 毛栗 | 河北 |
| | 红栗 | 山东 |
| | 九家种 | 江苏 |
| | 燕红 | 北京 |
| | 罗山紫油栗 | 河南 |
| | 浅刺大板栗 | 湖北 |
| 红枣 | 金丝小枣 | 山东、河北 |
| | 板枣 | 山西稷山 |
| | 灰枣 | 河南新郑 |
| | 蜂蜜罐 | 陕西 |
| | 赞皇大枣 | 河北赞皇 |
| | 义乌大枣 | 浙江义乌 |
| | 鸡蛋枣 | 湖南溆浦 |
| | 郎家园枣 | 北京 |

（续）

| 树种 | 品种、类型 | 主产地 |
|---|---|---|
| 乌柏 | 蜈蚣柏(选柏1号) | 浙江兰溪 |
| | 大粒鸡爪柏(选柏2号) | 浙江兰溪 |
| | 大粒葡萄柏(选柏3号) | 浙江兰溪 |
| | 铜锤柏 | 浙江兰溪 |
| 柿 | 罗田甜柿 | 湖北罗田 |
| | 磨盘柿 | 河北、山西、山东、湖南 |
| | 镜面柿 | 山东菏泽 |
| | 大红袍 | 河北石家庄地区 |
| | 博爱八月黄 | 河南博爱 |
| 猕猴桃 | 华光2号 | 河南西峡 |
| | 79-5-1 | 河南西峡 |
| | 苍选1号 | 四川苍溪 |
| | 中华61-1号、12号、36号 | 中国科学院植物研究所北京植物园 |
| | 79-Dh-1号、6号、10号 | 中国农业科学院郑州果树研究所 |
| | 781号、2号 | 江西庐山植物园 |
| 沙棘 | 无刺沙棘 | 西藏、新疆 |
| 漆树 | 灯台小木漆 | 四川酉阳 |
| | 大红袍 | 陕西平利 |
| | 阳高小木漆 | 湖北、四川 |
| 八角 | 柔枝红花八角 | 广西 |
| | 柔枝淡红花八角 | 广西 |

区还出现了万元村。

**科研成果** 油茶、油桐、核桃、板栗、红枣、柿子、乌柏、八角、漆树、猕猴桃、沙棘等先后选育出一批优良品种和类型(表8)，有些已推广应用，增产效果明显。

北京市选出的板栗优良品种燕红、燕丰和燕昌，有较好的丰产、稳产特性，8年生亩产板栗150～200公斤。全市已将200万株低产板栗树实行高接换优，2～3年即有产量，效果十分明显。枣树的"开甲"、病虫害防治、炕枣和核桃去雄，油茶嫩枝扦插和芽苗嫁接技术的推广应用，都取得了进展。1984年，世界粮食计划署援助湖南省耒阳、永兴、常宁3个县更新改造油茶老残次林24万亩，简称2696项目。受援额为小麦64950吨，食油1082.5吨，约值1600万美元。省内配套资金600万元(人民币)。经过3年的努力，工程任务已完成75%。为进一步推动经济林科普工作的深入发展，1986年12月，中国林学会批准成立了经济林专业委员会。

（李聚桢）

**【食用木本油料生产】** 我国食用油料林木资源比较丰富，对提高产区群众食油消费水平，缓解地区食油供需矛盾，发挥了重要作用。目前，各地开发利用包括引进的树种多达20余种，其中栽培面积大，商品数量多，油品质量又好的，则为油茶。

全国原有油茶林约4000万亩，建国后新造2000万亩。油茶林面积在10万亩以上的县有96个，最多的县湖南省耒阳达129万亩。从全国实行计划收购油料的1953年截至1986年的34年间，全国平均年产茶籽4.1亿公斤(折合茶油1亿公斤)。其中80年代(1980～1986)平均年产5.18亿公斤。建国以来，年产茶籽超过5亿公斤的丰收年共8年，而党的十一届三中全会后的8年间就有一半的年份年产量突破5亿公斤，其中1979年产6.17亿公斤，1981年产6.54亿公斤，1985年产6.19亿公斤。1986年，因主产省受春寒和夏旱之灾，产量减少29.4%。

茶油在全国食油构成中，80年代以前的多数年份占5～6%，最高年占到7%(1972)，近年一般占3～4%。年产茶油达到50万公斤以上的县有105个，其中湖南占49个县。全国年产茶油最多的县为湖南常宁县，1984年产茶油490万公斤，全县63.4万农业人口，人均占有茶油7.75公斤，基本上实现了食油木本化。单产也以常宁县为高，全县71万亩油茶山，1984年平均亩产油6.9公斤。提供商品茶油最多的为广西三江侗族自治县，1979年收购茶油316万公斤，全县25万农业人口，人均贡献茶油12.6公斤。增产幅度最大的为福建，该省从党的十一届三中全会以来的8年间，共产茶籽1.825亿公斤，比前8年的0.74亿公斤净增1.085亿公斤，增长1.46倍。大面积单产最高的是湖北省松滋县石桥村60年代初营造的一片68亩油茶林，前几年亩产茶油都在50公斤上下。

但就全国而言，油茶林经营粗放，多数靠天吃饭，荒芜严重。残林、老树和劣种、病株占2/3以上，单产普遍都低，平均亩产茶油只2.5～3公斤，亟待加快老林更新改造步伐，提高经营管理水平。

其他木本油料如文冠果、油橄榄和油棕等，在60年代或70年代都曾大力发展，但成效均不理想，也都未能形成油脂生产能力。近年，海南岛在总结过去发展油棕失败教训的基础上，选定在澄迈县大面积营造油棕林，建立大型油棕场，现已完成种植面积5万多亩。

1986年，这几种木本油料的产量是：油棕160万公斤(果穗)，折油35万公斤；文冠果100万公斤

(籽实)，折油 25 万公斤；油橄榄 16 万公斤(鲜果)，折油 2.5 万公斤。 (谢源孝)

【工业用木本油料生产】

**油桐和乌桕**　油桐和乌桕是我国工业用木本油料生产的支柱，多为林粮间作。50 年代是这一生产的“黄金时代”，产量逐年上升。进入 60 年代后，由于“以粮为纲”的冲击和一些产区大搞旱地改水田，小块并大块，田边地角的桐、桕树毁坏较多，产量急剧下降，生产长期徘徊，见表 9。

表 9　分年代桐、桕籽产量变化情况

单位：万公斤

| 年　代 | 油桐籽 | | 乌桕籽 | |
|---|---|---|---|---|
| | 平均年产 | 最高年产 | 平均年产 | 最高年产 |
| 50 年代(1953～1959) | 48842 | 54000(1958) | 12400 | 14090(1954) |
| 60 年代 | 30406 | 39375(1969) | 8120 | 9625(1963) |
| 70 年代 | 33498 | 39115(1978) | 7990 | 8710(1972) |
| 80 年代(1980～1986) | 34994 | 37875(1985) | 8285 | 9500(1981) |
| 1985 | 37875 | | 7120 | |
| 1986 | 34600 | | 6950 | |

注：1. 原统计 1959 年产桐籽 5.91 亿公斤，经核实为 5.29 亿公斤，低于 1958 年。

2. 原统计 1965 年产桐籽 1.299 亿公斤，经核实为 2.817 亿公斤。

最近七八年间，油桐和乌桕扩种的数量不少，尤其是油桐，每年新植的面积一般占全国经济林造林总面积的 1/3，但由于价格政策、流通渠道和产区农民口粮上仍存在问题，群众经营积极性不高，管护不力，甚至种而复毁。近年，因桐油的廉价代用品增多，桕油受国家对使用动物油制皂给予价格补贴的影响，以致桐、桕油的销路日窄。国际市场桐油的价格也一跌再跌，由正常的 1500 美元/吨左右降到 700 美元/吨以下，出口前景不佳。目前，产区桐、桕油(籽)都有积压，商业部门拒收和群众毁林现象，间有发生。

前两年，江西工业大学和上海师范大学先后研究并掌握多次结晶分提法，从桕脂中分离出甘油三酸脂的新技术，获得制造巧克力重要原料之一的类可可脂，并通过国家技术鉴定。1986 年，桕籽产量居全国第一的湖北省大悟县首先使用该项新技术，建厂加工，已在年底以自产的类可可脂为配料试生产出奶油巧克力，开始投放市场。其他如长阳、红安、罗田等产区县也正在酝酿筹建中。这一产品深加工技术的推广应用，给停滞的乌桕生产带来了新的活力。

**希蒙得木**　又名霍霍巴，原产美国的干热沙漠地区。种子富含液体蜡，分子结构与抹香鲸油相似，是耐高温、高压的高级润滑油，价格昂贵，有“液体黄金”之称。

1979 年，林业部引进少量种子，1980 年在南方 10 个省(区)布点试种，多数由于立地条件不适或雨水过多而失败。云南省干热河谷地区如永胜、元谋、元江等地引种初获成功。永胜县满官乡栽种成活 4000 多株，近年陆续开花结果。种子千粒重 1250 克，不亚于原产地；种子含油率(50～54%)和全氮氰酸含量都达到了国外水平。福建省福清县海口农场引种的霍霍巴有一部分生长比较正常。

(谢源孝)

**【木本工业原料生产】**　木本工业原料产品丰富多彩，主要包括胶料、油料、涂料、鞣料、香料、栓皮、纤维和淀粉等八大类。其中产量多的除油料外，应首推橡胶。近年，全国主要木本工业原料产量见表 10。

**橡胶**　我国最早引种橡胶为 1903 年，由马来西亚华侨何遴书在海南岛的琼海县会上区垦殖建园，称“坡塘合水公司”，其后改为“琼安橡胶园”。今国营东太农场尚存当时所植的橡胶树 800 多株。建国初期，全国橡胶面积仅万余亩。大面积垦殖始于 1952 年，到 60 年代初，已发展到 270 万亩。10 年后，胶园面积又扩大 1 倍。现在总面积已超过 700 万亩，并且把垦区由海南岛推进到被认为植胶禁区的云南西双版纳，还成功地北移到位于北纬 24°多的高黎贡山，创造了世界植胶史上的奇迹。我国在橡胶花药培养研究方面，也取得重大突破，已选育出世界首批橡胶树花药植株，品系为“海垦 2 号”，其产量比当今世界公认的高产橡胶品系“RRIM　600”还高 10%以上，而且能提早 1～2 年割胶。1986 年，全国产干胶 18.87 万吨，创历史最好水平，相当于 50 年代平均年产的 446.3 倍。产量以广东为多，约占 80%，云南居第二位，广西和福建所占数量在 5%以下。目前，我国自产橡胶还不能满足工业需要，既要扩大种植，更重要的是在内涵挖潜上下功夫。

**漆树**　全国现有漆树 4 亿多株，折合面积约 660 万亩，资源比建国初期增加 3 倍。最近几年，一些产区还在大面积营造。甘肃康县三官乡近几年来种漆树 1 万多亩，户均 7 亩，人均 1.6 亩。进入 80 年代，全国生漆产量稳定上升，平均年产漆 255 万公斤，比 50 年代的平均年产 146.5 万公斤增长 57.4%。主产区为陕西、湖北和四川 3 个省。其中陕西省年产一般占全国的 30%左右，最高年(1981)占 37.15%。全国年产漆 2.5 万公斤以上的重点县有 17 个，产量最多的为陕西省岚皋县，1979 年产漆

13.6万公斤，居全国首位。该省的平利县年产漆量在5万公斤以上，国内外闻名的"牛王漆"就出产在平利县胜利乡的牛王沟。湖北省利川县的"毛坝漆"也很有名。高产漆树为河南省南召县马市坪乡角石村位于海拔1490米山上的1棵大漆树，树龄约80年，树高15米，胸径56.3厘米。1980年割漆4公斤。1981年停割，1982年产漆3公斤。而一般20来年的漆树，年产漆0.15～0.25公斤。

近年，由于新型涂料丙烯酸酯的投入生产和推广应用，给天然漆的产销带来一定的冲击。1984～1986年的3年间，全国生漆产量都控制在225万公斤上下。生漆的出口量也出现下降趋势。亟需调整规划布局，扩大材漆两用林的营造，实行长短兼顾，变被动为主动。

**表10　全国近年主要木本工业原料统计**

| 品名 | 单位 | 1984 | 1985 | 1986 |
|---|---|---|---|---|
| 橡胶(干胶) | 吨 | 188778 | 187901 | 186900 |
| 生漆 | 万吨 | 0.2 | 0.2 | 0.3 |
| 五倍子 | 万吨 | 0.3 | 0.3 | 0.4 |
| 紫胶(原胶) | 万吨 | 0.29 | 0.4 | 0.25 |
| 棕片 | 万吨 | 3.4 | 3.6 | 3.3 |
| 软木砖(纸) | 立方米 | 39481 | 31999 | 63674 |

（谢源孝　毕庶嵩）

**【干果生产】**　我国干果生产随着统派购制度的改革和生产责任制的完善，呈现出一派前所未有的好势头。不少地区把发展林果生产作为振兴经济的突破口，领导力量加强，群众经营积极性提高，多数品种的产量逐年上升。增产幅度较大的为核桃、板栗和红枣。近年全国主要林果产量冠军县见表11。

**表11　近年全国主要林果产量冠军县**

单位：万公斤

| 品名 | 1984 | 1985 | 1986 |
|---|---|---|---|
| 核桃 | 山西　孝义<br>350.0 | 山西　汾阳<br>420.0 | 山西　汾阳<br>370.0 |
| 板栗 | 河北　迁西<br>1136.5 | 河北　迁西<br>750.0 | 河北　迁西<br>1010.9 |
| 枣 | 河北　阜平<br>3199.5 | 河南　内黄<br>3197.0 | 河南　内黄<br>4000.0 |
| 白果 | 江苏　泰兴<br>120.0 | 江苏　泰兴<br>125.0 | 江苏　泰兴<br>122.5 |
| 杏仁 | 内蒙古　科尔沁右翼前旗<br>100.0 | 辽宁　凌源<br>87.0 | 内蒙古　克什克腾旗<br>100.0 |
| 柿 | 河南　荥阳<br>1500.0 | 山西　万荣<br>1750.0 | 河南　荥阳<br>2000.0 |
| 山楂 | 河北　兴隆<br>500.0 | 河北　兴隆<br>600.0 | 河北　兴隆<br>553.4 |

**核桃**　最近几年，山西、河北、山东、河南、陕西五大北方核桃主产区，都注重树体管理，分别在高接换头、实膛修剪和疏花去雄上下功夫。山西省1985年在14个产区县仅推广核桃疏雄技术一项，就获得增产75万公斤的效益。云南产区重视肥培管理，多年产量保持稳定上升的趋势。1980～1986年，全国平均年产1.19亿公斤，1986年产1.36亿公斤。增产幅度最大的为云南，山西和河南次之，见表12。

**表12　6个核桃主产省70～80年代产量增长情况**

单位：万公斤

| 地区 | 70年代平均年产 | 1980～1985年平均年产 | 增长(%) |
|---|---|---|---|
| 云南 | 915.5 | 2612.0 | 185.3 |
| 山西 | 1282.0 | 2079.5 | 62.2 |
| 河南 | 326.5 | 526.5 | 61.2 |
| 河北 | 939.0 | 1114.0 | 18.6 |
| 山东 | 249.0 | 291.0 | 16.8 |
| 陕西 | 1571.0 | 1822.5 | 16.0 |

湖北和新疆两省(区)由于1960年前后的几个"大办"，核桃资源破坏严重；以后培植又少，成效欠佳。至今年产一般只相当于50年代中期最高年份的1/6～1/7。

**板栗**　进入80年代以来的几年间，全国板栗面积增加约20%，产量增长34%。北方一些产区在兴建板栗密植园、改造低产栗树和扩大"燕红"等良种繁育上做了不少工作。1980年，山东省招远县新建700多亩密植栗园，2年挂果，3年投产，第七年(1986)最高产栗725公斤/亩。板栗年产量以河北省为多：1984年产栗3175万公斤，占全国的38%；1985年产2380万公斤，占28.6%。增产幅度最大的为辽宁省，1985年产698万公斤，比上一年增长45.4%。与其70年代的平均年产111.5万公斤相比，增长5.26倍。近年，滴灌技术在燕山板栗产区推广应用，增产效果十分显著。据遵化县达志沟村测定，利用一口出水量只有6立方米/小时的井，滴灌板栗100亩，年流水10次，1982年板栗从原来的亩产47.5公斤，增长到95公斤。1984年亩产板栗提高到242公斤，而不滴灌的对照栗园亩产只有84公斤。滴灌3年，单产增长4倍。

**红枣**　近年枣粮间作在北方平原沙区，营建范围和地区不断扩大，面积不下200万亩。河北沧州地区，1984 年完成枣粮间作 24 万亩，相当全区建国 35 年来实际增长的总和。枣树的“开甲”、虫害防治和炕枣加工等技术，正在各地推广应用，经营水平有所提高，产量上升。1985 年，河南省产枣 0.78 亿公斤，比 1984 年增长 65%，1986 年产 1 亿公斤，又比 1985 年增长 28.2%，而且虫果率下降到 10%以下。南方枣区近几年走上中兴之路，发展步伐加快。湖南省 1985 年和 1986 这两年，产枣都在 1050 万公斤以上，比 70 年代的平均年产 386 万公斤，增长 1.7 倍。（谢源孝　易哲）

**【木本调料生产】** 随着我国城乡肉食消费水平的提高和食品工业的发展，木本调料的需求日增。特别是近几年来，多种调料货源不足，供应紧缺，重点发展，大有必要。

**胡椒** 我国所需胡椒过去全靠进口。1947 年，海南岛琼东县(今琼海县)温泉乡华侨王裕文从新加坡带回 2 株胡椒苗，栽活 1 株。从此，胡椒在海南岛安家落户，扩大繁殖。40 年代末，这株母树仍长势良好，年年挂果。而国家大量引进良种大叶椒是在 1956～1958 年 3 年间，分别从新加坡和印度尼西亚等国引入插条苗 8000 多株。60 年代末期，海南的胡椒园曾扩大到7万亩，后因受瘟病危害，损失3/4。现在全国胡椒园面积有 10 万多亩，海南岛占 80%，其次为云南的西双版纳。1985 年，我国胡椒总产 403 万公斤。年产量最多的是琼海县，一般占全国总产的 1/4；其次为文昌、万宁和临高等县。

**八角** 主产广西和云南，广东次之。八角林面积约 125 万亩，广西占 80%。正常年产八角(干)750 万公斤，最高年达到 1200 万公斤，其中广西占 85%。“南宁八角”、”天保茴油”，驰名中外。优良品种有柔枝八角、红花八角和厚叶红花八角等，而以柔枝八角的产量稳定，含油率 10.93%，均优于其他品种。小果红花八角含油量虽低，但茴脑含量高，香味浓，仍有推广价值。防城县那扶乡那河村的八角林亩产鲜八角果 917 公斤，折干 275.1 公斤。德保县那甲乡那猴村八角林亩产 1330 公斤鲜果，折干 399.9 公斤。每亩产值 2000～3000 元。凭祥市夏石乡夏桐村 1984 年产八角 35 万公斤，收入 254 万元，占农业总收入的 86%，全村 241 户，户均八角收入 10530 元，成为全自治区的第一个户数多的“万元村”。

**花椒** 建国初期，全国花椒年产不过 250 万公斤，1985 年达到 15500 吨，增长 5 倍。其中山东省产量占 43.8%。集中产区为山东的沂源(1400 吨)、莱芜(1285 吨)，河北的平山(800 吨)，河南的林县(425 吨)，山西的左权(420 吨)。近年，花椒购销价格上升，群众造林积极性高。陕西省韩城市建成百里花椒林带。各地对花椒林的管理有所加强，花椒产量可望持续上升。（谢源孝　易　哲）

**【野生林果生产】** 我国野生林果种类多，资源丰富。积极而合理地开发利用野生林果，挖掘潜力，扩大繁育，有助于产区经济繁荣。

**沙棘** 我国现有沙棘林约 1000 万亩，其中人工林 200 多万亩。年总结果量约 2.5 亿公斤。沙棘资源以山西省为多，占全国的一半。西藏和新疆还发现无刺或少刺沙棘等珍贵品种。以往各地栽培沙棘目的在于保持水土和获得薪柴；而作为经济林经营，以利用果实为主则是在 70 年代后期才引起重视。1980 年，内蒙古自治区呼和浩特市十六中学从中国驻蒙古使馆获得国外加工利用沙棘的信息，经与自治区农牧机械研究所合作研究，于 1984 年制成沙棘果汁。呼和浩特市中药厂试制的沙棘精也投放市场，从此揭开了我国沙棘果品深加工的序幕。以后的三四年间，西北、华北的一些产区相继出现“沙棘热”，多部门协作，多层次经营，竞相建厂，生产出饮料、露酒、汽酒、果酱、药品等系列产品，有的产区和单位已进入第二期开发工程，即沙棘油工程。甘肃省秦安县沙棘加工厂采用济南军区发明的沙棘油提取新技术所得沙棘油品质及纯度都达到了国际先进水平。但各地都程度不同地存在争资源和盲目建厂，竭泽而渔等问题。

为此，林业部于 1985 年 1 月 8～9 日在北京召开山西、内蒙古、河北、甘肃、青海、辽宁等 6 省、自治区沙棘开发利用工作座谈会，进行研究。同年 8 月，林业部又与中国林学会在山西联合召开了全国沙棘培育利用讨论会。1986 年 5 月，全国沙棘协调办公室成立。9 月，水利电力部、林业部和山西省人民政府在太原市召开了全国沙棘开发利用经验交流会。会议强调要加强资源建设，组织科研攻关，发展横向联合，保证产品质量和厂点的合理布局，使沙棘开发利用建立在可靠的、高质量的基础之上。为了提高沙棘林的经营管理水平，1986 年底，林业部委托中国林业科学研究院在北京举办了全国沙棘训练班。

**猕猴桃** 全世界猕猴桃共 56 种，我国占有 54 种。全国猕猴桃蕴藏量共约 1.5 亿公斤，占世界年产量的一半。但我国的猕猴桃均系野生，果品利用率很低，仅占蕴藏量的 10～20%。近年人工栽培面积 5 万多亩，其中高标准建园面积不足 1/10。

我国猕猴桃种质资源优势大。四川省苍溪县自选品种“苍选 1 号”，1983 年嫁接，1985 年株产果 15 公斤，最重单果 286 克，远远超过新西兰的“海沃德”。河南省西峡县新选育的“华光 2 号”和“79-5-1”两个新品种，其维生素含量分别达到 150 毫克/100 克和 116.7 毫克/100 克，风味、色泽、果重和单位面积产量均比“海沃德”品种优良。

1986年，林业部在被誉为“猕猴桃之乡”的西峡县举办全国猕猴桃训练班，并从中国科学院北京植物园聘请4位专家到班上讲学。目前，猕猴桃资源开发利用步子迈得大的县为西峡县，1986年采收加工猕猴桃鲜果近600万斤，利用率达到75%以上，已生产出猕猴桃果汁、果酱等销往日本、瑞典等国，鲜果开始打入香港市场。

**其他** 此外，还有刺梨、越桔、山葡萄、黑加仑(黑醋栗)、余甘子等，近年各地都在积极组织开发利用。贵州省年产刺梨达1500万公斤，年收购量占1/3，生产刺梨食品、果汁的工厂有34家。广西壮族自治区乐业县近年已人工栽培出新的刺梨株。广东省惠安县野生余柑子资源8.2万亩，其中千亩以上连片，密度在60株/亩以上的有13片，经过嫁接后，第二年亩产鲜果200多公斤，第六年进入盛产期，亩产鲜果500公斤以上，价值近千元。黑龙江省新发展黑加仑12万多亩，年产果达500万公斤。 (谢源孝 毕庶嵩)

## 薪炭林生产

**【综　述】** 据“五五”森林资源清查，我国薪炭林面积369万公顷，仅占全国森林总面积的3.4%。大都是天然次生残林和过量樵采的人工残林，人工营造的薪炭林为数不多。由于营林技术落后，薪材产量很低。一般年产薪材100～200公斤/亩。由薪炭林提供的薪材是少量的。20世纪80年代初期，全国年提供薪材约9000万吨，绝大部分是由用材林、防护林所提供。同期，全国1年实际消耗薪材1.81亿吨，其中一半以上是来自过量樵采，薪材消耗成为森林资源的最大威胁。河南省年可提供薪材570万吨，实际消耗为1400万吨，超过提供量的1.45倍。人口较多的丘陵浅山区，大都成了童山秃岭。甘肃省年可提供薪材347万吨，实际消耗量为1007万吨，超过1.9倍。该省敦煌县，20世纪50年代有天然灌木林218万亩，由于过量樵采，20多年破坏了一半。沙化、盐渍化面积扩大。贵州省许多地方，由于农村能源短缺，造成山难封，林难养，采伐失控，年年造林成效甚微。

党的十一届三中全会以来，制定了“因地制宜，多能互补，综合利用，讲求效益”的国家农村能源方针；提出了：农村能源建设立足当地，自建为主，民办公助的政策。1981年3月8日中共中央、国务院颁布的《关于保护森林发展林业若干问题的决定》中指出：“在烧柴困难的地方，要把发展薪炭林作为植树造林的首要任务，划定地段，组织社队、社员，以及机关、部队、厂矿、学校、农牧场等单位，积极营造，谁造归谁所有。”农村能源方针、政策和中央关于发展薪炭林的指示，为薪炭林指出了正确的发展方向。

1980～1981年，在国家农委主持下，林业部组织进行了全国薪材资源区划，初步摸清了各地薪材资源基本情况，全国年提供薪材8858万吨。1981年建立了全国薪炭林发展统计制度；1982年薪炭林列入“六五”国家农村能源发展(指导性)计划。从此，我国薪炭林开始走上新的发展轨道。1984～1985年，林业部组织各省、自治区、直辖市进行了全国薪材消耗量调查，全国年消耗薪材已超过2亿吨，薪材消耗量还处在增加的趋势。

从1985年起，国家每年拨给经费45万元，两年在21个省、自治区、直辖市的43个县开展了营造薪炭林试点。旨在建立示范薪炭林，总结发展薪炭林的经验，推动各地薪炭林的发展。到1986年底，已完成试点造林种植作业面积15万多亩，预计1987年春可完成试点造林任务。试点造林，已在薪炭林试点县产生了积极影响，有些县已搞了发展薪炭林规划，并积极组织农民实施。

“六五”期间，全国完成薪炭林种植作业面积3074万亩。成绩突出的有：黑龙江省给全省227万农户划分了474.8万亩薪炭林地。省农业银行、林业厅发放170万元支持农民发展薪炭林。“六五”期间营造薪炭林保存面积256万亩。北京市密云县“六五”期间发展薪炭林6.1万亩，全县已达到15万多亩。北京市政府近两年拨出140万元扶持农民发展薪炭林。广东省阳江县政府支持林业局利用银行贷款有偿扶持林业“两户一体”发展薪炭林。310个“两户一体”3年造窿缘桉薪炭林8万亩，当年郁闭成林。

“六五”期间后3年，国家计委、经委拨出108万元薪炭林科研经费，林业部委托中国林业科学研究院、东北林学院等林业科研、教学单位，按不同气候生物带和地貌类型区，在广东、广西、四川、江西、湖南、湖北、安徽、天津、辽宁、黑龙江、内蒙古和新疆等地设置试验点，进行薪炭林树种筛选、引种和薪炭林营林技术试验研究。“七五”期间，薪炭林研究列入国家科技攻关计划。

1986年9月2～5日，林业部在北京市密云县召开了全国薪炭林工作座谈会。会议全面总结了“六五”期间薪炭林建设的经验。 (郭怀让)

【短轮伐期平茬采薪经营型】 根据各薪炭林树种最佳采薪周期，进行平茬采薪，分年收获。为了保持生态效益和年年取薪的需要，有计划地进行轮流采薪。如4年为1个采薪周期，1年采伐林子的1/4。秋后采薪，翌年春天萌芽更新，一株萌条一丛，夏秋又郁闭成林，生物量增加。一次造林，多次采薪，多年利用，形成稳定的生物质能源资源。如刺槐、桉树、木麻黄、台湾相思、新银合欢等乔木树种及灌木柳、沙棘、柠条、紫穗槐、柽柳、胡枝子、麻桑等灌木薪炭林都实行此种经营。平茬采薪，全株为薪，全林为薪，单位面积薪材产量高。北京市密云县不老屯村经营的刺槐薪炭林，年产薪材550公斤/亩，为传统柴山产柴量的3～5倍；为一般林木修枝取柴量的5～10倍。河北省承德县经营的刺槐薪炭林，3～4年砍伐1次，除得薪材，产镐、锹柄把100～200根/亩，收入50～100元。立地条件较差的宜林地或生产商品薪材为目的薪炭林，宜采用此种经营型。而且，它的生态效益不亚于水土保持林。 （郭怀让）

【乔薪结合经营型】 在同一块林地上，既培育薪材，又培育用材，以培育薪材为主，兼培育少量用材的薪炭林。其林相为上乔木下矮林，呈复层林状。如黑龙江省明水县，杨树与灌木柳结合；辽宁省建平县油松与沙棘，杨树与沙棘；浙江省富阳县渔山乡，上层栎类疏林，下层阔叶乔灌矮林，3年轮伐1次，产鲜柴2500公斤/亩，既提供了烧柴，又培育了少量用材，农民很满意。在我国既缺燃料，又缺用材的广大丘陵浅山区，利用具有一定条件的宜林地，发展乔薪结合型薪炭林是很有前途的。但是，过于瘠薄的宜林地不适宜经营此种类型。 （郭怀让）

【薪材、经济林结合经营型】 选用多效益树种营造薪炭林，既得到薪材，又得到经济效益。如它们的果、核、种子、树皮等提供商品，得到经济收益。树木长到一定年限，结实减少，或者已到工艺成熟期，通过砍伐，萌芽更新，恢复生机，再度结实。更新砍伐，收到大量薪材。如此反复，可利用多年。这种经营，在我国颇多。如沙棘、山杏、山苍子、黑荆树等，先以采收果、核、种子为主，待生长衰退时，进行砍伐更新，收取薪材。

**沙棘** 主要分布在我国北方、西北黄土丘陵和沙区，是很好的薪炭林和有很高经济价值的树种。雌雄异株，造林后3～4年，雌株开始结果。近几年来，沙棘果被开发利用。果汁、种仁富含维生素C、E，有很高的营养价值和经济价值。现在一般经营的，年产果15～20公斤/亩，可收入15～20元。雄株生命力强，萌蘖多，4～5年在林地上就占了优势，大大超过授粉的需要，可砍去一部分做烧柴。雌株在6～8年后，结果减少，这时应进行平茬更新。第一次砍伐，一般可收薪材2000～3000公斤/亩，第二次平茬收获薪材量更多。

**山杏** 分布于华北山地、西北黄土丘陵。杏仁有很高的经济价值，树木是很好的薪材和小柄把加工材料。河北省丰宁县农民收几年果核后，砍伐收柴。萌芽更新，恢复生机，再度结实。

**山苍子** 中南、华东等地区多有分布，种子可以提取芳香油，有很高的经济价值。湖南省衡山县有大面积经营。结实几年，树势衰退，结实减少，砍伐取薪。萌芽更新，速生复壮，再度结实。

**黑荆树** 生长快，伐期短。树皮含单宁40%以上，是优质栲胶原料；木材热值较高，是很好的薪材。6～8年采伐，一般产树皮500～700公斤/亩，价值300～400多元，还产薪材3～4吨。

（郭怀让）

【头木育薪经营型】 头木育薪，有的叫头木作业，在我国许多地方有经营的历史和经验。头木育薪，造林3～4年，从距地面2～2.5米高处截干，当年萌发丛生，生长1年，间去弱条（得到一些薪材），保留壮条培育，3～4年再砍伐，获取大量薪材。以后每隔3～4年采薪1次。陕西省有的县柳树头木育薪已有80余年，1次砍柴几百公斤。各地头木育薪树种有柳树（旱柳居多）、铁刀木、刺槐、合欢、新银合欢、桉树等。华北、西北、中原、江汉平原不少地方的旱柳都实行头木育薪。湖北省潜江县路沟渠边栽植的柳树主要为培育薪材。公安县长江防浪林，栽柳10余行，实行头木育薪，每年砍几行，3年轮砍一遍，既增强了防浪作用，年年又得到大量烧柴和小料。云南省西双版纳地区，傣族习惯用铁刀木头木育薪，一户栽培几十株，解决烧柴问题。广东、广西、福建等沿海地区引种了新银合欢，采取头木育薪，都可以提供大量薪材。 （郭怀让）

# 花卉生产

【综 述】 我国有丰富的花木资源，随着我国社会主义物质文明与精神文明建设的发展，花卉已成为一项大有前途的新兴产业，人们对各种观赏树木、花卉、盆景等需求量越来越大，花卉在国内外都拥有广阔的市场。

林业系统发展木本、草本花卉，观赏树木，盆景等方面生产都有得天独厚的有利条件。近几年来，不少地方的国营苗圃、林场把花木生产作为调整苗木产品结构的一项内容和脱贫致富的门路，种植面积迅速扩大，产值成倍增长。国内已有许多国营苗圃、林场，根据花卉市场的需要和当地条件，新辟花圃，修建暖房，引进名花，开发野生花木资源，扩大繁育，开拓了花木的销路，提高了经济效益，增强了场圃的活力。如辽宁省有 27 个苗圃、16 个林场开展了花木生产，年盈利达 67 万元。山东省 150 多个苗圃都发展了花木生产，经营较好的有 50 个苗圃、10 个林场，年花木销售额 100 万元左右。湖北省 47 个苗圃和近一半的林场经营花木生产，年销售额 300 多万元。北京市温泉苗圃培育了适合城镇绿化、美化的花卉，近 3 年来，花木收入 184 万元。河北省涿县苗圃在部分绿化苗木需求出现饱和的情况下，逐步向美化、香化、立体化和耐阴观赏植物方面发展，几年来收到了较好的经济效益。山西省孝文山林场利用林区丰富的灌木资源建起了年产 3600 件根雕艺术品加工厂，开拓了商品生产的门路。广东省一些毗邻香港、澳门的林场和苗圃，利用出口的便利条件，积极发展外向型花卉生产，为国家创汇增收。

当前，一些有条件的场圃，已着手建立或逐步形成一定规模的花木生产基地。如江苏、浙江、广东等省，有相当一部分国营苗圃、林场在培育造林树种苗木的同时，积极开展观赏树木、花卉和盆景等项生产，有些已具有一定的生产能力，形成花木商品生产基地。广西壮族自治区组建了国营林场、苗圃、树木园和科研、教学等 40 多个单位的花木生产经营联合体广西壮族自治区振林花木公司。北京市琅山苗圃、上海市林业工作站，先后建立起具有先进水平的鲜切花生产基地。山东省菏泽地区林业局，为提高“曹州牡丹”的品质和扩大名贵品种的繁育，近年建立一处菏泽牡丹良种繁育基地，正朝着经营集约化、生产专业化的方向发展。

近几年来，在花卉科研、教学方面都有所发展。以北京林业大学主持的金茶花繁殖与育种研究已取得部分科研成果，并为保护我国珍稀植物种质、提供金茶花科研基地和材料，在南宁市建立两座金茶花基因库。中国林业科学研究院林业研究所主持开展了观赏树木课题研究。北京林业大学园林系开展温室盆花无土栽培生产及唐菖蒲球根生产研究。中国林业科学研究院亚热带林业研究所开展茶花繁殖和鲜花保鲜技术的研究。相当一部分地方林业科研、教学单位也相继开展有关花卉方面的课题研究。在教学方面，除北京林业大学已有园林系外，其他林业院校、林业学校根据各自的条件增设园林专业或班。此外，各地还根据需要和条件，分别举办多期有关花木生产技术的短期培训班，以培训人才，提高花木生产的技术水平。

目前，我国花卉生产水平还很低，与世界发达国家相比，在花卉的消费水平、贸易额、生产技术手段等方面差距很大，更缺乏竞争能力；在国内也不能满足旅游事业和人民的需求。特别是几个大城市的供需矛盾更为突出，部分鲜花还需进口。当前，林业系统花木生产还处在起步阶段，存在着技术落后、品种陈旧、质量不高以及信息和流通渠道不畅等问题，有待进一步解决。

为了推动林业系统花卉事业的发展，加强引导与协调，沟通信息，交流经验，林业部于 1986 年 1 月成立了林业花卉协会。有条件的省、自治区、直辖市也相继成立或正积极筹建地方林业花卉协会。

（罗兆兰）

## 农村平原林业

【综　述】 平原林业是在平原地区建立以农田防护林网为主体，结合“四旁”(宅旁、村旁、路旁、水旁)植树、农林间作、成片造林，构成具有我国平原绿化特点的带、网、片相结合的综合防护林体系。它既能发挥综合的防护作用，维持农区生态平衡，又能改造单一农业经济结构，取得多种经济效益，对解决农村用材烧柴奇缺矛盾等方面，都具有重要意义，也是建国以后林业建设取得较好成效的一个方面。

我国平原主要有：三江平原、东北平原、华北平原、长江中下游平原和珠江三角洲。平原的人口3 亿多，耕地面积近 4000 万公顷，是我国农产品的生产基地，也是经济文化发达的地方，在国民经济中占有重要地位。

建国开始，党和政府就非常重视平原沙荒地区的造林。列为全国沙荒造林重点的有陕西北部、河南东部、河北西部、永定河下游、东北西部、内蒙古东部以及沿海一些风沙灾害严重的地区。1956 年颁发的《一九五六年到一九六七年全国农业发展纲要草案》要求各地“在一切宅旁、村旁、路旁、水旁，只要是可能的，都要有计划地种起树来。”平原绿化的重点从此由沙区转向农业腹地；由以往的宅旁、村旁零星植树逐渐向路旁、水旁成行连带造林发展，形成护田林带。到了70年代中后期，绿化的地域逐渐从“四旁”扩展到大田。有些县结合农田基本建设，以道路、河流、渠道为骨架营造林带，从而发展成为方田林网的格局。农林部先后几次在河南、山东、河北等省召开了平原绿化现场会，推动了全国平原绿化事业向农田林网化的方向发展。

党的十一届三中全会以后，各地平原绿化事业进入了一个蓬勃发展的新阶段。在广大平原上不仅营造了大面积的农田林网，而且通过“四旁”植树、农林间作、成片造林等方面的发展，构成了带、网、片相结合的平原林业体系。1986年初，林业部制定了《华北、中原地区平原县绿化标准》(试行)，5月在河南省商丘市召开了华北、中原8省(市)平原绿化现场经验交流会，会上还表彰了一批平原绿化先进地区和县、市，从而把平原绿化工作推进到一个新阶段。其主要特点是：①在耕地实行以家庭承包经营为主要形式的情况下，把“统”和“分”有机结合起来，实行统一规划，分户经营，农田林网继续大规模发展；②调整了农业内部结构，通过大面积农林间作(包括桐粮、果粮、条粮间作等)，林木进大田，改变了“山上种树，平原种粮”的旧习惯，开始形成新的农林耕作制度；③农林间作和农田林网由一个或几个县发展到一个或几个地区，形成千万亩相连的，点、线、网、片相结合的农田防护林体系；④正在逐步突破平原林业比较单一的格局，因地制宜地向多样化、多层次、立体化发展，不仅发挥显著的防护效益，而且讲求经济效益和社会效益，广大农民考虑植树绿化的同时研究林产品的加工利用。内涵更加深化，视野更加开阔。

1986年，全国开展平原绿化活动的22个省、自治区、直辖市初步统计，营造农田林网的农田面积约2亿亩，“四旁”植树78亿株，成片造林7500万亩，农林间作4876万亩。林木覆盖率有了较大提高。

平原绿化开展早，取得成效显著的地区，已在改变自然面貌和经济状况等方面，发生了显著的变化：①制服了风沙，改善了生态环境，促进了农业的发展。河南省民权县过去风沙灾害严重，小麦平均亩产不到50公斤，现在林木覆盖率达22.2%，风沙灾害得到了控制，粮食不断增产，全县1978年以前吃统销粮2000多万公斤，1985年交售国家粮食0.6亿公斤。②调整了木材生产布局。据统计，河南、安徽(皖北)、山东、江苏(苏北)4省平原地区已有47个县年产材3万立方米以上，其中有21个县年产材5万立方米以上。河南省新的平原木材基地已基本形成。现在，平原地区林木蓄积量已达3100万立方米，占全省总蓄积量的45.4%，材积年生长量723万立方米，占全省年总生长量的77.7%。已有16个县林木蓄积量超过50万立方米。该省1976年和1980年两次森林资源清查对比，4年全省林木总蓄积量减少10.5%，而平原地区的林木蓄积量却增加14.9%。③增加经济收入。林业发展早的地方，林木已更新几代。目前河南平原林业收入1000万元以上的县有9个 其中一些乡、村，每年出售桐木收入已占到农业总收入的30～50%。④开辟了饲料、燃料、肥料来源，为发展多种经营创造了条件。 (杨正平 刘 红)

**【农田林网】** 平原地区农田林网由主、副林带组成。主林带垂直于主风方向，副林带与主林带垂直，形成网格状，用以防御风沙灾害，改善生态环境。建国初期，各地营造的农田林网采用苏联的宽林带、大网格模式，防护效果不理想；70年代以后，通过实践总结，推广现行的窄林带、小网格。林带一般宽3～5米，栽树1～3行，为疏透结构。网格面积一般为200～300亩。我国现有农田林网约2亿亩。安徽省淮北地区农田林网建设面积已达2000万亩，占适宜农田林网面积的70%以上。江苏省徐州市建成林网面积730万亩，占可建林网面积的88%，基本上实现了农田林网化。

据河南北部、东部和江苏北部多点长期观测，在农田林网有效防护范围内，地表风速降低30～40%，相对湿度提高10～20%，蒸发量平均减少29.2%，土壤含水量增加20～39%，农田生物量增加15.1吨／公顷，完全控制了沙尘暴，显著减轻并逐步消除了几乎年年发生的干热风的危害，大大提高了粮食产量。江苏省丰县调查统计，凡有林网保护的农田，可使小麦增产15～20%，棉花增产8～10%，水稻增产4～14%。因为农田林网“胁地一条线，增产一大片”，能够获得林茂粮丰的效果。丰县平原绿化10多年，粮食增产较显著。1985年，粮食总产4.94亿公斤，人均577公斤，比林网化前的1974年增长1.82倍。由于树叶的增多，也促进了畜牧事业的发展。该县1985年养羊39.65万只，养兔23.21万只，分别比1984年增长1.2倍和2.3倍。各地林网建设以70年代中后期的发展速度较快，一些跨县跨地区的连片大林网正在逐步形成。存在问题是树种单一，栽植密度偏大，虫害比较严重，植株长势不旺。目前，一些县和乡，开始对一些地段的树种、林型和密度进行调整，以提高林网的防护效益和经济效益。 (杨正平 刘 红)

**【“四旁”植树】** “四旁”植树兼有绿化祖国和美化家园的双重作用，与群众生产生活关系更为密切，历来是平原地区发展林业的一个重要方面。党的十一届三中全会以来，全国每年“四旁”植树都在40亿株以上，其中平原地区占1/3。许多缺树少林的平原，通过发展"四旁"植树，基本上解决了群众烧柴用材困难，自然面貌和产业结构都发生了可喜的变化，经济收入增多，成效显著。

1986年统计，山东、山西、河南、河北、江苏、安徽和北京、天津8省(市)村庄树木覆盖率在30%以上的县有286个；"四旁"树木蓄积已达1亿立方米以上。安徽省淮北平原6.8万个自然村，80%以上营造了环村片林，林地面积达300多万亩，拥有蓄积量800万立方米，村庄树木绿化度达80%以上，成为淮北主要木材生产基地。河南省绿化村庄21万个，面积347万亩；绿化河道、公路、铁路10多万公里，占应绿化里程的80%，"四旁"树木保存11亿株。该省周口地区人均有树35株，林木覆盖率达15%，年生长量达187万立方米，价值5亿多元。随着木材和果品等加工事业的发展，林业开始成为平原农村经济的一个重要方面。

（杨正平　刘　红）

**【农桐间作】** 建国初期，河南东部沙荒地区兰考、睢县的农民，积极响应政府治沙造林、保护农田的号召，开始在一些农田中以及田间道路、沟渠两侧栽植泡桐。通过连年观察证明，田间种桐，有利无害。后来，间作面积扩大，并逐步发展成为当地的一种新的间作制度，推广到黄泛区的民权、中牟等县。70年代，地处黄河故道的安徽北部、江苏北部、山东南部和华北平原也推广河南东部的间作经验，大种泡桐。目前，全国农桐间作面积达4500万亩，其中河南省占57%，见表13。

农桐间作大大改善了农业生态环境，为保障农业增产增收创造有利条件。据河南省许昌地区科研部门调查，农桐间作地比一般农田每亩年增加收入50～70元。睢县林业局还作过多年的试点观测，在有干热风的情况下，农桐间作区的小麦产量比空旷区提高20%左右，千粒重增加2～4克。

**表13　全国现有农桐间作面积统计**

单位：万亩

| 地　区 | 农桐间作面积 |
|---|---|
| 河　南 | 2578 |
| 山　东 | 1295 |
| 河　北 | 243 |
| 安　徽 | 209 |
| 陕　西 | 120 |
| 山　西 | 34 |
| 江　苏 | 30 |
| 合　计 | 4509 |

农桐间作的桐木收入也相当可观，民权县程庄乡毕集村间作的泡桐，1978年采伐利用2500立方米，收入75万元，人均436元。兰考县孔场村利用泡桐树根加工电工用料，1984年总产值64万元，获纯利24.5万元，全村因此出现12个万元户。

我国出口的泡桐材主要来自农桐间作区。河南年出口桐木2万～2.5万立方米。山东省1979～1984年的6年间，共出口桐木5.5万立方米，桐板8.2万立方米，创外汇收入4300万美元。安徽省亳县1985年向日本和东南亚国家出口桐木1.5万立方米。

（谢源孝　刘　红）

**【平原绿化会】** 70年代初期，中原、华北和淮北一些地区的平原绿化事业发展较快，如河南省博爱、山东省兖州、安徽省涡阳等县农田防护林建设已发展成为方田林网的格局，进度也快。1975年，农林部在河南省许昌市和安徽省阜阳市召开了18省、自治区、直辖市"四旁"绿化和农田林网化现场会，推广他们的先进经验。这是平原绿化事业跨进到农田林网化阶段的新起点。此后，林业部又多次在这些地区召开平原绿化会议，见表14。

**表14　历次平原绿化会议情况**

| 序列 | 会议名称 | 时　间 | 地　点 | 参加省、自治区、直辖市 | 参加人数 | 会议主持人 |
|---|---|---|---|---|---|---|
| 1 | 华北中原地区平原绿化现场会议 | 1977年9月16～23日 | 河南省许昌、商丘地区 | 京、津、冀、晋、蒙、苏、皖、鲁、豫、陕 | 330 | 杨延森 |
| 2 | 第二次华北中原地区平原绿化现场会议 | 1978年9月5～12日 | 山东省兖州县 | 京、津、冀、晋、蒙、沪、苏、皖、鲁、豫、陕 | 325 | 梁昌武 |
| 3 | 第三次华北中原地区平原绿化会议 | 1979年8月24～31日 | 河北省保定市 | 京、津、冀、晋、蒙、辽、吉、黑、沪、苏、皖、鲁、豫、陕 | 200 | 杨珏 |
| 4 | 第四次平原绿化会议 | 1980年9月20～31日 | 江苏省徐州市山东省兖州县 | 京、津、冀、晋、蒙、辽、吉、黑、沪、苏、浙、皖、赣、鲁、豫、鄂、湘、粤、川、陕 | 200 | 马玉槐 |

（续）

| 序列 | 会议名称 | 时　间 | 地　点 | 参加省、自治区、直辖市 | 参加人数 | 会议主持人 |
|---|---|---|---|---|---|---|
| 5 | 第五次全国平原绿化会议 | 1983年10月19～23日 | 河南省郑州市 | 京、津、冀、晋、蒙、辽、吉、黑、沪、苏、浙、皖、闽、赣、鲁、豫、鄂、湘、粤、桂、川、陕 | 170 | 杨钟 |
| 6 | 8省(市)平原绿化现场经验交流会 | 1986年5月15～22日 | 河南省商丘市 | 主要参加：京、津、冀、晋、苏、皖、鲁、豫；邀请代表参加：蒙、辽、吉、黑、沪、浙、闽、赣、鄂、湘、粤、桂、川、陕 | 230 | 刘广运 |

1986年5月15～22日，林业部在河南省商丘市召开了华北、中原地区8省(市)平原绿化现场经验交流会。出席会议的有北京、天津、河北、山西、江苏(苏北)、安徽(皖北)、山东、河南等8省(市)的106个平原县、市及省、市林业厅(局)和部分地、市的负责同志，“三北”地区和南方平原等14个省、自治区、直辖市林业厅和国家计委、科教单位的代表以及新闻单位的同志也应邀出席了会议。

会上对3个地、市，145个县(市)进行了表彰，授予达到平原绿化标准证书和全国平原绿化先进单位奖牌。

会议总结了搞好平原绿化的主要经验：要有正确的认识和决心；要真正落实林业政策，使绿化和群众经济利益密切结合；要讲究科学技术，按客观规律办事；要实行长中短结合，开拓新的生产门路；依靠群众为主，多层次多方筹集资金；加强爱林护林教育，逐步健全法制。

会议要求各地从实际出发，创造性地推广和运用先进经验，加速平原河网地区的绿化，力争在“七五”期间全国要有一半或更多的平原县达到绿化标准。会议强调，8省、市的平原绿化应当继续走在前头，目前，还有65%的平原县没有达到林业部颁发的平原绿化标准，其中有15%左右的县，至今森林覆盖率仍在5%以下，要用三五年的时间，全部实现平原绿化。会议要求各省、地、市对未达到绿化标准的平原县，要排排队，提出逐年实现平原绿化县的名单，分期分批实现绿化规划。

（杨正平　刘　红）

## 飞机播种造林

**【综　述】** 飞机播种造林(简称飞播造林)是中华人民共和国建国后发展起来的新兴事业。到1986年，全国已有24个省、自治区、直辖市600多个县开展飞播造林。1983年底，成活保存约466.7万公顷，占全国人工造林保存总面积的14%，成为加速绿化大面积荒山僻岭的一项现代化手段。其中70年代中期以前，飞播的200万公顷已郁闭成林。全国飞播成林集中连片面积百万亩以上的有10片。最大的一片在广东省江门到茂名一带，面积达24.5万公顷。10万亩以上的县有103个。

我国首次飞播造林是1956年3月在广东省吴川县潭巴乡的万亩荒山上进行试播。全国大面积飞播试验开始于1958年，南至广东、广西、四川、云南，北至内蒙古、北京，跨越15个省、自治区、直辖市，试播面积约500万亩，几乎全部失败。1959年，在四川省凉山彝族自治州大面积飞播云南松首次获得成功。

60年代到70年代初期，是由试验成功转向推广发展。到1972年，飞播作业面积累计完成7394万亩，年平均近1000万亩。70年代中期以来，南方一些重点省、自治区，每年飞播作业面积都在1000万亩以上。河北省在冀北山地进行油松飞播试验成功后，也由点到面逐步展开。陕西省在延安黄土丘陵区飞播油松、柠条和沙打旺试验也获得成功。飞播造林区域已由湿润多雨的南方推进到干旱少雨的北方。

1978年11月和1980年5月，林业部分别在四川省西昌和河北省承德召开了飞播造林经验交流会，分别总结南方和北方开展飞播造林试验和生产情况，研究新问题，总结新经验，提出新建议，促进了飞播造林事业进一步发展。

1982年初，邓小平指示：“空军要参加支援农业、林业建设的专业飞行任务，要搞20年，为加速农牧业建设、绿化祖国山河作贡献。”接着又在林业部《关于飞机播种造林情况和设想的报告》上批示：将飞播造林经费纳入国家计划，地方做好规划和地面工作，保证质量，这个方针坚持20年，可能得到较大实效。国家计委和财政部遵照邓小平的指示，从1983年开始，每年由国家拨款2000万元支援飞播造林。与此同时，地方财政和一些集体单位也自筹资金达11910万元，用于飞播造林。

近几年来，全国飞播造林进度加快，广东、云南等省播种面积成倍增长。停止飞播造林多年的湖南、福建、山西等省又重新部署。辽宁省近两年飞播作业面积都在40万亩以上。据统计，“六五”期间，全国飞播造林作业面积累计达5800多万亩，有效面积约3000万亩。有效率提高近1倍。

我国飞播造林成绩的取得是与中国民用航空局和空军的大力支援分不开的。如1983年，共派出110架飞机，及时准确地完成飞机播种任务1318万亩，超过年计划24%，到1986年，每年都超额完成任务。

1986年，林业部、中国民用航空局和空军司令部联合表彰了林业系统32个先进集体、96名先进个人；民航系统16个先进集体、45名先进个人；空军6个先进集体、15名先进个人。同时还授给林业、民航和空军共67人荣誉奖。（孟宪伦）

**【飞播区划】** 包括生产和试验两大类型区具体分为：

**南方山地生产类型区** 本类型区域，范围最广，它包括广东、广西、湖南、江西、浙江、福建、安徽等7个省、自治区。飞播区一般海拔300～1000米，年降雨量都达到1000毫米以上。60年代初，这几个省、自治区，相继开始进行马尾松飞播造林，并都逐年扩大了播种面积。70年代初，广东省开始增加台湾相思、木荷、漆树等阔叶树与马尾松混播，接着广西、湖南、江西等省、自治区，也进行了阔叶树与马尾松混播。这个类型区域播种面积最大，效果也最好，其中广东省飞播成林面积1100多万亩，1985年活立木蓄积量为2000多万立方米。生长良好的从化县鲤鱼洞播区，蓄积量为12.3立方米/亩。年平均生长量为0.569立方米/亩。广西飞播成林面积约900多万亩，一般年增加活立木蓄积0.5～0.6立方米/亩。扶绥县光西林场1961年飞播的马尾松林在没有施肥和其他技术措施的情况下，现在蓄积竟达25立方米/亩，平均每年增长1立方米/亩。测定最大胸径达52厘米。湖南省飞播林，现有立木总蓄积214.98万立方米（折合木材150万立方米），价值1.52亿元，为历年飞播造林总投资的16.6倍。

这个类型区，还有适宜飞播造林的偏远荒山约4000万亩。规划在“七五”到“八五”期间播完。

**西南高山生产类型区** 本类型区，包括云南省全境，贵州省黔西、黔西南和四川省川西南山地。一般飞播区海拔1000～2600米，但年平均气温较高，一般在15℃以上，年降雨量都在800毫米以上。这3个省从1959年开始，相继有67个县开展较大面积飞播造林。主要树种为云南松和思茅松，飞播成效面积为450万亩，其中已成林的占2/3。四川省凉山彝族自治州于1959年获得大面积飞播云南松成功后，全州15个县相继播种共达800万亩，现已成林240万亩，生长良好。西昌东西河播区，从1972年起开始抚育间伐，到1984年已生产木材20多万立方米。大面积飞播造林的成功，据测定，飞播区内的东西河泥沙含量比飞播前减少了77%，水土流失量减少了80%，最大洪水位降低60%。云南省从1966年开始先后有37个县开展飞播造林，现已成林120万多亩，已形成了成片的后备用材林基地。

本类型区域里，还有适宜飞播造林的大面积高山区，根据目前财力，将有93个县在今后10年内规划播种2400多万亩。

**中原山地生产类型区** 本类型区域包括湖北全省，四川省川东、川北，陕西省陕南、关中和河南省豫西、豫南等山地。这个区域，自然条件复杂，地区间差别很大。一般播区海拔500～1000米，部分播区海拔1000～1800米。年降雨量一般都在800毫米以上，部分地区达到1000毫米以上。飞播成功的主要树种是马尾松、油松和华山松。大部分地区在70年代初期开始播种，到1980年，相继有83个县（局、场）共飞播造林作业面积1100万亩，成效面积为380万亩，其中，已经成林230万亩。湖北省1969年在五峰县大花坪播种4.2万亩，由于加强管护，抚育间伐及时，生长较好，现平均树高6.11米，平均胸径9.03厘米，蓄积8.19立方米/亩。陕西省从70年代在陕南3个地区飞播油松、华山松130万亩，成林面积超过一半。近几年来，这3个地区8个县在高密度播区进行抚育间伐，作业面积为34万亩，生产小径材7300万根，薪材4.5亿公斤，收入42万元。四川省在川东、川北和绵阳3个地区28个县，从70年代初开始播种491万亩，现已成林和即将成林178.4万亩。

本类型区域里，还有适宜飞播造林的偏远荒山3000多万亩，今后这4个省播种范围将增加到160个县（局、场），可望在“七五”到“八五”期间播完。

**北方石质山地试验与生产类型区** 本类型区域，包括北京、河北、山西、辽宁、吉林、黑龙江等省、直辖市与河南省豫北等石质山地。一般飞播区海拔500～1500米，大部属干旱、半干旱山地，阳坡土层较薄，一般10～15厘米，年降雨量400～700毫米。春旱严重，降雨多集中在6、7、8三个月，占全年总降雨量60%以上。河北省1974年首次在承德地区隆化县八大营进行飞播油松试验，1980年鉴定成功并开始大面积生产，到1984年，飞播范围发展到张家口、承德、保定、石家庄和邯郸等7个地区21个县（市），飞播作业总面积870万亩。据1984年对1980年以前播种的180万亩普查，其中已成幼林32万亩。这些飞播区，已封山5年。

有些播区山坡、沟谷已萌发出柞、杨、柳、榆、臭椿等阔叶树；开始形成针、阔混交林。据隆化县林业局1982年对八大营播区调查，经过8年封山，阴坡植被由飞播前40～50%增加到80%；阳坡由20～30%增加到50～60%。仅1983、1984两年，群众在播区采收树籽、杏仁、蘑菇、药材收入7.71万元，超过了飞播造林总投资5.99万元的29.7%。

本类型区域还有大面积的偏远荒山适宜飞播造林，初步规划播区范围增加到101个县，计划“七五”到“八五”期间播种1500万亩。

**黄土高原丘陵沟壑试验类型区** 本类型区东起太行山，西至贺兰山，南到秦岭，北及大青山，分布7个省、自治区，总面积43万平方公里，属中温带大陆性季风气候，冬季较长，年降雨量300～500毫米，年平均气温5～10℃，无霜期140～160天。早在1958～1962年，甘肃、陕西、内蒙古、青海等省、自治区，在水土流失地区进行过飞播造林、种草试验，效果不好。1976年，国家又安排在陕西省延安地区进行较大范围的试验，选用当地的乡土树种油松、侧柏、杜梨、白榆、酸刺等和多年生草本植物沙打旺、苜蓿、草木樨等17个树、草种。截止1982年，全地区共飞播作业面积63.46万亩，种草27万亩。1982年调查，飞播油松、侧柏、柠条、酸刺、沙打旺等树、草种获得成功。1976年，在宜川播种的油松平均苗高50厘米，最高132厘米。1976～1978年在吴旗县飞播的柠条、酸刺、沙打旺生长也很好，平均苗高66～73厘米，最大苗高166.5厘米，平均地径1～1.5厘米，最大地径3.4厘米。沙打旺和酸刺的根蘖萌生力很强，并已结籽和采收大量种子。

这个类型区，适宜飞播造林、种草面积辽阔广大。陕西省延安地区计划扩大试验范围由原来的5个县扩大到16个县，播种面积扩大到250万亩。

**沙漠试验类型区** 本类型区域范围包括内蒙古的兴安、哲里木、昭乌达、锡林郭勒、伊克昭、巴彦淖尔、阿拉善等7个盟，山西雁北、陕西榆林和甘肃、宁夏、新疆等省、自治区沙漠地带。这些地区春季多风，最大风速达23米/秒，一般地区年降雨量300～500毫米，多集中在7、8、9三个月，年平均气温5～10℃。内蒙古自治区1957～1961年在乌兰布和沙漠进行飞播灌草治沙试验，共播种270多万亩，飞播种子主要是籽蒿(白沙蒿)、沙米和梭梭，基本失败。1978～1982年又在伊克昭盟毛乌素沙地进行飞播踏郎、籽蒿、草木樨、沙打旺、沙拐枣等灌木的播种试验，面积2.39万亩。据1984年调查，飞播的踏郎、籽蒿生长最好，播后植被由播前7～10%上升到36.2～41.7%。播区由原流动沙地变成固定和半固定沙地。1984年，在伊金霍洛旗乌拉梁流动沙漠试验面积1万亩，飞播后当年成苗达64～72%，第二年保存率仍达到70%，第三年开花结实，现播区已形成固定和半固定沙地。据调查，播种的踏郎，3年后每株可萌蘖20多株，覆盖率大于30%的群落，风速减低率为45.2%，可收干草75～100公斤/亩，收籽2.5公斤/亩。陕西省榆林地区，近几年进行踏郎、花棒、白沙蒿的播种试验，也取得明显成效。为此，内蒙古自治区规划扩展到17个旗(县)，播种面积1400万亩。陕西省榆林地区规划扩展到12个县，面积387万亩。

对于大面积新、旧采伐迹地和纯阔叶残次林更新，已从1983年开始，在黑龙江、吉林和内蒙古大兴安岭一些林区进行小面积飞机播种和人工模拟撒播试验。 (孟宪伦)

**【飞播造林成本】** 飞播造林省劳力，投资少，成本低。一架伊尔14型飞机，一般1个飞行日可播种4万至5万亩；1架运五型飞机，可播1万至2万亩。南方山地飞播马尾松生产类型区，这个类型区诸省、自治区基本上都是播种马尾松，一般一次作业成本2元/亩左右，其中广东、广西两省、自治区，播种面积大，并采取精选种子和就近修建简易机场等措施，成本仅1元/亩。西南高山飞播云南松、思茅松生产类型区，主要云南、四川两省，成本2.5元～3元/亩。南方诸省、自治区，按成林面积计算，为7～8元/亩。中原、北方飞播油松生产类型区，一般平均3元/亩，按达到郁闭成林为10～15元/亩。黄土丘陵和沙区飞播乔、灌、草试验，每亩试验成本费都高于生产类型区，一般6～8元/亩。 (孟宪伦)

**【飞播造林技术要点】** 30年的实践，在飞播造林技术措施上获得的主要经验是：

**正确选择播区** 播区的选择，必须遵循：①领导重视，群众迫切要求，护林措施落实，并保证播后能做到封山5年；②宜播地集中连片面积在5000亩以上，地形适于飞行作业；③有适宜飞播的树种并有种源，有林木生长的立地条件，年降雨量和播期降雨量可满足种子发芽和生长的要求，植被覆盖0.3～0.7之间；④有效面积占播区面积70%以上。

**选择最佳播期** ①播前土壤墒情好，最好播前有一场透雨；②播后降雨充分，要有一段连阴天气过程。北方不少于80毫米的降水量；③有满足种子正常发芽生长的水、热和光照；④保证飞播幼苗有一定的生长期(一般不少于60天)，使幼苗安全过冬。

**做好播前植被处理** 对于植被盖度在0.3以下的光山要进行封山恢复植被；对植被盖度0.7以上的要炼山或割灌。

**保证种子质量** 一定要认真遵照《飞播造林技

术规程》规定，做到：①采集成熟纯度高的种子和收购选择适宜本地生长的林木种子；②做好种子检验和播前发芽试验；③根据种子特征采取不同处理方法，以防止鸟、鼠、虫危害。1980年，辽宁、河南等省进行种子加土、肥和药制成种子丸粒获得成功，辽宁省从1982年以来，丸粒播种面积达3万多亩。

（孟宪伦）

## 封山育林

**【综　述】** 封山育林是我国早在公元前4世纪就采用的一种扩大森林资源的传统方法。据“五五”森林资源清查，全国现有幼龄林面积3345万公顷中，除去923万公顷人工经营外，其余2422万公顷是封山育林和天然更新的结果。近几年来，封山育林又有了新发展。

建国后，党和政府很重视封山育林工作。在1950年2月召开的第一次全国林业会议上，就根据陕甘宁边区代表的建议，把封山育林列为绿化祖国山河、扩大森林资源的重要途径。同年5月中央人民政府政务院发布的《关于全国林业工作指示》中，号召各地开展封山育林。1950年，全国完成封山育林面积24.6万公顷，1951年83.3万公顷，1952年增至260万公顷。1953年9月政务院发布的《关于发动群众开展造林、育林、护林工作的指示》强调指出：“封山育林是使荒山自然成林和保持水土的最有效方法，仍应号召和领导群众进行。”1954年和1955年，林业部分别发出关于《巩固已有成绩改进封山育林工作》和《继续开展封山育林工作》的通知，进一步明确了封山育林的方针、任务和工作重点。一些大区和省人民政府也发出了进一步搞好封山育林的指示和布告，从而使封山育林在全国范围内比较广泛地开展起来。

50年代后期至“文化大革命”期间，由于“左”的错误和无政府主义泛滥，各地封山育林的乡规民约被废弃，封山育林成果遭到破坏。但也有一些地方排除“左”的干扰，能继续坚持下来，并取得显著成绩。例如，吉林省的磐石县，从1950年开始长期坚持封山育林，到1984年累计封山育林面积14.6万公顷，封育成林8.2万公顷。还有陕西省黄龙山林业局、福建省的建瓯县、湖南省的浏阳县、广西壮族自治区的浦北县、湖北省的通城县、河北省的赤城县、四川省的巴中县、辽宁省的建昌县、河南省的西峡县等，都坚持封山和育林相结合，加快了荒山绿化步伐。

党的十一届三中全会以来，封山育林工作进入恢复和发展的新阶段。党中央国务院在有关决定中明确提出，为了加快绿化，要实行封山育林。《中华人民共和国森林法》也明文规定：“必须封山育林的地方，由当地人民政府组织封山育林。”1985年，林业部在江西省九江市召开全国封山育林会议，总结交流经验，统一思想认识，要求各省、自治区、直辖市要进一步加强对封山育林工作的领导，因地制宜地搞好封山育林规划，坚持“以封为主，封育结合”的原则，开展科学研究，提高技术水平，把封山育林作为发展林业的一项战略手段，力争在1986～1990年封山育林成林333.3万公顷，每年66.6万公顷。

近年来，完成封山育林面积逐渐扩大，1985年全国完成281万公顷，1986年完成284.7万公顷。封山育林内容也在原来的基础上又有新发展。如福建、广东、广西、湖南、贵州、江西、浙江、辽宁等省、自治区，推广阔叶树采伐迹地封山育林办法，从而解决了一些阔叶树种人工造林难的问题。

（张志秀）

**【封育针叶林】** 针叶树种，结实量丰富，种子有翅，能随风飘飞到远处，凡是有母树的采伐迹地、火烧迹地和荒山荒地及疏林地都可以通过这一途径，飞籽成林。

我国华北及西北的部分地区，通过封山育林培育了油松次生林；东北及大兴安岭地区，通过封山育林扩大了樟子松、落叶松的森林面积。但是封山育林面积大、分布范围广的还是马尾松。据“五五”森林资源清查，全国现有马尾松1424万公顷，有1085万公顷占76%的是靠封山育林和天然更新而成。各地根据封育对象，因地制宜地采取全封、半封和轮封等封育方式。全封，主要封幼林区和能天然更新的地区。在封育期间规定三不准：不准进山放牧，不准烧灰积肥，不准砍柴。半封，主要封成林区。在封育期规定三准一不准，即准进山割草，准进山砍柴，准进山放牧，不准剔枝。轮封，对面积较大的封育区，分段划片，轮流封禁。同时，县林业部门要进行技术指导，根据不同的立地条件、树种分布和发展利用状况，决定封育树种和目的。如贵州省麻江县在母树多、土层厚的土壤上封育用材林，在石灰岩上封育杂阔叶林和高山竹类林，在近山封育薪炭林等，取得了显著效果。30年封育成林2万多公顷(其中马尾松1.66万公顷)，封育成林的马尾松林面积、蓄积和森林覆盖率都占全县森林资源的一半以上。

（张志秀）

【封育阔叶林】 阔叶树多数具有很强的萌芽萌蘖和天然下种更新能力。通过封育疏、残林及阔叶树的采伐迹地是培育阔叶林的一条途径。建国后，各地通过封育疏、残林恢复和发展了一些阔叶林，取得了成绩。

近几年来，我国南方和东北的一些省、自治区，从长期的生产实践中逐渐认识到，将大面积的阔叶林皆伐后变为针叶树纯林的作法效果不佳，生态恶化，破坏土壤结构，导致林木生产率低，弊多利少。从1980年起，各地开始封育阔叶树采伐迹地和天然幼林，较好地解决了这些问题。辽宁省西丰县，通过封育天然幼林，培育了东北的三大硬阔(黄波罗、水曲柳、核桃楸)外，还有榆、椴、柞等20多个树种，扩大了动植物种资源。福建省顺昌县有几十万亩阔叶残次林，远看满山青，近看不成林。从1981年以来，普遍推广了阔叶树采伐迹地封山育林这一新的营林作业后，全县阔叶树更新面积由1980年以前仅占造林更新总面积的0.8%提高到32%，形成了大面积的复层阔叶混交林，林分结构好，恢复和发展了一些珍稀植物种，有助于防止森林病虫害，提高土壤肥力。有些树种在封山的基础上加上抚育措施，还能速生丰产。例如：米槠年高生长2.47米、地径3.27厘米；木荷年高生长1.62米，地径20厘米；珍贵树种华南樟每年高生长1.43米，地径2.8厘米。这在人工林中是难以达到的。　（张志秀）

## 森林公园

【综　述】 兴建森林公园，开展森林旅游，是我国的一项新兴事业。我国地大物博，名山广布，奇山秀水，胜景万千，风景林资源和野生动植物资源十分丰富，具有发展森林旅游得天独厚的优越条件。1980年8月，林业部发出了《关于风景名胜区国营林场保护山林和开展旅游事业的通知》。同年11月，林业部在山东泰安，召开了有浙江、江西、广东、山东、陕西、河南、湖南等21个省、自治区参加的开展森林旅游座谈会，对国营林场开展森林旅游作了部署。1981年6月，国家计委在北京召开了有国家旅游总局、林业部等单位参加的座谈会。会上，一致认为：兴建森林公园，开展森林旅游，在我国还是一个空白点，应该积极兴办。并明确由林业部门主办，旅游部门大力支持。同年7月，林业部在有广东、北京、黑龙江等省、市参加的座谈会上提出：开展森林旅游、狩猎，要贯彻“以林为主，多种经营”的方针，在保护好森林和野生动物资源的前提下，本着“积极试点，量力而行”的原则，采取中央和地方合资兴办的形式，进行科学管理，独立核算，自负盈亏；制定规划时，要因地制宜，发挥森林优势，防止污染环境，破坏自然景观；建筑设计要具有民族特点和地方特色，与周围环境相协调，不贪大求洋。随后，国家计委和林业部共同进行了调查，提出了在有条件的国营林场兴建森林公园的报告，报经国家计委批准，从此林业部正式开展了此项工作。到1986年底，林业部与有关省、市签订协议，投资4000万元，先后建立(或正在兴建)了浙江天童、千岛湖，广东沙头角、流溪河，陕西楼观台，山东泰山、威海，湖南张家界，安徽琅琊山，河南嵩山等10处森林公园和四川峨嵋，安徽黄山，广东银盏，山东崂山，江西庐山等多处森林旅游点。建设旅馆、招待所、餐厅、商店等旅游设施近10万平方米，接待床位近万个，其中，中档以上的有3300多个。配备旅游车辆81辆，旅游船56只，培训了管理、服务人员1050人次，积累了一定的接待经验。到1986年底，共接待了国内外游人6745万人次，其中外国游客和港澳台同胞26.8万人次。此外，不少地方也因地制宜组建各种形式的绿化公园，如青岛市石老人旅游区的文体绿化公园，黑龙江省桃山林业局办的林区天然野生动物饲养、狩猎场，吉林省长春市净月潭国营林场办起的森林公园等。

开展森林旅游，兴建森林公园可以用较少的投资，换取较大的效益。湖南张家界国家森林公园，自1980年开展森林旅游以来，旅游收入年年增加，1986年，旅游收入达570万元，上交税38.8万元，分别比建园前的1982年增长了8.7倍和12.6倍。固定资金从180万元，增加到1020万元，增长了4.7倍。有的国营林场森林旅游业的开展，还带动场区范围内乡村农民走上了脱贫致富的道路。

（韩惠正）

【琅琊山森林公园】 琅琊山森林公园位于安徽省滁州市，距南京50公里，津浦路纵贯南北，水陆交通十分方便。1985年建园以来，共接待国内外游人近百万人次，农历正月初九庙会，日游览人数多达10万人。

琅琊山森林公园座落在琅琊山、了头山、大丰山、大宝山等群山中间，古树参天，森林茂密，峰峦叠翠，景色宜人。公园内山势险峻、怪石林立、洞穴迭出、溪水长流，历史上的险关驿道、碑刻石文等古迹90多处，唐代以来历代风格的古建筑有

36处。著名的琅琊寺始建于唐代大历年间(公元766年),至今有1200多年历史,庙宇金碧辉煌;大雄宝殿内有大小佛像百尊,造形优美,神形兼备;殿后藏经楼,藏有我国罕有的"贝叶经"一部,以及唐伯虎、郑板桥等名人书画。登上琅琊顶、南天门,极目远眺,滚滚长江,巍巍钟山,尽收眼底;半山腰的醉翁亭,是欧阳修在宋仁宗时,被贬为滁州太守饮酒赋诗之地,著名散文《醉翁亭记》即出于此。亭前的1株两丈多高的梅树,相传是欧阳修所植,距今已有900多年树龄,现仍小枝嫩绿,花繁果硕,历代文人墨客赞不绝口。

琅琊山森林公园地处亚热带向暖温带过渡地带,气候温和,雨量充沛,现有3300多公顷森林,乔灌木植物有327种,其中珍贵树种有琅琊榆、醉翁榆、银杏、水杉等。林中有兽类近百种,鸟类138种,一年四季,鸟语花香,争芳争艳,是江淮地区以森林为主体,庙宇、亭台楼阁相匹配,山、水、石、洞巧装点的一幅天然画卷,是一座具有独特风格的森林公园。 (韩惠正)

**【千岛湖国家森林公园】** 千岛湖国家森林公园1986年建立,位于浙江省淳安县境内,包括17个国营林场的4万公顷山林和新安江水库的5.3万多公顷水面。湖内有1078个岛屿,故称千岛湖,形成了今日"峰峦成岛屿,平地起波涛"的壮丽风光。

千岛湖自然景观丰富多彩,湖光山色,交相辉映。春日杜鹃,夏日绿树,秋日桂花飘香,冬日青松银雪,一年四季都可进行森林旅游和垂钓。

淳安县是浙西古城,人文景观十分丰富。有唐时农民起义女首领陈硕真起义遗址,北宋农民起义领袖方腊洞,最近又将海瑞祠以及黄巢、朱元璋等历史人物遗迹等修缮一新,可供游人凭吊。

千岛湖国家森林公园水面广阔,可以开展钓鱼、划船、游泳等水上游乐活动;许多岛上森林茂密,有野猪、猴子、黄麂、野兔、小灵猫以及山雉、野鹭、画眉、相思鸟等栖息其间,还可以开展狩猎活动。

淳安县物产丰富,名优土特产有千岛湖云雾茶、山核桃、蜜枣、无核柿、板栗、山茱萸、木竹拐杖、青溪龙砚等可供游人品尝、选购。

千岛湖国家森林公园交通方便,东连杭州,西通黄山。陆路有淳安—杭州,淳安—建德,淳安—开化,威坪—徽州4条省、县公路;水路有11条航线,西达安徽歙县,直通黄山。

该森林公园目前正在和港商合资兴建的淡竹宾馆有中、高档接待床位200多个,预计在1987年秋可以正式接待国内外游人。 (韩惠正)

**【张家界国家森林公园】** 湖南张家界国家森林公园,位于湘西土家族苗族自治州大庸市境内,距长沙420公里,公园紧靠枝柳铁路,交通方便。1982年,由国家命名为国家森林公园。园内地形地貌奇特,奇峰怪石拔地冲霄,鬼斧神工;晶莹碧澄的溪水,环绕其间,以它独特原始风貌的自然魅力,使游人耳目一新,叹为观止。著名的景点有"月牙台"、"兔儿望月"、"夫妻岩"、"海螺峰"、"卸甲峪"、"千里驹"、"龙凤岩"、"琴童石"等,形态各异,维妙维肖,令人目不暇接。公园里,野生动植物资源丰富,古树名木,奇花异草,珍禽异兽遍布山边溪旁,既是一座宠大的天然植物园,又是一座种类繁多的天然动物园。据调查:木本树种有105科720多种,禽类有6目13科,兽类有27种。其中珍贵树种有珙桐、香果、长苞铁杉、红椿、仿栗等。稀有的禽兽有红腹角雉、嘎嘎鸡、红嘴相思、长尾雉、猕猴、麝、水獭、貉等。其中,有猕猴八九群,300多只,嬉戏追逐于峰林之间,使幽静的山林,增添了不少乐趣。张家界国家森林公园以其绮丽风光,吸引着中外游人,建园时间不长,就驰名中外,被誉为"养在深闺人未识"的风景名珠。几年来,共接待国内外游人136万人次。 (韩惠正)

**【楼观台森林公园】** 楼观台森林公园1982年12月建立,位于陕西省西安市西南70公里的周至县,交通方便。近几年来,已接待中外游人近百万人次。每逢节假日,来此观光、游览的人络绎不绝。每逢庙会,游人可达10万之多。

楼观台是道教的祖庭。始建于周康王,扩建于秦,盛建于唐代,迄今已有3000多年历史,曾是我国古代杰出哲学家老子讲学的地方,在道教历史上称为"仙都"、"天下第一福地"。目前,保存的名胜古迹有"说经台"、"炼丹炉"、"显灵山"、"吕公祠"、"会灵观"、"宗圣宫"、"化女泉"、"老子墓"等遗址和大秦寺藏经塔。历代名人题诗、铭刻碑文尚保存70余处。为扩大接待能力,公园还新开辟有"迎旭亭"、"怀苏亭"、"聚仙亭"、"闻仙亭"、"观鱼池"和"铜索桥"等新景点,迎接着国内外游人。

楼观台森林公园,南枕秦岭,北临渭河,山青水秀,茂林修竹,2000多年前就成为关中地区的游览胜地。历史上许多文人志士,如李白、王维、苏轼、赵孟頫等都曾来此一游,并题诗作画,刻石舒怀。现公园内有森林600多公顷,主要是以栓皮栎、圆柏、油松、茅栗、华山松、漆、槲、山杨等树种组成的天然次生林和建国后营造的人工林。珍贵树种有银杏、七叶树、杜仲、紫荆、黄连木、皂荚等。古树有胸径3米多粗,树龄2000多年的银杏,600多年生的大榉树,600多年前元代古柏和大榔榆、古青檀、大铁橡树等。近几年来,公园还将一些北亚热带植物,如柑桔、枇杷、杉木、油桐、油茶和全国各地近百个品种竹类都引种成功，生长良好。是进行科学考察和教学实习的理想场所，吸引着许多国内外科学工作者和专家学者来此考察。

（韩惠正）

**【流溪河森林公园】** 流溪河森林公园1982年11月建立，位于广州市西97公里，距全国著名的从化温泉20公里，交通方便。在公园近7000公顷山林中，有崇山峻岭、丘陵坡地、半岛群屿，以及水面1300多公顷，地形复杂，镶嵌交错。主峰鸡枕山，海拔1384米，面向千顷碧波，背倚万里云天；湖内岛屿，错落有致，犹如碧海明珠，生机盎然，湖光山色，美不胜收。朱德曾来此垂钓。越南胡志明曾来此游泳。陈毅对这里的风光大为赞叹，曾赋诗赞曰：“评比岭南风物，景色此间多。”

流溪河森林公园，森林茂密，野生动植物资源十分丰富。松、杉和山毛榉等树种组成的针叶、阔叶和针叶混交林近10万亩，各种竹类1万多亩，并有山樱、竹柏、杨梅、枫香、香花楠等观赏树种以及许多古树奇花，长藤、修竹等，观赏植物有建兰、香兰、九里香、鹤顶兰、杜鹃等；山间还有冬菇、木耳、灵芝、茯苓等。茂密的森林中还栖息着许多动物和鸟类。野生动物有水鹿、黄麂、山牛、野猫、箭猪、狐狸、穿山甲、苏门羚、果子狸等，山涧中还有不少石蛤、水鱼、龟等两栖动物；鸟类有野雉、白鹇、画眉、红嘴相思等。在公园内的千山万壑之中，还有无数溪流、激湍，且有瀑布多处，其中三亚塘瀑布，落差达百余米，一缕轻纱，直泻涧中，蔚为壮观。园内还种植青梅、三华李、柑橙、刁梨、荔枝、沙田柚等水果，其中，以青梅制成的话梅，畅销国内外。目前，园内夏湾半岛上的景物已修饰一新，新建了意大利式旅舍和高级小别墅4座，拥有100多个高档床位，並有高级餐厅和综合服务楼。环岛的林荫道已经修好。在园内广阔的湖面上，水禽很多，适合水上狩猎，并建有水上游乐场，备有大型游艇，小型摩托艇以及鸳鸯船等，供游人使用。公园现已正式对外开放。

（韩惠正）

## 成林抚育和低产林改造

**【综　述】** 成林抚育和低产林改造，是实现集约经营，加快后备森林资源培育的重要战略措施。全国现有中幼龄林面积6800多万公顷，占我国用材林面积的71%；现有低产林近3330万公顷，其中残林、疏林2000万公顷，低产人工林667万公顷。加强中幼龄林的抚育，加快低产林改造，以充分发挥林地生产潜力，使后续森林资源很快接替上来，是缓解我国木材供需矛盾的一条捷径。

建国以来，抚育改造工作，经历了试点、逐步铺开和加快发展三个阶段。1959年，林业部在甘肃天水地区召开了14个省（区）次生林经营工作会议，在全面总结50年代各地抚育改造试点经验的基础上，统一了思想认识，明确了经营方针和技术要求，把抚育改造工作引上正常发展的轨道。1962年，抚育改造列入国家计划，每年给国营林场安排投资，下达任务，同时建立32个实验林场，摸索经验，促进抚育改造的规模不断扩大。“文化大革命”期间，由于国家中断了投资，大面积人工林得不到及时抚育而成了小老树，中幼龄林抚育成为林业建设中急待解决的突出问题。从1979年起，国家拨出专款投资，要求各地把中幼龄林抚育间伐作为营林工作的中心环节来抓。1983年中共中央、国务院《关于保护森林发展林业若干问题的决定》中要求“积极开展抚育间伐和次生林改造，提高森林质量”，“要纳入各级林业计划，逐年增加投资，加快抚育速度”，“国营林场在抚育期间，收入不上交，以林养林”。国家并制定了一系列扶持政策，如间伐材不列入统配计划，允许加价30%。1985年，大部分省（区）进一步放宽政策，允许间伐材议购议销，推动了抚育改造工作的发展。全国每年可完成133万公顷，其中国营、集体各半。通过抚育改造，可生产木材1000多万立方米。到1986年为止，全国已有20%的中幼林得到了抚育，约有15%的低产林进行了改造。近两年，国营林场的抚育改造工作发展较快，主要特点是：①多渠道筹集资金，争取中央和地方财政的扶持，积极利用国外贷款，同时，充分挖掘自身潜力，不断拓宽以林养林，以副养林的道路；②保证重点，狠抓商品材基地的抚育改造，从而带动基地建设的全面发展；③提高技术，实现集约经营，把抚育改造与培育速生丰产林相结合。

**存在问题** 抚育改造速度缓慢是当前存在的一个迫待解决的大问题。目前，全国还有80%的中幼龄林失于培育，其中急需抚育的有2667万公顷，包括人工林800万公顷。按现在每年完成133万公顷的速度，把现有急待抚育的林子全部抚育一遍，需要20多年。显然不采取有力措施，进一步加快抚育进度，必将严重影响林木的正常发育，影响造林成果的巩固和经济效益的发挥。

交通不便是当前阻碍抚育改造发展的关键问题。国营林场以经营中幼龄林为主要任务，而目前全国林场的平均路网密度仅0.6米/公顷，比全国重点林区平均路网密度1.1～1.5米/公顷的低水平还低得多。现在70%的工区尚不通公路，无法开展作业。改善林区交通条件，首先要解决资金不足的问题。除了进一步广开林区生产门路，增强自我发展能力外，更重要的是要增加国家必要的资金扶持，认真解决“造林有钱，抚育无费”这一老大难问题。如每年完成抚育改造的面积从现在的133万公顷增加到533万公顷，可望在10年内还清抚育欠帐，彻底扭转长期存在的造育失调的局面。（陈新华）

**【天然次生林抚育改造】** 建国后，通过封山育林恢复起来的天然次生林，是我国极为宝贵的后备森林资源。据1962年统计，全国天然次生林2667万公顷，占我国森林面积的1/3。特别是北方省(区)，天然次生林面积均占60%以上，如陕西、河北、山西等省的森林资源几乎全都是天然次生林。因此，加强天然次生林经营，尽快提高其质量和产量，成为我国发展林业的重要战略步骤。

天然次生林抚育改造以国营林场为主。30年来，林场正确地执行了“全面规划，因林制宜，抚育为主，抚育、改造、利用相结合”的经营方针，及时纠正了只取材不育林和只抚育不利用的两种错误倾向，坚持以培育为主，培育利用相结合的原则，严格执行抚育改造技术规程，天然次生林抚育改造取得了显著成效。黑龙江省勃利县用20年时间，完成次生林抚育8.6万公顷，其中有1.3万公顷已抚育两次。通过抚育，使全县生长较好的天然次生林从2.1万公顷增加到3.8万公顷，增加了76%。辽宁省东部次生林质量很差，只有15%有培育前途。20世纪60年代初，国营林场积极开展次生林改造，经过20多年的努力，形成了上百万亩以落叶松为主，落叶松和天然次生林块状镶嵌的新林区。类似的还有甘肃的小陇山，陕西的黄龙、乔山林业局等。这些基地共同的特点是：森林面积和森林蓄积增长很快，森林质量不断提高。

近年来，天然次生林培育正在向全面经营，综合培育方向发展。即在同一个小班内，因林因地制宜地综合采用封山育林、抚育间伐、人工补植甚至垦复施肥等多种措施，形成人工林和天然林混交的异龄复层林，充分利用了空间和地力，大大提高了森林生产力。（陈新华）

**【人工林抚育改造】** 建国以来营造的人工林在70年代陆续成材，各地逐渐把抚育改造的重点从天然林转向人工林。人工林的抚育，南方以杉木、马尾松为主，北方以落叶松、油松为主。

人工林的抚育一般比天然林要求严格。特别是国营林场，要求事先有作业设计，作业时按设计施工，作业后进行检查验收，并注重技术培训和施工指导。人工林抚育效果十分明显。黑龙江省孟家岗林场，1958年营造的落叶松人工林，到1974年调查，未经抚育的200株/亩，经过两次抚育的96株/亩，经抚育了的林木直径生长和材积生长，比未抚育的提高1倍，蓄积生长提高65%。广西大青山林场人工杉木林，经抚育的比未经抚育的，胸径增大40%，规格材比重增加60%，出材量增长15%。

人工林的改造，一般是对早期营造的人工林，由于没有适地适树或者造后经营管理不善，因而生长缓慢，成为没有培育前途的疏林或小老树。70年代后期，不少地区开展了人工低产林改造工作。改造方式大多是采用块状皆伐，更替树种。也有的采用人工补植，深挖垦复，施肥埋青等措施，使林子恢复生机。

1980年以来，人工林抚育改造主要的特点是向集约经营方向发展。浙江省近年来对立地条件好，有培育前途的人工中幼龄林，综合采用间伐、垦复、除草、施肥等措施，3年完成2533公顷，其中63%达到了速生丰产林标准。实践证明，一部分人工幼龄林，通过加强抚育，集约经营，是可以培育成速生丰产林的，而且投资少，见效快。在制定本世纪末速生丰产用材林发展规划中，人工幼龄林集约抚育培育速生丰产林266.7万公顷，占速生丰产林发展目标的40%。因此，今后应以幼龄林集约抚育作为人工林的抚育重点，以加快速生丰产林的发展。（陈新华）

## 国营林场

**【综　述】**

**建设成就** 到1986年底，全国有国营林场4171个，经营管理面积5353.8万公顷。职工53.6万人。保护、培育和经营森林2521.7万公顷，占全国森林总面积的21.9%；林木蓄积16.3亿立方米，占全国森林总蓄积量的15.9%，已成为国家重要的后备森林资源。

**发展概况** 37年来，国营林场的发展，大体经历了4个阶段。从1949～1957年是试办阶段。建国前，全国有林场74个(表15)。建国后，党和政府十分重视保护森林，发展林业。在国有荒山和天然次生林区，建立了一批国营林场和森林经营所，积极开展护林、清林和封山育林，并开始植树造林，到1957年，国营林场已发展到1387处(其中森林经营所969处），建立了管理机构，摸索了办场经验。

**表15 1949年以前全国国营林场情况**

| 地区 | 个 | 林场名称 |
|---|---|---|
| 总计 | 74 | |
| 四川 | 3 | 西南林业试验场（现歌乐山林场）、峨眉林场（现峨眉山经营所）、金城山林场 |
| 贵州 | 1 | 长坡岭林场 |
| 云南 | 2 | 禄丰林场、一平浪林场 |
| 陕西 | 1 | 楼观台林场 |
| 甘肃 | 1 | 洮河森管所（现洮河林业局） |
| 河南 | 1 | 睢杞林场（现榆厢林场） |
| 湖北 | 2 | 武昌林场、观音岩林场 |
| 湖南 | 8 | 常德林场、岣嵝峰林场、河洑林场、长沙林场、衡阳林场、零陵林场、沅陵林场、渝市林场 |
| 广西 | 5 | 六万林场、三门江林场、沙圹林场、大青山林场（现大青山实验局）、七坡林场 |
| 广东 | 13 | 乐昌林场、中山油桐林场（现连山林场）、经济示范林场（现曲江林场）、樟木头林场、南江口林场（现西江林场）、大岭山林场、鼎湖山林场（现北岭山林场）、刘张家山林场、松涛林场、西区第一林场（现松涛林场）、第二林场（现松涛林场）、韮圹林场（现松涛林场）、白云山林场（现松涛林场） |
| 江苏 | 10 | 汤山林场、东善桥林场、教育第一林场（现东善桥林场）、教育第二林场（现东善桥林场）、东进林场、龙王山林场（现溧阳县林场）、栖霞山林场（现溧阳县林场）、东流林场（现溧阳县林场）、牛首山林场（现溧阳县林场）、红山林场（现溧阳县林场） |
| 浙江 | 4 | 第一造林场（现建德林场）、第二造林场（现丽水地区实验林场）、第三造林场（现常山县林场）、余杭林木公司（现长乐林场） |
| 安徽 | 3 | 博村林场、马头林场、马鞍山林场 |
| 福建 | 3 | 福州林场（现福州市树木园）、泉州林场、峡阳林场 |
| 江西 | 7 | 庐山林场、湖口县三黑林场、枫树山林场、洪山岭林场、青原山林场、上清林场、宁冈林场 |
| 山东 | 8 | 昆嵛山林场、万寿宫林场、沂山林场（现塔山林场）、泰西林场（现塔山林场）、详门林场（现塔山林场）、省造林公司（现泰安林校药乡林场）、蒙山林场（现塔山林场）、柳埠林场 |
| 山西 | 1 | 省林业试验场（现太原市林场） |
| 吉林 | 1 | 长春市净月潭试验林场 |

1957～1966年是国营林场发展阶段。到1963年，已建立国营林场3300处，职工25万人，还建立了110处机械林场。为加强领导，实行了“省统一领导，省、地、县分级管理”的领导体制，普遍成立了中层管理机构。大面积进行植树造林，年造林速度从50年代的种植作业面积0.66万公顷扩大到26.66万公顷。“文化大革命”期间，国营林场生产建设遭到了严重破坏。党的十一届三中全会以后，国营林场进一步明确了以林为主，多种经营，以短养长，长短结合的方针，生产建设稳步发展，造林育林讲究科学技术，重视作业质量，加强了现有林的培育。同时，注意开发各种自然资源，普遍开展了种植、养殖、加工等多种经营，开始从单一林业生产向林工商综合经营方向发展，国营林场生产建设进入了一个新的历史发展时期。

**经济体制改革** 近几年来，贯彻中央关于经济体制改革的精神，对搞活林场采取了一系列措施。1981年，中共中央、国务院《关于保护森林发展林业若干问题的决议》中规定了国营林场间伐期间收入不上交。1982年，国务院发出《关于制止木材变相议价和随便加价的通知》，又决定国营林场的间伐材加价30%。1986年1月24日，林业部、国家计委、财政部和国家物价局联合发出《关于搞活和改善国营林场经营问题的通知》。通知要求大力推行各种联产承包责任制，并就5个有关问题作出了具体规定：①有计划地开展经营采伐试点；②国营林场目前多处在抚育间伐期，为了扩大林场的自主权，增强自我发展的能力，在完成国家上调木材任务后，其余的木材按指导价格销售；③所有国营林场都应该根据各自的不同条件，有计划地开展多种经营；要提倡跨地区、跨行业的经济联合；④国营林场抚育间伐的收入，不上交地方财政，用于以林养林；⑤是事业性的国营林场，其林业生产项目和林场举办的各种多种经营、综合利用项目所得利润，暂不征所得税。1986年9月15日，林业部发出了《关于加强对国营林场管理和维护其合法权益的决定》。国营林场同国民经济其他企、事业单位一样，国营林场的合法权益受到法律保护。通过林场改革和上述措施，全国各地国营林场都程度不同地发生了明显变化，经济效益不断提高。1986年，全国国营林场销售收入达19.98亿元，比1978年的1.47亿元增加了13.6倍；纯收入4.87亿元，比1978年的0.28亿元增加了17.4倍。 （金正道）

**【国营林场商品材生产基地】** 国营林场现已形成了一批初具规模的商品材基地。规模在6.6万公顷以上的林场群有100片，包括22个省、自治区的838个林场，经营面积1333万公顷。其中森林面积933万公顷，蓄积量4.8亿立方米。80年代以来，林业部和各省、自治区每年投入一定资金营造速生丰产林。全国国营林场每年造林种植作业面积36万多公顷，其中速生丰产林3.3万公顷。如广东省的雷州、西江林业局，广西壮族自治区的七坡、高峰林场，河北省的塞罕坝林业总场，山西省的管涔森林经营局，黑龙江省孟家岗、通天一、青山林场，吉林省的上营子经营局，甘肃省的小陇山林业实验局，陕西省黄龙林业局等等，都是我国重要的后备商品材生产基地。今后增加对国营林场的扶持，加强领导，改善林区生产条件，到本世纪末，年生产木材，预计可达1500万立方米。 （金正道）

**【国营林场多种经营】** 近几年，在乡镇企业蓬勃兴起和商品经济日益发展的形势推动下，国营林场改革的重大突破，就是立足于本场资源条件与技术条件，调整林场产业结构，大兴养殖、种植、采掘、加工、运输、旅游、服务业，广开生产门路，扬长避短，外引内联，引进他人的资金和技术，加强本场资源的开发利用，发展商品生产。据23省、自治区统计，目前全国已开展多种经营、综合利用的国营林场，占林场总数的90%，兴办的项目达6873项。其中种植业1346项，养殖业520项，木材加工工业1280项，林副产品加工2092项，采矿等其他工业586项，森林旅游服务业1065项，林场生产的产品除了木(竹)材主产品外，还有胶合板、刨花板、纤维板、家具、松香、生漆、栓皮、木本油料、茶叶、柑桔．香菇、木耳、大理石、陶瓷等近1000种。江苏省有64个国营林场，经营面积9.67万公顷，年产木材约3万立方米。过去，长期单一经营，处于入不敷出状态。经过调整产业结构，广开生产门路，积极开展多种经营。1985年全省国营林场多种经营的销售总收入达1.17亿元，实现纯收入1000万元，分别为1980年的1.86倍和3.83倍。职工收入也大幅度增加。目前，该省一些林场发展商品生产积累了资金，又利用资金改善集约经营条件，促进主业的发展。 （金正道）

**【国营林场风景名胜区】** 我国风景林资源十分丰富，在全国国营林场中，有160多个风景林场，经营面积171.3万公顷。其中有一批风景林场被划定为国家重点风景名胜和自然保护区。国务院1982年划的第一批44个国家重点风景名胜区中，就有26个在国营林场的经营范围内(见表16)。这些林场在保护和美化名胜古迹，丰富人民生活，发展旅游事业方面，作出了重大贡献。在党的“改革、开放、搞活”方针指引下，林业部从1980年起，就着手兴办森林公园，开展森林旅游。到1986年，共建立湖南张家界等10处森林公园和多处森林旅游点，并获得了显著的经济效益。几年来，共接待了中外游人6745万人次，在国内外引起了广泛影响。

（金正道）

**表16 在全国44个重点风景区中国营林场的名称**

| 地区 | 风景区个数 | 风景区名称 | 林场名称 |
|---|---|---|---|
| 总计 | 26 | | |
| 北京 | 1 | 八达岭—十三陵风景区 | 八达岭林场、十三陵林场 |
| 河北 | 1 | 秦皇岛北戴河风景区 | 海滨林场 |
| 山西 | 2 | 五台山、恒山风景区 | 伯强林场、宽滩林场、豆村林场、五台山林场、恒山林场 |
| 黑龙江 | 1 | 镜泊湖风景区 | 小北湖林场 |
| 浙江 | 3 | 富春江—新安江、普陀山、雁荡山 | 姥山林场、普陀山林场、雁荡山林场 |
| 安徽 | 3 | 九华山、天柱山、黄山 | 南阳林场、天柱山林场、洋湖林场 |
| 福建 | 1 | 武夷山风景区 | 汀浒林场 |
| 江西 | 2 | 庐山、井冈山风景区 | 庐山林场、宁冈林场 |
| 山东 | 2 | 泰山、崂山风景区 | 泰山林场、崂山林场 |
| 河南 | 2 | 嵩山、鸡公山风景区 | 登封林场、鸡公山林场 |
| 湖北 | 1 | 武当山风景区 | 武当山林场 |
| 湖南 | 1 | 衡山风景区 | 南岳林场 |
| 四川 | 3 | 重庆缙云山、剑门蜀道、峨嵋山风景区 | 峨嵋山林业管理所、北碚林场、剑门林场 |
| 云南 | 1 | 路南石林风景区 | 石林林场 |
| 陕西 | 1 | 临潼骊山风景区 | 骊山林场 |
| 甘肃 | 1 | 麦积山风景区 | 麦积林场 |

# 乡村林场

【综 述】 乡村林场是农村集体经营林业的一种专业性生产组织。早在1956年就出现合作林场的雏形，到1983年，全国有乡村林场17.5万个，拥有劳力133.8万人，经营面积2.5亿亩，其中有林地面积1.6亿亩，林木蓄积量约3亿立方米。这些林场中，乡办2.08万个，村办12.5万个，村民小组办2.9万个。

**发展沿革** 乡村林场是在农业合作化运动中，在林业专业队、耕山队、造林远征队等的基础上发展起来的，原名社队林场。1957年湖北省黄梅县永安乡永安村的专业队，首先改组为社队林场。社队林场有专业化程度高、便于经营管理等优点。林业部及时推广了这一经验。1958年6月，全国林业厅(局)长会议提出，以依靠农业生产合作社为主，普遍推行社办林场。1960年1月，全国林业工作会议提出林业生产“基地化、林场化、丰产化”，促进了社队林场的发展。到1960年9月，全国社队林场达到8万个，拥有劳力100万人。当时农村经济危困，农户争相垦荒种粮，场员人心涣散。林业部于1960年12月在北京举办了全国社队林场训练班，提出社队林场“保林、保场、保人”的指导思想；要求在确实管好现有山林的前提下，实现粮、油、肉、菜、钱五自给。各省、自治区、直辖市采取相应措施，使不少林场在困难时期站住了脚，并随着全国经济形势的好转，又很快发展起来。“文化大革命”期间，社队林场受到很大影响，但70年代在建设用材林基地的同时，社队林场也有发展。建立社队林场一般都和建设用材林基地紧密结合。具体作法是，生产队出土地、抽劳力，生产队、大队、公社三级分别或联合办场。社队林场造林靠动员群众整地造林，林场管护。主要分配形式是场员实行场记工分，回队分配；收益分别归生产队、大队、公社所有或实行比例分成。到1975年，全国社队林场发展到25.6万个，劳力252万人，经营面积2.5亿亩。办场早的林场已开始间伐利用，为社会提供林副产品。据了解，山西、辽宁、浙江、安徽、福建、山东、河南、湖北、湖南、广东、广西、四川、贵州等13省、自治区社队林场1983年抚育间伐570万亩，生产木材110万立方米，占集体木材生产量的9.6%；竹材1000万根，占竹材总产量的14%，总收入约4.4亿元。

进入80年代后，农业联产承包责任制普遍推行，场员思想波动较大，回队务农的要求迫切，一些经济基础薄弱的社队林场又面临新的困难，并陆续下马。1982年，全国社队林场比1975年减少8万个，劳力减少118万人。为此，中共中央1983年一号文件和几次全国林业厅(局)长会议上都提出，要办好社队林场。林业部1983年12月召开16省、自治区社队林场座谈会，研究新形势下如何办社队林场，各省、自治区、直辖市政府和林业部门针对农业双包出现的新情况、新问题，对社队林场进行了多方面的改革。

1982年以后，由于人民公社、大队、生产队三级逐步改为乡、村、村民小组，社队林场也相应分别改为乡办、村办、村民小组办(或联办)合作林场。现在不少林场成立了管理委员会(或股东委员会)，负责确定办场原则、经营方向，审定长远规划、当年计划和收益分配办法，制定林场管理章程，监督好林场等工作；林场实行独立核算，自主经营。陕西省的洛南、辽宁省的清原、福建省的三明等地乡村林场实行折股联营，按股分红，办新式林业合作林场。既维护了合作共有的经济性质，又兼顾了股东、林场、场员三者之间的经济利益，收到了较好的效果。

**经营方式** 建立联产承包责任制。现在乡村林场多实行两级承包：管委会(股东委员会)对开办林场时签订的投山、投资、投工和相应的收益分成协议坚持原合同不变。经济收入能自给的林场，实行自负盈亏，定额上交或比例分成；不能自给的林场，实行定额补贴，包干使用。林场内部分别按专业生产项目，采用评议推选或招标的办法，承包到人、户、组，实行几定一奖，包工包产或大包干责任制。

实行在场劳动，在场分配。计酬形式多采用基本工资加奖励、计件工资、定额计酬、联产计酬四种，把林场经营的好坏与场员报酬紧密联系起来。资金来源，主要靠乡村林场自己发展多种经营和抚育间伐，实行以林养林、以工副养林，并用乡镇企业利润和集体留成进行补贴。

**经营方针** 调整林业生产结构，实行综合经营。为提高经济效益，乡村林场普遍开展多种经营，长短结合。积极发展种植业、养殖业、运输业、采掘业、旅游业、以及加工编织、服务各业，从生产和流通领域等方面搞活经济，增加收益，提高经济的应变能力。湖北省咸宁县甘棠公社军山大队林场，用75%的荒山，60%的劳力经营用材林，用25%比较肥沃的山地、水旱田，40%的劳力，大抓种茶栽果搞经济林，积极开展间种，发展育苗、粮食、油料、蔬菜、养鱼、养猪等生产项目，很快达到自给。

经过几年的调整和改革，乡村林场增添了新的活力。打破了过去三级办林场的模式，出现了一批职工、户、联户承包办林场和农户在责任山、自留山办家庭林场或联户林场。多种经营有了很大发展，经营管理得到改善，社队林场职工和家庭林场主动接受林业部门的技术培训，询问造林技术，自费进专业学校学习，技术水平有了很大提高。自给和自给有余的林场大幅度增加。如浙江省1982年与1979年相比，林场收入增长25.9%，职工收入增长2倍多。山西、黑龙江、山东、河南、湖北、广西、四川、贵州、陕西、甘肃等10省、自治区乡村林场1983年比1982年增加14747个，增长15%。

（苏永荔）

## 林业专业户

**【造林营林专业户】** 党的十一届三中全会以后，随着农村经济体制改革的逐步深入，林业政策的放宽以及商品经济的发展，林业专业户应运而生，不断发展起来。1979年，福建省仙游县盖尾公社连井大队李金耀，首先同大队签订1200亩山林承包合同，全家上山办林场3年，林木生长郁郁葱葱。该县林业专业户很快发展到579个，经营山林面积23万亩。1982年6月，全国林业“三定”会议提出，林业也要发展一批专业户。年底，湖北省咸宁地区林业专业户达到1670户，当年造林1.4万亩，幼林抚育2.0万亩，封山育林21万亩。1983年6月，全国林业会议上，要求各地要进一步解放思想，放宽政策，实行“一放二包”，把那些长期荒芜的近山、肥山划给群众大力发展经济林、薪炭林和用材林。会后出现了安徽省旌德县林政股长、助理工程师陈菊生第一个“保职停薪”承包荒山造林。甘肃省政协参事室参事马惇忻、湖南省靖县国营排牙山林场工人林跃等一批林业技术人员、干部、工人停薪留职和一批热心绿化事业的农民，如江西永修县农民徐京发、河北平泉县农民孙锡玲等纷纷起来大面积承包荒山造林。他们积极向荒山投劳投资，科学营林，育苗造林质量好，效率高。1984年3月，中共中央、国务院发布《关于深入扎实地开展绿化祖国运动的指示》指出，林业专业户、重点户和联合体是开发性生产的重要力量，应当珍惜、爱护和积极支持。在中央这一指示的指引与推动下，云南省望谟县农工部长伍通洲1984年12月向县委提出回乡承包造林。1985年2月，县委正式批准他离职带薪5年，签订合同。1985年，承包杉木林基地造林5000亩，完成5225亩，1986年，完成荒山造林1万亩，造林质量符合要求。

到1984年底止，全国林业专业户已超过400万户，比前几年增多。吉林省现有造林专业户15万户，比1983年增加了7倍。据河南、辽宁、甘肃、内蒙古、四川等省、自治区了解，林业专业户约占全省总农户的1～3%，经营面积占林业用地面积的10%。

（苏永荔）

**【育苗专业户】** 据1984年13个省、自治区、直辖市统计，育苗专业户已发展到52.75万户，占林业专业户的23%，承包面积160万亩。辽宁、吉林、河南、四川、陕西5省1986年有育苗专业户20.6万户，育苗55.11万亩，占这5省育苗面积的33.86%。

专业户育苗，一般绿化苗多采用由集体出土地、种子、补助资金，联系苗木产量、质量，以合同形式大包干承包到户或联户。生产的苗木，由集体定产包销，收益包干上交，超产部分自销，也有不包销的。珍贵花木、树苗，自产自销，收入归己。规模有大有小，以小型为主。规模小的独户经营，大的请雇工经营或联合经营。有些地方为了解决信息不灵、产销渠道不通，买卖难的问题，成立了大型苗木联合公司。如陕西省三元县康宁育苗产销公司，贵州省余庆县周登高创办的松烟林苗产销公司，1983年规模达到1070户跨4个县，331个生产队，培育13个品种的苗木，产苗近千万株。

发展育苗专业户的好处：①能提供品质优良，满足社会造林绿化需要的苗木，解决了多年存在育苗难，造林苗木不足问题；②把苗木生产从自给性转变为商品性、专业化生产，出现了许多育苗专业村；③带动了群众育苗致富，如安徽省来安县舜山乡林桥村350户农民，户户育苗，总面积400亩，产值600万元，纯收入80多万元，户均纯收入2200多元，其中收入万元以上的16户。由于苗木生产已商品化，市场信息不灵，计划难以控制，出现育苗不对路和苗木过剩现象。

（苏永荔）

# 林业工作站

【综 述】 林业工作站是我国林业系统最基层的事业性组织，其任务是宣传贯彻党的林业政策、组织生产、推广技术、培训乡村林业科技人员。

20世纪50年代初，我国已有一部分省、自治区、直辖市在重点林区、山区和平原重点地区，以区、乡为单位建立了林业工作站。党的十一届三中全会以来，各地在林业经济体制改革中，为建立和完善林业科技推广体系，对林业工作站机构、人员进行充实和调整。截至1986年底，全国已建立林业工作站1.14万处，职工人员达6.8万人。每个县和大多数县设有林业工作站的有黑龙江、辽宁、内蒙古、河南、广东、陕西、宁夏、甘肃、安徽、山东、江苏、新疆、北京、上海14个省、自治区、直辖市。每个乡、区和大多数乡、区设有林业工作站的有黑龙江、吉林、辽宁、云南、湖北等省。

各地林业工作站，在地方政府和林业部门领导下，在造林、育林、护林等方面做了大量组织和技术指导工作，发挥了组织保证和骨干作用。辽宁省建平县为改变贫困落后面貌，从1963年起，全县普遍建立县、区、乡林业工作站。到现在造林保存面积达240万亩，森林覆盖率达20%，比建国初期增加10倍，森林蓄积量150多万立方米。江苏省近几年平均每年完成造林种植作业面积30万～40万亩，营造、更新农田林网250万～300万亩，抚育中幼林100万亩次，防治病虫害50多万亩，绝大部分是在林业工作站的组织、指导下完成的。在完成生产任务的同时，各级林业工作站根据市场需求，及时提供信息和技术，帮助“两户一体”培育花卉苗木，仅1985年一年产值就达1亿多元，为群众开辟了一条致富之路。

很多地方林业工作站，在林业经济体制改革推动下，对林业工作站的经营管理进行了探索和改革，增强了自身建设和促进了林业生产发展。如仅有3名青年技术人员的山东省东平县彭集区林业工作站，在经营管理上实行事业单位企业管理，开展单项和综合技术有偿服务；扩大经营范围，创办林工商，实行产前、产中、产后综合服务。经营服务纯收入，用于补助经费不足、生产周转金，扶持群众发展林业生产，深受地方政府和广大群众欢迎。

但是，区、乡林业工作站仅占全国乡镇总数的10%多一点，人员少、素质差，中专以上的技术人员极少；工作和生活条件简陋，劳保福利待遇最低最差，林业工作站建设仍然是林业建设事业中最薄弱环节，亟待研究解决。 （欧宗袁）

# 义务植树与绿化基金

**【全民义务植树综述】**

**运动的发起** 1981年9月，在中共中央邓小平副主席的倡议下，随即由党中央书记处讨论提出，第五届全国人民代表大会第四次会议于1981年12月13日通过了《关于开展全民义务植树运动的决议》。决议指出，“植树造林，绿化祖国，是建设社会主义，造福子孙后代的伟大事业，是治理山河，维护和改善生态环境的一项重大战略措施。为了加速实现绿化祖国的宏伟目标，发扬中华民族植树爱林的优良传统，进一步树立集体主义、共产主义的道德风尚，会议决定开展全民义务植树运动。”决议规定，“凡是条件具备的地方，年满十一岁的中华人民共和国公民，除老弱病残者外，因地制宜，每人每年义务植树三至五棵，或者完成相应劳动量的育苗、管护和其他绿化任务。”全国五届人大四次会议责成国务院根据决议精神，制订《关于开展全民义务植树运动的实施办法》，并公布施行。国务院《关于开展全民义务植树运动的实施办法》，进一步规定：“凡是中华人民共和国公民，男十一岁至六十岁，女十一岁至五十五岁，除丧失劳动能力者外，均应承担义务植树任务，各单位要将人数据实统计上报当地绿化委员会，作为分配具体任务的依据”、“对十一岁至十七岁的青少年，应当根据他们的实际情况，就近安排力所能及的劳动”。同时规定，“此项义务劳动，限于用在本县、本市所辖范围，营造国有林和集体林。”

**立法与实施** 为了贯彻全国人大的决议，1982年2月27日国务院常务委员会议通过并颁布了《国务院关于开展全民义务植树运动的实施办法》，并要求各省、自治区、直辖市人民政府结合实际情况，制定实施细则。国务院、中央军委于1982年2月12日发出了《关于军队参加营区外义务植树的指示》，1984年3月1日中共中央、国务院发出《关于深入扎实地开展绿化祖国运动的指示》。1984年9月20日颁布的《中华人民共和国森林法》将各级人民政府应当组织全民义务植树写进法律条款。国务院于1982年2月28日决定成立中央绿化委员会，负责统一领导全民义务植树运动和整个造林绿化工作。全国县级以上政府、部队军级以上单位按照规定相继成立了绿化委员会，许多师团级单位和大型厂矿等也成立了绿化委员会或绿化领导小组。并且，都是由主要领导人担任主任委员，相应地设立了委员会办公室办事机构。党和国家领导人每年都参加义务植树活动，并多次就开展全民义务植树问题，发表讲话和作重要指示，推动运动的开展。5年(1982～1986)来，各省、自治区、直辖市相继制定了开展全民义务植树运动的实施细则或条例。各级绿化委员会每年至少召开一次绿化会议，总结部署绿化工作。绿化委员会办公室卓有成效地开展了有关活动。在党、政、军的各级领导干部的亲自参加和领导下，通过宣传发动，组织实施，总结提高，已初步地形成了全民性的绿化祖国运动，在推进国土绿化建设中，取得了显著成绩。

**特点与成就** 全民义务植树运动有四个特点：一是，领导带头。从中央到地方各级党政军领导带头执行全国人大决议，亲自参加和组织领导义务植树运动。据首都绿化委员会统计，1982年以来，中央、市、县和部队有1000多个单位、120多万人，在北京郊区重点风景区和风沙危害区的义务植树责任区，年年坚持义务植树。每年都有200多名部级、4000多名司局级、100多名军级以上的干部带头上山参加春、雨、秋季植树或重点绿化工程劳动。湖南省1982～1986年，参加义务植树的省级领导106人，平均每年21人；县团级以上领导参加者18102人，平均每年3620人。许多超过法定年龄的老同志，也坚持参加义务植树，给群众以鼓舞。各级主要负责人亲自组织动员，加强检查督促，推动运动深入、持久地向前发展。二是，大力开展宣传动员工作。各级绿化领导机构密切会同林业、园林、农牧、部队等部门和工、青、妇组织，与新闻、报纸、电视、电影、广播、文化艺术等宣传教育单位一起开展多种形式的宣传活动，使人大决议深入人心，造成强大的社会舆论。运动开始的第一年，中央各大报刊共发表林业文章1091篇，全国省级报纸和广播电台发表4090篇。林业部编印和送发《义务植树宣传提纲》60万册、宣传画155万张。许多省、自治区、直辖市和一些地、县也编发了大批宣传资料。山西省编印的宣传资料12种、40万套，约500万册，全省基本上每户一份。吉林省每年都要召开绿化广播电视动员大会，举办“绿色的节日音乐、歌舞会”，绿化现场经验交流会，开展绿化典型宣传活动。5年来，吉林电视台摄录和播放的大型绿化电视片100多部，口播绿化新闻几十条。举办绿化电视大奖赛，参赛的150多个单位都摄制了录像片，电视台开辟专题节目进行展播。这对于提高人们对绿化的认识，自觉地履行植树义务，起了重要促进作用。三是，各行各业支持。为贯彻全国人大决议，响应党和政府的号召，各级工会、共青团、妇联、教育、科协、劳动、农业、林业、城建、园林、煤炭、水利、粮食、石油、冶金、铁路、交通、轻工、商业和军队系统、单位，纷纷发出通知，提倡议，动员全国各族人民积极参加义务植树，为绿化美化环境、绿化家乡、绿化祖国作贡献。各族人民总动员，男女老少齐动手，使运动具有广泛的群众性和社会性。据统计，5年来，全国每年有2亿多人参加义务植树，约占应尽植树义务人数的半数左右。中央号召城市的义务植树要走在前头。京、津、沪三市每年有1000万人参加绿化，占应尽义务人数的68%。沈阳、大连、哈尔滨、武汉、广州、重庆、西安等7个计划单列市每年有1300万人参加，占应尽义务人数的67%。四是，注重实效。运动一开始就强调分类指导，提高质量，扎扎实实，反对形式主义。根据农村、城市、部门系统的特点，分别提出要求，采取多种形式进行组织实施，避免了“一刀切”、“大轰大嗡”的那种搞法。各省、自治区、直辖市确定了107个重点县市作为先行点，为指导面上义务植树运动扎扎实实的开展提供了经验。为了保证质量，普遍抓了义务植树基地规划、技术培训、种苗准备、检查验收、落实管护责任等工作。有的地区，与兴办绿化工程相结合，进行精心组织，落实领导绿化目标责任、群众管护责任制，成效卓著。

全民义务植树运动的主要成就：第一，开展全民性的义务植树运动，提高了社会对绿化的认识，增强了绿化祖国的自觉性和责任感。通过最广泛的宣传教育、组织动员和数亿人民的植树绿化亲身实践，提高了人们对绿化祖国重要意义的认识，树立了“绿化祖国人人有责”的观念，培养爱护树木花草、积极参加绿化劳动的道德风尚。这个运动开创了全党、全国、全体人民绿化国土的新局面。由于运动方向、目标正确，顺民心，合民意，调动了社会各方面的积极性。全国涌现了一大批绿化先进单位和先进个人。中央绿化委员会1984年2月表彰了222个全民义务植树先进单位。1985年1月中央绿化委员会与共青团中央表彰了400个全国青少年绿化祖国突击队、600名绿化祖国突击手。据14个省、自治区、直辖市统计，5年受到省一级绿化委员会表彰的绿化先进单位6351个、先进个人21557名。

第二，带动了部门绿化建设的发展。5年以来，中国人民解放军、中国人民武装警察部队、中央直属机关、中央国家机关和铁道、民航、冶金、煤炭、石油、水电、交通和有色金属、石油化工等部门系统，相继建立了绿化委员会，按照部门绿化任务分工负责的要求，加强了对绿化工作的领导，推进了部门系统的绿化，取得了显著成绩。5年完成绿化铁路1.4万公里，完成绿化公路5万公里；公路绿化里程比开展义务植树前增长17%。民航部门有22个民用机场绿化面貌大为改观，完成义务飞播造林种草2666公顷，承担专业飞播395万公顷，“六五”比“五五”期间飞播面积增长2倍。煤炭部门每年营造坑木林1.81万公顷。轻工部门的造纸企业5年造林8.46万公顷，比过去增长5倍。全国中小学校绿化与勤工俭学结合，自办林场、果园由1981年21万个、8万多公顷，增加到30万个、20多万公顷。中国人民解放军走在运动的前列，5年营区植树1.1亿株，成片造林4.4万公顷，植草坪3000万平方米。还出动1500万人次，支援地方植树1.5亿株，飞播造林135.4万公顷。许多部队参加地方的绿化工程建设，做出贡献，受到了地方的赞扬。

第三，促进了城乡绿化建设加速发展。据报道，5年来，全国义务植树50多亿株。城市每年植树约1亿株，比全民义务植树前年植树量增加1倍。城市园林绿地面积比开展义务植树前增加近一半。据全国324个城市统计资料，绿化覆盖率达20%以上的城市，已由义务植树前的37个增加到89个；城市公园原有728个，平均每年增加70多个。已经实现人均公共绿地3至5平方米这一近期目标的城市从45个发展到101个。在城市，人们对种草的偏见正在改变，种植草坪越来越受到重视。北京市的草坪面积已由1979年的39万平方米增加到1986年的600多万平方米，增长16倍。广大农村，在改革中根据不同情况逐渐开展义务植树。有些地方就近组织农民到国家或集体经营的荒山荒滩义务植树，或是采取统一规划，统一组织领导，统一供苗，各方出资，群众义务整地栽植，分段(片)承包给农民长期管护经营的办法，营造各类绿化工程。例如，营造防护林，绿化一条公路或铁路、一条江河渠岸、一条沟壑山梁，建设一个风景区和农民公园等。在全民义务植树运动的推动下，全国造林种草超额完成了“六五”计划。特别是“四旁”植树，无林少林地区与平原农区林业发展较快。“六五”计划期与“五五”计划期相比，完成飞播造林400万公顷，增长1.7倍；飞播种草58.4万公顷，增长14倍；果园面积增长26.9%，柑桔、苹果、梨产量增长47.7%。

第四，全民义务植树运动为促进社会主义精神文明建设作出了积极的贡献。全民义务植树运动，不仅是动员亿万人民参加栽树、种草、养花，创造物质财富的运动，同时也是激发爱国热情、陶冶情操，对全国人民进行社会主义精神文明教育，创造精神财富的运动。对全国人大决定的义务植树法定任务的完成程度，是检验每一个单位、每一个公民法制观念强弱的标尺。全民义务植树提倡的是为公益的奉献精神，“绿化祖国人人有责”的爱国主义精神。共青团、工会和妇联等，都根据各自的特点，作了大量的宣传发动和组织工作。团中央把开展群众性的绿化祖国运动作为对青少年进行爱国主义、集体主义、共产主义教育的重要课堂和阵地，他们组织的“绿化一河（黄河）两线（铁路、公路）”与“采种支甘”活动，寓教于形，在促进绿化建设、教育青少年中起了积极的作用。据团中央统计，宁夏、内蒙古、陕西、山西、河南、山东等省、区黄河沿岸3000公里的青少年，有340万人参加营造黄河防护林青年绿化工程。1984年工程开始以来，采取义务植树和承包造林相结合，已完成成片造林12.8万公顷、农田林网11.3万公顷。各地都兴办了许多的规模不等的“青字号绿化工程”。中央绿化委员会于1985年发出《关于植纪念树、造纪念林的倡议》之后，1986年又与国家教育委员会联合发出《开展校园绿化、营造学校林的通知》，得到了积极的响应。据山西、北京等6省、市不完全统计，1986年春天，青少年种植各种纪念树7800多万株。湖南省怀化地区85万名团员青年，在千里红军长征路上植纪念树15万株，绿化道路680多公里。广州市建立一支7万多人参加的“少年绿色近卫军”，在700多所学校举办“千景美校园”竞赛活动。一些地方的群众，在生日、入学、毕业、入团、参军、结婚、育婴和离休退休等有纪念意义的时刻，栽植纪念树，铭志于树，寄情于林，移旧俗，树新风。陕西省近两年来共栽各类纪念树746.9万株，营造纪念林388万公顷。浙江省缙云县仙都乡15位离休老干部、退休教师在仙都风景区的荒滩上栽树6000多株，取名为“老年林”。江苏射阳县临海镇农民张文志从1983年开始，将正月初九定为“家庭植树节”，到时全家动手，每人栽树10至15棵。各地经验证明，农村开展义务植树，不仅对于农村绿化有很大推动作用，而且对丰富农村文化、精神生活，培育“四有”新型农民，促进农村精神文明建设产生着积极的影响。城市绿化的飞速发展和绿化美化水平的不断提高，也反映了城市人民对于物质文化生活日益增长的需求与迫切愿望。已有100余个城市选出了市树、市花。许多全民义务植树运动开展深入、绿化搞得好的单位，被评为“花园式单位”、“卫生红旗单位”、“文明单位”。

我国的全民义务植树运动，引起了国际上的关注和好评。英国林学家理查德·贝克尔称赞我全民义务植树是“光辉的榜样”。英国广播公司记者、农业专题作家温尼弗莱德·玛丽彻莉赞扬我国绿化运动显示了“中国的气势和决心”。北京地区已有30多个国家的3000多名外宾，在国际友谊林场义务植树4900多株。一些国家的驻华使馆、团体和个人还捐赠绿化基金，表示支持中国义务植树运动。

**基本经验** 我国的全民义务植树运动，是绿化祖国的伟大创举，是在探索中逐步展开和不断前进的。运动开展5周年的时候，各级绿化委员会对运动进行了全面的总结。中央绿化委员会第六次会议肯定了运动取得显著成绩，指出运动的发展基本是正常的、健康的，并且积累了以下几点经验：①广泛深入的宣传发动，是推进义务植树运动健康发展的前提条件。②领导亲自抓，城市带好头，是开展好这个运动的关键。③作好绿化规划，采取多种形式开展义务植树，是保证绿化实效的重要一环。④建立部门绿化，分工负责制，有利于发挥各方面的积极性和适应各种不同情况的需要。⑤加强检查验收，做到赏罚分明，是指导运动发展，保证绿化质量的重要手段。

党中央、国务院非常关心全民义务植树运动的开展，在运动刚刚开展1周年的时候，中央书记处就批准召开全国全民义务植树工作会议，把各省、自治区、直辖市的领导都请来，总结交流1年来开展全民义务植树运动的经验，研究解决存在的问题，进一步动员和组织人民把绿化祖国的群众运动卓有成效地继续推向前进。1982年12月26日，邓小平在全民义务植树运动情况的汇报材料上作了重要批示：“这个报告令人高兴。这件事，要坚持二十年，一年比一年好，一年比一年扎实。为了保证实效，应有切实可行的检查和奖惩制度。”这就为进一步贯彻全国人大决议，深入持久地开展全民义务植树运动确立了正确指导思想。从这几年全民义务植树运动开展情况看，正是坚持贯彻这一指导思想，各地各部门在贯彻党中央、国务院“要把植树种草绿化祖国的责任放在各级党委、政府和所有单位领导干部的肩上”的指示，把开展全民性的绿化祖国运动列入重要议事日程，当作“两个文明建设”的重要内容来抓，在落实绿化责任和组织发动群众方面创造和推广了许多新鲜经验。例如：北京的“门前三包”、划定“绿化责任区”，太原、兰州市的“单位承包绿化区”，临汾地区的“一任书记绿化一座山头”，黑龙江、广东省的各级领导“绿化责任状”和“任期绿化目标责任制”，以及各地实行的“军民共建”、“厂民共建”、“青字号工程”、“少年绿色行动”、“植纪念树造纪念林”、“绿化重点工程”等。各级党委、政府和单位逐步加强了对运动的领导，认真进行督促检查，考核评比，表彰先进，赏罚分明，领导亲自抓试点，以点带面，从而保证了运动逐步深入地健康的发展。

目前，全民义务植树运动在地区之间、部门之间和单位之间进展情况不同，离全国人大决议和国务院实施办法的要求还有差距。有些地区和单位还没有把这件事摆在重要位置，存在着一些思想障碍和实际问题需要解决。技术力量和植树后的经营管护工作有待加强。还须继续深入宣传发动，在总结经验的基础上，使义务植树制度不断臻于完善和提高。 （任元寿）

## 城市绿化

**【综　述】** 城市绿化，是国土绿化的重要组成部分。城市义务植树应当走在前头。应尽快改变目前城市绿化覆盖率低，园林绿地少，裸露地面多，环境污染严重的状况。许多城市认识到绿化国土的重要性，把绿化工作列入重要议事日程，广泛开展义务植树运动，认真贯彻“人民城市人民建”的方针，取得了显著成效。在开展义务植树运动的5年当中，全国城市共植树5亿多株，每年平均植树量比义务植树前年植树量增加1倍以上，还大量铺设草坪，种植花卉，搞垂直绿化。据1985年统计，城市园林绿地总面积达159291公顷，比1981年底的110037公顷增加了45%，其中公园(包括动物园、植物园)从728个，面积14730公顷，增加到1026个，面积21916公顷，面积增加了48%。园林苗圃面积由8945公顷增加到11555公顷，增长了29%。城市绿化覆盖率有明显提高，在全国城市中，绿化覆盖率达到20%的城市，从1981年的37个发展到89个，其中绿化覆盖率达到30%的有18个城市。每人平均公共绿地面积达到3平方米的城市，由45个发展到101个，其中达到5平方米的有49个城市，这对改善城市的自然面貌，提高环境质量，起到了积极作用。

许多城市制定了园林绿化长远规划和近期计划，广州市提出到1987年建成名符其实的“花城”；厦门要建成“海上公园”；福建省三明市“要把森林引向城市，把园林引向街道。”无锡、吉林、苏州、洛阳等城市，也都有各自的规划和特点，安排比较合理。许多地方见缝插绿，争取早日实现“黄土不露天”，同时，集中力量搞了一批重点绿化工程，天津市修建了海河公园，沈阳市修建了南运河带状公园，合肥、西安、济南等一些城市修建了环城公园，兰州、太原、青岛、邯郸等城市的重点绿化项目，也卓有成效。

不断扩大绿化视野，提高绿化水平，注意乔、灌、草、花、藤、果一起上。大、中城市，开始大量发展草坪和其它地被植物，仅北京市即有草坪600多万平方米，为1979年的16倍，列全国城市之首。花卉在城市中的应用也空前广泛，家庭养花蔚然成风。广州市有花坛近5万个，家庭养花500多万盆，不少城市举办花卉、盆景展览。据不完全统计，全国有100多个城市选出了市树、市花，不仅美化了城市，而且丰富了人们的精神生活。

城市绿化结构正在进行改革，不仅注意扩大公共绿地，而且重视单位绿化和生产绿地的发展。除主要干道等绿化外，在街头巷尾，居住区开辟小游园、小绿地、小街景，“三小”绿地深入大街小巷，万户千家，并利用河湖岸边，道路两旁，市区零星空地，辟建各类小型园林。许多单位以绿化为主，进行综合治理，绿化与生产、企业整顿、改造厂容、社会主义精神文明建设相结合，互相促进，同时，厂矿绿化从生产区向生活区发展。城市建筑物密集，绿地面积不多，为了增加绿量，广泛运用多种绿化材料和不同绿化形式，把可以绿化的屋顶、墙面、柱面、阳台、廊道都绿化起来，由平面绿化向多层次立体绿化发展，从陆地向水面发展，为城市增姿添绿。

采取多种办法和形式开展绿化工作，不断丰富义务植树的内容，完善义务植树的制度。1984年，京、津、沪三个直辖市的石景山区、红桥区、杨浦区结成绿化协作区，活动内容丰富多采，切合实际。许多城市制定了城市园林绿化管理条例，绿化工作有法可依，在实行门前“三包”的基础上，总结出“四定四包”等多种管护责任制。天津市的绿化，采取“五出一包”的办法，五出(出人力、出技术、出物料、出车辆、出资金)一包(承包本单位绿化和交给一定数量的绿化工程)灵活适用，允许以钱代劳，以物代劳等多种形式，折抵一定的义务植树任务。加强检查评比，有奖有罚，是推动绿化工作的有力措施。1984年中央绿化委员会表彰全国绿化先进单位222个。目前，达到三季有花、四季长青的城市不断增多，并为春有花、夏有荫、秋有果、冬有青，提高绿化水平而努力。 （王剑平）

**【京、津、沪绿化】** 北京、天津、上海三个直辖市，“六五”期间，城市绿化取得了显著的成绩。

北京市，市区5年累计植树532.8万株，铺草坪480万平方米，栽植月季100多万株。到1985年底，绿化覆盖率由20%提高到22.13%，公共绿地面积2787公顷，增加148公顷，每人平均占有公共绿地面积5.1平方米。新辟街头绿地100多处，面积80公顷。本着四季常青，三季有花，乔、灌、草、花相结合的原则，配合市政建设，新绿化了前三门、北三环、阜成路、昌平路等15条干道，充实提高了长安街、复兴路、石景山路等60多条城市道路。

天津市，市区现有树木429.8万株，是1980年的2.69倍，有公共绿地573.71公顷，比1980年增长了41.8%，人均公共绿地面积1.72平方米。绿化覆盖率由8%提高到9.5%。庭院式绿化小区有了创新和突破，5年共建114片。小街景、小绿地、小游园等“三小”绿地遍及各区街，5年共建391处。发动全市人民建设海河公园，绿化美化海河两岸。把旧城区改造和绿化建设紧密结合。修建中环线后，立即进行绿化，做到路成绿化成。

上海市，市区5年累计植树1550多万株，种植草皮71.42万平方米，其它地被植物4.8万多平方米。城市园林绿地总面积由1981年的1772.26公顷，增长到1985年的2339公顷，增加了566.74公顷。绿化覆盖率从1981年的6.1%，提高到9.7%，人均公共绿地面积从0.46平方米，提高到0.71平方米。以多层次立体绿化和家庭养花等多种形式发展绿化，既体现了上海绿化的特点，又充分发挥绿化的功能。（王剑平）

**【厂区绿化】** 工厂企业的厂区、庭院绿化，不但能美化环境，陶冶人们的情操，而且可以提高产品质量，促进企业发展。

以1986年底被中央绿化委员会评为先进绿化企业的几个单位为例，介绍工厂企业绿化的梗概。

**北京市电机总厂** 全厂占地面积26万多平方米，厂房设施建筑12万平方米，货料场及道路等占地面积8.6万多平方米，职工近4000人。近几年来，大力开展厂容的绿化美化工作，厂区内栽种了乔、灌、果木5100多棵，铺草坪2.1万多平方米，建绿篱950多米，全厂总绿化面积4.4万平方米，达到应绿化面积的92%，职工人均占有绿地面积已超过11平方米。在以绿为主的基础上，点缀了一些园林小品，实现了以绿为主基础上的环境花园化，连续两年被北京市命名为“花园式单位。”

该厂的绿化工作，不但有一个强有力的领导班子，并且有14名有经验的专职工人管理，资金正式列入总厂财政预算。由于绿化美化，使车间里空气更加洁净了。近些年来，全厂没有一例矽肺病发生，产品质量也稳步提高，增强了在国内外市场上的竞争能力。厂容的改观，得到了外商的好评。

**鞍山钢铁公司** 鞍钢是日伪遗留下来具有60多年历史的老企业。占地面积24平方公里。下属100余个县团级单位。现有职工22万人。几年来，特别是从1982年以来，随着企业改造，狠抓了厂区的绿化美化工作，取得了显著成果。到1986年已从建国初期厂区只有杨、柳、槐166株，发展到30.8万株，品种达44个。厂区内外已建成防护林带8条，新建景点486处；花窖55座，面积8500平方米；花卉路一条，草坪大街一条，花园式工厂9个。从1985年以来，又向空间、垂直绿化方向发展。现在的鞍钢，已不是过去厂区破烂不堪、垃圾成山、烟尘弥漫、树木稀少、污染严重的鞍钢了，而变成厂区整洁、绿树成荫、百花争艳、绿草芳菲、公害少、环境美、有生机和活力的绿色鞍钢。

鞍钢的绿化所以能取得如此大的成绩，关键是得到了领导的重视，并且付之于实际行动。鞍钢成立了绿化委员会，由生产副经理、管理副经理、专业处处长分别担任公司绿化委员会主任、副主任和委员，形成了主管经理亲自抓，分管经理具体抓，专业部门经常抓的指挥系统——厂容绿化处、厂容绿化公司。同时把这项工作列入生产调度指挥，公司厂容绿化处有一位处长参加公司调度会。全公司共有专业队伍3000多人。舍得投资，1985年以来，仅投绿化一项费用达150余万元。这笔费用，统一由厂容绿化处支配。为了落实公司规划，实现奋斗目标，各厂矿都制订了自己厂区绿化美化的具体规划和目标，认真组织落实，有力地推动了全公司绿化美化工作的进展。

**南京晨光机器厂** 全厂占地面积62万多平方米。全国人大颁布《关于开展全民义务植树运动的决议》以来，结合整顿厂容，从治理“脏乱差”入手，狠抓绿化，把绿化美化作为建设社会主义精神文明的一项重要工作来抓，提出“见缝插绿，寸土必绿，绿满晨光”的口号。拆除小房舍100多处，清除垃圾堆10多个，腾出地方建造自行车棚和小花园，并进行垂直绿化和多层绿化。5年来，共打掉水泥地面5490平方米，打水泥洞822个进行绿化，使绿化面积扩大6312平方米，到1986年为止，全厂共栽树木167个品种共83209棵，绿篱299958棵，草坪41679平方米，栽麦冬草3897公斤，栽花卉600多棵，使全厂已绿化面积达到23.93万平方米，占可绿面积24万平方米的99%，人均绿地面积达32.35平方米。全厂共建花坛花园223个，还新建一些喷水池、鱼池、假山、亭子、藤架等，从生产区到生活区，从办公楼到工房，房前屋后，道路两旁，龙柏成行，水杉成排，百花争艳，绿草芳菲，鸟语花香，使整个工厂寓于花园之中。该厂有的科研生产单位，要求有一个空气洁净的环境，才能保证产品质量。其中有个研究所，在前几年试验中，不是仪器发生问题，就是产品漏气，质量不稳定。经测定，空气中尘埃超标太高。后来换种了树种，选种了吸尘能力强的常绿树，并进行多层密植，提高了洁净空气的效果，现在这个研究所的产品质量一直比较稳定。（任锡初）

**【校园绿化】** 全国现有近100万所学校，2亿多师生员工，组织全国学校开展校园绿化，对加快绿化祖国将起很大作用。5年来，全国中小学校自办的林场、果园，由1981年的21万个、120多万亩，增加到30万个、300多万亩。为了促使全国学校更广泛、深入地开展义务植树和校园绿化，中央绿化委员会和国家教育委员会于1986年1月31日发出《关于学校开展校园绿化和营造学校林的通知》，要求全国各级各类学校应有组织地开展校园绿化美化活动，有条件的学校要兴办林场，营造学校林。1年多来，各地迅速开展活动，吉林、湖南、山西、陕西、徐州等省市专门召开了学校绿化会议，要求把绿化当作办好学校培养人才的一项不可缺少的任务。吉林全省已有95%的学校开展绿化，93%的学生参加了绿化活动，校办林场3426个，共计283万多亩。湖南省有14707所学校开展了绿化校园活动，208万学生参加，植树453万株，校办林场183个。天津市已有500多所中小学和幼儿园实现三季有花，四季常青。大专院校的义务植树和校园绿化取得了很大成绩。北京市59所高等院校4年来共植树232万株，经检查验收共保存活树184万株，平均每人栽成活树25株，超额25%完成任务。1986年底被中央绿化委员会评为全国绿化先进单位的高等院校有：中共中央党校、北京大学、浙江大学、山东大学、兰州大学、华东师范大学、华中师范大学、天津师范大学、东北林业大学、南京林业大学、西安交通大学、浙江农业大学、青海民族学院、北京煤炭管理干部学院，桂林冶金地质学院、江西华东地质学院、武汉水利电力学院、武汉水运工程学院、石家庄陆军学院、蚌埠坦克学院、空军工程学院、通讯工程学院、福建宁德师范专科学校、宜昌师范专科学校、北京铁路局太原铁路机械学校、福建集美航海专科学校共27所。（邹旭圃）

**【北方绿化中心】** “北方绿化中心”，在吉林省长春市净月潭林场、林业科学研究所、林业干部培训班的基础上，于1986年8月16日在净月潭成立，由长春市人民政府领导。这是我国创办的第一个绿化中心，根据我国绿化事业发展的客观需要，在绿化发展的新形势下产生的。“北方绿化中心”的宗旨，是为国土绿化的战略思想服务，面向社会，面向广大群众，宣传国土绿化的重大意义，宣传绿化方针、政策、普及绿化知识，推动国土绿化的群众运动的开展。

绿化中心的一切活动都围绕着绿化这个主题，通过宣传、教育、培训、咨询、科研、旅游、展览等多种活动，服务于城乡绿化事业。“北方绿化中心”针对我国北方绿化条件和情况，开展绿化教育、培训工作，为绿化培养人才。对广大青少年和群众进行绿化知识的宣传，举办青少年绿化营林夏令营、冬令营和为市民游览提供条件，并接待国内外团体绿化讲学、实习参观。同时，根据北方地理、经济特点，对植树、种草、种花、城市绿化、森林经营、良种选育、病虫害防治等进行科学研究和示范。

（王剑平）

## 农村义务植树

**【综　述】**

**成就与经验**　广大农村是开展全民义务植树运动的广阔天地。为了积累和摸索农村开展全民义务植树的经验，中央绿化委员会于1982年在全国确定了60个开展义务植树运动的重点县。从1982至1986年的5年中，农村义务植树运动在试点的基础上逐步展开，取得了较好的成绩。首先是每年植树9亿株左右，大大地推动了林业生产的发展。其次是，通过义务植树运动的开展，提高了农村各级领导对绿化祖国重要性的认识，使我国农村出现了一个真正全党全民动员参加国土绿化建设的崭新局面。如福建省5年中参加义务植树的有4300多万人次，植树2.4亿株。按法定义务植树人数计算，人均义务植树16.2株；安徽省涡阳县有66万人，5年中平均每年人均植树3.7株。第三，农村义务植树不仅促进了荒山绿化和美化农村庭院，而且使广大农民受到了生动的集体主义和爱国主义教育。通过义务植树活动，收到了移风易俗，育树育人的效果；陶冶了人们的情操，培养了人们爱护花草树木的社会主义新风尚，有力地促进了农村社会主义精神文明建设。

5年来，农村义务植树取得了一些经验：①领导重视。各县(市)普遍成立了绿化委员会，并由主要领导但任主任。从政治上、组织上保证义务植树运动沿着健康的轨道向前发展；②广泛开展宣传发动工作，向广大农民宣传开展全民义务植树运动的决议。利用广播、黑板报、电影、电视、宣传资料等，宣传义务植树的重大意义，提高广大农民参加义务植树的自觉性和积极性，增强农民履行植树义务的责任感；③根据本地区的实际情况，制定开展义务植树实施细则、办法和制度等；④组织检查评比，表彰奖励先进，推动义务植树运动持久、扎实地开展，巩固绿化成果。

**义务植树形式**　由于各地农村自然、经济、社会等方面的条件各不相同，特别是随着农村经济体制改革的进行，开展义务植树的形式和办法有多种，概括起来，主要有以下几种：

①在划定的义务植树基地上植树。这是各地比较普遍地采用的一种形式。这种形式地点固定，便于管理，效果很好。如吉林省已划定义务植树山65.2万亩。做到了应尽义务人数、任务、地块、权属“四落实”。宁夏的隆德县吸取分散义务植树成活率低的教训，建立义务植树基地，植树成活率由66%提高到89%。

②义务植树与计划造林相结合。既履行了植树义务，又促进了计划造林的完成。广东肇庆、斗门等市、县把义务植树与工程造林结合起来，组织应尽义务的公民义务挖坑，由专业队栽植管理，降低了工程造林费用。湖南省的桃江县采取农民投山入股，全民义务整地，企业投资造林，专人管理，收益比例分成，效果也很好。

③广大平原地区,结合平原绿化和林网化建设,采取统一规划、统一领导、统一植树、树随地走、分户管理、收益个人和集体比例分成，履行植树义务。安徽省涡阳县实行土地所有单位出苗，参加义务植树者挖穴、植树、死一株补栽一株，赔款一元，栽后交土地所有单位；农田林网由乡、村统一规划植树地点，群众自筹苗木，统一标准，统一栽植，统一管理。林权归集体，收益按比例分成。

④将每人每年3～5株的法定植树任务,折算成义务工，统一用于造林、抚育、管护及重点绿化工程。如湖北省嘉鱼县把每人的义务植树任务折算成两个标准工，用于统一组织营造乡、村集体林。

⑤县城、乡镇的机关、厂矿、学校等单位，组织本单位职工、学生义务绿化庭院、街道及公共场所。完成绿化任务的单位，组织职工到划定的义务植树基地造林，履行植树义务。全民义务植树运动促进了城镇机关、厂矿、学校的绿化。全国已出现了一批绿化美化较好的城镇及环境优美的机关、厂矿、学校。 （顾龙俊）

## 部 门 绿 化

**【综　述】** 绿化祖国，促进自然生态的平衡，是一项全民性的长远建设事业。各部门各系统都认真贯彻执行全国人大《关于开展全民义务植树运动的决议》，积极投入了这一运动，按照中央绿化委员会关于部门绿化任务分工负责的要求，相继成立绿化指挥机构。到1986年为止，已有中共中央直属机关、中央国家机关、中国人民解放军、铁道部、中国民用航空局、石油工业部、冶金工业部、煤炭工业部、中国人民武装警察部队、水利电力部、中国有色金属工业总公司、中国石油化工总公司、交通部共十三个部门系统成立了系统性的绿化委员会。他们对本部门的绿化工作，作出了规划部署，安排了资金，并加强组织指挥、综合协调、督促、检查，进行总结、评比、表彰，加快了部门系统各自负责的交通干线、风景名胜区、部队营区、矿区、厂区、农场、牧场、水库区、机场、校园等绿化建设。煤炭、冶金、造纸等部门不仅搞好矿区、厂区绿化和废矿还林，还建立了一批矿柱林、造纸林等基地。5年来，部门系统的绿化取得了很大成就，绿化公路近5万公里，绿化铁路1.4万公里。全国77个通航的民用机场，有22个绿化面貌大有改观。煤炭部门在抓绿化矿区的同时，每年还营造坑木林28万亩。轻工部门的造纸企业5年造林127万亩，比全民义务植树前增长5倍。全国中小学校自办的林场、果园由1981年的21万个、120多万亩，增加到30万个、300多万亩。解放军5年内营区植树1.1亿株，成片造林67万亩，植草坪3000万平方米。还出动1500万人次，支援地方植树1.5亿株，飞播造林2032万亩。

我国青少年在植树造林、绿化祖国运动中，是一支最富有战斗力的生力军,他们活跃在全国各地,不但积极参加本地区、本单位共青团组织所发动的各种绿化活动，而且还参加全国性的大型绿化工程项目。共青团中央分别与水利电力部、铁道部、交通部联合发动全国青少年开展“一河二线”绿化工程项目，治理黄河，沿黄河营造防护林带和绿化铁路、公路沿线。参加治理黄河的黄河两岸6省区青少年达340多万人；从1984年到1986年，全国青少年共绿化铁路6100公里，沿铁路植树8198万株，为祖国的绿化事业作出了贡献。

全国广大妇女踊跃参加绿化祖国运动。各地妇联主动配合当地政府部门，认真贯彻中央有关绿化的一系列指示，在群众中作了大量的宣传、动员工作。组织当地妇女参加绿化工程建设、营造“三八林”、植纪念树等活动。

各部门的绿化积极性很高,但也遇到一些问题。一是有的公路、铁路两旁和水利工程因权属或利益关系未解决好，影响绿化；二是有的地方由于各种原因宁愿把宜林荒山闲着，也不愿与有条件的部门联合造林；三是有的抢占或盗伐部门经营的林木，制造山林纠纷；四是国家规定煤炭、造纸等部门提取的育林基金，有的未提取，有的被挪用。这些问题如得不到妥善解决,必将影响部门绿化的积极性。 （任锡初）

【石油系统】 近几年，石油系统的绿化造林有很大发展。据1986年对三十个单位统计，1984—1986年的3年中，共绿化造林2094万株，每个职工年平均植树8.1株，成活率达82.6%。栽种了大量的草坪、花卉、绿篱。成立了石油系统绿化委员会，重点油田设立了绿化处，绿化队伍有3915人，绿化技术人员137人，1986年投资1886.4万元，比1985年投资增加454.4万元。群众集资150万元，为绿化造林，在财力上给予了支持。

地处河西走廊西部的玉门石油管理局，同风沙、严寒、干旱、盐碱作斗争，全油田到1986年绿化造林面积已达4.6万多亩，其中矿区绿化面积占可绿化面积的71.5%，职工人均有树47株。玉门石油管理局有17个农场，营造防护林带6900亩，保护着4.8万亩耕地，各农场每年都向矿区职工提供大量的菜蔬、瓜果，不仅满足了全局的需要，而且还向市场销售一部分。

油田今后拟以改变油区的自然环境，提高绿化园林水平为重点，在增加绿化覆盖率上有一个较大的突破。对油区的庭院、厂矿、居民点、医院、学校等以创造绿色环境为主攻点，结合整顿矿容，充分利用闲余土地，发展植树造林。

石油系统，1986年被评为全国绿化先进单位的有：江汉石油管理局、玉门石油管理局、大庆石油管理局、河南油田、长庆石油管理局、胜利油田、南海油田等，这些单位在加快绿化速度，提高造林质量等方面做出了显著成绩，逐步改变了矿区自然环境。 (关重尧)

【煤炭系统】 煤炭系统造林绿化，是从60年代开始的，规模较大，已成为发展煤炭事业必不可少的组成部分。煤炭部门充分注意发挥森林的多种效益，以多造林，早出材，加速绿化矿区，大量营造坑木林为原则，全面推动煤炭系统绿化和营造坑木林工作。

全国国营重点煤矿有100多个，年采煤量在6～7亿吨，1986年产煤8.7亿吨，年提取育林基金3000万元。全国煤炭系统设有绿化委员会，重点矿务局设有林业处，有坑木林场190个，职工1.6万人，经营林木面积760万亩，林木蓄积980万立方米。年造林25～30万亩，年产木材10～11万立方米。

据1986年统计，全国重点煤矿营造坑木林近28.2万亩，育苗1万亩，生产木材12万立方米，分别为年计划的122%、135%、149%，其中山西、陕西、河南等七省、自治区煤炭局(公司)和北京、阳泉、乌达、阜新、通化、平庄、萍乡、鹤壁、韩城等39个矿务局超额完成全年造林计划。由于各矿务局普遍制定了绿化规划设计，实行科学营造坑木林和集约经营管理，认真采取提高绿化和抚育坑木林的有力措施，即使在干旱地区，造林成活率也都达到75%，一般地区成活率达到86%。煤炭系统造林，很注意树种的更替，选拔出许多优秀乡土树种进行栽种，绿化和营造坑木林的质量较高。

全国煤矿造林绿化先进单位共23个，其中被中央绿化委员会评为先进单位的有8个。

煤矿企业，在20多年来，本着认真绿化矿山，就地培育坑木林的原则，采取各种形式的合同造林，已建立一批坑木林基地，累计投资3亿多元。

(关重尧)

【冶金系统】 冶金系统300万职工，积极开展全民义务植树运动。据36个大型企业统计，到1985年底，共栽植各种树木1300多万株，成活率达80%以上；植草坪100多万平方米，成活率亦在80%以上；培养栽植各种花卉800多万株，初步改善了冶金企业的环境。该系统加强绿化管理机构建设，形成了由部到企事业单位自上而下的绿化管理网络。冶金部成立了由正、副部长和有关司局领导参加的冶金绿化委员会，各企事业单位都组成了由各级领导参加的绿化委员会，有的单位专门设立了厂容绿化公司，有的在环保部门下设绿化队(科)负责本单位绿化工作。

工厂园林绿化，是一项技术性很强的工作，必须以专业绿化队伍为骨干。据36个大型企业不完全统计，目前冶金系统从事绿化的专业人员有6000多人，其中有工程师、园艺师、技术员、技术工人等。这支绿化队伍担负绿化规划、设计和管护，使绿化工作由群众与专业队伍相结合。

首都钢铁公司在工厂厂区绿化上走在冶金系统前列。绿化覆盖率由1976年的7%增加到1985年的28%。他们在拆除旧厂房的废墟上建成了占地7万多平方米的厂内月季公园，种植各种月季花，品种多达110多种，共4万多株。在美化环境方面创出了独特的风格和水平，形成了花繁树茂，十分别致的园林景观，受到中外来宾的好评。(任锡初)

【铁道系统】 为了认真贯彻执行五届人大四次会议《关于开展全民义务植树运动的决议》，铁道部、铁道政治部于1982年2月8日联合发出《关于在全路开展植树造林活动的通知》；同年3月23日铁道部发出《关于贯彻国务院开展义务植树实施办法的通知》；1984年1月10日铁道部、共青团中央联合发出《关于开展"万里铁路万里林"活动的决定》；1984年6月26日铁道部发出《关于在三北防护林体系建设中搞好铁路造林的通知》。为使铁道系统的绿化工作有组织的开展，铁道部率先成立了全国铁路绿化委员会，各铁路局、铁路分局、部属工厂和基建、教育、物资等单位也相应地成立了绿化委员会，基层站、段成立了绿化领导小组。在各级绿化委员会和绿化领导小组的领导和组织下，全国铁路系统开展了广泛、深入、扎实的义务植树和绿化祖国运动。他们采取专业队和群众相结合，搞好铁路绿化。5年来(1982年至1986年春季)各铁路局植树2.1亿株，是原计划的130%，其中群众义务植树4890.2万株，铁路工业、工程指挥、物资系统和机关及直属单位义务植树700万株。5年来，除老弱病残者外，人均每年义务植树5.3株。

全国铁路沿线适宜造林地段3.4万多公里，已经绿化2.2万多公里，占64.7%，其中5年来通过义务植树绿化补植1.4万多公里。现有绿化林木1.5亿株，防护林1.3亿株，用材林1600多万株，合计近3亿株，防护林面积30万亩。这些林木有效地防止了风、沙、雪、水等灾害对铁路的侵袭，保证了行车安全畅通，改善了铁路两侧环境。

5年来，全国各铁路局增加林场11个、林务工区104个、林业职工998人、苗圃9000亩。现有林场总数113个、工区469个、林业职工6611人、苗圃3.6万亩，基本达到了造林苗木自给。造林资金由1981年的1200万元增加到1985年的1900万元，基本保证了需要。

开展全民义务植树运动以来，铁道系统不但绿化了铁路沿线，并且还出现了一批厂、段、院、校、机关庭院绿化先进单位。1984年，铁道部表彰了68个全路义务植树先进单位。5年来，全路有100多个单位被评为省、自治区、直辖市或地、市绿化先进单位，有8个单位受到中央绿化委员会表彰。

(任锡初)

**【公路交通系统】** 全国公路交通系统广大职工积极开展植树造林，参加公路义务植树活动，落实路树林业政策，调动了群众对公路绿化的积极性，取得了一定的成绩。据不完全统计，从1982年至1986年，全国公路绿化平均每年增长近1万公里，干线公路绿化平均每年增长2600多公里。1985年末，公路绿化总里程达到33万公里，干线公路绿化总里程达到13万公里。现在全国路树保有量为2.5亿株左右，相当于40万公顷的绿化面积。参加公路义务植树的有各级政府领导、机关职工、沿线农民、驻军、学生及共青团组织达数千万人次。

近几年来，公路绿化成绩较好的有河北、辽宁、四川、湖北、黑龙江、甘肃、北京等省、市。

(马宝国)

**【民航系统】** 全国民航系统按照中央绿化委员会关于部门绿化任务分工负责的要求，积极参加义务植树和飞机播种造林种草，民航各机场大力开展绿化美化建设，为旅客创造优美、舒适、清洁的环境。据不完全统计，5年来，栽植各种乔木70万株，花灌木50万株，绿篱15.6万米，养植各种盆花25万多盆(株)，种草坪25万平方米，培育苗圃250亩，义务飞播造林2666公顷；专业部门利用飞机播种造林种草395万公顷。全国77个通航的民用机场，有22个机场的绿化面貌大有改观，涌现出一批绿化先进单位和先进个人。如北京首都机场、广州白云机场、广西桂林机场、成都双流机场、陕西西安机场、杭州疗养院以及中国民用航空局等单位。

中国民用航空局于1982年初成立绿化委员会，有一名局长兼任绿化委员会主任，下设办公室，配备3名专职干部负责日常工作。各地区、省民航管理局也建立绿化机构，配备了一定数量的人员。多数机场组织了绿化专业队伍。随着民航事业发展，很多机场不断地扩建和改点。采取分类指导的办法，要求各地因地制宜地搞好绿化美化规划，作出长期规划和近期安排。对南方机场，重点要求四季有花；对北方机场，则要求栽树种草，扩大绿地面积，力争四季长青。亭台、假山、花池、花坛适量修建，合理布局。机场候机室要求四季摆放花卉。

(马宝国)

**【轻工系统】** 为改变造纸缺乏木材原料和进口木浆供不应求的被动局面，轻工业部把建立造纸林基地作为一项战略措施来抓。根据1981年轻工业部、林业部、财政部联合发出的《关于重点造纸企业建立造纸林基地并提取育林费的通知》精神，积极开展建立造纸林基地试点。特别是近几年来，轻工系统广大职工认真贯彻执行全国五届人大四次会议《关于开展全民义务植树运动的决议》和国务院《关于开展全民义务植树运动的实施办法》，促进了轻工系统造林绿化事业的发展。据全国20个造纸企业造林试点单位统计，到1985年底止，共有林地面积142667公顷，其中已造林85134公顷，仅1985年就造林2.2万公顷。造林成活率达85%左右，有的已郁闭成林。20个造林单位共建各种类型苗圃200公顷，其中126.7公顷是自办苗圃，每年培育大量的乡土树种和引进树种的苗木，部分解决了本系统的需要。在育林的同时，宜宾、南平、吉林等3个老林场自1980年以来已开始间伐，平均每年间伐木材3000至4000立方米。佳木斯造纸厂1985年也开始间伐木材。同时，“六五”期间佳木斯、吉林、齐齐哈尔、岳阳、奉新、柳江等6个造纸厂承担了国家科技攻关项目《造纸速生丰产林培育技术及其应用》，规模为4000公顷攻关林，也全部完成造纸林任务。1984年佳木斯造纸厂、奉新联合造纸厂、宜宾造纸厂分别被评为全国绿化先进单位，受到了表彰。1985年轻工系统共提取育林费958万元，比1984年提高近300万元，加快了造林绿化步伐。为了管好用好育林费，轻工业部要求各造纸企业把建设造纸林基地当作纸厂的第一车间，下功夫抓好。各厂也都把造林列入党委议事日程，成立了基地管理机构，配备了专业技术人员。目前，轻工系统共有林业专职人员1259人，其中林业技术人员95人。他们采取纸厂自办林场、厂县合作造林以及造纸厂和乡村结合成立林纸联合企业等多种形式，发展造纸林基地建设。

（马宝国）

**【水电系统】** 全国水利电力系统在建设和管理工作中，认真贯彻执行党中央、国务院关于绿化工作的指示，充分利用水库周边、堤防、渠道两旁和电厂周围的土地资源，植树种草，开展绿化活动，取得较好成绩。据1985年底统计，全国大型水库已绿化面积358万多亩，占应绿化面积的58.4%；全国30万亩以上的大型灌区渠道已绿化长度11.6万多公里，占应绿化渠道的62.4%；河道堤防绿化7.2万多公里，占应绿化堤防长度的41.2%；5万千瓦以上燃煤火电厂结合防尘保护环境已绿化厂区面积8700多亩，占应绿化面积的42%。“六五”期间，黄河中游7省、区水土保持取得进展，初步治理水土流失面积4.6万多平方公里，其中营造水保林3800万亩，种草4300万亩。水利电力系统各单位，在植树造林绿化环境工作中，领导重视，讲求实效，把绿化工作列入计划，作为促进生产建设和管理的组成部分。水利电力部把绿化列为水利工程管理单位考核的一项重要指标和开展综合经营增加收入的一项重要内容，要求各单位每年都要植树造林，上报绿化完成情况。同时还制定了“火电厂环境绿化规划及设计原则”，对绿化指标、范围和树种选择、规划布局都作了具体规定。把火电厂厂区绿化工作列为建设文明生产的主要标志和环境保护的重要组成部分；明确责、权、利，实行责任制。水利工程管理单位，把工程管理、用水管理和绿化工作统一起来，明确任务要求，规定具体奖罚条件。火电厂则按厂区划分地段，分片承包绿化；在绿化工作中注重因地制宜，科学植树，结合工程保护、环境保护、美化环境和经济效益，进行品种选择和规划布局，取得了既保护工程，又有经济收入，既防污除害，又美化环境，一举数得的效果。（马宝国）

**【中国人民解放军】** 中国人民解放军是开展全民义务植树运动和绿化祖国的尖兵。为了贯彻执行全国人大《关于开展全民义务植树运动的决议》和国务院中央军委《关于军队参加营区外义务植树的指示》，全军后勤部和军以上单位都成立了绿化委员会，师、团两级普遍成立了绿化领导小组。全军在中央军委和各级绿化委员会、绿化领导小组领导下，开展有计划、有组织的义务植树运动。5年来，全军共四旁植树1.06亿株，成片造林67万亩，建苗圃3.4万多亩，种植草坪3000多万平方米，支援地方植树1.5亿多株，空军出动飞机支援各地飞播造林种草2032万多亩，共完成地方重点绿化工程457项，超额完成了全军植树造林规划纲要规定的任务。为了使全军的义务植树运动开展得一年比一年好，一年比一年扎实，全军绿化办从1983年至1986年每年组织人员分组对各大军区所属的部队进行绿化工作抽样检查。为了弄清家底，组织全军进行森林资源清查。

各部队在绿化中坚持“一林、两化、三自给”的发展方向。“一林”就是凡能成片造林的荒山荒地基本上造上林，努力建成用材林、果木林、经济林基地；“两化”就是营区“四旁”凡能植树、栽花、种草的空地都种起来，特别要大种果木林，基本上实现花果化、园林化；“三自给”就是争取实现苗木自给、植树造林经费自给、营房维修用材基本自给。把重点放在用材林、果木林和苗圃基地建设上。到1986年为止，全军有322.3万亩有林地，蓄积量达595万立方米；果园6.7万多亩，共计876万株，干、鲜果品种俱全。仅1986年，全军共收获各种干鲜水果1250万公斤，间伐营区成材树3.4万多立方米，产竹子9万多根，茶叶5.95万多公斤，林副产品收入共计折款443万元；全军有条件的团以上单位都建立了花房、苗圃，10亩以上的苗圃827个，每年可产苗木3000万株以上，为绿化的发展提供了物质基础。

通过大量植树、种果、种草、栽花，改善了环境。部队营区不仅绿化了，而且美化了。全军除少数单位因条件所限外，普遍实现了春有花、夏有荫、秋有果、冬有青。自1982年以来，全军已有1503个单位4386次被评为全国、全军和各省、自治区、直辖市的绿化先进单位，有656个团以上单位被各大单位评为园林式单位，有751个单位被省、市评为花园式单位。（任锡初）

**【共青团中央】** 我国约有四亿青少年，分布在全国各地、各行各业。在全民义务植树运动中，是一支最富有战斗力的生力军。他们不但参加本地区、本单位团支部所组织的各种植树造林活动和绿化工程建设，也参加团中央与有关部门联合创建的大型绿化工程。据不完全统计，1983年至1986年，共植树64.6亿株。

1984年2月，团中央、林业部、水利电力部发出号召，组织沿黄河两岸青少年营造黄河防护林。此工程沿黄河从宁夏中卫县到山东东营市，建立长3000公里、宽10公里的防护林带。有黄河流经的宁夏、内蒙古、陕西、山西、河南、山东六省(区)的黄河两岸青少年参加这一工程建设。工程总面积3万平方公里，计划造林1200万亩，从1984年正式动工，到1990年完成。沿黄河两岸参加工程建设的青少年达340多万人，造林200多万亩，建农田林网160多万亩，共植树1.6亿株。团中央还在全国开展了“万里铁路万里林，公路两旁树成荫”的绿化铁路、公路工程。仅1985、1986两年，据不完全统计，青少年绿化公路1.6万公里(包括乡级公路)，植树约1亿株；1984至1986年3年绿化铁路6100公里，植树8198万株。组织四省(江西、湖北、湖南、广东)百县的青少年开展植树造林活动，团中央已坚持多年，从1982年至1986年，四省青少年共植树21亿株，营造青年林560万亩。 (任锡初)

## 中国绿化基金会基金捐赠和使用

【综　述】 自中国绿化基金会1984年成立以来，受到了关心我国绿化事业的社会各界和广大群众以及国际友人、团体的热心关注和大力支持。许多工人、农民、学生、解放军战士、城镇居民、专家、教授、医生等，以及国际友人和团体纷纷来信，表示十分关切我国绿化事业的振兴，认为大力开展绿化运动是一项紧迫的任务，愿为伟大的绿化事业献策、献资、献力。

中国人民解放军第三炮兵学校一大队三中队全体干部和学员来信说：绿化祖国是一项利国利民的伟大事业，林业事业兴衰，人人有责。我们人民子弟兵应走在前列，在绿化运动中作出贡献。我们决定把长期以来利用课余时间拣废品积攒下来的钱，全部捐赠给绿化基金会。钱虽少，但这是149名干部、学员支援祖国绿化事业的一点心意。绿化祖国，美化环境，是我们新一代义不容辞的职责。吉林省临江林业局向基金会捐赠3万元。他们在给万里同志的信中表示一定要搞好绿化工作，美化企业环境，把林区打扮得更加娇美。上海第二医学院附属新华医院儿科冯树模教授，将自己长期节衣缩食积蓄的1.5万元捐赠给绿化基金会。

中国绿化基金会的成立，不仅激励、鼓舞着国内各界人士和广大人民群众的心，同时得到外国朋友的赞赏和资助。加拿大驻华大使高文先生，率先捐赠1万加元，同时亲自参加“北京国际友谊林”的植树活动。美国ITT瑞安公司董事长隆·噶若斯先生向基金会捐赠1万美元，并送来纪念牌，表示以此礼物，植千万树，作为ITT瑞安公司与中国之间友谊不断发展的象征。美中友协、英国英中了解协会等也向中国绿化基金会捐款。澳大利亚戴维夫妇1986年来华访问，他们亲眼看到了“三北”防护林建设取得的成就，当即决定向中国绿化基金会捐款，表示支持中国的绿化事业。

根据捐赠者的意愿和中国的实际情况，中国绿化基金会已经安排和完成了一些绿化项目。如甘肃省民革成员任伯良同志捐赠人民币5000元，根据本人意愿，在兰州市皋南山森林公园的中心位置，营造了一片云杉林，并在林前立碑，作为永久性纪念。美籍华人陈赵锦希女士捐赠1200美元，在十三陵林场沿公路一侧，选定了植树地点，植了树，并立碑作为纪念。法国人马德莱娜·迪杜尔·戈泽女士捐款1万法郎，希望用在“三北”防护林建设上。经联系，安排在山西省太原市附近的天龙山，植侧柏1500株。美国纽约汤格森夫人捐款1万美元，希望在北京十三陵植一块纪念林。中国绿化基金会同意她的要求，安排在十三陵德胜口植2亩300株针叶树、500株黄栌，并长期进行管护。

为了满足更多来北京的外国友人植树留念的愿望，促进中国人民和世界各国人民的友谊，1984年营建了“北京国际友谊林”。“北京国际友谊林”地处十三陵水库上游，定陵地下宫殿南侧，总面积为60公顷。这里既是十三陵水库补水的主要通道，又是游览定陵和八达岭的必经之路。选择这样地方营建“北京国际友谊林”，对于扩大国际交往、发展文化交流，增进中国和世界各国人民的友好往来，以及改造旧河滩，绿化、美化十三陵旅游区，都具有重要意义。

1984年4月5日，“北京国际友谊林”举行了植树典礼，来自罗马尼亚、朝鲜、南斯拉夫、波兰、西班牙、联邦德国、法国、加拿大、澳大利亚、苏联、民主德国、意大利、阿根廷、印度、秘鲁等国家的驻华使节和驻京专家，以及友好人士袁晓园等400余人参加了植树活动。植树典礼以后，前来“北京国际友谊林”植树的还有美国石油公司董事长哈默先生、意大利农业部长、加拿大哥伦比亚省总理一行，日本宇都宫市市长增山道保率领的第三次学术交流访问团、日本公明党青年之翼友好访华团、美中文化交流基金会会长张芝炳女士和袁晓园率领的少年儿童艺术访华团、日本驻华使馆三等秘书关尾和代等。

1984年10月2日“北京国际友谊林”又隆重接待了日本3000名青年，216个代表团的代表，日本驻中国大使中江要介及奥山宗、小野寺喜一郎，日中21世纪友好委员会日方委员霍山健一、香山博子、宫崎吉政、星川光博、板本登等，在王兆国、陈希同、陈昊苏、孙平化、张香山、刘延东等领导同志陪同下，共植友谊树。到1986年止，“北京国际友谊林”共接待外宾3000多人，植树4900余株，还陆续收到了国际友人的捐款。

北京市昌平县政府为了搞好“北京国际友谊林”

的绿化工作，准备把绿化范围扩大到七孔桥(1300亩)，并且相应地建造部分接待服务设施：游泳池、文艺室、电影院、图书馆等。修复昭陵宫，开辟一个“北京国际友谊林”——昭陵，新的旅游胜地。

(王周绪)

## 中国绿化基金会章程

绿化中华大地，是治理山河，实现我国自然生态系统良性循环，同时，也是促进世界自然生态平衡，防止环境恶化，为人类生存和发展创造良好条件的重要措施。

为保护和发展森林资源，加速国土绿化，扩大资金来源，满足各方人士和团体对绿化事业提供捐赠的意愿，特设立中国绿化基金会(以下简称基金会)。

一、基金会的性质

基金会通过基金的筹集和使用，致力于扩大绿地，绿化国土，治理山河，它是为建设我国良好的生态环境和对全球性的生态平衡作出贡献的非盈利性的人民团体。

基金会同国外有关国土保安、国土绿化的团体和单位加强联系，参与有关的国际合作与交流，借鉴别国经验，促进我国绿化事业的发展。

二、基金会的基金来源

接受国内个人、集体的捐赠；企业、事业、机关、团体等单位的捐赠；海外侨胞、港澳同胞个人和团体的捐赠；外国人士和团体、组织的捐赠。

捐赠用于开展绿化工作的物质也可接受，基金会定期发布捐赠情况公报。

三、基金会基金的用途

基金会的基金属于绿化专款，用于发展绿化事业。对水土流失严重地区和治理沙漠化地区给予优先支持。奖励和表彰在绿化事业中有突出贡献的单位和个人。用于有利发展绿化事业的有关投资。

四、基金会基金的使用监督

基金会建立独立的会计、审计制度，对于资金、物资的收支和使用情况，进行监督、检查，作出相应的报告，并在适当时候进行公布。

五、基金会的机构设置

基金会设名誉主席1人，顾问1人，主席1人，副主席3人，理事若干人，秘书长1人。上述人员为义务性服务。由主席、副主席、秘书长组成常务会议，下设办公室办理日常事务。办公室人员列事业编制。

基金会全体理事会议每两年召开一次，常务会议每年召开两次，必要时，主席可决定临时召开基金会全体理事会议或常务会议，研究决定有关重要问题。

六、本章程若随工作发展而有不适应之处，由全体理事会议进行修改。

## 中国绿化基金会基金管理使用办法

为合理使用绿化基金(以下简称基金)，提高效益，加快我国的绿化进程，对基金的使用管理作如下规定：

一、基金使用原则

中国绿化基金会的基金属于绿化专款，用于发展绿化事业。在使用上实行保证重点、适当集中的原则，对捐赠者的意愿尽量作出合理安排，讲究效益，充分发挥基金对绿化事业的推动作用。

二、基金使用范围

1. 重点绿化工程项目；

2. 培训绿化技术人材，有选择地引进绿化植物新品种、新技术及进行国际技术交流；

3. 用于捐赠者意愿的绿化项目(使用金额为捐赠款的70%)；

4. 用于绿化宣传活动，奖励绿化先进单位和有卓越贡献的个人；

5. 用于本会业务活动的开支。

三、基金使用方法

1. 资助的方式。

2. 无息或低息贷款的方式。其收回的时间和方式，按双方签订的协议执行。

3. 奖励的方式。

四、基金的申请与审批

1. 申请使用基金的单位，应首先提出项目申请，属于绿化项目的应有规划设计方案，本着求实和节约的原则，编制绿化项目经费预算，由基金会办公室研究提出建议，报基金会常务会议审查决定。经批准的项目，由申请单位与基金会双方签订协议书。

2. 根据绿化项目的情况，一次或分期支付基金拨款。

3. 基金会办公室根据捐赠金额及申请使用基金的情况，统筹安排年度基金收支计划，经基金会常务会议审批后执行。年终编报决算，并将基金使用情况向绿化基金会全体成员提出报告。

4.基金会办公室每年提出用于本会业务活动的开支预算，经常务会议批准后，由秘书长具体执行。

五、基金使用的监督

基金会对使用基金单位的基金使用情况，有权监督检查。根据工程项目的进度，可分期进行检查验收。使用基金的单位年终将项目实施情况和决算报送基金会。

如发现未按批准项目使用基金，可提出要求改正，直至停止拨款或全部收回已拨基金。

中国绿化基金会办公室：

地点：北京和平里东街 18 号

电话：4219520　　4213061－626

帐号：中国银行总行营业部 71403057 中国绿化基金会

中国工商银行北京市和平里分理处 8901349 中国绿化基金会

# 森 林 工 业

【森林工业综述】 中华人民共和国建立后，经过37年的建设，已经形成了森林采伐、木材加工、林产化工、林业机械制造、多种经营等门类齐全的森林工业体系。木材、竹材、锯材产量不断增加，人造板中的纤维板、刨花板从无到有，林化产品的品种、产量也逐渐增多(表1、表2)。

表1 木材、竹材、锯材增长情况

| 产品种类 | 单 位 | 1950年 | 1986年 | 1986年比1950年增长(%) |
|---|---|---|---|---|
| 木 材 | 万立方米 | 664 | 6502 | 879 |
| 竹 材 | 万 根 | 654 | 7716 | 1080 |
| 锯 材 | 万立方米 | 344 | 1505 | 338 |

表2 人造板产品增长情况

单位：万立方米

| 产品种类 | 基期产品产量 | | 1986年 | 1986年比基期增长(%) |
|---|---|---|---|---|
| | 年份 | 产量 | | |
| 胶合板 | 1951 | 1.69 | 61.08 | 3514 |
| 纤维板 | 1959 | 1.16 | 102.70 | 8753 |
| 刨花板 | 1962 | 0.54 | 21.03 | 3794 |

**森林工业布局** 1985年末，全国不同规模的各类森工企业已有2406个，其中木材采运企业1872个，占77%以上。由于木材采运企业受森林分布、木材流向等自然条件的制约，所以现有的131个林业局都分布在森林资源集中的国有林区。其中东北、内蒙古林区(内蒙古、吉林、黑龙江)82个局，西北林区(陕西、甘肃、新疆)9个局，西南林区(四川、云南)40个局。分布在南方集体林区(湖南、湖北、江西、安徽、浙江、福建、广东、广西、贵州)的采运企业主要为小型国营伐木场(采育场)和承担木材运输的水、陆运输及贮木加工企业。上述两种类型的采运企业分布在17个省、自治区(不包括西藏)，构成了我国森林工业的基础，是我国的木材生产基地。其中，以国有林为主的8省、自治区一般承担木材年生产任务的60%以上，以集体林为主的9省、自治区占30%以上(表3)。

表3 主要产材地区的木材产量

单位：万立方米

| 年份 | 全国合计 | 国有林区 | | | | 南方集体林区 |
|---|---|---|---|---|---|---|
| | | 计 | 东北、内蒙古 | 西南 | 西北 | |
| 1952 | 1233 | 790 | 739 | 40 | 11 | 351 |
| 1957 | 2787 | 1503 | 1248 | 201 | 54 | 1203 |
| 1962 | 2375 | 1583 | 1335 | 211 | 37 | 765 |
| 1965 | 3978 | 2581 | 2168 | 311 | 102 | 1340 |
| 1970 | 3782 | 2609 | 2129 | 389 | 91 | 1135 |
| 1975 | 4703 | 3137 | 2491 | 520 | 126 | 1491 |
| 1980 | 5359 | 3508 | 2672 | 661 | 175 | 1722 |
| 1985 | 6323 | 3743 | 2804 | 754 | 185 | 2397 |
| 1986 | 6502 | 3947 | 3030 | 738 | 179 | 2096 |

木材加工业的布局虽然不像木材采运企业那样完全受森林资源分布的制约，但资源条件依然是布局的关键因素。现有的制材、“三板”等工业，除少数分布在京、津、沪和沿海城市外，大部分企业还是设在林区和森林资源比较集中的省、自治区城镇。据1985年统计，全国锯材产量1951万立方米中，产自17个主要木材生产省、自治区的占60%以上，北京、天津、上海和江苏、辽宁、山东3个沿海省的锯材产量占15%。人造板工业的布局与锯材相似，在166万立方米产量中，主要林区省份占65%，京、津、沪和沿海三省占28%(表4)。若按工厂所在地划分，大体是75%产于城市，20%产自林区。

林化工业产品种类很多，全国现有各类工厂490多个(其中林业系统有124个)，其中以松香、栲胶、紫胶为主。松香生产能力为41万吨，但年产量往往受松脂、松香的收、售价格的影响，产量不够

**表 4 锯材与“三板”主要生产地区的产量**

单位：万立方米

| 地区 | 锯材 | | | “三板” | | |
|---|---|---|---|---|---|---|
| | 全国 | | 其中：林业 | 全国 | | 其中：林业 |
| | 合计 | % | 系统生产 | 合计 | % | 系统生产 |
| 全国计 | 1951 | 100 | 706 | 166 | 100 | 69 |
| 国有林区 | 900 | 46.13 | 568 | 58 | 34.94 | 37 |
| 其中： | | | | | | |
| 东北、内蒙古 | 709 | 36.34 | 453 | 46 | 27.71 | 32 |
| 西南 | 121 | 6.2 | 83 | 8 | 4.82 | 4 |
| 西北 | 70 | 3.59 | 32 | 4 | 2.41 | 1 |
| 南方九省区 | 321 | 16.45 | 123 | 50 | 30.12 | 28 |
| 京、津、沪 | 144 | 7.38 | | 27 | 16.27 | |
| 辽、鲁、苏沿海三省 | 149 | ·7.64 | 3 | 20 | 12.05 | 1 |

稳定，1969～1979 年的 11 年间波动在 20 万～30 万吨之间，1981 年一度高达 40 多万吨。主要产区分布在马尾松、云南松树种较多的南方 9 省、自治区集体林区和云南省，其中尤以福建、江西、广东、广西 4 省、自治区产量最多，在 1986 年 29 万吨的产量中这 4 个省、自治区占 93%。

紫胶是 60 年代发展起来的产品，现有工厂 8 个，生产能力 5000 吨，由于自然条件的制约，生产很不稳定，1986 年生产 1661 吨，80%以上产于云南省。

**产品与产业结构** 森林工业的产品结构因自然地理和经济技术条件不同，地区之间差别很大，但就全国来说，按历史发展进程，仍可粗略地划分为 3 个阶段。从建国到 1958 年是以原木生产为主的阶段，林产工业只有锯材和少量的胶合板与松香。到 50 年代末的 1959 年，有了硬质纤维板，60 年代初的 1962 年，有了刨花板，这标志着我国森林工业的产品结构进入第二阶段。但是由于十年动乱，发展迟缓，到 1978 年，纤维板产量为 32.8 万立方米，刨花板只有 4.36 万立方米，而且由于技术设备落后，产品质量很差。自从党的十一届三中全会后，开始实行对内搞活经济，对外开放以来，引进了国外设备，到 1986 年已建和在建的刨花板厂(车间)有 11 个，建成后的生产能力为 40 万立方米；在建的中密度纤维板厂(车间) 7 个，生产能力为 17.5 万立方米；林产化工产品也向二次加工、深加工方向发展，总的趋势是产品结构趋向合理。但是，木材加工、林产化工与采运工业相比，起步较晚，建设进程与规模没能与林区开发和木材产量增长同步，近几年虽有较大的发展，但林产工业产值比重很小，1986 年木材采运产值在森林工业总产值中仍占 74.1%，这不仅反映了森林资源和木材加工利用的水平较低，同时也说明森林工业内部的产业结构仍不合理，急需改进调整(表 5)。

**表 5 按行业划分的森林工业总产值**

万元

| 年代 | 合计 | 木材采运企业 | | 木材加工企业 | | 林产化工企业 | | 机械制造修理企业 | | 其他工业企业 | |
|---|---|---|---|---|---|---|---|---|---|---|---|
| | | 计 | % | 计 | % | 计 | % | 计 | % | 计 | % |
| 1952 | 81738 | 60751 | 74.32 | 20252 | 24.78 | 71 | 0.09 | | | 664 | 0.81 |
| 1957 | 145079 | 107965 | 74.42 | 35105 | 24.20 | 266 | 0.18 | | | 1743 | 1.20 |
| 1962 | 135298 | 109910 | 81.24 | 19159 | 14.16 | 1625 | 1.20 | 4485 | 3.31 | 119 | 0.09 |
| 1975 | 372135 | 249896 | 67.15 | 84566 | 22.72 | 19471 | 5.23 | 13655 | 3.67 | 4547 | 1.22 |
| 1980 | 465910 | 290777 | 62.41 | 117565 | 25.23 | 22200 | 4.77 | 25551 | 5.48 | 9817 | 2.11 |
| 1985 | 582200 | 404794 | 69.53 | 101911 | 17.50 | 27580 | 4.74 | 30816 | 5.29 | 17119 | 2.94 |
| 1986 | 625615 | 463579 | 74.1 | 100468 | 16.06 | 28512 | 4.557 | 23077 | 3.69 | 9979 | 1.59 |

注：按不同时期国家规定的不变价格计算。

**技术基础和林区建设** 我国森林工业技术基础，37 年来有较大的发展，设备水平、工艺水平和操作技能都有很大提高。就木材采运来说，南方与北方，国有林区与集体林区之间水平不一，差别很大，但从总的发展历程看，大体上可以分为 3 个阶段。从建国到 50 年代中期，基本上是季节性手工作业，原木生产，除东北、内蒙古林区有少量木材利用森铁运输外，当时集材与运材都是利用畜力、江河。在东北、西北也借助于寒冷的冬季修筑冰雪道路进行集材和短距离的运材。50 年代中期到 60 年代中期，进入工艺改革和推行机械化阶段，在这期间采伐引进了油锯、电锯，集材引进了拖拉机、架空索道，运材开始使用汽车，对南方木材水运的江河，进行了大规模的整治，木材推河、出河改用机械。通过10多年的不断完善，在东北、内蒙古林区形成了以油锯采伐、拖拉机集材、机械装车为主要生产方式的伐区作业，汽车、森铁运材，贮木场原条到材的机械化流水作业。西南、西北的高山林区受自然条件的限制，一直是采用原木到材方式，集材机械多用索道，运材为汽车与水运并举。南方9省、自治区汽车运材比重逐年增加，但伐区作业仍未完全摆脱手工作业。60年代中期以后，仅在某些集材、采运设备上有所改进与提高，增大了国产机械比重，但木材采运工艺无大变化。到1985年，全国木材采运企业的综合机械化比重为88.72%，但劳动机械化水平很低，在每个工序中很多作业仍是手工操作。

制材和人造板的生产工艺和设备，除近年来少数厂家引进成套设备外，同国际先进水平相比，制材工业仅相当于国外20世纪40～50年代水平，人造板工业一般是50年代水平，只有部分生产工序或设备达到60年代初水平。林产化工突出的问题是再加工水平低，产品品种少，这方面急需大力提高。

国有林区经过37年的建设，过去足迹罕见，人烟稀少的茫茫林海，如今已是城镇棋布，铁路、公路畅通。作为木材采运工业基层生产单位的林业局，其所在地，就是一个中心城镇。在局的范围内，又设有若干林场，遍布林区各个角落。每个林场既是一个生产单位，又是一个以林业职工为主的居民点。特别是位于交通枢纽，地处林区门户的伊春、加格达奇、牙克石等城镇已成为国内闻名的森林城市。森林工业经营范围内拥有不同等级的林区公路、森林铁路，目前已达12万公里，用以流送木材的江河2万多公里，这些水、陆交通成网，联结林区城镇，通向全国各地。国营林业局已由初期以原木生产为主的企业逐步成为以培育、经营利用、保护管理森林为重点，并根据当地条件开展多种经营的林业生产经济实体。每个林业局相当于一个社会，从生产到生活均由企业负责组织管理，形成了具有我国特色的林业企业。

**后备森林资源培育** 作为森林工业主导地位的木材采运工业能否持久经营并进一步发展壮大，依赖后备森林资源的接续。国有林区的现有企业以及南方9省、自治区具有发展林业的优越自然条件和雄厚的森林工业基础设施，过去和未来都是我国主要的木材生产基地。但是建国初期，对此认识不足，到了60年代中期针对木材采运企业忽视后备资源培育的问题，才提出了贯彻“以营林为基础”的方针，并相应地制定了有关规章制度，各地在森林采伐上注意了因地制宜地选用采伐方式，采伐后及时更新，宜林荒山加速造林，在后备资源培育上取得了一定成效。据1985年国有林区林业企业第三次更新普查，建国以来采伐了721.8万公顷，同期迹地更新662.1万公顷，荒山造林75.9万公顷。在更新造林面积中，人工林为252.3万公顷，约占全部更新造林面积的1/3，出现了人工林百万亩以上的林业局5个；50万亩以上的林业局13个；30万亩以上的林业局4个。更新造林质量随着营林承包责任制的推行，自1979年以后逐年提高。但新的人工林尚未进入成林阶段，与过去采伐的原始成过熟林单位面积蓄积比较，相差甚远。所以，全国除少数林业企业外，森林蓄积量普遍呈现下降趋势。

**森工企业改革** 森林工业经过30多年的发展，形成了一个门类齐全的工业体系。但是由于历史的原因，长期以来，重森工轻营林，重采伐轻加工，重视林木的利用，忽视其他资源的开发，重国营轻集体，形成了产品结构、产业结构和林区经济结构单一，企业缺乏活力。党的十一届三中全会以后，随着国民经济的调整、改革、整顿、提高方针的贯彻，对森工企业的领导班子、职工队伍、管理制度、劳动纪律、财经纪律等进行了全面整顿。特别是1985年城市经济体制改革在全国开展以来，森工企业实行减政放权；全面推行经济承包责任制，基本上克服了“大锅饭”的弊端；调整产业结构，削减木材产量，使木材综合利用和多种经营有了较快的发展；实行国家、集体、个人一起上，改变了林区单一全民经济的局面；对外开放和发展横向联合，打破了长期封闭经营的格局。1986年度多种经营产值达17亿元，丰富的林区资源初步得到开发利用，增加了林区收入，繁荣了市场商品。南方集体林区1985年开始实行木材放开经营，扩大了生产者经营自主权。木材加工工业通过技术改造和引进设备扩大了生产能力，增加了产品品种，提高了技术装备水平。 （徐国忠）

# 林区建设

**【国有林区】** 国有林区包括黑龙江、吉林、内蒙古、云南、四川、西藏、陕西、甘肃、新疆9省、自治区，习惯上称作东北、西南、西北国有林区。国有林区森林面积占全国森林面积的53.4%以上，有林地蓄积量占全国有林地蓄积量的69.6%，是我国最大的林业生产基地。

国有林区的森林，大都分布在长江、黄河、黑龙江的中上游，对于保持自然生态平衡、涵养水源、保持水土、调节气候、保障农牧业生产起着重要作用。大、小兴安岭，长白山，张广才岭，完达山的森林抚育着三江平原、松嫩平原、松辽平原和呼伦贝尔大草原，是东北粮仓和内蒙古牧场的天然屏障。西南、西北的森林也是黄河、长江的重要水源涵养林。四川省甘孜藏族自治州、凉山彝族自治州，特别是阿坝藏族自治州的森林，是成都平原粮仓的天然屏障。西北地区气候干旱、自然灾害频繁，森林对祁连山、天山雪线的稳定，白龙江林区、秦岭的森林对黄河、长江上游的水源涵养、水土保持、气候调节都有重大意义。

国有林区的森林，有不少分布在国境边界和少数民族居住的地区，搞好这些林区的建设，充分发挥森林的生态效益和经济效益，对于振兴我国林业、繁荣少数民族地区和国防建设都具有重要的战略意义。

1949～1986年，国家为了开发建设国有林区，投资128亿多元，建立了131个林业局、25个独立的木材综合加工厂、林产化工厂、30个林业机械修造厂和23座火力发电站，并修建了598.22公里的铁路专用线，1万余公里的森林铁路，7.7万公里的林区公路。国有林区拥有动力设备6万多台，固定资产达80多亿元。在国有林区建立了林业调查规划设计单位16个，现有基建施工企业12个，木材生产的主要工序和筑路施工已基本实现了机械化作业。森工企业现有职工100多万人，形成了年木材生产能力3000多万立方米，锯材生产能力2500万立方米，人造板生产能力216万立方米，栲胶生产能力2.5万吨，松香生产能力1.9万吨。截止1986年，国有林区共为国家提供商品材9亿立方米，营造人工林252.3万公顷，上缴利税117亿元。

林区的社会设施也相应的发展起来，设有医院、中小学、图书馆、俱乐部和商业、服务业网点等。

建国以来，随着国有林区的开发建设，建立了10万人口以上的新兴的城镇伊春、牙克石、加格达奇，成为大、小兴安岭林区政治、经济、文化中心。

党的十一届三中全会以来，国有林区经济建设的指导思想有了改变，从单一的计划生产、单一的林业经济、单一的所有制形式，转到以营林为基础，以生态和经济效益为中心，采育结合、综合利用、多种经营新的轨道上。加强了营林机构，截止1985年末，迹地更新面积占采伐面积91.7%。打破了单一国营的旧格式，林区广大干部、职工和家属，开始利用林区丰富的自然资源，发展多种经营。到1986年，国有林区从事多种经营为主的集体经济有6000个，就业人员70多万人，专业户、重点户3万多个，经营种植、养殖、采集加工业以及商业、饮食、服务、交通、运输等十几个行业的250个项目，产品品种达3000多个。1986年总产值为17亿元，比1984年增加44%。林区的资源优势开始变为经济优势，企业出现了新的生机。

国有林区也面临着许多亟待解决的问题，集中反映在森林资源锐减和企业经济危困两个方面。由于林业局森林集中过量采伐，可采成、过熟林急剧减少，已有一些林业局资源枯竭。林区生产条件变化、生产成本逐年提高，企业收入减少，社会负担过重，致使企业缺乏自我改造和自我发展的能力，严重阻碍着国有林区建设的发展。

（李世贤　赵晓琦）

**【南方集体林区】** 包括安徽、浙江、福建、江西、湖北、湖南、广东、广西、贵州9省、自治区。

**特点**　集体林区在两个主要方面有别于国有林区：①森林形成方面。集体林区是山区林农千百年来世代耕山植林，人工经营的商品用材林基地。②山林权属方面。建国初期，该区的山林基本上都是私有林，是通过合作化转变为集体林的。据“五五”期间森林资源统计，集体林的林分面积和蓄积，分别占全林区的88.0%和83.7%（贵州、广西缺报）。山区、半山区林区通过长江和珠江两大水系，与工农业发达的洞庭湖区、鄱阳湖区，以及上海、福州、南昌、广州等重要港口和城市连成一体，在经济方面与生态条件方面都形成了极为密切的关系。

**森林资源**　南方集体林区位于北纬22°～31°，东经108°～120°，属北亚热带。森林植被以常绿阔叶林为主。由于长期经营活动，天然阔叶林多被杉木、马尾松、毛竹等人工林和天然次生阔叶林所取代。该区有山区和半山区县614个，占总县数756个的81.2%。这些山区、半山区县多以低山丘陵为主，海拔一般为300～800米。

据全国“五五”森林资源清查，该区面积15533.3万公顷，占全国总面积的16.2%。其中林业用地面积8325万公顷，占全国林业用地面积的31.2%；森林面积3925万公顷，占全国35.7%；森林覆盖率为25.3%；活立木总蓄积量18.8亿立方米，占全国活立木总蓄积量的18.1%（表6、7）。

森林资源生产力评价是：①生产力水平低。在林业用地中，有林地面积仅占47.1%。有一半以上的荒山秃岭和经多次砍伐破坏的残败林相。林分每亩平均蓄积量3.3立方米，成熟林只有8.5立方米；人工林平均每亩蓄积量1.5立方米，人工成熟林6.5立方米。人工林树种单纯，一些珍贵的阔叶树种，如楠、樟、檀等越来越稀少。②森林资源分布不均

**表 6 林业用地中各种地类面积分布**

| 地 类 | 林业用地 | 有林地 | 疏林和灌木林地 | 未成林造林地 | 无林地 |
|---|---|---|---|---|---|
| 面积(万公顷) | 8325 | 3925 | 1145 | 245 | 3010 |
| 比重(%) | 100.0 | 47.1 | 13.7 | 3.0 | 36.2 |
| 占全国同地类的(%) | 31.2 | 35.7 | 56.5 | 43.7 | 29.7 |

**表 7 立木蓄积量**

| 类 别 | 活立木总蓄积 | 有林地蓄积 | 用材林蓄积量 | | |
|---|---|---|---|---|---|
| | | | 合计 | 天然林 | 人工林 |
| 数量(亿立方米) | 18.8 | 14.8 | 13.4 | 11.8 | 1.6 |
| 占全国同类别的(%) | 18.1 | 16.3 | 19.4 | 17.8 | 57.8 |

**表 8 各林种面积和分布**

| 林种 | 用材林 | 防护林 | 薪炭林 | 特用林 | 经济林和竹林 |
|---|---|---|---|---|---|
| 面积(万公顷) | 2662.1 | 180.6 | 121.6 | 10 | 950 |
| 各林种比重(%) | 67.8 | 4.6 | 3.1 | 0.3 | 24.2 |

衡。1979 年规划的 158 个重点林业县，大部分位于江河源头的山区和半山区。据“四五”清查统计，这 158 个县的面积占 9 省(区)总面积的 28%，而有林地面积占 45%，用材林蓄积量占 66.1%，其中成熟林蓄积量占 80%，木材年产量占 90%。③林种结构不均衡(表 8)。

南方森林是我国东南农作物种植区的生态屏障，起着涵养江河水源的重要作用，但防护林面积只占 4.6%，与其应发挥的作用是极不相称的。该区人口占全国总人口的 40%，“五五”期间年均消费薪材约 5500 万立方米，而现有的薪炭林远远满足不了实际需要。

**森林资源消长动态** 该区森林年均生长量约 1 亿立方米，其中用材林生长量 9000 万立方米，林分平均生长率 6.67%，是全国年均生长率的 2.3 倍。林木消耗量分为：生产建设用材，年平均消耗立木 3000 万立方米，1949～1986 年共提供建设用材 4 亿立方米；民需自用材、烧材、自然枯损量，这 3 项消耗约为生产建设用材的 2 倍多。资源总消耗量约为 1 亿立方米，与生长量基本持平。

“四五”和“五五”期间，进行了 2 次全国性森林资源清查。两次清查对比，该区的森林资源的变化动向是：①有林地面积减少 7455 万亩，下降 11.2%，森林覆盖率由“四五”期间 28.4%，下降到 25.3%。②用材林面积减少 217 万公顷，下降幅度达 23.3%。林龄结构进一步失调，成熟林面积比重由 13.8%减少到 9.9%，平均每年减少 600 万亩。③林木总蓄积量增加，可资利用的成熟林蓄积量减少，用材林蓄积量增加 1.7 亿立方米，其中中、幼林蓄积增加 3.5 亿立方米，而成熟林蓄积减少近 1.8 亿立方米。

**建设方针** 从 1949～1966 年，南方集体林区基本上是实行“粮林并举”的方针。1967～1978 年，错误地强调“以粮为纲”，破坏了林区优势，改变了山区群众耕山植林的传统习惯，破坏了山区的生态平衡，结果越垦越穷，越穷越垦，造成恶性循环，越演越烈。在木材经营和管理体制上，抹杀了国有林区和集体林区的区别，把木材产量、品种、价格和流通分配等全部统死，使地方和群众失去了经营林业的内在动力，已开发的林区资源越来越少。1975～1978 年，该区共采伐森林 139.5 万公顷，同期仅更新迹地 52 万公顷，4 年更新欠帐 87.5 万公顷。

党的十一届三中全会以后，国家把恢复和发展该区林业作为重点建设的战略任务，并要求根据林业特点和该区实际情况，探索走出一条以林为主，林农相结合，分散经营与统一管理相结合，以集体所有制为主，国营、集体和私有 3 种经济形式并存的中国式的社会主义林业发展道路。 (郭成城)

**【国有林区林业局】** 我国国有林区有林业局 131 个，其中东北、内蒙古林区 82 个，包括内蒙古大兴安岭林业管理局 17 个，吉林省林业厅 17 个，黑龙江省森林工业总局 40 个，林业部大兴安岭林业管理局 8 个；西南林区 40 个，包括四川省林业厅 23 个，云南省林业厅 17 个；西北林区 9 个，包括陕西省林业厅 5 个，甘肃省林业厅 3 个，新疆维吾尔自治区林业厅 1 个(见附表)。

**森林资源** 截止 1985 年，131 个林业局经营面积 3516.6 万公顷，有林地面积 2286.5 万公顷，总蓄积 247816 万立方米，有林地蓄积 210465 万立方米，成、过熟林蓄积 113819 万立方米(见表 9)。

**木材生产** 1949～1986 年底，131 个林业局木材总产量累计为 90777.91 万立方米，1986 年木材产量 4032.39 万立方米(附表)。

因过量采伐，导致森林资源锐减。到 1985 年底，可采森林资源基本枯竭的局有 23 个(表 10)；按 1985 年森林资源消耗量可采 5 年以内的林业局有 14 个(表 11)；可采 6 ～10 年的林业局 29 个(表

12)；可采11～15年的局有33个(表13)。

**职工人数** 1985年底，131个林业局职工95.2万人，58.2万户，知识青年62.6万人(表14)。

**基本建设** 截止1985年，131个林业局已建房屋面积3189万平方米，修建林区道路8万多公里，拥有主要设备267275台(表15)。

**表9 林业局森林资源**

| 地区 | 林业局(个) | 面积(万公顷) | | 蓄积(万立方米) | | |
|---|---|---|---|---|---|---|
| | | 经营面积 | 有林地面积 | 总蓄积 | 有林地 | |
| | | | | | 合计 | 其中：成过熟林 |
| 合计 | 131 | 3516.6 | 2286.5 | 247816 | 210465 | 113819 |
| 东北、内蒙古 | 82 | 2521.2 | 1650.3 | 181698 | 159870 | 81468 |
| 内蒙古 | 17 | 603.8 | 365.2 | 35599 | 32258 | 17648 |
| 吉林 | 17 | 322.6 | 258.8 | 38147 | 37360 | 19330 |
| 黑龙江 | 40 | 1059.9 | 656.8 | 69668 | 64932 | 25740 |
| 林业部大兴安岭林业管理局 | 8 | 534.9 | 369.5 | 38284 | 25320 | 18750 |
| 西南、西北 | 49 | 995.4 | 636.2 | 66118 | 50595 | 32351 |
| 四川 | 23 | 301.2 | 105.3 | 25782 | 13539 | 9303 |
| 云南 | 17 | 468.6 | 437.3 | 21750 | 21750 | 12514 |
| 陕西 | 5 | 64.8 | 48.7 | 5813 | 5392 | 3029 |
| 甘肃 | 3 | 103.3 | 26.4 | 6555 | 4529 | 3735 |
| 新疆 | 1 | 57.5 | 18.5 | 6218 | 5385 | 3770 |

**表10 可采森林资源枯竭的林业局名称**

| 地区 | 个 | 林业局名称 |
|---|---|---|
| 合计 | 23 | |
| 东北、内蒙古 | 9 | |
| 内蒙古 | 1 | 伊图里河 |
| 黑龙江 | 8 | 鹤立、乌马河、双丰、铁力、五营、海林、林口、八面通 |
| 西南、西北 | 14 | |
| 四川 | 8 | 川西、毛尔盖、壤塘、大金、小金、翁达、丹巴、凉北 |
| 云南 | 5 | 华坪、云台山、漾江、红旗、新平 |
| 甘肃 | 1 | 舟曲 |

**表11 可采5年以内的林业局名称**

| 地区 | 个 | 林业局名称 |
|---|---|---|
| 合计 | 14 | |
| 东北、内蒙古 | 11 | |
| 黑龙江 | 11 | 绥棱、通北、桦南、双鸭山、桃山、南岔、金山屯、美溪、翠峦、大海林、绥阳 |
| 西南、西北 | 3 | |
| 四川 | 3 | 龙尔甲、黑水、盐边 |

**表12 可采6～10年的林业局名称**

| 地区 | 个 | 林业局名称 |
|---|---|---|
| 合计 | 29 | |
| 东北、内蒙古 | 22 | |
| 内蒙古 | 5 | 图里河、吉文、乌尔旗汗、库都尔、甘河 |
| 吉林 | 4 | 泉阳、汪清、大石头、黄泥河 |
| 黑龙江 | 13 | 山河屯、清河、兴隆、友好、上甘岭、红星、乌伊岭、汤旺河、新青、柴河、东京城、穆棱、迎春 |
| 西南、西北 | 7 | |
| 四川 | 3 | 松潘、炉霍、观音桥 |
| 云南 | 4 | 中甸、景东、清水江、碧泉 |

**表13 可采11～15年的林业局名称**

| 地区 | 个 | 林业局名称 |
|---|---|---|
| 合计 | 33 | |
| 东北、内蒙古 | 18 | |
| 内蒙古 | 4 | 阿龙山、阿尔山、绰尔、克一河 |
| 吉林 | 8 | 临江、三岔子、松江河、湾沟、白石山、大兴沟、和龙、八家子 |

（续）

| 地　区 | 个 | 林 业 局 名 称 |
|---|---|---|
| 黑龙江 | 4 | 苇河、方正、朗乡、带岭 |
| 林业部大兴安岭林业管理局 | 2 | 呼中、松岭 |
| 西南、西北 | 15 | |
| 四川 | 2 | 马尔康、普威 |
| 云南 | 6 | 黑白水、巨甸、江边、南盘江、卫国、墨江 |
| 陕西 | 5 | 宁西、太白、长青、宁东、汉西 |
| 甘肃 | 2 | 迭部、洮河 |

**表 14　林业局人数统计**

| 地　区 | 1985 年底职工人数（万人） | 职工户数（万户） | 1985 年底知识青年人数（万人） | |
|---|---|---|---|---|
| | | | 计 | 已就业 |
| 合　计 | 95.2 | 58.2 | 62.6 | 52.2 |
| 东北、内蒙古 | 82.4 | 54.8 | 61.5 | 52.0 |
| 内蒙古 | 17.8 | 8.8 | 11.6 | 9.2 |
| 吉　林 | 16.3 | 11.6 | 11.6 | 11.2 |
| 黑龙江 | 37.7 | 28.4 | 32.5 | 26.2 |
| 林业部大兴安岭林业管理局 | 10.6 | 6.0 | 5.8 | 5.4 |
| 西南、西北 | 12.8 | 3.4 | 1.1 | 0.2 |
| 四　川 | 8.1 | 2.0 | 0.7 | 0.2 |
| 云　南 | 1.9 | 0.7 | 0.2 | |
| 陕　西 | 1.1 | 0.1 | | |
| 甘　肃 | 1.3 | 0.4 | 0.1 | |
| 新　疆 | 0.4 | 0.2 | 0.1 | |

**表 15　林业局基本建设统计**

| 地　区 | 房屋面积（万平方米）已建 | | 道路（公里） | 主要设备（台） | |
|---|---|---|---|---|---|
| | 计 | 其中：住宅 | | 现有 | 需更替 |
| 合　计 | 3189 | 1606 | 58244 | 267275 | 26303 |
| 东北、内蒙古 | 2916 | 1504 | 46224 | 253358 | 20437 |
| 内蒙古 | 417 | 227 | 8039 | 15931 | 6372 |
| 吉　林 | 557 | 276 | 7866 | 15435 | 4932 |
| 黑龙江 | 1706 | 874 | 22092 | 219809 | 8194 |
| 林业部大兴安岭林业管理局 | 236 | 127 | 8227 | 2183 | 939 |
| 西南、西北 | 273 | 102 | 12020 | 13917 | 5866 |
| 四　川 | 129 | 46 | 3913 | 9510 | 4089 |
| 云　南 | 61 | 25 | 4123 | 1400 | 634 |
| 陕　西 | 27 | 8 | 1678 | 879 | 266 |
| 甘　肃 | 41 | 12 | 1746 | 1546 | 665 |
| 新　疆 | 15 | 11 | 560 | 582 | 212 |

（李世贤　赵晓琦）

## 森林采伐运输

**【综　述】** 森林采伐运输（又称木材生产）是森工企业的基础生产部分，大体可分为伐区生产（或称森林采伐）、木材运输和贮木场三个生产阶段。木材运输分为陆运和水运，而陆运中又可分为森林铁路（以下简称森铁）运材和汽车运材。

中华人民共和国建立前，我国森林采伐运输十分落后，仅东北林区有部分简易森铁。采伐工具简单，如伐木斧或弯把子锯；集材依靠畜力、人力或滑道；运材，东北林区以窄轨森铁为主，南方主要靠河道流送。采伐作业方式一般实行强度择伐。

建国后，国家大力开发林区。在东北、内蒙古和西南、西北国有林区建设了 131 个林业局。在南方集体林区建设 158 个重点产材县，建立了约 350 个国营伐木场（采育场）。37 年来，森工系统已建有运材公路 8 万多公里，森林铁路 1 万多公里，整治用于水运的河道 5.7 万公里，贮木场 304 个。1986 年，全国森林采运企业已有职工约 110.87 万人。全国木材产量由 1949～1952 年平均年产 807 万立方米，提高到 1986 年的 6502 万立方米。37 年来，共为国家生产木材 14.1 亿立方米。

东北、内蒙古林区森工企业自 50 年代推广原条生产方式以来，原条生产已成为该林区的主要生产方式，原条生产约占木材产量的90%左右。在集材方式上，东北、内蒙古林区基本上是拖拉机集材，而其他林区集材方式较多使用索道、滑道、拖拉机、畜力以及人力串坡等。在木材运输方面，汽车运材的运量占57.4%，森铁运材占21.6%，水运占21%。

采伐运输机械化发展很快，采运企业综合机械化程度1985年达到88.72%，其中：东北、内蒙古林区木材采运企业机械化程度达到94.34%；集体林区采运机械化程度最高的广西壮族自治区为94.20%，最低的湖北省为42.05%。

采伐运输劳动生产率随着采伐运输机械化的提高也有较大的提高。森工企业实物劳动生产率已由1980年的69.1立方米/人·年，提高到1986年的119.2立方米／人·年。

建国以来，虽然我国森林采运工业有了飞速的发展，但与世界先进水平相比，机械化程度还不高，应该向多工序联合作业机械化和全盘机械化方向发展；林道网密度低；采运生产率不高；现有设备差，更新改造资金不足；采伐剩余物利用潜力很大，有待于提高。从森林资源消长情况看，采伐量过大，成过熟林蓄积在森林总蓄积中所占比例大幅度下降，导致目前国有林区森林资源出现枯竭趋势。

（李世贤　赵晓琦）

**【伐区调查设计】** 伐区调查设计（或称采伐调查设计）是林业局（场）计划管理、生产管理、财务管理和资源管理的重要依据，其中，包括伐区区划、伐区调查、工艺设计、工程设计和伐区生产成本预算。

20世纪70年代以前的我国国有林区林业局和目前的南方集体林区伐木场（采育场）的伐区调查设计，是根据省、自治区制定的伐区调查设计规程或操作细则的要求进行的。

党的十一届三中全会以来，林业部加强了伐区调查设计工作，在调查研究的基础上，着手编制区域性调查设计规程，统一区域性调查设计要求。1980年5月颁发了《东北、内蒙古林区林业企业采伐、营林调查设计规程》，1984年3月颁发了《西南、西北林区林业企业采伐营林调查设计规程》，对加强国有林区伐区调查设计工作，提高伐区调查设计质量起到了积极的作用。

随着企业经营管理水平的提高，特别是实行了经济责任制，一些林业局（场）重视了伐区调查设计工作，加强了力量，改进了设计手段。吉林省黄泥河、黑龙江省柴河等林业局，已在伐区调查设计工作中应用了微型计算机。虽然微型计算机还仅用于内业计算方面，但其效果已十分显著。

东北、内蒙古林区82个林业局，已普遍建立了科级林业调查设计队。现有调查设计人员1.3万多人。

目前，伐区调查设计重要性还未被普遍重视，人员不足、技术力量弱等问题亟待解决。

（李世贤）

**【森林采伐】** 森林采伐（或称伐区生产）是采伐运输第一生产阶段。它一般包括准备作业、伐木、打枝、造材、集材、清林、装车等工序。

建国初期，森林采伐处于落后的状态，各项生产作业完全是手工操作，用伐木斧或弯把锯采伐，框锯造材，牛牵引爬犁或滑道集材，少数伐区也有用平车集材，伐区装车人抬肩扛，体力劳动强度大，伤亡事故多，生产效率低，木材损失浪费大。

20世纪50年代初，我国开始引进苏联、民主德国等国集材设备和技术。1956年，林业部在黑龙江省带岭林业实验局召开全国木材生产机械化现场会，对全面引进国外采、集、运、贮及作业方式等技术和设备，以及对伐区作业方式、生产手段的改革，起了很大的推动作用。东北、内蒙古林区由山上造材的原木生产方式改为原条生产方式。原条常年流水作业发展很快，到1959年已全面推广。目前，原条常年流水作业比重已占东北、内蒙古林区森工企业年生产任务的90%左右。

37年来，森林采伐技术有了比较明显的进步，东北、内蒙古国有林区，采、集、装已基本上实现机械化作业，采、集机械化比重已达85%左右。1985年，全国森工企业伐木、打枝的油锯已达10981台，集材拖拉机达到6323台，集材索道已达2176/1933（公里/条），其中动力集材索道已达1643/1754（公里/条），采伐机械化程度达到87.99%，集材机械化程度达到83.20%，装车普遍采用国产绞盘机，或汽车式吊车。在西南、西北国有林区和南方集体林区森工企业采伐林木及集材也有相当比重采用机械化作业。

伐区劳动生产组织一般为两种形式：一是林场下设生产工段（或小工队），工段下设生产工组；二是林场不设工段，直接领导生产工组。东北、内蒙古林区生产工段一般二三十人，配备2台油锯、2台拖拉机、1台绞盘机（装车）。

伐区作业质量关系到提高森林资源采伐利用率

**表16　国有林区森工企业伐区作业质量检查评比**

| 年份 | 总平均分 | 95分以上局（个） | 平均丢失木材（立方米/公顷） |
|---|---|---|---|
| 1981 | 86.5 | 16 | 0.85 |
| 1982 | 87.1 | 24 | 0.63 |
| 1983 | 93.6 | 55 | 0.22 |
| 1984 | 94.1 | 72 | 0.20 |
| 1985 | 94.3 | 73 | 0.19 |

和为更新造林创造良好条件。为加强伐区管理工作，自1981年以来，林业部在国有林区森工企业开展了伐区作业质量检查评比工作，收到了良好的效果(表16)。国有林区森工企业目前每年采伐面积约40万公顷，伐区丢弃的木材1981年平均为0.85立方米/公顷，到1985年下降到0.19立方米/公顷，即国有林区每年减少木材损失26万立方米，相当于一个中型采运企业的年产量。 (周乃耕)

**【森林铁路运输】** 我国的森林铁路(以下简称森铁)是由林业部门建设和经营管理的专用窄轨铁路，主要承担林区的木材、货物及旅客运输任务。截止1986年末，有森铁职工6.9万余人。1949年原有29条森铁，线路总长为1654公里。随着林业生产建设的发展，截止到1986年末，全国林区共有34条森铁，其中：黑龙江省18条，吉林省9条，内蒙古自治区4条，江西、福建、广东省各1条。线路总长已达1.02万公里(其中：干线约占35%，支、岔线占58%)，比建国初期增长5.2倍。1986年，森铁共完成木材运输829.48万立方米(不含江西、广东省数字)，其中：黑龙江、吉林、内蒙古3省(区)森铁完成827.54万立方米，占黑龙江(不含林业部大兴安岭林业管理局)、吉林、内蒙古3省(区)森工企业年木材产量的48.5%。

为了加强木材运输工作，搞好森铁经营管理，30多年来，林业部共制定了57项规章制度。

**运输设备**

线路 森铁线路使用的轨距为762毫米，钢轨类型以15公斤/米为主，占线路总长的90%以上，另外还有少量18公斤/米、12公斤/米、11公斤/米的钢轨。线路建设情况见表17。

**表17 森铁线路**

单位：公里

| 年 份 | 1950 | 1960 | 1971 | 1980 | 1985 | 1986 |
|---|---|---|---|---|---|---|
| 总 长 | 1692 | 6385 | 10639 | 10999 | 10412 | 10234 |
| 干线长 | | 2832 | 4112 | 3848 | 3618 | 3561 |
| 支、岔线长 | | 2288 | 6233 | 6232 | 5978 | 5894 |

为适应各森铁运量不断增长、列车密度不断增加、车辆轴重倍增的发展要求，从20世纪60年代起，就向以实现干线道床石碴化、枕木油浸化、桥涵永久化和养路作业机械化为目标进行了技术改造。据黑龙江省森工总局1980年末统计，全省森铁线路质量优良、良好比重占77.8%，许多森铁消灭了不合格线路。干线线路的技术改造，石碴道床占干线25.3%，防腐枕木占11.1%，永久和半永久桥涵占24.2%，特别是山河屯、东方红、绥棱、铁力等森铁干线桥梁已基本实现永久化或半永久化。绥棱森铁于1978年实现干、支线夏季养路作业全部机械化，提高工效4倍。

机车 50年代初，有英、美、德、日等国制造的蒸汽机车约13种，吨型从6.5～23不等；内燃机车3种吨型。到1970年，不仅全部森铁用国产28吨蒸汽机车取代杂、小型机车，统一了机车类型，而且在数量上较1950年增长3.8倍多。1970年后，逐步向现代化大型内燃机车发展，以380马力的内燃机车为主，其次是240马力、120马力、95马力等内燃机车，截止到1985年末，拥有森铁机车740台。机车发展情况见表18。

**表18 森铁机车**

单位：台

| 年 份 | 1950 | 1960 | 1971 | 1980 | 1985 | 1986 |
|---|---|---|---|---|---|---|
| 合 计 | 196 | 508 | 849 | 878 | 740 | 647 |
| 蒸汽机车 | 153 | 370 | 429 | 391 | 373 | |
| 其中：28吨机车 | | | 331 | 380 | 93 | |
| 内燃机车 | 28 | | 420 | 487 | 367 | |

在森铁机车逐步向现代化发展的同时，对28吨蒸汽机车，各森铁也进行了改造。其中带有方向性的重大技术改造有：①绥阳森铁于60年代后期对机械部摇、连杆铜瓦改为滚动轴承，效果良好，降低了机车阻力，节省了检修费用，减少了乘务员检查、注油频次，改善了劳动条件，此项工作已在许多森铁进行了推广。②汪清等森铁于1970年学习国家铁路引进“盖斯尔”式蒸汽机车引射通风装置经验，对提高机车牵引力、节约煤耗和防火等均有显著效果。因此，从1977年后，大石头、大海林、绥阳、绥棱等森铁先后进行了试改。由于对此项经验学习掌握不够，各试改单位取得效果不一，因此尚未普及应用。③铁力等森铁为了节约能源和延长锅炉寿命，于60年代初，在机车火室内增设拱砖，取得良好效果后，被多数森铁所采用。

车辆 森铁车辆的发展是经过由简到繁，由轻到重，由单车种到多车种，由陈旧落后到现代化的过程。建国初期，森铁使用的车辆大多都是无减震装置刚性铁制(后称普式台车)或木制台车，50年代后逐步使用载重7吨德式台车。为了适应生产发展的需要，用两台轻型德式台车并为一台。1955年生产了载重20吨带有减振缓冲装置的重型台车，逐步淘汰了合并台车。另外，还有7吨轻型板车，14吨、15吨板车，客车，棚车，敞车，油罐车，守车等。车辆发展情况见表19。

表 19 森铁车辆

单位：辆/台

| 年　份 | 1950 | 1960 | 1971 | 1980 | 1985 |
|---|---|---|---|---|---|
| 森铁车辆 | 372/ | 13627/13781 | 16092/32036 | 14543/24427 | 13029/23610 |
| 其中：重型台车 | | | | 4620/8783 | 7246/13935 |
| 15 吨板车 | | | | 3270/6805 | 2895/4225 |

在森铁车辆结构不断发展的同时，技术上也不断改进。首先将轻型台车的 60 毫米直径的车轴改为 75 毫米，减少了切轴事故；其次，将原来的铜瓦改用钨金瓦或铅基合金瓦，节约了有色金属，减少了燃轴事故。进入 80 年代后，先后有阿尔山、大石头、亚布力、铁力、大海林等森铁将车辆滑动轴承改为滚动轴承，由于此项技术改造经济效益显著，因此确定今后将全面发展。此外，有的森铁还推广使用合成闸瓦等。

*通讯设备*　建国时，通讯线路约为 1300 多杆公里。各森铁一般只有两三对线路，线条均为 3.2 毫米的镀锌铁线，而且大都是不标准的素材杆、担，通讯机械都是 50～100 门磁石电话交换机和磁石电话。从 60 年代由国家铁路引进“55”型选号调度电话到 70 年代的音频选号机；从长途电话由磁石变为共电直至自动。通讯电杆本着先干线后支线的顺序，采用防腐或混凝土电柱代替素材电柱。干线超过 100 公里的企业，如柴河、通河、大海林等主要线路都改用了铜线。标志着森铁正沿着通讯线路标准化、设备现代化方向发展。据 1980 年末调查统计，全国森铁通讯线路已达 14.7 万公里，较 1960 年增加了 4 倍。

**运输任务完成量**

*木材运输*　1950 年，森铁共完成木材运输任务 214.4 万立方米，周转量为 1.7 亿立方米公里。1986 年完成木材运输量 829.48 万立方米。30 多年来，木材运输情况见表 20。

表 20 森铁木材运输

| 年　份 | 1950 | 1960 | 1970 | 1980 | 1986 |
|---|---|---|---|---|---|
| 森铁运材量（万立方米） | 214.4 | 1383.1 | 1088.1 | 1032.4 | 829.48 |
| 周转量（亿立方米公里） | 1.7 | 8.04 | 9.00 | 7.74 | 6.9 |

*货物运输*　1950 年，森铁所担负的货物运输量为 4.4 万吨，周转量为 500 万吨公里，1980 年货物运输量 200 万吨，周转量为 16.7 千万吨公里，较 1950 年分别增长 45 和 33.4 倍。货运量发展情况见表 21。

表 21 森铁货物运输

| 年　份 | 1950 | 1960 | 1970 | 1980 | 1986 |
|---|---|---|---|---|---|
| 货运量（万吨） | 4.4 | 57 | 132 | 200 | 156 |
| 周转量（千万吨公里） | 0.5 | 3.36 | 8.7 | 16.7 | |

*旅客运输*　1950 年森铁旅客运输量 8.35 万人次，到 1980 年达到 642.1 万人次，增长了 76 倍，详细情况见表 22。

表 22 森铁旅客运输

| 年　份 | 1950 | 1960 | 1970 | 1980 | 1986 |
|---|---|---|---|---|---|
| 客运量（万人次） | 8.35 | 136.04 | 364.1 | 642.1 | 711.4 |

（黄一川）

**【汽车运材】**　汽车运材是木材生产过程中的重要运输方式。1986 年，森林工业部门拥有运材汽车 14557 辆，其中国产汽车占 87.9%，进口的大型柴油汽车所占比重较少，但运材量却占东北、内蒙古林区汽车运材的 50%以上。大型柴油汽车购车一次投资较大，可是由于其技术先进，适应性强，生产效率高，作业费用较低，使用年限长，因此综合的运材单位成本反而低一些。

森工部门现有的运材汽车中，50 年代的占 3%，60 年代的占 11%，70 年代的占 40%，80 年代的占 46%；使用 10 年以上的车将近 34%以上，急待报废的车占总数 5%。由于规定的运材汽车折旧年限较长，而森工企业以提取更新改造资金代替折旧费，致使运材汽车更新资金得不到保证，汽车不能及时更替，大量的油耗高，维修费用高、完好率低、成本高的运材汽车仍在使用。

森工汽车运材每年周转量约 15 亿立方米·公里。东北、内蒙古林区汽车运材周转量是 7 亿立方米·公里左右，约占木材陆运量的 60%。在运材方式上，东北、内蒙古林区大部分采用挂带单轴拖车运输原条，而南方和西南、西北林区由于林区道路坡陡、弯急、路窄，只能采用单车运输原木。

1986 年，全国林业公路实有量 164784 公里，其中：正规公路 77016 公里，占 46.7%；运材公路 138675 公里，占林区公路的 84.1%。森工企业自有公路 107145 公里，占林区公路的 67.6%。在森工企业的公路中，正规公路 62411 公里，占 58%；运材公路 96056 公里，占 89.7%。路况不好，车况又差，通讯落后，季节性作业，实载率低，是当前森工企业汽车运输工作存在的主要问题。最近，每年新建林区公路约2000公里，远不能满足森工企业开发边远林区的需要。目前，森工企业内部的道路网密度较低，每公顷林地面积只有4～5米。而工业发达国家道路网密度都在20米以上。

汽车运材的组织形式大体分为两种：一是森工企业内部的运材汽车队，是林业局的一个生产部门，不是一个独立的核算单位，由林业局下达生产和成本控制指标，根据局调度统一指挥派车承担运材任务。另一种是独立的林业运材汽车公司，是独立的核算单位。有的省林业汽车公司与保修厂合在一起，形成一个完整汽车运输企业，首先保证完成木材运输，同时还可以承担其他货运。目前，南方林区木材市场开放后，林业汽车承运其他货运量已大于木材运量。随着经济体制改革的深入开展，运材汽车的组织形式和经营管理方式正在进行相应的改革，面向承揽社会货运和承担铁路运输分流任务，以提高经济效益。（罗章材）

**【木材水运】** 木材水运是以天然河道为线路借助水流动力利用木材本身漂浮特性的一种运材方式，在我国已有悠久的历史，是我国南方主要的木材运输方式。建国初期，南方十几个省、自治区生产的木材几乎全部利用水运。

随着林区开发建设事业的发展，东北、内蒙古林区铁路深入林区腹地，水运基本上为陆运所代替。南方林区由于伐区延伸，杉木比重下降，加之各地兴修农田水利、水电工程以及河道缺乏全面综合治理等原因，因此木材水运较50年代有所下降。木材流送河道总长约5.7万多公里，平均水运距离为350公里左右。流送木材主要有黑龙江、松花江、长江、大渡河、岷江、雅砻江、金沙江、清水江、白龙江、西江、东江、北江、湘江、沅江、潇水、赣江、闽江等水系。为了提高企业经营管理水平，林业部1986年组织修订了原部颁《木材水运工程设计规程》，组织制定并颁发了《南方木材水运管理办法》。1980年12月又组织制定了《木材水运机动船舶技术管理规程》。

鉴于我国南方林区气候和林木特点，森林的采伐和运输历来是“秋采、冬运、春夏流送。”水运旺季为二、三季度，流送量约占全年任务的70%。根据河道的自然状况，流送方式有：单漂流送、人力放排、轮拖木排和船运木材。西南高山林区，峡谷河道流速高、流量大，又系非通航河川，绝大部分采用单漂流送；中南华东低山丘陵等省、自治区，一般采用编排流送。

我国木材水运机械化水平还比较低，发展也不平衡。从各工序上看，出河作业采用纵向或横向传送机，也有采用缆车、绞盘机整捆出河的。在扎排作业方面，由于我国的排型多是平排，现已初步研制出适合这种排型的扎排机械。水上改排、装船作业场采用的机械有升降式纵向传送装船、装排机，纵向传送装排机，伸缩式横向传送装排机，桥式起重装排、装船机，双桅浮吊式海排装排机，浮吊式装船、装排机，由于木材市场开放，经营分散，有些机械已无法使用。轮船拖运方面，在通航河道上大部分利用轮船拖排。据南方12省、自治区不完全统计，林业部门拥有拖轮951艘，总功率达5.4万马力，拖轮多采用柴油机为动力，功率一般在60～120马力之间。（李世贤　黄一川）

**【贮木场】** 全国森工系统现有贮木场304个（表23）。按到材和支拨方式，可分为陆运贮木场、水上贮木场、出河贮木场、综合性贮木场。按生产方式，可分为专业性贮木场和综合性贮木场。按年生产、支拨木材数量分为大、中、小型，即20万立方米以上为大型，10～20万立方米为中型，10万立方米以下为小型。

**表23 贮木场分布**

| 地区 | 贮木场 | 地区 | 贮木场 |
|---|---|---|---|
| 合计 | 304 | 浙江 | 7 |
| 黑龙江 | 56 | 安徽 | 6 |
| 吉林 | 19 | 湖北 | 10 |
| 内蒙古 | 35 | 云南 | 29 |
| 贵州 | 12 | 四川 | 12 |
| 江西 | 11 | 陕西 | 7 |
| 广东 | 10 | 甘肃 | 3 |
| 广西 | 12 | 新疆 | 8 |
| 湖南 | 24 | 林业部大兴安岭林业管理局 | 29 |
| 福建 | 14 | | |

建国初期，陆运到材的贮木场是以原木到材为主。从1953年以后，东北、内蒙古森工企业逐渐推广原条生产，造材基本上在贮木场进行。南方林区造材多在伐区。有的贮木场还进行制材、综合利用。

贮木场经营管理，从50年代到70年代，重点放在加强木材商品化管理上，即要求缴库、库存、支拨准和选材、归楞、装车（船、排）清。

党的十一届三中全会以来，为加强贮木场管理，林业部制定、修订有关贮木场的规章制度9项，并开展竞赛评比活动。1979年6月召开了全国贮木场场长会，把贮木场工作重点转移到以生产为中心，提高经济效益为目的，质量第一的轨道上来。1979年10月和1980年11月两次召开了全国木材产品质量会议，总结交流了经济管理和全面质量管理试点工作的经验，表彰了先进单位，推广了福建省大州、福州和黑龙江省朗乡3个贮木场全面质量管理的经验。1981年10月召开了全国贮木场场长会议，制定了关于加强贮木场经营管理的规定。1978～1984年贮木场经营管理有了较大的改善，木材产品质量也逐年提高。东北、内蒙古森工企业贮木场，原木产品的综合合格率由93.2%提高到98.8%，经济材出材率比重由80.5%提高到82.2%，4年共增加收入3亿元。

1985年南方集体林区木材市场开放后，贮木场由生产型转变为生产经营型。为适应新形势，福建省采取了转轨变型，建立信息网络，开展市场预测等办法，使贮木场出现了活力，1985年贮木场经营木材比1984年减少58%，但实现税利仅下降24.2%。

随着生产管理水平的不断提高，有的贮木场使用卸车桥、门式锯、抛木机、归装桥等卸车、造材、选材、归楞、装车的新设备。近3年来，有的林业局贮木场管理采用了微机管理，如黑龙江省的东京城林业局，吉林省的敦化、三岔子林业局开始使用了微型计算机管理贮木场，使收、拨、存的木材计算准确及时，减少了大量的繁琐手续，节省了人力，提高效率近3倍，促进了木材管理商品化。

（王维章　李雪金）

**【引进采运技术设备】** 我国引进的采运技术设备，始于50年代。采伐技术设备先是从民主德国进口双人操纵的吟林油锯，接着又从苏联进口单人操纵的友谊油锯、克-5电锯和莱氏-1型打枝机。后又相继从联邦德国和日本进口了道尔玛和共和CS-80型油锯等一些锯型。1958年，广西柳州机械厂仿制苏式油锯成功，定型051型。从此国产油锯基本上取代了进口油锯。

1976年，从芬兰引进伐木归堆机和打枝造材机，分别在南方和东北林区试用，由于生产工艺不适应先进设备的要求等原因，因此该设备未能充分发挥作用。

集材机械，1950年，从苏联引进克特-12集材拖拉机，相继又进口了德特-40、德特-40 M和德特-60 M集材拖拉机。1965年，黑龙江省松江拖拉机厂仿制苏联集材拖拉机成功，定型为集材-50。此机型成为我国东北、内蒙古林区主要集材设备。

黑龙江省带岭林业实验局、四川省马尔康林业局，由于坡度大，又不适宜拖拉机集材，于1956年试用苏联的BTY-1.5型动力集材索道，1975年引进日本Y 32 ER型遥控集材索道绞盘机。

林业部为开展采运设备技术改造，把川南林业局和带岭林业试验局作为试点单位。川南林业局于1983年从奥地利引进一套移动式钢架杆集材索道（KSK 16/20）、四轮驱动抓钩集材机（LKT-80）和轮式液压起重臂装卸机（PK 12100）。带岭林业实验局于1984年从奥地利和美国分别引进移动式钢架杆索道（KSK 16）、四轮驱动胶轮钢索集材机（518）、装载机（950 B）等。上述两局引进的先进设备，正在试验之中。

我国从50年代开始采用汽车运材。1953年从捷克斯洛伐克、苏联、波兰等国分别进口了达脱拉、吉尔、玛斯、星-20等型号汽车。从1956年起，国产解放牌汽车广泛应用于林区运材，推动了汽车运材的发展。1975年后，又从瑞典、联邦德国、日本分别引进了斯堪尼亚、奔驰、丰田、五十铃等运材汽车。上述引进的4～17吨的汽车和日本丰田汽车分别在东北、内蒙古林区和福建省等地使用，效果较好。

（王士一）

## 国营林业企业森林采伐更新

**【综　述】**

建国以来，国营林业企业努力贯彻了以营林为基础的林业建设方针，在完成木材生产任务的同时，积极开展了森林更新工作，取得了较好的成绩。林业部1976、1979、1985年组织过3次更新造林普查，第三次普查结果见表24。据全国第三次更新普查，15个省、自治区和林业部大兴安岭林业管理局所属林业局、采育（伐木）场，截止1985年末，采伐森林面积721.8万公顷，同期迹地更新面积662.1万公顷，占采伐面积的91.7%。此外，荒山荒地造林面积75.9万公顷。更新造林总面积中，人工更新造林面积为252.3万公顷，其中的一半已郁闭成林。据不完全统计，人工林蓄积已达到5800万立方米。

这次普查与1979年第二次普查结果相比，迹地更新率由81.2%提高到91.7%；人工更新造林保存率由39%提高到50%；更新欠帐面积由106.5万公顷减少到59.7万公顷，其中更新造林成绩显著的单位分：①基本实现更新面积跟上采伐的，有吉林、黑龙江、四川、云南、陕西、甘肃、福建、湖北、浙江9个省和林业部大兴安岭林业管理局，占普查省、自治区的62%；按企业计算，国有林区有88个

表 24 国营林业企业采伐面积和更新造林面积比较（1949～1985）

单位：万公顷

| 地区 | 采伐面积 | 更新造林面积 | | | | | 迹地更新占采伐面积% | 更新造林面积占采伐面积% |
|---|---|---|---|---|---|---|---|---|
| | | 合计 | 迹地更新 | | | 荒山造林 | | |
| | | | 小计 | 人工更新 | 天然更新 | | | |
| 合计 | 721.84 | 738.08 | 662.16 | 176.41 | 485.75 | 75.92 | 91.7 | 102.2 |
| 黑龙江 | 329.06 | 351.76 | 306.26 | 76.99 | 229.27 | 45.50 | 93.1 | 106.9 |
| 吉林 | 87.07 | 90.46 | 82.77 | 30.09 | 52.68 | 7.69 | 95.1 | 103.9 |
| 内蒙古 | 134.24 | 128.86 | 117.72 | 10.23 | 107.49 | 11.14 | 87.7 | 96.0 |
| 四川 | 22.99 | 22.00 | 20.78 | 19.51 | 1.27 | 1.22 | 90.4 | 95.7 |
| 云南 | 22.15 | 22.07 | 20.28 | 16.38 | 3.90 | 1.79 | 91.5 | 99.6 |
| 陕西 | 6.80 | 6.74 | 6.59 | 0.70 | 5.89 | 0.15 | 96.9 | 99.1 |
| 甘肃 | 4.36 | 5.09 | 4.21 | 2.20 | 2.01 | 0.88 | 96.6 | 116.7 |
| 新疆 | 10.37 | 8.90 | 8.66 | 1.14 | 7.52 | 0.24 | 83.5 | 85.8 |
| 西藏 | 0.55 | 0.18 | 0.18 | 0.10 | 0.08 | — | 32.7 | 32.7 |
| 湖北 | 2.25 | 2.59 | 2.08 | 1.03 | 1.05 | 0.51 | 92.4 | 115.1 |
| 湖南 | 3.25 | 2.94 | 2.61 | 2.25 | 0.36 | 0.33 | 80.3 | 90.4 |
| 广东 | 6.95 | 7.71 | 6.06 | 2.21 | 3.85 | 1.65 | 87.1 | 110.9 |
| 福建 | 13.35 | 14.58 | 12.54 | 11.80 | 0.74 | 2.04 | 94.0 | 109.2 |
| 浙江 | 0.25 | 0.26 | 0.25 | 0.25. | — | 0.01 | 100.0 | 104.0 |
| 安徽 | 0.27 | 0.27 | 0.23 | 0.19 | 0.04 | 0.04 | 85.1 | 100.0 |
| 林业部大兴安岭林业管理局 | 77.93 | 73.67 | 70.94 | 1.34 | 69.60 | 2.73 | 91.0 | 94.5 |

注：1. 江西、青海、广西未进行普查。

2. 云南、湖南、福建的采伐面积、更新造林面积少于 1979 年普查的面积，主要是部分采伐迹地和荒山荒地被群众占用，故未列入。

林业局，占普查局数的 61.1%；集体林区有 129 个采育（伐木）场，占普查场数的 67.5%。②更新造林质量好，保存率达 70%以上的有 26 个林业局，占普查局数的 17.6%；保存率为 50～70%的有 41 个林业局，占普查局数的 27.7%。福建、广东两省，全省平均保存率达 70%以上。③人工林面积大，超过 100 万亩的林业局有黑龙江省的林口、南岔、朗乡和吉林省的临江 4 个林业局；超过 50 万亩的有 13 个林业局。更新造林难度大的西南、西北林区中，四川省的黑水、川西、马尔康，云南省的江边等林业局，人工更新造林也都达到 30 万亩以上。南方林区营造人工林面积达 3 万亩以上的采育场，有湖南省的江华、哨溪口，湖北省的樟树坪、大老岭，广东省的尖峰岭、帽子峰、阳春河、小坑，福建省的溪东、溪后、二都、际岭等采育场。

30 多年来，森林更新工作发展几经曲折。50 年代初期，国家要求林业部门切实贯彻合理采伐的方针，采伐森林后立即进行更新。在机构上是营林和森工采伐分设，营林监督森工，互相制约，互相促进。为了进一步做到采育结合，1958 年，国家决定将营林和森工机构自下而上地合并，将森工局改为林业局。但由于过分强调营林和采伐的统一，忽视了两者之间的制约关系，使采伐森林失去了法制上的约束，再加上“大跃进”中的破坏，结果森林采伐失去了控制，更新面积不少，成效甚微。黑龙江省 1958～1961 年人工更新造林 33.3 万公顷，保存的仅 5.2 万公顷，占 15.6%。在全国范围内第一次出现了更新跟不上采伐的严重情况。60 年代初期，国家确立了林业建设以营林为基础的方针，建立了育林基金制度，加强了营林机构和专业队伍，推动了营林更新工作的发展。“文化大革命”时期，营林机构和营林专业队伍被砍掉，采伐不讲方式，更新质量低劣，采育失调。据 1979 年普查，在 122 个林业局中，更新面积跟上采伐面积的局只有 55 个，占 45%；在 356 个国营采育场中，更新面积跟上采伐面积的只有 111 个，占 31.2%。

党的十一届三中全会以来，以营林为基础的方针得到了贯彻，营林工作稳步发展，积累了以下几点经验：①坚持改革，推行营林生产承包责任制。黑龙江省在更新造林中，采用各种方式的承包面积已达到 97%，提高了更新质量。为了加强营林工作的领导，林业部大兴安岭林业管理局吸取了伊春林业管理局建立半全能营林机构的经验，在所属7个林业局中，建立了森林经营公司，在局长的领导下，统管营林的人、财、物，变事业管理为企业管理。②坚持以人工更新为主，人工更新与天然更新相结合。③坚持质量管理。四川省林业厅成立了省直属的检查验收队伍，专职从事营林质量检查验收工作，保证了更新造林质量。“六五”期间，全省每年平均成活率达到93.6%，1985年，85%以上的面积达到98.8%。④加强种苗培育。东北、内蒙古林区已建成苗圃595个，经营面积4400公顷。每年育苗面积2500公顷左右，其中机灌面积占72%，改土增肥面积达50%以上，各主要工序基本实现机械化作业。年苗木产量达到40亿株，其中可供上山造林的一、二级成苗为10亿多株，基本满足了更新造林的需要。林木种子基地也有一定发展，已划定天然母树林7万公顷，人工母树林1万公顷，定植种子园3600公顷，良种生产逐年增加。⑤开展科学试验，推广应用新技术。

当前，更新造林工作还存在不少问题，一部分企业更新造林质量低，更新跟不上采伐；种子、苗木工作落后的情况在一些企业依然存在。

（尹逢新　张亚夫）

**【关于加强林业企业营林工作若干问题的规定】** 为了迅速扭转林业企业采育失调的严重局面，切实保护和管理好现有森林，严格控制采伐量，及时更新采伐迹地，使林业建设转移到以营林为基础的轨道上来，1981年9月，林业部发出《关于加强东北、内蒙古林区林业企业营林工作若干问题的规定》，主要内容有：

①保护和管理好森林资源。坚持合理采伐，以林业局为单位，按轮伐要求核定采伐量，采伐要执行国家计划，不准超产，不准卖议价材等；采伐森林要提报调查设计文件，申请伐区，实行伐区拨交验收制度；成立资源管理单位，加强林政管理，防止乱砍滥伐、防火、防病虫害。

②全面开展森林培育工作。要贯彻以人工更新为主，人工更新和天然更新相结合的方针，加快更新速度，提高造林质量，发挥林区优势，营造速生丰产林（比重占15%左右）；加快成林抚育速度，保证抚育质量；抓好种子、苗木工作，坚持采用良种，培育壮苗；开展科学研究和发展营林机械化。

③统一计划，加强管理。从采育平衡，合理经营出发，统筹安排营林和森工的生产、基建、财务、劳力和物资供应；营林生产主要指标纳入计划，统一部署和检查；把更新造林和育林列为企业考核的首要标准，与提取企业基金挂钩；管好用好育林费，育林基金要专款专用；落实林业生产责任制，企业内部除了实行各种形式的联产计酬，定包责任制外，可将护林、育林、造林任务包给知识青年和社队群众，付给合理报酬及奖励。

④加强对营林工作的领导。要求企业把营林工作当成企业的头等任务抓，局长亲自过问，指定一名副局长专管；把经营森林的成果列为对局、场长考核、晋升的重要条件。任职3年内，营林完不成任务，森林面积有减无增的要追究领导责任；加强营林机构，充实专业队伍，管理局和林业局恢复半全能营林处；林业局要建立营林质量检查验收队伍，配备专职验收人员；搞好营林职工技术培训，充分发挥营林技术人员的作用。

实践证明，《规定》的指导思想和内容都是正确的，只要认真坚持贯彻执行，企业的资源危机就会得到缓和。

（张亚夫）

**【森林采伐更新规程】** 建国后，林业部先后颁发过3次有关森林采伐更新规程。第一个《国有林主伐试行规程》经国务院批准，于1956年1月31日由林业部颁发。制定规程的目的是实行合理采伐，满足国民经济对木材的需要；保证森林更新，扩大森林再生产。规程规定了森林的主伐年龄和采伐量。规定采伐方式为连续带状皆伐，每隔3～5年采1次，采伐时保留好母树、幼树，依靠天然更新。规程规定了严格的木材采伐管理制度。经过几年的实践，这个规程对实现合理采伐起到了一定的作用。但存在的问题也比较突出，主要是规程偏重于采伐森林，更新只是简单提及，不符合我国用材多而森林少的情况，采伐方式单纯，与我国山地森林地形复杂、树种繁多的情况不适应；采伐后依靠天然更新，更新速度慢，可靠性差。

针对第一个《规程》存在的问题，林业部从1959年开始修订，1960年4月1日颁发了《国有林主伐试行规程（修订本）》。这个规程的特点是：①明确规定，确定森林年采伐量要以林场为单位，根据资源情况，把能否实现长期经营、永续利用作为一个重要原则。②采伐方式多样化，规定为等带间隔皆伐、连续带状皆伐、块状皆伐、单株择伐和块状择伐。同时，对这些方式适用范围、条件和技术要求等作了规定。③在更新方式上，要因地制宜地实行人工更新为主，人工促进天然更新为辅；并要做到当年采伐，当年更新或次年更新。④规定集体林的采伐可以参照本规程执行。可见，这个规程较前一个规程是前进了一步，但仍然偏重采伐木材，采伐方式烦琐和采伐更新互相脱节等问题。

在总结前两个规程的基础上，农林部于1973年初对规程进行了全面修订，同年10月10日颁发了《森林采伐更新规程》。这个规程的特点是：①明确制定规程的目的是为了多快好省地发展林业，实现森林的越采越多，越采越好，青山常在，永续利用，并维护和加强森林的防护作用。同时，要求林业部门贯彻林业建设以营林为基础的方针，作到全面规划、合理布局，以场定居，以场轮伐。②将过去规程中的单纯主伐改为森林采伐。成过熟林的主伐方式规定为采育择伐、经营择伐、二次渐伐和小面积皆伐，同时对中、幼龄林实行抚育间伐。③将森林更新作为重要篇章纳入规程，更新方式规定为以人工更新为主、人工更新和天然更新相结合。④规程的适用范围，除国有林区外，也适用于集体林。

这个规程的颁发，在加强森林采伐管理，及时更新采伐迹地等方面，起到了较好的作用。但从10多年的实践看，仍有一些不完善，不确切的地方，特别自《中华人民共和国森林法》颁布后，表现得更突出了。主要问题是森林采伐量控制不够有力，采伐方式规定不尽合理，违犯规程后没有处理标准，这是今后在制定新的规程中需要继续解决的问题。

（尹逢新）

**【伊春林业管理局苗圃管理升级】** 黑龙江省伊春林业管理局所属16个林业局森林过伐严重，资源下降，企业经济危困。为了尽快恢复森林资源，管理局针对开展更新造林苗木数量不足、质量低劣等问题，于1982年开始，开展了以水、土、肥为中心的苗圃升级竞赛活动，提高苗圃的管理水平。全管理局125处固定苗圃，经过检查有115处达到了一级苗圃，占92%；10处达到了二级苗圃，占8%；消灭了三类苗圃。苗圃的升级，促进了苗圃总产和单产的增加与质量的提高。苗木公顷产量，升级前平均75万株，成苗30万～45万株，升级后幼苗增加到450万株，成苗90万～105万株。苗木总产量，在相同面积内，升级前为6亿株，升级后为12亿株；年产成苗，升级前为1.4亿株，升级后为2.4亿株。上山成苗中的换床苗，升级前占3%，升级后为87%，基本消灭了三类苗上山。育苗树种也由过去的“老三松”（红松、落叶松、樟子松）增加到10个树种。

为了给育苗提供量足优质的种子，伊春管理局在抓苗圃升级的同时，又抓了种子林的建设和培育。在普查的基础上，建立了种子林基地2.5万公顷，其中天然种子林2万公顷，人工种子林4800公顷，种子园200公顷。为管好母树林，采集和贮藏好种子，管理局建立了种子公司，两个种子库；林业局建立了林木良种繁育站，在乌伊岭林业局还建立了专营种子林场。

目前，全管理局的育苗用种，实现了自给。中、大粒种子库存可用5年，小粒种子可用3年，培育的优质苗木满足了更新造林的需要，促进了成活率和保存率的提高。自1980年以来，更新造林保存面积为76.2%，比1979年前的36%提高了2倍多。

苗木升级竞赛条件，主要有以下内容：

①均衡全面的完成育苗计划，苗木的产量、质量指标及出圃苗成苗率要达到或超过规定的标准。

②实行企业管理，把育苗的产量、质量、成本与干部、工人的切身利益结合起来，在保证苗木质量的前提下降低成本。

③按要求配备技术干部、技工和固定专业队伍，并结合实际搞科学试验，并取得成果。

④建立完整的技术档案，苗圃日记、平面图和主要树种的苗圃物候谱，作到各种记载及时、准确。

⑤区划合理，有1／3休闲地，圃地利用率50%以上。排灌设施齐全，做到旱能灌、涝能排。

⑥物资和机械设备管理得当，使用合理，机械设备完好率80%以上。

⑦建立常年积肥、改土队伍，固定专车专人，保证苗圃有机肥的供应。

⑧圃容圃貌美观整洁，圃地周围有防护林。

将以上内容归纳为五项，计为100分。即当年直播苗20分，换床苗20分，出圃成苗20分，成本20分，经营管理20分。经过全面核查后综合分数达到85分以上的，即为一级苗圃。（尹逢新）

**【塑料大棚育苗】** 西南、西北高山云、冷杉林区，海拔高，气候寒冷，日照时间短，培育苗木需要5年以上的时间才能上山造林。为了缩短育苗时间，四川省甘孜藏族自治州林业管理局，吸收了农业上的经验，开展了塑料大棚育苗。一个大棚1亩左右，用土木、石木或砖木结构，取得了较好的成果。其优点是：①缩短了苗木培育周期。在大棚内育苗，可使苗木生长期延长2～3个月，播种后1年就可移栽到大田苗圃，而大田育苗2年才能移栽。②提高了单位面积产量。大棚内育苗易于集约管理，每亩产量达到128万株，可换床6.4亩；而大田亩产51万株，只能换床2.5亩。③降低了苗木成本。据道孚林业局测算，大棚育苗1年生换床千株成本26元，而大田育苗2年生换床千株成本72元。

（尹逢新）

**【保土防冻更新法】** 保土防冻更新法（全称保持土壤结构，防止冻拔害更新法）是吉林省临江林业局为防止人工更新冻拔害，于1959年试验成功，在东北林区推行的一种更新方法。这种更新方法已列入1982年林业部颁发的《造林技术规程（试行）》中。

保土防冻更新法的特点，是利用新采伐迹地杂草少、土壤湿润松软、腐殖质含量高等条件，针对刨坑整地造林冻拔害严重的实际情况，吸取窄缝植苗造林的优点，在进行人工更新时，实行只搂去栽植点上的死地被物，不翻动土层，插缝栽苗的方法。

实践证明，保土防冻更新法与松土整地造林比较，有4点好处：①随采伐随更新，保证更新跟上采伐。头年四季度和当年一季度出现的采伐迹地，当年春季即可造上林。这既提高了林地的利用率，又由于迹地植被变化小，利于幼苗生长，减少幼林抚育用工量。②造林保存率高，林木生长好。据临江、松江河和新青等林业局调查，保土更新保存率比松土整地造林提高10～15%；20年生左右落叶松林，每公顷年平均生长量达5～6立方米。③工效高，成本低。节省直接生产用工30%以上，每公顷节约营林资金75元左右。目前，吉林、黑龙江两省林业企业用保土防冻更新法营造并保存下来的人工林约40多万公顷，获得的直接经济效益达3000多万元。④这种更新方法实际上是农业免耕法在林业的具体应用。由于它不进行松土整地，不破坏土壤结构，防止了水土流失现象的发生，具有维护生态效益的价值。（李树义）

**【林参间作】** 人参是名贵中药材。我国人参的产量和销量，近年均居世界首位。

传统的种参方法是毁林种参，使森林资源遭到严重破坏。位于人参中心产区的吉林省临江林业局，从20世纪60年代初就着手研究解决林参用地矛盾的途径，将参地逐步由林地转向皆伐迹地、灌木林地和低产林地，并且要求种参者在起参后造林，但收效不大。近些年来，随着林区经济的发展，除了当地农民种参外，企业内部发展多种经营，人参种植面积成倍增加，矛盾越来越突出。1983年，林业局在金山林场试验林参间作取得成功，随即作出两项改革性决定：①从1984年起，凡在林业局施业区内种参，必须实行林参间作，即在种参的同时，按规格要求进行造林，废止起参后还林作法，否则不拨给新的参地。②建立林参间作合同制、由种参者与所在林场签订合同，落实责任。两项决定下达后，全局12个林场当年就完成林参间作162.8公顷，截止到1986年5月，全局林参间作累计面积已达483.3公顷，所有参地全部实行了林参间作。

林参间作在技术方面，主要是树种选择和苗木栽植的位置及密度。临江林业局林参间作的树种有红松，红皮云杉、落叶松和樟子松4种，苗龄为2～3年生。在管理措施方面，主要是加强技术指导和检查验收，要求种参者做到两个同时，即种参的同时造上林，抚育参苗的同时抚育管理好树苗。关键是把好起参时保护好树苗关。

实行林参间作的好处有：①保证了采伐迹地得以及时更新还林，实现了更新跟上采伐的要求。②提高了林地利用率。临江林业局现有参地230公顷，按每年更替1/3，每公顷林木年平均生长量5立米，3年后起参计算，实行林参间作比过去参后还林每年可增加林木蓄积量1100多立方米。③林参间作造林成活率高，幼树生长好。据金山林场调查，同是2年生的红皮云杉苗，栽后2年调查，林参间作地保存率为93.72%，比对照区高4.39%；幼树高26.3厘米，比对照区高5.58厘米。④造林用工少，成本低。因林参间作不需整地，每公顷只需二三个造林工，比一般迹地造林提高工效2～3倍。

（李树义）

**【百万亩人工林林业局】** 自1983年黑龙江省林口林业局营造百万亩人工林成功，到1986年，林业企业又相继涌现出黑龙江省南岔、朗乡，吉林省临江和黑龙江省绥棱4个百万亩人工林林业局。百万亩人工林的营造成功，给林业企业树立了榜样，对所有林业局，首先是可采资源枯竭的林业局，是一个极大的推动。5个百万亩人工林林业局森林覆盖率变下降趋势为上升趋势；人工林的比重，由建局初期的几乎是零发展到在面积上平均占25.6%，蓄积上平均占11%；更新造林树种，落叶松、红松、红皮云杉等速生珍贵树种占90%以上，为实现森林长期经营，多功能永续利用的目标奠定了坚实基础。

百万亩人工林营造经验主要是：①经营方向明确，坚定不移地贯彻执行以营林为基础的方针，把大造人工林、培育扩大森林资源当成林业企业的根本任务，从计划上、资金物资上和政策上予以切实保证。同时，历届领导带头参加造林，年年坚持不懈。②实行科学造林，包括重视种苗，搞好调查设计，狠抓造林质量管理，坚持造管并举等。③推行经营承包。④健全管理制度，加强科技队伍建设等。

（李树义）

**【福建省国营伐木场】** 福建省111个国营伐木场，自50年代建场以来，由于确定了“小型、固定、综合”的办场原则和贯彻了以营林为基础的林业建设方针，经营区内有林地面积增加，疏林地和无林地减少，用材林蓄积量增长已经大于各类森林资源的消耗，出现了越采越多、越采越好的良性循环。据1985年森林资源消长情况统计分析，全省国营伐木场总经营面积为39.85万公顷，有林地面积29.51万公顷，其中用材林26.15万公顷，有林地蓄积量为3403万立方米，其中用材林3175万立方米。全年林木生长量为276.2万立方米，森林资源总消耗量184万立方米，生长量超过消耗量92.2万立方米。在用材林中，中龄、近熟林和优势树种杉木面积、蓄积量日趋增加、林分质量提高。

出现这种好势头的主要经验是：①适当调减木材产量。为了实现老林区森工企业的休养生息，“六五”期间国家减少了国营原木生产量，平均年原木生产量为70.6万立方米，比“五五”期间年原木生产量82.3万立方米，下降了11.7万立方米，相应减少了资源消耗，延长了伐木场的采伐期，缓和了采育矛盾。②增加更新造林投资。为加快更新造林速度，增加了资金投入。1981～1984年，伐木场营林投资年平均达938.6万元，比“五五”期间年平均投资672.6万元增加39.5%。同期更新造林63.7万亩，年平均 12.7 万亩，比“五五”期间年平均更新造林 11.4 万亩增加 11.4%。加上管护措施加强，更新造林出现了“三高”的新局面。即成活率高（91.3%）、更新率高（98.9%）、保存率高（95.5%），不仅保证了采伐迹地及时更新，而且疏林地和荒山荒地逐年得以改造和绿化。③建立人工后备森林资源。到 1985 年止，人工用材林已有 164.4 万亩，占用材林总面积的 41.9%，特别是在幼、中、近熟林中，人工林面积比重分别为 75.3%、55%、57.6%。蓄积量比重分别为 66.1%、54.1%、62.3%。人工用材林 1985 年净增蓄积已达 139.2 万立方米，递增率为 15%，仅此一项就占采伐消耗的 77.5%。④加强森林保护。据统计，1985 年森林火灾损失面积 264 亩，自然灾害损失 199 亩，病虫害损失 490 亩，合计 953 亩，仅占有林地面积万分之二，达到国内先进水平。

通过对资源消长调查，发现在森林经营中也存在一些问题，主要是部分伐木场还存在过伐状态。据统计，1985 年全省 111 个伐木场中，有 16 个伐木场采伐利用消耗量超过用材林蓄积增长量。另外，部分地区由于林权纠纷，影响天然更新和人工促进更新。（张亚夫）

**【四川省林业质量检验队】** 长期以来，国营林业企业的更新造林严重存在着面积不实、成活保存率低等问题，既造成了巨大浪费，又减缓了森林的恢复时间。四川省林业厅为了解决这个问题，针对更新造林、伐区作业都在野外山地，难以检查核实的特点，建立了省厅直接领导的林业质量检验队，除对林业局进行木材检验外，并对更新造林、伐区作业质量进行全面检查验收。检查结果与考核企业的经济指标挂钩。凡是不能保质保量完成更新造林任务或伐区作业质量不合格的，扣发企业基金 20%。对更新造林实行优质优价，成活率达到 85%的，给全部造林经费；超过 85%的，加发 10～20%；低于 85%的，扣罚 10～50%。这样，不仅改变了靠企业自检自报质量不准的弊端，而且使更新造林、伐区质量真正变为硬指标，硬任务，促使企业在质量上下功夫，取得了很好的经济效果。1979 年成活率是 72.9%，从 1982 年开始，成活率提高到 90%以上。1979 年合格率是 43.4%，从 1982 年开始，合格率提高到 85%以上。1980～1985 年人工更新造林 93.7 万公顷，其中面积不实的仅 86.7 公顷，不足 1%。伐区作业质量大为提高。（胡培兴）

**【森林工业企业森林抚育间伐】** 森林工业企业的森林抚育间伐始于 60 年代初。随着大面积天然中、幼林和人工林的成长和采育失调矛盾的加剧，特别是党的十一届三中全会以后，贯彻“一下一稳三上”（过伐林区木材产量要降下来；把木材产量稳定在一个合理水平上；新林区及后续林场建设要上，更新造林和中幼林抚育要上，综合利用要上）的林业调整方针，把中、幼林抚育当成培育资源的一条捷径来抓，加上国家在经济政策上给予了一定的扶持，抚育间伐面积迅速增加。据黑龙江、吉林、内蒙古、四川、云南、陕西、甘肃、新疆 8 省（区）和林业部大兴安岭林业管理局的不完全统计，截至 1986 年，累计抚育间伐面积（包括改造，下同）368.7 万公顷。其中，“六五”期间完成 173.1 万公顷，为 1980 年以前抚育面积 109.3 万公顷的 158.4%。抚育材已纳入国家计划，1986 年抚育材占木材总产量的比重已上升到 10%左右。抚育作业质量基本达到规程要求。并涌现出克一河、满归、新林、呼中、塔河、朗乡、带岭、三岔子、临江等林业局先进典型。

总结各地抚育间伐的主要经验是：①提高各级领导对抚育间伐的认识。立足森林永续利用，明确开展中、幼林抚育的必要性和迫切性，把抚育间伐当成培育森林资源的一项战略任务来抓，认真贯彻“全面规划，因林制宜，抚育为主，抚育、改造、利用相结合”的原则。②严格执行抚育间伐技术规程。③加强组织管理。配备专职人员负责作业现场的技术指导。坚持按设计组织生产和检查验收，实行质量监督检查制度等。④实行经营承包。

实践证明，林业企业开展森林抚育间伐已经取得了明显效果。经过抚育的林子大都生长良好。不仅达到了抚育的预期目的，而且更重要的是使企业的森林经营开始改变了长期存在的粗放经营状态，向集约化经营迈进了一步。通过抚育间伐，可在一定程度上缓和木材供需矛盾，减轻了主伐生产的压力，为过伐局休养生息创造了条件，一些林业局还获得了为数可观的经济收入，为实行以林养林，扩大抚育积累了生产资金。林区乡镇群众通过承包林区抚育间伐也增加了经济收入，调动了他们保护森林发展林业的积极性。（李树义）

## 木材加工

**【综　述】** 木材加工工业包括制材、人造板（胶合板、纤维板、刨花板）、木材干燥、木材防腐、家具制造和木制品生产等。

建国前，我国的木材加工工业基础薄弱，全国只有十几个胶合板厂和几个防腐厂，生产规模都很小。

建国后，我国木材加工工业逐步发展。1950 年的锯材产量为 344 万立方米，1986 年国家计划内的锯材产量为 1505 万立方米，增长了 3.4 倍。如把建筑业、家具制造业、手工业和工矿企业自己加工的锯材计算在内，每年锯材产量超过 2000 万立方米。人造板产量增长更快，1951 年只有胶合板 1 种产品，产量为 1.7 万立方米，1986 年胶合板、纤维板和刨花板的总产量达 185 万立方米，增长了 107.8 倍多。木材防腐由铁道部门主管，家具和木器由轻工业部门主管，产量也增长很快。现在，枕木、电杆已做到全部防腐后使用，家具和木器生产也基本能适应国民经济增长和人民生活提高的需要（表 25）。

**制材** 木材加工工业经历了从无到有，从小到大的发展过程。在恢复国民经济和第一个五年计划期间，主要是发展制材工业。1953 年起，林业部重点抓东北林区旧有制材厂的调整和改造，提高企业的经营管理水平，挖掘生产潜力。同时，在南方重点生产木材的省、自治区建设一批制材厂。各地区和其他工业部门也纷纷建设制材厂。结果使制材能力过剩，制材厂的布局也不合理。1954 年，全国制材能力达到了 900 万立方米，而当时的加工任务仅 700 多万立方米。新建的制材厂有 60%分布在大中城市，需要从很远的林区运输原木，浪费很多运输力。针对这个问题，林业部于 1955 年 4 月向国务院写了报告，经国务院批发后，盲目建厂的情况基本得到控制，并在 1956 年对城市制材工业进行了一次整顿。“大跃进”期间，木材产量猛增，促使林区的制材工业猛增，仅东北林区就新增锯材生产能力 100 万立方米。1960 年，全国锯材产量 1623 万立方米。

**木材综合利用** 1956 年冬，林业部派专家考察团到瑞典、挪威、芬兰 3 国考察提高木材利用率问题，建议学习 3 国经验，利用木材采伐和木材加工的剩余物发展人造板生产。1958 年 8 月国家经济委员会提出大力发展人造板工业的意见，同年，决定从瑞典引进成套湿法硬质纤维板设备。林业部于 1958 年 8 月 25 日召开全国提高木材利用率现场会，11 月 13 日召开全国林业厅、局长会议，11 月 23 日又召开全国林业计划会议。这几次会议都强调发展木材综合利用，并明确了以发展人造板为主、人造板中以纤维板为主的方针。从此，在全国掀起了兴办纤维板厂的热潮。但由于当时正处于“大跃进”时期，在生产技术不过关的情况下，一度盲目建厂，损失浪费很大。1961 年 12 月 5 日，林业部在上海市召开纤维板生产专业会议，纠正以往的错误做法，确定纤维板的生产技术路线和技术改造方案，先搞样板厂。1962 年安排在上海市搞一个规模 2000 立方米的样板车间，北京市搞一个规模 5000 立方米的样板车间。1965 年 12 月初，在南京市召开木材综合利用技术会议，进一步安排样板厂的建设工作，除抓好已安排建设的湿法硬质纤维板样板车间外，并在上海和北京增加安排建设软质纤维板、干法硬质纤维板和塑料贴面板的样板车间。这些样板车间的建设，都收到良好效果，特别在发展湿法硬质纤维板和塑料贴面板方面发挥了重大作用。

1958～1965 年，除重点发展纤维板外，还在黑龙江、吉林、辽宁、北京、福建、江西、湖南、广东、广西、四川和云南等省、自治区、直辖市建设了新的胶合板厂，并改建一些老胶合板厂，提高了胶合板的生产能力。

“文化大革命”以后，特别是党的十一届三中全会以后，木材综合利用进入新的发展阶段。在林业经营上提出“一下一稳三上”的调整方针，“一下一稳”指木材生产，“三上”中有“一上”是指木材综合利用。根据木材综合利用要大上的原则，制定发展规划，除继续发展胶合板、纤维板外，积极发展刨花板，在生产布局上重点转向林区，在林区建设大、中型人造板厂。从 1980 年起，国家确定把木材综合利用投资专列一项，实行专款专用，同时，国家每年拿出一大笔经费用于人造板企业的技术改造，扶持发展人造板工业，加快了人造板的发展速度。

**表 25 人造板产量增长情况（1965～1985）**

单位：万立方米

| 年 份 | 人造板产量 | | | |
|---|---|---|---|---|
| | 合计 | 胶合板 | 纤维板 | 刨花板 |
| 1965 | 22.0 | 13.9 | 5.0 | 3.1 |
| 1975 | 37.4 | 19.2 | 15.5 | 2.7 |
| 1985 | 161.6 | 53.9 | 89.5 | 18.2 |

从表中可以看出，1965～1975 年 10 年间的“三板”产量增长 70%，不到 1 倍；1975～1985 年 10 年间的“三板”产量增长 332%，超过 3 倍，增长速度大大高于前 10 年。

1986 年，有 4 个大中型现代化中密度纤维板厂和刨花板厂陆续建成投产，增加了人造板生产的骨干力量。

**技术引进** 自 1978 年开始先后从联邦德国引进了 1.5 万、3 万和 5 万立方米等不同生产工艺的刨花板成套设备或主机，从美国引进了规模 5 万立方米的中密度纤维板成套设备，从瑞典引进了规模 1.5 万、3 万和 5 万立方米的中密度纤维板成套设备或主机，还从联邦德国、日本引进了直接印刷、薄木、微薄木和纸张贴面等人造板二次加工设备。通过引进新技术和新技术的消化吸收，提高了人造板的生产技术水平和国产设备自制能力，扩大了人造板的产品品种，为进一步发展生产创造了有利条件。（李继书）

**【锯　材】** 建国前，我国锯材厂（或锯木厂）大部分设在东北林区，一部分设在沿海大、中城市。这些厂几乎都控制在外国资本家的手中。工厂的生产设备简陋、机械化程度低、工人劳动强度大、生产效率低，还有一些采用古老手工作业方式的木工作坊。

建国后，我国的锯材工业有了很大的发展。1950年，全国的锯材产量只有344万立方米，而到1986年，全国的锯材产量已达1505.2万立方米，设备生产能力超过2500万立方米。

1948年东北解放后，东北林务总局把日伪时期遗留下来的40多个制材厂，调整合并为28个厂，分别归口林业有关部门管理。为了进一步加强专业化管理，东北人民政府农林部于1952年成立东北制材工业管理局，统一管理制材企业。以后，为节省国家运输力，统一利用木材资源，改原木调拨为锯材供应，在南方整顿了城市的制材厂，在林区建设了一批制材厂，控制了木材销区的盲目建厂局面，由林业部门有计划地发展锯材工业。

为提高经营管理水平，在国家计划的安排下，林业部颁布并适时修订了国家统一的锯材标准，建立健全了各项规章制度，推广合理下锯法，陆续制定了各项经济技术定额指标，开展了职工技术培训。

在技术革新和技术改造方面，50年代就组织有关工程技术人员进行了不同规模的企业定型设计，建设了一批有一定机械化水平的锯材厂。同时，陆续引进一些先进设备。党的十一届三中全会以后，在引进技术和技术改造方面取得了更大的进展。最近几年，除从发达国家引进的单台主机外，整条生产线或车间就有8处，对提高我国锯材工业技术水平，将起到很好的借鉴作用。（张成旭）

**【木材干燥】** 建国前，木材干燥大都是采用天然干燥和简易的人工干燥方法，蒸汽窑干仅有几处，而且大部分是自然循环的干燥窑，规模小、效率低、干燥质量差。建国以来，我国木材干燥事业有很大发展，在木材干燥窑型上，设计使用了多种形式的窑，研究掌握了我国主要木材的窑干工艺，在应用过热蒸汽、微波、高频等新的干燥方法方面也取得了一定的效果。现在，我国木材加工企业修建的人工干燥窑的生产能力可达全国锯材产量的10～15%，从自然干燥向人工窑干方式迈进了一大步。

目前，我国木材人工干燥主要是以周期式强制循环的蒸汽干燥为主。常用窑型有：纵轴式蒸汽干燥窑、横轴式蒸汽干燥窑、侧面通风型蒸汽干燥窑、喷气式蒸汽干燥窑、端风机型蒸汽干燥窑等。喷气式瓦斯干燥窑和直接烧锯屑干燥的方法逐渐被淘汰。根据干燥材树种、规格和当地能源的不同情况，部分企业也采用高频干燥、微波干燥、远红外干燥等干燥方法。最近几年，为了进一步提高干燥材的质量，节约能源，从发达国家陆续引进了真空干燥、除湿干燥的技术和设备。

在干燥工艺方面，各地区根据本地树种和干燥材规格要求，已普遍掌握了国产材的常规干燥基准，并在高温快速干燥基准方面摸索出一定的经验。

为了进一步提高我国木材干燥事业的技术水平和管理水平，1986年国家已制定了干燥质量标准，推广天然干燥和人工窑干相结合的两段干燥方法，开展新技术的试点工作，以利提高干燥材质量，降低能源消耗，提高经济效益。（张成旭）

**【木材防腐】** 建国前，木材防腐业很落后，仅有三四个工厂（场），对少量木材进行防腐。建国后，随着国家建设事业的发展，木材防腐事业也取得了很大进展。铁道、交通、建筑和林业等部门积极开展了木材防腐和保管工作，相继建立了大型的木材防腐厂，对枕木、电杆、坑木、建筑材进行了防腐处理。现在，我国使用的枕木、电杆已做到全部防腐处理，建筑材、坑木、木制品也开始进行防腐处理。林业部门在贮存原木和锯材保管方面也取得了很好的效果。

在木材防腐管理上，林业部先后制定了木材防腐的标准和木材保管规程，并在南方开展了原木、锯材、进口材的科学保管。在科学研究方面，对危害木材生物的研究、防腐剂和处理技术研究方面，也做了大量工作，取得了一些成绩。铁道部鹰潭木材防腐厂，经过几年研究试验，已批量生产供应CCA防腐剂，为今后开展建筑材、木制品的防腐创造了很好的条件。

我国是少林国家，木材产量远不能满足国家建设和人民生活的需要。因此，积极开展木材防腐工作具有深远意义。然而，目前我国木材防腐的数量只占木材产量的2～3%，与发达国家差距很大。为了尽快提高我国木材防腐工业技术水平，近几年已从国外引进一些技术和设备，进一步扩大防腐业务范围，增加防腐数量，力争到“七五”末期，防腐材数量占木材产量的5～8%。（张成旭）

**【木　片】** 我国一些林业企业在坚持合理采伐的同时，进一步利用采伐、抚育、造材和加工剩余物，积极发展造纸工业和人造板工业用的工业木片，为造纸和人造板工业提供木质纤维原料，以达到增产节约木材的目的。

1970年，黑龙江省双丰林业局开始利用伐区剩余物加工木片。国家对发展林区木片生产十分重视，1973年国家计委组织农林部、轻工业部、交通部、商业部和国家计委物资局在牡丹江市召开了枝丫木片和小木制品生产供应会议，并对木片生产进行了专项拨款投资，1975～1980年把木片产品列入国家计划，同时成立木片领导小组，协调与组织林业、轻工、铁道等部门的产、运、销衔接工作，因此木片生产一度发展较快。

1973～1986年，我国林区发展木片生产已有黑龙江、吉林、福建等省的一些林区企业，共生产供应工业木片350万层积立方米，其中造纸木片销往佳木斯、哈尔滨、牡丹江、沈阳、江城、北京、上海、青州、南平等造纸厂和纸板厂；出口日本4.8万绝干吨；人造板木片除一些林业系统的人造板厂使用外，还供应山东、江苏、浙江等销区人造板厂。近年来，由于造纸与人造板产量增长很快，对木片的需求越来越多，而木片生产供不应求。

我国林区有大量可供削片的伐区剩余物资源，仅枝丫材一项，1986年按国家计划内木材产量计算，直径在4厘米以上的平均约占商品材的10～20%，约有枝丫材3000万层积立方米，可产木片2100万层积立方米，而当前年产量仅有30多万层积立方米，只利用上述枝丫资源的1.5～2%，大部分仍遗弃在山上未被利用。如再加上造材截头、清林和抚育伐的劣等小径木，资源数量是极其可观的。因此，木片生产是极有发展前途的。

（陈德生）

**【胶合板】** 20世纪初，胶合板生产技术以俄国、英国、日本等国外商在上海、天津、东北等地办厂的方式传入我国。当时采用东北的椴木和进口的柳桉和北美黄杉为原料，胶料大部分采用天然蛋白质的血胶和豆胶，生产方式有干冷压法和湿热压法。规模小，产量低，设备陈旧，工人劳动强度大。到1949年，全国胶合板产量不到1万立方米。

建国初期，全国有17个小胶合板厂，经过调整、改造，提高了生产能力。1953和1954年，先后在哈尔滨市和北京市各新建1个胶合板厂。“一五”期间，从日本、芬兰、捷克斯洛伐克等国引进胶合板主机，改、扩建了哈尔滨、长春、北京、成都、天津、上海等地的胶合板厂。采用椴木、水曲柳和桦木为原料，生产方式由冷压转向热压，由湿热压转向干热压，形成了适合我国特点的胶合板工艺和技术，生产能力得到了发展。1957年，全国胶合板产量近7万立方米。从1955年起，椴木胶合板开始出口，在国际市场享有一定信誉，称赞为“象牙板”。

50年代末，生产出合成树脂胶，胶合板材树种也扩大到马尾松、云南松、木荷、海南材等。“二五”期间，为了适应出口和国内建设的需要，改、扩建了一批胶合板厂，并在东北和北京、福建、江西、湖南、广东、广西、云南等省、自治区、直辖市新建成了一批胶合板厂。到1965年，胶合板的产量比1957年增长了1倍。

60年代的“调整、巩固、充实、提高”时期，对已建厂进行了填平补齐的改造。各厂的技术革新和技术革命的蓬勃发展，促进了生产技术水平的提高。

1965年12月，林业部在南京市召开木材综合利用技术会议，强调建立样板厂，提高人造板生产技术水平。会上安排建设上海木材一厂的胶合板车间和北京市木材厂的胶合板车间为胶合板样板车间。对胶合板生产连续化、芯板整张化和主要设备的改进做了探索，对进一步缩小和国外先进水平的差距做了努力。但是，“文化大革命”的10年，胶合板生产发展缓慢。

党的十一届三中全会以后，林业部根据国民经济的调整方针，提出大搞木材综合利用的原则，制定了木材综合利用的发展规划，并把木材综合利用投资专列一项。同时，国家每年拨出技术改造专款，用于木材加工企业的技术改造，扶持发展木材加工工业。

1981～1983年，以提高生产能力，产品质量和经济效益为中心，改造了一批胶合板厂，使胶合板的生产能力增加了1倍左右。“六五”期间后3年，引进技术，进口设备，改造了一些胶合板厂。引进项目绝大部分达到国际70年代末80年代初的水平。1985年，长春胶合板厂引进了日本胶合板生产连续化、芯板整张化和薄表板厚芯板的工艺、技术和设备，进行改造、消化吸收后以促进我国胶合板生产技术水平和产品质量的提高。通过胶合板厂的技术改造，还开发了胶合板车厢地板和竹材胶合板等新品种。“六五”期间，还采用国外先进的技术设备，在无锡市、青岛市与外商合资建厂，在长沙市建设大型胶合板车间。

1980～1986年，先后有2种胶合板产品获国家金质奖，3种胶合板产品获国家银质奖，4种胶合板被评为林业部优质产品。

据不完全统计，目前全国有180多个胶合板厂，生产能力达74.83万立方米，1986年产量为61.1万立方米。

**特种用途胶合板** 为了适应国内建设的需要，1957年，先后在北京市光华木材厂、上海木材一厂、上海扬子木材厂和哈尔滨国营香坊木材综合加工厂试产出航空胶合板和船舶胶合板。上海扬子木材厂又试产成功跨度24米胶合屋架和跨度15米的板梢梁，为我国胶合板产品增添了新品种。从此，开辟了我国特种胶合板的生产领域。

1958年，在上海扬子木材厂建成木材层积塑料生产车间，产品为电器、机械工业所采用。同时，还试制出水库闸门滑道、闸门所用轴套和轮船所用艏轴承。1958年，上海扬子木材厂试产出胶合板管，1959年在该厂建成车间正式生产，产品耐水、耐酸、耐碱，为上海部分造纸厂采用。

1959年，上海木材一厂试制出胶合板船体和纺织用层压板。1960年，上海木材一厂研制出防火胶合板，产品供造船用。长春胶合板厂生产出车厢用胶合板，供铁道部长春客车厂用。60年代，还生产出仪表用胶合板。70年代末，上海扬子木材厂生产出水泥模板。

1984～1986年，先后有1种特种用途胶合板产品获国家银质奖，2种特种用途胶合板产品被评为林业部优质产品。 （张锡瀛）

【纤维板】

**硬质纤维板** 我国的纤维板工业开始于50年代末期，采用土法上马，手工生产。1958年，从瑞典引进一套年产1.8万立方米湿法硬质纤维板成套设备，安装在黑龙江省伊春友好木材加工厂。1959年，又从波兰引进4套1.5万立方米湿法硬质纤维板成套设备，分别建立在黑龙江省新青林业局，吉林省松江河、敦化林业局，内蒙古自治区甘河林业局。这5套引进设备分别于60年代中期至70年代初建成投产，成为我国纤维板生产的骨干企业。

1959年，林业部确定了发展木材综合利用以纤维板为主的技术政策。60年代初，组织技术力量以引进的设备和工艺为样板，结合国情自行设计制造了年产2000立方米和5000立方米的湿法硬质纤维板成套设备，自1966年投产后，在全国迅速推广。以棉杆、蔗渣、稻草、芦苇和葵花子壳等非木质作物和灌木为原料的年产2000立方米纤维板厂亦纷纷建成投产。经过多年的生产实践和技术改造，我国的纤维板工业日臻完善，自成体系，从单一产品发展到多品种。在纤维板的深度加工和应用方面，也有了新的发展，摸索出一套多、快、好、省地发展纤维板工业的道路。目前，我国已能设计制造各种规模（年产2000、5000、10000立方米）和各种类型的纤维板（湿法、干法）成套设备，并向阿尔巴尼亚、巴基斯坦等国出口，产品也进入国际市场。据不完全统计，至1985年已建成投产的纤维板厂（车间）达300多个，总设计能力为100万立方米左右。

**软质纤维板** 1965年末，林业部下达科研任务，采用会战形式在上海建设人造板厂，研制国产年产5000立方米湿法软质纤维板的生产工艺和设备，并于1971年初正式投产。产品质量和产量逐年上升，各项指标和生产能力均超过了原设计能力，目前该厂年产软质纤维板1万立方米。1980年，广州纤维板厂亦建成1条生产能力为年产5000立方米的湿法软质纤维板生产线。

**中密度纤维板** 世界上第一个生产性的中密度纤维板厂于1966年在美国建成。我国于1979年从美国引进1套具有80年代初国际先进水平的年产5万立方米的中密度纤维板成套设备，建立了福州人造板厂，并于1986年1月正式投产。从瑞典引进的年产5万立方米中密度纤维板成套设备（黑龙江省南岔木材水解厂），部分主机从瑞典引进的年产1.5万立方米的中密度纤维板生产线（北京光华木材厂、天津木材一厂）也于1986年建成或投产。目前，上海人造板厂、株洲木材厂和以蔗渣为原料的广东省番禺糖厂正从瑞典引进部分主机建设年产3万立方米的中密度纤维板生产线。这些厂全部建成后，我国的中密度纤维板生产能力将达到年产23万立方米以上，为我国纤维板工业开创新局面。

（吴祖榕）

【刨花板】 我国刨花板是从1958年开始研制的，自力更生建设了北京市木材厂刨花板车间。由于工艺和设备没有完全过关，加上当时胶料供应不了，影响了刨花板的发展，1977年前，每年的产量始终徘徊在2万～3万立方米，质量也不稳定。1978年后，刨花板才开始大量发展，一方面引进联邦德国的成套设备和技术，一方面组织力量进行攻关，现在已有年产3万和5万立方米的成套设备。截止1986年，已经建成和在建的刨花板生产能力达到42万立方米，投产后，这42万立方米的刨花板的使用价值相当于增产原木126万立方米。

**普通用刨花板** 目前，国内生产和发展的刨花板都是平压法渐变结构（少量三层结构）。从各项物理力学性能指标规定，适用于家具、电视机壳、音箱等制造。市场上销售的大量家具都是用的这种刨花板做基材制作的。它的优点是：表面平整、细腻，适合于各种二次加工。厚度多在12、14、16、19毫米，根据需要还可以生产8毫米的。已经建成和正在建设的刨花板厂都是这种工艺设备。

**船舶用刨花板** 船舶用刨花板，又称为船用贴塑刨花板。它是用平压法刨花板做基材，用经过三聚氰胺浸渍的专用纸热压在刨花板上而成装饰贴面的刨花板。它并具有低播焰防火性能，用在船舱内装材料和舱室内的家具制造。由于它板面平整光滑、耐温湿性能好、强度高、保养清洁方便、安装方便，省去了旧工艺油漆的大量劳动，缩短了安装周期。与原使用胶合板安装比较，以2万吨散货轮为例，材料造价由12.6万元降低到10.2万元，降低了19%，木材由每艘250立方米减少到105立方米，节约木材50%以上。

船用贴塑刨花板是北京市木材厂1981年开发的新产品，截止1986年，共生产供应船用贴塑刨花板146202平方米。上海江南造船厂已在10艘2万吨级散装货轮上安装使用，效果良好。根据需要可以大量生产供应。

**建筑用刨花板** 刨花板在建筑上应用，国外比较多，智利为64%，印度为44%，比利时、加拿大、法国、瑞典、美国等国各占1/3，主要用做地板，隔墙、屋面板等，而我国用得很少。

刨花板是一种很好的建筑材料，本身具有一定的强度和刚度，制成异形墙板后，可以用于一二层民用房屋承重，而且可以工厂化生产，现场装配极为方便。哈尔滨建筑工程学院在这方面做了一系列试验，并制作了1幢试验房屋进行考验。从获得的各种数据证明，采用国产树脂刨花板制作装配式异型墙板，具有足够的强度、刚度和稳定性，可以用于承重结构。经过进一步考验后，首先在民用建筑上可以逐步推广使用。

**机房用刨花板** 机房用刨花板又称木质活动地板。它是用特制平压法的刨花板经砂光涂胶后两面覆以三聚氰胺装饰板热压而成的。高档产品还要另加特殊材料制作。目前，有低档、中档和高档3个品种。在使用中配以钢梁、橡胶垫条和可供调节的支架。广泛应用于计算机机房、通讯中心、电化教室、展览台等，其下可敷设多管道和各种导线，并可随意开启和迁移。它安装、调试、清理、维修简便。

活动地板是北京市木材厂1973年与中国科学院计算技术研究所等单位合作研制，1977年正式投产。截止1986年，已生产411344平方米，其中高档49610平方米，供应了全国几十个单位，保证了使用，节约了大量外汇。（刘茂泰）

**【细木工板】** 1957年，哈尔滨国营松江胶合板厂试制成功细木工板以后，陆续在一些加工厂内兴建了缝纫机台板车间和细木工板车间。产品主要用于制造绘图板、缝纫机台面、车船厢板、房间隔板和家具面板等。缝纫机台面开始出口。当时，细木工板生产多是在改进胶合板部分设备的基础上加上人工操作进行的，没有成套定型设备，也没有制定生产技术规范和标准。

“六五”期间，我国有一些企业从国外引进成套的细木工板生产设备，可生产4×8英尺细木工板。这时，通过补偿贸易的方式，开始有细木工板出口。

1986年，颁发了我国第一个细木工板国家标准。

据不完全统计，目前，全国有40多个细木工板厂，生产能力5万多立方米，1985年产量近3万立方米。

1984和1986年，先后有3种细木工板评上林业部优质产品。（张锡瀛）

**【贴面板】** 贴面板是用各种人造板做基材，表面贴以各种装饰材料热(冷)压而成。目前有：三聚氰胺装饰板、塑料薄膜贴面板、单板贴面板、微薄木贴面板、金属箔贴面板、纸张贴面板等主要品种，也可称为二次加工产品。这些主要品种，我国都有生产。据不完全统计，已建和在建的生产能力约9000万平方米，1986年产量约2300万平方米，供应了各方面的需要，并有少量出口。

**三聚氰胺浸渍纸贴面板** 三聚氰胺浸渍纸贴面板（又称塑料贴面板）是用分别浸渍有三聚氰胺树脂和酚醛树脂的几种特制纸压制成的装饰板。我国60年代初期，由北京市光华木材厂及上海扬子木材厂自行试制成功，并开始正式生产。三聚氰胺浸渍纸贴面板的特点是表面平滑光洁，质地坚硬，耐磨、耐热、耐烫，耐水、耐酸、耐碱腐蚀，花纹图案多样，色调美观大方，经久耐用。广泛用于建筑、家具、车辆、造船、航空等部门。

目前，我国专门生产三聚氰胺浸渍纸贴面板的工厂(车间)有50余家，其中北京市光华木材厂和上海扬子木材厂的产量最大。全国年总生产量在2000万平方米以上。三聚氰胺浸渍纸贴面板的厚度一般为0.8～1.6毫米，也有3～4毫米厚的，其幅面可达6平方米。板面有镜面的，也有柔光面的，还有各式各样的压纹面。

**聚氯乙烯塑料薄膜贴面** 聚氯乙烯塑料薄膜(PVC)贴面是最近几年新发展起来的贴面技术。它是用胶粘剂将塑料薄膜直接贴在人造板基材表面上，多用于家具、电视机壳及室内装饰材料的贴面。这种贴面工艺简单，设备投资少，成本较低。

塑料薄膜厚度一般为0.1～0.6毫米。厚度为0.1～0.2毫米的用于内表面贴面；厚度为0.2～0.6毫米的用于外表面贴面。为了提高装饰效果，常在塑料薄膜表面上印刷木纹图案和压纹。印刷木纹图案常用凹版印刷方法。为了增加印刷木纹图案的真实感，往往在印有木纹图案的塑料薄膜表面上再进行压纹处理。聚氯乙烯塑料薄膜胶贴面分冷压和热压两种；可以单面贴面，也可以双面贴面。

1985年，从日本引进了塑料薄膜生产线，在长春市第一塑料厂建设投产，年生产量约1000万平方米。

**薄木贴面** 薄木贴面分为单板和微薄木两种。单板的厚度一般在0.5～0.8毫米以上，微薄木的厚度一般在0.1～0.4毫米以下。薄木的制造是用纹理美观、绚丽的珍贵稀有木材，如水曲柳、楸木、樟木、楠木、柞木、椴木和桦木等作原料，采取刨切和旋切的方法加工而成。制造方法不同，薄木纹理也不一样。用刨切方法制作的薄木可显示木材各种剖面的纹理：如径向纹理、半径向纹理和弦向纹理等。它的横向抗拉强度较高，板面不会干裂，且富有天然木材的真实感，是饰面的主要材料。旋切方法制作的薄木，表面只呈现十分单调的弦向纹理，多用于增强处理，有利于提高基材的强度。

据不完全统计，目前我国从国外引进刨切机（或生产线）30余台（条），年设备生产能力约4000万～5000万平方米，多数为卧式刨切机，不配套。1986年，吉林省临江人造板厂和广西壮族自治区柳州木材厂分别从美国和意大利引进了立式刨切机成套生产线，即将投产。年生产单板数量均在320万平方米以上。1978年，从日本引进的旋切微薄木单机安装在上海木材一厂，预计1987年可以投入生产。

薄木贴面具有天然木材的真实感，颇受人们欢迎。但是，由于我国森林资源贫乏，珍贵稀有树种更少，薄木的出材率又很低，仅15～18%，因此发展受到一定的限制。

**金属箔贴面板** 金属箔贴面板的生产工艺和三聚氰胺浸渍纸贴面板基本相似，是用多层浸渍过树脂的特种纸，表层用金属箔做材料，高温高压而成。根据要求，金属箔可氧化着色，可压成各种立体感花纹，是一种较高档产品，具有抗腐蚀性、抗变色性、耐磨性能好的特点，是室内外一种美观的装饰材料。目前，国内主要生产厂家是上海扬子木材厂和北京市光华木材厂，根据需要可以大量供应。

**直接印刷木纹板** 人造板木纹直接印刷装饰工艺，是先在人造板板面上直接印刷木纹或其他图案，而后涂施保护涂层的饰面工艺。目前，我国已在北京市木材厂和上海市建设人造板厂各建成1个木纹直接印刷车间。北京市木材厂木纹直接印刷生产线是1978年从联邦德国成套引进的，1979年正式投入生产，年设计生产能力400万平方米。上海市建设人造板厂木纹直接印刷生产线，是由上海市木材工业公司为主，以北京市木材厂木纹直接印刷生产线为样机测绘仿制的，年设计生产能力200万平方米，1981年11月正式鉴定投入生产。其工艺流程有所缩短，采用了微波干燥新工艺。木纹直接印刷的优点是不需用木材、纸张或塑料薄膜等材料，生产工艺较简单，可全部机械化、自动化，生产效率较高，投资较少，成本较低。不足之处是真实感较差，抗拉磨、抗酸、抗碱性能较差。

目前，由于基材质量差，板面不平度达不到标准规定指标，以及印刷、油墨、颜料等不能满足工艺要求，木纹直接印刷尚未发挥生产潜力。

**柔光塑料贴面板** 柔光塑料贴面板是60年代末开发出来的新产品。它的最大优点是用它制作的物品，光线柔和没有反光，对视力起保护作用，因此，成为国际上广泛流行的一个品种。我国起步较晚，是在70年代，由上海扬子木材厂和北京市光华木材厂分别试制出来的，并开始供应各方面的需要。

柔光塑料贴面板是在制作过程中，对上衬板经过特殊处理后压制的。根据需要可以生产无光或亚光的板子。有三聚氰胺浸渍纸贴面板生产的厂家，不需改变生产工艺，改制任何设备，就可以进行生产。

**低播焰塑料贴面板** 低播焰塑料贴面板是一种具有防火性能（滞燃性）的产品。它适用于高层建筑、船舶、车辆等方面的内部装修。它在我国的试制是由于出口船舶的需要而进行的。目前，主要有北京市光华木材厂和上海扬子木材厂生产，已大量供应船舶制造需要。它的生产工艺和设备与三聚氰胺浸渍纸贴面板相同，仅仅在制造过程中添加特种化工材料压制而成。它的阻燃性能，经国家船舶检验局检验，达到了国际海上人命安全公约的要求，并颁发了认证书。 （刘茂泰 李祥熊）

**【竹材板】** 竹材板是近年来新兴的一种人造板。采用旋切竹单板、刨切竹单板或手工加工竹片经过编织、拼贴及层叠等方法加胶热压而成。多数厂家都采取手工加工竹片进行编织的方法生产竹材板。广西壮族自治区昭平人造板厂建成的第一条竹材旋切单板生产线是我国首创的生产工艺和设备，已于1986年投入生产。竹材旋切机单板加工精度高，生产效率也高。如旋切0.4毫米厚的竹单板，每一节50厘米长的直径为12厘米大的竹段，可旋得竹单板8平方米左右，生产成本和贴面成本均很低。编织和拼花图案可随需而定，花色品种可多种多样。特别是竹单板仍然具有竹材那种耐磨力强、平滑、光亮的自然本色，且花纹还较原来更加绚丽，是一种有发展前途的人造板。

用竹材加工成人造板、镶嵌地板、墙面装饰板、复合门板等建筑与装饰用材，以竹代木，是解决木材资源不足的良好途径。 （李祥熊）

## 林产化学工业

**【综　述】** 林产化学工业是以林产品为原料进行加工和利用的工业。主要产品有松香、栲胶、紫胶、纸浆、纸和纸板、单宁酸和没食子酸、芳香油、活性炭、水解酒精、糠醛、饲料酵母等。

中国的林产化工生产有悠久的历史，如造纸就是中国古代四大发明之一，早在公元10世纪就有凿树采脂的记载。但是，作为一项工业得到发展，是在中华人民共和国建立后。1953年，松香产量2.2万吨，1986年，产量增加到29.4万吨；1953年，栲胶的产量120吨，1986年增加到4.2万吨。而木浆造纸，仅林区纸厂的产量就接近建国初期全国的产量。紫胶等其他产品更是从无到有，完全是建国以后才有生产的。

党的十一届三中全会以来，林产化学工业的发展进入到一个新的发展阶段。它的主要标志是：由初级加工向深度加工发展，在扩大生产的同时，着重技术的进步，根据改革、开放、搞活的方针改进经营管理体制。

**产品深度加工** 1978年以来，先后研制并生产了马来松香、氢化松香、松香腈、松香胺、电缆松香、异长叶烯、异长叶酮、萜烯树脂等，引进了歧化松香生产线。1986年，鉴定了粉状强化施胶剂和浅色松香酯的生产性试验。现在松香再加工的几个基本品种已经具备，正向系列化方向发展。紫胶方面，改进生产了漂白胶。五倍子加工成三甲氧基苯甲醛作为TMP药物增效剂的生产线正在建设中。栲胶综合利用产品也有了新的进展。

**林化企业的技术改造** 由单纯地扩大生产能力，进入到以技术进步为主。松香生产将滴水法直接火加工改造为蒸汽法生产，并有条件地由间歇式向连续化发展。1978年以来，共改造松香厂26个，提高蒸汽法生产能力3.5万吨。现在已有2/3的松香生产能力实现了蒸汽法生产。栲胶生产主要是改进设备，用金属的浸提设备替代木制、水泥的简易设备，以提高得率，改善生产条件。现在已发展有立式和卧式、间歇和连续多种形式的浸提器，可以适应不同性质的原料加工。在原料粉碎分离、蒸发节能和成品包装方面也有显著改进提高，可以配套进行系统技术改造。几年来，共改造栲胶厂14个，占应该改造工厂的46%。糠醛生产以连续蒸馏改造间歇蒸馏，提高了得率，并大大改进了产品的质量。

**新技术开发研究** 除了上述新产品的发展研究，老产品的生产工艺也有新的进展。冰片合成一步法的研究成功，是林产化工生产上一项突破性的成就。树脂催化莰烯直接水合制樟脑新工艺和活性炭生产混合催化剂的研制使用，大大简化了工艺，节省了材料，减少了污染。生产设备也有新的改进。研制了多种形式的松脂连续溶解器、松脂电澄清器和电加热松脂蒸馏设备；改进了糠醛蒸馏塔的结构，使单塔设备也能取得高质量的产品。在“三废”治理上，也取得了进展，纸浆和活性炭生产的废水处理取得了成功，正在逐步推广中。

**基地建设** 林产化工原料基地的建设是1963年在松香方面首先提出来的。党的十一届三中全会以后，特别是农村推行联产承包责任制以后，为了适应新的情况，林产化工的原料基地建设出现了多种有效的形式，主要的有：①由县林业局为甲方组织建立，与基地所在的区、乡、村为乙方，或区、乡、村加上专业户联合体为乙方，签订合同，承包造林。甲方给以资金补助，主伐利用时，乙方按国家牌价交售或偿还一定数量的木材等给甲方。甲方掌握批准基地林的砍伐权。②由工厂为甲方，与村、群众为乙方签订合同，工厂给资金补助，乙方收益时把产品卖给工厂。③工厂与村合营办基地，村出土地、劳力，工厂出投资，收益双方分配。④工厂与国营林场联合办基地。⑤工厂租集体的土地自办基地等5种形式。目前，全国有松脂基地林300万亩，黑荆树栲胶基地林11万亩，紫胶寄主树基地林500万亩。

此外，为了使林产化工生产从原料的培育到加工利用能够紧密地结合起来，既利于搞活经济，又便于加强宏观管理，从1981年7月1日起，将松香等5种林产化工产品的生产、分配和经销由林业部门统一经营管理，对调节生产、保障供给起了积极作用。 （沈守恩）

**【松脂基地】** 我国松脂生产，主要依靠天然次生林，经过长期利用后，有些产区资源逐渐减少，使生产难以继续进行。实践证明：建立松脂基地是保证松香稳产高产的根本办法。因此，一些产区相继建设了一批松脂林场，对保证松香生产起到了良好的作用。福建省是建设松脂林场(基地)较好的一个省，目前有200多个，固定松林约100万亩。该省宁化县现已建成38个场，固定松林17万亩，固定劳动力518人，1986年生产松脂2000吨，占全县总产量的50.2%。该县松脂基地主要是厂、村联营，村办公助，山权林权不变，生产的松脂统交给松香厂。大体每个基地固定松林约三五千亩，实行先采脂后采伐；固定的脂农(或专业户)是旺季采脂，淡季抚育松林和造林。

广东省德庆和封开县一向重视松林培育和综合利用，并统筹兼顾，严格控制松木年伐量，实行先采脂后采伐，松香生产得以很快发展。1986年，产量已达到1.5万吨，松香利税占全县财政收入的50%以上。两县均已成为松香生产基地县。该省阳江县林业局，从1964年开始，以工程造林为主，到1986年6月份止，已种植湿地松林40.1万亩，平均每年增粗胸高直径1.35厘米，15年生即可采脂；试采结果，单株年产脂5.95公斤，为马尾松同径级松树出脂量2.7～3.3倍。

此外，有的县建设松脂基地是将国营林场划拨给松香厂经营，山权、林权、经营权均划归松香厂所有(如江西省瑞金县林化厂)。还有买荒山或散生林直接办基地的厂，以及工厂同专业户、同国营林

场联办基地的。 （鲁吉昌）

【黑荆树基地】 黑荆树又称澳洲金合欢、栲皮树，金合欢属树种，原产澳大利亚。常绿乔木。鞣料树种，树皮含鞣质约46%。黑荆树是从国外引进的速生丰产、经济价值较高的经济用材树种，具有“1年植树、隔年成林、8年成材”的速生优点，材质坚硬、纹理细致，可作建筑、家具、纤维板、刨花板、造纸和农村用材，其枝丫又是很好的薪材。黑荆树的树皮含单宁40%左右，是目前最优质的栲胶原料。大约用2.5吨黑荆树皮，就可提制1吨优质栲胶。

为了改变只依靠野生植物原料的局面，我国从20世纪50年代开始引种黑荆树，广东、福建等省最早从国外引进黑荆树试种，以后浙江、广西、四川、云南、湖南、贵州等省、自治区也引种试验成功。党的十一届三中全会以来，各地重视黑荆树基地的建设，黑荆树基地开始迅速发展。据了解，仅广西、广东、江西、福建、浙江等5省（区）不完全统计，黑荆树基地林到1986年底，已发展到11.4万亩（其中福建省南靖县国营荆树林场1万多亩，广西壮族自治区武鸣栲胶厂厂办基地1.05万亩），比这5省（区）1984年6.5万亩增长75.2%。其中特别是广东省南雄县、浙江省温州市的黑荆树发展最快，广东省南雄县在1986年1年就营造黑荆树水土保持林3万多亩。许多地、县把发展黑荆树基地造林作为绿化建设的重要任务来抓。云南、贵州、四川、湖南等省，1986年黑荆树基地也有一定的发展。

（李义沣）

【紫胶基地】 我国南方一些省（区）地处亚热带，气候温和，适于发展紫胶生产。发展紫胶生产不仅可以满足四化建设和外贸出口的需要，而且可以结合防治水土流失，促进农业生产，繁荣山区经济。

1986年，全国有寄主树面积近500万亩，寄主树约有5000万株。其中云南省占90%，其次分布在四川、福建、广东、广西、江西、湖南等地。现有寄主资源主要是野生资源，绝大部分零散分布在交通不便、经济落后的边远山区。长期以来，单产水平低，生产不稳定。目前，各地均在积极发展营造人工寄主林和紫胶基地。

紫胶寄主树种类很多，目前主要利用的有牛肋巴、马椰树、泡火绳、秧青树、黄檀、光叶火绳、南岭黄檀、大叶千斤拔等。党的十一届三中全会以来，随着农村经济体制改革，紫胶生产许多地方都相继采取了承包责任制，出现了一批专业户、重点户，有的向联产发展，积极营造寄主树。各级有关部门对紫胶原胶和种胶生产比较重视，不少地区还在经济上给予支持，调动了胶农生产的积极性。全国1984年生产原胶2900吨，1985年生产原胶4036.9吨，比1984年增长39.2%。广东、福建省1986年紫胶原胶、种胶生产收成较好，仅广东省生产种胶17.5万公斤，产原胶达250吨，该省种胶还支援了江西、广西、湖南、贵州等省（区），为1987年紫胶生产的发展创造了条件。

关于办好紫胶基地，紫胶产区的主要经验是：①选择小环境，冬暖夏凉的小气候，其适生气温年均温17～19℃，月均温最低10～12℃以上，最低气温0℃左右，极端气温最高40℃，年降雨量800～2000毫米。②因地制宜制，适地适树，选择优良寄主树。③根据放养计划，准备好足够数量的优良种胶。④注意科学放养，选择晴天早晨或傍晚挂种，适量固虫，并采用马蹄口绑种法。⑤加强放养的管理，及时检查，及时移放，及时回收空胶；加强寄主树的抚育管理；防治病虫害。⑥适时采种。为保质保量，在种胶接近成熟时必须有专人负责，经常观察及时测报，准确掌握适时采种期。⑦采下的种胶或剥下的原胶，要注意合理保管与贮运，置于凉棚内，防止日晒雨淋，运输过程也要防止烈日曝晒。

（李义沣）

【五倍子基地】 五倍子富含五倍子单宁（一般含单宁60～70%），可加工生产单宁酸、没食子酸（棓酸）和焦性没食子酸等系列林产化工与医药产品。

五倍子是我国重要的树木资源昆虫产物之一，我国所产五倍子，不仅产量占世界首位，而且质量最好，是一种传统的出口产品。

我国已知有14种五倍子，分别由14种倍蚜虫所形成，其中倍子有10种，倍花有4种，商品上习惯分为角倍类、肚倍类和倍花类。长江以南是角倍类的主产区，角倍约占85%，肚倍约占10%，倍花约占5%；长江以北，如鄂西北和陕西南部，肚倍约占80%，角倍约占20%。从全国来看，商品角倍约占五倍子总产量的80%，肚倍约占15%，倍花约占5%。

我国自然气候条件较好，五倍子适生面广，分布在全国19省（区），其中贵州、四川、云南、陕西、湖北、湖南等省为主产区。党的十一届三中全会以来，五倍子生产发展较快，1978年生产1650吨，1985年生产3407吨，比1978年增长106.5%，1986年产量达4000吨左右，比1978年增长1.4倍。

生产五倍子必须同时具备倍蚜虫、夏寄主树（如盐肤木、红麸杨、青麸杨）和冬寄主苔藓三个基本要素。五倍子产结多少，则以此三要素存在数量是否搭配适当，从而发挥产结五倍子的最大潜力。同时，五倍子产结的数量在很大程度上也受到气候和环境的影响，利用人工促进培植之后，可以减轻自然灾害的影响，因而可以提高五倍子产量。为发展五倍子生产，加强科学研究，改进生产技术，提高单位面积产量，逐步纳入集约经营的轨道，实现五倍子生产基地化，以达到高产稳产。近年来，各产区林业部门和科研单位相结合，正在采取积极措施，建立五倍子基地，并对现有倍林进行改造利用，改进小生态环境，增加倍蚜和冬、夏寄主植物数量。特别是贵州省遵义、铜仁等地区正在加强管理，加强科学研究，改造现有20万亩五倍子生产基地。湖北省竹山县、湖南省湘西土家族苗族自治州等也均在积极建设五倍子生产基地。（李义沣）

**【松脂生产】** 我国利用、生产松脂有悠久的历史。19世纪末，广东河源、浙江松阳、四川南川、湖南东安等地生产松脂已较为普遍。建国前，全国最高年产量(1936)达到1.6万吨。

建国后，党和政府积极扶持松脂生产。三年经济恢复时期，通过实验研究，肯定下降式为最好的采脂法。1951～1952年，培训了300余名采脂技术人员，广泛地推广了先进采脂技术，扩大了产区，生产了大量的优质松脂，为生产高级松香奠定了基础。第一个五年计划期间，全国即由松香进口国变为出口国。

林业部于1963年和1981年先后颁发和修改了《松脂采集规程》，对采脂规范化起到了重要作用，禁止了乱采滥割的现象。

目前，我国松脂生产已扩大到12个省(区)，年采脂量约40万吨(最高1981年曾达到56万吨)，产值3亿多元。

我国有20种松树均可采脂，但当前90%松脂量采自马尾松，余为思茅松、云南松、南亚松松脂。湿地松、华山松、红松、油松、赤松、黑松也试采过松脂，都有生产价值。而产脂量高的，主要是马尾松和云南松，其次是思茅松。湿地松也是很好的高产脂力树种，南方一些产区正在积极引种。

松脂生产，我国主要仍是常法采脂，只有少数产区用增产灵-2号作刺激剂进行化学采脂。一些科研单位也在研究化学采脂。中国林业科学研究院已组织研究马尾松高产脂力品种，着手搞高产脂力基因库，可望培育出高产脂树种。（鲁吉昌）

**【松香生产和改性利用】**

**松香生产** 松香工业在建国后得到了迅速而巨大的发展。1951年，松香产量即达到22851吨，超过了建国前历史最高水平16260吨的40.5%。1956年，产量突破10万吨，1969年突破20万吨，1980年突破30万吨，1982年突破40万吨。现在，我国脂松香产量居世界第一位，出口量约占国际松香出口总量的40%。因1981年和1982年松香出口量猛减，1983年有计划地调减了产量，1984年以来产量在30万吨之内。1986年产量29.35万吨。

松脂加工技术取得了很大的进步。在建国初三年经济恢复时期，只有一个蒸汽法加工厂，其余全是直接火滴水法。“一五”计划末一年，1957年，在115个厂中蒸汽法增加到7个。到80年代初，凡具备一定规模和条件的工厂，基本上已技术改造成为蒸汽法加工。现在蒸汽法加工厂占总厂数的1/3以上，其生产能力和实际产量均超过总能力和总产量的2/3。其中有20多个厂实现了生产连续化，还有少数厂已实现了蒸馏和其他局部工序的自动控制。

产品质量有很大的提高。建国前，我国只能生产三级品以下的低级松香。建国后，经过10年的努力，到50年代末，特、一、二级品即高级松香率达到60%，60年代达到80%，70年代后期至现在提高到90%以上。

松脂加工的经济效益显著。自1980年产量超过30万吨以来，全国松香厂每年为收购松脂投放农村的资金二三亿元。自1969年松香出口量超过10万吨至今，每年出口创汇少则3000多万美元，多则8000多万美元。1982年，广西梧州松脂厂的利税达1000多万元。1986年，广东封开林产化工厂利税达700多万元。

1961年，国内第一个松根浸提松香厂建成投产。近几年木松香产量接近1000吨。

**松香再加工利用** 松香再加工的产品品种很多，主要有改性松香和松香衍生物两大种类。松香酯、盐衍生物，在建国初期就开始工业化生产和部分商品化。70年代末和80年代初，松香酯、盐在松香工业部门得到迅速的发展，主要产品有松香甘油酯、季戊四醇酯、失水苹果酸酐与季戊四醇酯、松香甘油改性酚醛树脂、松香钙、松香锌及其他改性松香酯、盐。1986年，各种松香酯、盐的产量1万多吨。

改性松香在60年代至70年代初期，先后开始了歧化松香和聚合松香的工业化生产。70年代末和80年代初，改性松香的品种与产量得到了很大的发展。主要有：①歧化松香。1965年建成第一套工业装置，生产能力为年产3000吨。1979年从国外引进一套设备，于1982年建成投产，规模为年产歧化松香钾皂(浓度为80%)1.1万吨。近几年，歧化松香及钾皂的产量为6000～8000吨。主要用做合成橡胶的乳化剂。②聚合松香。自1972年至1978年建成三套生产装置，经过技术改造后，生产能力为年产3500吨。3套装置均采用汽油-硫酸工艺路线。80年代初，研究成功了硫酸-氯化锌工艺。产品有115和140两种规格。主要用于油墨工业，制造汽油影印油墨、醇溶性凹印油墨、罩光油墨及快固着胶印油墨，其次用于制造防腐漆、胶粘剂、铸造型砂粘结剂、中药丸胶壳及烫金材料脱模剂。③马来松香。1975～1978年完成了马来酐松香的制备及其用作造纸强化施胶剂的小试、中试及工业化生产与应用。1979～1981年，又研究成功了价格较低的马来酸松香及其造纸强化施胶剂。产品有103和115两种规格。马来松香代替天然松香用做造纸施胶剂，一般能节约松香用量20～40%，降低纸张成本，提高纸张的抗水性与强度，且能解决纸厂夏季施胶困难的问题。1986年，生产马来松香1615吨。④氢化松香。1980年建成1套氢化松香小型装置，采用钯炭催化、高压加氢工艺。氢化松香色泽浅、抗氧化性能好，增粘性能好。用于无线电、印刷装订、油墨、油漆、造纸、橡胶制品等工业。现在氢化松香产不足需，主要是供出口，少量留在国内使用。

此外，还开发了松香腈、松香胺、电缆松香、松香不饱和聚酯等多种再加工产品。（孔繁柏）

**【松节油再加工利用】** 再加工产品主要有：

**合成樟脑** 我国1957年开始利用松节油生产合成樟脑，在其之后的20余年里，生产取得了稳步的发展。进入80年代后，产量上升较快。目前年产量五六千吨，占世界总产量的40～50%。合成樟脑从1957年开始少量出口，以后出口量逐渐增加，1980年以来，每年出口三四千吨，占国际出口总量的一半左右。合成樟脑的生产技术取得了重大的进步。国内各厂原都采用偏钛酸催化异构、酯化、水解的工艺路线，工序多，流程长。1980年，研究成功了由莰烯一步水合异龙脑的新工艺，简化了工艺流程，不用冰醋酸、烧碱和硫酸，消除了环境污染源，降低了生产成本，提高了产品质量。

**合成冰片** 利用松节油合成冰片是从50年代末开始工业化生产的，以后陆续建起几个生产车间。近几年产合成冰片400～500吨，主要供应国内制药和出口。最近几年，合成冰片的生产工艺，取得了突破性的进步，革掉了旧工艺的酯化、水解工序，取消了酸碱的使用，为实现优质、低耗、无污染创造了条件。

**松油醇、松油及2号浮选油** 这也是松节油再加工利用方面开发时间较早、产量较大的一类产品。松油醇和松油是同一生产过程中的联产品，产品规格主要有药用松油醇、香料松油醇、50%及65%松油，近年来年产量共计4500吨左右。2号浮选油年产量5000吨左右。

**萜烯树脂** 60年代初，开始利用$\beta$-蒎烯合成萜烯树脂，用以制造压敏胶带。我国$\beta$-蒎烯资源少，$\alpha$-蒎烯资源丰富。70年代初，研究成功$\alpha$-蒎烯萜烯树脂，软化点在85°C以上。1982年，研究制成高软化点$\alpha$-蒎烯萜烯树脂，软化点在110°C以上，并投入了工业生产。利用重松节油合成高软化点倍半萜烯树脂的研究，也在同时间内取得了成功。

近几年，把松节油分馏出$\alpha$-蒎烯、$\beta$-蒎烯及其他各种组份的技术也有很大的进步，现已建成两套分馏装置。松节油和$\alpha$-蒎烯、$\beta$-蒎烯等各种组份在再加工过程中，还可制得异长叶烯酮、双戊烯、莰烯、异龙脑酯、芳樟醇、香叶醇、橙花醇、诺甫醇、檀香油及其各种酯类、酮类产品，为香料工业提供了丰富的香料来源。（孔繁柏）

**【栲　胶】** 我国栲胶工业最早始于1942年陕西省石泉县1个小厂，当时设备十分落后。建国初，全国仅此1家，不仅产量少(仅年产48吨)，而且产品质量差(单宁含量只50.5%)，到1954年生产157吨。1957年，全国栲胶厂增至3家，年产1633吨，国产栲胶只能供应全国需要量的10%，国内使用的栲胶基本依赖进口，平均每年进口1万多吨。

为了充分利用大兴安岭的落叶松资源，1952年开始筹建内蒙古自治区牙克石栲胶厂，并于1956年从民主德国引进年产5000吨的成套设备，1960年正式投产。到1967年，全国栲胶厂增至14个，年产栲胶14320吨。党的十一届三中全会以后，栲胶生产又有新的发展，栲胶产区发展到19个省、自治区，其中广西1986年产10076吨，占全国第一位；内蒙古产8622吨，占全国第二位。全国1985年栲胶生产36875吨，1986年生产42059吨，创全国历史的最好水平。截止1986年底，全国共有40多个栲胶厂，年生产能力达到5万多吨，并取得以下显著成绩：①栲胶产品质量显著提高。过去存在的颜色深、沉淀多、溶解难、渗透慢的质量问题基本解决。现在产品质量已达到冷溶性好、渗透快、沉淀少、颜色浅。1983和1986年，有2种栲胶被评为林业部优质产品，并且色泽指标总色号达4.5～6.5号，已达到国际同类产品先进水平(5～5.2)。我国杨梅、余柑栲胶的产品质量可以代替进口的桉木和黑荆树栲胶使用。②凝缩类栲胶比例大幅度增长。由于广西、云南等省(区)积极发展余柑、杨梅栲胶生产，使凝缩类栲胶的比重已由1975年的44%提高到1985年的71.3%。③企业技术改造取得显著经济效益。我国许多栲胶厂的设备，特别是浸提桶均较陈旧落后。近年来，广西宜山、浙江新昌、广东湛江、内蒙古阿尔山、陕西石泉、福建南靖等10多个栲胶厂选用加压式不锈钢浸提罐组进行技术改造后，取得了显著经济效益。如广西宜山栲胶厂完成技术改造之后，不但产品质量稳定提高，而且原料单耗大幅度下降，杨梅栲胶的单耗由3.6吨下降为2.97吨，橡碗栲胶的单耗由3.1吨下降为2.21吨。虽然近年来原料单价上涨较多，但是由于产品得率提高，每吨栲胶少用原料800多公斤，单位成本仍比1982年下降12%，税利还比技术改造前的1983年增长1.1倍。④水解类栲胶用途不断扩大。过去橡碗栲胶只用于制革。经过试验研究，现在还可用于锅炉除垢、化肥脱硫、陶瓷减水、石油钻井、地质勘探、烟纸染色、金属防腐、低温蓄电池等方面。

⑤浸提废渣综合利用取得成绩。辽宁省辽阳栲胶厂利用橡碗浸提废渣生产的654渗炭剂于1983年被评为林业部优质产品。有的企业还利用废渣研制减水剂等产品。⑥优质原料基地的建设正在迅速发展。黑荆树是速生丰产、经济价值高的经济用材树种，其树皮含单宁40%左右，是最优质的栲胶原料。到1986年，广西、广东、江西、福建、浙江等5省(区)黑荆树基地已发展到11.4万亩。云南、贵州、四川等省黑荆树基地也有一定的发展。 (李义沣)

**【紫　胶】** 紫胶产品是林产化工的主要产品之一，又是重要的化工原料。由于紫胶树脂具有多种优良性能，广泛用于军工、电气、化工、涂料、油墨、机械、钟表、制革、医药、食品等行业。

我国紫胶生产从50年代后期开始发展，1956年云南昆明虫胶厂建成投产，但当时产量少，质量差，全国所用的紫胶主要靠印度进口。经中国林业科学研究院紫胶研究所与四川、广西、广东、福建、江西等省(区)林业科技人员的多年努力研究，紫胶虫越冬保种技术已取得成功，紫胶产区由云南扩展到四川、广东、广西、福建、江西等省(区)。除江西外，均已设了紫胶加工厂，紫胶生产不断发展。特别是党的十一届三中全会后，紫胶生产出现了较好形势。1985年，全国紫胶产品产量达到2102吨，比1978年产量1384吨增长51.8%，由于寄主树跟不上，1986年生产略有下降，年产紫胶片1661吨，但仍比1978年增长20%；紫胶产品质量有所提高，质量指标中热乙醇不溶物少于1%，这项指标达到了国际先进水平；紫胶产品品种不断增加，现已有普通紫胶片、改性紫胶、脱色紫胶、脱蜡紫胶、食用紫胶、漂白紫胶、红色素、水果涂料等品种；加工技术正在提高，热滤法与溶剂法同时并举，原料单耗下降，产品得率提高，综合利用废水回收精制红色素得率已提高到0.5%以上，精制红色素的生产技术水平已达到世界先进水平。我国紫胶主产区云南省1986年紫胶产量占全国总产量的88.2%。

我国紫胶产区基本上依靠野生寄主资源，生产很不稳定。目前的问题是缺乏种胶和原胶基地，原胶生产还未能实现稳产高产，加工设备陈旧落后，需要进一步技术改造。此外，有些地区还存在盲目重复建厂的倾向。 (李义沣)

**【工业单宁酸与棓酸】** 工业单宁酸是用五倍子为原料，用水浸提后，经加工制成的灰白色粉状产品(或称鞣酸、倍子单宁酸)。主要用作锗的提制、纺织染色、泥浆处理、蓝黑墨水配制，金属防锈及制药原料。

棓酸即工业没食子酸，是单宁酸经水解后制得的五倍子单宁酸的二次加工产品。没食子酸是有机合成的重要中间体。在合成染料、合成药物中，有重要地位，主要应用在制药、染料、食品、墨水、焰火、合成橡胶工业等方面。

建国前，我国五倍子大量出口，而工业上需要的以五倍子为原料加工提制的单宁酸、没食子酸、焦性没食子酸、药用鞣酸等产品均由国外进口。

建国后，在党的“自力更生”方针指引下，1958年，贵州省遵义市第二化工厂建成投产。当时只产工业单宁酸5.9吨，自1961年起开始加工生产工业棓酸和试剂棓酸。

党的十一届三中全会以后，随着五倍子生产发展，五倍子加工也得到迅速发展，不仅产量显著增长，产区扩大，而且产品质量提高，品种增加。目前，贵州、云南、四川、湖南、湖北、陕西等省均有单宁酸生产。据估算，全国单宁酸年产量约800吨左右，还有工业没食子酸、药用鞣酸、试剂没食子酸、焦性没食子酸以及试剂鞣酸等数百吨。特别是贵州遵义市第二化工厂是我国最大的五倍子加工系列产品的林产化工厂，自党的十一届三中全会以来，仅用了6年时间，1985年的产值、税利比1980年接近翻两番，并发展成为工业、试剂、医药和食品添加剂4个系列16个品种。该厂依靠不断采用新技术，对老产品进行技术改造，加强产品标准化，采用工业先进国家英、美、德、日等国的有关产品标准，配备各种检测设备，开展全面质量管理，不断提高产品质量，使工业单宁酸和工业没食子酸(棓酸)均获得了国家银质奖，药用鞣酸等3个产品获得了部优质产品称号。还获省优产品6个。优质产品占正常产品的75%，取得国内外用户的信誉。

(李义沣)

**【林业造纸】** 我国的造纸工业在建国初期主要是以草为原料，因此划归到轻工业部门管理。林业系统开展造纸工作，是在1959年大搞木材综合利用，充分利用林区木材剩余物的基础上发展起来的。1961～1962年，黑龙江省伊东林业局和四川省林区先后建设日产2～3吨的磨木浆试点厂各1处，林业造纸迈开了步伐。

**浆粕** 是用植物纤维制造的高纯度$\alpha$-纤维素，主要用作人造纤维的原料。1963年年末，中共中央和国务院为解决全国人民的穿衣问题，发出加速发展人造纤维工业的指示，责成林业部相应发展浆粕生产，以提供原料。1964年1月，林业部林产工业司提出了1964～1970年浆粕生产的规划，并通过论证确定采用预水解硫酸法的制浆工艺。1964年，从调查的厂址中选定上海、牡丹江、北京(后改在成都)3地建设年产2000吨的浆粕车间作为试点。1965年下半年，这3个试点先后建成投产。

**纸浆** 1970年，全国计划会议期间，根据国务院领导人关于利用林区的木材剩余物建设一批纸浆厂，以减少纸浆进口的指示精神，在林业系统开展建设小纸浆厂的工作。在轻工业部和一机部的协助下，当年就安排建设10个小纸浆试点厂，同年又安排制造一批日产5吨的小纸浆成套设备，准备继续建厂。1972年，有6个试点厂基本建成试车，发现干燥和碱回收系统的技术不成熟，废水污染严重。1973年9月，在国家建委召开的分区基本建设会议上，确定停建一批小纸浆厂。1974年4月，农林部、轻工业部在北京召开林区小纸浆厂座谈会，通过了小型碱回收的技术改造方案，确定先在松江河林业局纸浆厂(等)5处进行试点。1975年4月，松江河林业局纸浆厂碱回收车间建成试车，1976年9月进行鉴定，认为改造后的小型碱回收工艺和设备，以针叶材为原料基本上是可行的，但对阔叶材还需继续研究；废水污染已减轻，但仍未达到排放标准。随后，汪清林业局浆板厂、顺昌纸浆厂等碱回收试点相继建成试车，结果与松江河林业局纸浆厂的鉴定结论基本相同。1979年，国家林业总局在北京召开小纸浆厂座谈会，又清理了一批在建的小纸浆厂，确定进一步开展废水治理工作，并提出有条件的小纸浆厂可改建为造纸厂的意见，在作法上先搞试点，再逐步推开。

**纸板和纸** 为适应外贸部门出口商品包装的需要，早在1964年，中国林业科学研究院木材工业研究所就着手开展枝 材制造包装纸板的研究。1966年，林业部确定采用中国林业科学研究院木材工业研究所等的科研成果，建设柴河纸板厂，生产包装箱纸板和瓦楞原纸，规模为年产2万吨，由林业部林产工业设计院设计，于1969年开始施工。1978年，瓦楞原纸生产线验收投产，1980年全厂工程正式验收投产。

林业系统的造纸厂、纸板厂，除柴河纸板厂外，多为年产3000～7000吨的小型厂，多数是从小型纸浆厂改建的厂。在1981～1983年间，因经营管理和市场问题，多数厂经济效益较差。随后，各林业造纸企业均逐步推行承包责任制，生产形势逐年好转。1985年，生产浆粕、纸浆、纸板和纸5万吨，1986年增加到5.8万吨，(其中纸板3.1万吨)，比1985年约增加16%，经济效益普遍提高。废水治理亦已采用中国林业科学研究院林产化学工业研究所的科研成果进行了试点，取得了成效。1986年，全林业系统共有21个造纸(纸浆、纸板)厂，总生产能力7.6万吨，福建省顺昌纸浆厂等正在改建为年产万吨以上的纸板厂，并已批准建设大中型造纸厂4处。1986年，在柴河纸板厂召开的全国林业系统第二届纸和纸板学术讨论会上提出的实行"林纸联合"议题，引起了有关方面的注意。南京林业大学的造纸专业和中国林业科学研究院林产化学工业研究所进一步加强造纸的研究工作，林业部林产工业设计院进一步加强了造纸的设计力量，一个完整的林业造纸生产体系正在形成中。 (李启基)

**【木材热解】** 木材热解包括木材干馏(一般指阔叶材干馏)、木材气化、烧炭和以木炭、锯屑、果壳、果核等为原料的活性炭生产，是综合利用森林采伐剩余物(或加工剩余物)和薪炭材的重要途径。

建国前，我国的木材干馏只有上海市和吉林省靖宇两个厂。建国后，木材热解工业也有相应的发展。首先，恢复了吉林省靖宇木精厂，以后迁到吉林省通化市，改名为通化林业化工厂。该厂生产规模为年干馏1万层积立方米枝丫材，主要生产冶金用木炭和合成橡胶用的抗聚剂。60年代，先后又建设了黑龙江省铁力木材干馏厂和安徽省芜湖木材干馏厂。铁力厂全套生产技术和设备是从波兰引进，生产规模为年干馏11万层积立方米枝丫材，主要产品有甲醇、工业醋酸、冰醋酸、乙酸乙酯、浮选油、抗氧剂、抗聚剂、木沥青、活性炭等产品。芜湖干馏厂由中国林业科学研究院林产化学工业研究所设计，全部采用国产设备，生产规模为年干馏3万层积立方米枝丫材。由于原料的收集与运输、生产成本、产品销售等问题得不到解决，1977年，铁力厂改产胶粘剂和制药，芜湖厂改产胶粘剂。

**活性炭** 以木炭、锯屑、果壳、果核等为原料生产的活性炭是重要的工业原材料。建国后，尤其是60年代以来，我国的活性炭生产有了较大的发展。1986年，全国约有140家活性炭厂(车间)，分布在北京、上海、黑龙江、吉林、辽宁、内蒙古、山西、河北、江西、福建、四川、山东、浙江、湖南等20多个省、自治区、直辖市，年产量约为3万吨，尚有少部分出口。根据1975年调查，活性炭以锯屑为原料的产量占59%，木炭为原料的占19%，煤为原料的占13%，果壳、果核为原料的占7%，野生植物为原料的占2%。工厂规模一般偏小，年产量在1000吨以上的仅有4家；从生产工艺看，采用化学法(氯化锌法)生产的活性炭产量占全国总量的60%，用物理法的占34%(其中水蒸汽法的占20%，闷烧法的占14%)。

我国生产的活性炭以粉状为主，主要用于制药工业，味精、葡萄糖生产和食品加工等。颗粒炭产量较小，大部分用作合成纤维和聚氯乙烯生产的载体炭，部分用于环境保护，如水和空气的净化，烟道气脱硫等。

活性炭生产采用的炉型是多种多样的，而且不断有所发展。除沈阳东北制药总厂早期使用管式炉，太原新华化工厂和北京市光华木材厂使用斯列普炉外，上海活性炭厂自行设计的回转式内热连续炭化活化炉(氯化锌法)于1960年建成投产。南京林产化学工业研究所和上海活性炭厂共同研究的迭杯式连续活化炉于1965年通过技术鉴定，适应性强，可用不同原料生产多种类型的活性炭，而且质量好、成本低、经济效益高。青岛东风化工厂试制的新型流化床活化炉1965年投入生产。黑龙江省铁力木材干馏厂的短形管式炉和回转活化炉，上海活性炭厂建造的三柱杯式炉都于1966年建成。管式炉、平板炉的生产工艺和设备也有改进。总之，活性炭工业技术不断提高，已由土法生产转向转炉、斯列普炉和流态化炉生产，由化学法、物理法向化学物理相结合的方法发展。

**木炭** 木炭是人们生活和多种工业产品生产的重要原材料。木炭除了直接用作燃料外，主要用于生产活性炭、金属硅、二硫化碳、渗炭剂和黑火药等。

在长期的生产实践中，劳动人民积累了丰富的经验，因地制宜地创造出多种多样的窑型。烧炭的方法也很多，主要是筑窑烧炭法，其优点是设备简单、操作简便、适用于原料分散、交通不便的山区。建国后，许多地区开始有组织地发展木炭生产，供应市场和工业生产的需要。有关科研部门对烧炭技术也进行了一些调查，总结和改进工作。中国林业科学研究院林产化学工业研究所曾对浙江、四川、湖南等省和东北地区的烧炭技术作过调查研究，并于1958年在浙江省龙泉县进行改进烧炭窑型的试验。黑龙江省林业科学研究院研究出移动式烧炭炉，这种炭化炉结构比较简单，操作容易，移动方便，而且木炭成品率高、质量较好，很适合在东北林区推广使用。

为了供应冶金工业的木炭需要，从1979年起，加强了对木炭生产的管理，对东北国有林区实行木炭计划生产和定点供应。1980年，制定了木炭产品标准，使木炭生产走向正规化。1986年，全国大约生产木炭8万吨，基本上满足了人民生活和工业用木炭的需要。 （杭锡勤）

**【木材水解】** 木材等植物纤维水解是建国后建立和发展起来的一项工业。

1965年，建成了黑龙江省南岔木材水解厂，主要是利用锯末为原料，生产酒精和饲料酵母等产品，1986年生产水解酒精2500吨，饲料酵母320吨，是我国当前最大的水解工厂。

糠醛是中国产量最大的水解产品，全国年产3万多吨，主要是以玉米芯等农业废料为原料，利用林业废料生产的比重还小。现只有浙江省的丽水和福建省的福安2个工厂利用油茶壳为原料进行生产，产品除糠醛外，还有醋酸钠。 （沈守恩）

**【栓皮和软木生产】** 我国栓皮生产和加工，是50年代从无到有发展起来的。目前，全国年生产栓皮约5万吨，主要产区是陕西、广西、四川、湖北、河南、贵州、云南和安徽、甘肃、山西等省（区）；湖南、江西等省过去也生产过少量栓皮。

我国现有软木加工厂40个，年生产软木砖、软木管约12万立方米，各种软木纸1万多立方米，还有橡胶软木复合材料等20种软木制品。

（鲁吉昌）

**【松针粉】** 松针粉是一种营养丰富的饲料添加剂。国内外饲养禽、畜实践证明：饲料中加入3～5%松针粉，禽、畜增重快，抗疾病，家禽产蛋率也高，并可提高猪的瘦肉率。

松针粉工业化生产，国外始于20世纪50年代末，我国是80年代初发展起来的。中国林业科学研究院林产化学工业研究所会同畜牧科学研究单位等于1979年着手研究，1982年在江苏省连云港市建成了我国第一座松针粉工厂，同年7月通过技术鉴定。1984年10月，由林业部林产工业公司主持，在广东省封开县林化厂召开松针粉工业化生产推广总结会议。随后，松针粉生产发展很快，到1986年末，全国已建成60个松针粉厂，年产松针粉1.5万吨。当前还有30多个厂正在兴建和筹建中。

（鲁吉昌）

**【胶粘剂】** 胶粘剂是生产胶合板、刨花板和中密度纤维板的主要原料。胶粘剂费用在人造板成本中占的比重很高，约为胶合板、中密度纤维板成本的15～20%，刨花板成本的40～50%。胶粘剂的成本、质量和品种，直接影响人造板的成本、质量和用途。

我国木材胶粘剂是伴随人造板生产的发展逐步成长起来的，主要胶种有脲醛树脂胶、酚醛树脂胶和三聚氰胺甲醛树脂胶。醋酸乙烯系乳液胶和热熔胶，在家具和人造板二次加工等生产中也得到应用。20世纪70年代前，木材胶粘剂大多在人造板（或木材）厂生产，自产自用。80年代初，在黑龙江省铁力、吉林省通化和安徽省芜湖等地利用林化厂基础，兴办了3座胶料厂，形成了年产4.5万吨胶料原料和1万吨胶料的生产能力。1986年，3厂共产工业甲醛27349吨，苯酚1557吨，脲醛预缩液847吨，胶粘剂6475吨。为集中生产胶料积累了经验。

为了加强质量管理，提高生产技术水平，1983～1986年，林业部制定颁布了4项专业标准，促进了木材胶粘剂产品向标准化、系列化和专业化方向发展。近年来，在老品种更新换代的同时，研制开发了一些新品种，制胶装置的规模和自动化水平也有了扩大和提高，生产技术和应用技术水平也有长足的进步。

**脲醛树脂胶粘剂** 脲醛树脂胶粘剂在木材工业中使用较广，约占木工总用胶量65～70%，是木材胶粘剂的主品种。脲醛树脂胶具有原料来源广、价廉、色浅等优点；但存在游离醛高，制品释放甲醛，可能引起毒性污染问题。因此，专业标准对游离醛作了明确规定。近年来，研制开发的新胶种型号有：用于刨花板的NQ-80型、DN-1型，用于中密度纤维板的NSQ-82型，用于胶合板具有较好预压性能的改性脲醛胶以及便于贮运的新原料——脲醛预缩液等。粉状脲醛胶也有小量生产。

随着引进人造板设备，也带来了一些国外胶种，其中有：美国福麦克公司中密度纤维板现场胶，挪威泰勒公司刨花板、中密度纤维板胶(L-142)；联邦德国卡尔·菲舍尔公司和比松公司刨花板、胶合板胶等。

脲醛树脂填充剂在胶合板生产中得到进一步应用推广，施胶技术有了提高。调胶时，除了添加必要的化学药剂外，还添加一些填充剂，以改善胶料的使用性能，降低胶料成本和游离醛含量。这项技术，70年代已在部分工厂应用，使用的填料有豆粉、面粉、树皮粉和木粉等，添加量一般在10%以下。1985年，长春胶合板厂进行了新调胶配方及涂胶工艺试验，面粉添加量增高到16～20%，效果良好。

**酚醛树脂胶粘剂** 酚醛树脂胶粘剂具有较高的胶合强度和耐水性，贮存期长，但胶压温度高、时间长，色泽深。酚醛树脂胶有水溶和醇溶两大类，多用来生产室外耐水级和特殊用途的胶合板和装饰贴面板，硬质纤维板也有少量使用，约占木工总用胶量25～30%。为了改进固化速度，曾研究过以栲胶为加速剂的新工艺以及酸固化乳液酚醛胶等。

**三聚氰胺甲醛浸渍树脂胶及其他胶粘剂** 改性三聚氰胺甲醛浸渍树脂胶在高压装饰板生产中普遍使用。以水溶性聚酯和聚乙烯醇改性的三聚氰胺甲醛树脂胶可用于低压浸渍纸贴面热-热工艺。1983年，研制出了用于低压短周期的改性三聚氰胺甲醛树脂胶。

为了适应人造板二次加工的需要，1985年，湖南人造板厂和哈尔滨国营松江胶合板厂从联邦德国辛北尔康普公司相继引进了低压短周期浸渍纸生产线，相应地引进了配套三聚氰胺甲醛浸渍树脂胶生产技术及设备。

随着装饰板和人造板二次加工的迅速发展，用于木质基材(包括人造板)与装饰板、刨切单板、塑料薄膜、无机材料、金属等材料粘结的新型胶种相继问世。近年研制成功并投入生产使用的有接触型氯丁橡胶胶粘剂、醋酸乙烯系乳液胶粘剂等。用于拼接、封边胶纸带的压敏胶、热熔胶线等分别于1984年和1985年研制成功并交付生产。

(李天祝)

## 国营林业企业多种经营

**【综　述】** 国营林业企业于1958年开始开展多种经营，主要是在东北、内蒙古林区。当时职工家属进入林区人数逐年增加，为了解决职工生活物资供应，安置家属劳动，各林业局组织家属以集体生产形式在林区开荒种粮、种菜和养猪。参加生产的多是职工家属和部分老弱职工，生产工具主要是铁锹、镐头，以后逐渐增添了一些牲畜、车辆。60年代后，这些职工家属一方面发展农副业，解决职工吃菜、吃肉、吃蛋和补助口粮问题，一方面开展以废材加工为主的林木综合利用生产，既为国家创造财富，又使集体和个人增加了收入。70年代，随着林区知识青年人数增多，林区多种经营生产经营范围逐渐扩大，从事生产队伍也不断扩大，不仅从事农副业生产的种植业、养殖业以及林副特产的采集和小木制品等加工业，还参加营林等林业生产建设，开展林区商品、饮食、服务等第三产业，从自给性生产逐步走向商品性生产。进入80年代，各国营林业企业贯彻中共中央、国务院1981年3月转发国家农委《关于积极发展农村多种经营的报告》、1981年10月中共中央、国务院《关于广开门路、搞活经济、解决城镇就业问题的若干决定》以及1983年4月国务院《关于城镇集体所有制经济若干政策问题的暂行规定》等一系列方针政策，多种经营生产迅速发展，并开始向林、农、副、工、商一体化和种植、养殖、采集、加工一条龙的方向发展，实行以林为主，综合经营，全面发展，创出一条新路，为振兴林业创造一个良好开端。

**发展现状** 党的十一届三中全会以来，国有林区的多种经营工作，在中央有关方针政策的指引下和广大林业职工的积极努力，坚持了以林为主的方针，以全面开发和合理利用林区自然资源为重点，实行以短养长，长短结合，多种经营已初具规模，并取得较好的成绩。截止到1986年，多种经营集体经济单位，已达6000多个，其中发展了种植、养殖、采集、加工、建材、矿产、商品、饮食、服务、劳务等10多个行业，经营的产品已达200多种。参加各项生产的人数有70多万人，其中全民企业从事多种经营的人数有1.86万人。集体经济和企业多种经营有各种机械设备等固定资产近7亿元。1986年，集体经济和多种经营总产值及总收入已达17亿元，其中多种经营约占6亿元，总产值及总收入比1985年增加了2亿元。这对改变林业经济结构，实现林业经济改革，增加企业活力，安置待业青年就业，摆脱企业困境，做出了一定的贡献。

**主要成绩与效益** ①变林区资源优势为经济优势。近几年来，各国有林区普遍重视发展多种经营生产，利用林区资源搞立体开发，制定了"七五"规划，提出了不同的战略目标。到1986年，各国有林区先后共组建了各种经营基地(厂、场)已达3700多个，各种食品、药材，饲料、矿产等加工厂(点)已达8300多个,有的已形成生产能力。在养殖业方面，除发展个体经营外，不少企业办的养殖场，由于加强经营管理，进行承包，实现了扭亏增盈。东北、内蒙古林区有不少企业肉、蛋、蔬菜自给有余，不断发展商品生产。大兴安岭林区1986年各项多种经营生产有了新发展，产值突破1亿元大关，比1985年增长48%；肉食产量达230多万公斤，鸡蛋产量达220万公斤，产中药材10吨，采集野生木耳、蘑菇、浆果1300多吨，采黄金6000两，全地区实现秋菜自给有余，结束了高寒林区长期靠外进菜的历史。此外，以野生浆果、花粉为原料生产的果汁、蜜饯、糖果等，以桦树液为原料的桦树汁饮料，以人参、黄芪为原料的人参补酒、冲剂、药茶等保健食品，以及利用松针生产松针茶、饲料添加剂等产品，在东北、西南等林区已开始试制生产，填补了林产品的空白，深受广大群众的欢迎。②增强了企业经济活力。各大林区根据资源的特点，大上拳头产品，生产名特优商品，为企业增加经济收入出了力。例如，黑龙江、吉林、陕西等林区重点发展人参、黑木耳、香菇、中药材等山特产品加工生产。到1986年，吉林省林区人参种植面积已达240公顷，年产量已达30万公斤，生产黑木耳达80吨，养殖林蛙3300多万只。黑龙江省林区种植人参面积已达226公顷，年产参20万公斤，年收木耳900多吨，采集山产品达1万多吨。这些产品的产值不断增加，收入逐年增长，对增强企业经济活力做出了贡献。③扩大生产就业门路。林区的多种经营和集体经济的发展，对解决林木资源枯竭和林业职工子女就业、安置企业剩余劳力、促进林业生产建设、改善职工生活、繁荣林区经济，做出了积极促进作用。据吉林省林区统计，1986年，全林区参加林业集体企业生产活动的人员有11.47万多人，其中安置知识青年人数占11万人。有的企业组织青年参加抚育林子，经营森林同时发展多种经营生产，既抚育森林又解决从业问题，安定了社会秩序，为加速后备资源培育、安置青年就业开辟一条新路。

**问题与展望** 多种经营是林业企业新兴事业，许多工作还处于起步阶段。特别是对发展多种经营的认识问题，有些单位的紧迫感不强，还没有将多种经营作为改革和振兴林业的一项战略任务来抓。对进一步开发利用林区资源，尚缺少全面合理规划，需要处理好当前利益与长远利益的关系进行协调发展。目前，由于科技力量较为薄弱，技术人才不足，因此在推广、采用新技术、新工艺和新设备，提高产品质量，增加经济效益方面，还有很大差距。对抓好产品经销和搞活商品流通，还需要加强工作。

林区发展多种经营潜力很大，除了木材资源可供采伐、加工、综合利用外，许多树木的根、皮、花、果实、树液、枝叶以及森林内蕴藏的其他动植物资源，都是可开发利用的林副特产，是食品、酿造、造纸、医药、制革、染料、橡胶、轻纺、化工、工艺美术等产品的重要原料，也是生产、生活的重要原料。不少林区有金、银、铜、锡、锌、铅等20多种有色金属矿可供开采，有人参、黄芪、刺五加、五味子等310多种中草药以及干鲜果、小浆果、蘑菇、木耳等野生资源可以利用等等。在"七五"期间，将本着各林区资源的条件和特点，实行立体开发，不断拓宽生产门路，大上各类产品综合加工和系列产品生产，争创名优特产品，产值和收入即可实现翻番，为进一步保证林区多种经营生产稳定持续发展而努力奋斗。 (刘守纲)

## 林业机械制造

**【综 述】** 林业机械(以下简称林机)主要包括营林、木材生产、木材加工机械，人造板、林产化学设备，林业工具、刃具以及狩猎机具7类产品。

**发展过程** 中华人民共和国建国以来，林机工业从无到有，由小到大，经历了曲折的发展道路。其发展过程可划分为4个阶段:

起步阶段(1949～1957)。建国初期，东北地区林业部门改建哈尔滨、牡丹江林业机械厂，安排生产采伐工具、轻轨附件、森铁车辆和配件等。牡丹江木工机械厂从1950年开始生产木工圆锯机、刨床、带锯机等。1956年，哈尔滨林业机械厂研制双筒、三筒绞盘机，上海人造板机器厂研制纤维板热压机。从此，开始以国产林机装备林业部门。但生产能力很小，林业生产建设所需机械设备主要仍靠进口。

发展时期(1958～1965)。从1958年开始，特别是1961年刘少奇、邓小平视察东北、内蒙古林区后，林机工业得到了国家的重视，有了较大发展。1958年，林业部第一次成立机械局，建立林业机械研究所。1959～1963年，在黑龙江、江苏、上海、天津等省(市)改扩建哈尔滨、牡丹江、苏州、常州、镇江、泰州林机厂，牡丹江木工机械厂，上海人造板机器厂，天津林业工具厂等9个工厂，建立林机制造基地。与此同时，自行研制与仿制相结合，以仿制为主，先后开发生产051型油锯、J-50集材拖拉机、架空索道、28吨机车及车辆、汽车挂车植树机、起苗犁、喷粉喷雾器、挖坑机、各种木工机床、日产7吨纤维板成套设备等一大批林业专用机械，产品销售总额达到4700万元，从而使大部分林机设备实现国产化。

挫折时期(1966～1976)。“文化大革命”期间，大批林机科研人员外流，科研工作几乎中断。林机管理混乱，部分产品粗制滥造，重产值，忽视经济效益，造成很大浪费。在陕西、河南、云南省边远三线地区重复建设一些林机厂，带来很大后遗症。

振兴时期。自1976年，特别是党的十一届三中全会以来，在党的坚持四项基本原则和改革、开放、搞活方针指引下，迎来了林机工业的振兴时期。林机科研工作蓬勃发展。通过技术引进和自行研制相结合，研制了一批先进适用的林机设备；通过技术改造，部分林机骨干企业的面貌大为改观；通过全面质量管理，大部分产品的质量也有了很大提高。

**现状与成就** 经过37年的发展，1986年，我国林业系统有主要林业机械厂77个，拥有职工5万多人，其中工程技术人员3200人，企业占地面积778万平方米，固定资产原值5.9亿元，有金属切削机床6200台。“六五”期间，工业总产值每年平均增长7%。但由于产品组成变化，生产成本增加等多种原因，利润总额持平。1986年，产品品种为500余种，工业总产值达到4亿元，实现利税总额6500万元，平均劳动生产率为8000元/人·年。

*机械设备研制* 全国现有哈尔滨、北京林业机械研究所两所专业林机科研部门，湖南、广西、陕西、四川、辽宁等16个省(区)林业科研部门设有林机研究室，共拥有林机科研人员500多人。此外，福建省所属福州木工机床研究所、轻工业部牡丹江木工机床研究所等也从事林机科学研究。37年来，我国林机科学研究逐步从测绘、仿制，发展到独立研制；由生产简单的机械设备发展到生产具有70年代末80年代初世界先进水平的成套先进机械设备。例如，装车机械从单筒、双筒绞盘机发展到液压折腰转向的木材装载机；人造板设备由年产600吨纤维板设备发展到年产3万立方米刨花板成套设备等。“六五”期间，安排新产品开发项目400余种，其中获国家科研成果奖的4个。获林业部科技成果奖46个。1986年通过鉴定的新产品有6个单机和一套人造板设备：草沙障修筑机、沙生植物栽植机、微型泵、装载机、森林削片筛选专用车、上轴木工铣床、年产3万立方米刨花板成套设备等。为了加强科研基础工作，经国家标准局批准，1983年9月起相继成立了全国林业机械、木工机械和人造板机械标准化委员会。

*技术标准制定* 截止1986年底，共制定48项158个标准，其中国家标准9项29个，专业标准39项129个。目前，正在生产的170余种主要林机产品中，采用国际标准的有13种，已制定国际或专业标准的产品有48种。我国是国际标准化委员会ISO/TC23/SC15和ISO/TC23/SC17两个分技术委员会的成员国，多次派代表出席了这两部分技术委员会的工作年会。

*质量管理* 截止1986年，14个产品(包括复评1个)获国家优质产品奖(银质奖)，16个产品获林业部优质产品奖，5个产品获省、市优质产品奖。1986年，林机产品获林业部优质产品奖的有3个。从而优质产品的产值约占全部林机产品的1/3。为了加强对林机产品质量的监督、检查，于1985年6月，利用林业科学研究所及院校现有的检验手段和技术力量，组建各类林机产品的质量监督检验站。包括设在东北林业大学的木工机械和采运机械产品质量监督检查站，设在哈尔滨林业机械研究所的便携式林业机械和营林机械产品质量监督检验站等。1986年，由这几个质量监督检验站，分别对林机重点企业的13项国优产品和13项部优产品进行复查结果表明，26个产品质量都比较稳定，符合优质产品标准。1986年，牡丹江木工机械厂，天津林业工具厂，常州、泰州、镇江、西北林业机械厂等6家工厂列入国家991个大中型工业企业重点开展全面质量管理的计划。其中，常州、泰州和镇江林业机械厂，已经林业部组织验收，成为全面质量管理合格单位。近几年来，各林机厂把计量升级工作作为企业升级的主要基础工作来抓。1986年，常州、泰州林业机械厂升为国家一级计量管理单位，并被命名为全国计量先进企业；有2个厂由三级升为二级国家计量管理单位，有5个厂达到了三级计量管理单位标准。截止1986年，林机重点企业中，有一级计量管理单位2个，二级计量管理单位9个。

*技术改造与引进* 从1982～1986年，共安排12项重点技术改造项目，其中列入首批国家机电工业重点技术改造项目的有5项，列入第二批项目的有3项。截止1986年末，这些项目共完成投资2952万元，其中，1986年完成807万元。国家首批技术改造项目中，泰州林业机械厂的割灌机、桂林林业机械厂的营林整地机、镇江林业机械厂的削片机生产技术改造项目等3项已验收合格。这些企业经过

技术改造，生产技术水平有了很大提高，企业面貌大为改观。近几年，同外商签订了胶合板旋切机和热压机、油锯、年产5万吨刨花板成套设备、带锯机、封边机、板式家具生产线等技术引进合同。此外，由国家经委安排诊断项目4项，其中割灌机、木材装载机、营林整地机等产品，已请外国厂商进行技术诊断，探讨技术引进的可能性。

产品销售　近几年来，各林业机械厂端正企业经营方针，大力加强产品的经销服务工作，扩大服务领域，努力打开销售渠道，取得了较好的经济效益。在市场竞争很激烈的形势下，产品销售收入1985年比1981年增长38.9%。1986年完成产品销售收入34467万元，为同年工业总产值的86.4%。为了进一步加强林业机械销售服务，林业部在北京、广州成立林机销售服务中心、在哈尔滨成立猎枪猎具销售服务中心。为了做好人造板设备的成套服务工作，从80年代初开始，进行设计、制造、安装、调试、鉴定一条龙服务，赢得了用户好评。尤其是日产30吨纤维板成套设备的国内成套工作与出口巴基斯坦安装服务工作，年产3万立方米刨花板成套设备成套服务工作等都进行得比较成功，得到国内外用户的赞誉。

**体制改革**　根据1984年国务院《关于进一步扩大国营工业企业自主权的暂行规定》，林业部于1984年8月21日作出了《关于贯彻执行"国务院关于进一步扩大国营工业企业自主权的暂行规定"意见的批复》，1985年3月13日又提出了补充意见。自1984年国务院批转机械工业部《关于机械工业体制改革意见的报告》和国家经委、计委、体改委及机械工业部发出《关于国务院各部门直属机械企业下放有关事项的通知》后，林业部立即开始下放直属林业机械厂，至1986年，将黑龙江、陕西、广西、云南省(区)的哈尔滨、齐齐哈尔、牡丹江、西北、云南、桂林林机厂，牡丹江木工机械厂，西北、昆明人造板机器厂等9个厂下放到地方。在下放企业的同时，大力促进企业的横向联合，已出现各种形式的联合体。例如，由苏州、镇江林业机械厂，上海人造板机器厂，信阳木工机械厂及林业部上海物资供应公司联合组成的东方人造板设备联营公司，由昆明人造板机器厂、云南省林业勘察设计院、中南林学院林产工业研究所、林业部林业机械公司广州办事处联合组成的四联人造板工业技术设备开发公司，常州林机厂与附近集体企业组成企业群体，哈尔滨、齐齐哈尔、泰州、信阳、牡丹江、桂林等各厂也组成或参加各种形式的联合体。林业部林业机械公司正在实行政企职责分开，加强行业管理。

(李洙一　王培荣)

**【营林机械】**　营林机械制造企业主要为植树造林、森林抚育和森林保护等营林生产建设提供技术装备。产品包括：割灌机、挖坑机、风力灭火机、喷粉喷雾机、营林整地机、植树机、球果烘干机、多种苗圃机具等27种。

**生产概况**　我国现有泰州、桂林、西北、新民、辽中、新宾、昌图、通辽、阿城林业机械厂等10个营林机械制造企业。拥有固定资产原值4302万元，占地面积78.9万平方米，主要设备977台，其中精、大、稀设备27台，职工3337人，其中工程技术人员269人。1986年，工业总产值为1570万元，实现利润229.7万元，营林机械总产量为13767台，其中森林抚育清理机械8778台，营林整地机械227台，森林保护机械4083台，林木种子与种植机械73台，营林其他主要机械606台。

**科研与新产品试制**　营林机械研究在我国还是一门新兴学科。林业部哈尔滨林业机械研究所营林机械研究室"六五"期间开发的部级新产品项目有11项，主要有在东北山区山地整地机和迹地更新机械、3MFC-4型超低容量喷雾机、西北地区营林作业机具、人工林间伐集材机等。"六五"期间17项新产品获林业部科技成果奖，其中二等奖1项，三等奖16项。获国家科研成果三等奖的3MFC-4型超低容量喷雾机，效率高、成本低，是一种适应性较广的森林病虫害防治机械新机型。1986年，林业部哈尔滨林业机械研究所、甘肃高台县农业机械厂共同研制的沙漠绿化设备TCX-2型草沙障修筑机和沙生植物栽植机通过了国家级鉴定。其中，草沙障修筑机是国内首创的行列式草沙障设置机械，国外也未见同类机型。该机的诞生将在治理沙漠上起到积极促进作用。4EAG-30型沙生灌木栽植机的研制成功，填补了流沙地造林机械的空白，处于国内先进水平。1986年，4项营林机械新产品获林业部科技成果奖。其中获二等奖的具有重大科研价值的缓冲式液压圆盘整地机，采用液压缓冲装置，越障性能好，保证耕地部件的安全和作业质量，适用于缓坡荒山、荒地、采伐迹地进行带状整地和促进天然更新作业；生产效率高、整地质量好，作业成本低。

**质量管理**　营林机械的产品质量比较稳定。已有泰州林业机械厂175F汽油机、DP75手抬机动泵和镇江林业机械厂3MF-2A机动弥雾喷粉机3种产品获国家优质产品(银质)奖。西北林业机械厂的3MF-4背负式弥雾喷粉机、泰州林业机械厂的DG3割灌机2种产品获部、省优质产品奖。1986年，据林业部直属营林机械企业统计，机加件合格率为98.2%，铸铁件合格率为86.7%，一次装配合格率为94.8%。1986年，泰州林业机械厂集中人力、财力和精力，充实计量人员，新建了总装、计量楼和动力试验室，购置20多种计量测试器具，建立健全计量管理制度，被命名为全国计量先进企业。到1986年，营林机械企业中，泰州林业机械厂升一级计量管理单位，桂林和西北林业机械厂创三级计量管理单位。截止1986年底止，制订了2项共9个营林机械专业标准。现有17种主要营林机械产品中有标准的产品2种，正在制订标准的产品5种。

**技术改造与引进** 营林机械企业用于企业技术改造和技术引进的投资逐年有所增加。从1982年起，林业部对泰州林业机械厂的割灌机和桂林林业机械厂的营林整地机进行技术改造，列入了“六五”期间的550项国家机电工业重点技术改造项目。两个项目的国内部分均于1986年底竣工，国外部分已由日方有关企业进行了技术诊断，技术引进工作进入了与外商洽商选型的阶段。泰州林业机械厂割灌机技术改造，投资总规模417万元，完成了280万元投资。建设了总装车间、动力试验室等单项工程34项，购置了水泵试验台、振动噪声的测试仪器、螺旋伞齿轮铣齿机、四缸低压铸造机和缸体镀铬设备等主要设备82台套。通过技术改造，该厂生产的割灌机质量得到了提高，市场销售有了大幅度的增长。1986年，全年销售1400台，为改造前1983年的3.7倍。桂林林业机械厂的营林整地机的技术改造，投资总规模155万元，建设了中心实验室，添置了整机磨合试验台、3吨单梁行车和$CO_2$气体保护自动焊机等主要设备。改造后的营林整地机增加了配套机具，提高了质量和爬坡能力。1986年，林业部泰州林业机械厂的割灌机及林用小型动力机械技术改造又列入了“七五”期间第二批国家机电工业重点技术改造项目。主要是引进日本割灌机生产制造技术，改造工艺和总装车间。目标是使该厂生产的割灌机达到日本同类产品的水平。

**产品销售** 长期以来，受到营林投资的限制，销售量很少，尚有不少营林机械未能打开销路，但是个别产品在国外有一定市场。1986年，营林机械销售收入为2494万元，比1985年增长1.5%。其中，国内销售收入按产品类别分类构成，森林抚育与清理机械984万元，营林整地机械98万元，森林保护机械245万元，林木种子与种植机械8.2万元，其他营林机械183万元。营林机械对外销售18万美元。为进一步扩大出口，桂林林业机械厂与新加坡华联有限公司签订了1987年出口500台营林拖拉机的供货合同，开创了营林机械出口的新局面。

（马松山　王培荣）

**【森林采运机械】** 又称木材生产机械。森林采运机械企业主要为木材采集运归装作业提供技术装备。装备类型包括：采伐机械、集材机械、装车机械、运材机械、贮木场机械、筑路养路机械等。

**生产概况** 建国初期，我国仅能生产采伐工具、单筒绞盘机等简单木材生产机械。现在已能生产各种森铁机车、车辆，较为先进的油锯、木材装载机、架空索道等技术装备，促证了木材采运机械化发展的需要。产品已发展到274种，其中采伐机械19种，集材机械51种，装车机械24种，运材机械60种，贮木场机械34种，绞盘机60种，筑路机械18种，其他机械8种。目前正在生产的产品有39种。林业系统现有主要木材生产机械厂有常州、牡丹江、哈尔滨、富裕、福建林业机械厂等共21个。1986年，拥有固定资产原值26168万元，职工20869人，其中，工程技术人员1081人，主要设备6883台，年工业总产值为14623万元，全员劳动生产率达到7207元/人·年，木材生产机械总产量为6883台，实现利润568万元。

**科研与新产品试制** 党的十一届三中全会以来，木材生产机械科研开发工作有了新的突破。“六五”期间，林业部安排木材生产机械科研开发项目8项为：ZLM50型木材装载机、园丁牌多用作业车、移动式钢架杆索道绞盘机、液压起重臂、J-5集运机、CJ-120轮式集材机、森铁削片筛选专用车、无大梁木片运输车等，其中已通过鉴定的有ZLM50型木材装载机、园丁牌多用作业车2项，其余的结转到1987年。1986年，林业部安排科研开发项目11项，其中包括：拖式集材机的研究、微机控制的自动选材技术的研究、移动式小径木剥皮机的研究、南方中幼林抚育间伐索道技术的研究等，这些项目均在研究过程中。1985年，黑龙江省牡丹江林业管理局科研所等单位试制的GS-3型带钢架集材架空索道荣获国家科技进步三等奖。“六五”期间，常州林业机械厂等单位研制的ZLM50木材装载机和中南林学院等单位研究的悬索曲线计算理论及其在林业索道中的应用等2项荣获林业部科技进步二等奖，提高了林业机械化程度，减轻林业工人繁重的体力劳动。ZLM50木材装载机采用液力机械传动、全轮驱动和低压宽基越野花纹轮胎，爬坡能力强，档位操纵采用单手柄电磁-气控液压换档，操作十分简单轻便。悬索曲线计算理论的研究成功解决了当悬索中央挠度系数大于0.08时采用通常“抛物线”理论计算误差太大的问题，扩大了悬索计算理论的计算范围2倍以上。有12项木材生产机械科研项目荣获林业部科技进步三等奖。1986年获林业部科技进步三等奖的有2项。

**质量管理** 近几年，木材生产机械制造企业通过整顿和加强全面质量管理，提高质量意识，坚持质量第一，强化企业管理，努力实现企业“上等级”。1986年，常州林业机械厂列入国家经委991个大中型企业重点推行全面质量管理计划之中，并于同年12月由林业部验收合格。牡丹江林业机械厂的轮轴压装和常州林业机械厂的思想政治工作研究会两个QC小组荣获1986年全国优秀QC小组。通过QC小组的活动，牡丹江林业机械厂的轮轴压装吨位合格率由72%，提高稳定在96%。“六五”期间，常州林业机械厂的JZ2-3绞盘机和ZLM-30轮式装载机、牡丹江林业机械厂的150毫米菱形锉刀，苏州林业机械厂的JS2-3索道绞盘机等4种产品获国家银质奖；获林业部优质产品奖的有云南林业机械厂的YG一吨翻斗车、牡丹江林业机械厂的QGF斧子、西北林业机械厂的GJ85油锯、泰州林业机械厂的YJ4油锯、天津林业工具厂的HSS-3手搬葫芦等5种产品。1986年，经林业部采运机械产品质量监督检验站复查证明，上述优质产品均质量稳定，符合优质产品标准，继续保持优质产品称号。尤其是常州林业机械厂的ZLM-30木材装载机，产品质量在获1984年国家银质奖的基础上又有新的提高。噪声降到87分贝，达到国外同类产品先进水平。该厂计量管理工作达到国家一级计量单位标准。

**技术改造与引进** 自1982年以来，对木材生产机械厂安排了两项国家重点技术改造项目，包括列入第一批国家机电工业550项重点技术改造项目的西北林业机械厂油锯生产技术改造和列入第二批国家机电工业500项重点技术改造项目的常州林业机械厂木材装载机生产技术改造等。油锯生产技术改造自1983年开始进行，安排投资474万元，但由于种种原因改造进度拖后，预计1987年上半年能够完成。为了进行木材装载机技术改造，常州林业机械厂在已请日本小松制作所进行技术诊断的基础上，已提报技术改造可行性研究报告。1986年，该厂又与日本小松制作所合作生产了日本新开发的WA-300型装载机100台。此外，天津林业工具厂的锯链导板生产列入国家经委技术改造项目，安排总投资320万元，这一改造项目正在进行之中。

**产品销售** “六五”期间，木材生产机械产品销售量一度下降，1986年开始有所回升。1986年，林业系统21个工厂共销售主要木材生产机械7601万元，比1985年增长16.2%，其中采伐机械301万元，装车机械5415万元，运输机械1465万元，其他机械420万元。 （陈达文 曹万金）

**【木材加工机械】** 木材加工机械企业主要为木材加工、建筑、木型制作、家具生产等部门提供技术装备。产品包括制材设备、木工机床及板式家具设备等。由于使用部门多，用途不同，要求千差万别，形成木材加工机械品种多，批量小，专业性强的特点。

**生产概况** 建国初期，木材加工机械企业仅能生产圆锯机、木工压刨、木工车床等有限的几种木工机床。1952年开始生产带锯机，以后逐年发展，到“六五”末期，已发展到200多个品种，几十个厂家生产。板式家具设备的生产从80年代初才开始起步，但发展速度很快，目前已有几十个品种。经过37年的发展，木材加工机械已由生产单机发展到生产成套设备，已能成套供应制材设备和板式家具设备。制材设备单机向微机控制、提高摇尺精度方向发展；成套设备向自动化、连续化、短线工艺、立体布置方向发展；木工机床向数显、数控、高转速、低噪音、多工位、安全生产方向发展；板式家具设备向多品种、高效率、成套化方向发展。建国初期，林业系统没有以木材加工机械为主产品的企业。截止“六五”末期，发展到牡丹江、信阳、威海木工机械厂，长沙、柳州、岷江林业机械厂等9个企业，其中：职工人数在千人以上的厂有3个；固定资产原值在2000万元以上的厂有2个。“六五”期间，共生产各种木材加工机械55034台。1986年，9个企业共有固定资产原值9021万元，职工7340人，其中工程技术人员469人，管理人员990人；完成工业总产值6837万元，比1985年增长11.3%，实现利润941万元；全员劳动生产率达到9483元/人·年；木材加工机械总产量为21961台。

**科研与新产品试制** 长期以来，我国木材加工机械停留在苏联50年代的产品水平上。党的十一届三中全会以后，科研新产品开发工作有了很大发展，使大部分产品面貌一新。“六五”期间，林业系统木工机械厂开发并成套生产了20多种板式家具成套设备，填补了国内空白；研制了6种新型木工机床，第一次成套设计并供应了制材生产线。1986年，林业部共安排24项木材加工机械新产品科研和开发项目，其中制材设备10项，国家级4项，部级1项，公司级5项；木工机床7项，国家级4项，公司级3项；家具设备7项，国家级1项，公司级6项。截止1986年底，已完成的有2项，其他项目均转入1987年。荣获1986年林业部科学技术进步奖的木材加工机械科研项目有3项，二等奖1项，三等奖2项。1986年，信阳木工机械厂与东北林业大学合作进行的降低木工带锯机噪音的研究有了很大进展，整机空运转噪音降低6分贝左右，中高频噪音有明显下降，已由东北林业大学向国家专利局申请了专利。为了提高带锯机的精度和改造已出厂的带锯机，1986年，信阳木工机械厂与福州大学合作，将微机和引进日本带锯机技术中的双电机结构移植到国产带锯机上，在保持原结构基本不变的条件下，仅需要更新部分零部件就可以大大提高带锯机的摇尺精度，从而为现有制材厂的技术改造提供了可能。

**质量管理** 自推行全面质量管理和开展QC小组活动以来，各木材加工机械制造厂的产品质量有了显著提高。制材设备和木工机床的生产历史长，工艺成熟，产品质量比较稳定；板式家具设备上得快，精度要求高，配套复杂，产品质量曾一度波动，经过整顿，现在已有很大好转。“六五”期间，林业系统木材加工机械有8个产品获得国家和部优质产品奖。其中，牡丹江木工机械厂的MX519单轴木工铣床、MB106A单面木工压刨床、MB104单面木工压刨床、MK515立式单轴木工钻床，信阳木工机械厂的MJ346B细木工带锯机等5个产品荣获国家银质奖。信阳木工机械厂的MJ3215A跑车带锯机、MB504B木工平刨床和MJ109木工圆锯机等3个产品获林业部优质产品奖。“六五”期间，牡丹江木工机械厂达到国家二级计量单位标准。1986年，信阳木工机械厂又达到国家三级计量单位标准。“六五”期间，8种获优质奖产品均采用了国际标准。1986年，信阳木工机械厂的MJ3110普通木工带锯机采用了日本标准，并获得林业部优质产品奖；MB103B木工压刨床和MB1010木工压刨床采用了国际标准。

**技术改造与引进** “六五”期间，林业系统木材加工机械未列入技术改造计划。技术引进方面，信阳木工机械厂于1985年5月与日本富士制作所签订了FO-127WL-Ⅱ型双联跑车带锯机、FHT-094型油压数控全自动跑车、FO-12JS型自动送料装置等3种不同类型制材设备的技术引进合同，合同有效期5年。该厂于1985年四季度陆续收到日方交付的技术资料。经过1年的消化吸收和图纸翻版工作，1986年四季度基本上完成了3种制材设备的试制前技术准备工作。油压数控全自动跑车和自动送料装置于1986年四季度投入试生产，预计1987年上半年可完成样机试制。长沙林业机械厂于1985年5月与联邦德国乐可德公司签约购买了成套板式家具生产设备和有关技术资料。1986年底，牡丹江木工机械厂与联邦德国豪马公司签订了KS20/3型封边机技术引进合同。此项技术的引进，将为我国板式家具行业的改造，特别是以刨花板为基材的家具封边工序提供先进的技术装备。

**产品销售** 全国生产木材加工机械的厂家多，竞争十分激烈。从质量和规模来说，木材加工机械的最大生产厂家是牡丹江木工机械厂，制材设备的最大生产厂家是信阳木工机械厂。近几年来，产品销售服务工作有了很大改进，逐步赢得用户的信誉。据统计，1986年，9个企业销售收入6676万元。70年代中期木材加工机械的出口量较多，主要出口到日本和东南亚一些国家。近几年，木材加工机械的产品销售量持续增长，出口量很少，1986年仅出口了2台MJ346B细木工带锯机和3台MB103压刨床。 (姜林飞 于淑英 李荣华)

**【人造板设备】** 人造板设备制造厂主要为人造板工业提供成套技术装备，其产品包括：胶合板、纤维板、刨花板、复合板、细木工板及表面装饰等设备。

**生产概况** 自1956年由上海大安机器厂(今上海人造板机器厂)试制第一台小型纤维板热压机以来，我国人造板设备从单机到成套，从小型到大、中型，从单一的纤维板设备到各种人造板设备，有了较大发展。到1986年，林业系统共有12个企业生产人造板设备，拥有固定资产原值14631万元，职工11503人，其中工程技术人员1056人。1986年，生产各种人造板设备320多种，1213台，实现工业总产值10383万元，劳动生产率8092元/人·年，利润998.2万元。

**科研与新产品试制** 现有人造板机械专业研究机构2个：北京林业机械研究所和中国林业科学研究院木材工业研究所。中国林业科学研究院木材工业研究所还引进了全套刨花板试验设备和测试设备，为刨花板工艺和设备的研究创造了条件。1980年以来，林业部安排的人造板机械科研新产品开发项目有自动单板剪切机、细木工板胶拼机、热油炉、单板干燥机等18项，成套设备项目2项(其中国家科委安排1项、林业部安排1项)。在科研和新产品开发项目中，有之字型拼缝机、自动封边机2项单机和1项成套设备鉴定合格，4项已完成试制，其余大部分正在试制。我国第一套年产3万立方米刨花板成套设备是国家科委下达给林业部的重点新产品开发项目，1986年9月已通过部级鉴定。该成套设备由林业部林产工业设计院负责工艺设计，林业部林业机械公司负责设备总成套，林业部林业机械公司所属的8个机械厂承担设备研制，生产线上的设备共87种141台套。其特点为：刨花气流铺装、单层平压、胶料计量自动控制，主机质量较好，其技术性能已接近国外同型号设备的水平。它为大、中型刨花板设备国产化创造了条件。镇江林业机械厂研制的BX216和BX218型鼓式削片机等两种刨花板成套设备配套产品获1986年林业部科学技术进步奖。为年产3万立方米刨花板成套设备配套的41.8亿焦耳/小时燃煤型热油炉的供热系统已于1985年通过部级鉴定。上述热油炉试制成功以后，将使用导热油作为热压机的热源，与人造板热压机采用常规热源加热比较，不仅能提高人造板产品的质量，同时能节省大量热源。

**质量管理** 我国人造板机械的生产起步较晚，基础较差，除了日产7吨、30吨纤维板成套设备的产品质量比较稳定外，其余产品质量不稳定，像年产1.5万立方米的刨花板设备未经试验鉴定就成批投料生产，技术上一直没有过关。为了改变这一面貌，近年来，采取了如下几项措施：①严格按新产品开发程序办事，未经鉴定合格的产品不投产；②所有单机必须经厂内试车合格后才能出厂；③大力加强产品售后服务工作，跟踪扫除隐患。与此同时，于1985年成立全国人造板设备标准化技术委员会，大力加强人造板设备的标准化工作。该委员会先后共制定了39个标准，其中20个为国家标准，19个为专业标准；1项采用国际标准；11个标准达到国际先进水平。为了加强人造板机械产品检测工作，已成立人造板机械检测中心筹备小组，目前正在开展各项业务工作。经过几年的努力，人造板设备产品质量有了一定的提高。例如，西北人造板机器厂的XY型热压机获1984年林业部优质产品奖，上海人造板机器厂的BYB3×3-20/15覆铜箔热压机于1986年获上海市机电工业管理局"优良产品"称号和上海市优秀产品奖。

**技术引进与改造** "六五"期间列入国家机电工业550项重点技术改造项目的有信阳木工机械厂旋切机和镇江林业机械厂削片机生产技术改造2个项目，由于种种原因，这两项技术改造项目进度拖后，预计1987年能完成。"七五"期间，列入国家机电工业500项重点技术改造项目的有上海人造板机器厂长网成型机和热磨机生产技术改造等。这些项目同时引进技术，截止1986年底，已签订技术引进合同的有：信阳木工机械厂液压双卡轴旋切机、上海人造板机器厂胶合板热压机组。1984年，机械工业部与联邦德国比松公司签订5万立方米的刨花板成套设备技术引进合同，其中削片、刨片、贮料仓、干燥、筛选、风选、再碎、拌胶、砂光以及导热油供热系统等由林业系统的制造厂消化吸收。目前，根河、露水河、牡丹江等地3个5万立方米/年刨花板厂正在建设中。

**产品销售** 人造板设备销售量很不稳定，70年代曾出现纤维板设备热，80年代初出现刨花板设备热，近两年胶合板设备又畅销。1986年，人造板设备销售总额为6333万元，销售量为1006台。自1980年以来，部分人造板机械曾销往新加坡、菲律宾、巴基斯坦等国家。例如，镇江林业机械厂的削片机出口到菲律宾，日产30吨纤维板成套设备出口到巴基斯坦。齐齐哈尔林业机械厂安装队成立于1982年，几年来，安装了吉林省三岔子日产110吨刨花板成套设备和巴基斯坦日产30吨纤维板成套设备等生产线，安装速度快，质量好，获得中外用户的赞赏。 （杨汉兴 陈达文）

**【林产化学设备】** 建国前，我国林产化学加工技术十分落后。建国后，成立了林产化学研究机构，在林业高等院校设置了林产化学专业，林业部从波兰等国引进设备，建成了较大规模的林产化学工厂。由于科研、教学和生产部门的共同努力，林产化学加工工艺及设备制造得到了迅速发展。目前主要由镇江林业机械厂生产松香、栲胶设备。林产化学设备产量不高，1983年生产了897台，1986年下降到127台。目前，我国生产松香、栲胶、紫胶、木材热解和活性炭，木材水解和其他林产化学加工成套设备主辅机共200多种。在松脂加工设备方面，从直接火滴水法设备发展到连续化生产成套设备。在栲胶设备方面，年产500吨栲胶平转型连续浸提设备已通过鉴定。水力出渣、多碟式短轴喷洒器、木质转鼓浸提器、活动制板式薄膜蒸发器等均已推广应用。在紫胶设备方面，间接蒸汽过滤法生产设备已通过鉴定，并通过了紫胶色素生产试验，乙基化脲醛树脂使用的生产试验，用原胶直接制脱色片胶中间试验等，使生产设备的技术水平不断提高。在木材热解和活性炭、木材水解设备方面，南京林产化学工业研究所试制了盘式内燃连续活化炉，高效糖醛精馏塔等。此外，松针粉加工成套设备也已研制完成，正在推广应用。 （陈达文）

**【林业工具刃具】**

**生产概况** 林业工具刃具制造企业主要为木材生产和木材加工提供工具刃具。林业系统有天津林业工具厂、牡丹江林业机械厂、信阳木工机械厂、丹东工具厂和大连机械刀片厂等5个企业生产林业工具刃具。其中天津、丹东2个厂为专业工具厂，其他3个厂设有工具车间。主要产品有大斧、金属链导板、带锯条、圆锯片、金刚石锯片基体、弯把锯、锉刀、木工刀片等。天津、丹东等2个专业厂拥有职工1155人，其中工程技术人员70人，固定资产原值1081万元。上述两厂1986年完成工业总产值1639万元，上交利润302万元；产品产量，斧子20万把，带锯条170.7万米，圆锯片6.95万片，弯把锯19万把，手搬葫芦5350台，锯片基体25797片。

**技术改造** 天津、丹东等专业厂，1986年技术改造投资142.8万元。1986年，天津林业工具厂技术改造投资131万元。该厂的锯链导板技术改造列入了林业部技术改造计划。

**质量管理** 林业工具制造企业的产品质量，近年来是稳步上升的。在产品创优方面，牡丹江林业机械厂的锉刀获国家银质奖，牡丹江林业机械厂的QGF伐木大斧、天津林业工具厂的4～6英寸带锯条和手搬葫芦获林业部优质产品奖。在全面质量管理方面，天津林业工具厂列入了全国991个大中型工业企业推行全面质量管理计划名单之中。1986年，根据《林机企业全面质量管理验收细则》，该厂开展了自检，进行全面整改。在计量工作方面，1986年，天津林业工具厂和大连机械刀片厂达到了三级计量单位标准。

**科研和销售** 天津林业工具厂在80年代开发了一种新产品——金钢石锯片基体，作为制造金钢石锯片的主体，年产可达3万片，成为全国制造生产基片最大的厂家。1986年，大连机械刀片厂研制成旋木筷刀，铬钨锰胶合板刀，BX468、218、216削木片刀。1986年，天津林业工具厂和丹东工具厂林业工具刃具销售收入1657万元，其中丹东工具厂出口斧子7.69万把，折合8.4万美元。

（王培荣）

**【狩猎机具】**

**生产概况** 狩猎机具直接关系着野生动物资源的保护，被国家定为限制生产的产品。计划内生产狩猎机具的有齐齐哈尔市猎枪厂、河南西峡农林机械厂、哈尔滨猎具厂3个。此外，吉林辉南猎枪厂、辽宁宽甸鸟枪厂和四川长安机器厂也生产猎枪、猎具。据齐齐哈尔、西峡、哈尔滨、辉南、宽甸等5个狩猎机具厂统计，现有职工1343人，其中工程技术人员58人，固定资产原值501.6万元，净值276.8万元。1986年，狩猎机具总产值762万元，净产值297.9万元，销售收入768.2万元，上交利润57.2万元，生产的产品品种主要有单管、双管猎枪，鸟枪，猎枪子弹和底火。1986年，生产鸟枪27000支，猎枪24425支，猎枪子弹100万发，底火4万盒。

**技术改造** 各狩猎机具制造厂基本建设和技术改造靠自筹资金。1986年，狩猎机具企业投资71万元，其中技术改造31万元，基本建设40万元。

**质量与管理** 为提高狩猎机具的产品质量，为发放生产许可证打好基础，1986年，林业部林业机械行业管理办公室组织林业部便携式林业机械质量监督检验站，开展猎枪质量行业检查活动。检查了单、双管猎枪6种，鸟枪2种，猎枪5种，齐齐哈尔市猎枪厂的DM16-1型单管猎枪、L65-4型16#平式双管猎枪和16#猎枪压底火器，长安机器制造厂的LQ002型12#立式双管猎枪，西峡农林机械厂的DM16型单管猎枪、NQ65-1型鸟枪，宽甸县鸟枪厂的NQ64-4型鸟枪，哈尔滨猎具厂的16#猎枪压底火器、12#猎枪弹壳紧壳器、霰弹（铅丸）等均为合格品。这次行检是林业部管理猎枪生产以来第一次组织的对主要生产厂家的质量检查，也是进行行业质量监督管理的开始。

为加强对狩猎机具销售的统一管理，严禁私自买卖，林业部在哈尔滨设立了林业部哈尔滨猎枪弹具销售中心，负责计划和管理狩猎机具的销售工作，为保护野生动物资源和人身安全、促进狩猎事业的开展起到了一定的保证作用。（王培荣）

## 林业机械化

**【综　述】** 林业机械化主要指森林采运工业和营林生产机械化。1949年以前，我国林业生产手段十分落后，机械设备很少，营林和木材生产都是笨重的手工作业。中华人民共和国建立后，首先在东北、内蒙古国有林区使用机械伐木、集运材，以后在西南国有林区和南方集体林区也逐步使用机械从事营林和木材生产。目前，国有林区木材生产主要工序基本上实现了单工序机械化，营林生产机械化也有较大发展。

**发展过程** 回顾我国林业机械化的发展历程，可分为以下几个阶段：

由手工作业向机械化发展的初始阶段（1949～1957）。这个时期是国民经济恢复和第一个五年计划期间，党中央和国务院很重视林业，提出了有关发展林业方针、颁发了不少有关林业工作的指示，为发展林业机械化创造了客观条件。从1950～1957年，相继在东北、内蒙古林区试用了从苏联、捷克斯洛伐克、民主德国、波兰等国家进口的C-80拖拉机、电锯、油锯、克特-12集材拖拉机和达脱拉、吉尔、玛斯、星-20等型号汽车，进行伐木、集材、运材试验，取得良好效果。1957年末，东北、内蒙古林区已有27个林业局实行拖拉机集材，16个林业局实行汽车运材，并建立了修理厂；南方林区的福建、贵州、云南等省亦开始试用汽车运材。截至1957年底，全国拥有集材拖拉机888台，运材汽车706台，油电锯448台，使木材生产的采伐、集材、运材作业开始由弯把锯伐木、牛马牵引爬犁集材向机械化作业过渡，开辟了汽车运材方式。对于坡度很高，又不适宜拖拉机集材的伐区，50年代开始研究架空索道集材方式。1956年，先后在黑龙江省的带岭林业实验局、四川省的马尔康林业局实用苏联的BIY-1.5型动力索道集材，装卸车开始用二筒、三筒柴油绞盘机取代人力装车。机械化作业提高了劳动效率，减轻了林业工人的劳动强度，显示了强大生命力。

开始全面发展阶段（1958～1965）。这个时期，国民经济开始转入全面大规模的社会主义建设。林业机械化作业范围扩大，机械化比重上升，同时在林业机械管理、使用、维修、制造、教育等方面开始全面发展。1958年，广西柳州机械厂仿制油锯成功，定型为051，从此国产油锯取代了进口油锯。1958～1960年，相继又从苏联进口一批德特-40、德特-40M和德特-60集材拖拉机。由于国产解放牌汽车的诞生，林业运材汽车开始使用国产汽车。到1965年末，全国伐木油锯保有量已达到6131台，集材拖拉机达到2313台，运材汽车达到4092台，装卸车用绞盘机3528台。机械化比重较大的东北、内蒙古林区木材采运机械化水平由1957年的42%上升到1965年的81%，采集运装归主要工序基本实现机械化作业。所用机械设备由初始阶段靠进口转为国产。主要设备的台年效率：集材拖拉机达5452立方米，运材汽车达5482立方米。南方集体林区木材生产的机械化水平也有一定的提高。随着林业生产的发展，这个时期建立了林业自办电站。东北林业总局成立了电力总公司，相继在黑龙江省伊春林区建立10多个火力发电厂，装机容量40520千瓦，发电能力31500千瓦。

为了推动林业机械化的发展，1956年和1960年，林业部相继在黑龙江省的带岭林业实验局、吉林省的临江林业局召开了机械化现场会，总结了经验，提出了进一步发展林业机械化的要求。1963年，林业部提出"林业生产机械化，机械设备国产化、标准化"的方针。这个时期共建立机械设备管理办法、检修规程等31种规章制度，对管好用好设备，克服林业机械设备管理混乱起了良好的作用。

对于林业机械设备检修，这个时期也有了进一步的发展，明确提出了"一局一厂制"和"三级检修制"的修理体制。对林业机械实行定期保养，计划修理。

"文化大革命"时期(1966～1976)。正当林业机械化向全面发展之际，1966年开始了"文化大革命"。十年动乱，林业机械设备管理工作受到了很大冲击，林业机械设备管理机构被撤销，合理的规章制度被废除，管理人员被下放，管理工作一片混乱，以修代养、违章作业、无证驾驶、集材不修道等拚设备现象十分严重，致使机械设备遭到严重破坏，出现了"三三制"(1/3完好、1/3带病、1/3破损)，生产效率下降，单位成本提高，机械设备事故增多。

在设备检修方面，破坏了原有的集中定点修理，错误地提出了"大修不下山"的口号，使大量机械设备不能按计划检修，已入厂的修理设备，在厂期长，质量低，成本高。为了完成木材生产任务，1975年从瑞典进口500辆柴油汽车分配在主要林区，增加木材运输能力。这个时期，也研制成功一些新产品。如CY5型和YJ4型油锯，Z4JM-2.5型木材装载机，ZC-3型侧面叉车，J-80轮式集材拖拉机，380马力的内燃机车等。

蓬勃发展阶段(1977～1986)。粉碎"四人帮"后，针对当时林业机械管理面临的混乱状态和"三低"(完好率低、检修质量低、生产效率低)、"一高"(检修成本高)、"一短"(零配件缺)的问题，1978年5月，国家林业总局在河北省石家庄市召开了森工设备维修管理工作会议，明确提出加强领导，建立和充实林业机械管理机构，建立和健全各种规章制度，开展设备、线路升级，提高修理质量，大搞旧件修复等工作要求。1980年，林业部在福建省龙岩县召开了设备、线路升级总结表彰会议。与此同时，林业部颁发了运材汽车、集材拖拉机、森林铁路技术规程。机械管理机构得到恢复，林业机械设备管理工作开始步入了新的阶段。

**发展水平与成就** 党的十一届三中全会以后，我国林业机械化步入一个新的发展时期，并取得了一些新的成就。

*完善单工序机械化、改善装备素质* 1978年底后，对国内外一些新型机械设备进行了科学试验。1980年，从美国引进伐木归堆机、抓钩集材机、平路机、压路机等12台具有70年代水平的采集设备，在吉林省大兴沟林业局进行了抚育间伐生产试验。试验证明，轮式折腰集材机比目前用的履带集材拖拉机生产效率有较大提高，单位生产成本明显降低。对于分散伐区，木材径级比较小的原木生产工艺，完全可以用木材装载机取代目前架杆绞盘机。1984年，又从美国、奥地利引进了适于高山集材的移动式钢架杆机、轮式折腰集材机、重型运材汽车等设备，分别在四川省川南、黑龙江省带岭林业实验局进行了主伐林场采集运生产试验。与此同时，也开展了国产机械设备的生产试验，探索林业机械设备国产化的途径和提高林业营林机械化的路子。从1982年后，相继选用长征、东方红665B、CA-141等6种国产柴油汽车分别在黑龙江省穆棱、吉林省和龙、林业部大兴安岭林业管理局新林、内蒙古牙克石林业管理局阿龙山等林业局进行可靠性、适应性、经济性生产试验。1983年，内蒙古牙克石林业管理局克一河林业局在7个林场、6个苗圃、18个营林专业队配备51种311台(套)营林机械设备，在13个项目的75道工序中进行营林生产机械化试验，拖拉机抚育伐集材工效比人工提高6～10倍，生产成本降低30～40%。西北林业机械厂生产的QH-25轻型油锯用于伐木打枝，开始取代伐木斧。木材采伐中推广了GJ-85新型油锯，老式的051型油锯逐步被淘汰。黑龙江省松江拖拉机厂引进了美国克特皮勒公司生产的815轮式折腰转向集材机的制造技术和日本岩手岗土会社生产的J-30小型轮式抚育间伐用集材机的样机，为林业机械设备更新换代开发了新产品。

*实行设备综合管理* 设备综合管理是实现设备管理现代化的重要方面，基本内容是对设备的一生管理，实行技术管理与经济管理相结合；修理、改造和更新相结合；维护与计划检修相结合；制造与使用维修相结合；专业管理与群众管理相结合，达到设备寿命周期费用最低，综合效率最高的目标。它改变了传统管理工作中存在的制造、选用、购置、使用分段管理的弊病。根据国家经委有关要求，林业部从1985年起，先在设备管理比较好的企业进行了设备综合管理试点，并逐步发展到面上，要求所有企业都要根据实际情况单项或综合的创造性的予

以应用推广。林业部1983年和1986年先后在清华大学、北京林业大学举办了设备现代化管理训练班，共培训业务骨干100多名。目前，多数企业对设备管理基本上做到集中管理，少数企业开始实行设备的一生管理，特别是都注重了设备经济使用年限的研究，进行了设备更新，获得了较好的经济效益。吉林省露水河林业局用新集材-50拖拉机更新旧集材-50拖拉机，木材生产直接成本每立方米降低68%，1年就节省成本费62万元，当年偿还设备更新投资37%。各级机械管理干部开始更新旧观念、旧方法，即从过去单一木材生产设备管理转向各条战线设备全面管理；从过去注重技术管理转向技术经济管理；从过去依靠行政办法转向依靠行政经济管理；从过去注重修理转向依靠技术进步，注重经济效益，实行修理、改造和更新相结合，为推进林业机械设备综合管理奠定了基础。

*建立机组经济承包责任制* 在林业经济体制改革中，林业企业的主要生产设备，普遍实行了不同形式的经济承包责任制，调动了职工积极性。内蒙古牙克石林业管理局设备承包数量占在用设备总数的70%。南方集体林区木材市场放开后，大部分汽车运材车队实行了承包。承包形式有：机组承包、单机承包、租赁承包。机组和单机承包都是在坚持所有制不变的情况下，企业以现行的劳动定额和油脂、材料消耗定额作基础，把各种费用核算为每立方米综合成本包给职工。这种形式是目前承包中的主体。在承包中只要经济控制措施搞得好，基本上能保持设备技术状态良好，经济效益也较高，企业、个人均能得到实惠。机组承包配套的机械有2种形式：一是“111”型，即1台油锯、1台集材拖拉机、1台汽车；二是“11”型，即1台油锯、1台集材拖拉机。单机承包是指承包1台汽车或1台集材拖拉机。租赁承包也是在坚持所有制不变条件下，将设备租赁给职工个人使用，租期一般为1年，最多为3年，企业收取一定数量的租金。租赁费标准各地不一，主要是按车况分类分别定出不同租金。如一类车(完好)年收5500元，二类车年收4000元，三类车年收3500元。南方林区运材汽车实行的承包也有按月收费的，解放牌新车每月上缴车队纯利润765元，3次大修以上车每月上缴550元，4次大修以上车每月上缴400元。另外，按走行里程每百公里分别提大修费6～8元，预提轮胎费7元，“三保”费100元。对于性能好、载量大的汽车其所收租金及提修理费、折旧费更多些。各省及林业管理局，分别制订了机械设备承包管理办法，对承包形式、内容、要求作出了明确规定，使机械设备承包经济责任制不断巩固完善。

*改革林业机械修理厂经营管理体制* 林业机械修理厂长期以来都是实行报账制，不计盈亏，改革中首先实行了独立核算，自负盈亏。但由于经营素质差，缺乏商品经营观点，修车任务又不足，多数企业发生亏损。为增强企业活力，扭亏增盈，1983年，林业部在北京召开了林业机械修理厂工作会议，会上除分析了改革开放后出现的问题外，着重研究了如何改变经营的指导思想，增加企业活力问题。明确提出：林业机械修理厂要贯彻以改革为动力、立足林业，面向社会，独立经营，自负盈亏的方针。在各省的领导下，林业机械修理厂开始冲破原有经营方式，开拓了市场。在企业内部划小核算单位，实行车间、班组财务包干，超额分成。在生产安排上，以销定产，市场调剂为主。在经营方式上，广开生产门路，实行修理与制造相结合，开设市场修理门市部。在服务方向上，既搞林业机械设备修理，又搞社会车辆修理，增强企业活力。目前，绝大多数修理厂转亏为盈。黑龙江省省属林业机械厂，1985年工业总产值比1984年增长28.8%，销售收入比1984年增长14.4%，财务盈利84.4万元，全面实现扭亏增盈。福建省龙岩汽车保修厂实行“三扩大”(扩大运输，扩大对外修理，扩大对外加工)，1985年仅对外修理就比1984年增加4.8万元。福建省永安林业保修厂开设进口汽车特约维修中心，实行跨县、跨地区修理。江西省抚州地区林业机械修理厂1986年承担社会上大小车辆修理产值占该厂全年修理总产值的67%。随着改革的深入发展，目前已有些林业机械修理厂与大城市制造厂实行跨行业、跨地区的松散型联营，开发了新产品，扩大了市场，增加了收入。

*推行林业机械设备稽查制度* 林业部大兴安岭林业管理局，从1979年起，开展了机械设备稽查工作，机械设备事故次数明显减少，设备完好率上升，台年效率增长。林业部于1986年在东北、内蒙古林区推行了机械设备稽查制度。目前，在伊春、牡丹江、吉林林区和内蒙古大兴安岭林业管理局，普遍开展了机械设备稽查工作。林业机械设备稽查的基本任务是监督检查林业机电设备规章制度的贯彻执行，制止违章操作，处理机械设备事故，负责驾驶人员的技术考核、发证、审查和安全教育工作，在林业企业内部执行交通监理工作。

根据国家经委关于开展全国设备管理优秀单位评选活动的有关要求，林业部从1985年开始，在林业企业内开展了评选设备管理优秀单位活动。荣获国家级设备管理优秀单位奖的是林业部大兴安岭林业管理局新林林业局，荣获国家级设备管理先进单位奖的黑龙江省桃山林业局和林业部常州林业机械厂。荣获林业部级设备管理先进单位奖的企业22个。1986年，林业部在黑龙江省桃山林业局召开了全国林业设备管理工作会议，对评选出国家级、林业部级的设备管理优秀单位、先进单位进行了表彰。

当前，林业机械化还存在不少问题，从长远看，至今没有长远发展规划，技术发展方向、技术政策都不太明确。现有技术装备陈旧落后，经济效益低，未有做到按经济使用寿命适时更新。各条战线机械设备还未形成系列化、标准化，成套性差。技术进步速度慢，新技术、新工艺、新设备应用较少。提高营林机械化程度所需适销对路产品较少，影响了营林生产的发展。 (张宝玉 李青文)

**【林业技术装备】** 林业技术装备决定林业生产力的发展。建国前，林业生产落后，机械设备很少。建国后，林业生产逐步实现了机械化，技术装备由引进、仿制，逐步趋于国产化。1985年，全国林业系统主要生产设备拥有量166412台(套)，森工企业设备固定资产原值29.75亿元，占全部固定资产原值的28.8%，综合机械化程度达88.72%。

“一五”时期，重点发展采伐运输机械化。主要进口了苏联制造的友谊牌油锯和克特-12型集材拖拉机，应用于采伐和集材作业。运材作业主要应用日本军国主义投降时留下的森林铁路设备，同时发展汽车运材。1953年，从捷克斯洛伐克进口了达脱拉型柴油运材汽车500台。1956年，国产解放牌汽车开始用于运材作业。至1957年底，全部主要设备拥有量22116台(套)，森工企业综合机械化程度达28.1%，采伐工人动力装备达1.72千瓦/人。

1958～1965年，采伐、集材、运材等主要生产工序逐步实现了机械化。技术装备水平有所提高。1958年，国产051型油锯试制成功。又先后进口了苏联制造的德特系列集材拖拉机，捷克斯洛伐克的达脱拉运材汽车等。通过消化吸收，国产林机设备相应发展。1965年，国产集材50型拖拉机试制成功，动力索道也投入生产。营林推广了94种营造机具，基建施工开始应用推土机和压路机等设备，实行机械化作业。至1965年末，全部主要生产设备拥有量55869台(套)，森工企业综合机械化程度达75.2%。

20世纪60年代末至70年代中期，国内轮式折腰转向集材80型拖拉机试制成功，集材50型拖拉机和油锯批量生产。同时，为适应开发新林区的需要，先后引进了瑞典的斯堪尼亚运材汽车、日本丰田汽车、共立牌油锯、D-80型推土机和挖掘机等，林业技术装备水平不断提高。至1977年底，全部主要生产设备拥有量150264台(套)，森工企业综合机械化程度达88.6%。

1978年后，森工企业的综合机械化程度基本上保持1977年的水平。技术装备的发展有以下特点：①加强了在用设备管理和技术改造，注重推广国产设备。如性能较先进的CH25轻型油锯、GJ85A型防震油锯和木材装载机等得到推广应用。②开始应用现代化的技术装备。许多企业已运用微机进行生产计划管理，我国最大的木材采运企业林业部大兴安岭林业管理局新林林业局开始应用工业电视管理生产。③继续引进了多种设备样机，进行消化吸收，提高林业的技术装备水平。如美国的抓钩集材机、平路机，奥地利的移动式钢架杆索道、瑞典的液压起重臂等设备。这些设备多数尚处于生产性试验阶段。④主要生产设备趋于国产化。部属林业机械厂已能为企业提供450多种机械设备，比较先进的东风牌汽车已被大量地用来更新60年代的解放牌汽车。⑤继续进口重型运材汽车，缓解重型运材汽车严重老化的问题。进口的主要车型有斯堪尼亚、奔驰和五十铃等。

目前，从总体上来说，由于对引进设备未能及时消化吸收，国产设备几十年一贯制，致使林业技术装备仍然落后。据普查，1985年末，在使用的主要设备中，具有国际水平的仅占0.66%，达国内先进水平的只占1.95%，国内一般水平的占24.96%，处于国内落后水平的却占72.43%。，现有设备陈旧老化，急待更新。 (郭忠宝)

**【林业机械设备管理】** 中华人民共和国建立初期，全国仅东北林区有29条森林铁路、300多台小型机车和车辆，采伐和集材基本上靠人工和畜力作业。当时，只有森铁处负责运输及设备管理。1960年以后，陆续从苏联、捷克斯洛伐克等国家引进了集材拖拉机和运材汽车以及采伐用的油锯、电锯，先在东北、内蒙古林区进行机械化试点，而后，逐步推广到南方主要林区，但管理工作还是比较薄弱的。1961年，刘少奇等中央领导视察东北林区时指出，机械化水平一定要逐步提高，机修力量一定要加强，林业局应当有大修设备，应当有机械工程师和林业工程师；实行机械化是长远方针，更新(造林)也要搞机械化；对设备管理要加强领导。由于各级领导认真贯彻中央领导的指示精神，木材生产、林业基本建设、林产工业、营林等各条战线机械化比重都迅速提高，林业机械类型也增多了，至60年代中期，全国林业系统拥有各种主要林机设备5万多台(套)，综合机械化比重达70%以上。林业机械管理机构和体制也相应加强了。1964年，林业部将所属机械物资局和设备动力司合并为设备管理总局，统管林业机械设备、林业机械制造和物资供应，从上到下建立起完整的机械管理体系。1965年，林业部在黑龙江省伊春市召开了全国林业系统设备管理工作会议，提出了林业机械设备使用保养的具体要求，推行专人专机制，号召开展技术练兵运动。这是一次规模较大、影响较深的林机设备管理工作会议。会后，东北、内蒙古林区普遍建立了三级检修网(林业管理局、林业局、林场)，提高了检修质量，设备完好率显著上升。

“文化大革命”十年动乱，使正在兴起的林机设备和管理体系遭受严重破坏，生产效率连年下降。党的十一届三中全会以后，林业生产形势渐趋好转。1978年5月，国家林业总局在河北省石家庄市召开了森工设备维修管理会议，针对林业机械生产存在“三低一高一缺”(即：完好率低、台年效率低、检修质量低、检修成本高、配件缺)的状况，确定了设备管理的工作目标，要求设备综合完好率达到90%，检修实现拆装机具化、工艺规范化、检验仪表化、质量标准化；大修成本恢复到本企业历史最好水平，建设配件生产网，使配件自给率达到40%。这次会议是林机设备管理史上一次重要的转机。随后，林业部又颁发了南方林区汽车运材技术管理、东北林区汽车运材技术管理、集材拖拉机技术管理等规程，各省林业厅(局)很快恢复和建立起设备管理机构，改善了设备状态，初步扭转了生产设备仅有1/3完好在用的被动局面；各地区开展了多种形式的设备管理评比竞赛活动，涌现出不少先进单位和先进个人。1980年6月，林业部在福建省龙岩召开了采运设备、线路升级评奖大会，会议表彰了43个设备管理先进单位，142个先进包车单位和先进个人。

1982年，国家经委在天津市召开了第一次全国设备管理维修工作会议，提出设备管理的基本任务是，通过技术、经济和管理措施，对企业生产设备进行综合管理，做到全面规划、合理配置，择优选购、正确使用，精心维护、科学检修、适时改造和更新，使设备经常处于良好技术状态，不断提高企业的技术装备素质，达到设备寿命周期费用最经济、综合效能高和适应生产发展需要的目的。要求各级领导改变旧的设备管理概念和“复制古董”的修理体制，建立设备预防维修，推广现代化管理方法。从此，设备管理工作开始进入一个新的阶段。1986年，国家经委在北京市召开了第二次全国设备管理维修工作会议，总结“六五”期间设备管理维修工作，明确“七五”时期设备管理和维修工作的基本任务和要求，表彰了一批设备管理工作成绩显著的单位。林业部大兴安岭林业管理局新林林业局被评为全国设备管理优秀单位，黑龙江省桃山林业局及部属常州林业机械厂被评为全国设备管理先进单位。在两次设备管理工作会议的推动下，林业企业普遍开展了设备评优活动，评出了22个部级设备管理先进单位。针对林业设备管理人员业务素质差的状况(据1985年不完全统计，东北、内蒙古林区123135名机电设备管理人员中，大专以上文化程度的仅占0.92%，中专文化程度的仅占1.61%)，从1986年起，林业部委托北京林业大学举办培训班，计划用两年时间将企业科以上的主管设备工作的干部轮训一遍，以提高他们的科学文化素质。

林机设备管理工作正在改革中，并将随着科学技术的进步向着目标化、程序化、规范化、数据化的方向发展。 （王增贵）

**【林业机械设备维修】** 林机设备维修是恢复林业机械生产力的重要手段，是随着林业生产机械化程度的提高而发展起来的。

建国初期，林业生产方式基本上是人抬肩扛，手工作业，当时只有东北林区有日本投降时留下的29条森铁运输线路和20个小修所。从1950年起，我国从苏联等国批量引进了集材拖拉机和运材汽车，林业生产机械化程度逐年提高，设备维修量也相应加大。但建国初期林区的设备维修力量很弱，只能维持“事后修理”。为加强维修力量，保证生产，林业部于1954年在原沈阳机械十九厂机修车间的基础上，建立了以大修集材拖拉机为主的黑龙江省伊春林业机械厂，以后又相继建成以大修运材汽车为主的黑龙江东京城林业机械厂和内蒙古自治区伊图里河林业机械厂。到1957年底，东北、内蒙古林区共建有3个林业机械大修厂、29个中修厂，拥有加工机床389台，年大修运材汽车300辆，大、中修集材拖拉机800台；50年代初期建成的哈尔滨林业机械厂已能年大修森铁机车60多台；林机制造能力也相应发展，已能制造绞盘机、油锯、森铁台车和汽车挂车等专用林机产品；运材汽车、集材拖拉机实行定点修理和强制保养、计划检修制度；制定了森铁车辆、森铁线路、森铁通讯、集材拖拉机等修理规程。1959年，东北森林工业学校又开设了林机修理专业，建立了林机维修技术人员培养基地，使林机维修逐步走向正规化。

“大跃进”中，由于盲目追求高指标，企业拼设备完成生产任务，忽视了设备维修保养，同期苏联撕毁合同，中断了进口设备的零配件的供应，致使1／3的采运设备破损，1／3的采运设备带病作业，生产力受到严重影响。为总结经验教训，林业部提出一方面要加强设备的使用管理，另一方面要加强设备维修基地建设，要加强林机零配件修复和制造能力。1965年，林业部在黑龙江省伊春市召开了首次林业机械管理维修会议，强调加强林机技术后方的建设。这次会议促进了林机大、中、小三级修理体系的形成和完善。到1965年，东北、内蒙古林区已建立8个大修厂、75个中修厂、242个检修网点，拥有修理机床2400台，修理工人1.5万人，年大修汽车、拖拉机3000多台。但是随后而来的十年动乱再次冲击了林机管理维修工作，林机设备又一次返回到“大跃进”时期的状况。

“文化大革命”以后，林业部于1978～1980年先后召开了3次林机设备管理维修工作会议，着重抓了采运机械维修和使用管理工作，此后，林机设备完好率再次回升，到1982年，采运机械综合完好率已达90%(图1)。

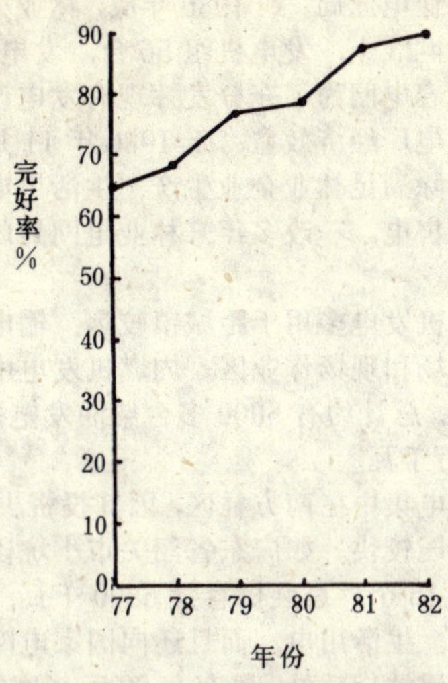


图1 林业采运机械综合完好率

到1983年，全国森工系统已有172个林机修造厂，检修网点1100个，职工7.5万人，固定资产3.4亿元，修理和制造产值达2.7亿元，主要维修设备2万多台，其中东北、内蒙古林区有9039台。1986年东北、内蒙古林区大修机械15491台(辆)。

随着林业森工经济体制改革，林机修造厂由技术型转向技术经济型，林机修理行业出现竞争，一些林机厂由于企业素质较差，经营管理不善，出现亏损，1982年东北、内蒙古各省、区所属的15个林机大修制造厂中有10个亏损，亏损总额达465万余元。1983年，林业部在北京召开了东北、内蒙古林区林机修造厂扭亏增盈会议，提出以改革为动力，立足林业、面向社会的经营方针，并按技术经济合

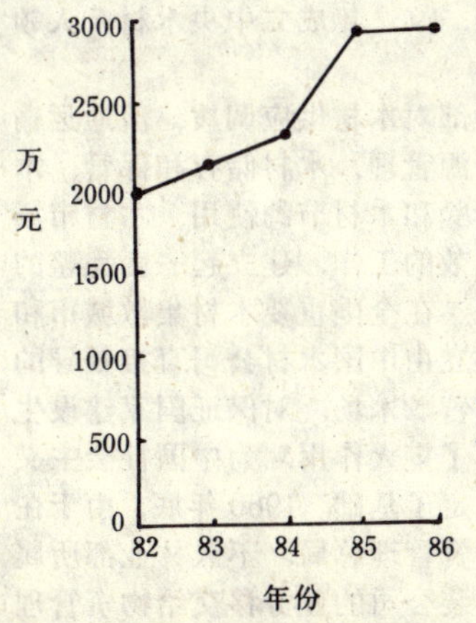


图2 黑龙江省属林机修造厂工业总产值完成情况

理和确保质量的原则，将主要采运设备进行定点修理分工。到1984年，大多数原亏损的林机修造厂转亏为盈。黑龙江省属林机修造厂1982～1986年工业总产值年平均增长11%(图2)。

南方木材市场放开后，木材的流通体制发生变化，林业企业的汽车保修厂的修车任务更为不足。为适应新情况，江西省九江市林业工业公司汽车保修厂面向社会，承揽进口小轿车的维修，以服务态度好，修理质量高，费用合理吸引了省内外的货源，赢得了信誉，取得了较好的经济效益。(谢 权)

【林业电力】 建国后，林业生产由手工作业转向机械化生产，由初加工转向深加工，对电力的需求量日趋增大。而我国林区大都地处边远山区，远离国家电网，加上国家电力供应一直处于紧张状况，因而部分林业企业自办电厂(站)，以满足生产和生活需要。在“路电先行”的指导方针下，林业发电能力随着林区的开发建设而迅速增长，1954～1982年林业发电能力年平均增长24%(图3)。尤其是党的十一

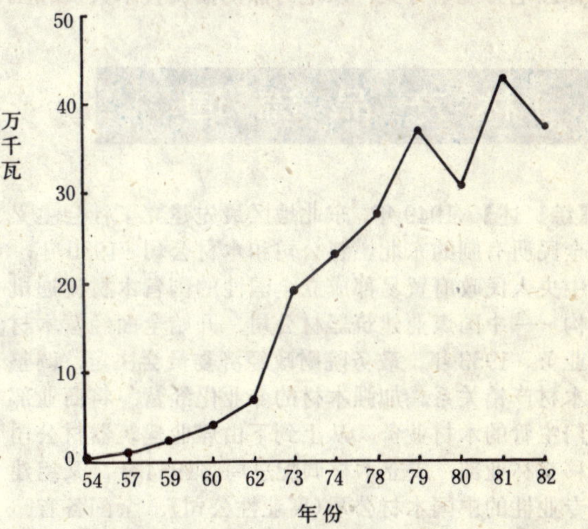


图3 1954～1962年林业发电能力

届三中全会后，林区经济迅速发展，对电力的需求更加突出，为保证林区经济的发展，1978～1985年，林业电力投资以年平均增长13.7%的比率扩大自行发电能力(图4)。到1986年底，林业电力建设总投资达3.7亿元，发电设备总装机容量37万千瓦(不包括小水电)，拥有35、66、110千伏输电线路1000多公里，从事电力生产管理职工1万多人。目前，东北、内蒙古林区60%的电力由林业自办电厂供给，56%的木材生产任务是靠自供电完成。南方林区大部分电力则由国家电网供给。

林业电力生产是以火力发电为主，内燃机发电和小水电为辅。

林业火力发电厂集中在国家重点开发的东北、

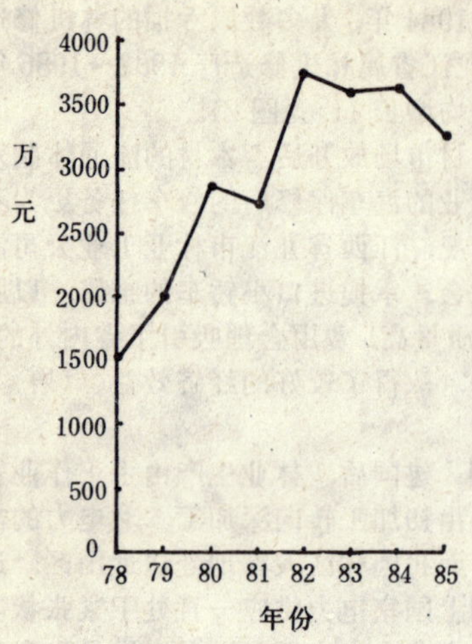


图 4 1978～1985 年林业电力投资

内蒙古林区。1963 年，林业部与水利电力部联合成立林区电力规划领导小组，制订了大兴安岭和其他林区电力规划方案，从电力部门抽调技术人员和工人，调拨发供电设备，支援林业行业自办火电。1964～1969 年在伊春、牙克石、大兴安岭 3 个林区建立了林业电业局。到 1986 年底，林业火力发电厂（站）总计 23 个，发电机组 56 台，发电能力 20 万千瓦。伊春电网为了充分发挥现有发电设备能力，提高网内电厂经济效益，于 1986 年 11 月与国家电网联网，除满足林业企业生产、生活用电外，还向国家电网售电，一改多年来林业电网封闭自给的运行状态。

内燃机发电多用于距城镇较远、输电线路延伸困难的林场和现场作业区。内燃机发电中以柴油机发电居多，总计约有 5000 多台柴油发电机，发电能力约 17 万千瓦。

小水电集中在南方林区，因其投资少、见效快，近几年发展较快。如广东省韶关市小坑伐木场就有小水电站 15 个，总装机容量 6800 千瓦，不仅满足本场生产、生活用电，而且还向国家电网售电，每年除偿还建站贷款外，仍有 0.02 元／度的盈利。由于水电成本低，职工生活也实现了电气化，并取得“以电代柴”的效果。（谢 极）

## 林 产 品 流 通

【综 述】 1949 年，东北地区最先建立了社会主义全民所有制的东北燃料公司和木材公司。1950 年，中央人民政府贸易部成立全国性的国营木材流通机构——中国煤业建筑器材公司，开始全面经营木材业务。1953 年，政务院财政经济委员会决定，调整木材产销关系，加强木材的专业化经营，将商业部门主管的木材业务，从上到下由煤业建筑器材公司移交林业部，成立木材调配总局。1954 年，又组建专业性的中国木材公司（商业性公司），全国各省、自治区、直辖市（除西藏自治区外）成立省级公司，各地、县建立分支机构，由中央对各地的木材经营机构实行业务、财务垂直领导，统一经营管理。在此期间，存在全民和资本主义两种所有制；指令性计划直接交换（即国家调拨），市场调节的间接流通，集体所有制的供销和私人资本主义的木材商业流通 4 种流通形式。

随后，在开展对农业、手工业、资本主义工商业的社会主义改造中，1954 年，国家对全国的木材市场流通实行“中间全面管理，两头适当放松”的政策，各级政府相继颁布了木材市场管理办法，限制了私人资本主义木材工商企业长途贩运木材流通业务，制定了全面改造私人资本主义木商办法，把私人资本主义木材工商企业全部流通活动纳入国营木材商业的流通渠道。

在农业、手工业合作化和私人资本主义工商业社会主义改造完成后，林业部根据国务院指示，于 1958 年 1 月撤销了中国木材公司机构，把市场调节和经营管理权逐级下放，同时在林业部内设木材销售局，负责指令性计划分配和调拨供应的行政管理。由于这次下放工作缺乏经验，木材供求关系出现全面紧张，因此，中央又采取许多重大措施，重新建立起木材流通管理体制，国务院于 1960 年批准林业部建立木材包装公司，1962 年成立中央木材 7 人领导小组。

在此期间，林业部对木材供应调拨、流通运输计划的编制、木材资源管理、木材储存和保管、木材合理流向、木材检验和木材节约使用、木材市场等方面做了大量有成效的工作，建立起一套完整的经营管理制度和办法。在全国重要木材集散城市和重点产材省（区），建立由中国木材公司直接领导的木材中转站和大型国营贮木场，对保证国家建设生产用材和市场调节起了重大作用，为中国社会主义木材流通经营管理奠定了基础。1960 年底，由于在国家经委内建立了物资管理总局，不久林业部所属木材销售局和木材包装公司的业务移交给物资管理总局所属的木材局。1963 年中央批准，恢复成立中国木材公司（行政性公司）。1970 年，中国木材公司随着物资管理总局被撤消，所有的木材经营管理和订货供应业务又全部归当时的农林部所属林业局统一管理。直至1977年9月国家物资管理局木材局恢复，国家统配材部分的调拨运输业务改由林业部、国家物资管理局共同管理。

党的十一届三中全会以后，在中央改革、开放、搞活的方针指导下，随着农村经济体制改革的不断深入，指令性计划逐步缩小，指导性计划不断扩大，原来的木材经营流通管理体制存在着产销脱节，统配材由国家物资局和林业部两家分管，全国非统配木材由林业部管；国内木材由林业部管，进口木材由外贸部门管。这种多头管理，多家经营的体制不利于改革，开放，搞活，不利于生产、销售和市场统筹安排，不利于国内生产的木材与进口木材统一筹划，不利于森林资源的管理和合理利用，不利于国家建设生产用材和市场机制统一调节，不利于生产、流通、消费三者利益的兼顾，种种弊端更加明显，越来越不适应国家整个经济体制改革的进行。所以，无论产区和销区，供方和需方，积极要求对现行木材经营流通管理体制进行全面改革，实行产供销统一管理。

1985年中共中央、国务院《关于进一步活跃农村经济的十项政策》规定"进一步放宽山区、林区政策"，"集体林区取消木材统购，开放木材市场，允许林农和集体的木材自由上市，实行议购议销。"1986年，国家工商行政管理局和林业部联合颁发《关于集体林区市场管理的暂行规定》，集体林区各省(区)和东北国有林区林业部门相应制定了非统配木材方面的管理办法。

党的十一届三中全会以来，党中央，国务院对木材管理和流通体制规定了一系列政策，有力地促进了木材流通体制的深入改革，主要表现在：①集体林区、林业部大兴安岭林业管理局生产的木材和东北、内蒙古自治区国有林区生产的非统配材，在流通领域已由中国林产品经销公司统一管理起来，销区各省(区)林业部门从上到下已经建立以经营木材为主的林产品经销机构。中国林产品经销公司以林区为依托，分别在北方、南方重点城市已建立若干个林产品贸易服务中心、经营部、木材转运贮木场等。由中国林产品经销公司牵头，一个以经营木材为主的林产品经营流通网络在全国初步形成，为流通产销渠道，调节市场，为国家和城乡人民提供生产生活需用的木材做了大量的工作，取得显著成效，促进林业木材生产企业从生产型向生产经营型转变。②加快了林业部门产品结构改革的进程，从过去长期单一性生产木材向多种经营产品方向发展。③为林业建设资金扩大新财源，销区省、自治区、直辖市林业经营部门将经营利润的一部分，返回林区，扩大造林，建立用材林基地，这是非林业部门所办不到的。但由于这些重大改革与其他方面的改革不是同步展开，有些过去旧规定还起着作用，使中央这些政策在贯彻实施中受到一定影响。

(肖纪六)

**【中国林产品经销公司】** 中国林产品经销公司于1979年7月1日正式成立，内部设有：木材经营处、林产品经销处、林副产品处、计财处、办公室。其性质为社会主义全民所有制的林工商企业，经济上实行独立核算，自负盈亏。其具体任务为：①组织全国非统配木材、竹，木竹成品、半成品及各种人造板的经营，开展联营联销，经销、代销、组织产销交流，调剂余缺。直接经营林业部大兴安岭林业管理局按规定上缴林业部的薪材、非统配材，以及林业部与各地联营建设的商品材基地分成的木材。②组织全国林副特产品及林区综合利用产品的经销、代销，疏通产销渠道和支持某些基地建设。③代替林业部与国家物资局木材局共同管理国有林区国家统配木材调运工作。④开展林产品市场调查和预测，提供商品信息和林产品加工技术情报等咨询服务。⑤组织各省、自治区、直辖市林产品经销机构的业务交流和干部培训工作。⑥领导本公司直属工厂、门市部和各联营贮木场、林产品贸易服务中心的工作。

中国林产品经销公司自成立后，首先抓了林产品流通渠道的组织和疏通工作，开展了部分经营业务。同时，扶持黑龙江省牡丹江地区，湖北省通山县、蒲圻市，四川省泸州市，浙江省肖山林场等发展木耳、果品、茶叶、竹木加工等林副产品生产。从1984年以来，根据中央关于积极发展横向经济联合的指示精神和林业部提出的为林区服务的方针，大力发展了经济联合，先后和林业系统及外行业、外系统联合成立了武汉、镇江、天津林产品贸易服务中心(公司)；在湖南省岳阳、安徽省裕溪口、山东省德州合资建设了贮运码头和中心；联合建立了北京市燕青木器加工厂，北京市朝阳林产品门市部，江苏省扬州林产品经理部，河北省滦南林产品经理部和浙江省桐庐县瑶琳仙境茶室等一批包括有城市、农村、旅游点的经营窗口和加工网点，在为产销区人民生产生活服务方面，逐步发挥了作用，在经济效益上，也取得了可喜的成绩。

中国林产品经销公司成立后，全国大部分省(区)和一大批地、县的林业系统，都先后成立了林产品经销公司(林工商公司、林产工业公司)等林产品经销机构，基本上形成了林产品经销网络。

(刘金策)

**【非统配木材价格】** 党的十一届三中全会以来，随着经济体制的改革，商品材的流通体制分为两类，一类是作为国家统配物资，由国家按计划调拨分配，用于重点经济建设，称为统配材，目前主要国有林区生产的木材属于这类；另一类是国家调拨分配以外的木材，称为非统配材。

统配木材和非统配木材的价格也不同。统配木材实行国家调拨价格，由国家制定、颁布，全国统一执行。非统配木材价格有两种情况：一种情况是在东北、内蒙古等国有林区，非统配木材的价格以国家制定的统配木材价格为基数，由省（区）林业部门提出意见，经当地物价部门同意，允许上浮，有一定幅度，下浮不限；另一种情况是取消木材统购统销，开放木材市场的集体林区的木材，在国家指导下，价格随行就市。其中包括国家指导价格，议购议销价格和集市贸易价格等多种价格形式。从近几年的情况看，国有林区非统配木材的价格管理方式变化不大，管理较为严格，木材价格较少起伏。国有林区生产的木材主要由国家调拨，非统配木材仅限于部分材种范围。集体林区非统配木材价格这几年变化较大，特别是1985年国家取消集体林区木材统购任务，开放木材市场，实行议购议销后，在木材产区从林农收购木材时，为保护林农利益，各地实行最低收购保护价格。销售价格则是在国家指导下，随行就市，按质论价。现在非统配木材的价格对整个木材市场的价格水平和供求关系开始起调整作用。

党的十一届三中全会以前，国家对主要木材产区规定统一的木材价格，实行高度集中的价格管理体制，这对于稳定物价、安定人民生活起到一定作用。但忽视了供求关系的影响和价值规律的作用。森林培育未计入木材成本，使得木材价格偏低，价格偏离价值，林木资源得不到充分利用，对整个林业的振兴和发展十分不利。

非统配木材的价格是从1981年国家允许集体林区和个人生产的木材在完成上调任务后有10～30%的自留材，可以议价销售开始的。同时允许国营林场生产的抚育间伐材在国家统一定价的基础上，上浮30%出售。1982年在济南市召开的非统购木材产销交流会前后，各产材省（区）先后制定出本省（区）的非统配木材的定价政策和产地销售价格。1985年，国家决定取消集体林区木材统购，开放木材市场，实行议购议销，既是木材流通体制上的重要改革，也是木材价格上的重大改革。据1985年各地交流的情况，南方木材产区的销售价格比1984年的销售价格，每立方米上升幅度90%左右。木材按质论价，产销地区差价、等级差价逐渐趋向合理。1985年下半年，为了控制价格，国家公布集体林区木材收购和销售指导价格方案，但由于与实际价格水平存在差距，执行的效果不理想。现在南方木材价格不够稳定。1986年下半年，国家先后颁布新的木材标准和北方国有林区木材价格调整方案后，从1986年底召开的林产品交易会看，由于受统配木材调价的影响和进口木材数量的变化，整个非统配木材的价格也有所上升。

随着经济体制改革的继续深入，木材的价格也会不断调整变动，统配木材价格和非统配木材价格会逐渐趋向靠拢。（郭春生）

**【全国林产品交易会】** 全国林产品交易会是从1982年11月在山东省济南市召开的“全国部分省、市、自治区非统购木材产销交流会”开始的。至1986年，已召开了7次。交流的内容和品种不断扩大，交易的形式多种多样，一年比一年新颖，有直接购销、代购代销、联营经销、以木换物、引资开发等等。参加单位、人数越来越多，成交的数量和金额不断增加（表26）。

**表26 历次全国林产品交易会一览**

| 会议名称 | 会议地点 | 会议时间 | 代表人数 | 成交合同（份） | 成交数量（万立方米） | 成交金额（万元） | 备注 |
|---|---|---|---|---|---|---|---|
| 全国部分省、市、自治区非统购木材产销交流会 | 济南市 | 1982年11月 | 1824 | 4932 | 101 | 35211.8 | |
| 小材小料定点供应会 | 徐州市 | 1983年10月 | 700 | 779 | 16.6 | 5009 | 与轻工业部二轻部门联合召开 |
| 集体林区非统配材产销交流会 | 武汉市 | 1984年4月 | 1500 | 3400 | 80.6 | 25547 | |
| 全国林产品交易会 | 合肥市 | 1984年12月 | 2600 | 3150 | 138.2 | 34637 | |
| 全国林产品交易会 | 南昌市 | 1985年5月 | 2107 | 1240 | 62 | 14721.5 | |
| 全国林产品交易会 | 石家庄市 | 1985年11月 | 2200 | 5652 | 318.6 | 77697 | |
| 全国林产品交易会 | 西安市 | 1986年12月 | 3000 | 6486 | 468.9 | 135401 | |

注：代表人数不含超计划代表；成交数量指直接成交木材类，不含柄把、成品、半成品、人造板、竹类等；成交金额指大会成交总金额；小材小料指长度2米以下。

全国林产品交易会，是贯彻中共中央、国务院《关于保护森林发展林业若干问题的决定》，根据以计划经济为主，市场调节为辅的方针，有领导地组织木材产销交流，疏通产销渠道，搞活流通而召开的。由于当前计划、物资、生产、流通有某些规定不适应改革、开放、搞活要求，造成产销脱节。特别是对国家统购部分以外的木材，存在生产与流通体制的弊端，一方面国家生产建设需用木材供应紧张，城乡人民生产和生活急需的木材不能得到解决；另一方面在林区又造成木材大量积压，使相当数量的木材烂掉、烧掉。在这种情况下，林业部为改变这种不合理状况，在各方面的支持下，从1982年以来，每年召开一、二次这样的全国性林产品交易会。

几年实践证明，这是理顺木材产销渠道，改变“材在山上烂，人在家里穷”的好办法；运用市场机制，对国家指令性计划外的国民经济生产、建设和城乡人民生产生活需用的木材起到了重要补充作用；产销直接见面，减少流通中间环节，避免千家万户涌进林区购买木材，有利于森林资源消耗按计划控制；对生产和消费双方有益。但有些订货单位，因法制观念不强，执行合同不够严肃，影响合同的兑现，有待改进。（肖纪六）

**【木材流通运输】** 木材运输分为两个阶段，一是木材生产阶段运输，二是木材流通阶段运输。两者是实现木材生产过程和流通过程的两个重要环节。

当前我国木材流通运输以铁路为主。据1984年统计，木材运输量，铁路占62.83%，水运占2.36%，公路占34.81%。

建国以来，国家对木材流通运输管理制定了一系列方针政策和办法。由于我国木材产区主要分布在东北、华东、中南、西南等偏远山区，而中原广大地区系无林或少林地区，因此合理组织运输极为重要。为节约铁路运力，避免木材对流或迂回运输，节约木材运输费用，从50年代开始，林业部根据木材产地分布及需求情况，1951年，在东北地区试行木材合理流向运输。以后，林业部和铁道部制定了全国木材合理流向办法。基本流向是从南北两方向中间流，海运及进口木材沿华北、华东沿海各港口向西流。以后虽然木材流通管理体制多次变更，但木材合理流向延续未变。

为完成木材调运任务，明确产、运、需三方责任，严肃履行供货合同，简化运输发运手续，1953年在东北、内蒙古国有林区实行送货制度，1957年推广到南方。1962年和1964年，林业部和有关部门总结经验，不断完善木材送货制度，1964年国务院正式批准林业部、铁道部、国家物资管理局制定的《木材统一送货办法》。规定木材在调拨、运输中交接和结算手续，规定了先计划内、后计划外，先重点后一般，先中央后地方的原则。为缓解铁路运力，在调运中还规定了尽可能利用江河水运。1985年，林业部又开辟了通过黑龙江将大兴安岭北部林区的木材运至佳木斯，并进一步利用松花江水运至哈尔滨等地。从1979年，我国《森林法》试行开始，规定从林区运出木材必须持有林业主管部门发给的运输证件。1985年，林业部发出了《关于改进木材运输管理工作的通知》，各产材省区也相应作了规定，从而保证了木材在流通运输中开放、搞活和保护森林资源。（李光华）

**【木材市场调节】** 1985年中共中央、国务院《关于进一步活跃农村经济的十项政策》中决定“集体林区取消木材统购，开放木材市场，允许林农和集体的木材自由上市，实行议购议销”以后，产销直接见面，多家经营，竞争活跃。因此，南方集体林区面临4个转变：从统购统销转为议价议销；产品分配转为商品经营；独家经营转为多家经营；单一经营转为多种经营。林业部门在转变初期，由于经验不足，一度出现木材生产、流通数量急剧下降的趋势（当时下降到30%左右）。为了扭转被动局面，林业部门采取以下主要措施：①进行体制改革，政企分开，逐步办成商业性质的经济实体。充分利用自己的优势建立木材贸易中心。利用现有的设施、技术和人力向社会提供服务。②实行林工结合、林贸结合，一业为主，多种经营。③制定木材指导价格。并确定合理税收，把财贸增加部分返回林业建设。④加强林政管理，制止乱砍滥伐，规定采伐量不得超过生长量，严格控制采伐限额。林业部门按《中华人民共和国森林法》规定发放采伐证和木材运输许可证。⑤对木材市场和经营单位进行整顿，等等。1985年，南方9省、区林业部门收购、生产木材1166.39万立方米，占全部木材年产量的48.6%（表27）。其中广东省1985年生产原木242万立方米，林业部门经营136万立方米，占56%。广东省南雄、始兴、平远等县林业部门经营木材占社会总量的70%以上。福建省连城县木材公司，采取与乡镇企业联营，林业部门挂牌收购和林农自产自销的3种形式扭转了被动局面，仅开放5个月，经营木材就达85%。1985年，江西省遂川县木材总产量为11.35万立方米，林业部门经营10.50万立方米，占90%以上；全县森工产值2546万元，实现税利382万元。

林业部门在整顿偷漏税方面发挥积极作用。福建省顺昌县在木材放开初期，经营木材单位由原来的46个猛增到159个，多为无证收购或偷漏税费的非法经营者。林业部门在县委、县政府的支持下，分片进行了清查检尺，摸清采伐情况，追补了偷漏税费。限制了无证收购，制止了乱砍滥伐。贵州、湖南等省的林业部门也都坚持山上管严，山下搞活，对木材经营者也都进行了全面的清理和整顿。

表 27　1981～1985 年南方 9 省、区木材产量

单位：万立方米

| 年份 | 全部木材产量 | 林业系统木材产量 | 上调木材量 |
|---|---|---|---|
| 1981 | 1578.75 | 1507.44 | |
| 1982 | 1574.40 | 1521.77 | 507.63 |
| 1983 | 1679.21 | 1582.21 | 558.92 |
| 1984 | 2536.85 | 1834.04 | 594.79 |
| 1985 | 2399.05 | 1166.39 | 75.00 |

1986 年 8 月，国家工商行政管理局和林业部联合发布的《关于集体林区木材市场管理的暂行规定》文件中规定“林业部门所属国营木材经营单位要积极参与市场调节，发挥主渠道作用”。除林业部门的国营单位可在集体林区直接收购外，其他生产经营单位和个人木材交易一律在木材市场进行；凡经营木材的单位或个体工商户，必须提出有规定内容的申请书，经县或县以上林业部门同意并签署意见，工商行政管理机关方能核准登记发给执照，集体或个人生产的木材凭林业主管部门发给销售证明，可以在木材市场自由销售。1986 年，南方 9 省（区）林业部门经营木材达 999.28 万立方米（湖北省除外）。其中福建省生产木材 428.67 万立方米，林业部门经营 318.35 万立方米，占 74%。

林业部门在木材经营中积极转轨变型，同时开展多渠道经营和多种经营的方式，取得了主动权。其做法：首先是打破地区界限，建立横向联合。如福建省三明市属各县木材公司和一些国营伐木场、木材采购站以及上海、北京、浙江、江苏、山东、河南等 9 个省、市的 23 个县建立了横向联合，促进了木材商品流通，1986 年木材总销售量达 176.92 万立方米，其中林业系统经销 154.41 万立方米，占年销售量的 87.3%。浙江省台州木材公司先后与 4 个省 15 个单位建起横向联合，在销区还建立了 9 个供销网点。1985 年上半年，仅 4 个月的时间，调入木材完成 52.6%，销售木材完成 45.9%，利润完成 58%，比上年增长 52.6%。广东、贵州、湖南等省也都在横向联合中取得了显著的成绩。其次是挖掘潜力，利用 30 多年经营木材的经验，充分发挥资金、技术、场地、运输能力、中转设备和广阔的销售渠道等优势，增加经营木材的竞争能力。第三是采取薄利多销、让利于民、主动为林农提供技术服务和商情信息等争得林农的信任。第四是开展多种经营，在林区发展多层次加工和综合利用，立足于当地森林资源，就地取材，就地加工，着眼于市场和用户多样化的需要开拓新产品。抓产品的品种和质量，以质量求生存，以品种求发展，走深加工、精加工的增财之道。大力提倡利用采伐剩余物，枝丫材和加工下脚料，作到变废为宝，打开了森工企业单一经营木材的被动局面。第五是大力协助林业专业户搞好产前、产中、产后的服务工作，帮助解决种苗、化肥、农药和技术等问题。第六是发动科技人员，帮助搞好林业生产的规划设计、技术指导和咨询服务工作，得到了林农的信赖。

今后，林业部门如何进一步适应木材开放的形势，仍有许多问题需要解决。　（杜淑春）

**【林产品横向经济联合】** 林业系统开展木材联合经营工作是从 1979 年试办林工商联合企业开始。此后，各地相继建立起以木材为主的多种类型的经济联合体。1983 年，中国林产品经销公司在河北省承德市召开了林业系统产销联合经营会议，在江苏省连云港市与轻工业部二轻部门召开了林区小材小料供销会，推动了林业部门木材横向经济联合的进一步发展。据黑龙江、福建等省不完全统计，已建立联合经销代销网点近 700 个，半紧密型的横向经济联合企业经济组织有 8 个。目前，木材联营的形式主要有：①产区和销区共同投资，共同派人，实行联合经销、代销；②与直接用材单位进行经济协作，实行定点供应，按需生产；③采取“引资造林”、“引资修路”、“引资办厂”、“联合抚育”等形式，用木材从经济技术发达地区吸引资金、技术、设备等，发展林业，开发林区；④与造纸、矿区等用材大户联合营造专项用材林基地；⑤产区林业经营单位与林区乡、村联合经营；⑥以城市为依托，联合建立区域性的林产品贸易服务中心等。

实践证明，发展横向经济联合是开发林区，发展林业的有效途径。同时，又为销区提供木材等多种丰富的林产品。双方以长补短，发挥各自的优势，促进生产的发展。吉林省近几年通过联营返到林区资金达 900 多万元。1984 年，中国林产品经销公司在湖北省武汉市召开的南方集体林区非统配木材产销交流会上，用木材引进联合造林资金 8562 万元，物资协作 2115 万元，换回林区短缺的物资有钢材、水泥、化肥、玻璃、烧碱、燃料、汽车以及粮食、自行车、缝纫机等。有的林区引进技术和设备，促进林区木材加工工业及其他多种经营的发展，改变了林业部门过去单一生产原木的产品结构，促进了林区商品生产的发展。

为充分发挥重要城市木材集散地作用，中国林产品经销公司于 1984 年和 1985 年先后在江苏省镇江市、湖北省武汉市与当地有关部门联合建立中国林产品镇江贸易服务中心和中国林产品武汉贸易服务中心，已取得较好的经济效益和社会效益。为缓解铁路运输，有利于东北、内蒙古林区的木材外运，

国家批准中国林产品经销公司与山东省林业厅于1985年在德州联合新修建了中转贮木场，第一期工程已将近完成，不久可形成部分生产能力。与安徽、湖南省林业厅联合改建裕溪口、岳阳两个贮木场，使广东、广西、湖南、贵州、四川等地的一部分木材由水路或火车运到岳阳贮木场，再利用长江水运，疏散到沿江两岸港埠，分流到销区各地。另一部分木材由裕溪口上岸，用火车分流到皖北、苏北、鲁西南、河南、陕西等地。裕溪口贮木场新建的码头已于1986年竣工交付使用，年吞吐量可达80万吨，从国外进口的木材，可直接运到裕溪口贮木场，承担起相当数量进口木材的分流任务。岳阳贮木场的基建工程也已基本完工，浅水码头于1986年已投入使用，深水码头不久也可投产，年吞吐量可达60万吨。通过这些联营贸易中心和贮木场，将促进南方林区木材产销联网，形成木材产销联营集团，发挥林业部门在木材流通领域主渠道作用。（高秀贞）

【林业商品信息】 在林业商品生产过程中，有关林产品生产与流通的信息，都称为林业商品信息。党的十一届三中全会以来，各地林业部门为发展生产、搞活流通，主动、自觉地把林商信息工作摆上了日程。开展林业商品信息工作多数是林产品的生产或经营部门。如国有林区的木材调运局或森工产品经销公司，集体林区的木材公司或林产公司，销区的林产品经销公司或林工商公司。这些单位，特别是省（区）属公司，目前仍具有一定的行政职能，大多数承担着开展本地区林商信息工作的任务。为适应工作需要，很多省、区的公司设立了机构，专门负责林商信息工作。如吉林、山西、河南、湖北、安徽、贵州、四川等省设立了信息科；福建、广东、广西、湖南等省（区）设立了信息组或信息办公室。没有设置机构的省（区）也大多配备专职人员开展这项工作。地区或林业管理局以下的单位，也有相当一部分设置了信息机构或配备了专职人员。除上述以外，还有些省同时利用协会的形式，组织开展林商信息工作。如湖南、湖北两省成立了木材流通信息协会，福建、广西、贵州、四川等省（区）也正在筹备之中。

信息网络是开展林商信息工作的基础，各地对网络的建设十分重视。目前，很多省（区）建设了林商信息网。福建省木材经营局在本省林业系统内逐层设置信息员，并规定其职责，建设了一个纵向林商信息网络。在此基础上，又积极广泛地与各有关部门和单位建立互通信息的横向关系，从而形成了一个跨行业、跨地区、纵横交错的林商信息网。与这种做法相类似的，还有湖南、湖北、广东、贵州、浙江、安徽、四川、山西等省。吉林省林业厅经销公司除在各林业局设置信息员外，还把分布在全国各地的200多个联营单位定为信息点，形成了另一种形式的纵横交错的林商信息网。与这种做法相类似的，有黑龙江省伊春林业管理局、牡丹江林业管理局等。为广泛传递林商信息，中国林产品经销公司也在各省（区）林业部门设置信息员，在各有关部委及有关单位设置特邀信息员，初步建立了一个全国性的纵横交错的林商信息网络。

林商信息的传递，近年来一直以文字邮递为主，辅以电话。1986年，信息传递手段大有改进，已有湖北、广东、浙江、河北等省以及国有林区的一些林业管理局使用了电子传真机。但从全国来看，文字邮递仍是主要手段。以文字传递林商信息的主要做法是编印发行信息刊物。中国林产品经销公司自1984年起，编印《林商信息》，每月3期，定期分发到全国各林业单位及其他有关单位，深受各地的欢迎。据不完全统计，至1986年底，已有黑龙江、吉林、内蒙古、辽宁、河北、河南、江苏、山西、陕西、新疆、湖北、湖南、广东、广西、贵州、云南、四川、安徽、江西、福建、浙江等21个省（区）的林业部门（省属）创办林商信息刊物共26份，加上地区、林业管理局、林业局、林产品贸易服务中心以及林业部直属单位编发的林商信息刊物，全国已逾50份。这些刊物沟通了信息，对发展林业商品生产和搞活林区经济起到了积极作用。（王学勤）

## 林业物资工作

【综　述】 中华人民共和国建国以来，随着林业生产建设事业的发展，林业物资供应管理体系日趋完善，在社会主义建设各个历史时期，为林业生产建设和整个林区社会发展提供了重要的物资保证。

**机构设置及其沿革** 为适应全国林业系统物资供应和管理工作的需要，1953年，林业部在森林工业司设立了物资供应科，翌年改在供销局设物资供应处，1958年改在计划司设物资供应处，1959年11月单独设立了林业部物资局。1964年12月，又将动力司、机械局、物资局三个职能部门合并，成立了林业部设备器材管理总局。1967年10月，实行军事管制期间，各职能司（局）瘫痪，只在军管会生产指挥部内设分管物资工作的小组。1970年，林业、农业、农垦、水产各部合并为农林部，设立了农林部机械物资局。1978年4月，经国务院批准成立国家林业总局，下设物资局。1979年2月，农林部撤销，成立了林业部物资供应公司(与林业部物资局实行一套人马、两块牌子),兼行物资供应和管理两种职能,同时恢复和建立了上海、天津、沈阳、哈尔滨、北京5个物资管理处。各省、自治区、直辖市林业厅(局)和林业管理局下设有物资局(处、公司);各林业局(厂)均设有物资供应科;各林场设有物资股或组(一般属于林业局分库);各工段设有材料员。至1986年末,由林业部负责物资供应的直属直供单位共计66个,从事物资工作的职工达2.2万人,各单位均拥有必要的流动资金、物资仓库、装卸运输机械设备,形成了一个自上而下完整的物资供应管理体系。

**物资管理权限** 凡林业部安排的生产建设计划所需的统配、部管物资,均由林业部物资供应公司统一向国家物资主管部门申请,并根据国家下达的分配指标,进行平衡分配、组织订货。各省林业厅(局)和林业管理局除配合作好指令性计划物资的申请、分配、订货外,主要负责地管产品的计划、分配、订货,并通过开展物资协作和市场采购组织计划外资源。各林业局(厂)一方面安排和使用好计划内资源,另一方面负责组织供应企业所需的三类物资。

**物资供应情况** 物资供应的种类由简到繁,技术性越来越强。建国初期,主要供应原材料、板斧、刀锉、弯把锯、搬钩、牛马套、马草料等简单生产资料,60年代后期,逐步供应油锯、电锯、绞盘机、集材拖拉机、载重汽车、金属切削机床等先进机械设备,保证林业生产方式由手工作业、畜力作业转为半机械化和机械化作业的需要。物资供应范围和数量越来越大。随着林区各项事业的发展,物资供应的范围从生产维修、基本建设发展到木材综合利用、营造林、农副业、集体企业和个体经营者,面向整个林区社会。据统计,1986年经林业部物资供应公司统一组织的物资资源总金额达10.4亿元,比1985年增长26.7%,其中主要物资有:煤炭248万吨(1979年为138.6万吨),成品油29.8万吨(1979年为27.5万吨),钢材22.1万吨,有色金属1360吨,生铁1.8万吨,水泥22.2万吨,木材150万立方米,平板玻璃7.1万重量箱,化肥13万吨,轮胎5.5万套,各种汽车2400辆。1985、1986两年为林业企业引进先进技术设备和维修配件,进口额已达6000和5400万元(人民币)。物资管理由传统的经验管理过渡到现代化科学管理。主要标志:①林业物资经济理论的研究广泛开展,东北、内蒙古重点林区普遍成立了林业物资经济学会,结合林业的特点探讨物资流通规律、管理技术和体制改革等重大课题,并于1986年7月在吉林市召开了"第一届东北、内蒙古林区物资经济理论学术讨论会",各单位共提交大会38篇论文,大会宣读8篇;②普遍实行了目标管理、全面质量管理(TQC)和ABC分类控制法,加强了信息交流和市场预测;③管理手段开始应用微型电子计算机、集装箱和标准化、自动化计量器具;④重视和加强了职工技术培训,从1981~1984年,由林业部物资供应公司先后举办了5期物资管理干部培训班,为基层培训中层物资干部和业务骨干250人,基层物资部门也普遍采取短期培训、电大、夜大以及委托院校代培等形式培训职工,使物资系统干部素质得到提高。

**存在的问题** 多年来,林业物资工作中存在着与管理体制有关的几个问题:①中转环节多。以哈尔滨市为例,林业部、黑龙江省森林工业总局、松花江林业管理局三级林业物资主管部门在该市同时设库,层层收费,甚至出现部分中转物资的"同城搬运",造成物资流通时间延长,费用增加。②流向不尽合理。如,内蒙古自治区所属东4局(阿里河、吉文、甘河、克一河林业局)距黑龙江省大兴安岭林业管理局所在地加格达奇近的仅有40公里,但按企业隶属关系东4局的物资需经相距450公里的内蒙古自治区牙克石市中转,人为地浪费了运输力,增加了费用。③计划与供应脱节。长期以来,由于物资计划、订货在前,生产、基建计划在后,且又多变,在一定程度上影响了物资供应的准确,形成工作被动。(陈崇欣)

**【清仓利库】** "文化大革命"期间,由于把合理的规章制度视为"管、卡、压"而废弃,造成了物资管理的混乱,一方面有些物资供应十分紧张,另一方面有些物资又大量积压。1979年初,根据国务院关于开展清仓查库的指示,部直属直供单位组织力量,对库存全部物资进行了一次彻底的清查,逐一登记造册。在搞清家底的基础上,核定了合理周转量,划出了超储积压物资,并对划出来的超储积压物资单独立帐,单独保管。截止1979年末,各单位清查出的物资库存总金额为7.6亿元,其中划出超储积压物资3.3亿元。超储积压物资,通过本企业利用、系统内外调度调剂和积极推销等有效措施,至1982年上半年已利用、处理70%,由于种种原因,其余的30%已达报废程度。1982年下半年,根据国务院《关于报废、降价处理库存积压物资和防止新积压的几项规定》,在林业部统一部署下,各单位抽调2000多名专职和兼职人员,对1980年底以前入库的需要报废和降价处理的机电产品、钢材,进行了清查、技术鉴定和报废审批。经国家有关主管部门批准报废的物资,除回收残值,净损失1.1亿元,其中机械配件占47.8%,机电产品占36.7%,产成品(主要是林机厂的产品)占9.9%,钢材占0.4%,其它物资占5.6%。另外,对一部分质次、价高、尚有使用价值的物资进行了降价处理,降价损失共计647

万元，按国务院规定相应冲减了企业流动资金。经分析，报废、降价的主要原因：①粗制滥造，质量低劣。这部分物资占报废总额的30%。②随着机型淘汰，维修配件大量报废。据黑龙江省有关主管部门确定的淘汰机型目录，其中属于淘汰机型的森工机械就有75种，报废的维修配件达1万多个品种，报废金额占报废总金额的50%。③基建项目下马，专用设备积压而又无销路。如"文化大革命"期间，东北、内蒙古和南方重点林区一哄而起的小纸浆厂，由于半途而废，导致70多套专用设备报废。④仓储条件差，保管不善。⑤重复进货，乱采滥购。⑥人员素质差，管理水平低。为了巩固清仓查库成果，各单位制定了一系列加强物资管理措施：加强物资计划管理，同时严格控制乱采滥购；加强物资的验收和保管工作；重视和加强仓库建设，改善仓储条件；定期进行库存结构分析，做到合理储备；建立健全物资计划、订货、采购、储运、装卸、验收、保管等各个岗位上的经济责任制，做到有奖有罚。等等。

（陈崇欣）

**【物资消耗定额管理】** 林业企业，特别是森林采运企业，由于企业之间的差异较大，同时自然条件和作业条件经常变化，致使物资定额管理的任务十分繁重。1980年3月，根据国家经委、国家计委《关于加强物资消耗定额管理的通知》精神，林业部会同国家物资局联合通知林业部各直属直供单位，进行了一次规模较大的物资消耗定额查定工作。各林业企业均指定领导负责，组成了由生产、技术、供应、财务等部门参加的领导班子，具体负责组织和督促检查。查定范围，凡由林业部供应物资，承担国家生产任务的企业都要求进行查定。主要是对耗用燃料（煤炭、成品油）、钢材、主要有色金属、生铁、焦炭、木材、水泥、硫酸、烧碱、轮胎、硝酸铵、炸药等耗量较大的产品进行了查定。此外，各单位还根据本企业管理需要，扩大了查定范围。查定物资消耗定额的原则是齐全、准确、先进、合理。林机产品的物资消耗定额，主要是依据工艺定额或设计定额，结合技术革新，酌加工艺性损耗。木材生产、综合利用、林化产品、火力发电等项目，主要依据历史最好水平和近年实际消耗，结合节约措施，核定单位产品的平均先进定额。定额查定工作结束后，已由企业主管部门按照国家经委、计委《通知》规定的验收标准，普遍进行了复查验收，批准下达执行。不足之处在于，本应由林业部审批的综合供应定额，由于各单位的定额水平相差悬殊，加之调查研究不够、依据不充分而没有履行审批手续。

通过本次查定，各单位普遍建立健全了定额管理制度，坚持按定额供料，加强了原始消耗记录，完善了计量器具，配备专人负责定额的考核、修订等日常管理工作，使物资消耗定额管理进入了新阶段。1986年，黑龙江、吉林、内蒙古和大兴安岭林区又普遍进行了定额的修订和补充，不少企业制定了承包定额，为实行各种形式的经济承包责任制提供了依据。

（陈崇欣）

**【能源节约】** 为了抓好林业行业的能源节约，根据国家经委、国家计委的要求，1980年，林业部成立了节能工作领导小组，由杨天放副部长任组长，下设节能办公室。林区多数企业也设立了相应的节能机构。"六五"期间，重点抓了4件大事：①压缩烧油。林业行业共有10个重点企业的工业锅炉以燃料油为燃料，年耗油量10万吨。按照国家经委的统一部署，从1979～1983年，狠抓了烧油改烧煤的锅炉改造，总投资为1953万元，其中国家补助1545万元，其余由企业自筹解决。通过技术改造，全部改为烧煤。由于花费投资少，任务完成快、效果好，1985年，林业部被国务院烧油改烧煤办公室评为"压缩烧油、以煤代油先进单位"；常州林业机械厂和吉林省三岔子林业局被评为行业"节能先进企业"；内蒙古自治区根河电业局、浙江省宁波木材厂、四川省重庆木材综合厂和广西壮族自治区梧州松脂厂被评为"节能表扬企业"。②进行了节能技术改造。"六五"期间，林业企业通过国家、地方和企业自筹3条渠道，共筹集资金7400万元，先后安排了低效锅炉改造、集中供热、余热利用、电厂循环水供采暖、解放牌汽车4大件（即化油器、气缸盖、凸轮轴、进排气歧管）改造项目，这些项目完成后，均收到了明显节能效果。如，黑龙江省带岭林业实验局发电厂由单一发电改为热电联产后，取消了锅炉房33座，每年节约原煤1万吨，节省环境污染费开支15万元，仅供热一项，年获净利润40万元。③制定节能法规。根据国务院发布的《节约能源管理暂行条例》，在调查研究的基础上，结合林业行业的具体情况，先后制定了《林业节能技术改革大纲》、《林业行业节约能源管理细则》、《林业部能源定量分配、择优供应管理办法》、《林业企业能源消耗定额管理办法》4个法规。④进行能源管理干部技术培训。林业部在南京林业大学建立了节能技术服务中心，自1984年以来，先后举办了4期木材加工企业能量平衡测试培训班，为林业企业培训能源管理干部200多人，并选送一批学员到国家节能培训中心培训。

（陈崇欣）

**【林业物资体制改革】** 建国以来，随着整个林业管理体制的变革，林业物资管理体制先后经历了1958年和1967年两次下放。这两次变革都是围绕着管理权限的"集中"和"下放"作文章，并没有针对物资管理工作中的弊端在机制上进行实质性改革。党的十一届三中全会以后，各级林业物资部门在企业整顿的基础上，根据《中共中央关于经济体制改革的决定》，对林业物资体制的改革进行了初步探索和试验：①林业物资机构的设置，由传统的行政职能部门逐步向独立核算、自负盈亏的经济实体过渡。目前，各级林业物资部门普遍重视生产资料市场的变化，加强了自身的经营管理。②物资计划管理，由单一的计划分配转向指令性计划、指导性计划和市场调节相结合，加强了横向经济联合，许多物资部门与生产企业建立了合同制，对非统配物资取消了统一计划，实行放开经营。③林业企业内部长期实行的计划价改为实际价，实行高来高走、低来低去，克服了以次充优的"吃大锅饭"现象。④改革了供应方式，变单纯按企业隶属关系分配调拨为销售服务。不少企业办起了物资商店，把长线物资和民用物资投放市场，扩大了供应范围，既保证了林业生产建设的需要，又满足了林区社会各方面的需要。⑤对重点建设项目实行承包供应，以加快工程进度，保证工程质量和降低造价。⑥在储备资金管理上，普遍实行了资金下库，按业务分工和物资类别分口管理，加快了资金周转。实践证明，上述改革措施对改善物资企业经营管理，增强物资企业活力，提高社会效益和物资企业经济效益，都起到了积极作用。

（陈崇欣）

# 附　表

## 国有林区林业局名称

(1985)

| 地　区 | 个 | 林　业　局　名　称 |
|---|---|---|
| 合　计 | 131 | |
| 内蒙古 | 17 | |
| 老局 | 12 | 阿尔山、乌尔旗汗、库都尔、图里河、克一河、甘河、吉文、根河、金河、得尔布尔、莫尔道嘎、伊图里河 |
| 在建局 | 5 | 绰尔、绰源、阿里河、满归、阿龙山 |
| 吉林 | 17 | |
| 老局 | 15 | 临江、三岔子、松江河、泉阳、露水河、湾沟、汪清、白石山、大兴沟、天桥岭、和龙、八家子、敦化、大石头、黄泥河 |
| 在建局 | 2 | 白河、红石 |
| 黑龙江 | 40 | |
| 伊春林业管理局 | 16 | 乌伊岭、汤旺河、新青、红星、五营、上甘岭、友好、翠峦、乌马河、美溪、南岔、金山屯、朗乡、桃山、铁力、双丰 |
| 牡丹江林业管理局 | 10 | |
| 老局 | 9 | 大海林、柴河、东京城、穆棱、绥阳、海林、林口、迎春、八面通 |
| 在建局 | 1 | 东方红 |
| 松花江林业管理局 | 9 | |
| 老局 | 9 | 山河屯、苇河、亚布力、方正、清河、绥棱、通北、沾河、兴隆 |
| 合江林业管理局 | 4 | |
| 老局 | 3 | 桦南、双鸭山、鹤立 |
| 在建局 | 1 | 鹤北 |
| 带岭林业实验局 | 1 | 带岭 |
| 林业部大兴安岭林业管理局 | 8 | |
| 老局 | 4 | 松岭、新林、塔河、呼中 |
| 在建局 | 4 | 阿木尔、图强、西林吉、十八站 |
| 四川 | 23 | |
| 老局 | 17 | 川西、黑水、大金、小金、丹巴、翁达、凉北、毛尔盖、龙尔甲、雷波、盐边、壤塘、马尔康、观音桥、普威、川南、夹金山 |
| 在建局 | 6 | 南坪、松潘、新龙、道孚、炉霍、木里 |
| 云南 | 17 | 碧泉、黑白水、巨甸、华坪、中甸、云台山、漾江、红旗、景东、墨江、卫国、江边、南盘江、清水江、新平、楚雄、宁浪 |
| 陕西 | 5 | 宁西、太白、长青、宁东、汉西 |
| 甘肃 | 3 | |
| 白龙江林业管理局 | 3 | 舟曲、迭部、洮河 |
| 新疆 | 1 | |
| 在建局 | 1 | 天西 |

（林业工业局木材生产处）

# 木 材 产 量

单位：万立方米

| 地区 | 恢复时期 | | | | | “一五”时期 | | | | | | “二五时期” | | |
|---|---|---|---|---|---|---|---|---|---|---|---|---|---|---|
| | 小计 | 1949 | 1950 | 1951 | 1952 | 小计 | 1953 | 1954 | 1955 | 1956 | 1957 | 小计 | 1958 | 1959 |
| 合计 | 2344.4 | 567 | 535 | 477.1 | 765.3 | 6516.8 | 1063 | 1389.5 | 1362.8 | 1199.1 | 1502.4 | 10468.3 | 2126.6 | 2744.6 |
| 东北、内蒙古 | 2253.1 | 567 | 525.4 | 446.5 | 714.2 | 5790.3 | 987.3 | 1312.8 | 123.7 | 1008.2 | 1248.3 | 8585.7 | 1730.6 | 2225.1 |
| 内蒙古 | 353.6 | 161.2 | 57.1 | 73.7 | 61.6 | 748.4 | 95.2 | 128.1 | 149.9 | 178.7 | 196.5 | 1656.4 | 332.5 | 412.7 |
| 吉林 | 636.9 | 136.5 | 158.8 | 130.6 | 211.0 | 1160.0 | 244.6 | 267.0 | 233.2 | 164.1 | 251.1 | 1779.5 | 325.8 | 462.3 |
| 黑龙江 | 1262.6 | 269.3 | 309.5 | 242.2 | 441.6 | 3881.9 | 647.5 | 917.7 | 850.6 | 665.4 | 800.7 | 5149.8 | 1072.3 | 1350.1 |
| 林业部大兴安岭林业管理局 | — | — | — | — | — | — | — | — | — | — | — | — | — | — |
| 西南、西北 | 91.3 | — | 9.6 | 30.6 | 51.1 | 726.5 | 75.7 | 76.7 | 129.1 | 190.9 | 254.1 | 1882.6 | 396 | 519.5 |
| 四川 | 60.0 | — | 8.1 | 18.6 | 33.3 | 421.2 | 43 | 39 | 74.9 | 114.4 | 149.9 | 1170.8 | 265.9 | 280.9 |
| 云南 | 10.8 | — | — | 3.8 | 7.0 | 139.4 | 16.7 | 17.5 | 25.5 | 29.0 | 50.7 | 361.2 | 75.6 | 120.4 |
| 陕西 | 4.7 | — | 0.4 | 1.5 | 2.8 | 33.1 | 3.1 | 2.8 | 4.8 | 11.2 | 11.2 | 109.9 | 14.4 | 38.6 |
| 甘肃 | 12.0 | — | 1.0 | 5.8 | 5.2 | 40.8 | 4.7 | 4.4 | 8.9 | 10.0 | 12.8 | 47.5 | 8.3 | 21.3 |
| 新疆 | 3.8 | — | 0.1 | 0.9 | 2.8 | 92.0 | 8.2 | 13.0 | 15.0 | 26.3 | 29.5 | 193.2 | 31.8 | 58.3 |

| 地区 | “二五”时期 | | | 三年调整时期 | | | | “三五时期” | | | | | |
|---|---|---|---|---|---|---|---|---|---|---|---|---|---|
| | 1960 | 1961 | 1962 | 小计 | 1963 | 1964 | 1965 | 小计 | 1966 | 1967 | 1968 | 1969 | 1970 |
| 合计 | 2639.6 | 1376.2 | 1581.3 | 7024.5 | 2053.4 | 2389.4 | 2581.7 | 1143.9 | 2782.7 | 2166 | 1732 | 2150.1 | 2608.2 |
| 东北、内蒙古 | 2152.7 | 1143.8 | 1333.5 | 5946.1 | 1778 | 1999.7 | 2168.4 | 9541.9 | 2262.1 | 1798.8 | 1536.9 | 1815.1 | 2129 |
| 内蒙古 | 439.8 | 221.3 | 250.1 | 1050.6 | 314.4 | 344.8 | 391.4 | 1030.9 | 439.0 | 297.5 | 294.4 | — | — |
| 吉林 | 439.6 | 266.6 | 285.2 | 1297.8 | 384.5 | 438.7 | 474.6 | 2033.0 | 503.2 | 342.2 | 274.7 | 377.9 | 535.0 |
| 黑龙江 | 1273.3 | 655.9 | 798.2 | 3597.7 | 1079.1 | 1216.2 | 1302.4 | 6478.0 | 1319.9 | 1159.1 | 967.8 | 1437.2 | 1594.0 |
| 林业部大兴安岭林业管理局 | — | — | — | — | — | — | — | | — | — | | | — |
| 西南、西北 | 486.9 | 232.4 | 247.8 | 1078.4 | 275.4 | 389.7 | 413.3 | 1897.1 | 520 | 367.2 | 195.1 | 335.0 | 479.2 |
| 四川 | 300.5 | 151.5 | 172.0 | 594.2 | 164.3 | 231.3 | 198.6 | 1092.7 | 306.6 | 203.3 | 143.3 | 182.4 | 257.1 |
| 云南 | 85.6 | 41.0 | 38.6 | 251.3 | 58.4 | 80.3 | 112.6 | 443.5 | 116.3 | 83.5 | 16.2 | 96.0 | 131.5 |
| 陕西 | 32.7 | 13.1 | 11.1 | 64.0 | 14.8 | 22.6 | 26.6 | 99.6 | 26.8 | 13.5 | 12.0 | 21.1 | 26.2 |
| 甘肃 | 8.0 | 5.5 | 4.4 | 41.4 | 7.3 | 12.4 | 21.7 | 116.3 | 16.8 | 24.1 | 23.6 | 22.5 | 29.3 |
| 新疆 | 60.1 | 21.3 | 21.7 | 127.5 | 30.6 | 43.1 | 53.8 | 145 | 54.1 | 42.8 | — | 13.0 | 35.1 |

| 地区 | "四五"时期 | | | | | | "五五"时期 | | | | | |
|---|---|---|---|---|---|---|---|---|---|---|---|---|
| | 小计 | 1971 | 1972 | 1973 | 1974 | 1975 | 小计 | 1976 | 1977 | 1978 | 1979 | 1980 |
| 合计 | 14810.8 | 2727 | 2914.7 | 2991.9 | 3041 | 3136.2 | 16648.19 | 3103.9 | 3199.6 | 3329 | 3507.89 | 3507.8 |
| 东北、内蒙古 | 11769.9 | 2168.4 | 2317.3 | 2376.5 | 2417 | 2490.7 | 12935.02 | 2516.1 | 2522 | 2567.1 | 2658.29 | 2671.53 |
| 内蒙古 | 3.1 | 1.8 | — | 0.5 | 0.4 | 0.4 | 819.9 | 0.4 | 0.3 | 1.2 | 404.0 | 414.0 |
| 吉林 | 2988.2 | 634.1 | 590.0 | 597.3 | 580.5 | 586.3 | 3053.42 | 600.0 | 588.4 | 612.6 | 619.29 | 633.13 |
| 黑龙江 | 8778.6 | 1532.5 | 1727.3 | 1778.7 | 1836.1 | 1904.0 | 9061.70 | 1915.7 | 1933.3 | 1953.3 | 1635 | 1624.4 |
| 林业部大兴安岭林业管理局 | — | — | — | — | — | — | — | — | — | — | — | — |
| 西南、西北 | 3040.9 | 558.6 | 597.4 | 615.4 | 624 | 645.5 | 3113.17 | 587.8 | 677.6 | 761.9 | 849.6 | 836.27 |
| 四川 | 1601.7 | 301.0 | 325.2 | 326.7 | 318.7 | 330.1 | 1839.89 | 294.2 | 332.2 | 375.6 | 422.21 | 415.68 |
| 云南 | 822.8 | 147.9 | 150.7 | 156.0 | 178.5 | 189.7 | 1053.81 | 169.2 | 187.1 | 211.7 | 240.20 | 245.66 |
| 陕西 | 213.2 | 37.1 | 42.3 | 46.0 | 46.0 | 41.8 | 267.62 | 40.0 | 48.2 | 58.3 | 66.02 | 55.10 |
| 甘肃 | 222.1 | 35.2 | 46.0 | 47.8 | 46.4 | 46.7 | 319.86 | 47.5 | 68.8 | 74.1 | 68.43 | 61.03 |
| 新疆 | 181.1 | 37.4 | 33.2 | 38.9 | 34.4 | 37.2 | 231.94 | 36.9 | 41.3 | 42.2 | 52.74 | 58.8 |

| 地区 | "六五"时期 | | | | | | "七五"时期 | | 1949～1986年 |
|---|---|---|---|---|---|---|---|---|---|
| | 小计 | 1981 | 1982 | 1983 | 1984 | 1985 | 小计 | 1986 | 总计 |
| 合计 | 17457.64 | 3255.52 | 3358.83 | 3444.74 | 3692.04 | 3742.37 | 4032.39 | 4032.39 | 90777.91 |
| 东北、内蒙古 | 13571.35 | 2581.57 | 2670.87 | 2734.75 | 2780.16 | 2804 | 3086.65 | 3086.65 | 73480.1 |
| 内蒙古 | 2336.8 | 427.15 | 448.71 | 480.48 | 478.47 | 502.07 | 626.99 | 626.99 | 8626.77 |
| 吉林 | 3106.61 | 614.43 | 614.25 | 609.47 | 633.42 | 635.04 | 685.69 | 685.69 | 16741.12 |
| 黑龙江 | 7681.94 | 1539.99 | 1607.91 | 1644.88 | 1668.27 | 220.89 | 1315.17 | 1315.17 | 47207.41 |
| 林业部大兴安岭林业管理局 | 446 | — | — | — | — | 446.0 | 458.8 | 458.8 | 904.8 |
| 西南、西北 | 3886.29 | 673.95 | 687.96 | 709.99 | 911.88 | 938.36 | 924.36 | 945.74 | 17297.81 |
| 四川 | 1930 | 344.07 | 345.86 | 366.72 | 456.97 | 422.38 | 425.30 | 425.30 | 9141.79 |
| 云南 | 1226.49 | 199.75 | 193.40 | 195.22 | 306.62 | 331.50 | 341.3 | 341.3 | 4650.6 |
| 陕西 | 212.93 | 33.22 | 45.28 | 44.47 | 45.83 | 79.99 | 79.4 | 79.4 | 1119.31 |
| 甘肃 | 256.49 | 44.99 | 50.06 | 50.12 | 54.76 | 56.56 | 58.63 | 58.63 | 1115.08 |
| 新疆 | 254.38 | 51.92 | 53.36 | 53.46 | 47.70 | 47.94 | 42.11 | 42.11 | 1271.03 |

（林业工业局木材生产处）

# 林业调查规划设计

**【林业调查规划设计综述】** 林业调查规划设计是保障林业建设顺利进行的一项基础性、前期或超前期性工作。37年来，在各级政府的领导和有关部门的支持下，通过广大林业调查设计工作者的努力，为林业建设制定方针、政策、规划、计划和措施提供了可靠的依据，为国家建设作出了重要贡献。

**管理机构与队伍建设** 中华人民共和国成立以前，我国既无林业调查规划设计管理机构，又无调查设计队伍。建国后，1950年，林垦部设森林经理司，组建了约300余人的调查队伍。1951年改为林业部，1953年设立调查设计局。国家为了摸清林业家底，曾作为156项苏联援华工程之一，聘请139名苏联专家，采用航空测量、调查等先进技术，帮助我国进行主要林区的森林资源调查，并培养了一批森林调查人才。到1957年，相继成立了11个部属森林经理、专业调查队，共有固定职工3700多人。连同各省(区、市)的调查设计队伍在内，全国从事林业调查设计的职工已超过8000人。

在1958年开始的“大跃进”中，林业部的调查设计机构被撤销，部直属调查队和一部分省(区)林业调查队被下放，全国林业调查规划队伍的总人数减少到3000人左右。60年代初期，为贯彻落实以营林为基础的方针，适应木材生产和建设后备用材林基地的需要，林业部重新成立了调查规划局，恢复了一批调查规划队伍，补充了一部分林业院校的毕业生。到1966年，部直属调查队恢复到2200多人，连同全国各省(区、市)的调查队伍在内，共9000余人。“文化大革命”开始后，1966年下半年，调查设计管理机构再次被撤销，林业部和大部分省(区、市)林业调查设计队伍被下放或撤销建制，全国从事这项工作的人数减少到2000余人。

1976年以后，特别是党的十一届三中全会以来，随着工作重点转向四个现代化建设，给林业调查规划设计工作发展创造了条件。1978年成立国家林业总局，接着恢复林业部，设立了调查规划局，1982年改为资源司。各省(区、市)为了贯彻落实《中华人民共和国森林法》的有关规定，资源管理机构逐步加强，林业调查规划队伍日益壮大。到1986年，已有2个省成立了资源管理处，12个省(区)由林政资源、林政保护、计财、总工办等处管理，有的设立了资源管理科，7省由林业勘察设计院代管。国有林区大部分林业管理局设资源管理处，国营林业局设资源管理科。林业部建立了4个直属调查规划设计院，全国各省(区、市)也相继成立了省级林业调查(勘察)设计单位36个，共有固定职工9102人。由于林业建设发展的需要，有些地区、县(场)也相继成立了调查设计队，到1986年底为止，约有3000余人，工程设计队伍4600人。再加上131个国有林区林业局的伐区调查设计队伍10000余人，共有从事林业调查设计队伍25000多人。现在，基本上形成了部及一些省、林业管理局、林业局4级资源管理机构，并相应成立部、省(区、市)和有些地、县(局、场)等4级具有一定生产能力的调查设计队伍，从而建立了一个比较完整的调查规划设计和资源管理的工作体系。

**成就** 林业调查规划设计工作，包括林业资源调查(即国家级森林资源清查，或称一类调查)、规划设计调查(二类调查)、伐区调查(三类调查)与规划、区划；编制森林经营方案施业案和营林、造林调查设计；作业调查设计等。

林业资源调查 包括三项基本内容：

①国家级资源清查：这种调查是为制定全国林业方针政策，制定全国和各省(区、市)及大林区的各种林业计划、规划和预测资源发展趋势提供科学依据。建国以来，共完成3次森林资源清查及统计汇总。

1963年，林业部采用历年多种方法调查，组织基层单位逐级汇总，统计出全国第一次森林资源数据。但因调查统计不全面，资源数据偏小，可信度不高。“四五”期间，运用以数理统计为基础的抽样调查方法，以县(局)为单位，进行森林资源清查工作，逐级统计出比较可靠的全国第二次森林资源数据。“五五”期间，鉴于过去全国性资源清查存在着调查范围及标准不一致，前后期调查数据不能对比分析，资源消长变化很难预测等缺点，决定吸取国外经验，结合我国实际，从1977～1980年，建立了27个以省(区、市)为总体的森林资源连续清查体系(不含上海市、西藏自治区及台湾省)，共设固定样地14万多个，其中有蓄积量的固定样地5.78万余个。样地数量及规模，在国外也是少有的。

1982年以后，开展了第四次全国性连续清查的复查工作。到1986年，已完成17个省(区、市)。

②规划设计调查：这类调查，是在林业生产单位范围内进行，以满足编制森林经营方案的目的，同时也为生产单位制定计划、县级林业区划和规划、基地造林计划、生产组织等提供依据。

1961年以前，历年累计完成林区经理调查(即规划设计调查)1.06亿公顷，其中大部分编制了森林经营方案(前称施业案)。1982年以来，为尽快适应中央关于对外开放、对内搞活以及发展林业的需要，开展了对国营林业局、进入抚育采伐期的国营林场和重点林区县的资源复查。到1986年，已完成约1.6亿公顷的调查面积。航空摄影完成772万公顷。同时，还进行了各种专业调查工作，包括土壤调查、编制林业基础数据表、森林病虫害调查等。

③作业调查：也称三类调查，这是林业基层单位为满足伐区设计、造林作业设计、抚育设计需要而进行的调查。每年按照国家下达的木材生产、造林、抚育采伐计划安排调查任务，由林业基层单位在作业前完成。

林业区划与规划　这项任务是在查清林业用地的基础上，依据自然条件、社会经济条件等方面的特点，按地理分区，提出各区域林业发展方向和林业经营单位的合理布局等。从1979年起，林业部根据全国农业区划委员会的统一部署，组织全国各省(区、市)开展工作，于1981年结束。全国划分为168个省级区。在省级区划的基础上，将经营方向相同的地理单位，按气候、地貌、森林植被类型相似和地域相连等条件，合并为发展林业地区。全国计划分为8个林业地区、50个林区。县级林业区划于1979年下半年开始，到1986年，已完成近2000个县的区划工作，其中已验收1500个县。根据林业建设的需要，1986年还完成了《黄河流域林业发展规划》、《长江流域林业发展规划》两个协作项目及柴达木宜林地、赣闽粤山区、四川西北部等林区的考察、研究任务，为林业发展提供了依据。

造林调查设计　造林调查设计是对造林地进行的各种因素的调查，作为确定造林工程布局，合理安排林种、树种，制定技术措施，编制造林规划和技术设计的施工依据。这是提高造林质量和保存率的一项重要工作。

30多年来，我国造林调查设计有了很大发展，完成了一些较大的工程项目。其中，有东北西部及内蒙古东部防护林、北方农业区的沙荒防护林、沿海防护林等大中型防护林和华南垦殖场橡胶林的造林调查设计；全国2000多个以造林为主的国营林场的总体设计和造林设计；全国部分县(旗)的造林规划设计；全国飞机播种造林设计及部分营林调查设计；等等。近几年来，又完成了太行山区110个县、市、区，面积1200多万公顷的绿化规划；16个省(区)造林典型设计；160余万公顷速生丰产林的调查设计任务。

编制森林经营方案　森林经营方案(施业案)是在林业生产单位中，通过森林资源二类调查(即规划设计调查)，编制以实现合理经营、永续利用为目的的规划设计文件，并规定10年为一个修订期。这项工作主要在重点林业生产单位的131个国营林业局、1800个进入抚育采伐期的国营林场、158个重点林区县进行。1986年，为适应林业改革、搞活林区经济的需要，完成了编制浙江开化、湖北桂花、湖南金洞、广东乐昌4个示范林场的森林经营方案的前期工作。

建立健全各种法规及规章制度　我国大部分林业调查规划设计规程，是50年代或60年代初期制定的。例如，《全国林业区划草案》、《山区林业规划纲要》、《造林调查设计规程》、《国有林经理规程》及以后修订的《国有林调查设计规程草案》、《国营林场总体设计规程》等。党的十一届三中全会以后，尤其是1982年以来，原有的某些技术标准、规定、方法、技术要求等已不适应变化了的形势，有的内容原来就不够全面，因此，需要重新修订。截至1986年，已重新制订或修订了《森林资源档案管理办法》、《制定年森林采伐限额暂行规定》、《森林资源调查主要技术规定》、《县级林业区划原则要求与林业发展规划大纲》、《国营林业局、国营林场编制森林经营方案原则规定》(试行)、《林业专业调查主要技术规定》(试行)、《造林调查规划设计规程》(试行)等，使我国林业调查设计、资源管理工作逐步转向了制度化、规范化。

新技术发展和运用

①森林资源调查技术：30多年来，我们经历了一个学习、提高和发展的过程。50年代初期，学习苏联介绍的方格网人工区划和带状标准地实测的方法进行调查。这种方法简单，所得成果精度较高，但不符合我国林业生产主要在山区的实际情况。经研究后，改为综合区划，进行小班块状样地实测。这种调查全面、细致、质量可靠，但还不能满足生产发展的要求。50年代后半期，航空照片在我国资源调查中得到广泛应用，开始进行小班目测调查，加快了调查速度，但也存在操作技术上主观因素太强的缺点。1957年引进角规测树技术。这种方法简单，操作方便，精度可靠，效率也很高，在全国得到普遍应用。1963年，国外抽样调查技术兴起。我国1964年引进试验成功，1965年推广，调查质量与功效显著提高。通过这一实践活动，为在我国森林资源清查中应用数理统计理论和抽样技术奠定了基

础。其后，相继进行了多种抽样调查方法的试验与应用，如两阶和多阶抽样调查方法、回归抽样调查法、双重回归抽样调查法等，也都获得了成功，接近当时世界先进国家的调查水平。

②电子计算机应用技术：60年代初，开始引进穿孔计算机，开展了对航空调查资料进行数据处理和按干形编制立木材积表等试验研究工作。1971年，黑龙江省引进了林业系统内的第一台电子计算机(DJS-121)，利用该机完成了生长率分析、数量化林分蓄积量表等工作，并利用中国科学院数学研究所DJS-121电子计算机编制了全国二元立木材积表。1980年开始，用了3年时间，建成了林业系统第一个全国森林资源数据库，存贮与管理了全国各省(区)及2800多个县(局)级单位的森林资源数据。到1985年底，全国绝大多数省(区)调查规划部门都配备了微型计算机。据统计，到1986年，林业调查规划设计系统共有各类小型与微型计算机200余台。不少省(区)的调查设计单位，研制了一些森林调查统计分析与资源管理方面的软件，如“森林资源连续清查数据处理软件”、“森林资源数据处理系统”、“森林资源数据管理系统”、“一、二类调查资源数据处理系统”等。1985年开始，为实现数据采集自动化及数据通讯与数据共享，开展了野外数据采集电算化及计算机通讯技术的研究，并取得了成果。野外调查数据的采集、存贮、处理与通讯技术方法的研究也获得成功。在远程通讯技术上，与有关部门合作，引进电子计算机远程通讯技术，并成功地在北京市同新疆维吾尔自治区、福建省进行了远程通讯试验，效果很好。这些成果，使我国森林资源调查数据处理技术大为提高；并将逐步达到资源调查规划工作电算化，为今后建立森林资源信息管理系统打下了良好的基础。

③遥感技术：1954年在苏联专家帮助下，进行过中比例尺航空摄影，相应开展了黑白印相、编制相片略图和平面图等业务，并应用这些技术进行森林资源调查。70年代初，开始编制带有地形等高线的相片平面图；1974年后，进行了黑白红外线、彩色片、彩色红外片的摄影处理及应用。1977年引入卫星遥感技术，进行了卫星照片拷贝等合成技术的研究与生产，并与科研、生产单位合作，在云南省腾冲、广东省南昆山、福建省沙县等地区进行航空遥感图象森林定量分析、宜林地分类的研究试验。从1983年开始，对遥感技术在森林资源动态监测中的应用研究及利用分类图、卫星照片目视解译图以及雷达技术在森林资源清查与监测中的具体应用，都取得了一定的成效。在林业调查中，航天遥感技术的应用仍处于试验阶段。

**存在问题** 总的看来，30多年来的林业调查设计事业是向前发展的。但是，林业调查设计还存在着进度缓慢、复查期过长、资源不清、变化趋势不明等问题，很不适应形势发展的需要，也影响到林业建设的决策和各个时期方针、措施的制定。其主要原因，一是资源管理和调查设计机构不健全。到1986年底，除台湾省外，全国还有15个省(区、市)没有建立森林资源管理机构，调查设计队伍力量薄弱，现有人员只是计划数的30%左右。二是调查经费严重不足，没有正常渠道，每年的事业费只占完成计划任务所需经费的25%左右。

在各级党组织和人民政府的领导和支持下，只要我们坚持改革，克服困难，努力工作，就一定能使我国林业调查设计事业兴旺发达起来，为林业现代化建设作出贡献。 (施斌祥)

## 森林资源调查

**【综　述】** 党和国家历来十分重视森林资源调查。

**成绩** 30多年来，已完成3次全国性的森林资源清查，各类规划设计调查、复查共完成6.4亿公顷。1982年以来，开展了第四次森林资源调查工作。到1986年，已完成了17个省(区、市)的县(场)森林资源调查。在国营林业局和林场的森林调查工作中，已完成1.6亿公顷。即在林业局中完成了一半，在国营林场中完成了80%。

**调查方法** 50年代主要采用小班目测调查法；60年代逐渐采用数理统计抽样调查；80年代则采用小班目测、样地实测，与总体抽样相结合的方法进行。这样，既能把资源数字落实到小班，落实到山头、地块，又能保证林业经营单位总资源数据的准确程度。从70年代后期起，为了掌握宏观的森林资源动态变化，全国开展了森林资源连续清查，共建立14万多个固定样地，每5年复查一次。现在，多数省(区)已进行了森林资源连续清查复查，吉林、广西已复查了2到3次。

**调查与管理** 1982年以来，森林资源调查管理逐步得到加强，明确提出了分级调查、分级管理和查、管、用相结合的方针。同时，根据调查成果的作用和工作范围的大小，将森林资源调查划分为一、二、三类调查，使调查在组织、技术、方法上形成一个科学的系统。在此基础上，各省调查队伍得到较快发展，许多地区和县都成立了调查队伍，为顺利完成第四次森林资源调查打下了基础。与此同时，

1982年颁布了《森林资源调查主要技术规定》；1984年研究了调查工作定额；1985年召开了全国首届林业调查设计实用技术交流会，交流成果70项，推广先进科技成果43项；不少省(区、市)调查院(队)实行了技术经济承包制。这些工作，使森林资源调查逐步走上正轨。

**1986年森林资源调查** 主要在内蒙古、黑龙江、福建、湖南、四川、云南、广西、甘肃、新疆等省(区)开展，共完成约3175万公顷。在黑龙江、吉林、陕西、浙江省抽取全部固定样地，在福建、广东、宁夏、北京等省(区、市)抽取部分固定样地，进行森林资源连续清查，共完成样地24798个。

1986年森林资源调查的特点是：

①调查质量进一步提高。这一年中，资源司组织了两个森林资源调查质量管理调查研究小组，分赴内蒙古、黑龙江、吉林、福建、江西、湖南、浙江各省(区)进行调查了解，认为：森林资源调查质量是好的，较以前有所提高。一是许多调查单位建立了专职检查小组，特别是福建全省建立了自上而下的质量检查系统，采取随机抽样确定检查对象。二是在调查方法上，用总体抽样蓄积和小班累加蓄积比较，从而防止了调查的蓄积产生偏差。

②普遍采用电子计算机技术。凡是开展森林资源调查的单位，多数采用电子计算机进行内业统计计算，并用中文打印出统一规定的各种森林资源统计表，然后用复印机复印。在连续清查固定样地的资料处理方面，还编制了统一的标准程序。少数单位已经采用个人计算机作为野外采集器，及时将调查数据送入微机。这些工作，大大缩短了内业的工期，工效提高5～10倍。

③调查方法的多样化。随着数理统计理论的提高和新技术的引进，除采用过去习惯使用的目测法、带状样地法外，又采用了一些新的方法，如群团抽样法、数量化方法、典型中心抽样法、小样圆法等，对加快森林资源调查速度及保证工作质量，起到了明显作用。

④森林资源调查的组织形式。目前，已较多地出现横向联合。一个林业勘察设计院不单完成本地区的任务，同时也到其他地区去完成调查任务。1986年，贵州省林业勘察设计院到福建省漳平调查，湖北省林业勘察设计院到福建省龙岩市调查，湖南省林业勘察设计院到甘肃省白龙江林区调查，华东林业调查规划院到黑龙江省铁力林业局调查。这种调查勘察力量的流动，有助于各省调查力量的调剂，有利于各省调查技术和经验的交流。

⑤进一步发展和完善各种形式的技术经济承包制。这对发挥调查人员的积极性，提高调查工作质量，加快调查速度，都是值得推广的。(张美祥)

**【林业调查设计实用技术成果推广】** 1985年12月21～28日，林业部资源司主持召开了全国首届林业调查设计实用技术交流会。会议共收到159项技术成果，参加交流的项目有70个。会议就遥感测绘、电子计算机应用、林业调查方法、专业调查方法和仪器工具等作了专题介绍，同时展出了文、图、实物，进行了操作表演。会议选出43项优秀实用技术成果，作为全国的推广项目。根据与会同志的要求，1986年有计划、有目的地推广和实施以下项目：1986年3月，委托河北省林业勘察设计院在石家庄市举办40人参加的推广野外数据采集、传输和处理学习班；5月份，委托广西壮族自治区林业勘察设计院和林业部调查规划设计院在南宁市举办有50人参加的利用普通照相放大设备编制相片平面图和固定格网转绘法学习班；10月份，委托湖北省咸宁地区调查队在咸宁举办有40人参加的丝网印刷学习班；9月份，在新疆邀请部分省(区)的同志召开数量化方法定型会，并发了纪要；10月份，在福建省组织交流和推广县级林业土壤调查经验。此外，5月下旬，委托林业部调查规划设计院承担的《森林资源编码》通过鉴定，已报林业部科学技术司，将作为部颁标准在全国林业调查规划系统实施等。

(陆静娴)

**【技术发展规划】** 在1985年12月下旬林业部资源司主持召开的全国首届林业调查设计实用技术交流会上，讨论并通过了《1986～2000年林业调查设计与资源管理技术发展规划》(简称《技术发展规划》)。该规划参考世界上林业调查规划技术的发展概况，制定了我国林业调查设计和资源管理技术发展的方针、奋斗目标、主要任务和采取的主要措施。

《技术发展规划》从回顾建国以来调查设计队伍建设、调查设计技术发展出发，恰当地评估了历年来进行森林资源各类清查，建立森林资源连续清查体系，形成森林资源动态监测体系以及专业调查、测树制表等方面取得的成绩和存在的问题，特别是与林业先进国家之间的差距；确定了编制技术发展规划以应用技术为主，实事求是，遵循在生产实际中进行技术研究的指导思想。

技术发展的方针是“有限目标，突出重点”。要积极采用新技术，改造、革新传统技术，加速新技术的转移和推广，促进我国林业调查设计与资源管理技术的现代化，走具有中国特色的道路。

到2000年，我国林业调查设计技术规划的奋斗目标是：

①通过遥感技术与先进调查方法的结合，保证全国森林资源连续清查(一类调查)每隔5年复查一次。在此基础上，利用多阶遥感技术和电算预估模拟技术，达到每隔两年提供一次全国性宏观森林资源变化数据。

②服务于基层生产建设的调查规划设计(二类调查),从单一的林木资源调查逐步过渡到多资源调查,并在各林业生产建设单位建立森林资源信息系统,实现调查数据的收集、存贮、统计分析、数据更新及成图电算化,并在此基础上逐步建成各级林业资源信息系统,促进林业经营管理水平的提高。

③实现各级林业部门森林资源管理电算化,统一全国森林资源数据编码,形成全国电算网络。

为实现以上目标,《技术发展规划》分阶段地确定了具体的实施任务。

《技术发展规划》现已修改完毕;各省(区、市)的林业部门也已制定了本地区的技术发展规划。

(陆静娴)

**【《中华人民共和国林业地图集》】** 《中华人民共和国林业地图集》(以下简称《图集》)是一本中型(8开本)综合性的林业专题地图集。《图集》自始至终贯穿着科学性、实用性、艺术性和林业的专题性,由地图、景观照片和简要文字说明构成,并划分为序图和林业专题两大图组。林业专题图组又包括全国、省级和典型区域3个图组。全国图比例尺控制在1∶1400万～1∶4000万的范围内;省级图比例尺控制在1∶125万～1∶550万的范围内;典型区域图的比例尺,根据典型区域范围的大小和预定的版面确定。

《图集》主要根据中华人民共和国成立以来各省(区、市)和林业部有关司(局)以及生产单位积累的专业资料,经过系统分析、整理,按照设计原则,编写图幅设计,以能反映森林资源分布现状、林业建设成就和林业发展规划等信息为目的,采用直观形象的地图语言以及准确的定位、定量,编绘出各专业地图。图面一般由主图、插图、图表、数表和文字说明编绘而成。

《图集》是各级林业主管部门全面了解林业基层状况、制定林业建设方针政策和林业发展规划的重要参考资料,也是科研、教学等方面的科技资料,还可作为国内外林业专题信息的交流资料。

《图集》的编绘工作即将完成,预计1987年底完成清绘,力争1988年末出版。 (陈学文)

**【东北国有林区二类调查】** 为了尽快解决东北国有林区森林资源危机、经济危困的被动局面,加快国有林区经济体制改革的步伐,林业部于1985年11月26日召开了加速国有林区调查规划工作会议,决定用1986～1988年3年时间,对东北国有林区林业企业的森林资源进行二类调查。

要在3年内搞完东北国有林区的二类调查,任务重,时间紧。为了高质量地按期完成这项任务,黑龙江省森林工业总局、林业部大兴安岭林业管理局、内蒙古自治区大兴安岭林业管理局和林业部调查规划设计院等,及时组织人力、物力、财力,于1986年4～10月在11个林业局开展了外业。调查面积为397.1万公顷,其中,黑龙江省铁力林业局20.3万公顷、桃山林业局17.8万公顷、双丰林业局14.1万公顷、沾河林业局76.6万公顷、柴河林业局36.3万公顷;内蒙古自治区的库都尔林业局50.2万公顷、阿尔山林业局53万公顷、得尔布尔林业局25.5万公顷、吉文林业局36.2万公顷;林业部大兴安岭林业管理局的松岭林业局41万公顷、呼中林业局4万公顷等。从10月份起,对外业调查资料进行了统计分析,预计1987年初能提交调查成果。

(陆应祥)

**【林业调查设计系统计算机应用】**

**计算机技术引进** 我国林业调查设计系统普遍应用微型计算机技术,是从1983年开始的。从1983～1985年的3年间,全国省(区)一级林业调查设计部门共购进各种微型机近200多台。其中,准16位多用户的S/09机14台,IBM/PC/XT及其兼容机50台,其他类型微型机(包括APPLE机、68000、TRS-80、Z-80、王安机等)15台,袖珍型个人计算机200台(主要为PC-8201、KC-85、PC-1500、HX-20及PB-700等)。林业部调查规划设计院与黑龙江省森林资源调查管理局,利用世界银行及联合国粮食及农业组织的资助,分别引进了功能较强的小型机VAX-11/750。这是一种32位超级小型机,功能强,容量大,且配备了图象处理及其他外围设备。计算机的引进,为林业调查设计系统应用和发展电子计算机技术提供了物质条件。

**计算机技术开发及应用** 林业调查设计系统引进计算机技术的时间虽然很短,但发展却很快。

①培养了一支微型机应用技术人才。经过两年多的时间,绝大多数省(区)一级的林业调查设计单位都具备了一支微型机应用的技术队伍,一般可有二三人,多的达七八人或更多。这些技术人员基本上掌握了微型机的应用与开发技术,成为本单位应用微型机的骨干力量。由于微型机及个人计算机的普及,广大林业调查设计专业技术人员学习计算机技术,并应用这一技术来处理本专业的业务,取得了可喜的成绩。

②基本上做到了全部调查数据处理的电算化。到1986年,各省(区)一级的森林资源调查数据的统计分析均采用了电算技术,并建立了相应的资源数据库,使调查数据的输入存贮、处理、通讯及成果输出、打印报表等都采用微型机进行,从而大大提高了资源统计的速度。

在编制应用程序方面,主要是靠自身的力量进行的。目前,除具有全国统一的一类调查数据处理程序外,各省(区)还根据本地的情况和要求,编制出大量的二类调查数据处理应用程序。部分力量较强的单位，已开始把电算处理技术推向更高的发展阶段，正在摸索建立具有资源管理、数据更新、预估及辅助决策的林业信息管理系统，并已取得一定成效。

为便于数据的交流与共享，提高资源管理水平，林业部调查规划设计院编制了全国森林资源数据统一代码，并通过了技术鉴定。

③开发了调查数据的野外采集及联机通讯技术。为提高微型机的使用效率和实现资源信息共享，1985 年开展了资源调查数据野外采集、存贮、传输的研究，取得了成功，并开始在生产上应用。目前，已形成一套适合林业调查部门使用的从数据采集、存贮、传输到处理的技术，在各种型号的微型机之间已能实现数据与程序传输，以及通过电话线进行远距离通讯。这些都为今后发展微型机技术及实现调查与管理的电算化，创造了重要条件。

④编制了多种林业统计分析专业程序。近两年来，由于广大林业调查设计人员逐步应用电算技术，编制了不少适用于本专业的应用程序，如林业统计、测树制表、多元回归分析、测量、林业工程设计以及有关工资、劳动人事档案管理等。

**问题与打算** 目前存在的问题，主要表现在应用水平还不高，大多数单位的电算应用技术仍处于数据处理阶段，对利用电算技术进行综合分析、资源管理以及辅助决策等方面的经验还不足，电算图象处理能力还很低。

今后，应加强电子计算机的综合分析能力，发展有关数学模拟技术和建立地理信息库，以逐步建立森林资源信息管理系统，充分发挥电算在森林调查和资源管理上的作用。 （陈振杰）

**【森林立地分类和评价系统】** 森林立地分类是林地生产力的分类，也是林地生产力的区划，是依据地域分异规律形成立地分类的系统或体系，以立地类型为最小单元落实到山头地块的区划。森林立地分类，是科学指导造林设计和营林活动的基础，也是发掘林地生产潜力，提高单位面积林地的产量，实行林业集约化经营的科学基础。

建国以来，对有林地的林分是用地位级和林型作定性、定量评价的，而对宜林地则是用立地条件类型作定性分析的。由于 50 年代在经营已有森林和造林中按各自的方法进行立地分类和评价，因此一直没有采用统一的技术手段来评价立地。

为了科学、合理地经营林业，结合国内外已取得的实践经验，1983 年 10 月，林业部资源司在四川省召开了第一次全国林业专业调查工作会议。会上讨论了我国有林地和宜林地统一立地分类和评价的问题，并确定了立地分类要和林业区划所规定的经营方向和生产布局紧密结合，为林业生产服务的原则。1984 年在起草《林业专业调查主要技术规定》中的“立地类型调查”一篇时，进行了广泛的调查，总结这方面的工作经验；并就建立我国林业调查中的立地分类、评价系统、应用体系方案进行了深入研究。1985 年 1 月，资源司在西安市召集各地有关人员举行立地分类和评价研讨，充分交换了意见；同年 10 月，林业部区划办公室和中国林学会生态专业委员会共同在贵阳市举行立地分类和评价学术讨论会。通过讨论，逐步深化了建立我国立地分类和评价系统有关理论的认识，提出了我国林业调查立地分类和评价应用体系。1986 年 2 月颁布的《林业专业调查主要技术规定》(试行)包括了上述系统、体系的内容。同年 5 月和 8 月，分别在山西省武乡县、福建省沙县进行了立地分类的北方试点和南方试点，进一步检验、充实了立地分类和评价系统。

我国立地分类和评价系统(见图)的特点是：①由立地类型区、立地类型亚区、立地类型组、立地类型组成立地分类系统；以土壤肥力、地位级、地位指数、指示植物、地位指数得分表、林产品产量、生物量等为评价指标。②用立地类型对有林地和宜林地实行统一分类，从而结束了长期以来有林地和宜林地分别用林型和立地条件类型分类的互不结合的局面，使有林地与无林地的质量都能用这一系统统一分类和评价，以利经营集约化。③从我国的具体情况出发，采取分区分类的原则，用主要的环境因子指标，即主导因子的分类方法进行分类。④立地分类是研究不同地域自然规律对林地生产潜力的影响，即同一个立地生长不同的树种具有不同的生产潜力，同一个树种生长在不同立地上也表现为不同的生产潜力，并给社会带来不同的经济效益。⑤立地分类是在已确定林业生产布局和经营方向的林地上进行的。林业区划是根据该地区自然条件、社会经济条件和对发展林业的需要进行生产布局，确定经营方向的。所以，立地类型区和林业区划的省一级区或二级区的界线应大体一致，并明确林地生产力的区划为林种区划的方向服务，为选择最优树种和实现合理的林种结构服务。因此，立地分类系统和林业区划系统必然紧密衔接。⑥立地分类系统的基本单元是立地类型，应能落实到小班或山头地块。⑦立地分类系统应具有科学性和实用性，分区分类的原则和主导因子分类的方法应易于掌握，便于应用。⑧立地分类的对象不局限于用材林，也包括其他林种。⑨立地分类评价系统与林业区划、规划系统，设计、生产系统组成立地分类和评价应用体系，明确了立地类型调查在林业区划、规划和生产实施形成一条龙的经验中所起的作用。

30 多年来，林业调查勘察系统在各地积累了大量立地类型的资料。我国的立地分类系统必将在造林、营林和林地生产力的研究工作中发挥积极的作用。 （詹昭宁）

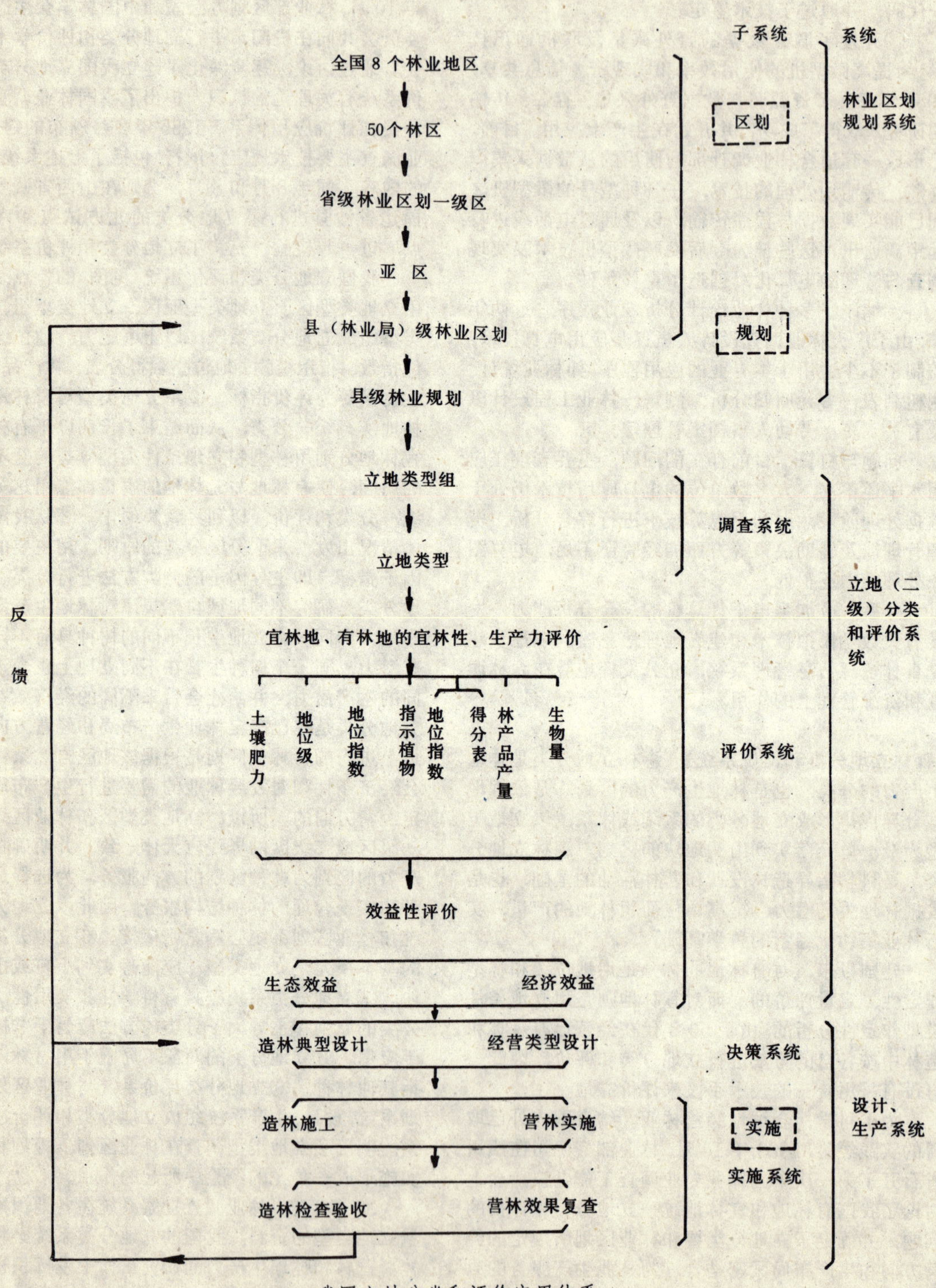


我国立地分类和评价应用体系

# 森林区划

【综 述】1986年是深入开展林业区划工作取得很大成绩的一年。《全国林业区划》已交中国林业出版社正式出版。各省(区、市)的林业区划工作已全部完成。半数以上的省(区)已通过审定并正式付印;其他省(区)正积极组织修改、审定。全国2000多个县级行政区划单位的林业区划已完成80%以上,其中的绝大多数已通过验收。

为推动林业区划工作的开展,1982年5月及1983年10月,林业部分别在山西省吉县和贵州省贵阳市召开了全国县级林业区划北方、南方经验交流会议。会后,原来只搞粗线条区划的县,根据统一的要求,重新进行了细线条区划;不少县结合当地特点创造了一些新的方法和形式,使林业区划工作向纵深方向发展。县一级林业区划、规划,普遍重视了在基层落实实施的问题,明确了林业区划、规划实施一条龙的原则,突出了与承包责任制相结合进行实施的重要性,归纳了林业区划工作的7条基本经验。这7条基本经验,包括争取各级领导的重视;区划、规划方案必须经县人大审议,通过立法程序使之生效;必须及时制定和落实有关政策,使林业区划得以顺利实施。特别是下列4条经验已受到普遍重视。

①进行详细的自然资源调查和社会经济调查。这是严格遵循客观自然规律和经济规律,搞好林业区划的前提。因此,那种不遵循自然规律和国民经济发展的需要、不落实到山头地块的区划,就不可能达到指导合理调整林业生产布局、充分合理利用土地、尽可能提高森林覆盖率的目的。

②县级林业区划必须与县级综合农业区划结合进行。县级林业区划是县级综合农业区划的组成部分。各种自然资源调查和社会经济调查,与许多农村政策和经济政策密切关联,不能截然分开。只有结合进行,才有利于统筹解决。

③在林业区划的基础上,结合承包责任制制定林业发展规划是实施林业区划的有效途径。林业区划的目的,是合理调整林业生产布局,确定发展方向,以及提出达到目标的关键措施。林业区划是从全局和长远的角度来考虑问题,具有宏观的战略研究性质。但是,它不能确定何时实现最终目标,特别是不能确定分期实现的目标。为了实现分期目标和最终目标,还必须在林业区划的基础上,根据社会对林业的各方面需要,以及当地的劳力、技术、资金等有关因素,制定分期的林业发展规划。同时,林业区划、规划只能体现对林业生产的科学指导,如果不继续组织实施,不与承包责任制挂钩,仍然是纸上谈兵。同样,只有承包责任制而无科学的区划、规划,则不可避免地会在发展方向和生产布局上产生盲目性。因此,必须把两者结合起来。

④建立专业队伍。在有关专业技术人员指导下,以自己的力量为主进行林业区划和规划,并组织实施,才能保证林业区划工作的正常进行。

1986年,林业部在河南省西峡县召开了现场会,推广西峡县设置规划员实施林业区划、规划的经验,使县级林业区划工作向纵深方向前进了一大步。西峡县在全县每8到10户设置1名懂得林业技术的规划员,指导群众实施区划、规划。这种办法,具有施业的科学性和普及性。因此,各省(区、市)因地制宜地推广西峡县经验,是在我国国情下实施科学的森林经理原则的一条有效途径。西峡现场会后,各省(区、市)都确定了试点乡、县,对西峡经验进一步补充完善,并组织推广。

林业区划工作虽已取得很大成绩,但作为科学地发展林业生产的依据,还要不断完善、补充和向前发展。 (王炳勳)

【全国县级林业区划规划实施现场会】1986年5月6～10日,林业部在河南省西峡县召开了全国县级林业区划、规划实施现场会。这次会议,总结和研究推广西峡县在基层设置规划员实施林业区划和规划的经验。参加会议的代表,来自全国28个省(区、市)的林业厅(局)以及林业区划、调查规划单位。林业部副部长董智勇主持了会议。河南省林业部门的同志和西峡县负责人在会上介绍了河南省与西峡县的林业区划工作。

西峡县地处伏牛山南麓,人均耕地0.8亩、山地12亩,发展林业的条件优越。但是,在过去的30多年中,林业不仅没有发展,森林覆盖率反而有所下降,森林蓄积大幅度减少,多种经营萎缩。西峡县的同志们认识到,除了"左"的思想影响外,林业生产不按照规划设计施工,违背自然规律也是一个重要因素。因此,按照统一部署,认真地进行了林业区划和实行了联产承包责任制,下决心做到林业生产按科学的区划、规划设计进行。为解决缺乏林业技术人员的实际问题,他们于1983年组织了基层义务规划员,参与制定和实施林业规划的试点,并在取得经验的基础上逐步推广。1984年8月,专门举办由县、乡、村主要干部和林业技术人员参加的规划员骨干培训班。培训班结束后，县、乡、村各级广泛宣传设置林业规划员的必要性，从每个村民小组中选出1～2名具有初中以上文化水平的青年，以乡为单位，采取边规划、边培训的办法，仅用3个月的时间，就培训了12800多名农民义务规划员，完成了全县的规划任务。

一年多来，西峡县的林业区划、规划工作取得了很大成效。一是造林速度加快。1985年全县造林22万亩，是历年造林面积最大、质量较好的一年。二是进一步落实林业政策，划清了山林经营权属，解决了多年未解决的山林纠纷。三是广大干部群众建设山区的信心普遍增强，造林、育林、发展多种经营的积极性提高，群众收入增加。四是普及了林业科学技术。规划员将造林的基本知识和技术迅速传播到群众中，全县自上而下形成了技术推广网络。

与会代表认为：西峡县设置规划员，对实施林业区划、规划起到了重大作用。

会议决定：各省(区、市)都应结合自己的条件，加强领导，在集体林区和少林山区积极组织推广，以推动林业生产和山区经济的发展。截至1986年底，除西藏、青海外，全国各省(区、市)都确定了试点，组织推广。 (李瑞珍)

**【《林区风景资源调查、区划与规划工作原则规定》(试行草案)】** 近年来，以自然风景观赏为中心的旅游事业有了很大发展。我国疆域广阔，自然条件复杂多样，历史悠久，自然风光和人文景物都非常丰富，而绝大多数风景资源分布在林区、山区。例如，泰山、华山、衡山、嵩山、恒山是著名的“五岳”；峨眉之秀、黄山之奇、庐山之美享誉世界。风景秀丽的九寨沟、黄龙寺、张家界、索溪峪等都在林区。这些风景资源，将是我国林区发展旅游事业、开展多种经营，搞活林区经济，实行以林养林的重要基础。但是，由于以前我们忽视了发挥森林的社会效益，从未开展过风景资源的普查和区划，致使已开发的风景资源缺乏合理经营而遭到污染破坏。此外，还有大量的风景资源还沉睡在深山老林，鲜为人知。因此，必须尽快开展林区自然风景资源普查和区划工作，以满足社会对森林游憩保健作用的需要。

为了开展林区风景资源调查、区划及编制经营方案等工作，需要制定有关的规程、规定和评价标准。林业部资源司区划办公室于1986年9月邀请林业区划研究会的部分专家和科技人员对四川省九寨沟、黄龙寺进行了现场考察，并就林区风景资源的普查范围、项目、深度、方法以及评价标准等展开了讨论，在此基础上草拟了《林区风景资源调查、区划与规划工作原则规定》(试行草案)。该草案共有14章，包括总则、准备工作、基本情况调查、风景资源调查、人文与社会调查、障碍因素调查、风景资源评价、风景区区划、景色评价、障碍因素分析、开放旅游的经济评价、风景区区划的论证、编制计划任务书以及编制风景区经营方案等。1986年底，林业部资源司再次邀请各省林业勘察设计院的技术人员，进一步讨论了该草案，并进行了认真修改，现已正式印发全国各省(区、市)试行。(王炳勳)

**【《黄河流域林业发展规划》】** 为治理、开发我国第二大河——黄河，按照国务院于1984年批准的《黄河治理开发规划修订任务书》的分工，林业部林业区划办公室组织黄河流域的青海、四川、甘肃、宁夏、内蒙古、陕西、山西、河南、山东9省(区)林业厅，对近80万平方公里的流域面积进行了调查研究，于1986年10月完成了《黄河流域林业发展规划》。

黄河全长5464公里，流经各地的自然条件有很大差异，有风沙半荒漠区、黄土丘陵区、土石山区、平原河套区、青藏高原区5个类型区。规划是以全国林业区划的类型区分别进行论证、统计、分析的。

规划意见中，通过分析每个类型区的基本情况和林业生产现况，明确提出这次规划的指导思想是：大力造林，乔灌草结合，最大限度地提高森林覆盖率，充分发挥森林蓄水保土机能，建立起森林生态系统主导下的生态经济体系。在根治黄河水土流失和生态环境实现良性循环的同时，使当地国民经济得到协调、稳定的发展。其战略目标的重点是：①到2020年，全流域森林覆盖面积从现在的1.3亿亩增加到4亿亩，覆盖率由现在的10.8%提高到30%以上；②为做到黄河流域的林业建设以防护林为主，规划的防护林占各林种50%以上；③缓解群众烧柴、用材困难，实现规划后人均烧柴达200公斤，每年用材从现在的人均0.02立方米提高到0.05立方米左右；④提高造林成活率和保存率，采取必要措施，保证实现规划目标。

在规划布局上，按5个类型分3个阶段提出规划指标，综合各省(区)提出的建议方案，按造林、营林、自然保护区、木材生产等林业建设项目进行安排。

《黄河流域林业发展规划》将作为黄河治理开发规划的组成部分，为综合治理黄河、全面合理开发利用黄河提供重要依据。 (李瑞珍)

**【《长江流域林业发展规划》】** 《长江流域林业发展规划》(以下简称《规划》)是长江流域治理开发总体规划的一部分。按照国家计委关于转发水电部《长江流域综合利用规划要求报告修订补充工作协调会议纪要》的通知要求，由林业部组织全流域有关16个省(区、市)林业部门编制，1986年8月完成并提交长江流域规划办公室汇编上报。概要如下：

长江流域的面积为180万平方公里，流域范围包括四川、贵州、湖北、湖南、江西、上海省(市)的全部及安徽、江苏、甘肃、陕西等一部分的16个省(区)。长江流域全部处于亚热带，年平均气温14～18℃，年降水量800～1800毫米，气候温和，年温差大，雨量充沛，对于发展林业有得天独厚的优势。这里树木生长快，生产周期短，林产品丰富，是我国发展林业的重要基地。在减轻水害、保持水土、改善生态环境、遏阻“第二条黄河”的出现方面，林业有着非它莫属的独特功能。但是，过去由于缺乏统一规划和协调开发，造成毁林开荒、过量采伐，以致森林资源逐年减少，水土流失面积和自然灾害有增无减。例如，50年代全流域水土流失的总面积约36万平方公里，而近几年已达72万平方公里。长江流域存在的问题，已引起举国上下的殷切关注。

《规划》以森林植被建设为主导，其指导思想是：建立良好的生态环境，发展林业生产，协调总体治理开发。规划上游高山峡谷区，主要是保护现有森林资源，限制砍伐利用，积极发展水源涵养林，为长江蓄积水源。

在中上游山地，要在保护好现有森林植被的同时，各支流上游营造水源涵养林，其中下游营造水土保持林，以控制水土流失。还要恢复传统的经济林，因地制宜地发展多种经营，提高商品率，增加山区人民的收入。

在中下游低山丘陵区，要发展用材林。在立地条件好的地区发展速生丰产用材林。同时，要提高经济林的经营水平，建成我国的用材林、竹林和经济林基地。

在下游平原水网区，要积极营造农田防护林、护岸林和栽植“四旁”树，并根据需要发展用材林、经济林和薪炭林。

《规划》提出，要改变林业的单一原料生产、周期长、收效慢影响群众积极性的状况，采取各种不同生长周期的树种结合，组成有近有远有加工产品、连续收益的林业生产体系。

在林种结构的调整方面，高山峡谷地区的用材林要由63.4%降到44.5%；水源涵养林由33.7%提高到44.8%，达到0.9亿～1亿亩。中上游山地主要营造水土保持林，《规划》提出净增10%，同时提高经济林所占比重。中下游低山丘陵地区，要在几大支流上游山地规划水源涵养林，在中下游规划水土保持林，比重净增10%，近期达到1500万亩；同时，薪炭林所占比重提高4.9%，适当增加经济林，用材林所占比重保持在54.6%以上。沿江平原要大幅度增加沿江防护林和农田防护林，这两个林种共占68%，即1600多万亩；用材林所占比重控制在15.2%。长江流域各林种比重的调整方案见表1。

规划的全流域森林覆盖率将从现有的27.4%提高到2000年的40.5%。木材生产应按采伐量不超过生长量的原则进行，预计到本世纪末可连年生产木材5000万～6000万立方米，达到人均木材0.15立方米。

**表1 长江流域林种比例调整方案**

(占有林地面积%)

| 规划期 | 用材林 | 防护林 | 薪炭林 | 特用林 | 经济林 | 竹 林 |
|---|---|---|---|---|---|---|
| 1986年 | 66.8 | 10.6 | 4.3 | 1.1 | 12.7 | 4.5 |
| 1990年 | 55.8 | 19.2 | 7.2 | 2.0 | 12.4 | 3.4 |
| 2000年 | 47.2 | 24.2 | 9.6 | 2.8 | 12.7 | 3.2 |
| 最 终 | 44.2 | 29.5 | 7.7 | 2.7 | 13.3 | 2.6 |

(王 权)

**【柴达木盆地宜林地资源考察】** 为估价我国干旱荒漠地区将来的造林规模，研究总结一种尽快查清干旱荒漠地区宜林地数量、质量的方法，林业区划研究会于1984年7～9月，组织有关专家和技术人员19人，对有一定代表性的青海省柴达木盆地进行了考察。柴达木盆地是周围被阿尔金山、昆仑山和祁连山环绕的内陆高原盆地，总面积25.47万平方公里。盆地总的景观是，高山、丘陵、平原和湖泊依次排列，因无单一的汇水中心，形成许多小盆地，被称为盆地中的盆地。海拔最低处2675米，最高处5720米，盆地腹部在海拔2700～3200米之间。柴达木盆地气候的显著特点是，寒冷、干旱、多风。腹部和外围高山水热条件有明显的差别，并愈向西愈干燥。年平均气温是，腹部2～4℃，高山区多在零下2～4℃。无霜期大都介于150～250天之间，海拔4500米以上的地方终年积雪，冰雪是盆地水源的主要补给者。年降水量在20～200毫米之间，集中在5～8月。蒸发强烈，相对湿度小于45%。年平均大风天数多达110～190天，平均风速为2～5米/秒，最大风速18～28米/秒。沙暴多年来平均每年3～6天，局部地区多达40～60天。盆地光能丰富，年日照3000～3400小时，年辐射总量66.8万焦耳/厘米$^2$·年以上，西部冷湖一带达到74.11万焦耳/厘米$^2$·年。土壤干燥多盐，主要有棕钙土、灰棕漠土、棕漠土、草甸土、盐土、风沙土和沼泽土。

柴达木盆地的香日德、怀头特拉一线以东的南北两山有少量天然林，腹部的格尔木、马海一线以东有条块状天然灌丛分布。其余地区林草稀少，呈现出一派荒漠景色。现在的森林覆盖率是1.29%，其中乔木林覆盖率仅0.02%。

柴达木盆地属青海省海西蒙古族藏族哈萨克族自治州，人口26.4万。包括国营农场职工在内的农牧业人口约占总人口的40%。盆地矿产资源丰富，已探明和正在开采的有石油、天然气、钾盐、池盐、铅、锌、石棉、煤等50多种。这个盆地确是一块宝地。

1984年的柴达木盆地考察，主要使用的是五十万分之一陆地卫星假彩色影象图(下称卫星照片)和原有零散的资料。土地类型及其面积，是用卫星照片目视解译结合地面对照的办法划分和求算的。对各类土地宜林性质的评价，是依据实地调查和参考原有资料确定的。如以目视解译为标准，柴达木盆地全境,在卫星照片上可分辨为15种土地类型；在现地详细区分，可划分为22种类型。根据评价宜林性质的需要，最后合并为13种土地类型。考察后提出的主要成果，有《柴达木盆地宜林地考察报告》，以及为总结研究利用卫星照片直接解译地面情况的经验,按卫星照片目视解译与实地调查的不同结果,分别制出两种土地类型图。这些成果，不仅给国土规划提供了依据，也为将来利用电子计算机解译卫星照片打下了基础。

柴达木盆地的考察实践表明，卫星照片能较清晰地反映地面景观，解译结果可靠，方法也比较简便，容易掌握，节省人财物力，工效高。1984年11月在西安组织的鉴定认为：采用卫星照片清查地广人稀、交通不便地区宜林土地资源，为林业规划提供可靠依据，是一种科学又实际可行的方法。

考察后，通过对各类土地的评价，得出的另一条结论是：柴达木盆地自然条件严酷，林业可及的范围约占土地总面积的7.7%，因此，在当前的条件下，柴达木盆地不存在独立发展林业的可能性。盆地的林业应是保护性的林业、防护性的林业、从属性的林业。保护性的林业，是指科学管理好现有森林和沙生灌丛，并不断完善和增强其涵养水源和防风固沙的功能；防护性的林业，是指要把护田、护路、护渠和绿化工矿城镇作为造林的主要目的，在水源允许和便于管理的地段也可造一些速生丰产林；从属性的林业，是指目前还不能把林业作为一门生产去独立发展，应当随着农田、交通、工矿和村镇的建设而相应发展。这一观点，已得到普遍承认，并已成为许多单位规划林业的指导思想。

(邬吉羊)

**【中国林业区划研究会】** 林业区划是一项以林学为主、综合多种学科、面向基层的技术工作。1983年1月，在北京成立了中国林业区划研究会。研究会理事会由生产、教育、科研各部门有关学科的专家、学者组成。

**学术交流** 1983年9月和1985年6月，分别在湖南省大庸和福建省漳州召开了学术讨论会。这两次讨论会，共收到论文250余篇。论文涉及的范围很广，如林业经济体制改革、建立林价制度、区域性林业发展目标与布局、区域性林地资源与林业发展潜力、区域性用材林基地及防护林体系的建设、森林生态效益、森林生态经济区划、立地类型的区划与评价、确定最佳森林覆盖率和调整林业内部结构等。一些论文有一定深度，如对森林生态效益的研究，已从过去局限于森林防风效益的观测转向森林促进降水、农业增产、涵养水源等具体观测和分析数据。

**学术考察** 为探讨急需解决的问题，林业区划研究会有目的地组织了4次学术考察。1984年组织了对柴达木盆地进行宜林地数量及宜林性质的考察，弄清了西北干旱、半干旱地区发展林业的潜力。1985年秋，同中国自然资源研究会组织了对赣东、闽西北部分山区县的考察，为认识这些地区自然资源的开发与保护、培养与利用的关系作了尝试。1986年秋，同中国自然资源研究会组织了对我国北方干旱与半干旱地区自然资源开发与利用的考察及学术研究。1986年9月，组织有关专家对四川省九寨沟、黄龙寺进行考察，探讨与研究如何开发利用我国林区自然风景资源及评价方法。

**专题研究** 由林业区划研究会组织的专题研究项目有：林业发展战略研究、树种区划、森林蓄水功能的计量调查、林区社会经济调查、在南方林区建立以人工林为主体的速生丰产用材林基地的可行性研究、在华北平原建立速生丰产用材林基地的可行性研究、林地立地分类系统的建立与评价方法的研究。

**科技刊物** 自1983年起，已陆续出版《林业区划》6期，内容包括战略研究、区划研究、成果应用、自然资源调查、林业经济、森林生态效益研究、专题调查报告、考察报告等。

(王炳勳)

## 森 林 经 理

**【综 述】** 森林经理是科学经营管理森林的基础工作。在我国经济体制改革和林业发展的新形势下，森林经理工作将在振兴我国林业中起到越来越重要的作用。

我国的森林经理，是在中华人民共和国成立后逐步发展起来的。从1950年起，林垦部森林经理司和各省(区)林业厅(局)相继在森林资源调查的基础上开展森林经理工作。1951年，林垦部集中部分森林经理专业人员，在黑龙江省带岭林业实验局松岭林场进行全国第一次森林经理试点，至1960年完成了全国主要林区的第一次森林经理，编制了森林施业案（即森林经营方案，下同）和各种设计文件共1600份。这些设计文件对林业生产和林区开发建设发挥了一定的作用。

为了统一技术要求，保证设计质量，林业部先后颁发了《国有林经理规程》（1955年和1958年）、《国有林调查设计规程草案》（1960年）和《国营林业局、国营林场编制森林经营方案原则规定》（1986年2月）。《中华人民共和国森林法》（以下简称《森林法》）第十三条规定："各级人民政府应当制定林业长远规划。国营林业企业事业单位和自然保护区，应当根据林业长远规划，编制森林经营方案，报上级主管部门批准后实行。"自《森林法》颁布施行以后，各级人民政府和林业部门更加重视森林经理工作。

**主要成就**

*建立森林经理调查设计队伍* 据1986年统计，全国林业调查设计队伍人数25000多人。其中，部属4个规划设计院有812人；各省（区、市）的36个调查（勘察）设计院有9102人；地、州、县也相应建立了林业调查规划设计队伍。

*进行森林经理复查* 包括二类森林资源复查，编制森林经营方案。据不完全统计，1986年完成森林经理复查达1186万公顷。例如，内蒙古自治区完成4个林业局和4个林场的森林经理复查，共187万公顷，编制了森林经营方案。江西省编制了108个单位的森林经营方案；黑龙江省朗乡林业局开展了中国加拿大合作项目的综合性调查设计。林业部在广东省乐昌、湖南省金洞、湖北省桂花、浙江省开化建立的4个示范林场，进行了多资源多效益的综合调查，编制森林经营方案和计划任务书，为实行集约经营、定向培育取得经验，发挥示范作用。

*自然保护区和森林公园调查设计* 1986年完成了浙江省千岛湖、安徽省琅琊山、新疆维吾尔自治区哈纳斯湖自然保护区经营方案的可行性研究报告和计划任务书的编制，为合理利用和保护自然资源进行规划设计摸索了经验。

*专业调查* 为了开展多资源多效益的综合性调查设计，加强了土壤、立地评价、多资源和经济效益等专业调查，充实了经营方案的内容。

**展望** 森林经理工作要进一步加强，首先建立具有中国特色的森林经理体系。森林经理是保障林业建设顺利进行的一项基础性和前期性工作，必须适应林业经济体制改革的新形势和生产建设的特点。我国主要林区多分布在大江大河源头，形成了以森林为主体的生态系统。因此，保护和建设好这些林区，不仅对维护自然生态环境，加快四化建设关系重大，而且对繁荣山区经济，巩固国防都有深远的战略意义。为了搞好林业建设的前期工作，就必须建立具有中国特色的林业调查设计体系。为此，①加强和稳定国有林的区划系统，把林地面积、立地质量和地利条件落实到山头地块；②贯彻以营林为基础的方针，为建设多资源、多效益、立体开发、综合经营的科学林业服务；③针对不同地区的森林特点、经济条件，确定不同的设计深度和广度；④使设计文件具有法律地位，作为安排和监督检查林业生产建设、制定采伐限额的依据。

其次研究新技术，迎接新任务。遥感技术在林业调查规划设计方面的应用开展较早，1952年，林业部开始培训干部，组建航测队。1953年进行黑龙江省大海林林业局的试点和西南林区航空概查。1954年接受苏联成套技术，进行大兴安岭航空摄影和航空调查。1955年以后，广泛应用航片成图、小班调查和道路选线等航空遥感技术。70年代，试用航天遥感技术，初步取得了一些经验。但是，发展还较慢，必须加快研究，充分发挥其作用。电算技术起步较晚，目前只能在统计计算方面发挥作用，还须加快在制图技术和信息管理方面的软件开发研究。 （易淮清）

**【《国营林业局、国营林场编制森林经营方案原则规定》（试行）】** 为贯彻"以营林为基础，普遍护林，大力造林，采育结合，永续利用"的林业建设方针，不断提高森林经营管理水平，根据《中华人民共和国森林法》第十三条规定，林业部于1986年2月19日颁发了《国营林业局、国营林场编制森林经营方案原则规定》（试行）（以下简称《原则规定》）。

试行的《原则规定》，是在总结建国以来森林经理工作的经验与教训的基础上，肯定以往颁发实行的森林经理规程、森林经营利用设计等规程、规范的实际作用，根据我国林业生产和森林经理工作的要求，广泛征求科研、教学、调查设计和生产单位专家、学者、技术人员的意见，经多次修改后提出来的。《原则规定》具有如下特点：

①根据我国地域辽阔，各地自然条件、经济条件有很大不同的情况，允许各省（区、市）根据《原则规定》制定适合当地实际情况的森林经营方案编制办法或细则，改变了过去不分条件地"统一要求"的做法。

②强调了森林经营方案的地位与作用，明确提出："森林经营方案是国营林业局、国营林场科学地经营森林，实现永续利用，编制中长期计划和年度计划，进行作业设计，组织森林经营，安排生产建设和投资的法定文件，是上级主管部门检查、监督、考核林业局、场工作的主要依据之一。"

③森林经营方案的设计深度和广度，一般要求做到初步设计的深度，作为单项设计、施工设计和作业的依据。具体实践中，还应根据不同地区的经

营水平、交通运输条件、林区经济情况和国家林业长远计划的安排确定，有一定的灵活性。

④强调了编制森林经营方案应由生产单位和调查设计部门共同负责，防止以往调查设计部门包揽一切、脱离生产实际的弊端再现。同时，也强调了原批准机关和调查设计部门应定期检查方案的执行情况。这不仅可以敦促生产单位执行方案，及时调整方案的不合理部分，而且调查设计部门还可从中总结经验教训，不断提高调查设计的水平。

⑤根据林业生产周期长、资金紧缺的情况，在以森林经营为主的前提下，方案设计增加了多资源的利用和多种经营，以搞活局、场经济，改变以往单一经营、单一产品结构的格局。

目前，各地正根据《原则规定》编制局或场的森林经营方案。这个试行的《原则规定》，经修改后，将由林业部正式颁发。 （翁宜民）

**【四个示范林场完成编制森林经营方案的前期工作】** 我国现有4100多个国营林场，经营面积8亿亩，蓄积量16亿立方米，是国家用材的重要后备基地。为了认真贯彻“以林为主，多种经营，综合利用，以短养长”的方针，走林工商综合发展的道路，搞活林场经济和提高林场科学经营管理水平，实行定向培育，充分发掘林地生产潜力，实现最佳的效益，林业部决定于1986年1月开始在湖北省桂花、湖南省金洞、浙江省开化、广东省乐昌4个林场进行示范林场的建设工作。这4个林场共125万亩的调查设计和编制森林经营方案任务，分别由林业部调查规划设计院以及中南、华东两个林业调查规划设计院和广东省林业勘察设计院承担。

对建立示范林场和编制森林经营方案，有关省、地、县林业部门和各林场所在的县政府都极为重视，组成专门领导班子，支持工作的开展。林场与调查设计部门密切配合，经过半年的努力，已完成野外调查、有关资料的收集和内业材料整理，编制了计划任务书。金洞、桂花、开化3个林场已向林业部作了汇报。一俟批准，即按《国营林业局、国营林场编制森林经营方案原则规定》（试行），着手编制各示范林场的森林经营方案，计划在1987年上半年完成。 （翁宜民）

**【中国与加拿大合作进行森林经理试点】** 1983年，我国与加拿大签定《中国加拿大朗乡林业局综合集约经营项目实施计划》及《项目协议》。该项目的目的，是协助朗乡林业局建成一个现代化经营的样板，以便为朗乡林业局提供更多的持久的经济效益奠定基础，为其他林业局改进森林经营工作树立榜样。

依据项目计划，1984年黑龙江省森林工业总局森林资源管理局派出工作组，赴加拿大会谈，并编制森林经理技术方案、技术细则、工作计划。同年9月，综合大队拍摄了1：15000的红外黑白航测照片，编制出1：10000的照片影象地形图。1985年，第二森林调查大队组织了350人，全面开展森林经理调查；综合大队组织了120人，开展以林型为主的11项专业的综合调查。1986年，组织编制了局和林场的森林经营方案。加拿大专家麦克莱伦和雷玛对资源调查、专业调查的外业工作进行了检查、指导，就编制森林经营方案的调查研究提纲、工作计划、方案纲要，作了补充，提出了建议。

从朗乡林业局的实际出发，按用材林、防护林和母树林进行了局、场、林班的3级区划，划出了717个林班，平均每个林班为357公顷。依据所有制、土地种类、立地型、林种、生态林型、森林起源、优势树种、林龄组、郁闭度、地位级、出材等级等11项因子区划出24900个小班，平均每小班为10.7公顷。采用抽样调查法进行了调查。全部数据处理及资源档案，都使用了微型机。

在详尽的森林资源、综合专业、社会经济调查的基础上，编制了林业局经营方案，并进行了林场经营方案的编制工作。

该局森林经营方案及11项专业调查报告，于1986年8月和1987年1月分别由全国森林经理朗乡现场会评议、审定，中外专家都予以较高的评价。 （姜孟霞）

## 造林规划设计

**【综　述】** 造林规划设计是林业生产建设的前期和基础工作。它的任务是：通过调查，摸清造林地的自然条件和社会经济状况，再根据社会主义经济建设的需要确定造林布局，合理安排林种、树种，制定各种技术措施，编制出切实可行的造林规划和技术设计，作为施工的依据。其目的是：加强计划性，提高造林质量和保存率，避免不必要的损失浪费，做到科学造林、育林。

37年来，我国造林规划设计工作从无到有，从小到大，历经曲折，取得了很大成绩，完成了一些较大的工程项目，出现不少优秀的设计成果。对于北方防护林体系建设，南方用材林、经济林基地建设，起到了积极作用，还进行了西北沙漠地区的航空调查、飞机播种造林的调查设计以及大量的土壤、植被、林木生长、林木病虫害等专业调查，为林业区划、规划设计和造林施工提供了可靠依据。

随着造林规划设计事业的开展，造林设计专业队伍不断壮大，技术规程逐步充实完善，统一了各项造林调查设计方法和技术要求，使设计质量有了保证，技术水平有了显著提高。但在20世纪50年代末期和十年动乱时期，造林规划设计事业陷于停顿，技术人员被迫下放、改行，造林规划设计专业队伍遭到严重削弱。党的十一届三中全会以后，造林规划设计事业得到恢复和发展。1979年恢复林业部，重新成立调查规划局(1982年改为资源司)，林业部设直属调查规划院和西北、中南、华东3个调查规划大队(1986年改为院)；为“三北”防护林工程制定了黄土区和风沙区造林规划设计办法；为南方用材林、木本粮油林基地制定了造林规划设计原则要求，并组织各省(区)开展了造林规划设计工作。

从1984年起，进行的造林总体规划设计和重点林业考察有：以县为单位的“三北”防护林体系第二期工程规划设计；以县为单位的太行山区绿化工程总体设计；为“七五”期间建设速生丰产用材林基地进行的造林规划设计；对武夷山、赣闽粤、南岭和西江4林区进行宜林地评价和社会经济考察，编制总体规划；对柴达木盆地进行了宜林地定量定性考察，估价西北干旱地区未来的可能的造林规模；根据国家统一部署，完成了长江、黄河流域林业发展规划的编制。

近年来，造林规划设计工作展现出一些新的发展趋势：

①从粗放造林向工程造林的方向发展。为提高造林质量，近年来一些地方推行了工程造林，广东省按“两书一图”(编制设计任务书，签订合同书，绘制作业设计图)的要求，精心设计，精心施工，严格按技术标准检查验收，使造林质量大大提高。阳江县从1981年开始推行工程造林，6年营造60万亩，保存率由过去30多年平均21%提高到93%以上。

②造林规划设计队伍的建设向基层发展。部分县(旗)为满足自身造林规划设计的需要，自行组建专业队，根据统一的规程性文件，在林业区划的基础上进行调查设计，施工中进行技术指导，施工后按设计检查验收。他们抓住区划、规划、设计、施工指导和检查验收等5个环节，大大提高了造林成效。北京市密云县林业调查队负责进行造林调查设计和与群众签订包括技术要求的承包合同，把科学调查设计文件普及到零星分散的小片造林，取得了很好的效果。

③造林设计技术向普及方向发展。为加强小规模造林工程的设计工作，林业部曾于1981年通知各省(区)对原有的造林典型设计进行修订；对原来没有的，要组织力量编制。到1986年，已定稿或完成初稿的，有16多个省(区)。河北、山东等省已印发到基层推广应用，对指导全省绿化造林，特别是“两户一体”的群众性造林，发挥了积极的作用。

(李维绩)

**【新编《造林调查规划设计规程》】** 建国以来，林业部曾先后颁发了一些有关造林调查设计的规程、规范，对于统一造林调查设计方法，提高技术水平，保证设计质量，为科学发展林业生产起到了明显的作用。但随着国民经济体制的改革和林业科学技术的发展，林业生产中不断出现新情况、新问题、新技术、新内容，原来的规程、规范已不能满足需要。为此，林业部资源司于1984年组织力量编制《造林调查规划设计规程》(试行)。新规程是根据标准化、系列化的要求，在系统总结我国30多年造林和设计经验及其特点的基础上编制的，同时还编制了山地、沙区、平原区、黄土区和速生丰产林等5个造林调查规划设计工作方法，作为规程的补充。新规程对于造林调查规划设计工作内容、程序、广度、深度以及技术标准等均有明确规定，而且与工作方法紧密联系，既有共同的原则要求，又能体现不同类型的需要。为便于贯彻实施，还要求各省(区、市)据此拟定操作细则。

3年来，规程初稿历经多次座谈及审议，形成的修改稿已发至各地试行。同时，还有重点地选择河北省徐水、山西省武乡、内蒙古自治区磴口、陕西省礼泉、福建省尤溪和四川省筠连等县试点总结经验。目前，《规程》及《工作方法》业已修改定稿，将于1987年下半年颁发。 (李维绩)

**【造林典型设计】** 为提高造林质量，1958年全国有22个省(区)在林业部造林设计局统一部署下，完成了造林典型设计的编制工作，对我国科学造林绿化起到了推动作用。但由于新情况和新技术的发展，原来的典型设计已不能满足需要。为此，1981年林业部发出通知，要求各省(区、市)对原来的典型设计进行修订。1986年已完成的有16个省(区、市)。这次造林典型设计修订工作的特点是：与林业区划紧密结合，吸收新的科研成果和生产实践中的新经验，使原来典型设计更加完善、提高。

造林典型设计的编制是在划分立地类型的基础上进行的。在进行自然条件调查后，确定影响林木生长的主导因子作为划分立地类型的依据。每个立地类型编制一套造林典型设计，同一个立地类型均具有相同的宜林性。因此，造林时可根据同一立地类型选择相应的典型设计。

造林典型设计包括的内容有：造林地的条件、造林林种、树种、造林密度、株行距、种苗量、种苗规格、整地方式方法、造林季节、造林方法、抚育措施、混交方式，并绘制树种配置和混交图式、整地和栽苗图式。每一造林典型设计都有编号，并附检索表，便于查找。

造林典型设计是我国独创的一种简明实用的造林技术设计，是在某一立地类型下制定的造林模式，图文并茂，便于掌握，容易普及，为基层进行造林设计提供了科学依据。（陈莲叶）

**【速生丰产用材林调查设计】** 1985年起我国按工程管理办法进行全国性丰产林调查设计。两年来林业部召开了全国速生丰产用材林基地调查设计工作会议；部署了设计任务，调拨设计经费，签定协议书，制定了《速生丰产用材林基地总体设计工作方法》(试行)等。据统计，全国已有24个省(区、市)共完成2530万亩丰产林总体设计任务。其中，新造林地设计面积1759万亩，幼林培育设计面积771万亩。

经检查，立地质量普遍较好，多数基地县在通过可行性研究后才进行地形、土壤、植被(或林分)调查，Ⅰ、Ⅱ类地类均在90%以上，技术设计水平普遍较高，树种、密度、幼林抚育、整地等技术设计基本符合要求。如南方杉木、马尾松，北方红松、落叶松、樟子松、杨树等的设计质量均达到部颁标准。外业调查、内业设计质量的合格率均在90%以上。设计成果都通过了初、终两级审议，设计成果科学、可靠。（郭玉文）

**【太行山区绿化规划设计】** 1984年4月，林业部向山西、河北、河南和北京4省(市)林业厅(局)及所属林业设计院(队)部署太行山区县级绿化规划设计工作。有关省(市)相继成立专门班子领导规划工作。设计院(队)编写了进行规划的原则方案和操作细则，并举办培训班，培训各县参加规划设计的技术骨干；负责指导各县规划设计及规划的检查验收。太行山的多数县级规划，是以县林业局为主，协同农、牧、水部门，进行此项工作的。据统计，两年多来参加规划设计的有2400余人，其中有中专以上文化程度的技术干部1175人。在野外作业前，各县都进行了试点，统一调查方法，并组织力量进行专业调查，编制出《立地类型表》、《造林典型设计》和《经营规划设计》等用表。野外调查采用1：25000地形图和相应比例尺的航片，到现场逐块区划小班，调查小班内的各项因子。确定小班所属的立地类型后，再分别提出各小班的初步规划设计。河北、河南两省的部分县已将小班绿化任务落实到户。完成外业后，汇总出全县各类土地面积及森林资源数量，完成各项绿化规划设计，撰写设计说明书，绘制以县为单位的土地资源现状图和绿化规划图。截至1986年10月，已完成太行山区110个县、市、区的绿化规划设计。4省(市)在县级规划的基础上完成了省(市)级太行山绿化规划设计。

规划区的总面积为1218.8万公顷，预计到2000年完成395.7万公顷的造林和种草任务，使森林覆盖率(包括灌木林和“四旁”树折算面积)由规划前的15.3%提高到43.6%，将使太行山区的水土流失初步得到控制。（周蜀恬）

## 林业调查设计队伍建设

**【综　述】** 1986年，全国林业调查规划设计队伍(简称调查队)共有职工10065人(不包括伐区调查队)，其中的技术人员约占60%。林业部直属的有：林业部调查规划设计院(北京)、西北林业调查规划设计院(西安)、华东林业调查规划设计院(金华)、中南林业调查规划设计院(长沙)。这4个院的职工计812人。另有36个省级调查(勘察)设计院(队)，职工9102人。大兴安岭设计院151人。

在调查队伍建立之初，从性质上可分为两大类：营林调查和森林资源调查；从组织形式上可分为林业部直属、地方林业部门领导及临时组建。

建国初期，林垦部森林经理司组织力量清查东北、内蒙古及西南国有林区的森林资源，成为131个国营森工企业建局的依据。1951年，东北人民政府组织2000名技术人员进行森林调查，成立林野调查队，并在长白山林区开始第一次森林经理调查。各省(区)也开始组建森林资源调查队和营林调查队。1953年春，林业部成立调查设计局，先后设立了3个森林经理调查大队。一大队和二大队相继完成了长白山、大兴安岭、小兴安岭森林经理调查和施业案的编制工作；三大队开始在甘肃省白龙江林区开展森林经理调查。每个大队有职工300～500人。同年，又建立了营林调查队。林业部直属营林调查队自1954～1956年在陕西省榆林地区调查，1957年下放到甘肃省。

1954年，林业部执行中苏技术合作项目协议，开展航空摄影测量、航空调查和综合调查，完成大兴安岭、小兴安岭、牡丹江、云南等林区的航空摄影测量3146万公顷；完成大兴安岭及牡丹江林区航空调查1611万公顷、航空目测812万公顷；在大兴安岭、西南等地进行大规模的林型、制表、更新、森林病虫害等综合调查。

1955～1957年，调查设计局成立复制工程队。航空测量调查大队分为航测、航调、综合调查3个队，同时又增加5个森林经理调查大队，有职工3748人。包括地方调查队伍，共有职工8100多人(见表2及表3)。

1958年，林业部调查设计局与基本建设局合并为建设局，留下了300人的综合调查队，其余人员下放地方，全国只剩下3000人左右。

**表2 1958年前各调查大队人员统计表**

| 单位名称 | 职工数(人) | 各队驻地 | 1958年下放地区 | 备注 |
|---|---|---|---|---|
| 一大队 | 383 | 哈尔滨 | 内蒙古 | |
| 二大队 | 426 | 抚顺 | 辽宁 | 1959年春下放 |
| 三大队 | 304 | 重庆 | 四川 | |
| 四大队 | 465 | 昆明 | 云南 | |
| 五大队 | 485 | 西安 | 陕西、新疆、青海 | |
| 六大队 | 359 | 牡丹江 | 黑龙江 | |
| 七大队 | 284 | 哈尔滨 | 黑龙江 | |
| 八大队 | 309 | 成都 | 四川 | |
| 航测大队 | 365 | 北京 | 未下放 | 部分人到中国林业科学研究院 |
| 疗养院 | 45 | 兴城 | 辽宁省工会 | |
| 调查设计局 | 184 | 北京 | | |
| 营林队 | 139 | 北京 | 甘肃 | 常年驻西安 |
| 合计 | 3748 | | | |

1962年，林业部恢复调查规划局，先后收回和建立了11个大队。截至1966年，共有调查队职工2207人。据统计，包括各省调查队在内，已恢复到9000人以上。

“文化大革命”中，除十大队和综合调查队到黑龙江省大兴安岭林区外，林业部直属调查大队全部就地下放。1973年，农林部林业局组织黑龙江省大兴安岭地区森林调查规划大队，在大兴安岭国有林区和湖南省会同苗族自治县进行森林资源清查技术方法的试点，为完成“四五”、“五五”森林资源清查和建立全国森林资源连续清查体系作准备。1977年，在江西省进行森林资源连续清查技术方法试点。在完成“四五”森林资源清查的过程中，各省(区)着手恢复、扩建调查队，并建立地、县级队伍。到1980年，全国共有省级调查队39个、地级调查队56个，共有职工7245人。

**表3 各省(区)建立调查队时间及当时职工数**

| 建队时间 | 地区(职工数) | 备注 |
|---|---|---|
| 1949年 | 内蒙古(11) | |
| 1950年 | 吉林(950)、辽宁(150)、山东(15) | 辽宁当时是辽东省、辽西省 |
| 1951年 | 江西(30)、贵州(12)、陕西(51) | |
| 1952年 | 福建(52)、广东(53)、湖北(24)、山西(110)、河南(60)、新疆(15) | |
| 1953年 | 四川(180)、浙江(43)、安徽(44)、广西(37)、北京(35)、江苏(25)、青海(12) | |
| 1956～1958年 | 云南(520)、河北(140)、宁夏(60) | |

1979年，林业部调查规划局收回综合调查队，在北京成立调查规划院(局院合一)，恢复了西北、华东、中南3个林业调查规划大队。1982年，林业部设立资源司。之后，一院三队业务归口资源司领导。1986年，3个大队改为林业调查规划设计院，各省(区)调查队也更名为调查规划院或林业勘察(测)设计院。这一时期完成了“五五”森林资源清查汇总，开始建立一类清查数据库，完成了全国林业区划，进行县级林业区划。林业部直属院、队和福建省林业勘察设计院共同完成国家“六五”科技攻关项目“遥感技术在森林资源动态监测中的应用”，并已经过部级鉴定。

“七五”期间，部直属4个调查规划设计院进行全国森林资源消耗量、消耗结构的调查和社会经济调查。4个院和内蒙古自治区、吉林省、黑龙江省、林业部大兴安岭林业管理局的调查队伍，于1986～1988年共同完成北方国营企业二类调查；西南地区国营林业企业由四川、云南两省的调查队伍完成。同时，还要编绘《中华人民共和国林业图集》；完成部分省速生丰产林造林调查设计和检查验收以及遥感技术在调查规划设计中的应用。

(王玉清)

**【全国林业调查规划设计先进单位、先进个人表彰大会】** 为表彰先进，交流经验，林业部于1986年12月28～29日在北京召开了全国林业调查规划设计先进单位、先进个人表彰大会。大会表彰了30个先进单位、121名先进个人。林业部部长杨钟及副部长董智勇、刘广运出席大会并向先进单位代表和先进个人颁发了奖状、奖牌、获奖证书。

林业部调查规划设计院、辽宁省宽甸县林业局调查队等先进集体的代表，在会上介绍了两个文明一起抓、坚持改革探索的先进经验。湖北省咸宁地区林业勘察设计队年青女副队长朱静芳、被誉为社会主义实干家的内蒙古林业勘察设计院副总工程师齐跃民、毅然放弃国外优裕生活条件而艰苦奋斗在调查第一线30多年的归国华侨林斯超等同志，在会上介绍了他们的先进事迹。

林业部领导在会上讲了话，向获奖单位和个人表示祝贺，向广大林业调查规划设计人员表示慰问，并指出："七五"期间，要加强行业管理，建立和健全资源管理机构和调查设计队伍；在近3年内要完成国家级森林资源清查和国营林场、国有林区、南方林业重点县的二类森林资源调查，加强宏观资源分析工作；完成县级林业区划；加强新技术的开发和研究，建立森林资源信息管理系统；理顺各方面的关系，使本行业逐步实现制度化、规范化。

为此，一是要提高各级领导，尤其是林业部门的领导，对林业调查规划设计工作重要性的认识；二是要加强思想政治工作，落实好知识分子政策，切实改善外业人员的生活待遇；三是解决好经费渠道，加强队伍建设；四是要使调查设计手段逐步转到现代化技术轨道上来，提高工作效率和精度。

（林若樱）

【林业调查设计培训基金会】 为实现林业现代化，定期完成资源清查，建立资源档案，需要大量具有较高业务技术水平的林业调查设计技术人才。但是，目前各单位这方面人才很少，迫切要求加强技术培训工作。为此，由林业部资源司于1984年年底发起，急需培训人员的各省（区）各级林业单位自愿参加，成立林业调查设计培训基金会。这是一种团体性集资办学的组织形式。

根据林业部的规定，该基金会将设董事会，负责基金会的筹资办学管理等事宜。在此以前，先设立以林业部副部长董智勇为首的筹备组，负责各项工作。所需资金，由参加单位从职工教育经费、厂长基金、育林费、资源消耗费、抚育间伐收入以及各项生产费中提取，按股投入，每股1万元。预计在近8年内每股培训1名大学本科生、3名大学专科生和2名短期专科生，实行对入股单位定向、定额招生，毕业时发给毕业证书，回原单位工作。截至1986年底，已有140个单位参加基金会。

1986年3月，基金会委托河北林学院、林业部西北和中南两个调查规划设计院，开办1年制森林经营调查设计培训班，学员达120人。1986年6月，基金会委托北京林业大学开办三年制的林业调查设计函授班，学员37人。

（章芳琴）

## 森林资源管理

【综　述】 森林资源是发展林业的物质基础。只有查清、管好森林资源，才能真正实现森林资源的永续利用。中华人民共和国成立后，在党和政府的领导下，森林资源管理工作逐步得到加强，但仍然是林业建设的一个薄弱环节，亟待加强和完善。

**管理任务** 森林资源是国家重要的自然资源。森林资源管理是国家自然资源监督管理的组成部分。其主要职能是：掌握资源消长动态，监督控制资源消耗。其主要手段是：建立资源监测系统，严格执行森林采伐限额制度，凭证采伐，加强采伐更新监督管理，严格执行伐区拨交验收和更新造林检查验收制度。资源管理部门有权抵制未经批准的超计划采伐，有权对违犯有关规定的单位和个人行使处罚，对迹地更新、造林有检查监督权。成林验收合格后，实行档案管理。

**建立健全管理机构** 遵照《中华人民共和国森林法》（以下简称《森林法》）及其实施细则的规定，近几年来，各省（区、市）逐步加强了机构建设。黑龙江省、吉林省成立了资源管理处；福建、广东、湖南等12个省（区）采取兼管办法，资源管理与林政、资源、林政保护、计财等合设机构；四川等7个省（区）由省林勘院代管；其余几个省（区）名义上有兼管机构，但没有管理人员或者没有管理机构。近年来的实践表明，凡是机构比较健全的地方，资源管理工作搞得比较好。例如，吉林、黑龙江、福建、广东等省近几年的资源管理工作很有起色。在一些基层单位，如黑龙江省伊春林业管理局，由于领导重视，在管理局及其所属16个林业局都成立了森林资源管理机构，普遍开展这一工作，并日益得到加强。

**制定和完善管理法规** 制定一套行之有效的制度和法规，是搞好资源管理工作的必要手段。根据《中华人民共和国森林法》的规定和工作需要，林业部陆续制定和颁发了一些技术规定和工作办法。1982年颁发了《森林资源调查主要技术规定》；1985年先后颁发了《森林资源档案管理办法》和《制定年森林采伐限额暂行规定》。各地相继制定了实施细则。由林业部起草并多次征求各地意见的《森林资源管理条例》，已经国务院法制局同意，列为1987年颁发的单项法规计划。

**完善管理基础工作** 包括：①建立国家资源监测体系，全面开展资源统计分析。为宏观监测森林资源动态，林业部于1977年在江西省组织了全国森林资源连续清查试点工作，随后于1978～1981年先后在27个省(区、市)建立了以省级(西藏、上海、台湾除外)为总体的森林资源连续清查体系，全国共设固定样地14万余个，构成全国性森林资源监测系统，为定期掌握全国森林资源现状和消长变化动态以及预测资源发展趋势奠定了基础。全国“五五”森林资源统计分析(参见[全国“五五”森林资源统计分析])就是以上述清查结果为主要依据的。在“六五”期间，已有部分省(区)相继开展了复查工作，现这一工作仍在进行。近两年来，全国各省(区、市)开展了前期森林资源整理分析工作，探讨各个时期的资源变化规律，总结经验教训，为加强经营管理提出措施意见。1986年，林业部组织直属调查规划设计院，开展了全国森林资源消耗量与消耗结构调查，其成果将为宏观掌握全国资源消耗现状提供依据。这项工作得到全国各省(区、市)的支持和协助，预计将于1987年上半年完成。

②开展森林资源档案管理，掌握资源消长变化。总起来说，档案管理工作目前还处于普及推广和逐步发展阶段，但各地发展不平衡。国有林区，如吉林省、黑龙江省，已在全省建立场、县(局)、地、省4级档案管理体系。通过档案管理，每年进行森林资源统计汇总，编制统计年报，及时提供森林资源消长变化信息。南方集体林区，如福建、广东等省(区)，在国营林场、国营伐木场及部分林业重点县相继建立资源档案，取得一定成效。

③加强采伐管理，控制资源消耗。《森林法》明确规定:“国家根据用材林的消耗量低于生长量的原则，严格控制森林采伐量。”据此，林业部于1985年颁发了《制定年森林采伐限额暂行规定》。全国各省(区、市)从1985年下半年起，以现有资料为依据，结合森林经营管理现状，制定了采伐限额。最近，已由林业部统一审核，报请国务院批准。在森林采伐管理方面，国有林区森工企业已普遍建立伐区拨交验收制度，严格伐区审批手续。

④开发新技术，建立森林资源信息管理系统。随着电子计算机技术的发展，在森林资源管理中应用电子计算机技术也有较快发展，并已取得一定成效。从1980年开始，林业部调查规划设计院承担了建立森林资源数据库系统的任务，并于1982年10月建成。这是以全国“四五”森林资源清查数据为基础，建立起来的第一个实用的大型全国资源管理数据库系统。它对加速森林资源信息管理的标准化、系列化、自动化作出了贡献。现在，正进行数据更新和充实完善。近年来，全国各省(区、市)的教学、科研、生产部门也都相继开展了电子计算机技术的开发应用，成功地研究出资源数据处理、信息管理等一整套信息管理系统，且已在生产中发挥了作用。

(袁运昌)

**【全国森林资源年消耗量及其消耗结构调查】** 为切实掌握森林资源年消耗量及其消耗结构现状，合理制定森林采伐限额，林业部于1986年组织开展了全国森林资源年消耗量及其消耗结构调查。参加单位有：林业部调查规划设计院以及林业部所属西北、中南、华东林业调查规划设计院。为使调查材料便于统计分析，将全国划分为国有林区、集体林区、少林省区，以此作为调查类型区及成果统计分析单位。

这次调查，主要对象是立木资源，未计算灌木、竹子消耗量以及林地面积的变化数量。根据目前森林资源消耗渠道、消耗性质，将消耗结构划分为5类：

①木材生产性资源消耗。凡为完成木材生产计划而发生的系列资源消耗，均列为木材生产性资源消耗，包括立木造材的材积消耗、伐区损失(准备作业、伐根过高、山场丢弃等)、运输损失(掉道、垫道、流送损失等)。

②林区建设性资源消耗。凡因林区建设需要而导致的资源消耗，均列为林区建设性资源消耗，主要有修建林区公路、架设输(变)电线路及通讯线路、开设防火道、修建林道、建筑占地及采石采矿等。

③社会性资源消耗。在开展多种经营过程中消耗的森林资源，列为社会性资源消耗，主要有林区社会性木材加工(计划供应原木者除外)及林区发展木耳、香菇、药材等生产和商业系统收购杂木杠等项。

④能源性资源消耗。凡把立木资源作为燃料消耗的，列为能源性消耗，主要有林区城镇和农村居民生活烧柴、工副业(烧炭、砖瓦、石灰、陶器)烧柴等。

⑤灾害性资源消耗及自然枯损。由于灾害造成森林资源毁坏乃至无法利用的，列为灾害性消耗，主要有森林火灾、病虫害、水灾、暴风雪等。

为做好森林资源年消耗量及其消耗结构的调查工作，林业部于1986年3月召开了参加调查单位有关同志的座谈会，就调查中的有关问题进行了讨论，明确了任务，研究了工作方案。同年4～7月，这些单位分别在福建、湖南、陕西、黑龙江等省进行了调查试点。在摸索调查方法、总结调查经验的基础上，制定了《森林资源年消耗量及其消耗结构调查实施细则》，先后在除西藏自治区、台湾省以外的28个省(区、市)开展了调查工作。

调查成果包括调查报告、典型调查材料和统计表。调查报告主要反映森林资源消耗现状和特点，进行森林资源消长分析，为保护和合理利用森林资源，寻找减少消耗的可行途径。 (孙　富)

**【全国开展前期森林资源整理分析工作】** 由林业部组织的全国开展前期森林资源整理分析工作，经近两年的工作，到1986年底，大部分省(区)已进入收尾阶段。

前期森林资源统计整理和系统分析，是一项涉及面广、影响深远的细致工作。其主要目的是：通过对建国以来历次森林资源调查资料的收集、整理、核实、统计分析，复原各阶段森林资源的实际状况，客观论证各阶段森林资源的数量、质量、分布特点、消长关系、变化原因，探讨各时期森林资源变化规律。在总结经验教训的基础上，提出今后加强资源管理的主要措施意见。

为统一要求，对前期各阶段划分为建国前后两大部分，重点为后一部分。前一部分的各阶段划分，主要根据各地尽可能收集到的资料情况，由各省(区、市)自行划分。建国以来，先后进行过3次全国性森林资源统计汇总工作。所以，对后一部分的划分以这3次为基础，加上前一部分共划分为4个阶段。

**建国初期** 由于民国时期从未进行过大面积森林资源调查，尽管在后来的一些资料上出现过不少种全国森林资源数据，但大都是过去通过局部调查或踏查的估测数，不能反映全貌。当时的全国森林资源数量是不清的。为研究森林资源的发展变化，统一确定了1949年为历史年限，要求能反映这一年限的森林面积、森林蓄积和森林覆盖率。

**1964年** 这是全国第一次森林资源统计汇总年限，对这一阶段森林资源状况分析的主要内容，应如实反映该时期森林资源的真实面貌，对森林资源数量、分布及其特点等要在整理复原的基础上进行分析。

**“四五”清查和“五五”清查** 这两个阶段的森林资源，分别是在我国第四个和第五个五年计划期间调查的，各种资料比较齐全。因此，应侧重于对资源结构、质量、特点、分布、生长、消耗以及人工林的发展状况等进行分析。

为做好这项工作，林业部先后编写了《前期森林资源整理分析工作要点》和《分析提纲》，供各地参照执行；并要求各省(区)提出全省(区)前期森林资源分析报告；各阶段森林资源现状统计表；表明各阶段森林资源分布及演变情况的森林分布图；典型调查及专题论证材料；反映本省(区)主要森林类型景观及森林特点的典型照片。

1986年下半年，林业部资源司分别召集南方、北方各省(区)座谈交流工作开展情况和经验。目前，全国各省(区、市)的工作已进入最后分析论证和组织审定阶段，可望于1987年上半年提交成果。林业部将在此基础上组织全国统计汇总和分析工作。

(袁运昌)

**【国家森林资源数据库系统】** 为使用电子计算机集中统计和管理全国森林资源清查成果，1980年林业部调查规划设计院与电子工业部15所以“四五”全国森林资源清查统计报表为基本数据，于1982年建成我国林业系统的第一个大型数据库系统——国家森林资源数据库系统。

这个系统是利用FELIXC-512计算机配置的SOCRATE数据库管理系统自行开发的，现存有全国2661个县(局)的全部“四五”清查为基础的综合数据及主要的派生数据。其功能：①具有结构和数据两方面的可扩充性；②能够存贮、管理各森林资源数据及数据之间的关系；③具有数据更新功能；④具有检验数据功能；⑤具有实用可靠的安全措施，有恢复功能；⑥具有保密控制功能；⑦具有数据汇总功能；⑧可以按条件或按编号快速检索库内某些数据。

该数据库系统自1982年投入使用后，已收到显著效果，为各级林业主管部门和科研单位制定决策和规划提供了可靠数据。1983年植树节前夕，林业部领导需要了解全国荒山面积大于100万亩的县的情况，使用这个数据库只耗时1个多小时，比手工检索的效率提高100倍以上。在为编制林业“七五”计划、为开发大西北编制长远规划、为太行山绿化编制规划中，数据库都能以最快的速度提供服务。

实践证明，国家森林资源数据库系统是稳定的、可靠的，它有效地缩短了资源数据的提取和统计周期，改变了传统的手工方法。该项目荣获林业部1984年林业科学技术成果三等奖。为进一步发挥该系统的作用，1986年已在林业部调查规划设计院的VAX-11/750机上移植成功，并利用“六五”期间各省、区、县(局)的二类调查数据，进行了数据库数据更新工作。

截至1986年，全国大多数省(区)的林业勘察设计院(队)已配备了微型计算机，并培养了应用电子计算机技术的队伍。林业部资源司、调查规划设计院以及有条件的省(区)正在开展森林资源管理信息系统的设计、研制工作。 (刘龙惠)

**【制定全国年森林采伐限额】** 年森林采伐限额，是国家根据合理经营、永续利用的原则，对森林资源实行限额消耗的控制指标，即依照法定的程序和方法，对林木进行测算并经国家批准的合理年采伐量。

《中华人民共和国森林法》(以下简称《森林法》)明确规定：“国家根据用材林的消耗量低于生长量的原则，严格控制森林年采伐量。全民所有的森林和林木以国营林业企业事业单位、农场、厂矿为单位，集体所有的森林和林木以县为单位，制定年采伐限额，由省、自治区、直辖市林业主管部门汇总，经同级人民政府审核后，报国务院批准。”这是国家对森林资源采取的重要保护性措施。为此，林业部于1985年6月印发了《制定年森林采伐限额暂行规定》(以下简称《暂行规定》)，对年森林采伐限额的实施范围、制定原则、依据和报批办法等作了规定，并要求各省(区、市)制定1986～1990年的年森林采伐限额。各省(区、市)从1985年下半年起，相继开展了制定年森林采伐限额工作。有的省(区)根据部颁《暂行规定》制定了实施细则；有的进行了反复测算和讨论；有的组成专门班子，反复协调，层层落实。用了一年左右的时间，除天津市、上海市外，27个省(区、市)人民政府已将审核后的采伐限额汇总材料上报国务院。根据这27个省(区、市)的上报材料，全国年森林采伐限额为立木蓄积量12633.8万立方米。1986年底，林业部已审核各省(区、市)上报的1986～1990年的年森林采伐限额，并已报国务院审批。

就这次制定的年森林采伐限额来看，各省(区、市)的指导思想基本符合《森林法》的精神，是以现有森林资源统计资料为依据，结合森林经营现状，经认真测算后核定的。制定年森林采伐限额的程序符合规定，均由林业主管部门组织核定，经所在省(区、市)人民政府审核同意后上报国务院审批。尽管各省(区、市)制定的年森林采伐限额尚不够完善，但对现阶段的森林采伐消耗能有效地起到控制作用，对逐步改变森林资源消耗失控状况具有重要意义。

为严格执行已制定的全国年森林采伐限额，林业部已向各省(区、市)提出：要加强领导，坚决制止超限额采伐；要建立健全森林资源管理机构，强化森林资源的管理和监督职能；要加强森林资源调查事业，迅速查清森林资源，合理调整年森林采伐限额。 (薛有祝)

**【全国“五五”森林资源统计分析】** 中华人民共和国成立后，先后进行了3次全国森林资源清查和统计汇总工作。

**全国3次森林资源统计汇总** 每次清查成果都反映了当时的技术条件、技术水平：

① 1951～1962年为建国后的第一次全国森林资源统计汇总。这是在各省(区、市)1951～1962年期间进行的森林资源调查资料的基础上，经1964年整理分析后于1965年完成的。因方法多样，要求不统一，还有漏查之处，因此所得数据不能反映当时的真实情况。

② 1973～1976年“四五”森林资源清查。这是全国各省(区、市)以县(林业局)为单位，于1977年完成的全国森林资源统计汇总。全国有22个省采用抽样调查法，其余采用小班调查及其他方法。尽管因技术力量有限及个别单位的调查数据受行政干预，但总起来说，基本上反映了当时的资源概况。

③ 1977～1981年“五五”森林资源清查。这是以省(区、市)为单位，应用数理统计方法，设置固定样地进行的森林资源连续清查。从1977年起，在27个省(区、市)设置了14万多个固定样地。到1981年，建成省级连续清查体系。在此基础上，进行了全国“五五”森林资源统计汇总。统计成果，经国家统计局审定，林业部于1984年1月1日正式公布。

**森林资源基础数据** 根据“五五”清查，全国林业用地面积26713.02万公顷。其中，有林地面积11527.74万公顷，占43.2%；疏林地面积1720.03万公顷，占6.4%；灌木林地面积2773.47万公顷，占10.4%；未成林造林地面积561.98万公顷，占2.1%；无林地面积10129.80万公顷，占37.9%。全国活立木总蓄积量102.6亿立方米。其中，有林地蓄积90.28亿立方米，占88.0%；疏林地蓄积5.42亿立方米，占5.3%；散生木蓄积5.44亿立方米，占5.3%；“四旁”树蓄积1.46亿立方米，占1.4%。根据有林地面积占国土面积的比例计算，全国森林覆盖率为12.0%。

**全国森林资源特点** 根据全国“五五”森林资源统计资料分析，我国森林资源现状具有以下特点：

①森林资源少，覆盖率低。全国森林资源的绝对量是可观的，在世界上也占有一定地位。但是，由于我国土地辽阔、人口众多，从保持良好的生态环境、满足国家建设和人民生活需要来说，我国森林资源又是非常贫乏的。全国森林覆盖率比全世界森林覆盖率22%低将近一半；森林面积仅占世界森林面积的4%左右；林木总蓄积还不足世界的3%。全国人均森林面积0.12公顷，人均蓄积9.1立方米，分别只相当于世界人均水平的18%和13%。我国属于少林国家。

②森林资源地理分布不均衡。由于受自然条件和社会经济发展影响，现有森林大部分分布在年降水量等于或大于400毫米的东北、西南、东南及华南各省(区)，而辽阔的西北地区、内蒙古和西藏的中西部地区，以及人口稠密、经济发达的华北、中原和长江、黄河下游地区，森林资源分布稀少。

全国各省(区、市)森林覆盖率情况是：大于30%的有台湾(55.1%)、福建(37.0%)、浙江(33.7%)、黑龙江(33.6%)、江西(32.8%)、湖南(32.5%)、吉林(32.2%)；在20～30%之间的有广东(27.7%)、辽宁(25.1%)、云南(24.0%)、广西(22.0%)、陕西(21.7%)、湖北(20.3%)；在10～20%之间的有贵州(13.1%)、安徽(13.0%)、四川(12.0%)、内蒙古(11.9%)；在5～10%之间的有河北(9.0%)、河南(8.5%)、北京(8.1%)、山东(5.9%)、山西(5.2%)、西藏(5.1%)；小于5%的有

甘肃(3.9%)、江苏(3.2%)、天津(2.6%)、宁夏(1.4%)、上海(1.3%)、新疆(0.7%)、青海(0.3%)。

③用材林比重大，防护林比重小；针叶林多，阔叶林少。据统计资料，各林种的面积、蓄积占有林地的比重不够合理(表4)。

**表4 各林种面积、蓄积占有林种比较**

| 林种 | 防护林 | 用材林 | 薪炭林 | 特用林 | 经济林 | 竹林 |
|---|---|---|---|---|---|---|
| 面积比重 % | 9.1 | 73.2 | 3.4 | 1.2 | 10.2 | 2.9 |
| 蓄积比重 % | 11.1 | 86.2 | 0.9 | 1.8 | — | — |

全国针叶林面积占52.9%，蓄积占57.5%；阔叶林面积占47.1%，蓄积占42.5%。在针叶林中，以马尾松为优势的林分面积最大，占14.9%；其次是落叶松林，占10.4%。在阔叶林中，以阔叶混交林面积最大，占20.1%，柞树林次之，占6.7%。

④林地生产力低，残次林比重大。我国林业用地中，有林地所占比重仅43.2%，而世界一些林业发达国家一般都在80%以上。从全国看，东北地区接近70%，华东、中南地区50%左右，西南地区接近40%，西北、华北地区仅30%左右。全国林分平均每公顷90立方米，相当于世界平均110立方米的81.8%。国有林各省(区)平均达106立方米，南方集体林区仅50立方米。全国林木综合生长率2.88%，每公顷林分年生长量2.4立方米。

我国一些林区因经营不当或过度采伐，以致林相残败。一些森林屡遭破坏后，已逐渐演替成次生林。据统计，5年间疏林面积增加10%，共达1720万公顷，相当于现有林分面积的18%。

⑤人工林面积大，扩大森林资源潜力大。建国后营造的人工林保存面积有2219万公顷，占有林地面积的1/5。此外，还有未成林造林地561.9万公顷，可望郁闭成林。全国尚有1亿公顷宜林无林地，其中约60～70%处于湿润半湿润气候区，可发展林业。通过封山育林和林分改造，可将1720万公顷疏林和2773万公顷灌木林的大部分恢复成林。

**全国森林资源消长及变化趋势** 据"五五"清查，全国林木综合生长率为2.88%，年总生长量27532万立方米。其中，林分年生长量22973万立方米；用材林年生长量20106万立方米。据一些省连续清查及典型调查资料推算，全国森林资源年消耗量约2.94亿立方米，资源消耗率为3.19%，即消耗量超过生长量(均不含台湾省和西藏控制线外部分)。

"五五"期间，全国森林资源总的变化趋势是：有林地面积减少，森林覆盖率下降；林木总蓄积量基本持平，主要产材省(区)减少；用材林资源下降，可采资源减少，森林质量降低；造林保存率不高，人工林林分面积减少，经济林面积增加。

(袁运昌)

**【《中国森林》编纂】** 林业部组织林业、生物及有关学科的专家、教授和科技工作者，正编写一部大型著作——《中国森林》。这部专著的指导思想是：志学结合，寓学于志，用写森林学的方法写森林志，具有这两方面的特点。全书内容包括：中国森林的自然地理环境；森林的变迁；森林资源；森林植物区系；森林分区；森林分类的原则、依据及系统；森林类型各论(包括针叶林、阔叶林、针阔混交林、经济林、竹林和各种灌丛)；城乡绿化；自然保护区；森林动物；森林病虫害及森林发展远景。森林类型描述内容为分布与生境；组成结构；更新演替；生长发育规律，评价与经营意见等。

编写这本书的目的，是反映当前中国森林的全貌，探讨森林的形成、发展和各种森林所需要的生态环境，不同生境下生长发育的差异以及限制某种森林分布的生态因子等，为造林、育林、林产品经营利用提供理论依据。

各省(区)也都编写了一部本省(区)的《森林》，其内容与体例基本上与《中国森林》一致，既可独立成书，又是《中国森林》的组成部分。目前，已全部写出初稿，大多数已经初审，江西、云南、山东3省已出书。《中国森林》已部分完稿，预计1989年将有1卷与读者见面。 (赵 桼)

## 林业社会经济调查

**【综 述】** 林业社会经济调查是国家制定林业规划、计划，编制森林经营方案，进行作业设计，指导林业生产的基础工作。它直接关系到林业区划、规划、设计的科学性、指导性和可行性。

其调查内容，主要包括国民经济总产值；工农业各业产业结构；人口及劳力构成；人均收入水平；交通条件；林业生产现状及国民经济发展对林业的要求等。

同林业的资源条件、自然条件一样，林业社会经济条件也是林业区划、规划、设计等前期论证的重要依据。开展林业社会经济调查的目的，是要查清社会经济情况同林业发展的关系，寻找有利因素，提出对策，为制定林业区划、规划和设计提供基础资料。

从我国开始进行森林经理工作以来，社会经济调查就是其中的重要部分。林业部分别在1955年和1958年颁发的《森林经理调查设计规程》和《中华人民共和国国有林经理规程》中，对林业社会经济调查都作了明文规定。在党的十一届三中全会以后，林业调查在内容上和形式上都要求更全面、更系统和更具体。为了充实林业社会经济调查的内容，1985年林业部委托中国人民大学社会经济系师生在湖南省安化县进行了县级林业经济调查试点，并取得了一定成绩。林业社会经济调查，必将在林业区划、规划、设计中发挥更大的作用。 （蒋云安）

# 林业教育

【林业教育综述】 中华人民共和国成立前，我国只有21所大学、农学院中设立森林系，1949年在校学生541人。在9所高、初级农业学校中设有林科，1949年在校学生1300人。21所高等大学、农学院一半设在森林资源较少的华东和中南地区。

我国近代林业先驱者之一，著名的林学家、教育家梁希教授从1916～1949年中除留学日本、德国几年外，一直从事林业教育事业，创立了我国木材利用和林产制造学，培养了一批林业专业人才。另一位林学家、教育家陈嵘教授早年曾先后在杭州筹办过浙江省甲种农业学校和在南京主持过江苏省第一农业学校的林科，对中等林业教育做出了贡献。

**发展概况** 中华人民共和国成立后，林业教育进入新时期。1950年，林垦部曾举办林业干部短训班，并与教育部联合召开林业教育会议，决定在南京大学、金陵大学、北京农业大学、武汉大学、中山大学、四川大学、西北农学院开办学制为2年的林业专修科，设造林、森林经营、林产利用3组，在其他7个有条件的农学院也设置了林业专修科，招收专修科学生1078人。全国各大学、农学院的森林系招收本科生884人。同时在一些中等农业学校增设林科，当年各地农业学校林科招生1677人。

*院系调整、建立独立的高、中等林业院校* 1952年下半年，全国高等学校开始进行院系调整。高等教育部召开全国农学院院长会议，拟订高等农学院(系)调整方案，年底合并了一部分大学的森林系，成立了北京、东北、南京3所直属高等教育部领导的林学院，保留了12所农学院的森林系，在新疆八一农学院增设了森林系。中等林业学校有的是在短训班的基础上发展起来的，有的是把几个农业学校的林科集中起来成立的。同年，将河北省黄村高级农业学校改建为河北省黄村林业学校，辽宁省东北林业专门学校改为沈阳林业学校，后又新成立了扎兰屯、吉林和泰安林业学校。

1953年，根据中央人民政府提出的整顿、发展中等技术学校，力求达到专业化与单一化的精神，高等教育部、农业部、林业部联合提出中等农林学校调整。整顿的原则，决定将现有的农业学校林科集中，设立中等林业学校。各大行政区经过调整改建和新建中等林业学校17所，后来东北林学院原设的林业机械专修科也改为东北森林工业学校。1950年10月，林垦部委托北京农业大学在北京西郊北安河村举办了林业干部训练班，训练造林及调查两方面的基层干部，后改为林业干部学校。

1954年8月，林业部成立教育司，除北京、东北、南京3所林学院归林业部领导外，根据高等教育部召开的全国中等专业教育会议的精神，林业部对全国中等林业学校也实行了集中统一领导。至此，我国有了独立的林业高、中等院校。

*学习苏联经验，进行教学改革* 50年代初期，我国林业院校学习苏联林业教育经验，对旧的教育制度进行改革，成立教研组，设置专业，按专业组织教学，制订教学计划和教学大纲，进行教材的翻译和编写，后又结合我国实际着手改编了林业、林产化工、木材加工等17种主要专业课教材。先后聘请苏联专家来华讲学，我国也先后派遣留学生去苏联林业院校学习。这一时期，高、中等林业院校教学秩序比较稳定，林业教育事业发展顺利。

到1957年，全国各林学院和农学院森林系在校学生已达6065人，24所中等林校在校学生14913人，分别约为1949年的11倍。

*教育革命* 1958年，我国开展了以勤工俭学、教育与生产劳动相结合为中心的教育革命，贯彻“教育为无产阶级政治服务，教育与生产劳动相结合”的方针。根据中央关于改进农林大专院校教育的指示要求，农林大专院校的全体师生一律下放劳动锻炼1～2年；在大中城市的农林大专院校一律迁往农村和林区办学；现行的学制须加以彻底改革等，林业部于1958年10月召开了全国高等林业院校(系)座谈会。对林业院校(系)的下放、迁校、教学改革三个问题进行了研究并制定了实施方案。同年，普遍将师生下放进行劳动锻炼，并把生产劳动正式列入教学计划，规定每年参加劳动时间4个月。各林业院校(系)普遍自己动手办起教学实习林场和工厂，并积极与校外生产单位、科研部门建立联系，扩大了生产劳动、科学研究基地，促进了理论同实

践的联系。但因劳动时间过长，政治活动频繁，忽视理论教学；许多学校忙于搬迁，正常的教学秩序被打乱，严重地影响了高、中等林业院校的发展和教学质量的提高。

同时，在“大跃进”形势的影响下，很多农学院中的林学系分出独立建成林学院，有的大专或中专升格为大学，使林业院校(系)由1957年的16所发展为1960年的40多所，后调整为32所。专业由1957年的6种增加到1960年的42种，后又调整为18种。中等林业学校也发展到200多所。还有不少县、社和林场举办了大量的半工半读学校，1958年底就达到了1100多所。校(系)猛增造成战线过长、力量分散，基建、设备、师资跟不上实际需要，严重影响了林业教育事业的发展。

1959年教育部、林业部发出《关于全国林业院校1959年专业布局的意见》。据此，部属的3所林学院先后将一些性质相似的专业合并，保留了一些基础较好的专业。

为研究林区职工教育的方针、任务、规划和形式问题及适当发展中等林业教育，林业部分别于1959年七八月份召开了全国重点林区职工教育工作现场会和全国中等林业教育会议。会议交流了经验，对今后如何提高教育质量问题进行了讨论和布署。

贯彻八字方针，调整和发展林业教育　为纠正1958～1960年教育工作中“左”的错误，林业院校贯彻中共中央提出的“调整、巩固、充实、提高”的方针。根据1961年9月15日中共中央批准试行《教育部直属高等学校暂行工作条例(草案)》(简称高校六十条)，结合林业院校的实际情况，林业部确定和调整了部属3所林学院的发展规模和专业。1962年8月发布了《关于高等林业院校教学计划(修正草案)的通知》。通知明确指出：高等林业院校必须以教学为主，全面安排教学，每年教学8个月以上，放假2个月到2个半月，生产劳动1个月到1个半月。同时，林业部根据“少而精”和“因材施教”的原则，审定了林业院校共同修订的林业、森林保护、森林采伐运输、林业机械、木材机械加工、林产化学工艺学等6个专业的教学计划。从1961年起，林业部制定了教材编写出版计划，组织部属3所林学院编写林业专业等54种教材。中等林业学校基本保留了原24所学校，除个别设有森林工业方面的专业外，大部分林业学校只设林业专业。

1960年10月，中共中央决定将北京林学院列为全国重点院校。1963年，国务院批准湖南林学院和华南农学院林学系合并，在广州建立中南林学院直属林业部领导。

1958年5月3日，刘少奇在中共中央政治局扩大会议上提出，我国应该有两种主要的教育制度和劳动制度。1964年四五月间，林业部召开了直属院校(扩大)领导干部座谈会和中等林业学校校长座谈会，研究和讨论了林业院校如何进行学制、课程、教学方针、考试制度的改革和加强师生思想政治工作等问题。

1964年7～8月，刘少奇在视察北京、天津等地时，又提出我国要实行两种教育制度、两种劳动制度的问题。我国林业院校从1958年开始试行举办半工半读教育。各高等林业院校都试办了一二个半工半读班，中等林业学校也全部或部分实行了半工半读，社来社去，场来场去。不少林场和林业企业也办了一批林业职业学校或半工半读林校和技工学校。针对这种形势，1964年12月，林业部在北京召开了东北、内蒙古林区举办半工半读学校问题座谈会，会议就半工半读林业学校的办学形式、学制、经费、师资等问题提出了具体意见。

到1964年底，东北、内蒙古林区已设立普通中学67所，小学699所，在校学生17万人。基本上每个林业局都有一所初级中学，每个林场、贮木场、大的工段都有一所小学。为进一步推动林区中小学教育工作，年底林业部在北京召开了东北、内蒙古林区中小学教育工作座谈会，讨论和研究了林区学校布局规划、办学方向和提高质量等问题。

“文化大革命”对林业教育的破坏　从1966～1976的十年“文化大革命”中，全国林业院校全部停课闹“革命”，停止招生。1969年部属4所林学院和中等林业学校下放省里领导，其他林业院校也相继被合并、撤销或停办，林业干部学校几乎全部解散。不少林业院校积累多年的教学仪器设备、标本、图书资料损失殆尽，校舍、土地、物资、实习基地被占用。林业教育出现了空白。

1970年，部分林业院校恢复招生，新生实行推荐入学(招收“工农兵学员”)，由于学生文化程度参差不齐，又担负着“上管改”的任务，还要学军、学工、学农、批判“资产阶级”，因此教学计划很难完成。尤其是“四人帮”炮制的“两个估计”，强行推行“朝农经验”，以干代学，忽视理论教学，严重违反了教育规律。

林业教育的恢复和发展　粉碎“四人帮”，特别是党的十一届三中全会以后，全面拨乱反正推翻了“两个估计”，澄清了教育上的大是大非问题，扭转了“文化大革命”造成的林业教育的混乱局面，重新明确了党的教育方针，坚持党的领导，坚持德智体全面发展，知识分子与工人、农民相结合，脑力劳动与体力劳动相结合。林业院校迅速得到恢复和发展。1977年各林业院校恢复招生。

1978年，国务院批准东北林学院、南京林产工业学院、云南林学院、湖南林学院划归林业部领导。同年，云南林学院原北京林学院教职工由云南迁回北京办学。湖南林学院恢复中南林学院校名，1983年校址由湖南溆浦县迁至株洲。根据林业生产需要，经国务院批准1979年3月在陕西省咸阳市杨陵区设立西北林学院。1984年4月，南京林产工业学院也恢复南京林学院校名，形成每个大区一所部属林学院的合理布局。另外，分别由河北、内蒙古、吉林、浙江、福建等省、自治区所属的林学院、林业专科学校也得到恢复。至1986年，全国已有高等林业院校11所，还在18所农业大学、农学院中设有林学(园林)系。

**现状与成就** 随着全党工作重点的转移，林业教育走上健康发展的道路，进入了一个新的历史时期。

*恢复和发展高、中等林业院校、加强普通教育* 1985年，林业部将北京、东北、南京3所林学院改为北京、东北、南京林业大学。河北省所属的河北林业专科学校改为河北林学院。1985年，全国高等林业院校共设有34个专业、144个布点。到1986年，本、专科在校学生2万多人，专任教师4235人，其中正副教授384人。1949～1986年37年间已有本、专科毕业生6.4万多人。

1985年，全国有中等林业学校41所，另外还有一些农林学校和农校林科。其中辽宁、浙江、山东、河南洛阳、福建、湖南、四川7所林业学校为全国重点中等专业学校，白城、南京、宁波3所林业学校直属林业部领导。到1985年，中等林校中设有12个专业，在校学生1.8万人(不包括林业师范及林业卫生学校)。专任教师2171人，其中副教授15人，讲师522人。全国还设有：内蒙古牙克石、黑龙江省伊春、牡丹江、大兴安岭4所林业师范学校；内蒙古牙克石、黑龙江省佳木斯、大兴安岭3所林业卫生学校；黑龙江省武装森林警察学校1所。近年来，随着中等教育结构的改革，在林区、山区开设了林业职业学校或职业班，到1985年，在校学生2.4万人，相当于林区普通高中在校学生的44.5%。全国设有87所林业技工学校，在校学生2.1万人。全国林业系统1985年有中小学2700多所，在校学生78万多人。

*加强职工教育和干部培训* 林业系统干部培训工作是从1978年下半年开始的，1981年有计划地对全国林业重点县县委、县人民政府主管林业的领导干部进行培训。在此期间还开展了青壮年职工初中文化和初级技术补课工作。林业部1982～1983年制定了林业系统职工教育规划、教学计划，组织编写了职工教材。从1986年起，工人技术等级培训逐步转向中级技术培训，还对林业系统县级林业企业局长、厂长进行了国家统考前的培训。为加快林业干部培训正规化的步伐，1983年7月，林业部党组决定将林业部北京干部学校改为北京林业管理干部学院，成为全国林业干部培训的重要基地。全国林业系统现有管理干部学院3所、职工大学3所、广播电视大学5所、教育学院4所，还有干部中专校1所、干部学校25所、职工中专校17所。在普通高、中等林业院校中，还分别设立了干部专修科、函授、夜大和职工中专班。1986年，林业部与农牧渔业部商定，从1987年起在中央农业广播学校开设林业专业，为林区、山区、林业专业户学习林业知识创造了条件。

*提高教材质量和调整高等教育的层次与专业结构* 林业部在1980年成立了教材编审领导小组，下设教材办公室和各专业教材编审委员会，分别对高、中等林业院校各专业的教学计划、教学大纲进行了修订，共编写完成高等林业教材69种，教材质量一般高于“文化大革命”前的教材，还翻译了美国、联邦德国、日本等外国教材及参考书多种，编写中等林业教材36种，林业职业高中教材3种，林业职工教材3套(37种)。

为了合理培养各层次的林业专门人才，从1978年以后，对高等林业院校内部的层次结构和专业结构进行了调整。专业设置贯彻以营林为基础的林业建设方针，根据林业经济体制改革的要求，各林业院校在首先办好林科的同时，增加林产品加工及经济管理方面的专业，如家具设计与制造、野生植物资源利用、财会、信息管理、木材贸易等。层次结构上，在稳步发展本科的基础上，增加了专科生和研究生的培养，1985年增设了企业管理工程、林业政法、木材贸易管理、自然保护区管理等专科专业。1986年，11所林业大学、林学院专科生已占在校生的21.2%。1981年实行学位制以来，林业院校硕士学位授予点95个、博士学位授予点21个。到1986年，在校硕士研究生674人、博士研究生23人，这是我国林业教育史上的大事。

*改善办学条件，加强科学研究* “六五”期间，林业部为部属院校投资1.09亿元，其中设备费2340万元，利用两期世界银行贷款共1270万美元，各院校设备得到更新和补充，教学用房逐步配套，宿舍大大增加，3所林业大学分别建立了理化分析、测试、显微技术、遥感、电算、电化教学等中心实验室。北京林业大学还成立了外语培训中心。为加强对实验室的管理，林业部审定了主要基础课和专业课的实验室装备方案和教学实验目录。各院校充分发挥现有设备的作用和利用专业科类齐全、师资力量雄厚的优势，积极开展科研工作，承担国家攻关科研项目。1986年，林业院校(系)科研项目获得林业部科学技术成果奖41项，其中南京林业大学的旋风燃烧干燥木材的研究获得一等奖。为了更好地开展中等林业教育和林业职工教育的改革，林业部分别成立了中等教育研究中心、林业职业技术教育研

究会和全国职工教育研究会。

*培训师资，制定培养人才规划* 高等林业院校积极地、有计划地选送中青年教师到重点高等学校或国外进修，并邀请外国专家来华讲学，更新补充知识，提高教师的业务水平；对急需的专业教师采取开设研究生班，加速培养补充。中等林业学校也积极选送教师到高等学校进修培训，几年来共安排了约700人次进行学习提高。

为了科学地培养人才和合理地使用人才，1983年，林业部对全林业系统进行了专门人才现状调查和对1990、2000年专门人才拥有量的需求预测。在此基础上，1986年林业部组织部属院校等有关方面开展了《2000年中国林业教育发展规划研究》工作，摸清了林业教育的现状，对各级各类林业教育的发展目标及对策进行了研究。这一工作不仅为今后制定合理的人才培养规划提供了可靠的依据，也为行政管理部门搞好宏观管理、制定决策奠定了基础。

*扩大学校自主权、改革招生、毕业生分配制度* 为了加快林业教育改革的步伐，培养更多的林业建设人才，根据简政放权的原则，林业部从1985年起，决定扩大部属院校在办学、组织人事管理、教学改革、经费使用、基建投资的审批等方面的权限，简化学校参加国际学术活动的手续，充分发挥学校一级组织领导权力。1985年11月4日，林业部召开了全国林业教育工作会议，贯彻《中共中央关于教育体制改革的决定》。会议对林业部《关于改革和发展林业教育的决定》进行了讨论和修改，于1986年5月颁发执行，明确了各级各类林业教育的发展方向和各级林业教育部门的职责。

为打通向林区输送人才的渠道，1982年，林业部、教育部联合发出《关于东北、吉林、内蒙古林学院试行面向林区招生的通知》，首先在大兴安岭、牙克石、伊春、通化、延边等林区试行主要招收林区职工及其子女，适当降低录取分数线，定向招生，定向分配。

1985年，林业部根据《中共中央关于教育体制改革的决定》改革了部属院校毕业生分配办法，试行学校留出15%的毕业生由学校与用人单位“供需见面”，提出建议分配方案，1986年试行70%毕业生由学校提出建议分配方案、30%归林业部分配的方法。这种改革不仅使高等院校更多地参与毕业生分配工作，也减少毕业生分配上的盲目性和中间环节。

*国际学术交流* 从1981～1986年，中国林业教育考察团先后到日本、联邦德国、芬兰、瑞典等国进行考察，同时由各院校组织的互访团也相继访问了联邦德国、印度、日本、美国、加拿大、菲律宾等国。目前，北京、东北、南京3所林业大学和一些林学院分别与美国、日本、联邦德国等一些大学、林学院签定了校际交流协议，开展学术交流活动。中等教育研究中心与联合国粮农组织亚太地区林业教育研究中心建立了联系，并选派了中等林业学校的教师赴该中心学习。几年来，各院校还派出进修生108人，研究生及访问学者75人到国外学习、访问。

37年来，林业教育取得了很大的成就，但与林业生产发展的要求仍不适应。根据建设我国现代化林业的需要，今后要进一步全面贯彻国家的教育方针，教育要面向现代化、面向世界、面向未来；进一步理顺林业教育同林业建设及其内部的关系，深化学校教学和管理改革；不断地加强和改进学校思想政治工作，反对资产阶级自由化；继续提高师资队伍素质；加强教材和实验、实习场（室）的建设；坚持理论联系实际，改革教育内容和教学方法，切实注意引导学生参加社会实践，扩大视野，丰富实际知识。努力提高教育质量和办学效益，培养和造就更多有理想、有道德、有文化、有纪律的社会主义林业建设人才。同时，切实注意加强林业成人教育，大力提高林业干部、职工队伍的素质，使林业教育稳定协调的发展。（张 启 陈润生）

## 高等林业教育

**【综　述】** 我国高等林业教育始于本世纪初，但在中华人民共和国成立前的40余年当中，发展缓慢，到1949年，只在21所大学农学院中设有森林系，在校学生只有541人。

**发展概况** 中华人民共和国成立后，党和政府高度重视高等林业教育工作的发展，从50年代初即着手建立高等林业院校。1952年7月，高等教育部召开全国农学院院长会议，拟定高等农林院系调整方案，决定成立北京、东北、南京林学院，并在13所农学院中保留或增设林学系。1952年底以前，上述3所林学院相继成立。其中：北京林学院由北京农业大学森林系、河北农学院森林系合并成立，校址设在北京市，李相符任院长；东北林学院由东北农学院森林系、浙江大学农学院森林系和黑龙江省北安农业专科学校森林科合并成立，校址设在哈尔滨市，刘成栋任党委书记兼院长；南京林学院由南京大学农学院森林系、金陵大学农学院森林系合并成立，校址设在南京市，院长郑万钧。1954年8月，当时的高等教育部与林业部共同研究决定：北京林学院设森林经营、造林专业；东北林学院设森林经营、森林采伐运输机械化、木材机械加工专业；南京林学院设森林经营、造林、木材机械加工专业。同年11月，高等教育部召开了第二次全国高等农林教育会议。会议明确指出，高等农林教育的基本任务是培养具有一定的马列主义水平，忠于社会主义事业，体格健全，掌握先进农林科学理论和技术的高级农林技术人才和管理人才。并强调指出，全面系统地学习苏联先进经验，正确地结合中国实际是高等农林院校逐步提高教学质量的关键。会议还明确了北京、东北、南京3所林学院由林业部领导和管理。在此期间，高等教育部还颁发了造林、森林经营、森林采伐运输机械化、木材机械加工4个专业的教学计划，并组织编写或修订了有关课程的教学大纲，要求有关高等学校执行统一的教学计划和教学大纲。从此，高等林业教育走上了积极、稳定、健康发展的道路。

1958年及其以后一段时间，高等林业院校开展了以勤工俭学、教育与生产劳动相结合为中心的教育革命。各院校组织广大师生到林场、人民公社，与群众同吃、同住、同劳动，总结群众生产经验，强调结合生产现场教学。由于受“大跃进”的影响，很多农学院中的林学系分出独立建成林学院，有的中专或大专升格为大学。到1960年，全国高等林业院校（系）骤增至40多所，其中独立的林业院校就有24所。所设专业也剧增到42种，在校学生人数达到14839人。由于盲目追求高速度，超越了客观条件的可能，使高等林业教育的发展受到了挫折。1960年底，中央提出要贯彻“调整、巩固、充实、提高”的方针。从1961年开始，对高等林业院校和专业设置进行了调整。全国除保留北京、东北、南京3所林学院外，合并湖南林学院与广东林学院，成立了中南林学院。另外保留了福建、内蒙古、吉林、四川和天目林学院。使全国高等林业院校调整为9所。所设专业也进行了较大幅度的调整。如北京林学院由原来的17个专业调整为8个；东北林学院由23个专业调整为10个；南京林学院由17个专业调整为7个。与此同时，注意纠正了前段时间以生产带教学的错误倾向，调整了理论教学的比重，恢复和整顿了教学秩序，办学条件逐年有所改善，教学质量稳步提高，使高等林业教育事业的发展又重新步入正轨。

“文化大革命”开始后，高等林业院校同其他学校一样，停课闹“革命”。在相当长的时间里，中断了招生。建国以后17年的各项成就，被一概否定。在这场浩劫中，高等林业院校倍受摧残。原来建在城镇或市郊的绝大部分院校，一律搬迁、撤并。1968年末，东北林学院大部分教师和干部被下放到农村插队落户。1969年，北京林学院迁往云南，大批师生员工分散安置在滇东、滇西的14个林业局劳动锻炼，1973年才集中到昆明市安宁县建校，改名云南林学院。在此期间，内蒙古、福建、吉林、四川、中南和天目林学院相继撤并。在学校搬迁、撤并过程中，很多教职员工被遣散改行，校舍被改作他用，教学仪器、设备，图书、资料，标本、模型，损失殆尽。使原来基础比较薄弱的高等林业教育事业，蒙受严重创伤，损失难以估量。

粉碎“四人帮”以后，通过拨乱反正，有力地促进了高等林业教育的恢复和发展。特别是党的十一届三中全会以后，高等林业教育的恢复和发展明显加快。在医治“文化大革命”所造成的严重创伤的同时，积极创造条件，重新调整了高等林业教育的布局，恢复和发展了一批高等林业院校。东北林学院、北京林学院先后迁回哈尔滨和北京原址办学。恢复中南林学院，并由湖南省溆浦县大江口迁至株洲市建校。1978年重建云南林学院（后改为西南林学院），1979年以西北农学院林学系为基础，正式成立了西北林学院。与此同时，河北、内蒙古、吉林、浙江、福建林学院也相继恢复或增设。

**成就** 到1986年，全国高等林业院校发展到11所，并在18所农业大学或农学院中设有林学（园林）系，其中，北京、东北、南京林业大学和中南、西北、西南林学院，由林业部领导，分别设在原来的6个大行政区，与原有关省、区所属的5所林学院和设在农业大学（农学院）中的林学（园林）系共同组成了布局比较合理的高等林业教育体系。根据1985～1986学年度的统计，全国高等林业院校（系）在校学生总数已达20126人，超过了历史上最高年份（1961年）的规模（15873人）。教职员工队伍也有很大发展，到1986年9月，全国11所高等林业院校的教职工已达10589人，其中专任教师4235人（其中教授58人、副教授326人，讲师1622人，教员212人，助教2017人）。

各院校在恢复、发展过程中，注意了调整高等林业教育不同层次之间的结构比例。专科层次的发展，早在50年代初就有一定基础。1950年10月，林垦部与教育部联合召开的林业教育会议上，曾决定在北京农业大学、南京大学、金陵大学、武汉大学、中山大学、四川大学、西北农学院7所院校设林业专修科。分造林、森林管理、林产利用三组，学习年限2年。随后，在安徽大学、浙江大学、广西大学、河南大学、东北农学院、山东农学院、平原农学院也举办了林业专修科，在校学生共1078人。到1952年，专修科学生在校人数已占林科大学生总数的22.7%。此后不久，由于各院校本科招生规模不断扩大，致使某些专修科中断了招生，专科教育急剧收缩，使本、专科学生比例失调的矛盾日益突出。根据1983年教育部统计，普通农林专科在校生仅占农林本、专科学生总数的12.7%(其中林业专科生仅占林业本、专科学生总数的8.2%)。为了逐步调整本、专科教育之间的比例关系，更好地推动高等农林教育的发展，教育部会同农牧渔业部、林业部于1984年4月在郑州召开了全国高等农林专科教育座谈会。会议明确指出：高等农林专科教育是高等农林教育体系中一个相对独立、不可缺少、长期存在的层次。当前，在逐步扩大招收研究生，努力发展和提高本科教育的同时，必须积极发展农林专科。会议根据我国当前的实际情况，提出了发展专科的三条主要途径：创造条件，扩大现有专科学校的招生规模；提倡本科院校兼办专科；适当新建一些专科学校。在会议的推动下，高等林业专科教育有所恢复和发展，截止到1986年底，全国11所高等林业院校专科在校生人数达到3543人，占学生总数的21.2%。

高等林业院校的研究生教育，虽在50年代中期即已开始起步，但与其他层次相比，仍属于相对薄弱的一个环节。以"文化大革命"前林科研究生在校人数最多的年分1962年为例，当年在校研究生只有68人，占同年全国研究生总数的1.11%，而该年度本专科在校生人数相当于全国大学生总数的1.7%。1977年恢复研究生招生以后，林科研究生教育取得了较快的发展。到1986年底，9年当中共招收研究生1135人，约相当于"文化大革命"前17年招生总数的7倍。目前，包括博士生、硕士生、研究生班三种类型的研究生在校人数已达753人。林业系统(其中主要是高等院校)经过一、二、三批学位授予单位审核会议评定，并经国务院学位委员会批准，现有学位授予单位20个，硕士学位授权点95个，博士学位授权点21个，共有博士指导教师26人。到1986年止，取得博士学位的研究生1人，取得硕士学位的研究生329人。

各院校在逐步理顺高等林业教育不同层次之间比例关系的同时，通过调查、论证，调整了专业设置；组织修订了教学计划和教学大纲；建立、健全了教材编审程序和必要的组织管理机构；大力加强了师资队伍、实验室和图书馆等方面的建设；改善了办学条件。使高等林业院校的教学质量，有了不同程度的提高。高等林业教育进入了一个健康发展的新阶段。 (朱堃元)

**【高等林业院校专业设置】** 1952年全国高等学校院系调整以后，参照苏联高等学校专业目录，开始设置专业，按专业培养高级专门人才。1954年8月，经高等教育部正式批准，全国高等林学院、系设置造林、森林经营、森林采伐及运输机械化、木材机械加工等专业。以后，随着林业生产建设的发展和高等林业教育体系的日趋完善，逐步增设了水土保持、城市及居民区绿化、经济林、林产化学加工、林业机械设计与制造等专业。

1958年以后，受"大跃进"形势的影响，同全国高等学校一样，林业院校和所设专业的数量急剧增加。据不完全统计，在此期间高等林业、院校(系)的专业总数多达42个。其中有些专业虽经正式提出，但由于忽视了实际办学条件的可能，而未能落实；有的专业虽勉强上马，但因条件欠缺而难以保证质量。为此，教育部于1961年提出对全国高等学校的专业设置进行全面调整。1963年4月召开了全国高等学校专业调整会议。会后经国务院批转颁发了国家计委、教育部修订的《高等学校通用专业目录》。当时高等林业院校设置的专业，列入该目录的共有16种，其中属于林科的通用专业12种，即林业、亚热带林业、森林病虫害防治、水土保持、特用经济林、林区野生动物繁殖与利用、园林、森林采伐运输、木材水运、木材机械加工、林产化学工艺学、林业经济与组织等；属工科的专业2种，即林业机械、木工机械；属试办专业的2种，即治沙、林区道路工程。从此，高等林业院校的专业设置，基本上处于相对稳定的状态。

随着新技术革命的兴起，一些尖端科学的飞跃发展，以及各种学科之间相互渗透、综合的发展趋势，使林业的生产建设和科技发展进入了一个崭新的阶段。1963年国家颁布的专业目录，已远不能适应林业现代化建设的需要。为此，教育部于1984年7月发出《关于修订普通高等学校农科、林科本科专业目录的通知》，要求从我国的现实情况出发，以面向现代化、面向世界、面向未来为指针，遵循教育的客观规律，修订林科专业目录，以适应林业生产建设发展、科技发展和经济体制改革的需要，培养有理想、有道德、有文化、有纪律的林业专门人才。依据上述指导思想，广泛进行调查、研究、论证和审订工作之后，于1986年7月国家教育委员会公布了《普通高等学校农科、林科本科专业目录》，列入该目录的林科专业有六类二十种，即：

林学基础类

0101 森林生物学

0102 木材学

营林类

0201 林学

0202 森林保护

0203 经济林

资源、环境类

0301 水土保持

0302 沙漠治理

0303 园林

0304 野生动物保护与利用

试 0301 自然保护区资源管理(试办)

森林工程类

0401 森林采运工程

0402 森林道路与桥梁工程

0403 林业机械

林产加工类

0501 木材加工

0502 林产化工

0503 木材保护与改性

试 0501 家具设计与制造(试办)

经济、管理类

0601 林业经济管理

试 0601 木材贸易(试办)

试 0602 林业信息管理(试办)

修订后的专业目录，从总体上看，在现设专业的基础上，调整了专业结构，充实和加强了新兴、边缘学科和薄弱学科；拓宽了专业口径，调整了专业内容；统一并更改了部分专业的名称，使其更加科学化。与现设林科专业比较，保留原专业名称的10种；拓宽专业面或调整专业内容后，更改名称的4种；撤、并的现设专业8种；新增设专业6种。截止到1986年底，按照修订后的专业目录整理，全国11所林业院校共设置24种专业(其中林科专业14种、工科专业3种、文科专业1种、师范类专业6种)，专业布点78个。

高等林业院校专科教育，近几年有了较大发展，专科专业的设置，具有针对性强，较为灵活的特点。近年来所设专业，除本科专业目录中所列的部分专业以外，还设置了森林调查规划、木材水运、竹类栽培与利用、人造板、林业政法和林业教育等专科专业。

(朱堃元)

**【高等林业院校师资队伍建设】**　我国高等林业教育自1952年成立独立的林学院开始，经过34年的不断充实、提高，已经形成了一支自成体系，并具有一定素质的教师队伍。截至1986年12月，全国11所高等林业院校专任教师已达4235人，其中教授58人、副教授326人、讲师1622人、教员212人、助教2017人。

1966年以前，高等林业院校师资队伍基本靠选留优秀本科毕业生补充。其进修提高，一是派往当时教育部直属综合性重点大学进修；一是聘请苏联专家来华讲学或派青年教师到苏联、东欧国家进修或攻读学位。1966年因“文化大革命”开始，学校搬迁、撤并，原有教师部分外流。1970年开始招收工农兵学员，教师队伍因几年未得到补充，各校均选留了一部分工农兵学员毕业生补充。1977年高等学校恢复招生考试制度以后，学校根据实际情况，将一批不适合做教学工作的在编教师调整到生产单位和学校党政部门做管理工作；少数业务基础较好而又适合做教学工作的年轻教师则送往有关院校补习基础知识，进修提高。党的十一届三中全会以后，高等林业教育逐步走上正规，随着国家经济体制改革政策的实施，高等林业教育体制改革也逐步深入。1984年4月，林业部批准东北林学院管理改革的报告，同意在东北林学院进行管理改革的试点工作。东北林学院提出自1985年1月起，在由上级组织任命的各级负责人的基础上，根据学校对本部门所设的机构和人员编制指标，对教学、科研人员实行聘任制，各教学部门自行组建教师队伍。这一措施对充分调动广大教师的积极性，促进人才合理流动起到了一定的作用。

随着国家对外开放政策的实施，高等林业院校师资队伍建设的条件也得到了相应的改善。近几年师资队伍的补充、提高主要采取了以下几种措施：

①除继续选留优秀本科毕业生外，还充分注意选留优秀研究生担任教师。目前，全国11所高等林业院校中已有311人具有研究生学历，占专任教师总数的7.34%。截至1986年底止，仅林业部直属6所林业大学和林学院中就有近40名青年教师及少数中年教师在国外攻读硕士及博士学位。

②根据国家教委的统一安排，每年有计划地选派薄弱学科教师到全国重点高等学校进修提高，自1978～1986年，仅林业部直属高等林业院校就选送了近200名教师到全国各地进修。

③经原教育部批准，先后在北京林业大学、东北林业大学举办了“森林经理”与“林业经济”两个助教进修班，招收全国高等林业院校在职青年助教，学制一年半，毕业后经过一定的教学实践，可做出论文，申请硕士学位。

④为促进教师的知识更新，自1978～1986年，共举办了各学科骨干教师教学研讨班及新教材讲授班35个；聘请到列入国家计划的科技专家64人。从而通过互相切磋，了解最新林业科技信息，提高了教师的业务水平。

⑤为提高高等林业院校教师的外语水平，开阔视野，扩大对外交流，林业部教育司1978～1986年，先后委托北京林业大学、东北林业大学、南京林业大学和中国林业科学研究院等单位举办英语提高班40期，培训教师和科研人员800人；委托南京林业大学举办德语班3期，培训40余人；委托东北林业大学举办日语提高班3期，俄语班1期，培训60余人。为提高教师对外国语言的适应能力，林业部通过国家外国专家局聘请列入国家计划内的英、日、俄、德语语言专家35人，从而提高了教师的听力及口语能力。

1985年，全国人民代表大会常务委员会第九次会议决定，每年9月10日为我国教师节。林业部

1985 年发出《关于在今年教师节表彰教师的通知》，要求各级林业部门和林业院校通过庆祝活动，大力提倡尊重教师的社会风尚，大力宣传教育工作的重要性，充分调动广大林业教育工作者的积极性。同时，决定在高、中等林业院校中评选优秀教师，并对优秀教师及直接从事教学工作 30 年、25 年的教师予以表彰，发给荣誉证书。部属林业大学、林学院共选出优秀教师 529 名；具有 30 年教龄的教师 327 名；25 年教龄的教师 45 名。（刘 唯）

**【林科研究生教育与学位工作】** 我国林科的研究生教育，是在建国后才开始的，发展比较缓慢。党的十一届三中全会以后，才逐步得到恢复和加强，经过 9 年努力，林科研究生教育已初具规模，形成了博士、硕士两个层次，博士生、硕士生、研究生班三种类型的教育结构。同时，也标志着我国高等林业教育体系的进一步完善。

研究生招生工作，大致经历了三个阶段：1949～1965 年，是林科研究生教育的起步阶段，在这期间，累计招收了林科类有关专业研究生 167 人，招生人数不多，培养和管理制度也不甚完善；1966～1976 年，因十年动乱，林科研究生教育中断招生 11 年之久，直到 1977 年才恢复招生；1977～1986 年，林科研究生教育的恢复和发展迅速，研究生的招生制度不断完善。9 年中，共招收了各类研究生 1135 人，其中博士研究生 24 人，硕士研究生 1039 人，研究生班研究生 72 人。招生数约是十年动乱前 17 年招生总数的 7 倍。

为解决高等林业院校一些专业教师奇缺的状况，经原教育部批准，1984 年，林业部在北京林业大学首次试办了“林业经济”研究生班，学制 2 年，首届学员 16 人。1985 年、1986 年相继在东北林业大学开办了“林业经济”研究生班，北京林业大学开办了“森林经理”研究生班，共招收研究生 56 人。

1983 年，林科首次招收博士研究生，由北京林业大学汪振儒教授招收森林生态学博士研究生 1 人。东北林业大学、南京林业大学于 1985 年和 1986 年也开始招收博士研究生（见表）。到 1986 年，在校博士研究生 23 人，硕士研究生 674 人，研究生班研究生 56 人，总计在校研究生 753 人。我国能独立培养出林科各种层次和类型的研究生，为社会主义现代化建设输送高级林业技术人才，这在我国林业教育史上是一件大事。

**表 1 1978～1986 年林科研究生招生情况**

| 类别 | 合计 | 78 | 79 | 80 | 81 | 82 | 83 | 84 | 85 | 86 |
|---|---|---|---|---|---|---|---|---|---|---|
| 合计 | 1135 | 50 | 40 | 7 | 44 | 101 | 124 | 183 | 308 | 278 |
| 博士 | 24 | ／ | ／ | ／ | ／ | ／ | 1 | 6 | 8 | 9 |
| 硕士 | 1039 | 50 | 40 | 7 | 44 | 101 | 123 | 161 | 261 | 252 |
| 研究生班 | 72 | ／ | ／ | ／ | ／ | ／ | ／ | 16 | 39 | 17 |

为加强研究生的培养和改进分配工作，1983 年 3 月，国务院学位委员会下达了《高等学校和科研机构授予博士和硕士学位的学科、专业目录》（试行草案），其中林科研究生的学科、专业共 20 个：森林植物学、森林生态学、森林土壤学、林木遗传育种学、造林学、森林经理学、森林保护学、经济林、水土保持、园林植物、园林规划设计、野生动物、林业经济、木材采伐运输、木材加工、林区道路与桥梁工程、林产化学加工、林业机械、森工电气化自动化、木材学。林科研究生的招生、培养、管理、分配以及各项统计工作即按此目录进行。在此基础上，林业部于 1983 年 9 月，在北京召开了由有关高等林业院校（系）的一些知名专家、教授参加的制订林科研究生培养方案的座谈会，对林科研究生的培养规格、课程设置、论文写作、学习年限等进行了充分的讨论，并于 1984 年 4 月下达了《颁发森林植物学等 19 个学科、专业攻读硕士学位研究生培养方案（试行草案）的通知》，各培养单位参照执行。根据原教育部的有关规定，林业部于 1984 年 11 月发出了《关于进行推荐少数优秀应届大学毕业生免试当研究生的通知》，并首先在北京、东北、南京林业大学进行了这项试点工作。《通知》确定北京林业大学推荐比例为应届本科毕业生总数的 5%，东北、南京林业大学为 3%。这项工作的试行，为推动大学本科生的教学工作和改进硕士生的招生工作，起到了积极作用。

自 1978 年，恢复研究生招生制度以来，林科已有六届毕业研究生（即 1981 届～1986 届），共毕业研究生 366 人，其中博士生 1 人，硕士生 349 人，研究生班研究生 16 人。上述毕业生大部分选留在林业系统的教学和科学研究单位，一部分按专业对口的原则分配到其它系统和地方的单位工作。在分配体制方面，为进一步扩大学校自主权和完善毕业研究生的分配制度，林业部于 1985 年 12 月发出了《关于做好一九八六年暑假毕业研究生的分配工作的通知》。《通知》指出：1986 年的毕业研究生分配工作，试行应届毕业研究生总数的 20%，由培养单位根据需要情况，结合考虑研究生本人的志愿，直接提出分配建议的办法。

与研究生的培养管理工作相适应，林业系统的学位工作自 1981 年《中华人民共和国学位条例》实施以来，也有了较大发展。首先，为加强对学位工作的领导，1981 年 6 月，林业部决定成立林业部学位委员会，由 27 人组成，主任委员：郑万钧，副主任委员：梁昌武、马大浦、杨衔晋、吴中伦、戈华、陈陆圻。1983 年 5 月，又对林业部学位委员会进行了调整，调整后的林业部学位委员会由14人组成，主任委员：董智勇，副主任委员：吴博、张观礼、辛业江。有关的高等林业院校相应设立了学位评定委员会，负责本单位的学位评定工作。

1981、1983和1986年分别召开了林业系统第一、第二、第三批学位授予单位审核会议。共审议通过，并经国务院学位委员会批准了林科学位授予单位20个，硕士学位授权点95个，博士学位授权点21个，共有博士研究生指导教师26人(详见附表)。在全国11所林业大学、林学院和18个农业大学(农学院)的林学(园林)系中，已有3个单位(北京、东北、南京林业大学)具有了博士和硕士学位授予权，15个单位具有了硕士学位授予权，基本形成了林科研究生的培养体系，林科已毕业攻读博士、硕士学位研究生350人，其中获得硕士学位的329人，获得博士学位的1人。 (雷振刚)

**【高等林业院校教材建设】** 中华人民共和国成立后，高等林业院校教材从无到有。50年代翻译出版30余种苏联林科教材和讲义，改编林业、林产化工、木材加工等主要专业教材17种。60年代编写、修订出版了林业、森林保护、森林采伐运输、林业机械设计与制造、木材加工、林产化工等6个专业教材、教学参考书56种。

1976年粉碎“四人帮”后，高等林业院校教材建设有了较大发展。1977年9月，农林部根据邓小平关于“1978年秋季入学新生有新教材使用和1980年以前编审出版一套质量较高的教材”的指示精神，在北京平谷县召开了全国高等农林院校教材编写工作会议。会议研究和落实了统一编写教材的任务。有3所高等林业院校承担了林业、木材加工、林业机械设计与制造、林产化工4个专业部分专业基础课和专业课的主编任务。这次会议对恢复整顿教学工作，开展教材建设起到了促进作用。1978年国家林业总局成立后，到1983年，作为全国高等林业院校第一轮教材建设，主要任务是统编专业布点较多的主要专业基础课、专业课教材，先后安排了11个专业(专业目录修订前的专业)56种通用教材的编审出版任务。到1983年底，已出版通用教材35种，约1500万字，发行72万册。1983年11月，林业部教育司在北京召开林业部属高等林业院校教材工作会议，会议在总结交流第一轮教材建设工作经验的基础上，确定了第二轮(1984～1987年)教材规划的指导思想和编审任务，以提高教材质量为中心，统编、自编、评选择优推荐出版并进，填补现设专业基本教材的空白。会议还研究制定了一系列教材建设的有关文件。

在教材的组织管理机构方面，为了加强教材建设的组织领导，1980年成立了林业部教材编审领导小组，由主管教育的副部长和教育司、中国林业出版社的有关领导、部分高等林业院校主管教学工作的院校长等15人组成(1984年调整为12人)。随后，又聘请了全国高等林业院校、林业科学研究部门不同学科的专家学者共253人，按专业组成了14个专业和一个语文课程的教材编审委员会。1983年,在北京林学院设立了“全国林业院校外国进口教材图书中心”(以下简称“中心”)。1984年设立了部教材编审领导小组办公室(以下简称教材办)，由林业部教育司和中国林业出版社5位同志共同组成。同时，在中国林业出版社设立教材编辑室。1985年3月，经文化部批准，成立了东北林业大学出版社。

上述各机构职责分明，相互配合。林业部教材编审领导小组负责审定下达教材建设的有关文件、教材规划，协助解决教材工作的必要条件。教材办公室负责拟定林业系统各级各类的教材建设规划、制定分年度编审出版计划，协调各专业教材编审委员会的工作，组织评选部级优秀教材。教材编辑室全面掌握各门教材的编审进度，负责教材编辑加工。各专业教材编审委员会负责提出本专业教材建设规划的建议，根据下达的编审出版计划，组织编审、修订、评选教材，组织研讨拟定本专业教学文件及交流教材编写和教学经验。中心负责订购外国林科教材图书，及时向全国林业院校印发外国新书报道书评，提出影印、翻译书目的建议，为林业系统教师、研究生、科研人员查阅样书、复制材料提供条件。各院校教材科负责拟定本校教材建设规划、计划，并组织实施。中国林业出版社、东北林业大学出版社共同承担教材的出版任务。

为了使教材工作有章可循，1983年11月，林业部制定了《高等林业院校教材编审委员会工作条例》、《教材编审工作程序》和《关于引进、影印、翻译国外林业教材的意见》。由于建立健全了教材建设的组织管理机构，制定了教材建设章程，保证了教材工作有条不紊地顺利进行。

从1978～1986年底，共组织实施两轮教材建设规划，开展了院级优秀教材的评奖工作，编审出版了11个专业(专业目录修订后的专业)69种通用教材，约2700万字，发行120多万册。其中林学专业21种，木材加工专业15种，森林采运工程专业9种，林产化工专业5种，林业机械专业5种，森林道路桥梁专业3种，经济林专业3种，森林保护专业2种，野生动物保护与利用专业2种，林业经济专业2种，园林专业和语文教材各1种。“中心”引进外国林科教材图书3000多种，编印进口新书报道13期、新书内容简介及评介3期。此外，各院校通过自编、借用等多种方式，各专业的每门课程都有了一种以上的教材使用。这对稳定教学秩序，提高教学质量，起到了积极作用。 (黄桂荣)

【高等林业院校图书馆建设】 50年代，全国7所林学院图书馆仅有用房面积5718平方米，藏书不到7万册。党的十一届三中全会后，特别是1981年10月原教育部颁发《中华人民共和国高等学校图书馆工作条例》以来，高等林业院校图书馆工作受到各级领导的重视。1983年11月，林业部教育司首次在北京召开高等林业院校图书馆工作座谈会。会议重点研讨了加强图书馆工作的领导，开展馆际协作等问题，并提议成立全国林业院校图书馆工作委员会(以下简称图工委)。会后，林业部发出《关于加强全国林业院校图书馆建设的通知》，并批准成立全国林业院校图书馆工作委员会，作为全国林业院校图书馆工作的指导、协调机构。1984年，图工委创办了《全国林业院校图书馆工作通讯》。同年，全国高等林业院校、林业管理干部学院、南京、辽宁林业学校等14个单位相互建立了原版期刊目录交换关系。

几年来，高等林业院校图书馆事业有了较大发展，各院校配齐了图书馆领导班子，建立健全了图书馆各项规章制度。各院校图书馆普遍加强了基础业务工作，剔旧书，建立较完整的目录体系，实行开架、半开架借阅，进行重点学科的专题咨询、情报检索，努力扩大服务领域。1985年，图工委组织拟定了“林业文献检索与利用”课程教学大纲，举办了首届全国林业院校文献检索与利用课师资培训班，参加培训的有18个单位26人。到1986年为止，已有北京、东北、南京林业大学，中南、西南、西北、内蒙古、吉林林学院等8所院校21名兼职教师为研究生、本科生开了林业文献检索与利用课，计30学时左右。为提高图书馆工作人员素质，通过图书馆专业的电大、函授、夜大、进修、短训班等多种渠道，培训了高等林业院校图书馆2/3的工作人员。东北林业大学、西北林学院图书馆从1986年开始，利用计算机对期刊进行管理。1983年以来，完成图书馆馆舍建设的院校有东北林业大学(1983年)，内蒙古、浙江林学院(1984年)和中南林学院(1985年)。到1986年底，全国11所高等林业院校图书馆总计馆舍面积为36605平方米，藏书311.4万册，期刊23851种，工作人员354人，其中大专以上文化程度的人员占45.8%(基本情况见附表)。3所林业大学与十几个国家100多个单位建立了期刊资料交换关系，交换期刊资料共298种。

1986年10月，图工委在北京召开了全国林业院校图书馆工作委员会第三次会议。会上，图工委向在全国林业院校图书馆(资料室)工作25年以上的35名工作人员颁发了荣誉证书和奖品。与会代表在交流经验的基础上，就开设林业文献检索与利用课，加强馆际协作和充分发挥国外进口教材图书中心的作用等问题进行了研讨，取得一致意见，确定了林业院校图书馆“七五”期间的奋斗目标。会后，林业部发出了《关于加强林业院校图书馆工作的几点意见》和《关于调整全国林业院校图书馆工作委员会的通知》。调整后的图工委，由11所高等林业院校、北京林业管理干部学院、广西农学院林学分院和南京、辽宁林业学校等图书馆负责同志17人组成，林业部教育司司长张观礼任主任委员。

(黄桂荣)

【高等林业院校的科学研究】 1978年以来，随着高等林业教育事业的发展，高等林业院校的科学研究工作也取得了新的进展。特别是1985年以后，在中央关于科技体制改革的精神指导下，高等林业院校的科学研究工作认真贯彻中央提出的经济建设必须依靠科学技术，科学技术必须面向经济建设的战略方针，充分发挥高等学校学科门类众多、高水平专家教授集中的优势，利用已具有的仪器设备等条件，紧密结合教学，大力开展了科学研究活动。几年来，各院校建立了一些专门的研究机构，全国11所院校现有6个研究所、75个研究室、3个设计所和1个设计室(见附表)，科研编制1256人，承担了国家、林业部及其他有关部、委、省(自治区、直辖市)的攻关课题和重点项目的研究，承接了地方有关部门和生产单位委托科研项目的研究，同时还根据林业生产建设和国家经济发展的需要，广泛开展了自选课题的研究。取得了杉木良种选育(第一代种子园)的研究、毛竹丰产和北移区划的研究、黑杨派无性系优良性状的研究、天然次生林经营技术的研究、黄土高原立地条件类型划分和适地适树的研究、杨树单倍体花粉植株的诱导和培育、森林害虫多角体病毒的研究和应用、铅笔板XB工艺、旋风燃烧法干燥木材的研究、DN-1号低毒性脲醛树脂胶等一大批水平较高的研究成果，许多成果分别获得了全国科学大会奖、国家发明奖、国家科学技术进步奖、林业部及其他部、委和各省、自治区、直辖市颁发的各种科研成果奖。1978年以来，每年进行的科研课题600～800个，共取得科研成果462项，其中获奖项目274项。

科研活动的蓬勃发展，进一步活跃了学校的学术气氛。各高等林业院校通过学术报告会、研讨会等各种形式，开展经常性的学术交流和探讨，从而有利于提高学校的教学水平、科研水平和学术水平，研究成果的经济效益不断提高。1985年和1986年，高等林业院校的有关教授、专家、学者编著出版科学专著129部，在国内外各种学术刊物上发表学术论文1736篇。各高等林业院校都办有学报，另外还承办了各种学术刊物和期刊杂志32种(见附表)，为探讨、交流各院校的科研成果提供了活动园地。

为了促进科研成果尽快地转化为生产力，高等林业院校在进行基础研究的同时，加强了应用科学、技术开发的研究和科研成果的推广转让，加强了与企业和地方的横向经济联合，成立了一些科研生产联合体。缩短了科研周期和研究成果转化为生产力的周期。各院校还面向社会积极开展了技术服务，参加了全国和地方的技术成果展览会、交流会、交易会和技术交易市场，为社会各部门提供技术咨询服务。1985年和1986年，高等林业院校与受让单位共签订了技术转让合同156项，成交额213.51万元。

为进一步推动学校科研工作的开展，各高等林业院校加强了对科研工作的管理，制定了一系列科研管理办法和有关规章制度。有的学校实行了科研项目合同制管理，加强了研究人员的责任感；有的学校试行了科研经费有偿投资办法，使有限的资金加速了周转，获得了更大的效益。

近年来，高等林业院校在开展林业科学研究的同时，开始重视和加强了林业教育的研究。1980年7月成立了中国林学会林业教育学会，1983年6月成立了林业高等教育研究会，这些林业教育学术组织的成立有力地促进了林业教育研究工作的发展。目前，高等林业院校大多设置了教学研究科，北京林业大学、东北林业大学、南京林业大学、中南林学院、福建林学院相继成立了高等教育研究室，对高等林业院校管理、教学内容、教学方法的改革、林业教育的发展、国内外林业教育的比较、各层次学生的培养规格等方面的问题进行了研究和探讨。为了大力宣传林业教育工作的成绩和经验，交流林业教育研究成果，传播教育信息，促进林业教育研究工作和林业教育事业的发展，林业部委托东北林业大学创办了《中国林业教育》，中国林学会林业教育学会委托北京林业大学创办了《林业教育研究》。此外，部分院校还自己创办了教育期刊6种。

1986年，林业部教育司组织进行了《二〇〇〇年中国林业教育发展规划研究》的工作。这项研究工作由东北林业大学牵头，有部属林业大学、林学院，中等林业教育研究中心，林业职工教育研究会，黑龙江省森林工业总局等单位，共100余人参加，写出专题论文44篇，80余万字。摸清了我国林业教育现状，提出了各级各类林业教育的发展目标及对策，并进行了初步论证，为林业部制定2000年林业教育发展规划提供了重要依据。　（陈　建）

**【高等林业院校实验室建设】**　高等林业院校十分重视实验室的建设，到1965年，各校实验室都已达到一定规模。“文化大革命”期间，多数林业院校几经搬迁，实验室、标本室遭到严重破坏，仪器设备和各种标本损失惨重，残破不堪。1976年粉碎“四人帮”后，实验室的建设和管理逐步得到加强，实验条件和测试手段都不同程度地有所改善。各高等林业院校首先进行了基础课实验室的整顿和建设，在现有条件下，尽可能地增加实验室的房舍面积、补充必要的仪器，充分发挥现有仪器设备的作用，促进实验教学活动的恢复和发展。1979年，林业部教育司组织编制了普通物理、化学等主要基础课的教学实验目录和实验室装备方案，对于基础课的实验室建设起到了积极的推动作用。与此同时，各专业实验室也不同程度地得到了充实和改善，添置了一批新的仪器设备，并扩建和新建了一些实验室。有的学校设立了全校统一管理的重点实验室和中心实验室，将大中型、精密仪器或通用性很强的仪器设备集中管理和使用，建立了不同实验室的分级管理体制，提高了仪器设备的利用率。1983年，林业部教育司委托北京林业大学、东北林业大学、南京林业大学、中南林学院分别牵头编写高等林业院校各专业的教学实验目录和实验室装备方案。编写工作本着以本科教学为主，适当兼顾研究生教学和科学研究；仪器设备以国产为主，适当引进必要的国外设备；仪器设备的配置以满足一个教学班使用为基点的原则。经过广泛征求有关院校的意见，并邀请有关专家、学者和管理人员审议、修订、汇总，1986年审定了包括15个专业81个实验室的《高等林业院校教学实验目录与实验室装备方案》。为进一步加强高等林业院校实验室建设和管理提供了重要的参考依据。

1983年以来，北京林业大学、东北林业大学、南京林业大学利用世界银行贷款，引进了中型电子计算机、扫描电子显微镜、透射电子显微镜、气相色谱仪、高压液相色谱仪、气质联用仪、遥感图象处理系统、薄层扫描仪、超速离心机、付立叶红外仪、密度分割仪、人工气候室等一批先进的仪器设备，很大程度地改善了这几所林业大学实验室的条件和测试手段。建立了电子计算机中心、森林生物学中心、显微技术中心、理化分析中心、检测中心、语言实验室、电化教学室等仪器设备先进的重点实验室和中心实验室，为教学和科学研究工作的开展创造了良好的环境和条件，在教学和科学研究活动中发挥了重要作用。

目前，全国高等林业院校有各类实验室453个，房舍面积105673平方米，实验室工作人员1076人；仪器设备62852台(件)，价值8195.23万元，其中2万元以上的仪器设备有396台(件)，价值3129.63万元。按教学计划教学大纲规定，一般能开出基础课实验80—90%，专业基础课实验80—85%，专业课实验75—85%。学生通过一系列实验教学，接受了实验基本技能的训练，把学到的理论知识在实践中进行验证，保证了教学质量。许多学生和教师还利用这些实验室做了大量科学试验，完成了毕业论文和研究报告。

为了解决高等林业院校各种标本散失严重，一些主要课程标本残破不堪的状况，部分高等林业院校及其他林业院校之间开展了分工采集交换标本的协作活动。1982 年，北京林业大学、东北林业大学、西北林学院、吉林林学院、浙江林学院以及其他林业院校等 20 个单位以自愿参加、相互协作、分工负责、自办公助的方式，开展了分工协作采集交换土壤标本的活动，相互交换了全国各主要土壤类型的标本和较完整的土壤资料。对各院校土壤学标本室的恢复和建设起了重要作用，同时也为以后建立、充实其他标本室提供了宝贵经验。1984 年，部属林业大学、林学院和内蒙古林学院在树木学、木材学、森林昆虫、林木病理等 4 个标本室建设中，也开展了分工采集相互交换标本的协作活动。经过近 3 年的艰苦工作，先后共交换树木、木材、森林昆虫、林木病理等各类标本约 2000 种，近 3 万号，交换切片、玻片、彩色照片等 160 种，800 余号。使各院校这几个标本室都有了一定改观，收到了很好的效果。

（陈　建）

**【高等林业院校教学实验林场和实习工厂】** 1952 年成立独立的林业院校以后，为保证教学质量和科学研究的开展，各院校相继建立了教学实验林场和实习工厂，承担了学校教学、科研、生产等各项任务。到 1965 年，8 所高等林业院校共建有教学实验林场 14 个，实习工厂 13 个，有职工 511 人，基本上满足了教学的需要，在教学实习、生产实习和科学研究方面发挥了重要作用。“十年动乱”期间，由于高等林业院校的搬迁、撤销，教学实验林场大多由地方接管，实习工厂也被校外单位占用，厂房、设备受到严重的破坏和损失。1976 年粉碎“四人帮”后，高等林业院校教学实验林场和实习工厂的建设逐步得到恢复和发展。根据国务院批转教育部《关于退还被占用校舍的请示报告》的精神，部分教学实验林场和实习工厂重新归属原院校。但从总体上来看，这些教学实验林场和实习工厂的规模、教学实习条件等远未恢复到“文化大革命”前的水平。至今，有的高等林业院校仍然没有教学实验林场或实习工厂，有的学校教学实验林场或实习工厂面积很小，不能形成典型林相，没有代表性或不能形成基本的工艺体系，远远不能满足学校教学和科研的需要，有的实习环节不得不被取消，影响了实践性教学环节的正常进行和教育质量的提高。为了促进高等林业教育的发展，满足学生实习的需要，保证教育质量的提高，1985 年 7 月，林业部发出了《关于解决高等林业院校实验实习林场的通知》，要求学校把已有的教学实验林场努力办好，为教学服务；尚无或仅有很小的教学实验林场的高等林业院校要主动与地方有关部门联系，商洽建立教学实验林场事宜；并希望有关方面对此给予协助和支持。经过 1 年多的努力，有的已经取得进展。

近几年，各高等林业院校十分重视教学实验林场和实习工厂的建设，添置和更新了一些仪器设备，修建了一批房舍，使现有教学实验林场和实习工厂的条件得到初步改善。目前，11 所高等林业院校有教学实验林场 11 个（包括与地方部门双重领导的，见附表），总面积 84526 公顷，其中最大的林场 30180 公顷；实习工厂 12 个，厂房面积 18974 平方米（见附表）；另外，还有苗圃、树木园等近 20 个。现有职工 1401 人，其中技术干部 150 人；仪器设备资产 672.41 万元。林场内设有营林区、教学科研实验区、固定标准地和观测试验场，工厂内设置了检测室和实验场，为学校教学和科学研究活动的开展创造了良好的条件，逐步形成高等林业院校教学、科研、生产三结合的重要基地。

东北林业大学帽儿山实验林场是东北东部山区较典型的天然次生林区，总面积 26507 公顷，有林地面积 18604 公顷，森林覆被率 70.2%，森林蓄积量 198 万立方米。境内天然次生林型多样，木本和草本植物繁多，共 1000 余种，还有各种森林动物和昆虫约 800 种。1958 年建场以来，东北林业大学通过“栽针保阔”的办法对天然次生林进行了抚育改造，形成了各种不同混交方式的针阔混交林，使林场的森林蓄积量增长了 1.25 倍。

凉水自然保护区森林密布，森林类型多样，物种丰富，既有从未采伐过的原始林相，也有经皆伐和火烧后发生的次生林相，包含森林发生、演替的各个阶段，是我国现有保存下来的较大片原始红松林基地之一。自然保护区总面积 6394 公顷，森林覆被率 96%，森林蓄积量 140 万立方米，原始成过熟林面积 4100 公顷，其中红松占了 80%。

这两个实验林场自然条件优越，是现场教学、学生实习和开展科学研究的理想场所。场内分别设立了天然林和人工林经营区、森林生态和人工林等科研实验站，并建立了各种固定标准地和观测试验场，进行多种课题的科学研究，取得了许多成果。每年接纳实习学生约 2000 人，不仅能满足本校师生教学、科研的需要，同时也接待兄弟院校和科研单位进行实习和从事科学研究活动。学生在这里通过教学实习、生产劳动，不仅丰富了感性认识，印证了所学的理论知识，而且初步掌握了专业操作技术，提高了实践能力。许多学生还直接参加了科学研究活动，受到了科学试验和研究方法的基本训练。

（陈　建）

**【北京林业大学】** 北京林业大学原名北京林学院，是 1952 年全国高等学校院系调整时，由北京农业大学森林系（前身是原北平大学农学院森林系和清华大学农学院森林系）、河北农学院林学系合并成立的一所独立的高等林业学校。1953 年撤销平原农学院，该院一部分教师和干部并入北京林学院。当时校址设在北京西北郊大觉寺。1954年12月迁到北京市海淀区肖庄。1960年10月22日被中央确定为全国重点高等学校。35年来，为国家培养本科毕业生7000多人，专科毕业生200多人，研究生400多人；还培养外国留学生30多人。

“十年动乱”期间，北京林学院受到严重破坏。1969年11月全院师生员工5000余人被迫搬迁云南。安置在滇西、滇东的14个林业局62个工队劳动锻炼。1971年4月转迁到下关市。1973年4月，学校迁到昆明市安宁县温泉原中国科学院植物研究所旧址。此时将昆明农林学院林学系并入该院，改名为云南林学院。从1973年起，各专业先后恢复招生。

粉碎“四人帮”以后，经国务院批准，1979年北京林学院从云南迁回北京旧址，由林业部主管。为了使学校进一步向多科性、综合性方面发展，有利于开展对外学术交流，1985年8月，林业部决定将北京林学院改名为北京林业大学。

北京林业大学现有5个系和基础课、社会科学、干部培训、函授四个部，有本科专业9个。

| | |
|---|---|
| 林业系 | 森林工业系 |
| 林学专业 | 林业机械专业 |
| 森林保护专业 | 木材加工专业 |
| 水土保持系 | 林业经济与信息管理系 |
| 水土保持专业 | 林业经济管理专业 |
| 园林系 | 林业信息管理专业 |
| 园林专业 | （试办） |
| | 财务会计专业 |

1986年在校研究生196人，其中博士研究生9人；本科生1442人，专科生107人。

北京林业大学经国务院学位委员会批准有权授予四年制本科学生的学士学位，有权授予硕士学位的学科、专业14个，博士学位的学科、专业7个。

全校现有教职工1380人，其中专职任课教师528人。教师中有教授19人，副教授62人，讲师224人，教员、助教223人。

北京林业大学现有50个教研室，45个实验室，3个资料室，7个标本室和15个研究室。为了提高教学质量和加强科学研究工作，建有显微技术、电子计算机、森林生物学三个中心实验室和一个电化教学室。学校办有妙峰山教学实验林场，苗圃，实习工厂，印刷厂等。

为了总结交流教学经验和科研成果，学校编辑出版刊物有《北京林业大学学报》、《北林译丛》、《林业教育研究》。校图书馆藏书69.7万册，另有期刊1985种。

北京林业大学占地607亩，校舍建筑面积10.96万平方米。

为了加强国际学术交流，近年来，该校已分别与美国爱达荷林学院、华盛顿大学林学院、克莱姆森大学林学院、日本东京大学农学部、加拿大多伦多大学林学院、联邦德国哥廷根林学院等签订了校际学术交流协议。到1986年底，共派出进修教师、研究生60余人，派出120多人次参加国际学术会议和访问考察。（卢昌强）

**【东北林业大学】** 东北林业大学原名东北林学院，是1952年全国高等学校院系调整中，由浙江大学农学院森林系、东北农学院森林系及黑龙江省北安农业专科学校森林科合并成立的一所独立的高等林业学校。校址在黑龙江省哈尔滨市动力区和兴路。

“十年动乱”期间，东北林学院从哈尔滨市迁往伊春市带岭区，学校遭到严重破坏，1973年迁回哈尔滨市并恢复招生。1977年恢复招收本科生，学制四年。为了使学校进一步向多科性、综合性的方面发展，有利于开展对外交流，1985年8月，林业部决定将东北林学院改名为东北林业大学。1952年以来，该校为国家培养了本科毕业生12000多人，专科毕业生960多人，研究生387人；还培养外国留学生60多人。

东北林业大学现有11个系和社会科学、师范二个部，共有本科专业17个，专科专业11个。

林学系
- 林学专业
- 森林保护专业
- 园林专业（专科）
- 森林调查规划专业（专科）
- 林业防火（专科）

野生动物系
- 野生动物保护与利用专业
- 生物专业

林产工业系
- 木材加工专业
- 林产化工专业
- 化学专业
- 家具设计与室内装饰专业（专科）

林区土木建筑工程系
- 森林道路与桥梁工程专业
- 工业与民用建筑专业（专科）

森林采运工程系
- 森林采运工程专业

林业机械系
- 林业机械专业
- 木工机械设计与制造专业
- 汽车运用工程专业（专科）
- 森工电气自动化专业（专科）

林业经济系
- 林业经济管理专业

财务会计专业

计划统计专业 （专科）

木材贸易管理专业 （专科）

数学系

数学专业

物理系

物理专业

外语系

英语专业

体育系

体育专业 （专科）

社会科学部

政治教育专业

林业政法专业 （专科）

1980年经教育部批准恢复建立了函授部、夜大学。

1986年在校研究生239人，其中博士研究生14人；本科生3000人，专科生567人。

东北林业大学经国务院学位委员会批准，有权授予四年制本科学生的学士学位，有权授予硕士学位的学科、专业15个，博士学位的学科、专业6个。

全校现有教职工2230人，其中专任教师834人。教师中教授15人，副教授101人，讲师329人，教员、助教389人。

东北林业大学现有70个教研室，72个实验室，1个设计所，19个研究室。为了提高教学质量和加强科学研究工作，建有电子计算机、测试实验、分析实验三个中心实验室和一个电化教学室。学校办有凉水、帽儿山、哈尔滨三个实验林场和机械厂、木材加工厂等。

为了总结交流教学经验和科研成果，学校编辑出版刊物有《东北林业大学学报》、《野生动物》、《植物研究》、《中国林业教育》、《林业译丛》、《森林防火》、《森林采运科学》、《林业财务与会计》。校图书馆藏书40万册，另有期刊918种。1985年3月，经文化部出版局批准，成立东北林业大学出版社。

学校占地面积675亩，校舍建筑面积20.88万平方米。

为了加强国际学术交流，近年来，该校已分别与美国俄勒冈大学林学院、斯蒂芬奥斯汀州立大学、华盛顿大学森林资源学院、日本北海道大学农学部、加拿大安大略省多伦多大学林学院、阿尔伯塔大学、雷克海德大学等14所院校或科研单位签订了校际学术交流协议。到1986年底，共派出进修教师、研究生70人，派出71人次参加国际学术会议和访问考察。 （卢昌强）

**【南京林业大学】** 南京林业大学原名南京林学院（曾用名南京林产工业学院），是1952年全国高等学校院系调整中，由南京大学农学院森林系和金陵大学农学院森林系合并成立的一所独立的高等林业学校。1954年，由林业部领导。1955年，又将华中农学院森林系并入，校址从丁家桥迁到南京东郊太平门外锁村（现在的蟠龙路）。

“十年动乱”期间，南京林学院中断招生6年，1971年学院下放江苏省领导，改名为南京林产工业学院。1972年开始招生，学制二至三年。1977年恢复招收本科生，学制四年。1978年收归林业部主管。1984年4月林业部批准恢复南京林学院校名。为了使学校进一步向多科性、综合性的方面发展，有利于开展对外交流，1985年8月，林业部决定将南京林学院改名为南京林业大学。

南京林业大学现有5个系和基础课、社会科学、干部培训三个部，共有本科专业11个，专科专业5个。

林学系

林学专业

森林保护专业

园林专业

自然保护区管理专业 （专科）

木材工业系

木材加工专业

人造板专业

木材贸易管理专业 （专科）

林产化学工程系

林产化工专业

制浆造纸专业

木材处理与改性专业 （专科）

林业机械系

林业机械专业

汽车运用工程专业

森林采运工程专业

木材水运专业 （专科）

林业经济管理系

林业经济管理专业

企业管理工程专业 （专科）

1982年经教育部批准恢复建立了函授部、夜大学。

1986年在校研究生118人，其中博士研究生1人；本科生1814人，专科生553人。

南京林业大学经国务院学位委员会批准，有权授予四年制本科学生的学士学位，有权授予硕士学位的学科、专业12个，博士学位的学科、专业6个。

全校现有教职工1525人，其中专任教师584人，教师中教授9人，副教授65人，讲师308人，教员、助教202人。

南京林业大学现有42个教研室，57个实验室，1个研究所，11个研究室。为了提高教学质量和加强科学研究工作，建有电子计算机、理化分析、电子显微镜三个中心实验室和一个电化教学室。学校办有江苏省句容县下蜀教学实习林场，校内附设实习工厂、树木园、印刷厂等。

为了总结交流教学经验和科研成果，学校编辑出版刊物有《南京林业大学学报》、《竹类研究》、《林业科技开发》。校图书馆藏书 37.2 万册，另有期刊 560 种。

全校占地面积 603.5 亩，校舍建筑面积 14.29 万平方米。

为了加强国际学术交流，近几年，该校先后与美国、加拿大、日本、澳大利亚和一些欧洲国家的高等院校、研究单位建立了学术交流关系。1952 年以来，南京林业大学为国家林业建设培养了本、专科学生、研究生共 7000 多人。 （卢昌强）

**【中南林学院】** 中南林学院的前身是湖南林学院，1959 年 1 月以湖南农学院林学系和长沙林业学校为基础，在长沙市南郊烂泥冲原长沙林业学校校址正式成立，由湖南省主管。1963 年 5 月，湖南林学院迁往广州市与华南农学院林学系合并。1964 年 1 月在广州市北郊黄婆洞正式成立中南林学院，由林业部主管。

“十年动乱”期间，中南林学院受到严重破坏。1970 年 10 月，中南林学院迁往广州石牌，与华南农学院合并为广东农林学院。1974 年经国务院批准，恢复湖南林学院，原湖南林学院林学系教职工和森林工业系全部教职工以及设备从广州迁往湖南省溆浦县大江口建院。1978 年，为了进一步发展林业教育，合理安排全国高等林业学校的布局，湖南林学院仍恢复为中南林学院，由国家林业总局主管。1984 年，学院从溆浦县大江口迁往株州市郊樟树下新建的校址。学校占地面积 886 亩，校舍建筑面积 9.34 万平方米。

中南林学院现有 4 个系和基础课、干部培训二个部，共有本科专业 8 个，专科专业 6 个。

林学系
- 林学专业
- 森林保护专业
- 林业经济管理专业 （专科）

经济林系
- 经济林专业
- 园林专业

林产工业系
- 林产化工专业
- 木材加工专业
- 家具设计与制造专业 （专科）

林业机械系
- 林业机械专业
- 森林采运工程专业

基础课部
- 数学专业 （专科）
- 物理专业 （专科）
- 化学专业 （专科）
- 林业教育专业 （专科）

1985 年经教育部批准，恢复建立了函授部、夜大学。1986 年在校研究生 80 人，本科生 989 人，专科生 405 人。

中南林学院经国务院学位委员会批准，有权授予四年制本科毕业生的学士学位，有权授予硕士学位的学科、专业 10 个。全院现有教职工 1017 人，其中专职任课教师 504 人，教师中教授 4 人，副教授 31 人，讲师 183 人，教员、助教 286 人。现有 53 个教研室，44 个实验室，1 个研究所，12 个研究室。学院办有标本园、苗圃、实习工厂等。

为了总结交流教学经验和科研成果，学院编辑出版了《中南林学院学报》、《经济林研究》。院图书馆藏书 40 万册，各种期刊 1000 多种。中南林学院成立以来，已为国家林业建设培养了研究生，本专科学生 4000 多人。 （卢昌强）

**【西北林学院】** 西北林学院是在西北农学院林学系的基础上，于 1979 年 3 月 19 日正式成立，由林业部主管。西北农学院林学系于 1934 年春正式创建。开始为西北农林专科学校森林组，1938 年 6 月与前国立北平大学农学院的林学系合并，成为西北农学院森林系。1952 年 7 月经全国农学院院长会议决定，将森林系改为林学系。西北林学院院址在陕西省咸阳市杨陵区。

西北林学院现设 5 个系和基础课部、干部培训班。共有本科专业 4 个，专科专业 1 个。

林学系
- 林学专业

森林保护系
- 森林保护专业

水土保持系
- 水土保持专业

木材机械加工系
- 木材加工专业

林业经济系
- 林业经济管理专业 （专科）

1986 年在校研究生 15 人，本科生 578 人，专科生 211 人。

西北林学院经国务院学位委员会批准，有权授予四年制本科毕业生的学士学位，有权授予硕士学位的学科、专业 7 个。全院现有教职工 578 人，其中专任教师 241 人。教师中有教授 5 人，副教授 12 人，讲师 57 人，教员、助教 167 人。现有 27 个教研室，41 个实验室，4 个研究室。学院办有火地塘教学实验林场、苗圃等。

为了总结交流教学经验和科研成果，学院编辑出版有《西北林学院学报》。院图书馆藏书 10.7 万册。西北林学院占地 513 亩，校舍建筑面积 5.05 万平方米。

为了加强国际学术交流，该院与美国威斯康星大学签订了校际学术交流协议。1979 年以来，西北林学院为国家林业建设培养了本科毕业生 1000 多人，专科生 200 多人，研究生 17 人。（卢昌强）

**【西南林学院】** 西南林学院原名云南林学院，该院的前身是云南大学农学院森林系。1958 年 8 月，云南大学农学系和林学系从云南大学分出，成立昆明农学院，增设了森工系，院址设在昆明市北郊黑龙潭。1960 年在林学与森工两系的基础上成立云南林学院。1962 年，云南林学院撤销，回到昆明农学院，定名为昆明农林学院。1973 年初，昆明农林学院林学系与北京林学院合并成立云南林学院，院址在云南省安宁县温泉的楸木园。当年恢复招生，学制三年。1977 年正式招收四年制本科学生。1979 年 8 月，原北京林学院迁回北京后，云南林学院继续办学，仍由林业部主管。1983 年 10 月，林业部决定将云南林学院改名为西南林学院。

西南林学院现有 3 个系和基础课、干部培训二个部，共有本科专业 5 个，专科专业 1 个。

林业系
　林学专业
　经济林专业
　林业经济管理专业（专科）
森林保护系
　森林保护专业
森林工程系
　森林采运工程专业
　林业机械专业

1986 年在校研究生 17 人，本科生 781 人，专科生 174 人。

西南林学院经国务院学位委员会批准，有权授予四年制本科毕业生的学士学位；有权授予硕士学位的学科、专业 3 个。全院现有教职工 639 人，其中专任教师 280 人。教师中有教授 4 人，副教授 12 人，讲师 106 人，教员、助教 158 人。现有 32 个教研室，32 个实验室，4 个研究室。学院编辑出版有《西南林学院学报》。院图书馆藏书 12 万册。

西南林学院占地 355 亩，校舍建筑面积 5.08 万平方米。（卢昌强）

**【改革高等林业院校毕业生分配办法】** 长期以来，我国在高等学校毕业生分配体制方面的一个突出特点是实行统一招生、统一分配，毕业生分配的计划工作高度集中。高等学校毕业生的分配几乎由国家全包下来，学校除了按上级主管部门下达的分配计划和调配计划派遣学生外，在制定分配计划上缺乏应有的自主权。在这种分配制度下，高等学校毕业生分配工作的中间环节多，学校与用人单位不见面，培养和分配、使用相脱节。学校了解学生的情况，但不能直接参与毕业生分配计划工作，也不了解社会的需求情况；而用人单位掌握人才的需求情况，也有明确的使用意图，但没有机会挑选毕业生。因而，往往出现一方面毕业生供不应求，另一方面又由于安排使用不当而造成人才极大浪费的现象。

1985 年，林业部根据《中共中央关于教育体制改革的决定》精神，针对高等学校毕业生分配体制上的弊端，对部属高等林业院校的毕业生分配工作进行了改革，试行学校留出毕业生总数的 15%的机动名额，由学校与用人单位直接进行交流，实行供需见面，并提出建议分配方案的分配办法。这一改革的偿试，收到了良好的效果，受到了学校及用人单位的欢迎。

1986 年，林业部在总结 1985 年毕业生分配改革试点的基础上，继续深化改革，在部属高等林业院校进一步试行了林业部抽成分配与学校建议分配相结合的办法。即由林业部抽成毕业生总数的 30%左右制定分配方案，主要满足部直属企事业单位的需要及用于与其它部门、行业间的相互调剂。对其余 70%左右的毕业生，林业部仅提出总的分配原则，由学校与用人单位充分交流，实行供需见面。学校根据毕业生的情况，通过了解用人单位的使用意图，提出建议分配方案，经主管部门综合平衡后作为国家正式计划下达。这项改革，进一步扩大了学校的办学自主权，使高等林业院校更多地参与毕业生的分配工作，增强了学校对学生培养和分配的责任感。通过改革，促使学校主动了解社会，了解林业生产、科研等部门对人才的需求情况，勾通了学校与用人单位的联系。同时减少了毕业生分配的中间环节，克服了毕业生分配计划的盲目性，使毕业生分配计划更加合理，更加符合实际。1986 年，部属高等林业院校的毕业生分配工作普遍做得积极主动，毕业生派遣计划的完成情况比往年有明显好转，边远地区、艰苦地区和一些国家重点建设单位的人才需求有了保证。例如，地处东北边陲的大兴安岭林区，过去几年既是毕业生派遣工作的重点，又是难点，减派的情况比较普遍，而去年各院校共派去毕业生 57 名，完成计划的 97%。其它边远省区的毕业生派遣情况也较好。

林业院校毕业生分配体制的改革，是整个林业教育体制改革的重要组成部分，它打破了高等学校传统的毕业生分配办法，逐步改变过去那种学校只注重招生、培养而不关心社会的需求和毕业生分配与使用的状况，同时也改变用人单位只关心要人而不重视合理使用人才的情况。 （蓝增寿）

## 林业职工教育

【综　述】 中华人民共和国成立以后，为了尽快解决林业部门人才缺乏问题，1951年，林垦部在北京西山大觉寺建立了林业干部学校，其后大部分省、自治区也相继建立了林业干部训练班或林业干部学校，轮训了大批在职干部和新参加林业工作的青年。林业职工业余教育也有较快发展，许多林业企业成立了职工业余学校，从以文化扫盲为主逐渐转向政治、文化、技术全面教育。林业部于1959年7月和1960年3月，分别在内蒙古西尼气林业局和湖南岳阳集材场召开了全国林业职工业余教育现场会。会后，许多单位成立了职工教育专门管理机构，配备了专职人员，加速了职工教育的进度。从1957年开始，北京、东北、南京等林学院先后开展了函授教育，设造林、园林、森林保护、森林采伐、木材水运、森林经理、纤维板制造工艺、木材水解工艺、木材干馏工艺、栲胶生产和松香生产等单科班，林业、森林保护、水土保持、城市及居民区绿化等本科、专科班。林业部于1963年召开函授教育工作座谈会，要求有条件的高、中等林业院校都创办函授教育，并确定了本科、专科、单科函授的学制和各院校分专业招生地区。这一时期，林业职工教育的开展，为提高林业职工的政治、文化、技术水平，加速林业生产建设起了重要作用。“文化大革命”中，职工教育遭受严重摧残，林业干部学校绝大部分被撤销，职工业余教育全部停办，函授教育也被迫中断。

党的十一届三中全会以后，林业职工教育得到了迅速的恢复和发展。根据中共中央和国务院关于加强干部教育的一系列指示精神，林业部于1979年召开了全国林业干部培训工作会议。会议认真研究了林业干部队伍现状，根据统一规划、分级培训、分工负责的原则，明确了各级林业部门的培训对象和任务，并要求各级林业部门认真做好调查研究，制定干部培训规划。继1978年冬在林业部直属6所林学院设立了干部培训班之后，1979年冬在北京大兴县黄村恢复了北京林业干部学校，并于1983年改建为北京林业管理干部学院。为适应全国工作重点的转移，提高林业领导干部的政策和科技水平，在上述7处培训基地，对全国县级林业领导干部进行以林业科技、林业经济管理基本知识和林业方针政策为主要内容的专业培训。截止1984年底，基本上完成了轮训一遍的任务。1984年以后，随着林业经济体制改革的不断深入和干部队伍结构的变化，林业干部教育的内容也发生了大的变革，主要是对已具有中专以上文化水平，学习过林业专业知识的林业管理部门的领导干部进行现代管理知识、领导科学、经济法规和林业新技术的培训，以及对县级林业企业局长、厂长进行国家统考前的培训。从1978年到1986年底，部属6所林学院干训部（班）和北京林业管理干部学院共培训林业领导干部6300余人，其中南方林业重点县，东北、华北、西北地区和太行山地区各县县长、县委书记1273人，县级林业企业局长、厂长1886人（含参加国家统考的732人），地区、县林业局局长、国营林场场长等行政、事业单位领导干部2800多人，林业司法干部300多人；还为农垦、轻工业部门和人民解放军代培了部分干部。培训时间一般为3个月至半年。1986年在完成地区林业局长现代管理知识培训和厂长国家统考前培训任务的同时，根据中共中央组织部和国家经委关于“七五”期间对大中型企业厂长、党委书记、总工程师、总经济师、总会计师进行岗位职务培训的要求，林业部在北京林业管理干部学院开办了木材综合利用企业厂长岗位职务培训试点班。学习时间4个半月。设置社会主义经济理论与方针政策、领导科学、人造板质量管理与胶料生产、经济法、管理原理、财务管理、人造板工艺与现代化新技术、林业企业经营思想与战略、森林资源经济学等讲座，17名厂长参加了学习。

在开展领导干部培训的同时，林业部还对各类专业技术人员和管理干部进行了继续教育和专业培训。办学形式主要是根据生产、工作的实际需要以及科技人员的迫切要求，在高、中等林业院校、科研、企业单位举办短期培训、进修班。到1986年底，共办班391期，培训人数近26000人。

我国林区主要分布在边疆、少数民族聚居地区，为了提高少数民族干部的文化、技术水平，加快这些地区的林业生产建设，林业部在西南林学院、西北林学院为西藏自治区、新疆维吾尔自治区以及云南、贵州、四川3省举办了8期培训班，培训藏族、维吾尔族及其他少数民族干部300余人。

从1982年开始，部属6所高等林业院校和北京林业管理干部学院先后开设了林业经济管理、林业、政工、林业机械运用与修理、木材加工、林产化工等专业的两年制干部专修科，为中青年干部系统学习专业知识创造了条件。到 1986 年共招生 1315 人，已毕业 725 人。

各省、自治区、直辖市林业系统干部教育工作也有很大发展。1979 年以来，共培训各级各类林业干部 20 多万人次。黑龙江省森林工业总局、省林业厅分别在原干部学校基础上成立了森林工业管理干部学院和林业管理干部学院。四川、浙江、福建等 9 个省、自治区、直辖市恢复或新建了林业干部学校。广东、河北等 8 个省、自治区成立了固定的干部训练班。还有部分省、自治区委托高、中等林业院校举办了干部专修科、干部中专班和干部培训班。各级各类干部的培训工作全面展开，效果显著。

1981 年，中共中央、国务院《关于加强职工教育工作的决定》下达以后，林业系统开展了青壮年职工初中文化和初级技术补课工作。1981 年 9 月，林业部在北京林业干部学校召开了林业职工教育工作会议，对此作了全面部署。到 1985 年底，青壮年职工文化、技术补课合格率平均达到 50%左右，完成较好的地区和单位，文化、技术合格率已分别达到 70%以上。从 1986 年起，工人技术等级培训逐步转向中级技术培训。对关键岗位的技术工人，除技术培训外，还有高中文化教育，对小工队长、班组长，有管理常识教育。

1980 年以后，东北、北京、南京和中南林学院以及一些省属林学院、农学院林学系，先后复办函授教育。设置本科专业 13 个：林学、森林保护、经济林、水土保持、园林、森林采运工程、森林道路与桥梁工程、林业机械、木材加工、林业经济管理、汽车运用工程、数学、物理。设置专科专业 12 个：林学、经济林、森林采运工程、森林道路与桥梁工程、林业机械、木材加工、林产化工、林业经济管理、汽车运用工程、数学、物理、化学。1980～1986 年，林业部属高等院校函授共招生 3167 人，毕业 336 人。

1982 年开始，东北、南京、中南林学院陆续开设了夜大学。设置本科专业 5 个：园林、森林道路与桥梁工程、木材加工、林业经济管理、汽车运用工程。设置专科专业 8 个：林学、园林、森林道路与桥梁工程、木材加工、汽车运用工程、林业政法、物理、家具设计与制造。林业部属高等院校夜大学 1982～1986 年共招生 575 人，毕业 121 人。

通过开展职工教育，提高了林业职工队伍的素质，一些单位取得了比较明显的经济效益。许多领导干部经过培训，提高了对林业地位、作用的认识，增强了按林业客观规律办事的自觉性，提高了业务水平和决策能力。如广东省湛江地区林业局副局长覃品光学习以后，总结了过去盲目引种失败的教训，根据该地区不同的自然条件合理规划，推广营造湿地松、大叶相思近 20 万亩，成活率高，长势良好。广西壮族自治区高峰林场许典钊运用系统工程理论，调整林业经济结构，实行营林、森工、林副产品加工一条龙的生产经营方式，经济效益比往年同期增长 1 倍以上。广东省鱼珠木材厂中层以上干部较系统地学习了全面经济核算和全面质量管理知识，1984 年 1～9 月全厂可比产品成本比上年同期降低了 4.16%，产品等级值比上年同期提高 1.5%，增加利润 40 多万元。

**职工教育基本经验** 党的十一届三中全会以来的 7 年，林业系统已初步建立起职工教育体系，并积累了一些办学经验。

①领导重视。据 1979 年抽样调查，林业职工队伍中初中及其以下文化程度的约占 80%，大专及其以上文化程度的仅占 2.7%。职工队伍文化、技术水平低、管理知识缺乏，人才不足的状况远远不能适应林业现代化建设的需要。许多领导同志逐步认识到职工教育的重要性和迫切性，将职工教育工作列入领导的重要议事日程，由主要领导分管，定期研究解决职工教育机构、基地、经费、师资、教材等问题。许多领导还带头到培训班讲课、听课，促进了职工教育的发展。

②制定规划，建立健全规章制度。1983 年 6 月，林业部在北京西山大觉寺召开的全国林业职工教育工作座谈会，明确了奋斗目标，提出了落实措施。会后制定了 1984～1990 年林业职工教育规划。多数省、自治区、直辖市通过调查研究，在摸清家底、了解生产需要的基础上，也制定了相应的培训规划。一些地区和单位还根据自身的特点，制定了《职工教育管理条例》等规章制度，保证了职工教育的健康发展。

③建立培训基地，改善办学条件。建立正规化的培训基地是开展职工教育的基本保证。各地林业部门都比较重视培训基地的建设，挤出钱来办学校。一些单位不仅教室满足了教学要求，而且还建了标本室、图书阅览室等。一些学校购置了电子计算机、电视机、录音机、录像机等电教设备，充实了图书资料。

④改进教学工作，提高教学质量。林业职工教育注重针对性和实用性，按需施教，定向培训。采取课堂讲授与自学讨论相结合，理论与实践相结合的方法，以及现代化的教学手段，着重培养学员分析问题、解决问题的实际能力。各级林业主管部门通过多种渠道配备职工教育教师，并采用专科班进修班、委托代培等形式提高教师的业务水平。

（王建子　卢干奇）

**【职工教育机构设置】** 林业职工教育现有机构，按部、省、地、县四级管理，黑龙江省森林工业系统按总局、管理局、林业局、林场四级管理。机构健全的省，分级设林业职工教育领导小组、办事机构和专职人员。林业部于1980年成立职工教育领导小组，罗玉川部长任组长。1983年以后进行了调整，由董智勇副部长任组长，林业部有关司、局负责同志为小组成员，统筹协调职工教育工作。部属大兴安岭林业管理局和黑龙江、吉林省森林工业系统的大多数企业都设立了职工教育办公室，林场有专职管理人员。其他省、地、县林业部门多数没有设立独立的办事机构，省林业厅职工教育工作由科教处或宣教处、人事劳动处、工会、政治部分管，有专职人员或兼职人员。地、县专职人员很少，还有一些地区和单位无人管。全国林业职工教育专职干部数没全面的统计资料，1986年黑龙江省森林工业总局系统有540人。林业职工教育的分工是：林业部负责培训处级及其以上领导干部和后备干部，高级及部分中级科技人员、专业管理人员；省负责培训科级干部及后备干部，部分中、初级科技人员，部分中级专业管理人员，高级技术工人；地、县和企事业单位负责培训初级专业管理人员，中、初级技术工人及非技术工人。林业职工教育机构目前虽有了一定基础，但不健全。从区域看，东北林区较好；从系统看，森林工业系统较好。为探索林业职工教育的特点和规律，1985年7月成立了林业职工教育研究会，各地加强了职工教育理论研究工作。

（王建子　卢干奇）

**【职工教育院校建设】** 林业职工教育院校分高、中、初三等。高等教育基地52处，其中管理干部学院3所、职工大学3所、广播电视大学5所、教育学院4所，普通林业高等院校或高等农业院校林学系举办的干训部7处、干部专修科15处、函授部11处、夜大学4处。中等教育基地77处，其中职工中专学校17所、干部中专学校1所、干部学校25所，独立设置的或普通中等林业学校附设的干部培训班11处，普通中等林业学校举办的干部、职工中专班19处、函授部4处。以上129处基地只统计到地区及其以上林业部门所主管的基地，总规模约1.6万人。1986年，林业部和农牧渔业部商定，在中央农业广播学校开设林业专业，计划1987年招收第一批学员5万人，主要面向林业职工和林业“两户一体”。高、中等林业职工院校既有学历教育，也有短期培训。学历教育开设林学类、森工类、林产加工类、经济管理类等37个专业。初等教育基地包括基层企事业单位办的各种职工学校和培训中心。据1986年对这类基地校舍面积的抽样调查，黑龙江省森林工业系统职工人均0.22平方米，福建省人均0.17平方米，广东省人均0.13平方米，部属大兴安岭林业管理局人均0.16平方米。初等教育一般为短期培训，主要承担职工的思想政治教育、文化教育，以及专业技术、管理知识的普及教育。

（王建子　卢干奇）

**【职工教育师资队伍和教材】** 林业职工教育目前已初步形成了一支以专职教师为主，专兼职结合的师资队伍。据1986年对部分省调查结果表明，黑龙江省森林工业总局系统专职教师达到职工总数的0.3%，吉林省森林工业系统达0.6%，福建省达0.21%，广东省达0.13%，部属大兴安岭林业管理局达0.23%。高、中等职工院校所缺师资较多，据1986年对50所院校调查，共有专职教师1285人，平均每校27.5人。仅有的师资素质还不高，初、中等职工教育专职教师分别达到中专、大学专科学历的不到一半，高等教育的骨干教师更加缺乏。许多单位因师资水平低，开展工作困难。有计划地对林业职工教育师资进行培训正逐步开展，培训分工是：部负责培训职工高等院校和部分职工中等学校师资；省负责培训部分职工中、初等学校师资；地、县负责培训部分职工初等学校师资。职工教育教师在调资、晋级、奖励、职称等有关福利待遇方面的政策正在落实，使现有教师安心职工教育工作。

“六五”期间，林业干部、工人专业、技术培训教学计划、教学大纲和教材的编写工作也取得了一定成绩。林业部成立了林业经济管理干部专修科教材编审委员会和林业工人技术理论教材编审委员会，陆续编写了林业经济管理干部专修科教学计划、教学大纲，营造林、木材采运、木材加工工人初级技术理论教学计划、教学大纲和3套教材41本。各干部培训班也都有自己的教学计划、教学大纲，省编干部培训教材达一二百种。

（王建子　卢干奇）

## 林业职业技术教育

**【综　述】** 我国的林业职业技术教育是以中等职业技术教育为主体构成的。主要有中等林业学校、卫生学校、森林警察学校、技工学校和职业中学等几种办学形式。没有独立的高级职业技术专科学校。

中华人民共和国成立初期，随着林业生产的发展，林业职业技术教育开始起步，1952年以来创办了一批中等林业学校和技工学校。到1957年，全国有中等林业学校24所，在校生达14913人；林业技工学校数十所。1958年全国推行两种劳动制度和两种教育制度，中等林业学校、技工学校、半工半读学校如雨后春笋，纷纷建立，到1960年中等林业学校发展到200所，在校生达4.8万人，半工半读学校也发展到1100所，在校生达9万人。有10多所中等林业学校曾一度改办为大学。由于发展速度过快，脱离了当时的经济基础。经过调整，到1964年仅保留了条件较好的25所中等林业学校和为数不多的技工学校。十年动乱期间，林业职业技术教育遭到严重摧残。25所中等林业学校中有21所被撤消停办，有63%的校舍被占，大部分学校的图书资料和仪器设备散失和被毁坏，大批教师外流，林业职业技术教育走上了崩溃的边缘。

党的十一届三中全会以来，根据中共中央、国务院关于调整中等教育结构、发展职业技术教育的指示精神，林业部在1979年和1982年，先后召开两次全国中等林业教育工作会议，为林业中等专业学校的健康稳步发展打下了良好的基础，使林业中等专业学校由1978年的24所，发展到1985年的41所，在校生由7558人增加到1.88万人。

林业技工学校从1979年开始复建，到1986年已发展到87所(包括技工分校)。在校生21150人。

为适应林业经济建设的发展和有利于林区劳动就业，林业部在1981年召开林区中小学工作会议之后曾多次提出，要调整林区中等教育结构，发展职业技术教育。于1983年颁发了《关于改革北方林区中等教育结构，发展职业技术教育的意见》，使林区职业中学由1982年的4所，发展到1985年的59所，职业班由210个发展到227个，在校生由9861人增加到2.4万人，职业中学在校生数已相当于林区普通高中在校生数的44.5%。

目前，职业技术教育仍是林业教育中最薄弱的环节，学校的规模小(中等林业学校平均每校419人，技工学校平均每校264人)，经费投资少，师资不足，设备差，造成高、中等人才比例失调。为贯彻《中共中央关于教育体制改革的决定》，林业部于1985年11月召开了全国林业教育工作会议，发布了《关于改革和发展林业教育的决定》，提出要进一步调整中等教育结构，大力发展职业技术教育。发展职业技术教育要以中等职业技术教育为重点，适当发展初级和高级职业技术教育，要继续做好中等教育结构的改革调整工作，建立起层次合理的职业技术教育完整体系。按照“先培训，后就业”的原则，做到变招工为招生。建议各省、自治区林业厅(局)，成立林业职业技术教育领导小组，以保证林业职业技术教育的发展，并提出力争到1990年，使各类高、中阶段的职业技术学校每年招生人数逐步达到和超过普通高中的招生人数，改革目前中等教育结构不合理的状况。同时，制定下达了《关于发展林业中等专业学校的实施意见》和《关于大力发展林业职业中学的几点意见》两个文件，以推动林业职业技术教育的不断发展。

为开展林业职业技术教育的研究、推动教育改革，1983年林业部决定在南京林业学校成立林业部中等专业教育研究中心，办了《中等林业教育》和《林业教育情报》两种期刊。1986年8月又成立了林业职业技术教育研究会，为探索林业职业技术教育的规律和特点创造了条件。（黄小文）

**【林业中等专业教育】** 中华人民共和国成立前，我国的中等林业教育主要是在高、初级农业职业学校设置林科。1949年在校生1300人。

1952年开始设立独立的中等林业学校。1953年林业部、农业部和高等教育部制定了中等农林学校调整、整顿的原则，决定将现有农业学校林科集中设立中等林业学校。1953年，经过调整、改建和新建中等林业学校17所，在校生6713人。1954年，根据政务院《关于改进中等专业学校教育工作的规定》，各类中等专业学校由中央各业务部门实行集中统一的直接领导。林业部将全国各中等林业学校收归部统一领导。1957年，中等林业学校又开始改由各省、自治区林业厅(局)领导。到“文化大革命”前，仅保留了白城林业机械化学校、上海木材工业学校和南京、牡丹江林业学校归部直接领导。

1952年，中等林业学校以学习苏联经验为主，明确了学校的任务是为林业建设培养中级技术人才。学校设置了造林、森林经营、森林采伐运输、土木工程和林业机械专业，学制由招收初中毕业生三年制改为四年制，林业部颁发了各专业教学计划和教学大纲。1954年，开始实行《中等专业学校章程》，调整学校的组织机构，明确了由教学副校长主管教学工作，加强了学校的图书馆、实验室、苗圃和实习工厂建设。1958年，在教育革命的形势下，林业部拟定了《中等林业教育发展纲要40条》和《中等林业教育工作20条》，提出要加强党的领导，树立与劳动人民同甘共苦的思想，用3～5年时间将全部教职工分期分批下放农村、林区劳动。建立学校实习林场作为勤工俭学的基地。全国中等林业学校按地域成立7个协作区。学校的办学方针改为面向本省，面向生产，面向生产合作社的“三面向”方针。1959年，林业部召开了全国中等林业学校校长会议，提出了整顿、巩固、提高中等林业学校的意见。1961年，林业部结合调整、巩固、充实、提高方针，颁发了重新修订中等林业学校教学计划的意见，确定了各专业的学制为三年，招收初中毕业生。编写了林业、林产化学工艺、木材机械加工、森林保护、森林采伐运输5个专业59门课程的教材。1962年，教育部颁发了全国中等专业学校专业目录，其中林业学校18个专业编入目录。1963年，为缩短教育战线，支援农业，全国中等林业学校基本上停止招生。

经过整顿，中等林业学校保留了25所，到1965年在校生为12690人。

十年动乱期间，中等林业教育遭到严重摧残，25所中等林业学校中有21所被撤消停办。粉碎“四人帮”以后，林业中等专业学校的工作逐渐走上正轨。1979年，林业部召开了全国中等林业教育工作会议，要求各省、自治区做好中等林业学校的调整、整顿工作，把学校的工作重点转移到教学上来。1980年，教育部批准辽宁、浙江、福建、山东、洛阳、湖南、四川中等林业学校为全国重点学校。

林业部在1982年颁发了《关于加强中等林业教育工作的意见》，确定了中等林业学校的学制为四年，招收初中毕业生。要求各省、自治区加强对中等林业教育的领导，优先办好重点林业学校和老林业学校，按“革命化、年轻化、知识化、专业化”要求配备好学校的领导班子，阐明了林业部在中等林业教育工作中的职责。

为了贯彻落实《中共中央关于教育体制改革的决定》，林业部在1986年制定了《关于发展林业中等专业学校的实施意见》，指出林业中等专业学校要面向林区、山区，为林业基层单位培养知识面宽、会操作、懂管理的中等技术和管理人才。确定中等林业学校的规模为640～1400人。加快中等林业学校的建设，切实增加教育投资，未建中等林业学校的省、自治区、直辖市要在近期内积极筹建新校。现有的学校要在“七五”期间达到建设规模，使专业布局更加合理，提倡联合办学或委托代培。逐步扩大学校管理权限，以增强学校的活力。要加强师资队伍建设，争取用二三年的时间，为学校配备好教师。

建国以来，林业中等专业学校有了较大的发展。据1983年林业部人才规划办公室统计，全国林业系统专门人才中有中专毕业生7.4万人(不包括教育单位)。1978～1985年，林业中等专业学校已为国家培养2.9万技术人才。1985年，全国有林业中等专业学校45所，其中林业学校41所(包括新建3所)、卫生学校3所、森林警察学校1所。在45所学校中，部属学校3所，省属学校28所，地区及企业所属学校14所。据1985年统计，全国林业中等专业学校内设16个专业，在校生1.88万人，专任教师2260人，其中副教授16人，讲师535人，教员1284人，实习教员425人。具有大学本科学历的占教师总数的61.4%。

为不断提高中等林业学校的教育质量，林业部在1979年制定了中等林业学校林业、森林保护、木材采伐运输3个专业初中三年制和高中二年制教学计划和教学大纲。1982年修订改为招初中生学制四年的教学计划，并修订了教学大纲和实验指导书。1985年林业部颁发了林业，森林保护2个专业26门课程的教学大纲和18门课程的实验指导书。1986年又拟订了中等林业学校现行林业、森林保护、经济林、森林调查规划、园林绿化、木材采伐运输、林业机械、林区土木工程、木材加工、林业经济、物资管理和财务会计等12个专业的教学计划，要求各专业要增开选修课，控制理论教学时数，增加教学实习、生产实习、生产劳动、社会调查等实践环节。为搞好教材建设，1980～1981年，林业部组织成立了林业、森林保护、木材采伐运输3个专业教材编审委员会。1978年以来，共编写44种教材，现已出版34种1157.4万字。

加强师资队伍建设是提高教学质量的关键，开办各种培训班，选送中等专业学校的教师到高等学校进修，以提高教师的业务水平。1978～1986年，林业部举办了各种培训班30期，共培训905人次，其中教师培训班25期，802人次，校级领导干部培训班5期，153人次。广大教师教书育人，1985年受到省、区级以上表彰的教师有417人。

为了解国外中等林业教育动态和借鉴国外办学经验，林业部与联合国粮农组织亚太地区林业教育中心建立了联系，选派了中等林业学校教师到菲律宾亚太地区林业培训中心学习，并接待了这个中心的来华代表团和专家。

为推动教育改革，提高办学效益，1983年，林业部组织重点林业学校开展校际检查，1984～1985年，召开了3次校长座谈会，交流了办学经验。此外，1983年，林业部还组织中等林业学校开展协作代培，目前有7省已签订了协议，到1990年，每年互相代培8个专业210人。

为了推动全国林业中等专业学校体育事业的发展，1986年10月，林业部在湖南省长沙举办了全国林业中等专业学校首届学生田径运动会。有23个省、自治区的42所学校570名男女运动员参加了运动会。林业部计划今后每3年举办1次运动会。

(黄小文)

**【林业技工学校】** 我国的林业技工学校创办于20世纪50年代，“十年动乱”期间，许多技工学校被迫停办，改作它用。党的十一届三中全会后，才得以恢复和发展。如大兴安岭林业管理局，1978年只有1所技工学校，当年招生56人，1979年新建了5所技工学校，到1986年该局技工学校发展到10所，当年招生1000余人，在校生2200人。据1986年统计：全国林业系统有技工学校87所(包括分校)，分布在全国17个省、自治区，主要是在东北和西南林区；在校生21150人；教职工4526人，其中文化理论课教师1769人，生产实习指导教师148人；设置营林、木材采伐运输、木材加工、多种经营，林区土木建筑等40多个林业生产所需的工种(专业)；主要招收初中毕业生，学制三年，个别工种(专业)招收高中毕业生，学制二年。

林业技工学校多数由各级劳动人事部门综合管理。现有的87所林业技工学校中，属省、自治区林业厅(局)办的有10所，其它是林业企业办的。

（王元法）

**【林区职业中学】** 职业学校是实施普通教育与职业技术教育相结合的中等学校。1981年，林业部根据国务院批转教育部、国家劳动总局《关于中等教育结构改革的报告》和有关文件精神，针对林区中等教育结构单一的状况，在吉林召开了林业企业职工子弟中小学教育工作会议。会议提出，要控制林区普通高中的发展，积极发展职业技术教育，并决定在普通中小学里开展林业知识教育，增设《林业知识》课。到1982年，全国林区职业中学在校生9861人，占林区高中在校生数的20%。为了进一步推动林区中等教育结构改革，1983年，林业部颁发了《关于改革北方林区中等教育结构，发展职业技术教育的意见》，明确了林区职业中学的任务是培养有社会主义觉悟、有文化、有专业知识和技能的工人和劳动后备力量。文件指出，发展职业技术教育要结合林区实际，统筹规划，合理安排、稳步发展。要求各办学单位从可补充自然减员和增员中拨出20%的指标，录用职业中学毕业生。1983年，林业部组织编写出版了供林区中学使用的《林业知识》教材。1984年，林业部与国家教委组织成立了林区职业中学教材编委会，拟订了林业、林业建筑工程2个专业教学计划和组织编写了20门课程的教材，共318万字。

根据《中共中央关于教育体制改革的决定》，1986年，林业部拟定了《关于大力发展林业职业中学的几点意见》，要求北方国有林区的每个林业局要办好一所职业中学，以培养多种经营类、加工类和第三产业的人才为重点，其它各重点林区县和山区县也要结合当地情况改建一所林业职业中学或在农业中学中设林业班，以培养林业和多种经营方面的人才，使林业职业中学的招生数相当于林区普通高中的招生数。提倡林业部门同教育部门联合办学。

北方国有林区的林业职业中学由林业管理局或省、自治区林业厅(局)负责，林业局和林业管理局两级管理，其它省、自治区林业职业中学一般由地方教育部门主管，林业部门协助。发展职业中学，原则上是谁办学，谁管理，谁投资，谁受益。目前，还出现了林业部门同教育部门联合办学的形式。

（黄小文）

## 林区基础教育

**【综　述】** 随着林业建设事业的发展和林区职工人数的不断增加，林区中小学教育事业也有了很大的发展。1985年，全国林业企事业单位办的中小学有2738所，在校生78.96万人，仅东北、内蒙古林区就有中小学校1682所，占全国林区中小学校数的61.4%，在校生67.64万人，占全国林区中小学生数的85.6%。

长期以来，在林区开发建设中，重视生产建设、忽视教育，把教育视为职工福利事业来办，致使林区中小学教育发展缓慢。十年动乱期间，林区教育事业遭到了严重破坏。据黑龙江省调查，适龄青少年读完小学的不足80%，读完中学的不足60%，出现了新的文盲、半文盲。党的十一届三中全会以来，随着工作重点的转移，林业企事业单位逐步把教育工作摆上了重要的位置，使林业教育进入了健康发展的新阶段。

为使林区中小学教育事业得以迅速的发展，1981年，林业部颁发了《关于加强林业企业职工子弟中小学教育工作的意见》，指出今后几年，林区要调整好教育结构，加强小学教育，普及初中教育，控制普通高中的发展，积极开展职业技术教育。文件还明确提出，各级林业部门要加强对中小学教育的领导，建立教育机构，配备专职人员，同时要争取地方教育部门的支持。各地林业部门都结合自己的实际情况，制定了林区教育发展规划，建立健全了林区教育工作管理机构，配备和充实了人员，逐步建立起林区教育管理体系。

1982年7月，林业部召开了全国林区中小学教育工作经验交流会，总结交流了林区中小学教育工作的经验，重点介绍了吉林省临江林业局努力办好林区中小学教育的经验。为了加强对南方林区中小学教育工作的领导，1983年6月，林业部在《关于加强南方林区中小学教育工作的意见》中指出，发展林区教育对促进林区科学文化水平的提高和林区生产的发展，起到了积极的作用，是林区物质文明建设和精神文明建设的重要保证。要求各级林业部门要进一步加强对教育工作的领导，各级学校必须贯彻党的教育方针，坚持德、智、体全面发展，教育广大学生热爱山区、林区，热爱劳动，热爱林业事业，努力学好文化知识和科学技术。努力提高教学质量，纠正片面追求升学率，忽视德育、体育的错误做法。

林区中小学校多处于边远地区，交通不便，学校分散，教师数量少、水平不高，教学仪器缺乏，教学质量普遍较低。几年来，各级林业部门为加强师资队伍建设，改善办学条件，调整学校布局，整顿教学秩序，提高教学质量，进行了不懈的努力。1985年，全国林区学龄儿童入学率和巩固率均已达到98%，小学升入初中的学生已达到92%，取消了二部制教学，在林区小学到中学的普通教育体系已基本形成。

为了认真贯彻《中华人民共和国义务教育法》，1986年，林业部在《关于改革和发展林业教育的决定》中指出，林业基础教育落后，在国有林区普及九年制义务教育，是发展林业教育事业，提高林区职工文化水平，从根本上改变林区教育面貌的基础环节。要求各级林业部门要切实加强对基础教育的领导，根据当地政府的有关规定，努力普及九年制义务教育。国有林区林业部门应争取在两年内调整好中小学布局，做到小学场办，初中片办，高中集中办。要加强师资培训，用5～7年的时间，使大部分初中教师能够胜任教学工作。黑龙江、吉林、辽宁、山东、福建、安徽等省，根据国家教育委员会和地方政府的有关规定，分别召开了教育会议，结合本省林区的具体情况，拟定了教育规划，提出了实现九年制义务教育的实施意见。（黄小文）

**【林区中小学师资队伍建设】** 加强师资队伍建设，是实行九年制义务教育的关键。为建立一支有足够数量、合格和相对稳定的师资队伍，林业部根据中共中央、国务院《关于普及小学教育若干问题的决定》精神，在1981年至1983年召开的全国林区中小学工作会议上多次提出，要加强林业师范院校的建设，切实办好林区的教师培训基地，帮助在职教师过好教材关。各级林业部门要对现有的教师队伍进行整顿，根据中央有关文件，解决好林区代课教师转正问题。1986年，林业部颁发了《关于改革和发展林业教育的决定》，要求各级林业部门把师资队伍建设工作抓好，制定师资队伍建设规划，继续落实知识分子政策，加速师范院校的建设，用5～7年时间，使林区中小学教师达到合格水平。

1985年，东北、内蒙古的主要林业局都有教师进修学校，仅黑龙江就有32所。1979～1985年，林业部新建和复办了林业师范学校和教育学院各4所，筹建1所师范专科学校，并在东北林业大学和中南林学院设立师范部，为培养林区中小学教师提供了条件。据1985年统计，林业系统中高等院校师范在校生有977人，教育学院1517人，中等师范学校在校生1204人，教师进修学校2123人。此外，林区每年还有大批教师参加在职培训和去地方院校进修，使师资水平不断提高。1985年，全国有林区中小学教师4.84万人，其中小学教师2.66万人，达中师、高中毕业的占54%，比1981年提高18%；初中教师1.75万人，专科毕业占17.65%，比1981年提高6.65%；高中教师4130人，达大学本科毕业的占21.7%。

为稳定教师队伍，吸引优秀人才到林区中小学任教，各地都制定了尊师重教的具体政策。帮助教师解决住房难、烧柴难、子女就业难等问题。1985年，林业部要求各级林业部门在每年教师节要慰问教师、表彰在中小学任教25年以上的教师，发给荣誉证书。近年来，林区优秀教师不断涌现。1985年，黑龙江省林区有83名教师被授予优秀教师称号，有3名教师被省授予模范教师称号，有7名教师被评为全国优秀班主任。1986年，林业系统有3名教师被评为全国教育系统先进个人，受到中共中央和国家领导人的接见。（黄小文）

**【改善林区中小学办学条件】** 增加必要的教育经费，逐步改善办学条件，是实施九年制义务教育的重要保证。根据中共中央、国务院《关于普及小学教育若干问题的决定》和国家有关文件精神，林业部自1981年以来多次提出，要保证林区中小学教育经费，解决好校舍和设备问题，实现中央提出的“一无二有”，即校校无危房，班班有教室，学生人人有课桌凳。把中小学教育事业纳入到企业的整体规划中，每年在林业、森林工业基本建设投资中安排一定的比例用于教育，使林区教育经费逐年有所增加，初步奠定了林区办学的物质基础。1985年，全国林区中小学已取消了二部制，大多数学校实现了“一无二有”。黑龙江省森林工业总局1981年教育经费为4590万元，1985年为6244万元，5年中小学教育经费增加了48%，年递增率为7.45%，每个学生平均费用由92元增加到163元。1982～1985年，共修建校舍14.7万平方米，中小学生每人占有校舍面积由1981年的2.4平方米，提高到3.28平方米。有些林业局的中小学还实现了楼房化、暖气化，出现了一批基本标准化的学校。由于“十年动乱”的严重破坏，使林区中小学“欠帐”过多，学校的实验仪器缺乏，实验开出率低。据黑龙江省森林工业总局统计，现有中学实验室351个，平均每校0.7个，小学实验室154个，平均每校只有0.2个。

此外，为加强师资队伍建设，1979年以来，由林业部批复新建和扩建的林业师范院校和电教中心共10所，投资4139万元，建设11.89万平方米校舍。目前，东北林区的教师进修学校大都增添了电化教学设备，为林区教师的培训创造了条件。

1986年，林业部在《关于改革和发展林业教育的决定》中要求，各级林业部门要千方百计地在有限的财力中挤出钱来，增加智力投资，保证林业教育经费达到“两个增长”。鼓励林业事业单位、社会团体和个体集资办学，争取各种渠道，补充学校经费。目前，森林资源危机和森林工业企业经济危机，使企业的社会负担过重。1985年，全国森林工业企业营业外支出占销售利润的42.7%，林区中小学教育经费达到1.4亿元，占营业外支出的28.6%。为解决国有林区森林工业问题，1986年国家决定在今后一个相当长的时间内，对林业要适当增加投入，给予支持。并决定对国有林区的教育费附加征收后，全部返回给林业企业。为使教育经费能逐年有所增长，应正确处理好林区教育发展与经济发展的关系，发扬自力更生，艰苦奋斗的精神，积极开展勤工俭学活动，发挥办学的经济效益。充分调动企业、社会、集体和职工群众等多方面的积极性，支持教育，加速改善办学条件。 （黄小文）

## 林业专门人才预测与林业教育发展规划研究

**【林业专门人才预测】** 1983年，林业部根据国务院批准国家计委、教育部、劳动人事部关于全国专门人才现状调查和需求预测工作的部署，成立了专门人才预测领导小组。董智勇副部长任组长，下设办公室，由林业部计划司、人事司、教育司组成。历经8个月的工作，在各省、自治区、直辖市林业厅(局)的配合下，对全国29个省、自治区、直辖市及林业部直属单位专门人才进行了普查，摸清了林业系统专门人才的现状。截止1983年6月30日，全林业系统有专门人才15.04万人(不包括教育单位)。同时，对专门人才的学历结构、年龄结构、职称结构进行了调查与分析。还组织部分林业厅(局)和高、中等林业院校对1990、2000年专门人才需求进行预测。采取点面结合，除直属单位全面预测外，根据林业系统的特点确定49个抽样点进行预测，又选择内蒙古、黑龙江、吉林、福建、江西、湖南、广东、广西、云南、四川、陕西11个省、自治区做为重点，同步进行本系统的专门人才预测，以此覆盖全国。预测结果，1990年，全国林业系统专门人才拥有量(不包括教育单位)为34.74万人，占职工数的17.7%；2000年，专门人才拥有量(不包括教育单位)为44.47万人，占职工数的21.5%。同时，对专门人才的专业结构、层次比例等进行了预测，所需林科专门人才占专门人才总数的68%。这项工作于1984年3月完成，并写出了《林业系统专门人才现状调查及预测说明》。这是建国以来第一次有组织、有系统地进行林业专门人才的现状调查和预测。 （李葆珍）

**【林业教育发展规划研究】** 1983年进行的专门人才预测工作，一方面，摸清了家底；另一方面，为我们制定合理的人才培养规划提供了可靠的依据。在此基础上，1985年底，林业部教育司决定由东北林业大学牵头，开展“2000年中国林业教育发展规划研究”(以下简称“规划研究”)工作，这是一项关于林业发展的软科学研究。“规划研究”的目的是为国家提供进行林业教育宏观控制的依据，进一步理顺林业教育内部、外部的关系，避免盲目性，提高教育的经济效益，使教育按社会需要培养更多更好的人才。“规划研究”的内容是我国林业教育发展的历史、现状、经验教训及各级各类林业教育发展的目标及其对策，与国外林业教育发展的比较等等。

为使“规划研究”圆满完成，除东北林业大学参加外，还有北京、南京林业大学，中南、西南、西北林学院，林业部中等专业教育研究中心，北京林业管理干部学院，全国林业职工教育研究会和黑龙江森林工业总局等单位参加这项工作。1986年3月，在哈尔滨市东北林业大学召开了“规划研究”工作会议，制定工作计划，确定研究项目分工。会议决定分为10个专题进行研究；一，世界林业教育发展历史情况；二，中国林业教育发展的基本情况；三，中国林业教育现状；四，外国林业教育现状及其发展趋势；五，我国林业教育同外国林业教育的比较，找出存在的差距和问题；六，专门人才预测；七，规划总目标，包括普通教育发展战略，高等林业教育发展战略目标，教育结构与布局，层次比例及高等林业教育改革，职业技术教育发展战略，成人教育发展战略；八，继续教育发展目标、教育结构；九，实现规划的对策，包括总对策、专项对策及区域对策；十，继续教育发展战略对策。同年5月，在湖南省株洲市召开了专题提纲讨论会，会议认真讨论、研究了各单位提交承担专题的提纲，对“规划研究”指导思想统一了认识，使各专题研究的重点、范围进一步得到了明确。会后参加研究工作单位有100多人直接或间接参加了调查研究工作，撰写了研究报告。1986年11月，在昆明西南林学院召开了专题报告研讨会。研讨各专题研究的初步成果，进行初步论证及交流研究动态。除各专题报告撰稿人外，国家教育委员会规划研究室、云南省林业厅和林业部教育司有关人员参加了会议。会上收到研究报告44篇，计80余万字。研讨会决定这些研究报告经各课题组和撰稿人再次修改，并经牵头单位和林业部教育司审定后，由东北林业大学出版社出版《2000年中国林业教育发展规划研究报告选编》。该《选编》共收入专题报告27篇，分为10个栏目。会议还决定，由东北林业大学牵头，吸收有关

同志撰写《2000年中国林业教育发展规划研究报告》，将于1987年上半年完成。（李葆珍）

# 附　　录

## 关于改革和发展林业教育的决定

（林业部部长办公会议1986年5月17日讨论通过）

《中共中央关于教育体制改革的决定》(以下简称《决定》)，是继《中共中央关于经济体制改革的决定》和《中共中央关于科技体制改革的决定》后的又一个纲领性文件。认真学习和坚决贯彻《决定》，对培养各级各类合格的林业人才，提高林业职工队伍的素质，加速林业的发展，具有重要的现实意义和深远的历史意义。

### 一、充分认识教育改革、发展林业教育的迫切性和重要性

党的十一届三中全会以来，政治上的拨乱反正，经济上的逐步繁荣，为教育事业的恢复和发展创造了前所未有的社会环境和物质条件，使林业教育逐步建立了正常的秩序。几年来，一些院校补充了师资、设备、校舍等，初步改善了办学条件，教学质量有所提高，科研工作有了新进展。

建国以来，各级各类林业学校为国家培养、输送了大批专业技术人才，他们在各自的工作岗位上为林业建设做出了一定贡献。但是，当前林业教育的状况，仍然满足不了林业生产，特别是林业现代化建设的需要。据一九八三年对林业系统专门人才现状调查的结果，林业系统的专门人才仅占从业人员的百分之三点六，远远低于当时全国的平均水平。这就给林业教育提出了更高的要求。林业教育必须有一个突破性的发展。

当前，林业教育还存在着许多亟待解决的问题。除《决定》所指出的主要问题外，还有以下几方面：基础教育落后；在教育层次结构上，高、中等教育比例失调，专科教育、中等职业技术教育和职工教育发展迟缓；专业结构不合理，特别是从事经济管理、木材综合利用、森林资源利用等方面的专门人才较缺；在教学上，部分课程缺乏新内容，教学方法死板，实践环节薄弱，教学质量有待进一步提高；各级各类林业学校办学条件差，教育经费缺乏，许多学校的仪器设备陈旧，图书资料不足，师资力量薄弱。因此，改革林业教育势在必行。

邓小平指出："现在，纲领有了，蓝图有了，关键是要真正重视，扎扎实实地抓，组织好施工。"林业教育事业，直接关系着林业生产发展、林区文化繁荣以及整个林业职工队伍的稳定。改革和发展林业教育，需要全社会和全国人民的关心和支持，但首先要得到林业战线各级领导同志的重视。这项工作抓得如何，是衡量每个领导有无远见、是否成熟的一个重要标志。各级领导要树立教育必须为社会主义建设服务，社会主义建设必须依靠教育的指导思想，充分认识教育对林业建设的重要作用，认真研究改革、发展林业教育过程中存在的问题，彻底转变过去只重视经济建设、不重视教育的错误倾向，坚决克服"教育是软任务，抓不抓同眼前利益关系不大"的错误思想。办好各级各类林业学校，培养更多更好的专门人才，是我们各级领导、教育工作者的光荣职责，改革和发展林业教育事业，是我们当前刻不容缓的、今后长期肩负的重要任务。

### 二、区别情况，突出重点，认真进行林业教育改革工作

改革、发展林业教育、必须按照《决定》精神，并结合林业教育特点和目前的实际情况。其主要内容是：

**（一）积极而有步骤地普及九年制义务教育**　在国有林区普及九年制义务教育，是发展林业教育事业，提高林区职工文化水平，从根本上改变林区教育面貌的基础环节，要积极搞好。考虑到目前林区情况复杂，各地办学条件差别很大，实施义务教育要从实际出发，因地制宜。一般应按当地的有关规定，努力普及九年制义务教育。

已经普及初级中等教育的国有林区企业，应集中力量，提高教育质量；已经普及初等教育的，应在抓紧提高教育质量的同时，力争在一九九〇年左右普及初级中等教育；尚未普及初等教育的，应积极创造条件，在三至五年内按质按量普及初等教育，到一九九五年左右普及初级中等教育。对基础教育较差的企业，可视不同情况，采取多种形式，进行不同程度的普及义务教育工作。

国有林区林业部门应争取在近两年内调整好中、小学布局，一般做到小学场办，初中分片办，高中集中办。林业局(厂)要重点办好一所普通高中。要加强师资培训，用五至七年的时间，使大部分初中教师能够胜任教学工作。为按期完成九年制义务

教育，各级主管部门和基层企业应在地方政府的统一部署下，切实加强对基础教育工作的领导，认真贯彻《中华人民共和国义务教育法》，采取有效措施，进一步改善办学条件，努力解决校舍和教学设备不足的问题。

**(二)进一步调整中等教育结构，大力发展林业职业技术教育** 在整个林业教育体系中，林业职业技术教育一直处于落后状态，是薄弱环节，必须大力发展。发展职业技术教育要以中等职业技术教育为重点，适当发展初级和高级职业技术教育。

中等林业专业学校是职业技术教育的骨干力量，各级林业主管部门应积极办好现有学校。特别是重点林区省和自治区，更要办好中等林业学校，使中等林业教育的发展同林业建设相适应。凡是没有确定学校规模的，要根据有关规定和人才需求情况尽快确定，有计划地完成学校各项建设，充实师资、设备；已定规模的学校要创造条件，扩大招生。部属林业学校和重点林业学校要加速建设，多为毗邻林区承担培养任务，并起示范作用。没有建立中等林业学校的省、自治区，应尽快建立。中等林业学校除为本系统培养人才外，还要面向社会，采取多种途径为林业"两户一体"培养技术人才。争取一九九〇年，使在校生达到三万至三万五千人。

要切实按照劳动人事部的《技工学校工作条例》办好技工学校，并根据林业生产建设需要加以适当发展，使其能够真正承担林业技术工人就业前的技术培训任务。

继续做好中等教育结构的改革调整工作，建立起层次合理的职业技术教育体系。根据林区生产建设需要，可以有计划地改建或新建一批职业高中、职业初中和职业班；省、地林业部门要对职业中学的布局和专业设置进行统筹规划，实行联合办学，定向招生，提高办学效益，改变林区部分毕业生升学难、就业难的状况。力争到一九九〇年左右，使各类高中阶段的职业技术学校每年招生人数逐步达到或超过普通高中的招生人数，改变目前中等教育结构不合理的状况。

按照"先培训，后就业"的原则，今后林业企事业单位(包括集体所有制单位)招工，应先从各种职业技术学校毕业生中择优录用，做到变招工为招生。建议各省、自治区林业厅(局)组织人事、财务、计划、生产、教育等部门，成立林业职业教育领导小组，以保证林业职业技术教育的发展。

**(三)改革调整高等林业教育的层次和专业结构，扩大学校自主权** 高等林业院校(系)担负着培养高级林业专门人才和发展林业科学技术的重大任务。为了培养能够适应林业现代化建设需要的专门人才，要切实改革教育体制，扩大学校办学自主权，使林业院校的规模、层次适当，专业设置合理。

发展高等林业教育，在今后一定时期内，主要是继续整顿和提高，同时充分发挥现有高等林业院校(系)的潜力，扩大招生能力，近期内一般不再设立新校。

一九九〇年，使全国林业大学、林学院以及农学院(农业大学)林学(园林)系的在校生达到二万五千至三万人，其中研究生达到一千五百人左右。

五年内，要为理顺高等林业教育的层次结构、专业结构的比例关系打好基础，稳步发展本科教育，加强研究生培养工作。基础较好的院校(系)要着重办好本科，扩大研究生招生量，并积极创造设立研究生院的条件；其他院校(系)应根据林业建设的需要，在办好本科的同时，注意发展专科教育。各林业院校要在办好林学专业的基础上，加强经济管理和木材综合利用等方面专业的建设，具备条件的院校应增设林业现代化建设急需的新兴学科和边缘学科专业。各院校要建设好自己的重点学科，发挥各自的优势，办出特色。东北林业大学和中南林学院要根据需要切实办好师范部。

在林业教育改革过程中，要扩大林业院校的办学自主权，逐步实行校、院长负责制和教师职务聘任制。高等林业院校要按照国务院颁发的《高等教育管理职责暂行规定》行使办学自主权，对《林业部关于改革部属林业院校管理体制的几点意见》，部属各院校可继续执行。

高等林业院校必须将教学、科研、生产紧密结合起来，既培养高质量的专门人才，又出科研成果。高等院校的科研工作，主要应侧重于应用研究、应用基础研究、还应注意开展林业教育科学的研究。有条件的院校，可以承担一定的开发研究、技术咨询、社会服务等工作。

**(四)改革高等林业院校的招生计划和毕业生分配制度** 高等林业院校的招生计划，要按照《决定》的精神，采取国家计划、用人单位委托培养和招收自费生相结合的办法，各林业院校要继续实行定向招生，具体办法要加以改进和完善。

高等院校的毕业生分配必须按照中央《决定》执行。部属院校实行国家分配计划与学校的建议分配计划相结合的办法。要让学校更多地参与毕业生分配工作，直接了解毕业生的供需情况，促进学校内的各项改革。在毕业生分配工作中，首先要考虑到国家和林业建设需要，鼓励学生到林区去，到林业生产建设第一线去。

**(五)进一步加强林业职工教育** 为了适应我国经济体制改革和林业生产建设的需要，提高职工队伍的素质，必须进一步贯彻落实面向企业、面向生产、为提高经济效益和为两个文明建设服务的业务指导思想，坚持按需施教、学用结合、定向培训的原则，加强林业职工教育，尽快完善林业职工教育体系。

"七五"期间，林业职工教育要在普遍提高本系统职工队伍的政治、文化、技术、业务素质的基础上，有重点地开展培训。要加强对全体职工的思想政治教育和职业道德教育，把政治教育贯穿到文化、业务技术培训中去；从一九八六年开始，用三年左右时间，对各级领导干部，特别是经济管理机关处级以上干部和大中型企业领导干部，进行以马克思主义基本理论、党的方针政策、经济法规、现代化经营管理、科学领导方法为主要内容的轮训；加强对科技人员的知识更新和补缺教育，对专业管理干部进行系统的专业培训；继续抓好工人初级技术培训，同时积极开展以班组长、生产骨干为重点的中级技术培训，并搞好高级技术培训的试点；要根据人才预测，继续办好职工高、中等专业教育，培养后备专门人才。到一九九○年，力争处级以上干部基本达到大专以上水平；四十五岁以下初中文化程度的干部争取提高到中专或高中水平；工人中实际技术水平达到中级技术等级的占技术工人队伍的百分之四十至五十。

林业职工教育实行多层次、多规格、多形式办学。各级林业部门要在各自管理的范围内，根据"高集中、低分散、广联合"的原则，规划和建立职工教育基地。对现有的基地要调整，充实，改善办学条件，使之具备正规化办学的能力。要把北京林业管理干部学院逐步办成全国林业管理干部培训中心。部属高等林业院校干训部(班)的任务，要逐步转向以对科技人员进行继续教育为主。高、中等林业院校对其附设的干训部(班)要加强领导，及时研究解决实际问题，并积极承担职工教育师资培训和教材编写等任务。要大力发展函授教育，充分利用广播、电视、录音、录相等教学手段，开展职工教育。为了使职工教育同企业生产、职工的实际需要有机地结合起来，从而充分调动各部门、企业办学和职工学习的积极性，"七五"期间，由林业部职工教育领导小组统一规划，组织人事、劳资部门牵头制定主要职务、关键岗位和主要技术业务工种的岗位职务标准，并据此编写教学计划、教学大纲和教材，为施行岗位职务培训打下基础。要通过试点，总结经验，逐步建立和完善岗位职务培训制度。

职工教育的教学内容、教学形式和教学方法，要有自己的特点，不能照搬普通教育的模式。要大力开展职工教育的理论研究，探索林业职工教育的规律。

## 三、采取有效措施，保证林业教育的改革和发展

为使林业教育的改革和发展得以顺利进行，必须认真贯彻邓小平"少讲空话，多干实事"的指示。为此，要采取如下措施：

**(一)加强领导，分级管理** 各级林业主管部门，要积极配合地方有关部门抓好林业教育的改革和发展。各级林业企业及其主管部门，要有一位主要领导分工管教育，充实和加强各级林业教育机构，并适当增加教育管理部门的权力。要真正把教育这个战略问题摆上日程，定期研究；要通过多种渠道从人、财、物等方面尽力帮助学校解决实际困难。今后凡是上级考察下级工作，都要把教育工作作为考绩的主要内容之一。

林业部在林业教育方面的主要任务是：贯彻执行党和国家有关教育的方针、政策和法规；管理好部属的高、中等林业院校，组织林业系统和林业行业进行专门人才需求预测和编制培养规划；制订部属院校的招生计划和部分毕业生的分配计划，指导招生和毕业生分配工作；按国家教育委员会的统一部署，会同有关省、自治区、直辖市对高、中等林业院校对口专业的教育质量组织评估，组织和规划对口专业的教材编审；根据国务院《关于实行专业技术职务聘任制的规定》，对部属院校这方面的工作进行组织和指导；扶持重点中等林业学校；组织多种形式的专业培训和继续教育工作。

各省、自治区、直辖市林业厅(局)负责进行本省、区全行业的专门人才需求预测，编制直属学校的发展规划、招生计划和毕业生分配方案；按国家规定，配合本省、区的教育部门管理好直属学校和本行业职业技术教育、职工教育；对设在本地区的林学院、系给予指导和支持。召开重要业务会议，要邀请院、系参加，有关业务文件也要发给院、系，并委托其承担一些科研项目和业务培训任务。

**(二)加强师资队伍的建设** 各级林业部门要把师资队伍的建设作为一项重要工作切实抓好，要制定师资队伍建设规划，并积极组织落实。高、中等林业院校都要努力创造条件，积极承担教师培训任务。基础较好的老学校要注重为其他高、中等林业院校(系)培养师资，培养研究生。省属林学院(系)负责为本地区的中等林业学校、技工学校、职业中学、职工学校培训师资。各教育学院、教师进修学校、林业师范学校等应尽快加速建设，培养林区中、小学教师，逐步改变林区中、小学教师不足的状况。要对教师进行考核，并有计划、有重点地安排进修、轮训。用五至七年时间，力争使林业职业技术学校教师和高中教师，大部分达到大学本科水平，初中教师达到专科水平，小学教师达到中师水平。

各林业大学、林学院要加强对中青年教师的培养教育，采取参加教学、科研、生产实践和委托代培等多种形式进行培训。重点学科和新兴学科的教师还可以到先进的国家攻读学位或进修，培养一些

学科带头人。林业部将尽力拨出专款给予承担师资培训任务的院校作为补贴，以减收选送单位的师资培训费。要采取措施，争取在较短时间内，使高等林业院校经过一定教学实践的年轻教师，大部分达到硕士研究生水平。

各级林业部门都不得抽调中、小学教师改行做其他工作，以稳定教师队伍，对不适应继续做教学工作的人员，要调整到更合适的工作岗位，以便发挥其所长。为了尽快解决林区中、小学教师不足的问题，各部门应积极动员、鼓励一批适合做教师工作的干部到学校任教。

要继续落实党的知识分子政策。主管部门和学校都要采取有效措施，切实提高教师的社会地位和生活待遇，使人民教师的工作成为最受人尊敬、最令人羡慕的职业之一。当前最迫切的是教师住房问题，要通过多种渠道，采取多种形式给予解决。同时，根据国家有关规定和本单位的经济条件，拟定提高教师待遇的措施，并积极实施。

**(三)增加智力投资，改善办学条件** 《决定》指出："发展教育事业不增加投资是不行的。在今后一定时期内，中央和地方政府的教育拨款的增长要高于财政经常性收入的增长，并使按在校学生人数平均的教育费用逐步增长。"为此，各级林业部门都要千方百计地在有限的财力中挤出钱来，增加智力投资，保证林业教育经费达到"两个增长"。各省、自治区、直辖市林业厅(局)在"七五"期间，要努力做到从基本建设投资和事业费中逐步增加教育投资和经费的比重；林业部拟将营林、森工基本建设投资统筹安排，使"七五"期间部属院校的基本建设投资比"六五"期间有较大增长；并在力所能及的条件下对省属高、中等林业院校、系的教学设备给予一定的支持。

林业企业拨给所属各类学校的教育经费，应保证以一九八五年为基数，逐步有所增长。

今后凡是新建企业和进行大型技术改造项目，其总投资中要包含一定比例的智力投资。

各级各类学校自办的场(厂)，要改善经营管理，增加学校收入。林业各单位要大力支持学校开展勤工助学活动。

职工教育的经费开支，根据国家有关规定执行。

鼓励林业事业单位、社会团体和个人集资办学，或根据自愿原则捐资助学，争取通过各种渠道，补充学校的经费。

除国家现有规定外，各单位要在自己有权支配的资金中尽力支持教育的发展。林业部拟报请国家批准将从林业企业征收的教育费附加返回给林业，用于林业基础教育；争取国家减免林业税利，减免下来的钱，主要用于增加营林投入，促进森林的恢复和发展。同时，也要增加林业教育经费，支持林业教育的发展。

**(四)加强林业院校实习基地的建设** 林业院校的实习林场、工厂(车间)、苗圃是教学、科研、生产三结合的重要基地。是培养学生实际操作能力、提高教学质量、出科研成果的必不可少的条件。但多年来，大部分林业院校的实习林场、工厂(车间)、苗圃在数量、规模等方面都存在着一些问题，严重地影响了实践教学环节的进行和对学生能力的培养。因此，一定要尽快并恰当地给予解决。

各林业厅(局)都要协助解决各林业院校、系的实习基地问题。可以采取多种形式，专门划一林场由学校直接领导，或由学校与林场建立教学、科研、生产联合体，承担学生实习任务，为学生实习提供方便。凡是划给学校的实习林场，要按学校的隶属关系，保证林场的基本建设投资和事业费。同时，要有计划地安排技术推广和生产服务，交由实习林场承担。

各院校、系的实习林场、工厂(车间)、苗圃都要办成教学、科研、生产的示范场(厂)、圃。同时，要加强各类标本室、树木园等的建设。

## 四、加强林业院校的思想政治工作

各级各类林业学校都要加强思想政治工作，进一步端正教育思想，全面贯彻党的教育方针，为社会主义建设培养有理想、有道德、有文化、有纪律的合格人才。各院校要根据自己的特点和不同的培养对象，确定思想政治工作的内容和方法，把思想政治工作贯穿到学校各项工作中去。要把学校办成建设社会主义精神文明的坚强阵地，成为林业战线的榜样，为促进林区、山区的精神文明建设作出贡献。

高等林业院校的思想政治工作要从实际出发，面向现代化，面向世界，面向未来。要把学生培养成为热爱社会主义祖国，拥护党的领导，坚持社会主义道路，支持各项社会改革，具有为人民服务的艰苦奋斗的献身精神，热爱林业事业，掌握科学文化知识和一定专业技能，身体健康的合格人才。思想政治工作要为教育体制改革的贯彻实施，为培养林业现代化建设所需要的专门人才创造有利条件。要根据青年学生的特点，开展丰富多彩、行之有效的各种形式的教育活动，引导学生认真学习，正确理解党的十一届三中全会以来的路线、方针、政策。要充分发挥学校党、团组织和学生会的作用，加强学生的自我教育和自我管理，既要发扬民主，解放思想，又要加强教育，严格纪律，使学校树立严肃文明、勤奋学习、民主团结、生动活泼、不断进取的良好学风和校风。

高等林业院校党委要把学生的思想政治工作作为重要任务，组织学校各有关部门、各级主要负责同志以及学生中的积极分子做好思想政治工作。要充实思想政治工作队伍，配备精干的比较稳定的专职人员，以此作为思想政治工作的骨干力量，并为他们的工作创造必要的条件。要使教师严于律己，为人师表，教书育人，并充分发挥他们在思想政治工作中的作用。

贯彻《中共中央关于教育体制改革的决定》，是一项重大而艰巨的任务。在今后的工作实际中，一定会遇到不少困难。但是只要各级林业主管部门加强领导，贯彻落实党的各项方针、政策，千方百计、持之以恒、扎扎实实地抓，我国的林业教育事业必将出现一个新局面，将为尽快实现林业腾飞作出重要贡献。

# 附 表

## 中华人民共和国建立前夕设森林系的农学院

| 隶 属 | 学校名称 | 所在地 | 成立年份 |
|---|---|---|---|
| 国 立 | 北平大学农学院 | 北 平 | 1914 |
| | 东北大学农学院 | 沈 阳 | 1946 |
| | 中央大学农学院 | 南 京 | 1927 |
| | 浙江大学农学院 | 杭 州 | 1929 |
| | 中正大学农学院 | 南 昌 | 1940 |
| | 武汉大学农学院 | 武 昌 | 1946 |
| | 中山大学农学院 | 广 州 | 1924 |
| | 广西大学农学院 | 柳 州 | 1928 |
| | 西北农学院 | 武 功 | 1937 |
| | 贵州大学农学院 | 贵 阳 | 1939 |
| | 云南大学农学院 | 昆 明 | 1938 |
| | 台湾大学农学院 | 台 湾 | 1947 |
| | 中兴大学农学院 | 台 湾 | 1927 |
| 省 立 | 河北农学院 | 保 定 | 1932 |
| | 山西省农业专门学校 | 太 原 | 1902，1912年改现名 |
| | 安徽大学农学院 | 安 庆 | 1934 |
| | 福建农学院 | 福 州 | 1940 |
| | 山东大学农学院 | 济 南 | 1926 |
| | 河南大学农学院 | 开 封 | 1924 |
| | 四川大学农学院 | 成 都 | 1931 |
| 私 立 | 金陵大学农学院 | 南 京 | 1915 |

（林业部教育司高等教育处）

# 全国高等林业院校(系)

1986 年

| 学校名称 | 学校地址 | 隶属关系 |
| --- | --- | --- |
| 北京林业大学 | 北京市海淀区肖庄 | 林业部 |
| 东北林业大学 | 黑龙江省哈尔滨市 | 林业部 |
| 南京林业大学 | 江苏省南京市 | 林业部 |
| 中南林学院 | 湖南省株洲市 | 林业部 |
| 西南林学院 | 云南省昆明市 | 林业部 |
| 西北林学院 | 陕西省咸阳市杨陵区 | 林业部 |
| 河北林学院 | 河北省保定市 | 河北省 |
| 内蒙古林学院 | 内蒙古自治区呼和浩特市 | 内蒙古自治区 |
| 吉林林学院 | 吉林省吉林市 | 吉林省 |
| 浙江林学院 | 浙江省临安县 | 浙江省 |
| 福建林学院 | 福建省南平市 | 福建省 |
| 北京农学院林学系 | 北京市德胜门外朱辛庄 | 北京市 |
| 山西农业大学林学系 | 山西省太谷县 | 山西省 |
| 沈阳农业大学林学系 | 辽宁省沈阳市 | 农牧渔业部 |
| 上海农学院园林系 | 上海市 | 上海市 |
| 安徽农学院林学系 | 安徽省合肥市 | 安徽省 |
| 江西农业大学林学系 | 江西省南昌市 | 江西省 |
| 山东农业大学林学系 | 山东省泰安市 | 山东省 |
| 河南农业大学园林系 | 河南省郑州市 | 河南省 |
| 华中农业大学林学系 | 湖北省武汉市 | 农牧渔业部 |
| 华南农业大学林学系 | 广东省广州市 | 农牧渔业部 |
| 广西农学院林学分院 | 广西壮族自治区南宁市 | 广西壮族自治区 |
| 四川农业大学林学系 | 四川省雅安市 | 四川省 |
| 贵州农学院林学系 | 贵州省贵阳市 | 贵州省 |
| 西藏农牧学院林学系 | 西藏自治区林芝县 | 西藏自治区 |
| 甘肃农业大学林学系 | 甘肃省兰州市 | 甘肃省 |
| 宁夏农学院园林系 | 宁夏回族自治区永宁县 | 宁夏回族自治区 |
| 新疆八一农学院林学系 | 新疆维吾尔族自治区乌鲁木齐市 | 新疆维吾尔自治区 |
| 石河子农学院林学系 | 新疆维吾尔自治区石河子市 | 农牧渔业部 |

(林业部教育司高等教育处)

# 林业系统硕士学位授权点一览表

1986 年

| 授予单位 \ 学科专业 | 合计 | 森林植物学 | 森林生态学 | 森林土壤学 | 林木遗传育种学 | 造林学 | 森林经理学 | 森林保护学 | 经济林 | 水土保持 | 园林植物 | 园林规划设计 | 野生动物 | 林业经济 | 木材采伐运输 | 木材加工 | 林区道路与桥梁工程 | 林产化学加工 | 林业机械 | 森工电气化、自动化 | 木材学 |
|---|---|---|---|---|---|---|---|---|---|---|---|---|---|---|---|---|---|---|---|---|---|
| 合计 | 95 | 11 | 8 | 4 | 5 | 12 | 10 | 8 | 2 | 3 | 2 | 1 | 2 | 5 | 3 | 5 | 1 | 3 | 4 | | 6 |
| 北京林业大学 | 14 | ✓ | ✓ | ✓ | ✓ | ✓ | ✓ | ✓ | | ✓ | ✓ | ✓ | | ✓ | | ✓ | | | ✓ | | ✓ |
| 南京林业大学 | 12 | ✓ | ✓ | ✓ | ✓ | ✓ | ✓ | ✓ | | | | | | ✓ | ✓ | ✓ | | ✓ | ✓ | | |
| 东北林业大学 | 15 | ✓ | ✓ | ✓ | ✓ | ✓ | ✓ | ✓ | | | | | ✓ | ✓ | ✓ | ✓ | ✓ | ✓ | ✓ | | ✓ |
| 中南林学院 | 10 | ✓ | ✓ | | | ✓ | ✓ | ✓ | ✓ | | | | | | ✓ | ✓ | | | ✓ | | ✓ |
| 西北林学院 | 7 | ✓ | ✓ | | ✓ | | ✓ | ✓ | | ✓ | | | | | | | | | | | ✓ |
| 西南林学院 | 3 | ✓ | | | | | ✓ | ✓ | | | | | | | | | | | | | |
| 中国林科院 | 12 | ✓ | ✓ | ✓ | ✓ | ✓ | ✓ | ✓ | | ✓ | | | | ✓ | | ✓ | | ✓ | | | ✓ |
| 福建林学院 | 4 | | | | | ✓ | ✓ | | ✓ | | | | | ✓ | | | | | | | |
| 华南农业大学 | 4 | ✓ | | | | ✓ | ✓ | ✓ | | | | | | | | | | | | | |
| 河南农业大学 | 2 | | ✓ | | | ✓ | | | | | | | | | | | | | | | |
| 沈阳农业大学 | 1 | | | | | ✓ | | | | | | | | | | | | | | | |
| 安徽农学院 | 1 | | | | | | | | | | | | | | | | | | | | ✓ |
| 新疆八一农学院 | 3 | ✓ | | | | ✓ | ✓ | | | | | | | | | | | | | | |
| 中国农科院 | 1 | | | | | | | | | | | | ✓ | | | | | | | | |
| 山西农业大学 | 1 | ✓ | | | | | | | | | | | | | | | | | | | |
| 江西农业大学 | 1 | ✓ | | | | | | | | | | | | | | | | | | | |
| 华中农业大学 | 1 | | | | | | | | | | ✓ | | | | | | | | | | |
| 山东农业大学 | 1 | | | | | ✓ | | | | | | | | | | | | | | | |
| 四川农业大学 | 1 | | | | | ✓ | | | | | | | | | | | | | | | |
| 广西农学院 | 1 | | ✓ | | | | | | | | | | | | | | | | | | |

（林业部教育司高等教育处）

## 林业系统博士学位授权点及指导教师一览表

1986年

| 授予单位 | 学科、专业 | 指导教师 |
|---|---|---|
| 北京林业大学 | 森林生态学 | 汪振儒、徐化成 |
| 北京林业大学 | 林木遗传育种学 | 朱之悌 |
| 北京林业大学 | 造林学 | 沈国舫 |
| 北京林业大学 | 森林经理学 | 范济洲、关玉秀 |
| 北京林业大学 | 水土保持 | 关君蔚 |
| 北京林业大学 | 园林植物 | 陈俊愉 |
| 北京林业大学 | 木材学 | 申宗圻 |
| 东北林业大学 | 森林植物学 | 周以良 |
| 东北林业大学 | 森林生态学 | 王业蘧、李景文 |
| 东北林业大学 | 木材采伐运输 | 史济彦 |
| 东北林业大学 | 木材加工 | 陆仁书 |
| 东北林业大学 | 木材学 | 葛明裕 |
| 东北林业大学 | 森林保护学 | 邵力平 |
| 南京林业大学 | 森林植物学 | 朱政德 |
| 南京林业大学 | 森林生态学 | 熊文愈 |
| 南京林业大学 | 造林学 | 马大浦 |
| 南京林业大学 | 森林保护学 | 李传道 |
| 南京林业大学 | 林产化学加工 | 黄希坝、程芝 |
| 南京林业大学 | 木材加工 | 陈桂陞、梁世镇 |
| 中国林科院 | 森林生态学 | 吴中伦 |
| 中国林科院 | 林产化学加工 | 吕时铎 |

（林业部教育司高等教育处）

## 高等林业院校图书馆基本情况

1986年

| 学校名称 | 馆舍面积（平方米） | 藏书（万册） | 人员 | | 图书期刊购置费占学校事业费比重（%） |
|---|---|---|---|---|---|
| | | | 合计 | 其中大专以上人员 | |
| 北京林业大学 | 1238 | 69.7 | 39 | 20 | 3.9 |
| 东北林业大学 | 8053 | 40.0 | 66 | 31 | 3.5 |
| 南京林业大学 | 5391 | 37.2 | 41 | 19 | 3.6 |
| 中南林学院 | 5241 | 40.0 | 37 | 9 | 4.5 |
| 西南林学院 | 1200 | 12.0 | 22 | 11 | 4.2 |
| 西北林学院 | 1338 | 10.7 | 19 | 9 | 8.4 |
| 河北林学院 | 960 | 19.8 | 17 | 9 | 2.8 |
| 内蒙古林学院 | 6001 | 21.5 | 44 | 21 | 2.7 |
| 吉林林学院 | 1700 | 12.7 | 24 | 10 | 3.4 |
| 浙江林学院 | 2949 | 13.6 | 15 | 8 | 3.6 |
| 福建林学院 | 2534 | 34.2 | 30 | 15 | 1.8 |
| 合计 | 36605 | 311.4 | 354 | 162 | ／ |

（林业部教育司高等教育处）

## 高等林业院校科研机构

1986年

| 学校 | 研究机构名称 |
|---|---|
| 北京林业大学 | 1.森林生态研究室 2.造林研究室 3.树木遗传育种研究室 4.森林病虫害防治研究室 5.森林调查规划研究室 6.水土保持研究室 7.园林植物研究室 8.园林规划设计研究室 9.遗传工程研究室 10.林产加工研究室 11.林业机械研究室 12.林业经济研究室 13.情报研究室 14.林业史研究室 15.高等林业教育研究室 16.园林规划建筑设计所 |
| 东北林业大学 | 1.森林生态研究室 2.森林植物研究室 3.造林研究室 4.遗传育种研究室 5.森林病虫害防治研究室 6.森林经理研究室 7.野生动物资源研究室 8.森林水文研究室 9.森林防火研究室 10.木材采运研究室 11.林区土木工程研究室 12.木材机械加工及人造板研究室 13.林化研究室 14.林业机械研究室 15.林业电气自动化研究室 16.林业工程力学研究室 17.林业经济研究室 18.科技情报研究室 19.林业勘察设计所 |
| 南京林业大学 | 1.竹类研究所 2.造林及森林生态研究室 3.树木遗传育种研究室 4.森林病虫害研究室 5.木材水运研究室 6.木材加工研究室 7.人造板研究室 8.林产化学加工及木材化学处理研究室 9.木材化学及纸浆造纸研究室 10.南方林业机械研究室 11.林业遗产及林业经济研究室 12.高等教育及情报研究室 13.林产工业设计所 |
| 中南林学院 | 1.林产工业研究所(木材学研究室、人造板研究室、林产化工研究室) 2.森林生态研究室 3.森林植物研究室 4.造林研究室 5.经济林研究室 6.森林保护研究室 7.采伐运输研究室 8.林业机械研究室 9.家具研究室 10.林业系统工程研究室 11.森林能源研究室 12.森林数理研究室 13.高等教育研究室 |
| 西南林学院 | 1.森林植物研究室 2.森林保护研究室 3.野生动物研究室 4.木材科学研究室 |
| 西北林学院 | 1.森林生态研究室 2.森林植物研究室 3.林木遗传育种研究室 4.防护林研究室 |
| 内蒙古林学院 | 1.沙漠治理研究所 |
| 吉林林学院 | 1.林学研究室 2.松茸研究室 3.森林采伐研究室 4.木材机械加工研究室 |
| 浙江林学院 | 1.竹类研究室 2.经济林研究室 3.林产品综合利用研究室 4.园林设计室 |
| 福建林学院 | 1.杉木研究所 2.林业经济研究所 3.森林综合利用研究所 4.经济林研究室 5.萜烯研究室 6.高等教育研究室 |

(林业部教育司高等教育处)

## 全国高等林业院校实验林场一览表

1986年

| 林场名称 | 面积(公顷) | 隶属单位 | 地址 |
|---|---|---|---|
| 妙峰山教学试验林场 | 901 | 北京林业大学 | 北京市海淀区北安河 |
| 哈尔滨实验林场 | 50 | 东北林业大学 | 黑龙江省哈尔滨市 |
| 帽儿山实验林场 | 26507 | 东北林业大学 | 黑龙江省尚志县 |
| 凉水自然保护区 | 6394 | 东北林业大学 | 黑龙江省伊春市带岭 |
| 下蜀教学实验林场 | 880 | 南京林业大学 | 江苏省句容县 |
| 火地塘林场 | 13323 | 西北林学院、宁东林业局 | 陕西省宁陕县 |

（续）

| 林场名称 | 面　积<br>（公　顷） | 隶属单位 | 地　址 |
|---|---|---|---|
| 西陵实验林场 | 2927 | 河北林学院 | 河北省易县 |
| 蛟河实验林场 | 30180 | 吉林林学院 | 吉林省蛟河县 |
| 临安及羊母岗实验林场 | 31 | 浙江林学院 | 浙江省临安县 |
| 莘口教学林场 | 2000 | 福建林学院 | 福建省三明市 |
| 西芹教学林场 | 1333 | 福建林学院 | 福建省南平市 |
| 合计 | 84526 | | |

（林业部教育司高等教育处）

## 全国高等林业院校实习工厂一览表

1986 年

<table>
<tr><th>工　厂　名　称</th><th>面　积<br>（平方米）</th><th>所　在　地　点</th></tr>
<tr><td>东北林业大学金工实习厂</td><td>4771</td><td>黑龙江省哈尔滨市</td></tr>
<tr><td>东北林业大学木工实习厂</td><td>3828</td><td>黑龙江省哈尔滨市</td></tr>
<tr><td>南京林业大学机械厂</td><td rowspan="2">5554</td><td>江苏省南京市</td></tr>
<tr><td>南京林业大学木工厂</td><td>江苏省南京市</td></tr>
<tr><td>西南林学院森工系金工厂</td><td>500</td><td>云南省安宁县</td></tr>
<tr><td>西南林学院森工系木工厂</td><td>150</td><td>云南省安宁县</td></tr>
<tr><td>内蒙古林学院金工厂</td><td rowspan="2">1916</td><td>内蒙古自治区呼和浩特市</td></tr>
<tr><td>内蒙古林学院化工厂</td><td>内蒙古自治区呼和浩特市</td></tr>
<tr><td>吉林林学院金工厂</td><td>350</td><td>吉林省吉林市</td></tr>
<tr><td>浙江林学院校办工厂</td><td>500</td><td>浙江省临安县</td></tr>
<tr><td>福建林学院金工教学工厂</td><td>713</td><td>福建省南平市</td></tr>
<tr><td>福建林学院木工教学工厂</td><td>692</td><td>福建省南平市</td></tr>
<tr><td>合　　计</td><td>18974</td><td></td></tr>
</table>

（林业部教育司高等教育处）

# 全国林业高、中等职工院校一览表

## 高 等 院 校

| 名　称 | 主管单位 | 地　址 |
| --- | --- | --- |
| 一、管理干部学院 | | |
| 1.北京林业管理干部学院 | 林业部 | 北京市大兴县黄村 |
| 2.黑龙江省森林工业管理干部学院 | 黑龙江省森工总局 | 黑龙江省伊春市带岭区 |
| 3.黑龙江省林业管理干部学院 | 黑龙江省林业厅 | 黑龙江省齐齐哈尔市 |
| 二、职工大学 | | |
| 1.哈尔滨林机厂职工业余大学 | 哈尔滨林业机械厂 | 黑龙江省哈尔滨市动力区通乡街143号 |
| 2.黑龙江省森林工业职工大学 | 黑龙江省森工总局 | 黑龙江省伊春市带岭区 |
| 3.黑龙江省伊春职工大学 | 黑龙江省伊春林业管理局 | 黑龙江省伊春市 |
| 三、广播电视大学 | | |
| 1.大兴安岭林管局广播电视大学 | 林业部大兴安岭林业管理局 | 黑龙江省加格达奇 |
| 2.黑龙江省伊春林管局广播电视大学 | 黑龙江省伊春林业管理局 | 黑龙江省伊春市 |
| 3.黑龙江省牡丹江林管局广播电视大学 | 黑龙江省牡丹江林业管理局 | 黑龙江省牡丹江市 |
| 4.内蒙古自治区牙克石林管局广播电视大学 | 内蒙古自治区牙克石林业管理局 | 内蒙古自治区牙克石市 |
| 5.黑龙江省松花江林管局广播电视大学 | 黑龙江省松花江林业管理局 | 黑龙江省哈尔滨市太平区宏伟路5号 |
| 四、教育学院 | | |
| 1.黑龙江省林业教育学院 | 黑龙江省森工总局 | 黑龙江省哈尔滨市学府路三道街 |
| 2.黑龙江省伊春林业教育学院 | 黑龙江省伊春林业管理局 | 黑龙江省伊春市 |
| 3.大兴安岭林业教育学院 | 林业部大兴安岭林业管理局 | 黑龙江省加格达奇 |
| 4.内蒙古自治区牙克石林业教育学院 | 内蒙古自治区牙克石林业管理局 | 内蒙古自治区牙克石市 |
| 五、干训部 | | |
| 1.北京林业大学干训部 | 北京林业大学 | 北京市海淀区北安河大觉寺 |
| 2.东北林业大学干训班 | 东北林业大学 | 黑龙江省尚志县帽儿山 |
| 3.南京林业大学干训部 | 南京林业大学 | 江苏省南京市韶山路 |
| 4.中南林学院干训部 | 中南林学院 | 湖南省株洲市大樟树下 |
| 5.西北林学院干训班 | 西北林学院 | 陕西省咸阳市杨陵镇 |
| 6.西南林学院干训部 | 西南林学院 | 云南省昆明市温泉 |
| 7.吉林林学院干训处 | 吉林林学院 | 吉林省吉林市江南 |
| 六、干部专修科 | | |
| 1.北京林业大学干部专修科 | 北京林业大学 | 北京市海淀区肖庄 |
| 2.东北林业大学干部专修科 | 东北林业大学 | 黑龙江省哈尔滨市动力区和兴路 |
| 3.南京林业大学干部专修科 | 南京林业大学 | 江苏省南京市韶山路 |

| | | |
|---|---|---|
| 4. 中南林学院干部专修科 | 中南林学院 | 湖南省株洲市大樟树下 |
| 5. 西北林学院干部专修科 | 西北林学院 | 陕西省咸阳市杨陵镇 |
| 6. 西南林学院干部专修科 | 西南林学院 | 云南省昆明市温泉 |
| 7. 吉林林学院干部专修科 | 吉林林学院 | 吉林省吉林市江南 |
| 8. 福建林学院干部专修科 | 福建林学院 | 福建省南平市西芹 |
| 9. 浙江林学院干部专修科 | 浙江林学院 | 浙江省临安县 |
| 10. 内蒙古林学院干部专修科 | 内蒙古林学院 | 内蒙古自治区呼和浩特市 |
| 11. 山西农学院林学系干部专修科 | 山西农学院 | 山西省太谷县 |
| 12. 甘肃农业大学林学系干部专修科 | 甘肃农业大学 | 甘肃省武威地区黄羊镇 |
| 13. 宁夏农学院林学系干部专修科 | 宁夏农学院 | 宁夏自治区永宁县王太堡 |
| 14. 广西农学院林学分院干部专修科 | 广西农学院 | 广西自治区南宁市邕武路二塘 |
| 15. 山东省农业管理干部学院林业干部专修科 | 山东省农业管理干部学院 | 山东省齐河县 |

七、高等函授教育

| | | |
|---|---|---|
| 1. 北京林业大学函授部 | 北京林业大学 | 北京市海淀区肖庄 |
| 2. 东北林业大学函授部 | 东北林业大学 | 黑龙江省哈尔滨市动力区和兴路 |
| 3. 南京林业大学函授部 | 南京林业大学 | 江苏省南京市韶山路 |
| 4. 中南林学院函授部 | 中南林学院 | 湖南省株洲市大樟树下 |
| 5. 福建林学院函授部 | 福建林学院 | 福建省南平市西芹 |
| 6. 华南农业大学林学系函授部 | 华南农业大学 | 广东省广州市石牌王山 |
| 7. 河南农学院林学系函授部 | 河南农学院 | 河南省郑州市文化路 |
| 8. 华中农学院林学系函授部 | 华中农学院 | 湖北省武昌县南湖狮子山 |
| 9. 新疆八一农学院林学系函授部 | 新疆八一农学院 | 新疆自治区乌鲁木齐市 |
| 10. 广西农学院林学分院函授部 | 广西农学院 | 广西自治区南宁市邕武路二塘 |
| 11. 河北林学院函授部 | 河北林学院 | 河北省保定市 |

八、夜大学

| | | |
|---|---|---|
| 1. 东北林业大学夜大学 | 东北林业大学 | 黑龙江省哈尔滨市动力区和兴路 |
| 2. 南京林业大学夜大学 | 南京林业大学 | 江苏省南京市韶山路 |
| 3. 中南林学院夜大学 | 中南林学院 | 湖南省株洲市大樟树下 |
| 4. 华南农业大学林学系夜大学 | 华南农业大学 | 广东省广州市石牌王山 |

## 中 等 学 校

一、干部学校

| | | |
|---|---|---|
| 1. 大兴安岭林业干部中专学校 | 林业部大兴安岭林业管理局 | 黑龙江省加格达奇 |
| 2. 南京林业干部学校 | 林业部 | 江苏省南京市太平门外樱驼村 |
| 3. 北京市林业干部学校 | 北京市林业局 | 北京市顺义县北门外 |
| 4. 山西省林业干部学校 | 山西省林业厅 | 山西省太原市胜利桥东 |
| 5. 浙江省林业干部学校 | 浙江省林业厅 | 浙江省临安县城 |
| 6. 福建省林业干部学校 | 福建省林业厅 | 福建省福州市洋洽 |
| 7. 安徽省林业干部学校 | 安徽省林业厅 | 安徽省合肥市大蜀山 |
| 8. 云南省林业干部学校 | 云南省林业厅 | 云南省昆明市金殿 |
| 9. 贵州省林业干部学校 | 贵州省林业厅 | 贵州省修文县扎佐 |
| 10. 四川省林业干部学校 | 四川省林业厅 | 四川省成都市下沙河堡 |
| 11. 新疆林业干部学校 | 新疆维吾尔自治区林业厅 | 新疆自治区乌鲁木齐市黑山头 |
| 12. 黑龙江省伊春林管局干部学校 | 黑龙江省伊春林业管理局 | 黑龙江省伊春市 |
| 13. 黑龙江省松花江林管局干部学校 | 黑龙江省松花江林业管理局 | 黑龙江省哈尔滨市 |
| 14. 黑龙江省牡丹江林管局干部学校 | 黑龙江省牡丹江林业管理局 | 黑龙江省牡丹江市韶山路 |

| | | |
|---|---|---|
| 15. 黑龙江省合江林管局干部学校 | 黑龙江省合江林业管理局 | 黑龙江省汤原县鹤立镇 |
| 16. 内蒙古自治区牙克石林管局干部学校 | 内蒙古自治区牙克石林业管理局 | 内蒙古自治区牙克石市 |
| 17. 甘肃省白龙江林管局干部学校 | 甘肃省白龙江林业管理局 | 甘肃省文县碧口镇 |
| 18. 黑龙江省鸡西市林业干部学校 | 黑龙江省鸡西市林业局 | 黑龙江省鸡西市 |
| 19. 黑龙江省绥化地区林业干部学校 | 黑龙江省绥化地区林业局 | 黑龙江省绥化市北门外 |
| 20. 黑龙江省黑河地区林业干部学校 | 黑龙江省黑河地区林业局 | 黑龙江省黑河市 |
| 21. 黑龙江省佳木斯市林业干部学校 | 黑龙江省佳木斯市林业局 | 黑龙江省佳木斯市永红区 |
| 22. 黑龙江省松花江地区林业干部学校 | 黑龙江省松花江地区林业局 | 黑龙江省阿城县亚沟 |
| 23. 黑龙江省齐齐哈尔市林业干部学校 | 黑龙江省齐齐哈尔市林业局 | 黑龙江省富裕县 |
| 24. 广东省韶关市林业干部学校 | 广东省韶关市林业局 | 广东省韶关市 |
| 25. 陕西省安康林业技术干部学校 | 陕西省安康地区林业局 | 陕西省安康县 |
| 26. 吉林省吉林市林业干部学校 | 吉林省吉林市林业局 | 吉林省吉林市江南大街华山路96号 |

二、干部培训班

| | | |
|---|---|---|
| 1. 中等林校教师进修班 | 辽宁省林业学校 | 辽宁省沈阳市苏家屯区辽宁省林业学校内 |
| 2. 泰安林业专业干部训练班 | 山东省林业学校 | 山东省泰安市山东省林业学校内 |
| 3. 河南省林业干部培训班 | 河南省林业厅 | 河南省洛阳林业学校、信阳林业学校、汝南园林学校内 |
| 4. 江苏省林业干部培训班 | 江苏省农林厅 | 江苏省南京市省林业科学研究所内 |
| 5. 江西省林业干部培训班 | 江西省林业厅 | 江西省南昌市省森工技校内 |
| 6. 湖北省林业干部培训班 | 湖北省林业厅 | 湖北省武昌县纸坊镇湖北省林业学校内 |
| 7. 广东省林业干部培训班 | 广东省林业厅 | 广东省广州市龙眼洞广州林业学校内 |
| 8. 广西林业干部培训班 | 广西壮族自治区林业厅 | 广西壮族自治区南宁市邕武路 |
| 9. 辽宁省林业干部培训班 | 辽宁省林业厅 | 辽宁省沈阳市 |
| 10. 辽宁省朝阳市林业干部培训班 | 辽宁省朝阳市林业局 | 辽宁省朝阳市 |
| 11. 河北省林业干部培训班 | 河北省林业厅 | 河北省石家庄市 |

三、职工中专学校

| | | |
|---|---|---|
| 1. 哈尔滨林机厂职工中专学校 | 哈尔滨林业机械厂 | 黑龙江省哈尔滨市动力区 |
| 2. 内蒙古自治区林业职工中专 | 内蒙古自治区农委林业局 | 内蒙古自治区呼和浩特市东郊 |
| 3. 湖北省林业职工中专学校 | 湖北省林业厅 | 湖北省武汉市武昌区白沙洲 |
| 4. 四川省林业职工中专学校 | 四川省林业厅 | 四川省成都市下沙河堡 |
| 5. 广西林业职工中专学校 | 广西壮族自治区林业厅 | 广西壮族自治区柳州市长塘 |
| 6. 黑龙江省带岭林业职工中专学校 | 黑龙江省带岭林业实验局 | 黑龙江省伊春市带岭区 |
| 7. 黑龙江省绥化林业职工中专学校 | 黑龙江省绥化林业局 | 黑龙江省绥化市 |
| 8. 黑龙江省合江林管局职工中专学校 | 黑龙江省合江林业管理局 | 黑龙江省汤原县鹤立镇 |
| 9. 黑龙江省牡丹江林管局职工中专学校 | 黑龙江省牡丹江林业管理局 | 黑龙江省牡丹江市 |
| 10. 吉林省延边林业职工中专学校 | 吉林省延边自治州林业局 | 吉林省延吉市河南街 |
| 11. 吉林省通化市林业职工中专学校 | 吉林省浑江市林业局 | 吉林省通化市 |
| 12. 吉林省吉林林业职工中专学校 | 吉林省吉林市林业局 | 吉林省吉林市江南大街华山路96号 |
| 13. 吉林省四平林业职工中专学校 | 吉林省四平地区林业局 | 吉林省四平市铁东区山门镇 |
| 14. 湖南省邵阳市林业职工中专学校 | 湖南省邵阳市林业局 | 湖南省邵阳市庙山 |
| 15. 湖南省常德地区林业职工中专学校 | 湖南省常德地区林业局 | 湖南省常德县 |
| 16. 福建省龙岩林业职工中专学校 | 福建省龙岩地区林业局 | 福建省龙岩市 |
| 17. 内蒙古自治区牙克石林业职工中专学校 | 内蒙古自治区牙克石林业管理局 | 内蒙古自治区牙克石市 |

四、干部、职工中专班

1. 黑龙江省牡丹江林校职工中专班　黑龙江省牡丹江林业学校　黑龙江省牡丹江市
2. 黑龙江省林业卫生学校职工中专班　黑龙江省林业卫生学校　黑龙江省佳木斯市
3. 白城林校职工中专班　白城林业学校　吉林省白城市
4. 内蒙古自治区扎兰屯林校职工中专班　内蒙古自治区扎兰屯林业学校　内蒙古自治区扎兰屯市
5. 内蒙古自治区牙克石林业干部学校职工中专班　内蒙古自治区牙克石林业干部学校　内蒙古自治区牙克石市
6. 内蒙古自治区牙克石林业卫生学校职工中专班　内蒙古自治区牙克石林业卫生学校　内蒙古自治区牙克石市
7. 南京林校职工中专班　南京林业学校　江苏省南京市太平门外樱驼村
8. 安徽省黄山林校职工中专班　安徽省黄山林业学校　安徽省屯溪市
9. 湖北省林校职工中专班　湖北省林业学校　湖北省武昌县纸坊镇
10. 湖南省林校职工中专班　湖南省林业学校　湖南省长沙市韶山路
11. 浙江省林校职工中专班　浙江省林业学校　浙江省丽水县城北
12. 福建省林校职工中专班、干部中专班　福建省林业学校　福建省南平市
13. 广东省广州林校职工中专班　广东省广州林业学校　广东省广州市沙河龙眼洞
14. 云南省林校职工中专班　云南省林业学校　云南省昆明市金殿
15. 四川省林校职工中专班　四川省林业学校　四川省灌县北门外
16. 陕西省农林学校林科职工中专班　陕西省农林学校　陕西省咸阳市杨陵镇
17. 山西省林校职工中专班　山西省林业学校　山西省太原市胜利桥东
18. 河南省汝南园林学校职工中专班　河南省汝南园林学校　河南省汝南县城南关
19. 福建省三明林校职工中专班、干部中专班　福建省三明林业学校　福建省三明市

五、中等函授教育

1. 福建林校函授部　福建林业学校　福建省南平市
2. 福建省林干校函授部　福建省林业干部学校　福建省福州市洋治
3. 辽宁林校函授部　辽宁林业学校　辽宁省沈阳市苏家屯区
4. 广西林校函授部　广西林业学校　广西壮族自治区柳州市沙塘

六、广播电视中专学校

1. 中央农业广播学校林业专业　中央农业广播学校　北京市朝阳区团结湖农牧渔业部大楼内

（林业部教育司职工教育处、干部培训处）

## 中华人民共和国建立前夕设有林科的中等专业学校

| 地区 | 学校名称 | 地址 |
|---|---|---|
| 华北 | 张家口农业学校<br>太原农业技术学校 | 察哈尔张家口市古宏庙<br>山西太原市上马街 |
| 西北 | 西北农学院附属郿县林业学校<br>甘肃高级农业技术学校 | 陕西郿县<br>甘肃临洮 |
| 东北 | 兴城农科职业学校 | 辽宁兴城东达子营 |
| 华东 | 宜兴高级农业学校 | 江苏宜兴蜀山 |
| 西南 | 贵州高级农业学校<br>四川高级农业学校<br>云南昆华农业学校 | 贵州贵阳市油榨街<br>四川成都市<br>云南昆明市 |

注：不包括台湾省。

（林业部教育司中等教育处）

# 全国中等林业学校基本情况表

1986 年

| 序号 | 学校名称 | 主管部门 | 所设专业 | 在校生数（人） | 教职工数（人） | |
|---|---|---|---|---|---|---|
| | | | | | 合计 | 其中：专任教师 |
| | 总计 | | | | | |
| 1 | 山西省林业学校 | 山西省林业厅 | 林业 | 532 | 169 | 65 |
| 2 | 内蒙古大兴安岭林业学校 | 内蒙古自治区大兴安岭林业管理局 | | | | |
| 3 | 内蒙古自治区扎兰屯林业学校 | 内蒙古自治区农委林业局 | 林业、森林保护、林业经济管理 | 529 | 165 | 71 |
| *4 | 辽宁省林业学校 | 辽宁省林业厅 | 林业、森林保护、园林绿化 | 750 | 359 | 118 |
| 5 | 吉林省林业学校 | 吉林省林业厅 | 林业、木材采伐运输、林业经济管理、财务会计、医士、普通师范、幼儿师范 | 1516 | 210 | 71 |
| 6 | 白城林业学校 | 林业部 | 林区土木工程、林业机械、物资管理 | 535 | 250 | 109 |
| 7 | 黑龙江省齐齐哈尔林业学校 | 黑龙江省林业厅 | 林业、森林保护、财务会计 | 490 | 111 | 58 |
| 8 | 黑龙江省伊春林业学校 | 黑龙江省伊春市 | 林业、林业经济管理、财务会计 | 660 | 238 | 63 |
| 9 | 黑龙江省牡丹江林业学校 | 黑龙江省森林工业总局 | 林业、森林调查规划、木材加工、人造板、木材采伐运输、林业财务会计 | 542 | 264 | 124 |
| 10 | 南京林业学校 | 林业部 | 林业、森林调查规划、园林绿化 | 669 | 254 | 101 |
| 11 | 宁波林业学校 | 林业部 | 林业、园林绿化、财务会计 | 243 | 66 | 34 |
| *12 | 浙江林业学校 | 浙江省林业厅 | 林业、森林保护、经济林 | 519 | 147 | 74 |
| 13 | 安徽省合肥林业学校 | 安徽省林业厅 | 林业 | 365 | 119 | 48 |
| 14 | 安徽省黄山林业学校 | 安徽省林业厅 | 林业 | 364 | 107 | 51 |
| 15 | 福建省三明林业学校 | 福建省林业厅 | 林业、财务会计 | 166 | 49 | 27 |
| *16 | 福建林业学校 | 福建省林业厅 | 林业、森林调查规划、木材采伐运输、财务会计 | 601 | 202 | 78 |
| 17 | 江西省第一林业学校 | 江西省林业厅 | 林业、森林综合利用 | 260 | 151 | 48 |
| 18 | 江西省第二林业学校 | 江西省林业厅 | 林业 | 401 | 723 | 32 |
| *19 | 山东省林业学校 | 山东省林业厅 | 林业、森林保护、经济林 | 721 | 333 | 117 |
| 20 | 河南省洛阳林业学校 | 河南省林业厅 | 林业、森林保护、园林绿化 | 644 | 156 | 80 |
| 21 | 河南省汝南园林学校 | 河南省驻马店地区林业局 | 园林绿化 | 389 | 104 | 40 |
| 22 | 河南省信阳林业学校 | 河南省信阳地区林业局 | 林业 | 320 | 97 | 39 |
| 23 | 湖北省林业学校 | 湖北省林业厅 | 林业、森林保护、木材加工、林业特产、林业经济管理 | 378 | 169 | 75 |

（续）

| 序号 | 学校名称 | 主管部门 | 所设专业 | 在校生数（人） | 教职工数（人） | |
|---|---|---|---|---|---|---|
| | | | | | 合计 | 其中：专任教师 |
| 24 | 湖北省黄冈地区林业学校 | 湖北省黄冈地区林业局 | 林业 | 85 | 45 | 21 |
| 25 | 湖北省咸宁地区林业学校 | 湖北省咸宁地区农工部 | 林业 | 152 | 53 | 21 |
| 26 | 湖北省宜昌区林业学校 | 湖北省宜昌地区林业局 | 林业、财务会计 | 152 | 60 | 34 |
| 27 | 湖北省鄂西自治州林业学校 | 湖北省鄂西自治州林业局 | 林业 | 79 | 42 | 15 |
| *28 | 湖南省林业学校 | 湖南省林业厅 | 林业、木材加工、财务会计 | 781 | 229 | 106 |
| 29 | 广东省广州林业学校 | 广东省林业厅 | | | | |
| 30 | 广西壮族自治区林业学校 | 广西壮族自治区林业厅 | 林业、木材采伐运输、财务会计 | 683 | 277 | 86 |
| *31 | 四川省林业学校 | 四川省林业厅 | 林业、木材采伐运输 | 928 | 368 | 120 |
| 32 | 贵州省林业学校 | 贵州省林业厅 | 林业、森林保护 | 450 | 121 | 47 |
| 33 | 云南省林业学校 | 云南省林业厅 | 林业、木材采伐运输 | 374 | 169 | 68 |
| 34 | 陕西省榆林林业学校 | 陕西省榆林地区林业局 | 林业 | 240 | 99 | 30 |
| 35 | 陕西省延安林业学校 | 陕西省延安地区林业局 | | | | |
| 36 | 甘肃省林业学校 | 甘肃省林业厅 | 林业 | 3 50 | 113 | 54 |
| 37 | 甘肃省庆阳林业学校 | 甘肃省庆阳地区林业处 | 林业 | 182 | 46 | 13 |
| 38 | 新疆维吾尔自治区林业学校 | 新疆维吾尔自治区林业厅 | 林业、木材采伐运输 | 325 | 166 | 59 |

注：*为全国重点中等专业学校。

（林业部教育司中等教育处）

## 全国林业系统师范、卫生等中等专业学校基本情况表

1986年

| 序号 | 学校名称 | 主管部门 | 所设专业 | 在校生数（人） | 教职工数（人） | |
|---|---|---|---|---|---|---|
| | | | | | 合计 | 其中：专任教师 |
| | 总　　　计 | | | | | |
| | 一、林业师范学校 | | | | | |
| 1 | 内蒙古大兴安岭林业师范学校 | 内蒙古自治区大兴安岭林业管理局 | 普通师范 | 242 | 160 | 69 |
| 2 | 伊春林业师范学校 | 黑龙江省伊春市教育局 | 普通师范、幼儿师范 | 460 | 75 | 30 |
| 3 | 牡丹江林业师范学校 | 黑龙江省森林工业总局 | 普通师范、幼儿师范 | 211 | 129 | 60 |
| 4 | 大兴安岭林业师范学校 | 林业部大兴安岭林业管理局 | | | | |

（续）

| 序号 | 学校名称 | 主管部门 | 所设专业 | 在校生数（人） | 教职工数（人） | |
|---|---|---|---|---|---|---|
| | | | | | 合计 | 其中：专任教师 |
| | 二、林业卫生学校 | | | | | |
| 5 | 内蒙古大兴安岭林业卫生学校 | 内蒙古自治区大兴安岭林业管理局 | 普通医士、护士、检验士 | 209 | 71 | 29 |
| 6 | 黑龙江省林业卫生学校 | 黑龙江省森林工业总局 | 普通医士、护士 | 250 | 74 | 31 |
| 7 | 大兴安岭林业管理局卫生学校 | 林业部大兴安岭林业管理局 | 普通医士、护士、妇幼医士、卫生医士 | 207 | 50 | 42 |
| 8 | 三、黑龙江省武装森林警察学校 | 黑龙江省森林工业总局 | 承担在职培训 | | 27 | |

（林业部教育司中等教育处）

## 全国林业技工学校分地区基本情况表

1986年

| 地区 \ 项目 | 学校数（所） | 在校生数（人） | 教职工数（人） | | 备注 |
|---|---|---|---|---|---|
| | | | 合计 | 其中：专任教师 | |
| 总计 | 87 | 21150 | 4526 | 1917 | 含分校26所 |
| 华北地区 | 9 | 1591 | 520 | 184 | |
| 山西省 | 1 | 49 | 13 | 5 | |
| 内蒙古自治区 | 8 | 1542 | 507 | 179 | |
| 东北地区 | 56 | 15607 | 2987 | 1307 | |
| 辽宁省 | 1 | 55 | 14 | 7 | |
| 吉林省 | 22 | 6495 | 867 | 449 | 含分校20所 |
| 黑龙江省 | 33 | 9057 | 2106 | 851 | 含分校5所 |
| 华东地区 | 4 | 894 | 178 | 92 | |
| 江苏省 | 1 | 195 | 30 | 19 | |
| 福建省 | 1 | 101 | 34 | 19 | |
| 江西省 | 1 | 513 | 101 | 41 | |
| 山东省 | 1 | 85 | 13 | 13 | |
| 中南地区 | 6 | 490 | 139 | 73 | |
| 湖北省 | 1 | 60 | 35 | 32 | |
| 湖南省 | 0 | 200 | | | 委托湘潭市第一技工学校代培 |
| 广东省 | 2 | 100 | 33 | 19 | 含分校1所 |
| 广西壮族自治区 | 2 | 130 | 71 | 22 | |
| 西南地区 | 12 | 2480 | 534 | 199 | |
| 四川省 | 9 | 2046 | 355 | 165 | |
| 贵州省 | 2 | 142 | 46 | 19 | |
| 云南省 | 1 | 292 | 133 | 15 | |
| 西北地区 | 1 | 88 | 168 | 62 | |
| 新疆维吾尔自治区 | 1 | 88 | 168 | 62 | 与新疆林业学校合办 |

（林业部教育司中等教育处）

# 林业科学技术

**【林业科学技术综述】**

**发展概况** 中华人民共和国成立前，全国林业科研机构仅有重庆林业试验站、华北农业试验场的造林研究科、经济部中央工艺实验所木材试验室和上海木材工业研究室等几处，科研人员不到200人。回顾建国37年来我国林业科学技术事业的发展历程，可分为初创、发展、停顿、恢复与重建、蓬勃发展等5个阶段。每个阶段的情况分述如下：

*初创阶段*(1949～1957) ①组建林业科研机构。为改变落后的林业面貌，发展林业科学技术，当时的林垦部开始着手林业科研机构的组建工作。1951年，在集中国内一部分林业科技人员的同时，努力争取旅外学者回国参加筹建中央林业科学研究所。1951年2月成立中国林学会；1952年正式成立中央林业科学研究所；1954年成立中国科学院林业土壤研究所。这一时期，一些省(区)也相继成立林业科学研究所，如1954年成立的内蒙古林业科学研究所，1956年成立的黑龙江、吉林、广西等省的林业科学研究所。

②总结群众生产经验，进行大规模森林考察。主要是总结群众经验，进行森林考察。例如，对大兴安岭、小兴安岭和长白山林区进行了森林经理调查，制定了施业案；对大兴安岭进行了综合调查。

③贯彻实施十二年科学技术规划。在“一五”计划期间取得重大成就的基础上，国务院科学规划委员会于1956年组织编制了《1956～1967年科学技术发展远景规划纲要(草案)》，即12年科学技术规划。其中的第47项，是林业科学技术发展规划，即扩大森林资源、森林合理经营和合理利用。该项包含涉及营林和森林工业的12个重点科学技术项目。贯彻实施这一规划，为我国林业科学技术事业的发展奠定了良好的基础。

*发展阶段*(1958～1965) ①壮大林业科技队伍，建立健全林业科研机构。1958年，中央林业科学研究所扩建为中国林业科学研究院，下设林业、森林工业研究所；1960年增加了林业经济、林业机械、林产化学工业研究所。至1965年，该院已有14个研究所、站，近2000名职工。各地也相应成立了林业科研机构。截止1962年，据全国25个省、自治区统计，省级林业科研机构有职工1988人，其中科技人员937人。

②继续贯彻实施十二年科学技术规划。从1958～1964年，林业部每年召开1次全国性的林业科学技术工作会议，交流贯彻实施十二年科技规划的经验。各林业科研机构较系统地开展了应用研究和应用基础学科的研究。

③贯彻执行科研《十四条》。1961年，国家科委党组和中国科学院党组起草了《自然科学研究机构当前工作的若干问题(草案)》，即科研《十四条》。党中央批准试行后，各级林业科研单位认真贯彻执行，推动了林业科技事业的发展。

④编制林业十年科学技术规划。1962年，中央科学小组和国家科委制定了《1963～1972年科学技术发展规划(草案)》，即十年科学技术发展规划。国家科委林业组和林业部相应制定了《1963～1972年科学技术发展规划(草案)·林业》。该规划包括营林、木材采伐运输、木材加工、林产化工、林副特产利用、林业经济等6个方面的16个重点研究项目。部分课题于1964年前基本完成；部分课题因开展政治运动而缩减或中止。

⑤开展林业科技情报工作。自1958年后，各地林业主管部门和科研单位，先后成立科技情报机构，收集、整理图书资料，创办林业科技情报刊物，加强情报交流和研究。

*停顿阶段*(1966～1976) 十年动乱中，林业科技人员被下放或转业，绝大多数林业科研机构被撤销，科研项目几乎全部被迫中断。

*恢复和重建阶段*(1977～1980) ①恢复、建立林业科研机构，科研人员陆续归队。1977年，农林部决定收回下放的科研所。中国林学会于1978年恢复活动。国务院于1978年5月批准恢复中国林业科学研究院。至1979年9月，中国林业科学研究院下属各研究所全部恢复。同时，在江西分宜、广西凭祥、内蒙古磴口分别成立了大青山、大岗山、磴口3个林业实验局。截至1980年，中国林业科学研究院已有8个研究所、3个实验局、1个试验林场，共有职工3443人，其中科技人员983人。省级直属林业科学研究所有62个，职工5840人，其中科技人

员2310人。地、市级林科所172个，职工7220人。

②林业大专院校建立非独立性的科研机构。林业院校先后建立各种非独立性的科研机构及试验基地，积极开展基础理论和应用科学的研究，取得大量成果。

③建立各级林业科技管理机构。1979年恢复林业部后，设立科学技术司。绝大多数省、自治区、直辖市林业主管部门相应建立林业科技管理机构。到1986年，全国已初步形成林业科技管理体系。

④成立林业部科学技术委员会。1980年，林业部为加强对具有战略意义的科技重大问题开展审议、咨询、论证，成立了第一届科学技术委员会，各地也成立了相应机构。

⑤贯彻实施八年科学技术发展规划。1977年11月，国家科委编制了《1978～1985年全国科学技术发展规划纲要(草案)》，即八年科学技术发展规划。林业部对规划中关于林木速生丰产技术、木材综合利用等研究项目分别进行了具体落实。

⑥贯彻"调整、改革、整顿、提高"的方针。1979年10月，林业部提出《关于林业科技工作三年调整的意见》(草稿)。同年12月，修改为《关于林业科技工作的调整意见》(讨论稿)。这个意见，强调要加强林业科技政策的研究，调整科研机构布局，改革林业科技管理体制。

⑦拟定《1981～1990年林业科学技术发展规划和到2000年的初步设想》(讨论稿)。1980年11月，林业部提出了林业科学技术主要发展目标、重点研究项目、措施、意见，强调要调整林业科研机构，加强队伍建设，增加科研经费，改善科研条件，加强组织领导。

⑧落实知识分子政策。几年来，林业系统各级党组织和主管部门以很大精力落实党的知识分子政策，平反了一批冤假错案；1978年恢复了技术职称评定制度，改善了科技人员的工作条件和生活条件。一些德才兼备的中青年知识分子走上了重要的工作岗位，较好地发挥了他们的作用。

*蓬勃发展阶段*(1981～1986) ①科研机构、队伍得到加强。截至1984年，地区以上的独立林业科研机构有235个，非独立的林业科研机构有98个。职工有20924人，其中科技人员7181人。教育方面有11所林业院校及一些农业院校的林学系，有专职教师4000多人。这也是一支林业科学技术的重要力量。

②编制林业科技规划并组织实施。编制了《林业科技"六五"规划》；组织专家、学者编制了《1986～2000年林业科学技术发展规划轮廓设想》，提出了规划的奋斗目标和拟采取的技术政策；编制了《2000年我国林业科技、经济和社会发展规划纲要》。

③加强科研计划管理工作。自1980年以来，试行国家科委提出的《关于科学技术计划管理制度的改革意见》，林业部只抓好攻关项目和结转项目，其余课题实行分级管理。

④加强林业科技成果管理和奖励工作。为贯彻国家科委、国家计委等颁发的一系列规定，林业部于1982年12月颁发了《中华人民共和国林业部林业科学技术研究成果管理办法》，对林业科技成果的鉴定、评审、登记、上报、推广、奖励等作了规定。1949～1985年，林业系统共有1994项较重要的科技成果报送林业部，有122项获国家奖励，363项获林业部奖励。

⑤加强林业科技开发、推广工作。1981年以来，林业部采取各种不同形式推广科技成果，并拟订了有关条例。1986年8月，林业部召开了林业星火计划会议，落实了13项星火计划项目。同年10月，林业部又召开了全国林业科技推广工作会议，研究落实推广项目。截止1986年统计，全国已有21个省、143个地(市)、985个县建立和正在建立林业科技推广机构；专职推广人员有13402人，其中科技人员7618人。

⑥加强林业标准化工作。1982年4月，林业部召开了全国首届林业标准化工作会议；分别于1982年11月、1983年9月、1984年7月组建了人造板机械标准化、林业机械标准化、中国木材标准化3个委员会。截止1986年，林业部共组织制订或修订了各方面标准257项，其中国家标准123项、部颁标准70项、专业标准64项，初步形成林业标准化体系。

⑦开展林业工业产品质量监督检验和评优工作。1980年以来，贯彻了国家经委颁发的《工业企业全面质量管理暂行办法》，在森工企业全面推行了质量管理工作，并参加国家质量奖的评优工作。为做好这项工作，林业部发布了《林业部优质产品评选办法》、《林业部产品质量监督检验工作暂行条例》。通过这项工作，提高了职工的素质和企业经营管理水平，调动了企业采用国际标准和国外先进标准的积极性。

⑧开拓技术市场。林业部在1985年和1986年多次组织或参与科学技术成果交易，促进了科研、教学、设计、生产单位的横向联合，开拓了林业技术市场。

⑨制定林业技术政策。1983年，林业部组织有关专家，起草森林能源、发展速生丰产用材林、木材综合利用等3项林业技术政策的要点和背景材料。之后，又起草了林业机械、天然林经营利用、林业领域应用生物技术、林产化学工业、经济林、竹林、林业节能等7项技术政策。在此基础上形成的讨论稿，分别于1986年8月、12月提交全国林业

厅局长会议、林业部科学技术委员会第三届委员会讨论审议。

⑩完善林业科技情报信息系统。1983年，成立了林业部科技情报中心，并同各地相应机构组成全国林业科技情报体系，加强了林业科技信息交流工作。1986年，林业系统获得庆祝中国科学技术情报事业创建30周年科技成果二等奖1项、三等奖1项，受到表彰的先进工作者5人。

⑪开展对外科技合作与交流活动。1984年11月，我国政府与世界银行签署了贷款协议书，其中有850万个特别提款权用于加强我国林业科研与技术推广建设。为学习国外先进经验，多次派出考察团、组或参加国际林业科学技术会议，聘请外国专家、学者来华讲学和举行技术座谈。

⑫开展专利工作。我国于1985年开始实施专利法。林业部为实施专利法，组织人员参加各种培训班，并于1985年9月在科技司成立专利管理处。在北京林业大学建立专利事务所，代理专利申请等业务。

⑬积极开展林业科技体制改革。根据国家体制改革委员会的有关规定，1984年7月，林业部批准中国林业科学研究院林产化学工业研究所为改革试点单位，并制定了试点改革实施办法。1986年，全面试行目标管理。1985年8月，在林业部召开的全国林业科技工作会议上，着重讨论了《关于林业科技体制改革的若干意见》(讨论稿)，提出争取用5年左右时间使我国林业科技体制基本转上新的轨道。与此同时，还进行了拨款制度的改革，建立了林业科技发展基金。

**主要科学技术成果** 中华人民共和国成立37年来，林业科技获得了一批可喜的成果。

①林木良种化试验研究：已选育出一些用材林和经济林树种的良种和无性系。

②种子园建设：已建有杉木、落叶松、湿地松等主要树种的种子园。

③树木引种：已引进300多种树种、变种及优良无性系，试种后表现良好。

④造林技术和速生丰产林研究：对我国主要造林树种都已取得成套的采种、育苗、栽培成果，为大规模绿化造林提供了科学依据。

⑤农田防护林研究：对防护林带的规划、设计、树种配置、营造技术、防护效益等，做了大量工作，取得了丰富的数据。

⑥固沙造林研究：已基本摸清沙漠分布、面积与自然条件等，积累了大量资料。

⑦森林病虫害防治研究：已基本掌握主要森林病虫害的分布区系、分类、生态与生物学特性、发生规律，并提出一些行之有效的防治方法。

⑧林产化学工业方面的研究：对松香、栲胶、木材热解与水解、胶粘剂等方面进行了大量的研究工作，形成系列产品。

⑨木材加工工业方面的研究：对主要用材的材性、防腐、干燥及各种人造板工艺和设备进行了比较系统的研究。

⑩林业机械研究：研制了一批适合我国林业生产特点的林业机具和林业成套设备。

(吴 博 杨健君)

**【科学技术发展规划】** 科学技术发展规划，是对一个历史时期科学技术发展的预测，是对科技发展的方向、目标、重点以及实施措施的远景设想或总蓝图。37年来，我国曾组织过5次大规模的全国性科技发展规划的编制工作。林业作为国民经济的一个重要部门，参与并相应地组织了林业科技发展规划的编制。

**第一次科学技术发展规划**(1956) 国务院科学规划委员会组织编制了《1956～1967年科学技术发展远景规划纲要(草案)》，即十二年科技发展规划。规划提出了12年内必须完成的57项重大科学技术任务和616个重点科学技术项目。其中的第47项，是扩大森林资源、森林合理经营和合理利用。该项包含涉及营林和森林工业的12个重点科技项目。这次规划，是在周恩来总理主持下进行的，由国务院科学规划委员会组织600余名科学家和技术人员参加规划的编制工作。中国林业科学研究院及各省(区)的林业科学研究所正是在这一时期相继建立起来的，并在规划指导下开展了大量研究工作。

**第二次科学技术发展规划**(1962) 鉴于十二年科学技术发展规划的大部分重点研究项目已于1962年基本完成，中央科学小组和国家科委负责编制了《1963～1972年科学技术发展规划(草案)》，即十年科技发展规划。规划包括6个部分，共77卷、374个重点研究项目。林业包括在大农业范围内，由国家科委林业组和林业部组织编制了《1963～1972年科学技术发展规划(草案)·林业》。规划包括营林、木材采伐运输、木材加工、林产化学、林副特产利用以及林业经济等6个方面、16个重点研究项目。这是十二年科学技术发展规划第47项的继续与发展。执行规划初期，进展顺利，成绩显著，但因受“文化大革命”影响，使规划基本陷于停顿。

**第三次科学技术发展规划**(1977～1978) 1977年11月，国家科委召开全国科学技术规划会议，编制了《1978～1985年全国科学技术发展规划纲要(草案)》，即八年科学技术发展规划。1978年3月，中共中央召开全国科学大会，讨论并通过了规划。规划确定108个项目作为全国科学技术研究的重点。其中的第7项“林木速生丰产技术的研究”和第8项“木材综合利用技术的研究”为林业项目。在这个规划的基础上，1983年又制订了《第六个五年计划科学技术攻关项目计划》，即38项国家科技攻关项目。其中的第4项“速生树种良种选育及木材综合利用的研究”是林业项目。

**第四次科学技术发展规划**(1983～1984) 在国务院科技领导小组领导下，由国家计委、国家经委和国家科委组成规划办公室，从各行各业抽调200余名专家，根据国民经济最急需重点发展的行业或领域组成了近30个规划组，编制了《1986～2000年全国科学技术发展规划轮廓设想纲要(草案)》，即十五年科技发展规划。规划提出各传统产业及新兴技术领域轮廓设想共500多个重点科技项目。在大农业部分，编入了8个林业科技项目。根据规划办公室的部署，林业部编制了《1986～2000年林业科学技术发展规划轮廓设想》，列入18个林业科技发展项目。这次规划制订了相应的技术政策，作为编制规划的重要依据和组成部分。规划未正式颁布实施。国家科委将于1987年将规划印发全国有关单位参考。

**第五次科学技术发展规划**(1986～1987) 国家计委于1986年5月发出通知，要求各部门组织编制《2000年科技、经济和社会发展规划大纲》。林业部根据总的部署，组织编制《2000年林业科技、经济和社会发展规划纲要》，把科技教育和发展用材林、防护林及林产工业作为林业建设的4大突破口，并相应组织编制了《2000年林业科学技术发展规划纲要》，作为林业部总规划的7个附件之一。规划中列入的林业重点科技项目有6个。 (王淑元)

**【林业技术政策】** 林业技术政策，是以林业生产建设为研究对象，在综合考虑科学技术因素和自然的经济的社会的各种因素的基础上，制定的促进林业技术进步的政策。它是国家对林业经济和技术发展进行宏观指导的政策性规定。

**3个单项技术政策** 科学技术是国家经济发展的战略重点。加速技术进步，已成为我国振兴经济和实现党的十二大提出的战略目标的关键。为此，在国家科委、国家计委、国家经委的指导下，林业部从1983年开始组织有关专家70多人，起草了森林能源、发展速生丰产用材林和木材综合利用等3项技术政策的要点和背景材料，并进行了论证。这3项技术政策，已被国家科委摘要编入《中国科学技术政策指南》中能源技术政策的第13条、农业技术政策的第4条和第5条。其要点如下：

①建立合理的农村能源结构，尽快扭转农村严重缺能局面。农村能源建设实行因地制宜、多能互补、综合利用、讲求效益的方针。农村生产用能以商品能源为主，应逐步增加农村商品能源供应；积极发展小水电和小煤矿；在煤炭资源丰富、没有电力供应或电力供应不足的地方，适当发展小火电；逐步普及农村用电，提高农村供电可靠性。农村生活用能以生物质能为主，努力增加薪柴资源，推广热效率保持在25%以上的省柴灶；发展产气率在0.2以上的商品化户用沼气池，以及小型沼气供应站；研究生物质能转化技术。发展森林能源，改变低效的传统营造方式，大力选择和推广速生、高产、高热值树种。发展省能型农业机械和高效人、畜力机械。研究和推广农村节能技术。

②节制采伐，加快绿化，积极营造速生丰产林。加快新林区开发，恢复和改造老林区，促进过伐林区的休养生息。经营利用好现有森林，确定合理采伐量和禁伐区，严禁乱砍滥伐。充分利用土地资源，扩大森林面积，因地制宜地搞好林区和树种的规划，统筹兼顾营造各种防护林、用材林、经济林和薪炭林。加快荒山荒滩的绿化，因地制宜地种植乔木、灌木和草，积极采用飞机播种和封山育林等措施。大力营造速生丰产林，用集约化栽培取代粗放经营，采用良种壮苗，加强抚育管理，防治病虫草害，有条件的地方要采取适宜的施肥和灌溉措施。广大平原地区应发展四旁绿化，营造农田防护林，有条件的地方要发展林农间作。积极防治病虫害，提高森林火灾的预测、预报水平和扑救能力。

③狠抓木材综合利用，改变木材产品结构。发展木材综合利用，进行多层次加工，改变以原木为主的木材产品供应结构，逐步扩大成材、半成品和人造板的比重。制材生产必须从综合经济效益出发，按照需要的品种和规格加工，提高加工质量和出材率。林区要积极发展木材综合利用，合理利用采伐、造材、加工剩余物。胶合板生产原料应扩大树种资源，同时向利用小径级原木和速生树种方向发展。大力发展刨花板，切实改进纤维板，积极开展复合板；各类人造板都要向高质量、多品种、多规格方向发展。积极发展胶合木生产，充分利用小径木、间伐材、低质材和短材小料。发展各种专用胶粘剂，积极发展浓缩预聚体和粉状胶的专业化生产。大力开发人造板表面装饰技术，提高表面装饰质量，增加花色品种。充分利用木片、小径材、竹材和速生树种等木竹资源，增加造纸原料；开发木屑、树皮的利用技术。大力研究推广木材和人造板的防虫、防腐、防火和木材改性技术。

**林业技术政策要点** 鉴于林业的业务范围比较广，已完成的3个单项技术政策不能覆盖整个林业行业。因此，为加强对林业科技工作的宏观管理，促进林业技术与林业生产建设的紧密结合，组织有关专家继续起草了林业机械、天然林经营利用、林业领域应用生物技术、林产化学工业、经济林、竹林、林业节能等7项技术政策。同时，为与《2000年林业科技、经济和社会发展规划纲要》配套，又在上述10个单项林业技术政策的基础上，综合了一个覆盖林业全行业的《技术政策要点》(讨论稿)。其内容包括：加强对现有天然林资源的管理、保护和合理利用；加速营造速生丰产林，建立商品材基地和专司培育木材的新兴产业；大力植树造林，加速国土绿化，合理配置、扩大森林覆盖率，充分发挥森林生态效益，改善环境，积极发展多功能、多效益的社会林业；大力开展木材综合利用，加强木材工业建设；充分利用林木资源，重视木材保护，延长木材使用寿命，实现木材节流；积极发展以森林资源和林特产品为原料的林产化学加工工业；提高营林和林业工业的装备水平；摆正林业科研发展中当前和长远、应用和基础、面向和储备的关系；适当加强基础研究，重视技术储备；大力提倡软科学研究，用系统论观点和方法，探讨林业发展战略与政策的优化方案，为各级领导部门决策提供科学依据。该讨论稿经1986年8月全国林业厅局长会议和1986年12月林业部科学技术委员会第三次会议讨论。根据会议代表提出的意见和结合林业生产发展的需要，1987年将在现有的基础上制订一套指导林业全行业的技术政策。 (林升寿)

**【林业科学研究计划管理】** 科研计划管理，对整个科技工作起着组织、推动、促进和控制的作用。随着林业科技事业的发展，林业科研计划管理从无到有，逐步加强。

1958年，中国林业科学研究院成立，一些林业发展较快的省、自治区相继建立了林业科学研究机构。50年代和60年代，中央和地方科研单位之间以及科研、设计、生产单位之间，开始协作研究、合作制造，但全国尚无统一的科研计划。

1972年，国家设立3项费用，用于新产品试制、中间试验和重要科学研究补助。国家科委逐年安排一些全国性的重点研究项目，开始有了全国性的科学研究发展计划，其中林业方面有3项，即森林主要病虫害防治技术的研究、森林防火灭火技术的研究和林业机械的研制。同时，还组织了国外松、桉树、落羽杉、池杉等林木良种科研协作。1973年，林业科研计划项目增加到11项，包括主要用材经济树种的良种选育；西北沙荒、黄土高原大面积植树造林技术的研究；南方12省、区用材林基地造林技术的研究；森林资源和珍贵动物资源调查技术的研究；人造板生产工艺和设备的研究；改进提高栲胶、松香、紫胶质量的研究。1974年，对原有项目作了适当调整，增加了飞机播种造林种草试验、复塑干法纤维板生产工艺和设备的研究，使研究项目增加到13项。1975年，继续研究的6项，新增6项，共12项，增加了有关材性、扩大树种、林产工业、松香改性等方面的研究项目。这一年，将常规项目和地区性较强的15个项目，列入林业科学技术经验交流与协作计划。一般协作项目所需试验研究经费、仪器设备和工作人员开支，均由参加单位自行解决。

1976年，林业科技发展计划安排11项56个专题。重点抓好西北沙荒、黄土高原造林绿化，南方用材林的速生丰产，扩大森林资源，加强森林保护的研究以及木材综合利用、提高森林资源利用率等。

为加强管理，自1976年起，按照中国科学院的规定，一律实行预决算制度。列入农林部科研计划的重点项目，都要由主持单位编制计划任务书，并经主管部门审核、审批后，由财政部按项目拨给经费。

1976年，列入科学技术经验交流与协作计划的林业项目，共14项、23个专题。1977年，林业科技发展计划共6项、43个专题；林业科学技术协作项目调整为7项、21个专题。1978年，林业科技发展计划共8项、48个课题，其中新上课题19个。

1979年，根据起点高、速度快、突出重点、切实可行的原则，共安排16项、159个课题，其中国家重点12项、92个课题，部门重点4项、67个课题。主要包括：①加强林业科学研究的基础工作，建立带岭、磴口、大岗山、大青山4个林业现代化综合科学实验基地。②密切结合林业生产建设中急待解决的问题，开展林木良种选育、林木速生丰产、西北沙荒黄土高原造林技术的研究；新的林业机具的研制；林产工业的工艺、设备、技术的研究等。③应用新技术，继续开展遥感、红外线探火、工厂化育苗等新技术的应用研究。④充实基础理论的研究，包括林木遗传、生理、生化、生态、基因保存等方面。1980年，根据“调整、整顿、改革、提高”的方针，共安排15项、154个课题，其中新上课题62个，结转课题92个。

根据1979年11月全国科技工作会议精神，国家科委对科研计划管理制度提出了两项改革措施：一是从1980年起试行“专项管理、分级负责、同行评议、签订合同”的管理办法，并要求结束课题后提交全套技术鉴定文件，专项立档。二是对科技3项费用的使用，部分地改无偿拨款为有偿。根据不同项目，分别规定不偿还、部分偿还或全部偿还。

在1980年的林业科研计划中安排了7个专项合同，进行试点。1981年，林业新产品试制、中间试验和重大科研项目计划共16项、188个课题，其中结转课题141个，新上课题47个。1982年，下达的38项“六五”国家科技攻关计划中，林业部主持或承担的有3项，即主要树种速生丰产技术和木材综合利用的研究，黄淮海平原低产地区综合治理和综合发展的研究，遥感技术在森林资源动态监测中应用的研究。1982年下半年和1983年上半年，对此进行了论证和项目分解，共分解出49个课题，1983年落实48个，同时安排林业部攻关项目21个。

1984年，按照综合平衡、保证重点、分级负责、注重科研效果和经济效益的原则，安排15项、190个课题，其中结转课题144个，新上课题46个。这190个课题中，国家攻关课题49个，林业部攻关项目27个。1985年共安排196个课题，其中结转课题179个，新上课题17个。

1985年，国家下达"七五"重点科技项目(攻关)计划。其中，由林业部主持、中国科学院参加主持的国家重点科技项目2项，即主要用材树种速生丰产技术和林业工程技术开发。林业部参加、其他部门主持的有：区域综合治理试验、农村可再生能源技术开发、遥感技术开发。从1985年10月～1986年3月，经反复论证，提出了实施方案和可行性研究报告，并确定攻关课题142个，其中招标课题2个。1986年签订课题和专项合同144个，安排林业部重点课题173个，共317个课题和专项，其中结转课题127个，新上课题和专项190个。

(霍信璟)

**【"六五"国家科学技术攻关获奖项目】** "六五"期间，国家计划委员会、国家经济委员会、国家科学技术委员会和财政部确定了38个国家科技攻关项目，分解为114个课题、1450个专题，经过3年攻关，取得了3896项重要科技成果。其中由林业部负责的15个专题，取得53项科技成果。

1986年5月12～15日，上述3委1部在北京联合召开了"六五"国家科技攻关总结表彰大会。林业部获奖的3级课题有重要造林树种的种源选择，承担单位为中国林业科学研究院林业研究所和东北林业大学。获表彰的3级课题有：主要针叶树种种子园建立和经营管理技术的研究，承担单位为南京林业大学、北京林业大学；以营林措施为主综合防治马尾松毛虫技术研究，承担单位为湖南省林业科学研究所；以白僵菌为主综合防治马尾松毛虫技术研究，承担单位为广西壮族自治区林业科学研究所；合理使用化学农药防治马尾松毛虫技术研究，承担单位为南京林业大学。

1986年5月23～27日，林业部在湖南省株洲市召开了全国林业科技计划会议，奖励和表彰了4级课题。奖励的有：杉木种子园建立技术研究课题组；杉木地理种源选择课题组；针叶树种优树资源的选择、收集、测定和利用课题组；封山育林对控制马尾松毛虫机制的研究课题组。表彰的有：马尾松种源试验课题组；油松天然林优良林分的选择、改良和促进结实技术课题组；樟子松天然林优良林分的选择、改良和促进结实技术课题组；云南松天然林优良林分的选择、改良和促进结实技术课题组；白榆良种选育和优良无性系区划试验课题组；泡桐属良种选育和速生丰产课题组；毛白杨优树快速繁殖方法课题组；油松种子园建立和经营管理技术的研究课题组；油茶亚$_1$、油茶亚$_2$、油茶亚$_3$3个优良家系的选育课题组；油桐光桐3号、光桐6号、光桐7号3个家系的选育课题组；柳树薪炭林树种选择及营造技术课题组；合理使用化学农药控制马尾松毛虫技术研究课题组；天敌种类调查及主要天敌保护利用的研究课题组。获先进个人称号的是：4级课题"杉木种子园建立技术研究"负责人、南京林业大学副教授陈岳武。

(杨林梅)

**【林业科技成果管理和奖励】** 林业科学技术成果(以下简称科技成果)，是国家的宝贵财富。加强林业科技成果管理，奖励优秀林业科技成果，对于我国林业现代化建设，具有重要的意义。

**国家科技成果管理规定和条例** 中华人民共和国成立以来颁布的一系列有关科技成果管理的规定和条例，对林业科技成果的管理和奖励工作有着重要的指导作用。例如，国务院于1961年4月发布试行的《新产品新工艺技术鉴定暂行办法》；国家科委1963年9月制定和发布的《关于上报和登记科学技术研究成果的若干规定(试行草案)》，1978年11月发出的《关于科学技术研究成果的管理办法的通知》，1984年2月发出的《关于科学技术研究成果管理的规定》；国家科学技术委员会、国家经济委员会1985年9月发出的《关于加强科技成果管理的通知》；国家科学技术委员会、国家经济委员会、国家基本建设委员会、国家档案局制定的《科学技术档案工作条例》；国家科学技术委员会、国家档案局发出的《关于检查科研项目档案材料归档工作的通知》；国务院相继发布的《发明奖励条例》、《自然科学奖励条例》、《合理化建议和技术改进奖励条例》、《科学技术进步奖励条例》；国家科委制定的《科学技术保密条例》等。

**林业科技成果管理规定和办法** 根据国家科技成果管理规定和条例，林业部门制定了一系列相应的规定。林业部于1982年12月颁发了《中华人民共和国林业部林业科学技术研究成果管理办法》，对林业科技成果的鉴定、评审、登记、上报、推广、奖励都作了具体规定。各地林业主管部门也相继制定了有关办法和细则。

**优秀科技成果奖励** 37年来，林业系统获得了一批较重要的科技成果。据统计，1949～1977年有940项，1978年有48项，1979年有77项，1980年有167项，1981年有150项，1982年有132项，1983年有171项，1984年有139项，1985年有170项。国家和林业部先后奖励了一批优秀科技成果。获全国科学大会奖的有86项；获国家发明三等奖的有2项；获国家自然科学二等奖的1项、三等奖的1项；获首次国家级科学技术进步一等奖的1项、二等奖的10项、三等奖的21项。获国家科学技术委员会颁发的中国科学技术情报事业创建30周年纪念科技情报成果二等奖1项、三等奖1项。获林业部科学技术成果奖的成果中，1980年有27项，1982年有68项，1984年126项。获林业部1986年科学技术进步奖的成果142项。（杨健君）

**【开拓技术市场】** 1985年1月，国务院作出了《关于技术转让的暂行规定》。1985年3月，中共中央作出了《中共中央关于科技体制改革的决定》。《决定》指出："实行技术商品化，开拓技术市场以适应我国社会主义商品经济发展。"1986年12月，全国技术市场协调小组发布了《技术市场管理暂行办法》。林业部门遵照中央关于开拓技术市场的精神和政策，主要开展了以下工作：①组建技术市场机构。1983年3月，福建省建阳地区林业科技工作者创办了福建省闽北林业技术开发联营公司；1984年10月，南京林学院组建了科技开发服务部；同年12月，中国林业科学研究院木材工业研究所组建了东方木材工业新技术开发公司；1985年5月，中国林业科学研究院林产化学工业研究所组建了林业部林产化学工业技术咨询服务中心；同年，陕西省成立了陕西省林业技术开发中心；四川省林业科学研究所成立了四川林业技术开发服务中心；等等。1986年10月，林业部科学技术司以林业技术市场开发归口单位的名义，参加了中国技术市场联合开发集团，并成为理事单位之一。②参加首届全国技术成果交易会。中国林业科学研究院、北京林学院、林业部哈尔滨林业机械研究所等单位组成交易团，参加了1985年5～6月在北京举办的首届全国技术成果交易会，提供了207项技术转让与服务项目，共成交72项。③举办首届全国人造板设备和木材加工机械技术交流交易会。1985年10月，在苏州林业机械厂举办了这届交易会，共有105个单位参加，成交额达17.5万元。④参加各省、市举办的技术市场活动。1985年2月4～10日，陕西省举办农村科技市场洽谈会。陕西省的林业部门和林业部、省林业厅所属企事业单位参加了这次洽谈会。洽谈成交233项，成交额251万元。河北省林业厅、衡水地区行署、河北省林学会于1985年10月在衡水市举办"首届河北省林果科技交流交易会"，签订合同49份，成交额60万多元。⑤把技术市场作为林业科技体制改革的重要内容。林业技术市场，主要是在林业科研和生产单位之间通过多种形式的技术贸易活动，实现有偿转让和有偿服务。通过对一些技术成果采取转让、承包、咨询、入股等形式，取得相应收入以进一步促进林业科学技术的发展；而对那些不宜实行有偿转让的科技成果，由各级林业部门组织交流推广。

（杨健君）

**【林业专利】** 专利制度，是保护发明创造，维护工业产权，保障科技人员合法权益，促进科技进步的一种管理制度。

自1985年4月1日《中国专利法》实施到1986年底，据不完全统计，林业部门已申请专利69项，已公开了52项，授予专利权的14项。

为培养从事林业专利工作的干部，林业部于1984年6月～1986年4月，先后选派32名科技人员参加了中国专利局举办的各期专利代理人培训班，并委托北京林业大学举办了两期专利培训班。

按照国家经委、国家科委、劳动人事部、中国专利局联合通知的精神，林业部于1985年9月在科技司设立了专利管理处。该处具有执法和管理双重职能。其主要职责是：制定本部门专利工作的规划和计划；协调本部门的专利工作，并进行业务指导；处理本部门的专利纠纷；管理本部门的许可证贸易和技术引进中有关专利的工作；组织专利工作的宣传教育和干部培训；领导本部门的专利服务机构。

专利服务机构是专利工作体系中一个重要的部门。其任务是：提供专利文献服务；进行专利可行性咨询；提供专利代理服务；为申请人撰写专利申请文件，代办专利申请、审查请求、异议、维持专利和专利无效请求等一切专利事务，代理专利权人进行专利实施咨询和许可证贸易等业务。1985年10月建立了北京林业大学专利事务所。这是林业部门从事专利服务的机构之一。1986年9月以后，林业部科技司专利管理处配合专利代理人考核委员会，对现有专利代理人进行了首次考核，陆续换发了《专利代理人证书》。1986年11月2日～7日，林业部参加了在北京召开的全国第二次专利工作会议。同时，林业部还组织专利代理人参加了中国专利局举办的专利审查基准报告会。

此外，林业部还派员参加了中法专利工作交流会以及日本三菱、松下株式会社来华进行的专利业务交流活动和其他中外交流活动。

目前，林业部已备有国内有关的专利文献，将为发展林业科学技术提供服务。（张怡诺）

**【林业科学技术开发和推广】** 科学技术开发和推广工作，是把科技成果转化为生产力的关键环节。林业科技开发推广工作起步较晚。1978年以前，基本没有专门的林业科技开发和推广机构和专职人员。1978年以后，林业科技开发和推广工作逐步得到发展。

**林业科技开发和推广工作的管理** 1986年林业部科技司主持召开了全国林业科技推广工作会议。会议讨论、修改了《关于加强林业科技开发、推广工作的通知》(初稿)，会后于1986年11月改为《关于加强林业科学技术开发、推广工作的意见》下发。《意见》要求：加强对这项工作的领导；建立和健全林业科技开发、推广机构；明确林业科技开发、推广工作的任务；落实林业科技开发、推广经费；林业科技开发、推广工作与林业科研、生产紧密结合；根据有关科学技术进步奖条例的规定，可为开发、推广科技成果申报科学技术进步奖。

**林业科技推广体系建设** 林业部于1985年投资175万元，地方自筹配套投资498万元，与黑龙江省、辽宁省、浙江省、福建省、广东省、宁夏回族自治区联合建立了6处林业科技推广站(中心)。1986年，又在河北省泊头、山东省青州、福建省顺昌、河南省扶沟、四川省巴县、辽宁省新金，与地方合建了6处林业科技推广站。其中，林业部投资100万元，地方投资320万元。从1984年起，利用世界银行贷款和国内配套投资，又在甘肃省、山东省临沂、浙江省建德、四川省南部县、辽宁省恒仁、湖南省衡东、湖北省潜江、福建省建瓯、河南省禹县、河北省定县，建立了10处林业科技推广站(中心)。在林业科技推广机构建设上，采取中央和地方匹配投资、外资和国内投资配套等办法，加快了建设步伐。据1986年10月全国林业科技推广工作会议期间的统计，已有21个省、自治区、直辖市的143个地、市以及985个县建立或正在建立林业科技推广机构。专职人员已有13402人，其中科技干部7618人。

**林业科技开发、推广重点项目** 林业科技开发、推广重点项目，主要包括林业新产品开发、新技术推广、引进技术消化吸收和“星火计划”项目。1978～1986年，经林业部安排拨款、贷款扶持的重点项目有176项(详见1978～1986年全国林业科技开发、推广重点项目目录)。在林木良种及其丰产培育、薪炭林营造及其管理、竹子丰产培育及综合利用、生态林业、森林病虫害防治、林业调查规划设计、林副特产开发利用、林业机械、木材加工、林产化学加工等方面，开发、推广了一大批林业科技成果，取得了显著的经济效益、社会效益和生态效益。1986年，经林业部安排40个重点项目，经费2770万元，其中国家投资823万元，预计完成项目后可收益2亿多元。为加强对重点项目的管理，林业部对重点项目的选定条件、申报程序、申报时间、申报材料内容、签订合同、经费管理、进展情况反馈及完成项目后的总结、验收、鉴定等事宜，作了具体规定。

**林业科技开发、推广项目获奖** 1982年，农业部、林业部配合国家农业委员会、国家科学技术委员会奖励了一批优秀农林科技推广项目，林业系统有40个项目获奖。1984年1月，国家经济委员会、国家科学技术委员会、农牧渔业部、林业部联合召开了全国农林科技推广经验交流会，奖励在农林科技推广工作中作出突出成绩的先进集体和先进个人。林业系统有74个集体、277个先进个人获奖。同时，林业部向在基层从事林业科技推广工作累计25年以上、具有技术员以上职称的10597名林业科技推广工作者颁发了荣誉证书和荣誉奖章。同年，国家经济委员会召开了第二次全国企业技术进步工作会议，奖励了一批优秀技术开发项目，林业系统有1项获奖。在1986年召开的全国科技奖励大会上，林业行业有7项林业科技推广项目荣获首次国家级科学技术进步奖。 (李 兴)

**【林业工业产品创优评选】** 1979年以来，国家经济委员会在全国工业企业开展国家优质产品评选工作，发布了《中华人民共和国优质产品条例》。林业部也开展了这项工作，发布了《林业部优质产品评选办法》。通过创优评选，林业工业企业坚持贯彻“质量第一”方针，收到良好的效果。一是推动了全面质量管理。一些企业比较注意抓标准化、计量、质量信息、质量教育、质量责任制等基础工作，健全和完善质量保证体系。二是加强日常质量把关。一些企业健全计量、检测手段，建立起一套计量、检测管理制度。三是促进了采用国际标准和国外先进标准的积极性。不少企业在分析、消化、吸收国外先进技术的基础上，依靠技术进步，挖潜革新，改进生产工艺，积极采用国际标准和国外先进标准，提高了产品质量。截止1986年，有32项林业工业产品荣获国家质量奖，包括木材加工产品9项(金质奖2项、银质奖7项)；林产化工产品10项(金质奖1项、银质奖9项)；林业机械产品13项(均为银质奖)。同时，有62项评为林业部优质产品，包括：木材加工产品18项；林产化工产品28项；林业机械产品16项。这些获奖产品，就国优产品来说，有3个鲜明特点：一是质量指标有的达到或超过近期(5年左右)国际先进水平；二是用途多样化；三是外贸出口声誉好。就部优产品来说，质量指标在国内同类产品中居领先地位，并接近近期的国际先进水平，产品畅销国内，有的出口。获奖企业分布在全国21个省、自治区、直辖市。 (张海龙)

**【产品质量监督检验】** 产品质量监督检验工作，是随着国优、部优产品评选工作的深入开展不断加强起来的。80年代初，林业部委托有关林业科研、教学单位负责创优产品的质量检测。1985年6月，《林业部产品质量监督检验工作暂行条例》发布实施。同时，把拥有检测手段和技术力量的林业科研、教学单位利用起来，组建了一些产品质量监督检验站，如林业部人造板产品质量监督检验站(设在中国林业科学研究院木材工业研究所)、林业部林产化工产品质量监督检验站(设在中国林业科学研究院林产化学工业研究所)、林业部木工机械产品质量监督检验站(设在东北林业大学)、林业部采运机械产品质量监督检验站(设在东北林业大学)、林业部便携式林业机械产品质量监督检验站(设在哈尔滨林业机械研究所)、林业部营林机械产品质量监督检验站(设在哈尔滨林业机械研究所)、林业部锯材产品质量监督检验站(设在黑龙江省林产工业研究所)、林业部原木产品质量监督检验站(设在黑龙江省林产工业研究所)。

**产品质量监督检验站任务** ①接受林业部提出的重点产品、出口产品，根据标准和有关规定进行产品质量检测评定，并逐步扩大到老产品改型、新产品鉴定；②受林业部委托，进行产品质量认证工作，对实施生产许可证的林业工业产品进行检验和测试；③产品质量争议的仲裁检验；④对申报创国优、部优的林业工业产品进行质量检测；⑤对已获国优、部优称号的产品进行质量监督检验；⑥承担或参与国家标准的制定、修订和标准的验证工作；⑦研究分析国内外产品质量状况；⑧指导和协助企业的产品质量检验工作。

**产品质量监督检验站职责** ①制定本站工作简章；②制定受检产品质量检测办法和检验结果处理办法；③建立优质产品和重点产品质量档案；④建立质量信息反馈和向林业部请示报告制度；⑤建立站长、副站长、检验人员等岗位责任制；⑥建立仪器设备的维护保养、周期校准和检修制度；⑦制定委托检验和监督检验收费标准；⑧建立业务会议和业务学习制度；⑨产品质量监督检验站的工作应纳入本单位的年度计划。

**产品质量监督检验站权限** ①对受检产品，可以随时抽样检验，有权对企业的生产技术条件、检测手段、产品质量控制和检验的原始记录等质量保证情况进行了解，并将情况和改进意见及时报林业部；②根据林业部国优、部优林业工业产品评选计划，可以随时到生产企业或用户，商业、物资部门的仓库中抽取样品鉴定质量，并提出结论性评价意见；③必要时，可利用企业的检验手段，对该企业的产品进行质量监督检验；④对不按标准生产或质量达不到标准的产品，或者发现企业有弄虚作假等情况，有权向林业部反映并提出处理意见；⑤有权统一产品质量检测方法，保证测试设备的准确性，提供有关质量标准的测试数据；⑥有权在检测条件好的企业中聘请1～2名具有一定检测技术水平、作风正派的同志，作为产品质量监督联络员，报林业部备案。

**对产品质量监督检验人员的要求** ①努力学习和掌握国家有关质量工作的方针、政策，坚持原则，秉公办事，勇于抵制不正之风；②深入实际，加强调查研究，不断提高检测技术水平；③掌握近期国内外先进标准的有关资料和数据，以及国内外同类产品的先进技术、质量指标等，熟悉产品技术标准，具有产品质量检验实践经验，责任心强；④实事求是，不搞假数据，认真做好产品质量鉴定工作。

(张海龙)

## 林业星火计划

**【综　述】** 星火计划经中共中央、国务院批准，由国家科委组织实施。其中，林业星火计划是林业科技开发、推广方面的一类“短、平、快”项目，适合林业特点和林业系统的实际情况。实行林业星火计划的意义在于：有利于发挥我国林副特产资源丰富的优势，开发和推广种植业、养殖业、加工业；有利于调整以木材生产为中心的单一产品结构，使过伐林区的森林资源得到休养生息；有利于实现以林为主，多种经营，长短结合，以短养长；有利于各级林业部门有计划、有重点地建成一批林业科技开发、推广示范样板点；有利于培训和造就一批技术骨干，发挥技术扶贫的作用；有利于山区、林区、农村广开林业生产就业门路，安排职工家属、农村剩余劳力就业等。星火计划是振兴林业、实现林业现代化的一项重大战略措施。

1985年提出星火计划以来，各级林业部门都非常重视。1986年8月，在北京召开了全国林业星火计划会议，选优确定了林业星火计划项目13项，落实匹配了投资，并签订了合同。同年10月下旬，林业部召开全国林业科技推广工作会议，进一步检查了1986年安排的星火计划项目的落实和进展情况，审议了申请列入1987年林业星火计划的预备项目。林业部为此发了通知和意见。

**1986年林业星火计划基本内容** 1986年确定13个项目是：竹材成型模压织梭技术开发；木塑复合制品技术开发；柏木根资源开发利用；葵花盘生产食用果胶技术开发；油茶丰产及蜜源综合利用；油茶饼粕综合利用；果核壳一步法制颗粒活性炭技术开发；肚倍生产苯甲醛技术开发；浅色松香生产技术开发；茴油生产技术开发；笋、竹两用丰产林培育和加工利用；马尾松木材改性和利用；条林丰产栽培及系列产品加工利用技术开发。

这13项林业星火计划项目共投资1518.8万元。其中，国家科委安排350万元(拨款100万元，贷款 250 万元)，林业部门和地方匹配投资 1168.8 万元(含林业部拨款 100 万元)。根据论证和实地考察，大部分项目可望实现投资少、见效快、经济效益高。三五年内完成这些项目后，预计年总产值可达 3683.7 万元，年利税达 921.52 万元。两年利税额相当于总投资的 121.3%。截至 1986 年底，这 13 项中除 3 项正在筹建、1 项(葵花盘生产食用果胶技术开发)尚待调整外，其余 8 项已进行试生产，并已取得显著效果，比原来预测的进度快、效果好。例如，果核壳一步法制颗粒活性炭已于 10 月底生产了 30 吨，产值 17.88 万元，纯利 6.78 万元，预测 3 年内可获利 124 万元，而总投资为 36 万元。

这些项目开辟了合理开发利用森林资源的新途径。这 13 项中有 10 项是利用林副特产资源及木材加工剩余物进行深度加工，为过去未充分利用的竹材、锯屑、果核壳、树根等加工利用提供了新工艺。有些项目还填补了国内的空白。

这些项目节约能源和森林资源。果核壳一步法制颗粒活性炭技术开发，是利用窑内烧砖瓦的热量将果核壳加热炭化与活化，又利用这一过程产生的可燃性气体为烧砖瓦的辅助燃料，从而节省了大量能源。竹梭和木塑复合制品代替优质木材，节约大量森林资源。

这些项目基本没有环境污染。凡有排水、排气的项目，均经环境保护部门检查、审核、鉴定，符合国家规定的排污标准，并在合同中附有符合国家排污标准的合格标准证明。

在森林工业方面，星火计划与原料基地建设密切配合。湖北省林业厅为保证竹山县承担的“肚倍生产苯甲醛技术开发”项目的原料供应，拨专项投资给竹山等地在“七五”计划期间营造 10 万亩肚倍基地，现已建成 4.5 万亩。

这些项目推动了林业生产、科研、教育部门之间的横向合作，促进了科技成果的有偿转让。这 13 个项目中，转让方式的有 8 项，联合体方式的有 4 项。

**林业星火计划实施要求** 一是要明确林业星火计划的指导思想。林业星火计划的目的，是将先进的林业科技成果、先进技术迅速转化为生产力。要以生态经济理论为指导，开发推广种植业、养殖业、加工业的综合技术，提高林业生产建设的效益。二是各级林业部门都要把星火计划作为改革林业科技体制和调整林业经济结构的一个起点或突破口来抓。除国家科委通过林业部安排部分星火计划项目外，凡有条件的各级林业部门都应自行安排一批星火计划项目。三是选好、选准星火计划项目，其条件：①选优安排技术上先进、经济上合理并经过鉴定的成熟技术、成果或新技术、新工艺。凡列入星火计划项目的，都必须实行公开有偿转让，不能妨碍推广。②项目内容既要有短期收益的种植业，又要有加工业或林工商综合经营，产供销一条龙的综合技术开发；既包括木材加工业，又要有其他林产品的加工技术开发。③要具有投资少、见效快、效益高的特点，优先安排具有创汇、节汇能力的项目。④国家与地方的投资额比例，要求达到 1∶2 左右。⑤充分利用原有设备，保证 2～3 年开始商品化生产，5 年还清国家投资。⑥要有充足可靠的资源、原材料基地，项目落实地点在林区内或靠近资源基地。⑦产品要有可靠的国内外市场供需预测。⑧要有一定的代表性，扩散面要广。⑨要有利于保护环境和森林资源。四是申报的项目必须经过可行性论证。在确定课题前，应组织有关专家，对技术成果来源、国内外技术水平、技术措施、技术力量、资源条件、国内外市场预测、预期效益等方面，进行调查研究，写出可行性论证报告，以保证选定的项目建立在科学、可靠的基础上。五是要加强有关部门的配合协作，落实到各地的项目，应由所在地省、自治区、直辖市林业(农林)厅(局)审核，并作为保证单位，协助林业部加强星火计划项目的管理。林业生产、科研、教育部门之间采取联合、协作、技术服务等多种形式密切配合，签订技术协作合同，明确各方的责权利。六是加强领导，执行政策。安排星火计划项目的有关单位，应选派懂业务的领导或技术骨干担任项目负责人，经常督促检查，及时总结经验。 (李中选)

**【竹材成型模压织梭技术开发】** 竹材成型模压织梭技术由南京林业大学和江苏省江都木器厂于 1983～1984 年共同完成，1984 年通过技术鉴定。这个项目，以竹材丝和木粉为主要原料，采用模压成型工艺，生产纺织工业用织梭。此种织梭光滑平整，抗静电性能好，经南京、西安等地纺织厂试用，各项指标均符合GBn 11-81《棉织用自动换梭式梭子》的规定。

该技术开发项目实施后，年产 60 万只竹梭，每年可节省优质木材 7500～8000 立方米。如在全国推广，达到年产 600～700 万只时，每年可节省优质木材 8～10 万立方米。

该项目的技术要点是：大批工业性生产竹梭所需生产工艺的设计和实施；专用设备的设计与研制；保证产品质量和模压成品较高的合格率。

我国竹材资源丰富，有 340 万公顷竹林。模压织梭技术开发项目的原料为小杂竹、竹梢头、锯屑(用 3 年生竹子为最佳)，不与其他竹材加工业争原料。此项目由江西省靖安县雷公尖综合垦殖场承担，配备职工 272 人，总投资 293 万元，其中国家拨贷款 90 万元。建成后，年产值可达 328 万元，年利润 60.46 万元，年利税 16.4 万元。预计 4～5 年即可收

回全部投资。（李中选）

【木塑复合制品技术开发】 木塑复合制品，是将木粉、热塑性树脂和添加剂，经造粒制得母料，采用挤出、压延、模压和注射等成型方式制成的产品。

木塑复合制品技术的开发，充分利用了木材加工剩余物锯屑和回收的废塑料。其性能和特点是：既有纯塑的刚性、不吸水、耐酸碱，又具有木材的柔性、质感、良好的稳定性和抗老化性。木塑复合制品可广泛用于建筑、农林业设施、包装运输和工艺美术等行业。产品开发的第一阶段以楼梯扶手、壁脚板、地板异型材为主；第二阶段着重开发建筑用的盒子板、下水管件和其他压制产品；第三阶段开发门窗异型材、小型组装家具等。在3～5年内实现木塑制品多样化、系列化。

黑龙江省伊春林区是我国主要的木材生产基地之一。年加工原木100万立方米，产生的锯屑达10万立方米。伊春市每年可回收的废塑料约1000吨。木塑制品的开发，使这些废物得以充分利用，既减少了锯屑和废塑料对环境的污染，又可取得较大的经济效益。黑龙江省伊春市美溪林业局木材加工厂承担了这一项目。项目总投资113.8万元，其中国家拨贷款45万元，地方自筹68.8万元。建成后，年产1500吨，年产值330万元，年利税84万元，约2年即可收回总投资。（李中选）

【柏木根资源开发利用】 该项技术开发，是对柏木伐根进行深度加工，生产出柏木脑及柏木烯，作为生产香精、香料等轻工业产品的原料。目前，虽国内已有生产，但因原料所限，产量不高。

四川省剑阁县是柏木的集中产地。共有柏木林115.4万亩，蓄积量531万立方米，年生长量9万立方米。柏木年采伐量约3万立方米，年伐根量17875吨。如按利用率60%、出油率3.5%计算，可生产粗油354吨。深加工后，可制成柏木脑44吨，柏木烯176吨。

该项目的生产规模为年生产柏木粗油200吨、柏木脑40吨、柏木烯160吨。采用的是连续精馏——蒸馏——结晶生产工艺，其优点是连续精馏可得到高纯度的柏木烯，一次结晶得到高纯度白色结晶的柏木脑。

该项目由四川省剑阁县林化厂承担。总投资199万元，其中国家拨贷款40万元，其余为地方自筹。年产值450万元，年利税120万元，约2年可收回投资。（李中选）

【油茶丰产和蜜源综合利用】 油茶是我国主要的木本油料树种，分布在15个省、自治区，面积有5000余万亩。长期以来，平均亩产只有2.5～3公斤，仅以收果榨油为主要栽培目的，大量的副产品（如蜜源、茶枯、茶壳等）尚未得到充分利用，每亩年产值仅10元左右。要扭转低产低值现状，必须抓好系列产品的开发。

油茶是异花授粉植物。一亩壮龄油茶的泌蜜量可达40～60公斤，还有1.2～1.8公斤的花粉。但因茶花有毒，不能放蜂，既影响油茶产量，又不能利用大面积油茶蜜源。由中国林业科学研究院林业研究所、林业部南方森林植物检疫所共同主持，研究出解毒药物后，可以放蜂，不仅提高了油茶座果率，而且使蜂蜜、花粉资源得到开发利用。

项目以综合营林技术措施为基础，利用蜜蜂授粉，提高油茶产量和综合开发利用蜜源。项目内容包括：计划3年内累计放蜂1万箱，覆盖油茶面积3万亩；加强油茶林的土壤管理，喷施微量元素和农用稀土；定点放养，提高授粉、受精率和采蜜采粉量；选出最佳解毒物的配方及生产工艺流程；建立一个蜂产品综合加工厂，生产系列产品；以蜜蜂花粉为原料研制生产油茶蜂蜜、花粉食品、饮料、调料和补品，提高油茶蜂蜜及花粉的利用价值。

该项目由江西省宜春市油茶局承担。总投资130万元，其中国家投资30万元，其余由地方自筹。建成投产后，3万亩油茶增产茶油10.5万斤，产值19.4万元；生产蜂蜜30万斤，产值30万元；利用蜂蜜、花粉加工生产系列产品，年产值49.9万元。3项合计，年总产值99.3万元，年获纯利25万余元。（李中选）

【油茶饼粕综合利用】 油茶榨油后的饼粕，过去只用作肥料。油茶饼粕的综合利用，是通过一定的生产工艺过程，回收茶饼中的残油，提取皂素。提取皂素后的茶饼无毒，含有丰富的蛋白质和淀粉，是喂猪的好饲料。因此，开展油茶饼的综合利用，对促进油茶生产，使山区农民尽快脱贫致富有很大作用。目前，全国每年约产油茶饼粕40万吨以上，仅皂素一项的经济效益就相当可观。皂素是一种好的天然表面活性剂，是许多轻化工业产品的好原料。其用途广泛，具有开发系列产品的美好前景。

该项目由湖北省麻城县林业局承担。总投资60万元，其中国家投资20万元，其余地方自筹。规模为年处理油茶饼1000吨，年产皂素70吨，回收残油500吨，无毒饲料700吨。年产值可达88万元，纯利润20万元，年利税25.4万元，约3年即可收回投资。（李中选）

【果核壳一步法制颗粒活性炭技术开发】 1984～1985年，浙江省林业科学研究所在河北省平泉县兴华砖瓦厂，利用当地丰富的杏核壳资源，研究成功了一步法制颗粒活性炭的新技术。随着黄金开采、核电、环境保护等事业的发展，国内外对颗粒活性炭的需要越来越多，预测国内到 1990 年的需要量将达 1.3 万吨。

这种方法系国内首创，工艺路线合理，产品收得率居同类产品先进水平。产品型号为YS-13、15型颗粒活性炭和YS-86-1 型粉状活性炭。主要技术指标均符合现行国家标准。这种方法，采用杏核壳为原料与砖瓦窑一步法烧制成颗粒活性炭，利用烧砖瓦的热量将果核壳加热炭化和活化，同时又利用由此而产生的可燃性气体，作为烧砖瓦的辅助燃料，以达到节能，优质、高产的目的。

平泉县每年有杏核壳 1700 吨，农民将杏核壳卖给国家，每年可以增加收入 20 万元。该项目由河北省平泉县兴化联合活性炭厂承担。总投资 36 万元，其中国家拨贷款 12 万元，其余由地方自筹。年产值 168.8 万元，利税 82.68 万元，1 年就可收回投资。

（李中选）

**【肚倍生产甲醛技术开发】** 肚倍是倍蚜在寄主树上形成的虫瘿，是我国特有的一种产品。肚倍可以加工成五倍子单宁酸等多种精细化工产品，广泛应用于轻化工业与制药工业。以肚倍为原料，生产抗菌素增效剂的中间体三甲氧基苯甲醛，1985 年国内产量 500 吨，需要 600 吨。

湖北省竹山县地处大巴山与秦岭之间，是我国主要的肚倍产区之一。竹山县与中国林业科学研究院林产化学工业研究所和紫胶研究所协作，共同筹建肚倍加工厂，开发肚倍资源。

这个项目由湖北省竹山县林化厂和中国林业科学研究院林产化学工业研究所共同承担。总投资 90 万元，其中国家拨贷款 30 万元，其余由地方自筹。建成后，每年可产苯甲醛 100 吨。年总产值 650 万元，利税 120 万元，约 1 年可收回投资。

（李中选）

**【浅色松香生产技术开发】** 浅色松香又称水白天然树脂，是中国林业科学研究院林产化学工业研究所的科研成果。该项目技术工艺路线短，设备投资少，在生产过程中无三废，而且生产成本低，经济效益高，是适应我国松香企业开发的新产品。

我国目前对浅色松香的需求量，每年在 1000 吨左右。随着经济的发展以及建筑装璜、中高档彩色油墨、油漆、胶粘剂行业的兴起，浅色松香的需求量日趋上升。

本项目由广东省德庆化工厂承担。总投资 120 万元，其中国家投资 30 万元，其余由地方自筹。建成年产 3600 吨浅色松香车间，年新增产值 685.8 万元，税金 68.58 万元，利润 78.24 万元，用于出口创汇 210 万美元，约 2 年即可收回投资。（李中选）

**【茴油生产技术开发】** 茴油系木兰科八角茴香果实提制物，是我国的林副特产之一。为改变过去耗能多、出油率低及出口原油价格低的状况，急待开发推广茴油深度加工技术。

综合开发利用茴油资源，主要是推广以电代柴串联法，解决以柴草为燃料单锅蒸馏耗燃料多的问题。对低度油加工，用冷冻、分馏法，分馏出高标准茴油，保持茴油的色、香、味，提高低度油的质量和出油率，油凝固点 ≥ 15°C，合格茴油得率 80% 以上；为进一步开发茴油深加工，生产茴脑、茴香醛、茴腈的新技术创造条件。

此项目由广西壮族自治区德保县芳香厂和广西壮族自治区林业科学研究所承担。总投资 69 万元，其中国家拨贷款 23 万元，其余为地方自筹。建成后，年产值 288 万元，年利税 53 万元，约 2 年即可收回投资。

（李中选）

**【笋竹两用丰产林培育和加工利用】** 该项目是应用毛竹用材林改建为笋竹两用林的综合配套技术，培育笋竹两用丰产林，达到亩产竹材 1300 公斤，同时产竹笋 150 公斤；同时开发竹笋脱水保鲜、干燥处理、软包装等竹笋加工新技术，增加笋制品花色品种，生产竹笋系列产品，多次加工增值，增加收入。

此项目由中国林业科学研究院的江西大岗山林业实验局和亚热带林业科学研究所承担。总投资 42 万元，其中国家拨贷款 14 万元，其余为地方自筹。建成后，年产值 46 万元，年利税 29 万元，约 2 年可收回全部投资。

（李中选）

**【马尾松木材改性和利用】** 根据中国林业科学研究院取得的马尾松改性和利用研究成果，采用蒸汽、干燥、脱脂、药剂浸渍等综合改性处理技术，对马尾松进行木材改性处理，改变马尾松木材易变形、易腐朽等缺点，可代替杉木制作门窗、家具或其他建筑用材等，扩大其用途。改性 1 立方米木材可增利 15～20%，即 54～72 元。

此项目由中国林业科学研究院江西大岗山林业实验局和木材工业研究所承担。总投资 18 万元，其中国家拨贷款 6 万元，其余为地方自筹。建成后，年产值 30 万元，年税利 4.1 万元，约 4～5 年即可收回投资。

（李中选）

**【条子林丰产栽培及系列产品加工利用技术开发】** 河南省兰考县条编制品年出口量占河南省的 30% 左右。条子林（杞柳、白蜡、紫穗槐）栽培历史悠久，但经营粗放，产量低，深度加工比重小，收入不高。要提高条林产量，发展条子加工业，必须进行条林丰产及系列产品加工利用技术的开发。具体做法是选择适于精加工的杞柳等优良品种类型，采用壮条作母条、细致整地、施足底肥、合理密植等丰产措施。于1986～1988年新植杞柳条林1万亩，其中丰产林1000亩、农条间作6000亩、农桐农条株间混作3000亩。造林后当年见效益，第三年后年均产条460万斤。计划建条编厂5个，年加工1700万公斤(含社会产量)，生产条编制品300～350万件、222个品种。随着条林的发展和农田防护效益的增强，受益区内3万亩农田作物将增产8～15%。

该项目由河南省兰考县林业局承担。总投资30万元，其中国家投资10万元，县财政匹配资金20万元。项目完成后，年产值179万元，利税142万元，出口创汇120万元。（李中选）

# 林业标准化

**【综　述】** 林业标准化是组织林业生产建设的重要手段之一。我国的林业标准化工作开始于1952年，在统一全国木材计量和检验方法的基础上制订了木材规格、木材检尺办法和木材材积表3项标准。1958年之后，参照苏联50年代的木材标准，陆续进行了我国木材标准的制订和修订工作。到1965年，木材标准已增加到24个。“文化大革命”期间(1966～1976)，林业标准化工作机构被撤销，人员被解散，标准化工作处于停滞状态。

1979年，根据国务院颁发的《中华人民共和国标准化管理条例》，林业部恢复了标准处，负责综合管理林业标准化工作，并重点制订了木材、人造板、种苗、林产化工和林业机械等方面的标准。1982年4月，全国第一次林业标准化工作会议召开；同年12月，又会同国家标准局召开了全国林木种子标准化学术交流会。1982年，国家提出了积极采用国际标准和国外先进标准的方针，要求加快我国标准制订和修订速度，提高标准的水平。为此，林业部于1982年11月成立了林业部人造板机械标准化技术委员会；1983年9月成立了林业部林业机械标准化技术委员会；1984年7月成立了中国木材标准化技术委员会。之后，根据由国家标准局统一组建专业性标准化技术委员会的精神，1985年经国家标准局批准，成立了全国林业机械标准化技术委员会和全国人造板机械标准化技术委员会。

截止1986年，已制订或修订的林业国家标准共124项，专业标准64项，林业部标准61项。其中，木材方面的标准60项，营林方面的标准6项，人造板方面的标准43项，林产化工方面的标准31项，林业机械方面的标准68项，人造板机械方面的标准41项，基本形成林业标准化体系。（程美瑾）

**【木材标准化】** 1952年林业部制订了《木材规格》、《木材检尺办法》、《木材材积表》3个技术标准，在全国试行。1953年，根据我国的森林资源和木材生产情况，对上述3个标准进行修订，并经中央财政经济委员会批准，于1954年正式发布实施。标准中采用了国际通用的米制，从而结束了旧中国长期流行的“龙泉码价”、“滩规”、“板英呎”、“日本才”等计量检尺办法。

1958年，根据我国森林资源的变化和木材供求量的增长情况，对《木材规格》、《木材检尺办法》进行修订，颁布了国家标准《GB142-58直接使用原木》、《GB143-58加工用原木》、《GB144-58原木检验规则》。1959年，制订颁布了国家标准《GB153-59板方材》、《GB154-59枕木》、《GB155-59木材缺陷》。

60年代初，根据各行业对木材使用的要求，相继制订颁布了以材种为主的各项专用材标准，分别以国家标准和林业部标准的形式发布。标准的编号和名称是：①原木部分：LY101-62二等坑木、LY102-60造纸材、LY103-60小径民用材、LY105-60杉原条、LY111-62次加工原木、LY112-62枕资、LY114-62车立柱、LY120-63航空胶合板用原木、LY121-64农船用材(试行)、LY123-5檩材、LY125-65大车车辕材(试行)、LY126-65檩椽材(试行)、LY127-65简易电杆。②锯材部分：LY222-64大型蓄电池木隔板、LY128-65汽车材。③材积表部分：LY104-60杉原木材积表、LY108-61原木材积表、GB198-63原条材积表、GB449-64板方材材积表。1979年，对板方材及板方材材积表进行修订，修订后的标准编号和名称是：GB153-79普通锯材(代替GB153-59)、GB449-79普通锯材材积表(代替GB449-64)。1981年制订颁布了3项锯材标准：LY220-81汽车锯材、LY221-81玻璃包装箱板材、LY222-81货车锯材。

1980年制订颁布了17项有关木材物理力学性能试验方法方面的国家标准(详见附表《林业标准目录》GB1927-80～GB1943-80)。木材物理力学性能试验方法国家标准曾荣获1982年优秀国家标准4等奖。

随着我国森林资源结构、木材生产及使用情况的变化，60年代末、60年代初制订的以材种为标准结构的木材产品标准已不能适应生产和使用的要求。1983年，林业部对木材标准进行了全面修订，改以树种尺寸、用途为标准结构，参照采用国际标准和国外先进标准，做到指标科学、合理、切实可行。新木材标准于1984年12月发布，1986年10月1日正式实施(标准的编号和名称见附表《林业标准目录》)。自新木材标准实施之日起，1983年以前由林业部、国家标准局发布的木材标准除保留17项木材物理力学性能试验方法方面的国家标准(GB1927-80～GB1943-80)、《原条材积表》、《车立柱》、《玻璃包装箱板》外全部废止。

1986年发布了5项专业标准。即ZBB68001-86木材水运机动船舶技术管理规程、ZBB68002-86小径原木、ZBB68003-86次加工原木、ZBB68004-86原条造材、ZBB68005-86原木归楞。

到1986年底，共制定木材标准60项。其中，国家标准53项，专业标准5项，林业部标准2项。

(赵良平)

**【人造板标准化】** 人造板标准包括胶合板、纤维板、刨花板、细木工板、塑料贴面板以及木工胶粘剂6个方面。

**胶合板标准** 1956年颁发了《胶合板》标准。1965年，对《胶合板》标准进行修订，颁布了国家标准《GB738-65阔叶树材普通胶合板》、《GB739-65阔叶树材普通胶合板检验方法》和林业部标准《LY129-65松木普通胶合板》。1975年对胶合板国家标准进行修订，修订后的标准编号和名称为：GB738-75阔叶树材胶合板(代替GB738-65)、GB739-75胶合板物理机械性能试验方法(代替GB739-65)。1978年把林业部标准《LY129-65松木普用胶合板》修订为国家标准。编号和名称是：GB1349-78针叶树材胶合板(代替LY129-65)。1985年又发布了2项专业标准，编号和名称是：ZBB70001-85刨切车厢胶合板，ZBB70002-85刨切车厢胶合板名词、术语。

**刨花板标准** 1979年制订颁发了刨花板林业部标准《LY209-79刨花板》、《LY210-79刨花板物理力学性能试验方法》。

1985年对林业部标准LY209-79和LY210-79进行修订，颁布了刨花板国家标准。编号和名称见附表《林业标准目录》。

**纤维板标准** 1962年颁布了林业部标准《LY110-62硬质纤维板》。1980年废除林业部标准，制订颁布了国家标准《GB1923-80硬质纤维板》。

**塑料贴面板标准** 1980年颁布了林业部标准《LY218-80塑料贴面板》、《LY219-80塑料贴面板物理性能检验方法》。

**细木工板标准** 1986年制订颁布了细木工板国家标准GB5849-86～GB5855-86(详见附表《林业标准目录》，自1986年10月1日起实施。

**木工用胶粘剂标准** 1983年制订颁布了林业部标准LY224-83～LY238-83胶粘剂检验方法(详见附表《林业标准目录》，自1983年10月1日起实施。1985年制订颁布了专业标准《ZBG39001-85木材胶粘剂用尿醛树脂》，自1986年10月1日实施。1986年制订颁布的专业标准《ZBG39002-85木材胶粘剂用酚醛树脂》、《ZBG39003-86木材工业用三聚氰胺甲醛浸渍树脂》，自1987年4月1日实施。

到1986年底，共制定人造板标准43项。其中，国家标准21项，专业标准5项，林业部标准17项。

(赵良平)

**【林木种子标准化】** 1981年发布的《GB2772-81林木种子检验方法》，自1982年10月1日实施。标准中规定了抽样方法、种子净度、千粒重、发芽、生活力、优良度、含水量、病虫害感程度的测试方法。 (赵良平)

**【苗木标准化】** 1985年5月18日发布的《GB6000-85主要造林树种苗木》，自1986年1月1日实施。该标准规定了我国88个主要造林树种苗木质量分等标准。1985年5月18日发布的《GB6001-85育苗技术规程》，自1986年1月1日实施。标准中对苗圃的建立、作业设计、土壤管理、施肥、作业方式、播种育苗、营养繁殖、移植育苗、苗期管理、灾害防除、苗木调查和出圃、科学实验、苗圃档案等作了详细规定。 (赵良平)

**【营林标准化】** 营林标准化在我国还刚刚开始，1982年以来开展了对9个主要用材树种和5个经济林树种的速生丰产标准制订工作。1986年9月6日颁布了《ZBB64001-86杉木速生丰产林》、《ZBB64002-86长白落叶松、兴安落叶松速生丰产林》2项专业标准，1987年9月1日开始实施。标准中规定了不同林龄、不同产区主要丰产指标和主要丰产技术。 (赵良平)

**【林产化学工业标准化】** 1957年，林业部林产工业司着手制定松香产品标准。1963年8月，林业部先后发布了栲胶、松香等5项林业部标准。到1986年底，共制定林产化学工业标准31项。其中，国家标准17项，专业标准6项，林业部标准8项。60%的标准达到了70年代末、80年代初的国际先进水平，覆盖了主要的林产化学工业产品。这些标准在促进企业技术进步、提高产品质量和增强出口创汇能力方面，发挥了重要的作用。

“文化大革命”以前，林产化学工业标准化工作处于起步阶段。仅制定了松香、松节油、栲胶、紫胶原胶等6项林业部标准。项目技术指标与国际先进水平有较大的差距。1963年，原林业部技术司与林产工业司共同对林化标准化工作进行了全面规划，提出5项制定标准项目和18项研究、协调项目。“文化大革命”中，只制定了2项林业部标准，修订了5项林业部标准。党的十一届三中全会后，林产化学工业标准化工作进入了稳步发展阶段。在制订、修订的26项标准中均达到了70年代末、80年代初国际先进水平。其中，《工业糠醛》和《栲胶》标准分别获得国家标准局颁发的1982年度和1983年度优秀国家标准三等奖、四等奖。《合成樟脑》和《食品添加剂 紫胶》2项国家标准，获得林业部1986年科技进步三等奖。在这一阶段，实施了林产化学工业标准"六五"计划，编制了"七五"计划和采用国际标准计划。确定了中国林业科学研究院林产化学工业研究所为林产化学工业标准的技术归口单位。与国际标准化组织软木(ISO/TC87)和紫胶(ISO/TC50)两个技术委员会建立了联系，并翻译出版了这两个技术委员会制定的全部国际标准。

(李明琪)

**【全国人造板机械标准化技术委员会(TC66)】** 为加强我国人造板机械标准化工作的管理，1982年11月成立了林业部人造板机械标准化技术委员会。经国家标准局批准，1985年11月改为全国人造板机械标准化技术委员会。技术委员会的委员由全国从事人造板机械的科研、教学、生产、使用和管理部门的共29名专家组成。秘书处设在林业部北京林业机械研究所。该技术委员会与国际标准化组织(ISO)的TC39/SC4(木工机械分技术委员会)对口。

人造板机械标准化技术委员会共组织审定了56项标准，人造板机械的主要产品标准已达到了国外70年代末、80年代初的水平。 (程美瑾)

**【全国林业机械标准化技术委员会(TC61)】** 林业部林业机械标准化技术委员会成立于1983年9月。后经国家标准局批准，1985年8月改为全国林业机械标准化技术委员会，并下设便携式林业机械和自行式林业机械2个分技术委员会。技术委员会的委员由全国从事林业机械科研、教学、生产、使用和管理部门的27名专家组成。秘书处设在林业部哈尔滨林业机械研究所。该技术委员会与国际标准组织(ISO)的TC23/SC15(自行式林业机械分技术委员会)、TC23/SC17(便携式林业机械分技术委员会)、TC23/SC16(油橄榄种植和橄榄油制取设备分技术委员会)对口。

1983～1986年，技术委员会制订、修订国家标准9项，专业标准40项，技术委员会分别于1983年、1984年和1986年参加了ISO TC23/SC15和TC23/SC17召开的国际会议。 (程美瑾)

**【中国木材标准化技术委员会(TC41)】** 中国木材标准化技术委员会成立于1984年7月，下设基础标准、原木标准和锯材标准3个分技术委员会，负责我国木材标准方面的技术归口工作。技术委员会由从事木材科研、教学、生产、使用、检验及管理部门的64名专家组成。秘书处设在黑龙江省林产工业研究所。该技术委员会与国际标准化组织(ISO)的TC55(原木和锯材技术委员会)、TC99(木材半成品技术委员会)对口。

技术委员会成立后，举办了全国性的木材标准师资培训班5期，为各省培训师资1000多人。各省利用这些师资又相继举办了各种木材培训班近200期，接受培训人员近3万人。另外，编辑、出版了《木材标准实用手册》、《原木标准实用图解》，不定期发行"中国木材标准化简讯"。 (赵良平)

## 利用世界银行贷款

**【综 述】** 利用世界银行贷款加强林业科研、推广机构的建设，是林业部在落实党中央、国务院对外开放及加强林业科研技术力量的一个重要步骤。中华人民共和国成立以来，我国林业科技事业有了很大的发展，但我国的林业科技机构、人员以及林业科研体制的现状，还难以适应林业现代化建设的需要。为此，林业部规划在"七五"计划期间加强部分省级林业研究所，使之成为区域性研究单位。同时，从1985年起，逐步在主要林区县和绿化任务大的县成立县林业科学技术推广中心，建立和健全推广体系。

为加速这一建设，中国政府于1984年11月与世界银行正式签署了贷款协议书。根据协议规定，世界银行向中国政府提供4780万个特别提款权(SDR)的贷款，用于支持中国的林业发展项目。其中，3930万个特别提款权用于黑龙江、广东、四川省商品材基地建设(称之A部分)，850万个特别提款权，用于加强与组建4个省(区)林业科学研究所和10个林业技术推广中心(站)(称之B部分)。与之相配套，中国各有关地方政府将为该项目投入4491万元。其中，基本建设为2392.5万元。全部项目已纳入1985～1989年国家基本建设计划。

该项目的实施将使4个省(区)林业科学研究所获得价值为500万美元的先进科研测试实验仪器；在国外培养23名高学位的科研人员。使中年科技人员有113个人·月的出国短期培训及考察机会。同时还请进20个人·月的外国咨询专家为项目提供服务。加强后的四川、广东、陕西3个省林业科学研究所将分别成为西南、中南、西北的林业科研骨干。广西壮族自治区林业科学研究所则成为南亚热带林产化学方面的科研主力。

作为推广机构的10个中心(站)，将获得157万美元的先进实用的林业技术推广设备和科学仪器。其科技推广人员将得到约63个人·月的国外短期培训和考察机会，并请进10个人·月的林业技术推广专家为项目建设提供咨询服务。建成后的这10个林业技术推广中心(站)配有必要的推广、培训和技术指导设备，将为建立全国林业技术推广体系起到示范和推动作用，并以试验、示范、技术培训等方法，解决所辖区内林业经济建设中的技术问题。

(祝列克)

**【四川省林业科学研究所】** 四川省林业科学研究所是四川省唯一的省级林业研究机构，所址在成都市。该所成立于1959年，截止1986年，已成为具有营林技术、森林保护、林产工业和林业机械的多专业、多学科的综合性研究机构。全所科技人员共有267人，另有技术工人171人。该所设有造林技术、林木育种、森林生态、经济林木、森林保护、树木分类、林产化工、木材加工、林业机械、情报资料、植物土壤分析等11个研究室；有2个试验车间(林产化工、木工工艺)和2个森林定位观察站。此外，还在四川南部、中部和西部设有3个林业试验场(站)，试验地总面积266.6公顷。该所是我国西南林业系统的骨干研究所。

在这次贷款项目建设中，该所获贷款额为222.6万个特别提款权，国内配套投资1197万元。项目完成后，将新增12000多平方米的实验、研究设施和4800多平方米的附属建筑，添置176万美元的先进仪器设备，培养7个硕士以上学位的研究人员，并获得84个人·月的短期培训和考察机会。

(祝列克)

**【广东省林业科学研究所】** 广东省林业科学研究所所址在广州市龙眼洞，建于1959年，是全省林业科学研究的中心。该所设有营林、森林保护、林业机械、林产工业、情报资料等研究室和分析化验室、木材标本室、树木蜡叶标本室、森林病虫害标本室、木材力学试验室等。在全省另设有30多个试验点，有试验林1000多公顷。全所现有科技人员109人。

该所此次获世界银行贷款182万个特别提款权，国内配套投资1029.8万元。通过建设，该所将新增5200平方米的科研、实验设施和9830平方米的附属建筑。同时，购进144万美元的先进科研仪器和设备，培养出6个硕士以上学位的研究人员，得到40个人·月的短期出国培训与考察机会。将成为中南地区林业科研系统的主要研究机构。 (祝列克)

**【陕西省林业科学研究所】** 陕西省林业科学研究所所址在咸阳市，是陕西省林业研究的中心，建于1958年。该所设有造林、树木育种、森林经营、经济林、森林保护、林业情报等6个专业研究室(组)和分析化验组、仪器管理维修组、科技档案组、树木标本室、森林病虫标本室以及3个总面积1712亩的林业科研实验基地。全所现有科技人员100人。

该所获贷款额为151.8万个特别提款权，国内投资668.66万元。项目的建设将使该所新添117.6万美元的设备，并能培养7个硕士学位以上的研究人员和获得40个人·月的短期培训和考察机会；新增5800平方米的试验室与办公设施，以及6100平方米的附属设施，成为西北地区林业及水土保持方面的重要研究机构。 (祝列克)

**【广西壮族自治区林业科学研究所】** 广西壮族自治区林业科学研究所建立于1956年，所址在南宁市。该所设有用材林、经济林、引种驯化、紫胶、森林保护、生理生化、森林生态、林产化学、林业机械、情报资料等10个研究室和分析化验室、树木标本室、森林病虫害标本室、林化试验车间，林业机械加工试验车间以及总面积6000余亩的林业试验基地和树木园等。全所现有职工人数314人。

该所将建成为广西热带、亚热带树种主要内含物研究中心。世界银行贷款额为81.1万个特别提款权，国内投资503万元。项目建成后，该所将新增71万美元的先进仪器设备，在国外培养3个林化方面的硕士研究人员，获得4 9个人·月的短期培训及考察机会。同时，还将新建4412平方米的仪器、试验楼及中试车间和7300平方米的附属建筑，成为我国南方地区林化科研方面的一支骨干力量。

(祝列克)

**【甘肃省林业科学技术推广总站】** 甘肃省林业科技推广总站是此次世界银行贷款项目中新建的、唯一的省一级林业技术推广机构。

新建的甘肃省林业科技推广总站站址在甘肃省兰州市徐家山。该站将配有32名科技推广人员。世界银行贷款额为60.7万个特别提款权，国内投资为298万元。建成后，该站将具有47.1万美元先进的推广设备和分析仪器，并得到34个人·月的短期培训与考察机会，以及2750平方米的推广试验办公楼、2700平方米的附属设施；将具有培训县级以上推广技术人员的能力和研究解决推广过程中出现的技术问题，为解决该省干旱半干旱地区的造林及育林提供必要的技术保证。 (祝列克)

**【山东省临沂地区林业技术推广中心】** 山东省临沂地区林业技术推广中心是由临沂地区原有的林科

所、林业站、森林保护站、种苗站、经济林管理站合并而成，现有43名职工。这次建设，世界银行贷款额为20.2万个特别提款权，国内配套投资98万元。中心利用贷款将购置15.8万美元的推广及测试设备，同时向国外派出4个人·月的短期培训及考察。新建的办公及培训楼面积为1000平方米，附属设施2928平方米。它的建成将为地区一级的林业技术推广机构摸索出新的路子。同时，也对该地区的速生丰产林及干果基地的建设，起到积极的推动作用。 （祝列克）

**【福建省建瓯县林业技术推广中心】** 福建省建瓯县是我国林业的重点县之一，有3000多人的林业技术推广队伍，形成了县、乡、场三级的林业技术推广网。

这次建设的重点是县林业推广中心。世界银行的贷款额为20.2万个特别提款权，国内配套99万元。将购置15.8万美元的推广及测试设备，并获得向国外派出4个人·月的短期培训及考察机会。将建成1000平方米的推广培训设施，2040平方米的附属设施及职工宿舍。 （祝列克）

**【辽宁省桓仁县林业技术推广中心】** 桓仁县是辽宁省的商品材基地县之一。该县林业技术推广中心为新组建单位，编制35人，下设营林室、种苗室、森保室、科教室、化验室、财务室、试验林场。世界银行为该中心贷款15.2万个特别提款权，国内配套74万元。利用贷款，将购置11.8万美元的推广设备及分析仪器，提供3个人·月的出国短期培训和考察机会；新建推广培训建筑面积2200平方米，附属设施及职工宿舍1180平方米。建成后的这一林业技术推广中心，将成为辽宁省县一级最先进的林业技术推广中心，具有电化教学培训、土壤测试、植物养分常规分析等技术服务手段。 （祝列克）

**【湖南省衡东县林业技术推广中心】** 衡东县林业技术推广中心是以原有的县林业科学研究所为主体建立的，现有技术人员33人，实验地1442亩。此次世界银行贷款额为15.2万个特别提款权。国内配套投资73万元。贷款中用于购置推广设备及分析仪器的是11.8万美元。出国培训考察为3个人·月。建设中的林业技术推广培训楼为900平方米，附属设施及职工宿舍2300平方米。它将是湖南省林业技术推广系统中设备最先进，技术力量较强的县级林业技术推广机构。 （祝列克）

**【浙江省建德县林业技术推广中心】** 建德县林业技术推广中心建立于1984年7月，是将原有的县林科所、森防站、种苗站、县林业局林业股合并而成，配有29名技术人员。机构下设试验站、种苗站、森防站、科技情报资料室和综合办公室。

在这次贷款项目建设中，该中心所获贷款额为15.2万个特别提款权，国内配套投资为77万元。用于购置设备和仪器的是11.8万美元。出国短期培训和考察3个人·月。新建培训大楼面积1200平方米，宿舍800平方米。项目完成后，该县的林业技术推广中心不仅完成本县的林业科技推广任务，而且还将承担浙江省的部分推广培训任务。 （祝列克）

**【四川省南部县林业技术推广中心】** 南部县林业技术推广中心建于1982年，现有林业技术人员18人。在这次项目建设中，该中心所获贷款额为15.2万个特别提款权，国内投资72万元。其中，11.8万美元将用于购置先进的电化教学设备及专业分析仪器。出国培训考察3个人·月。试验室与培训楼的建筑面积为1100平方米，附属设施及职工宿舍为794平方米。该项目建成后，将为该县的绿化造林提供技术上的保证。 （祝列克）

**【河南省禹县林业技术推广中心】** 禹县林业技术推广中心已配备有技术人员25人。下设有试验站、种苗站、森保站、科技情报资料室和综合办公室。这次贷款项目的建设将给该中心购置11.8万美元先进的推广培训设备及必要的测试仪器，并将有3个人·月的出国短期培训与考察机会。贷款总额为15.2万个特别提款权。同时，国内也将为此投入74万元。其建设内容包括一幢2000平方米的推广培训、试验楼和900平方米的附属设施及职工宿舍。该中心建成后不但能完成本县林业技术推广任务，而且还能成为林业部郑州泡桐研究中心的一个试验、示范点。 （祝列克）

**【湖北省潜江县林业技术推广中心】** 潜江县林业技术推广中心主要是为粮、棉产区营建农田林网、江岸防护林及小片丰产林提供技术服务。该中心是在县林科所和森防站的基础上成立的，有试验示范基地1400多亩，林业技术人员20人，下设营林室、办公室、森保室、资料情报室。这次贷款项目使该中心获得15.2万个特别提款权的贷款，国内配套投资73万元。贷款中用于购置推广培训设备及分析仪器的为11.8万美元。出国短期培训及考察3个人·月。新建推广培训楼904平方米，附属设施及职工宿舍2940平方米。建成后，它不仅能胜任本县的林业技术推广任务，而且能承担本省的部分林业技术推广培训工作。 （祝列克）

**【河北省定州市林业技术推广中心】** 定州市林业技术推广中心是新组建的单位，配备技术人员39人，下设林业站、果林站、蚕桑站、科技情报室、综合办公室等。世界银行给该中心贷款10.1万个特别提款权，国内配套投资42万元。其中，推广培训设备及仪器购置费为7.9万美元。出国短期考察及培训3个人·月。新建中心大楼为1080平方米，其它附属设施及职工宿舍720平方米。建成后，将成为河北省设备最先进的县市级林业技术推广机构。

（祝列克）

**【世界银行贷款项目技术咨询】** 为了更好地执行贷款项目协议书，世界银行建议我国在林业科研、推广项目的执行中，聘请国际上有林业科研、推广经验的专家作为该项目的咨询顾问，以提供必要的技术服务。为此，林业部于1985年先后与瑞典"瑞中贸易协会"及"纸浆造纸协会"和"澳大利亚发展援助局"签定了技术合作意向书。由瑞典方面派出10个人·月有经验的林业技术推广专家负责林业技术推广部分的咨询服务。"澳大利亚发展援助局"则委托"澳大利亚国际农业研究中心"组织一批有经验的林业科研方面的技术专家，来华提供20个人·月的咨询服务。通过对4个研究所及10个推广机构的考察、座谈和对北京地区的中央直属林业科教部门了解后，咨询专家对我国的林业科研、推广提出了十分有益的建议。

**澳大利亚专家咨询建议** ①各林业科研所应有简明扼要的政策说明，以指导科研计划，并经常检查和修改；各所应制订详细的科研目标和达到目标的方法；各所都应有极少量研究领域广泛的课题，所长应有权、有经费，使这些选择的课题能有效地进行。②为了促进研究室之间的联合研究，减少重复，改进研究室与服务单位之间的合作，各所应按课题来管理。③每个课题都应制订详细的科研计划建议，计划建议应包括研究所需时间（最长5年），和对时间长的项目何时进行总结检查；明确课题要达到的目的和每年要达到的目标；参加课题的科研人员名单和每人的工作量；每年所需经费；试验设计纲要和（或者）分析方法；课题每年所需经费的详细预算；明确说明科研成果如何推广。④计划建议一经所学术委员会通过，即应变为课题计划，成为课题管理的基础。⑤所长应与主要研究人员定期开会，以便沟通情况，提高效率。⑥所内各级和各个方面要加强信息交流。

**瑞典专家咨询建议** ①推广人员的任务就是把艰难深奥的科学技术、知识和科研成果变为浅而易懂的形式进行推广，且必须是省、地、县各级科研、推广人员共同参加，从而把科研和推广联系起来。②科学技术的普及要分两个步骤进行：首先把科研成果编成资料，作为基础林业教育、林业工作者进修及在职培训的教材。其次对于农民和他们的家庭，采用讲课、示范、实地培训等不同的推广方式。③必须用有效的科研推广网把各级关键研究机构联系起来：应优先考虑加强国家和省研究中心和研究所的研究设施，可以通过先进的科学培训，必要的设备和进行国际交流来达到这一目的；重视建立县级推广网，区、乡推广站；建立包括各级推广人员和科学教育机构在内的科研成果普及网；制定向农民和林业工人进行推广的方法和措施；建立研究和推广相联系的训练制度。

对于推广方法，专家们建议根据不同对象，采用训练班、成果展览（包括示范地和样板林）、方法示范、实地训练、向农民进行个别或小组咨询、向村镇居民集体宣传、使用宣传品和广播等；并根据推广对象和训练推广的需要，分别使用不同的器材和材料。而制作和生产推广训练器材和材料应当是省、地、县推广中心的主要工作。

对于推广工作的评价和检查，专家们认为：评价和检查的主要目的是利用已经完成、或正在进行的活动所取得的经验计划下一步推广工作。进行评价时，把投入的推广资源和成本同结果加以比较。如造林面积、树苗栽种数目、造林成活率、参加某些推广活动的农民人数等。评价可确保更有效地使用人力和其他推广资源。（方 堪 祝列克）

## 中国林业科学研究院

**【综　述】** 中国林业科学研究院（以下简称中国林科院）是在1951年成立的中央林业科学研究所的基础上，于1958年建立和发展起来的。该院是林业部直属的综合性林业科学技术研究单位。截止1986年，该院已发展成为有林业、亚热带林业、热带林业、木材工业、林产化学工业、紫胶、科技情报、林业经济等8个专业研究所和森林调查及计算技术、综合分析两个中心以及磴口、大岗山、大青山3个实验局的林业科学研究体系。共有职工5189人，其中科技人员1390人（高级研究人员92人，中级研究人员639人）。

该院主要任务是：研究全国林业生产和科学技术领域中有战略意义和急需解决的关键技术问题；研究重大的林业生产技术政策，参与制订有关全国林业生产和林业科学技术方面的规划；制定、修订林产品和林用产品标准；为林业生产和技术发展提供咨询服务。

中国林科院建院以来，围绕林业生产技术问题，取得了340多项具有较高学术水平的科研成果。其中，获1978年全国科学大会奖励21项，国家自然科学二等奖1项，国家科学技术进步奖5项，国家“六五”科技攻关成果奖1项，国家农业委员会、科学技术委员会推广奖6项，林业部科技成果奖47项。这些成果约有60%已应用于生产，取得了良好的经济效益和社会效益。

中国林科院广泛开展对外学术交流和国际科技合作活动。与34个国家和地区建立有合作关系。“六五”期间，接受联合国开发计划署、加拿大国际发展研究中心等组织资助项目1 2项；通过各种渠道选派出国考察、进修的科技人员355人次。

经国务院学位委员会批准，中国林科院有10个专业有硕士学位授予权，2个专业有博士学位授予权。截止1986年，已招收研究生71名，培养了硕士毕业生2 0名。1978年以来，中国林科院科研与生活条件有了较大的改善，仅“六五”期间，就建设了各种用房8.5万平方米，其中科研用房2.5万平方米，购置大型仪器设备120多台。 （何淑筠）

**【中国林业科学研究院林业研究所】** 林业研究所建立于1953年，所址北京，现设有用材林、防护林、经济林、林木遗传育种、树木生理生化、林木种子、森林经营、森林生态、森林土壤、森林植物、森林虫害、森林病害、杨树、鸟环志与技术等15个研究室。它是营林方面的综合性研究机构，以应用研究为主，相应开展应用基础研究，积极加强开发研究；重点解决北方沙区、山区和中原地区的林业生产建设中的关键性问题；同时承担全国跨地区的重大科学技术课题和科研成果的配套组装和推广。该所现承担的主要课题有“七五”国家科技攻关项目中重要造林树种良种选育、速生丰产技术、干旱半干旱地区造林、太行山造林技术、黄淮海平原中低产地区综合防护林体系配套技术，薪炭林营造技术以及自然保护区定位研究、病虫害综合防治等。

截止1986年，林业研究所有高、中级科技人员165人。建所以来，该所取得林木育种、栽培、经营、病虫害防治以及营林标准化项目等科研成果共115项，其中获全国科学大会奖励和省级以上单位奖励的项目21项。这些成果大部已在林业生产中推广应用。例如，杨树、泡桐等优良品种已在全国十几个省、自治区、直辖市推广；杉木、落叶松等树种密度管理图表已在全国各地应用；ABT生根粉推广到全国26个省、自治区；蜂乐牌“解毒灵”打开了蜜蜂不采油茶蜜的禁区，不仅开辟了新蜜源，还可提高油茶座果率1倍以上；杨树截干钻空深栽技术已在西北干旱半干旱地区应用推广，造林成活率达90%以上。此外，还组织编写了《黄河中游的林业》、《杨树选种学》、《治沙造林学》、《泡桐研究》、《杉木》、《国外树种引种概论》、《中国森林昆虫》、《中国森林病害》等20部专著。 （何淑筠）

**【中国林业科学研究院亚热带林业研究所】** 亚热带林业研究所所址在浙江省富阳县，建立于1964年，现设有用材林研究室，经济林、竹类研究室，林木病虫害研究室，综合研究室，情报资料室及试验林场。主要研究方向及任务是：面向亚热带，重点放在长江中下游地区，针对营林生产中有重大经济效益的科技项目，主攻应用研究和开发研究，相应地开展应用基础研究，解决该地区林业生产上的关键性技术问题。截止1986年，亚热带林业研究所拥有高、中级科技人员74人。建所以来共获得科研成果14项，其中10项受到省级以上单位的奖励。毛竹林丰产技术、油茶芽苗砧嫁接技术等12项成果，已不同程度地在生产中得到推广。 （何淑筠）

**【中国林业科学研究院热带林业研究所】** 热带林业研究所所址在广东省广州市龙眼洞，建立于1963年，现设有营林研究室、林木育种研究室、森林生态研究室、森林资源研究室、森林保护研究室、情报室，在海南岛尖峰岭设有热带林业试验站。其研究方向及任务是：面向经济建设，以应用研究为主，相应地开展应用基础研究，积极加强开发研究。侧重海南岛，面向热带和南亚热带，开展本区域的森林资源保存、引种与开发利用研究，优先研究速生、优育树种的选育、栽培及利用，解决本区域林业生产上的关键性技术问题。截止1986年，热带林业研究所拥有高、中级科技人员39人，拥有一支包括十多个学科的热带林业科技队伍。建所以来，共取得科研成果34项。其中，获省级以上科研成果奖13项。近年来，取得的成果有木麻黄木材在民用建筑中的应用；藤类栽培技术；坡垒种子主要贮藏条件及其生理生化依据；非洲楝引种与栽培技术；热带防护林改造与树种选择的研究，这些成果多已推广，收到较好的社会经济效益。 （何淑筠）

**【中国林业科学研究院木材工业研究所】** 木材工业研究所所址北京，建立于1957年，现设有人造板、干燥及防腐、木材性质、胶粘剂、设备设计、自动化控制、工程技术等7个研究室。木材工业研究所主要从事木材合理利用、综合利用和节约利用的应用和开发研究，并开展与应用相关的基础研究。研究任务是：木材的基本性质和干燥、防腐、改性技术；开发人造板新产品和新工艺及其装饰板材料；研制木材工业用胶粘剂；开发木材工业新设备、检测仪表和过程自动化；承担木材和人造板性能测试和鉴定；制订木材和木材工业有关的标准。木材工业研究所拥有高、中级科技人员 96 人。"六五"期间，木材工业研究所承担了国家、部门和地方科技项目和委托项目 86 项，已取得成果 51 项，其中有 17 项成果荣获国家级和部级重大科技成果奖和推广奖。其中有"硬质纤维板废水循环回用技术"、"3MFC-4 型超低容量喷雾机"、"刨花板装饰贴面新工艺及树脂"、"胶粘剂制造过程自动化"、"SD-1 单板封边用湿单板封边胶纸带"、"中密度纤维板、湿法纤维板浆浓度检测和控制"、"人造板坯重量控制仪"等。（何淑筠）

**【中国林业科学研究院林产化学工业研究所】** 林产化学工业研究所所址南京，建立于 1960 年，主要研究林副特产品的化学加工和综合利用技术，现设有松香、栲胶、林化资源、木材胶粘剂、木材水解、木材热解、设备研究设计等 8 个研究室和 1 个中试车间。林业部林产化学工业科技咨询服务中心、林产品质量监督检测站、全国林化科技情报中心站等面向全国服务的机构，也设在该所内。截止 1986 年，林产化学工业研究所拥有高、中级科技人员 160 人；已取得科技成果 116 项；推广 63 项。林产化学工业研究所每年承担国家、部门的课题 40～50 项，横向技术转让项目 30～40 项。主要研究方向是：林产品资源的化学加工利用，轻工、化工等行业用精细化工产品的研制和山区资源开发。研究成功的"橡碗栲胶生产新工艺"、"松针粉饲料加工工艺及设备的研究"、"糠醛连续精制技术"、"LH-02 型氢化活性炭"、"JH-1 型电镀液净化器的研制技术"、"醋酸乙烯二元、三元共聚乳液胶和接触型乳液胶粘剂"等，都已在生产中推广应用。（何淑筠）

**【中国林业科学研究院紫胶研究所】** 紫胶研究所所址云南省景东，建立于 1955 年，现设有胶虫、寄主植物、病虫害防治、五倍子、白蜡 4 个研究室。研究方向与任务是：以应用研究为主，适当开展应用基础研究，加强开发研究，侧重西南，面向全国，重点研究紫胶、五倍子、白蜡等原料生产及其相应的加工利用技术。紫胶研究所截止 1986 年，拥有高、中级科技人员 29 人。建所以来，通过对我国西南、华南等地的考察，基本摸清了紫胶虫的地理分布，产区自然条件，紫胶虫的天敌，紫胶虫寄生树的种类及分布。同时，还为产区培训了大批生产技术骨干，使紫胶从野生、半野生状态走上人工经营的道路，产区由云南扩展到南方 8 省，产量由几十吨发展到现在的数千吨。紫胶研究所共取得 20 多项科研成果，其中有 6 项获全国科学大会奖和省级以上成果奖。所取得的成果中，绝大部分已推广应用于轻工、食品、医药、化工、国防工业、造船、纺织等部门的生产中。（何淑筠）

**【中国林业科学研究院科技情报研究所】** 科技情报研究所所址北京，建立于 1964 年，是全国林业科技文献中心和情报检索中心。1983 年成立的林业部科技情报中心也设在所内。科技情报研究所现设有业务处、联络处、采编室、流通阅览室、综合情报研究室、专业情报研究室、报道室、国内文摘室、国外文摘室、计算机室、咨询室、出版发行室、印刷厂等。主要任务是：根据林业科技和生产发展的需要，搜集、整理国内外林业科技文献；建立林业文献和专题数据库；传递林业信息，分析研究林业科技和生产发展水平趋势预测；开展国际合作。截止 1986 年，科技情报研究所拥有高、中级科技人员 108 人，已形成的专业情报网有：全国林机情报网、全国林化情报网、全国林业基本建设技术情报网、全国调查规划科技情报网、全国紫胶科技情报网。

所内拥有种类齐全的国内外林业科技文献。图书馆藏有中外文林业科技图书、期刊、资料达 30 万册。到 1986 年，有期刊 1600 多种，编辑出版《林业科技通讯》、《中国林业文摘》、《林业文摘》、《森林工业文摘》、《国外科技资料目录》（林业）等 7 种定期刊物，以及林业战略情报资料。每年报导 800 万字，1.5 万条林业信息。所内配备有应用于文献检索和情报管理的计算机，以及成套声相器材、文献复制和印刷等设备，可以提供阅览、复制、咨询、声像、计算机CAB文摘磁带检索、翻译、专利咨询、铅印出版等项服务。（何淑筠）

**【中国林业科学研究院林业经济研究所】** 林业经济研究所所址北京，成立于 1960 年，现设有营林经济研究室、木材采运经济研究室、木材加工利用经济研究室、林业经济研究室、业务处、资料室、《林业经济》编辑室等。研究方向和任务是：以马克思主义经济理论，探索社会主义经济规律在林业生产中的应用，研究林业发展战略及预测林业经营管理及其现代化和森林资源的培育、开发、利用及流通等方面的技术经济问题。截止 1986 年，林业经济研究所拥有高、中级技术人员 17 人。主要研究成果有：伐区作业综合小工队问题研究；试论林业在国民经济中的作用；林价及木材理论价格的研究；关于考核林业企业经济效益指标的研究；在带岭、大青山建立营林村的试验报告；关于我国木材价格改革问题的研究；刨花板市场调查和预测等。（何淑筠）

**【中国林业科学研究院森林调查及计算技术研究开发中心】** 森林调查及计算技术研究开发中心（简称森计中心）1984 年成立，设在北京，设有遥感应用研究室、森林经理及林业统计研究室、计算技术研究室。研究方向及任务是：主要研究遥感、计算机和系统工程等新技术在林业上的应用，为实现我国林业现代化提供先进的技术。开展研究的方面有：利用遥感技术进行森林资源调查，监测；利用电子计算机和各种数学方法、系统工程理论进行森林资源管理和分析；利用计算机实现林业管理和办公室自动化。森计中心截止1986年，拥有70余名从事森林经理、林业统计、遥感应用、计算机软硬件等学科的科学技术及辅助人员。现已取得的科研成果有：卫星多光谱扫描数据在森林资源调查中的应用，2000年全国各龄组林地面积、蓄积、可采资源预测，微型计算机在贮木场管理上的应用。已推广的项目有：利用微机进行森林资源调查管理分析，林业常用科学计算和统计，林业生产管理，林业系统办公室自动管理等软件。（何淑筠）

**【中国林业科学研究院综合分析中心】** 综合分析中心建立于1979年，设在北京，现设有电子显微镜组、有机化学分析组、无机化学分析组、技术开发组。任务是：面向院内各所以及全国农业、林业、工厂、机关及大专院校，开展多方面的技术服务。综合分析中心能进行科研中较为复杂的分析测试，现有中级技术人员11人。主要仪器设备有：荷兰SEM 505扫描电子显微镜和透射电子显微镜；高效液相色谱仪，氨基酸分析仪；多检测器相色谱仪；红外分光光度计，紫外可见光分光光度计，原子吸收分光光度计，荧光分光光度计；SL-2型数字式离子计和日立80 P-T型冰冻制备超速离心机等。综合分析中心能承担各种有机、无机化学分析，小批量有机物的提纯与合成；制作各种规格黑白、彩色幻灯片以及农化、有机化学分析技术咨询工作；野生植物资源开发利用及有关人员的技术培训等。

（何淑筠）

**【中国林业科学研究院磴口实验局】** 磴口实验局局址内蒙古自治区磴口县，成立于1979年，设有综合研究室、第一实验场、第二实验场、人事科、计财科等。任务是：以中间试验为主，在干旱沙区进行营造各种试验林、示范林和改造沙漠的科学试验。磴口实验局现有职工400人，其中科技人员47人，承担国家、林业部下达的“干旱、半干旱地区治沙造林技术”、“刺槐种源试验”、“梭梭白粉病”等科研课题的研究。（何淑筠）

**【中国林业科学研究院大岗山实验局】** 大岗山实验局局址江西省分宜，成立于1979年，设有综合研究室。任务是：把国内外已取得成果的单项试验和群众的先进经验组装起来，应用于大面积的林业生产，营造试验林、示范林，使科研与生产紧密结合，形成生产力；为我国南方大幅度提高杉、松、竹、阔为主的用材林生长量和油茶及其他林副产品的单位面积产量，建立森林经营的科学管理体系，积累和创造成套经验；为保持生态平衡、发挥森林多种效能，促进速生丰产等方面作出示范。大岗山实验局现有职工1080人，其中科技人员84人，建局以来，承担国家、林业部下达的攻关项目6项，中试项目4项。主要研究课题有：全国杉木、马尾松、国外松种源试验；全国杉木、马尾松种子园营造技术的研究；杉木速生丰产组装技术的研究，杉木速生品系扩大栽培试验，毛竹低产林改造试验；油茶无性系高产实验；国外松丰产林营造技术；施业案编制，亚热带优良树种引种及树木园建立；马尾松高产脂基因库，杉木密度试验，亚热带水土保持，水源涵养功能的研究等。（何淑筠）

**【中国林业科学研究院大青山实验局】** 大青山实验局局址广西壮族自治区凭祥市，成立于1979年，设有情报资料室、栽培研究室、良种研究室、森林保护研究室、引种树木园、石山树木园、青山实验场、伏波实验场、哨平实验场和白云实验场。任务是：以开展热带、南亚热带的珍贵特用树种和速生树种研究为主，进行营林科学技术的中间试验，营造各种用材林、示范林。大青山实验局截止1986年，有职工1459人，其中科技人员92人。主要研究课题有：热带、南亚热带珍贵树种的栽培、引种、驯化、良种选育、病虫害防治等。（何淑筠）

## 林业部其他直属研究机构

**【林业部北京林业机械研究所】** 林业部北京林业机械研究所建立于1979年，现设有人造板及木材加工设备研究室、人造板及木材加工工艺研究室、电气自动化研究室、标准化研究室、情报研究室、《木材加工机械》编辑部、全国人造板机械标准化技术委员会秘书处，有科技人员50人。任务是：以人造板和制材为中心的木材加工与木材综合利用工业的设备与工艺的开发应用研究及设计。开展研究的方面有：木材加工机械、人造板机械、木工刃具、人造板及制材生产工艺、木材加工自动化、人造板机械标准化。还编辑出版有《木材加工机械》和《人造板机械标准化简讯》，负责人造板机械及木工机械科技情报网工作。建所以来，已取得的成果及转让项目有：BG232转子式刨花干燥机，年产1.5万立方米刨花板无垫板装卸机及同时闭合热压机组，BW 1110／10 型一次成浆热磨机，4 R小径木新型旋切机，年产5000 立方米、1.5 万立方米、3 万立方米刨花板生产车间工艺设计及主机设计，单板刨切机等。

（何淑筠）

**【林业部哈尔滨林业机械研究所】** 林业部哈尔滨林业机械研究所建立于 1958 年，现设有营林机械研究室、木材采运（含贮木场）机械研究室、木材综合利用设备研究室、林业生产自动化研究室、林业生产劳动保护研究室、林业机械标准化研究室、林机情报研究室、中心试验室，《林业机械》、《林机情报》、《林机信息快报》编辑部和林业部营林机械产品质量监督检验站，林业部便携式林业机械产品质量监督检验站。任务是：林业生产机械化及林机产品的应用开发；研究林业生产中的先进技术与应用；研究林业机械化的技术政策和工艺技术；参与制订全国林业机械化和林机科研的规划工作；负责林业机械标准的制定、修订工作；林机产品的检验认证及质量监督；负责全国林机科技情报，主编《林业机械》、《林机情报》、《林机信息快报》等刊物。截止 1986 年，该所拥有科技人员 173 人，其中工程师以上的有 66 人。已取得的科研成果有：单线循环自动转弯轻型运材索道、6 马力汽油发动机、肩挂式动力割灌机、移动式旋转摇臂喷灌机、苗圃筑床机、开沟大苗植树机、原木装载机、移动式木材削片机、木片运输车等，分别获得了国家级、全国科学大会和部级奖励。在生产中推广并发挥重大作用的科研成果有：手搬葫芦、自吸泵、7 吨和 15 吨汽车原条挂车、贮木场移动式缆索起重机、龙门起重机、装卸原木用桥式起重机、原木抓具、选材输送机等。

（何淑筠）

**【林业部郑州泡桐研究中心】** 林业部郑州泡桐研究中心建立于 1985 年，设有遗传育种研究室、病虫害防治研究室、经营管理研究室、木材性质研究室、木材加工利用研究室、综合技术研究室、科技情报研究室和实验工厂。任务是：开展泡桐技术开发及应用基础理论的研究；承担国家下达的泡桐重大科研项目；组织、协调、开展全国泡桐系列化研究和成果推广应用工作；负责国内外泡桐科技合作与交流及科技咨询服务工作。该中心编制为 80 人。以该中心的研究人员为主研究的“泡桐豫林一号”荣获林业部科技成果奖和国家科学技术进步奖，将在黄淮地区大面积推广。（何淑筠）

# 附　表

## 1979～1986 年林业部科技成果目录

| 编号（林业部科技鉴字） | 成果名称 | 主要完成单位 |
|---|---|---|
| 79001 | 糠醛连续精馏的研究 | 中国林业科学研究院林产化学工业研究所，广东省东莞糖厂 |
| 79002 | IE40FA汽油机的研制 | 林业部泰州林业机械厂 |
| 79003 | 3MFY-2型背负式弥雾、喷粉、喷烟三用机的研制 | 林业部镇江林业机械厂 |
| 79004 | 汪清浆板厂制浆废水化学絮凝处理研究 | 中国林业科学研究院林产化学工业研究所 |
| 80001 | 松香色级标准玻璃比色块研制 | 中国林业科学研究院林产化学工业研究所 |
| 80002 | 核桃室内嫁接技术 | 山东省果树研究所，北京农林科学院林业果树研究所 |
| 80003 | 醋酸乙烯二元共聚乳液胶研制 | 中国林业科学研究院林产化学工业研究所 |
| 80004 | 醋酸乙烯三元共聚乳液胶研制 | 中国林业科学研究院林产化学工业研究所 |
| 80005 | DN-1号刨花板用低毒性脲醛胶 | 东北林学院 |
| 80007 | QT-25型切条机 | 林业部哈尔滨林业机械研究所 |
| 80008 | KDZ型开沟大苗植树机 | 林业部哈尔滨林业机械研究所 |
| 80009 | ZC-40型行间中耕机 | 林业部哈尔滨林业机械研究所 |
| 80010 | YPZ-4型平地、筑埂机 | 林业部哈尔滨林业机械研究所 |
| 80011 | QM-405型起苗机 | 林业部哈尔滨林业机械研究所 |

（续）

| 编号（林业部科技鉴字） | 成果名称 | 主要完成单位 |
|---|---|---|
| 80012 | CT-4型悬挂插条机 | 林业部哈尔滨林业机械研究所 |
| 80014 | NQ-80脲醛树脂胶（刨花板专用） | 中国林业科学研究院木材工业研究所，北京木材厂，长春胶合板厂 |
| 80015 | 木材电磁振动切削工艺与设备的研究 | 北京市木材工业研究所，新疆维吾尔自治区巴州21团 |
| 80016 | MQ-1200万能磨锯机 | 黑龙江省木材工业研究所 |
| 80017 | MQ-427自动开齿机 | 黑龙江省木材工业研究所 |
| 80018 | MQ-8245自动整料机 | 黑龙江省木材工业研究所 |
| 80019 | MZL-1型转子式浆料浓度检测器 | 中国林业科学研究院木材工业研究所 |
| 80020 | DDS-100型刀式浆料浓度自动检测器及浆料浓度自动调节系统 | 中国林业科学研究院木材工业研究所 |
| 80021 | 浆料pH值自动检测装置 | 中国林业科学研究院木材工业研究所等 |
| 80022 | 贮浆池液位自动检测和自动控制系统 | 中国林业科学研究院木材工业研究所等 |
| 80024 | 年产100吨松香胺中试 | 南京林产工业学院，广西壮族自治区桂林化工厂 |
| 80025 | 马尾松亚铵法制浆 | 中国林业科学研究院林产化学工业研究所，湖南省洪江制材厂 |
| 80026 | 杉木良种选育（第一代种子园）的研究 | 南京林产工业学院，福建省洋口林场，福建省三明地区官庄林场，福建省永泰县大湖林场 |
| 80027 | DN-1号刨花板用低毒性脲醛树脂胶中试 | 东北林学院，黑龙江省正阳河木材厂 |
| 80028 | DG3型割灌木机 | 林业部泰州林机厂 |
| 81001 | YDCZ-4电容磁制动器 | 黑龙江省木材工业研究所 |
| 81002 | 76型湿法纤维板设备试制 | 上海人造板机械厂，林业部林产工业设计院等 |
| 81003 | 人工林间伐集材机 | 黑龙江省带岭林业实验局 |
| 81004 | SDZI营林山地弹齿整地机 | 黑龙江省带岭林业实验局 |
| 81005 | 建立民勤沙生植物园的研究 | 甘肃省治沙研究所 |
| 81006 | 民勤西沙窝治沙样板林的营造 | 甘肃省治沙研究所 |
| 81007 | 马来酸松香研制与应用 | 南京林产工业学院 |
| 81008 | 纤维板废水治理研究 | 林业部林产工业设计院 |
| 81009 | ZLM50型木材装载机 | 林业部常州林业机械厂，林业部哈尔滨林业机械研究所 |
| 81010 | 3MFC-4型超低容量喷雾机 | 中国林业科学研究院木材工业研究所，林业部西北林业机械厂 |
| 81011 | 人造板直接印刷试验 | 上海木材工业研究所等 |
| 81012 | 悬索曲线计算理论及其在林业索道中的应用 | 中南林学院 |
| 82001 | 硫酸-氯化锌法聚合松香新工艺扩大试验 | 四川省林业科学研究所 |
| 82002 | TRB混凝土减水剂 | 中国林业科学研究院林产化学工业研究所，黑龙江省交通研究所 |
| 82003 | 异长叶酮 | 中南林学院 |
| 82004 | 甲基柏木烯酮 | 中南林学院 |
| 82005 | 4Y-2型移植机、4J-2型卷苗机 | 辽阳市林业科学研究所 |
| 82006 | 四川大渡河龚咀水电站漂木改道水工模型试验 | 南京林产工业学院 |
| 82007 | 6MY-2.3森林灭火机 | 北京林学院，林业部泰州林业机械厂 |
| 82009 | IFL225-1型二铧液压翻转犁 | 辽宁省林业机械公司 |
| 82010 | 3WC-25型单穴挖坑机 | 辽宁省林业机械公司，新宾林业机械厂 |

（续）

| 编号（林业部科技鉴字） | 成果名称 | 主要完成单位 |
|---|---|---|
| 82011 | 3BTF-1型反坡梯田耙 | 辽宁省林业机械公司，昌图林业机械厂 |
| 82012 | 4ZS-30型轻便植树机 | 辽宁省林业机械公司，新民林业机械厂 |
| 82013 | 塑料大棚育苗技术的研究 | 新疆维吾尔自治区林业厅，北京农学院，新疆维吾尔自治区八一农学院 |
| 82014 | 林区枝丫材制化学机械浆 | 带岭林业实验局，轻工业部造纸研究所 |
| 82015 | IHTZ-80樟子松球果烘干机 | 东北林学院 |
| 82016 | 紫胶虫寄主树良种选育 | 中国林业科学研究院紫胶研究所等 |
| 82017 | 甘肃小陇山次生林综合抚育的研究 | 中国林业科学研究院林业研究所，甘肃小陇山林业总场等 |
| 82018 | 接触型乳液胶粘剂的研制 | 中国林业科学研究院林产化学工业研究所 |
| 82019 | 中频电感应加热真空炼松香 | 林业部林产工业设计院，广东省封开林化厂 |
| 82020 | 杉木产区区划、宜林地选择及立地评价 | 中国林业科学研究院林业研究所等 18 个单位 |
| 82021 | YH-25轻型油锯 | 林业部西北林业机械厂 |
| 82022 | 繁殖和利用肿腿蜂的研究 | 河北省林业专科学校 |
| 82023 | 广西及吉林两省区森林资源连续清查的研究 | 南京林产工业学院，广西壮族自治区林业勘测设计院 |
| 82024 | 年产一万立方米中密度纤维板中间试验 | 中国林业科学研究院木材工业研究所 |
| 83001 | PT-821型PT泵试验台 | 东北林学院 |
| 83002 | 高压静电法回收氯化锌废气新工艺的研究 | 四川省林业科学研究所 |
| 83003 | 利用肿腿蜂防治粗鞘双条杉天牛的研究 | 广东省林业科学研究所 |
| 83004 | 肿腿蜂生物学特性及其应用技术的研究 | 山东省林业科学研究所 |
| 83005 | CLC水泥料浆稀释剂的研究与应用 | 中国林业科学研究院林产化学工业研究所 |
| 83006 | 胶合剂制造过程自动化的研究 | 中国林业科学研究院木材工业研究所 |
| 83007 | YG-5防震型油锯的研制 | 东北林学院，林业部西北林业机械厂 |
| 83008 | 防卡剂一妥尔油磺酸盐的研制 | 东北林学院 |
| 83009 | JYF型钢丝绳链式集装索具与加固索具 | 黑龙江省森林工业总局，哈尔滨铁路局 |
| 83010 | 舞毒蛾核型多角体病毒的应用研究 | 东北林学院 |
| 83011 | 6MYY-4型自压式灭火器 | 黑龙江省森林保护研究所 |
| 83012 | 计算机房活动地板的研制 | 北京木材厂 |
| 83013 | 50 吨/年除草剂镇草宁中试 | 南京林产工业学院 |
| 83014 | 泰国、巴基斯坦紫胶虫引种试验 | 中国林业科学研究院紫胶研究所 |
| 83015 | 杉木地位指数表编制技术与应用方法的研究 | 北京林学院，林业部调查规划设计院等 |
| 83016 | 横格式育苗蜂窝纸容器育苗造林试验 | 广西壮族自治区林业科学研究所 |
| 83017 | 7RZG-50000型横格式育苗蜂窝纸容器制作机 | 广西壮族自治区林业科学研究所，广西壮族自治区林业厅 |
| 83018 | 4RZ-10000型气吸式容器育苗装播作业生产线 | 广西壮族自治区林业科学研究所 |
| 83019 | 4SBL-Z型容器育苗营养土处理机 | 广西壮族自治区林业科学研究所 |
| 83020 | 森林资源数据库系统设计和建立 | 林业部调查规划设计院等 |
| 83021 | 湖南省攸县油茶主要经济性状及引种试验研究 | 中国林业科学研究院亚热带林业研究所 |
| 84001 | 热油加热装置在纤维板热压机上应用 | 武汉木箱台板厂，林业部林产工业设计院 |
| 84002 | 歧化松香皂膏干燥中间试验 | 广西壮族自治区梧州松脂厂，林业部林产工业设计院，中国林业科学研究院林产化学工业研究所 |

（续）

| 编号<br>（林业部科技鉴字） | 成果名称 | 主要完成单位 |
|---|---|---|
| 84003 | LGP10-1型塑料大棚钢拱架棚体结构的研究 | 北京农学院，新疆维吾尔自治区八一农学院，林业部天津林业工具厂 |
| 84004 | MY-CBC带锯机摇尺装置 | 黑龙江省木材工业研究所 |
| 84005 | 园丁牌DC 1 A型多用作业车 | 林业部云南林业机械厂 |
| 84006 | 提高单板干燥效率措施的研究 | 上海木材工业研究所 |
| 84007 | 榆紫叶甲防治技术研究 | 吉林省林业科学研究所 |
| 84008 | 半干法纤维板生产工艺和设备研究 | 林业部林产工业设计院 |
| 84009 | 硬质纤维板废水循环中间试验 | 中国林业科学研究院木材工业研究所，苏州人造板厂 |
| 84010 | 乌裕河流域鹤类的研究 | 黑龙江省野生动物研究所 |
| 84011 | 杉木萜烯组分分析与遗传育种的研究 | 四川省林业科学研究所 |
| 84012 | 小带锯进料装置的研制 | 东北林学院 |
| 84013 | 湿法纤维板污水综合治理试验 | 林业部林产工业设计院等 |
| 84014 | “801”森林火险天气预报方法 | 黑龙江省森林保护研究所 |
| 84015 | 卤化物森林灭火剂的研究 | 黑龙江省森林保护研究所 |
| 84016 | 增粘“704”航空森林灭火剂 | 黑龙江省森林保护研究所 |
| 84017 | 白僵菌乳剂的研制 | 广东省林业厅森林病虫害防治站 |
| 84018 | “三北”防护林地区野生动物资源及自然保护区区划 | 东北林学院 |
| 84019 | 白僵菌对人畜毒性的研究 | 湖北省林业科学研究所 |
| 84020 | 白僵菌对人畜毒性的研究 | 安徽省林业厅森林病虫害防治总站 |
| 84021 | YG-5B防震型油锯的研制 | 南京林学院 |
| 84022 | YH-4A防震型油锯的研制 | 南京林学院 |
| 84023 | 泡桐丛枝病防治技术的研究 | 中国林业科学研究院林业研究所 |
| 84024 | 云南松飞播，中、幼龄林抚育间伐技术的研究 | 四川省林业科学研究所 |
| 84025 | 泡桐壮苗培育成套技术的研究 | 中国林业科学研究院林业研究所，河南农学院，河南省林业科学研究所 |
| 85001 | 黑颈鹤生态研究 | 陕西省动物研究所 |
| 85002 | 卫星多光谱扫描数据在森林资源调查应用的研究 | 中国林业科学研究院森林调查及计算技术研究中心，吉林省林业规划院 |
| 85003 | 美国白蛾生物学及天敌的研究 | 林业部北方森林植物检疫所 |
| 85004 | DA16-1型单管猎枪 | 河南省西峡县农林机械厂 |
| 85005 | ZLT-24A型自提中升式林火瞭望塔及太阳能电池等附属设施的研究 | 林业部大兴安岭林业管理局森林防火中心 |
| 85006 | 赤眼蜂中间寄主卵—米蛾饲养及应用技术的研究 | 浙江省余姚县林业生物防治站 |
| 85007 | IZZ-2000型振动采种机的研制 | 南京林学院 |
| 85008 | 木蠹蛾防治技术的研究 | 山东省林业科学研究所 |
| 85009 | 黄土高原立地条件类型划分和适树适地的研究 | 北京林学院等 |
| 85010 | 大小兴安岭采伐迹地类型划分 | 黑龙江省林业科学院 |
| 85011 | 杨桦林抚育改造技术的研究 | 黑龙江省林业科学院 |
| 85012 | 天然次生林经营技术研究 | 东北林学院 |
| 85013 | 松节油制高软化点萜烯树脂中试 | 南京林学院 |
| 85014 | LHC-82型化学采脂割刀研制 | 中国林业科学研究院林产化学工业研究所 |
| 85015 | 河北杨扦插育苗技术的研究 | 西北林学院 |
| 85016 | 4ZX-25型选择式植树机 | 林业部哈尔滨林业机械研究所 |

（续）

| 编号（林业部科技鉴字） | 成果名称 | 主要完成单位 |
|---|---|---|
| 85017 | 3QY-260型液压圆盘整地机（缓冲式） | 林业部哈尔滨林业机械研究所 |
| 85018 | 3XY-50型联合整地机 | 林业部哈尔滨林业机械研究所 |
| 85019 | 隔膜式育苗蜂窝纸容器的研制 | 广西壮族自治区林业科学研究所 |
| 85020 | 南方林区人工林间伐集运材方式的研究 | 广东省林业科学研究所，广东省韶关市林业局 |
| 85021 | 栲胶生产新工艺 | 中国林业科学研究院林产化学工业研究所 |
| 85022 | 紫胶虫越冬保种技术的研究 | 中国林业科学研究院紫胶研究所，广西壮族自治区林业科学研究所，四川省紫胶站，福建省紫胶站 |
| 85023 | 柳树薪炭林树种选择及营造技术研究 | 黑龙江省防护林研究所 |
| 85024 | 美国白蛾生物学特性和防治技术的研究 | 中国林业科学研究院林业研究所，辽宁省森林病虫害防治站 |
| 85025 | 松针褐斑病的研究 | 南京林业大学 |
| 85026 | 封山育林控制马尾松毛虫机制的研究 | 广西壮族自治区林业科学研究所 |
| 85027 | 天敌种类调查及主要天敌保护利用的研究 | 广西壮族自治区林业科学研究所 |
| 85028 | 无“六六六”杀虫烟剂的研制 | 林业部安阳林药厂 |
| 85029 | 苏脲1号中间试验 | 林业部安阳林药厂 |
| 85030 | 光杨3号、6号、7号家系选育 | 中国林业科学研究院亚热带林业研究所 |
| 85031 | 松节油成分分离及应用研究 | 中国林业科学研究院林产化学工业研究所 |
| 85032 | 利用矛茧蜂防治粗鞘双条杉天牛的研究 | 广东省林业科学研究所 |
| 85033 | 合理使用化学农药控制松毛虫危害的研究 | 南京林业大学 |
| 85034 | 7RC-10000型草炭容器制作机 | 辽宁省固沙造林研究所 |
| 85035 | 合理使用化学农药控制油松毛虫的研究 | 北京林业大学 |
| 85036 | 无“六六六”杀菌烟剂的研制 | 林业部安阳林药厂 |
| 85037 | 封山育林对控制马尾松毛虫灾机制的研究 | 湖南省林业科学研究所 |
| 85038 | 马尾松毛虫种群生命表及初步分析的研究 | 湖南省林业科学研究所 |
| 85039 | 马尾松毛虫天敌保护和利用技术的研究 | 湖南省林业科学研究所 |
| 85040 | 白僵菌对马尾松毛虫致病机制及实验生态学研究 | 湖南省林业科学研究所 |
| 85041 | 马尾松毛虫种群动态与测报及电脑应用研究 | 南京林业大学 |
| 85042 | 马尾松毛虫防治指标初步研究 | 南京林业大学 |
| 85043 | 白花泡桐优良无性系C001及抗丛枝病无性系C161选育 | 中国林业科学研究院林业研究所 |
| 85044 | 白榆优良无性系选育的研究 | 河南省白榆良种选育协作组 |
| 85045 | SJKD-3/2无支架索转弯索道 | 中南林学院 |
| 85046 | 雄狮牌DM16-1型单管猎枪 | 吉林省辉南县猎枪厂 |
| 85047 | 山东刺槐优良无性系选育 | 山东省林业科学研究所等 |
| 85048 | 油松种子园建立和经营管理技术的研究 | 北京林业大学 |
| 85049 | 桂普32号等9个油茶高产优良无性系的评选 | 广西壮族自治区林业科学研究所 |
| 85050 | 油茶优良家系“湘5”、“湘7”、“湘9”选育 | 湖南省林业科学研究所 |
| 85051 | 油茶亚$_1$、亚$_2$、亚$_3$三个优良家系的选育 | 中国林业科学研究院亚热带林业研究所 |
| 85052 | 油茶高含油率类型（石市红皮）的选择研究 | 江西省林业科学研究所 |
| 85053 | 全国用材林资源发展趋势的研究 | 中国林业科学研究院森林调查及计算技术中心等 |
| 85054 | 林业机械化技术政策 | 林业部哈尔滨林业机械研究所等 |
| 86001 | 毛白杨优树快速繁殖方法的研究 | 北京林业大学 |
| 86002 | 油松地理变异和种源区划的研究 | 中国林业科学研究院林业研究所 |

（续）

| 编号（林业部科技鉴字） | 成果名称 | 主要完成单位 |
|---|---|---|
| 86003 | 杉木地理变异及种源区划分的研究 | 中国林业科学研究院林业研究所 |
| 86004 | 华山松地理变异和种源区划的研究 | 中国林业科学研究院林业研究所 |
| 86005 | 白榆地理变异与种源区划的研究 | 中国林业科学研究院林业研究所 |
| 86006 | 马尾松种源变异及种源区划分的研究 | 中国林业科学研究院亚热带林业研究所 |
| 86007 | 针叶树种优树资源选择、收集、测定和利用研究 | 北京林业大学，南京林业大学，黑龙江省林业科学研究所 |
| 86008 | 红松天然林优良林分选择方法、标准的研究 | 黑龙江省林业科学研究所 |
| 86009 | 樟子松优良林分选择标准和方法的研究 | 黑龙江省林业科学研究所，大兴安岭林业科学研究所 |
| 86010 | 兴安落叶松优良林分选择标准和方法的研究 | 黑龙江省林业科学研究所，大兴安岭林业科学研究所 |
| 86011 | 马尾松天然林优良林分选择标准和方法的研究 | 广西壮族自治区林业科学研究所，南京林业大学 |
| 86012 | 油松天然林优良林分选择标准和方法的研究 | 西北林学院，山西林业科学研究所 |
| 86013 | 云南松天然优良林分选择的研究 | 云南省林业科学院，西南林学院 |
| 86014 | 云杉天然优良林分主要选择指标和标准研究 | 四川省林业科学研究所 |
| 86015 | 海南地区抗锈病、抗旱柚木地理种源选择 | 中国林业科学研究院热带林业研究所 |
| 86016 | 杉木优良家系及其亲本的选择 | 南京林业大学，中国林业科学研究院林业研究所 |
| 86017 | 华山松初级种子园建立技术研究 | 贵州省农学院 |
| 86018 | 马尾松性状变异与优树资源选择利用的研究 | 南京林业大学，中国林业科学研究院林业研究所 |
| 86019 | 湿地松、火炬松引种调查研究 | 中国林业科学研究院林业研究所 |
| 86020 | 湿法软质纤维板废水封闭循环应用试验 | 中国林业科学研究院木材工业研究所，上海建设人造板厂 |
| 86021 | 杉木的遗传变异及育种程序 | 南京林业大学，中国林业科学研究院亚热带林业研究所，湖南省林业科学研究所 |
| 86022 | 黄淮海平原中低产区综合防护林体系配置和结构研究 | 中国林业科学研究院林业研究所等 |
| 86023 | 森林资源监测初步技术方案 | 林业部调查规划院 |
| 86024 | 航空点火球和投掷器的研究 | 黑龙江省森林保护研究所 |
| 86025 | 林区公路涎流冰治理技术的研究 | 林业部大兴安岭林业管理局，黑龙江省木材采运所 |
| 86026 | 船用贴塑刨花板研制 | 北京木材厂，上海江南造船厂 |
| 86027 | 松脂柴油乳剂防治"松突圆蚧"技术的研究 | 广东省林业厅森林病虫害防治站 |
| 86028 | DC1510、DC1510A型直线单开通岔的研究 | 黑龙江省牡丹江林业机械厂 |
| 86029 | 改性松香粘结剂的研制及其在型芯砂铸造的应用 | 广西壮族自治区林业科学研究所 |
| 86030 | 《国外林业和森林工业发展趋势》 | 中国林业科学研究院科技情报研究所 |
| 86031 | 《国外林业概况》 | 中国林业科学研究院科技情报研究所 |
| 86032 | 《林业科技通讯》 | 中国林业科学研究院科技情报研究所 |
| 86033 | 《我国干旱半干旱地区种草种树》 | 中国林业科学研究院科技情报研究所 |
| 86034 | 东北主要树种和林分类型森林光谱反射特性研究 | 东北林业大学 |
| 86035 | 应用遥感技术提高森林调查质量的研究 | 东北林业大学 |
| 86036 | 林业防护鞋的研制 | 林业部哈尔滨林业机械研究所，哈尔滨橡胶厂 |
| 86037 | 《林产工业》 | 林业部林产工业设计院 |
| 86038 | 黄土高原树木资源的收集和引种试验 | 陕西省林业科学研究所 |

（续）

| 编号（林业部科技鉴字） | 成果名称 | 主要完成单位 |
|---|---|---|
| 86039 | 粉状松香强化造纸施胶剂生产性试验 | 南京林业大学，广东省封开林化厂 |
| 86040 | 扬子鳄人工饲养繁殖技术研究 | 安徽省扬子鳄繁殖研究中心 |
| 86041 | 黄斑星天牛预测预报及防治技术的研究 | 西北林学院 |
| 86042 | 宁夏西吉黄土区水土流失的综合治理 | 北京林业大学 |
| 86043 | 采伐迹地更新技术的研究 | 东北林业大学 |
| 86044 | 7CX-2型草沙障修筑机的研制 | 林业部哈尔滨林业机械研究所 |
| 86045 | 4ZAG-30型沙生灌木栽植机的研制 | 林业部哈尔滨林业机械研究所 |
| 86046 | 人造板压机弹簧补偿杠杆式同时闭合装置的研制 | 中南林学院，林业部西北人造板机器厂 |
| 86047 | 杉松混交林的调查和试验研究 | 福建省林业科学研究所 |
| 86048 | 杉檫混交林营造技术 | 浙江林学院 |
| 86049 | 里下河地区人工林复合经营体系的效应及评价 | 南京林业大学 |
| 86050 | 杨尺蛾核多角体病毒的应用研究 | 中国林业科学研究院林业研究所 |
| 86051 | 丹顶鹤人工饲养、繁殖技术的研究 | 黑龙江省野生动物研究所 |
| 86052 | 寄主植物的营养生理与紫胶虫泌胶关系的研究 | 中国林业科学研究院紫胶研究所，四川渡口市林业局 |
| 86053 | 棉织物防火服装的研制 | 东北林业大学 |
| 86054 | 3Y-35型脉冲烟雾机的研制 | 浙江省林业科学研究所 |
| 86055 | 北京西山地区油松人工混交林的研究 | 北京林业大学，北京市林业局 |
| 86056 | 林内计划火烧技术的研究 | 黑龙江省佳木斯市林业局，黑龙江省森林保护研究所 |
| 86057 | 遥感图象处理的研究 | 南京林业大学 |
| 86058 | LDB-1波峰焊助焊剂的研制 | 北京林业大学 |
| 86059 | 毛竹林丰产结构理论研究 | 南京林业大学 |
| 86060 | 高效节能刨花干燥机及供热系统中间试验 | 南京林业大学 |
| 86061 | 浅色松香脂制造工艺的研究 | 中国林业科学研究院林产化学工业研究所 |
| 86062 | 年产3万立方米刨花板成套设备试制 | 林业部林业机械公司，林业部林产工业设计院 |
| 86063 | 中国油桐栽培区划 | 中南林学院 |

（林业部科学技术司计划处）

## 1978年全国科学大会林业获奖项目目录

| 项目名称 | 完成单位及主要人员 |
|---|---|
| 林木单倍体花粉植株的诱导和培育 | 黑龙江省林业科学研究所 吴克贤、徐妙珍，黑龙江省林业科学院江山娇实验林场，东北林学院，黑龙江省富裕县繁荣公社科研站，辽宁省营口市杨树研究所，山东农学院，黑龙江省嫩江地区农业科学研究所 |
| 杨树良种选育 | 中国农林科学院森林工业研究所 徐纬英、黄东森等，黑龙江省嫩江地区林业科学研究所，吉林省白城地区林业科学研究所 金志明 |
| 杉木良种选育技术的研究 | 福建省洋口林场，南京林产工业学院，湖南省靖县排牙山林场 刘书金、方永鑫 |
| 雷林1号桉 | 广东省雷州林业局 |
| 油茶良种——广西岑溪软枝油茶研究 | 广西壮族自治区林业科学研究所 周启仁、方培华 |

（续）

| 项 目 名 称 | 完 成 单 位 及 主 要 人 员 |
|---|---|
| 核桃良种选育及栽培技术研究 | 辽宁省旅大市经济林试验站 刘万生，山西省汾阳县南偏城大队 王厚富 |
| 选柏1号等4个乌柏优良无性系 | 浙江省兰溪县乌柏良种繁育场，浙江省林业科学研究所 |
| 千年桐高产优良无性系的选育 | 广西壮族自治区林业科学研究所 凌麓山、覃榜章，广西壮族自治区崇左县油桐试验站 唐华忠、陆海权 |
| 一种新的木本油料树——翅果油树 | 山西省林业科学研究所 |
| 漆树品种调查、育苗和增加流漆量的研究 | 陕西省生物资源考察队 张继祖等，西北农学院林学系 王性炎、吴中禄，陕西省岚皋县生漆研究所 |
| 落叶松人工林经营管理密度的研究 | 黑龙江省林业研究所 刘大兴、黄泽昌，黑龙江省勃利县通天一林场 |
| 水杉、池杉、落羽杉良种繁育技术研究 | 湖北省林业科学研究所，湖北省潜江县蚌湖林场，广东省佛山地区林业科学研究所，广东省南海县西樵山林场 |
| 杉木速生丰产技术 | 湖南省会同县广坪公社四岔路林场 张万宏，四川省林业科学研究所 |
| 南方丘陵栽杉的研究 | 广东省怀集县林业科学研究所，湖南省株洲县黄龙公社林科站，中国农林科学院森林工业研究所南方用材林科技服务组，江西省宜春地区林业科学研究所 |
| 白榆修枝抚育法 | 天津市武清县农林局林业组 白云祥 |
| 板栗栽培技术的研究 | 河北省果树研究所，河北省迁西县林业局，河北省遵化县林业局 |
| 油橄榄栽培技术的研究 | 湖北省林业科学研究所试验林场，湖北省植物研究所油橄榄研究组，云南省林业科学研究所油橄榄试验组，云南省海口林场 |
| 山楸嫁接核桃 | 北京市农林科学院果林研究所，河北省果树研究所，河北省沙河县农林局 |
| 桐粮间作效益的研究 | 山东省林业科学研究所 李耀林、何之范，山东省鄄城县林业局 管銮全、马身民，河南省民权县林业科学研究所，中国农林科学院森林工业研究所 |
| 杜仲林的营造与杜仲树的利用 | 贵州省遵义杜仲林场 |
| 毛竹丰产和北移区划的研究 | 南京林产工业学院 |
| 丛生竹"浅斜埋"栽竹与育苗新技术 | 广东省新会县林业局，广东省顺德县顺德山林场，广东省南海县西樵山林场，广东省江门市永红大队林场 |
| 农田防护林营造技术及防护效益的研究 | 辽宁省昭乌达盟林业科学研究所，辽宁省昭乌达盟赤峰县太平地公社，河南农学院园林系，河南省修武县小文案大队 |
| 黄土高原不同整地方法造林试验研究 | 陕西省农林科学院林业研究所 邹年根、罗伟祥 |
| 林草结合防止农田风沙危害的研究 | 新疆维吾尔自治区农林科学院林业研究所，新疆维吾尔自治区吐鲁番县林业工作站 |
| 内蒙古治沙造林技术的研究 | 内蒙古自治区杭锦后旗头道桥公社 牛二旦，内蒙古自治区乌审旗乌审召公社，内蒙古自治区达拉特旗展旦召治沙站，内蒙古自治区伊金霍洛旗新街治沙站 |
| 沙生乔、灌、草防风固沙试验 | 新疆维吾尔自治区生物土壤研究所，新疆维吾尔自治区吐鲁番县林业工作站，新疆维吾尔自治区吐鲁番县红旗公社治沙站 |
| 樟子松沙荒造林技术 | 辽宁省阜新市防护林试验站 |
| 治沙造林技术的研究 | 甘肃省农林科学院民勤治沙试验站 |
| 固沙造林技术 | 宁夏回族自治区农业科学研究所，宁夏回族自治区白芨滩防沙林场 |

（续）

| 项目名称 | 完成单位及主要人员 |
|---|---|
| 木麻黄海防林带的营造技术 | 广东省林业科学研究所，广东省湛江地区林业科学研究所，广东省电白县沿海防护林站 |
| 沿海盐碱地造林技术的研究 | 河北省林业科学研究所，河北省黄骅县农林局 |
| 毛竹实生苗造林 | 广西壮族自治区林业科学研究所　戴启惠，广西壮族自治区柳州地区林业科学研究所　龙启凤，广西壮族自治区昭平县文竹公社　覃仕书 |
| 飞机播种造林的研究 | 四川省林业局，陕西省榆林沙区飞机播种造林试验指挥部 |
| 用生物工程保护河岸的试验研究 | 陕西省农林科学院林业研究所　黎寿鹏、边成先 |
| 泥石流预测、预报及其综合治理的研究 | 云南林学院　关君蔚等 |
| 树木净化大气及监测作用的研究 | 云南林学院 |
| 森林采伐更新理论的研究 | 辽宁省林业土壤研究所　刘慎谔、王战等 |
| 毛竹枯梢原因及防治的研究 | 浙江省亚热带林业研究站，中国农林科学院森林工业研究所安吉科技服务组 |
| 防浪林害虫及其天敌的研究 | 湖北省天门县汉江堤防管理段彭市分段　罗河山 |
| 白僵菌育种和生产使用的研究 | 广东省林业科学研究所，福建省林业科学研究所，广东省新会县林业科学研究所，湖北省林业科学研究所，湖北省林业学校，湖北省钟祥县盘石岭林场，广西壮族自治区林业科学研究所　黄树规，广西壮族自治区合浦县炮竹厂　张体河 |
| 松毛虫赤眼蜂及平腹小蜂利用的研究 | 吉林省林业科学研究所，吉林省长春市净月潭实验林场 |
| 松干蚧防治技术的研究 | 辽宁省林业科学研究所 |
| 森林害虫多角体病毒的研究和应用 | 广东省林业科学研究所，中山大学生物系，山东省沂南县东风林场，山东省土壤肥料研究所，山东医学院，山东省林业科学研究所，福建林学院　李友恭，福建省林业科学研究所　李运帷，辽宁省朝阳地区林业科学研究所　张敬民 |
| 利用白虫小茧蜂防治紫胶白虫 | 广东省昆虫研究所，广东省丰顺县虎局紫胶林场 |
| 招引啄木鸟除虫的研究 | 山东省林业科学研究所　张仲信，山东省平邑县浚河林场　郭学宪 |
| 土栖白蚁分飞和压烟法防治白蚁的研究 | 江西省永修县林业科学研究所，江苏省句容县林场，江苏省宜兴县林场 |
| 704、75型森林灭火剂 | 黑龙江省林业科学院森林保护研究所，东北林学院 |
| 全距模拟样地森林抽样调查法 | 东北林学院　马建维等，黑龙江省森林调查第一大队，黑龙江省森林调查第二大队 |
| 应用先进技术调查森林资源 | 西藏自治区林业调查队，黑龙江省大兴安岭地区森林调查规划队赴藏队 |
| 珍贵动物资源调查 | 黑龙江省野生动物资源调查办公室，黑龙江省额尔古纳左旗野生动物保护站，四川省珍贵动物资源调查队 |
| 东北虎繁殖技术 | 黑龙江省哈尔滨市动物园 |
| 用过热蒸汽干燥木材的研究 | 南京林产工业学院 |
| 塑合木材的研究 | 中国农林科学院森林工业研究所　朱惠芳等，中国农林科学院木材工业研究所　孙振鸢、夏志远，北京大学　蒋硕健等 |
| 塑料贴面装饰板的研制 | 中国农林科学院木材工业研究所，上海市胜利木材厂，北京市光华木材厂 |
| 半干法生产纤维板 | 农林部设计院　薛培安、林光华，北京市木材工业研究所，北京市东郊木材厂，上海人造板机器厂 |

（续）

| 项目名称 | 完成单位及主要人员 |
| --- | --- |
| 干法纤维板生产工艺和设备的研究与设计 | 中国农林科学院森林工业研究所，中国农林科学院木材工业研究所，农林部设计院，上海市人造板厂 |
| 航空胶合板生产技术 | 中国农林科学院木材工业研究所，北京市光华木材厂，上海市胜利木材厂，轻工业部造纸研究所 |
| 栲胶平转型连续浸提工艺和设备的研究 | 中国农林科学院林产化学工业研究所，南京野生植物试验厂 |
| 橡栲胶用于锅炉除垢防垢 | 辽宁省辽阳栲胶厂 |
| 松香连续化生产工艺和炼脂工艺自动控制 | 广东省蕉岭县松香厂，农林部设计院 |
| 聚合松香的研制 | 中国农林科学院林产化学工业研究所，广东省翁源县林化厂，江苏省苏州油墨厂 |
| 松香改性制不饱和聚酯树脂 | 广东省林业科学研究所 |
| 松香制光学树脂胶研究 | 中国农林科学院林产化学工业研究所 |
| 歧化松香悬浮床工艺的研究 | 中国农林科学院林产化学工业研究所，广西梧州松脂厂，甘肃兰州合成橡胶厂 |
| 紫胶生产工艺与设备的技术改革 | 云南省昆明虫胶厂，中国农林科学院林产化学工业研究所 |
| 紫胶虫采种期测报技术 | 云南紫胶研究所 |
| 食用紫胶色素生产性试验 | 中国农林科学院林产化学工业研究所　王定选、马万清，广东省潮安县虫胶厂，福建省南靖林化厂 |
| 乙基化脲醛树脂的生产和使用 | 中国农林科学院林产化学工业研究所，江苏省无锡市太湖化工厂 |
| 用小径木、枝丫材制造包装纸板的研究 | 农林部设计院　肖启寿、吴允恭等，中国农林科学院木材工业研究所 |
| 光学测树仪 | 河南农学院园林系，安徽省黄山林业学校　夏日顶等 |
| 林业喷灌机械的研究 | 黑龙江省林业机械研究所　汪志文、胡家骐、曾婉华，黑龙江省扎赉特旗林业机械厂 |
| 苗圃筑床机的研制 | 黑龙江省林业机械研究所　刘俊生、杨志文、辽宁省新民县机械林场，辽宁省林业科学研究所 |
| KDZ大苗植树机 | 黑龙江省林业机械研究所　苏中明、金太显 |
| 3R-14型背负式喷烟机 | 浙江省林业科学研究所，南京林产工业学院林业机械教研组 |
| $Z_4$JM-2.5型木材装载机 | 林业部常州林业机械厂，黑龙江省林业机械研究所 |
| ZC-3型侧面叉车 | 林业部镇江林业机械厂 |
| 带锯锯齿强化的研究 | 黑龙江省林产工业研究所，上海市扬子木材厂 |
| 大带锯数控摇尺装置 | 吉林省和龙林业局木材综合加工厂 |
| 贮木场机械化作业 | 黑龙江省柴河林业局 |
| 采伐剩余物综合利用机械 | 黑龙江省林业机械研究所　栾柯、赵立岗、黄锦林、罗克信 |
| 钢筋混凝土框架结构"羊圈"工程 | 四川省林业勘察设计院　刘泽鹉、宋孝铎 |
| 林业运材索道的研究 | 湖南省江华县林业采育场　毛明德、陈国云、解恒奇 |
| 单机联运接力转弯索道 | 四川省川南森林工业局 |
| 木竹过坝机试验 | 江西省抚州地区洪门木竹转运站 |
| 狩猎注射枪的研制 | 上海软木厂，华东工程学院 |

（林业部科学技术司成果推广处）

# 1980年林业部科技成果奖项目目录

| 获奖级别(等) | 项目名称 | 完成单位及主要人员 |
|---|---|---|
| 1 | 中国裸子植物门的研究(《中国植物志》第七卷) | 中国林业科学研究院 郑万钧,中国科学院植物研究所 傅立国,北京医学院药学系 诚静蓉,中国科学院华南植物研究所,武汉植物园,南京林产工业学院 |
| 1 | 中国腊梅、番荔枝、夹竹桃、萝藦科植物的研究(《中国植物志》第三十卷第二分册、第六十三卷) | 华南农学院林学系 蒋英、李秉滔,云南热带植物研究所 李延辉 |
| 1 | 《中国主要树种造林技术》专著 | 中国林业科学研究院 郑万钧等 |
| 1 | 中国热带及亚热带木材识别、材性和利用 | 中国林业科学研究院木材工业研究所 成俊卿、李秾、孙成志、杨家驹、张寿槐、刘鹏 |
| 1 | 1E40FA汽油机的研制 | 林业部泰州林业机械厂 王丽珍、吴林海、唐震宇、陆海刚、栾绍仁、吴兆祥、孔景祥,泰州晶体管厂 |
| 2 | 优良杨树品种引种试验 | 南京林产工业学院林学系 王明庥、吕士行、谈勇、厉婉华、王碧霞,江苏省林业科学研究所 潘明建,泗阳县多种经营管理局,泗阳县苗圃,睢宁县多种经营管理局,睢宁县林业科学研究所 |
| 2 | 中国樟科植物的研究(二) | 东北林学院 杨衔晋、黄普华,中国科学院植物研究所 崔鸿宾,中国科学院昆明植物研究所 李锡文、白佩瑜 |
| 2 | 延安地区飞机播种造林种草试验 | 陕西省延安地区林业局,中国科学院西北水土保持研究所,延安地区林业科学研究所,陕西省林业勘察设计院,陕西省民航局,宜川县林业局,吴旗县林业局 |
| 2 | 白蚁追踪信息素类似物的合成及其在家白蚁综合防治中应用的研究 | 四川省林业科学研究所 仲崇茂、王本成、刘源智,四川大学化学系 匡德忠、刘维江,重庆市白蚁防治研究所 江涌,重庆市商业储运公司 鲍荣全, |
| 2 | 牡丹、芍药花型演进及分类的研究 | 北京林学院园林系 周家琪、王莲英、吴涤新、秦魁杰、刘淑敏,清华大学建筑系 姚同珍,甘肃省林业科学研究所 李家珏,北京植物园 王雪洁,天津市园林局 刘祚麟 |
| 2 | 对吹式刨花板气流铺装新工艺的研究 | 福建省林业勘察设计院 沈刚诚、吴荣秋、马燕表,福州木板厂 |
| 2 | 亚硫酸造纸废液酒糟浓缩液化学采脂的研究 | 中国林业科学研究院林产化学工业研究所 翟其骅、李仲训、朱骏、罗加良、刘星、胡宝龙,江西省崇义县桐梓松脂林场谢良桂、谢万全、李傅添、芦晋勋,江西省广昌化工厂,江西省崇义化工厂,福建省龙溪化工厂,福建省永春松香厂 |
| 2 | 3MEY-2型背负式弥雾、喷粉、喷烟三用机 | 林业部镇江林业机械厂 |
| 2 | 原胶直接制脱色紫胶的研究 | 中国林业科学研究院林产化学工业研究所 王定选、刘汉超、唐宗岗、甘启贵,昆明虫胶厂 |
| 3 | 云南省壳斗科植物系统分类、分布、特性及资源的研究 | 云南省林学院 徐永椿,北京林学院 任宪威 |
| 3 | 逐步回归分析在土壤浸蚀量预报中应用的研究 | 北京林学院 王礼先、孙立达、洪惜英,中国人民大学 魏晴宇,山西省水土保持科学研究所 曾伯庆、刘贵云 |

（续）

| 获奖级别(等) | 项目名称 | 完成单位及主要人员 |
|---|---|---|
| 3 | 黑颈鹤的考察 | 青海省林业局　陈维国、郭聚庭等，陕西省动物研究所　吕宗宝、姚建初，西宁市人民公园　廖炎发，西宁电视台　王怀信等，新华社青海分社　王精业，青海省图片社　詹国光 |
| 3 | 北京西山地区适地适树的研究 | 北京林学院　沈国舫、关毓秀、周沛村、冯金敏、陈义、齐宗庆，北京市西山试验林场　邢北仁等 |
| 3 | 江西省杉木人工林生产能力的研究 | 江西省林业科学研究所　张水松、何寿庆、吴克选等 |
| 3 | 木麻黄木材在建筑中应用的研究 | 中国林业科学研究院热带林业研究所　施振华、胡慕任，广东省建筑科学研究所　黄焯俊，广东省海南行政区基本建设局　吴淑熙，华南工学院　林南黛，广东省林业科学研究所　蔡少松 |
| 3 | CLLG型凿岩机除尘器的研究 | 福建省林业工程公司　赵乃文等 |
| 3 | MQ492型多用木工机床的研制 | 东北林学院　王正本、邬玉辉、毕再鑫、王礼、朱家才、陆学剑、顾绍庆、张宏敏、王孝莲、丛润滋、王守德、傅玉章 |
| 3 | 连续辊压薄页纸贴面板水性配套材料的研制 | 中国林业科学研究院木材工业研究所　韩桐恩、颜镇、祖勃荪、陈青越、王祖成、李亚兰，上海染料涂料研究所，上海扬子木材厂 |
| 3 | MHZI-3木工车间火情自动报警系统的研制 | 黑龙江省木材工业研究所　何兴祖、姜艳华，松江胶合板厂　丁长辛、张庆海 |
| 3 | 胜利 1 型增力式索道跑车的研制 | 四川省绵阳地区平武伐木厂　潘兆金等 |
| 3 | 马来松香制备及用作造纸施胶剂的研究 | 南京林产工业学院　黄希坝、王丽倩、金重为、谭伯奇等，江苏省镇江市大东造纸厂　邵子中、吴德寿、刘艾珍等，广西玉林松脂厂　钟泽文等 |
| 3 | 电子叶间歇喷雾装置的研制 | 南京林产工业学院　谈勇 |

（林业部科学技术司成果推广处）

## 1982 年林业部科技成果奖项目目录

| 获奖级别(等) | 项目名称 | 完成单位及主要人员 |
|---|---|---|
| 1 | 杉木第一代种子园的研究 | 南京林产工业学院　陈岳武等，福建省洋口林场　阮益初、陈世杉、刘大林等，福建省三明地区官庄林场　郑如晃、周材恭，福建省永泰县大湖林场　陈讯雷、林善斌 |
| 1 | 松香连续氢化中间试验 | 中国林业科学研究院林产化学工业研究所　赵守普、陈原勋、宋湛谦、刘汉超、董伦华等，株洲林化厂　杨国雄等 |
| 2 | 几种欧美类杨树速生丰产栽培技术的研究 | 山东省林业科学研究所　刘兰田，山东省莒县林业局　路振美，山东省临沂地区林业局　柯贤师 |
| 2 | 白林 1 号杨和白林 2 号杨的选育 | 吉林省白城地区林业科学研究所　金志明、王佐发 |
| 2 | 湿地松针叶束水培育苗 | 湖北省荆州地区林业科学研究所　周心铁、杨承桂 |
| 2 | 杉原条材积表的制定 | 中国林业科学研究院林业研究所　田景明、华网坤、王启 |
| 2 | 豫杂 1 号泡桐和豫选 1 号泡桐的选育 | 河南省农学院、河南省农林科学院林业研究所、中国林业科学研究院林业研究所等　蒋建平、李荣幸、陶栋伟、熊耀国、王槐堂、李延福等 |

（续）

| 获奖级别(等) | 项目名称 | 完成单位及主要人员 |
|---|---|---|
| 2 | 采伐迹地红松植生组综合更新技术的研究 | 黑龙江省林业科学院，亚布里林业局虎峰试验林场，铁力林业局　柴风山、周正、董才先、王喜德等 |
| 2 | 白僵菌油剂防治马尾松毛虫的研究 | 广东省林业厅森防站　潘务耀、谭大临，广东省林业科学研究所　殷风鸣 |
| 2 | 人造板直接印刷 | 上海建设人造板厂　周祥兴等 |
| 2 | 醋酸乙烯——羟甲基丙烯酰胺共聚乳液、醋酸乙烯——丙烯酸丁脂——羟甲基丙烯酰胺共聚乳液的研制 | 中国林业科学研究院林产化学工业研究所　吕时铎、郑国棠、李生贵、孙廷珂、裘梅琴 |
| 2 | 糠醛精制新工艺生产试验 | 南京林产工业学院　丁振森、谭柏奇，南通县油脂化工厂　胡建华等 |
| 2 | 松香胺中试 | 南京林产工业学院　彭淑静、曾韬、赵贵选、钱忠卿，广西桂林化工厂　钟志君、阳家胭、李绍轩 |
| 2 | 松香色级玻璃标准的制定 | 中国林业科学研究院林产化学工业研究所　粟子安等 |
| 2 | DF系统深孔钻的研制及在热压板深孔加工中的应用 | 四川省岷江林机厂，一机部成都工具研究所　任重、樊铁滨 |
| 2 | ZLM50型木材装载机 | 常州林业机械厂　李正白等 |
| 2 | 悬索曲线计算理论及其在林业索道中的应用 | 中南林学院　单圣涤、李飞云、陈洁余，湖南莽山林场　朱祖楞 |
| 3 | 3MFC-4型超低容量喷雾机的研究 | 中国林业科学研究院木材工业研究所　张世田等，西北林业机械厂 |
| 3 | 油茶芽苗砧嫁接技术 | 中国林业科学研究院亚热带林业研究所　韩宁林等 |
| 3 | 应用组织培养方法繁殖杉木 | 中国林业科学研究院亚热带林业研究所　阙国宁 |
| 3 | 油桐优良品种——泸溪葡萄桐 | 中南林学院　吴楚材等 |
| 3 | 旱快柳的研究 | 辽宁省鞍山市林业科学研究所　阎吉喆、王任喜、李效仁、孙忠诚，中国科学院林业土壤研究所　王战、方振富等 |
| 3 | 桉树愈伤组织诱导发生胚状体的研究 | 广西壮族自治区林业局　欧阳权，广西钦州地区林业科学研究所　彭海忠、李启泉 |
| 3 | ZF-32型种子光照发芽器 | 中国林业科学研究院林业研究所　陶章安等 |
| 3 | 河北山地飞机播种造林技术的研究 | 中国林业科学研究院林业研究所　徐连魁、王兆凤等，河北省林业科学研究所　李茂勤，河北省飞机播种造林协作组　刘海山、付赐儒、马振刚、邢纪述、翁云章、王明启、王伯英等 |
| 3 | 次生林综合经营技术的研究 | 辽宁省抚顺市林业科学研究所　钟万全等 |
| 3 | 落叶松人工林伐前更新技术的研究 | 辽宁省森林经营研究所　徐绪双、常顺国 |
| 3 | DQL-1型测树罗盘仪 | 辽宁省铁岭地区林业科学研究所，江苏省南通光学仪器厂　张绍良、王德皓、陆贵瑶、刘宁、陈志洛 |
| 3 | 马尾松林培育技术系统研究 | 贵州省农学院　周政贤等 |
| 3 | 贵州飞机播种造林技术的研究 | 黔南州林业科学研究所 |
| 3 | 榆林沙荒大面积植树造林扩大试验 | 陕西省榆林地区治沙研究所，榆林县治沙试验站，靖边县治沙试验站　漆建忠、贾厚礼、赵田夫、周心澄、唐加烈、王新明等 |

（续）

| 获奖级别(等) | 项 目 名 称 | 完 成 单 位 及 主 要 人 员 |
|---|---|---|
| 3 | 沙荒地改造利用研究 | 中国科学院兰州沙漠所，甘肃省张掖地区林业科学研究所等 |
| 3 | 民勤沙生植物园 | 甘肃省治沙研究所 郭志中、郭晋、李青云等 |
| 3 | 吐鲁番地区大面积固沙造林试验研究 | 中国科学院新疆生物土壤沙漠研究所 黄丕振等，吐鲁番县林业站 陈洪轩等 |
| 3 | 林木种子检验方法的制定 | 中国林业科学研究院林业研究所 陶章安、于淑兰、刘德英、吴士侠、安蒲媛、张四银，热带林业研究所 陈荷美，东北林学院 周升勋，南京林产工业学院 陈幼生，江西省林业科学研究所 杨国华，辽宁省种子站 华启武 |
| 3 | 10%百菌清油剂的研制及应用 | 林业部安阳林药厂 魏代熙、谢刚清、彭秀芳，吉林市林业科学研究所 佟颖，云南林学院 安银岭 |
| 3 | 松干蚧的主要天敌——异色瓢虫人工繁殖及林间释放技术的研究 | 辽宁省林业科学研究所，本溪市城郊林场 韩瑞兴、蒋玉才、徐丽华、何中其 |
| 3 | 松杂木防腐防虫防变形试验工程 | 福建省林业科学研究所 江浦琼、黄玉亭、杨学亮，中国林业科学研究院木材工业研究所 纪成操，福建林业勘察设计院 林知锦 |
| 3 | 丹顶鹤的迁徙与繁殖习性的研究 | 黑龙江省自然保护区和狩猎办公室 杨纯、李春元、潘继利、曹玉朴、徐铁林、王希民 |
| 3 | 杨树烂皮病的研究 | 黑龙江省防护林研究所 汪太振、于和，富裕县富裕机械化林场 张敏，龙江县绿色海洋林场 |
| 3 | 泡桐丛枝病防治技术的研究 | 河南省农林科学院林业研究所 黄照清、朱丽亭，河南省农学院 李秀生、李荣幸、任国兰，河南省许昌地区林业局 苗金波、司马朝、葛双喜，河南省开封地区林业科学研究所 秦锡祥、陈德均、苑九喜等 |
| 3 | 湿地松、火炬松顶死病的研究 | 湖北省林业科学研究所 仲伦养等 |
| 3 | 马尾松木材防腐防虫防变形的研究 | 广西壮族自治区林业科学研究所 王永亮、欧文、何正洪 |
| 3 | 核桃横沟象发生规律和防治措施的研究 | 陕西省商洛地区核桃研究所 韩佩琪 |
| 3 | 湿法硬质纤维板浆料浓度、pH值、浆池液位自动检测和调节系统 | 中国林业科学研究院木材工业研究所，北京市木材工业公司，北京市西郊木材厂 |
| 3 | 湿法硬质纤维板长网污水封闭循环回用试验 | 中国林业科学研究院木材工业研究所，苏州人造板厂 |
| 3 | 引进联邦德国直接印刷生产线所用配套材料(涂料)的研究 | 中国林业科学研究院木材工业研究所，北京油漆厂，北京木材厂 |
| 3 | 无表层纸装饰新工艺 | 中国林业科学研究院木材工业研究所，上海扬子木材厂 |
| 3 | 水泥刨花板的研究 | 中国林业科学研究院木材工业研究所，北京市单店砖厂，北京市建筑材料研究所 |
| 3 | 制浆废水化学絮凝处理及在印染废水中的推广应用 | 中国林业科学研究院林产化学工业研究所 刘光良、杨殿隆、宋志翠 |
| 3 | 马尾松松针和生物活性物质的研究 | 中国林业科学研究院林产化学工业研究所 周维纯、阙妙英、赵秀藏、袁庆荣，浙江省木材公司 蒋文达，浙江省龙泉县林化厂 郎极泉，林志波 |
| 3 | 湿法纤维板废水治理 | 林业部林产工业设计研究院和天津市木材公司第五木材厂 杜文默、周庆贤、刘良才、林光华、何秀高、钱浩明、牧松岭、袁宝玉等 |

（续）

| 获奖级别(等) | 项目名称 | 完成单位及主要人员 |
|---|---|---|
| 3 | 松根浸提渣、落叶松树皮栲胶渣、糠醛渣制造活性炭的研究 | 吉林省林业科学研究所　贾铭勋、王玉山、马玉雯 |
| 3 | 乙烯利刺激马尾松泌脂提高产脂量的研究 | 广东省林业科学研究所　冯敏斋、古佛政、谢坚 |
| 3 | 应用“增产灵-2号”作中长期刺激采脂技术的研究 | 广西壮族自治区梧州地区林业局　魏隶华、何惠珍、何干超、朱镇鸿，梧州松脂厂　李齐贤 |
| 3 | DRY-1型高频介质加热压机 | 四川省林业机械厂　李昌植、杨昌麒等 |
| 3 | 马来酸(代替马来酐)松香的研制与应用 | 南京林产工业学院　黄希坝、任忠萌、王庆六，玉林松脂厂罗通文、沈美英、覃景森，北京制浆造纸试验厂　李丽娟，镇江纸浆厂　张炳勋，吴莲洁 |
| 3 | TFDW型单相无刷同步发电机 | 林业部苏州林业机械厂　陈玉墩 |
| 3 | DG3型割灌木机 | 林业部泰州林业机械厂　陆海明、朱奎、陈正述、栾绍仁、季明、林锦汉 |
| 3 | NBJ-70型泥钵机 | 内蒙古昭乌达盟巴林左旗林东国营机械林场，巴林左旗农林修造厂　魏金才、苏绍禹、郭洪飞 |
| 3 | GD-791型液压扎排机 | 江西省赣州贮木场　范祥琮、曾照谱、黄定宁、易序旺、邹杨逑、李建平 |
| 3 | 微型计算机自动抛木程序控制器 | 吉林省林业科学研究所　丁绍威、徐忠，吉林省松江河林业局　葛福、郭成双、胡岱林，四机部1447研究所　周文兰 |
| 3 | B7801型双曲面刨片机 | 黑龙江省木材工业研究所　韩熙洮、顾治洲，黑龙江省亚布力林业局　韩宝权、李连彬 |
| 3 | YDCZ-4型电容磁制动器 | 黑龙江省木材工业研究所　何兴祖、王杰俊、姜艳华 |
| 3 | SDZ型营林山地弹齿整地机 | 黑龙江省带岭林业局科学研究所　陈瑞贤、周桂英、李永兴、张洪太、王海春 |
| 3 | SL-2型叶湿自控仪 | 湖南省林业科学研究所　刘洪慈、沈卓群 |
| 3 | 湘林(XL)-120型育林运材车 | 湖南省林业机械研究所　肖妙、王子国等 |
| 3 | 贮木场机械标准的制定 | 东北林学院　史济彦、车成森、王忠行、范忠诚、张燕茹，南京林产工业学院　笪秉诚，黑龙江省林业设计院　葛淑文，福建大州贮木场　吴端端，成都木材综合工厂　吕飞 |

（林业部科学技术司成果推广处）

## 1984年林业部科技成果奖项目目录

| 获奖级别(等) | 项目名称 | 完成单位及主要人员 |
|---|---|---|
| 1 | 压力法年产50吨除草剂镇草宁中试 | 南京林学院　黄希坝等，镇江江南化工厂　张杨铭等 |
| 2 | TRZG-50000型横格式育苗蜂窝纸容器制作机 | 广西壮族自治区林业科学研究所　周军等，广西壮族自治区林业厅　黄宗全 |
| 2 | PT-821型PT泵试验台 | 东北林学院　李岂瞻、王德丰、王长友、曹志荣 |
| 2 | 低播焰柔光塑料贴面板 | 上海扬子木材厂　赵德培、蔡宏树、薛彩凤，沪东造船厂 |

（续）

| 获奖级别(等) | 项目名称 | 完成单位及主要人员 |
|---|---|---|
| 2 | 利用重松节油研制异长叶桐 | 中南林学院　黄克瀛等，邵阳林化厂 |
| 2 | LH-02型氧化活性炭和JH-1型电镀液净化器的研制及其在电镀工业上的应用 | 中国林业科学研究院林产化学工业研究所　韩振先、赵素卿、黄华英等，江苏省靖江环境保护设备厂　刘云昆、张汉民 |
| 2 | 广西林业科学研究所树木园 | 广西壮族自治区林业科学研究所　王宏志等 |
| 2 | 避暑山庄园林艺术理法赞 | 北京林学院　孟兆祯等 |
| 2 | 泡桐优良新品种——豫林1号 | 河南省林业科学研究所等单位　王德永等 |
| 2 | 森林植被与四川“81.7”洪灾调查研究 | 四川省林业科学研究所洪灾调查组　李先唐等，四川省绵阳地区林业局，四川省南充地区林业局，四川省内江地区林业局 |
| 3 | 乐控和自控多变花型喷泉 | 北京林学院　毛培琳、周书通、兰德文、周敏光 |
| 3 | ZLM-30型木材装载机大臂强度分析与臂型研究 | 南京林学院　邓鸿根等，常州林业机械厂　陈国才等 |
| 3 | YG-5A(GJ-85A)型油锯的减振装置 | 东北林学院　朱益安等，西北林业机械厂　齐玉林，辽宁减振器厂　蒋振东 |
| 3 | YH25(GH25)轻型油锯 | 西北林业机械厂　杨秉钧等 |
| 3 | 幼林抚育作业机 | 浙江省林业科学研究所　杨　琮 |
| 3 | 森林风力灭火机 | 黑龙江省大丰林业局　郭跃尊，黑龙江省伊春市防火办公室杨宝山，伊春市电业局　郑忆祖 |
| 3 | 5ZNY-100油茶垦复机 | 湖南省林业工业研究所　范湘鼎、史美煌、董晓东、王新民、郭宝泉 |
| 3 | YYB-660型液压起重臂 | 四川省林业机械研究所　袁万增等，岷江林业机械厂，道孚林业局，岷江木材水运局成都贮木厂 |
| 3 | HC-6牵引式苗木换床机 | 黑龙江省牡丹江林科所　杜令银、洪庆，牡丹江冶金机械厂 |
| 3 | 6MD5-1多功能森林灭火机 | 黑龙江省林业科学研究院森林保护研究所　徐振我、翟淑清、孙占文 |
| 3 | 6MY-2.3森林灭火机的研制 | 北京林学院　乔启宇等，林业部泰州林业机械厂　魏传弟等 |
| 3 | D80推土机底盘液压拆装工具 | 东北林学院　王德丰、李光佩，牡丹江林业工程公司机修厂黄春友 |
| 3 | 寇明斯发动机喷油时刻检验仪的研制 | 东北林学院　李岷瞻、王德丰，牡丹江林业工程公司机修厂王长友、曹志荣 |
| 3 | 樟子松球果烘干机 | 东北林学院　陆康年等 |
| 3 | 西北地区四种营林作业机具的研制 | 辽宁省林机工业公司，辽宁省新宾县林机厂　金英一等，辽宁省昌图付家林机厂　刘贵发等，辽宁省朝阳地区农机研究所　关铁成 |
| 3 | 4RZ-10000型气吸式容器育苗装播作业线 | 广西壮族自治区林业科学研究所　叶世佳等 |
| 3 | YP2.5-A型遥控跑车 | 福建林学院　刘宏 |
| 3 | 胶合板表板改薄及快速胶压新工艺 | 吉林省长春胶合板厂　罗一国、陆嘉宾、韩启鹏 |
| 3 | 木材工业聚集器式通用型气力吸尘装置 | 南京林学院　李维礼、钱永宽、李忠、姚淑琴 |
| 3 | 胶粘剂制造过程自动化 | 中国林业科学研究院木材工业研究所　黄震嘉等 |

（续）

| 获奖级别(等) | 项 目 名 称 | 完 成 单 位 及 主 要 人 员 |
|---|---|---|
| 3 | 胶粘剂检验方法 | 中国林业科学研究院木材工业研究所 夏志远等，北京光华木材厂 关美云，北京市木材厂 李玉敏，上海扬子木材厂 卢传珍 |
| 3 | 主动式太阳能木材干燥窑及其窑干工艺的研究 | 南京林学院 孙令坤，江西松山纺织器材厂 张学海 |
| 3 | 木工压刨床噪声控制技术 | 东北林学院 王国才、李志仁，沈阳木工机床厂 孔垂仁 |
| 3 | JJZ-1型锯材激光投影指示器 | 黑龙江省南岔木材水解厂 李恩富、宋长荣 |
| 3 | 人造薄木的制造及装饰工艺的研究 | 南京林学院 罗青婉等，南京木器厂 杨文嘉等 |
| 3 | 三带砂光机除尘系统的改进 | 吉林省长春胶合板厂 李贵先、罗一国、李维元 |
| 3 | CJY-3型袖珍材积仪 | 福州大学无线电厂 方大川等，福州贮木场 黄利俊 |
| 3 | 刨花板纸质装饰贴面新工艺及树脂的研究 | 中国林业科学研究院木材工业研究所 刘瑞凤、罗文士、何乃慧，北京木材厂 谢天相、王玉秀等 |
| 3 | 红木过热蒸汽材质处理干燥工艺 | 南京林学院 梁世镇，苏州红木雕刻厂 金 衍 |
| 3 | 薄木锯切镶嵌技术的研究 | 南京林学院 吴涤荣 |
| 3 | MJX-200削片制材机 | 南京林学院 周之江、胡宜苗，上海市木材研究所 施湘明、龚伟根 |
| 3 | MR 1675 自动整料机 | 黑龙江省木材研究所 徐文彪、孙洪宝、牛宝文 |
| 3 | 薄圆锯片热控适张度新技术 | 黑龙江省牡丹江林业学校 何再三 |
| 3 | 用合金铜H62焊接剂焊接带锯条技术 | 杭州木材厂制材车间 徐水荣等，浙江省人民银行出纳处，浙江省木材公司木工科 |
| 3 | MJ3110带锯机降噪技术研究 | 福建林学院 吴纯初、张大渠、黄祖太、陆继圣、林应谋，福建省顺昌贮木场 |
| 3 | 脲醛预缩液-UFC-60的研制 | 安徽省芜湖木材厂 宣振中、郑天真，安徽省芜湖木材研究所 唐述奇、朱金娟、龙纪雪 |
| 3 | 813 稀释剂的研制应用与试生产 | 中国林业科学研究院林产化学工业研究所 张健等，中原石油勘探局钻井工程服务公司 杨荣智等，湖北省光化县栲胶厂 谢洪琪等 |
| 3 | 防卡剂～妥尔油磺酸盐研制技术 | 东北林学院 周大斌 |
| 3 | 中频电感应加热真空炼松香中间试验 | 林业部林产工业设计院 孙柏青、孙宝光、张佐良、郑德民等，广东省封开县林化厂 |
| 3 | TRB混凝土减水剂的研制和应用 | 中国林业科学研究院林产化学工业研究所 张宗和等，黑龙江省交通科学研究所 黄瑞福等 |
| 3 | 接触型乳液胶粘剂～丙烯酸脂～醋酸乙烯共聚乳液的研究 | 中国林业科学研究院林产化学工业研究所 吕时铎、赵临五、裘梅琴，中国林业科学研究院木材工业研究所 朱家琪 |
| 3 | 硫酸～氯化锌法聚合松香新工艺研究 | 四川省林业科学研究所 王清泉等 |
| 3 | 赤松和黑松叶粉生产工艺及设备的研究 | 中国林业科学研究院林产化学工业研究所 周维纯等，连云港市农业机械厂 张礼吉等，连云港市塘沟林场 李永荣等 |
| 3 | 隧道活化炉生产颗粒活性炭 | 福建省林业科学研究所 黄河清等，福建省尤溪林化厂 卓方银等 |
| 3 | EF植物生长促进剂的提取和应用 | 中国林业科学研究院林产化学工业研究所 宋永方等，广东省雷州林业局林科所 何金恒等 |

（续）

| 获奖级别(等) | 项目名称 | 完成单位及主要人员 |
|---|---|---|
| 3 | 脲醛树脂胶废水高温焚烧治理中间试验 | 林业部林产工业设计院　阮宝善、阮　慧等 |
| 3 | 用大孔径导向筛板塔初馏糠醛 | 林业部林产工业设计院　管雄飞，北京市日用化学二厂 |
| 3 | 提高糠醛质量及制订国家糠醛标准的研究 | 中国林业科学研究院林产化学工业研究所　何源禄等，广东省东莞糖厂等 |
| 3 | 电缆松香的研制 | 中国林业科学研究院林产化学工业研究所　粟子安、秦文龙、杨必胜，上海电缆研究所，上海电缆厂，江西省广昌县化工厂 |
| 3 | 土倒焰砖瓦窑砖瓦和葡萄糖脱色废活性炭混合烧制再活化试验 | 浙江省林业科学研究所　项缙农、蒋韵琴、徐俊，浙江省湖州市塘南公社东风砖瓦厂 |
| 3 | 黑翅土白蚁初期单腔巢群建立及蚁路上长出的真菌指示物观察与翅芽型兵蚁的发现 | 四川省林业科学研究所　刘源智、潘演征、唐国清，四川省珙县林业局　陈良德、何永忠 |
| 3 | 舞毒蛾核型多角体病毒的应用研究 | 东北林学院　岳书奎等，辽宁省蚕业科研所　许文儒等，沈阳市园林科研所　齐人礼等，中国林业科学研究院林业科学研究所　毕遮春等 |
| 3 | 日本松干蚧防治技术研究 | 浙江省林科所　胡鹤龄等，浙江省林业厅森防站　杜增庆，浙江省鄞县天童林场王良衍，　浙江省绍兴县农林局　赖陈余，林业部南方检疫所　樊尚仁 |
| 3 | 樟子松人工林鼠害综合防治试验研究 | 吉林省黄泥河林业局　赵日良，东北师范大学　陈荣海 |
| 3 | 肉毒梭菌(C型)菌苗对水貂免疫的研究 | 东北林学院　王金生、徐跃武、梅全林 |
| 3 | 熏蒸毒签防治几种蛀干性害虫的试验 | 山西省太原市林业科学研究所　阎晋青，太原市林场　袁维之，山西农业大学林学系　张志勇、王大华，山西省林业厅森防站　王玉田 |
| 3 | 肿腿蜂的繁殖和利用 | 广东省林业科学研究所　张连芹等 |
| 3 | 白蜡虫褐腐病寄生蜂的防治研究 | 中南林学院　吴光金、王问学，湖南省藏江县土产公司　万一丰、刘世梯 |
| 3 | 落叶松早期落叶病的测报方法、防治指标及防治技术的研究 | 黑龙江省尚志县林业局　刘铉基 |
| 3 | 25%对硫酸胶囊剂中试和工业化生产 | 安阳林药厂　王端生等，沈阳化工研究院　申书罡等 |
| 3 | 紫胶白虫茧蜂的人工繁殖 | 中国林业科学研究院紫胶研究所　赖永祺等 |
| 3 | 樟子松疱锈病的研究 | 东北林学院　鞠国柱、何秉章，黑龙江省林江县森防站　尹成初、张亚琴、李成烈 |
| 3 | 培养真菌的试剂-松膏及其培养基的应用 | 北京林学院　武觐文等 |
| 3 | 白杨透翅蛾性引诱剂的研究及应用 | 吉林省双辽县实验林场　张喜，中国科学院上海昆虫研究所　杜家纬、许少甫、戴小杰 |
| 3 | 舟蛾跳小蜂人工繁殖及利用的研究 | 吉林省白城地区森防站　贾永富、曹青山，吉林省镇赉县大岗林场　孙有德、索继昌 |

（续）

| 获奖级别(等) | 项 目 名 称 | 完 成 单 位 及 主 要 人 员 |
|---|---|---|
| 3 | 农田林网光肩星天牛综合防治技术 | 河北省林业专科学校　阎俊杰、王志刚，河北省衡水地区林业局林科所　刘全会，河北省枣强县滕村人民公社 |
| 3 | 榆兰金花虫防治技术研究及应用 | 河南省林业技术推广站等单位　袁德灿等 |
| 3 | 应用机械分离法提取白僵菌高含孢量粉剂工艺的研究 | 广东省肇庆地区林业科学研究所　余福由，广东省高州县林业局白僵菌厂　李庆登、史顺本、梁飞龙 |
| 3 | 核桃嫁接技术研究 | 河南省林业科学研究所　罗秀钧等 |
| 3 | 紫胶虫寄主树良种选育 | 中国林业科学研究院紫胶研究所　杨鸿玲等 |
| 3 | 椰树速生无性系J1-75和J4-75的选育 | 江苏省林业科学研究所　涂忠虞、潘明建、张日连、樊丛梅 |
| 3 | 乔灌木树种苗木产量质量抽样调查与计算方法的研究 | 北京林学院　孙时轩、董乃钧、印佩文、田淑静、宋廷茂 |
| 3 | 泡桐种质资源调查收集 | 河南省泡桐种质资源调查收集协作组　蒋建平等 |
| 3 | 桧柏扦插繁殖特性的研究 | 中国林业科学研究院林业研究所　王涛，北京市琅山苗圃　归复，北京市西山林场苗圃　郑晓云 |
| 3 | 藤类栽培技术研究 | 中国林业科学研究院热带林业研究所　许煌灿、钟惠甫、符史深，广东省土产公司，广东省高州县伦道大队 |
| 3 | 核桃子苗嫁接的研究 | 山东农业大学　梁玉堂等，河南省洛宁县林业局　王哲理，河南省洛宁县长水核桃试验站　王荣庆等 |
| 3 | 刚松在辽宁的引种栽培调查研究 | 辽宁省林业科学研究所　张立功、金连奎、李本忠，辽宁省熊岳农业科学研究所　张书林，辽宁省东沟县安民乡林业工作站　郭永军 |
| 3 | 提高核桃苗砧嫁接成活率的试验 | 西北林学院　高绍棠 |
| 3 | 坡垒种子主要贮藏条件及其生理生活依据 | 中国林业科学研究院热带林业研究所　宋学文、陈青度，中国林业科学研究院林业研究所　王东馥、杨　军 |
| 3 | 材用毛竹林疏笋技术的研究 | 浙江省安吉县林业科研所　张加德、夏冬珍，中国林业科学研究院亚热带林业研究所　裘福庚、孙受素，浙江省安吉县双一大队　朱岳年 |
| 3 | 湖南漆树农家品种调查研究 | 中南林学院　刘显族等，湖南省土产公司　申群善等 |
| 3 | 油茶喷灌试验 | 中南林学院　漆龙霖、李克瑞，湖南省汉寿县油科所　雷章甫 |
| 3 | 山楂幼树密植早期丰产试验 | 山东省费县林业局　李文斌，山东省费县城关林业站　张淑蓉，山东省费县城关镇东马兴庄大队　郭建俊 |
| 3 | 杉木种子园早期经营技术的研究 | 浙江林学院　何福基、范义荣，浙江省临安县横畈公社林场，浙江省临安县玲珑区林业站 |
| 3 | 湖北省漆树品种资源调查 | 华中农学院　曾瑞龙、王长青、张树森，湖北省土产公司　丁汉顺 |
| 3 | 丛生竹无性育苗 | 广西壮族自治区林业科学研究所　李汉英、戴启惠、文传禹，广西壮族自治区玉林地区林业科学研究所　杨廉明，柳州林业学校　郭清滔 |
| 3 | 塑料大棚容器育苗中间试验 | 陕西省林业科学研究所　薛崇伯等 |
| 3 | 河南省枣树资源调查研究 | 河南省枣树资源调查协作组　刘翠峰等 |
| 3 | "三北"防护林经济效果研究 | 北京林学院　陈太山等 |

（续）

| 获奖级别(等) | 项 目 名 称 | 完 成 单 位 及 主 要 人 员 |
|---|---|---|
| 3 | 黑杨派6个新无性系引种 | 湖南林业学校 赵书喜，湖南省汉寿县林业科学研究所 李维义 |
| 3 | 小片杨树速生丰产林研究 | 山东省郯城县林业局 吕永顺、魏恒富，山东省郯城县王场村 赵宝钦、王清溪、赵佃吉 |
| 3 | 油松人工用材林抚育间伐技术的研究 | 辽宁省林业科学研究所 戚维江、赵刚，辽宁省抚顺矿务局林业处 王义廷、韩凤和，抚顺市林业科学研究所 李荣辰 |
| 3 | 北京树木物候研究 | 北京林学院 任宪威、李珍、刘秀珍 |
| 3 | 赣东北环玉山系森林土壤调查研究 | 江西省上饶地区林业科学研究所 冯鹤股等，江西省弋阳县林业局，江西省德兴县林业局，江西省玉山县林业局 |
| 3 | 利用航空象片编制土地类型及水土流失图的研究 | 北京林学院 韩熙春，宁夏回族自治区西吉县基地办公室王俊山，宁夏回族自治区农业局综合勘察队 林志滔 |
| 3 | 山杨～云杉混交林促进云杉速生技术 | 新疆维吾尔自治区林业科学研究所 唐光楚、靳林，新疆维吾尔自治区林业厅林场 |
| 3 | 东祁连山西段森林涵养水源作用的研究 | 甘肃省张掖祁连山水源林研究所 傅辉恩 |
| 3 | 风害区防护林体系的研究 | 黑龙江省防护林研究所 李成烈、鞠瑞斌、张书生，黑龙江省富裕县富路公社兴胜大队 王召岚 |
| 3 | 孟达自然保护区综合考察 | 青海省林业局 郭本兆等 |
| 3 | 安徽薪炭林调查研究 | 安徽农学院 舒裕国 |
| 3 | 小北湖红松林的研究 | 黑龙江省林业勘察设计院 林斯超、李财德等 |
| 3 | 人工红松林抚育间伐的试验研究 | 辽宁省森林经营研究所 周福兴、郑福宽，辽宁省湾甸子实验林场 路治林 |
| 3 | 甘肃省洮河林区云冷杉林分择伐周期的调查研究 | 甘肃农业大学 曲永宁、陈玉琪、刘兴聪 |
| 3 | 落叶松人工林群落结构研究 | 东北林学院 丁宝永等 |
| 3 | 大汶河沿岸低产林分改造调查 | 山东省泰安地区林业科学研究所 薛玉屏、王建民，山东农业大学 许慕农，山东省林业学校 贾象斌，山东省泰安地区林业站 董维汉 |
| 3 | 森林资源数据库系统设计和建立 | 林业部调查规划院 王光恩等，电子工业部十五所 |
| 3 | 黑龙江省乌裕尔河下游野生动物资源的调查 | 东北林学院 马建章等 |
| 3 | 甘肃小陇山次生林综合培育研究 | 中国林业科学研究院林业研究所 史建民、李国猷、洪菊生、黄鹤羽等，甘肃省天水地区小陇山林业实验局，甘肃省林业科学研究所 |
| 3 | 河北省深县农田林网防护效应的研究 | 中国林业科学研究院林业研究所 宋兆民等，中国科学院地理研究所 |
| 3 | 杉木地位指数表编制技术与应用方法的研究 | 林业部调查规划设计院 范济洲、常昆等，北京林学院等单位 |
| 3 | 杉木产区区划、宜林地选择及立地评价 | 中国林业科学研究院林业研究所等单位 吴中伦、侯治溥等 |
| 3 | 落叶松、樟子松、红松人工林经营密度的研究 | 黑龙江省林业科学研究所 刘大兴等，黑龙江省勃利县通天一林场，黑龙江省桦南县孟家岗林场，黑龙江省林业科学院江山娇林场 |

（续）

| 获奖级别(等) | 项 目 名 称 | 完 成 单 位 及 主 要 人 员 |
|---|---|---|
| 3 | 油松林经营技术研究 | 陕西省延安地区黄龙山林业局 鄢志明，陕西省延安地区林业科研所 彭志鹏，陕西省延安地区乔山林业局 |
| 3 | 北京地区落叶松生长情况调查研究 | 北京市林业工作站 孙伯茗等，北京市农林科学院林业果树研究所 |
| 3 | 任豆树石山直播造林研究 | 广西壮族自治区百色地区林业科学研究所等单位 陈乐榜等 |
| 3 | 四川高山地区日本落叶松引种栽培技术 | 四川省林业科学研究所 周德彰等，四川省川西林业局 |

（林业部科学技术司成果推广处）

## 1985年4月～1986年12月林业部门获专利权项目一览表

| 专利项目名称 | 专利权人 | 发明人（设计人） | 专利代理机构及代理人 | 申请日期 | 专利号 | 授权日期 | 国际专利分类号 |
|---|---|---|---|---|---|---|---|
| 节电型接触器 | 黑龙江省木材采运研究所 | 程克义、许恒勤、赵新林、杨玉洲 | 黑龙江省专利服务中心 韩卫群 | 1985年4月1日 | 85201089 | 1986年5月7日 | Int.Cl$^4$.H01H51/20 H02P1/10 |
| 节距6.35-30毫米C型锯链 | 黑龙江省木材采运研究所 | 王启生、刘勤 | 黑龙江省专利服务中心 张宜昌 | 1985年4月1日 | 85201006 | 1986年5月7日 | Int.Cl$^4$.B27B33/14 |
| 水加热器 | 黑龙江省林业科学研究院 姜文金、姜籽 | 姜文金、姜籽 | 黑龙江省专利服务中心 单淑梅 | 1985年4月1日 | 85201186 | 1986年5月21日 | Int.Cl$^4$.F24H1/16 |
| 一种煤气灶电子点火装置 | 林业部昆明人造板机械厂 | 王翼生、周颖明 | 云南省专利事务所 欧亚平 | 1985年4月1日 | 85200975 | 1986年6月4日 | Int.Cl$^4$.F23Q3/00 |
| 电动刷具 | 黑龙江省木材采运研究所 姜籽 | 姜籽 | 黑龙江省专利服务中心 单淑梅 | 1985年6月17日 | 85202319 | 1986年7月24日 | Int.Cl$^4$.A46B13/02 |
| 电热手套 | 湖南省林业机械厂 曹力明 | 何建章、曹力明 | 湖南省专利服务中心 周纯钊 | 1985年8月5日 | 85203320 | 1986年7月31日 | Int.Cl$^4$.A41D19/00 |
| 双环自动连续捕鼠笼 | 浙江省庆元县林业局 童邦树 | 童邦树 裘 刚 | | 1985年4月6日 | 85200725 | 1986年9月5日 | Int.Cl$^4$.A01M23/16 |
| 耐磨减震型锯链 | 黑龙江省木材采运研究所 | 王启生、刘勤 | 黑龙江省专利服务中心 张宜昌 | 1985年5月2日 | 85201692 | 1986年10月6日 | Int.Cl$^4$.B27B33/14 |

（续）

| 专利项目名称 | 专利权人 | 发明人（设计人） | 专利代理机构及代理人 | 申请日期 | 专利号 | 授权日期 | 国际专利分类号 |
|---|---|---|---|---|---|---|---|
| 山坡植树机 | 宁夏林草开发总公司 | 刘寅夏 | 宁夏回族自治区发明专利服务中心 石昭元、成义生 | 1985年6月5日 | 85202139 | 1986年11月2日 | Int.Cl$^4$.A01B49/00 |
| 胶合板厨用砧板 | 林业部加格达奇大兴安岭林业管理局经济研究室 郑全昌 | 郑全昌 郑全连 | | 1985年8月6日 | 85203174 | 1986年11月2日 | Int.Cl$^4$.A47J47/00 |
| 多功能高枝修剪机 | 辽宁省沈阳市绿化管理处 | 刘德全 | 辽宁省专利事务所 刘忠达 | 1985年6月20日 | 85202419 | 1986年11月6日 | Int.Cl$^4$.A01G3/08 |
| 高频木材含水率测定仪 | 哈尔滨国营松江胶合板厂 | 韩平 | 黑龙江省专利服务中心 文光中 | 1985年10月25日 | 85204564 | 1986年11月13日 | Int.Cl$^4$.G01N27/22 |
| 一种保持土层原有结构的深松开沟机具 | 宁夏林草开发总公司 | 刘寅夏、赵开先 | 宁夏回族自治区发明专利服务中心 石昭元 | 1985年9月24日 | 85204042 | 1986年11月27日 | Int.Cl$^4$.A01C5/06 |
| 悬挂式液位自动控制器 | 浙江省庆元县林业局 童邦树 | 童邦树 | | 1985年6月18日 | 85202432 | 1986年12月11日 | Int.Cl$^4$.C05D9/02 |

（林业部科学技术司专利处）

## 1978～1986年全国林业科技开发推广重点项目目录

| 编号 | 项目名称 | 承担单位 |
|---|---|---|
| 78001 | 栲胶平转型连续浸提新设备开发 | 中国林业科学研究院林产化学工业研究所 |
| 78002 | 锯齿强化技术推广 | 黑龙江省木材工业研究所 |
| 78003 | 远红外加热干燥技术推广 | 山东木材厂 |
| | | |
| 79001 | 大带锯自动化装置推广 | 黑龙江省新工木材厂；南岔水解厂；吉林省露水河林业局、黄泥河林业局；四川省成都木材综合加工厂；福建省福州木材综合加工厂；广东省石龙木材厂；湖北省白沙州贮木场；北京市光华木材厂；林业部信阳木工机械厂 |
| 79002 | 远红外干燥新技术推广 | 北京市光华木材厂；哈尔滨木器厂；东北林学院 |
| 79003 | 自动对焊机开发 | 黑龙江省木材工业研究所 |
| | | |

（续）

| 编　号 | 项目名称 | 承担单位 |
|---|---|---|
| 80001 | 优良速生灌木树种-酸刺、柠条、灵武的白柠条、花棒、踏朗推广 | 林业部三北防护林局 |
| 80002 | 25 L型-金龙营林整地机、YK-24 油茶垦复机推广 | 林业部桂林林业机械厂；湖南省林业厅；江西省农林垦殖厅 |
| 80003 | 杨树优良新品种推广 | 河南、山东、安徽、江苏省林业（农林）厅；江苏省泗阳县多种经营局 |
| 80004 | 板栗良种-“燕山红”推广 | 北京市农业科学院果林所 |
| 80005 | 核桃良种及其嫁接技术推广 | 山东省果树研究所 |
| 80006 | 毛竹实生苗造林技术推广 | 广西壮族自治区林业科学研究所 |
| 80007 | ZF-32 型光照种子发芽器推广 | 辽宁省辽中县林业机械厂 |
| 80008 | 林木良种繁育技术推广 | 中国林业科学研究院林业研究所 |
| 80009 | 育苗新技术训练班 | 中国林木种子公司 |
| 80010 | 苏云金杆菌的应用技术培训 | 河南省洛阳制药厂 |
| 80011 | 利用米蛾繁殖赤眼蜂技术推广 | 浙江省余姚县森林病虫防治站 |
| 80012 | 地面红外森林探火仪推广 | 大兴安岭加格达奇森林警察大队 |
| 80013 | 木屑培养木耳、香菇技术推广 | 北京市潮白河林场；浙江省开化县林场 |
| 80014 | 化学采脂刀推广 | 福建省福州贮木场机修车间 |
| 80015 | CLLG型凿岩除尘器推广 | 福建省林业工程公司机修厂 |
| 80016 | 半自动成象仪推广 | 林业部林业调查规划院 |
| 80017 | 橡胶浮筒推广 | 福建省厦门市橡胶制品厂 |
| | | |
| 81001 | 杉木第一代无性系种子园建园技术推广 | 南京林产工业学院；浙江省林业厅、龙泉县林业科学研究所、天台县宝华林场；江西农林垦殖厅、乐平县白土蜂林场；广东省林业厅、韶关地区林业科学研究所；广西壮族自治区林业厅、六万林场；湖南省林业厅、江华采育场；安徽省林业厅、徽州地区林业科学研究所、休宁县西田林场；四川省林业厅、高县月江林场；贵州省林业厅、贵州省林业科学研究所 |
| 81002 | 杨树、刺槐混交林营造技术推广 | 北京市林业局，顺义、大兴、通县林业局 |
| 81003 | 应用百菌清油剂防治落叶松病害技术推广 | 吉林省林业厅；黑龙江省森林工业总局 |
| 81004 | 农业综合示范推广点林业科技推广项目 | 山东省林业厅、聊城地区行署林业局；河南省林业厅、周口地区行署林业局 |
| 81005 | 杨树良种及造林技术推广 | 山东省林业厅、兖州地区林业局、临沂地区林业局 |
| 81006 | 白林 1 号杨、2 号杨推广 | 吉林省林业厅、白城地区林业科学研究所 |
| 81007 | 利用赤眼蜂防治松毛虫技术推广 | 浙江省林业厅 |
| 81008 | 马尾松松针粉推广 | 中国林业科学研究院林产化学工业研究所 |
| 81009 | 背负式软轴割灌机 | 福建省林业厅、福建省林业机械厂 |
| 81010 | 沙荒造林机械推广 | 林业部哈尔滨林业机械研究所；新疆、甘肃、内蒙古林业厅 |

（续）

| 编号 | 项目名称 | 承担单位 |
|---|---|---|
| 81011 | SDZ型营林山地弹齿整地机推广 | 黑龙江省森林工业总局、带岭林业实验局 |
| 81012 | 滴灌技术推广 | 辽宁省林业局、兴城县南关林场；山西省林业厅、桑干河杨树丰产林实验局金沙滩林场；河北省果树研究所 |
| 81013 | 硬杂木环状剥皮立枯干燥技术推广 | 福建省林业厅 |
| 81014 | 对吹式刨花板气流铺装新工艺推广 | 福建及有关省林业厅(局) |
| 81015 | 湿法硬质纤维板浆料浓度、浆池液位、pH值的自动检测与自动控制 | 中国林业科学研究院木材工业研究所；广西壮族自治区林业厅、柳州木材厂；黑龙江省森林工业总局、正阳河木材加工厂；四川省林业厅、重庆木材加工厂；湖北省林业厅、武汉综合制材厂；浙江省林业厅、温州木材厂；山东省林业厅、山东木材厂；安徽省林业厅、芜湖木材厂 |
| 81016 | PQC-1型光学测树仪的试制与推广 | 中南林学院、昆明光学仪器厂 |
| 81017 | 电子叶间歇喷雾装置 | 南京林产工业学院 |
| | | |
| 82001 | 平原绿化地区杨树优良品种及其丰产技术的推广 | 山东林业厅、临沂地区林业局；湖北省林业厅、潜江县林业局；河北省林业厅、河北省林业科学研究所、威县林业局 |
| 82002 | 毛竹丰产技术推广 | 中国林业科学研究院亚热带林业研究所；湖北省蒲圻县林业局；湖南省林业厅、湖南省林业科学研究所、衡山县林业局 |
| 82003 | 杉木种子园建园技术推广 | 南京林产工业学院 |
| 82004 | 湿地松针叶束扦插育苗技术推广 | 湖北省林业厅、湖北省林业科学研究所、荆州地区林业科学研究所、罗田县林业科学研究所 |
| 82005 | 硬杂木环状剥皮立枯干燥技术推广 | 福建省林业厅木材公司 |
| 82006 | 日本扁柏等五个高山造林树种的推广 | 浙江省林业厅、宁波地区林业局 |
| 82007 | 刨花板气流铺装新工艺推广 | 福建省林业机械厂；黑龙江省森林工业总局、松江胶合板厂、伊春市大丰林业局人造板厂 |
| 82008 | YDCZ-4电容磁制动器推广 | 黑龙江省木材工业研究所 |
| 82009 | 湿法硬质纤维板污水处理技术推广 | 中国林业科学研究院木材工业研究所 |
| | | |
| 83001 | 移动式钢架杆集材机的研制 | 林业部苏州林业机械厂、林业部哈尔滨林业机械研究所 |
| 83002 | 液压起重臂的研制 | 林业部哈尔滨林业机械研究所、林业部常州林业机械厂 |
| 83003 | 沙漠绿化设备的研制与推广 | 林业部哈尔滨林业机械研究所 |
| 83004 | 352 L-营林整地机的研制 | 林业部桂林林业机械厂 |
| 83005 | 自动单板剪切机的研制 | 林业部信阳木工机械厂 |
| 83006 | 液压单板剪切机的研制 | 林业部信阳木工机械厂 |
| 83007 | 细木工带锯机的研制 | 林业部信阳木工机械厂 |
| 83008 | 5呎芯板横拼机的研制 | 林业部牡丹江木工机械厂 |
| 83009 | 之字形单板拼缝机的研制 | 林业部牡丹江木工机械厂 |
| 83010 | 自动缝边机的研制 | 林业部牡丹江木工机械厂 |
| 83011 | 细木工板胶拼机的研制 | 林业部牡丹江木工机械厂 |

（续）

| 编 号 | 项目名称 | 承担单位 |
|---|---|---|
| 83012 | 单面木工压刨等二种木工机械的研制 | 林业部牡丹江木工机械厂 |
| 83013 | 四面木工刨床等四种木工机械的研制 | 林业部牡丹江木工机械厂 |
| 83014 | 上轴木工铣床等五种木工机械的研制 | 林业部牡丹江木工机械厂 |
| 83015 | 杨树优良品种及丰产技术的推广 | 山东省林业厅、临沂地区林业局；河北省林业厅、保定地区林业局；辽宁省林业厅、辽宁省杨树研究所；吉林省林业厅、白城地区林业局、白城地区林业科学研究所；陕西省林业厅、陕西省林业科学研究所、户县林业局、蒲城县林业局；四川省林业厅、资中县林业局、郫县林业局 |
| 83016 | 泡桐优良品种及丰产技术的推广 | 河南省林业厅、禹县林业局、睢县林业局、鄢陵县林业局、河南省林业科学研究所 |
| 83017 | 水杉、枫杨优良品种及丰产技术的推广 | 湖北省林业厅、潜江县林业局 |
| 83018 | 刺槐、杨树优良品种及丰产技术的推广 | 山东省林业厅、邹平县林业局 |
| 83019 | 中山柏、滇柏良种及丰产技术的推广 | 四川省林业厅、资阳县林业局、绵阳市林业局 |
| 83020 | 日本扁柏等五个高山树种的推广 | 浙江省林业厅、宁波市林业局 |
| 83021 | 油茶优良品种及丰产栽培技术的推广 | 湖北省林业厅、湖北省林业科学研究所、麻城县林业局；广东省林业厅、广东省林业科学研究所、阳春县林业局 |
| 83022 | 竹子丰产技术的推广 | 重庆市林业局、巴县林业科学技术推广中心；江西省林业厅、奉新县林业局 |
| 83023 | 刨花直接干燥机的研制 | 林业部昆明林业机械厂 |
| 83024 | 加热油炉的研制 | 林业部哈尔滨林业机械厂 |
| 83025 | 刨花自动流量计量系统的研制 | 林业部昆明人造板机器厂 |
| 83026 | 刨花板坯传送系统的研制 | 林业部昆明人造板机器厂 |
| 83027 | 热磨机的研制 | 林业部上海人造板机器厂 |
| 83028 | 固定式刨花气流铺装机的研制 | 林业部昆明人造板机器厂 |
| 83029 | 仿制鼓式刨片机 | 中国林业科学研究院木材工业研究所 |
| 83030 | 仿制削片机 | 中国林业科学研究院木材工业研究所 |
| 83031 | 仿制曲折型气流分选机 | 中国林业科学研究院木材工业研究所 |
| 83032 | 平原地区杨树优良品种及丰产技术的推广 | 山东省林业厅、临沂地区林业局、临沂县林业局、莒县林业局 |
| 83033 | 毛竹低产林改造及丰产技术的推广 | 中国林业科学研究院亚热带林业研究所；湖北省林业厅、蒲沂县林特局 |
| 83034 | 油茶低产林改造技术的推广 | 湖南省林业厅、衡东县林业局 |
| 83035 | SL-2型叶湿自控仪的推广 | 湖南省林业厅、湖南省林业科学研究所 |
| 83036 | 黄土高原四种造林机具的推广 | 辽宁省林业机械公司；宁夏回族自治区林业局、固原县林业局、西吉县林业局；林业部桂林林业机械厂 |
| 83037 | 樟子松球果烘干机的推广 | 中国林木种子公司；东北林学院；江西省林业厅、赣州地区林木良种场；浙江省林业厅、庆元林场；湖南省林业厅；广西壮族自治区林业厅、藤县林业局 |
| 83038 | ST-30人工林间伐集材装置的推广 | 黑龙江省森林工业总局、带岭林业实验局 |

（续）

| 编号 | 项目名称 | 承担单位 |
|---|---|---|
| 83039 | TRB混凝土减水剂的推广 | 中国林业科学研究院林产化学工业研究所；南京市野生植物试验厂 |
| 83040 | 刨花板气流铺装新工艺的推广 | 黑龙江省森林工业总局、伊春地区林业管理局、丰林林业局刨花板厂、南岔林业局刨花板厂 |
| | | |
| 84001 | 杨树优良树种及速生丰产技术推广 | 河北省林业厅、保定地区林业局、定县林业局；陕西省林业厅、陕西省林业科学研究所、户县林业局、蒲城县林业局、乾县林业局；辽宁省林业厅、桓仁县林业局；山西省林业厅、临汾市林业局；中国林业科学研究院林业科学研究所；甘肃省林业厅、康乐县林业局 |
| 84002 | 杨树、槐树混交林及丰产技术推广 | 山东省林业厅、邹平县林业局 |
| 84003 | 豫林1号泡桐农桐间作丰产技术推广 | 河南省林业厅、河南省林业科学研究所、禹县林业局、鄢陵县林业局 |
| 84004 | 水杉、池杉、枫杨优良树种丰产林及农林间作丰产技术推广 | 湖北省林业厅、潜江县林业局 |
| 84005 | 日本落叶松的推广 | 四川省林业厅、达县林业局、万县林业局 |
| 84006 | 日本扁柏等五个高山树种的推广 | 浙江省林业厅、宁波市林业局 |
| 84007 | 油茶优良品种及丰产技术推广 | 广东省林业厅、广东省林业科学研究所、阳春县林业局；湖北省林业厅、湖北省林业科学研究所、麻城县林业局；湖南省林业厅、衡东县林业局 |
| 84008 | 毛竹低产林改造技术推广 | 湖南省林业厅、湖南省林业科学研究所、衡山县林业局；江西省林业厅、奉新县林业局；中国林业科学研究院亚热带林业研究所；浙江省林业厅、龙游县林业局 |
| 84009 | 灌木薪炭林的营造技术推广 | 新疆维吾尔自治区林业厅、吐鲁番县林业局 |
| 84010 | GL85高把减震油锯的试制与推广 | 林业部西北林业机械厂 |
| 84011 | YH2.5油锯打枝机的试制与推广 | 林业部西北林业机械厂 |
| 84012 | 移动式钢架杆索道绞盘机的研制 | 林业部哈尔滨林业机械研究所、常州林业机械厂 |
| 84013 | DG3割灌机的试制与推广 | 林业部泰州林业机械厂 |
| 84014 | 仿制大带锯主机 | 林业部信阳木工机械厂 |
| 84015 | 仿制大带锯跑车 | 林业部信阳木工机械厂 |
| 84016 | 仿制台式带锯自动进料器 | 林业部信阳木工机械厂 |
| 84017 | 仿制高效连续单板干燥机 | 林业部苏州林业机械厂 |
| 84018 | 仿制单板水分测定器和超声波检测器 | 林业部苏州林业机械厂 |
| 84019 | 油茶垦复机的试制与推广 | 湖南省林业厅、林业工业研究所；林业部桂林林业机械厂 |
| 84020 | 应用高孢子白僵菌油剂进行超低容量喷雾防治松毛虫技术的推广 | 广东省林业厅、新会县林业局白僵菌厂 |
| 84021 | 木材防腐、防虫、防变形技术的推广 | 福建省林业厅、龙溪地区木材公司 |
| 84022 | 珠江三角洲农田林网营造技术的推广 | 广东省林业厅、斗门县林业局 |
| 84023 | 容器育苗技术的推广 | 林业部"三北"防护林局 |
| 84024 | 松毛虫、杨树天牛防治技术的推广 | 辽宁省林业厅；山西省林业厅；河北省林业厅；山东省林业厅；黑龙江省林业厅；内蒙古自治区林业厅 |

（续）

| 编号 | 项目名称 | 承担单位 |
|---|---|---|
| 84025 | 油茶低产林改造技术的推广 | 湖南省林业厅、湖南省林业科学研究所 |
| 84026 | 珍贵树种的栽培利用技术推广 | 南京林学院 |
| 84027 | EF植物生长促进剂的试制与推广 | 广东省林业厅、雷州地区林业局 |
| 84028 | 4Y-2型移植机、4C-2型插条机试制与推广 | 林业部大兴安岭林业管理局松岭林业局苗圃；吉林省白城地区苗圃；河北省承德地区苗圃；辽宁省林业厅、辽宁省林业科学研究所、辽宁省杨树研究所、固沙造林研究所、桓仁县城郊林场；内蒙古自治区牙克石林业管理局大杨树林业局苗圃；山西省代县国营机械苗圃； |
| 84029 | 榆黄蘑工厂化生产技术推广 | 黑龙江省森林工业总局、黑龙江省林业科学院、黑龙江省林副特产研究所 |
| 84030 | 农区综合防护林体系的推广 | 山东省林业厅、临沂地区林业局 |
| 84031 | 木兰科、棕榈科乡土树种栽培技术的推广 | 广东省林业厅、深圳市林业科学研究所 |
| | | |
| 85001 | 平原高产农区林业综合技术开发 | 山东省林业厅、郯城县林业局 |
| 85002 | 平原农区立体林业结构综合技术推广 | 山东省林业厅、邹平县林业局 |
| 85003 | 平原低产农区立体林业良性循环技术推广 | 山东省林业厅、定陶县林业局 |
| 85004 | 毛白杨优良类型推广 | 河南省林业厅、扶沟县林业局、舞阳县林业局、项城县林业局 |
| 85005 | 楸树优良类型推广 | 河南省林业厅、洛宁县林业局、沈丘县林业局、宜阳县林业局 |
| 85006 | 珠江三角洲林网营造技术推广 | 广东省林业厅、新会县林业局、斗门县林业局 |
| 85007 | 水网地区立体林业结构良性循环综合技术推广 | 江苏省农林厅林业局、宝应县林业局 |
| 85008 | 洞庭湖水网地区林业综合技术开发 | 湖南省林业厅、汉寿县林业局 |
| 85009 | 水网地区林、农、牧、副、渔生产相结合的良性生态系统综合技术开发 | 湖北省林业厅、潜江县林业局 |
| 85010 | 水网地区生态林业良性循环综合技术推广 | 安徽省林业厅、天长县林业局 |
| 85011 | 杉木丰产综合技术推广 | 湖南省林业厅、会同县林业局 |
| 85012 | 黑荆树丰产培育推广 | 福建省林业厅、漳州市林业技术推广站 |
| 85013 | 红枣加工技术开发 | 山西省林业厅、柳林县林业局 |
| 85014 | 核桃良种丰产及加工利用综合技术开发 | 河南省林业厅、洛宁县林业局 |
| 85015 | 枣粮间作丰产技术推广 | 天津市农林局林业处、武清县林业局 |
| 85016 | 油桐低产林改造及桐果加工技术推广 | 陕西省林业厅、白河县林业局 |
| 85017 | 猕猴桃丰产培育技术推广 | 辽宁省林业厅、桓仁县林业技术推广中心 |
| 85018 | 山杏、山桃资源开发利用 | 陕西省林业厅、志丹县林业局 |
| 85019 | 甜柿良种推广 | 陕西省林业厅、洛南县林业局 |
| 85020 | 太和香椿丰产及加工技术推广 | 安徽省林业厅、太和县林业局 |

（续）

| 编　号 | 项目名称 | 承担单位 |
| --- | --- | --- |
| 85021 | 竹子丰产培育及综合利用技术推广 | 中国林业科学研究院亚热带林业研究所；浙江省林业厅、瓯海县林业局；江西省林业厅、南昌市林业局；安徽省林业厅、舒城林业局 |
| 85022 | 西北黄土高原地区种树、种草技术推广 | 甘肃省林业厅、平凉市林业局、会宁县林业局 |
| 85023 | 平原农区林业综合技术开发 | 河南省林业厅、滑县林业局 |
| 85024 | 毛白杨良种及丰产技术的推广 | 河北省林业厅、保定地区林业局、林业技术推广站、定县林业局、完县林业局 |
| 85025 | 日本落叶松等高山树种的推广 | 四川省林业厅、南部县林业技术推广中心 |
| 85026 | 石质山区立体林业综合技术开发 | 山东省林业厅、益都县林业局 |
| 85027 | 枣粮间作丰产和加工利用技术推广 | 河北省林业厅、沧州地区林业站、泊头市林业局、献县林业局；山东省林业厅、乐陵县林业局 |
| 85028 | 唐山板栗综合培育和加工利用技术的推广 | 河北省林业厅、唐山市林业局、遵化县林业局、迁西县林业局 |
| 85029 | 竹材加工利用技术的推广 | 湖北省林业厅、咸宁地区林业局 |
| 85030 | 笋用林丰产技术的推广 | 中国林业科学研究院亚热带林业研究所 |
| | | |
| 86001 | 珠江三角洲农田林网营造技术推广 | 广东省林业厅、新会县林业局、斗门县林业局 |
| 86002 | 欧美杨丰产培育技术推广 | 四川省林业厅、自贡市林业局；湖南省林业厅、华容县林业工作站 |
| 86003 | 楝树丰产技术推广 | 河南省林业厅、沈丘县林业局 |
| 86004 | 刺槐、泡桐良种及丰产技术推广 | 安徽省林业厅、涡阳县林业技术推广站 |
| 86005 | 河北杨等优良树种及丰产技术推广 | 甘肃省林业厅、临夏州林业技术推广站、临夏县林业局 |
| 86006 | 长白松引种及推广 | 吉林省林业厅、白城地区林科所、前郭县卡拉木材场 |
| 86007 | 木麻黄优良无性系及丰产技术推广 | 广东省林业厅、湛江市林业局、湛江市林业科学研究所 |
| 86008 | 林粮间作综合技术推广 | 山东省林业厅、定陶县林业局 |
| 86009 | 林药间作综合技术推广 | 湖北省林业厅、长阳土家族自治县林业局 |
| 86010 | 簸箕柳、细枝柳丰产及综合利用技术推广 | 辽宁省林业厅、台安县林业局、鞍山市林科所 |
| 86011 | 山核桃丰产技术推广 | 浙江省林业厅、临安县林业局 |
| 86012 | 楚门文旦(柚子)丰产技术推广 | 浙江省林业厅、玉环县林业局 |
| 86013 | 胡柚(柑橘)丰产技术推广 | 浙江省林业厅、常山县林业局 |
| 86014 | 攀西地区亚热带经济植物资源开发利用 | 四川省林业厅、凉山州宁南县林业局、渡口市林业局 |
| 86015 | 马鹿花、大叶千斤拨优良紫胶寄主树栽培及利用技术推广 | 云南省林业厅、临沧地区行署林业局 |
| 86016 | 笋用林丰产技术推广 | 四川省林业厅、长宁县万岭楠竹经营所 |
| 86017 | 低产油桐林抚育改造及桐果加工技术推广 | 陕西省林业厅、白河县林业技术中心 |
| 86018 | 板栗低产林改造技术推广 | 安徽省林业厅、金寨县林业局 |

（续）

| 编　号 | 项目名称 | 承担单位 |
|---|---|---|
| 86019 | 薪炭林培育管理技术推广 | 黑龙江省林业厅、拜泉县林业局 |
| 86020 | 木材防腐、防虫、防变形技术推广 | 福建省林业厅、漳州市木材公司 |
| 86021 | 山楂良种密植丰产培育及其加工技术推广 | 山东省林业厅、青州市林业局 |
| 86022 | 条林丰产培育技术推广 | 河南省林业厅、扶沟县林业局 |
| 86023 | 池杉丰产培育技术推广 | 湖北省林业厅、洪湖县林业局 |
| 86024 | 优良乡土树种白花泡桐及丰产培育技术推广 | 湖南省林业厅、衡南县林业局 |
| 86025 | 平原农区生态林业技术推广 | 河南省林业厅、禹县林业局 |
| 86026 | 以水杉、池杉为主体的生态林业综合技术推广 | 武汉市林业局、新州县林业局 |

（林业部科学技术司成果推广处）

## 1982 年林业科学技术推广奖项目目录

| 项　目　名　称 | 完　成　单　位　及　主　要　人　员 |
|---|---|
| 黑杨派优良杨树无性系的引种和推广 | 南京林产工业学院　王明庥、吕士行，江苏省农林厅林业局，江苏省泗阳县 |
| 杨树丰产林 | 山东省莒县林业局，山东省林业科学研究所，山东省临沂地区林业局 |
| 四个乌桕高产无性系 | 浙江省林业厅，浙江省兰溪县林业局，浙江省林业科学研究所　张克迪，浙江省兰溪县乌桕良种场　蔡督信 |
| 油茶良种-岑溪软枝油茶 | 广西壮族自治区林业科学研究所　周启仁、方培华、蔡肖群、李建林、于淑辉、苏明媚，广西壮族自治区林业局营林处　梁守珍、廖培来，广西壮族自治区岑溪县林业局，广西壮族自治区岑溪县粮食局，广西壮族自治区岑溪县诚谏公社 |
| 赤眼蜂防治松毛虫、黄刺蛾、舟蛾等害虫技术 | 吉林省林业厅，吉林省林业科学研究所，吉林省九台县林业局，吉林省白城地区森防站，吉林省长春净月潭林场，吉林省辽源市森防站，吉林省长岭县林业局，吉林省双辽县试验林场，吉林省黄泥河林业局，吉林省辉南县青顶子林场，吉林省梨树县榆树台林场，吉林省镇赉县大岗林场，吉林省双阳县甩湾子林场，吉林省磐石县林业局，吉林省怀德县杨大城子林场，吉林省乾安县大师大队 |
| 杉木速生丰产营林技术 | 湖南省林业厅，湖南省会同县林业局，湖南省株洲县林业局，湖南省桃源县林业局，湖南省林业科学研究所 |
| 湿地松种子园的研究和推广 | 广东省林业科学研究所，广东省种苗站，广东省台山县红岭种子园 |
| 毛竹丰产技术 | 中国林业科学研究院亚热带林业研究所，浙江省林业厅，浙江省安吉县林业局，浙江省安吉县双一大队 |

（续）

| 项目名称 | 完成单位及主要人员 |
|---|---|
| 紫胶生产技术推广 | 广西壮族自治区林业局　梁守珍，广西壮族自治区林业科学研究所　李善珍、李普雄、李正成、冯志存、陈维新、吴珊，广西壮族自治区百色地区林业局，广西壮族自治区玉林地区林业局，广西壮族自治区钦州地区林业局，广西壮族自治区河池地区林业局，广西壮族自治区南宁市林业局，广西壮族自治区百色林业科学研究所，广西壮族自治区玉林林业科学研究所，广西壮族自治区北流县林业局，广西壮族自治区容县林业局，广西壮族自治区玉林县林业局，广西壮族自治区钦州县林业局，广西壮族自治区天等县林业局，广西壮族自治区东兰县林业局，广西壮族自治区德保县林业局，广西壮族自治区田东县林场，广西壮族自治区平吉县林场，广西壮族自治区老山县林场，广西壮族自治区公馆林场，广西壮族自治区崇左县林业科学研究所，中国林业科学研究院紫胶研究所 |
| 推广林木种子园建设良种基地 | 福建省林木种苗公司，福建省洋口林场，福建省桃源林场，福建省尤溪经营林场，福建省碧卿林场，福建省莱舟林场，福建省立新林场，福建省官庄林场，福建省卫闽林场 |
| 豫杂1号泡桐和豫选1号泡桐的推广 | 河南省林业技术推广站种苗科，河南省许昌地区林业局 |
| 河北省山地油松飞机播种造林 | 河北省林业局，中国林业科学研究院林业研究所，河北省林业科学研究所，河北省飞播协作组 |
| 桐粮间作的推广 | 山东省荷泽地区林业局 |
| 幼竹摇梢防雪压技术的推广 | 江西省宜春地区农林垦殖局，江西省宜春地区林业科学研究所 |
| 黄土丘陵造林技术 | 甘肃省定西地区岘口林业试验场　王克仁、宋贵仁、王法禹、石金赞、肖进德、李克忠等 |
| 四川飞机播种造林 | 四川省营林调查队，四川省林业科学研究所，四川省林业厅造林处，四川省凉山州林业局，中国民航总局林业科学研究所 |
| 湖北恩施地区飞播造林 | 湖北省恩施地区林业局，湖北省宣恩县林业局，湖北省利川县林业局，湖北省咸丰县林业局，湖北省鹤峰县林业局，湖北省恩施县林业局，湖北省巴东县林业局，湖北省建始县林业局，湖北省椿木营飞播管理站 |
| 护田林营造技术的推广 | 内蒙古自治区昭乌达盟林业科学研究所　蔡壮飞，内蒙古自治区昭乌达盟太平地公社 |
| 白城杨的推广 | 吉林省白城地区林业局，吉林省白城地区林业科学研究所　金志明，吉林省白城地区林木良种场　王志东，吉林省白城市苗圃　李宝福 |
| 光皮小黑杨的推广 | 黑龙江省营林局　李应林、徐占仁、王文、张福贞、刘培林、张培泉、沈清越、何体俊，黑龙江省嫩江行署林业管理局，黑龙江省绥化行署营林局，黑龙江省富裕县人民政府，黑龙江省富裕县第一苗圃，黑龙江省肇州县杨树良种繁育圃，黑龙江省防护林研究所 |
| 防治林木白蚁压烟新技术 | 江苏省镇江地区林业局，江苏省农林厅林业局，江苏省句容县林场　谢保国，江苏省宜兴县林场，江苏省丹阳县胡桥林场，江苏省大荆山林场，江苏省溧水县林场 |
| 薪炭林及薪炭养畜林科学造林技术 | 新疆维吾尔自治区吐鲁番县林业工作站，中国科学院新疆分院生土所，新疆维吾尔自治区吐鲁番县红旗公社治沙站，新疆维吾尔自治区疏勒县林业局，新疆维吾尔自治区疏附县林业科林业站，新疆维吾尔自治区哈什行署林业处 |

（续）

| 项目名称 | 完成单位及主要人员 |
|---|---|
| 河北省坝上防护林的营造技术 | 河北省林业科学研究所　袁茂新、李茂勤、李树文，河北省沽源县林业局，河北省张北县林业局，河北省张家口地区林业局 |
| 合作杨的推广 | 宁夏回族自治区农林科学院林业研究所，宁夏回族自治区青铜峡树新林场，宁夏回族自治区银川苗木实验场，宁夏回族自治区新华桥种苗场，宁夏回族自治区贺兰县林业站，宁夏回族自治区永宁县机械化林场，宁夏回族自治区中宁县种苗场 |
| 辽宁省沙兰杨的引种与推广 | 辽宁省杨树研究所 |
| 水杉繁殖技术和良种推广 | 湖北省潜江县林业局，湖北省潜江县林业科学研究所 |
| 青海省干旱浅山柠条直播造林 | 青海省农林厅林业局，青海省大通县，青海省民和县，青海省乐都县，青海省平安县，青海省互助县，青海省湟中县，青海省湟源县，青海省化隆县，青海省循化县，青海省共和县，青海省尖扎县 |
| 陕西省延安地区飞机播种造林 | 陕西省延安林业科学研究所，陕西省宜川县林业局，陕西省富县林业局，陕西省延安市林业局，陕西省乔北林业局 |
| 油桐优良农家品种繁育及桐农间作技术 | 中国林业科学研究院亚热带林业研究所　方嘉兴、刘学温、陈炳章等，浙江省富阳县城阳公社 |
| 黄斑星天牛的防治技术 | 西北林学院　周嘉熹、刘铭汤，陕西省宝鸡林业科学研究所，陕西省陇县林业站 |
| 北京沙地杨树刺槐混交林营造技术 | 北京市潮白河林场　孙景伟、于善智、赵金山，北京市大兴县西麻各庄林场　王珍、宁培臣 |
| 杨树丰产林营造技术 | 山西省林业科学研究所　王宗汉、刘怀德，山西省杨树丰产林局薛家庄林场，山西省运城县，山西省临汾县，山西省屯留县，山西省怀仁县，山西省应县，山西省忻县，山西省潞城县，山西省太谷县，山西省清徐县，山西省吉县，山东省寿阳县林业局 |
| 火炬松、湿地松的引种推广 | 安徽省林业厅种苗公司造林处，安徽省马鞍山市林场，安徽省泾县马头林场 |
| 用常压过热蒸汽干燥木材研究成果的推广 | 南京林产工业学院木材干燥教研室　梁世镇等 |
| MQ492型多用木工机床 | 东北林学院　王正本等12人 |
| 刨花板装饰贴面新工艺及树脂的研究推广 | 中国林业科学研究院木材工业研究所　刘瑞风、罗文士、何乃蕙，北京市木材厂 |
| ZF-32型种子光照发芽器 | 辽宁省辽中县林业机械厂　宋志忠、吴贵成 |
| FM-3型风力灭火机 | 黑龙江省伊春市护林防火指挥部 |
| 山场原条计量新技术的推广 | 大兴安岭林业管理局科技处，大兴安岭林业管理局生产处，大兴安岭林业管理局新新林业局 |
| DN-1号、NQ-80刨花板用脲醛树脂胶 | 东北林学院　陆仁书、包学耕、李兰亭、孙世良等，中国林业科学研究院木材工业研究所　冯文英、刘文亮、刘瑞风、北京市木材厂，长春胶合板厂 |

（林业部科学技术司成果推广处）

# 国家优质产品目录

| 产品名称 | 生产单位 | 获奖级别 | 获奖时间(年) |
|---|---|---|---|
| 帆船牌脂松香 | 广西梧州松脂厂 | 银质奖 | 1979，1985(重评) |
| 帆船牌脂松香 | 福建省武平县林产化工厂 | 银质奖 | 1980，1985(重评) |
| 绿金牌胶合板 | 吉林省长春胶合板厂 | 金质奖 | 1980，1985(重评) |
| 林海牌175 F汽油机 | 林业部泰州林业机械厂 | 银质奖 | 1980，1985(重评) |
| 山城牌硬质纤维板 | 重庆木材综合厂 | 银质奖 | 1981 |
| 船牌甲种软木砖 | 西安林产化学工厂 | 银质奖 | 1981 |
| 武昌牌软木砖 | 湖北省林业机械厂 | 银质奖 | 1981 |
| 长龄牌$HJ_3$型双筒绞盘机 | 林业部常州林业机械厂 | 银质奖 | 1981 |
| 双象牌水曲柳脲醛胶合板 | 黑龙江省国营松江胶合板厂 | 银质奖 | 1981，1986(重评) |
| 光华牌颗粒味精活性炭 | 北京市光华木材厂 | 银质奖 | 1982 |
| 林源牌工业没食子酸 | 遵义市第二化工厂 | 银质奖 | 1982 |
| 林机牌150 MM菱型锉刀 | 林业部牡丹江林业机械厂 | 银质奖 | 1982 |
| 枫叶牌纸质塑料贴面板 | 上海扬子木材厂 | 银质奖 | 1982 |
| 劲松牌平压刨花板 | 北京市木材厂 | 银质奖 | 1982 |
| MA牌MX519型立式单轴木工铣床 | 林业部牡丹江木工机械厂 | 银质奖 | 1983 |
| 飞洋牌MJ346B型细木工带锯机 | 林业部信阳木工机械厂 | 银质奖 | 1983 |
| 林花牌DP75手抬机动泵 | 林业部泰州林业机械厂 | 银质奖 | 1983 |
| 山花牌SJ-23索道绞盘机 | 林业部苏州林业机械厂 | 银质奖 | 1983 |
| 雪松牌精制天然樟脑粉 | 江西樟脑厂 | 银质奖 | 1983，1986升金质奖 |
| 山林牌医药用鞣酸 | 遵义市第二化工厂 | 银质奖 | 1983 |
| 西安牌中细软木纸 | 西安林产化学工厂 | 银质奖 | 1983 |
| 光华牌高级木门窗 | 北京市光华木材厂 | 银质奖 | 1983 |
| 长龄牌ZLM-30木材装载机 | 林业部常州林业机械厂 | 银质奖 | 1984 |
| MA牌MB106A型单面木工压刨床 | 林业部牡丹江木工机械厂 | 银质奖 | 1984 |
| MA牌MK515型立式单轴木工钻床 | 林业部牡丹江木工机械厂 | 银质奖 | 1984 |
| 江帆牌桦木酚醛胶合板 | 黑龙江省国营香坊木材综合加工厂 | 银质奖 | 1984 |
| 光华牌车厢胶合板 | 北京市光华木材厂 | 银质奖 | 1984 |
| 双象牌椴木脲醛胶合板 | 黑龙江省国营松江胶合板厂 | 金质奖 | 1985 |
| 云开牌脂松香 | 广东省信宜县松香厂 | 银质奖 | 1985 |
| 啄木鸟牌3MF-2A背负式机动弥雾喷粉机 | 林业部镇江林业机械厂 | 银质奖 | 1985 |
| MA牌MB104型单面木工压刨床 | 林业部牡丹江木工机械厂 | 银质奖 | 1985 |
| 利农牌镀锌低碳钢丝垫网 | 牡丹江市金属线材厂 | 银质奖 | 1985 |

（林业部科学技术司标准质量处）

# 林业部优质产品目录

| 产品名称 | 生产单位 | 获奖时间(年) |
|---|---|---|
| 山花牌QF-3.3千瓦发电机组 | 林业部苏州林业机械厂 | 1981 |
| 雪峰牌冰片 | 湖南省株洲林化厂 | 1982 |
| 森工牌1#箱纸板 | 黑龙江省柴河纸板厂 | 1982 |
| 桂花牌合成樟脑 | 广西梧州松脂厂 | 1982 |
| 天岩牌马尾松胶合板 | 江西省赣州木材厂 | 1982 |
| 企鹅牌马尾松胶合板 | 福建省三明地区胶合板厂 | 1982 |
| 江帆牌椴木胶合板 | 黑龙江省国营香坊木材加工厂 | 1982 |
| 木星牌刨花板 | 福州木材厂 | 1982 |
| 金雁牌CCC-3侧面叉车 | 林业部镇江林业机械厂 | 1982 |
| 松塔牌脂松香 | 广西桂林化工厂 | 1983 |
| 龙山牌脂松香 | 江西省安远县化工厂 | 1983 |
| 帆船牌脂松香 | 广东省蕉岭县松香厂 | 1983 |
| 环宇牌脂松香 | 福建省永安县林化厂 | 1983 |
| 佳松牌782型A类一级粉状活性炭 | 黑龙江省佳木斯木材综合加工厂 | 1983 |
| 松鹤牌781型A类粉状活性炭 | 江西省玉山县环玉山综合垦殖场活性炭厂 | 1983 |
| 黑白牌767型针用活性炭 | 上海活性炭厂 | 1983 |
| 654牌渗碳剂 | 辽阳栲胶厂 | 1983 |
| 大兴安岭牌落叶松树皮栲胶 | 内蒙古牙克石木材加工栲胶联合厂 | 1983 |
| 新工牌双坡板式活动房 | 齐齐哈尔新工木材综合加工厂 | 1983 |
| 飞洋牌MJ3215A跑车木工带锯机 | 林业部信阳木工机械厂 | 1983 |
| 飞洋牌MB504B木工平刨床 | 林业部信阳木工机械厂 | 1983 |
| 尖峰牌脂松香 | 地方国营高州县松脂化工厂 | 1984 |
| 帆船牌脂松香 | 云南省景谷县松香厂 | 1984 |
| 光华牌净水活性炭GH-16 | 北京市光华木材厂 | 1984 |
| 飞鱼牌767型针剂炭 | 地方国营福建省浦城县林业化工厂 | 1984 |
| 森工牌732型针剂用活性炭 | 杭州木材厂 | 1984 |
| 林源牌工业单宁酸 | 遵义市第二化工厂 | 1984 |
| 雪松牌湿法硬质纤维板 | 上海木材加工二厂 | 1984 |
| 江帆牌椴木细木工板 | 黑龙江省国营香坊木材综合加工厂 | 1984 |
| 燕牌湿法硬质纤维板 | 福建省永安贮木场纤维板厂 | 1984 |
| 绿宝石牌细木工板 | 吉林省三岔子林业局胶合板厂 | 1984 |
| 枫叶牌水泥模板 | 上海扬子木材厂 | 1984 |
| 西板机牌BY113×7/13(XY)型年产2000吨纤维板热压机 | 西北人造板机器厂 | 1984 |
| 林花牌$YJ_4$油锯 | 林业部泰州林业机械厂 | 1984 |

(续)

| 产 品 名 称 | 生 产 单 位 | 获奖时间(年) |
|---|---|---|
| 飞洋牌MJ109木工圆锯机 | 林业部信阳木工机械厂 | 1984 |
| 峰林牌3MF-4背负式弥雾喷粉机 | 林业部西北林业机械厂 | 1984 |
| 飞船牌脂松香 | 江西省永丰县有机化工厂 | 1985 |
| 双峰牌脂松香 | 福建省尤溪林产化工厂 | 1985 |
| 帆船牌脂松香 | 福建省龙岩市林产化工厂 | 1985 |
| 航海牌歧化松香钾皂 | 广西梧州松脂厂 | 1985 |
| 铁树牌湿法硬质纤维板 | 上海市杨浦木材厂 | 1985 |
| 山花牌硬质纤维板 | 山东木材厂 | 1985 |
| 光华牌塑料贴面板 | 北京市光华木材厂 | 1985 |
| 金熊牌纺织用层压板 | 上海木材一厂 | 1985 |
| 劲松牌中级活动地板 | 北京市木材厂 | 1985 |
| 山花牌新 485 Q柴油机 | 林业部苏州林业机械厂 | 1985 |
| 峰林牌YG-5A(GJ85A)油锯 | 林业部西北林业机械厂 | 1985 |
| 林工牌 4″-6″带锯条 | 林业部天津林业机械厂 | 1985 |
| 前进牌YG-1型一吨机动翻斗车 | 林业部云南林业机械厂 | 1985 |
| 林机牌QGF伐木斧 | 林业部牡丹江林业机械厂 | 1985 |
| 开绿牌国产阔叶材胶合板 | 上海人造板厂 | 1986 |
| 青峰牌硬质纤维板 | 黑龙江省山河屯林业局纤维板厂 | 1986 |
| 北林牌胶拼细木工板(4′×6′) | 哈尔滨木器制造厂 | 1986 |
| 林花牌2GC-3(DG3)割灌机 | 苏州林业机械厂 | 1986 |
| MJ3110型1060毫米普通木工带锯机 | 信阳木工机械厂 | 1986 |
| 林工牌HSS-3型钢丝绳手搬葫芦 | 天津林业工具厂 | 1986 |
| 劲松牌脂松香 | 江西省会昌化工厂 | 1986 |
| 仙岭牌脂松香 | 江西省定南县化工厂 | 1986 |
| 东华山牌脂松香 | 福建省宁化林产化工厂 | 1986 |
| 梅花牌脂松香 | 福建省上杭县林产化工厂 | 1986 |
| 光华牌GH-83型维C活性炭 | 北京市光华木材厂 | 1986 |
| 灵水牌杨梅栲胶 | 广西壮族自治区武鸣栲胶厂 | 1986 |

(林业部科学技术司标准质量处)

# 林业标准目录

截止 1986.12.31

| 标准编号 | 标 准 名 称 | 代替标准编号 | 代 替 标 准 名 称 | 实施日期 |
|---|---|---|---|---|
| 一 木材标准<br>(一)国家标准 | | | | |
| GB 1927-80 | 木材物理力学试材采集方法 | | | 1980.10.1 |
| GB 1928-80 | 木材物理力学试验方法总则 | | | 1980.10.1 |
| GB 1929-80 | 木材物理力学试材锯解及试样切取方法 | | | 1980.10.1 |
| GB 1930-80 | 木材年轮宽度和晚材率测定方法 | | | 1980.10.1 |
| GB 1931-80 | 木材含水率测定方法 | | | 1980.10.1 |
| GB 1932-80 | 木材干缩性测定方法 | | | 1980.10.1 |
| GB 1933-80 | 木材密度测定方法 | | | 1980.10.1 |
| GB 1934-80 | 木材吸水性和湿胀性测定方法 | | | 1980.10.1 |
| GB 1935-80 | 木材顺纹抗压强度试验方法 | | | 1980.10.1 |
| GB 1936-80 | 木材抗弯强度及弹性模量试验方法 | | | 1980.10.1 |
| GB 1937-80 | 木材顺纹抗剪强度试验方法 | | | 1980.10.1 |
| GB 1938-80 | 木材顺纹抗拉强度试验方法 | | | 1980.10.1 |
| GB 1939-80 | 木材横纹抗压强度试验方法 | | | 1980.10.1 |
| GB 1940-80 | 木材冲击韧性试验方法 | | | 1980.10.1 |
| GB 1941-80 | 木材硬度试验方法 | | | 1980.10.1 |
| GB 1942-80 | 木材抗劈力试验方法 | | | 1980.10.1 |
| GB 1943-80 | 木材横纹抗压弹性模量试验方法 | | | 1980.10.1 |
| GB 6043-85 | 木材pH值测定方法 | | | 1986.2.1 |
| GB 142-80 | 直接用原木 | GB 142-58 | 直接使用原木 | 1986.10.1 |
| GB 4812-84 | 特级原木 | | | 1986.10.1 |
| GB 143.1-84 | 针叶树加工用原木 树种、主要用途 | GB 143-58 | 加工用原木 | 1986.10.1 |
| GB 143.2-84 | 针叶树加工用原木 尺寸、公差 | GB 143-58 | 加工用原木 | 1986.10.1 |
| GB 143.3-84 | 针叶树加工用原木 分等 | GB 143-58 | 加工用原木 | 1986.10.1 |
| GB 4813.1-84 | 阔叶树加工用原木 树种、主要用途 | | | 1986.10.1 |
| GB 4813.2-84 | 阔叶树加工用原木 尺寸、公差 | | | 1986.10.1 |
| GB 4813.3-84 | 阔叶树加工用原木 分等 | | | 1986.10.1 |
| GB 144.1-84 | 原木检验 工具、号印 | GB 144-58 | 原木检验规则 | 1986.10.1 |
| GB 144.2-84 | 原木检验 尺寸检量 | GB 144-58 | 原木检验规则 | 1986.10.1 |
| GB 144.3-84 | 原木检验 等级评定 | GB 144-58 | 原木检验规则 | 1986.10.1 |
| GB 4814-84 | 原木材积表 | | | 1986.10.1 |
| GB 5039-84 | 杉原条 | LY 105-60 | 杉原条 | 1986.10.1 |
| GB 4815-84 | 杉原条材积表 | | | 1986.10.1 |

（续）

| 标准编号 | 标 准 名 称 | 代替标准编号 | 代替标准名称 | 实施日期 |
|---|---|---|---|---|
| GB 4816-84 | 杉原条检验 | | | 1986.10.1 |
| GB 155.1-84 | 针叶树木材缺陷　分类 | GB 155-59 | 木材缺陷 | 1986.10.1 |
| GB 155.2-84 | 针叶树木材缺陷　名称、定义和对材质的影响 | GB 155-59 | 木材缺陷 | 1986.10.1 |
| GB 155.3-84 | 针叶树木材缺陷　基本检量方法 | GB 155-59 | 木材缺陷 | 1986.10.1 |
| GB 4823.1-84 | 阔叶树木材缺陷　分类 | GB 155-59 | 木材缺陷 | 1986.10.1 |
| GB 4823.2-84 | 阔叶树木材缺陷　名称、定义和对材质的影响 | GB 155-59 | 木材缺陷 | 1986.10.1 |
| GB 4823.3-84 | 阔叶树木材缺陷　基本检量方法 | GB 155-59 | 木材缺陷 | 1986.10.1 |
| GB 153.1-84 | 针叶树锯材　树种、尺寸、公差 | GB 153-79 | 普通锯材 | 1986.10.1 |
| GB 153.2-84 | 针叶树锯材　分等 | GB 153-79 | 普通锯材 | 1986.10.1 |
| GB 4817.1-84 | 阔叶树锯材　树种、尺寸．公差 | GB 153-79 | 普通锯材 | 1986.10.1 |
| GB 4817.2-84 | 阔叶树锯材　分等 | GB 153-79 | 普通锯材 | 1986.10.1 |
| GB 154-84 | 枕木 | GB 154-59 | 枕木 | 1986.10.1 |
| GB 4818-84 | 铁路货车锯材 | LY 222-81 | 货车锯材 | 1986.10.1 |
| GB 4819-84 | 载重汽车锯材 | LY 220-80 | 汽车锯材 | 1986.10.1 |
| GB 4820-84 | 罐道木 | | | 1986.10.1 |
| GB 4821-84 | 机台木 | | | 1986.10.1 |
| GB 4822.1-84 | 锯材检验　尺寸、名称及定义 | | | 1986.10.1 |
| GB 4822.2-84 | 锯材检验　尺寸检量 | | | 1986.10.1 |
| GB 4822.3-84 | 锯材检验　等级评定 | | | 1986.10.1 |
| GB 449-84 | 锯材材积表 | | | 1986.10.1 |
| GB 198-63 | 原条材积表 | | | 1964.4.1 |
| （二）专业标准 | | | | |
| ZB B 68001-86 | 木材水运机动船舶技术管理规程 | | | 1987.1.1 |
| ZB B 68002-86 | 小径原木 | | | 1986.12.1 |
| ZB B 68003-86 | 次加工原木 | | | 1986.12.1 |
| ZB B 68004-86 | 原条造材 | | | 1986.12.1 |
| ZB B 68005-86 | 原木归楞 | | | 1986.12.1 |
| （三）部标准 | | | | |
| LY 114-62 | 车立柱 | | | 1963.1.1 |
| LY 221-81 | 玻璃包装箱板材 | | | 1981.7.1 |
| 二　人造板标准<br>（一）国家标准 | | | | |
| GB 738-75 | 阔叶树材胶合板 | GB 738-65 | 阔叶树材胶合板 | 1975.12.1 |
| GB 739-75 | 胶合板物理机械性能试验方法 | GB 739-65 | 胶合板物理机械性能试验方法 | 1975.12.1 |
| GB 1349-78 | 针叶树材胶合板 | LY 129-65 | 针叶树材胶合板 | 1978.7.1 |

（续）

| 标准编号 | 标 准 名 称 | 代替标准编号 | 代 替 标 准 名 称 | 实施日期 |
|---|---|---|---|---|
| GB 1923-80 | 硬质纤维板 | LY 110-62 | 硬质纤维板 | 1980.10.1 |
| GB 4896-85 | 刨花板　定义和分类 | | | 1985.9.1 |
| GB 4897-85 | 刨花板　技术要求和检验规则 | LY 209-79 | 刨花板 | 1985.9.1 |
| GB 4898-85 | 刨花板　试件尺寸的规定 | LY 210-79 | 刨花板物理力学性能试验方法 | 1985.9.1 |
| GB 4899-85 | 刨花板　密度的测定 | LY 210-79 | 刨花板物理力学性能试验方法 | 1985.9.1 |
| GB 4900-85 | 刨花板　含水率的测定 | LY 210-29 | 刨花板物理力学性能试验方法 | 1985.9.1 |
| GB 4901-85 | 刨花板　吸水厚度膨胀率的测定 | LY 210-79 | 刨花板物理力学性能试验方法 | 1985.9.1 |
| GB 4902-85 | 刨花板　平面抗拉强度的测定 | LY 210-79 | 刨花板物理力学性能试验方法 | 1985.9.1 |
| GB 4903-85 | 刨花板　静曲强度和弹性模量的测定 | LY 210-79 | 刨花板物理力学性能试验方法 | 1985.9.1 |
| GB 4904-85 | 刨花板　握螺钉力的测定 | LY 210-79 | 刨花板物理力学性能试验方法 | 1985.9.1 |
| GB 4905-85 | 刨花板　甲醛释放量的测定 | LY 210-79 | 刨花板物理力学性能试验方法 | 1985.9.1 |
| GB 5849-86 | 细木工板　定义和分类 | | | 1986.10.1 |
| GB 5850-86 | 细木工板　技术要求和验收规则 | | | 1986.10.1 |
| GB 5851-86 | 细木工板　试件尺寸的规定 | | | 1986.10.1 |
| GB 5852-86 | 细木工板　含水率的测定 | | | 1986.10.1 |
| GB 5853-86 | 细木工板　横向静曲强度的测定 | | | 1986.10.1 |
| GB 5854-86 | 细木工板　胶层剪切强度的测定 | | | 1986.10.1 |
| GB 5855-86 | 细木工板　外形尺寸的测定 | | | 1986.10.1 |
| (二)专业标准 | | | | |
| ZB B 70002-85 | 刨切车厢胶合板名词、术语 | | | 1986.10.1 |
| ZB B 70001-85 | 刨切车厢胶合板 | | | 1986.10.1 |
| ZB G 39001-85 | 木材胶粘用尿醛树脂 | | | 1986.10.1 |
| ZB G 39002-86 | 木材胶粘剂用酚醛树脂 | | | 1987.4.1 |
| ZB G 39003-86 | 木材工业用三聚氰胺甲醛浸渍树脂 | | | 1987.4.1 |
| (三)部标准 | | | | |
| LY 218-80 | 塑料贴面板 | | | 1981.3.1 |
| LY 219-80 | 塑料贴面板物理性能检验方法 | | | 1981.3.1 |
| LY 224-83 | 胶粘剂检验方法　外观测定法 | | | 1983.10.1 |
| LY 225-83 | 胶粘剂检验方法　比重测定法 | | | 1983.10.1 |
| LY 226-83 | 胶粘剂检验方法　粘度测定法 | | | 1983.10.1 |
| LY 227-83 | 胶粘剂检验方法　pH值测定法 | | | 1983.10.1 |
| LY 228-83 | 胶粘剂检验方法　固体含量测定法 | | | 1983.10.1 |

（续）

| 标准编号 | 标 准 名 称 | 代替标准编号 | 代替标准名称 | 实施日期 |
|---|---|---|---|---|
| LY 229-83 | 胶粘剂检验方法 水混合性测定法 | | | 1983.10.1 |
| LY 230-83 | 胶粘剂检验方法 固化时间测定法 | | | 1983.10.1 |
| LY 231-83 | 胶粘剂检验方法 活性期测定法 | | | 1983.10.1 |
| LY 232-83 | 胶粘剂检验方法 贮存稳定性测定法 | | | 1983.10.1 |
| LY 233-83 | 胶粘剂检验方法 含水率测定法 | | | 1983.10.1 |
| LY 234-83 | 胶粘剂检验方法 聚合时间测定法 | | | 1983.10.1 |
| LY 235-83 | 胶粘剂检验方法 游离苯酚测定法 | | | 1983.10.1 |
| LY 236-83 | 胶粘剂检验方法 可被溴化物测定法 | | | 1983.10.1 |
| LY 237-83 | 胶粘剂检验方法 碱度测定法 | | | 1983.10.1 |
| LY 238-83 | 胶粘剂检验方法 游离甲醛测定法 | | | 1983.10.1 |
| 三 林化标准<br>(一)国家标准 | | | | |
| GB 1926-80 | 工业糠醛 | | | 1980.10.1 |
| GB 2615-81 | 栲胶原料与产品的检验方法 | LY 201-72 | 栲胶暂行标准 | 1981.6.1 |
| GB 2616-81 | 橡碗栲胶 | LY 201-72 | 栲胶暂行标准 | 1981.6.1 |
| GB 2617-81 | 杨梅栲胶 | LY 201-72 | 栲胶暂行标准 | 1981.6.1 |
| GB 2618-81 | 油柑栲胶 | LY 201-72 | 栲胶暂行标准 | 1981.6.1 |
| GB 2619-81 | 木麻黄栲胶 | LY 201-72 | 栲胶暂行标准 | 1981.6.1 |
| GB 2620-81 | 落叶松栲胶 | LY 201-72 | 栲胶暂行标准 | 1981.6.1 |
| GB 2621-81 | 槲树栲胶 | LY 201-72 | 栲胶暂行标准 | 1981.6.1 |
| GB 2622-81 | 混合栲胶 | LY 201-72 | 栲胶暂行标准 | 1981.6.1 |
| GB 2623-81 | 红根栲胶 | LY 201-72 | 栲胶暂行标准 | 1981.6.1 |
| GB 4093-83 | 食品添加剂 紫胶(虫胶) | | | 1984.9.1 |
| GB 4571-84 | 食品添加剂 紫胶红色素 | | | 1985.4.1 |
| GB 4895-85 | 合成樟脑 | | | 1986.9.1 |
| GB 5308-85 | 工业单宁酸 | | | 1986.7.1 |
| GB 5309-85 | 工业没食子酸 | | | 1986.7.1 |
| GB 5176-85 | 食品添加剂 红花黄色素 | | | 1986.1.1 |
| GB 5848-86 | 五倍子 | | | 1986.10.1 |
| (二)专业标准 | | | | |
| ZB B 72001-84 | 马来松香 | | | 1985.6.1 |
| ZB B 72002-84 | 歧化松香 | | | 1985.6.1 |
| ZB B 72003-84 | 歧化松香钾皂 | | | 1985.6.1 |
| ZB B 72004-85 | 橡碗单宁除垢剂 | | | 1986.10.1 |
| ZB G 16001-86 | 松焦油 | | | 1987.6.1 |
| ZB G 16002-86 | 木焦油抗聚剂 | | | 1987.6.1 |

（续）

| 标准编号 | 标 准 名 称 | 代替标准编号 | 代 替 标 准 名 称 | 实施日期 |
|---|---|---|---|---|
| （三）部标准 | | | | |
| LY 130-66 | 紫胶原胶 | | | 1966.10.1 |
| LY 204-74 | 松香 | LY 204-63 | 松香 | 1974.7.1 |
| LY 205-74 | 松节油 | LY 205-63 | 松节油 | 1974.7.1 |
| LY 206-76 | 军用紫胶（虫胶） | | | 1977.1.1 |
| LY 207-76 | 紫胶（虫胶）产品 | | | 1977.1.1 |
| LY 223-81 | 松脂 | | | 1982.6.1 |
| LY 217-80 | 木炭 | | | 1981.1.1 |
| LY 216-79 | 粉状活性炭 | | | 1979.9.1 |
| 四 人造板机械标准<br>（一）国家标准 | | | | |
| GB 5049-85 | 旋切机参数 | | | 1985.12.1 |
| GB 5050-85 | 旋切机精度 | | | 1985.12.1 |
| GB 5051-85 | 刨花铺装机参数 | | | 1985.12.1 |
| GB 5052-85 | 刨花铺装机精度 | | | 1985.12.1 |
| GB 5856-86 | 热压机精度 | | | 1986.10.1 |
| GB 5857-86 | 热压机制造与验收技术条件 | | | 1986.10.1 |
| GB 6196-86 | 鼓式削片机参数 | | | 1986.10.1 |
| GB 6197-86 | 辊筒式单板干燥机参数 | | | 1986.10.1 |
| GB 6198-86 | 辊筒式单板干燥机精度 | | | 1986.10.1 |
| GB 6199-86 | 网带式单板干燥机参数 | | | 1986.10.1 |
| GB 6200-86 | 网带式单板干燥机精度 | | | 1986.10.1 |
| GB 6201-86 | 单板干燥机制造与验收技术条件 | | | 1986.10.1 |
| GB 6202-86 | 宽带式砂光机参数 | | | 1986.10.1 |
| GB 6203-86 | 宽带式砂光机精度 | | | 1986.10.1 |
| GB 6204-86 | 辊式砂光机参数 | | | 1986.10.1 |
| GB 6205-86 | 辊式砂光机精度 | | | 1986.10.1 |
| GB 6491-86 | 锯材干燥质量 | | | 1987.5.1 |
| GB 6922-86 | 热磨机参数 | | | 1987.7.1 |
| GB 6923-86 | 热磨机精度 | | | 1987.7.1 |
| GB 6924-86 | 热磨机制造与验收技术条件 | | | 1987.7.1 |
| GB 6925-86 | 光环投影定心机参数 | | | 1987.7.1 |
| （二）专业标准 | | | | |
| ZB B 97001-84 | 人造板机械通用技术条件 | | | 1985.6.1 |
| ZB B 97002-84 | 旋切机制造与验收技术条件 | | | 1985.6.1 |
| ZB B 97003-84 | 刨花铺装机制造与验收技术条件 | | | 1985.6.1 |
| ZB B 97004-84 | 单板挖孔机 | | | 1985.6.1 |

(续)

| 标准编号 | 标 准 名 称 | 代替标准编号 | 代替标准名称 | 实施日期 |
|---|---|---|---|---|
| ZB B 97005-84 | 装卸机参数 | | | 1985.6.1 |
| ZB B 97006-84 | 有垫板装卸机制造与验收技术条件 | | | 1985.6.1 |
| ZB B 97007-85 | 衬板抛光机 | | | 1986.10.1 |
| ZB B 97008-86 | 鼓式削片机制造与验收技术条件 | | | 1987.1.1 |
| ZB B 97009-86 | 光环投影定心机技术条件 | | | 1987.6.1 |
| ZB B 97010-86 | 升降台参数 | | | 1987.6.1 |
| ZB B 97011-86 | 升降台制造与验收技术条件 | | | 1987.6.1 |
| ZB B 97012-86 | 人造板机械涂漆颜色 | | | 1987.6.1 |
| ZB B 97013-86 | 电磁振动器 | | | 1987.6.1 |
| ZB B 97014-86 | 气动剪板机 | | | 1987.6.1 |
| ZB B 97015-86 | 横截锯 | | | 1987.6.1 |
| ZB B 97016-86 | 双边裁边机 | | | 1987.6.1 |
| ZB B 97017-86 | 翻板机 | | | 1987.6.1 |
| ZB B 97018-86 | 板式家具机械设备型号编制方法 | | | 1987.6.1 |
| ZB B 97019-86 | 人造板机械分类名词定义 | | | 1987.6.1 |
| (三)部标准 | | | | |
| LY 512-81 | 人造板机械设备型号编制方法 | | | 1981.5.1 |
| 五 林业机械标准<br>(一)国家标准 | | | | |
| GB 5388-85 | 链锯 导板 | | | 1986.5.1 |
| GB 5389-85 | 链锯 锯链 | | | 1986.5.1 |
| GB 5390-85 | 油锯 耳旁噪声测定方法 | | | 1986.5.1 |
| GB 5391-85 | 油锯 台架试验方法 | | | 1986.5.1 |
| GB 5392-85 | 油锯 通用技术条件 | | | 1986.5.1 |
| GB 5393-85 | 油锯 型式与基本参数 | | | 1986.5.1 |
| GB 5394-85 | 油锯 林区生产试验方法 | | | 1986.5.1 |
| GB 5395-85 | 油锯 手感振动测定方法 | | | 1986.5.1 |
| GB 6926-86 | 林业机械分类词汇 | | | 1987.7.1 |
| (二)专业标准 | | | | |
| ZB B 90001-86 | 林用索道 索系 | | | 1987.1.1 |
| ZB B 95001-86 | 轻型汽油动力喷灌机 型号编制方法 | | | 1987.6.1 |
| ZB B 95002-86 | 轻型汽油动力喷灌机 试验方法 | | | 1987.6.1 |
| ZB B 95003-86 | 轻型汽油动力喷灌机 技术条件 | | | 1987.6.1 |
| ZB B 96001-85 | 便携式割灌木机 名词术语 | | | 1986.6.1 |
| ZB B 96002-85 | 便携式割灌木机 试验方法 | | | 1986.6.1 |
| ZB B 96003-85 | 便携式割灌木机 技术条件 | | | 1986.6.1 |

（续）

| 标准编号 | 标 准 名 称 | 代替标准编号 | 代替标准名称 | 实施日期 |
|---|---|---|---|---|
| ZB B 96004-85 | 便携式割灌木机　圆锯片尺寸和圆周速度 | | | 1986.6.1 |
| ZB B 96005-85 | 便携式割灌木机　手感振动测定方法 | | | 1986.6.1 |
| ZB B 96006-85 | 便携式割灌木机　耳旁噪声测定方法 | | | 1986.6.1 |
| ZB B 96007-86 | 运材汽车定型试验规程 | | | 1987.6.1 |
| ZB B 96008-86 | 林用架空索道　类型与基本参数 | LY 501-80 | 集材与装车索道基本参数 | 1987.6.1 |
| ZB B 96009-86 | 林用架空索道　导向滑车 | LY 503-80 | 导向滑车 | 1987.6.1 |
| ZB B 96010-86 | 林用架空索道　复式滑车 | LY 504-80 | 复式滑车基本参数与尺寸 | 1987.6.1 |
| ZB B 96011-86 | 林用架空索道　钢丝绳的选择、检验与报废 | | | 1987.6.1 |
| ZB B 96012-86 | 绞盘机　型式与参数 | LY 502-80 | 绞盘机 | 1987.6.1 |
| ZB B 96013-86 | 绞盘机　性能要求 | LY 502-80 | 绞盘机 | 1987.6.1 |
| ZB B 96014-86 | 绞盘机　技术条件 | LY 502-80 | 绞盘机 | 1987.6.1 |
| ZB B 96015-86 | 绞盘机　试验方法 | LY 502-80 | 绞盘机 | 1987.6.1 |
| ZB B 96016-86 | 林业自行式机械　动态车外噪声测量方法 | | | 1987.6.1 |
| ZB B 96017-86 | 林业自行式机械　静态车外噪声测量方法 | | | 1987.6.1 |
| ZB B 96018-86 | 林业自行式机械　驾驶员耳旁噪声测量方法 | | | 1987.6.1 |
| ZB S 34001-86 | 森林铁路车辆　车轴型式尺寸 | | | 1987.10.1 |
| ZB S 34002-86 | 森林铁路车辆　车轴技术条件 | LY 507-81 | 森林铁路车辆车轴技术条件 | 1987.10.1 |
| ZB S 34003-86 | 森林铁路车辆　铸钢整体车轮 | | | 1987.10.1 |
| ZB S 34004-86 | 森林铁路车辆　轮对组装技术条件 | | | 1987.10.1 |
| ZB S 34005-86 | 森林铁路车辆　车轮轮缘踏面外形 | | | 1987.10.1 |
| (三)部标准 | | | | |
| LY 514-81 | 猎枪 | | | 1981.5.1 |
| LY 515-81 | 猎枪金属弹壳 | | | 1981.5.1 |
| LY 516-81 | 猎枪底火 | | | 1981.5.1 |
| LY 517-81 | 猎枪压底火器 | | | 1981.5.1 |
| LY/Z 530-82 | 林机产品图样分类及其有关名词术语 | | | 1983.1.1 |
| LY/Z 531-82 | 林机产品工作图样的基本要求 | | | 1983.1.1 |
| LY/Z 532-82 | 林机产品图样及设计文件格式 | | | 1983.1.1 |
| LY/Z 533-82 | 林机产品图样及设计文件编号原则 | | | 1983.1.1 |

（续）

| 标准编号 | 标 准 名 称 | 代替标准编号 | 代替标准名称 | 实施日期 |
|---|---|---|---|---|
| LY/Z 534-82 | 林机产品图样及其主要设计文件的完整性 | | | 1983.1.1 |
| LY/Z 535-82 | 林机产品图样及其设计文件更改办法 | | | 1983.1.1 |
| LY 513-81 | 营林机械型号编制方法 | | | 1981.5.1 |
| LY 211-79 | 油锯产品命名编号规则 | | | 1979.5.1 |
| LY 212-79 | 油锯国家鉴定办法 | | | 1979.5.1 |
| LY 213-79 | 油锯系列型谱 | | | 1979.5.1 |
| LY 509-81 | 木材生产机械型号编制方法 | | | 1981.5.1 |
| LY 518-81 | 林用龙门起重机基本参数 | | | 1981.8.1 |
| LY 519-81 | 林用龙门起重机技术条件 | | | 1981.8.1 |
| LY 520-81 | 林用装卸桥基本参数 | | | 1981.8.1 |
| LY 521-81 | LH型原木纵向环链输送机型式与基本参数 | | | 1981.8.1 |
| LY 522-81 | LH型原木纵向环链输送机技术条件 | | | 1981.8.1 |
| LY 523-81 | LB型原木纵向板链输送机型式与基本参数 | | | 1981.8.1 |
| LY 524-81 | LB型原木纵向板链输送机技术条件 | | | 1981.8.1 |
| LY 527-82 | 运材挂车的型式、基本参数和尺寸 | | | 1983.1.1 |
| LY 528-82 | 运材挂车通用技术条件 | | | 1983.1.1 |
| LY 529-82 | 运材挂车试验方法 | | | 1983.1.1 |
| LY 505-81 | 森林铁路车辆种类、型式与主要参数 | | | 1981.3.1 |
| LY 506-81 | 森林铁路原条台车技术条件 | | | 1981.3.1 |
| LY 508-81 | 森林铁路车辆用无导框滑动轴承铸钢轴箱体技术条件 | | | 1981.3.1 |
| LY 510-81 | 森林铁路内燃机车型号编制方法 | | | 1981.5.1 |
| LY 511-81 | 森林铁路客、货车辆型号编制方法 | | | 1981.5.1 |
| LY 525-82 | 林业拖拉机型式和基本参数 | | | 1982.8.1 |
| LY 526-82 | 林业拖拉机通用技术条件 | | | 1982.8.1 |
| 六 营林标准<br>(一)国家标准 | | | | |
| GB 2772-81 | 林木种子检验方法 | | | 1982.10.1 |
| GB 6000-85 | 主要造林树种苗木 | | | 1986.1.1 |
| GB 6001-85 | 育苗技术规程 | | | 1986.1.1 |
| (二)专业标准 | | | | |
| ZB B 64001-86 | 杉木速生丰产林 | | | 1987.9.1 |

（续）

| 标准编号 | 标 准 名 称 | 代替标准编号 | 代替标准名称 | 实施日期 |
|---|---|---|---|---|
| ZB B 64002-86 | 长白落叶松、兴安落叶松速生丰产林 | | | 1987.9.1 |
| (三)部标准 | | | | |
| LY 208-77 | 立木材积表 | | | 1978.1.1 |

注：1.目录中所列标准为现行标准(截止1986年底)，已废止的标准未列入。

2.工程建设标准未列入。

（林业部科学技术司标准质量处）

# 1979年林业科研机构人员统计(一)

| 名 称 | 机构数(个) | 固定职工人数 | | | | | | | | | | | | | | | | |
|---|---|---|---|---|---|---|---|---|---|---|---|---|---|---|---|---|---|---|
| | | 总计 | 科技人员 | | | | | | | 行政人员 | | | | | 工人 | | | |
| | | | 合计 | 其中:大学毕业以上人员 | 其中:管理人员 | 高级 | 中级 | 初级 | 其他 | 合计 | 辅助人员 | 业务管理人员 | 行政管理人员 | 后勤服务人员 | 合计 | 实验室 | 实验工厂(林场) | 其他 |
| 总 计 | 237 | 14573 | 4520 | 3286 | | 98 | 1018 | 2823 | 581 | 4436 | 1013 | 514 | 1174 | 1735 | 5617 | 5617 | | |
| 独立科学研究机构 | 216 | 13875 | 4254 | 3064 | | 64 | 929 | 2707 | 554 | 4287 | 968 | 475 | 1146 | 1698 | 5334 | 5334 | | |
| 非独立科学研究机构 | 21 | 698 | 266 | 222 | | 34 | 89 | 116 | 27 | 149 | 45 | 39 | 28 | 37 | 283 | 283 | | |
| 林业部直属 | 19 | 2479 | 1186 | 1111 | | 75 | 607 | 504 | | 842 | 216 | 100 | 228 | 298 | 451 | 451 | | |
| 独立科学研究机构 | 15 | 2291 | 1046 | 973 | | 42 | 535 | 469 | | 806 | 188 | 94 | 226 | 298 | 439 | 439 | | |
| 非独立科学研究机构 | 4 | 188 | 140 | 138 | | 33 | 72 | 35 | | 36 | 28 | 6 | 2 | | 12 | 12 | | |
| 省、市、自治区业务局属 | 56 | 5653 | 1952 | 1262 | | 18 | 330 | 1288 | 316 | 1614 | 332 | 186 | 462 | 634 | 2087 | 2087 | | |
| 独立科学研究机构 | 44 | 5313 | 1848 | 1190 | | 17 | 313 | 1226 | 292 | 1527 | 317 | 156 | 445 | 609 | 1938 | 1938 | | |
| 非独立科学研究机构 | 12 | 340 | 104 | 72 | | 1 | 17 | 62 | 24 | 87 | 15 | 30 | 17 | 25 | 149 | 149 | | |
| 地区(市)直属 | 162 | 6441 | 1382 | 913 | | 5 | 81 | 1031 | 265 | 1980 | 465 | 228 | 484 | 803 | 3079 | 3079 | | |
| 独立科学研究机构 | 157 | 6271 | 1360 | 901 | | 5 | 81 | 1012 | 262 | 1954 | 463 | 225 | 475 | 791 | 2957 | 2957 | | |
| 非独立科学研究机构 | 5 | 170 | 22 | 12 | | | | 19 | 3 | 26 | 2 | 3 | 9 | 12 | 122 | 122 | | |

（林业部科学技术司办公室）

## 1979年林业科研机构人员统计(二)

| 主管部门 | 研究机构名称 | 地点 | 总计 | 固定职工人数 | | | | | | | | | | | | | | | |
|---|---|---|---|---|---|---|---|---|---|---|---|---|---|---|---|---|---|---|---|
| | | | | 科技人员 | | | | | | | 行政人员 | | | | | 工人 | | | |
| | | | | 合计 | 其中:大学毕业以上人员 | 其中:管理人员 | 高级 | 中级 | 初级 | 其他 | 合计 | 辅助人员 | 业务管理人员 | 行政管理人员 | 后勤服务人员 | 合计 | 实验室 | 实验工厂(林场) | 其他 |
| 林业部直属 | 总计 | 15 | 2291 | 1046 | 973 | | 42 | 535 | 469 | | 806 | 188 | 94 | 226 | 298 | 439 | 439 | | |
| 独立科学研究机构 | 中国林业科学研究院(14) | 北京 | 1874 | 784 | 711 | | 41 | 373 | 370 | | 651 | 135 | 50 | 208 | 258 | 439 | 439 | | |
| | 林业部林产工业研究设计院(1) | 北京 | 417 | 262 | 262 | | 1 | 162 | 99 | | 155 | 53 | 44 | 18 | 40 | | | | |

(林业部科学技术司办公室)

## 1980年林业科研机构人员统计(一)

| 名称 | 机构数(个) | 固定职工人数 | | | | | | | | | | | | | | | | |
|---|---|---|---|---|---|---|---|---|---|---|---|---|---|---|---|---|---|---|
| | | 总计 | 科技人员 | | | | | | | 行政人员 | | | | | 工人 | | | |
| | | | 合计 | 其中:大学毕业以上人员 | 其中:管理人员 | 高级 | 中级 | 初级 | 其他 | 合计 | 辅助人员 | 业务管理人员 | 行政管理人员 | 后勤服务人员 | 合计 | 实验室 | 实验工厂(林场) | 其他 |
| 总计 | 252 | 16821 | 5440 | 3696 | 515 | 92 | 1567 | 3385 | 396 | 2277 | 289 | 314 | 1091 | 583 | 9104 | 1009 | 5879 | 2216 |
| 独立科学研究机构 | 223 | 16254 | 5210 | 3554 | 494 | 74 | 1494 | 3271 | 371 | 2218 | 259 | 303 | 1078 | 578 | 8826 | 989 | 5654 | 2183 |
| 非独立科学研究机构 | 29 | 567 | 230 | 142 | 21 | 18 | 73 | 114 | 25 | 59 | 30 | 11 | 13 | 5 | 278 | 20 | 225 | 33 |
| 林业部直属 | 18 | 3761 | 1185 | 974 | 107 | 66 | 685 | 434 | | 399 | 58 | 53 | 205 | 83 | 2177 | 251 | 1558 | 368 |
| 独立科学研究机构 | 14 | 3643 | 1095 | 918 | 95 | 48 | 639 | 408 | | 381 | 40 | 53 | 205 | 83 | 2167 | 247 | 1553 | 367 |
| 非独立科学研究机构 | 4 | 118 | 90 | 56 | 12 | 18 | 46 | 26 | | 18 | 18 | | | | 10 | 4 | 5 | 1 |
| 省、市、自治区业务局属 | 62 | 5840 | 2310 | 1586 | 221 | 16 | 638 | 1446 | 210 | 953 | 117 | 76 | 481 | 279 | 2577 | 417 | 1340 | 820 |
| 独立科学研究机构 | 44 | 5480 | 2213 | 1531 | 213 | 16 | 628 | 1381 | 188 | 917 | 106 | 67 | 470 | 274 | 2350 | 410 | 1133 | 807 |
| 非独立科学研究机构 | 18 | 360 | 97 | 55 | 8 | | 10 | 65 | 22 | 36 | 11 | 9 | 11 | 5 | 227 | 7 | 207 | 13 |
| 地区(市)直属 | 172 | 7220 | 1945 | 1136 | 187 | 10 | 244 | 1505 | 186 | 925 | 114 | 185 | 405 | 221 | 4350 | 341 | 2981 | 1028 |
| 独立科学研究机构 | 165 | 7131 | 1902 | 1105 | 186 | 10 | 227 | 1482 | 183 | 920 | 113 | 183 | 403 | 221 | 4309 | 332 | 2968 | 1009 |
| 非独立科学研究机构 | 7 | 89 | 43 | 31 | 1 | | 17 | 23 | 3 | 5 | 1 | 2 | 2 | | 41 | 9 | 13 | 19 |

(林业部科学技术司办公室)

## 1980年林业科研机构人员统计(二)

| 主管部门 | 研究机构名称 | 地点 | 总计 | 固定职工人数 | | | | | | | | | | | | | | | |
|---|---|---|---|---|---|---|---|---|---|---|---|---|---|---|---|---|---|---|---|
| | | | | 科技人员 | | | | | | | 行政人员 | | | | | 工人 | | | |
| | | | | 合计 | 其中:大学毕业以上人员 | 其中:管理人员 | 高级 | 中级 | 初级 | 其他 | 合计 | 辅助人员 | 业务管理人员 | 行政管理人员 | 后勤服务人员 | 合计 | 实验室 | 实验工厂(林场) | 其他 |
| 林业部直属 | 总计 | 14 | 3643 | 1095 | 918 | 95 | 48 | 639 | 408 | | 381 | 40 | 53 | 205 | 83 | 2167 | 247 | 1553 | 367 |
| 独立科学研究机构 | 中国林业科学研究院院部 | 北京 | 261 | 73 | 67 | 28 | 5 | 46 | 22 | | 80 | 1 | 3 | 51 | 25 | 108 | 6 | | 102 |
| | 中国林业科学研究院林业研究所 | 北京 | 461 | 218 | 195 | 8 | 18 | 150 | 50 | | 24 | | 1 | 14 | 9 | 219 | 43 | 112 | 64 |
| | 中国林业科学研究院木材工业研究所 | 北京 | 225 | 146 | 121 | 10 | 8 | 78 | 60 | | 10 | | 1 | 8 | 1 | 69 | 34 | 30 | 5 |
| | 中国林业科学研究院林业经济研究所 | 北京 | 23 | 13 | 13 | 2 | 1 | 12 | | | 8 | 2 | | 3 | 3 | 2 | | | 2 |
| | 中国林业科学研究院科技情报研究所 | 北京 | 130 | 62 | 56 | 6 | 1 | 38 | 23 | | 24 | 10 | 2 | 10 | 2 | 44 | 28 | 16 | |
| | 中国林业科学研究院热带林业研究所 | 广东海南乐东县 | 151 | 63 | 52 | 7 | | 34 | 29 | | 19 | 4 | 1 | 10 | 4 | 69 | 42 | | 27 |
| | 中国林业科学研究院亚热带林业研究所 | 浙江富阳 | 176 | 99 | 85 | 10 | | 47 | 52 | | 14 | 1 | 1 | 8 | 4 | 63 | 16 | 23 | 24 |
| | 中国林业科学研究院林产化学工业研究所 | 南京 | 301 | 193 | 168 | 13 | 12 | 134 | 47 | | 25 | 7 | 5 | 7 | 6 | 83 | 31 | 11 | 41 |
| | 中国林业科学研究院紫胶研究所 | 云南景东 | 85 | 32 | 25 | 3 | | 25 | 7 | | 24 | 7 | 1 | 9 | 7 | 29 | 15 | | 14 |

（续）

| 主管部门 | 研究机构名称 | 地点 | 总计 | 固定职工人数 | | | | | | | | | | | | | | | |
|---|---|---|---|---|---|---|---|---|---|---|---|---|---|---|---|---|---|---|---|
| | | | | 科技人员 | | | | | | | 行政人员 | | | | | 工人 | | | |
| | | | | 合计 | 其中：大学毕业以上人员 | 其中：管理人员 | 高级 | 中级 | 初级 | 其他 | 合计 | 辅助人员 | 业务管理人员 | 行政管理人员 | 后勤服务人员 | 合计 | 实验室 | （林场）实验工厂 | 其他 |
| 独立科学研究机构 | 中国林业科学研究院广西大青山实验局 | 广西凭祥 | 158 | 49 | 28 | 2 | | 2 | 47 | | 34 | | 11 | 12 | 11 | 75 | 3 | 60 | 12 |
| | 中国林业科学研究院江西大岗山实验局 | 江西分宜 | 1048 | 15 | 7 | 2 | | 4 | 11 | | 56 | | 22 | 29 | 5 | 977 | 5 | 912 | 60 |
| | 中国林业科学研究院内蒙古磴口实验局 | 内蒙古磴口 | 424 | 20 | 7 | | | 5 | 15 | | 24 | | | 21 | 3 | 380 | 22 | 358 | |
| | 北京林业机械研究所 | 北京 | 22 | 14 | 14 | | 3 | 7 | 4 | | 8 | | 3 | 4 | 1 | | | | |
| | 哈尔滨林业机械研究所 | 哈尔滨 | 178 | 98 | 80 | 4 | | 57 | 41 | | 31 | 8 | 2 | 19 | 2 | 49 | 2 | 31 | 16 |
| 非独立科学研究机构 | 总计 | 4 | 118 | 90 | 56 | 12 | 18 | 46 | 26 | | 18 | 18 | | | | 10 | 4 | 5 | 1 |
| | 中南林学院 | 湖南株洲 | 23 | 9 | 9 | | 2 | 2 | 5 | | 9 | 9 | | | | 5 | 4 | | 1 |
| | 东北林学院 | 哈尔滨 | 24 | 19 | | | 6 | 13 | | | 5 | 5 | | | | | | | |
| | 南京林产工业学院 | 南京 | 56 | 47 | 47 | 12 | 10 | 21 | 16 | | 4 | 4 | | | | 5 | | 5 | |
| | 苏州林业机械厂研究设计室 | 苏州 | 15 | 15 | | | | 10 | 5 | | | | | | | | | | |

（林业部科学技术司办公室）

# 1981年林业科研机构人员统计(一)

| 名称 | 机构数(个) | 固定职工人数 | | | | | | | | | | | | | | | | |
|---|---|---|---|---|---|---|---|---|---|---|---|---|---|---|---|---|---|---|
| | | 总计 | 科技人员 | | | | | | | 行政人员 | | | | | 工人 | | | |
| | | | 合计 | 其中:大学毕业以上人员 | 其中:管理人员 | 高级 | 中级 | 初级 | 其他 | 合计 | 辅助人员 | 业务管理人员 | 行政管理人员 | 后勤服务人员 | 合计 | 实验室 | 实验工厂(林场) | 其他 |
| 总计 | 284 | 18543 | 5601 | 3815 | 762 | 106 | 2244 | 3225 | 26 | 2232 | 271 | 288 | 1067 | 606 | 10710 | 1035 | 6891 | 2784 |
| 独立科学研究机构 | 237 | 17914 | 5325 | 3615 | 729 | 91 | 2155 | 3057 | 22 | 2202 | 266 | 284 | 1055 | 597 | 10387 | 1011 | 6802 | 2574 |
| 非独立科学研究机构 | 47 | 629 | 276 | 200 | 33 | 15 | 89 | 168 | 4 | 30 | 5 | 4 | 12 | 9 | 323 | 24 | 89 | 210 |
| 林业部直属 | 24 | 5051 | 1198 | 946 | 248 | 61 | 714 | 397 | 26 | 461 | 93 | 60 | 212 | 96 | 3392 | 243 | 2745 | 404 |
| 独立科学研究机构 | 14 | 4972 | 1133 | 881 | 229 | 46 | 673 | 392 | 22 | 458 | 90 | 60 | 212 | 96 | 3381 | 239 | 2745 | 397 |
| 非独立科学研究机构 | 10 | 79 | 65 | 65 | 19 | 15 | 41 | 5 | 4 | 3 | 3 | | | | 11 | 4 | | 7 |
| 省、市、自治区业务局属 | 70 | 5933 | 2334 | 1680 | 279 | 29 | 1009 | 1296 | | 867 | 104 | 87 | 441 | 235 | 2732 | 376 | 1286 | 1070 |
| 独立科学研究机构 | 46 | 5659 | 2186 | 1577 | 268 | 29 | 971 | 1186 | | 854 | 102 | 84 | 436 | 232 | 2619 | 359 | 1237 | 1023 |
| 非独立科学研究机构 | 24 | 274 | 148 | 103 | 11 | | 38 | 110 | | 13 | 2 | 3 | 5 | 3 | 113 | 17 | 49 | 47 |
| 地区(市)直属 | 190 | 7559 | 2069 | 1189 | 235 | 16 | 521 | 1532 | | 904 | 74 | 141 | 414 | 275 | 4586 | 416 | 2860 | 1310 |
| 独立科学研究机构 | 177 | 7283 | 2006 | 1157 | 232 | 16 | 511 | 1479 | | 890 | 74 | 140 | 407 | 269 | 4387 | 413 | 2820 | 1154 |
| 非独立科学研究机构 | 13 | 276 | 63 | 32 | 3 | | 10 | 53 | | 14 | | 1 | 7 | 6 | 199 | 3 | 40 | 156 |

(林业部科学技术司办公室)

# 1981年林业科研机构人员统计(二)

| 主管部门 | 研究机构名称 | 地点 | 总计 | 固定职工人数 | | | | | | | | | | | | | | | |
|---|---|---|---|---|---|---|---|---|---|---|---|---|---|---|---|---|---|---|---|
| | | | | 科技人员 | | | | | | | 行政人员 | | | | | 工人 | | | |
| | | | | 合计 | 其中:大学毕业以上人员 | 其中:管理人员 | 高级 | 中级 | 初级 | 其他 | 合计 | 辅助人员 | 业务管理人员 | 行政管理人员 | 后勤服务人员 | 合计 | 实验室 | 实验工厂(林场) | 其他 |
| 林业部直属 | 总计 | 14 | 4972 | 1133 | 881 | 229 | 46 | 673 | 392 | 22 | 458 | 90 | 60 | 212 | 96 | 3381 | 239 | 2745 | 397 |
| 独立科学研究机构 | 中国林业科学研究院院部 | 北京 | 336 | 95 | 46 | 62 | 6 | 54 | 35 | | 95 | 21 | 2 | 42 | 30 | 146 | 9 | | 137 |
| | 中国林业科学研究院林业研究所 | 北京 | 468 | 225 | 175 | 9 | 20 | 155 | 50 | | 21 | 3 | | 8 | 10 | 222 | 64 | 130 | 28 |
| | 中国林业科学研究院木材工业研究所 | 北京 | 231 | 146 | 123 | 11 | 7 | 93 | 46 | | 7 | | 1 | 6 | | 78 | 37 | 34 | 7 |
| | 中国林业科学研究院林业经济研究所 | 北京 | 32 | 21 | 21 | 3 | 1 | 16 | 4 | | 10 | 5 | | 5 | | 1 | | | 1 |
| | 中国林业科学研究院科技情报研究所 | 北京 | 99 | 46 | 43 | 4 | | 30 | 16 | | 15 | | 2 | 13 | | 38 | | | 38 |
| | 中国林业科学研究院林产化学工业研究所 | 南京 | 301 | 187 | 160 | 46 | 12 | 133 | 42 | | 28 | 5 | 5 | 12 | 6 | 86 | 15 | 23 | 48 |
| | 中国林业科学研究院亚热带林业研究所 | 浙江富阳 | 175 | 94 | 87 | 7 | | 48 | 46 | | 18 | 5 | | 9 | 4 | 63 | 20 | 20 | 23 |
| | 中国林业科学研究院热带林业研究所 | 广州 | 151 | 68 | 53 | 19 | | 37 | 31 | | 15 | | 1 | 9 | 5 | 68 | 43 | | 25 |
| | 中国林业科学研究院紫胶研究所 | 云南景东 | 94 | 34 | 28 | 4 | | 26 | 8 | | 25 | 7 | 1 | 10 | 7 | 35 | 20 | | 15 |

（续）

| 主管部门 | 研究机构名称 | 地点 | 总计 | 固定职工人数 | | | | | | | | | | | | | | | |
|---|---|---|---|---|---|---|---|---|---|---|---|---|---|---|---|---|---|---|---|
| | | | | 科技人员 | | | | | | | 行政人员 | | | | | 工人 | | | |
| | | | | 合计 | 其中：大学毕业以上人员 | 其中：管理人员 | 高级 | 中级 | 初级 | 其他 | 合计 | 辅助人员 | 业务管理人员 | 行政管理人员 | 后勤服务人员 | 合计 | 实验室 | 实验工厂（林场） | 其他 |
| 独立科学研究机构 | 中国林业科学研究院大青山实验局 | 广西凭祥 | 1397 | 52 | 22 | 41 | | 6 | 46 | | 94 | 34 | 16 | 28 | 16 | 1251 | | 1251 | |
| | 中国林业科学研究院大岗山实验局 | 江西分宜 | 1053 | 28 | 15 | 4 | | 5 | 23 | | 59 | 2 | 30 | 25 | 2 | 966 | 8 | 922 | 36 |
| | 中国林业科学研究院磴口实验局 | 内蒙古磴口 | 452 | 23 | 7 | 11 | | 5 | 18 | | 27 | | | 25 | 2 | 402 | 22 | 365 | 15 |
| | 北京林业机械研究所 | 北京 | 32 | 22 | 21 | 2 | | 12 | 8 | 2 | 6 | | 1 | 1 | 4 | 4 | | | 4 |
| | 哈尔滨林业机械研究所 | 哈尔滨 | 151 | 92 | 80 | 6 | | 53 | 19 | 20 | 38 | 8 | 1 | 19 | 10 | 21 | 1 | | 20 |
| 非独立科学研究机构 | 总计 | 10 | 79 | 65 | 65 | 19 | 15 | 41 | 5 | 4 | 3 | 3 | | | | 11 | 4 | | 7 |
| 南京林产工业学院 | 竹类研究室 | 南京 | 6 | 5 | 5 | 2 | 2 | 3 | | | | | | | | 1 | | | 1 |
| | 树木育种遗传室 | 南京 | 3 | 3 | 3 | 2 | 2 | | 1 | | | | | | | | | | |
| | 林业遗产研究室 | 南京 | 4 | 3 | 3 | 1 | 2 | 1 | | | | | | | | 1 | | | 1 |
| | 林化研究室 | 南京 | 10 | 8 | 8 | 2 | 2 | 6 | | | | | | | | 2 | | | 2 |
| | 木材干燥研究室 | 南京 | 4 | 4 | 4 | 2 | | 3 | 1 | | | | | | | | | | |
| | 人造板研究室 | 南京 | 4 | 4 | 4 | 2 | | 4 | | | | | | | | | | | |
| | 木材水运研究室 | 南京 | 20 | 16 | 16 | 2 | 4 | 11 | 1 | | 3 | 3 | | | | 1 | | | 1 |
| | 木材化学处理室 | 南京 | 5 | 5 | 5 | 1 | 2 | 3 | | | | | | | | | | | |
| | 情报资料室 | 南京 | 6 | 6 | 6 | 1 | | 6 | | | | | | | | | | | |
| 北京林学院 | 林业研究室 | 北京 | 17 | 11 | 11 | 4 | 1 | 4 | 2 | 4 | | | | | | 6 | 4 | | 2 |

（林业部科学技术司办公室）

# 1982年林业科研机构人员统计(一)

| 名称 | 机构数(个) | 固定职工人数 | | | | | | | | | | | | | | | | |
|---|---|---|---|---|---|---|---|---|---|---|---|---|---|---|---|---|---|---|
| | | 总计 | 科技人员 | | | | | | | 行政人员 | | | | | 工人 | | | |
| | | | 合计 | 其中:大学毕业以上人员 | 其中:管理人员 | 高级 | 中级 | 初级 | 其他 | 合计 | 辅助人员 | 业务管理人员 | 行政管理人员 | 后勤服务人员 | 合计 | 实验室 | 实验工厂(林场) | 其他 |
| 总计 | 290 | 19755 | 6764 | 4532 | 890 | 117 | 2635 | 2772 | 1240 | 2040 | 400 | 283 | 1357 | | 10951 | 1137 | 6642 | 3172 |
| 独立科学研究机构 | 230 | 18818 | 6411 | 4317 | 840 | 99 | 2536 | 2612 | 1164 | 1985 | 388 | 273 | 1324 | | 10422 | 1077 | 6403 | 2942 |
| 非独立科学研究机构 | 60 | 937 | 353 | 215 | 50 | 18 | 99 | 160 | 76 | 55 | 12 | 10 | 33 | | 529 | 60 | 239 | 230 |
| 林业部直属 | 34 | 5521 | 1561 | 1252 | 235 | 63 | 723 | 498 | 277 | 465 | 93 | 34 | 338 | | 3495 | 271 | 2601 | 623 |
| 独立科学研究机构 | 14 | 5403 | 1465 | 1157 | 219 | 46 | 681 | 488 | 250 | 464 | 92 | 34 | 338 | | 3474 | 250 | 2601 | 623 |
| 非独立科学研究机构 | 20 | 118 | 96 | 95 | 16 | 17 | 42 | 10 | 27 | 1 | 1 | | | | 21 | 21 | | |
| 省、市、自治区业务局属 | 64 | 5912 | 2644 | 1876 | 329 | 40 | 1156 | 939 | 509 | 709 | 145 | 100 | 464 | | 2559 | 426 | 1254 | 879 |
| 独立科学研究机构 | 41 | 5574 | 2475 | 1785 | 307 | 39 | 1123 | 828 | 485 | 695 | 145 | 99 | 451 | | 2404 | 395 | 1164 | 845 |
| 非独立科学研究机构 | 23 | 338 | 169 | 91 | 22 | 1 | 33 | 111 | 24 | 14 | | 1 | 13 | | 155 | 31 | 90 | 34 |
| 地区(市)直属 | 192 | 8322 | 2559 | 1404 | 326 | 14 | 756 | 1335 | 454 | 866 | 162 | 149 | 555 | | 4897 | 440 | 2787 | 1670 |
| 独立科学研究机构 | 175 | 7841 | 2471 | 1375 | 314 | 14 | 732 | 1296 | 429 | 826 | 151 | 140 | 535 | | 4544 | 432 | 2638 | 1474 |
| 非独立科学研究机构 | 17 | 481 | 88 | 29 | 12 | | 24 | 39 | 25 | 40 | 11 | 9 | 20 | | 353 | 8 | 149 | 196 |

(林业部科学技术司办公室)

# 1982年林业科研机构人员统计(二)

| 主管部门 | 研究机构名称 | 地点 | 总计 | 固定职工人数 | | | | | | | | | | | | | | | |
|---|---|---|---|---|---|---|---|---|---|---|---|---|---|---|---|---|---|---|---|
| | | | | 科技人员 | | | | | | | 行政人员 | | | | | 工人 | | | |
| | | | | 合计 | 其中:大学毕业以上人员 | 其中:管理人员 | 高级 | 中级 | 初级 | 其他 | 合计 | 辅助人员 | 业务管理人员 | 行政管理人员 | 后勤服务人员 | 合计 | 实验室 | 实验工厂(林场) | 其他 |
| 林业部直属 | 总计 | 14 | 5403 | 1465 | 1157 | 219 | 46 | 681 | 488 | 250 | 464 | 92 | 34 | 338 | | 3474 | 250 | 2601 | 623 |
| 独立科学研究机构 | 中国林业科学研究院院部 | 北京 | 365 | 100 | 90 | 85 | 7 | 35 | 48 | 10 | 99 | 38 | | 61 | | 166 | 13 | | 153 |
| | 中国林业科学研究院林业研究所 | 北京 | 525 | 260 | 141 | 15 | 20 | 151 | 58 | 31 | 38 | | | 38 | | 227 | 62 | 110 | 55 |
| | 中国林业科学研究院木材工业研究所 | 北京 | 240 | 168 | 147 | 13 | 7 | 94 | 42 | 25 | 7 | | | 7 | | 65 | 40 | 14 | 11 |
| | 中国林业科学研究院林业经济研究所 | 北京 | 48 | 33 | 33 | 3 | 1 | 16 | 5 | 11 | 12 | 4 | 3 | 5 | | 3 | | | 3 |
| | 中国林业科学研究院科技情报研究所 | 北京 | 105 | 50 | 47 | 4 | | 28 | 15 | 7 | 13 | | 5 | 8 | | 42 | | | 42 |
| | 中国林业科学研究院亚热带林业研究所 | 浙江富阳 | 205 | 130 | 108 | 11 | | 50 | 61 | 19 | 10 | | | 10 | | 65 | 19 | 2 | 44 |
| | 中国林业科学研究院热带林业研究所 | 广州 | 158 | 71 | 66 | 10 | | 35 | 36 | | 24 | 6 | | 18 | | 63 | 42 | | 21 |
| | 中国林业科学研究院林产化学工业研究所 | 南京 | 369 | 243 | 214 | 29 | 11 | 137 | 92 | 3 | 28 | 8 | 3 | 17 | | 98 | 15 | 32 | 51 |
| | 中国林业科学研究院紫胶研究所 | 云南景东 | 102 | 49 | 37 | 4 | | 32 | 7 | 10 | 18 | | | 18 | | 35 | 21 | | 14 |

（续）

| 主管部门 | 研究机构名称 | 地点 | 总计 | 固定职工人数 | | | | | | | | | | | | | | | |
|---|---|---|---|---|---|---|---|---|---|---|---|---|---|---|---|---|---|---|---|
| | | | | 科技人员 | | | | | | | 行政人员 | | | | | 工人 | | | |
| | | | | 合计 | 其中：大学毕业以上人员 | 其中：管理人员 | 高级 | 中级 | 初级 | 其他 | 合计 | 辅助人员 | 业务管理人员 | 行政管理人员 | 后勤服务人员 | 合计 | 实验室 | 实验工厂（林场） | 其他 |
| 独立科学研究机构 | 中国林业科学研究院大岗山实验局 | 江西分宜 | 1069 | 50 | 33 | 5 | | 11 | 17 | 22 | 58 | 2 | 5 | 51 | | 961 | 12 | 901 | 48 |
| | 中国林业科学研究院大青山实验局 | 广西凭祥 | 1507 | 78 | 40 | 19 | | 6 | 49 | 23 | 82 | 26 | 13 | 43 | | 1347 | | 1202 | 145 |
| | 中国林业科学研究院磴口实验局 | 内蒙古磴口 | 435 | 28 | 12 | 12 | | 10 | 9 | 9 | 27 | | 5 | 22 | | 380 | 25 | 340 | 15 |
| | 北京林业机械研究所 | 北京 | 66 | 53 | 53 | | | 12 | 11 | 30 | 9 | 3 | | 6 | | 4 | | | 4 |
| | 哈尔滨林业机械研究所 | 哈尔滨 | 209 | 152 | 136 | 9 | | 64 | 38 | 50 | 39 | 5 | | 34 | | 18 | 1 | | 17 |
| 非独立科学研究机构 | 总计 | 20 | 118 | 96 | 95 | 16 | 17 | 42 | 10 | 27 | 1 | 1 | | | | 21 | 21 | | |
| 北京林学院 | 森林生态研究室 | 北京 | 9 | 5 | 5 | | 1 | 2 | 2 | | | | | | | 4 | 4 | | |
| | 森林调查规划新技术研究室 | 北京 | 2 | 2 | 2 | | | | 2 | | | | | | | | | | |
| | 水土保持研究室 | 北京 | 4 | 3 | 3 | | | 1 | 2 | | | | | | | 1 | 1 | | |
| | 林产化学研究室 | 北京 | | | | | | | | | | | | | | | | | |
| | 园林植物研究室 | 北京 | | | | | | | | | | | | | | | | | |
| | 林业史研究室 | 北京 | 1 | 1 | 1 | | | | 1 | | | | | | | | | | |
| 中南林学院 | 森林生态研究室 | 湖南株洲 | 9 | 6 | 6 | | 1 | 1 | 2 | 2 | | | | | | 3 | 3 | | |
| | 经济林研究室 | 湖南株洲 | 9 | 6 | 6 | | 1 | 3 | | 2 | | | | | | 3 | 3 | | |
| | 林业机械研究室 | 湖南株洲 | 6 | 4 | 3 | | 1 | | | 3 | | | | | | 2 | 2 | | |
| | 木材研究室 | 湖南株洲 | 8 | 5 | 5 | | 1 | 2 | | 2 | | | | | | 3 | 3 | | |
| 南京林产工业学院 | 树木遗传育种研究室 | 南京 | 4 | 4 | 4 | 2 | 1 | | | 3 | | | | | | | | | |
| | 林业遗产研究室 | 南京 | 5 | 4 | 4 | 1 | 2 | 2 | | | | | | | | 1 | 1 | | |

（续）

| 主管部门 | 研究机构名称 | 地点 | 总计 | 固定职工人数 | | | | | | | | | | | | | | | |
|---|---|---|---|---|---|---|---|---|---|---|---|---|---|---|---|---|---|---|---|
| | | | | 科技人员 | | | | | | | 行政人员 | | | | | 工人 | | | |
| | | | | 合计 | 其中：大学毕业以上人员 | 其中：管理人员 | 高级 | 中级 | 初级 | 其他 | 合计 | 辅助人员 | 业务管理人员 | 行政管理人员 | 后勤服务人员 | 合计 | 实验室 | 实验工厂（林场） | 其他 |
| 南京林产工业学院 | 林化研究室 | 南京 | 11 | 11 | 11 | 2 | 2 | 6 | | 3 | | | | | | | | | |
| | 木材干燥研究室 | 南京 | 4 | 4 | 4 | 2 | 1 | | 1 | 2 | | | | | | | | | |
| | 人造板研究室 | 南京 | 4 | 4 | 4 | 2 | | 3 | | 1 | | | | | | | | | |
| | 木材水运研究室 | 南京 | 17 | 15 | 15 | 2 | 3 | 8 | | 4 | | | | | | 2 | 2 | | |
| | 木材化学处理研究室 | 南京 | 8 | 8 | 8 | 1 | 2 | 4 | | 2 | | | | | | | | | |
| | 南方林业机械研究室 | 南京 | 3 | 3 | 3 | 1 | | 1 | | 2 | | | | | | | | | |
| | 情报资料研究室 | 南京 | 8 | 6 | 6 | 1 | | 6 | | | 1 | 1 | | | | 1 | 1 | | |
| | 竹类研究室 | 南京 | 6 | 5 | 5 | 2 | 1 | 3 | | 1 | | | | | | 1 | 1 | | |

（林业部科学技术司办公室）

## 1983年林业科研机构人员统计（一）

| 名称 | 机构数（个） | 固定职工人数 | | | | | | | | | | | | | | | | |
|---|---|---|---|---|---|---|---|---|---|---|---|---|---|---|---|---|---|---|
| | | 总计 | 科技人员 | | | | | | | 行政人员 | | | | | 工人 | | | |
| | | | 合计 | 其中：大学毕业以上人员 | 其中：管理人员 | 高级 | 中级 | 初级 | 其他 | 合计 | 辅助人员 | 业务管理人员 | 行政管理人员 | 后勤服务人员 | 合计 | 实验室 | 实验工厂（林场） | 其他 |
| 总计 | 300 | 20842 | 7522 | 4894 | 921 | 145 | 2944 | 3214 | 1219 | 1980 | 354 | 227 | 1399 | | 11340 | 1342 | 6750 | 3248 |
| 独立科学研究机构 | 237 | 19673 | 7111 | 4643 | 868 | 126 | 2819 | 3016 | 1150 | 1903 | 334 | 219 | 1350 | | 10659 | 1234 | 6470 | 2955 |
| 非独立科学研究机构 | 63 | 1169 | 411 | 251 | 53 | 19 | 125 | 198 | 69 | 77 | 20 | 8 | 49 | | 681 | 108 | 280 | 293 |
| 林业部直属 | 35 | 5673 | 1732 | 1394 | 276 | 66 | 822 | 632 | 212 | 495 | 120 | 14 | 361 | | 3446 | 333 | 2601 | 512 |
| 独立科学研究机构 | 14 | 5410 | 1585 | 1287 | 261 | 50 | 760 | 587 | 188 | 466 | 116 | 14 | 336 | | 3359 | 289 | 2558 | 512 |
| 非独立科学研究机构 | 21 | 263 | 147 | 107 | 15 | 16 | 62 | 45 | 24 | 29 | 4 | | 25 | | 87 | 44 | 43 | |
| 省、市、自治区业务局属 | 69 | 6305 | 2988 | 1994 | 351 | 62 | 1308 | 1080 | 538 | 647 | 124 | 64 | 459 | | 2670 | 471 | 1243 | 956 |

（续）

| 名称 | 机构数（个） | 固定职工人数 总计 | 科技人员 合计 | 其中：大学毕业以上人员 | 其中：管理人员 | 高级 | 中级 | 初级 | 其他 | 行政人员 合计 | 辅助人员 | 业务管理人员 | 行政管理人员 | 后勤服务人员 | 工人 合计 | 实验室 | 实验工厂（林场） | 其他 |
|---|---|---|---|---|---|---|---|---|---|---|---|---|---|---|---|---|---|---|
| 独立科学研究机构 | 44 | 5953 | 2819 | 1890 | 322 | 59 | 1272 | 979 | 509 | 630 | 117 | 63 | 450 | | 2504 | 443 | 1113 | 948 |
| 非独立科学研究机构 | 25 | 352 | 169 | 104 | 29 | 3 | 36 | 101 | 29 | 17 | 7 | 1 | 9 | | 166 | 28 | 130 | 8 |
| 地区（市）直属 | 196 | 8864 | 2802 | 1506 | 294 | 17 | 814 | 1502 | 469 | 838 | 110 | 149 | 579 | | 5224 | 538 | 2906 | 1780 |
| 独立科学研究机构 | 179 | 8310 | 2707 | 1466 | 285 | 17 | 787 | 1450 | 453 | 807 | 101 | 142 | 564 | | 4796 | 502 | 2799 | 1495 |
| 非独立科学研究机构 | 17 | 554 | 95 | 40 | 9 | | 27 | 52 | 16 | 31 | 9 | 7 | 15 | | 428 | 36 | 107 | 285 |

（林业部科学技术司办公室）

# 1983年林业科研机构人员统计（二）

| 主管部门 | 研究机构名称 | 地点 | 固定职工人数 总计 | 科技人员 合计 | 其中：大学毕业以上人员 | 其中：管理人员 | 高级 | 中级 | 初级 | 其他 | 行政人员 合计 | 辅助人员 | 业务管理人员 | 行政管理人员 | 后勤服务人员 | 工人 合计 | 实验室 | 实验工厂（林场） | 其他 |
|---|---|---|---|---|---|---|---|---|---|---|---|---|---|---|---|---|---|---|---|
| 林业部直属 | 总计 | 14 | 5410 | 1585 | 1187 | 261 | 50 | 760 | 587 | 188 | 466 | 116 | 14 | 336 | | 3359 | 289 | 2558 | 512 |
| 独立科学研究机构 | 中国林业科学研究院院部 | 北京 | 365 | 114 | 128 | 107 | 5 | 62 | 39 | 8 | 107 | 35 | | 72 | | 144 | 12 | 19 | 113 |
| | 中国林业科学研究院林业研究所 | 北京 | 520 | 262 | 135 | 12 | 21 | 163 | 78 | | 33 | | | 33 | | 225 | 61 | 108 | 56 |
| | 中国林业科学研究院木材工业研究所 | 北京 | 248 | 176 | 153 | 7 | 9 | 96 | 47 | 24 | 8 | | | 8 | | 64 | 37 | 15 | 12 |
| | 中国林业科学研究院林业经济研究所 | 北京 | 56 | 43 | 42 | 3 | 1 | 18 | 15 | 9 | 7 | | | 7 | | 6 | | | 6 |

（续）

| 主管部门 | 研究机构名称 | 地点 | 总计 | 固定职工人数 | | | | | | | | | | | | | | | |
|---|---|---|---|---|---|---|---|---|---|---|---|---|---|---|---|---|---|---|---|
| | | | | 科技人员 | | | | | | | 行政人员 | | | | | 工人 | | | |
| | | | | 合计 | 其中:大学毕业以上人员 | 其中:管理人员 | 高级 | 中级 | 初级 | 其他 | 合计 | 辅助人员 | 业务管理人员 | 行政管理人员 | 后勤服务人员 | 合计 | 实验室 | 实验工厂(林场) | 其他 |
| 独立科学研究机构 | 中国林业科学研究院科技情报研究所 | 北京 | 105 | 65 | 50 | 5 | 2 | 28 | 22 | 13 | 9 | | | 9 | | 31 | | | 31 |
| | 中国林业科学研究院林产化学工业研究所 | 南京 | 365 | 245 | 217 | 33 | 11 | 142 | 79 | 13 | 23 | 13 | 2 | 8 | | 97 | 16 | 25 | 56 |
| | 中国林业科学研究院亚热带林业研究所 | 浙江富阳 | 210 | 137 | 87 | 21 | | 75 | 39 | 23 | 8 | | | 8 | | 65 | 13 | 25 | 27 |
| | 中国林业科学研究院热带林业研究所 | 广州 | 173 | 86 | 70 | 15 | | 42 | 21 | 23 | 17 | | | 17 | | 70 | 43 | | 27 |
| | 中国林业科学研究院紫胶研究所 | 云南景东 | 109 | 57 | 38 | 4 | 1 | 31 | 15 | 10 | 18 | 6 | 3 | 9 | | 34 | 21 | | 13 |
| | 中国林业科学研究院大岗山实验局 | 江西分宜 | 1079 | 64 | 31 | 5 | | 11 | 16 | 37 | 78 | 12 | 9 | 57 | | 937 | 12 | 877 | 48 |
| | 中国林业科学研究院大青山实验局 | 广西凭祥 | 1468 | 77 | 45 | 18 | | 6 | 71 | | 94 | 43 | | 51 | | 1297 | 74 | 1158 | 65 |
| | 中国林业科学研究院磴口实验局 | 内蒙古磴口 | 430 | 37 | 10 | 12 | | 10 | 27 | | 32 | | | 32 | | 361 | | 331 | 30 |
| | 北京林业机械研究所 | 北京 | 66 | 60 | 58 | | | 12 | 20 | 28 | 2 | | | 2 | | 4 | | | 4 |
| | 哈尔滨林业机械研究所 | 哈尔滨 | 216 | 162 | 123 | 19 | | 64 | 98 | | 30 | 7 | | 23 | | 24 | | | 24 |
| 非独立科学研究机构 | 总计 | 21 | 263 | 147 | 107 | 15 | 16 | 62 | 45 | 24 | 29 | 4 | | 25 | | 87 | 44 | 43 | |
| 北京林学院 | 森林生态研究室 | 北京 | 11 | 6 | | | 1 | 3 | 2 | | | | | | | 5 | 5 | | |
| | 园林植物研究室 | 北京 | 1 | 1 | | | | | 1 | | | | | | | | | | |
| | 水土保持研究室 | 北京 | 4 | 3 | | | | 1 | 2 | | | | | | | 1 | 1 | | |
| | 调查规划新技术研究室 | 北京 | 2 | 2 | | | | | 2 | | | | | | | | | | |

（续）

| 主管部门 | 研究机构名称 | 地点 | 总计 | 固定职工人数 | | | | | | | | | | | | | | | |
|---|---|---|---|---|---|---|---|---|---|---|---|---|---|---|---|---|---|---|---|
| | | | | 科技人员 | | | | | | | 行政人员 | | | | | 工人 | | | |
| | | | | 合计 | 其中：大学毕业以上人员 | 其中：管理人员 | 高级 | 中级 | 初级 | 其他 | 合计 | 辅助人员 | 业务管理人员 | 行政管理人员 | 后勤服务人员 | 合计 | 实验室 | 实验工厂（林场） | 其他 |
| 北京林学院 | 林业史研究室 | 北京 | 2 | 1 | | | | | 1 | | | | | | | 1 | 1 | | |
| | 遗传工程研究室 | 北京 | 1 | | | | | | | | | | | | | 1 | 1 | | |
| 南京林学院 | 竹类研究室 | 南京 | 6 | 5 | 5 | 1 | 1 | 3 | | 1 | | | | | | 1 | | 1 | |
| | 林木育种遗传室 | 南京 | 4 | 4 | 4 | 1 | 1 | | | 3 | | | | | | | | | |
| | 林业遗产研究室 | 南京 | 5 | 4 | 4 | 1 | 1 | 2 | | 1 | | | | | | 1 | | 1 | |
| | 林化研究室 | 南京 | 11 | 11 | 4 | 2 | 2 | 6 | | 3 | | | | | | | | | |
| | 木材干燥研究室 | 南京 | 6 | 6 | 6 | 1 | 1 | | | 5 | | | | | | | | | |
| | 人造板研究室 | 南京 | 4 | 4 | 4 | 2 | | 3 | | 1 | | | | | | | | | |
| | 木材化学处理研究室 | 南京 | 8 | 8 | 8 | 1 | 2 | 4 | | 2 | | | | | | | | | |
| | 木材水运研究室 | 南京 | 18 | 16 | 16 | 3 | 3 | 8 | | 5 | | | | | | 2 | | 2 | |
| | 南方林业机械研究室 | 南京 | 4 | 3 | 3 | 1 | | 1 | | 2 | 1 | 1 | | | | | | | |
| | 情报资料研究室 | 南京 | 5 | 4 | 4 | 1 | | 4 | | | | | | | | 1 | | 1 | |
| 中南林学院 | 森林生态研究室 | 湖南株洲 | 8 | 6 | 6 | | 1 | 2 | 3 | | | | | | | 2 | 2 | | |
| | 经济林研究室 | 湖南株洲 | 7 | 6 | 6 | | 1 | 2 | 3 | | | | | | | 1 | 1 | | |
| | 林业机械研究室 | 湖南株洲 | 6 | 4 | 3 | | 1 | | 2 | 1 | | | | | | 2 | 2 | | |
| | 木材研究室 | 湖南株洲 | 8 | 5 | 5 | | 1 | 2 | 2 | | | | | | | 3 | 3 | | |
| 林业部 | 大兴安岭林业管理局 | 黑龙江省加格达奇 | 142 | 48 | 29 | 1 | | 21 | 27 | | 28 | 3 | | 25 | | 66 | 28 | 38 | |

（林业部科学技术司办公室）

# 1984年林业科研机构人员统计(一)

| 名称 | 机构数(个) | 固定职工人数 | | | | | | | | | | | | | | | | |
|---|---|---|---|---|---|---|---|---|---|---|---|---|---|---|---|---|---|---|
| | | 总计 | 科技人员 | | | | | | | 行政人员 | | | | | 工人 | | | |
| | | | 合计 | 其中:大学毕业以上人员 | 其中:管理人员 | 高级 | 中级 | 初级 | 其他 | 合计 | 辅助人员 | 业务管理人员 | 行政管理人员 | 后勤服务人员 | 合计 | 实验室 | 实验工厂(林场) | 其他 |
| 总计 | 333 | 20924 | 7181 | 5269 | 1274 | 200 | 3040 | 2084 | 1857 | 2218 | 485 | 289 | 1444 | | 11525 | 1254 | 5099 | 5172 |
| 独立科学研究机构 | 235 | 19746 | 6567 | 4806 | 1215 | 116 | 2813 | 1831 | 1807 | 2131 | 466 | 277 | 1388 | | 11048 | 1145 | 4901 | 5002 |
| 非独立科学研究机构 | 98 | 1178 | 614 | 463 | 59 | 84 | 227 | 253 | 50 | 87 | 19 | 12 | 56 | | 477 | 109 | 198 | 170 |
| 林业部直属 | 74 | 5897 | 2038 | 1663 | 256 | 131 | 909 | 595 | 403 | 493 | 148 | 40 | 305 | | 3366 | 413 | 1385 | 1568 |
| 独立科学研究机构 | 14 | 5405 | 1666 | 1332 | 231 | 50 | 741 | 498 | 377 | 468 | 147 | 40 | 281 | | 3271 | 371 | 1345 | 1555 |
| 非独立科学研究机构 | 60 | 492 | 372 | 331 | 25 | 81 | 168 | 97 | 26 | 25 | 1 | | 24 | | 95 | 42 | 40 | 13 |
| 省、市、自治区业务局属 | 69 | 7331 | 3240 | 2069 | 640 | 59 | 1370 | 965 | 846 | 770 | 184 | 87 | 499 | | 3321 | 390 | 1115 | 1816 |
| 独立科学研究机构 | 45 | 7015 | 3089 | 1975 | 618 | 57 | 1335 | 867 | 830 | 741 | 173 | 82 | 486 | | 3185 | 365 | 1037 | 1783 |
| 非独立科学研究机构 | 24 | 316 | 151 | 94 | 22 | 2 | 35 | 98 | 16 | 29 | 11 | 5 | 13 | | 136 | 25 | 78 | 33 |
| 地区(市)直属 | 190 | 7696 | 1903 | 1537 | 378 | 10 | 761 | 524 | 608 | 955 | 153 | 162 | 640 | | 4838 | 451 | 2599 | 1788 |
| 独立科学研究机构 | 176 | 7326 | 1812 | 1499 | 366 | 9 | 737 | 466 | 600 | 922 | 146 | 155 | 621 | | 4592 | 409 | 2519 | 1664 |
| 非独立科学研究机构 | 14 | 370 | 91 | 38 | 12 | 1 | 24 | 58 | 8 | 33 | 7 | 7 | 19 | | 246 | 42 | 80 | 124 |

(林业部科学技术司办公室)

## 1984年林业科研机构人员统计(二)

| 主管部门 | 研究机构名称 | 地点 | 总计 | 固定职工人数 | | | | | | | | | | | | | | | |
|---|---|---|---|---|---|---|---|---|---|---|---|---|---|---|---|---|---|---|---|
| | | | | 科技人员 | | | | | | | 行政人员 | | | | | 工人 | | | |
| | | | | 合计 | 其中:大学毕业以上人员 | 其中:管理人员 | 高级 | 中级 | 初级 | 其他 | 合计 | 辅助人员 | 业务管理人员 | 行政管理人员 | 后勤服务人员 | 合计 | 实验室 | 实验工厂(林场) | 其他 |
| 林业部直属 | 总计 | 14 | 5405 | 1666 | 1332 | 231 | 50 | 741 | 498 | 377 | 468 | 147 | 40 | 281 | | 3271 | 371 | 1345 | 1555 |
| 独立科学研究机构 | 中国林业科学研究院院部 | 北京 | 381 | 123 | 115 | 35 | 5 | 64 | 38 | 16 | 121 | 44 | | 77 | | 137 | 11 | 16 | 110 |
| | 中国林业科学研究院林业研究所 | 北京 | 489 | 263 | 236 | 9 | 20 | 158 | 50 | 35 | 20 | | | 20 | | 206 | 74 | 132 | |
| | 中国林业科学研究院木材工业研究所 | 北京 | 256 | 181 | 155 | 9 | 9 | 94 | 48 | 30 | 12 | | | 12 | | 63 | 39 | | 24 |
| | 中国林业科学研究院林业经济研究所 | 北京 | 55 | 41 | 38 | 14 | 1 | 16 | 16 | 8 | 6 | | | 6 | | 8 | | | 8 |
| | 中国林业科学研究院科技情报研究所 | 北京 | 111 | 73 | 55 | 11 | 2 | 26 | 14 | 31 | 9 | 5 | | 4 | | 29 | | | 29 |
| | 中国林业科学研究院林产化学工业研究所 | 南京 | 371 | 253 | 213 | 22 | 12 | 138 | 55 | 48 | 23 | 8 | 4 | 11 | | 95 | 16 | 8 | 71 |
| | 中国林业科学研究院热带林业研究所 | 广州 | 179 | 93 | 73 | 19 | | 39 | 26 | 28 | 15 | 11 | | 4 | | 71 | 37 | | 34 |
| | 中国林业科学研究院亚热带林业研究所 | 浙江富阳 | 211 | 141 | 110 | 19 | | 71 | 40 | 30 | 8 | | | 8 | | 62 | 19 | 21 | 22 |
| | 中国林业科学研究院紫胶研究所 | 云南景东 | 109 | 57 | 38 | 4 | 1 | 28 | 15 | 13 | 16 | | | 16 | | 36 | 21 | | 15 |
| | 中国林业科学研究院磴口实验局 | 内蒙古磴口 | 419 | 37 | 18 | 14 | | 9 | 27 | 1 | 35 | | | 35 | | 347 | 25 | 292 | 30 |

（续）

| 主管部门 | 研究机构名称 | 地点 | 总计 | 固定职工人数 | | | | | | | | | | | | | | | |
|---|---|---|---|---|---|---|---|---|---|---|---|---|---|---|---|---|---|---|---|
| | | | | 科技人员 | | | | | | | 行政人员 | | | | | 工人 | | | |
| | | | | 合计 | 其中：毕业以上大学人员 | 其中：管理人员 | 高级 | 中级 | 初级 | 其他 | 合计 | 辅助人员 | 业务管理人员 | 行政管理人员 | 后勤服务人员 | 合计 | 实验室 | 实验工厂（林场） | 其他 |
| 独立科学研究机构 | 中国林业科学研究院大岗山实验局 | 江西分宜 | 1080 | 80 | 32 | 13 | | 13 | 16 | 51 | 68 | 33 | 11 | 24 | | 932 | 74 | 810 | 48 |
| | 中国林业科学研究院大青山实验局 | 广西凭祥 | 1459 | 92 | 44 | 30 | | 6 | 69 | 17 | 113 | 33 | 20 | 60 | | 1254 | 55 | 66 | 1133 |
| | 北京林业机械研究所 | 北京 | 60 | 56 | 55 | 4 | | 15 | 22 | 19 | 2 | | | 2 | | 2 | | | 2 |
| | 哈尔滨林业机械研究所 | 哈尔滨 | 225 | 176 | 150 | 28 | | 64 | 62 | 50 | 20 | 13 | 5 | 2 | | 29 | | | 29 |
| 非独立科研机构 | 总计 | 60 | 492 | 372 | 331 | 25 | 81 | 168 | 97 | 26 | 25 | 1 | | 24 | | 95 | 42 | 40 | 13 |
| 北京林学院 | 森林生态研究室 | 北京 | 11 | 6 | | | 1 | 3 | 2 | | | | | | | 5 | 5 | | |
| | 园林植物研究室 | 北京 | 1 | 1 | | | | | | 1 | | | | | | | | | |
| | 水土保持研究室 | 北京 | 4 | 3 | | | | 1 | 2 | | | | | | | 1 | 1 | | |
| | 调查规划新技术研究室 | 北京 | 2 | 2 | | | | | 2 | | | | | | | | | | |
| | 林业史研究室 | 北京 | 2 | 1 | | | | | 1 | | | | | | | 1 | 1 | | |
| | 遗传工程研究室 | 北京 | 2 | 1 | | | | | 1 | | | | | | | 1 | 1 | | |
| 东北林学院 | 林化研究室 | 哈尔滨 | 6 | 6 | 6 | | 2 | 2 | 2 | | | | | | | | | | |
| | 木材加工及人造板研究室 | 哈尔滨 | 8 | 8 | 8 | | 2 | 5 | 1 | | | | | | | | | | |
| | 野生动物资源研究室 | 哈尔滨 | 8 | 8 | 8 | | 1 | 6 | 1 | | | | | | | | | | |
| | 木材采运研究室 | 哈尔滨 | 8 | 8 | 8 | | 3 | 5 | | | | | | | | | | | |
| | 森林病虫害防治研究室 | 哈尔滨 | 5 | 5 | 5 | | 2 | 3 | | | | | | | | | | | |
| | 林业经济研究室 | 哈尔滨 | 7 | 7 | 7 | | 3 | 4 | | | | | | | | | | | |
| | 森林生态研究室 | 哈尔滨 | 6 | 6 | 6 | | 2 | 4 | | | | | | | | | | | |
| | 森林防火研究室 | 哈尔滨 | 3 | 3 | 3 | | 1 | 2 | | | | | | | | | | | |

（续）

| 主管部门 | 研究机构名称 | 地点 | 总计 | 固定职工人数 | | | | | | | | | | | | | | | |
|---|---|---|---|---|---|---|---|---|---|---|---|---|---|---|---|---|---|---|---|
| | | | | 科技人员 | | | | | | | 行政人员 | | | | | 工人 | | | |
| | | | | 合计 | 其中：大学毕业以上人员 | 其中：管理人员 | 高级 | 中级 | 初级 | 其他 | 合计 | 辅助人员 | 业务管理人员 | 行政管理人员 | 后勤服务人员 | 合计 | 实验室 | 实验工厂（林场） | 其他 |
| 东北林学院 | 森林水文研究室 | 哈尔滨 | 3 | 3 | 3 | | 1 | | 2 | | | | | | | | | | |
| | 森林植物研究室 | 哈尔滨 | 8 | 8 | 8 | | 3 | 4 | 1 | | | | | | | | | | |
| | 林木遗传育种研究室 | 哈尔滨 | 4 | 4 | 4 | | 1 | 2 | 1 | | | | | | | | | | |
| | 林区土木工程研究室 | 哈尔滨 | 9 | 9 | 9 | | 2 | 5 | 1 | 1 | | | | | | | | | |
| | 林业机械研究室 | 哈尔滨 | 11 | 11 | 11 | | 2 | 5 | 2 | 2 | | | | | | | | | |
| | 森林经理研究室 | 哈尔滨 | 7 | 7 | 7 | | 2 | 3 | 2 | | | | | | | | | | |
| | 林业电气自动化研究室 | 哈尔滨 | 1 | 1 | 1 | | | 1 | | | | | | | | | | | |
| | 造林研究室 | 哈尔滨 | 5 | 5 | 5 | | 1 | 3 | 1 | | | | | | | | | | |
| | 林业工程力学研究室 | 哈尔滨 | 3 | 3 | 3 | | 1 | 1 | 1 | | | | | | | | | | |
| | 科技情报研究室 | 哈尔滨 | 2 | 2 | 2 | | 1 | 1 | | | | | | | | | | | |
| 南京林学院 | 林木遗传育种研究室 | 南京 | 6 | 6 | 4 | 1 | 1 | 2 | 1 | 2 | | | | | | | | | |
| | 林业遗产及林业经济管理研究室 | 南京 | 7 | 6 | 6 | 1 | 3 | 3 | | | | | | | | 1 | 1 | | |
| | 竹类研究室 | 南京 | 7 | 6 | 6 | 1 | 1 | 3 | 2 | | | | | | | 1 | 1 | | |
| | 森林病虫害研究室 | 南京 | 5 | 5 | 5 | 2 | 3 | 2 | 0 | | | | | | | | | | |
| | 造林及森林生态研究室 | 南京 | 5 | 5 | 5 | 1 | 3 | 1 | 1 | | | | | | | | | | |
| | 林产化学加工及木材化学研究室 | 南京 | 10 | 10 | 10 | 2 | 4 | 4 | 2 | | | | | | | | | | |
| | 木材化学及纸浆造纸研究室 | 南京 | 7 | 7 | 7 | 2 | 2 | 4 | 1 | | | | | | | | | | |
| | 木材加工研究室 | 南京 | 9 | 9 | 9 | 1 | 3 | 5 | 1 | | | | | | | | | | |
| | 人造板研究室 | 南京 | 9 | 9 | 9 | 1 | 1 | 7 | 1 | | | | | | | | | | |

（续）

| 主管部门 | 研究机构名称 | 地点 | 总计 | 固定职工人数 | | | | | | | | | | | | | | | |
|---|---|---|---|---|---|---|---|---|---|---|---|---|---|---|---|---|---|---|---|
| | | | | 科技人员 | | | | | | | 行政人员 | | | | | 工人 | | | |
| | | | | 合计 | 其中：大学毕业以上人员 | 其中：管理人员 | 高级 | 中级 | 初级 | 其他 | 合计 | 辅助人员 | 业务管理人员 | 行政管理人员 | 后勤服务人员 | 合计 | 实验室 | 实验工厂（林场） | 其他 |
| 南京林学院 | 木材水运研究室 | 南京 | 20 | 14 | 14 | 2 | 3 | 7 | 4 | | 1 | 1 | | | | 5 | 3 | 2 | |
| | 南方林业机械研究室 | 南京 | 5 | 5 | 5 | 1 | 1 | 2 | 2 | | | | | | | | | | |
| | 高等教育及情报研究室 | 南京 | 10 | 10 | 10 | 2 | | 6 | 3 | 1 | | | | | | | | | |
| 中南林学院 | 森林生态研究室 | 株洲 | 7 | 5 | 5 | | 1 | 1 | 3 | | | | | | | 2 | 2 | | |
| | 木材学研究室 | 株洲 | 6 | 4 | 4 | | 1 | 2 | 1 | | | | | | | 2 | 2 | | |
| | 林业机械研究室 | 株洲 | 6 | 3 | 2 | 1 | 1 | | 1 | 1 | | | | | | 3 | 3 | | |
| | 经济林研究室 | 株洲 | 9 | 6 | 6 | | 1 | 2 | 2 | 1 | | | | | | 3 | 3 | | |
| | 人造板研究室 | 株洲 | 3 | 3 | 3 | | 1 | | 2 | | | | | | | | | | |
| | 森林保护研究室 | 株洲 | 3 | 3 | 3 | | 1 | | 2 | | | | | | | | | | |
| | 林产化工研究室 | 株洲 | 3 | 3 | 3 | | | 2 | 1 | | | | | | | | | | |
| | 森林植物研究室 | 株洲 | 6 | 5 | 3 | | 1 | 1 | 1 | 2 | | | | | | 1 | 1 | | |
| | 造林研究室 | 株洲 | 2 | 2 | 2 | | 1 | | 1 | | | | | | | | | | |
| | 采伐运输研究室 | 株洲 | 4 | 4 | 4 | | 1 | 1 | 2 | | | | | | | | | | |
| | 系统工程研究室 | 株洲 | 2 | 2 | 2 | | 1 | | 1 | | | | | | | | | | |
| 西北林学院 | 防护林教研室 | 陕西杨陵镇 | 8 | 8 | 7 | | 2 | | 2 | 4 | | | | | | | | | |
| | 水土保持工程教研室 | 陕西杨陵镇 | 6 | 6 | 4 | | | 2 | 2 | 2 | | | | | | | | | |
| | 森林工程教研室 | 陕西杨陵镇 | 9 | 7 | 7 | | 2 | 5 | | | | | | | | 2 | 2 | | |
| | 森林植物教研室 | 陕西杨陵镇 | 5 | 4 | 3 | | 2 | 2 | | | | | | | | 1 | 1 | | |
| | 森林昆虫教研室 | 陕西杨陵镇 | 9 | 8 | 8 | | 1 | 3 | 3 | 1 | | | | | | 1 | 1 | | |
| | 森林病理教研室 | 陕西杨陵镇 | 2 | 2 | 2 | | | 2 | | | | | | | | | | | |

（续）

| 主管部门 | 研究机构名称 | 地点 | 总计 | 固定职工人数 | | | | | | | | | | | | | | | |
|---|---|---|---|---|---|---|---|---|---|---|---|---|---|---|---|---|---|---|---|
| | | | | 科技人员 | | | | | | | 行政人员 | | | | | 工人 | | | |
| | | | | 合计 | 其中:大学毕业以上人员 | 其中:管理人员 | 高级 | 中级 | 初级 | 其他 | 合计 | 辅助人员 | 业务管理人员 | 行政管理人员 | 后勤服务人员 | 合计 | 实验室 | 实验工厂（林场） | 其他 |
| 西北林学院 | 森林生态教研室 | 陕西杨陵镇 | 7 | 7 | 6 | | 1 | 5 | 1 | | | | | | | | | | |
| | 森林经理教研室 | 陕西杨陵镇 | 6 | 5 | 5 | | 4 | 1 | | | | | | | | 1 | 1 | | |
| | 树木遗传育种教研室 | 陕西杨陵镇 | 7 | 7 | 7 | | 2 | 3 | 1 | 1 | | | | | | | | | |
| | 经济林教研室 | 陕西杨陵镇 | 6 | 5 | 5 | | 1 | 2 | | 2 | | | | | | 1 | 1 | | |
| | 林业经济教研室 | 陕西杨陵镇 | 5 | 5 | 5 | | | 3 | 1 | 1 | | | | | | | | | |
| | 造林教研室 | 陕西杨陵镇 | 5 | 5 | 5 | | | 3 | 1 | 1 | | | | | | | | | |
| 林业部 | 大兴安岭林业管理局林业科学研究所 | 黑龙江加格达奇 | 140 | 53 | 36 | 7 | | 22 | 27 | 4 | 24 | | | 24 | | 63 | 12 | 38 | 13 |

（林业部科学技术司办公室）

## 林业科学技术期刊统计

| 刊名 | 刊期 | 发行范围 | 主办单位 |
|---|---|---|---|
| 《森林与人类》 | 双月刊 | 限国内发行 | 中国林学会 |
| 《森林采运科学》 | 季刊 | 限国内发行 | 中国林学会森林采运学会 |
| 《林业科学》 | 季刊 | 公开发行 | 中国林学会 |
| 《野生动物》 | 双月刊 | 公开发行 | 林业部林政保护司 |
| 《中国林业》 | 月刊 | 公开发行 | 林业部中国林业杂志社 |
| 《林产工业》 | 双月刊 | 公开发行 | 林业部林产工业设计院 |
| 《林业机械》 | 双月刊 | 限国内发行 | 林业部林业机械公司、林业行业管理办公室 |
| 《中南林业调查规划》 | 季刊 | 限国内发行 | 林业部中南林业调查规划大队、全国林业调查规划中南大区站 |
| 《中国林业教育》 | 季刊 | 限国内发行 | 林业部 |
| 《林业资源管理》 | 双月刊 | 限国内发行 | 林业部资源司、中国林学会森林经理学会 |
| 《森林病虫通讯》 | 季刊 | 限国内发行 | 林业部森林植物检疫防治所 |
| 《森林防火》 | 季刊 | 限国内发行 | 林业部护林防火办公室 |
| 《林业财务与会计》 | 双月刊 | 限国内发行 | 林业部财务司 |

（续）

| 刊名 | 刊期 | 发行范围 | 主办单位 |
|---|---|---|---|
| 《林业科技通讯》 | 月刊 | 公开发行 | 林业部科技情报中心 |
| 《林业信息快报》 | 旬刊 | 限国内发行 | 林业部科技情报中心 |
| 《中国林业文摘》 | 双月刊 | 限国内发行 | 林业部科技情报中心 |
| 《林业文摘》 | 双月刊 | 公开发行 | 林业部科技情报中心 |
| 《森林工业文摘》 | 双月刊 | 限国内发行 | 林业部科技情报中心 |
| 《国外林业动态》 | 旬刊 | 限国内发行 | 林业部科技情报中心 |
| 《国外科技资料目录》(林业) | 双月刊 | 限国内发行 | 林业部科技情报中心 |
| 《林业经济》 | 双月刊 | 公开发行 | 中国林业科学研究院林业经济研究所 |
| 《热带林业科技》 | 季刊 | 公开发行 | 中国林业科学研究院热带林业研究所 |
| 《亚热带林业科技》 | 季刊 | 公开发行 | 中国林业科学研究院亚热带林业研究所 |
| 《林产化学与工业》 | 季刊 | 公开发行 | 中国林学会林产化工学会、中国林业科学研究院林产化学工业研究所 |
| 《林化科技通讯》 | 月刊 | 限国内发行 | 中国林学会林产化学化工学会、中国林业科学研究院林产化学工业研究所、全国林产化学工业科技情报中心站 |
| 《南京林业大学学报》 | 季刊 | 公开发行 | 南京林业大学 |
| 《竹类研究》 | 季刊 | 公开发行 | 南京林业大学竹类研究所 |
| 《林业科技开发》 | 季刊 | 公开发行 | 南京林业大学 |
| 《北京林业大学学报》 | 季刊 | 公开发行 | 北京林业大学 |
| 《东北林业大学学报》 | 双月刊 | 公开发行 | 东北林业大学科研处 |
| 《植物研究》 | 季刊 | 公开发行 | 东北林业大学 |
| 《林业译丛》 | 季刊 | 限国内发行 | 东北林业大学 |
| 《中南林学院学报》 | 半年刊 | 限国内发行 | 中南林学院 |
| 《经济林研究》 | 半年刊 | 限国内发行 | 全国高等林业院校经济林专业教材编审委员会 |
| 《西南林学院学报》 | 半年刊 | 限国内发行 | 西南林学院 |
| 《浙江林学院学报》 | 半年刊 | 限国内发行 | 浙江林学院 |
| 《福建林学院学报》 | 季刊 | 限国内发行 | 福建林学院 |
| 《山西林业科技》 | 季刊 | 限国内发行 | 山西省林业科学研究所、山西省林学会 |
| 《内蒙古林业科技》 | 月刊 | 限国内发行 | 内蒙古林学会、内蒙古林业科学研究院 |
| 《辽宁林业科技》 | 双月刊 | 限国内发行 | 辽宁省林学会、辽宁省林业科学研究院 |
| 《吉林林业科技》 | 双月刊 | 限国内发行 | 吉林省林学会 |
| 《林业科技》 | 双月刊 | 限国内发行 | 黑龙江省林业科学研究院 |
| 《江苏林业科技》 | 季刊 | 限国内发行 | 江苏省林业科学研究所 |
| 《浙江林业科技》 | 双月刊 | 限国内发行 | 浙江省林业科学研究所、浙江省林学会、浙江省林业科技情报中心 |
| 《竹子研究汇刊》 | 季刊 | 公开发行 | 浙江省林业科学研究院 |
| 《山东林业科技》 | 季刊 | 限国内发行 | 山东省林业科学研究所、山东省林学会 |
| 《湖北林业科技》 | 季刊 | 限国内发行 | 湖北省林学会、湖北省林业科学研究所 |

（续）

| 刊名 | 刊期 | 发行范围 | 主办单位 |
| --- | --- | --- | --- |
| 《湖南林业科技》 | 季刊 | 限国内发行 | 湖南省林学会、湖南省林业厅科技情报中心、湖南省林业科学研究所 |
| 《四川林业科技》 | 季刊 | 限国内发行 | 四川省林学会、四川省林业科学研究所 |
| 《陕西林业科技》 | 季刊 | 限国内发行 | 陕西省林学会、陕西省林业科学研究所 |
| 《甘肃林业科技》 | 季刊 | 限国内发行 | 甘肃省林业科学研究所 |
| 《宁夏农林科技》 | 双月刊 | 公开发行 | 宁夏农林科学院 |
| 《西北华北林业调查规划》 | 季刊 | 内部发行 | 林业部西北林业调查规划设计院情报室 |
| 《华北西北林业调查规划动态》 | 不定期 | 内部发行 | 林业部西北林业调查规划设计院情报室 |
| 《林业译丛》 | 不定期 | 内部发行 | 林业部西北林业调查规划设计院情报室 |
| 《林业区划》 | 半年 | 内部发行 | 中国林业区划研究会 |
| 《国土绿化》 | 季刊 | 内部发行 | 中央绿化委员会办公室、中国绿化基金会办公室 |
| 《林业建设》 | 不定期 | 内部发行 | 全国林业基本建设技术情报中心站、林业部西南林业设计院 |
| 《林机信息》 | 半月刊 | 内部发行 | 林机行业管理办公室、林机协会、林机情报网中心站 |
| 《中国林副特产》 | 季刊 | 内部发行 | 林业部林业工业局 |
| 《资源昆虫》 | 季刊 | 限国内发行 | 中国林业科学研究院紫胶研究所 |
| 《木材工业》 | 季刊 | 内部发行 | 中国林业科学研究院木材工业研究所 |
| 《林业译丛》 | 年刊 | 内部发行 | 中国林业科学研究院亚热带林业研究所 |
| 《西北林学院学报》 | 半年刊 | 内部发行 | 西北林学院 |
| 《西林科技》 | 不定期 | 内部发行 | 陕西省林学会、西北林学院、西北林学院图书馆情报室 |
| 《河北林业科技》 | 双月刊 | 内部发行 | 河北省林业科学研究所、河北省林学会 |
| 《牙克石林业科技》 |  |  | 内蒙古大兴安岭林业管理局科学技术处、内蒙古大兴安岭林业科学技术研究所、内蒙古大兴安岭林业科学技术协会 |
| 《国外林业科技》 | 半年刊 | 内部交流 | 辽宁省林业科学研究院 |
| 《辽宁林业信息》 | 不定期 | 内部交换 | 辽宁省林业厅科教处、辽宁省林业科学研究院 |
| 《林业勘察设计》 | 季刊 | 国内有关单位 | 辽宁省林学会森林经理专业委员会、辽宁省林业勘察设计院 |
| 《杨树科技通讯》 | 不定期 | 国内有关单位 | 辽宁省杨树研究所 |
| 《森林植物研究》 | 不定期 | 内部交换 | 森林植物园科技情报资料室 |
| 《防护林科技》 | 不定期 | 内部交换 | 黑龙江省防护林研究所 |
| 《佳木斯林业科技》 | 不定期 | 内部发行 | 佳木斯林业科学研究所、佳木斯市林学会 |
| 《林业科技情报》 |  | 内部发行 | 黑龙江省林业设计研究院 |
| 《林区教学》 |  | 内部发行 | 黑龙江省林业教育学院 |
| 《安徽林业科技》 | 季刊 | 省内外交换 | 安徽省林业科学研究所 |
| 《安徽林业科技信息》 | 月刊 | 省内外交换 | 安徽省林业厅科教处 |
| 《徽州林业科技》 | 半年 | 省内外交换 | 徽州地区林业科学研究所 |
| 《徽州林业科技信息》 | 不定期 | 省内外交换 | 徽州地区林业科学研究所 |

（续）

| 刊名 | 刊期 | 发行范围 | 主办单位 |
|---|---|---|---|
| 《皖西林业科技》 | 不定期 | 省内外交换 | 六安地区林业科学研究所 |
| 《福建林业科技》 | | 内部发行 | 福建省林业科学研究所、福建省林学会 |
| 《林业勘察设计》 | | 内部发行 | 福建省林业勘察设计院 |
| 《河南林业科技》 | 季刊 | 内部交换 | 河南省林学会、河南省林业科学研究所 |
| 《广东林业科技》 | 双月刊 | 内部发行 | 广东省林学会、广东省林业科学研究所 |
| 《国外林业动态》 | 不定期 | 内部发行 | 广东省林业科技情报中心、广东省林业科学研究所 |
| 《广东林业信息》 | 月刊 | 内部发行 | 广东省林业科技情报中心、广东省林业科学研究所 |
| 《贵州林业科技》 | 双月刊 | 内部发行 | 贵州省林业科学研究所、贵州省林业科技情报中心 |
| 《新疆林业科技》 | 月刊 | 内部发行 | 新疆林学会、新疆林业科学研究院 |
| 《木材应用技术通讯》 | 季刊 | 内部发行 | 上海市木材综合利用科技情报站、上海市木材应用技术研究所 |
| 《江西林业科技》 | 双月刊 | 限国内发行 | 江西省林学会、江西省林业科学研究所 |

（林业部科学技术司办公室）

# 林业宣传

**【林业宣传综述】** 林业宣传是我国林业建设的一项重要内容，也是我国社会主义宣传事业的一个组成部分。林业宣传，是在四项基本原则以及改革、开放、搞活方针的指导下，为实现我国林业现代化，采用报刊、广播、出版、电影、电视、文学、艺术等多种形式，对社会开展的一种林业文化教育活动。林业宣传的内容主要包括：党和国家的林业方针、政策和法律；林业的多种效益及其在国民经济中的地位；我国林业建设的新成就、新经验、新人物及重要动态等；林业科学理论与技术；国外林业信息等。通过林业宣传，提高全社会对林业的认识，增长各种林业知识，加强法制观念，调动各族人民建设社会主义林业的积极性。

**发展概况** 中华人民共和国成立37年来，党和国家十分重视林业宣传工作。20世纪50年代是林业宣传工作的起步阶段。1949年10月林垦部成立，在林政司设置宣传组，主管林业宣传工作。1950年5月组织创办了部机关刊物《中国林业》月刊。1951年11月，林垦部改为林业部，为加强林业宣传工作，1953年3月建立中国林业出版社，1954年在办公厅设宣传处。1958年，宣传处改为宣传局，设文字宣传处、形象宣传处、中国林业出版社和林业电影社。这一时期的林业宣传工作比较活跃，其宣传重点是：普遍护林，重点造林，合理采伐，合理利用。林业部分别于1957年1月和1959年1月在北京召开了两次全国林业宣传工作座谈会，总结交流各地开展林业宣传工作的经验，进一步明确了林业宣传工作的任务和宣传重点。这一时期，东北、华北、西北、华东、华南、西南、中南等各大行政区林业部门也相继建立了林业宣传机构，创办了地方性林业刊物。中国林业出版社组织编译出版了一批林业图书。50年代中、后期，林业宣传部门经常为中央和地方的报刊、电台组织撰写林业稿件，扩大林业宣传，在全国农业展览馆举办了数次大型林业展览，并拍摄了我国第一部以森林为题材的影片《白山黑水话森林》。

60年代是林业宣传工作逐步发展的阶段。1960年末，根据国务院农林办公室的指示，中国林业出版社并入农业出版社；林业电影社并入农业电影社；林业部政治部设宣传处，负责出版《中国林业》和对社会进行宣传报道工作。1961年6月，中共中央颁布《关于确定林权、保护山林和发展林业的若干政策规定(试行草案)》(简称《林业十八条》)，调整了农村林业政策。林业宣传部门紧密围绕这一政策，为中央和地方的报刊、电台撰写大量文章。宣传的核心是确定和保证山林的所有权，坚持“谁种谁有”的原则，使林木所有单位和所有者的正当权益得到保护。1962年，林业部根据刘少奇主席的建议，在东北、内蒙古林区试办营林村。林业宣传部门对各地探索、总结试点的经验进行了广泛宣传。这一时期，林业宣传的重点是“以营林为基础，采育结合，造管并举，综合利用，多种经营”的林业建设方针。到60年代中期，大部分省、自治区、直辖市的林业部门都配备了林业宣传干部，有的还设置了宣传机构，黑龙江、内蒙古、新疆和湖北相继创办了林业刊物。

“文化大革命”期间，林业宣传、出版机构被撤销，人员被遣散，《中国林业》停刊，各级林业宣传机构遭到严重破坏。但是，这一时期仍围绕平原绿化、营造速生丰产林进行了大量宣传报道。

党的十一届三中全会以后，林业宣传工作形成体系，走向繁荣阶段。1976年10月以后，林业宣传机构得以恢复和加强。1979年2月恢复林业部后设置了宣传局。同年6月和9月，林业部先后在河南省新乡市和山西省太原市召开了林业宣传工作座谈会。会议确定今后一个时期林业宣传工作的任务是：宣传贯彻党的十一届三中全会精神，恢复和建立各级林业宣传机构，组织和发展林业宣传队伍，开辟和扩大林业宣传阵地，把林业宣传工作的着重点转移到林业生产建设上来。根据这两次会议的精神，1980年1月《中国林业》复刊；同年4月恢复中国林业出版社；1981年创办《林业画报》季刊(后改为双月刊)。一些省、自治区、直辖市和地、市也陆续恢复或建立了林业宣传机构，创办林业刊物，加强林业宣传出版事业。1982年机构改革，林业部保留了宣传机构，改宣传局为宣传司，设宣传报道处、形象宣传处，并直接领导中国林业杂志社。同时，林业部逐步加强林业出版机构的建设，添置设备，充实人员。1982年11月，林业部在北京召开了全国林业宣传工作座谈会。会后，加强了对林业宣传工作的领导。到1986年底止，全国有20多个省、自治区、直辖市的林业厅(局)设置了林业宣传机构，有19个省、自治区、直辖市林业厅(局)创办了综合性林业刊物。少数没有设置宣传机构的，也大都配备了专职宣传干部。从中央到地方，林业宣传出现了前所未有的繁荣景象。利用广播、报刊进一步加强宣传报道，林业书刊出版发行量增加，美术、摄影、展览、电影、电视等宣传形式越来越被广泛采用，宣传内容也更加全面深入。例如，林业方针、政策和法规，森林的多种效益，特别是生态效益，全民义务植树运动，自然保护区建设，国际森林年，速生丰产林建设，护林防火等等；并且突出地报道了林业经济体制改革，稳定山林权属、划定自留山、确定林业生产责任制(林业"三定")政策，扶持和鼓励林业专业户、联合体，改革国营林场和农村社队林场的经营形式，疏通林产品流通渠道，搞活山区经济等内容。

**主要成就** 首先，加强了林业宣传队伍的建设。到1986年末，已经开始形成林业新闻、林业摄影、林业影视、林业文学、林业美术5支宣传队伍。1984年成立了全国林业新闻工作者协会，到1986年末已发展会员347人，其中从事文字宣传的252人，从事摄影宣传的95人。林业影视队伍是一支新兴的林业宣传力量，正在发展壮大。全国已有18个省、自治区、直辖市的林业部门购置了摄录象设备，配备了专职人员。1986年5月成立的林业文学工作者协会，到1986年末已发展会员135人。林业美术队伍也在不断扩大，他们活跃在林区，利用美术这一群众喜闻乐见的形式宣传林业，创作出许多很有价值的艺术作品。为了组织林业美术工作者、美术爱好者更好地为林业建设服务，林业部将于1987年成立林业美术工作者协会。

其次，培训宣传队伍，提高业务素质。1979年以来，林业宣传部门加强对林业宣传队伍的业务培训。在新闻报道方面，林业记协和陕西、新疆、江西、云南等省、自治区先后举办了多期林业新闻干部训练班，对近400名林业新闻骨干进行了理论和业务培训。不少同志还参加了各类新闻电大、函大的学习进修。在林业摄影方面，林业部举办了7个全国性或省际联合的林业摄影训练班，福建、江西、安徽、四川、陕西、新疆、内蒙古、河南、云南等省、自治区也都举办了林业摄影训练班，有数百名摄影人员参加学习。在林业文艺方面，举办"绿叶"文学创作讲习班，培训了40多名林业文学骨干。在林业摄录象方面，举办了全国林业摄录象训练班，培训学员47名。在林业美术方面，多次组织美术创作、编辑业务培训、实地写生考察、林业美术展览等活动，并举办了3期林业美术训练班，培训了一批林业美术干部。

第三，开辟林业宣传阵地，建立全国林业宣传网。各级林业宣传部门很重视开辟自己的宣传阵地，做到林业宣传队伍建设和宣传阵地建设同步发展。1979年，全国仅有几种林业刊物，而且发行量很少。到1986年末，林业报刊发展到50多种。其中，中央和各省、自治区、直辖市的综合性林业刊物19种；林业报纸5种；林业文艺刊物2种；林业科普刊物2种；林业画刊2种；其他专业的林业刊物20多种。1986年6月，林业部决定、并经中共中央宣传部批准创办《中国林业报》。该报正在积极筹备中，1987年上半年试刊，下半年正式向全国发行。通过改革，各类报刊进一步明确了办刊方针，从内容到形式不断有改进，受到广大读者的欢迎。几年来，从中央到地方，已经开始建立林业宣传网络。到1986年末，《中国林业》在全国已有通讯员250人。《中国林业报》已有通讯员1000多人。全国18个省、自治区、直辖市林业厅(局)的综合性林业刊物以及《四川林业报》、《伊春日报》、《大兴安岭日报》、《林海日报》等，都建立了林业宣传通讯站或通讯组，有上百名林业干部、几百名林业报刊编采人员以及近千名业余通讯员参加。在林业系统和社会各有关部门，组成了一个较完整的林业宣传网络。林业图书的出版工作也有很大发展，中国林业出版社和其他出版社，出版、发行了一批密切联系林业生产建设的林业科技图书。

**几点经验** 总结我国林业宣传37年来的实践经验，主要有：

①要提高对林业宣传工作重要性的认识，加强对林业宣传工作的领导。新中国成立37年来的林业建设实践告诉我们，林业宣传是启发、教育亿万人民重视发展林业的重要途径，是使党的方针政策深入人心，先进的林业科学理论与技术为广大群众所掌握的得力手段。实践证明，哪里的党政领导重视发展林业，把林业宣传工作摆到重要议事日程上来，经常宣传林业在国民经济中的地位，那里的林业建设就发展得快。

②建立横向联系，扩大宣传范围，做到林业宣传社会化。1979年以来，特别是1982年全国林业宣传工作座谈会以后，加强了与中央和地方报刊、广播电台、电视台和科协、音协、美协、影协等新闻、宣传出版单位的横向联系。协作方式主要有：组织新闻、摄影、影视、美术等方面对林业建设的采访活动；组织开展各类林业征文、征歌和林业好新闻评选活动；与有关新闻单位联合开展林业知识竞赛活动；围绕林业工作重点，举行记者座谈会、新闻发布会；举办林业科教影片汇映和各种文艺活动；联合有关单位和社会团体举办林业摄影展览和美术

展览；聘请新闻工作者、摄影家、文学家、艺术家、美术家担任各类协会的领导职务，指导协会的业务工作。通过横向联系，开辟新的宣传渠道，使林业宣传更加广泛、深入，收到极好的效果。

③采取多种形式开展林业宣传活动。除通过报刊、图书、广播进行宣传外，充分利用电影、电视、摄影、美术等艺术形式扩大宣传效果，在今天显得尤为重要。这是近几年来林业宣传的一个显著特点。形象宣传充分运用自己的优势，配合林业工作重点，近几年印制发行了一批林业宣传画、科普画、知识挂图；编辑出版了几个大型林业画册；制作发行了一批林业新闻图片、幻灯片；举办了10多次大型林业展览；拍摄了200多部林业科教片、故事片以及一批林业电视新闻片。形象宣传大大加强了林业宣传的深度和广度，促进了林业建设的健康发展。

（林业部宣传司）

## 宣传报道

**【综　述】** 林业宣传报道是林业宣传事业的基本组成部分。它的主要任务是：组织和撰写林业新闻报道和文章，通过报刊、广播等宣传林业方针政策、传播林业科学技术知识，报道林业生产建设中的典型经验，及时反映林业领域存在的问题，并围绕林业的中心工作，有计划地组织开展一些重大的宣传报道活动。

早在20世纪50年代，林业宣传部门就以《中国林业》为阵地，发表林业消息，报道林业建设的新成就；同时，为中央和地方报刊、电台撰写文章，宣传党和国家制定的林业方针政策，宣传森林在工农业生产中的作用，提高广大人民群众对林业重要性的认识。随着林业建设事业的发展，逐步建立了宣传报道体系。

党的十一届三中全会以后，林业宣传报道工作得到了加强。几年来，林业宣传报道紧紧围绕党的林业方针政策，结合林业工作重点，组织和动员社会上的宣传力量，通过报刊、电台等宣传阵地，开展大规模的宣传活动，组织了10多次宣传高潮。

**宣传林业方针政策** 1980年以来，党和国家先后颁发了《关于大力开展植树造林的指示》、《关于坚决制止乱砍滥伐森林的紧急通知》、《关于保护森林发展林业若干问题的决定》、《关于开展全民义务植树运动的决议》等几个重要文件，提出了振兴林业的根本大计。林业宣传报道部门紧密配合中央和地方的报刊、电台等新闻宣传单位，广泛系统地宣传中央关于保护森林、发展林业、植树造林、绿化祖国的决策，加深人们对党的林业方针政策的理解，提高人们贯彻执行党的林业方针政策的自觉性。

**宣传全民义务植树运动** 1982年以来，林业宣传报道以全国人大《关于开展全民义务植树运动的决议》和国务院颁发的《关于开展全民义务植树运动的实施办法》为中心，在每年植树节前后，通过报刊、电台、电视台发表社论、评论、文章，突出报道各地开展植树造林运动的情况，介绍植树造林的科学技术知识，表彰在全民义务植树运动中涌现出来的先进单位和个人，传播先进经验。近两年来，根据中央绿化委员会的指示精神，在宣传报道中突出强调提高造林质量，扎扎实实，讲求实效。

**宣传林业经济体制改革** 近几年来，林业宣传报道突出宣传了改革和调整林业生产结构的方针政策和措施，贯彻落实以林为主、多种经营、以短养长、以副养林的方针。1982年以后，把稳定山权林权、划定自留山、确定林业生产责任制作为宣传重点，深入宣传这些改革的意义和党的方针政策，强调在改革中要加强林政管理，严格执行木材采伐和运输管理制度，认真解决山林权纠纷。随着林业经济体制改革的深入发展，放宽林业政策，搞活山区经济，疏通林产品流通渠道，1985年和1986年，重点宣传了南方集体林区取消木材统购，开放木材市场的改革措施。为此，于1985年组织召开了由首都100多位新闻记者参加的座谈会。杨钟部长在会上介绍了南方集体林区取消木材统购、开放木材市场的有关政策。此后，为了推动这项改革的健康发展，组织了大量的宣传报道活动。对国有林区和国营林场的改革，重点宣传报道了他们加强营林工作，大力培育后备资源，调整产业结构，提高经济效益等取得的成绩和经验。

**深入持久地宣传《森林法》** 1979年颁布《中华人民共和国森林法(试行)》(简称《森林法》)后，就开始了对《森林法》的宣传，几年来坚持不懈，使人们树立起林业法制观念。全国六届人大常委会第七次会议于1984年9月20日通过并颁布《森林法》后，到1985年1月1日开始施行之前，协同中央各大报社、电台、电视台编发了大量宣传、贯彻《森林法》的稿件，着重宣传贯彻执行《森林法》的重要意义、《森林法》的基本内容及精神实质。各级林业宣传部门及时组织广大群众学习、讨论，形成了宣传《森林法》的第一个高潮。在此期间，除各大报纸公布《森林法》外，其单行本的发行量达到100万册。1985年1月1日《森林法》施行后，各大报刊编发了学习《森林法》的专版；中央人民广播电台举办了《森林法》

专题讲座，具体介绍了《森林法》的内容，形成了第二个高潮。1986年1月是《森林法》实施一周年，林业宣传报道围绕加强林业法制建设，以法治林，开展了第三次宣传高潮。配合林业部发布的《中华人民共和国森林法实施细则》，又组织了第四次宣传高潮。《森林法实施细则》的单行本发行量达到35万册。为扩大宣传效果，组织开展了“《森林法》知识竞赛活动”。通过宣传教育，促进了林业法制建设，提高了广大人民群众爱林、育林、护林的自觉性。

**宣传速生丰产林建设** 根据中央关于重点抓好速生丰产林建设的要求，组织了一系列关于发展速生丰产林的宣传报道。1986年，先后报道了东北的林口、勃利林业局营造百万亩速生丰产林的成就；贵州、四川、山东、湖南、广东等5省13县和豫东平原、鲁西南地区、淮北平原、黔东南地区、海南岛地区营造大面积速生丰产林的经验。结合全国平原绿化会议的召开，宣传了在我国发展速生丰产林的重要意义、巨大潜力和组织技术措施，对我国发展速生丰产林起到有力的促进作用。

除围绕林业生产建设开展经常性的林业宣传报道外，还通过各种形式宣传林业。1982年和1985年，先后组织了两次全国林业好新闻评选活动，共评选出林业好新闻作品350多篇(条)。这些作品从不同侧面和不同角度，反映党的十一届三中全会以来林业战线所取得的成绩和经验，在全国树立了一批先进典型，并编印发行了《全国林业好新闻获奖作品选》。1983～1985年，与10家新闻单位联合举办了全国林业科普征文活动，并编印发行了科普征文获奖作品集《绿色，它告诉我们……》，从多方面阐述了森林的效益，并介绍了植树造林的适用技术。近两年来，先后组织了国际森林年的宣传，“三北”防护林体系建设的宣传，“六五”期间林业建设成就的宣传，自然保护区建设和护林防火的宣传等，提高了人们对林业的认识，加速了林业建设的发展。

（丁付林）

**【第一届全国林业好新闻评选活动】** 1982年举办的全国林业好新闻评选活动，是建国33年来的第一次。党的十一届三中全会以后，党和国家为了保护森林、发展林业制定了一系列方针、政策；整个林业战线在拨乱反正、调整改革中做了大量工作；广大林业工作者在实践中做出优异成绩，积累了丰富经验。新闻界对此给予密切关注，就林业建设的成绩和出现的新情况、新事物、新经验和新问题作了大量报道，发表了许多有影响的新闻作品。举办这次活动的目的，在于表彰新闻工作者和热心林业宣传的同志为我国林业建设付出的劳动，鼓励更多更好的林业新闻作品问世，加强林业新闻报道工作，促进林业建设的发展。

全国林业好新闻评选委员会，由林业部、中华全国新闻工作者协会、新华社、人民日报社、中央人民广播电台、中央电视台、光明日报社、中国农民报社(现农民日报社)8个单位的有关负责同志组成。评选范围是：中央有关新闻单位，各省、自治区、直辖市的省级报纸、广播电台、电视台以及《四川林业报》、《林海日报》、《伊春日报》、《大兴安岭报》，从1980年1月1日至1982年12月31日所发表、播放的林业消息、通讯、电视新闻、电视纪录片、评论、读者(记者)来信。评选采取由发表单位推荐作品，评委会集体评议的办法。

评选工作从1982年12月1日开始，至1983年3月5日结束，共收到推荐作品378篇。经过评委会认真评议，选出林业好新闻作品149篇(条)。其中，消息、通讯、评论、来信135篇，电视新闻、专题片14条。获一等奖的作品45篇(条)；二等奖作品104篇(条)。评委会向获奖作品的作者颁发了获奖证书和奖金，编辑出版了《全国林业好新闻获奖作品选》。

（章　维　封加平）

**【第二届全国林业好新闻评选活动】** 继1982年第一届全国林业好新闻评选活动以后，全国各地报刊、电台、电视台发表、播送了大量林业新闻，有力地推动了植树造林和林业改革的进行。为了进一步促进林业新闻作品增加数量和提高质量，由中华全国新闻工作者协会、新华社、人民日报社、中央人民广播电台、中央电视台、光明日报社、经济日报社、农民日报社、中国林业杂志社等联合发起，于1985年10月26日至1986年5月12日举办了“第二届全国林业好新闻评选活动”。

第二届全国林业好新闻评委会共收到中央和省级报刊、电台、电视台及综合性林业报刊112个单位推荐的各类稿件681篇(条)，从中评选出林业好新闻202篇(条)。其中，一等奖29篇(条)(含电视6条)，二等奖173篇(条)(含电视23条)。

这届全国林业好新闻评选活动比第一届扩大了评选范围。自1983年1月1日至1985年12月31日期间，在中央级和省级报纸、广播电台、电视台、综合性林业刊物以及《四川林业报》、《林海日报》、《伊春日报》、《大兴安岭报》发表、播送的林业消息、通讯、电视纪录片、电视新闻、评论、读者来信都可参加评选。评选办法是：由参加评选的单位按规定数量推荐本单位发表的作品，全国林业好新闻评选委员会集体评议。评选标准是：稿件主题突出，事实准确；有较高的新闻价值，具有新鲜性、重要性、可读性；符合国家制定的林业政策，对推动林业改革具有指导作用；题材新颖，篇幅短小精悍，文字简练朴实。

参加评选的稿件，比较集中地反映了林业改革的进展情况和成功经验，对放宽林业政策、划分“两山”(即自留山和责任山)、改革“两场”(即国营林场和社队林场)、扶持“两户”(即专业户和重点户)、加强“两防”(即防火和防病虫害)以及国有林区建立健全林业生产责任制等均有生动报道，对平原绿化、“三北”防护林建设、开发经济林新品种也有较充分的反映。不少作品展示了这两年我国林业建设的新特点和新事物，如《方兴未艾“沙棘热”》、《好啊！速生丰产林》、《造林政策要放宽再放宽》、《吃“木头饭”甩不掉贫困，林区县应立足综合发展》、《制止中间盘剥》等。

评选揭晓后，由全国林业好新闻评选委员会向获奖作品的作者颁发了获奖证书和奖金，并给予获奖作品的责任编辑以适当奖励，编辑出版了第二本《全国林业好新闻获奖作品集》。

(章 维 封加平)

**【全国林业科普征文活动】** 全国林业科普征文活动自1983年9月15日开始，至1985年3月16日结束，历时一年半。这次活动，受到广大林业职工、林业工作者和社会上关心林业科普宣传的同志的关注。发起单位收到应征稿件1528篇。有关报社、电台、杂志社从中选载、选播了120篇。

林业部宣传司、新华社国内部、人民日报社科教部、中央人民广播电台文教部、光明日报社科学部、经济日报社科技部、农民日报社科教部、科学普及出版社、农村科学杂志编辑部、森林与人类杂志编辑部等10个发起单位的有关负责同志组成的全国林业科普征文活动领导小组，对已发表的作品进行评奖。1985年3月16日评奖揭晓，共评选出获奖作品41篇。其中，《给黄土高原披上绿装》、《刺槐诉衷肠》获一等奖；《新疆塔里木的胡杨林》、《柑桔北移的科学》、《灌木、荆棘和野草》、《种好北方自留山》、《苗木繁育新途径》、《人·森林·生物圈》、《北回归线上的翡翠——南昆山游记》、《鸟类——森林的朋友、害虫的天敌》、《新结识的林中益友——舟蛾卵跳小蜂》、《绿化·环境·健康》10篇作品获二等奖；《绿色，它告诉我们……》、《草木皆兵》等29篇作品获三等奖。

应征稿件的内容包括：①森林的多种功能、多种效益；②采种育苗、植树造林、森林保护与经营利用等方面的科学知识和适用技术措施；③维护生态平衡、保护森林野生动植物；④推广林业科学技术及应用林业科技的经验和成果；⑤推广和应用林业科技的先进单位与先进人物的事迹。应征作品的形式、体裁多种多样，有科学小品、科学童话、科技漫谈、科技杂谈、科学相声等。参加这次活动的作者遍及全国各地，有编辑、记者、科普工作者、工程师、农艺师、技术员、医生、干部、教师、学生、工人、农民、军人、待业青年等。征文活动表明，全国已拥有一批热心林业科普创作的作者。

全国林业科普征文活动领导小组分别向获奖作品的作者颁发了获奖证书和奖金。科学普及出版社编辑出版了全国林业科普征文获奖作品集《绿色，它告诉我们……》。 (章 维 封加平)

**【全国林业新闻干部进修班】** 1985年6月1日至8月26日，中国记协林业新闻工作者协会和北京林业大学在北京联合举办了全国林业新闻干部进修班，共有学员43名。其中，6名来自部直属单位，37名来自23个省、自治区、直辖市的林业部门。

在开学典礼上，林业部副部长刘广运、北京林业大学和中国社会科学院研究生院新闻系的负责同志到会讲话。在结业典礼上，林业部部长杨钟就当前林业形势和宣传任务作了报告，并向学员颁发结业证书；董智勇、刘广运副部长也讲了话。

进修班由中国社会科学院研究生院新闻系、人民日报社、新华社和中国社会科学院新闻研究所的25位教授、讲师、编辑、记者担任授课老师。进修期间，给学员作了64次辅导报告、9次专题讲座，共584个学时。学员们还系统地学习了《关于党的新闻工作》、《中国新闻事业简史》、《新闻学原理》、《新闻采访概论》、《报纸编辑学》、《新闻写作(基本知识讲义)》、《通讯的写作》等教材。43人全部通过了新闻史、新闻学原理、采访学、评论学、编辑学和新闻写作6门课程的考试，取得了优异成绩。同时，学员们还参加新闻实习写作，共写出评论文章58篇，其中3篇被人民日报评论部选中；写出新闻采访学专题论文43篇，有的被推荐给有关杂志。结业后，许多学员活跃在林业生产建设的第一线上，独立进行新闻采访实践。他们的一些作品发表在人民日报、经济日报、农民日报上。

(章 维 封加平)

**【我爱大森林智力竞赛】** 为培养绿化祖国、热爱祖国的一代新人，林业部宣传司和《少年科学画报》编辑部于1985年联合举办了“我爱大森林”智力竞赛。这次活动得到了全国各地少年儿童的广泛响应。通过竞赛，使少年儿童们学到了很多林业知识，增强了他们要做大森林的主人的责任感。这次竞赛共评选出一等奖50名、二等奖100名、三等奖200名、鼓励奖500名。1986年植树节，在北京召开了发奖大会。林业部副部长刘广运、国家人与生物圈委员会主席阳含熙、林学会副理事长陈陆圻分别在发奖大会上讲了话。全国妇联、共青团中央、中国科协、中央绿化委员会等有关方面的负责同志以及著名地理学家、鸟类学家、林学家也到会祝贺，并向获奖者颁发了奖品和证书。 (贾 节)

# 形象宣传

**【综 述】** 林业形象宣传是通过摄影、美术、展览以及电影、电视等艺术造型手段，宣传党的林业方针政策，宣传森林的效益和作用，宣传保护森林、发展林业的重要意义，普及林业科学技术知识。

林业形象宣传始于50年代。当时主要是举办林业展览，介绍林业资源情况，宣传林业生产建设中的先进典型。1956年，林业部筹备第一届全国农业展览会林业馆。展览会期间，展出了丰富多彩的森林主、副产品，并通过图片、模型和实物展示了林业发展的前景。上海科教电影制片厂以此为题材，拍摄了林业科教片《森林好处多》，开始宣传森林的效益。1958年承办了全国农具展览会林业馆、全国工交展览会森工馆展览；1959年举办了全国农业展览馆林业馆展览。这些展览，宣传了森林的作用、林业在国民经济建设中的地位，提高了人民群众对林业的认识。

党的十一届三中全会以后，林业形象宣传有了很大发展。在摄影、美术、电影、电视等有关部门和团体的配合下，借助于林业综合性展览，林业摄影、美术展览以及拍摄科教电影、制作幻灯片等手段，激发了广大群众特别是青少年爱林、造林、护林的积极性，推动了两个文明的建设，促进了林业生产的发展。

**林业综合性展览** 1979年，在北京举办了“全国国营林场综合利用产品展览”。展览的主要目的是推动国营林场开展增产节约活动，发展木材综合利用事业。1981年10月，与农业部等单位联合举办了“全国农村能源展览”，重点介绍了营造薪炭林。1982年3月，在北京举办了“全国林业科普展览”，宣传森林的多种效益。同年10月，“全国农业自然资源和农业区划展览”（林业部分）在全国农业展览馆正式展出。这个展览内容广泛，生动活泼，热带雨林的模拟环境逼真，受到广大观众的好评。1983年12月，与国家经委、国家民委、农牧渔业部联合举办了“全国干旱半干旱地区种草种树展览”。展览采用图片配文字说明，并与实物相结合的形式展出，很受观众的欢迎。1985年，在北京举办了“中国根的艺术联展”。展品来自全国10个省、市，共300多件。新闻电影制片厂为该展览摄制了新闻电视片。展览的目的是鼓励人们利用大量废弃的树根进行艺术创作，满足社会的需求，促进这一新型艺术创作的发展。

**林业摄影及摄影展览** 1980年以来，印制发行了12组林业摄影展览图片，发行量达13万多张；编印发行了摄影宣传挂图80多万张以及一批林业幻灯片。1980年10月，在北京举办了“绿色宝库摄影艺术展览”，介绍美丽的森林风光，宣传森林的效益和林业科技知识。1981年，编辑、出版了《中国林海漫游》摄影画册，向全国发行。1983年，举办了“新疆自然保护区与民族风情摄影展览”、“中国珍贵野生动物摄影展览”；并编辑、出版了《新疆自然保护区》画册。1984年，印制发行了《请君爱鸟》摄影台历25万册。同年，还编辑、出版了反映建国35周年林业建设成就的摄影画册《中国林业建设》。1985年，在北京先后举办了“全国森林和野生动物自然保护区摄影展览”、“全国花卉摄影艺术展览”、“湘西行——国家森林公园、自然保护区摄影展览”。通过这些展览，宣传建立自然保护区的意义和作用，宣传自然保护区的建设成就，促进自然保护区建设的发展。1986年11月，在北京同时举办了“塞上绿云——宁夏林业建设成就摄影展览”和“物华天宝——安徽林业摄影艺术展览”。这两个展览，充分运用艺术方法，形象、生动地宣传林业，既给人们以美的享受，又扩大了宣传效果。

**林业美术与美术展览** 从1979年起，林业美术有了较大发展。在短短的几年时间内，出版、发行林业宣传画、科普画、科普知识挂图共37种400多万张。1982年以来，在北京连续举办了3届“森林风光美展”。1986年，与中国美术家协会联合组成林区美术考察组，赴牙克石、加格达奇、松江河林区考察林业美术队伍的现状，并指导、推动林区群众美术创作活动的开展。

**林业科教电影与电视** 1979～1986年，林业宣传部门组织、协助有关电影制片厂共拍摄林业或与林业有关的科教电影片220多部，其中有22部获得优秀奖。1985年，在意大利国际电影节中，《灰喜鹊》获得“金葡萄奖”；1986年2月，在西柏林农业科教电影比赛中，《绿色世界》获“银牌奖”；同年秋在列宁格勒举行的苏联第34届国际电影节上，《鸮》获得“特别荣誉奖”。几年来，我们推出了一批较好的林业科教片，其中有《鸟儿乐园》、《绿化祖国》、《科学造林》、《森林与我们》、《长白山四季》、《防治沙漠化》等。1981年9月和1986年4月，先后在北京举办第一届和第二届“大自然与人”林业科教片汇映，共播映近60部林业科教片。通过汇映，对传播林业科学技术知识，促进我国林业科教片的摄制工作，起到了较好的作用。1986年，宣传部门依靠自己的设备力量，拍摄了《沙海绿波》、《这里将变成绿洲》

两部林业电视片。 （丁付林）

【中国农村能源展览】 为宣传我国农村能源建设和交流技术、普及能源科学知识，1982年4月，原国家农委组织有关部门在北京全国农业展览馆举办“中国农村能源展览”。

展出内容，除介绍太阳能、小水电、沼气、小煤窑、节柴灶等，主要是发展林业，大力营造薪炭林，解决烧柴能源问题。我国农村能源的主要原料是薪柴，约占整个能源的40%以上。特别是水土流失严重的西北地区，烧柴更加紧张。据统计，每年只能维持1个月左右。而且，由于缺柴而乱垦滥伐，造成严重的水土流失，土壤沙化。这就使人们认识到造林育林是解决农村能源的有效途径。因此，全国各地大力开展营造薪炭林，并出现了许多营造薪炭林的先进典型，这些典型在展览中得到较全面的介绍。在展出内容中，还提出了今后解决烧柴的远景规划以及方针政策、技术方法、作业方式、选用薪炭林树种等指导性措施，并介绍了一些国外解决能源的情况。

这次展览，自1982年4月开始，至1985年春结束，历时3年，参观人数达10余万人次。很多国际友人，特别是非洲、阿拉伯国家的外宾，曾多次参观这次展览。 （李培桐）

【全国农业资源区划展览】 原国家农委组织举办的“全国农业资源区划展览”于1982年10月正式开展。国务院副总理万里为展览剪彩，王震同志参观了展览。1986年9月，这个展览改为全国农业博物馆作为永久性陈列，供国内外人士参观。展出期间，参观人数达10余万人次。

展览目的，是展示我国的农业资源概况，一方面为各级领导提供决策依据，同时对人民群众也是一次系统的介绍伟大祖国丰富农业资源的爱国主义教育。

展出内容，包括综合、气象、水利、土地利用、植物资源、野生动物资源、农业、林业、畜牧、水产、病虫害防治以及大农业区划。采用照片、图画、实物相结合的形式。

其中，林业部分展示了以下7个方面的内容：①我国森林分布及资源概况；②森林的特点；③丰富的树种资源；④介绍西双版纳及海南岛；⑤森林的效益；⑥森林区划；⑦热带雨林景观。展出后，几年来获得国内外各界著名人士及广大观众的好评，并荣获“全国农业资源区划展览”一等奖。 （李培桐）

【绿色宝库摄影艺术展览】 林业部、北京市摄影家协会联合举办的“绿色宝库摄影艺术展览”于1980年10月在北京中国美术馆展出。这次展览，主要是为展现我国丰富多彩的森林资源，宣传森林的多种效益，共展出303幅彩色及黑白摄影艺术作品。展出25天，观众达11万人次。展出结束后，为扩大宣传效果，又在江苏、贵州、河南、宁夏、广西、辽宁、四川、甘肃、天津、西藏10个省、自治区、直辖市进行了巡回展出。 （李培桐）

【全国林业科普展览】 林业部宣传局（现宣传司）、中国林学会联合举办的“全国林业科普展览”，于1982年10月在北京中国美术馆展出。

展览以普及林业科学知识、宣传森林的多种效益为宗旨。展出内容包括5个方面：森林世界，丰富多彩；树木功高，森林益广；保护林木，发展林业；爱林毁林，赏罚分明；绿化祖国，人人有责。展览展出了油画、国画、版画、水粉画、丙烯画、漫画、剪纸、木雕、根雕、通草画、摄影等多种形式的艺术作品共200余件。同时，配合展览放映了9部林业科普电影。在北京展出期间，参观人数达14万人次。展出结束后，又在沈阳、太原、昆明、重庆、南宁、兰州、张家口7个城市巡回展出，观众达19.2万余人次。展出期间，对展品开展了评选活动，共评出一等奖5个，二等奖25个，三等奖37个。 （李培桐）

【全国森林和野生动物自然保护区摄影展览】 由林业部、中国科协、人与生物圈国家委员会、中国摄影家协会和北京自然博物馆联合举办的“全国森林和野生动物自然保护区摄影展览”，于1985年10月14日至11月3日在北京中国美术馆展出，并作为向“国际森林年”的献礼。开幕式由人与生物圈国家委员会主席阳含熙教授主持，林业部部长杨钟致词，全国政协副主席周培源和著名科学家裴丽生剪彩。

这次展览，共展出26个省、自治区、直辖市具有代表性的森林生态和野生动物类型自然保护区54处的1035幅彩色摄影作品，系统介绍了每个自然保护区的特点和主要保护对象。其目的是为了使广大观众真实地了解建立自然保护区与人民生活的密切关系，提高人们对“保护大自然也就是保护人类自身”这个真理的认识。

为突出展览的特点，除按自然保护区类型采用展板、大灯箱形式编排照片外，并配有反映各自然保护区特色的文字介绍，同时播放了有关自然保护区的电影、录相8部，做到动静结合。在展厅内配有模拟自然保护区内自然色彩的音响，使广大观众参观时产生身临其境之感。展览期间，观众达12万余人次，获得了预期效果。影展筹备委员会还组织摄影界、科教界人士组成评委会，对展出的1035幅作品进行了评奖。评选结果，获一等奖的5个，二等奖的10个，三等奖的20个，荣誉奖43个；并对

积极筹备，组织工作出色的10个省、自治区、直辖市颁发了组织工作奖。（李培桐）

**【新疆自然保护区及民族风情摄影艺术展览】** 林业部宣传司、中国摄影家协会、民族画报社、新疆维吾尔自治区林业厅联合举办的“新疆自然保护区及民族风情摄影艺术展览”，于1983年12月在北京民族文化宫展出。展览共展出142幅作品，向观众介绍了新疆的乡俗民情、自然保护区风光以及奇树名花、珍禽异兽。展览反映了新疆自然保护区的建设情况和民族风情，对增进各民族间的团结，激发各族人民热爱祖国、热爱大自然起到了积极作用。

（张从密）

**【全国干旱半干旱地区种草种树展览】** 由国家经委、国家民委、农牧渔业部、林业部联合举办的“全国干旱半干旱地区种草种树展览”，于1983年12月20日至1984年2月15日在北京民族文化宫正式展出。中共中央政治局委员王震为开幕式剪彩。有5.8万多人次参观了展览。

这次展览主要是针对我国西北、华北北部及东北西部干旱半干旱地区。由于干旱及人为地对林草的破坏，给生产及人民生活带来了困难。中华人民共和国成立后，虽然当地各族人民与风沙干旱等灾害进行了长期的斗争，积累了很多经验，但是乱垦滥伐、过牧、过樵的现象并未完全制止，生态系统的恶性循环还没有根本改变。中央领导曾多次到这些地区视察，高度评价了群众同干旱作斗争的好经验，并指出：只有种树种草，发展畜牧，治穷致富，才是逐步改变这一地区贫困面貌的根本大计。据此精神，举办了这次展览。展出内容分4部分：我国干旱半干旱地区的自然面貌，以及治沙治理水土流失必须大力种草种树的必要性和紧迫性；适合这些地区生长的草、灌、乔树种及技术措施；干旱半干旱地区人民种草种树防风固沙，防治水土流失，改造自然环境的典型事例；中央领导为开拓大西北深入基层实地考察，发出种草种树的号召，得到各族人民积极响应的情况。

展览采用照片配文字说明以及实物标本相结合的形式，收到了良好的效果。展出结束后，还编制了录相片及幻灯片，发至“三北”地区400多个县。

（李培桐）

**【全国花卉摄影艺术展览】** 由中国记协林业新闻工作者协会、中国摄影家协会联合举办的“全国花卉摄影艺术展览”，于1985年11月在北京展出。参展的126幅作品是从全国应征的万余幅作品中评选出来的。举办全国花卉摄影艺术展览，是建国以来的第一次。目的是使广大观众了解我国丰富多彩的花卉资源，增强绿化环境、美化环境的观念，实质上也是精神文明的建设。（张从密）

**【第一届森林风光美术作品展览】** 为了加强对1981年3月中共中央、国务院《关于保护森林发展林业若干问题的决定》的宣传，促进林业美术队伍的成长，创作更多更好的林业题材的美术作品，林业部宣传局（现宣传司）和中国美术家协会北京分会联合举办的“第一届森林风光美术作品展览”，于1981年8月21日至9月9日在中央美术学院陈列馆展出。

展出的作品是从北京画家应选的500件作品中精选出来的，包括国画、油画、版画、装饰画等198件。这些作品既有多次深入林区的老画家的新作，也有刚从深山密林中写生归来的中青年画家的实地写生。他们从不同的角度，以不同的手法和艺术风格，比较全面地反映了我国林业建设情况和森林风光。

这是第一次以林业为主题的专题性美术作品展览会。展览以其新颖别致和较高水平的作品，受到首都观众和美术工作者的肯定。

中央美术学院院长、著名老画家吴作人先生为展览亲笔题名：“森林风光美展”。

林业部部长罗玉川和副部长雍文涛、杨珏、张磐石、梁昌武，以及当时健在的中国美术家协会主席江丰和中央美术学院院长古元参观了展览。

展出期间，观众达1.5万人次。这次展览，不仅丰富了首都人民的文化生活，而且也激发了人们爱林、护林、植树造林的热情。（李春海）

**【第二届森林风光美术作品展览】** 1983年3月11日至3月25日，在北京市劳动人民文化宫举办了“第二届森林风光美术作品展览”。这次展览展出作品127件，其中国画67件、油画60件。这些作品的作者，曾于1982年6月，以林业部宣传司与中国美术家协会北京分会的名义，组成两个小组，分赴大兴安岭、小兴安岭和湘西、川南林区，进行为期一个半月的实地写生，收集了大量创作素材，并在此基础上整理、加工，创作出一批具有强烈林区生活气息和森林风采的绘画作品。展览配合了1983年植树节的宣传工作。

在开幕式上，举办了一次别开生面的迎接植树节座谈笔会，特邀首都部分著名书画家即席题诗作画。中国书法家协会主席陈叔亮先生，染翰挥毫写了“植树造林，改变环境”8个苍劲有力的大字；中央工艺美术学院院长张仃写下了“绿化神州”4个古朴沉厚的隶书中堂；著名画家白雪石即兴画了一幅4尺”梅花争春图”。出席座谈笔会的，还有在京的知名书画家崔子范、周怀民、吴冠中、宗其香、溥松窗、沈鹏、刘博琴、刘炳森、柳倩等30余人，共创作书画作品近40幅。

林业部领导同志和中国美术家协会北京分会的

主要负责人杨钟、刘琨、王殿文、马玉槐、杨珏、尹瘦石、刘迅、官布、李中贵等出席了笔会。杨珏副部长和中国美术家协会北京分会负责人刘迅作了即席讲话。刘迅同志还为展览会撰写了前言。

3月12日，中央电视台、中央人民广播电台、新华社新闻稿第4790期、光明日报和北京日报都对此展览和座谈笔会进行了报道。（李春海）

**【第三届森林风光美术作品展览】** 1985年3月22日至4月5日，在中国美术馆举行了“第三届森林风光美展——大兴安岭地区林业管理局、陕西省林业厅、吉林省松江河林业局美术作品联展”。这次展览，共展出国画、油画、版画作品131件，其中大兴安岭林业管理局71件、陕西省林业厅33件、吉林省松江河林业局27件。

这次展出的作品，大部分出自林区职工之手，从不同侧面真实地表现了当地林区生产、生活和大自然的瑰丽风采。

1985年3月26日，《工人日报》第四版“工人的画”专栏，以几乎整版的篇幅登载了部分美展作品。林业部副部长刘广运以“一束采自林海深处的鲜花”为题撰文，赞扬林业职工美术创作取得的成绩。

展出作品受到了观众的好评，尤其是大兴安岭林业版画，以熟练的刀法、强烈谐调的套色技巧和丰富的生活功底赢得了很高的评价。

展出期间，特邀北京美术界部分画家组成评奖小组，进行了现场投票评选，其中大兴安岭林业管理局27件、陕西省林业厅9件、吉林省松江河林业局3件，共40件作品获优秀作品奖。

大兴安岭林业管理局徐军同志创作的套色木刻《巡》被中国美术馆收藏。（李春海）

**【内蒙古、东北林区群众美术活动考察】** 为了使中国美术家协会和有关的美术报刊、出版部门了解林业美术创作的发展现状，进一步促进林区群众美术创作及学术活动的开展，1986年8月20日至9月10日，林业部宣传司与中国美术家协会联合组成考察组，到内蒙古林区及东北林区，实地了解那里的美术创作情况。考察组的成员，包括林业部宣传司的主管干部、中国美术家协会书记处的领导同志、画家及《美术》月刊、《中国美术报》、人民美术出版社、人民日报文艺部的编辑、记者共10人。在内蒙古牙克石林业管理局及克一河林业局、黑龙江省加格达奇林业部大兴安岭林业管理局、吉林省松江河林业局的考察过程中，考察组先后出席了牙克石林业管理局主办的首届林区职工绘画书法展览开幕式，参观了大兴安岭林区近几年来的美术作品陈列和吉林省松江河林业局美术作品展览；与这些地方的各族美术工作者、业余美术爱好者进行了广泛的接触；召开了不同规模和形式的座谈会；走访了一些基层作者的家庭或工作单位。

考察的结果表明，林区美术创作活动具有两个特点：一是领导重视和支持。他们从生产和林区文化建设实践中认识到，积极引导群众开展业余文化活动，对林区的社会主义精神文明建设起着重要作用。由于领导支持，林区的美术创作队伍逐渐壮大，创作活动经久不衰。据统计，截止1985年的前6年中，仅加格达奇林业部大兴安岭林业管理局，就举办了13个美术训练班，培训学员305人次，先后选派9人在省内外美术院校脱产进修，聘请北京等地美术院校、单位的10多位画家来林区讲学。二是有一批献身于林区群众美术创作活动的倡导者和组织者。他们以自己的艺术实践和献身精神，团结、带动了一批又一批的美术爱好者，形成了一支自学起家、土生土长的创作群体。（李春海）

## 林业文艺宣传

**【综　述】** 林业文艺宣传主要是通过反映林业生产、生活题材的文学艺术作品讴歌林业战线上的新人新事和新风尚，活跃林区人民生活，促进社会主义两个文明建设。

林业文艺宣传是从1979年以后才开展起来的。尽管时间不长，但发展较快。几年来，除围绕林业工作重点，组织开展林业文艺宣传活动外，主要是培养和壮大林业文艺创作队伍。1986年5月，成立了林业文学工作者协会，到1986年末已发展会员135人。四川、吉林、河北、黑龙江等省也开始成立文学协会组织。到1986年底，在全国林业系统内已基本形成一支林业文学宣传队伍。同时，近年来相继创办了许多林业文艺刊物，有伊春的《林苑》、大兴安岭的《大兴安岭文艺》、牙克石的《森林文学》、新疆的《天山林区文艺》、湖北的《神农架》等。全国有30种林业刊物办起了文艺副刊或专栏，如《中国林业》的“百花坛”、《河北林业》的“燕赵情”、《滴翠》的“木棉花”、《四川林业报》的“绿金”、《黑龙江林业》的“五花山”等。这些刊物，都已成为林业文艺宣传阵地。

近年来，林业文艺宣传越来越活跃。1980年，在中国音乐家协会的配合下，组织了一批词、曲作者，分赴福建、大兴安岭、四川和长白山林区体验生活，创作出上百首不同风格、不同题材的林业歌曲作品。同年11月，从这些作品中挑选出部分优秀歌曲，在首都举行了第一届“绿云里的歌”音乐会。1981年，编辑出版了林业歌曲集，向全国发行。1983年植树节期间，在北京举办了第二届“绿云里的歌”音乐会，中央领导同志及首都各界群众1300多人观看了首场演出。全套节目已由中央人民广播电台录制成立体声曲目，作为中央人民广播电台和北京人民广播电台的保留节目经常播放。1984年，与中国音乐家协会联合举办了“绿叶奖”征歌评选活动，有66首优秀林业歌曲获奖。1985年和1986年植树节期间，组织拍摄并向中央电视台提供了《绿叶》、《绿染兴安》、《欢乐的植树节》3部音乐电视片，向全国播放。1986年，黑龙江省伊春林业文工团来京，演出了一台富有林区特色的歌舞节目，取得成功。同年，还与四川省政府联合授予已故诗人傅仇同志“森林诗人”称号，并由中国林业出版社编辑出版了《傅仇森林诗集》，向全国发行。除此之外，云南、四川、福建、贵州、湖南、河南、湖北、浙江、广东等南方9省联合发起了“绿色文学”征文活动。

1979年以来，先后邀请100多位作家、音乐家、艺术家和电影电视编导人员深入林区采访和创作，陆续发表了一批反映林业题材的小说、诗歌、散文、报告文学和电影、电视剧本等文艺作品。到1986年底，已播映电影、电视剧8部，在省级以上报刊和出版社发表的长篇小说10多部，报告文学、散文、短篇小说上百篇，向林区发送各种林业文艺书籍近30万册。林业文艺正在兴起。可以预料，它在今后的林业宣传中将发挥更重要的作用。　（丁付林）

**【《绿云里的歌》音乐会】**　林业部和中国音乐家协会曾分别于1980年11月和1983年3月在北京联合举办了两届《绿云里的歌》音乐会。通过音乐形象，表现森林与人类的密切关系，歌颂全民义务植树运动，热情赞美为绿化祖国付出辛勤劳动的人们。

第二届《绿云里的歌》音乐会是于1983年3月11日植树节前夕在首都政协礼堂举办的。中央及各部委领导人姚依林、阿沛·阿旺晋美、黄华、洪学智、马国瑞、伍修权、张平化、王光美、杜润生、杨钟、何正文、周巍峙、何光伟、吕骥、刘坚夫等同首都各界群众1300多人一起观看了首场演出。

在这届音乐会上献艺的，有中央芭蕾舞团、中央广播艺术团、总政歌舞团、空政歌舞团、福州部队前锋歌舞团、四川省歌舞团。参加演出的著名歌唱演员有王凯平、葛军、张暴默、李默、周维民、哈素沛、王军、刘海鹰等，还有来自东北林区的歌手赵晓军、徐正义。他们分别演唱了《林业工人之歌》、《绿化祖国之歌》、《为了四化，快快绿化》、《阳春三月栽树啰》、《手握油锯唱山歌》、《森林与大象》、《林区姑娘爱风雪》、《在森林铁路拐弯的地方》、《留下一片荫凉》等林业歌曲。著名相声演员姜昆、李文华还演出了新创作的林业题材的相声段子《严重警告》。由于演出风格多样，赢得了广大观众的喜爱。全套节目由中央人民广播电台录成立体声曲目，作为中央电台和北京电台的保留节目。　（王光亚）

**【《绿叶》文学创作讲习班】**　为了提高广大林区业余文学工作者的创作水平，写出更好的林业题材的文学作品，林业部宣传司于1985年8月与黑龙江省伊春市文联联合在北京举办了首届《绿叶》文学创作讲习班。

参加学习的37名学员来自黑龙江、吉林、内蒙古、四川、云南5个省、自治区的林业基层单位。他们中有工人、机关干部、技术人员、教师、医士、编辑等，绝大多数是中青年作者。其中1/3的学员受过大专教育，多数在省级以上报刊发表过文学作品。

讲习班针对学员中的大多数来自偏远林区，对现代文学创作不甚了解的情况，采取了“大剂量灌输”方法，帮助学员更新知识，接受最新信息。讲习班除安排听课外，还共同研讨了小说、报告文学、散文、诗歌、电影、电视等6种文学体裁的创新以及经济改革与文学创作的关系问题。讲习班还邀请了鲍昌、吴泰昌、刘梦溪、何西来、李陀、陈祖芬、理由、邵燕祥、叶楠、陈建功、刘湛秋、郑伯农、李准、周明、崔道贻、丁道希、朱春雨、郑万隆、何志云等24位知名作家、评论家、编辑、记者为学员讲课。

在结业式上，林业部部长杨钟和副部长董智勇、刘广运到会鼓励大家奋发拼搏，为社会主义林业文学事业创作出更多更好的文学作品。　（王光亚）

**【《绿叶奖》征歌评选活动】**　为了运用歌曲的形式进一步宣传绿化祖国、发展林业的重要意义，林业部宣传司与中国音乐家协会创作委员会于1984年3月在北京联合举办了《绿叶奖》征歌评选活动。这一活动，得到了全国29个省、自治区、直辖市的专业与业余词曲作者的响应，收到应征作品2600多件。经中国音乐家协会副主席孙慎、李焕之等10多位音乐家组成的评委会审听和讨论，择优评出66首获奖歌曲，其中获优秀奖的歌曲18首，获鼓励奖的歌曲48首。例如，《森林与大象》、《森林静悄悄》、《为了四化，快快绿化》、《林区姑娘爱风雪》、《手握油锯唱山歌》等。

《绿叶奖》征歌发奖大会于1985年植树节前夕在首都民族文化宫举行。林业部副部长刘广运、中国音乐家协会副主席李焕之到会祝贺并分别代表林业部、中国音乐家协会向获奖者颁发了奖状、纪念品和奖金。郑南、王酩代表获奖的词曲作者讲了话。参加大会的有150多人，主要是首都音乐界、新闻界的同行。

获奖作品先后编成《绿叶奖》获奖歌曲专集并制成立体声盒式磁带，供广大林区职工及音乐爱好者欣赏、演唱。获优秀奖的部分作品，还由中央人民广播电台录成立体声音乐节目向全国播放。1984年底，林业部宣传司又在贵州电视台及有关方面的支持下，挑选出部分获优秀奖的作品，拍成电视音乐片《绿叶》，于1985年植树节由中央电视台向全国播放。 （王光亚）

# 林 业 出 版

**【中国林业出版社】** 中国林业出版社是林业部领导下的专业出版社，于1953年3月在北京成立。1957年，中国林业出版社分为中国林业出版社和森林工业出版社。1958年，两社再度合并为中国林业出版社。1960年12月，中国林业出版社和农业出版社合并，缩编为农业出版社的林业编辑室。为了适应林业建设事业发展的需要，1980年4月重新恢复了中国林业出版社。

**机构与业务范围** 中国林业出版社现设总编辑办公室，林业、森林工业、综合、辞书年鉴编辑室，教材编审室，出版部，发行部及办公室。到1986年底，全社共有在编人员122人，其中编辑人员52人。年出书150余种，其中新书90余种，并负责《林产工业》、《森林与人类》两种林业刊物的出版工作。随着林业建设事业的发展，中国林业出版社不断开拓出书领域。到目前，出书范围包括造林、营林、水土保持、森林与生态环境保护、城市园林建设、林副特产、果树栽培、野生动物保护、林业机械、森林采伐运输、木材加工、林产化工、林业政策、林业法规、林业经济与企业管理等。

**出版图书** 建社以来，中国林业出版社出版了大量林业专业图书。50年代，为适应大规模植树造林和森林工业的发展，在出版宣传森林作用和林业科学技术图书的同时，比较系统地组织翻译、出版了苏联等国的林业科学技术图书及教材，共出书905种，印数达1500万册。60年代初至“文化大革命”开始前，共出版林业图书210种，约300万册，完成了一套高、中等林业院校教材的编辑、出版工作，填补了国内林业教材的空白。“文化大革命”中，林业出版工作一度中断，直至1970年才恢复工作。70年代仅出书164种。

中国林业出版社恢复7年来，在增加图书品种、缩短出版周期和加强图书发行工作的同时，狠抓了图书质量。1984年8月，林业部在北京召开了“全国林业出版工作会议”，并聘请了67位专家、教授为中国林业出版社的特约顾问和特约编审。1986年10月，中国林业出版社又在北京召开了“全国林业图书发行工作会议”，聘请了林业图书通讯员，逐步建立起全国林业图书发行网点。

由于各方面工作的加强，中国林业出版社出版了一批具有较高学术水平和实用价值的图书。其中，郑万钧主编的《中国主要树种造林技术》获1977～1981年度、中国林业科学研究院主编的《中国森林昆虫》获1983年度全国优秀科技图书二等奖；陶章安、吴士侠编写的《怎样植树造林》获1979～1982年度优秀农村读物二等奖；《绿化纵横谈》获贵州省优秀科普作品一等奖；《花卉及观赏树木栽培手册》、《木材学》在1986年第三届全国书籍装帧艺术展览上获封面设计优秀作品三等奖；《中国树木志》第二卷分别获北京市印刷公司、中国印刷公司1986年度印装优质奖；《现代家具图集》被评为1986年全国20种优秀畅销书之一。另外，《中国树木志》第一、二卷，《中国森林病害》，《农田防护林学》，《治沙造林学》，《木材学》等书以其较高学术价值，得到国内外林业界的肯定。 （王邱文）

**【《中国林业》】** 《中国林业》是林业部主办的综合性机关刊物，是月刊，1950年创刊，由《中国林业》杂志社编辑出版，向国内外发行。1966年因“文化大革命”而停刊，1980年复刊。到1986年底，已出版290期，每期发行量约7万份。《中国林业》的主要任务是：宣传党和国家的林业方针、政策及法令；宣传森林在国民经济建设及人民生活中的地位和作用；介绍和普及国内外先进的林业科学技术知识；总结和推广林业生产和森工企业经营管理的经验；宣传林业系统的先进集体和先进人物；反映、讨论林业干部和职工共同关心的问题等。

《中国林业》现设有人物志、新风新事、改革之花、探索、专论、一月论坛、森林效益、经验选刊、绿化榜、企业管理、专业户之友、经营之道、保护与法制、林区风光、动物世界、科技园地、读者信箱、国外借鉴以及名、特、优新产品等栏目。

（丁付林）

**【《林业画报》】** 《林业画报》是林业部主办的综合性画刊，创刊于1981年2月。初创时为季刊，1986年改为双月刊。到1986年底，共出版26期，每期发行量约2万份。《林业画报》的主要任务是：以形象生动的画面，宣传森林的效益，反映林业建设成就，传播林业科技信息，介绍自然保护区和城乡园林风光，活跃林业职工生活。《林业画报》设有自然保护区、林业人物赞、城市园林、珍稀树种、珍禽异兽、国外林业借鉴、来稿选登、摄影、美术作品选登、长城内外、“三北”防护林体系建设等专栏、专版。1986年6月，林业部决定创办《中国林业报》。为了集中人力、物力办好《中国林业报》，《林业画报》将于1987年1月停刊。　（丁付林）

**【《中国林业报》】** 经中共中央宣传部批准，《中国林业报》将于1987年1月试刊，1987年7月1日正式创刊，向全国发行。

《中国林业报》是林业部主办的林业专业报，它立足林业，面向社会，是以林业战线广大干部和群众、林业科技人员、林业院校师生、林业专业户、重点户为主要读者对象的专业性报纸。主要任务是：结合林业工作的实际，宣传党和国家关于林业的方针、政策及法令，推动全国林业建设的发展；报道林业经济改革中的新成就、新经验、新问题，促进林业战线“两个文明”的建设；传播国内外林业信息，推广林业科技成果，为林区、农村开辟致富之路；维护群众利益，反映群众呼声，努力解决群众迫切需要解决的问题；展现大森林风光和园林景观，借以宣传林业在“四化”建设和人民生活中的地位及作用；刊登群众喜爱的各种形式的文艺作品，活跃林区文化生活。

《中国林业报》定为对开4版，每周一刊。版面安排是：第1版为要闻版；第2版为经济生活版；第3版为科技政教、社会生活综合版；第4版为副刊版。《中国林业报》设有“绿色事业的开拓者”、“新闻精萃”、“录以备考”、“林海短论”、“凡人新事”、“经济杂谈”、“致富路”、“信息桥”、“科圃”、“校园内外”、“森林与我们”、“百家言”、“江山多娇”、“袖珍小说”、“林海掬浪(散文)”、“林区风物志”、“书画院”等栏目。

《中国林业报》社下设总编室，第一、二、三、四版编辑室，《中国林业》杂志编辑部，群工部，经理部，办公室。　（丁付林）

**【《森林与人类》】** 《森林与人类》系由中国林学会主办，中国林业出版社出版的全国性林业科普刊物，是双月刊，创刊于1981年12月。到1986年底，共出版31期，每期发行量约3万份。

《森林与人类》杂志以向全社会普及林业科学技术，介绍森林在日益恶化的人类生活环境中所具有的重大生态效益和社会效益，教育全国各族人民以爱树爱林为己任，设有森林世界、森林旅游、大众园地、森林效益、园林花卉、树木生活、树木列传、科学造林护林、综合利用、林业史话、林业人物等栏目。自1986年起，特开辟由编辑部和各省林学会合办的地方专栏。到1987年第3期，刊出的地方专栏有吉林、四川、湖南、广东、江苏、承德等省或地区。

《森林与人类》设有编委会，共有编委22人。汪振儒任主编，张重忱任副主编。　（王贺春）

**【《林业科学》】** 《林业科学》是中国林学会主办的学术性刊物，是季刊，于1955年创刊。它重点反映我国营林和森林工业方面的科技成果、学术论文，开展学术讨论与学术交流，为实现林业科学技术现代化服务。其读者对象主要是从事营林、森林工业方面的生产、科研、教育工作者。截至1986年底，《林业科学》共出版了22卷86期，刊登了1000多篇文章。

《林业科学》刊出的主要内容是：林业生产中迫切需要的科技成果，以促使科学研究成果尽快地转化为生产力。同时，重视基础理论研究的报道，特别是探讨新的理论、介绍新的技术方法，以促进林业科学的发展。对林业建设中重大政策问题展开争鸣，为制定林业建设战略决策提供科学依据；为重大的学术问题提供论坛，以发扬学术民主，促进科学技术的繁荣。

《林业科学》设有编委会，由主编以及若干名副主编、编委组成。现任主编是中国科学院学部委员吴中伦教授。编委会的主要任务是：确定刊物的方针、任务，把好学术关。　（鲁一同）

**【《中国林业教育》】** 《中国林业教育》是由林业部教育司主办的季刊，于1986年创刊。该刊是林业部推动全国林业教育改革的宣传指导性刊物，面向全国各级各类林业学校的广大教师、干部、学生、职工和林业教育管理干部以及其他热心于林业教育事业的人士。

《中国林业教育》的办刊宗旨是：认真贯彻党的教育方针，从中国林业教育的实际出发，遵循教育规律，团结全国林业教育工作者，同心同德，为振兴林业教育贡献力量。

《中国林业教育》的主要任务是：密切结合实际，宣传贯彻党的教育方针及各项有关政策，探讨林业教育的重要问题，总结、交流各级各类林业教育在管理体制改革、教学改革、思想政治工作和学校管理工作等方面的经验，传播教育信息，介绍林业教育战线先进单位和先进人物的事迹，促进林业教育事业的发展。　（谢惠梅）

# 附 表

## 全国各省、自治区、直辖市林业报刊统计

| 名称 | 主办单位 | 刊期 | 备注 | 名称 | 主办单位 | 刊期 | 备注 |
|---|---|---|---|---|---|---|---|
| 绿化与生活 | 北京市林业局 | 双月刊 | | 河北林业 | 河北省林业厅 | 双月刊 | |
| 绿色天地 | 山西省林业厅 | 季双刊 | | 山西林业画刊 | 山西省林业厅 | 季刊 | |
| 内蒙古林业 | 内蒙古自治区林业局 | 月刊 | | 黑龙江林业 | 黑龙江省林业厅 | 月刊 | |
| 浙江林业 | 浙江省林业厅 | 季刊 | | 安徽林业 | 安徽省林业厅 | 双月刊 | |
| 福建林业 | 福建省林业厅 | | 内部刊物 | 河南林业 | 河南省绿化委员会、河南省林业厅 | 季刊 | |
| 湖北林讯 | 湖北省林业厅 | 双月刊 | | 湖南林业 | 湖南省林业厅 | 月刊 | |
| 滴翠 | 广东省林业厅 | 月刊 | | 广西林业 | 广西壮族自治区林业厅、广西壮族自治区林学会 | 双月刊 | |
| 贵州林业 | 贵州省林业厅 | 双月刊 | | 云南林业 | 云南省林业厅 | 双月刊 | |
| 陕西林业 | 陕西省林业厅 | 双月刊 | | 甘肃林业 | 甘肃省林业厅 | 双月刊 | |
| 新疆林业 | 新疆维吾尔自治区林业厅 | 双月刊 | | 四川林业报 | 四川省林业厅 | 周二刊 | |
| 大兴安岭日报 | 大兴安岭林业管理局 | 日刊 | | 伊春日报 | 伊春林业管理局 | 日刊 | |
| 林海日报 | 牙克石林业管理局 | 日刊 | | | | | |

（林业部宣传司综合处）

## 林业图书要目

| 书名 | 编著者 | 定价 |
|---|---|---|
| 中华人民共和国森林法 | | 0.30元 |
| 董必武林业文选 | 林业部《董必武林业文选》编辑组 | 2.80元 |
| 梁希文集 | 《梁希文集》编辑组 | 3.40元 |
| 梁希纪念集 | 《梁希文集》编辑组 | 1.05元 |
| 中国森林史料 | 陈嵘著 | 1.45元 |
| “三北”防护林地区自然资源与综合农业区划 | 朱俊凤主编 | 18.50元 |
| 中国树木志(一) | 郑万钧主编 | 9.20元 |
| 中国树木志(二) | 郑万钧主编 | 25.50元 |
| 杉木 | 吴中伦主编 | 3.90元 |
| 东北的林业 | 辽宁省林学会等编著 | 4.00元 |
| 中国森林昆虫 | 中国林业科学研究院主编 | 8.50元 |
| 中国森林病害 | 中国林业科学研究院主编 | 8.00元 |
| 森林气象学 | 王正非 朱延曜等编著 | 3.00元 |
| 农田防护林学 | 曹新孙主编 | 6.60元 |
| 中国主要树种造林技术 | 《中国树木志》编委会主编 | 7.60元 |
| 治沙造林学 | 《治沙造林学》编辑委员会编 | 4.60元 |

主要树木种苗图谱　马大浦等著　3.60元
观赏树木学(增订版)　陈　植著　3.80元
花卉及观赏树木栽培手册　孙可群等编著　8.00元
中国新园林　中国城市规划设计研究院主编　15.00元
中国自然保护区——九寨沟　林业部宣传司主编　29.00元
中国珍贵野生动物　中国野生动物保护协会主编　38.00元
WILDLIFE OF CHINA　China Wildlife Conservation Association
林产制造化学　梁　希遗著　8.70元
木材学　成俊卿主编　30.00元
木材水运工程设计手册　《木材水运工程设计手册》编写组　12.00元
中国林业索道图册　中国林学会采运学会等主编　3.25元
华南阔叶树木材识别　何天相编著　3.70元
林产工业手册　《林产工业手册》编写组　6.00元
家具设计集锦(1)组合柜　北京家具协会主编　3.80元
苏联林业经济学　〔苏〕И.В.沃罗宁等著　苑文仲　张文琪等译　1.30元
森林资源经济学　〔美〕G·鲁宾逊·格雷戈里著　许伍权等译　4.30元
植物繁殖原理和技术　〔美〕H.T.哈特曼等著　郑开文等译　9.30元
美国木本植物种子手册　美国农业部林务局主编　李霆等译　4.15元
木本植物生理学　〔美〕P.J.克累默尔等著　汪振儒等译　10.60元
森林资源清查　〔联邦德国〕F.洛茨　K.E.哈勒等著　林昌庚等译校　13.80元
森林计测学　〔日〕大隅真一等合著　于璞和等译　杨润时等校　1.80元
木材水运船舶机械设备手册　〔苏〕B.И.巴加京等　祁庆棠等译　林永信校　2.65元
木材学与木材工艺学原理——人造板　〔德〕F.F.P.科尔曼　〔美〕E.W.库恩齐等译　杨秉国译　梁世镇校　6.30元
木材内幕——大自然的杰作　〔美〕W.M.哈洛　彭海源译　汪秉全校　3.60元

(中国林业出版社)

## 全国林业科教片统计 (1979～1986)

| 片　名 | 厂　别 | 本数 | 备　注 | 片　名 | 厂　别 | 本数 | 备　注 |
|---|---|---|---|---|---|---|---|
| 1979年 | | | | 1979年 | | | |
| 毒蘑菇 | 峨嵋电影制片厂 | 2 | | 啄木鸟 | 上海科教电影制片厂 | 2 | |
| 草　蛉 | 农业电影制片厂 | 2 | | 森林监护 | 加　拿　大 | 3 | |
| 广西天然药物考察 | 珠江电影制片厂 | 4 | | 花的秘密 | 峨嵋电影制片厂 | 3 | |
| 祖国的海洋 | 长春电影制片厂 | 3 | | 鸟　岛 | 长春电影制片厂 | 6 | |
| 中山植物园 | 农业电影制片厂 | 3 | | 太　湖 | 珠江电影制片厂 | 2 | |

（续）

| 片名 | 厂别 | 本数 | 备注 | 片名 | 厂别 | 本数 | 备注 |
|---|---|---|---|---|---|---|---|
| 鹌鹑 | 农业电影制片厂 | 3 | | 科技简报第6号 | 北京科教电影制片厂 | 1 | 1. 采茶机 2. 杂交鱼岳鲤 3. 弥雾机 |
| 科技简报第9号 | 北京科教电影制片厂 | 1 | 1. 印刷木板 2. 组合家具 3. 采锦绣 | 绿色净化器 | 西安电影制片厂 | 3 | |
| 红树林 | 农业电影制片厂 | 2 | | 娃娃鱼 | 湖南电影制片厂 | 2 | |
| 病毒治虫 | 农业电影制片厂 | 2 | | 大力发展向日葵 | 长春电影制片厂 | 2 | |
| 生物进化 | 北京科教电影制片厂 | 9 | | 石林 | 长春电影制片厂 | 2 | |
| 大米草 | 农业电影制片厂 | 2 | | 人工植物群落 | 农业电影制片厂 | 2 | |
| 油桐 | 农业电影制片厂 | 2 | | 农桐间作 | 珠江电影制片厂 | 2 | |
| 科技简报第14号 | 北京科技电影制片厂 | 1 | 树木移栽机 | | | | |
| 1980年 | | | | 1980年 | | | |
| 益虫螳螂 | 潇湘电影制片厂 | 2 | | 丰产柑桔 | 潇湘电影制片厂 | 1 | |
| 新疆瓜果 | 西安电影制片厂 | 1 | | 绿化祖国 | 北京科教电影制片厂 | 5 | |
| 防治金龟子 | 辽宁科教电影制片厂 | 2 | | 柑桔 | 峨嵋电影制片厂 | 2 | |
| 泡桐树 | 珠江电影制片厂 | 2 | | 种子的旅行 | 农业电影制片厂 | 2 | |
| 黑木耳 | 上海科教电影制片厂 | 1 | | 寒冬到来之前 | 农业电影制片厂 | 2 | |
| 马峰 | 上海科教电影制片厂 | 2 | | 活化石植物 | 峨嵋电影制片厂 | 2 | |
| 金丝猴 | 西安电影制片厂 | 2 | | 武夷山区珍奇动物 | 北京科教电影制片厂 | 1 | |
| 岭南佳果 | 珠江电影制片厂 | 2 | | 天香飘溢 | 珠江电影制片厂 | 3 | |
| 蘑菇 | 珠江电影制片厂 | 2 | | 纸在哪里 | 北京科教电影制片厂 | 1 | |
| 岽岗林区考察 | 广西电影制片厂 | 3 | | 竹编 | 上海科教电影制片厂 | 1 | |
| 蜂巢 | 上海科教电影制片厂 | 1 | | 美国白蛾 | 农业电影制片厂 | 2 | |
| 五加参 | 农业电影制片厂 | 2 | | 仿生学 | 上海科教电影制片厂 | 2 | |
| 科技简报第3号 | 北京科教电影制片厂 | 1 | 雪松人工授粉等 | 科技简报第6号 | 北京科教电影制片厂 | 1 | 蜡染等 |
| 科技简报第4号 | 农业电影制片厂 | 1 | 核桃冬季室内嫁接验种监测仪 | 科技简报第11号 | 北京科教电影制片厂 | 1 | 密植速成茶园 |
| 科技简报第4号 | 西安电影制片厂 | 1 | 平菇的人工栽培等 | | | | |
| 1981年 | | | | 1981年 | | | |
| 无土栽培 | 农业电影制片厂 | 2 | | 科学种树 | 上海科教电影制片厂 | 2 | |

（续）

| 片　名 | 厂　别 | 本数 | 备　注 | 片　名 | 厂　别 | 本数 | 备　注 |
|---|---|---|---|---|---|---|---|
| 丹顶鹤的一家 | 北京科教电影制片厂 | 5 | | 水生植物 | 农业科教电影制片厂 | 2 | |
| 柞　蚕 | 辽宁电影制片厂 | 2 | | 水　杉 | 湖北电影制片厂 | 2 | |
| 动物姿态标本 | 北京科教电影制片厂 | 2 | | 捕食螨 | 北京科教电影制片厂 | 2 | |
| 蚜茧蜂 | 北京科教电影制片厂 | 2 | | 以螨治螨 | 上海科教电影制片厂 | 3 | |
| 昆虫世界——苏醒 | 北京科教电影制片厂 | 2 | | 中国冰川 | 上海科教电影制片厂 | 3 | |
| 哈纳斯湖 | 北京科教电影制片厂 | 2 | | 合理用木 | 电力部 | 2 | |
| 地中海三叶草 | 北京科教电影制片厂 | 2 | | 茶的故乡 | 农业电影制片厂 | 4 | |
| 花　粉 | 农业电影制片厂 | 2 | | 木屑种香菇 | 上海科教电影制片厂 | 2 | |
| 地膜覆盖 | 北京科教电影制片厂 | 2 | | 苧　麻 | 峨嵋电影制片厂 | 2 | |
| 白蜡虫 | 潇湘电影制片厂 | 2 | | 白蚁王国 | 农业电影制片厂 | 6 | |
| 飞播沙打旺 | 北京电影制片厂 | 2 | | 杉天牛和它的天敌 | 潇湘电影制片厂 | 2 | |
| 长白山珍奇 | 长春电影制片厂 | 7 | | 农林科技简报1号 | 农业电影制片厂 | 1 | 打丫削片机。沙丘深沟植树 |
| 农林科技简报2号 | 农业电影制片厂 | 1 | 麻杆纤维机。多用途灌机 | 农林科技简报5号 | 农业电影制片厂 | 1 | 苧麻剥麻机等 |
| 农林科技简报12号 | 上海科教电影制片厂 | 1 | 刺人参 | 科学与技术第6号 | 上海科教电影制片厂 | 1 | 鹿皮绒等 |
| 1982年 | | | | 1982年 | | | |
| 城市绿化 | 北京科教电影制片厂 | 2 | | 植物检疫 | 农业电影制片厂 | 2 | |
| 昆虫世界——变态 | 北京科教电影制片厂 | 2 | | 黄果树瀑布群 | 上海科教电影制片厂 | 2 | |
| 人　参 | 上海科教电影制片厂 | 2 | | 五倍子 | 上海科教电影制片厂 | 2 | |
| 梭　鱼 | 上海科教电影制片厂 | 2 | | 林木苗圃机械化 | 农业电影制片厂 | 2 | |
| 扬子鳄 | 农业电影制片厂 | 2 | | 臭大姐——蠲蝽 | 农业电影制片厂 | 2 | |
| 蜜　源 | 农业电影制片厂 | 2 | | 草　坪 | 农业电影制片厂 | 2 | |
| 白鱀豚 | 上海科教电影制片厂 | 3 | | 钱塘涌潮 | 上海科教电影制片厂 | 2 | |
| 燕　子 | 上海科教电影制片厂 | 3 | | 草　莓 | 北京科教电影制片厂 | 3 | |
| 尼罗罗非鱼 | 北京科教电影制片厂 | 2 | | 肿腿蜂 | 河北电影制片厂 | 1 | |
| 月季花 | 北京科教电影制片厂 | 2 | | 昆虫世界——身体结构与功能 | 北京科教电影制片厂 | 3 | |
| 云南白猴 | 北京科教电影制片厂 | 1 | | 古柏复壮 | 北京科教电影制片厂 | 1 | |

（续）

| 片名 | 厂别 | 本数 | 备注 | 片名 | 厂别 | 本数 | 备注 |
|---|---|---|---|---|---|---|---|
| 防浪林 | 湖北电影制片厂 | 2 | | | | | |
| 1983年 | | | | 1983年 | | | |
| 灰喜鹊 | 北京科教电影制片厂 | 3 | | 黄河与森林 | 北京科教电影制片厂 | 6 | |
| 柞蚕病虫害的防治 | 北京科教电影制片厂 | 3 | | 中山柏 | 北京科教电影制片厂 | 1 | |
| 种好四边桑 | 北京科教电影制片厂 | 2 | | 葡萄 | 上海科教电影制片厂 | 2 | |
| 蝴蝶 | 上海科教电影制片厂 | 3 | | 消灭野鼠 | 农业电影制片厂 | 3 | |
| 凤尾菇 | 农业电影制片厂 | 2 | | 蚯蚓 | 农业电影制片厂 | 2 | |
| 中国枣 | 农业电影制片厂 | 2 | | 红花 | 农业电影制片厂 | 2 | |
| 营造薪炭林 | 农业电影制片厂 | 3 | | 防治泡桐丛枝病 | 河南电影制片厂 | 2 | |
| 真菌 | 农业电影制片厂 | 2 | | 森林和我们 | 上海科教电影制片厂 | 9 | |
| 木材集运 | 农业电影制片厂 | | | 白僵菌治松毛虫 | 农业电影制片厂 | | |
| 四用树 | 农业电影制片厂 | | | 沙丘植树 | 农业电影制片厂 | | |
| 无土栽培 | 农业电影制片厂 | | | 西双版纳自然保护区 | 云南电影制片厂 | 2 | |
| 牧草之王 | 北京科教电影制片厂 | | | 山楂幼树丰产管理技术 | 北京科教电影制片厂 | 2 | |
| 独龙江植物考察 | 云南科协 | 3 | | 竹海侗乡 | 峨嵋电影制片厂 | | |
| 广柑的贮藏 | 北京科教电影制片厂 | 2 | | 四川柑桔的早结丰产 | 北京科教电影制片厂 | 4 | |
| 五大莲池 | 长春电影制片厂 | 6 | | 防治泡桐丛枝病 | 河南电影制片厂 | 2 | |
| 1984年 | | | | 1984年 | | | |
| 叶子 | 上海科教电影制片厂 | 3 | | 红壤山区水土保持 | 上海科教电影制片厂 | 3 | |
| 中国古塔 | 上海科教电影制片厂 | 3 | | 养好水貂 | 上海科教电影制片厂 | 3 | |
| 中国牦牛 | 上海科教电影制片厂 | 3 | | 昆虫世界——越冬 | 北京科教电影制片厂 | 2 | |
| 砂岩峰林 | 北京科教电影制片厂 | 3 | | 丹顶鹤的故乡 | 北京科教电影制片厂 | 3 | |
| 葛藤 | 北京科教电影制片厂 | 1 | | 柠条 | 西安电影制片厂 | 2 | |
| 次生林 | 西安电影制片厂 | 2 | | 鸟儿的乐园 | 昆明电影制片厂 | 3 | |
| 泸溪葡萄桐 | 潇湘电影制片厂 | 2 | | 森林与水土保持 | 福建电影制片厂 | 2 | |
| 蟾蜍 | 河北电影制片厂 | 1 | | 干石山上栽油松 | 农业电影制片厂 | 2 | |
| 中华猕猴桃 | 农业电影制片厂 | 2 | | 家鼠 | 农业电影制片厂 | 3 | |
| 巧治枣步曲 | 农业电影制片厂 | 2 | | 防治沙漠化 | 农业电影制片厂 | 3 | |

（续）

| 片　名 | 厂　别 | 本数 | 备　注 | 片　名 | 厂　别 | 本数 | 备　注 |
|---|---|---|---|---|---|---|---|
| 动物检疫 | 农业电影制片厂 | 3 | | 春风吹绿北京城 | 农业电影制片厂 | 6 | |
| 快速繁殖葡萄良种 | 农业电影制片厂 | 1 | | | | | |
| 1985 年 | | | | 1985 年 | | | |
| 看不见的朋友 | 农业电影制片厂 | 2 | | 昆虫世界——自卫 | 北京科教电影制片厂 | 2 | |
| 植物防病膜剂 | 北京科教电影制片厂 | 2 | | 南迦巴瓦峰科学考察 | 上海科教电影制片厂 | 3 | |
| 绿叶之谜——光合作用 | 北京科教电影制片厂 | 3 | | 黄猄蚁——柑园卫士 | 上海科教电影制片厂 | 2 | |
| 板栗 | 上海科教电影制片厂 | 5 | 共3集 | 蘑菇高产新技术 | 上海科教电影制片厂 | 3 | |
| 横断山脉——干河谷考察 | 上海科教电影制片厂 | 2 | | 水乡绿化 | 农业电影制片厂 | 1 | |
| 雪　松 | 北京科教电影制片厂 | 1 | | 苹果快速育苗 | 上海科教电影制片厂 | 2 | |
| 物候学与农时 | 上海科教电影制片厂 | 3 | | 小小山楂核 | 北京科教电影制片厂 | 1 | |
| 穿山甲 | 农业电影制片厂 | 2 | | 盆花虫害防治 | 农业电影制片厂 | 2 | |
| 引鸟护林 | 上海科教电影制片厂 | 2 | | 桑基鱼塘 | 上海科教电影制片厂 | 2 | |
| 野貉家养 | 农业电影制片厂 | 1 | | 貉　子 | 农业电影制片厂 | 2 | |
| 土地的呼吁 | 农业电影制片厂 | 2 | | 大西北种草 | 农业电影制片厂 | 3 | |
| 家养麝鼠 | 上海科教电影制片厂 | 2 | | 插　花 | 农业电影制片厂 | 1 | |
| 1986 年 | | | | 1986 年 | | | |
| 泡桐人工接干 | 北京科教电影制片厂 | 2 | | 泡桐埋根育苗 | 北京科教电影制片厂 | 3 | |
| 怎样搞好城市绿化 | 北京科教电影制片厂 | 3 | | 苹果树腐烂病 | 北京科教电影制片厂 | 1 | |
| 鹗 | 北京科教电影制片厂 | 3 | | 富士苹果快速繁殖 | 北京科教电影制片厂 | 2 | |
| 西部绿化 | 兰州电影制片厂 | 2 | | 红豆草 | 兰州电影制片厂 | 2 | |
| 家庭养花之一——扦插育苗 | 农业电影制片厂 | 2 | | 回　声 | 北京科教电影制片厂 | 3 | |
| 有色薄膜覆盖 | 上海科教电影制片厂 | 2 | | 北京古树名木 | 农业电影制片厂 | 2 | |
| 天　蚕 | 农业电影制片厂 | 2 | | 山珍猴头 | 上海科教电影制片厂 | 2 | |
| 镜泊湖 | 农业电影制片厂 | 2 | | 北国山珍 | 农业电影制片厂 | 2 | |
| 刺　梨 | 农业电影制片厂 | 1 | | 防止北方地区的低温冷害 | 农业电影制片厂 | 1 | |
| 上盆景 | 上海科教电影制片厂 | 2 | | 中国盆景艺术 | 北京科教电影制片厂 | 3 | |
| 竹　海 | 北京科教电影制片厂 | 1 | | 沙　棘 | 农业电影制片厂 | 2 | |

（续）

| 片名 | 厂别 | 本数 | 备注 | 片名 | 厂别 | 本数 | 备注 |
|---|---|---|---|---|---|---|---|
| 摇蓝——人工卵与赤眼蜂 | 上海科教电影制片厂 | 2 | | 小兴安岭 | 北京科教电影制片厂 | 2 | |
| 麋鹿重返家园 | 北京科教电影制片厂 | 2 | | 蝎子 | 北京科教电影制片厂 | 3 | |
| 鹭 | 上海科教电影制片厂 | 2 | | 神农架 | 湖北电影制片厂 | 2 | |
| 苹果生长期修剪 | 山东电影制片厂 | 2 | | 绿色千岛湖 | 上海科教电影制片厂 | 3 | |
| 鄂西珍奇植物 | 湖北电影制片厂 | 2 | | | | | |

（林业部宣传司形象宣传处）

## 国内外获奖林业影片目录（1979～1986）

| 片名 | 获奖名称 | 获奖地点 | 获奖年月 | 出品厂 |
|---|---|---|---|---|
| 熊猫 | 1. 第四届国际科教电影节“荣誉奖”<br>2. 第十四届自然、人、环境国际生态电影节，获“中华人民共和国政府生态电影节金牌奖” | 黎巴嫩<br>意大利 | 1979．6<br>1984． | 上海科教电影制片厂 |
| 草蛉 | 1. 西柏林第十一届国际农业电影节“银穗奖”<br>2. 第十届圣塔伦国际农业和环境电影节“金象奖”<br>3. 萨拉戈萨国际农业电影节“银塔奖”<br>4. 文化部1979年“优秀影片奖” | 西柏林<br>葡萄牙<br>西班牙 | 1981．1<br>1980．11<br>1981．<br>1980．4 | 农业电影制片厂 |
| 生物进化 | 文化部1979年“优秀影片奖” | | 1980．4 | 北京科教电影制片厂 |
| 鸟岛 | 文化部1979年“优秀影片奖” | | 1980．4 | 长春电影制片厂 |
| 绿色净化器 | 文化部1979年“优秀影片奖” | | 1980．4 | 西安电影制片厂 |
| 绿化祖国 | 文化部1980年“优秀影片奖” | | 1981．4 | 北京科教电影制片厂 |
| 蓝色的血液 | 1. 文化部1980年“优秀影片奖”<br>2. 第十二届西柏林国际农业电影节“金穗奖”<br>3. 第十三届国际科学电影节“荣誉奖” | <br>西柏林<br>南斯拉夫 | 1981．4<br>1982．1<br>1984．3 | 农业电影制片厂 |
| 蜜蜂王国 | 1. 文化部1981年“优秀影片奖”<br>2. 第二届中国电影“金鸡奖”最佳科教片奖 | | 1982．4<br>1982．5 | 上海科教电影制片厂 |
| 白蚁王国 | 文化部1981年“优秀影片奖” | | 1982．4 | 农业电影制片厂 |
| 长白山珍奇 | 文化部1981年“优秀影片奖” | | 1982．4 | 长春电影制片厂 |
| 地膜覆盖 | 1. 文化部1981年“优秀影片奖”<br>2. 第一届“全国优秀农业科教片奖”1等奖 | | 1982．4<br>1983．3 | 北京科教电影制片厂 |
| 竹编 | 文化部“使用国产彩底技术质量优秀奖” | | 1982． | 北京科教电影制片厂 |
| 以螨治螨 | 第1届“全国优秀农业科教片奖”1等奖 | | 1983．3 | 上海科教电影制片厂 |
| 木屑种香菇 | 第一届“全国优秀农业科教片奖”2等奖 | | 1983．3 | 上海科教电影制片厂 |
| 农桐间作 | 第一届“全国优秀农业科教片奖”2等奖 | | 1983．3 | 珠江电影制片厂 |
| 昆虫世界——身体构造与功能 | 1. 文化部1982年“优秀影片奖”<br>2. 第三届中国电影“金鸡奖”最佳科教片奖 | | 1983．4<br>1983．5 | 北京科教电影制片厂 |
| 燕子 | 文化部1982年“优秀影片奖” | | 1983．4 | 上海科教电影制片厂 |

（续）

| 片 名 | 获 奖 名 称 | 获奖地点 | 获奖年月 | 出 品 厂 |
|---|---|---|---|---|
| 消灭野鼠 | 1. 文化部1983年“优秀影片奖”<br>2. 全国优秀卫生科教影片 | | 1984. 4<br>1984. 9 | 农业电影制片厂 |
| 灰喜鹊 | 1. 文化部1983年“优秀影片奖”<br>2. 第四届中国电影“最佳金鸡奖”科教片奖<br>3. 第十一届圣塔伦农业与环境国际电影节环境短片组1等奖——金葡萄奖 | 葡萄牙圣塔伦市 | 1984. 4<br>1984. 6<br>1985. 3 | 北京科教电影制片厂 |
| 黄河与森林 | 文化部1983年“优秀影片奖” | | 1984. 4 | 北京科教电影制片厂 |
| “森林和我们”第一集：绿色世界 | 1. 文化部1983年“优秀影片奖”<br>2. 第十四届国际农业电影、电视竞赛“银穗奖” | 西柏林 | 1984. 4<br>1986. 1 | 上海科教电影制片厂 |
| 防治沙漠化 | 1. 文化部1984年“优秀影片奖”<br>2. 第十四届国际农业电影、电视竞赛“金穗奖” | 西柏林 | 1986. 1 | 农业电影制片厂 |

（林业部宣传司形象宣传处）

## 全国林业故事片统计 （1982～1986）

| 年度 | 名 称 | 制作单位 | 内 容 简 介 | 备 注 |
|---|---|---|---|---|
| 1983 | 远离人群的地方 | 长春电影制片厂 | 歌颂一位著名林学家坎坷一生，不畏艰辛，献身科研的感人事迹 | |
| | 没有航标的河流 | 西安电影制片厂 | 通过反映三位年龄、经历各不相同的放排工人的艰辛，再现了十年动乱中动荡的社会生活 | 获1984年夏威夷国际电影节“东西方中心奖” |
| 1984 | 林海情 | 辽宁电影制片厂 | 反映两位老战友在保护和所谓“利用”森林资源方面的不同意见而发生的一场斗争 | |
| | 西去百仗峡 | 辽宁科教电影制片厂 | 通过一位女林业局长的坎坷遭遇，说明保护森林、发展林业的艰辛 | |
| | 北国红豆 | 北京电影制片厂 | 反映东北林区解放初期创业不易的故事 | |
| | 雾 界 | 广西电影制片厂 | 用比较新颖的手法，表现乱砍滥伐森林所造成的生态破坏，给人们的心灵带来的痛苦 | |
| | 爬满青藤的木屋 | 峨嵋电影制片厂 | 通过“文革”中一青年的坎坷经历告诉人们，只有拨乱反正，肃清“左”的流毒，才能保护人才，发展林业，造福人类 | |
| 1985 | 流浪汉与白天鹅 | 广西电影制片厂 | 表现了主人翁热爱天鹅，反对捕杀天鹅，并为保护天鹅而斗争的感人事迹 | |
| 1986 | 林莽寻踪 | 广西电影制片厂 | 描写在自然保护区中发生的保护与捕杀白头叶猴的一场斗争 | |
| | 山林中的头一个女人 | 北京电影制片厂 | 通过一位女记者探访“山林中的头一个女人”，反映了旧社会林业工人的苦难与屈辱以及她们今天的幸福和欢乐 | |

（林业部宣传司宣传报道处）

# 全国林业电视剧统计 （1982～1986）

| 年度 | 名　称 | 制作单位 | 内 容 简 介 | 备 注 |
|---|---|---|---|---|
| 1982 | 森林日记 | 上海电视台、林业部联合录制 | 根据诗人于之的森林音诗改编的电视音乐片，用歌声把人们带到林海去遨游 | 1982年植树节播放 |
| 1983 | 林中一叶 | 林业部宣传司 | 歌颂一位老护林员不循私情，志愿受罚的动人事迹 | 1983年植树节播放 |
| | 呼　唤 | 中央戏剧学院 | 歌颂一位回城女知青重返林场，献身林业的事迹 | |
| 1984 | 州官与百姓 | 四川电视台 | 歌颂新来的县委书记深入实际，依靠群众同破坏森林盗卖木材的坏人坏事作斗争的故事 | 1984年植树节播放 |
| | 雾绕杉林 | 成都话剧团 | 制止乱砍滥伐森林的故事 | 1984年植树节播放 |
| | 绿满寒山(上、下集) | 福建省林业厅 | 反映林业专业户承包荒山造林创业难的事迹 | |
| | 小木屋 | 中国电视剧制作中心、林业部宣传司联合录制 | 用电视报告文学的形式赞扬南京林学院副教授徐风翔只身一人六进西藏筹建森林生态定位站的事迹 | 1984年在美国举办的第二十八届纽约国际电影节上获电视片铜牌奖 |
| | 留下一片青山 | 齐齐哈尔电视台 | | |
| | 绿色摇蓝 | 黑龙江电视台 | | |
| 1985 | 大漠风情录(上、下集) | 林业部宣传司、蛇口都乐影视公司 | 描写半个世纪以来黄土高原、陕甘宁一带，毛乌素沙漠边缘人民与沙漠作斗争的第一部电视巨片 | |
| | 我们过去也年轻 | 宁夏电视台 | 歌颂西北林业科技人员解放初期治沙造林创业中的献身精神 | |
| | 啊，故乡 | 山西省林业厅 | 著名歌唱家马玉涛回乡探亲，歌颂家乡的变化 | |
| | 绿　叶 | 林业部宣传司、贵州电视台 | 组织首都部分著名歌唱演员，演唱《绿叶奖》部分优秀歌曲，献给绿化祖国的人们 | 由中央电视台在植树节期间向全国播放 |
| 1986 | 神农架，绿色的故乡 | 武汉电视台 | 通过一位林学教授一家的遭遇，告诉人们保护森林的重要意义 | |
| | 不复存在的是梦 | 中国青年艺术委员会 | 在木材综合利用方面，通过一个家俱厂，说明发展林业需要文化，改革需要文化 | |
| | 绿色的歌 | 林业部宣传司、山东省电视台、珠海电视台 | 通过歌颂新老林业科技人员的献身精神，宣传大力营造速生丰产林的可能性与必要性 | |
| | 绿染兴安 | 黑龙江省森工总局 | 是一部反映林业战线音乐爱好者演唱林业歌曲的音乐片 | 植树节播放 |
| | 沸腾的植树节 | 黑龙江省伊春林业文工团 | 是一部献给植树节的电视歌舞片 | 植树节播放 |

（林业部宣传司宣传报道处）

## 全国林业话剧、相声统计 (1982～1986)

| 年度 | 名称 | 演出单位 | 内容简介 | 备注 |
|---|---|---|---|---|
| 1985 | 野人 | 北京人民艺术剧院 | 通过考察野人事件，向社会疾呼“救救森林” | 话剧，为献给1985年国际森林年专场演出 |
| 1983 | 严重警告 | 中国广播说唱团 | 用相声形式揭露乱砍滥伐森林的危害，进行科普教育 | 相声 |
| 1983 | 林荫小曲 | 中国广播说唱团 | 用相声形式宣传绿化、美化城市的重要性 | 相声 |

（林业部宣传司宣传报道处）

# 各省、自治区、直辖市林业

## 北京市林业

**自然概况** 北京位于华北平原北端，东经115°25′～117°30′，北纬39°28′～41°05′。总面积1.68万平方公里，山区面积占62%，平原面积占38%。北部山地属燕山山脉，西部属太行山脉，南部平原，东近渤海。山地与平原邻接部分为低山区，海拔多为200～500米，中山海拔在800～2000米，最高东灵山海拔为2303米。境内主要河流有永定河、潮白河、北运河等。

全市辖19个区、县(其中10个市辖区，9个郊区县)，总人口957.9万人。郊区有362个乡(镇)、4215个村，农业人口385.3万人，农业户数111.8万户，农业劳力190万人，耕地面积630.8万亩。

北京属暖温带半湿润季风型大陆性气候。冬季寒冷干燥，夏季炎热多雨，春季干旱多风沙；降雨量分布不均，集中在夏季，年平均雨量约600毫米，年平均气温11.8°C，平原地区无霜期为180～200天，山区无霜期为150天。

山区土壤垂直分布从低到高是山地褐土，山地棕壤和山地草甸土。平原土壤类型是褐土、碳酸盐褐土和潮土类及部分水稻土。在局部地区有盐土和沼泽类型的土壤。

森林资源 北京山地原始植被类型为暖温带落叶阔叶林。古代的北京曾生长着茂密的森林，但由于历代统治者的掠夺和破坏，到建国前，森林所剩无几，森林覆盖率仅为1.3%。山区只残存栎类、山杨、桦为主的次生林2.13万公顷，蓄积量约40万立方米。高山海拔地区残生有华北落叶松、云杉呈单株或零星分布，低山区为油松、侧柏呈小片状分布。平原防护林残缺不齐，只有0.4万亩。干鲜果树33万亩，670万株(大部为山杏、山楂、柿、枣、核桃、板栗)。在城郊附近有苹果、桃和葡萄等果树0.1万亩，产量较低，年产干鲜果品2000万公斤左右。

动物资源，据初步调查，鸟类有344种，兽类40多种。其中有珍稀或濒于灭绝的豹、斑羚、黑鹳、中华秋沙鸭、白肩鹏等。

**林业发展概况** 北京林业的发展大体分4个阶段：开创阶段(1950～1957)。这一阶段以普遍护林为重点，同时摸索开展大规模群众造林的经验。1952年，北京市人民政府公布《北京私有林保护暂行规则》，1953年颁发《北京市郊区林木保护暂行办法》，使山林火灾显著下降，乱砍滥伐得到控制。1952年，大兴县(原属河北省)完成了永定河下游防护林的营造工程，在3个县区的28个重点村进行了橡树、山桃、山杏等树种荒山播种造林，取得了组织群众造林的经验。1955年，国营造林以小西山地区为重点，以解放军为主体，用3年多时间，基本完成造林任务，为石质山区抗旱造林提供了经验，并培养了一批骨干力量。

发展阶段(1958～1965)。这一阶段开展了大规模的群众造林运动。国家机关单位分片造林取得显著成绩，国营造林也有很大发展。根据中共中央、国务院关于在全国开展大规模造林的指示，结合贯彻中央“关于干部参加劳动的决定”，组织在京的中央和市级11个系统248个单位在重点风景区分片包干，绿化荒山。仅两年多时间，完成造林17万亩。在此期间，新建扩建了29个国营林场，安置城市就业青年7000多人。经过艰苦创业，到1964年共造林23万亩，对北京市造林起到了示范作用。1958年，群众造林虽然规模空前，但虚数较大，成效不高。到1962年，贯彻中央“调整、巩固、充实、提高”的方针，造林成效有了提高，山区经济林、水土保持林有较大发展。到1964年，在平谷、密云、延庆、房山等县区沿山地带营造油松林27万亩；发展经济林400多万株。

停滞阶段(1966～1976)。这一时期造林基本处于停顿状态，乱砍滥伐现象严重发生，后期有所扭转。在片面强调“以粮为纲”的影响下，毁林造田，开坡种粮，使林木资源遭到严重破坏，水土流失日益严重。1972年提出“山、水、田、林、路综合治理”方针后，北京市林业建设开始恢复发展。

新的发展阶段(1977～)。北京的林业建设作为首都环境建设的重要内容，进入了新的发展阶段。平原绿化达到部颁标准，山区阳坡造林初见成效，重点风景区绿化取得明显效果。

1980年，中央书记处做出对北京城市建设方针的“四项指示”，要求把北京建设成“全国环境最清洁、最卫生、最优美的第一流城市，也是世界上比较好的城市”。根据这一指示，市政府进一步明确了“郊区的林业建设，要坚持为美化首都环境服务，为建立符合生态平衡的农业结构服务，为繁荣山区经济，发展集体经济，增加社员收入服务的方针”。制订和落实了一系列发展林业的政策，1982年在全郊区开展了以“稳定山林权、划定自留山和确定林业生产责任制”为内容的林业三定工作，划定了自留山、责任山369.8万亩，积极扶持林业承包户，加强了林业法制建设，更加广泛深入地开展了全民义务植树运动。与此同时，花卉生产迅速发展，年生产切花、插花25万支，满足了部分宾馆的需要。

**林业建设成就** 据全市林木资源清查，截止到1985年底，全市有林面积44.96万公顷，农田林网和村镇四旁树木4557.3万株，折合3.19万公顷，郊区林木覆盖率达到23.7%，比建国初期的1.3%提高22.4%，比“五五”期末的16.6%提高7.1%。林木总蓄积量为518.4万立方米。

平原绿化 建国前，郊区平原除村镇宅前、村旁有些零星树木外，基本无树，特别是流经平原的永定河、温榆河、潮白河等主要河流的流域地区形成大面积荒滩沙丘，每逢冬春季节，风沙弥漫。建国后，特别是党的十一届三中全会以来，大力开展了平原植树造林和风沙危害区的治理，到1985年底，平原地区共有树木9833万株，片林、果园51.5万亩，有82%的村庄基本达到村镇四旁绿化的标准。84%的农田基本实现林网化。平原林木覆盖率达到14%，比“五五”期末的7.9%提高6.1%。1981年在林业部召开的全国平原绿化会议上，北京市达到林业部的平原绿化标准的有大兴、通县、顺义、昌平、海淀5个县(区)，并被评为全国平原绿化先进单位。

从1982年北京市纳入“三北”防护林建设体系以来，政府加快了对永定河沿岸、潮白河沿岸、雁栖河与白河之间、南口和康庄等5大风沙危害严重地区的治理。经过初步治理，林木覆盖面积达到44.9万亩，覆盖率18.6%。初步起到了保护农田、防风固沙的作用。

结合风沙危害区的治理和开发，全市已营造速生丰产林4.7万亩。占全市沙荒面积1/3以上的大兴县自1983年以来采取多渠道集资，多层次联合的办法共同开发沙荒，营造速生丰产林，到1985年底完成1.88万亩，平均成活率达92%，幼林胸高直径年平均生长2厘米以上，树高年增长2米左右，可望10年成材。造林头3年，农民在幼林内间作瓜菜，增加了收入。如1984年共收入27.5万元，平均每亩间作收入95元。

荒山绿化 经过30多年的人工造林和封山育林，到1985年，山区天然次生林达到20.78万公顷，人工林17.07万公顷，封山育林(灌)1.34万公顷。山区林木覆盖率为31.8%，比“五五”期末的22.8%提高9%。①风景区的面貌初步改观。以国营林场为主体基本完成了十三陵、八达岭、密云水库、怀柔水库等重点风景区和水源保护区30万亩范围的绿化。特别是1982年开展全民义务植树运动以来，在中央直属国家机关、部队的带动下，市属17个系统，上千个单位在全市13个重点地区植树3000多万株，保存率80%，使绿化美化水平进一步提高，为扩大旅游，开辟森林公园创造了条件。②薪炭林建设有了发展。为解决山区群众守山无柴烧的困难，1970年北方农业会议后，首先在密云县兵马营大队营造0.4万亩刺槐薪炭林，1976年开始轮伐，每年为该队农民提供75%的烧柴。到1985年，郊区共营造刺槐、紫穗槐薪炭林36万亩。③营造落叶松用材林。1959年，在门头沟区南大山、百花山试验栽植30万株落叶松，通过调查，16年生落叶松平均每亩蓄积量达8立方米，超过同类立地条件29年生的桦、山杨天然次生林蓄积量3倍。此后，在1976～1980年5年内，在6个山区县的56个乡共营造落叶松17.6万亩，保存率总平均为47.5%，大部分地区长势良好。

果品生产 北京地区栽培果树历史悠久，资源丰富，品种繁多。其中良乡板栗，京白梨，香白杏，大扁杏仁等优良品种在国际市场上享有盛名。建国以来，特别是1980年以后，果品生产得到迅速发展。到1985年，郊区已有千亩以上的果园19个，千亩以下500亩以上的果园18个，果园总面积达128.8万亩。1984～1986年连续3年干鲜果品产量达到2亿公斤，为50年代初期年产量的10倍。郊区原产名特果品50多种，由于各种原因，一些品种退化，有的濒于绝种。近年来，着手了名产果品的恢复和发展，取得了较好的效果。

科技成果与推广 建国以来，特别是党的十一届三中全会以来，北京市林业科技事业取得了一批科技成果。“六五”期间，共评选出科技成果38项。其中获国家农业委员会、国家科学技术委员会农业推广奖1项，林业部成果奖2项，北京市科学技术委员会进步奖3项，其中杨树与刺槐混交、板栗高接换优、塑料环防治松毛虫等技术成果已在生产中广泛推广应用。

机构建设 ①林业行政管理系统：1980年10月原北京市农林局分开后，成立了北京市林业局，随后，10个远郊县(区)中有9个成立了林业局。②技术推广系统：北京市林业局下设北京市林业工作站，北京市林业调查队。郊区县有7个成立林业站，8个设立了林业调查队。此外，北京市农林科学院下设林果研究所。③林业教育系统：北京市林业局设科技教育处和林业干部学校；北京农学院设有林学系、园艺系；北京农业学校设有果林专业。并利用社会力量采取电视教学、广播、函授等多种形式，多种渠道培养林业专业人才。④国营、集体、个体生产组织系统：全市共有国营林场32个，其中北京市林业局直属林场4个，县（区）属林场23个，其他系统5个，经营面积88.7万亩。北京市林业局属苗圃4个，经营面积6193亩。郊区有林业承包户6600户，承包责任山215.9万亩；划分自留山153.9万亩。⑤多种经营系统：1980年以来，在开放、搞活的方针指引下，北京市林业局先后成立了市林工商公司、永定林工商公司、绿化营林公司、环境优美服务公司、林业建筑工程公司和利民蜂业公司，逐步实行了产、供、销一体化经营。局属各单位施行了多种形式的承包责任制。“六五”期间，上缴国家税155.7万元，利润和增收节支平均每年120.7万元，比“五五”期末的11.9万元，增长了9倍。⑥森林保护及法制建设系统：北京市林业局设林政法规处，林业保护站、自然保护区管理站，4个县（区）设立了林业保护站。

**1986年林业建设** 1986年以改善首都大环境为中心，突出重点，注重实效，造林绿化主要指标超额完成。其中京张、京密、京开、京津、京周5条干线公路的绿色走廊建设，完成绿化117公里，为全部任务的1/4。平原在县城周围和沙荒地带营造片林3万亩；在十三陵、八达岭等13个绿化美化重点地区造林7.2万亩；在9个县区继续营造刺槐薪炭林9万亩，为全年造林总面积的25%。其中对严重缺柴地区36个乡的124个村，集中成片营造5.1万亩，千亩以上达17片。

全民义务植树在完成前4年任务的基础上，新划义务植树责任区32万亩，完成植树891.8万株，造林平均成活率达90%。

全市干鲜果品总产量2.025亿公斤，继续完成板栗高接换优40万株。结合农业结构调整及退耕还林，发展优质果品生产基地2.27万亩。

加强了林业法制建设。北京成立林业公安处，10个县（区）成立林业公安科，4个重点地区设立林业公安派出所，19个林木资源较多的乡和国营林场配备了林业干警。拟定了《北京市百花山、松山自然保护区管理暂行规定》和《北京市林木病虫检疫暂行办法》，已经北京市政府批准执行。

林业教育与科技推广。举办了果树管理、病虫检疫、林政业务等训练班18期，培训1581人次。电视中专计划统计班毕业生31名，职工林业中专进修结业74名，充实了林业基层单位。

重点抓了4种传统名产干鲜果品的恢复和发展。果园管道喷药新技术推广630亩。

坚持以林为主，多种经营的方针。养蚕3000张，产茧4万公斤，生产蜂蜜1600公斤，蜂王浆2500公斤，并在花卉生产、饲养业等方面也有一定发展。其中蜂花粉已开始出口7.6万公斤。

**经验教训** 北京市在37年的林业生产实践中，主要有以下经验和教训：①发展林业必须依靠正确的政策。1958年的“大跃进”不顾客观可能，盲目追求高指标，造成人力、物力上的很大浪费，挫伤了群众造林的积极性。十年动乱期间，实行“以粮为纲”，重粮抑林，使林业发展受到严重破坏。党的十一届三中全会以后，制定了符合北京林业实际的正确方针、政策，稳定了山林权，划分了自留山，全面推行林业生产责任制，初步形成了国家、集体、个人一齐上的新局面。同时加强林业法制建设，1985年根据《森林法》，制定了《北京农村林木资源保护管理条例》，市、县建立了林政机构，充实了各级林业执法队伍，使林业建设进入了稳定发展的新时期。②必须依靠全社会的力量。林业是一项社会性、公益性很强的事业，开展全民义务植树是行之有效的好办法。20世纪50年代末到60年代初的机关分片造林，是北京市建国后第一次较大规模的义务植树活动。1981年，第五届全国人民代表大会第四次会议作出《关于开展全民义务植树运动的决议》后，义务植树运动出现了新的高潮。1982～1985年，动员和组织中央、市、县1071个单位，120多万人，在郊区重点风景区和风沙危害区划分了义务植树责任区18万亩，各单位积极履行植树义务，在坚持扎实、实效上下功夫，保存率达80%以上。绿化荒山荒滩14.4万亩。人均栽活21株树。③必须依靠科学技术进步。北京山地属石质山区，立地条件差，且干旱少雨，解决造林成活率、保存率不高的问题，一直是科学造林、营林的重要课题。经过多年实践，目前，北京市采取了春季主要在平原植树，雨季营造松柏营养钵苗，秋季主要是阔叶树截干造林、埋土保墒等抗旱造林措施，取得一定效果。在采用新技术育苗、病虫害防治、果树品种选优和树上树下管理等方面，科技成果的推广应用起到了重要作用。④必须提高认识，加强领导，充分调查研究，搞好规划设计。

**展望与决策** 根据中央书记处关于首都建设方针的“四项指示”和首都城市建设总体规划方案，初步设想，力争在1995年基本完成首都绿化美化的任务。全市绿化覆盖度达到40%。基本决策是：深入、广泛、多形式地开展林业宣传教育，进一步提高对搞好首都绿化美化建设重要性、紧迫性的认识；实行绿化领导责任制；按照规划保质保量地完成本地区、本单位的绿化任务；加强林政、法制建设，实行以法治林，保护林木资源，实现郊区绿化规划；调整农业结构、保证绿化用地；因地制宜，适地适树，讲究实效，实行封、造、管并重和乔、灌、草相结合；广开渠道，多方筹集资金，提高绿化资金比重，把绿化美化列为城市基本建设投资项目；深入、扎实、持久地开展全民义务植树运动。

（北京市林业局）

# 天津市林业

**自然概貌** 天津市位于北纬38°34′～40°15′，东经116°43′～118°04′，东临渤海，总面11305平方公里，其中山区丘陵占7.6%，平原占92.4%。海拔最高点1078米，最低点为0米。平原低平，绝大部分在海拔5米以下。主要河流是海河与潮白、蓟运河两大水系，总长度1095.1公里。

天津市辖有6个中心市区、3个滨海市区、4个郊区、5个县。现有人口804.8万人，其中非农业人口448.4万人，农业人口356.4万人。

天津属暖温带半湿润大陆性季风气候。年平均气温11℃，气温年较差30℃以上，≥10℃的积温4000～4200℃。全市平均无霜期190天左右。年平均降水量560～690毫米，多集中在7～8月。全年日照时数2600～2800小时，太阳总辐射量在50.2～56.5万焦/厘米²·年。

*森林资源* 地带性植被属暖温带落叶阔叶林，并混有温性针叶林、针阔混交林和山地灌草丛。抗日战争时期，日本侵略者推行"三光"政策，山林被大量焚毁，至1949年解放时，除蓟县山区八仙桌子一带尚有小片落叶阔叶天然次生林外，只在古刹寺院生长一些古松、老槐和银杏等。平原地区只是村边地头有些零星树木。森林资源极为贫乏，林地面积仅有2020公顷，四旁植树50万株，森林覆盖率不足1%。

动物资源丰富，有鸟类236种，列为国家保护的珍禽有10种；鱼类有127种。植物资源有149科、597属、1049种，草本植物多于木本植物，主要以菊科、禾本科、豆科和蔷薇科种类最多。土壤类型主要是潮土，其次为褐土，并有少量的棕壤、水稻土、沼泽土和滨海盐土。

**林业发展概况** 20世纪50年代初期（1949～1952年），林果生产处于恢复时期，主要是零星的四旁植树，4年共植树513万株，林地面积比1949年增加了2133.3公顷。从1953年起，林果生产列入"一五"计划，主要目标在市郊西北泛风口地带重点营造防护林，并适当发展果品生产。"一五"期间，建起71条农田防护林带，总长度200公里，四旁植树2265万株，林地面积比1952年增加6926.7公顷。50年代末，在北郊区西部新建的果园陆续结果，成为天津市水果生产基地之一。1959年在北郊又营建了中保葡萄园。

60年代初期，由于自然灾害等影响，林业生产处于停滞或下降状态。由于过量采伐和毁林开荒，到1965年底，林地面积比1959年减少了7360公顷。1966年进入"三五"时期，林业发展重点是开展村庄周围造林，5年累计四旁植树13.26万株，每年平均植树2.65万株，至1970年底，林地面积比1965年增加4306.7公顷。

70年代平原地区开展以窄林带、小网格为主的农田林网建设，同时推广林粮间作、枣粮间作。结合改造荒山、沙滩，进行封山育林和营造片林，实行山、水、田、林、路综合治理。加速了天津的绿化进程。1980年底，林地面积比1970年增加12480公顷。

80年代，党和国家为振兴林业制定了一系列政策。从1981年冬开始在全市进行了稳定山林权、划定自留山、确定林业生产责任制，使造林绿化事业更加扎实地开展。完成了森林资源清查、海岸线森林调查和平原地区林业发展规划。有计划地扩大农田林网建设，进一步改造沙荒，利用河滩营造速生丰产林；在津西北发展水果，蓟县、宝坻县发展干鲜果品，静海县、大港区发展红枣。建立天津市林果生产基地，开创了林业生产的新局面。到1985年底，全市林地面积比1980年增加了11360公顷。比1949年增加了18.9倍。

**林业建设成就**

*建立和完善组织机构* ①行政事业机构：天津市林业行政管理机构是天津市农林局林业处，与事业单位天津市林业工作站合为一套编制，下设6科1室，编制60人。蓟县、宝坻、武清、静海4县设林业局；宁河、东郊、南郊、西郊、北郊、塘沽、汉沽、大港8个区县农林局内设林业科。从1980年起，每个乡逐渐配有1～2名林业员。个别乡建有林业站。②林业科研、推广机构：天津市农业科学院于1979年下设天津市林业果树研究所，重点从事果树新品种选育和栽培技术的研究。天津市林业工作站，负责林业、果树技术的试验、示范和推广。③林业教育设施：1979年成立天津农学院，下设林果系，学制4年；天津农业学校内设林果班，学制3年。培养林业、果树专业人才。④经营设施：全市共有14个国营场圃（站），其中苗圃10处，总面积421.7公顷，可育苗面积为316.4公顷。蓟县山区设国营林场1处，总面积2533.3公顷，有林地面积

1000 公顷。1983 年，天津市农林局与宁河县联合建立宁河实验林场，面积 133 公顷。1985 年，天津市农林局在西郊区建直属林果良种场，面积 100 公顷。天津市林业工作站在西郊设立林果生产服务站。⑤产、供、销系统：1982 年建天津市林产工业公司，1983 年改为天津市林工商公司，下设 8 个科、室。经营非统购木材、木材加工产品、林化产品和林副产品。⑥森林保护系统：天津市林业工作站与蓟县、宝坻县林业局下设森保科，其他郊区、县林业科内设专职干部；天津市农业技术推广中心下设植物保护检疫站，各郊区、县均建有森林保护服务站（公司）。

*森林资源保护与发展*　据 1979 年森林资源清查统计，全市有林地面积达到 29967 公顷；疏林地 466 公顷；灌木林地 1458 公顷；未成林造林地 3300 公顷；苗圃地 1454 公顷。有林地中用材林为 8355 公顷；防护林 148 公顷；薪炭林 16 公顷；经济林 21448 公顷。有林地中天然林面积 3762 公顷，蓄积量为 110601 立方米；人工林面积 4593 公顷，蓄积量为 76365 立方米。森林蓄积量为 186966 立方米。有林地平均每公顷蓄积量为 22.38 立方米。“四旁”植树 5963 万株，按农业人口计算，人均 16.5 株。全市活立木总蓄积量为 2078966 立方米。山区主要树种有油松、侧柏、槲树、蒙椴、蒙古栎、核桃楸等、以油松为优势树种的林分面积为 7873 公顷，蓄积量为 177307 立方米；平原地区主要树种有毛白杨、沙兰杨、杂交杨、加拿大杨、榆树、柳树、刺槐、臭椿、白蜡以及紫穗槐、杞柳等。以杨、柳、榆、槐为优势树种的林分面积 482 公顷，蓄积量为 9659 立方米。主要分布在天津西北的武清、宝坻、西郊和静海境内。越靠近东南沿海地区，由于地势低洼、土壤盐碱，林木资源越少。

全市平均森林覆盖率为 2.6%。

在蓟县山区建有八仙桌子自然森林生态保护区，面积 416.13 公顷，林木覆盖率 80%以上，约有植物资源 200 余种，其中有模式植物东陵八仙花，有多种是国家二、三级保护植物，系比较完整的暖温带天然落叶阔叶次生林，极具保护价值。长城在蓟县境内长 41 公里，经过修缮，已开辟为古长城旅游风景区。

根据天津市造林绿化总的布局，有计划地加强了基地建设，在蓟县北部荒山，为了防止水土流失、保护引滦水源的水质和调节水量，已营造水土保持林、水源涵养林 5933.3 公顷。天津市受西北季风影响，西北部永定河泛区是造成风沙危害的风口，从 50 年代起逐步营造防护林带和农田林网，成为重要的防护林基地，并逐渐向低洼平原和滨海地区发展。至 1984 年末，全市平原地区防护林面积达 32600 公顷，其中农田林网 24533.3 公顷，农田有 51.3%受到保护。西郊区 1949 年，由于旱、涝、碱、风沙等自然灾害，粮食亩产只有 32 公斤，经过 30 多年的努力，农田有 80%实现林网化，到 1983 年粮食亩产达 351 公斤，提高近 11 倍。在沙荒地建速生用材林基地 1600 公顷。经济林以干鲜果品为主，建国初期集中在蓟县山区，面积仅有 5133 公顷。1954 年在北效、南郊等地引进栽培苹果，开始建立平原水果生产基地。到 1985 年底，全市建果品基地达 8633.3 公顷，其中蓟县、宝坻干鲜果品基地为 5026.7 公顷；武清、北郊、西郊等地建天津西北水果基地 2373.3 公顷；静海、大港低洼地区发展枣粮间作，已建天津红枣基地 1233.3 公顷。

*林业主副产品*　天津市部分人工林自 70 年代中期陆续成材，并开始采伐，每年约采伐 1.5～2 万立方米，1980 年采伐 4 万立方米，1981 年以来每年采伐约 5 万立方米，均以农村自用为主。年产紫穗槐条子2500～3000万公斤，基本满足农村编筐，编笆用条。水果产量由1949年的1186.5万公斤提高到 1985 年 6774 万公斤，增加了 5.6 倍，创天津市历史最高水平。市林工商公司经营木材、胶合板、组合家具等林产加工产品和松香、松节油、松焦油、单宁酸、紫胶等林化产品，年利润约100万元。

**1986 年林业建设**　工作重点：首先抓好当年林业建设，开展荒山造林，平原以建设农田林网为中心，带动“四旁”绿化，实行林果、林粮间作；改造沙荒营造速生丰产林；加快果树基地建设，提高果园管理水平，引进和选育优良果树品种；加强了林木病虫害的防治；贯彻国营场圃会议精神，推动场圃改革。其次是根据“京津周围地区”绿化小组的统一要求，进行并完成了天津市造林绿化总体规划，以及外环线绿化带规划。第三，加强林业宣传，举办了《中华人民共和国森林法》及其实施细则有奖知识竞赛。贯彻《森林法》，实行以法治林。第四，加强科学技术工作，开展学术交流。对蓟县八仙桌子自然保护区进行了综合调查；举办了“绿化天津学术研讨会”；先后与美国、日本等12名林业专家进行业务洽谈和学术交流，并派技术人员出国学习。

主要成绩：1986 年，全市造林种植作业面积 3180 公顷。首次飞播造林 646.7 公顷；迹地更新 406.7 公顷；封山育林 86.7 公顷；四旁植树 1321.56万株；育苗 900 公顷；病虫害防治面积达到发生面积的 72%。有 69%的国营场圃发展了多种经营，以短养长实现了扭亏为盈。新增果树面积 6053.3公顷，蓟宝（蓟县、宝坻）果品基地、津西北水果基地、静港（静海、大港）红枣基地已初具规模。增加和繁育的新品种，为果树优种化、系列化奠定了物质基础。果品产量 6788.56 万公斤（其中水果产量6703.44万公斤)，产值(按1986年现行价)7314.3万元，商品产值5779万元；林业商品产值689.2万元。

**经验教训** ①明确发展方向，建立森林生态体系。为适应天津市朝外向型、开放型、轻加工型的新型城市发展的需要，中共天津市委、市政府不断调整和明确了天津林业发展的方向：以改善生态环境为基本出发点，根据具体自然和经济条件，因地制宜,坚持农、林、牧、水结合，生态效益和经济效益结合，造、封、管结合，工程措施与生物措施结合，绿化和美化结合。经过多年的努力，基本上建起了以防护林为主,多林种、多层次,网(农田林网)、带(主要河道、公路、铁路绿带)、片(成片林地、果园、农林间作)、点(村镇绿化)相结合的综合防护体系的雏型。②引育良种，推广丰产技术。开展了优良乡土树种毛白杨和白榆的优株选择；引种成功了速生树种沙兰杨；引进了优良果树品种约30余种，如红富士、短枝新红星等。推广了毛白杨芽接"准、净、密、快、牢"操作法。采用、推广了"三化两不准"(即良种壮苗标准化、植树造林丰产化、经营管理集约化；没有规划设计不准栽、没有标准化苗木不准栽)的营林经验；营造阔叶速生丰产林采用大苗、大坑、足肥、足水、密度适宜的造林方法；山区针叶树植苗造林推广"打浆盖被"栽植方法；重盐碱地上采取暗管排碱、设立隔离层技术等。③改革经济体制。天津市林果生产责任制主要有：专业队(组)承包、分户承包、家庭联产承包即"两户一体"3种形式。凡是林果面积大、集中连片、产量较高、收入较多的地方，一般是专业队承包，实践证明这是发展集体林业的一种重要组织形式。1985年天津市"两户"有2.3万户，联合体1000多个，承担了全市半数以上的林果生产任务，对于振兴林业，发展商品生产起了十分重要的作用。④完成林业"三定"：到1982年底全市共发放林木所有权证48万张；林地使用证2600张。清理出1.1万余起林权纠纷，有1.05万起得到妥善解决。⑤抓好义务植树。各级领导身体力行，率先抓绿化，各区、县长和有关局向市政府签署完成绿化任务《保证书》。开展了多种形式义务植树活动，在此基础上，突出绿化重点工程，树立典型，以点带面，抓规划、抓育苗、实行科学造林。

建国以来，天津市有4次普遍性的林木破坏砍伐，即1956年退社时期、1959年开始的3年困难时期、1966年开始的"文化大革命"时期、1975年割"资本主义"尾巴。最严重的是1960～1961年毁林开荒，很多成片林木几乎砍伐殆尽，武清县2万多亩成片林连根挖掉，造成风沙再起，灾害严重。

**展望与决策** 到本世纪末，全市林地面积将增加到17.4万公顷，森林覆盖率达到18%。绿化蓝图是：在蓟县北部山区营造水源涵养林、水土保持林、用材林、薪炭林。浅山丘陵栽经济林，建设干鲜果品基地，加上盘山风景区和长城游览区的绿化，形成北部防护屏障。津西北营造和完善大面积农田防护林网，建成大型水果基地，沙荒地栽植片林，结合建设森林公园，减免风沙危害，形成保护市区的又一道防线。低洼平原和滨海地区营造农田林网，发展枣粮间作，建设山楂基地。充分利用坑塘洼淀星罗棋布的特点，开辟风景游览区。沿海营造海防林。外环线绿化带宽500米，建成以林、果、鱼、藕相结合的立体林业，作为市区的控制线和环境保护圈，将把天津市近郊风景区和主要河道、铁路、公路绿带连接贯通，成为向市区输送新鲜空气的绿色走廊，城乡绿化融为一体，使天津成为全国最美丽的城市之一。

(天津市农林局)

# 河北省林业

**自然概貌** 河北省位于北纬36°05′～42°40′，东经113°27′～119°50′。全省总面积18.7万平方公里。西部的太行山脉和北部的燕山山脉占全省面积37.4%，丘陵地带占4.8%，冀北坝上高原占13%，平原占30.5%，盆地占12.1%，湖泊洼淀占2.2%。境内有海河和滦河两大水系，主要河流有北运河、永定河、大清河、子牙河、南运河。

全省有9个省辖市，9个地区行署；3个地辖市，137个县；528个镇，3146个乡；5547.52万人。

河北省属温带大陆季风性气候，四季分明，光照充足。年日照数为2500～3100小时，年降水量在500毫米左右。全省年均气温在0～13℃之间，>0℃的积温2100～5200℃，大部分地区全年无霜期在180天以上。全省土壤有12个土类，43个亚类，近百个土属，200多个土种。主要类型有亚高山草甸土，棕壤、栗钙土、褐土、潮土、盐土、风沙土和灰色森林土等。

*森林资源* 1949年，全省有林地面积63.46万公顷，森林覆盖率3.4%；平原四旁树木5700万株。林木总蓄积约1000万立方米。

森林地理分布为太行山及平原的暖温带夏绿林区，燕山山区及其以北的阔叶、针叶混交林区。全省植被结构复杂，种类繁多，据统计，有156科、807属、2800多种，其中木本植物500多种，山杨、桦树、栎树、椴树、落叶松、油松、刺槐、侧柏等都有较高的经济价值，主要分布在山地丘陵。全省果树资源有100多种，果品产量属全国第二位。深州密桃、河北鸭梨、赵县雪梨、昌黎苹果、沧州金丝小枣、宣化牛奶葡萄、京东板栗、阜平大枣等驰名中外。野生陆栖动物资源有530多种，其中兽类70多种，鸟类440多种，爬行类17种，两栖类9种。褐马鸡、白冠长尾雉、天鹅为我国珍贵稀有特产。省级以上文物保护重点共304处。其中山海关万里长城，承德避暑山庄，遵化县清东陵、易县清西陵等23处，在国内、外久负盛名。

**林业发展概况** 20世纪50年代，河北省人民政府根据国家"普遍护林，重点造林"的方针，本着先易后难的精神，在山区开展封山育林的同时，在平原重点开展了沙荒造林。从1951年开始，在冀西3大沙荒(老磁河、神道滩、沙河破堤滩)营造了52万亩防风固沙林，控制了风沙危害，保障了农业生产；在永定河下游平原地区营造了总长达1389.5公里的防护林网，使42万余亩农田得到保护。

60年代，根据国家以"营林为基础，造管并举，采育结合，综合利用"的方针，开始对天然次生林进行了改造和采伐利用。平原开始有计划地营造农田防护林，全省造林的重点转移到坝上高原。当时张家口坝上张北、沽源、康保、尚义4县风沙肆虐，群众中流传着"坝上一场风，年始到年终，风来人断行，白天点油灯"的歌谣。为了改变这种状况，坝上人民营造农牧防护林网60万亩，林带2.6万条，总长2.1万公里，防护农牧地680多万亩，坝上的生态环境开始有了变化。

70年代，平原农田防护林和坝上农牧防护林开始向以农田林网为主体的网、带、片相结合的防护林体系发展。工作重点集中在山区用材林基地和木本粮油基地建设。以国营林场和现有林地为中心，确定了塞罕坝、黑龙江、甸子梁、七老图岭4大片，包括17个县和54个国营林场的用材林基地和板栗、核桃、杏仁、红枣、4个木本粮油基地。其中塞罕坝机械林场，自1962年建场，到70年代末，共造用材林54万多亩，现已郁闭成林，并经营天然次生林30万亩。全省营造用材林827万亩。

80年代林业建设的特点是，完成了林业"三定"，明确了国家、集体、个人的山林权属，出现了国家、集体、个人一起兴办林业的新局面。随着农村经济体制改革的深入，农村产业结构的调整，以发展果树为主的经济林建设迅猛发展。果树栽植面积每年以100万亩的速度增长。

**林业建设成就**

*建立和完善组织机构* ①行政、科研：50年代，河北省在重点林区成立了森林经营所，在冀西、东陵、西陵、永定河、南沙河、漳河、海滨等地成立了造林局和森林公司。省建立了林业厅，地、县建立了林业局，县以下建立了林业工作站，从上到下形成了一个林业生产管理体系。以后几经变更，直到1983年恢复了林业厅，9个地区共建立了7个林业局，2个农林局，9个省辖市建立了农林局，140个县(市)中有125个县建立了林业局，15个农林局。河北省林业厅还建立了林业勘察设计院和林业技术推广总站。全省林业系统干部职工达23670多人，其中技术人员4785人。1959年，河北省林业实验场改建为河北省林业科学研究所。到1985年底，除省林业科学研究所外，有5个地区3个县设立了林业科研机构，科研人员530多人。全省林业科技推广机构达422个，从事技术推广的人员达1798名。②教育：1952年，河北省农业学校改为河北黄村林业中等专科学校，1958年该校设立大专部，归河北农业大学领导，并改名为河北农业大学园林化分校。1968年改为河北林业专科学校，1985年改建为河北林学院，校址由黄村、易县迁往保定。③经销和加工：1979年建立了河北省林产品公司，到1985年底，全省已有117个地县，建立了116个林产品经销公司，建起各种果品加工厂1690处，加工能力达10.5万吨。建果库(窖)39297个，贮藏能力达30万吨，有66个县建立了果品服务公司。④林政：随着林业的发展，森林保护及法制建设也有了加强。1983年，河北省林业厅设立了林政处，地、县建立林政机构57个，有林政工作人员259名，专职护林员40733人，兼职护林员58954人。建木材检查站58处、检查人员159人。建立林业公安机构84个(其中林业派出所73个)，公安干警337人，初步形成一支林业公安队伍。

*扩大森林资源* 据1978年河北省"五五"森林资源清查统计，全省林业用地面积621.32万公顷，有林地面积167.68万公顷，活立木总蓄积4809.50万立方米，其中，人工林面积85.25万公顷，全部是建国后营造的。在有林地中，有防护林4.47万公顷，用材林99.36万公顷，薪炭林11.78万公顷，特种用途林0.17万公顷，四旁树木11.3亿株。全省森林覆盖率为9.0%，比建国初期增加2.6倍。

*生产成就* ①国营林业：河北省国营林业事业始于50年代，1986年底，全省有国有林场123个，林场职工8857人，总经营面积1316万亩，其中有林地727万亩，林木总蓄积1739万立方米。国营林场通过抚育、改造、采伐，累计产材250多万立方米。国营苗圃发展到135个，总经营面积7.4万亩，年出圃苗木8000万株。②经济林：1949年全省果树面积仅有6万公顷，果品总产量6.5万吨。到1985年全省果树面积已达54.73万公顷，果品总产量165.5万吨。梨、红枣、板栗年产量居全国第一位。泊头、赵县、晋县、献县、兴隆、辛集6县(市)果

品年产量都超过5万吨。年出口果品及其加工制品换汇达7000万美元。③林业科技：1980～1985年间鉴定的林业科技成果25项。获得省厅级成果奖18项，获得部、省级成果奖8项。河北山地油松飞播造林的研究，荣获1985年国家科学技术进步奖。科学技术的应用与推广，提高了造林成活率，1985年造林成活率68.02%，达到国家“六五”期间规定的60%的标准。④生态环境改善：平原地区绿化面积921万亩，林木覆盖率9.1%，已营造农田林网3213万亩，林网控制面积占适宜造林面积的57.1%，林粮间作面积501万亩，约占适宜间作面积的1/3，已绿化“三荒”面积201.73万亩，占宜林“三荒”地面积的54.8%。平原林业的发展，对改善农业生态环境，缓解木材供应紧张状况，增加群众收入都发挥了积极的作用。境内的“三北”防护林第一期工程已经完成，造林保存面积604万亩，坝上地区累计造林保存面积达675.5万亩，农田林网已具雏形，生态环境开始向良性循环转化。山区森林植被也在逐步扩大，河北境内燕山山区森林覆盖率达到了30%，恒山山区达到20%左右，太行山山区达到12%。据统计，已有5321万亩的水土流失面积基本得到控制，占全省水土流失面积的56.5%。

**林业经济改革** 全省划分自留山(滩)1836.99万亩，承包责任山1458.39万亩，占全省宜林荒山面积的86.4%。农户和联合体造林逐年增加，占全省造林总面积的60%。全省123个国营林场，有120个林场实行了以场长承包为主要形式的综合承包，国营林场开始由单一的生产结构，向综合经营结构发展。如翔云岛林场打破单纯营林的老套套，扩大稻田1000亩，改造苇田3100亩，养虾650亩，实行综合经营，1985年人均创利2万元。团林林场开展旅游两年收入205万元。

**1986年林业建设** 1986年河北省林业建设坚持把改革放在各项工作的首位，着重抓了3个重点：①加强对林业建设的宏观指导和对重点绿化工程的管理。本着发展林业与建设林业商品基地、治穷致富相结合的原则，编制了“七五”规划；首都周围绿化工程总体规划；平原绿化达标规划；速生丰产用材林基地发展规划；太行山综合治理规划；果树基地建设规划；并组织了论证。对已确定的重点绿化工程和项目，实行了工程、资金、技术、档案4项管理。②调整林业内部结构，增强自我发展能力。重点抓了国营林场开展多种经营。全省国营林场开展多种经营项目达187项，年收入1711万元，纯收入374万元，相当国家投资的1.87倍，比1985年增长16%。③在稳定中完善林业生产责任制。总结推广了迁安县开发沙地沙荒，发展林业；丰润县潘家峪村利用庭院栽葡萄；邢台县利用沟、渠发展经济林等经验。各项主要经济指标完成了年度计划。当年育苗20.6万亩，是年计划的101.8%，新栽果树199万亩，是年计划的199%，当年新育果树苗7.25万亩，是年计划的207%，干鲜果品产量175.5万吨，是年计划的101.7%。

**经验教训** ①林业建设，必须为农牧业创造良好的生态环境，为社会提供更多的林果产品，为农村发展商品经济、农民致富创造条件。坚持生态效益，经济效益，社会效益相结合的原则。②林业政策、管理体制和管理机构必须相对稳定。③加快林业建设发展要实行行政、经济和法律及宣传教育等综合治理措施。④林业建设涉及千家万户，必须坚持国家、集体、个人一起上的方针。⑤充分发挥森林资源的多种效益。

**奋斗目标** 河北省政府提出用3～5年的时间基本实现全省平原绿化，即全省94个平原县达到部颁绿化标准。河北省首都周围绿化领导小组提出用15年的时间，完成首都周围3地(张家口、承德、廊坊地区)、4市(张家口、承德、唐山、秦皇岛市)、49个县的4000万亩绿化任务。“七五”期间全省森林覆盖率力争每年增加1%，即每年造林保存面积不少于280万亩，到1990年，新增造林保存面积1400万亩，干鲜果品总产达到250万吨，林果总产值达到22亿元。 (河北省林业厅)

## 山西省林业

**自然概貌** 山西省地处黄河中游，位于东经110°14′～114°33′、北纬34°34′～40°43′，是黄土高原的组成部分，总面积156267平方公里。全省东西部均为山地丘陵，中部为断陷盆地。按面积计算，全省山地占40%，丘陵占40.3%，盆地占19.7%。全省海拔245～3058米，大部分地区海拔高度在1000米以上。恒山、五台山、太行山、太岳山、中条山和管涔山、吕梁山是本省的主要山脉。长度在150公里以上的河流有8条，其中属于黄河水系的有汾河、沁河、涑水河、三川河、昕水河；属于海河水域的有桑干河、滹沱河和漳河。山西省的南部属暖温带，无霜期205天，年降水量500～570毫米；北部属温带，无霜期100天左右，年降水量400毫米上下。全省年日照时数为2000～2950小时，≥10℃的积温1500～4500℃。主要土壤类型有：棕壤、褐土、灰褐土、栗钙土、草甸土、风沙土、盐土、碱土。棕壤分布在海拔1600～2200米林区山地。山西省气候干旱，全省水土流失面积占60%以上，年平均流失量为4.6亿吨。

全省有5个省辖市，6个地区，118个县(市、区)，总人口2655万。

*森林资源* 按照植被分区，山西省内长城以北属温带半干旱草原地带，分布有寒温性山地常绿针叶林、落叶针叶林及温性针叶和落叶阔叶混交林、温带暖温带落叶灌丛和低山丘陵干旱草原。主要乔木有云杉、华北落叶松、油松、白桦、山杨、辽东栎等。长城以东以南主要为温带、暖温带落叶阔叶林、针叶林和落叶灌丛，主要乔木为辽东栎、鹅耳枥、栓皮栎、桦、油松、白皮松等。全省有乔、灌木树种500多种。野生动物资源中哺乳类有79种，鸟类275种，两栖爬行类25种。列入国家一类保护动物的有褐马鸡、梅花鹿等7种，二、三类保护动物11种。褐马鸡是我国特有珍稀鸟类，1984年定为山西省鸟。

山西省是个少林省。到1949年中华人民共和国成立时，除偏远深山区残存一些森林外，全省森林树木很少，森林面积只有36.7万公顷，森林覆盖率为2.4%。

**林业发展概况** 1949年～1956年是山西林业的奠基时期。这一阶段，首先确定了森林权属，通过土地改革，被地主和封建家族长期霸占的大面积森林回到人民手中，交由新设立的8个省属林业分局管理。

1956年，毛泽东发出"绿化祖国"的号召，山西林业转上重点造林和封山育林阶段。通过贯彻"以造林为主，造林、抚育、保护并举；以用材林为主，用材林、防护林、经济林并举；以集体造林为主，国家、集体、个人并举"的方针，推广了夏县四旁绿化，平顺县西沟、羊井底荒山造林，阳高县大泉山造水土保持林，榆社县在漳河两岸营造护岸林的经验，造林有很大发展，护林取得很大成效。全省从上到下建立了一整套林业生产经营组织。然而，1958年开始的"大跃进"和人民公社运动使林业生产一度出现曲折。

60年代初，山西开始纠正林业工作中"左"的错误，中共山西省委、省政府深入调查研究，起草颁布了《山西省贯彻中共中央关于确定林权，保护山林和发展林业的若干政策规定的实施细则》。1962年3月，山西省人民委员会发出通知，要求各地必须贯彻"谁种谁有"的林业政策，重申"今后林权不再变动"。通知下达后，全省很快掀起造林高潮，以夏县为中心的晋南盆地农田林网建设蓬勃发展，中条林区、安泽县等地大面积荒山造林成功，50年代在雁北营造的大面积防风固沙林开始发挥效益。到1962年秋，全省天然林恢复到68.8万公顷，人工林发展到23万公顷。此后几年，林业生产持续发展。

"文化大革命"时期(1966～1976)，山西林业在极其困难的条件下缓慢前进。在推广夏县及长治县林移大队农田林网化的基础上，全省农田林网化工作有了很大发展。全省国营林场和西山地区林业工作站保持了机构和人员的稳定。国营林区的林产工业也略有发展。

1976年以后，特别是党的十一届三中全会以来，山西省放宽林业政策，全面推行了专业承包造林责任制，给农民划分了造林责任山、自留山，发了林地使用证和林权证，鼓励农民兴办家庭林场、合作林场，兴林致富。到1983年，全省涌现出林业专业户、重点户和家庭林场21.3万户。山西省政府于1981年和1984年两次召开林业表彰大会，共表彰了383个林业先进单位和339名模范个人，有42名县级领导干部被评为省林业模范。在此期间，国家"三北"防护林体系山西境内第一期工程取得了可喜成绩；太行山绿化全面完成林业区划；平川农田林网和平原绿化基本完成；速生丰产林、经济林建设掀起了高潮。国营林区通过经济体制改革，简政放权，实行目标管理和多种形式的承包制，开展多种经营，增强了经济活力，在经营管理和经济效益上有了显著提高。全省林业进入了振兴时期。

**林业建设成就**

*建立完善林业组织机构* ①行政事业：1950年成立山西省林业局，1954年改为山西省林业厅，以后几经变更，1980年恢复为山西省林业厅。至1985年，山西省林业厅下属有山西省西山防护林建设局、山西省太行山造林局、山西省林业勘测设计院、山西省林木种子公司、山西省林业技术推广站以及森林病虫害防治站、野生动物资源保护工作站、物资供应站、实验苗圃、《山西林业》编辑部等事业单位和各地(市)、县(区)的林业局。②生产经营：山西省林业厅直属有管涔山、关帝山、太岳山、中条山、五台山、吕梁山、太行山、黑茶山8个森林经营局和桑干河杨树丰产林实验局，下属103个国营林场，经营管理总面积304.23万公顷，有林地69.86万公顷，其中天然林占全省天然林的77.2%。另有119个国营林场(大部分是60年代初期建立起来的造林林场）分属地(市)、县林业局管理。全省国营林业局和林场职工达1.5万人。此外，煤炭系统也办了一批矿柱林场。③林业科技和教育：1959年以来，成立了山西省林业科学研究所和8个地(市)的林业科学研究所。1980年以来，成立了山西省林业技术推广站和10个地(市)和57个县的林业技术推广站。林业科研网络逐步健全、科研设备不断完善、科研水平日益提高。20多年来，有20项科技成果获得林业部、山西省科研成果奖。山西省林业学校成立于1953年，截止1986年，在校学生690人。

30多年来林业学校为山西省输送了4200名林业技术人才。1981年，山西农业大学在园林系林业班基础上，设置林学系，有林学和森林保护两个专业。此外，省林业干部学校也不定期地培训在职林业干部。目前，除部分大专毕业生需由外省调入外，中专毕业生基本可以满足需求。④森林保护：1953年成立山西省护林防火指挥部，"文化大革命"初期陷于停顿，1972年重新组建。到1986年，各地(市)、县都有护林防火机构，山西省林业厅设立了林业公安处，下属21个林业公安派出所；在林区设有113个木材检查站。1979年成立山西省森林病虫害防治站后，各地(市)和县也相继成立了森林病虫害防治站。⑤产、供、销体系：1952年，山西省林业厅设木材经销部，后改为山西省木材公司。1980年山西省林业厅成立山西省林产品经销公司，各地(市)和县也相继成立林产品经销公司或经销站，经营省内木材和林区土特产。截止1986年，国营林区有纤维板厂5家，设计能力年产8000吨，产值360万元；小材加工厂70多家，产值450万元。此外，还有栲胶厂、软木厂、松香厂、林机厂各一家。

扩大森林资源　根据"五五"森林资源清查，到1977年底，山西省林业用地576.93万公顷，有林地面积81万公顷，森林覆盖率为5.2%(不含天然灌木林和四旁树木、农田林网折算面积)。1981年，根据各地、市资源清查抽样调查数核实，全省森林覆盖率为10.2%。到1984年底，全省有林地、灌木林地和农田林网及四旁树折合面积共达216.8万公顷，比1949年增长4.9倍；活立木蓄积达到5739万立方米，比1949年增长4.5倍；全省四旁植树5.6亿株，育苗4.5万公顷，建立母树林960公顷，年采集林木种子150万公斤；国有森林面积发展到104.82万公顷，比建国初期增长1.9倍，林木蓄积量达到4102.5万立方米，比建国初期增长2.9倍。

绿化工程　①西山地区防护林建设。山西省西山地区的32个县(区)总面积513.6万公顷，到处童山秃岭，沟壑纵横，水土流失严重。建国以来，山西省政府一直把西山地区作为营造水土保持林的重点。1978年，西山地区被划为国家"三北"防护林体系内。在1978～1985年第一期工程中，本着择优扶植、重点资助的原则，有计划地部署了239处重点工程，按山系按流域集中连片造林。1980年，山西省政府确定西山地区应坚持以林牧为主的方针，削减了这一地区粮食征购任务。1983年推广了隰县放手划"两山"(造林责任山、自留山)，积极办"两户"(林业专业户、重点户)的经验和乡宁县户办林场经验，使林业"两户"成为防护林建设主力军。经过8年努力，初步形成雁北风沙区、朱家川流域、三川河流域和昕水河流域4个区域性骨架林带。使59.4万公顷农田得到保护，52.8万公顷严重水土流失面积得到治理。②太行山绿化。太行山系的57个县(区)总面积822万公顷，大部地区海拔在1000米以上。建国以来，太行山区人民积极开展人工造林，平顺县西沟村在李顺达带领下，从50年代开始，使1.2万亩的荒山秃岭变成了松林。太行山区还把封山育林、飞机播种造林作为加快绿化步伐，扩大森林资源的手段和措施，从1957～1975年，天然林增加50%。1979～1985年在左权、垣曲、和顺等16县飞播造林3.73万公顷，成活面积1.43万公顷。1983年以来，山西省召开了绿化太行山区规划论证会，制定了《山西省太行山绿化规化方案》；1984年成立了山西省太行山造林局，完成了县级林业区划，目前已铺开重点工程58个，出现了沁县、壶关、平陆等绿化工程先进县。③6大盆地及平川绿化。山西省除了大面积荒山外，还有大同、忻定、太原、临汾、运城、上党6个河谷盆地和若干山间小盆地，在这类地区搞四旁绿化及农田林网，是山西林业建设的一个重要内容。山西平原绿化是以推广夏县郭道村四旁绿化经验为起点，逐步发展到山西平原地区。1980年，中央提出到1985年基本实现平原绿化的要求后，山西省确定了40个平原绿化县。到1985年底，已有26个县(市)达到林业部《华北、中原地区平原县绿化标准(试行)》标准。40个平原绿化县到1985年底共营造农田林网97.3万公顷，占适宜林网面积的89%，林木覆盖率达到15%。④速生丰产林建设。到1985年底，山西省营造速生丰产林7.3万公顷。在风沙、干旱严重的雁北地区开展改造"杨树小老树"的工作，称得上是山西省营林史上的一个创举。从60年代中期开始，山西省就开始了有关这方面的试验研究工作，到70年代末，通过小面积综合性试验，初步摸索出一套改造和预防"小老树"的措施。1980年，山西省成立了桑干河杨树丰产林实验局，在1981～1985年的速生丰产林建设第一期工程中，实行集约经营，营造了3330公顷杨树速生丰产林。从1986年起，雁北地区开始营造第二代新林。在山西南部，营造速生丰产林主要是以实行"麦杨间作"和建设农田林网为主要特色。1981年"间作型"丰产林发展到5067公顷，1985年扩大到6.7万公顷。1985年统计，山西省平原农区活立木蓄积量已达到1300万立方米。

林产品生产　全省不算小材消耗，每年生产木材24～30万立方米。纤维板厂年利用废材2万立方米，林区木材加工厂年加工木材1.5万立方米。1984年，生产纤维板7000吨，栲胶417吨，软木砖413吨，软木纸272吨，松香28吨，松节油10吨。到1985年底，全省建立红枣基地县45个，核桃基地县19个。红枣、核桃、山楂、花椒、柿子等11个经济树种发展到8800多万株，1986年总产量达到1.6亿公斤。

**建立自然保护区** 1980年建立了以保护一类珍贵动物褐马鸡为主的国家级庞泉沟自然保护区，面积10467公顷，后来又陆续建立芦芽山、历山、蟒河3个省级自然保护区，总面积51800公顷。长治市于1982年还建立了老顶山森林公园，面积1100公顷。

**经验教训** ①山西省林业在合理布局的基础上突出重点。主要做法是在雁北风沙区和晋西地区建设以防风固沙林和水土保持林为主的防护林体系；在东部太行山区，建设用材防护林；在6个盆地的平川县逐步实现四旁绿化和农田林网；建设以红枣、核桃为主的经济林基地；保护和发展国有林，加强对天然林的经营管理。②重视宣传教育，提高全社会对林业的认识，使各级领导和广大干部、群众树立建设林业的高度责任感。③一般号召和个别指导相结合，抓好典型，以点带面。从50年代起，山西省一直重视林业先进单位和模范人物的带头和教育作用。1980年，山西省政府颁布了《山西省林业奖惩试行办法》，决定每3年全省进行一次评模奖励。1981年，全省奖励了林业先进单位68个，林业模范103人，其中有10名是绿化成绩显著的县委书记和县长。1984年，省政府召开第二次林业表彰大会，又有32名县级领导干部被授予林业模范。④放宽林业政策。党的十一届三中全会以后，山西省认真贯彻中央的各项政策，从实际出发，颁发了鼓励农民个人植树造林的暂行办法；制定了放宽林业政策的若干具体规定；放手划分造林自留山和承包责任山；积极支持发展林业专业户和家庭林场；发展林业商品生产。1983年，全省林业专业户、重点户和家庭林场发展到21.3万户，依靠他们完成造林20.1万公顷，育苗1.93万公顷，植树1.14亿株。占全省农户总数4.2%的林业"两户"和家庭林场，分别完成了全省造林、育苗和植树的46%、37%和41%。⑤广泛开展义务植树群众运动。从1982年到1986年，全省累计完成义务植树4亿多株，年均8000多万株。⑥长期稳定国有山权、林权，坚持维护国有林分级管理体制和机构人员的稳定性。建国37年来，山西国营林区始终坚持了国有山林的分级管理体制和机构的稳定。连片国有天然森林，由8个森林经营局直接管辖。其他比较分散的小片森林，由地、县设国营林场管理。这种稳定的管理体制，有利于森林的保护和发展。到1985年，全省国有森林面积发展到104.82万公顷，比建国初期增长1.9倍；林木蓄积量达到4102.5万立方米，比建国初期增长2.9倍。同时允许群众管护国有山林，在管护林区内开展林副业生产，把富山和富民结合起来。1986年，全省国有林区群众通过承包护林，开展多种经营，参加林区建设等收入2000万元；国营林区本身多种经营收入达到1036万元。森林火灾、偷砍滥伐也有所减少，林区经济开始走向良性循环。⑦改革造林管理体制。对群众性植树造林实行按工程管理、按项目投资、按规划设计、按设计施工，解决群众造林数字不实、分散、质量低等问题。1986年，全省共完成工程造林种植作业面积9.8万公顷，占全省造林完成面积的43.8%。同年11月，省林业厅抽查了40个县的工程造林，面积核实率达90.3%。实行重点工程造林管理体制，是以提高造林质量和效益为中心的。这个改革先在国家给予资助的群众造林工程项目中进行。具体做法步骤是自下而上确定工程项目；进行可行性分析和编报审批设计任务书；编制年度造林施工设计，经批准后按设计施工；按年度进行施工、检查、验收；工程竣工后进行竣工验收和建立造林经营管理档案。并实行工程承包责任制。未经批准的项目，国家不予资助，林业部门不予验收。

**奋斗目标** "七五"期间，力争全省林地面积增加到266.7万公顷，森林覆盖率增加到17%左右，四旁植树增加到7亿株，生产木材70万立方米，年产人造板7.1万立方米。

到2000年，力争全省林地面积达到393.3万公顷，森林覆盖率达到25%，四旁植树达到11亿株，生产木材500万立方米，年产人造板12万立方米。

（山西省林业厅）

## 内蒙古自治区林业

**自然概貌** 内蒙古自治区位于祖国北部边疆，地处北纬37°24′～53°23′，东经97°12′～126°04′，其东北部为大兴安岭山地明亮针叶林区，西部为阿拉善戈壁荒漠区，中部是广阔的草原区。总土地面积118.3万平方公里，其中山地约24.7万平方公里，丘陵约19.23万平方公里，高平原（含戈壁）约38万平方公里，平原滩地（含盐碱地）约13.33万平方公里，沙地沙漠约22万平方公里。全区大部海拔1000米以上，最高3556米。内外流水系流域81万平方公里。

内蒙古地处北半球中纬度内陆地区，全区气候条件差异较大。大兴安岭北部属寒温带大陆性季风气候，巴彦高勒以西属暖温带大陆性气候，其余地区为温带大陆性季风气候。全区年均气温0～8°C，年较差34～36℃，日较差平均12～16℃，平均积温25℃的为1700～3900℃。年降水量50～500毫米，年蒸发量一般为900～4000毫米。年日照时数2400～3400小时，无霜期一般为100～140天。

内蒙古自治区是一个以蒙古族为主体的少数民族地区，总人口2029.28万人。其中蒙古族占14%，汉族占84%。自治区共辖8盟、4地级市，101个旗（县、市、区）。其中牧业旗24个，林区旗（市）4个，半农半牧旗19个，农业旗（县）31个。

森林资源　1949年，全区有森林面积913.9万公顷。其中原始林629.47万公顷，天然次生林280万公顷，人工林4.47万公顷，零星树木1103万株。森林覆盖率7.7%。全区产木材仅17万立方米。

全区森林分布很不均匀，83%的面积和94%的蓄积集中于呼伦贝尔盟和兴安盟。大兴安岭北部是国有原始林集中分布区，土壤以灰色森林土、棕色针叶林土为主，土层浅薄；森林以寒温带兴安落叶松为优势的明亮针叶林为主。大兴安岭南部和西部是全区国有天然次生林主要分布区，森林土壤多为棕色针叶林土和暗棕壤；森林以温带针阔混交林为主。内蒙古中西部地区也有天然次生林分布。据中国科学院考察，全区有高等植物2271种，分属128科69属。主要树种有白桦、山杨、蒙古栎、兴安落叶松、华北落叶松、云杉、油松、山杏、胡杨等。除主要乔木树种外，经济价值较高的有山杏、文冠果，越橘、笃斯、山楂等。林区及草原盛产蘑菇、猴头、黑木耳、发菜、黄花菜等。野生动物资源有490多种。其中兽类110多种，鸟类300多种，主要珍稀动物有马鹿、驼鹿、驯鹿、野驴，麝，野驼骆，青羊，鹅喉羚羊，猞猁，天鹅，丹顶鹤、黑鹳、白鹳等。

**林业发展概况**　50年代，全区各族人民在中国共产党的领导下，着重抓了条件较好地区的防护林营造和沙漠治理。在东部的昭乌达、哲里木两盟规划营造防护林带；西部开始治理沙漠，营造防风固沙林；全区普遍开展了封山育林；年造林面积最高达37万公顷，为1950年的7倍；涌现出当铺地、园子塔拉、头道桥、磴口等营造农田防护林和治沙造林的先进典型；恢复并建设了森工企业，确定了“以林为主、多种经营、综合利用、全面发展”的林区生产建设方针，年木材生产能力提高到400万立方米左右。建立国营林场110处。

60年代，经过调整、巩固、充实、提高，林业生产建设在稳定中有所发展。森林工业先后建立了15个林业局、1个栲胶厂、2个林机厂。

70年代，植树造林注重了适地适树，因害设防和良种壮苗；在农区开展了县、社、乡、队办林场、苗圃和创建种子园活动，造林重点以营造带、网、片相结合、多林种相结合的防护林为主，同时进行了平原绿化造林。涌现出了凉城县、伊金霍洛旗、太佘太公社、苏木山林场等先进典型。

80年代，总结全区林业生产建设的经验教训，林业转向以生态建设为主，注重了林草植被的恢复、建设和社会、经济效益的发挥。自治区林业建设进入了全面发展时期。在农村牧区，造林坚持集体、国家、个体一齐上的方针，在平原地区以营造防护林为主，在丘陵山区进行小流域综合治理。到1986年，全区林网化的程度已由过去的22.7%，提高到53.7%，有1/4的水土流失面积得到控制，20%的沙漠得到治理。随着改革的深入，国营林场已由单一的林业生产变为以林为主多种经营，由统负盈亏变为联产承包，经济效益显著提高，造林成本明显下降。森工企业调整了产业结构和经济结构，推行和落实了以承包为中心的经济责任制。林业保护工作得到了加强，充实健全了各级防火组织，添置了防火设施、机具；推行了生物防治与化学防治相结合的森林病虫害综合防治措施。

**林业建设成就**

林业组织机构及设备　至1985年，除自治区设林业局，盟（市）、旗（县）设有101个林业局（处）等林业主管部门外，全区另有928个企事业单位。林业职工共23.48万人。其中工程技术人员6400多人。已基本形成了一套包括森林工业、国营林场经营、社会群众植树造林和科研教育、勘察设计、森林保护以及良种繁育等内容比较完整的林业体系。

内蒙古大兴安岭林业管理局管辖17个主伐局、2个林机厂、1个电业局、1个木材加工栲胶联合厂，以及建材、建筑等24个县级企业，还有2个经营局和勘察设计、森林资源、调查、科研、医院、商业、物资、林校、森警等16个县级事业单位。到1986年，林区共有林业人口52万，其中职工17.79万人；中小学校233所，专业学校10所，在校学生13万人；医疗卫生机构281个，其中职工医院24所。建国以来，国家对内蒙古大兴安岭林业管理局累计投资10.34亿元，建成林区公路7300余公里，森铁1400余公里，大铁专用线103公里，建成和在建林场124处。到1986年，管理局已拥有固定资产14.1亿元。

自治区大兴安岭岭南次生林区设有8个林业局，分别由呼伦贝尔盟林业管理局和兴安盟林业处领导，下设34个林场、8所中学、24所小学，共有职工1.52万人。建国以来，累计完成基本建设投资9500万元。拥有汽车、拖拉机等大型设备530台，发电机组112台，装机容量6250千瓦，修建林区公路1400公里，通讯线路950公里，各类房屋37万平方米，贮木场9处。

全区现有国营林场（治沙站）263处，苗圃101处，共有职工3.88万人。拥有汽车、拖拉机等设备1834台，大小牲畜6.7万头（只），房屋11.45万平方米。

全区林业科研、教育、科技推广等事业不断发展。到1986年，有盟(市)以上林业科研院、所12处，科技人员277人，完成了71项科研成果，有39项分别受到国家、内蒙古自治区和盟(市)的奖励；有旗(县)以上林业工作站96处，乡(镇)林业工作站506处。自治区设有林业院校4所，累计培养大中专林业专业人才8000余名。全区建有19个森林病虫害防治站，职工675人，年防治能力33.3万公顷；有旗(县)以上的森林、草原防火机构65处，防火专业队伍4663人；内蒙古武装森林警察总队现役2280人。此外，自治区拥有林木种子站(公司)21个，良种繁育基地(圃)19处，林产品经销公司43处。

*林业主副产品生产* 截止1985年，原始林区累计生产商品材1.097亿立方米，锯材889万立方米，纤维板15.5万吨，栲胶12.8万吨。累计工业总产值74亿元，上缴利税12.9亿元。大兴安岭岭南次生林区的8个林业局累计抚育幼中林38.7万公顷，改造低价林1333公顷，更新造林保存6.67万公顷，生产木材512万立方米。实现利润3450万元，上缴育林基金、税金8064万元。全区林业单位还积极开展多种经营，取得了较好的经济效益。

自治区还生产林机产品，主要有各种型号的植树机、幼林锄草机、平地筑埂机、起苗机、切条机、开沟犁、圆盘中耕机以及各种采运营林机械零配件等，年产值400多万元。

*扩大森林资源* 据“五五”清查结果，全区林业用地4409.4万公顷，有林地1374万公顷，活立木总蓄积94617.31万立方米。林分蓄积年生长量为1085万立方米，生长率为1.28%。其中用材林1196.25万公顷，蓄积79704.5万立方米；防护林27.7万公顷，蓄积1218.2万立方米；薪炭林33.36万公顷，蓄积1274.65万立方米；特种用途林31.27万公顷，蓄积2580.34万立方米；经济林85.42万公顷。按林种起源分，天然林1207.36万公顷；蓄积83409.3万立方米；人工林166.65万公顷，蓄积1368.3万立方米。全区四旁植树总数16163.65万株，立木蓄积321.78万立方米。全区森林覆盖率为11.9%。

至1985年，全区飞播造林成效面积9153公顷，封山(沙滩)育林成林面积10万多公顷。规划建了4个用材林基地，已营造速生丰产林10万多公顷。经国务院和内蒙古自治区政府批准，先后建立了以保护原始林景观、植物群落、珍稀树种、沙生植物和野生动物为主要内容的汉玛、诺敏、白音敖包、大青沟、努登、贺兰山等6处自然保护区，总面积39.5万公顷。

**1986年林业建设** 1986年，内蒙古自治区围绕“三北”防护林二期工程建设，以毛乌素、科尔沁沙地的治理，京包、包兰铁路两侧绿化，黄河两岸防护林建设，以及牧区封山育林、造林等43个工程项目，以10个重点绿化旗(县)为重点，着重抓了树立建设生态林业的观点，深化林业改革，进一步调整生产布局，实行三北工程按项目管理，充实和加强了护林防火的力量和设备，进一步搞好林区建设等工作。

全年完成工程项目造林面积10万余公顷；国营造林面积(含原始林区)11.15万公顷；营造速生丰产林0.47万公顷；育苗1万多公顷。封山(滩、沙)育林19.16万公顷；森林病虫害防治面积20.7万公顷。

内蒙古大兴安岭林业管理局完成木材生产360万立方米，工业总产值5.67亿元，实现利润5023万元，上缴利税9799万元。除森工企业外，地方林业由抚育间伐、林分改造、清理火烧迹地共生产木材65.7万立方米。

**经验教训** ①提高认识是发展林业的思想基础，领导重视是发展林业的关键。②调整和改革是林业发展的动力。80年代，清除了“左”的影响，对原有政策进行了较大的调整和改革。把以集体造林为主调整为国家、集体、个体一齐上，重申了“谁造谁有，长期不变，允许继承”政策。明确了植树造林以防护林为主，乔、灌、草结合，带、网、片结合，多林种结合，造、封、管结合，多种效益结合的指导思想。制定了放宽林业政策十条规定，坚持执行了“以营林为主、采育结合、综合利用、多种经营”的林区建设方针。植树造林实行了盟(市)、旗(县)领导负责制，“三北”防护林建设实行了按工程项目管理的责任制；森林工业经过企业整顿、推行了以经济承包为中心的各种形式的责任制；国营林场实行了以家庭经营为主的责任制。扩大了企业和国营林场的自主权。近年来，林业专业户、重点户达8万多户。③加速林业发展必须依靠科学技术。70年代以来，先后研究采用了适合内蒙古自治区自然条件的容器育苗、冬贮大苗、开沟钻孔深栽、飞播造林、围栏封育、良种繁育、丰产林营造和病虫害综合防治等科学技术，使林业建设的质量和速度都有了很大的提高。④以法治林是发展林业的重要手段。1978年以来，内蒙古自治区在贯彻《中华人民共和国森林法》及其实施细则的同时，颁发制定了《森林管理条例》和各种林业法规。1985年查处毁林案件1837起。“六五”期间，平均每年人为毁林1.27万公顷，比“五五”期间下降了96%。森林火灾受害面积“六五”期间比“五五”期间下降了72%。⑤调整林业生产结构和经济结构，是增强林业活力的重要途径。1978年以来，防护林比重的增大，加快了林草植被的恢复，促进了生态效益的提高；经济林、速生丰产林的大面积营造，林副产品和灌木的加工利用，以及种植、养殖、加工、服务等行业的发展，既照顾了近期利益，又为今后的发展创造了条件。赤峰市太平地乡开展木材深加工，每立方米木材产值达1000余元。林区林产工业和木材综合利用产品销售收入，已占到总销售收入的42.3%，集体经济年收入已达2亿元左右。

由于历来片面强调木材生产，使原始林区可采资源锐减，成过熟林蓄积已由建国初期的2.54亿立方米减为1.54亿立方米，目前已有13个林业局为过量采伐，有3个林业局可采资源处于枯竭。林区以煤代木长期得不到解决，年烧柴200多万立方米，木材利用率低，浪费严重，林区生产和防火公路严重不足，造成局部过量采伐和火灾损失严重，应当引起高度重视，并采取必要措施。

**奋斗目标** 到2000年，内蒙古自治区力争森林面积达到2106.7万公顷，森林覆盖率达到18%。建成23个标准绿化旗(县)；新建成速生用材林8万公顷。（内蒙古自治区林业局）

# 辽宁省林业

**自然概貌** 辽宁省位于北纬38°44′～43°26′，东经118°53′～125°46′，南临黄海、渤海。东部山地属长白山系的西南延伸部分，西部地势由西北向东南呈阶梯式降低，中部为辽河中下游平原。全省山地面积占59.8%，平原面积占34.4%，概称“六山一水三分田”。

全省大部分处于温暖湿润、半湿润季风气候区。年平均气温6～10℃，一般由南向北，由平原向山地递减。无霜期120～180天，年降水量400～1200毫米，东部山区为多雨中心。全省分为13个地级市、44个县(市)，1222个乡镇，农村总人口2221.7万人，全省土地总面积1457.4万公顷，其中林业用地671.2万公顷，占土地总面积的46.1%。现有农耕地352.93万公顷。

*森林资源* 18世纪末以前，辽宁省还是草丰林密，地旷人稀的地方。清代为了保护满族发祥地的“风水”，将辽宁、吉林、黑龙江划为“四禁之城”，禁止采伐森林。19世纪初，嘉庆年间清政府在辽宁东部山区设置20多处伐木场，开始砍伐森林。以后又经沙俄、日本等帝国主义列强的掠夺和反动统治者的滥伐，使森林遭到严重破坏。到1949年，全省森林面积仅剩188.3万公顷，其中天然林178.8万公顷，人工林9.5万公顷，森林总蓄积量6666万立方米，森林覆盖率为12.9%。

**林业建设成就**

*扩大森林资源* 中华人民共和国建立后，全省共进行了5次森林资源清查工作，调查结果见表1。

**表1 1959～1984年历次森林资源清查结果**

| 清查时间(年) | 土地总面积(万公顷) | 森林总面积(万公顷) | | | 林木蓄积量(万立方米) | 森林覆盖率(%) | 增长指数(%) | | |
|---|---|---|---|---|---|---|---|---|---|
| | | 合计 | 天然林 | 人工林 | | | 森林总面积 | 林木蓄积量 | 覆盖率 |
| 1959 | 1457.4 | 188.4 | 178.8 | 9.5 | 6666.0 | 12.9 | 100 | 100 | 100 |
| 1963 | 1457.4 | 253 | 172.7 | 13 | 5943.0 | 17.9 | 34.3 | −11 | 38.5 |
| 1975 | 1457.4 | 342.3 | 163 | 81 | 8305.0 | 23.5 | 81.7 | 24.6 | 82.2 |
| 1978 | 1457.4 | 365.27 | 137 | 104 | 10856.0 | 25.1 | 90.4 | 62.9 | 94.6 |
| 1984 | 1459 | 403.8 | — | 151.5 | 11741.0 | 27.6 | 114.4 | 76.1 | 114.7 |

注：① 1963～1978年森林总面积包括经济林面积，人工林不包括经济林面积。
② 1959～1978年为森林资源调查。
③ 1984年为农业区划调查。

表1表明，1963年以来，辽宁省森林面积基本上保持稳定。1984年底，森林面积比建国前增长14.4%，林木蓄积量增长76.1%，森林覆盖率增长14.7%。但天然林面积呈下降趋势；人工林面积逐年增长幅度较大。特别是50年代初期营造的人工林逐渐进入成熟期，生长较快，在现有3416.4万亩人工已成林面积中，近熟林占21.2%。

森林资源的主要特点：①分布不均匀，东部多，西部少。东部的丹东、抚顺、本溪3市和辽北铁岭市的西丰县的森林面积占全省森林总面积54.5%，西部的阜新、锦州、朝阳3市的森林面积占全省森林总面积17.6%。②中、幼龄林多，成熟林少。在全省森林总面积中，幼龄林面积占63.6%，中龄林面积占31.4%，成熟林面积占5.0%。④阔叶林多，针叶林少。全省林分优势树种面积243.8万公顷，其中阔叶林占76.2%，针叶林占23.8%。⑤活立木年生长量572万立方米，每公顷生长量2.195立方米。

在东部以林为主的10个县，除了经营管理好既有天然次生林外，新造用材林900多万亩，形成了以落叶松、红松为主的用材林基地。在辽北和中部平原地区，大力营造了以杨树为主的速生丰产林70万亩，形成了辽宁省第二个新的用材林基地。在西部的阜新、锦州、朝阳等地营造的485万亩防护林，已形成了一定规模的防护林体系，有效地控制了风沙侵袭，保护了农田。根据国家统一规划，从1978年开始，西北部10个县(到1985年扩大到18个县)、区列入“三北”防护林建设工程体系内。到1983年止，建平、昌图、法库、新民、康平、彰武6县，已经提前2年完成第一期工程建设任务，造林保存面积230万亩，超额完成计划10.6%。到1985年，18个县共完成造林作业面积1250万亩，保存面积634万亩，为第一期“三北”防护林建设任务540万亩的117%。法库、昌图2县已基本实现了农田林网化。

自1983年开始，全省注重调整林种结构，树种配置，加强防护林、经济林和薪炭林的营造以及珍贵树种的培育(见表2)。在调整林种结构时，还注重培育中小径级材及为生产木耳用的木耳材、杆材等材种。

表2 各林种占人工林总面积%

| 时　期 | 用材林 | 防护林 | 薪炭林 | 经济林 |
|---|---|---|---|---|
| “五五”期间 | 67.1 | 14.5 | 6.7 | 7.5 |
| 1985年 | 50.8 | 22.4 | 13.5 | 8.8 |

此外，义务植树成绩显著。1982～1985年，共完成义务植树48705万株，平均每年完成1200余万株。

木材生产　“六五”期间全省木材产量273.2万立方米，其中抚顺、本溪、丹东地区完成200.3万立方米，基本上没有突破限额采伐指标。各年度完成数如下：1981年，44.34万立方米；1982年，42.2万立方米；1983年，45.7万立方米；1984年，68.9万立方米；1985年，78.5万立方米。

森林经营　①“六五”期间，完成成林抚育面积371.0万亩，比“五五”期间增长33.0%，次生林改造面积120.0万亩，比“五五”期间增长21.0%。②“六五”期间森林火灾发生次数，比“五五”期间下降15.0%，尤其1983年以来，全省森林火灾次数连续3年大幅度下降。③森林病虫害发生面积由“五五”期间的5459万亩，下降到2993万亩，森林病虫害防治率由“五五”期间的49.2%提高到52.6%。

基本建设投资及新增固定资产　“六五”期间基本建设投资额，由“五五”期间的8867万元，增加到9534万元，增长6.3%。由于基本建设投资而增加的固定资产3522万元，林区道路749公里，国营造林面积261万亩，架设林区输电线路202公里，各种房屋竣工面积20万平方米。特别是党的十一届三中全会以来，新增加的房屋竣工面积25.7万平方米，为党的十一届三中全会前20年房屋竣工面积的53%。

完成林业“三定”，建立健全生产责任制　从1981年开始，在全国范围内开展稳定山权林权、划定自留山，确定林业生产责任制的林业“三定”工作以来，至1985年底止，已给180万户农民划分自留山面积1715.0万亩(其中荒山面积837万亩)，占全省集体林业用地总面积的22.4%。自留山中已经营的面积448万亩，其中已造林的有394万亩，栽果树49万亩，种药材4万亩。1985年自留山户数和面积较1984年有了新的变化，总的情况是户数减少，面积增加，具体是：1984年，203万户，1603万亩；1985年，180万户，1715万亩。

全省已建立各种形式责任制面积3829万亩，占全省集体林业用地总面积的50%，承包责任山的户数达58.5万户，其中单户承包有49.3万户，联户承包9.2万户。对农民分得的承包山，放宽了经营政策，允许农民对承包山采用次生林综合经营措施，宜伐则伐，宜改则改，宜抚则抚，收益由集体与个人按比例分成。

据1985年统计，农民个体用于造林投资250万元。全省涌现造林专业户2万多个。个体造林面积占全省造林总面积的比重由1981年的29.2%上升到1985年的49.3%。

全面完成企业整顿　全省林业系统企业整顿工作，从1982年开始至1985年底全部完成。列入全省林业企业事业整顿的293个全民所有制单位，都已通过验收，获得了“企业整顿合格证书”。通过整顿，企业的面貌大有改观，企业总产值比整顿前平均增长30%，可比成本降低5%，20个亏损单位经整顿后扭亏为盈。

林业科技成果　1985年取得28项林业科研成果，是1978年以来最多的一年。在应用研究和学术水平上，都有较大提高。经鉴定，达到国际水平的有2项，达到国内先进水平的有25项，省内先进水平的有1项。

发展多种经营　1985年，林业实行山上管严，山下搞活，林副产品产量达1104万公斤，总产量比1984年增长18%。辽宁省盛产板栗的丹东地区，1985年全区板栗总产量达668万公斤，比最高的

1983年增加34.5万公斤，创历史最高水平。

**1986年林业建设** ①林业良种基地建设、“三北”防护林二期工程、2772项目(注：世界粮食计划署援建辽宁造林种草，控制水土流失项目)、国营商品材基地和速生丰产林基地建设都保质保量地完成了计划。计划木材生产50万立方米，实际完成社会归口产量85.4万立方米；其中林业系统产量66.7万立方米。超计划的主要原因是林业系统外煤矿、城建部门以及辽河清障多砍伐了木材。②林政管理、森林保护工作进一步加强，林区秩序稳定，乱砍滥伐林木、乱捕滥猎野生动物等得到有效控制。根据以法治林和林业生产发展的需要，辽宁省先后建立76个林业公安派出所，在12个县建立了林业公安科，7个市建立了林业公安处，现有林业公安干警550人，初步形成了一支专业化的林业公安队伍。③产值和收入。1986年，林业总产值在1985年3.6亿元的基础上增加到5.8亿元。在林业总产值中营林产值2.1亿元，林业直接产品产值2亿元，木材加工产值0.2亿元，林业间接产品产值0.2亿元，林副产品产值1.3亿元。使林业产值在整个农业总产值中的比重由1985年的3.6%，提高到4.9%，比党的十一届三中全会前1978年的林业产值增长5.3倍。林业多种经营和第三产业蓬勃发展，据1986年统计，全省林业系统多种经营总收入4287.6万元，其中种植业收入403.9万元，工业收入1639.8万元，养殖业收入174.7万元，饮食服务业收入2069.2万元。1986年，林业系统总收入比1981年增长15.9%。④加强宏观控制，调整林业结构和技术政策。根据《中华人民共和国森林法》的要求，从1981年开始逐年核定年采伐限额，1986年对“七五”期间森林采伐限额进行重新核定，完善了采伐、运输、销售等林政管理制度。本着“宏观控制，微观搞活”的原则，草拟了《关于贯彻以林为主，多种经营方针的有关政策的几点意见》。在技术政策上，按照林业部开展人工落叶松经营采伐试点的要求，制定了扩大试验的实施方案，提出了新植林可有计划地搞定向培育以及利用荒山荒地、采伐迹地、林间空地栽参种药等政策问题。⑤加强林业基地建设。在西部山区抓了以生态建设为主的“三北”防护林工程建设和2772项目的实施。在东部山区着重进行水源用材林基地建设，在西丰、法库、新宾3县进行了以营造落叶松为主的速生丰产林基地的规划设计，完成规划设计面积74.0万亩，给1987年落实林业部600.0万元低息贷款做好了准备。2772项目造林成活率创朝阳地区历史最高水平，平均达84.8%，造林面积抽样误差仅为3.3%，造林面积不实，成活率低的局面得到扭转。⑥加强林业基础建设，全省要用3年时间完成森林资源二类清查和编制国营林场森林资源方案工作。1986年开始制定了二类清查技术规定和森林经营方案编制办法，并下发了开展工作的意见。到1986年年底，已完成8个国营林场的试点。举办了东部、西部二类清查和编制经营方案技术训练班，为1987年在全省铺开做好了准备。为建立健全造林技术档案，省里拨款9.5万元，支持各地进行这项工作，县、乡造林档案陆续建立起来。⑦深入宣传贯彻《中华人民共和国森林法》，坚持以法治林。为检查《森林法》的实施情况，辽宁省人民代表大会常务委员会组织了视察活动。经过广泛征求意见和与有关部门协商，林业厅起草了《辽宁省实施〈中华人民共和国森林法〉办法》，经辽宁省第六届人民代表大会常务委员会二十三次会议审定通过，从1987年1月1日开始实施。1986年共发生乱砍滥伐森林案件1513件，已处理1435件，发生案件比1985年下降37%，结案率由1985年的90.6%提高到94.8%。

(辽宁省林业厅)

# 吉 林 省 林 业

**自然概貌** 吉林省位于东经122°～131°，北纬41°～46°，全省面积18.7万余平方公里。境内主要山脉是长白山，主峰海拔2692米。全省河川众多，30公里以上的河流约140余条，有松花江、图们江、鸭绿江等。全省有6个省辖市、1个自治州、1个地区、41个县(市)、956个乡(镇)。截止1986年，共有人口2230.9万人。

吉林省处于我国温带的北部，具有温带大陆性季风的气候特点。全年日照时数约为2200～3000小时。年平均气温为4℃左右，最高温度为37.8℃，最低温度-39.4℃。降水量自东部向西部递减；全省年降水量在400～800毫米。年平均无霜期，中部以西140天，东部山区120天左右。

*森林资源* 1949年，全省林业用地总面积1005.7万公顷，其中有林地面积444.3万公顷，疏林地119.1万公顷(含人工林面积3000公顷)，灌木林地82.6万公顷，宜林荒山荒地359.7万公顷。全省活立木总蓄积量60368.3万立方米，其中有林地的总蓄积量55879.8万立方米，疏林地蓄积4184.3万立方米，散生木蓄积304.2万立方米。森林覆盖率为23.8%。全省有2300多种植物、1100种动物资源。其中珍贵中药材(如人参等)和食用植物(如松茸等)

900 多种，珍贵动物(如东北虎、梅花鹿等)100 多种。

**林业发展概况** 36 年来，吉林林业的发展分为 4 个时期：

奠基时期(1949～1956)。中华人民共和国成立后，除在全省开展普遍护林工作外，东部和中部地区还进行了封山育林，并整顿与建立长白山林区的森林工业企业(以下简称：森工局)。1952 年开始，贯彻东北人民政府“关于营造东北西部防护林带”的决定，大面积营造人工林。“一五”期间，森工生产在原有基础上，开始大幅度增长。全省建有森林经营所 129 处(“二五”期间大部分经营所合并或成立县林业局)、林业工作站 228 处、地方国营林场 8 处、地方国营苗圃 76 处、国营森工局 6 处。全省林业职工 41000 人，其中地方林业职工 10000 人，森工局 31000 人。

发展时期(1957～1966)。这一时期，经历了 1958 年的“大跃进”、1959 年开始的三年经济困难和国民经济调整的 3 个阶段，国营林场及社队林场已发展到 250 处，在全省范围内起到造林、育林、护林的示范作用。“二五”期间，国家对森工局的基建投资总额为 16358.6 万元，年平均投资 3271.7 万元，比“一五”期间增长 138.3%。三年调整期间，投资增加到 19981.2 万元，比“二五”期间年平均投资增长 103.6%。国营森工局已发展为 15 个，并新建 4 个森林经营局。1957～1966 年，共完成工业总产值 86485 万元，年平均产值 17297 万元，比“一五”期间提高 44.6%。截止 1965 年，木材生产已初具规模，木材年产量已达到 474 万立方米。与此同时，林产工业开始发展。木材生产中的集材及采运工序的机械化比重已达到 80%。森林工业年总产值已达 20800 万元，其他各项生产指标均创造历史的较好水平。全省林业职工已达 10 万人，其中森工局职工 79985 人。

“文化大革命”时期(1966～1976)。“文化大革命”期间，林业建设遭受重大的挫折与损失。乱砍滥伐及破坏森林严重。例如：年平均发生森林火灾 214 次，有的年份高达 600 次，是建国后森林火灾损失最大的 10 年。有些林业机构及森工局，被迫解散或停产。

振兴时期(1977～)。党的十一届三中全会以来，全省由于深入贯彻《中华人民共和国森林法》，已连续 5 年成为无大森林火灾省，被林业部授予全国护林防火先进省份的称号。全省深化改革，稳定山、林权属及开展“三定”工作，普遍颁发了山、林权证书。全省已办家庭林场 26 万个。1985 年的“两户”(专业户、重点户)与个人造林占全省造林总面积的 70%以上。“六五”期间，全省造林种植作业面积达 1883 万亩，其中 1985 年为 438 万亩，当年平均成活率达 91.8%。森工局的森林更新抚育工作有所加强，基本做到当年采伐，次年更新并逐步还清更新欠帐。1976～1984 年，经过企业整顿与改革，实现了全省林业企业无亏损，总产值与利润均有增加。

**主要建设成就(1949～1985)**

*建立和完善组织、机构* ①林业行政、企业、事业：1950～1951 年，吉林省农林厅内设林政处，负责全省林业的行政管理工作。1952 年，成立吉林省林业厅。30 多年来，各级林业机构不断改革和完善。截止 1986 年，各市、县均设有林业局，白城地区行署设林业处，延边朝鲜族自治州设林业管理局。全省有 927 个乡级林业工作站。还有 17 个国营森工局，4 个森林经营局，503 个国营林场(其中地、县所属 319 个，森工局所属 184 个)，144 个国营苗圃(其中地、县所属 68 个，森工局所属 76 个)。省直属企业、事业有吉林省林业勘察设计院、吉林省林业调查规划院、吉林省长白山自然保护区管理局、吉林省森林警察总队、吉林省通化林业化工厂、吉林省敦化林业机械厂、吉林省洮南林机厂、吉林省林业工程公司、吉林省林业公安局、吉林省林业检查院、吉林省林业法院等单位。全省有国营林业职工 231500 人(其中地、县国营林业职工 65700 人，森工局职工 146500 人，其他林业单位职工 19300 人)。全省乡办林场 293 处，村办林场 1600 处。专业劳动力 2 万人。②林业科学研究：1956 年，全省科研机构只有省级林业研究所，科研人员 30 人。到 1985 年，已发展有市(州、地)级研究所 5 所，科研人员共 200 人。有 50 多项科研成果获林业部、吉林省奖励。③林业教育：吉林林学院、吉林省林业学校均始建于 20 世纪 50 年代。林学院设有四年制本科的林学、采运、木材加工 3 个专业系，在校生 1000 人，已毕业的学生共 875 人。吉林省林业学校已有毕业生 6500 人。林区的普通教育，已奠定了良好的基础。林区现有小学 270 所，在校生 7 万人；初中 52 所，高中 16 所，设初中班的小学校 136 所，在校生 5.3 万人；独立高中 7 所，在校生 1.1 万人。中、小学生总计 13.4 万人。同时还注意少数民族的教育事业，延边自治州的各林业局专设朝鲜族中、小学各 1 所和少数民族教学班 123 处，在校生 4541 人。为了加强林区的职工教育工作，各森工局均成立了“职工学校”，并长期设有 1 所林业技工学校。④森林保护：全省各市(州、地)、县以及 17 个森工局，均设立护林防火指挥部及办公室，有专职人员 120 多人；各森工局设有护林防火站，有专业人员 120 人；各森工局的林场都配有护林员，共 1721 人。全省从上至下驻有武装森林警察部队以保护森林。林区的防火瞭望台、森林气象站、无线电报话机等现代化防火设施齐全。已开设森铁防火线 1664 公里。各市、县及森工局，还设有林业公安、检察、法院及森林病虫害防治站等机构。

*扩大森林资源* 据1980年森林资源清查，全省林业用地876.94万公顷，有林地面积已达608万公顷，比建国前增加40%。在增加的164万公顷中，其中86万公顷是封山育林及抚育改造的结果，78万公顷是人工林。全省活立木总蓄积量7.1亿立方米，森林蓄积量较50年代初期增加1亿立方米。森林覆盖率已达到32.2%。有林地中有人工林97.53万公顷，防护林89.04万公顷，用材林491.07万公顷，薪炭林1.55万公顷，经济林4.93万公顷，未成林造林地24.68万公顷。

*建立自然保护区、禁猎区* 到1985年，全省已建立长白山、松花湖、向海、左家、莫莫格、火山群6个自然保护区，总面积800255公顷，占全省总面积的4.3%；另有禁猎区20处，34.9万公顷，占全省总面积的1.83%。其中的长白山、向海自然保护区为国家级自然保护区；长白山自然保护区还加入了联合国教科文组织"国际人与生物圈自然保护区网"。

*森工生产* 吉林省森工全民所有制企业有24个，其中22个属大、中型企业。到1985年底，这些企业拥有固定资产16.77亿元。到1985年，林区建设森林铁路2944公里，公路7556公里；林区17个森工局的综合机械化程度已达87.6%。36年来，吉林省累计为国家提供木材1.7亿立方米，上缴利税达21亿元。1985年制材厂的锯材生产能力达到122万立方米，锯材出材率为75.8%，比1979年提高3.1%。"六五"期间，对胶合板厂的设备，进行填平补齐，生产能力扩大2.85万立方米。长春胶合板厂生产的绿金牌胶合板，1980年与1985年，两次被评为国家优质产品，获金质奖。

**1986年林业建设** ①1986年，全省完成育苗任务16.1万亩，其中地方育苗15.32万亩，森工局育苗0.68万亩。全省按成活率85%以上的检查结果，完成造林种植作业面积479.5万亩，其中"三北"防护林工程112.9万亩。②全省森工局的集体企业职工人数已达11.5万人，集体经济总产值达到2.38亿元，占森工局总产值的1/3。多种经营已发展为种植、养殖、采集、采掘、加工、建材、运输、饮食服务8大类428个生产项目，使林区的经济与生产结构，由过去的单一木材生产，向着木材综合利用、多种经营的方向发展。全年为国家提供木材685.6万立方米，上缴利税8595.4万元。

**经验教训** ①采伐量大于生长量，采育比例失调，森工局集中过量采伐。1980年以来，每年均发生250万立方米的过量消耗。加上成、过熟林的逐年减少，长白山林区将出现一个长时期的可采资源的枯竭局面。②林业建设资金不足，发展缓慢。按总体设计，国家应向林区投资16.6亿元，实际只投资8.3亿元，使森工局尚有44个林场以及5600公里的道路等没有建设，造成过熟林、病腐木、立枯木、风倒木等可以利用的木材，大量枯损在林区。而中、西部地区，由于投资不足，育苗、造林的数量少，且质量也差。③造林树种单一，森林防护效益低。长白山林区的人工更新或人工林的树种，80%以上是落叶松，西部地区又以杨树造林为主。适宜全省种植的樟子松、长白松等树种却没有得到广泛地培育。薪炭林、经济林发展缓慢，仅占林种面积的4%及1%。乔、灌、草相结合的造林方针，没有在相应的地区得到贯彻。

**奋斗目标** 中共吉林省委和省政府决定从现在开始，在10年内，完成全省宜林荒山荒地和四旁的造林绿化任务；解决长白山林区的采育失调问题，实现森林资源的消长平衡。到2000年，全省有林地面积要从现在的625万公顷增加到844万公顷，森林蓄积量由7.1亿立方米增长到8.96亿立方米，森林覆盖率由35.9%提高到46%。全省林业总产值由现在的12.3亿元增加到25.5亿元；其中多种经营产值要达到7.5亿元。按着这一要求，"七五"期间造林必须完成101.5万公顷，中、幼龄林抚育131万公顷，低质林改造13万公顷。林业总产值要达到16.6亿元。

（吉林省林业厅）

## 黑龙江省林业

**自然概貌** 黑龙江省位于北纬43°26′～53°34′，东经121°13′～135°06′。北部和东部隔黑龙江、乌苏里江与苏联相望。全省土地面积45.39万平方公里。东北部为三江平原与兴凯湖平原，西部是松嫩平原。平原海拔50～200米，占全省总面积的28%左右；山地海拔300～1000米，占全省总面积的58%左右。主要山脉为大兴安岭、张广才岭、老爷岭、完达山等。其余为海拔200～350米的台地。

全省行政管辖4个地区、10个地级市，共60个县和1个自治县，8个县级市。全省人口3036万。

黑龙江省地处寒温带，年平均气温为-5～4℃，≥10℃积温1500～2600℃，降水量400～600毫米，年日照时数为2400～2800小时。冬长夏短，冬季严寒干燥，夏季温热、湿润，春季风大雨小，无霜期100～140天。

**现有森林资源** 黑龙江省林业从1982年起，分别由黑龙江省森林工业总局和黑龙江省林业厅管理。据1985年森林资源清查，全省森林面积1660万公顷，蓄积量15.2亿立方米，森林覆盖率36.3%。其中：由黑龙江省森林工业总局所属40个林业局经营的666.2万公顷，蓄积量为7.30亿立方米。由林业部属企业大兴安岭林业管理局经营的有462.2万公顷，蓄积量4.7亿立方米。其余由各市、县经营(属省林业厅管辖)，面积为592万公顷，蓄积量2.4亿立方米，其中天然林413.3万公顷，蓄积量2.2万立方米；人工林173.3万公顷，蓄积量2000万立方米。

黑龙江省林区森林资源十分丰富，主要植物种类1900多种。最北部大兴安岭地区为寒温带针叶林。生长的主要树种有落叶松、樟子松、白桦等。小兴安岭是温带针叶和阔叶混交林。主要树种有红松、冷杉、云杉、落叶松、白桦、紫椴、枫桦、水曲柳、黄波罗、胡桃楸、柞树、山杨等。完达山、张广才岭、老爷岭一带为针阔混交天然次生林。主要有红松、紫椴、枫桦、白桦等；萌生的树种有柞树、山杨、白桦、水曲柳、黑桦等。林区灌木主要有暴马丁香、胡枝子、绣线菊、山葡萄、刺五加、五味子等。药用植物有人参、灵芝、黄芪、刺五加、五味子、党参、柴胡等。还有许多名贵的食用菌和山野菜，如猴头、蘑菇、木耳、黄花菜、蕨菜等。还有含大量维生素C的浆果，如猕猴桃、山葡萄、笃斯、山茄子、刺梅果、山楂等。野生动物仅兽类有87种，常见的有东北虎、金钱豹、猞猁、黑熊、野猪、狐狸、狼、梅花鹿、犴、马鹿、獾、紫貂、野兔等。各种鸟类400多种。

**林业发展概况** 黑龙江省林业，自建国以来是在伪满、日俄掠夺破坏的残林灌丛、荒山秃岭的基础上发展起来的。20世纪50年代初期，开始在东部山区搞封山育林，在西部农牧区建立国营造林林场，接着又在东部建立了80个经营林场。50年代末到“文化大革命”前，又建立起200个国营林场，实行国家群众相结合的办法，开展护林、育林和造林活动。“文化大革命”期间，森林遭到严重破坏，造林成活率、保存率低。1976年后，特别是党的十一届三中全会以来，随着党的林业政策放宽，1980年，中共黑龙江省委、省政府提出了在造林上由过去重国营，轻集体，忽视个体，转移到集体造林为主，国营、集体、个人一起上；在森林管护上，由林业部门专业经营，转移到林业部门和山区乡村联合经营；在国营林场管理上，由单一的行政办法管理，转移到经济办法和行政办法相结合，在次生林经营上由单一的抚育生产，转移到以林为主，多种经营。并强调大力发展防护林、薪炭林。1984年以后，随着整个经济体制改革的发展，在实践中形成了“改革体制，下放权力，内包外联，综合经营”的林业指导方针。林业建设出现了新局面。

**林业建设成就** 到1986年，黑龙江省市县林业系统有14个地、市林业局、68个县林业局和1000多个林业工作站及200多个林业管理站，形成了比较健全的林业管理系统；黑龙江省林业厅属的科研、设计单位有黑龙江省林业勘察设计院、黑龙江省森林植物园和黑龙江省防护林研究所；各地、市属林业研究所4个和14个县属林业研究所及1个试验站。林业教育系统建立了黑龙江省林业管理干部学院，齐齐哈尔林业学校和6所地、市林业干部学校，并有1所林业技工学校。林区普通教育也有了较大发展，现已有小学260多所，中学近20所，使地处偏远山区的林场职工子女得以就近上学，为林业建设培养了一批后备军。

黑龙江省市县林业主要由国营林场经营，现有国营林场355个，国营苗圃80个。国营林场的生产以造林、育林为主，以木材综合利用和多种经营生产为辅，承担着全系统生产经营的主要任务。党的十一届三中全会以后，根据国家发展林业的指示，把一部分育林“荒山荒地”划给集体或个人经营，从而产生了一些集体林场、苗圃和林业专业户、重点户。生产正由单一的木材生产向以林为主，多种经营过渡，现在各地、县林业局基本上都形成了产、供、销一条龙的生产体系。

森林保护工作已发展到依法治林的新阶段。在宣传、贯彻、落实《中华人民共和国森林法》及其《实施细则》的基础上，各地、市、县根据自己的实际情况制定保护林木的具体规章，并严格执行。同时，建立健全了林政管理队伍，各县林业局设林政股，各国营林场设专职护林员，各村、屯设义务护林员。并设立林政检查站50多处。多年来，全省有计划地进行了护林防火设施建设。重点林区实现了“四网”(即：瞭望网，通讯网，防火林带网、道路网)和“三化”(即：扑火队伍专业化、扑火工具现代化、机械化)。全省建设了一支森林病虫害防治专业队伍。

建国以来，全省市县林业本着“宜封则封、宜抚则抚、宜改则改”，以抚育为主，抚育、改造、利用结合的方针，开展封山育林，加强护林防火，制止乱砍滥伐，恢复和发展天然次生林413.3万公顷，蓄积24.894万立方米。成为全省林业重要的后备资源。与此同时，加强了自然保护区建设。到1986年，经林业部和黑龙江省人民政府正式批准，已建立自然保护区15处，总面积53.3万多公顷，占全省面积1.3%左右，其中著名的有扎龙、镜泊湖、五大连池等自然保护区。

建国以来，全省大力开展了全民义务植树运动，到现在，市、县人工林面积已达173.3万公顷，蓄积2000万立方米。共绿化公路、乡道6万多公里，绿化村屯3.5万个，绿化江河沿岸3000公里。桦南县孟家岗、勃利县通天一、林口县青山、尚志县一面坡、鸡东县宝泉、龙江县错海等一批国营林场，造林保存面积都在10万亩以上。林口、勃利、桦南3县连片人工林面积达20万公顷，构成了大面积新的用材林基地。在营造用材林的同时，还营造了一些经济林和薪炭林。

黑龙江省西部有29个市、县于1978年纳入了国家重点的“三北”防护林体系建设工程。到1986年，完成了西部防护林一期工程，造林保存面积1095万亩，受到了国务院和林业部的表彰。在搞好“三北”防护林的同时，农田防护林和水土保持林也有了很大的发展，农田防护林保存面积达18.67万公顷，庇护农田300万公顷。

黑龙江省市县林业木材生产主要是对天然次生林的抚育及对人工林的间伐。1986年天然次生林抚育面积6.87万公顷，出材123.8万立方米；人工林间伐1.78万公顷，出材15.8万立方米；人工林透光伐0.95万公顷。

全省进一步调整了产业结构，大力发展多种经营和木材综合利用，建立的养、种、采、加、掘等多种经营生产基地，到1986年已达90处，实现产值4000万元；木材综合利用生产100多个品种，加工次小薪材10万立方米，实现产值5500万元。

林业机械行业，现有阿城林业机械厂、富裕林业机械厂，两厂共有职工1200多人，已形成800万元产值的生产能力，主要生产挂车和油锯。另有林药厂一处。

黑龙江省林业奋斗的目标是力争到本世纪末，把黑龙江省森林覆盖率提高到50%。

(黑龙江省林业厅)

## 黑龙江省森林工业

**自然概貌** 黑龙江省森林工业总局经营的森林、山地，主要分布在小兴安岭、完达山、老爷岭、张广才岭。小兴安岭位于黑龙江省北部，是在海西褶皱带基础上形成的，以结晶岩、片岩、片麻岩、花岗岩为主的山地。山势和缓，北低南高，海拔高度500～1000米。完达山位于本省东北部。老爷岭、张广才岭位于东南部，老爷岭与张广才岭之间为牡丹江谷地。

黑龙江水系，河流、湖泊较多。流域总面积184万平方公里，流域面积达1万平方公里的河流18条。

黑龙江省具有明显的季风性气候特征。冬季在内蒙高压控制下，盛行西北风，寒冷干燥。夏季在太平洋副热带高压控制下，盛行东南风，高温多雨。山地≥10℃的积温2500～2600℃。北部小兴安岭山地无霜期90～120天，东部山地无霜期100～140天。气温日较差在7～11℃，年较差可达40～48℃。黑龙江省年平均降水量东部山地、台地500～600毫米左右，西部平原区400～450毫米。森林土壤均是在湿润的森林植被下形成的，主要有灰化土、暗棕壤。

黑龙江省国有林区按自然山脉、水系划分为4个林业管理局：伊春林业管理局、牡丹江林业管理局、合江林业管理局、松花江林业管理局。伊春、牡丹江、合江3个林业管理局分别同伊春市、牡丹江专区、合江专区区划大体一致，松花江林业管理局则跨绥化、松花江、黑河3个专区。全省森工系统林区人口为170万人。

*森林资源* 据1949年统计，国有林区有林地总面积1098万公顷。其中：天然林694.3万公顷。森林总蓄积9.2亿立方米。针叶林比重占26.8%，其中：红松占46.7%。

小兴安岭北坡分布着以落叶松为主的寒温带针叶林，小兴安岭南坡和东部山地分布着以红松为主的温带针阔混交林。①林木资源。林区内有乔灌木120余种，主要树种30多种。著名的有红松、云杉、冷杉、落叶松、樟子松等针叶树，水曲柳、黄波罗、胡桃楸、色木、榆木等硬阔叶树，椴、杨、白桦、柳等软阔叶树，都是具有较高经济价值的用材树种。黑龙江省森工国有林区每年都为国家建设采伐和供应大量木材；同时，每年采伐、加工、造材剩余物可达200万立方米，是生产人造板和造纸的好原料。②野生经济植物资源。据《黑龙江省经济年鉴》(1983年版)记载：药用植物列入《中华人民共和国药典》的有107种，如人参、党参、刺五加、北五味、五味子、黄柏、满山红。食用植物和食用真菌很丰富，食用的真菌类有：黑木耳、猴头蘑、元蘑、榛蘑、真松茸等20余种；食用的野菜类有：蕨菜、黄瓜香、山蒜、黄花菜等10余种；食用的浆果类有：山葡萄、黑加仑、笃斯、山丁子、山里红、山核桃、毛榛等20余种。此外，还有淀粉、脂肪、纤维、芳香类可用植物达80余种。③野生动物资源。在以森林为主体的生物圈内，兽类、鸟类、鱼类和两栖类野生动物种类繁多、数量很大。鹿、狍、貂、貉、狸、熊、野猪等大、中、小型毛皮兽40余种。鹟科、雀科、鸭科、鹂科、鹰科等鸟类近200种，飞龙、环颈雉、野鸭、鹌鹑等是肉用价值很高的美味。水生鱼类以鲤科鱼种最多。两栖类中，如林蛙经济价值很高。④矿产资源。煤炭、铅、锌、黄金、铁、大理石、石墨、水晶石等矿藏比较丰富。⑤旅游资源。桃山狩猎场、青山滑雪场、镜泊风景区、五营红松林自然保护区都是已开发的森林旅游胜地。

**森林工业发展概况** 黑龙江省森林的工业性采伐利用可追溯到19世纪末。俄、日帝国主义的侵略和掠夺，严重地破坏了黑龙江省的原始森林。据有关史志资料记载，在中华人民共和国成立前的50年间，沙俄和日本帝国主义毁坏森林面积达1300万公顷，耗掉森林蓄积22亿立方米。

中华人民共和国成立后，党和政府重视林业建设，制定了一系列方针政策，采取了许多重大措施，保护和培育森林，发展林业生产。从1949～1986年，大体上可分为4个发展时期：

1949～1957年为森林工业的创业时期。普遍护林护山，重点造林育林，合理采伐利用木材，有计划地开发建设小兴安岭、牡丹江林区，不断改善生产作业条件，木材采伐运输、木材加工、更新造林生产初具规模。本期投资约3亿元，占历年总投资的10%。

1958～1965年为森林工业的发展时期。经历了“大跃进”、三年经济困难和国民经济调整3个阶段，在曲折中森林工业有较大发展。本期国家投资近9亿元，占投资总额的30%。其中，1964～1966年，黑龙江省林业开始走上了以营林为基础，采育结合，综合利用，全面发展的轨道。不仅造林数质、量并重，而且木材采运的多项经济技术指标创历史最好的水平。

1966～1976年为森林工业的挫折时期，林业建设遭到“文化大革命”的严重干扰和破坏。1971～1973、1975年，林业建设曾两度出现转机，营林事业有所发展，林业管理水平有所提高。本期内投资量较大，但经济效益很差。

1976年以后，森林工业走向振兴时期。党和政府对保护森林、发展林业采取了一系列的政策、措施，颁发了有关法令，加强了更新造林，调减了木材产量，调整了森工经济政策，使森林工业休养生息，展现了光明的前景。1977～1986年投资9.4亿元，占总投资的31%。

**森林工业建设成就**

*森林工业组织机构* 黑龙江省森林工业组织机构从开发初期的1950年到1986年，几经沧桑，变化很大。现行的黑龙江省森林工业总局是包括行政管理、经济管理、生产经营、科技教育、公检法等在内的一整套机构。全省森林工业分3级管理：黑龙江省森林工业总局下设伊春、牡丹江、松花江、合江4个林业管理局。林业管理局管辖林业局、厂。林业局所属的林场、经营所为基层生产组织。全省主要森工企业有40个林业局、14个木材加工厂、6个林业机械厂、2个建筑工程公司。

*森工生产* 从建国到1985年，共生产木材3.65亿立方米，占全国统配木材总产量的32%；为国家上缴税金、利润61.8亿元(其中，税金26.5亿元、利润35.3亿元)，等于同期国家投资28.7亿元的2.15倍。黑龙江省森林工业已形成一个包括造林经营、木材采运、林产工业、多种经营、林机修造、基本建设、森林旅游和多种服务行业的较完整的森工生产建设体系。

*造林经营* 林木种子采集、收购、贮藏、运输、检验手段完整，除天然种子林外，还建设了繁育良种的基地14处，母树林8万公顷，林木种子园8万公顷。建苗圃430处，面积2333.3公顷，年生产苗木8亿株。人工更新造林累计保存面积100万公顷，林口、南岔、朗乡、绥棱林业局人工林保存面积约达到百万亩以上。现已形成年更新造林生产能力250万亩。以提高林木生长量为目标的森林抚育逐年加强，年抚育森林面积200万亩。从1979年以来，全省森工国有林区基本实现了护林防火观察瞭望网、通讯联络网、气象预报网和扑火机械化、队伍专业化。1984～1986年，伊春林区过火林地面积385亩。截止1981年，全省国有林区有林地总面积为1099.2万公顷，其中：天然林649.1万公顷，人工林38.3万公顷。森林总蓄积8.37亿立方米，其中：天然林7.82亿立方米，人工林1766.6万立方米；针叶林比重占22.7%，红松占22.6%。

*森林采运* 主要采用原条集运材，贮木场造商品材的流水作业。普遍实行油锯采伐、拖拉机集材、汽车和森林铁路运材、贮木场龙门吊卸车、电锯造材、绞盘机分选和装车。40个林业局计有312个主伐林场进行采伐作业，还有214个森林经营所也承担一部分木材生产任务。现已形成年木材生产能力1300万立方米。

*木材加工工业* 生产能力不断增强，产品品种增加，技术装备水平提高。由建国初期的单纯锯材生产，发展到当前以人造板为主的综合利用木材的新阶段。50年代初期，只生产少量的胶合板。自1958年开展木材综合利用以后，纤维板、刨花板才发展起来。1978年以后，增长速度加快，到1985年，人造板生产能力达22.3万立方米，比1966年增长3倍多。三板生产情况见图1。产品质量逐步提高。1985年，松江胶合板厂双象牌椴木尿醛胶合板在全省森工产品中首获国家质量奖金牌。香坊木材加工厂江帆牌桦木酚醛胶合板、松江胶合板厂水曲柳尿醛胶合板获国家质量奖银牌。齐齐哈尔新工木材加工厂新工牌板式活动房等5种产品获林业部优质奖。友好木材综合加工厂长城牌纤维板等12种产品获黑龙江省优质奖。此外，多种经营现已成为森林工业经济的支柱产业。已建成多种经营基地1300

处，生产项目 248 种，年产值近 2.5 亿元，多种经营产品商品率达 60%以上，山野菜、石材、药材、松籽等已销往国外，形成一定的创汇能力。

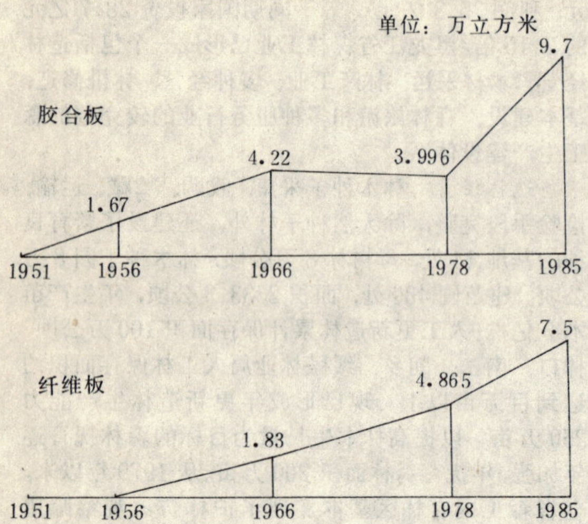


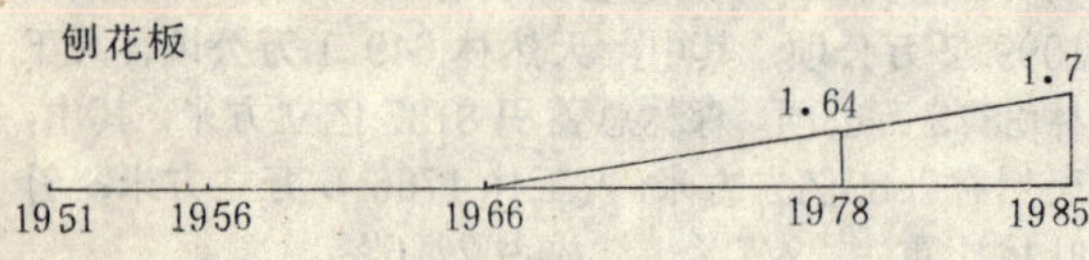


图 1 主要人造板产量情况

林业基本建设 林机修造和电力生产形成了一定的能力。现有各类林机修造厂 46 个，年大修能力达到 1880 混合台，配件自给率达到 20%。现有火力发电厂 17 座，年发电能力 3 亿度。现已修筑公路 16500 公里、森林铁路 5500 公里，国有标准轨铁路 380 公里，国铁专用线 207 公里。工业和民用房屋建筑总面积为 1631 万平方米。兴建 46 个林区市、镇，林业局所在地建筑规模相当可观。

林业科研和文教卫生事业 森工总局设的黑龙江省林业科学院，是一所综合性的林业研究中心，下设林业研究所、采运研究所、林产工业研究所、森林保护研究所、野生动物研究所、林副特产研究所。伊春林业管理局创办的伊春林业科学院科研专业较为齐全。牡丹江、合江林业管理局都设有林业科学研究所。从事科研的职工 2000 人。在人工更新造林、采运机械化、人造板生产、森林防火、野生动物驯化、食用菌等方面都取得了一些科研成果。林业教育逐年加强，有林业各类学校 981 所。其中林业管理干部学院 1 所、林业教育学院 2 所、中专林校 3 所、卫生学校 2 所、中等师范学校 2 所；在校生 46 万人，教师 2.5 万人。干部培训和职工教育工作逐步走上正规化。林区医疗卫生条件不断改善，开办职工医院 65 所，共有住院床位 8700 张，医疗卫生人员 1.5 万人。

经济、技术基础 截止 1985 年统计，全省森工企业现已形成固定资产总值 40.7 亿元，主要动力机械设备 1.6 万台。木材采伐、运输、加工综合机械化程度达到 94%。林区交通条件较好，国铁、森林铁路和公路深入林区腹部四通八达，已形成林区森铁、公路 2.2 万公里，道路密度每公顷 2.2 米。通过技术改造，更替了一批旧的生产设备，引进了一批国内外先进技术设备，生产技术工艺水平有了很大进步。近几年引进的主要生产和科研项目有：从瑞典和挪威引进的南岔年产 5 万吨中密度纤维板厂；从联邦德国引进主要设备国内配套的朗乡刨花板厂，已进入验收试产阶段；日本援助建设的黑龙江省木材综合利用研究中心；联合国援助建设的森林资源数据库；加拿大开发署援助建设的朗乡森林集约经营；中德（联邦德国）合资建设的合林家俱厂等项目，都进展顺利，效果较好。近几年，吸引外资折合人民币近 1 亿元。在林业生产、科研和教育等实践中，培养训练了一大批技术人才、管理干部和熟练劳动者。现有各类管理干部 10 万人，科研、技术、文教专业干部 30420 人，从事木材采运、造林经营、林产加工、林机修造、电力生产、建筑安装的生产工人达 27 万人，基本形成了一支多层次、多门类的产业职工队伍，在森林工业经济、技术、生产建设等方面，具有较强的吸收和应用现代科学技术的能力。

**1986 年工作** 木材生产方面，木材生产完成 1187 万立方米，其中统配材完成 933 万立方米。更新造林完成 238.8 万亩，为年计划的 122.1%。林产工业方面，锯材完成 248 万立方米，为计划的 104.8%；胶合板完成 10.9 万立方米，为计划的 107.3%；纤维板完成 8.8 万立方米，为计划的 117.1%；刨花板完成 1.8 万立方米，为计划的 221%。全部工业总产值完成 19.2 亿元，比上年增长5.2%，为计划的 106.2%。全年实现利润 10042 万元，为年计划的 124.4%；上缴利润完成了省定计划 4600 万元。基本建设全部投资完成 3.57 亿元，为计划的99%。国家预算内投资完成了1.4亿元。

1986 年，围绕增强企业活力为中心，各森工企业进一步完善了各项经营承包责任制，企业内部实行分级分权管理，划小核算单位，对部分小厂、小店实行租赁、承包经营，不断扩大生产经营单位独立自主经营的权力。大多数企业实行了厂长负责制和任期目标管理责任制，开始理顺了党、政、工的关系。在森工企业落实了国家关于劳动制度改革的四项规定，对新工人实行劳动合同制，并初步调整和理顺了企业职工工资。北方木材价格调整于1986年10月1日施行。

1986年，森工对外开放，发展横向经济联合有新的进展。1979年开工的南岔5万吨中密度纤维板厂于1986年8月竣工，投入试生产。全年进行前期准备和开展对外接洽的经济合作项目有20个，从国外引进的6个小型项目进展顺利。正阳河木材综合加工厂刨花板短周期纸质贴面车间土建工程已全部完工。松江胶合板厂浸渍纸车间土建主体工程完成80%。哈尔滨木器厂制材车间改造工程设备安装完成70%，开始单机调试。哈尔滨木器厂板式家具车间已打完土建基础。八面通林业局拼木地板块厂基本竣工。带岭林业试验局集成材车间设备安装基本完成。

此外，获林业部级和省级科技成果奖共20项。其中获林业部级科技成果奖11项。

**经验教训** ①必须坚持限量采伐，采育结合，实现森林资源越采越多，越采越好。以经营管理较好的穆棱林业局为例，更新造林面积超过采伐面积45.5%，森林覆盖率由60%增加到75%，林木蓄积量由1789万立方米增加到2207万立方米。但就整体看，总局所属40个林业局的有林地面积，由建国初期的723万公顷下降到659万公顷，森林覆盖率由65%下降到61%；森林总蓄积为10.17亿立方米，到1983年末帐面数还有7.47亿立方米，实际只有6.31亿立方米。可供采伐成、过熟林只有2.75亿立方米。在40个林业局中有8个局可采资源已经枯竭或接近枯竭，有22个局能维持10年左右，只有10个局如合理经营可望实现永续利用。②深入改革，对外开放，对内搞活，努力发展商品经济，增强企业活力。1986年与1979年相比，计划内木材产量调减206万立方米，营林、综合利用、多种经营作为战略重点有了长足的发展。更新造林由170万亩左右增加到280万亩左右，人造板产量由11万立方米增加到21.2万立方米，多种经营产值及收入由1亿元增加到2.8亿元。在流通多渠道方面，除了统配木材以外，大量林产品、林副产品、山特产品，面向市场，放开经销，为搞活林区经济打开了局面。实行多种形式的经营承包，探索责、权、利结合的经营机制，造林、抚育、保护等生产经营活动普遍承包到职工家庭、工组和劳动者个人，实行了奖勤罚懒、奖优罚劣的各种制度。木材采伐运输，实行了单车、工组承包，或采、集、运联合承包，在零散伐区办家庭林场，包采伐和培育。木材加工厂主要是建立多种经济责任制，实行联产、联利，几定、几包。商业服务行业的小厂小店，实行对外放开经营或租赁承包。③大片林区开发建设要有一个稳定的长远建设方针和规划。④林区资源开发要以智力开发为先导。据黑龙江省森林工业总局教育部门1985年调查，林区全民所有制工人37万人中，初中以下文化程度的占85.6%，近8万名45岁以下的干部中初中及初中以下文化程度的占50%。据森工企业人才调查统计，各类专门人才有30420人(38%为教师、医生)，无中专、大专学历的占30.1%。这部分专业干部中，仅有4%从事森工生产技术和经营管理工作。现有的人员素质远不适应森工建设与改革的需要。⑤不断加强林区社会建设，努力改善林区人民的物质文化生活，是林业生产发展的目标和保证条件。 （黑龙江省森林工业总局）

## 上海市林业

**自然概貌** 上海市位于北纬30°40′～31°53′，东经120°51′～122°12′，为长江出海口南岸的冲积平原；东濒东海，南临杭州湾，包括崇明岛、长兴岛、横沙岛及附近诸沙岛。上海市气候温和湿润，四季明显，雨量充沛均匀，为典型北亚热带季风气候。年平均温度15.3℃，全年平均光照约1930小时，无霜期250天左右，降水量平均在1000毫米以上。上海地区的成土母质，由河、湖、海沉积物组成，母质的石灰性反应较强。自然土壤形成的主要类型是：沼泽潜育土、草甸土和盐土。上海市现有植被几乎都属人工栽培，树种分布较广。据初步调查，乔灌木树种有50多个科，150多种。

全市总面积为6180平方公里，其中市区340平方公里，郊区5840平方公里。全市人口1205万人，其中郊区516.65万人。郊区所辖上海、嘉定、宝山、川沙、南汇、奉贤、松江、金山、青浦、崇明等10个县，包括26个县属镇，208个乡，504个乡属镇，3033个村，432.88万农业人口。1986年，林业产值仅为5000多万元，与上海郊区工农业总产值177.4亿元相比，所占比重极小。

**林业发展概况** 上海由于连续遭受战火破坏，至建国前，农村树木几乎砍毁殆尽。中华人民共和国成立后，随着农业生产的发展，原来的竹园及宅前屋后的零星树木逐步恢复并有所发展。1956年，上海开始有计划地营造沿海防护林，相应地建立起国营林场和国营苗圃，这是上海较大规模发展林业的开端。1959年开始，在普遍号召绿化植树的同时，上海郊区重点发展了果树，果园面积增加到近2700

多公顷，品种主要是桃、梨、苹果、葡萄、草莓、无花果等。各类水果年产量600万公斤。此外，竹子、桑树发展也较快。但是在“大跃进”和人民公社化运动期间大批竹木被毁。以后，由于各项农村政策的落实，以及中央对发展林业的重视，四旁树木再次增多。70年代初，上海市郊区林业生产，开始以种植用材树为主，提倡建立带、网、片相结合的综合防护林体系。各县林业部门又引种了水杉，在农村四旁推广数量不断增加，从而促进了以水杉为主的农田林网逐渐扩大。党的十一届三中全会以来，党和政府颁布了一系列发展林业的方针、政策，加速了上海农村植树绿化的进程。

**林业建设成就(1949～1985)** 据1980年上海市郊区林业资源调查，林业用地面积9600公顷，市郊现有四旁树木2022.28万株，活立木总蓄积量为61.63万立方米。郊区成片林面积已发展到7900公顷，上海郊区森林覆盖率为1.3%。实现林网化农田面积2.64万公顷，占耕地总面积的6.8%。其中四旁绿化较好的崇明县，农田林网化面积已占耕地面积的14.8%。郊区育苗面积已扩大到800余公顷。此外，郊区各县属城镇绿化也发展较快，现在已有各种乔木166.86万株，绿化面积500余公顷。全市郊县公路总长度为2159.15公里，已绿化的为1998.11公里，占92.5%，平均每公里有树437株。上述林业绿化建设事业的发展，在很大程度上改变了农村自然面貌，促进了农业稳产高产。

林业机构得到加强。1979年以来，市、县两级相继建立了林业站及林木病虫防治检疫机构，对林业科技的推广和森林保护起了一定作用。到1985年，郊区共有国营林场7个，职工700多人，经营面积900余公顷；乡、村两级有林业专业队500多个，从事林业生产的专业人员3000多人，有国营苗圃7个，经营面积50余公顷。国营、集体、个人3级育苗，每年能为植树造林提供500～600万株树苗，并有大量花木供应市场。

上海郊区开展植树造林绿化工作，对改善农业生产环境，减轻自然灾害对作物的危害，以及提供农村部分自给性用材等方面，在一定程度上已发挥了积极作用。近年来，林业科技工作者对农田林网防护效益长期测定，证明有农田林网地块的农作物，早稻增产8.7%，晚稻增产9.6%，三麦增产11.7%，油菜籽增产14.8%。1981年，上海遇强台风，有农田林网棉田中的棉花产量要比无林网的棉田多收26.9%。果树生产也有进一步的发展，现有果园面积已扩大到7000多公顷，其中结果面积的总产量已达3600万公斤。竹园面积2700公顷，毛竹林70余公顷，毛竹32万根，每年可提供杂竹400万公斤，柄竹37万根，毛竹2万多根。种桑养蚕，稳步增长。花卉生产也开始较快地恢复。

**1986年林业建设** 1986年上海的林业建设，重点有以下几项：①四旁植树849.69万株，完成了计划任务的113.3%；营造沿海、沿江防护林带140余公顷，完成了计划任务的105%；新发展果园2400公顷(桃1400余公顷，柑橘600余公顷，梨170余公顷，葡萄80余公顷，其他10余公顷)；新建桑园60余公顷，较大幅度地扩大了生产基地。②为了发挥上海花卉生产优势，以上海市林业站为主着手建立上海市花卉良种试验繁育推广基地，并采取边建设、边生产的办法，建设、引种、繁育、推广结合，当年已开始有部分花卉产品供应市场和京、津两大城市，并向香港、新加坡出口，同时向郊区花卉生产单位提供良种花苗。③在提高植树造林质量的同时，加强了林木保护管理。在普遍对《中华人民共和国森林法》及其《实施细则》贯彻执行情况进行全面检查的基础上，又在市绿化委员会统一组织下制订了《上海市植树造林绿化管理条例》，并已由上海市第八届人民代表大会常务委员会通过，于1987年起施行。

**发展方向** 上海郊区林业建设的基本指导思想是：①根据上海的自然条件和郊区灾害性天气时有发生的情况，农村平原绿化，除重点搞好“四旁”植树外，继续有计划地创造条件，建立点、线、面相结合的防护林体系。②根据上海郊区逐步建立“贸、工、农”型的生产结构，为满足对外开放、旅游、创汇和城市人民生活服务的要求，林业建设将进一步扩大视野，继续调整内部结构，向多林种(用材林、防护林、经济林)和多树种(用材树、经济树、观赏树及花卉)的方向发展。③争取到本世纪末，使上海郊区的森林覆盖率达到10%(其中四旁树木覆盖率达到7.5%。

(上海市农业局)

# 江苏省林业

**自然概貌** 江苏省位于东经116°22′～121°55′、北纬30°45′～35°7′，东临黄海，总面积10.26万平方公里，其中平原占全省面积的68.8%，低山丘陵占14.3%，水网占16.9%。全省总耕地460.4万公顷，主要河流有长江、淮河、沂水、沭水、泗水。全省划分为长江、淮河两大流域。京杭大运河纵贯全省，为南北航运、输水的干道。

全省现设省辖市11个，实行市管县体制，下辖

60个县和4个县级市，1923个乡和186个镇。全省总人口6213万人。

全省气候处于亚热带向暖温带过渡地带，具有明显的季风特征，年平均气温13.2～16℃；年平均日照时数，淮北为2300～2600小时，淮南2000～2300小时；太阳总辐射量为46～54万焦／厘米²·年。全年降水量在780～1160毫米，无霜期平均在200～240天。日平均气温稳定通过10℃的喜温作物生长期为210～230天，≥10℃的积温达4300～5000℃。

*森林资源* 江苏森林植被分为暖温带落叶阔叶林、北亚热带落叶阔叶与常绿阔叶混交林、中亚热带常绿阔叶林3个类型。全省树木种类有94科、232属、552种。仅阔叶树就有82科、194属、420多种。竹类8属、57种。江苏是白果的重点产区。濒危物种有宝华玉兰、云台枞。全省野生动物有530多种，其中爬行类52种，兽类63种，两栖类20种，鸟类400多种。国家规定受保护的一、二、三类动物有20种。如丹顶鹤秋来春去在沿海滩涂栖居，麋鹿1986年从国外返回故里，在大丰县沿海滩涂放养。一些丘陵、水网地区的林区内还分布有金钱豹、天鹅、鸳鸯、灰鹤、白枕鹤、大鸨、水獭、獐等珍稀动物。全省草本植物有144科、503属、835种。

江苏省在历史上的森林资源较为丰富。但到1949年，全省仅保留有成片林木4.87万公顷，加上农家经营的小片桑园、竹园、果园、茶园，总面积也只有8.47万公顷。

1949年江苏林产品的生产水平也很低，农用材年伐量3万立方米左右，毛竹年伐量20～30万余根，茶叶年产25.5万公斤，蚕茧685万公斤，水果3322万公斤，白果、板栗、金丝枣等年产量各100万公斤。

**林业发展概况** 1949年以来，江苏林业发展过程大体经历了4个阶段。

第一个阶段(1949～1956)，是奠定江苏林业建设基础的重要阶段，重点抓了荒山、沙荒造林和林业场圃的建设。①全省丘陵山区宜林地面积为26万公顷，过去大部分是荒山秃岭。建国后，首先抓了封山育林、人工造林，加强对原有林木的保护，改造次生林、低产林和疏林。1950年毛泽东视察徐州时，对云龙山开石塘运客土栽植侧柏林给予高度评价。到1956年止，全省封山育林2.7万公顷，累计人工造林种植作业面积9.24万公顷，实际保存面积为5.53万公顷。栽植的主要树种有马尾松、黑松、赤松、刺槐、麻栎和刚竹、毛竹等。②徐淮平原因历史上黄河南徙北迁，残留下8.67万公顷沙荒。1949年后，党和各级政府领导和组织群众开展固沙造林、改土治碱工作。丰县、沛县、铜山、睢宁等县在沙荒上营造了防风固沙的小网格林网，树种有刺槐、小叶杨、枫杨、紫穗槐、杞柳、白蜡等。部分地区在网格内还种植了梨、苹果等果树。1956年，网格控制的沙荒面积达1.5万公顷。丰县刘王楼乡弗楼村在1953年被评为全国沙荒造林的先进村。③1949年前，江苏省有7个经营规模甚小的教育林场和实验林场，经营面积1.3万公顷，多分布在仪六盱、宁镇和宜溧丘陵山区。1949年后，除积极恢复和发展原有老山、东善桥、汤山、长山、茅山、牛首山、龙王山7个老林场外，还兴办了一批新林场。到1956年，共建国营林果场49个、苗圃31个。

第二阶段(1957～1965)，林业建设重点是全面向"三荒"进军，营造沿海防风林带。①随着农村合作化运动的发展，1958～1960年间形成了全面向"三荒"进军的绿化造林高潮。1959年，省召开了林业科技大会，布置了林业发展规划。全省每年造林种植作业面积达到6.67万公顷以上。据1963年调查统计，全省有林地面积为22.12万公顷，为1949年有林地保存面积的2.6倍，其中：用材林9.46万公顷，防护林0.75万公顷，经济林7.70万公顷，竹林2.28万公顷，薪炭林1.93万公顷。②江苏沿海的13个县，海岸线总长1039.7公里，海堤总长809公里。从1958年起，开始沿海防风基干林带的建设，截止1960年，绿化海堤560公里。与此同时，兴办了大丰、东台、射阳等县国营林场，从1963年起，营造了与基干林带相配套的农田林网，到1965年，林网控制面积达13.33万公顷，初步发挥了防护效益。1979年在射阳县黄尖乡观测分析，在农田林网保护下的棉花单产比无林网的农田增产19%。③由于"大跃进"运动"左"的影响和干扰，造林面积虽然很大，但实际保存面积较小。保存率在20%以下。

第三阶段(1966～1975)，"文化大革命"期间，林业生产建设受到严重的破坏。全省疏林地面积由1966年的1.3万公顷扩大到4万公顷，森林蓄积量由1966年180多万立方米下降到140多万立方米。尽管如此，林业建设仍在前进。1969年，沭阳召开了全省绿化现场会，推动了平原绿化发展。农业生产提出了建设万亩丰产林片，田、水、肥、土、林综合治理，沟、渠、路、林全面配套，涌现了新沂县炮车、宿迁县闸集、丰县宋楼等乡绿化造林的先进典型。

第四阶段(1976～)，是江苏林业振兴发展的新阶段。根据中共中央、国务院《关于保护森林发展林业若干问题的决定》精神，中共江苏省委、省政府于1981年作出了《关于加强林业建设若干问题的决定》，把林业建设的重点从丘陵山区转移到平原绿化和林业生产基地建设上，并开展了林业"三定"工作。1976～1985年，成片造林保存面积净增14.13万公顷，其中用材林4.33万公顷，防护林3.1万公顷，经济林 6.55 万公顷；营造农田林网 13.3 万公顷。平原绿化较好的地区，村庄树木、农田林网、成片林已溶为一体，形成较为完善的综合防护林体系。丰县王沟乡万亩中低产农田的综合防护林工程，已成为黄泛区平原的好典型。随着林业的发展，一些农村的林产品已成为农业经济的支柱。如泰兴、邳县的白果，新沂、宜兴、溧阳的板栗、泗阳、铜山的意大利杨木，丰县、灌南的泡桐材等，有的已经出口创汇。

1983 年，有 9 个县被评为全国平原绿化先进县。1985 年，有 1 个市，20 个县(区)由林业部授予全国平原绿化先进单位奖牌，并颁发了平原绿化达标证书。

1982 年，在小面积试验取得成功的基础上，开始集中财力，选择条件较好的徐淮、沿海、里下河和苏南丘陵地区，进行商品性用材林基地建设，到 1985 年，共营造基地林 1.27 万公顷，面积保存率 90%以上。主要树种是：意大利杨、泡桐、火炬松、湿地松、水杉、池杉、杉木等。

**林业建设成就**(1949～1985)

林业组织机构　1952 年，省成立江苏省农林厅，下设林业处，并建立了江苏省林业调查队。1956 年农林分开成立了江苏省林业厅，同年建立了采种队。到 1985 年，省设农林厅，市为多管(农林)局，县为多管(林副业)局。1983 年后。县级以上政府相继成立了绿化委员会。

1958 年，省成立林业试验站，1960 年与南京市林业科学研究所合并成立江苏省林业科学研究所，下设沿海防风林试验站。1980 年后，各市、县逐步建立了林业技术指导站，现有市站 10 个，县(区)站 67 个，计有林业技术人员 493 人。1985 年，省成立了林业技术指导站。

据 1983 年统计，全省林业系统专门人才有 1559 人，其中林业技术人员 891 人(高级工程师 1 人，工程师 246 人，助理工程师 369 人，技术员 189 人)。

扩大森林资源　到 1985 年，①丘陵山区有宜林地 26 万公顷，绿化造林保存面积已达 21.33 万公顷；林木蓄积量达 580 万立方米，林木材积生长率为 8%。②在徐淮平原 8.67 万公顷沙荒地上营造成片林 5.07 万公顷；初步建立了果品基地。③在沿海营造防风基干林带 560 公里，营造农田林网控制面积 26.67 万公顷，占沿海农田的 36.4%。④在徐淮、沿海、里下河和苏南丘陵等 4 片宜林地，营造速生丰产商品用材林基地 1.27 万公顷；全省成片林保存面积 48.19 万公顷，其中：用材林 20.27 万公顷，防护林 5.54 万公顷，经济林 17.00 万公顷，竹林 4.50万公顷，薪炭林 0.55 万公顷，特种用途林 0.33 万公顷。⑤农田林网 166.67 万公顷，铁路、公路、江河湖堤岸和大中型水库绿化 70%左右，以村庄绿化为主的“四旁”树木保存数 12 亿株，全省农村人均 20 株。

经过 36 年的林业建设，到 1985 年，森林覆盖率由 1949 年的 0.8%提高到 8%，林木蓄积量从 1963 年的 179 万立方米提高到 2000 多万立方米，估测全省林木材积总平均生长率 10%，年生长量约 265 万立方米。到 1985 年，木材采伐量 47.25 万立方米，竹材采伐量 257.77 万根，板栗年产量 1939.2 吨，白果年产量 2524.6 吨，水果年产量 34 万吨，蚕茧年产量 7.3 万吨。

建立自然保护区　1981 年以来，经江苏省政府批准，相继建立云台山、泉山、宝华山、光福、龙池 5 个森林生态系统自然保护区，总面积 0.97 万公顷。1983 年建立了苏北沿海滩涂珍禽自然保护区，面积 4.1 万公顷。1986 年建立了大丰麋鹿保护区，面积 0.1 万公顷，现有放养麋鹿 39 头。

国营和集体林业场圃建设　1985 年已有国营林场 67 个，国营苗圃 36 个，拥有林业职工 2.9 万人，经营面积 9.67 万公顷，其中有林地 6.47 万公顷，林木蓄积量 193 万立方米，毛竹立竹量 1000 万根左右，用材竹林面积和蓄积量分别占全省数量的 33%和 44%。1985 年生产木材 2.0 万立方米、毛竹 39 万根。1985 年，林业生产总产值 14599 万元(工副业产值占 83%)，职工人均产值 5034 元，上缴税金 613 万元，实现盈余 1241 万元。与 1980 年比，产值提高 1.83 倍，税金增加 2 倍，收入提高 3.46 倍，职工收入提高了 72%。1984 年，全面贯彻中央 1 号文件，进一步放宽政策，建立健全林业生产责任制。1985 年，全省有集体林场和合作经济组织 4480 个，经营林地 11.6 万公顷，林业专业户 6 万余户，承包山林 5.2 万公顷，承包面积在 3 公顷以上的专业户有 0.68 万户，最大承包户经营面积 13 公顷。

**1986 年林业建设**　1986 年的林业建设，在“爱我中华，绿化江苏”活动的推动下，全省完成了不少成片造林。林粮间种 3 万公顷；育苗 0.93 万公顷；营造速生丰产林 0.59 万公顷。

**展望**　江苏省林业发展的指导思想是：把经济效益、社会效益和生态效益有机地结合起来，理顺林业内、外部的各种经济关系，建立新的林业经济体制，办成多利、高效、创汇综合林业，形成多形式，多层次的林业生产基地。发展任务是，到本世纪末，有林地达到 67 万公顷，农田林网控制面积 400 万公顷，四旁树木 15 亿株。

(江苏省农林厅林业局)

# 浙江省林业

**自然概貌及森林资源** 浙江省位于东经118°～123°02′、北纬27°12′～31°37′。总面积1018万公顷，是一个“七山、一水、二分田”的省分。全省包括3个地区、8个地级市、6个县级市和63个县，人口3888万人。浙江东临东海，属中亚热带常绿阔叶林地带，气候温和，雨量充沛，生物资源丰富。有木本植物107科421属1300多种，其中国家重点保护的珍稀植物45种；野生动物中有兽类80多种，鸟类300多种，国家重点保护的珍稀动物60多种。还有许多具有重要经济价值的树种、药材和食用菌等。

据《浙江经济年鉴》记载，1938～1947年10年间，全省累计造林约5万亩，年平均造林不过5000亩。1949年前，全省森林面积80.84万公顷，森林覆盖率8%。

**林业发展概况** 中华人民共和国成立后，浙江省林业发展经历了4个时期：①起步发展时期（1950～1957）。土地改革后，山林所有制稳定，群众造林护林积极性高涨。1955年，毛泽东发出“绿化祖国”的伟大号召，城乡掀起绿化造林热潮，林业生产得到较快的恢复和发展。②发展受挫时期（1958～1971）。林业发展遭受3次大的挫折：一是1958年因大办钢铁、大办食堂，大量森林被伐；二是3年暂时困难时期（1960～1962），毁林开荒，烧山种粮，大片森林被毁；三是“文化大革命”期间（1966～1976），森林遭到严重破坏。③恢复、发展时期（1972～1978）。建设以杉木为主的用材林基地，实行基地办林场、林场管基地，创办了一批集体林场。明确提出重点林区“以林为主”的方针。④持续发展时期（1979～1986），全省进行确定山权林权、划定自留山、建立林业生产责任制的“三定”工作，涌现出一批家庭林场、林业专业户和各种联合体，加快了荒山绿化和疏林改造。

**林业建设成就（1949～1985）** 建国以来，特别是党的十一届三中全会以后，浙江省林业建设在以下方面取得了较大的成绩。

*扩大森林资源* 据1979年调查，全省林业用地589.83万公顷，有林地342.89万公顷（其中乔林231.93万公顷，经济林62.3万公顷，竹林48.6万公顷），森林覆盖率33.7%。活立木蓄积量9874万立方米（80%在浙南、浙西地区）。森林蓄积量7918.3万立方米。毛竹5.79亿株，大多集中在天目山区。中、幼龄林占乔林的92%。集体所有山林占全省山林的96.4%。至1979年，全省有人工林160.51万公顷。

从60年代初起，开展防护林建设，由营造农田防护林到建设农田林网和营造沿海防护林。全省有52个乡229个村实现农田林网化。1980年起，在杭州湾以南24个沿海县建设沿海防护林，第一期工程已经完成，共营造林带812公里。为扩大森林资源，向国家和社会提供更多林产品，从1972年起，在山区半山区建设以杉木为主的用材林基地、毛竹基地和油桐、油茶、乌桕等经济林基地。1980年，浙江省政府决定把24个县的316个乡划为重点用材林基地乡。如开化县1972～1983年共建林业基地51.98万亩，蓄积量45.5万立方米，其中杉木基地42.18万亩，占林业基地81.1%，保存率达91.4%。

*林木良种繁育* 为实现林木良种化，从20世纪70年代起，①开展了主要树种优良林分和优良单株的优选工作，选出杉木、马尾松等用材树种优良林分50余块，4500多亩，优良单株800多株；油茶、油桐、乌桕等经济树种优良单株250株。②建立母树林、采穗圃和初级种子园2万多亩。③进行主要用材树种的地理种源试验，主要用材、经济树种的优树子代测定及泡桐、乌桕、油桐等树种的无性系鉴定。④杂交选育油桐、泡桐、杉木良种。油桐，已培育出$F_1$和$F_2$代；乌桕选育出4个优良无性系，增产效果显著。⑤引种驯化国外树种，桉树、木麻黄、黑荆树已成为浙南沿海地区的主要造林树种；湿地松、火炬松、晚松在低山丘陵生长良好；日本扁柏、日本花柏、细叶香柏为中山地区荒山造林的适宜树种。⑥建立起20个良种繁育基地和2个低温种子储藏库，每年可提供林木良种50多吨。重点林区县基本实现杉木育苗初级良种化。

*国营林场、苗圃建设* 国营林场、苗圃由建国前的5个增加到1985年的118个，职工从128人增加到1万多人，经营面积由10万亩增加到340万亩。提供木材71万立方米、毛竹658万根及大量桐油、油茶籽、棕片等林产品。现有林木蓄积760多万立方米，毛竹1220多万株。在此基础上，积极开展多种经营和综合利用，改善经营管理，造林保存率由1978年的50%提高到85%以上，森林蓄积量增加44.5%，经营收入翻一番多。盈利额增加7倍，每百元销售利润从7.5%上升到25%。

*森林资源保护* 全省建立各级森林病虫害防治站、森林植物检疫站81个，测报点342个，1976年以来防治面积1000多万亩。60年代和80年代进行了两次全省森林病虫普查，基本摸清主要树种、主

要病虫种类及其生活习性、生活史，为今后防治工作提供了可靠的基础资料。多数地方建立健全护林防火组织，推行防火责任制，实行区域联防。全省有省际间基层护林联防组织18个，专业扑火队4个，专职护林员10092人，兼职护林员9000多人，防火线8200公里，防火林带36公里，瞭望台103个。木材市场开放后，为了贯彻“采伐管严，流通搞活”的方针，加强了林政管理，普遍设立林政机构。8个市（地）55个县建立林政科（股），333个区、乡设有林政站，配备专职林政员1343人。全省建起61个木检站，配备木检员752人。在重点林区和部分国营林场建立50个森林派出所，有干警300多人。

“一五“、“四五”期间和1979年先后3次进行全省森林资源清查，掌握了资源分布、数量及消长变化趋势，为资源管理、造林、营林和木材生产提供了依据。1985～1986年，先后完成了省、地、县的林业区划。为保护、繁衍珍稀物种，开发旅游资源，有利科研、教学，全省建立了西天目山、龙塘山、古田山、凤阳山、九龙山、百山祖、龙王山、乌岩岭8个自然保护区，总面积达21万亩。1986年，西天目山还被列为国家级自然保护区。初步建成天童森林公园，正在筹建千岛湖森林公园。

科研教育事业　全省建立省、地、县林业科学研究所和技术推广站44个。“六五”期间获省级以上成果奖的61项，其中获国家奖3项，林业部奖7项，浙江省政府奖51项。全省聘雇的4290名乡农民林业技术员，通过多种形式的技术培训，已成为基层推广林业技术、组织林业生产的重要力量。全省有大中专林业院校、林业干部学校3所，设有林业、竹类栽培及加工利用、经济林、森林保护、林业经济、园林等专业，培养出林业技术人才5000多人。浙江省林业干部学校1956年建校以来，举办了多种类型培训班，培训学员5700多人次。

林业生产责任制　1982年以来，推行家庭联产承包责任制，鼓励各方人员承包荒山造林，兴办家庭林场。全省划定自留山2200万亩，联产承包到户3760万亩，家庭经营的山林占集体山林的70%。联产承包到组的440万亩，统一经营建有管护责任制的2100万亩，两者共占集体山林30%。据18个县定量调查，山林到户后有80%的农户造了林。全省出现各种林业专业户6万户，其中营林的4.3万户，造林50亩以上的有3500户，已造林28万亩。省特等劳模曹兰招1984年3月承包3560亩荒山，在3年中全部造上林。

此外，还有大量的木材、毛竹、油茶籽、桐油、乌桕、松脂以及山核桃、香榧等林产品，支援了国家经济建设和供给人民生活的需要。

1986年林业工作　1986年是浙江省林业经济体制深入改革取得成效的一年。主要抓了如下几个方面：①经济扶持改无偿为有偿，对贫困地区造林和荒山绿化采取优惠政策。为密切造林者的责权利关系，将扶持政策改无偿扶持为有偿扶持。按设计的技术要求，营造1亩用材林（商品材基地或速生丰产林）有偿补助30～60元，以后分别用0.2～0.3立方米的间伐材和0.3～0.7立方米的主伐材偿还。不少县对贫困乡、村营造基地林，每亩无偿补助10～30元；对荒山造林，每亩贴息贷款20～40元，10年后一次性归还本金或用间伐材0.2～0.4立方米偿还。浙江省政府在“六五”、“七五”期间，各规划封山育林1000万亩，对贫困县每亩补助0.5元，其他县每亩补助0.25元。②积极发展合作造林，营林单位、森工企业努力建设生产基地。各地出现的合作造林形式主要有：国村合作造林，集体出山，国家（营林公司、木材公司等国营企事业单位，下同）造管，山权不变，林权国有，收益分成，或每年付给山主定额土地使用费（多系经济林）；国农合作造林，林农（集体）造管，国家扶持，山权不变，林权共有，比例分成或用产品补偿；合股造林，自留山入股，由集体统一规划、统一组织、统一经营，按股分成；联合造林，集体统一规划，联户造林，分户经营。庆元、龙泉等县的营林单位和森工企业转轨变型，建立用材林基地。庆元县营林公司4年来总投资244万元，建设用材林基地3.9万亩。木材公司、造纸厂、林化厂、木材厂等森工企业建设生产基地近4万亩。③坚持采育结合，各地普遍实行采伐与造林、采伐与抚育、采伐与封山育林挂钩。将采伐限额留出一定的采伐指标用于“造、育、封”，造林每亩给0.2～0.3立方米；抚育每亩给0.1～0.2立方米；封山育林每亩给0.01～0.02立方米。给采伐指标时，根据完成县下达到乡的造、抚、封3项指标的情况，凡完成90%以上的，全给；完成70%以下的，不给；介于两者之间的，按比例少给。④签订绿化责任状，为把绿化责任落实到各级领导的肩上，临安、丽水等县县长与乡（镇）长签订责任状，乡（镇）长再与村长签订责任状，把完成基地造林、封山育林、林木抚育、育苗和控制采伐量的情况作为上级考核下级工作成绩的重要内容之一，做到奖罚措施落实、政策兑现。1986年，临安、丽水县政府对超额完成上述5项指标的乡（镇）长分别发给奖金为3200元和2200元。

**经验教训**　30多年的实践证明，要使林业建设有较快的发展，必须坚持贯彻“以营林为基础，造、封、抚、管并举”的方针，坚持科学造林、营林，大力提倡封山育林，积极推广营林公司、森工企业营造基地林的经验，发展多种形式的国村、国农等合作造林；必须坚持建设商品材基地，以提高造林的质量、成活率和保存率；必须坚持有偿扶持和无偿扶持相结合的经济政策，对用材林、速生丰产林、经济林基地实行有偿扶持，对发挥以生态效益、社会效益为主的特种用途林和各种防护林给予无偿扶持；必须坚持建设好林木良种基地和骨干苗圃，实行造林与育苗挂钩，实现育苗良种化；必须坚持贯彻“采伐管严、流通搞活”的方针、严格控制采伐量，做到凭采伐证采伐，凭木材投售票或号印投售，凭出运证流通，保护好森林资源；必须搞好林产品的综合利用，提高林产品的经济价值。

浙江省林业生产虽有较大发展，但仍是国民经济中的一条短线。主要是：①森林分布不匀，单位面积蓄积量低，可伐资源少，林种比例失调。森林多数在浙南、浙西地区；林地每亩平均蓄积2立方米；用材林的成熟林面积只占有林地面积的8%；防护林、薪炭林、特种用途林合计占5类林种的3.6%。②产品产量少，产值低。木材不能自给，每年得从外省和国外进口50～60万立方米。山区、半山区县农户缺柴3～6个月的达46%，缺柴1～3个月的占20%。一些林产品产量没有达到历史最好水平。建国以来，林业总产值增长缓慢，平均年递增2.6%，1984年林业产值只占农业总产值3.1%。③林业经济结构不合理，资源综合利用率不高。为解决上述问题，今后的措施是：①合理安排林业布局，扩大森林面积。根据浙江省林业区划，把浙北平原建成平原绿化、农田防护林区；浙西南中山建成用材林区；浙西北中山丘陵建成水源涵养林区；浙东南低山丘陵建成经济林区和用材林区；浙中丘陵盆地建成经济林、薪炭林和水土保持林区；滨海岛屿建成防护林和薪炭林区。②适当调整林种比例，发挥森林多种效益。把用材林（含毛竹）从现在的78.1%调为51.9%；防护林、特种用途林从2.8%调到15%；经济林从18.2%调到20%；薪炭林从0.9%调到13.1%。③开展林产品的综合利用。重点发展以人造板为中心的木材加工业和以松香、栲胶为主的林产化学工业。 （浙江省林业厅）

## 安徽省林业

**自然概况** 安徽省位于东经114°43′～119°38′，北纬29°25′～34°39′。长江、淮河横贯省境，将全省天然划分成淮北、江淮、江南3个自然区域。全省总面积13.9万平方公里，平原占31.3%，丘陵占29.5%，山区占31.2%。地势南高北低。海拔高度，平原大部分在40米以下，丘陵在50～400米，山脉在1000米左右。主要河流有长江、淮河、新安江。全省分为8个省辖市、8个地区、8个县级市和66个县，共5000余万人口。

安徽省地处暖温带与亚热带过渡地带，年平均气温14～17℃，≥10℃的积温4600～5300℃。全省年平均降水量750～1700毫米，雨量适中。无霜期200～250天。年平均日照时数1800～2500小时。土壤类型主要有棕壤、黄棕壤、红壤、黄壤、潮土、砂礓黑土等。

*森林资源* 1949年以前，全省森林面积71.3万公顷，森林蓄积量2836万立方米，森林覆盖率为5.2%。安徽森林的地理分布自北向南分为暖温带落叶阔叶林、针叶林，北亚热带落叶、常绿阔叶混交林，常绿阔叶林及亚热带山地针叶林等植被类型。森林资源分布由西南向东北逐渐减少：皖南山区和大别山区是本省重点林区，森林面积大，资源较集中，也是野生动植物资源宝库和木材生产基地。其他山区、半山区森林多为建国后人工林和天然次生林，蓄积较少。淮河以北，除部分人工林、次生林外，全为农田林网，农桐间种和四旁树木。本省植物资源丰富，有种子植物3000余种。其中，木本植物1200余种，具有较高经济价值的乔木树种300余种。特有树种有琅琊榆、醉翁榆、皖楤木、大别山五针松、安徽槭、华东黄杉、黄山木兰等。野生动物资源400多种，其中珍稀动物58种。如扬子鳄、白鳍豚、丹顶鹤、梅花鹿、华南虎等，均被列为国家一类保护动物。主要林特产品有木材、毛竹、油茶籽、油桐籽、板栗、竹笋干、山核桃、松脂、香菇、木耳、棕片、栓皮、生漆等。

**林业发展概况** 安徽林业的发展大致分为5个时期。

1949～1957年。这一时期，实行“普遍护林，重点造林”的方针，使50年代初期极为薄弱的林业开始恢复。“一五”期间，造林、护林、封山育林都有发展，造林种植作业面积达253.4万亩，四旁植树2.15亿株，国营苗圃在各县陆续建立，同时建立了两所中等林业学校和1所林业干部学校。

1958～1960年。这一时期，造林绿化发展较快。3年造林种植作业面积280.6万亩，四旁植树3亿株，国营林场由“一五”计划时期的16个猛增到120个，同时，社队林场发展到929个。还成立了省林业科学研究所，中等林业学校扩大到6所。但是指导方针的失误又带来森林大破坏。1958年，有10万人进山伐树炼铁，估算3年损失木材2000万立方米，使全省森林资源蓄积量急剧下降。

1961～1965年。这一时期，“左”的思想得到纠正，确立了“以营林为基础，采育结合，造管并举，多种经营，综合利用”的生产方针，5年造林种植作业面积366.1万亩，四旁植树4.45亿株，年木材生产任务由50万立方米调减到35万立方米，采育失调明显好转。国家还对出售木材、毛竹、松脂等林产品给予粮食、化肥等奖售，拨放长期无息贷款，促进了造林绿化的开展。另外，林业系统职工由4.7万人减少到1.1万人。

1966～1976年。“文化大革命”中，各级林业机构被撤销，林业干部被下放，林业学校、科研单位被下迁，“以粮为纲”带来毁林开荒恶果，全省森林资源再遭惨重损失，受不同程度破坏的山林达500万亩，超伐树木1000万立方米，水土流失，生态恶化。后来，中央提出了整顿的方针，使林业开始出现转机，突出的是社队林场大发展，到1974年底，全省社队林场增加到11025个。

1977～1985年。这一时期，安徽省政府根据党和国家发展林业的方针、政策制定了一系列重大决策，实行林业改革，造林绿化扎实开展。9年全省造林种植作业面积1613.5万亩。“六五”期间人工造林种植作业面积745.4万亩，飞播造林播种作业70.3万亩，四旁植树11.5亿株，营造农田林网1870万亩，农桐间种589.3万亩，封山育林148.3万亩，幼林抚育2082.1万亩次，成林抚育367.6万亩次，采伐迹地更新20.1万亩，林业生产形势是新中国成立以来最好的时期。

**林业建设成就**

林业基本建设　①林业组织机构：行政系统，省设林业厅，各行署、县均成立了林业局，市（含地辖市）成立林业局或农业局。森工系统，省设立木材生产供应公司，各行署、市、县相应设立了木材生产供应公司。全省各级林业局、木材公司各90个。县级贮木场、木材厂3个。驻外省林业办事处2个。科研教育系统，已建立省、地、县林业科学研究所19个，林业技术推广站40个。中等林业专科学校2所，林业勘察设计院1个，森林病虫防治总站1个，森林病虫防治站60个。还建立了省扬子鳄繁殖研究中心。到1985年，全省有国营林场113个、国营苗圃75个、林业工作站337个，林业公安派出所89个，木材检查站53个，自然保护区7个。②设施、设备：新建林区公路622公里，林道1967.5公里，防火线2396.2公里，瞭望台20座，林区通讯线路615.5公里。营林机械设备有大、中、小汽车、拖拉机592辆；发电机75台，发电能力2430.5千瓦；割灌机18台；抽水机147台；挖坑机6台；机动喷雾器322部。森工系统兴建了林区公路2000多公里，板车道983公里，建成铁路专用线12条，配备载重汽车120多辆，拖轮35艘，木材采运已向机械化、半机械化迈进。③木材加工、林产化工：到1985年，全省拥有制材企业50多家，人造板企业14家，林产化工企业15家。其中纤维板厂6个，胶合板厂2个，刨花板厂3个，松香厂11个，软木厂1个，栲胶厂1个。

扩大森林资源　根据1978年全省森林资源清查，全省林业用地面积354.95万公顷，活立木总蓄积6975.49万立方米。有林地面积179.16万公顷，森林蓄积量5458.35万立方米，森林覆盖率达到13%。森林面积中防护林2.55万公顷，用材林146.27万公顷。建国后新造人工林面积87.99万公顷，森林蓄积量796.10万立方米。

到1985年，全省建成了3大后备商品材基地：一是113个国营林场，有林地面积254.1万亩，森林蓄积量906万立方米，毛竹598.6万根，方竹3400万根。二是遍布全省的7009个乡村林场，有林地面积435.5万亩，森林蓄积量800万立方米。三是建设农田林网和四旁植树的淮北平原，有林地面积615.9万亩，立木蓄积量1914.3万立方米，年采伐量63万立方米。这3大后备森林资源基地共有林木蓄积量3600多万立方米，年可伐木材74万立方米。

淮北平原林业建设突飞猛进，全淮北68000个自然村已基本绿化，80%以上的村庄营建了环村林，许多环村林连接起来，形成了茂密的森林。横穿肖县、砀山的100多公里黄河故道已被林木覆盖。长达18000公里的大、中河道两岸已形成宽阔的林带。跨越淮北平原的3条铁路和总长7900公里的干支公路两侧基本披上绿装。1818万亩的农田林网形成了防护林体系。许多地方出现了林多、畜多、肥多、粮多的良性循环。平均年采伐木材达63万立方米，除自用外，每年还输出15万立方米。

林产品生产　1949～1985年，全省累计为国家提供木材1817.7万立方米、毛竹20482.1万根、板栗45870吨、油茶籽894750吨、桐油47090吨、乌桕籽161530吨、松脂33765吨、核桃2330吨、棕片2120吨。还有山核桃、生漆、竹笋干、香菇、木耳、栓皮等。

林业科研　建国以来，全省共取得189项林业科学研究成果。“六五”期间取得成果30项，其中国内首创1项，达国内先进水平12项，达省、部先进水平17项。

**1986年林业建设**　①完成生产任务。全省成活率在85%以上的造林作业面积达150.75万亩，为计划造林面积的99.5%；育苗19.35万亩，为计划的88%；四旁植树2.37亿株，为计划118.9%；迹地更新6万亩，幼林抚育506.1万亩，成林抚育103.2万亩，低产林改造7.74万亩，分别比上年增加27.7%、3.1%、32.3%、8.6%；陡坡退耕还林30.27万亩，比上年增长16.4%；封山育林157.51万亩，增长21.10%；还完成飞播造林1.17万亩。主要林产品产量也呈上升趋势，生产油茶籽3993吨，松脂3778吨，油桐籽3617吨，生漆40吨，棕片261吨，板栗4126吨，竹笋干1689吨，核桃417吨，山核桃1248吨，香菇269吨。山核桃、板栗、香菇、竹笋干等林产品均创多年来的最高水平。②山区丰产林建设。全省计划从1985～1990年新建180万亩丰产林基地。1986年在39个县(市)营造丰产林30.48万亩，超计划1.6%，其中，部省联营营造丰产林12.52万亩，综合指标合格面积22.08万亩。此外，安徽省继续调整林种结构，新造经济果木林19.7万亩，薪炭林4.58万亩，防护林5.21万亩，比重都比上年有进一步提高。③注意防治森林病虫害。全省发动100多万人摘除大袋蛾囊40万公斤，防治松毛虫94.29万亩。安徽省政府批准又新建升金湖水禽自然保护区和清凉峰（北坡）自然保护区。④森工生产。森工部门全年完成木材供应21.5万立方米，占计划的93.8%；调进统配材20.65万立方米。主要产区森工企业收购木材27.28万立方米，毛竹196.16万根，销售木材33.93万立方米，实现利润3000万元，上缴税金1700万元。在林产工业上，生产人造板4.14万立方米；松香2150吨，栲胶661吨，软木砖4889立方米。在产销调节上，组织计划外货源17万立方米，全年串入木材52700立方米，串出木材52722立方米，两串基本平衡。在进口材复检上，索赔苏联松材折人民币39万元，为国家减少损失100多万元。在木材节约代用上，完成24.52万立方米，超额13.4%。⑤林业科研获得新成果。“六五”期间科研成果经1986年评审，有12项获得部、省科技进步奖。1986年当年林业科研取得14项成果，其中国际先进1项，国内首创1项，国内先进7项，部、省先进5项。我国一类保护动物扬子鳄的人工饲养繁殖经过5年研究，1986年通过部级鉴定，该项技术研究成果达到国外同类研究的水平。这一研究使扬子鳄繁殖率提高到40.6%，孵化率提高到90.3%，成活率提高到95.3%。目前，省已有人工饲养繁殖的扬子鳄1678条，为初期饲养量的5.5倍。

**发展林业的主要措施** ①探索科学的林业生产方针。全省先后划定了祁门、黟县、休宁、歙县、绩溪、旌德、石台、宁国、泾县、广德、霍山、金寨、岳西、东至、贵池、潜山、太湖、青阳县和黄山市19个以林为主的山区县（市）和一批以林为主的乡村，确立了山区以林为主，多种经营，全面发展的生产方针。丘陵、平原、圩区确定了宜农则农、宜林则林、宜牧则牧或农、林、牧并举的方针。山区、丘陵过去毁林开荒的地方逐步退耕还林，走养山之路，19个山区县（市）“六五”期间退耕还林80万亩，占应退面积的36.5%。国营林场、苗圃也改变单一营林的生产方针，实行由生产型向生产经营型转变。②建立多种形式的林业生产责任制。从1981年起，全省组织了2万多名干部深入山区、农村，连续3年开展了“三定”工作，共划自留山900多万亩，有80%的山场确定了责任制。调处了4万起山林纠纷。“三定”后，中共安徽省委发出《关于鼓励农民承包荒山造林，加快绿化步伐的通知》，允许个人承包造林。1984年，安徽省人民政府又作出《关于完善林业承包责任制若干问题的规定》，并鼓励国家干部、林业职工承包荒山造林。到1985年，承包荒山造林的“两户一体”（专业户、重点户、联合体）发展到5.32万个，承包荒山361.4万亩，育苗“两户”26.7万个，育苗21.2万亩。③调整林业结构。一是把宜林荒山荒地、荒滩及25度以上陡坡、四旁隙地都纳入林业发展规划；二是实行分类指导，抓皖南山区、大别山区、江淮丘陵区、沿江圩区、淮北平原5大片的速生丰产用材林基地和林特产品基地建设；三是减少用材林比例，较大幅度扩大经济林，因地制宜安排薪炭林、防护林和特种用途林；四是发展林、工、商“一条龙”综合经营。④国营林场实行“两个转变”，建立承包责任制。“两个转变”即由以造林绿化为主转变为以抚育间伐经营管护为主；从单一营林转变为以林为主，多种经营，综合利用，全面发展。1985年，全省国营林场总产值达3774万元，比1980年增长3.5倍；创利润1384.4万元，比1980年增长4.4倍；为国家创税金274.9万元，是1980年的7.1倍。国营苗圃、乡村林场推广国营林场经验，经济面貌也逐步改善。⑤推行工程造林，把造林绿化作为一项工程来办。安徽省颁布了造林调查设计规程和技术标准，每年开展检查验收。与此相适应，森林病虫害防治能力由50年代的几万亩提高到1985年的300多万亩。全省有森林病虫防治测报点364个，专（兼）职测报员315人，防治专业队1164个，专业治虫“两户”120户。⑥开放木材市场、实行议购议销。⑦强化林政管理。一是宣传《森林法》，实行以法治林，打击破坏森林的犯罪分子。二是制定木材采伐限额，实行“一本帐”制度，同时，加强“三证”（采伐证、运输证、销售证）管理。三是建立健全林政机构，全省在县以下调整、设立了木竹检查站和林业公安派出所，配备林业干警400多名。1985年，林业派出所侦破林业案件2424起，占立案数的80%，检查站处理违章运输木材4650立方米，木制品8.1万件，毛竹42.18万根，竹制品21万件。⑧增加对林业的投入。从1981年起，省人民政府确定每年对乡村成片造林实行补助。省财政每年拿出1500万元，每亩补助10元、粮食10公斤。“六五”期间，下拨造林补助费5684万元，补助粮1.64亿斤，解决山区口粮32.2亿斤。1985年改革造林补助办法，实行钱粮挂钩。1985年，除省级财政下拨造林补助费外，县、地方财政拨款达278

万元，各行各业集资299万元，乡镇企业支持132万元，群众自筹资金420万元，都用于造林绿化。一些县还加强横向联系，吸引煤炭、造纸部门资金，以加快绿化步伐。

建国以来，安徽省林业发展缓慢，还存在不少问题，主要是：发展不平衡，平原发展较快，丘陵发展缓慢，缺材少林面貌没有根本改变；森林过伐严重，一些地方不认真执行采伐限额的规定；林业投资较少；集体山林到户后，山场被分割，难以绿化，难以经营。

**奋斗目标**　安徽省确定本世纪末林业战略目标是：有林地扩大到340万公顷，森林覆盖率提高到30%，森林蓄积量增加到1.5亿立方米。

（安徽省林业厅）

# 福建省林业

**自然概貌**　福建地处我国东南沿海，介于东经115°50′～120°43′，北纬23°33′～28°19′。总面积12.13万多平方公里。全省设3地6市63县（市），人口2710多万人。境内多山，山脉呈东北、西南走向，大体分两个大山带。西带为武夷山脉；东带为鹫峰山、戴云山、博平岭；河谷与盆地错综其间。海拔1000米以下的丘陵、山地占90%，为发展林业提供了有利条件。境内河网密布，大小河流总长度12159公里。闽江、九龙江、汀江、晋江、木兰溪、岱溪、交溪、霍童溪是本省主要河流，水量丰富，虽源短流急，但多可流送木材。

本省属亚热带湿润季风气候。年平均气温15～22℃之间，从西北向东南递增。≥10℃积温5000～7000℃。年日照1700～2300小时。无霜期240～330天，以北向南递增，木兰溪以南几乎无霜日。年降雨量一般在2000～1100毫米，80%的雨量集中在植物生长旺盛的3～10月份，树木生长期达8～11个月。

本省林业土壤类型水平地带以砖红壤性红壤为主；垂直带上，由低海拔往高海拔分布有红壤—山地黄壤—山地草甸土。闽西北、闽东低丘陵有紫色土。河谷平原分布有冲积土。海滨和岛屿分布有风沙土和盐土。

*森林资源*　1949年以前，福建森林资源破坏严重，林业基础薄弱。据记载，1947年，福建省汀江、九龙江、闽江3个林区20个县森林面积为77.26万公顷，森林蓄积为6002.3万立方米。全省森林总面积，到1949年，约为218万公顷，主要树种是杉木、马尾松、樟树。据历史资料，木材和林副产品是福建出口贸易的大宗传统产品，总额占全省出口贸易的54%，其中杉木出口占出口贸易总额的16%。其他出口贸易大宗产品有茶油、桐油、樟脑、香菇、笋干、土纸、柏油、棕片、板栗、毛皮、药材等林副产品。

福建有丰富的森林旅游资源，如崇安武夷山、仙游九鲤湖、将乐玉华洞；山泉古刹的福州鼓山；我国五大佛教名山之一的宁德支提山；奇峰怪岩的福鼎太姥山；具有丹霞地貌的连城冠豸山、南平茫荡山等。

全省木本植物1943种，其中用材树种400多种，主要是壳斗科的槠栲类，其次是樟科、山茶科、木兰科、杜英科、桃金娘科、桑科等常绿阔叶树。常绿针叶树种主要有马尾松、杉木、柳杉和建柏。竹类以毛竹为主，有13属40多种。还有油茶、油桐、板栗、栓皮栎、漆树、橡胶等500多种经济林树种。全省稀有珍贵树种有：银杏、水松、水杉、三尖杉、铁杉、红豆杉、长叶榧、钟萼木、华东黄杉、格木、石樟、花榈木、楠木树、厚朴等。沿海滩涂有秋茄、木榄、白骨娘、桐花树、老鼠簕等多种红树。

本省野生动物品种繁多，脊椎动物兽类有100余种，鸟类540种，爬行类115种，两栖类44种，山溪鱼类数十种，昆虫5000种以上。列入国家保护的有华南虎，猕猴，大小灵猫，鼪鼬等10余种珍稀动物。

**林业发展概况**　20世纪50年代初期，主要是解决山林所有制。通过土地改革和山林改革，建立农民个体山林所有制，调动了林农经营林业的积极性，并将大森林、大荒山和无主山林收归国有。1956年后，对个体农民所有的山林实行林木折价入社，建立林业合作经济。“大跃进”时，大砍树木炼钢铁，并搞乱山林权属，取消偿还农民林木入社折价款，使森林遭受一次空前的大破坏。

60年代，为了恢复森林，发展林业，国营林场、伐木场和公社、大队办林场、专业队得到发展巩固。福建林业，无论造林育林和森林工业，都得到发展。然而，“文化大革命”期间，福建林业事业倍受摧残，森林资源再次遭受大破坏。

进入70年代，积极造林、育林、广泛开展护林。同时开始建设速生丰产用材林基地。在国家的支持下，开发闽西北林区，山区交通得到很大发展，森林采伐运输从繁重手工劳动转变为半机械化、机械化生产。林产工业也有所发展。

80年代，全省建立速生丰产商品材基地，已具有相当规模。70年代末到80年代初，建立了全省山林资源连续清查体系，并完成了调查和第一次复查，摸清了森林资源和其消长情况，为林业基地建设提供了依据。在全省范围内，开展了林业"三定"，调整林业生产关系。随着农村经济体制改革的开展，林业专业户、联合体应运而生，国营和乡村集体林业，都推行多种形式的林业生产联产承包责任制。国营森工企业也朝着从生产型向开发型，从封闭式到横向联合的方向前进。

**林业建设成就**

建立林业机构和企业　①福建林业管理体制：37年来，森工、林业机构反复分离合并，森工企业管理多次收上放下。目前，省设林业厅，地（市）、县都成立林业局（或林业委员会），统一组织营林、森工生产经营和行政管理。在林区县（市）设立基层林业站558个。②林业科研教育机构：除福建省林业科学研究所外，还有37个县（市）的林科所（站）、福建省林业设计院及58个县规划队。林业教育在50～60年代，先后创办了福建林业学校、福建林学院、福建省林业干部学校、福建省林业技工学校。"文化大革命"中，这几所林业学校，全部停办。70年代后期，才逐步恢复发展，并新建了三明林业学校。③全省现有国营林场110个（包括福州树木园），其中：用材林场93个、防护林场9个、经济林场3个、科研教学林场5个。总经营面积36.2万公顷，其中：有林地25.8万公顷，未成林造林地2.29万公顷。经营所14个。国营苗圃69个，育苗地6499亩。国营伐木场112个，经营面积39.6万公顷。木材采购站204个。在铁路沿线设有贮木场、木材转运站15个，年吞吐木材500万立方米。沿海设40个木材公司，林区县（市）设34个木材经销公司。全省形成了木材采、集、运、销生产经营系统。④木材加工、林产化学工业：全省有制材厂（车间）43家，年设计生产能力60万立方米。胶合板厂9家，年设计生产能力5万立方米。纤维板厂12家，年设计生产能力8.35万吨（含中密度纤维板厂1家，年设计生产能力5万立方米）。刨花板厂1家，年设计生产能力3000立方米。松香厂43家，年生产能力8.6万吨；栲胶车间1个，年设计生产能力500吨；紫胶车间1个，年设计生产能力30吨。⑤林业机械：全省有林业汽车保修厂和林业车队49个，年大修设计能力400辆，中修700辆，拥有营运车辆1900多台。森铁机修厂、施工机械保修厂、钢窗厂、钢丝绳厂各1家。林业机械制造检修厂20家。林业施工专业公司9个。⑥护林防火组织：全省设立县（市）以上护林防火委员会73个。乡、村配备专职或兼职护林员。省际毗邻地区成立了闽浙赣护林联防委员会。省境内地、县际地区成立护林联防区。全省修建了2.8万多公里防火路，营造了2500多公里防火林带，建立19座防火瞭望台。到1986年底，省、地（市）、县设置森林病虫害防治站9个，建立了2个中心测报站、172个调查点。全省林区乡村普遍建立了群众护林组织，订立护林乡规民约。全省建立林业公安局（科）77个，林业派出所179个；林业检察机构45个，林业审判庭52个。

扩大森林资源　据1979年森林资源清查统计，全省林业用地面积887.5万公顷，占全省土地总面积的73%。有林地面积449.6万公顷，占林业用地面积的50.6%。其中人工林面积161.6万公顷。森林总蓄积量4.31亿立方米，森林覆盖率37%。全省森林年平均生长量为1853万立方米，每公顷平均材积生长量为5.19立方米，年材积平均生长率为5.6%。

建立自然保护区　1957年建立了以保护中亚热带常绿阔叶林为主的建瓯万木林自然保护区。这是我国第二个建立的自然保护区。1979年，国务院批准建立武夷山自然保护区，列为国家保护重点。到1986年，全省共建立了11个自然保护区，总面积9.27万公顷，占全省土地面积的0.76%。已建立的自然保护区有：保护森林生态系的武夷山保护区、闽西梅花山保护区、德化戴云山保护区、建瓯万木林保护区、永春牛姆林保护区；保护青钩栲的三明莘口保护区，保护鸳鸯、猕猴的屏南宜洋保护区、保护楠木林的沙县罗卜岩保护区，保护福建青冈的闽清黄楮林保护区，保护亚热带雨林的南靖乐土保护区，保护森林生态系、地貌的邵武将石保护区。拟建中的还有：保护森林生态的南平茫荡山保护区，永安天宝岩——罗石山保护区，将乐陇西山保护区，以及保护红树林的龙海红树林保护区。

林业基地建设　全省较好的用材林基地有1000多万亩，油茶林、油桐林基地近500万亩。60年代规划建设的12片以国营和社队林场为骨干的速生丰产林基地1145万亩，有相当一部分已进入成熟期。70年代规划的580片速生丰产林基地，也部分地完成了造林任务，由于片面强调以杉木为主，强求集中连片，造林成效不很显著。据1978年对前4年已营造的200多万亩林地调查，好的和比较好的只占57.1%。闽江、晋江、九龙江、汀江、赛江5大水系造林，第一期绿化工程已完成人工造林101万亩，绿化江岸1127公里，绿化公路734公里，四旁植树594万株。从70年代开始，全省建设林木良种基地28处，3400公顷，37个树种。

福建海岸线长达3324公里，沿海一带水土流失严重，风沙灾害频繁。50年代末以来，引种木麻黄防风固沙成功后，在沿海23个县（市）共营造了防护林154万亩，其中：防风固沙林33万亩，农田林网11万亩，水土保持林110万亩。

森工生产　1950～1986年，全省累计生产木材1.09亿立方米，到材1亿立方米，其中上调中央统配材5512万立方米。生产毛竹4亿多根，松香117万多吨。上缴税利23亿多元。还生产了大量松脂、油茶籽、桐油籽、乌桕、笋干、香菇、白木耳、黑木耳、土纸等林副产品。

**经验教训** ①加强森林资源的宏观控制与管理。由于全省森林资源管理体系长期没有很好地建立健全起来，对整个森林资源的消长情况不能进行及时地分析和作出相应的决策，使全省森林资源消耗剧增，失去控制，本省面临着森林资源青黄不接、资源质量下降的现实危机。②林木生长速度的快慢、品质的优劣，除自然条件外，主要取决于科学技术水平、集约经营程度。福建省林业教育和科学技术研究，是林业建设一个薄弱环节。过去由于盲目追求造林面积，对培育林木良种壮苗、适地适树造林重视不够，经营粗放，导致营造的大面积人工林，不少成活不成林，成林不成材，单位产量也低。③山林权属与政策稳定与否，对林业的兴衰关系极大。80年代开展的林业"三定"，明确山林所有权，调处了大批山林权属纠纷，给农民划了73.7万公顷自留山（占集体山地总面积的9.4%），普遍推行林业生产责任制，全省涌现林业专业户、重点户18.93万户，联合体2.8万个，"两户一体"从事林业劳力58万多人，承包经营面积191万公顷。整顿巩固了乡村集体林场，经营面积70万公顷。有130多万公顷山林，建立了林业股东会。④长期以来，对林业重取轻予，国家从林业收取的税利和让林业承受的社会负担越来越多，森林采伐量越来越大，而给林业的投资历来很少，且近期又大幅度下降。这不但造成林业资金严重困难，而且林业职工和林区农民的造林育林积极性受到严重挫伤，致使福建林业恢复发展步伐缓慢。

**展望与决策** 本省林业"七五"期间主要目标：建设速生丰产用材林基地600万亩（新造林300万亩，中幼林抚育300万亩），营造沿海防护林（含水土保持林、薪炭林）540万亩。主要决策有：坚持林业体制改革，理顺和调整林业内部、外部的关系，推进横向联合向纵深发展，进一步健全完善林业生产责任制；强化森林资源管理体系，从宏观上控制森林资源消耗，严格森林采伐、木材运输管理，尽快减少以至消灭森林资源"赤字"；加强林业基础建设，充实健全基层林业站，增加智力投资，发展林业教育和科研，推广应用林业科研成果。

（福建省林业厅）

# 江西省林业

**自然概貌** 江西位于北纬24°29′～30°05′，东经113°34′～118°29′。总面积16.66万平方公里。地貌大致有3种类型：一是丛山峻岭的边缘山地，占全省总面积的35.9%，一般海拔高度在1000米左右；二是连绵起伏的中南部丘陵，占全省总面积的42.3%，海拔高度多为100～500米；三是鄱阳湖平原，占全省总面积的21.8%，大部分海拔高度在50米以下。境内有赣江、抚河、信江、饶河、修河5大河流，汇入鄱阳湖，再经湖口，注入长江。

全省行政管辖5个地区和6个省辖市，以及84个县(市)，总人口为3501万人。

江西属中亚热带温暖湿润气候，太阳总辐射40.5～47.9万焦耳/厘米$^2$·年，年平均日照时数1489～2086小时，年平均气温16.3～19.7°C，气温年较差18.6～25.4°C，≥10°C积温为5034～6343°C，无霜期长达240～307天，年平均降水量1341～1934毫米，年平均相对湿度75～83%。

*森林资源* 江西森林植被属亚热带常绿阔叶林区域，大体分为常绿阔叶林、常绿落叶阔叶混交林、夏绿阔叶林、竹林、暖性针阔混交林、暖性针叶林、山顶矮林7个基本类型。土壤可分红壤、山地黄壤、山地黄红壤、山地黄棕壤、山地草甸土5个主要类型。在得天独厚的森林生态环境中，孕育着木本植物2000多种，其中裸子植物9科20属约29种，被子植物111科370属约2000种。主要树种有樟、楠、檫、檀、柏、杉木、马尾松、毛竹、青冈栎、甜槠、栲树、木荷、木莲、观光木、鹅掌楸、油茶、油桐、乌桕、漆树等。主要野生动物有水鼬、水獭、豹猫、猕猴、大灵猫、穿山甲、獐、毛冠鹿、白鹤、黄腹角雉、眼镜蛇、乌龟、大鲵等。森林资源除直接提供木材、竹材外，还生产松香、松节油、樟脑、栲胶、紫胶、生漆、桐油、毛皮和茶油、茶叶、竹笋、柑橘、栗、柿、香菇等多种林产品。林区地下埋藏着丰富的钨、煤、锡、瓷土和稀土等矿产资源，是林业部门开展多种经营的宝贵财富。位于庐山的庐山林场、东牯山林场和地处上清宫的上清林场、青原古寺的青原山林场，是开展森林旅游的著名风景区。

中华人民共和国成立以前，江西的森林资源遭到严重的掠夺破坏。据1936年出版的《江西年鉴》记载：全省共有林业用地656.12万公顷，占全省面积的39%，其中森林面积201.88万公顷，森林覆盖率为12%；宜林地面积454.23万公顷，占全省面积的27%。那时，仅在风景区设立4个国营林场，造林2600多万株。

**林业发展概况** 20世纪50年代，各级人民政府认真贯彻"普遍护林，重点造林"的方针，在各地建立了森林保护机构，广大山区林区制定了群众性的护林制度，森林火灾较少发生；在农村创办了50多个集体林场，每年集体造林种植作业面积1.33万公顷；1954～1957年，江西省人民委员会批准建立了18个国营林场，每年国营造林6600公顷。但在50年代后期，由于大炼钢铁、大办食堂，刮起了乱砍滥伐森林的歪风，森林火灾也上升到平均每年发生1356起，烧毁森林面积3.82万公顷。

60年代初期、中期，加强了对林区的护林管理和设施建设，建立了35个森林派出所，配备干警200人，乱砍滥伐森林现象基本制止，森林火灾也下降到平均每年发生772起，烧毁森林2.67万公顷。国营、集体造林事业继续发展，并试验推广条垦整地方式，造林质量大有提高。林业科学研究事业进展较快，省、地、市和42个县共建立了49所林科所。但从1966年开始的"文化大革命"，给林业建设带来了极大的破坏。

进入70年代，陆续恢复林业机构，重点建设集体用材林基地和油料林基地。根据"基地办林场，林场管基地"的原则，要求"造好一片林，留下一批人，办好一个场，科学管好林"，推动造林、育林、护林和管理水平前进了一大步。如用材林基地造林种植作业面积40多万公顷，保存26.6万公顷。

80年代，在改革、开放、搞活的方针指引下，各项林业工作出现了新的生机：在林业"三定"的基础上，发展多种形式的合作造林；以国营林场为骨干，建设速生丰产林基地、商品材基地；林业企事业单位，大力开展多种经营，以短养长，经济危困的局面有所缓解；木材市场开放后，森工企业改进经营，主渠道作用逐步形成。全省恢复和建立了林业公安派出所，加强护林防火指挥职能，开展森林病虫害综合防治和森林植物检疫，成立多类型的自然保护区。林木良种繁育、森林资源清查建档、人才培训、林业宣传教育、林业生产技术规程的制定等基础建设工作，正在进行。各种学会、协会和联防组织相继恢复、建立，工作活跃。

**林业建设成就(1949～1985)**

*建立和完善组织、机构* ①行政事业：省设林业厅，编制100人，负责全省各项林业业务的领导、指导、综合平衡和协调服务工作。林业厅下设林业勘察设计院、林科所、林木种子公司、木材检查站、自然保护区管理办公室、森林病虫害防治(检疫)站、会计辅导站、林业工业公司、物资供应公司。另设有江西省绿化委员会办公室、江西省政府护林防火总指挥部办公室、江西省林学会、江西省野生动物协会、江西省调处山林水利纠纷办公室、江西省林业经济学会办公室等。②林业科研教育：省、地(市)、县共建林科所72所，拥有科技人员507人。取得林业科技成果70项，其中获全国科学大会奖的有5项，获林业部和省奖的有43项。全省建立了两所中等林业学校、1所森工技校，有教师93人，在校学生1300人，每年毕业650人。江西农业大学林学系在校学生500人，每年毕业120人。③国营林业企事业和乡村林场：全省建立国营林场98个，职工1.81万人；采育林场(站)156个，职工2.79万人；有林垦殖场65个。3种国营林(垦殖)场经营山林面积100.68万公顷，其中新造林38.67万公顷；共有蓄积3741.67万立方米。全省集体林面积484.3万公顷，林分蓄积1.63亿立方米，其中4896个乡村林场(专业队伍4.4万人)经营山林62.4万公顷，新造林34万公顷；共有蓄积506.5万立方米。有国营苗圃83个，职工4280人，经营面积1万公顷，其中育苗面积462.6公顷。森工系统除采育林场(站)外，还有经营木材的林管站407个、贮木场11个、木材加工企业9个、松香厂3个、车队54个、林机厂7个、林建公司3个，全系统共有职工6.12万人。④护林和林政管理组织：省、地(市)和大部分县成立了护林防火指挥机构，与广东、福建、浙江、湖南、湖北、安徽6个省建立了护林联防组织。农村有专职、兼职护林员5万多人。并开辟了防火线1.5万多公里、防火林道1.09万公里，建瞭望台394座，配备对讲机17部、无线电台33台，购置护林防火汽车48辆。重点林区设立林业公安派出所104个，有干警746人。全省有木材检查站323个，职工1559人；有县以上森林病虫害防治(检疫)站76个，专职干部195人，防治有效面积8.8万公顷，其中生物防治面积2.8万公顷。还有森林植物检疫员125人。

*扩大森林资源* 1983年森林资源清查表明，全省造林实际保存162.6万公顷。四旁植树6亿株。有59个县建立的集体用材林基地，生长良好，已开始间伐利用。经营新造油茶林97.3万公顷，茶油年平均产量2500～3000万公斤，面积和产量均居全国第二位。还建立了一批油桐、板栗、毛竹、紫胶、栲胶基地和薪炭林基地。鄱阳湖区防护林工程正在进行前期工作。中共江西省委、省政府于1981年规定了每年的一月为"植树月"，推动全民义务植树运动蓬勃开展，11个城市5年植树2248万株，城镇面貌大有改善。据1983年森林资源清查，全省林业用地面积1045.5万公顷，有林地面积552.7万公顷，森林覆盖率33.15%。蓄积量2.53亿立方米，其中林分蓄积1.93亿立方米。人工用材林面积71.75万公顷，蓄积量1101.96万立方米，年生长量93.3万立方米。用材林面积341.3万公顷，蓄积1.8亿立方米。经济林面积108.4万公顷。毛竹林面积50万

公顷，有毛竹8.8亿根。薪炭林面积38.4万公顷，蓄积486万立方米。防护林面积11.9万公顷，蓄积660万立方米。特种用途林面积1.86万公顷，蓄积136万立方米。

*建立自然保护区* 到1985年，全省建立了省属九连山、井冈山、武夷山、官山、庐山自然保护区、桃红岭梅花鹿自然保护区和鄱阳湖候鸟自然保护区，现有职工289人，保护面积9万公顷，占全省总面积的0.53%。鄱阳湖候鸟自然保护区已多次接待了国内外专家、学者来访。县级自然保护事业也在发展，永丰、资溪县各建立了一个天然林自然保护区，靖安县建立了大鲵(娃娃鱼)自然保护区。江西省政府于1983年规定每年的4月1～7日为全省“爱鸟周”。

*森工建设* 全省修建林区公路5400公里、森林铁路99公里，有林业运输汽车1400多辆和一批油锯、索道、拖轮等采伐机械。为国家提供商品木材5665万立方米，毛竹4.9亿根，人造板24.2万立方米，松香84万吨，松节油15吨。上缴利润3.13亿元，税收4.55亿元，形成固定资产总额2.71亿元。

**1986年林业工作** 全省林业系统贯彻1986年中央1号文件精神，在指导思想上，树立生态经济的观点；在经营方针上，坚持以工养林、以短养长，实行林工商并举；在工作重点上，突出地抓好速生丰产林基地建设、林业基础建设；在资源发展上，实行“造、封、改、管、护”相结合。这一年，国营、集体、合作造林占全省造林种植作业总面积的62.7%，提高了造林质量。各地建设速生丰产林5666公顷。全省木材产量285万立方米，森工系统经营187万立方米；生产毛竹747.6万根，森工系统经营572.7万根。省政府批准召开了全省国营林场经营工作会议；国营林场多种经营产值占总产值的43.9%。对外技术交流和经济合作方面，英国菲利浦亲王到鄱阳湖候鸟自然保护区观鸟；江西省林业厅派出4批人员赴日本、澳大利亚、意大利、英国考察和学习，并从意大利引进大理石采掘机械设备。

1986年，在中共江西省委、省政府的重视下，与有关部门协商解决了一些问题。首先，决定江西省绿化委员会办公室定编5人，每年拨给办公经费8万元，并表彰了21名县级林业劳模。其次，决定江西省护林防火总指挥部办公室定编4人，从销售木材中征收护林防火费每立方米2元，用于护林防火设施建设。第三，批准成立了江西省林业科技推广总站。江西省林业厅与江西省财政厅、江西省物价局联合制定了林价制度，与江西省计划委员会、江西省财政厅、江西省物价局制定了国营林场优惠政策的文件，与江西省财政厅下达征收育林基金、更改资金标准和各级分成比例的通知，与江西省公安厅、江西省财政厅、江西省劳动人事厅、江西省编制委员会确定了林业公安纳入同级林业事业编制和地方财政预决算，并由林业部门领导为主的体制。

**经验教训** ①必须把森工、营林分离的体制统一起来。建国后，盲目照搬苏联的模式，在江西造成不良后果。木材市场开放前，国家拨给森工基建投资每年1500～2500万元，而营林基建投资由江西省计划委员会每年只安排300多万元。这种重采轻造的做法，影响林业的发展。②必须端正发展林业的指导思想。长期以来，把林业看成是农业组成部分，强调经济效益，忽视它的生态效益、社会效益和独立产业的科学规律。因而在工作方针上，向森林索取财富，取之于林多，用之于林少。不少领导在任职期间追求“急功近利”，为林区群众“砍树致富”开了方便之门，许多地方工业和乡镇企业从木材中牟获高利。造成森林资源严重过伐和林业企事业经济贫困，出现了林业用地、森林面积、森林蓄积量、大中径杉木、森林覆盖率5个减少，水土流失加剧，生态环境恶化。因此，必须从基本国策的高度解决林业的综合症，让整个林业转入休养生息阶段。在政策上，要承认林业是独立的产业，增加投入，建立林业基金制度，成立林业银行，实行长期无息贴息贷款，免征林业税收(除产品税)，并支持林业部门发展综合经营。③必须相对稳定山林权属。这是林业生产周期长的特点所决定的。建国以来，山林权属每变动一次，森林就遭到一次破坏。林业“三定”事与愿违，实际又是一次山林权大变动。这几年乱砍滥伐森林严重，主要进攻国有林。在“三定”中“让利于民”，划出了国有林1.33万多公顷，加上60年代初“四固定”时划出的13.3万多公顷，使国有林大受损失。江西省政府几乎每年发出制止乱砍滥伐森林的通知，只起到治标作用，必须稳定山林权属，坚决执行《中华人民共和国森林法》，实行以法治林，才是治本的措施。对自留山、责任山“分而不治”、“砍而不造”的群众，要在稳定的基础上引导他们合作造林。④造林林种、树种必须合理布局。30多年来，林业单一经营，造林林种、树种也单一，主要造用材林、栽杉树，经济林主要栽油茶，同时毁林造林的现象相当严重。长此下去，亚热带常绿阔叶林分布带将演变成少数几个树种的针叶林分布带。因此，这个问题必须从造林政策、技术对策和木材利用上加以解决。科研部门要尽快研究出多树种造林技术方案。改进采伐方式，禁止大面积皆伐，制止毁林造林。大力提倡封山育林，保护物种，全省已封育166万公顷。最近几年，飞播造林27万公顷，今后要混播阔叶树种。全省缺柴农户360万户，在人口稠密的丘陵地区积极发展薪炭林，以减轻对森林的破坏。对江河上游的水源涵养林，严禁皆伐，进行抚育伐，最上部的森林必须封禁。⑤必须大力开发智力，加速培养人才。全省只有林业技术人员3000人，其中高级工程师10人，工程师401人，平均3533公顷山林才有一名技术人员。90%以上的技术人员分布在县以上单位，在林业生产第一线的很少。最近几年举办了10多次县林业局局长、林场场长培训班和财会人员学习班，请南京林业大学代培大专生，引进科学技术，地、县也培训农民技术员1.38万人，已收到显著效果。⑥必须加强林业基础建设。长期以来，这项工作一直是个薄弱环节。森林资源虽清查了几次，但缺乏管理机构，至今无法建档，消长情况仍然不清。林木良种繁育工作从70年代末才抓起来，现有基地26处，建立初级种子园564.4公顷。县以下(乡、镇)基本没有林业管理机构。林业的各项生产技术规程很不健全，林业生产盲目性较大。近两年已在国营林场、采育林场开展资源清查、建档和编制森林经营方案的工作，结束后向乡村林场铺开，今后都要按经营方案进行作业，随时掌握消长动态。林木良种繁育要提高质量，确保本世纪末实现主要造林树种良种化。乡要建立林业工作站，负责林政管理和技术指导。要陆续制订采伐更新、造林育苗、病虫害防治检疫、护林防火、调处山林纠纷、木材检查、国有林管理、自然保护区管理等生产技术规程和管理办法，做到有章可循。

**奋斗目标** 规划到2000年，全省森林面积扩大到906万公顷，森林覆盖率达到54.3%，林分蓄积量由现在的2.53亿立方米增加到3.6亿立方米，森林生长率由现在的5.8%提高到7%。

(江西省林业厅)

## 山东省林业

**自然概貌** 山东省位于北纬34°22′52″～38°15′02″，东经114°19′53″～122°43′。地处黄河下游，东临渤海、黄海，总面积15.33万平方公里。地形中部突起，为鲁中南山地丘陵区；东部为半岛，突出于黄海和渤海之间，海岸线3166.8公里，为胶东丘陵区；西部、北部是黄河冲积平原。海拔以泰山为最高，顶峰1524米；渤海海湾滨海地区最低，仅2～3米。全省平原(含台地、盆地、山间平原)占65%，丘陵占24%，山地仅占11%。

山东河流分黄、淮、海3大流域，长度在10公里以上的河流有1552条。

1986年，全省共辖9个地级市，23个市辖区，5个地区，10个县级市，94个县，106910个自然村。全省人口7776万人，其中农业人口6797万人。

山东气候温和，雨量集中，四季分明，属暖温带季风型气候。年平均气温11～14℃。气温日较差全省8～12℃，年较差27～31℃。≥10℃的稳定积温全省在3800～4500℃之间。年平均光照时数2300～2890小时。全年降水量550～950毫米，6～8月降水量最大，水热同季，有利于树木生长。无霜期一般为180～220天。

全省土壤类型：一是棕壤，占全省土地总面积的18.1%，主要分布在胶东半岛及鲁中南丘陵地区；二是褐土，占全省总面积的23.5%，多集中于鲁中南低山丘陵及胶济、津浦铁路两侧的山间平原；三是潮土，占土地总面积的44.1%，集中分布在鲁西北、鲁西南的黄泛平原和山丘地区的河谷平原、滨海洼地；此外还有砂姜黑土、盐渍土以及少量水稻土、山地草甸型土和风沙土等。

*森林资源* 山东属暖温带落叶阔叶林地带。胶东丘陵和鲁中南山地丘陵属暖温带南部落叶栎林亚地带；鲁西北平原属暖温带北部落叶栎林亚地带。主要树种以松科的松属和壳斗科的栎属为主，还有桦木科、杨柳科、榆科、槭树科等植物组成的各种落叶阔叶树种。山东现有木本植物660多种，分属72科，209属。主要造林树种有杨、柳、白榆、刺槐、泡桐、赤松、黑松、落叶松、枫杨、杞柳、白蜡、紫穗槐等。

山东天然林破坏早。中华人民共和国建立前夕，山东仅有残林30万公顷。其中20万公顷为鲁东地区的赤松薪炭林和蒙山、泰山的寺庙林，其余为渤海沿岸的柽柳林和黄河入海口处黄河三角洲的自生旱柳疏林。

山东野生动物资源丰富。全省共有鸟类406种和亚种，隶属于19目66科181属，其中候鸟357种和亚种，留鸟49种。其中食虫、食鼠益鸟100多种。现有野生陆栖兽类36种，最多的是各种鼠类、野兔。山地丘陵还有狐、狗獾、果子狸、豹猫、豺、貉等。狼已属罕见了。

山东在1949年前商品材产量很少，群众产材多自用自销，城市用材多从省外调入。主要林业产品则为干果，1949年仅产核桃174.5万公斤，板栗139万公斤，枣5637万公斤，柿2967万公斤，山楂680.5万公斤。

**林业发展概况** 早在建国前，中国共产党在老解放区建立的人民政权就领导群众开展护林和封山育林活动，到1949年已在老解放区封山育林47万公顷。

20世纪50年代，山东省人民政府对林业实行封山育林和“普遍护林，重点造林”，合作化前，采取私人、群众合作、公私合作等多种造林组织形式。1955年合作化后，林业生产纳入合作社组织，有林业生产任务的合作社都建立了林业专业队，造林进度由50年代初期平均每年造林播种作业面积4万公顷左右，增加到16万公顷，是全省林业发展较快较好的阶段。1958年的人民公社化运动，由于打乱了林业生产体制，造成对林木的滥伐；接着1960～1962年的3年困难时期又给林业生产造成重大损失。到1960年，全省林地面积减少了60万公顷。

60年代，贯彻中央“调整、巩固、充实、提高”的方针，整顿了国营林场，对集体和社员个人部分进行了确权发证。明确了社员四旁植树界限，划分了自留山(滩)。在山区又推行50年代初期行之有效的先封后造，先草后林，林业生产迅速恢复，从1963～1965年每年造林播种作业面积16万公顷。1966年“文化大革命”开始，撤销了林业行政机构，下放了科技人员，把林权下放当作复辟资本主义来批判，在“以粮为纲”的口号下，大搞毁林开荒和缩河造田，林木又遭到一次大破坏。同时，由于放松了管理，造成林木病虫害猖獗，仅松毛虫、松干蚧和榆兰金花虫，每年毁林木1～2万公顷。

70年代前期，林木继续遭到破坏。1974年以后，山东结合农田基本建设，大搞沟、渠、路、林相结合的平原绿化，农田林网和林粮间作有较快的发展。由于速生欧美杨的引入，速生丰产林也开始发展。

80年代，各级政府恢复了林业领导机构，放宽了林业政策，推行了自留山、责任山为主的林业生产组织形式，中间虽曾一度因权属变动引起滥伐，但很快制止。林业生产迅速发展，速生丰产林已从小面积试验扩大到大面积推广，桐粮间作已在全省推广，林种树种结构作了调整，用材林和经济林比重增加。

**林业建设成就**

*建立和完善组织机构* ①行政事业系统：从1949年山东省实业厅农业局下设林牧科、1950年山东省农林厅下设林业局，到1955年的山东省林业厅，作为山东省政府主管全省林业发展和林木保护的职能部门。以后虽有几次和农业分合、扩编缩编，但始终有林业行政机构。党的十一届三中全会后，恢复了林业厅建制，并迅速建立健全了各级林业行政事业管理机构。各地(市)、县林业行政、事业机构大体上和省林业厅相对应。②科研机构和推广系统：1956年省设山东省林业科学研究所。到1986年，除省林业科学研究所外，全省已有7个地、市林业科学研究所，各地(市)、县都建立林业技术推广站，并有1539个乡(镇)建立了林业工作站。③林业教育系统：山东农学院设有林学系，还有山东省林业学校。1955～1986年30年共毕业学生4516人。另有函授教育和短期训练班，北京和南京林业大学先后为山东函授达大专程度学生279人；1980～1985年短期训练班共训练1570人次。农业职业中学中还设有林业班。④生产经营系统：全省有国营林场146处，经营总面积15.5万公顷；国营苗圃151处，经营总面积0.35万公顷，其中育苗面积0.013万公顷，每年出圃苗木2400万株；乡(镇)办林场427处；乡(镇)村合办林场278处；村办林场4179处；村联办林场105处；村户联办林场772处；户联办林场840处；户办林场4421处。以上集体和个人林场经营总面积23.29万公顷。⑤产、供、销系统：山东省自产木材未列入国家计划，林业部门经营计划外木材，全省有林工商公司84处，其中省级1处，地(市)级13处，县(市)级70处，人员400多人。

*建立自然保护区与森林公园* ①建立自然保护区：到1986年，全省共建自然保护区33处，总面积2740858公顷，占全省总面积的0.18%。其中候鸟栖息地18处，其余为森林生态系统及农林益鸟、珍贵鸟类栖息地。自然保护效果显著，如四湖自然保护区的南四湖独山湾，1986年3月中旬云集雁鸭约14万只。②建立森林公园：山东有曲阜孔林、青岛中山公园和泰山森林公园3个森林公园。

孔林是我国历史最久的人工园林，总面积3000余亩，其中有林地2250亩，有古树36000株，林木蓄积量9700立方米。树种组成以栎、柏为主，其余为黄连木、桧柏、栾、槐、小叶朴、白榆、梧桐、女贞、枫等杂木。林内有孔子墓和孔尚任墓等古迹，是鹭类猛禽栖息场所，既为人工园林，又具天然林景观，现已划为自然保护区，主要保护对象为珍稀猛禽、鹭及文物古迹等。青岛中山公园，1901年建立，园内有植物千余种，有樱花千余株，栽培历史70余年，另有美洲肥皂荚、长柄栎、日本厚朴、美国鹅掌楸、西洋山楂都是珍贵稀有树种。泰山森林公园地处东岳泰山，1949年仅国营泰山林场即造林1万公顷。山上除原有古树名木如秦松、汉柏、唐槐及后石坞以森林为主的风景点外，又引种了华山松、日本落叶松、毛竹等树种。

*扩大森林资源* 根据1978年5月至1979年底全省森林资源清查结果，全省林业用地193.67万公顷。其中有林地面积90.47万公顷，森林覆盖率5.9%；四旁植树11.6亿株。全省活立木蓄积量2425.88万立方米，其中森林蓄积量619.22万立方米，四旁树木蓄积1806.66万立方米(见表1、2、3、4)。

表 1　山东省林业用地面积分类(1979)

单位：万公顷

| 项目 | 林业用地 | 有林地 | 疏林地 | 未成林造林地 | 无林地 | 其他 | 备注 |
|---|---|---|---|---|---|---|---|
| 面积 | 193.67 | 90.47 | 23.43 | 5.91 | 73.48 | 0.36 | 其他为灌木林和苗圃 |
| % | 100 | 46.70 | 12.10 | 3.10 | 37.90 | 0.20 | |

表 2　山东省有林地面积概况(1979)

单位：万公顷

| 项目 | 林地面积 | 按林种分 | | | | | 按林权分 | | 按起源分① | | 按龄组分② | | | 按树种分 | | | | | | 备注 |
|---|---|---|---|---|---|---|---|---|---|---|---|---|---|---|---|---|---|---|---|---|
| | | 用材林 | 防护林 | 经济林 | 竹林 | 特用林 | 国营林 | 集体林 | 人工林 | 天然林 | 成熟林 | 中龄林 | 幼龄林 | 松林 | 柏林 | 刺槐林 | 杨柳林 | 经济林 | 其他 | |
| 面积 | 90.48 | 10.14 | 46.72 | 33.29 | 0.14 | 0.19 | 9.91 | 80.57 | 46.86 | 10.00 | 0.32 | 10.70 | 46.01 | 29.20 | 5.96 | 15.30 | 3.33 | 33.29 | 3.40 | |
| % | 100 | 11.2 | 51.6 | 36.8 | 0.2 | 0.2 | 11 | 89 | 52 | 11 | 0.3 | 11.8 | 50.8 | 32.3 | 6.6 | 16.9 | 3.7 | 36.8 | 3.7 | |

注：①②未计经济林、竹林。

表 3　山东省各类林木蓄积量(1979)

单位：万立方米

| 项目 | 合计 | 林业用地蓄积量 | | | | 四旁树蓄积(按树种分) | | | | | | | | 备注 |
|---|---|---|---|---|---|---|---|---|---|---|---|---|---|---|
| | | 小计 | 林分 | 疏林地 | 散生木 | 小计 | 杨 | 柳 | 榆 | 刺槐 | 松柏 | 泡桐 | 其他 | |
| 蓄积量 | 2425.88 | 619.22 | 483.78 | 75.10 | 60.34 | 1806.66 | 466.58 | 280.41 | 405.89 | 322.17 | 62.41 | 133.87 | 135.33 | |
| % | 100 | 25.53 | 19.94 | 3.1 | 2.49 | 74.47 | 19.23 | 11.56 | 16.73 | 13.28 | 2.57 | 5.52 | 5.58 | |

表 4　山东林分蓄积量概况(1979)

单位：万立方米

| 项目 | 合计 | 以林种分 | | | 按优势树种分 | | | | | 按龄组分 | | | 按径级分① | | | 备注 |
|---|---|---|---|---|---|---|---|---|---|---|---|---|---|---|---|---|
| | | 用材林 | 防护林 | 特用林 | 松类 | 侧柏 | 刺槐 | 杨柳 | 其他 | 成熟林 | 中龄林 | 幼龄林 | 小 | 中 | 大 | |
| 数量 | 483.78 | 163.03 | 318.81 | 1.94 | 149.99 | 29.99 | 200.28 | 66.76 | 36.76 | 9.81 | 230.78 | 243.19 | 50.90 | 40.51 | 7.00 | |
| % | 100 | 33.7 | 65.9 | 0.4 | 31.0 | 6.2 | 41.4 | 13.8 | 7.6 | 2.0 | 47.7 | 50.3 | 10.5 | 8.41 | 1.45 | |

注：以径级分仅计中龄林和成熟林。

从上表可以看出山东林地特点是：林地面积小，覆盖率仅 5.9%，尚有 37.9%的林业用地急待造林；90%以上林地属集体所有；80%以上是防护林和经济林，而用材林仅占 10%左右；四旁蓄积占总蓄积的 74%以上；大中径级材不到 10%，绝大部分是小径级材。

1980 年后，由于落实了林业政策和加强保护管理，原有疏林地很多又恢复成林，平原绿化发展较快，林地面积和四旁树均有显著增长。

基地建设　①速生用材林基地：从1977年开始建速生丰产林基地。一为国营林场用材基地，二为在国家统一安排下的集体所有制基地，集体所有制基地接受国家补助费和国家统一管理。至1986年，全省用材林基地14.91万公顷(其中国营5339公顷)。以临沂、菏泽两地区最多，其次为聊城、泰安、潍坊、济宁等地市。树种主要以欧美杨最多，其余为泡桐、毛白杨、刺槐、楸树。②经济林基地：全省共12.6万公顷，其中枣基地分布在聊城、德州、泰安，板栗基地分布在郯城、泰安、费县、招远。③竹林基地：全省竹林1400公顷，集中分布在苍山、日照、莒南、崂山，竹种90%为淡竹。

林业主副产品生产　①木材生产：建国后，除桐木有少量收购、外销外，其他木材多群众自产、自用、自销，未列入国家计划。国营林场抚育间伐，每年产材5～6万立方米。20世纪70年代末，群众共采伐木材100～150万立方米，国家收购桐木3～8万立方米。此外，年产编条5～5.5亿公斤，薪柴18.25亿公斤。②林产工业产品：全省林产工业企业千余家，遍及全省城乡。加工能力每年300万立方米，年产值10亿元左右。1985年产人造板54600立方米，胶合板7200立方米，纤维板47400立方米。③干果产量：1985年核桃产344万公斤、板栗1091.5万公斤、杏仁35万公斤、银杏66万公斤、花椒684.5万公斤，杜仲、金银花共229.6万公斤。

自然面貌的改观　林业的发展使山东自然面貌初步改观。鲁东沿海已建成以黑松、刺槐为主要树种的沿海防护林，林地面积已占林业用地的80%，成为本省果品、柞蚕和粮、油高产稳产地区。原来林木稀少、水土流失严重的鲁中南山区林地面积增加最快，林地面积占全省林地面积的40%强，泰山、蒙山、沂山、鲁山等主要山头和风景区已基本绿化，沂、沭、汶、泗等主要水系两岸和山前平原的林网化面积占宜林网化面积的50%。鲁西、鲁北平原成片林木较少，农田林网，林粮间作集中成片是其主要特点。菏泽地区的桐木生产基地已经建成，原黄河改道遗留下的沙滩地已基本绿化。现在造林进度较慢的是干旱瘠薄的青石山和渤海沿岸的盐碱荒地。

**经验教训**　要有适合生产力发展和相对稳定的林业政策；要实行科学造林营林；森林生态经济学理论的引进，促进了山东农区林业如桐粮、枣粮、桑粮间作及小片速生丰产林等的发展；逐步落实和完善林业生产责任制；依法治林，以法兴林。

山东由于林业用地立地条件差，造成造林费用高，成活率和保存率低，建国以来造林保存率仅30%左右，加之政策的失误，所造成的几次大的林木破坏，使山东的森林覆盖率仅有5.9%，列全国第21位。到1986年为止，山东还有大面积荒山(滩)没有造林绿化；现有林蓄积量低，病虫害重，防护效能差，山区水土流失面积23000平方公里，占山丘面积的43.4%，群众用材、烧柴仍很缺乏，群众每年自产木材150万立方米，仅能维持年均人消耗木材0.02～0.03立方米的低水平。国家建设用材全靠省外调入，每年调入100～150万立方米，仅运输费即超过每年的林业投资。主要干果如枣、板栗产量还未达到历史最高水平。

**1986年林业建设**　1986年，山东林业工作仍以深入落实林业政策，加快植树造林绿化步伐为重点，在全省建立健全领导责任制，全省已有68个县、市，1160多万亩(包括农田林网)的绿化任务，落实到564位领导干部身上。其次是完善和提高联产承包责任制，全省造林、营林承包责任制的形式多种多样，一是国家所有，职工承包，统一经营；二是集体所有，农民承包，分散经营；三是集体所有，折股到人，合伙联营；四是农民个体经营，实行所有权和经营权分开。全省1350多个基层林业站有50%为造林绿化开展各种服务。

1986年完成农田林网作业面积66.6万公顷，超过计划的90%，桐粮间作作业46.2万公顷，超过计划的180%。四旁植树2.4亿株，完成计划的82%，育苗3.5万公顷，完成计划的86%。

（山东省林业厅）

# 河南省林业

**自然概貌**　河南省地处黄河中下游地区，位于东经110°21′～116°39′、北纬31°23′～36°22′。全省总面积16.7万平方公里，其中山区占26.6%、丘陵占17.7%、平原占55.7%。林业用地384万公顷。西北、西、南3面分别被太行山、伏牛山、桐柏山、大别山所环绕。中部、东部为辽阔的黄淮平原，西南部有富饶的南阳盆地。土壤类型有：棕壤土、褐土、黄棕壤、潮土、风沙土、沙姜黑土、盐碱土等。全省有黄河、淮河等1500多条河流，分为黄、淮、海、汉4大水系；其中流域面积在100平方公里以上的河流就有470多条。

河南省总人口7807.8万，其中农业人口6891.4万。全省分为12个省辖市、8个地区，下辖110个县、6个县级市、44个市辖区。

河南省属暖温带向北亚热带过渡地区，年平均气温稳定在14℃左右。气温年较差一般在26℃以上。年均日照时数为2000～2600小时；无霜期平均235～195天。全省平均年降水量600～1200毫米。主要气象灾害为雨涝、干旱、风、雹和霜冻等。

森林资源　50年代初期，河南省已基本没有原始森林，比较好的天然次生林也大多零星分布在高山陡坡上。据1951年全省森林资源踏查和河南省林业调查队1953～1956年对大别山、桐柏山、伏牛山和太行山各林区进行的森林资源调查结果：全省有林地面积29.69万公顷，其中伏牛山北坡为13.18万公顷，伏牛山南坡为5.29万公顷，大别、桐柏林区为7.1万公顷，太行林区为0.4万公顷。这些残存天然林大致可分为马尾松林、油松林、针阔叶混交林、栓皮栎林、青冈阔叶混交林等类型。森林总蓄积量为1277.9万立方米。主要树种有马尾松、油松、华山松、栓皮栎、青冈、杉木、麻栎、山杨、桦树、枫杨等，以及分布在平原地区的杨、榆、柳、桐、椿、栎、槐等。林副产品比较丰富，既有大枣、柿子、核桃、桃、杏、梨等果品，辛夷、杜仲、伏苓等药材，又有猴头、木耳等名贵食用菌类，还有油桐、油茶、乌桕、漆等木本油料，以及栓皮、木炭等。动物资源种类繁多，主要有獐子、野猪、金钱豹、雪豹、狼、羚羊、狐狸等兽类和红腹锦鸡、天鹅、白冠长尾雉等鸟类。另外，河南省林区还有煤、铁、铝、钼、金等矿产资源。

**林业发展概况**　建国后，中共河南省委、省政府领导人民开始了林业建设。

50年代重点开展了沙荒造林和封山育林。50年代初期，党和政府首先在豫东沙区建立起1个沙荒管理处和5个国营林场，在豫北沙区建立了2个造林局、5个林业站。河南省政府采用以工代赈的办法，发动沙区农民开展了大规模的治沙造林活动。从1950～1953年，基本完成了豫东5条总长520公里的大型骨干防护林带，造林4.7万公顷，保护农田33万多公顷。沙区群众还在田头地边营造了大量的小型防护林，使100余万公顷农田受到保护。山区采取封、管、护、造相结合的方针，在荒山、荒地和水库上游营造了大量的水土保持林。通过封山育林使40多万公顷残林得到恢复。据统计，从1950～1960年10年间，全省累计完成造林130万公顷，封山育林55万公顷，四旁植树4.3亿株，绿化铁路1000多公里，绿化公路7135公里，黄河大堤普遍栽上了树。建立国营林场77个、园艺场12个、社队办林场2780个。1958～1959年的大炼钢铁，河南发生了全局性的大砍大伐，据1962年森林资源调查结果，全省大炼钢铁消耗林木资源659.4万立方米，其中消耗四旁树木333.9万立方米。平原地区的大树基本被砍光。豫东防护林带被毁50%以上，风沙再起。直至1962年国民经济暂时困难时期，毁林情况仍很严重。

60年代，河南省推广了鄢陵县四旁绿化和兰考县农桐间作促进粮食增产的经验。自1962年起，沙区群众突击3年，恢复和发展大小林带1万公里。从1962～1974年，全省累积四旁植树30亿株，村旁、宅旁已基本绿化，路旁、水旁也已分别完成80%和70%，沙、碱荒成片造林31万公顷，农桐、农果间作达33万公顷。绿化较早的兰考县，截止1969年已完成沙荒造林1.5万公顷，农桐间作3万公顷。全县86处风口已全部被层层林带堵住。1969年春，该县刮4级以上大风109次，加上其他灾害，全县农作物受害面积仅1万多亩。在山区也停止了大砍大伐，国家每年投放200多万元扶持造林，开展迹地更新，保护和恢复了一批天然次生林，新营造了一批用材林、水土保持林和薪炭林。据1976年河南省森林资源清查，自1962年起全省14年造林保存面积95.2万公顷。

70年代，全省平原地区推广了镇平县尧张营大队和修武县小文案大队营造农田林网的经验，从而使农田林网化的规模由一队、几队的小片林网，发展到县县相连的大面积农田林网化。同时，在山区建立了一批用材林基地，山区社办林场发展到1100个，专业劳力达2.6万人，经营面积11万公顷；队办林场发展到2180个，经营面积达53万公顷。

1979年以来，河南全省范围内开展了林业"三定"工作。平原绿化进入了以农田林网为主体，点、片、带、网相结合的综合防护林体系的新时期。继新郑、鹿邑等县基本完成平原绿化之后，1983年，禹县人民春季育苗，夏季规划，冬季植树，一举完成农桐间作5.33万公顷，农田林网1.33万公顷，共植树860万株，完成了平原绿化植树任务，受到赵紫阳总理的赞扬和中共河南省委、省政府的嘉奖。1984年，商丘地区群众大干一年栽植各种树木5200多万株，使全地区树木达到2亿多株，农田林网面积达到69.2万公顷，占适宜造林面积的94%，成为河南省第一个完成农田林网化植树任务的地区。至1985年底，全省"六五"期间完成农田林网166.6万多公顷，农桐间作80万公顷。豫东平原有树4.6亿株。5万多个村庄被层林环绕，3万多公里的道路形成林带，18000多公里河渠杨柳夹岸，100多万亩过去寸草不长的沙荒栽上了各种果树和用材林，活立木蓄积量达到1500多万立方米。农田林网和农林间作突破了县和地（市）的界限，30个县（市郊）的农田林网、农林间作连成了一片，保护农田213万多公顷。豫北15个县从1982年以来，开展了大规模的兴建黄河故道防护林带的活动，到1985年底已完成总工程量的41%，沙荒造林1.6万公顷。山区给农民划自留山66万多公顷，划责任山133万公顷，很多地方出现了争包山林，家家植树的新局面。由单纯依靠国家扶持造林，转变为个人、集体、国家一齐上，统一规划，统一时间，统一栽植，建立高质量的林业基地。西峡县培训大批农民义务规划员，运用林业区划成果进行造林规划。1986年5月，林业部在那里召开了全国县级林业区划、规划现场会。“六五”期间，全省完成大面积造林76.7万公顷，封山育林43.9万公顷。

**林业建设成就**

林业行政事业机构　1950年8月，河南省人民委员会便设立了林业局，以后改称河南省林业厅、河南省农林厅、河南省林业局，1979年恢复河南省林业厅建制。至1985年底，省级林业事业单位有：河南省林业勘察设计院、河南省林业技术推广站、河南省林业科学研究所，共有职工358人，其中科技干部207人。全省绝大多数地、市、县(含相当于县级的郊区，下同)成立了林业局，其余为农林局；建立林业技术推广站136个，林业调查队4个，林业科研单位发展到64个。

林业教育与科研　河南农业大学林学系和3所中等林业学校，先后为国家培养出大、中专毕业生4000多人。到1985年底，全省林业系统已有专业技术干部4056人。36年来，先后有61项林业科研成果获得国家及河南省人民政府三等以上重大科技成果奖；其中二等奖7项，三等奖54项。

国营林场、苗圃建设　1985年底，河南省已建立国营林场87处，拥有国家正式职工8235人，合同职工1995人，经营总面积40万公顷。按经营目的划分：70个林场经营用材林，14个林场经营防护林，1个林场经营风景林，2个林场经营经济林。按分布地区类型划分：山区林场52处，丘陵区林场17处，风沙区林场9处，平原区林场4处，河滩区林场5处。从林场生产建设过程看：属抚育间伐阶段的林场75个，可以进入采伐利用的林场12个。建国30多年来，国家向这些林场累计投资近2亿元，培育、经营人工林和天然林30万公顷，森林覆盖率达到58.1%，现有林木蓄积量达1000万立方米。通过主伐和间伐已向国家提供木材345万立方米。不仅为国家储备了大量的森林资源，而且在防风固沙，改善自然生态环境方面发挥着日益显著的作用。

国营苗圃至1984年底已有88处，经营面积3.8万亩，年产苗3000万株，是河南省繁殖推广良种和育苗技术示范的中心。全省良种繁育基地总面积达到1673公顷，其中母树林751公顷，种子园125.3公顷，采穗圃349.5公顷，各种对比试验林423.6公顷，引种试验林23.7公顷。建立较早的有白榆种子园(在孟县林场)，面积33.3公顷；白榆基因库(在获嘉县)；面积100公顷的泡桐基因库(在桐柏县毛集林场)；落羽杉种子园(鸡公山)；以及类型全、无性系多的毛白杨繁育基地(温县林场)，在全国居于领先地位。

乡村合作林场、林业“两户一体”　到1984年底，全省已有林业专业户、重点户6600多户，经营面积21.9万多公顷；合作林场和新的林业联合体6100个，经营面积6.3万公顷。

生产服务体系　河南省林业厅成立了林产品经销公司、林工商服务中心，各地、市、县共成立林产品经销公司71个，重点经营林产品和林副产品。

林业公、检、法及护林防火设施建设　到1985年底，全省已在重点国营林场和山、沙区林业重点县建立林业公安派出所70个、林业法庭22个、林业检察科26个，编制达500多人，仅1980～1984年，就处理各种毁林案件7100多起。近几年，河南省还出现了“林木保险公司”、“林、路、渠综合管护队”等群众性的护林组织。1985年底，全省已有专职和兼职护林员11万多人。省和各山区地、县均建立了护林防火指挥部，山区乡建立了护林防火委员会，组织了以青年为骨干的灭火队。一些地、市、县还与相邻省的地、市、县建立了护林防火联防委员会。截止1985年底，全省主要林区已建瞭望台40个，护林房600多处，开设防火道1600公里，配置高倍望远镜40个，无线电报话机、对讲机100多台。从而使河南省的森林火灾及其危害迅速减少。

扩大森林资源　据1980年森林资源连续清查，全省林业用地383.9万公顷，其中有林地面积142万公顷。有林地中深山区76.8万公顷，浅山丘陵区38.6万公顷，平原地区近10万公顷，国营林场16.6万公顷。无林地210.8万公顷，疏林地3.66万公顷，未成林造林地6.23万公顷，灌木林地21.18万公顷。全省活立木蓄积量6821.9万立方米，其中有林地3188.5万立方米，四旁林木3105.5万立方米，其他527.9万立方米。人工林面积(包括各林种及疏林、未成林造林地)达到62.3万公顷，人工林蓄积量385.7万立方米。其中，国营林场164.5万立方米。全省森林覆盖率已由解放初期的4%提高到8.5%。

基地建设　河南省各类林业基地发展很快。据1980年森林资源连续清查，全省用材林面积达70.4万公顷，蓄积量1871.1万立方米。从1974年起，河南省在6个地区28个县建立松杉用材林基地和坑木林基地27.5万公顷，目前均已开始间伐利用。薪炭林面积达到11.86万公顷，资源蓄积量494.6万吨。竹林面积达到0.73万公顷。特种用途林达0.25万公顷。防护林(含水土保持林)已发展到27.65万公顷。经济林总面积31.07万公顷(不含水果)，1985年产量达到3.1亿公斤；水果发展到11.3万公顷，1亿多株，年产量达6亿公斤左右。

平原绿化　据1985年底统计，全省平原地区已营造农田林网198.2万公顷，占适宜造林面积的59.5%；农林间作171.87万公顷，占适宜农田的85.9%；营造片林22.3万公顷；绿化村庄21万个、23.1万公顷；绿化河道、公路、铁路10余万公里。平原地区的森林覆盖率由50年代初的1.5%提高到11%。据1980年森林资源清查，全省平原地区木材总蓄积量达到3105万立方米。至1985年底，林木蓄积量达到50万立方米以上的平原县有14个，占全省平原县的18.7%；如扶沟县现有立木蓄积量86.6万立方米，人均1.3立方米；鹿邑县木材蓄积量达到75万立方米，1979年以来共采伐木材21万立方米，出口3.2万立方米。泡桐、杨、榆、刺槐等是河南省平原绿化的主要树种。仅泡桐全省就有4亿株，蓄积量达1000万立方米；材积年生长率为25%。

*建立自然保护区* 1980年，河南省在内乡宝天曼建立了第一个自然保护区。至1982年，全省已建立自然保护区16个，总面积8.81万公顷，占全省总面积的0.5%。其中保护森林植被与野生动物的14处，保护两栖动物大鲵的2处。近几年已在兴建嵩山、鸡公山、石人山、风穴寺、石曼滩森林公园和树木园，对促进河南省旅游事业将起到重要作用。

*木材及林产品加工生产* 中华人民共和国成立至1985年，全省计划内生产木材380万立方米。林产品加工业中，纤维板年生产能力已达8200吨；刨花板年生产能力3000立方米。还建立了1个栲胶厂，年生产栲胶2225吨；2个软木厂，年产各种软木制品1.3万立方米。不少乡村和农民家庭办起了木器加工厂，兴起竹子、条子编织业。果品加工业发展更为迅速，仅林县就办起了460个果品加工厂，年产值1.36亿元。

**1986年林业建设** 1986年，河南省林业建设的重点是：①实行路、渠、林、田综合治理，抓好平原绿化先进地区的查漏补缺工作，实现商丘、周口、许昌、开封、郑州5地(市)4000万亩农田林网连片的设想。②抓好豫北、南阳盆地的农田林网建设，努力完成豫东北、豫东骨干防护林带的恢复、新建任务。③在山区新建一批用材林基地，配合水利部门搞好小流域治理。④继续改变林种单一的局面，大力发展经济林，突出抓好原有经济林木的综合管理，有计划地发展名、优、特、稀产品，主要经济林产品产量提高10%，好果率达到80%以上。

经过全省人民一年的努力，基本上实现了上述目标：1986年，全省完成育苗4.26万公顷，四旁植树2.1亿株，营造农田林网、农林间作33.3万多公顷；抚育幼林19.2万公顷，封山育林2.7万公顷。全省已有2个地区、40个县达到了林业部颁发的平原绿化标准。豫东、豫北平原初步形成了点、片、网、带相结合的农田防护林体系。经济林在大旱之年获得丰收，总产量突破3.5亿公斤。其中核桃产量达999.8万公斤，比1985年增产48.8%；山楂产量达1373万公斤，比1985年增产1倍多；大枣产量1亿公斤，比1985年增产33%，好果率达到95%；生漆产量超过5.6万公斤，是河南省历史上最高年产。林种结构得到进一步调整，新造经济林7.6万公顷、速生丰产林1.4万公顷，营造豫东、豫北黄河故道防护林和豫南宛东防护林1万公顷，新建用材林基地6100公顷。

**奋斗目标** 河南省“七五”期间计划完成大面积造林66.7万公顷，力争完成87.7万公顷；到1990年，保存四旁树木16亿株，林业产值达8.6亿元，森林覆盖率达到16%，力争达到18%。保持泡桐在全国的领先地位。到2000年，河南省森林覆盖率将达到19.77%，活立木蓄积量达到11822万立方米；林业总产值将由1980年的4.5亿元上升到12.6亿元。平原地区建成多林种、多树种、多层次、多效能、良性循环的森林生态经济系统。

（河南省林业厅）

## 湖北省林业

**自然概貌** 湖北省地处长江中游，位于东经108°30′～116°10′、北纬29°05′～33°20′，土地总面积为1873.3万公顷。山区(海拔500米以上)约占全省总面积的56%，丘陵(海拔100～500米)约占全省总面积的24%，平原(海拔低于100米)和海拔不超过20米的较平坦地域约占总面积的20%。境内河流以长江为骨干，支流自边缘群山向长江汇注，构成向心状单一的长江水系，共有大、小河流1193条，总长37033公里。1986年，湖北省辖8个地级市、6个地区、1个自治州，共70个县(市)和1个林区(神农架林区)，人口4989.02万人。湖北省气候条件适宜。全省年平均日照时数为1150～2245小时，年总辐射量为36.4～51万焦耳/厘米$^2$·年。年平均气温在15～17℃，≥10℃的积温为4800～5700℃，无霜期为230～290天，热量丰富，有利于林木生长。年平均降水量在800～1600毫米，高山可达1800～2200毫米。

*森林资源* 湖北省的木本植物约有105科、370余属、1300余种，其中包括乔木425种，灌木760种，木质藤本115种。属于国家一级保护的树种有

水杉、珙桐、秃杉；二级保护的有黄连树、香果树等21种；三级保护的有秦岭冷杉、垂枝云杉等20种。全省有野生动物500多种，属于国家一类保护的有金丝猴、华南虎、金钱豹、白颈长尾雉等8种；二类保护的有猕猴、短尾猴、穿山甲、白鹇等17种。湖北省的林副产品种类繁多，其中著名的有利川“毛坝漆”、竹溪“大木漆”、建始“建漆”，房县和保康的木耳，郧县和来凤的桐油，兴山核桃，咸宁桂花，鄂东乌桕，鄂西中华猕猴桃和五倍子。

1949年以前，湖北省有林地面积236.74万公顷，森林覆盖率为12.6%。

**林业发展概况** 中华人民共和国成立后，50年代，湖北省人民政府发布了保护林木的命令和指示，在全省范围内开展了无森林火灾运动。省和各山区县普遍建立了护林防火指挥部，多数乡、社相应成立了护林防火组织机构，林区建立了部分防火设施，全省涌现了5个无森林火灾县和许多无森林火灾区、乡。在造林方面，全省广泛开展了互助合作造林和委托育苗，出现了一批林业互助组、合作社和社办林场，使植树造林运动迅速开展，营造长江防浪林400万株，年平均造林种植作业面积151万亩。这一时期，在进行森林资源清查的基础上，划分了沮漳河、清江、利咸、大洪山、幕阜山、大别山、神农架等7个林区。1954年，湖北省人民政府制定了《湖北省木材管理暂行办法》，明确规定森林工业部门为经营木材的唯一机构，除供销合作社和经工商行政部门登记许可的木商可在国家规定范围内经营木材外，其他任何机关、团体和公私企业，一概不得经营木材买卖业务。但农民所有的山林，均有自由采伐、使用、出卖的权力。省在木材水陆运输出口处——富池口设立木材检查站，执行木材出境检查管理。50年代后期，“大跃进”和人民公社运动使森林遭到严重破坏。

1962年，中共湖北省委制定和发布了《关于贯彻中共中央关于确定林权、保护山林、发展林业的若干政策规定(试行草案)的补充规定(草案)》，就植树造林问题给全省农村干部、林业工作人员和人民公社社员发出了一封信，对林业进行了全面调整和整顿，从而纠正了当时在山林经营权属方面出现的“左”的错误，扭转了重砍轻造和重造轻管的偏向。继1957年黄梅县亭前乡五星二社办起第一个集体林场后，到1965年，全省集体林场已发展到7000个，经营面积400多万亩。

1964年，湖北省引进和发展油橄榄。1966～1976年，全省杉木造林发展较快。1970年，国务院批准将神农架林区划为县一级的行政区，湖北省编制的《开发神农架林区总体设计方案》经批准实施。

1976年以来，湖北省坚持用材林和经济林基地建设，为增加森林后备资源打下了物质基础。1981年，中共湖北省委、省政府提出“十年基本绿化湖北，木材基本自给”的奋斗目标后，全省重点抓了发展速生丰产林、农区造林和平原绿化、山区飞播造林和封山育林，广泛开展全民义务植树活动。森工企业全面开展了企业整顿和技术改造。

**林业建设成就**

*建立和完善组织机构* 建国前，全省只有2个林场，没有专门林业管理机构，仅在各级建设部门内有几个人分管林业，职工总数不足100人，技术人员不到10人。建国后，各级党政部门十分重视林业组织机构建设，50年代头7年，全省林业行政管理和生产经营体系从上至下基本形成。后来几经调整，逐步完善，到1986年底的情况是：①省设立湖北省林业厅，直属8个单位。15个地(市、州)中，设立林业局的12个，设农林局的3个，沙市由城市郊区建设科抓林业。70个县(市)和神农架林区均设有林业局。到1986年底，全省有林业职工56607人，其中科技人员4179人，占职工总数的7.4%。②省、地(市、州)、县3级建立林业科学技术研究所79个，职工2916人，其中技术人员496人，科研试验场地8万亩。潜江县建立了林业技术推广中心。③林业中等专业学校5所，林业职工中专兼林业技工学校1所。共有教职工394人，1986年在校学生1500人。此外，县(市)办林业职业中学4所，农业职业中学中林业班20个。④截止1986年，全省有国营林场153个(不含神农架林区)，固定职工12320人，经营面积29.8万公顷，其中有林地18万公顷；县(市)办的地方国营林场、苗圃65个，职工2162人，经营面积3.47万公顷，其中有林地1.8万公顷；区、乡、村集体林场15206人，场员91272人，经营面积51.4万公顷；各种形式的合作林场636个，场员4180人，经营面积4.64万公顷。⑤省、地(市、州)、县都设有木材公司，木材产区区(镇)设有林业(木材)站；有林工商联合公司48个，设门市部和经营网点1381个，从业人员13100人。这些单位均负责木材经营业务。林业系统办有林产工业企业(含少数归口管理企业)70个，职工人数12000人，其中木材加工企业50个，林化厂(车间)14个，食品、饲料、医药等6个。⑥湖北省政府成立了护林防火指挥部，地(市、州)、县也都相应成立了护林防火指挥机构。湖北省林业厅设有林政处，10个地(市、州)林业局设有林政科，县(市)56个林业局设林政股，共配备林政工作人员238人。全省共有林业公安派出所107个、民警室5个，干警337人。设立木材检查站137个，配备检查员864人。这些机构负责日常护林工作。

*扩大森林资源* 据1978年“五五”森林资源清查统计，全省林业用地740.27万公顷，有林地377.9

万公顷。其中：用材林 230.22 万公顷，防护林45.25 万公顷，薪炭林 41.2 万公顷，特种用途林 0.34 万公顷，经济林 52.6 万公顷，竹林 8.29 万公顷。森林覆盖率达 20.3%。活立木蓄积 11782.67 万立方米。有林地中，人工造林保存面积 105.7 万公顷，森林蓄积 728.38 万立方米。

1980～1985 年全省营造速生丰产林保存面积 4.73 万公顷，其中意大利杨 2.84 万公顷，池杉 0.31 万公顷，水杉 0.1 万公顷，国外松 0.15 万公顷，杉木 0.82 万公顷，其他 0.15 万公顷。建国以来，在 25 个山区县、14 个丘陵县进行了飞机播种造林，有效作业面积1037.06万亩。截止 1985 年，湖北省国营林场有林地面积 18 万公顷，活立木蓄积量 956.05 万立方米，其中人工造林保存面积 21 万公顷。近 10 年来，年平均间伐材 8 万立方米。多种经营年收入也由 1983 年 1673.79 万元增加到 1986 年 2718.6 万元，增长了 62.4%。

*建立自然保护区*　截止 1986 年，全省有自然保护区(点)6 个，面积 8.7 万公顷，管理人员 122 人，其中，神农架国家级自然保护区面积 7683 公顷；星斗山州级自然保护区面积 1880 公顷；3 个县级自然保护区面积 82560 公顷和利川县小河天然水杉母树保护点。

*林产品生产*　近几年，湖北省森林资源综合利用有了新的发展。木材年采伐量 120 万立方米左右，木材加工量约 25 万立方米。到 1986 年，全省有 16 个纤维板厂(车间)，年产量达 43300 立方米；3 个胶合板厂(车间)，年产量达 4600 立方米；3 个刨花板厂(车间)，年产量 16500 立方米；2 个竹胶板厂(车间)，年产量 100 立方米；正在建设的微薄木、刨切单板厂 2 个，设计能力 227 万立方米。全省另有 3 个栲胶厂，年产栲胶 4414 吨，二次加工的系列产品有稀释剂，年产量 724 吨；2 个松香厂，年产量 129 吨；2 个五倍子单宁酸加工厂(车间)，年产量 62 吨，二次加工产品没食子酸车间 1 个，开始试产；3 个松针粉厂(车间)，年产量 85 吨；5 个软木砖厂(车间)，年产量 1000 吨；1 个制药厂，年产量 12.6 吨；2 个木耳、香菇加工厂正在建设。

**1986 年林业工作**　1986 年全省林业工作重点抓了深入改革，完善责任制，调整林业内部结构，发展速生丰产林，加强林政管理，坚持木材开放搞活，提高林业职工业务素质等工作。完成成片造林种植作业面积 482.3 万亩，超过计划的 20.5%(其中速生丰产林 43 万亩)；封山育林 1980 万亩，超过计划的 76.8%；四旁植树 1.59 亿株，超过计划的 59%；义务植树 8315.64 万株，参加义务植树人数达 2039 万人次；育苗 10.43 万亩，占计划的 86.9%。生产和采购木材 130 万立方米，比 1985 年增长 11%，生产纤维板 43300 立方米，胶合板 4600 立方米，栲胶 4414 吨，松香 129 吨，单宁酸 62 吨，软木制品 2.3 万立方米。除松香外，都超额完成了计划。1986 年，进出口贸易有了发展，出口了部分杂木，进口了 3900 立方米的商品胶合板；国营林场纯利润 1200 万元，科学研究取得新成果，获林业部科技成果三等奖 2 项，获湖北省科技成果二等奖 3 项、三等奖 4 项。

**经验教训**　37 年来，湖北省林业生产的主要经验是：①发展基地造林。全省在抓紧老林区恢复发展的同时，积极开展平原农区造林。80 年代以来，湖北省突出抓了速生丰产林和基地造林，实行工程管理，按项目投资，按规划设计施工，集约经营，收到较好的实效。1976～1985 年基地造林种植作业面积 56.6 万公顷，其中用材林 32.8 万公顷，经济林 23.8 万公顷。同时，重视防护林体系建设。据二类清查，到 1985 年，全省防护林面积由 1975 年的 10.36 万公顷，增加到 28.35 万公顷。流经湖北省的长江、汉水以及省内的东荆河、府河，是湖北省主要水系，其两侧堤防植树 3000 多万株，基本绿化。平原、岗地已营造农田林网 20 万公顷，占耕地面积的 10%。以主副林带为骨干，带、网、片融为一体的鄂北岗地防护林体系工程已开始建设。②开展全民义务植树运动。1982 年以来，每年冬春，全省有 2000 万人左右参加义务植树，年植树 1 亿株左右。③充分发挥国营和集体林场的优势。湖北省从 50 年代后期以来，十分重视发展国营和集体林场。长期以来，坚持“林场建基地，基地办林场”，把“两场”造林作为林业商品基地建设，成效显著。实践证明，“有场就有林，场好林就好。”④抓林木良种繁育和病虫防治工作。1974 年以来，建立各类林木种子园 1500 亩，水杉、池杉、杉木种子园已用于造林；引进火炬松、湿地松种子，造林面积达 80 多万亩；引进和推广意大利杨优良品种，营造片林 70 多万亩，林网近 100 万亩。省林木种子公司 1981 年修建了容量 100 吨的种子库，共引进良种 20 多吨。1982 年开展了全省森林病虫害普查，基本摸清了病虫种类、分布区域及危害状况，并汇编了《湖北省森林病虫害普查资料》。近几年，每年以生物防治为主的防治林木病虫害面积 100 多万亩，有效地控制了虫害。⑤实行林业体制改革。党的十一届三中全会以后，全面开展了林业“三定”工作，到 1986 年，全省林业用地中，国营山林占 7%，集体占 23%，家庭经营的占 70%。在木材经营体制方面，据中央 1985 年 1 号文件精神，湖北省取消了集体林区木材统购统销，把过去“封闭式、少渠道、多环节”的流通体制，改变为“开放式、少环节、多渠道”的流通体制。在林业产业结构方面，1984 年提出了由主要抓用材林转变为经济林、用材林一起抓；由只抓原木生产转变为林特、林副产品和综合加工利用全面抓；由单一经营原木转变为多种经营。克服林种树种单一，林工产品单一，林业企业经营单一的问题。近几年，包括果树在内的经济林有较大的发展，1986年水果产量达23.79万吨，超过历史最高年产量。林工产品由7个增加到29个，林业企业不仅经营木材及其制品，还经营林工、林特、林副、林药及其他多种产品。⑥加强林政管理和森林资源管理。为实施《中华人民共和国森林法》，湖北省先后发出了《关于实施森林法几项暂行规定的通知》、《关于搞活木材流通，加强运输管理工作的几项暂行规定》、《湖北省木材检查站暂行工作条例》等林业法规性文件；与省工商行政管理局联合发出《关于开放木材市场有关问题的通知》。对集体林区实行了"山上林木采伐管严，山下产品流通放宽"的政策。近几年开展了全省森林资源连续清查体系的复查工作，取得了全省森林资源动态资料，同时，完成了全省县级林业区划阶段性工作，进行了全省153个国营林场森林资源建档的初查、复查和资料汇总工作。

湖北省林业工作主要教训是1958～1976年间，森林资源遭到严重破坏，不少地方的荒山未及时绿化，水土流失相当严重。据调查，五峰、建始等11个县，1956～1985年，活立木蓄积量下降了46.2%。丹江水库在湖北省境内150多万亩山地，其中有2／3的面积是荒山秃岭，有20多万亩成了岩石裸露的不毛之地，平均每年流失泥沙量达6390万立方米。其次是林业科技工作起步晚，经营水平提高不快，如用材林单位面积蓄积量和生长量，大大低于全国平均水平。第三是体制不稳，政策多变。从1952年以来，林业政策大的变动有3次，每次林业生产都受到严重损失。

**奋斗目标** 到1990年，湖北省力争森林覆盖率提高到30%左右，活立木蓄积量增加到1.35亿立方米，林业产值在1980年的基础上翻一番。

（湖北省林业厅）

## 湖南省林业

**自然概貌** 湖南省居北纬24°39′～30°08′、东经108°47′～114°15′，是云贵高原与江南丘陵、南岭山地与江汉平原的过渡地带，总面积2118万公顷。全省辖8地6市1州和98县（市），总人口5622万人。

湖南省三面环山，呈朝东北开口的马蹄形盆地。最高海拔2042米，最低洞庭湖区海拔20～30米。土地总面积中，山区占51.22%，丘陵占29.27%，平原占13.12%，水面占6.39%。本省属大陆性中亚热带季风湿润气候。年平均气温16～18℃，冬夏平均温差19～25℃，≥10℃的活动积温5000～5800℃。无霜期270～310天，≥15℃最适宜林木生长的日数达180～200天。全年日照1300～1900小时，太阳总辐射量36～45.6万焦/厘米$^2$·年。全年平均降雨日140～180天，雨量1200～1700毫米。全省山地土壤母岩大部分是沉积岩和变质岩，主要有页岩、砂岩、灰岩、紫色砂砾岩、第四纪红土等，共8个土类、25个亚类。

湖南地处长江中游，境内水系发达，溪河纵横，河流5322条，总长9万公里。可通航河道285条，通航里程10164公里。湘、资、沅、澧4水贯流全省，汇注洞庭湖入长江。

*森林资源* 境内属中亚热带常绿阔叶林区，有木本植物2525种，主要经济林木200余种，野生动物1228种，属国家重点保护的珍稀植物67种，珍稀动物46种。1949年，全省森林面积617万公顷，其中人工林35.6万公顷，森林覆盖率29.2%。

**林业建设成就（1949～1985）**

*扩大森林资源* 根据"五·五"清查资料，湖南省全省林业用地面积1173.02万公顷，有林地687.23万公顷，森林覆盖率32.5%，林木蓄积19887.9万立方米。其中人工林272.21万公顷、蓄积1645.24万立方米。杉木是本省优质用材树种，现有面积169.2万公顷，蓄积5508万立方米；竹林49.27万公顷。油茶林面积和年产量居全国之冠，也是全国桐油主产区之一。

1949年，全省有宜林荒山400万公顷。中华人民共和国成立后，中共湖南省委、湖南省人民政府把造林育林作为国家建设的重要项目，组织开展群众性造林育林活动。1950～1952年，重点营造保安林，在洞庭湖区10个县营造护岸林80多万株，在澧水、沩水、蒸水流域9个县营造水土保持林41万亩。1953～1957年，全省共确定21个营造杉木林重点县、13个营造松林重点县、16个油茶重点县、10个营造防浪护堤林重点县、6个营造水源林重点县，并推广南岳区全国林业劳动模范旷经荣组织群众造林和会同县全国林业劳动模范张万宏实生苗植杉的经验，造林活动遍及全省。1958年，会同县金坪乡16个农业生产合作社与马安、堡子、肖家等乡一起，会战金龙山，连片造林8674亩，组织16个专业队进行管理。1959～1960年，全省完成"金龙山式"造林地2454片，面积占全省同期造林总面积⅓。从1964年起，全省以国营林场和集体林场为主，开始建立大规模的造林基地。进入70年代，全省确定52个用材林基地县和30个经济林基地县。到1980年，基地造林已达1917万亩。进入80年代后，在用材林基地县中选择自然条件最好的878个乡，建设以杉木为主的速生丰产用材林基地。到1985年，在这些乡中，已营造速生丰产林178.57万亩。与此同时，在洞庭湖区13个县、市规划建杨树基地22.7万亩，到1986年已基本建成；在丘陵区确定一批国外松基地，已营造国外松201万亩。经济林基地中主要有：油茶林939万亩，占全省油茶总面积38%；油桐林140万亩，占全省油桐总面积34%；楠竹林292万亩，占全省楠竹总面积40%。历史上极少林木的洞庭湖区，到1985年，已连片造林117万亩，建设农田防护林132万亩，植树3.2亿株，绿化干渠1.1万公里、支渠1.37万公里，绿化公路、河流3600公里，绿化防洪堤1500公里，形成了绿色防护体系。

湖南省在组织人工植树造林的同时，积极开展飞播造林和封山育林。1963～1973年，全省飞播作业成效面积为109.87万亩。1983年恢复飞播，到1985年，3年飞播204.93万亩。

1950年，全省封山育林不过7万公顷。1957年省政府提倡封山育林，确定了13个重点县，1963年封山育林面积达到55万公顷。以后不断增加，1978年封山育林172万公顷。党的十一届三中全会后，全省封山育林面积进一步扩大，1985年为246万公顷。

*保护森林资源* 为了保护森林，中共湖南省委、省政府制定了一系列政策和措施。①制止乱砍滥伐森林：发动群众订立乡规民约；已组织起7万人的乡村护林员队伍；1979～1983年，全省组织5万多人3次清理乱砍滥伐森林事件20多万起，查出乱砍的木材97万立方米、竹子164万根，分别作了处理，刹住了乱砍滥伐风；1981～1985年，组织2000多人完成了59个县、市的森林资源调查。以此为依据，从1985年起，全省实行限额采伐。近3年中，森林采伐得到有效控制，没有出现群众性大规模乱砍滥伐风，“六五”期间与“五五”期间相比，森林资源下降率减少了0.49%。②预防森林火灾：在重点林区和国营林场开辟防火线32098公里、林道22400公里，修建瞭望台216座，营造防火林带1131公里，并设立了各级护林防火指挥机构，建立了联防制度和野外用火制度，使森林火灾显著减少。1980～1985年的年均火灾发生次数和受害面积，比20世纪60～70年代减少30%和43%，比50年代减少52%和54%，1985年是历史上森林火灾的最低点。③防治森林病虫害：全省建立了森林病虫测报站124个，有200余名专职人员，还确定森林检疫员138名。由50年代初期年防治2万亩增加到1985年防治258万亩。已能用化学和生物方法防治本省20多种主要病虫害。④建立自然保护区：1979年开始了自然保护区的规划、考察和划定、组建工作。到1984年，全省经省政府批准确定自然保护区(点)23处，总面积20万公顷，占全省土地面积1%。1985年，成立保护区管理机构，编制383人。

*国营和集体林场建设* 1949年，全省只有8个国营林场，经营面积4331公顷。到1956年，国营林场已发展到45个，经营山林23.5万公顷。以后经过发展和调整，到1985年，全省有国营林场165个，经营山林62.3万公顷，占全省林业用地5.3%。36年中，国家向林场投资1.5亿元，完成人工林保存面积34.7万公顷，占全省人工林保存面积12.8%；森林蓄积量增加到2037万立方米，占全省10.2%。1950～1985年，国营林场向国家提供商品材570万立方米，楠竹9000多万根。全省还建立了一批包括油茶、药材、干鲜果在内的经济林场。全省的自然保护区(点)有16处在国营林场管区内。党的十一届三中全会后，国营林场在发展林业的同时，实行综合经营，因地制宜发展种植业、养殖业、加工业、旅游业和矿业、商业、服务行业等。张家界、南岳等7个林场旅游点，一年接待百万人次的中外游客。1982年，在国营张家界林场基础上建立的我国第一座国家森林公园，已成为举世瞩目的风景旅游区，到1985年，已接待中外游客90.5万人次。全省国营林场、点收入不断增长，1978年2080万元，1985年7190万元，增长2.45倍。

在建设国营林场的同时，集体林场也应运而生。从1956年出现第一个集体林场起，经过发展和调整、巩固，全省1985年有集体林场19829个，经营面积133.5万公顷，成为人工林的重要基地。

*森林工业建设* ①基本建设：1949年前，木材采运全靠手工操作，经营由私商垄断。木材加工和林产化学工业小型、分散，手工经营，产品单一，产量低。新中国成立后，全省逐步建立了森工企业。到80年代已有木材采运、加工、林产化工、林机修造、林业建筑安装等企业157个。1985年，这些企业拥有生产流动资金5226.4万元，固定资产3.65亿元。建国以来，累计完成森工基建投资5.35亿元，修建林区公路11567公里，铁路专用线23条、总长度17公里。②林业机械化程度：采伐和山地集运为52.3%，陆运为85.6%，水运为55.3%，贮木场装、卸、归楞为95%。③生产：1950～1985年，全省生产商品材7302万立方米，竹材4.74亿根，人造板22.6万立方米，松香36.98吨，还有松节油、栲胶、紫胶、冰片、氢化松香等多种产品。1980年以来，森工企业开发了10项新产品，其中氢化松香、精制梅片、异长叶酮新型香料、中密度纤维板填补了国内空白，产品质量达到或接近世界先进水平，获林业部、湖南省奖励。④森工企业总产值(不变价)，1978年前的28年，年均8947.2万元；1979年后的

7年，年均1.99亿元，增长1.2倍。1985年，企业盈利3653万元。

林业科研　1949年前，省内没有林业科研机构，只有6个附设在农业学校的林科班，全省培养的中、高级林业人才仅611人。到1985年，省、地、县3级有林业科研机构103个，380多名专业科研人员。全省现有林业科技人员5276人。1985年建立了湖南省森林植物园，占地2100亩，内有树木分类、树种展示、引种驯化、珍稀濒危植物等10个区，成为搜集、引种驯化、提供森林植物新品种的重要场所。1978年全国科学大会后，全省林业科研成果经过鉴定，获国家和林业部、湖南省奖励的项目有92个。

林业教育　1955年，省设立了林业中等专业学校，到1985年，已毕业4696人。湖南农学院林学系、湖南林学院和林业部属的中南林学院，共培养大专学生3000多人。开展了成人林业教育，开办了林业职工学校两所、地区林业中专1所，以及各种林业培训班。

林业外事　进入80年代后，结束了封闭状态，到1986年为止，已接受联合国粮农组织援助1420万美元(物资)用于常宁、耒阳、永兴3县24万亩油茶林更新改造工程；从科威特引进3500万美元低息贷款用于建设目前国内规模最大的人造板厂，该厂将于1987年7月投产，年产胶合板、刨花板各5万吨；还从联邦德国、意大利、日本等国引进板式家具、刨花板、微薄木等生产线。林业友好互访和考察活动与年俱增，已有11个国家和地区121人来访，湖南省有31人出访了8个国家和地区。

**1986年林业建设**　1986年，林业工作的重点是深化改革，进一步放开、搞活，在稳定和完善现行政策的同时，全面发展林业建设。①年内完成飞播造林140万亩，速生丰产林80.47万亩，退耕还林70万亩，封山育林达到256.4万公顷，占林业用地21.8%。②国营林场：按计划完成了营林和木材生产任务，总收入1.18亿元，比历史最高的1985年增长64.1%。森工企业盈利4046.5万元，比1985年增长10.8%。当年企业完成基建投资2540.94万元，新增固定资产604.66万元。年生产能力达到：锯材16.95万立方米，人造板3.5万立方米，松香29965吨、栲胶2200吨，冰片60吨，紫胶10吨。③林业科研、教育等：获国家和林业部、湖南省奖励项目25个，是得奖较多的一年。林业教育按招生计划圆满完成。林政管理进一步完善，省政府颁发了《湖南省林政管理办法》。1986年11月召开了全省造林绿化工作会议。

**发展林业的决策性措施**

完成林业“三定”　“三定”工作先在农村629个单位试点，后于1981年9月全省林业工作会议上部署全面开展，并建立了各级党政负责人主持的领导机构，抽调工作人员59700多人，集中进行了两年。随后几年对“三定”不断补充、巩固和完善。到1985年底，全省共调处山林纠纷17.9万起，划定自留山7216万亩、责任山5280万亩。国营林场、乡村林场和其他继续由集体经营的山林，也建立了多形式、多层次的责任制。过去长期存在的“山无主，主无权”和林业生产分配“大锅饭”的局面，从根本上得到了改变。大部分山林到户后；为了克服资金、劳力、技术、林木管护等方面存在的局限性，各地群众创造了多种山林联营形式，主要有六种：①联户经营。山权林权不变，统一规划，分户或联户造林，联户管理；或集中采伐指标，统一规划伐区，联户采伐，劳力协作。②办合作林场。各户投山入股，合作办场，比例分益。③折股联营。山林股份到户，推选专业班子经营，按股分利。④造林工程承包。能人承包农民山地造林，由林业部门有偿投资，造林达到规定的保存率、郁闭度和生长标准后，移交山主管理。⑤国营林场、企业单位与农民联营造林。农民出山出劳，林场和单位出钱出技术，比例分益。⑥分户连片造林，统一管护。统一规划设计，统一供应种苗，分户造林，专人管护，收益归户。全省各级党政和林业主管部门不断总结和帮助完善这些形式，使多层次的新型林业合作经济正在迅速发展。

木材市场开放　中共湖南省委、省人民政府根据中共中央1985年一号文件精神，决定取消集体林区木材统购、实行木材议购议销。对国营林场生产的规格木材也只统购一半，另一半由林场自主经营。1985年，全省木材收购平均每立方米140元，比1980年提高100元，比木材部分放开的1984年提高63元。按1985年商品材总量250万立方米计算，木材生产者比1980年增收2.5亿元，比1984年增加收入1.57亿元。国家收入木材产品税8104万元，比1984年增长78%，加上木材经营单位的税利，国家从木材中收入超亿元。为适应木材放开经营的新形势，全省各级林业主管部门采取了相应措施，既搞活木材流通，又防止过量采伐森林。包括：①举办木材交易会，提供木材供需和价格信息；②改革木材公司体制使之成为商业性经济实体，发挥木材流通主渠道作用；③实行森林限额采伐、凭证采伐，木材凭证销售、凭证运输；④调整设立木材检查站217个，并进行了整顿；⑤配合工商行政管理部门，对498个木材市场中的一部分市场作了整顿，清理了木材经营单位，取缔无照经营。

全民义务植树　1983年2月，中共湖南省委、省人民政府召开了全民义务植树工作会议，颁发了《关于大力开展全民义务植树和造林绿化运动的决定》，建立了各级绿化委员会。1984年5月决定，每年12月26日即毛泽东的诞辰日为“湖南青少年植树节”，在群众中反复开展宣传工作。近5年来，这个运动把各行业、各部门、各单位组织起来参加植树造林和绿化活动，已成为社会主义物质文明和精神文明建设的一项重要内容。全省平均每年有1629万人次参加义务植树，年均植树6927万株，使城乡自然面貌有了改观。21个城市绿化覆盖率由1981年13.4%提高到1985年14.7%，人均公共绿地由1.7平方米增加到2.9平方米。

*抓好种苗建设* 新中国建立前夕，全省仅51个县有苗圃59个，育苗地1680亩。到1985年，全省国营苗圃已有93个，经营总面积4.95万亩，其中育苗地10700亩。另外，国营林场系统经营育苗地3586亩。全省乡村林场和农民个人育苗71298亩。合计全省全年林木育苗面积达85584亩。从1950～1985年，年均育苗5.9万亩。全省已引进树种300多个，从中选出良种30余个，大面积推广了水杉、池杉、湿地松、火炬松、欧美杨72、美洲黑杨中的69、63等。在油茶、油桐、板栗、枣、柿、乌桕、生漆等经济林树种中，已分别选定40多个优良品系推广。1982～1985年，组织560人基本查清了全省树种资源，选出主要造林树种的优良林分1831块、面积18.95万亩，选出优树779株，确定优良乡土树种散生母树42502株。全省已建母树林、种子园、采穗圃等良种基地37个、面积26283亩。

*依法治林，加强林政管理* 湖南省人民代表大会常务委员会在1981年发布《湖南省保护森林发展林业暂行条例》施行4年后，于1985年加以修改，颁布了《湖南省林业条例》，全省林业执法机构迅速建立健全起来。省、地、县3级设林业公安处、科、局、股89个，林业检察机构21个，林业审判庭47个，林业法庭23个，在重点林区设基层林业派出所195个。1984～1985年，查处林业案2.4万多件，依法打击了破坏森林的犯罪活动，挽回了大量的木材和经济损失。为加强林政管理，中共湖南省委、省政府和省林业主管部门制订了有关林业行政法规。全省已有453个区、1818个乡建立了林业站，分别占区、乡的92%和54%，还有713个乡配了专职林业员。

*加强领导* 进入20世纪80年代以来，中共湖南省委、省政府以及省绿化委员会召开了几次大的林业会议，包括：1981年全省林业工作会议，1983年全民义务植树工作会议、城市绿化工作会议，1984年平原绿化工作会议、全省绿化工作会议。强调各级党政领导都要认真抓林业。发出了一系列有关林业改革和加速造林绿化的决定、规定、指示和通知。近8年中，省政府拿出5.55亿公斤粮食，促使全省完成退耕还林200万亩。1982年以来，省、地、县3级党政领导干部参加植树的人数，累计达18229人次。全省推行造林绿化责任状制度以来，党政领导干部特别是县、乡干部每年都集中一段时间抓造林育林，分片包干，办样板山、林业点，抓造林绿地重点工程。

**奋斗目标和技术措施** 全省到1990年计划实现：有林地面积增加到1.22亿亩；森林覆盖率提高到38.39%；森林蓄积净增700万立方米；林木年生长量由1080万立方米增加到1140万立方米；人造板年产量增加到18万立方米；林业年总产值12亿元，年均增长4%，其中森工年总产值2.94亿元，年均增长11.2%。

主要技术措施：①全面完成森林资源二类调查，严格控制资源消耗；②新建瞭望台45座、防火线500公里、防火林带2000公里、林道400公里；③新造、培育速生丰产用材林559万亩，飞播造林500～700万亩，四旁植树10亿株，封山育林100～133万公顷；④调整林种结构，完成常宁、耒阳、永兴3县油茶改造工程，建速生枣基地10万亩、五倍子基地5万亩，防护林、薪炭林比重分别上升到10%，特种用途林上升到5%；⑤新建种子园、母树林、采穗圃、实验林、引种示范林6.58万亩，育苗40万亩；⑥建立区域性林业科技中心，把县级林科所改为林业技术推广站；⑦扩大林业学校招生规模，通过多种途径培养人才，5年内增加林业专业技术人才3000～4800人。 （湖南省林业厅）

## 广东省林业

**自然概貌** 广东省位于东经109°45′～117°20′，北纬3°50′～25°28′。南临南海。全省总面积2120万公顷，其中山地占32.91%，丘陵占24.96%，台地（海拔100米以下）占18.82%，平原占22.73%，河流水面占0.58%。大陆部分北部为南岭山地，向南逐渐降低。海南岛则是中南部高，四周低平。

全省有10个省辖市，1个行政区，1个自治州、3个地区。全省辖108个县（市）。1982年普查，总人口5929.9万人。

广东省地处热带、亚热带，北回归线横贯大陆中部，为亚热带-热带湿润季风气候，南沙群岛已属赤道气候。高温多雨为广东省主要气候特征。日照时间1700～2900小时。全省气温南高北低，年平均温度 19～26℃。年平均降雨量 1700 毫米左右。

*森林资源* 广东的森林分布自北而南形成 4 种森林植被地带：即粤北中亚热带常绿阔叶林带，粤中南亚热带季雨林带，雷州半岛和海南岛热带季雨林带，南海诸岛部分为赤道热带雨林带。据 1949 年统计，广东有林地 372 万公顷，森林覆盖率 17.6%。全省已发现的植物种类有 6600 余种，其中木本植物 4000 余种，770 多属。其中，乔木 1800 多种，被国家列为一、二、三类保护的珍贵树种 49 种。古老植物 30 种以上。森林中繁衍着大量的野生动物，计有兽类 120 种，鸟类 500 多种，两栖爬行类 90 多种。属国家一类保护动物的 6 种，二类保护动物的 24 种，三类保护动物的 13 种。

**林业发展概况** 中华人民共和国成立后，广东林业建设发展大体可分为如下几个时期：

奠基时期（1949～1957）。1950 年 11 月，广东第一次召开农业、林业、水利工作会议，明确了林业建设应贯彻"护林为主，造林为次"的工作方针。各县、区、乡、村先后成立林业委员会和护林小组，开展卓有成效的护林育林工作。省政府规定了"谁种谁护谁有"的政策，在乡村推行"一村一林"运动；在城镇推行"一人一树"运动；在全省推行合作造林。确定 24 个林业重点县；建设用材林生产基地；在山区县办国营林场，作为带动群众造林的示范；在水土流失严重地区和沿海风沙肆虐地区，营造防护林。

发展时期（1958～1966）。1957 年 10 月，广东省人民政府召开全省第五次林业会议，提出在"二五"计划期间，林业生产贯彻"造林、护林并重，加强抚育管理，合理采伐"的方针。1961 年 11 月，广东省人民委员会召开了全省林业工作会议，认真总结了"大跃进"的经验教训，采取了落实林权，贯彻谁种谁有政策，给社员划分一定数量的自留山，自留树。1962 年，经过调整后，全省有合作林场 1023 个，国营林场 195 个，森林工业开辟了新的生产领域。1958 年以后，相继开发建设了乳阳、尖峰岭、霸王岭、吊罗山 4 大林区，设立了林业局。木材加工业逐步兴起，森工生产从单一原木生产逐步向木材综合利用方面发展。1959 年 2 月，成立广东省林业科学研究所，1960～1965 年，全省各地区也建立了林业科学研究所。

"文化大革命"时期（1967～1977）。"文化大革命"使广东的森林资源又一次遭到严重的破坏。据不完全统计，全省国营林场被偷砍的林木达 18 万多立方米，被侵占的土地面积 26.67 万公顷，海南岛的热带林面积比解放初期减少了 37%，林木蓄积量减少了 50%。

这一时期，平原农区的植树造林仍有一定的发展，涌现了新会县、潮阳县、东莞县等全国平原绿化先进典型。在边远地区，进行飞播造林 201.49 万公顷。科技工作者在生产第一线开展科学实验研究，取得了多项研究成果。

振兴时期（1978～）。中共广东省委、省政府通过总结林业建设的经验教训，1981 年 6 月作出了《关于稳定山林权、落实林业生产责任制的决定》。1982 年底开始，进行经济体制和管理体制的调整改革，把原属省管理的 70 家森工企业和 107 个国营林场分别下放给市（地）、县管理。改革了科研体制，解决了市（地）、县林业科学研究所的编制问题，初步建立起省、市（地）、县 3 级林业科研和技术推广体系。加强林政管理，省、市（地）、县林业部门都建立健全了林业管理机构，还建立了林业公安系统，调整充实了护林机构。林业生产也正在逐步进行调整、改革。首先，把用材林基地由原来 56 个县，改为重点抓好 16 个林区县（局）；其次，调整林业产业结构，坚持以用材林为主，用材林、经济林、薪炭林、防护林相结合，增加经济林比重，开展多种经营，全面提高林业的经济效益和生态效益；广东省从 1984 年开始取消了乙种育林基金，1985 年又把资金投放由拨款改为贷款，实行造林工程设计，签订合同等办法，改变了过去资金使用上点多面广，经济效益不高的情况。在森工企业方面，取消集体林区木材统购，实行议购议销，森工企业积极参加市场调节，疏理木材流通渠道，继续发挥主渠道作用，开展多种经营，并发展联营购销业务。

**林业建设成就**

*建立和完善组织机构* 1950 年成立广东省农林厅，1953 年成立广东省森林工业局。1954 年 5 月成立广东省林业厅。37 年来，林业机构已经发展成为包括行政管理、造林、育林、护林、木材采运、木材加工、林产化工及勘测设计、科研、宣传教育等一整套机构。到 1986 年，①行政机构设置：省设林业厅；各市、地区、自治州设林业局（处）；各县（市）、自治县设林业局；乡、镇设林业站。②林业科研推广系统：1984 年广东省林业科学技术委员会成立。到 1985 年，全省已有省级林科所 1 个、市（地）级林科所 14 个，县级林科所（技术推广站）83 个。形成了省、市（地）、县 3 级林业科研体系和技术推广网。③国营和集体、个体生产组织经营系统：1984 年成立国营林场经营公司，省属 117 个国营林场（局）除保留 10 个场（局）为省直属管理外，其余全部下放由市、地（州）直接管理并分别成立企业性质的国营林场经营公司。到 1985 年，全省有省、市、地、县国营林场 214 个，经营面积 83.25 万公顷，合作林场 9930 个，林业"两户一体"166586 户（个）。农民集体办合作林场、联营林场和个体办家庭林场，经营责任山面积加上自留山面积，已达 817.13 万公顷，占全省林业用地 68.49%。④产、供、销系统：

广东省林业厅下设广东省木材公司、广东省林产工业公司、广东省木材开发贸易公司、林工商联合总公司、中林(广州)林产品联营股份公司等。市、地、县也相应建立了林业产、供、销系统。⑤森林保护及法制建设：1980年，广东省林业厅设置林政保护处，各市、地、县设林政科(股)，一些林区的地区设林政办公室。1982年，广东省林业厅设立林业公安处；全省6个林业重点市、地(州)设立林业公安分处；6个国营林场局和49个县(市)设立林业公安分局；128个林场设立林区派出所；各地建立护林站248个。现在全省有林政人员862人，林区公安干警1251人，木材检查站271个、1297人，专职或兼职护林员6万人。

*扩大森林资源* 据1978年森林资源清查，全省林业用地1224.44万公顷，有林地面积587.86万公顷，森林覆盖率27.7%。活立木总蓄积23183.39万立方米，森林蓄积20340.61万立方米。有林地面积中天然林329.67万公顷；人工林257.33万公顷。其中竹林34.09万公顷。

*建立自然保护区和森林公园* 广东省于1956年首先在肇庆市建立鼎湖山自然保护区。至1985年，全省共有28个自然保护区，管护面积共79130公顷，占全省有林地面积1.5%。鼎湖山自然保护区还被列为国家级和国际性自然保护区，划为联合国“人与生物圈”观察网点。1980年建立沙头角海山森林公园，1985年建立流溪河森林公园，总面积有1万多公顷。

*林业基地建设* 从1962年起，在北江、西江、东江3大流域，由38个国营林场、141个公社开始建设200万公顷的用材林基地。1982年以后，对基地范围进行了调整，到1985年，全省集体用材林基地由下列3大部分组成：①以林业基础较好的16个县(局)为重点用材林基地，面积212.88万公顷；②选择粤西33个县以发展国外松、桉，优良乡土树种为主，用工程项目形式营造速生丰产林；③林业部、广东省联营海南、台山速生丰产林，设计面积14.33万公顷。到1985年止，全省完成用材林基地建设128.27万公顷，木材产量占全省总产量60%。

经济林基地建设以发展油茶为主。1949年全省只有油茶林6.13万公顷。1976年开始建立28个油茶林基地县，1983年调整为9县(局)。到1985年，油茶林面积已发展到33.33万公顷。

1954年广东省建成第一条防护林带——电白县博贺林带，受到国务院通令嘉奖。到1985年，全省已营造防护林带2300余公里，面积8.13万公顷，营造农田防护林网13.33万公顷，初步构成了片、带、网、点相结合的多效能防护林体系。

*林业主副产品产量收入* 1950年，广东原木生产产量0.58万立方米，1985年年产量已达242.5万立方米；人造板生产1959年起步，到1985年全省已建成纤维板厂28个，年产量46000立方米。从1950～1985年，广东森工企业累计为国家提供原木近6000万立方米，人造板85万立方米，为国家积累资金7.5亿元，相当于国家总投资3.8亿元的2倍。另有塑料贴面板车间2个，年设计生产能力300万平方米，1985年产量245万平方米；缝纫机台板车间2个，1985年产量45.2万台；制材年产量1万立方米以上的车间9个，年设计生产能力25万立方米，1985年产量15.6万立方米。全省森工企业先后办了水电站98座、300多个厂、场及门市商店，安排了4000多人就业。1986年，全省87家森工企业，实现利润691万元。

松香是广东省主要林化产品。1949年，全省只有五六个县设厂生产松香，年产量约6000吨，到1985年已发展到43个县，松香厂62家，年生产能力达17万吨。1985年产量89378吨。20世纪50年代开始着手发展栲胶生产，年产量200多吨，1985年产量已达1639吨。全省共有紫胶寄主林面积34667公顷，1980～1985年共生产原胶近400吨，其中1985年产量80.24吨。

**1986年林业建设** 1986年3月，中共广东省委书记召开全省电话会议，提出了县委书记、农委主任、林业局长各要选择一个荒山面积较大的乡办造林绿化点，一年完成荒山造林任务。5月，广东省政府召开落实山林政策座谈会，要求对全省山林政策尤其是林业“三定”工作进行复查补课，完善落实。7月，广东省政府召开了全省国营农林场经济体制改革会议。8月，中共广东省委在东莞市召开全省县委书记会议，研究造林种果、开发农村经济问题，并要求各县县委书记立下限期造林绿化的“军令状”。9月，中共广东省委、省政府组织工作组对绿化点进行了第一次检查评比；10月，广东省人民代表大会常务委员会、广东省政府组织视察组，对全省贯彻实施森林法的情况进行全面检查，督促落实。11月，省政府在南雄县召开改燃节柴现场会。要求各地要一手抓造林绿化，扩大森林面积，培育森林资源；一手抓改燃节柴，控制采伐量，减少森林资源消耗。

1986年，全省完成人工造林种植作业面积(按成活率85%计)607.1万亩；飞播作业有效面积181万亩；迹地更新106.84万亩；育苗7.23万亩；中幼林抚育759.53亩；成林抚育间伐169.76万亩；低产林改造60.16万亩；四旁植树9436.45万株。

全省木材总产量完成349.43万立方米，为计划的99.8%。其中，原木195.44万立方米，小规格材76.27万立方米，薪材77.72万立方米。人造板产量7.29万立方米，为计划的78.6%。其中纤维板4.11

万立方米，刨花板1.08万立方米，胶合板2.1万立方米。松香产量10.36万吨，为计划的129.5%；栲胶产量1694吨，为计划的146.2%；紫胶产量54吨，为计划的83.3%；包装纸1461吨，为计划的146.1%。

**经验教训** ①林木良种选育、引进是发展林业的物质基础。广东省较早从国外引进了桉树、木麻黄、湿地松、火炬松、落羽杉、柚木、大叶桃花心木等，但数量不多，大都供应庭院栽植。50年代以来，木麻黄作为防风固沙林营造技术研究取得成功，促成了沿海营造防护林带的大发展；落羽杉大量繁殖成功，对珠江三角洲多层次的农田防护林网化起了重大作用。窿缘桉和湿地松的引进成功，解决了广东中、南部台地及水土流失地区大面积造林的树种选择问题。丛生竹竹节育苗技术试验成功，攻克了大规模种竹成活率低和缺母竹的难关。②放宽政策，搞活经济。党的十一届三中全会以来，广东林业进行管理体制改革。通过改革，下放部分森工企业和国营林场，扩大企业自主权，增强企业活力，除坚持全省木材生产"一本帐"和对国营林场上调木材的指令性计划外，把木材和林副产品的生产和经营全部开放；实行以国营森工企业，木材公司为主导的多种经济形式、多种经营方式、多种流通渠道的商品流通体制；国营林场和森工企业开展多种经营，发展商品生产，并建立一批内联外引企业，引进外资和国外先进的生产技术与机械设备，如近年引进、仿制了7条保丽板、华丽板生产线，正在向二次加工方面发展，生产了各种装饰板。③坚持以法治林，落实林业"三定"。从林业"三定"试点到1985年持续5年，基本改变了过去许多地方长期存在的山权不清，林权不稳的局面。④在1958～1983年20多年的时间内忽视了森林的生态效益和长远利益，长期过量采伐。加之毁林开荒，乱砍滥伐，据1985年统计，全省近、成、过熟林蓄积量仅占森林总蓄积量的16.2%，这小部分林地多分布在边远深山和自然保护区内。严重水土流失面积49万公顷。尚有疏林地面积110万公顷，无林地面积498万公顷，合计占林业用地面积的51%。

**奋斗目标** 1985年11月19日，中共广东省委、省政府作出了《关于加快造林步伐，尽快绿化广东的决定》，作出了5年种上树，10年内绿化广东的战略部署。实现这一目标，广东省有林地面积将扩大到1000万公顷，蓄积量增加到3.6亿立方米。计划从1987年起，每年保质保量营造速生丰产林、工程林、基地林500万亩，每年飞播造林500万亩，封山育林1000万亩，要采取工程设计的办法，选择每亩有80株以上幼树的山地，连续封育5年，保证成林。

(广东省林业厅)

## 广西壮族自治区林业

**自然概貌** 广西壮族自治区位于北纬20°54′～26°20′，东经104°24′～112°04′，北回归线横贯中部地带。全区设5个自治区辖市，8个地区，1个港区，82个县(市)。1986年人口有3945.88万人。总面积2366.61万公顷，其中山地面积占总面积的82.6%，平原占总面积的14.4%。广西地形有4个特点：周高中低，略成盆地；山多平原少，丘陵、河流相互交错；岩溶广布；海岸曲折，滩涂广阔。

由于广西处于热带、南亚热带和中亚热带，低纬度，日照充足，全年日照时数大部地区为1600～1800小时，最多的桂东南和桂南沿海地区1800～2000小时，较少的桂北和山区也有1400～1600小时。气候温暖，年平均气温在17～22°C，南北相差8～9°C，绝大部分地区夏季长达5～7个月，全区各地≥10°C积温在5000～8000°C。太阳总辐射量(含直接辐射和散射辐射)37.6～46万焦耳/厘米$^2$·年。无霜期相当长，桂东北和桂北为285～325天，桂中为320～340天，桂南为350天，沿海地区达360天以上。由于南临海洋，大部分地区年降水量在1250～1750毫米，月平均雨季雨量≥100毫米的时间长达5～7个月。土壤类型比较复杂，有红壤、黄壤、砖红壤性土以及高山草甸土、棕色石灰土、水稻土、冲积土。

森林资源 由于自然条件极适宜，广西的动植物资源丰富。据调查，目前已发现的植物有280多科，1670多属，6000多种，有乔木树种1000多种，药用植物1000种以上，油料植物120多种，纤维植物170多种，淀粉植物130多种，化工原料植物170多种。国家规定保护的珍贵动物有44种，其中有白头叶猴、梅花鹿、华南虎、黑叶猴等为一类保护动物；保护植物124种，其中金花茶、银杉、桫椤、擎天树、凹脉金花茶为一级保护植物。

广西的森林资源虽然丰富，但由于历史原因，遭到了严重破坏。据20世纪50年代先后4次森林踏查、普查提供资料综合分析，广西建国前有森林面积336.67万公顷，森林覆盖率14.2%，蓄积量1.22亿立方米。其中油茶、油桐等经济林45.33万公顷，竹林10.15万公顷。在用材林中绝大部分属天然次生林和人工林，原始森林很少。主要林产品有木材、竹材、茶油、桐油、八角等。

**林业发展概况** 50年代。全省采取了普遍"护林护山"行政措施，改变了烧山毁林、垦地放牧等陋习和乱砍滥伐林木现象。鼓励农民靠山吃山、养山护山，明确山林权，谁种谁有，实行自采、自种、自育苗、自造林。1953～1957年出现了第一个造林兴旺时期。同时，兴建一批国营林场和集体林场。人民政府在接管了14个原广西国民政府的林场的基础上，1953～1957年兴建107个国营林场，1960年，国营林场已达200个，经过多次整顿、调整，到1986年全区有国营林场153个，经营管理面积112.67万公顷，有中幼林面积74.07万公顷，森林蓄积量3820万立方米。其中1万公顷以上的国营林场49个，最大的达6.7万公顷，最小的也有0.7万公顷。从1958年开始至60年代，还出现多种形式联办集体林场的热潮，70年代形成基地办林场，林场办基地，曾有集体林场9000多个，80年代又产生林业专业户，家庭林场，到1986年底有乡村联办集体林场3768个，其中县、乡、村联办林场159个，乡(镇)办林场489个，村办林场2906个，联户等其他形式办林场214个；经营山地总面积56.54万公顷，有中幼林面积37.4万公顷，森林蓄积量2500万立方米。国营和集体林场有中幼林面积111.47万公顷、蓄积量6320万立方米，分别占全区森林面积和蓄积量的21.3%和22.7%。据资料记载，全区水土流失面积达120万公顷，每年土壤流失量约达8500多万吨。50年代，为保持水土开始营造防护林。1957年于右江沿岸的百色、田阳、田东3县冲刷坡地营造水土保持林，经过12年的努力共造林3.42万公顷。森林覆盖率从原有的4.95%增加到27.8%，70年代初期已郁闭成林，改善了生态环境，推动了其他防护林的建设。

60年代。1958年的"大跃进"，"大炼钢铁"、"大办集体食堂"导致森林被严重破坏，林业生产建设处于低潮时期。随着贯彻调整、巩固、充实、提高八字方针，1963～1965年，林业生产建设又一次出现了兴旺时期。①飞播造林。1961年在扶绥县柳桥飞播有效面积0.55万公顷，成功0.25万公顷，1985年调查每公顷蓄积量375立方米。从1963～1970年连续8年飞播造林面积50.66万公顷，成林16.02万公顷。继此后的70年代和80年代飞播造林发展到66个县市的403个乡和58个国营林场。从1961～1985年总计飞播有效面积244.28万公顷，保存有林面积79.06万公顷(占飞播作业面积的32.4%)，不仅绿化了大面积的荒山，而且能成林成材，形成坑木、造纸、松脂基地，解决了边远地区地广人稀的造林问题。②合浦沿海防护林建设，以木麻黄、窿缘桉为主要树种，从1963～1979年共完成造林保存面积7万公顷，连原有林在内达10.3万公顷。森林覆盖率从7%增加到30.6%。形成了沿海防浪红树林、防风固沙林、水土保持林、海岸基干林带和农田防护林相结合的防护林体系。③大力推广营养砖、营养杯和营养篓育苗造林，提高造林成活率达95%以上。到1986年，广西87个市、县已初具绿化规模，其中南宁市建成区森林覆盖率达26%。

70年代。林业生产建设抓了3件主要工作。即开展杉木林基地造林，县、乡建立用材林基地；毛竹种子育苗造林取得成功，解决了毛竹造林采取移母竹而造成种苗不足的问题；推广使用白僵菌防治马尾松毛虫，以白僵菌为主的生物防治面积184万公顷，1976年开始应用飞机喷撒白僵菌防治松毛虫，马尾松毛虫危害受到了一定控制。

80年代。改革使林业生产出现了新的活力。①兴建林业商品生产基地，确定桂北林区的融水等20个县(市)和60个乡为杉木发展基地；确定油茶重点乡73个，油桐重点乡23个，八角重点乡28个等，实行基地商品化。② 1980～1986年组织鉴定验收的林业科研成果143项，其中获得国家、林业部、自治区、广西林业厅奖励的76项(1986年验收鉴定14项，获奖12项)。桉树愈伤组织诱导发生胚状体纸容器制作机、毛竹种子育苗、飞播造林等进入全国先进科技行列。③建立了水源林动植物自然保护区，管护总面积127.85万公顷，大小56片，涵养364条大小江河的水源。保护国家规定的一、二、三类(银杉、桫椤、金花茶等)珍贵稀有植物110种。国家规定保护的鸟类约520种，兽类约150种，两栖类约60种，爬行类约120种，其中国家规定保护的一、二、三类珍贵稀有动物50种，还有大量名贵药用植物资源。

**林业建设成就**

建立和完善林业组织、机构 37多年来，广西林业机构经历数次变动，到1986年底，共有林业机构633个，职工总人数69494人。①林业行政机构：广西林业厅下设各地区、市、县(市)林业局。②营林机构：广西壮族自治区国营林场公司管理153个国营林场(自治区直辖12个)；国营苗圃124个；县林业站17个；乡(镇)林业工作站587个；自然保护管理站11个；自然保护区管理处(站)8个；水源林保护区管理处(站、点)38个。③森林工业：自治区设广西木材公司和广西林化公司；地、市、县(市)设木材公司；木材产区的乡设木材收购站(森工站)。木材加工厂9个；林业机械修造厂4个；松香等林产化工厂9个。森工企业均实行产、供、销一体经营。④林业规划设计：自治区设广西勘测设计院和林业基建工程公司，有6个地区设林业勘测设计队。⑤林业科学技术研究：广西林科所1个，地、市、县林科所52个。另外，较大的国营林场、贮木场(厂)、林化厂等均设立科研所或站，初步建立了比较完善的林业科研网。⑥林业教育：广西农学院林学分院1所，林业中专技术学校6所，林业职工中等技术学校1所。同时，国营林场、林科所、工厂均设立普通中学、小学。⑦集体林场：到1986年，有集体林场3768个。其中县、乡、村自办林场159个，乡镇联办林场489个，村办林场2906个，联户办林场等形式办场214个。⑧森林保护：自治区设广西林业公安处，国营林场、水源林动植物自然保护区、贮木场、采育场、林科所等设派出所96个，共有干警505人；有滇黔桂和湘粤桂两个护林防火联防指挥部，省际边界地区设县护林防火联防指挥所，国营林场与邻近有关乡、村亦设立护林防火联防组织。并设有广西森林病虫害防治站、森林植物检疫站。地、市及重点县(市)设立森林病虫害防治站11个。

*扩大森林资源*　到1983年，全区造林保存面积317.8万公顷，其中飞播造林61.7万公顷。经“五五”计划期间连续清查，广西森林面积522.72万公顷，森林覆盖率22.0%，活立木蓄积量2.66亿立方米，分别比50年代初期的森林面积和蓄积量增加53.7%和117.2%。在森林资源中，边远地区、江河源头天然林和天然残次林206.4万公顷，蓄积量1.3亿立方米；人工林(含飞播林)和人工残次林面积316.32万公顷，蓄积量1.36亿立方米。按森林结构，有防护林(主要是水源林)面积58.56万公顷，蓄积量4627.28万立方米；用材林面积372万公顷，蓄积量17438.9万立方米；薪炭林面积3.84万公顷；经济林面积71.04万公顷；竹林面积17.28万公顷；疏林地和散生林(含四旁植树)蓄积量4521.34万立方米；培植母树林面积0.25万公顷；林木种子园0.1万公顷。

*林产品产量*　建国后至1985年，生产计划性木材4248.8万立方米(其中规格材3764.75万立方米)、胶合板6.05万立方米、刨花板2.47万立方米、纤维板9.99万立方米、松香149.12万吨、松节油21.56万吨、栲胶1.01万吨、油茶籽194.91万吨、油桐籽71.24万吨、八角15.42万吨、桂皮14.42万吨。还有大量的竹材、纸浆、茴油、桂油、白果、柿子、核桃、乌桕籽、棕片、竹笋干、紫胶(原胶)和田七等药材产品。林业机械产品，有桂林林机厂生产的山地拖拉机，畅销国内外。柳州林业机械厂生产的带锯、柳州油锯厂生产的油锯在市场上很受欢迎。

**1986年林业建设**　①保护现有森林。1986年下半年，广西组织万人工作队，到基层农村开展《中华人民共和国森林法》、《中华人民共和国治安管理处罚条例》和《中华人民共和国土地法》的宣传教育。并严肃处理破坏森林的大案、要案，乱砍滥伐盗伐、哄抢林木的现象有所收敛。②抓好林业基地建设，特别是贷款、技术承包营造速生丰产林。1986年营造速生丰产林面积6.67万公顷，占全区造林面积的15%。继续抓好飞机播种造林和城镇绿化、义务植树，有全州县等10个单位获得全国绿化先进单位，李有甫等5人获得劳动模范称号。③坚持林木采伐量不超过生长量，做好凭证采伐收购，凭证运输和凭证上市交易，整顿木材市场，确定木材经营以林业部门为主渠道，初步扭转木材经营混乱状态。

1986年林业系统木材生产完成292.50万立方米，胶合板1.03万立方米，纤维板2.49万立方米，刨花板0.34万立方米，栲胶1.01万吨，松香8.31万吨，油茶籽7.05万吨，油桐籽2.45万吨，八角1.6万吨。棕片、竹笋干、核桃、板栗、紫胶(原胶)等产量均有不同程度增长。

**经验教训**　①37年的林业建设，集中到一点，就是坚持封、管、造并举，采育结合，以育为主。这是实现林业经济效益、生态效益和社会效益的根本。全州县封、管、造三管齐下，全县森林面积由9.6万公顷增加到12.6万公顷；森林蓄积量由189万立方米增至250万立方米，森林覆盖率由24.6%提高到31.8%，1986年获中央绿化委员会绿化先进单位称号。②林木良种是实现林木速生丰产的关键。广西桐棉松是马尾松的优良品种，国营光西林场于1961年用桐棉松飞播造林，至今25年，每公顷立木蓄积量420立方米，年平均生长量16.80立方米，超过了人工营造速生丰产林的产量要求，比一般马尾松种造的林，立木蓄积量增加1倍多。③以林业为主，多种经营是国营林场、集体林场和个体经营林业必须采用的经验。国营六万林场从建场就注意用材林与经济林结合，现有八角林533公顷；利用伐区剩余、间伐小径材办起了造纸厂和木材加工厂。近年来，经济林和工副业收入占总收入的60～70%，木材收入仅占30～40%，林场经济富裕，职工安居乐业。④封山育林在南方是扩大森林面积，加速绿化的重要方式。南方水热条件好，具有“飞籽成林”和萌芽力强的树种繁多，只要严格封山育林，其效果并不比人工造林差。⑤发展林业商品生产。全区已建立杉木、良种松、油茶、油桐、八角、玉桂、乌桕等系列基地。桂西北的百色、河池地区已改变70年代以前杉木用材从柳州地区调入的状况，从60年代试种杉木，70年代办杉木基地，近年来，杉木用材除自给外，每年外调2～3万立方米。⑥林业科研必须与林业生产的实际相结合。桂林地区林业科学研究所银杏嫁接成功，提早结果；试验人工授粉，结果率大大提高，产量成倍增加。⑦林业教育以培养林业中级技术人才为主，扩大中等林业学校招生，这是解决当前基层林业技术人才少的多快好省的途径。⑧坚持改革林业经济体制，木材开放，实行议购议销，初步改进木材长期以来价格背离价值的问题。由无偿补助造林，改为贷款造林，增加了对林业的投入，增强了林农造林的责任感。林业专业户、重点户和林业联合体发展到50168个，完成造林面积占全区造林面积的41.3%。⑨调整山区生产结构，退耕还林。1985年退耕还林6万公顷。

广西林业生产建设的教训也是深刻的，首先是没有长期保持林业政策的连续性和稳定性，乱砍滥伐在部分地区没有得到有效制止，对集体林分户经营后，有的任意砍伐；有的以山林纠纷为由，对国营林场或集体林场盗伐哄抢。第二，森林火灾严重。1986年发生2133次(比1985年增加226.7%)，受灾森林面积10.3万公顷(比1985年增加450.5%)，被烧毁森林面积占当年统计造林面积的33.6%。第三，长期以来对老林区采取重取轻予政策，加上采伐实行拔"大毛"方法，大部分林木已成残次林，林业效益极低。第四，林业资金不足。第五，木材利用率低。据调查，木材利用率50～60%。

**奋斗目标** 中共广西壮族自治区党委和广西壮族自治区人民政府决定，保护森林，发展林业，力争15年基本绿化广西。从1986年起，今后15年内，造林绿化的战略目标是：新增森林面积400万公顷，使有林地面积从现在的522.7万公顷增至922.7万公顷，宜林荒山荒地绿化程度达到76.9%；林木蓄积量提高39%；逐步调整林种结构，到2000年，用材林、防护林、经济林、薪炭林及特种用途林的比例由现在的7∶1.3∶1.5∶0.2调整为4∶3∶2∶1。 (广西壮族自治区林业厅)

## 四川省林业

**自然概貌** 四川省地处长江上游，位于东经97°26′～110°01′和北纬26°01′～34°21′。全省有6个地区、3个自治州、11个省辖市，下辖215个县(区)。总人口10111.7万人，农村人口8893万人。总面积56.7万平方公里。地形以龙门山、邛崃山、大相岭、大凉山一线为界，东部为盆地，西部为高山。东部盆地盆底丘陵分布，海拔一般200～750米；盆地四周山地海拔在1000～3000米。按地貌类型划分：高原占29.02%，山地占49.80%，丘陵占18.64%，平原占2.54%。主要河流有长江、金沙江、岷江、沱江、嘉陵江、乌江、赤水河等，流域面积大于500平方公里的河流267条。四川气候差异很大，垂直分布明显。东部盆地属亚热带湿润气候，四季分明，具有湿度大，云雾多，日照少，秋季多绵雨等特点。盆地年平均温度16～18℃，≥10℃的积温为5000～6000℃，无霜期300天左右，年降水量常在1000毫米以上。西部高山为高原气候，有明显干雨之分，具有寒冷干燥，日照强烈，日温差大，霜雪冰雹多的特点。川西南的西昌、渡口一线为亚热带季风气候。甘孜、阿坝两州的东部和西部河谷地带属暖温带、温带。西部高山的北部属寒温带、亚寒带。主要土壤类型：红壤、黄壤、黄棕壤、山地棕壤、山地褐土、山地暗棕壤、棕色灰化土及高山草甸、高山灌丛草甸土等。

*森林资源* 东部盆地为马尾松常绿阔叶林区，川西南山地为云南松常绿阔叶林区，川西北高山峡谷为冷杉、云杉林区，川西北高原为灌丛草甸区。主要树种有松科(46种)、杉科(6种)、柏科(18种)和壳斗科(79种)、樟科(96种)、山茶科(67种)、桦木科(43种)、槭树科(63种)及竹亚科(57种)。建国初期，有森林面积1094.4万公顷，森林覆盖率为19%，主要以天然林为主，分布在盆周山区和西部高山，面积占全省森林面积的80%以上，蓄积占全省蓄积的90%以上。动植物资源十分丰富，仅脊椎动物有1100余种，其中鸟类572种，兽类185种，列为国家保护的珍稀动物有81种，高等植物有万余种，列为国家保护的珍稀树种有75种。四川省经济林木繁多，木本油料有油茶、油桐、油橄榄、核桃、乌桕、漆树；木本粮食有板栗、柿、枣、木豆；木本药材有杜仲、黄柏、厚朴、枳壳；特用经济林木有棕榈、白蜡、女贞、盐肤木；果树有柑橘、香蕉、龙眼、荔枝、苹果、梨、石榴、枇杷等等，试种热带的咖啡、橡胶已获成功。药用资源品种较多，有不少名贵药材，如贝母、天麻、黄连等。

**林业发展概况** 建国前，四川省只有岷江林管区、成都沙河堡林业试验场、峨眉山林业试验场等林业单位，人数不到100人。此外，有4家官僚资本家的伐木公司，年产木材5000立方米。20世纪50年代初，人民政府开始大规模地对森林资源开发利用，有重点的造林。省、地、县相继建立林业管理机构，在阿坝、川南、川北等主要国有林区建立森工采伐企业、森林经营所。在散生林区建立地、县木材公司。在荒山比较集中的地方，普遍开展荒山造林，部分地区建立了国营林场和社队林场。1958年，在西昌、凉山进行了飞播造林试验。同时建立了木材水运、加工、机修、筑路、科研、设计、教育、森林病虫防治站等单位。由于加强了林业管理工作，一些经济林木产品的产量，至今仍是历史最高年产水平。50年代后期，由于指导方针的失误，全省森林覆盖率由50年代初期的19%下降到9%，林副产品的产量陡降。

60年代前期，全省各地相继建立国营林场。林业投资逐年增长，并建立了育林基金制度。随着贯彻中央《农村人民公社工作条例》，按照三级所有、队为基础的原则，山林所有制由单一公社所有，下放到大队、生产队所有，在部分地区给社员划了自留山，普遍落实了社员房前屋后植树种竹的范围。从1964年开始，首先抓了川中缺柴地区的造林，同时在全省范围开展了群众性的造林运动。1965年采取经济扶持政策，在盆地周围山区开展社队用材林基地建设。国营造林、飞播造林有了新的发展，飞播造林由西昌、凉山，扩大到内地。采伐企业内部设立伐区管理职能部门，加强了采伐管理，更新质量提高，进度加快。各种林副产品的产量也有较大的恢复。

60年代后期和70年代，重点开发雅砻江林区，建立了炉霍、道孚、新龙、木里、南坪等大中型采伐企业和卧龙等自然保护区。1976年后，地、县级林业管理机构从农业分离出来单独设局，加强了对森林资源的管理，坚持了采伐计划“一本帐”；农村群众性的植树造林进度加快；森工采伐企业认真贯彻以营林为基础的方针，采伐迹地更新加强了检查验收制度，质量明显提高。

1980年，中共四川省委发出《关于加强山区经济的决定》，确定山区生产采取以林为主，农牧并举，多种经营，综合发展的方针，按照国家、集体、个人三兼顾的原则，明确划分林权，建立健全林业生产责任制，作出了在盆周山区营造1000万亩速生丰产林的决定。此后，在全省范围内开展了“三定”工作，林业专业户、重点户蓬勃发展，使造林育林由依靠集体为主，逐步转为国家、集体、个人和各行各业一齐上。全民义务植树运动也普遍开展。盆周山区速生丰产林基地发展到72个县(区)，盆地108个县(区)绿化栽植任务完成80%以上，其中64个县(区)已达到验收标准。在农村产业结构调整中，部分地区有计划地退耕还林。集体林区木材市场由部分放开到全部放开，产销见面，地、县木材公司改为林产品经销服务公司，主要为村镇集体和林农服务。松香、松节油、紫胶、栲胶、五倍子单宁酸5种林化产品归口林业部门管理。从1981年开始，先后将省属采伐、运输、筑路、机械、加工等企事业单位下放给州(地、市)领导管理，1983年省委又作了《关于进一步改革三州林业、森工管理体制的决定》，进一步明确了省、州、县的管理职能，调整了有关经济政策。1985年，四川森工生产严重困难，向国务院有关部委汇报后，国家计委对此采取了“八条措施”。

**林业建设成就**

组织机构　全省有林业职工16.2万人。①省林业厅是省人民政府主管林业的职能部门，20个地、市、州都设立林业局，全省除市辖区外的县(区)都设立林业(农林)局，部分山区县的区、乡还设立林业站，每个乡都配备有林业员。②全省林业科研设计单位15个，其中四川省林业科学研究所下设了3个试验场，从事林木良种、森林培育、森林生态、林产化工、木材加工和林业机械等研究；四川省林业勘察设计研究院从事森林资源调查和管理、总体设计、营林调查规划设计，木材加工、工业与民用建筑、木材水运设计及公路与桥梁、小型电站测设等工作；地区级林业科学研究所13个。从1983年开始，2个地、市和9个县，建立了林业技术推广中心(站)。全省林业系统有小学109所，在校学生1.1万人；中学35所，在校学生7800人。担负培养大、中专生的有四川农业大学林学系、四川省林业学校；培养在职职工的有林干校、林业职工中等专科学校、电视大学以及培养技工的四川省黑龙滩林业技工学校。③全省重点采伐企业24个，木材水运企业4个，筑路企业4个，州(地、市)、县小型采伐企业59个，木材加工企业19个，林产化工5个，机械修造2个，交通运输3个，商业服务和物资供销26个。国营林场(站、所)293个，其中以造林营林为主的林场230个。乡村合作林场4763个。④从1978年开始，全省上下恢复和健全了护林防火机构，建立群众护林组织14万多个。整顿和重新组建了木材检查站306个。全省有公安处、科(分局)、所182个，在林区县还设立了林业检察、法庭等司法机构。

扩大森林资源　据1979年森林资源清查：全省森林覆盖率为12%。森林以天然林为主，天然林面积613.16万公顷，蓄积104165.79万立方米；建国后的人工林面积29.76万公顷，蓄积714.63万立方米；林木生长量为1.58%。四旁植树保存149040.44万株，蓄积1982.10万立方米。见表1、表2。

建立自然保护区　全省建立了卧龙、南坪九寨沟、南坪白河、若尔盖铁布、青川唐家河、平武王朗、北川小寨子沟、宝兴蜂桶寨、天全喇叭河、马边大风顶、美姑大风顶、南川金佛山、重庆缙云山、松潘黄龙寺、攀枝花苏铁、荥县金花、凉山螺髻山等17个自然保护区，主要保护珍稀动植物和亚热带森林及自然景观。以保护大熊猫为主的卧龙自然保护区还加入了联合国教科文组织“国际人与生物圈自然保护区网”。保护区总面积占全省总面积1%左右。

林产品产量　①木材生产：全省重点采伐企业木材年生产能力200万立方米(包括各县小型采伐企业达300万立方米)。累计生产木材8471.29万立方米。锯材年生产能力67万立方米，人造板年生产能力2.95万立方米。疏通木材流送河道3939公里。

表 1　四川省 1979 年林业用地构成

| 地　类 | 林业用地 | 有林地 | 疏林地 | 灌木林地 | 未成林造林地 | 无林地 |
|---|---|---|---|---|---|---|
| 面积（万公顷） | 1903.09 | 681.08 | 221.03 | 574.28 | 17.28 | 409.42 |
| 蓄积（万立方米） | 115292.83 | 104880.42 | 7101.38 | | | |

表 2　1979 年四川省林种分类

单位：万公顷

| 林种 / 合计 | 用材林 | 竹林 | 经济林 | 薪炭林 | 防护林 | 特种用途林 |
|---|---|---|---|---|---|---|
| 681.08 | 433.89 | 14.40 | 23.76 | 1.44 | 203.03 | 4.56 |
| 比例：100% | 63.71 | 2.10 | 3.49 | 0.21 | 29.82 | 0.67 |

林区山场机械主要有：集材拖拉机 269 台，油锯 987 台，绞盘机 706 台，索道 800 多条，总长 75 万米。②林产化工产品：松香年生产能力 0.9 万吨，松节油 0.22 万吨，栲胶 0.25 万吨，紫胶 200 吨，五倍子单宁酸 300 吨。③主要林副产品：见表 3。

表 3　1949～1985 年主要林副产品生产情况

| 品名 | 1949～1985 年总产量（万吨） | 1980 年产量（吨） | 1985 年产量（吨） | 1985 年比 1980 年增减±（%） |
|---|---|---|---|---|
| 生　漆 | 1.38 | 500 | 320.4 | －35.9 |
| 油桐籽 | 571.69 | 112900 | 128200 | 13.6 |
| 油茶籽 | 32.21 | 9100 | 4071 | －55.3 |
| 乌桕子 | 48.31 | 16250 | 12547 | －22.8 |
| 五倍子 | 2.89 | 550 | 796 | 44.7 |
| 棕片 | 13.26 | 2700 | 4783 | 77.1 |
| 核桃 | 21.17 | 9250 | 7649 | －17.3 |
| 竹笋干 | 3.68 | 1150 | 1555 | 35.2 |
| 花椒 | 1.69 | 600 | 1062 | 77.0 |
| 木耳 | 1.19 | 250 | 704 | 186.6 |

**1986 年林业建设**　1986 年，四川省林业较好地完成了生产建设任务。完成速生丰产林 8.27 万公顷，飞播造林 6.93 万公顷，采伐迹地更新 1.79 万公顷，抚育出材量 29.1 万立方米。森林病虫害防治面积达到 8.87 万公顷。完成了南坪、北川、卧龙等 8 个县（区）的大熊猫资源调查。自然保护区建设和抢救大熊猫的工作取得新的进展。生产木材 425.3 万立方米，上调国家统配材 90.32 万立方米，人造板 2.89 万立方米；工业总产值完成 80694 万元（按 1980 年不变价格为 44048 万元）；基本建设完成 3238.7 万元，形成固定资产 2322.5 万元，全员劳动生产率人均 3562 元。

**经验教训**　①经济体制改革，重点抓了林业所有制的调整和改革。通过“三定”，进一步明确了国家、集体、个人林木林地权属，给全省 1542 万户农民划了自留山 478 万公顷，给 1801 万户农民发了林权证（占应发证总数的 93%），落实承包责任山 266.7 万公顷，实行了“谁造谁有，合造共有”的政策，自留山权属集体，所种林草产品归自己；允许继承，允许转让，采伐依法，产品处理自主；责任山严格承包合同，承包者得大头。承包期三、五十年不变，承包权可以继承，可以转让，基本改变了造林育林依靠国营、集体为国家、集体、个人一齐上，涌现出林业专业户、重点户 47.1 万户，其中造林‘两户’8 万多户，初步形成了以社会主义公有制为主导的、多种经济成份并存的所有制结构。国营森工企业、林场，普遍实行联产承包、专业承包、工序承包等多种经济责任制。乡村合作林场逐步由过去的“劳动在场，分配在队”过渡到自主经营、独立核算和自负盈亏的经济实体。成片集体林实行专业队、专业组承包，有的由家庭承包，有的正在探索、试行折股联营，办新型的林业合作经济。在管理体制上，按照政企分开、简政放权的原则，将省属林业企事业单位绝大多数下放给地、市、州领导管理，省级林业主管部门从过去直接管理企业转到间接控制，把精力转到搞好统筹、协调、服务、监督，加强行业管理。改革了木材流通体制，木材的指令性计划缩小，指导性计划扩大，特别是四川省集体林区木材由部分放开到全部放开，实行产销见面，议购议销；在疏理流通渠道方面，采取了行政的、法律的、经济的手段，整顿中间环节，保护林农和消费者的利益，使木材流通逐步走向正轨。②逐步端正林业经营的指导思想，开始从封闭式的产品生产向开放式的商品生产转化。造林育林着重抓了盆周山区速生丰产林基地建设，现已营造速生丰产林45万公顷；部省联营造速生丰产林在古蔺县试点，规划3000公顷，已造林2000公顷；部、省、州联营建设西昌飞播林商品材基地。企业在全面整顿中，狠抓了产品质量，生产市场需要的适销对路的产品，重庆木材综合工厂的纤维板荣获国家银质奖，活性炭获省优质产品称号；成都木材综合工厂通过技术改造，开发了新产品塑化板，规模已达200万平方米。近几年，抓了林业产业产品结构的调整，加强了营林生产，基本上还清更新欠帐；在“六五”期间，新上重庆、成都、自贡、凉山州普威和美姑、川南及大渡河木材水运局几个人造板项目，设计能力7.1万立方米；1986年新上转产项目和多种经营项目29个。坚持对外开放，吸引外资造林，如利用世界银行开发性贷款建设洪雅、南江、合江商品材基地，已造林1500公顷；联合国粮农组织对珙县粮援工程造林完成7500公顷，第二期工程规划在珙县、古蔺县，面积1.4万公顷，已完成36.9%。此外，四川省还采取引进行业外的资金，实行定向培育资源，轻工行业的宜宾、长江造纸厂与当地群众联合造原料专用林，面积达1.87万公顷。

四川省林业发展的沉痛教训是，林木遭到破坏后，自然生态平衡失调。四川省24个重点采伐企业有一半资源枯竭，形成资源危机、劳力过剩、经济危困的局面。由于森林资源少，覆盖率低，水土流失严重，气候恶化，各种自然灾害频繁，特别川中农区，旱灾、雹灾、风灾频率加大，基本上“十年九旱”。

**奋斗目标** 中共四川省委、省人民政府在80年代初提出了四川省林业发展战略目标，即在1986年基本实现盆中地区绿化栽植任务，在1990年实现盆地周围山区自留山、责任山的绿化，到2000年全省森林覆盖率达到20%左右。 (四川省林业厅)

## 贵州省林业

**自然概貌** 贵州省地处东经103°31′～109°30′，北纬24°30′～29°13′，总面积17.6128万平方公里，位于云贵高原东部大斜坡地带，海拔最高2900米，最低137米。山地面积占87%，丘陵占10%，盆(洼)地和河谷坝子仅占3%。有长10公里以上的河流741条。乌江、红水河、都柳江、清水江、赤水河5大水系，流域面积均在1万平方公里以上。全省现有9个地(州、市)和86个县(区、特区)，人口3030万人。贵州的土壤类型分为8个土类30个亚类，主要有赤红壤、红壤、黄壤、黄棕壤、山地灌丛草甸土、石灰土、紫色土、水稻土等。年平均温度15℃，最高38℃，最低－8℃。年降水量900～1500毫米。

*森林资源* 贵州气候温和，雨量充沛，地势起伏较大，地表形态多变，岩性组合复杂，土壤种类繁多，植被类型丰富，又处于东南季风和西南季风交汇的结合部上。这种独特的自然地理环境，正是贵州森林资源丰富、森林类型多样以及林木生产力较高的基础。古代的贵州，到处分布着茂密的森林，就是到了明、清两代，省内相当一部分地区，森林覆盖率仍然很高。明清两代朝廷，多次派遣官员远道来贵州采办皇木。到中华民国初年，清水江、都柳江、雷公山、梵净山、佛顶山、月亮山、娄山山脉等许多地方，仍然森林密布。由于各种历史原因，中华人民共和国建立前，贵州森林面积已减少到158.8万公顷，森林覆盖率仅有9.2%。

贵州各种野生动植物资源极为丰富。据调查，全省共有各类木本植物近2000种，其中列为国家一级保护的珍贵稀有树木有银杉、珙桐、秃杉、桫椤；列为国家二级保护的有伯乐树、杜仲、马尾松、水青树；列为国家三级保护的有穗花杉等30余种。全省有各类野生动物933种，其中列为国家一类保护的珍稀野生动物有黔灰金丝猴、黑叶猴、华南虎、黑颈鹤、白鹤等6种；列为国家二类保护的有小熊猫等16种；列为三类保护的有苏门羚等9种。贵州是我国具有重大科学研究价值的物种基因库之一。

**林业建设成就**

*建立林业机构* 早在1950年，贵州省人民政府就建立了贵州省农林厅，下设林业局和伐木公司(后改为森林工业局)。1956年，成立贵州省林业厅，各地、州、市、县也相应建立林业局，作为各级政府的办事机构，专门负责森林培育、保护、管理、采伐、利用、供销工作。到1985年为止，全省9个地(州、市)和86个县(特区、区)都建立了林业局；区，都建立了林业工作站。森林资源较多的乡，不少设有“林乡长”或林业辅导员。建立了88个国营林场。森工方面，有采、运、贮、销、加工、林化等独立核算的企业118个。有林业科学研究教育和勘察设计机构17个，林业公安机构105个。全省拥有林业职工(全民所有制)3万人(其中知识分子3536人)。

*扩大森林资源* 据1979年全省森林资源清查统计，全省森林面积230.9万公顷，森林覆盖率13.1%。人工林面积60.3公顷，其中竹林面积5.1万公顷。在赤水河流域建立楠竹用材基地2万公顷，有楠竹4亿多根。

楠竹，据仁怀府志记载，赤水河商入黎理泰，于乾隆三十四年(公元1769年),从福建上杭县引来3株楠竹,栽培发展。到1949年,赤水河流域楠竹林发展到10万多亩。20世纪50年代,在葫市、新华、官渡等处建立国营楠竹林场。

在中共贵州省委、省政府提出的“实行集约经营,建设速生丰产基地林”方针指导下,贵州省1974年营造杉木速生丰产林1万多公顷,1985年全省完成7.2万公顷,到1986年全省达到54.67万公顷。

国营和集体林场建设　1949年前,国民政府在贵州只办了图云关林场、长坡岭林场、镇远经济林场3个规模很小的国营林场,职工共有88人,经营面积2.3万余亩。中华人民共和国成立后,经过调查设计,先后建立了88个国营林场,到1986年,有职工8496人,经营面积348万亩,有林地面积210万亩(不含林业“三定”划给群众的80多万亩),森林蓄积量759万立方米(不含“三定”划给群众的300万立方米),固定资产10亿多元。建在清水江、都柳江沿岸的拉揽、平江、大榕、花坡、台江、柳洛、三江、天柱等处林场,现已初具规模,成为国家“四化”建设用材的“第二梯队”。

全省乡村林场6000余个,经营面积90多万公顷,林场场员约4万人。锦屏县乡村林场1984年达到603个,场员6775人。

林区道路建设　50年代中期,国家提出“积极开发边远林区,合理经营一般林区,严格控制过伐林区”的方针。贵州的森林资源主要分布在黔东南和黔南自治州、遵义和铜仁等少数民族多的地区,交通闭塞,过去木材生产全靠人抬和架箱拖运至大河,然后扎筏运往长江、珠江流域各省。1949~1986年,国家先后在贵州省森林工业上投资1.6462亿元,采取“民办公助”的办法,修建各种林区公路6010公里,铁路专用线5公里,整治大小河道450多公里,初步形成了一个干线与支线配套,公路与铁路衔接,陆路与水路贯通,地、县、区联成一体的林区交通网络。由于以公路为主体的各种交通的开拓,边远林区得到了开发利用。截至1986年为止,全省共生产商品木材2248万立方米,楠斑竹2900多万根,松脂2.75万吨,桐籽207.9万吨,茶籽22.95万吨,生漆1.35万吨,乌桕35.4万吨。大批五倍子、香菇、木耳、杜仲、厚朴、吴茱萸、板栗、水果等林副土特产品、野生药材、木本香料等丰富的资源也得到了开发利用。

建立自然保护区　截止1986年,贵州已经建立和即将建立的属于森林生态、野生动物类型的自然保护区15个。其中,列为国家级自然保护区的有梵净山,面积62万亩,重点保护世界独有的黔灰金丝猴和有特殊价值的珙桐、大鲵等珍稀动、植物。

林业经济体制改革　从党的十一届三中全会以来,贵州从本省的省情、林情出发,对林业进行了一系列的改革。①开展了林业“三定”。②改革过去单一经营林业的形式,实行了个人、集体、国家一起上;人工造林、飞播造林、封山育林一起上;用材林、经济林、水源林、薪炭林一起上。③调整了部分林区和水土流失严重地区过重的粮食负担,取消了木材统购,开放了木材市场,实行议购议销。④国营林场进行了大胆改革,多种经营全面展开。⑤调整了林业管理体制,开始由过去的行政型转向商品生产、依法治林、行政管理三位一体的模式过渡。⑥端正了林业指导思想,确立以营林为基础的方针;实行生态经济;对林业改变过去的“重取轻予”为“轻取重予”;坚持大林业的思想对林业实行立体开发。

**1986年林业建设**　在林政方面,中共贵州省委、省政府《关于开展治山造林加速绿化贵州的指示》中规定:要大胆放手让千家万户承包荒山造林,实行谁造谁有谁受益的政策,至少50年不变,允许继承,允许转让;对承包的荒山,要限期造林,逾期不造的,每亩罚交荒芜费3~5元,由村委会或乡政府收缴,用于发展林业。国营林场要充分发挥资金、技术、经营管理的优势,跨出林场范围,在自愿互利的基础上,开展横向联合,共同开发荒山,收益比例分成。少数目前无人管护的乡村林场,可以根据所有权与经营权分离的原则,实行能人承包经营,原值部分按过去的章程执行,增值部分由发包与承包者双方比例分成。大力鼓励、提倡办家庭林场和联户林场,这些林场可以聘请一定的季节工和固定工,明确宣布,这不是剥削。对现有集体山林,实行折价、入股、联营的办法,分利不分林,将来的收益,按股分红;山多林多田少的地方,可以试办林业专业村,实行以林为主,粮食定购减免,公粮折交代金,口粮不足由县调剂或采取以木换粮解决。鼓励党政干部停薪留职或带薪挂职带领当地群众开发荒山,植树造林,对此不应视为不正之风。改革旧的林业管理体制,逐步向一体化(把林业建设作为一个大的工程)、一张皮(不再分森工、营林)、一条龙(按商品生产的规律把产供销有机结合起来)的新体制过渡;提倡、鼓励林业科技人员到基层去,到第一线去,实行责任承包,有偿服务。

在生产方面,国营林场积极开展多种经营,1986年多种经营总收入由1985年的801万元上升到1747万元。森工系统转轨变型,多种经营,1986年全省森工多种经营实现产值1500万元,比1985年产值610万元增长了146%。林区木材收入有较大幅度增加。据黔东南林业财务决算反映,1986年国家税收2940万元,比1985年2193万元上升34%,森工税后留利1220万元,比1985年542万元上升125%,木材销售总收入14329万元,比1985年10787万元上升33%,实现了国家、经营单位、销售总收入"三个同步增长"。

**经验教训** 回顾30多年贵州林业的坎坷曲折的发展过程，"左"的思想对贵州林业的影响集中起来主要是：在林业所有制问题上，越大越好，越公越好，搞穷过渡；在处理国家、集体、个人三者经济成分的关系上，长期推行一条保全民、扶集体、卡个人的政策；在林产品经营上，集中过多，统得过死，管得过严，林区没有自主权，林农没有积极性；在价格问题上，木材和其他林产品收购价偏低，价格长时期背离价值，群众造林育林，不得其利反亏其本；在造管关系上，重造轻管，只造不管，成效甚微；在国家积累与投入问题上，"重取轻予"，使林业无法扩大再生产，一些地方开始出现衰败萎缩的现象。

党的十一届三中全会以来，贵州省执行中央改革、开放、搞活的方针，制定了一系列政策措施，林业建设有了新的起色，取得了不少经验。林业生产周期较长，除了制定正确的政策，调动各方面的积极因素外，还须有足够的资金投入作保证。为此，中共贵州省委、省政府针对集体林区的特殊性提出了"目前国家财力有限，在一定时期内还不可能拿出更多的资金来扶持林业的发展，因此林业建设应以自我积累，自我发展，自我循环，以林养林为指导思想"，"多渠道筹集林业建设资金"这一方针。具体作法主要是：①森工经营上缴的利税，以一定时期的财政包干为基数，增收部分，用一定比例作为国家四化建设的积累，用一定比例返还于林，发展后备森林资源；②采取补偿贸易的形式，积极引进发达省区的资金，开展联合造林；③每年安排30%左右的商品材计划，由林业部门代购代销，免缴所得税，所得收入，全部用于造林、育林、护林；④实行林价制度，林价的70%在收购时直接付给林农，30%由县林业局代扣，待造林后再返还给林农；⑤国营林场在进入主伐前的一切收入，由林场自主安排，主要用于发展后备资源；⑥乡村造林的补助款，要保证用在造林工作上，不准挪用；⑦支农、扶贫等资金，要拿出一部分用于发展林业；⑧林业部门经营林产品实现的利润，要拿出一部分用于扩大再生产；⑨各级财政每年都要安排一定的资金，作为林业的投入；⑩煤炭育林基金，要用于营造坑木林，不准占用挪用；⑪采取优惠政策，吸引社会游资，用于发展林业，将来收益，按股分红；⑫认真收缴育林基金，省、地、县按三、二、五分成；城建、交通、水利、电力、铁道、旅游部门，每年都要拿出一部分资金用于营造环境保护林、护路林、护库林、绿化林；⑬工矿企业、机关团体、学校部队都要安排一定资金，绿化美化所在驻地的环境；⑭积极争取和用好国家林业贴息贷款和各种来自国外的林业援款和贷款。

**奋斗目标** 贵州省在"七五"计划期间，建设400万亩的杉木速生丰产用材林基地和200万亩的五倍子、黑荆树、干鲜果基地；着重抓以用材林为主的清水江、都柳江和以水土保持林为主的乌江治理。依靠的主要力量是：国营林场、乡村林场、联户林场、家庭林场。 （贵州省林业厅）

# 云南省林业

**自然概貌** 云南省地处祖国西南边陲，位于北纬21°8′32″～29°15′8″和东经97°31′39″～106°11′47″，总面积38.3万平方公里。全省分为2个省辖市、7个地区、8个自治州共124个县。至1985年底，全省总人口3406万人，少数民族占全省总人口的31.86%。

地形以高原波状起伏、河川湖泊纵横等特征构成了特殊的地貌。海拔最高点在西北部德钦县怒山山脉的梅里雪山主峰卡格博峰，海拔高6740米，最低点在东南部河口县，海拔高76.4米。大小河流共600多条，分属伊洛瓦底江、怒江、澜沧江、金沙江、红河和珠江6大水系。全省有大小湖泊40多个，其水面总面积1100平方公里。全省大体分7个气候带和1个高原气候区，有"一山分四季，十里不同天"之说。全省年平均温度在5～24°C间。大部地区年降水量在1000毫米以上，无霜期长，南部地区为300～330天，中部地区为250天，北部地区为210～220天。年太阳总辐射量为37.8～62.8万焦/厘米$^2$·年。全省日照时数在1000～2800小时之间。土壤约分16个土类，其中红壤、山地黄壤分布最广，红壤约占全省土地面积的一半。

*森林资源* 云南森林地理分布，水平分布有热带雨林，代表树种有龙脑香、毛坡垒等残存于河口、屏边、金平等地；季雨林，代表树种有千果榄仁、红椿、大药树、龙果、望天树等广泛分布于1200米以下低山及河谷盆地；亚热带常绿阔叶林，以壳斗科为主，其次有樟科、木兰科、山茶科等，分布于北纬23°30′以北地区，海拔1200米以上地带。垂直分布分热带山地森林、亚热带山地森林以及温带落叶阔叶林、针叶林等。全省有14000多种种子植物，其中已查明有利用价值的约有5000种。全省1949年森林面积916.7万公顷。主要经济林木树种有70

种以上，以木本油料林木所占比重最大。其中食用油料林木如核桃，油茶、油橄榄、油棕以及工业用油料林木如油桐、乌桕、白蜡、漆树、香果树、蒜头果、风吹楠等都有多年的栽培历史。经济林木产品资源繁多，除产核桃、板栗、茶油、桐油、生漆、白蜡、乌桕油、八角、橡胶等外，树脂资源共有600余万公顷，紫胶产量居全国首位。中草药有1000多种，约占全国的1/4。有香料植物365种，观赏植物约2100多种，其中花卉植物1500多种。

野生动物资源丰富，仅脊椎动物种数即达1638种，占全国的54.9%。有蜂猴、滇金丝猴、野象、野牛、长臂猿、印支虎、犀鸟等37种国家一类保护动物，占全国的38%。有熊猴、猕猴、穿山甲、麝、小熊猫、绿孔雀、蟒蛇等42种二类保护动物，占全国的46%。

旅游资源中，大理、石林以及四季如春的昆明、一派南国风光的西双版纳吸引着无数的游客。

**森林资源清查** 中华人民共和国成立以来，云南进行过3次全面森林资源清查，并根据森林生态外貌的原则和主林层优势树种的原则，把云南森林划分为4个森林植被型(针叶林、阔叶林、竹林、灌木林)，包括16个森林植被亚型和105个主要森林类型。其中冷杉林、云杉林、云南松林、思茅松林为优势森林类型分布广泛，集中连片。据"五五"森林资源清查，全省林业用地面积为2612.4万公顷，占全省土地总面积的68.3%，其中：有林地面积919.7万公顷，森林覆盖率为24%。疏林地面积119.3万公顷。灌木林地面积553万公顷。未成林造林地面积10.4万公顷。无林地面积1010.1万公顷。人均有森林面积0.29公顷。活立木总蓄积量为13.21亿立方米，其中森林蓄积量10.97亿立方米；疏林蓄积量5255.6万立方米；散生木蓄积量1.72亿立方米。人均占有森林蓄积量34.6立方米。云南森林资源有以下主要特点：①森林分布不均，多集中在交通不便、人口稀少的滇西北、滇西南地区。人口稠密，农业生产较发达的地区森林稀少，覆盖率低。②森林类型的地区分布明显。由于复杂的自然条件形成地域上不同群落的优势林区，云南松占全省森林面积的60%以上；高山针叶林以冷杉、云杉为主，铁杉、落叶松等混生其间，主要分布在金沙江、澜沧江和怒江的中上游地区；思茅松主要分布在思茅和西双版纳等地。③针叶树与阔叶树相比，针叶树占绝对优势。④天然林多，人工林少。天然林占全省森林面积的90%以上。

森林资源变化趋势是：年总消耗量大于年总生长量；有林地面积趋于减少，森林覆盖率略有下降；针叶林蓄积比重减少，阔叶林比重增加；人工林及经济林持续稳定增长；用材林中成熟林蓄积比重下降，中幼龄林蓄积比重上升；森林质量下降，残次林相增多，灌木林地增加。

**林业建设发展及成就**

行政、企事业组织机构基本完善 云南省设林业厅，地、县两级设林业局，全省90%以上的区(镇)设林业工作站，共设站1330个。林业科学技术研究、推广系统中省设林业科学院，有11个地州和12个县设立了林科所。全省共有各类科技人员3931人。林业专业技术人才的培养教育，除林业部属的西南林学院外，云南省自办了中等林业学校及农业学校附设林业班，共培养中级林业技术人员2500多人。生产经营系统及产、供、销系统基本配套，林政管理及森林保护系统逐步健全。

生产成就 截止1985年，全省营林生产基地造林600多万亩；飞机播种造林1000多万亩；省属森工企业迹地更新850多万亩；四旁植树19亿多株；采种6.5万吨；育苗53万多亩；国营林场造林480多万亩，保存300多万亩。森林工业共生产木材3900多万立方米；锯材700多万立方米；纤维板6万立方米；胶合板4.7万多立方米；软木砖1.7万立方米；松香7.5万多吨；松节油1.7万多吨；栲胶1.7万吨；虫胶2万吨；五倍子单宁酸1000吨。木材采运、木材加工、林产化学、机制机修总产值24.07亿元。

20世纪50年代，确立了林业生产的公有制经济，林业管理机构相应建立。人民政府大力发展人工造林，先后建立了36个国营林场，发展了造林育林的骨干力量；设置林业调查设计机构，开展森林资源清查。森林工业也开始起步。

60年代，森林资源的开发利用有了大的起步，特别是加快了对金沙江林区的开发。国营森工企业相继建立。林化产品如松香、栲胶、虫胶生产都有发展。国营林场逐年壮大。省林业科学研究所建立后又建立了9个研究站，并配备300多人开展科研、试验和技术推广工作。

70年代，在全省自然条件适宜，具有一定林业生产基础的48个县建立以杉木、华山松为主的用材林基地和以核桃、油茶为主的经济林基地。至1985年，共营造基地林600多万亩，保存446万亩。据15个以核桃为主的基地县统计，核桃产量已达1512万公斤，占全省核桃总产量的45%。

80年代初期，森工生产已具规模，共建17个木材生产企业、1个水运局、3个木材综合加工厂、6个林机厂、2个虫胶厂、1个栲胶厂、7个松香厂。年生产能力分别是：木材124万立方米；木材加工27万立方米；纤维板1万吨；胶合板5000吨；松香2400吨；虫胶3000吨；栲胶2500吨；省属森工企业运材量16亿吨公里；水运出河能力60万立方米。

建立自然保护区 20世纪80年代以来，对计划建立的30个森林和野生动物类型的自然保护区(点)1821万亩的面积进行了勘测设计，到1985年已正式建立17个保护区(点)，总面积1000.57万亩。至1986年底，又新建保护区(点)13个。

建立林木良种繁育基地 在全省范围内建立了林木良种基地3.9万多亩，重点采种基地5万多亩；开展了4个地(州)39个县的良种资源普查；开展了云南松地理种源试验和云南主要造林树种苗木标准化调查，以及1100多万亩飞播宜林地调查和9个地(州、市)的37个县1980年以前飞播的102个播区651.25万亩的造林成效调查。

党的十一届三中全会以来，中共云南省委、省人民政府按照中央振兴林业的决策，把开发山区，加快发展林牧业，开展多种经营作为云南省发展国民经济的战略重点之一。对保护森林、发展林业，调整改革林业生产管理体制制定了一系列重大措施。1981年派出了1000多个工作组深入山区、林区，宣传贯彻中央《关于坚决制止乱砍滥伐的紧急通知》，加强林政管理，共清查处理了毁林案件3.6万多起。1982年派出5.7万多人的工作队进行稳定山林权，划定自留山，确定林业生产责任制的林业“三定”工作，使17.9万多个生产队的9万多件山林权属问题基本得到解决。1983年又派出了8.8万多人的工作队，大规模地开展“三山一地”(自留山、责任山、草山、轮耕地)到户的工作，象农业生产那样，走集体所有、家庭经营的路子。到1983年底，给17.22万多个生产队的409万多农户(占当时全省生产队总数的83%；占总农户的75.9%)划分和承包了“三山一地”2.095亿亩，占全省总面积的36.5%，其中：自留山7260多万亩；责任山9490多万亩。1985年，中共云南省委、云南省人民政府按照中央1号、3号文件精神，进一步放宽政策，扩大集体林木经营自主权，制定了《关于进一步放宽林业政策扩大集体林木经营自主权的规定》，集体林区取消木材统购，实行议购议销。

1981～1985年，全省共完成造林2766.89万亩，四旁植树和义务植树7.64亿株，封山育林2376万亩，迹地更新210.41万亩，林木种子采集收购1474.5万公斤，育苗16.19万亩，成林抚育158.74万亩，幼林抚育617.98万亩，防治森林病虫害241万多亩。造林成活率经抽样调查，1983年和1984年平均为42%，1985年为50%。

**1986年林业工作** 重点是林业法制建设、木材流通体制改革及科学技术研究与推广。①深入贯彻执行《中华人民共和国森林法》及其实施细则，对专业法规进行了配套工作。林业公安建设有了较大发展。省、地两级和128个县都基本健全了林业公安机构，并在重点林区、自然保护区、木材水运要口建立了派出所。②在全省范围内实行木材运输许可证办法使木材生产和流通逐步步入正轨。在森工企业的经济体制改革中跳出了在隶属关系变更上兜圈子的做法，抓了9个企业的搞活工作，帮助企业因地制宜地调整产业结构，发展横向经济联合，使一部分在资源和经济危困中的企业略有转机。③科研部门共承担了林业部关于“七五”国家攻关和重点科研项目9项；省重点项目5项及油桐、松毛虫病毒、低产核桃改造等科技推广项目。

主要产品产量完成情况是：造林成活率达85%的面积为512.12万亩(含飞播292.3万亩)，占年计划的85.4%。木材产量341.3万立方米，占年计划的70.8%；国家上调量为54万立方米，占年计划的67.5%。木材加工产品的产量，胶合板18300立方米，纤维板16000立方米，刨花板2300立方米，分别占年计划80%、104.8%和57.5%。林化产品的产量松香7525吨，栲胶4249吨，紫胶1442吨，分别占年计划的83.4%、120.5%和119.1%。森工基建国家投资完成1777万元。森工企业更新造林78000亩，占计划的97.5%。预算内国营企业实现利润1611.03万元，占计划的115.92%。

**经验教训** 回顾建国37年来云南林业建设取得了不少成功的经验，如坚持家庭经营、国营、集体一齐上；充分发挥国营林场的骨干示范作用；加速速生用材林基地建设；实行人工造林、飞播造林和封山育林相结合，用材林、经济林、薪炭林、防护林相结合；实行以法治林，造林、育林、护林相结合等。

当前，还存在一些制约云南林业发展的问题。长期以来，由于国家、地方、集体、个人几个方面的经济关系没有理顺，产业结构还不尽合理完善；森工生产实行以生产木材为主，导致森林资源下降；生产建设依靠科学，科学技术面向生产方面也还有较大差距等，与丰富的资源很不相称。

**奋斗目标** 到本世纪末，森林覆盖率达到32%。今后，要进一步调整林业生产结构，加强森林资源保护。近期抓好金沙江防护林营造工程、南盘江流域水源涵养林工程、昆明地区绿化工程建设和金沙江、思茅两大木材生产基地建设；进一步发展紫胶、松香、栲胶、造纸生产；发展经济果木、薪炭林及林副产品加工。 (云南省林业厅)

# 西藏自治区林业

**自然概貌** 西藏自治区位于东经78°25′～99°10′，北纬27°20′～36°30′，总面积122.8万平方公里。

全区行政管辖7个地区、1个地级市，共77个县(市)，人口197万。

西藏是青藏高原的主体，平均海拔4000米以上，素有“世界屋脊”之称。全区海拔4000米以下的面积只占12%。南部有喜马拉雅山脉，北面是昆仑山脉，西南为喀喇昆仑山脉，东部是著名的横断山脉。境内江河纵横，湖泊众多，水力资源丰富。河流总流域面积近56万平方公里，是我国和亚洲许多著名大河的发源地和流经地。主要河流有雅鲁藏布江和怒江、澜沧江、金沙江以及狮泉河、朋曲、察隅曲等。

西藏各地气候差异很大，具有高原气候特性。即日照多、太阳辐射强烈、气温较低、日较差大、年较差小、干湿分明、多夜雨、冬春干燥多大风、气压低、氧气含量较少。由于地理因子和环流条件的差异，温度随高度的递减率有明显的地域性差异和季节变化。年平均日照时数1492～3446小时，太阳辐射总量介于58.6～79.5万焦/厘米$^2$·年，年降水量自东南向西北逐渐递减，在东南部边境地带可高达4500毫米以上，而西部的班云错以北地区却在50毫米以下。

西藏土壤类型及其分布十分复杂，总计约有25类。其中属于林区的土壤主要有棕毡土、漂灰土、酸性棕壤、棕壤、棕褐土、褐土、黄棕壤、黄壤、黄色赤红壤和黄色砖红壤。不适于造林绿化的土壤有阿嘎土、草甸土、沼泽土和砂土等。

*森林资源* 西藏森林1949年以前资源统计为149.3万公顷。常见的森林植被类型有亚高山暗针叶林、亚高山落叶针叶林、山地柏林、山地温带松林、温性硬叶常绿栎林、山地落叶阔叶林、山地亚热带常绿阔叶林、热带森林等。其中，以松科中的冷杉亚科各属树种为建群种的亚高山暗针叶林分布最广，占全区森林总面积的48%、蓄积量的61%。西藏森林分布很不均匀，主要集中在东南部的喜马拉雅山脉、横断山脉和念青唐古拉山脉的高山峡谷地带，而面积广大的西部和西北部则是少林和无林地区。在雅鲁藏布江上中游及其支流年楚河、拉萨河流域，有宜林荒滩、荒地106.7万公顷，是全区发展植树种草的基础。据初步调查，西藏的高等植物有5766种，隶属于208科，1258属。其中木本植物104科36属1498种(裸子植物7科15属46种)。在野生动物中，属于哺乳类动物有118种、鸟类473种、爬行类49种、两栖类44种、鱼类61种。属于国家保护的珍稀植物有40多种；属于国家保护的一、二类珍稀动物有60多种，一些是青藏高原的特有种。另外，还有许多名贵药材如虫草、贝母、天麻、灵芝、揺藤子、砂仁、广酸枣、木瓜、麝香等。

**林业发展概况** 1955年，首建了更张伐木队，1956年自治区筹备委员会设农牧处，兼管林业。接着，在更张伐木队的基础上，创办了更张林场，职工人数从100多人增加到230人。培养了第一代藏族林业工人。民主改革后，在自治区筹备委员会农牧处设置了林业科，负责全区的林业管理工作。1965年自治区成立后，逐步建立了各种林业机构。在自治区农牧厅设林业管理局，并成立了西藏自治区林业调查队，同年，成立了西藏森林工业公司，归原自治区工业厅领导，下辖更张林场、札木林场和昌都林场。直到1976年西藏自治区林业厅成立，各级林业机构相继建立，逐步形成了林业管理体系，林业建设进入了新的发展时期。在国家农林部的指导下，由大兴安岭规划调查队和西藏自治区林业调查队共同完成了全区第一次森林资源清查。

从20世纪50年代起，国家先后对全区进行过一些林业考察。1973～1976年，中国科学院组织的青藏高原综合科学考察队，对西藏进行了包括林业在内的科学考察，取得了重大成果。

30多年来，林业教育和林业科研机构也得到了相应的发展。1975年在拉萨建立了西藏农牧学校(内设林业班)，1978年在林芝八一镇，成立了西藏农牧学院(内设林学系)，1982年，在曲水县聂当区原自治区林业厅试验林场的基础上成立了西藏自治区林业研究所。

80年代以来，放宽了林业政策，制定了一系列的方针、政策、法令。进行了林业区划，加强了森林保护和划定了第一批自然保护区。与此同时，在广大的宜林地区，开展了大规模的群众性的植树种草活动和全民义务植树造林活动。

**林业建设成就**

*林区建设和森工企业* 西藏林区是我国重要的原始林区。由于交通十分闭塞，莽莽林海，依然保持着人迹罕至的原始状态。

西藏森林工业公司成立后，又相继建立了鲁郎、岗嘎森工企业林场和火柴、造纸等综合企业。各地(市)也办起了采伐林场。到1986年，全区共有国营森工企业9个，拥有以藏族为主体的职工队伍3000

余人。采伐、运输、加工综合机械化程度达85%，年生产原木16万立方米，锯材11.4万立方米，平均每年递增5%和7.4%。其中，原木产量较1958年增长近40培。1955～1985年，全区累计生产原木430多万立方米，锯材240多万立方米。累计上缴利(税)1500多万元，缴纳育林费2500多万元。截止1986年，全区共完成迹地更新4.68万亩，封山育林20万亩。仅森林公司及其所属林场，10年来人工更新面积就达2.2万多亩，人工促进天然更新1.2万余亩。更张、岗嘎两个林场实现了“采一育二”。

森林工业普遍推行经济承包责任制以来，经济效益不断提高。如札木林场1985年全员劳动生产率为原木210立方米，锯材138立方米，全员价值劳动生产率5786元，人均创造利润661.28元。

*森林保护* 加强森林保护始终是全区林区建设的重要工作。1977年成立了西藏自治区护林防火指挥部，各有林县也建立了相应的护林组织，配备了专职或兼职的护林员，订立护林防火乡规民约。在林区划分了防火责任区，实行区乡联防、军民联防、以法治林，使森林火灾发生次数由1982年冬至1983年春的124起，下降到1984年冬至1985年春的22起，受灾面积由10万亩下降到3万多亩。有8个有林县做到了3年未发生森林火灾。与此同时，设立了38个木材检查站，对制止乱砍滥伐和走私木材起到了较好的监督作用。

*扩大森林资源* 西藏民间古来有着在房前屋后、村旁栽树种花的民俗。但规模较大的群众性的造林活动是从民主改革以后才开始的。尤其党的十一届三中全会以来，落实林业“三定”、实行生产责任制，鼓励农民个体造林，谁造谁有，造林发展很快。到1986年底，全区成片造林保存面积26.27万亩，“四旁”植树4182万株，义务植树1326.8万株，苗圃面积扩大到3000亩，年均出圃带根苗120万株。近几年来，还在气候干燥、海拔3700米的拉萨市育出了以柏树为主的常绿树。拉萨市区面貌发生了明显的变化，绿地面积达8925亩，占城区面积的18.5%。其中，公共绿地面积为1612.5亩，人均约10平方米。

各种经济林木也迅速发展，截止1986年，全区共建果园141个，面积7.18万亩。种植了以苹果为主的各种果树108.6万株。目前，已进入盛果期的约35万株，年提供商品苹果404万公斤；种植核桃树109.8万株，年产核桃200万公斤；种植茶园面积3000余亩，已采茶的面积达500多亩，年产茶3万多公斤。

据1977年森林资源清查统计，全区森林面积632万公顷、森林覆盖率为5.1%。森林蓄积量14.36亿立方米。

*建立自然保护区* 西藏自治区林业调查队从1980～1985年，对自然保护区进行了区划考察。1985年9月23日经自治区人民政府批准：东南部的墨脱、察隅、波密岗乡、林芝巴结和南部的樟木口岸、古隆的江村一冲色，成为全区第一批自治区级的自然保护区，总面积为209550公顷。墨脱自然保护区于1986年经国务院批准，成为国家级自然保护区。

墨脱自然保护区：由聂拉藏布流域、布裙湖、德阳沟3个保护区(点)所组成，面积62620公顷。主要保护对象是从热带到寒带的植被生态系统，被称为热带北缘的“自然博物馆”。据初步统计，仅高等植物就有3000多种，其中有珍稀植物树蕨、长蕊木兰、海南粗榧、千果榄仁、长喙厚朴等20余种。属于西藏特有的植物达40余种。珍稀动物有长尾叶猴、虎、灵猫、羚羊、苏门羚、犀鸟、蟒蛇等40余种。

察隅自然保护区：由慈巴沟、矢朱点组成，面积101412公顷。主要保护对象是山地亚热带常绿阔叶林和高产的云南松林。属于国家一类保护动物有羚羊、虎、豹、小熊猫、金猫、熊猴等20余种。

波密岗乡自然保护区：面积4600公顷。主要保护对象是以云杉、冷杉为主组成的亚高山暗针叶林。保护区内的林木生长量大、生长持续时间长和单位面积蓄积量高，是迄今世界上生产力最高的暗针叶林，被誉为“亚高山的绿色巨人”。

林芝巴结自然保护区：面积120亩。保护对象是雅鲁藏布江中下游的特有种一巨柏。林中千年以上的古柏约有十几株，最大一株“巨柏王”，树高50米，胸径4.46米，树龄约在2500年以上，是我国迄今所发现的天然生存的柏科树种中树龄最长、胸径最大的巨树。

樟木口岸自然保护区：面积6852公顷，是中喜马拉雅南翼的一个特殊植被类型。由于风光秀丽，景色宜人，有“森林公园”之称，是中尼(泊尔)通商口岸和旅游胜地。主要保护对象是从低海拔的亚热带常绿、落叶阔叶林，直至亚高山灌丛草原地带的整个生态系统。珍稀动物有麝、小熊猫、藏雪鸡、血雉、猕猴、苏门羚等，还有国内仅见于此的珍稀动物塔尔羊。

吉隆江村一冲色自然保护区：面积34060公顷。主要保护对象是西藏长叶松和长叶云杉，这是国内仅见的珍稀树种，也是喜马拉雅南坡特有的针叶树种。珍稀动物有喜马拉雅地区特有的长尾叶猴、棕尾虹雉、喜马拉雅麝等

**1986年林业建设** 1986年，全区遵照国务院“关于深入扎实地开展绿化祖国运动”的指示，大力开展了以绿化城市、河滩为重点的植树种草和义务植树活动。据统计，全区义务植树252万株，参加义务植树的人数约60万人；完成成片造林播种作

业面积2.27万亩，“四旁”植树182万株；栽植各种果树1.63万株，种植核桃9.8万株；修建花坛677个，铺设草坪30600平方米；人工迹地更新0.78万亩，育苗0.128万亩。森林火灾由上年同期的22起减为20起，受灾面积降至8650亩，接近历史最低水平。

**经验教训** ①必须健全林业管理体制，实行采伐统一归口管理；②以城镇绿化为重点，带动农村造林的发展；③放宽林业政策，搞活林区经济。全区的林业建设存在的主要问题是单纯追求木材生产任务，只采不育的现象十分突出，如林芝县色齐拉山114道班附近，70年代以前，这里还是一片原始林海，仅仅过了不到10年，昔日的原始森林已荡然无存，坡地裸露，塌方和山洪已显著增加，直接威胁着林芝水电站的正常运行。到1986年，全区已有100多万亩采伐迹地沦为荒山荒地。

（西藏自治区林业局）

## 陕西省林业

**自然概貌** 陕西省位于东经105°29′～110°15′，北纬31°42′～39°35′，居黄河中游。总面积20.6万平方公里，其中农耕地3.69万平方公里。全省地貌特点南北高中间低。以秦岭为界，分为黄土高原、关中平原、秦巴山地3个各具特点的自然区。北部黄土高原区，海拔900～1500米；关中平原区，海拔320～800米；南部秦巴山区，海拔1000～3000米。流水强烈切割的黄土高原约占45%，以基岩构成的山区约占36%，以河流冲积构成的平原约占19%。全省分设4个省辖市，6个省辖地区，共辖89个县，4个县级市、13个县级区。全省总人口3001.72万人，其中农业人口2462万人。

陕西属大陆性季风气候，跨温带、暖温带和北亚热带。全年平均气温5.9～15.7℃。≥10℃积温1940～4950℃，生长期160～235天，年日照时数1400～2930小时，年降水量340～1240毫米。土壤类型水平、垂直分布明显。由北向南土壤为：淡栗钙土带、黑垆土带、褐土带、黄褐土带。秦巴山地主要分布是黄棕壤、褐土、棕壤、灰化土、亚高山草甸土。陕西河流分黄河、长江两大水系。黄河流域的主要支流有渭河、洛河等，长江流域主要支流有汉江、嘉陵江、丹江等。

*森林资源* 1949年前，全省森林面积199万公顷，森林覆盖率9.6%，森林分布自北向南为：温带森林草原林带，暖温带落叶阔叶混交林带，北亚热带含有常绿阔叶树种的落叶阔叶林带。主要建群树种有云杉、冷杉、柏类、落叶松、油松、华山松、白皮松、马尾松、杉木、栎类、杨类、刺槐、泡桐等乔木，柠条、沙棘、沙柳、马蹄针等灌木。陕西森林资源集中分布于秦岭、巴山、桥山、黄龙山和关山5大林区。

全省植物资源丰富。种子植物有3100余种。在全省900余种木本植物中，列入国家珍稀保护的有27种乔木树种，主要为珙桐、大果青杆、太白红杉、连香树、水青树、山白树、杜仲、翅果油树、鹅掌楸、光叶珙桐、香果树、秦岭冷杉、麦吊杉、厚朴、紫斑牡丹、红豆树、领春木、金钱松、庙台槭、羽叶丁香、黄松。经济林主要产生漆、油桐、核桃等。

**林业发展概况** 中华人民共和国成立以来，陕西林业的发展大致经历了4个时期。

1949～1956年为恢复时期。这一时期贯彻了“普遍护林，重点造林”的方针，建立机构，培训人员，恢复林业生产。1950年成立陕西省农林厅，1955年成立陕西省林业厅，广泛宣传林业政策，按照《土地改革法》规定，将500亩以上的荒山和300亩以上的森林收归国有。在重点造林地区，西北农林部和陕西省先后建立了沙苑造林局、安康油桐试验场、陕北防沙造林场，无定河、泾河造林局和延安、宝鸡、渭南、汉中林业局，各县设林业分站（场）。建立陕西省林业调查队，广泛发动群众植树造林，开展森林资源调查和建场设计工作。1950～1957年，举办林业干部训练班5期，共培训580名学员；1953年，成立陕西省眉县林业学校，培训科技人员1200多名，同时成立陕西省林业科学研究所，开展了综合性科技服务。

1957～1966年为发展时期。①发展森林工业。1959年林业部帮助陕西编制《秦岭林区开发规划》，1960年成立陕西省森林工业管理局，1961年开发秦岭林区，编制了宁东、宁西、太白、长青林业局建设方案。改建和新建了石泉、商洛栲胶厂、西安林产化学工厂、陕西省胶合板厂，进行栲胶、软木砖、软木纸等林化产品生产。②兴办社队林场，发展集体林业。农村实现人民公社化后，公社、大队、生产队3级兴办林场。到1960年，全省社队林场发展到4700多个，以林场为骨干在农村广泛开展了育苗、造林和护林活动，促进了荒山绿化、扩大了森林资源。③治理水土流失。1965年，根据周恩来总理关于治理黄河中游地区水土流失的指示，确定了黄河中游地区100个水土流失重点县，其中陕西46

个。为此，筹建了中国人民解放军西北林业建设兵团(西安)，陕西成立林业建设师，后被“文化大革命”冲击夭折。

1966～1976年为挫折时期。受“文化大革命”的冲击，陕西省林业机构自上而下被撤销或合并，人员精简下放，森林资源惨遭破坏。秦巴山区38个县中，有18个县森林资源急剧减少；全省历年造林275.9万公顷，经清查保存仅为1/4。1972年～1977年，森林发生火灾738起，受灾面积9333公顷；毁林开荒亦普遍发生。

1972年，全省推广了河南省鄢陵县“四旁”绿化的经验，提出向农区四旁绿化进军的号召，关中平原3年四旁植树达5.9亿株。同时，也带动淳化、榆林、山阳等县荒山(沙)绿化。

1978年后为振兴时期。党的十一届三中全会后，党和国家为发展林业制定了一系列的政策。全民义务植树运动在全省城乡广泛开展。列入营建“三北”防护林工程的49个县，截止1985年，一期工程造林种植作业面积已超过任务100万公顷的5.7%。二期工程，从1986年已开始实施。关中平原42个县(市、区)，以营造农田林网为主的生态农业建设，正在有计划地进行。陕南的汉中、安康、商洛3地区用材林和经济林基地建设，已成为振兴经济的主要内容。森林工业调整产业结构，压低采伐量，开展综合利用和多种经营，使林区休养生息，增强了企业活力。

**林业建设成就**

建立和健全机构　30多年中，陕西林业机构经历了6次变动，从1983年恢复陕西省林业厅起，地(市)、县林业机构逐步恢复和健全，到1985年底，全省116个地(市)、县(区)中已设立林业局89个，林特局9个、农林(副)局16个，多种经营局2个。全省共有林业企事业单位1362个，职工3.64万人，其中各类专业技术人员4980人，已形成一个包括造林经营、林政保护、木材采运、木材加工、林产化学、勘测设计、科研教育、林机制造等行业在内的经济部门。①林业科研和技术推广：省、地建立林业科学研究所、治沙研究所、核桃研究所11个，县(市、区)建立各类专业所25个，共有职工630人。省、地、县、乡4级共有林业技术推广站716个，其中推广站411个、林业站305个，共有职工2741人。②林业教育：1953年在原有基础上成立陕西省眉县林业学校，“文化大革命”中被撤销，改为陕西省农林学校，1983年恢复陕西省林业学校。1979年成立了榆林、延安两所林业学校。全省有8所农业学校中开设林业、林果、林学专业班。③国营林业局(场)：从1955年开始兴办国营林场，到50年代末发展到70个，60年代末已达192个。据1985年统计，全省共有林场215个，其中经营场117个，造林场98个。总经营面积363.26万公顷，其中有林地179.73万公顷，林木蓄积量9811万立方米。共有职工1.04万人，其中各类专业技术人员1293人，是全省林业建设的主力。④森林工业：陕西省森林工业管理局辖管宁东、宁西、太白、长青、汉西、龙草坪、马头滩、辛家山8个局(场)，5个胶合板、林化、纤维板厂，共有职工1.53万人。⑤林产商业：林业产、供、销是个新兴的商业系统，正在组建中。全省先后成立73个林产品经销公司(站)。⑥林业公、检、法：自1982年陕西省林业厅设立公安处以来，地(市)、县设林业公安科(股)7个，宁东、宁西、太白、长青、龙草坪林业局设林业公安局5个，65个县(市、区)已建林业公安派出所154个，共有林业公安干警780人。⑦种苗机构：全省已恢复和建立林木种子公司(站)31个，其中省、地(市)6个，县(区)25个。地、县共有国营苗圃133个，经营总面积1666公顷，其中育苗面积623公顷，果园及其他用地1043公顷，共有职工1536人，其中专业技术人员178人。此外，还有国营林场苗圃269个，育苗面积1200公顷；铁路、公路、水利、城建、煤炭等部门苗圃593个，育苗面积147公顷。

扩大森林资源　1978年森林资源清查，全省森林面积447.14万公顷，森林蓄积25153.27万立方米，年均生长率2.46%，森林覆盖率21.7%。人工林65.89万公顷。森林面积中按林种分，防护林109.07万公顷，用材林258.75万公顷，薪炭林38.06万公顷，特种用途林10.23万公顷。

陕北和渭北黄土高原46个水土流失重点县到1978年底，营造防护林作业面积达到66.4万公顷。“三北”防护林一期工程1978～1985年造林种植作业面积达到105.6万公顷。长城沿线3条基干林带初具规模，建沙漠绿洲60块，保护农田牧场6.7万公顷，新开辟农田3万公顷。关中平原农区的42个县(市、区)，由过去的零星植树发展到带、片、网相结合的农田防护林体系，到1985年底植树保存株数2.44亿株；农田林网68.33万公顷，占宜建面积的57.7%；农林间作19.37万公顷，占宜建面积的34%；绿化公路1.07万公里，绿化河岸1186公里，绿化渠旁1.18万公里；森林覆盖率达4%，蓄积量795.3万立方米。

陕西秦巴山区，以建设用材林和经济林基地为主。南郑、平利、洛南等15个用材林基地县已初具规模。以核桃、油桐、油茶等为主的50个经济林基地县，到1985年新建各种经济林17.15万公顷，加上天然经济林，面积达52.3万公顷。全省年收购核桃1750万公斤、生漆95万公斤、油桐籽2135万公斤、板栗125万公斤、红枣1500万公斤。

陕西省飞播造林开始于1958年，到1985年底统计，成林20.2万公顷。在秦巴山区初步形成了一批用材林基地。全省已郁闭成林9万公顷，林木蓄积量229万立方米。汉中、商洛、安康地区已开始间伐利用。

截止1985年,全省已建采种基地4.36万公顷,其中紫穗槐0.67万公顷、柠条2万公顷、油松1.67万公顷、花棒和踏郎266公顷，1984年柠条产种327.5万公斤,1979年油松产种75万公斤；已建成种子园100公顷，其中油松40公顷，落叶松20公顷，樟子松40公顷；已建成母树林1300公顷，其中油松1173公顷，落叶松100公顷，马尾松12公顷，年可产良种5万公斤。全省1949～1985年累计共产各种苗413亿株。1985年总产苗30.9亿株，其中当年出圃苗16亿多株。

*建立自然保护区、森林公园* 从60年代以来，陕西先后建立了太白山、佛坪自然保护区和府谷杜松天然林、神木臭柏和洋县朱鹮自然保护区。总经营面积10.77万公顷，占全省总面积的5%。太白山自然保护区，位于秦岭林区中部，跨太白、眉县、周至3县，主峰太白山为秦岭群峰之冠。森林植物垂直分布明显、种类多，为山地植被的典型代表。佛坪自然保护区是陕西省大熊猫集中分布区。此外，还有金丝猴、羚牛、青羊、林麝、血雉等珍稀动物。楼观台森林公园到1985年已初具规模。

*森林工业生产* 陕西森林工业兴建于50年代初期，现已形成木材采运、木材加工、林产化学和林机制造等行业。现有企、事业单位12个；固定职工1.1万人；固定资产1.89亿元；机械设备2000余台(套)；修建林区公路1889公里；累计生产木材435万立方米、胶合板3.9万立方米、刨花板1.26万立方米、缝纫机台板81.5万块、软木砖17.6万立方米、软木纸1.66万立方米，上缴利税8200多万元。近年来，发展综合利用和多种经营项目30多个，1985年，实现了企业无亏损。

**1986年林业建设** 陕西省1986年林业工作继续坚持改革、开放、搞活的方针，以落实“七五”林业建设计划为重点，以提高造林质量为中心。完成国营造林3.46万公顷，为年计划的259.5%；“三北”地区造林种植作业面积23.67万公顷，为年计划的169%；飞播造林8.02万公顷，为年计划的104.6%；育苗1.95万公顷，为年计划的94%；四旁植树2.36亿株。森工系统生产木材19.72万立方米，为年计划的106.6%；胶合板、刨花板、缝纫台板、软木砖、软木纸和林业机械等产品产量都超过年度计划。全年完成工业总产值4034.3万元，为年计划的101.6%；实现利润459.62万元，上缴利税727.44万元，比上年增长24.78%；多种经营总产值935万元，占森工采运企业工业总产值的46.55%。

**奋斗目标** 到2000年，力争将陕西省森林面积由447.14万公顷扩大到600万公顷；森林覆盖率由21.7%提高到30%以上。 (陕西省林业厅)

## 甘肃省林业

**自然概貌** 甘肃省位于北纬32°34′～42°45′，东经92°13′～108°35′。总土地面积45.3万平方公里。全省行政管辖9个地、州和5个地级市，共86个县(市)，人口2071万。

甘肃省地处我国青藏、蒙新和黄土3大高原的交汇地带。境内海拔大部在1000～3000米之间。省内主要山脉分属祁连山系、秦岭山系和岷山山系，是典型的山地型高原。全省山地、高原约占70%，沙漠、戈壁约占26%，河谷、川地占4%。省境东南部是陇南山地，中部和东北部是陇中黄土高原。祁连山地和甘南高原绵亘于省境西南，海拔多在3000米以上，其中祁连山高山地带发育着现代冰川，甘南高原则地势坦阔，呈高原草原景观；在祁连山和北山之间，是著名的丝绸古道——河西走廊，为甘肃省主要商品粮基地。省内主要河流有长江流域的白龙江、西汉水两水系，黄河流域的黄河及洮河、渭河、泾河、祖厉河和内陆河流域的石羊河、黑河、疏勒河、党河等。

甘肃属温带季风性气候，具有明显向大陆性气候过渡的特征。大部分地区冬季漫长寒冷，夏季短暂温热，春长于秋。太阳辐射量46～67万焦耳/厘米²·年，年日照时数1600～3300小时，年平均气温4～14℃，≥10℃积温，除甘南、祁连山、华家岭不足2000℃外，其他地区均高于2000℃，河西地区高达3000℃以上。无霜期130～220天。年均降水量河西地区的敦煌、安西最低，仅有30～40毫米，中部地区为200～500毫米，陇东、陇南地区在500～800毫米。土壤自东南向西北，依次分布有黄褐土类，黑垆土类，灰钙土类，灰棕荒漠土类，棕色荒漠土类等。

*森林资源* 据甘宁青纪略记载，全省到1949年有森林面积141万公顷。另据1947年国民党政府统计，全省人工林仅1916公顷，四旁树木1264万株。甘肃森林植被大体分为常绿、落叶阔叶混交林，落叶阔叶林，森林草原，荒漠草原和荒漠地带5个类型。全省有高等植物2200多种，其中裸子植物7科

17属42种，被子植物119科601属2104种。主要树种有冷杉、云杉、华山松、油松、落叶松、铁杉、祁连圆柏、辽东栎、锐齿槲栎、栓皮栎、尖叶栎、白桦、红桦、山杨、青杨、冬瓜杨、胡杨、漆树、黄连木、红柳、梭梭、柠条、白茨、槭、椴、榆、油桐、花椒、杜仲、核桃、柿、山杏、沙棘以及珍贵树种香果树、红椿、麦吊云杉、红杉（波氏落叶松）和甘肃省保护树种白豆杉、铁尖杉、香樟、厚朴、银杏、连香树、红豆杉、三尖杉、白皮松等。野生动物有大熊猫、金丝猴、野骆驼、蒙古野马、扭角羚、苏门羚、梅花鹿、野驴、蓝马鸡、天鹅、白唇鹿、短尾猴、雪豹、盘羊、麝、黄羊、锦鸡等。此外，位于张掖的祁连山、天水的麦积山、兰州的兴隆山、平凉的崆峒山等，是建立森林公园，开展旅游的风景区。

**林业发展概况** 中华人民共和国成立前，甘肃省政府建设厅农林科，有少数林业行政人员；该厅下属的农业技术改进所林业组，从事规模极小的林业科研工作；中央农林部在洮河、祁连山设立洮河流域国有林区管理处和祁连山国有林区管理处。经营洮河林区木材的木商仅在兰州、临洮等地就有250多家，1932年伐树70多万根，加之过量取柴和森林火灾，使林木资源遭到极大的破坏。

中华人民共和国成立后，甘肃省各级人民政府重视抓林业建设。从20世纪50年代初开始，省、地、县逐步设立了林业管理机构，人民政府认真贯彻“普遍护林、重点造林”的方针，和四川、陕西、青海等省建立了6处护林联防委员会。洮河林业局还成立了林业公安中队。1953年组建了55人的“甘肃省林野调查队”，开始对白龙江、洮河等林区的森林资源和民勤等地宜林地进行调查。1956年成立了甘肃省林业学校。1957年建立了省林木病虫害防治站，开始了对杨树、沙枣、云杉、油松的病虫害防治工作。1958年，甘肃省农业科学院成立了林业科学研究所。到1959年，全省建立了143个国营林场，加强了对森林的经营和保护。从1949～1958年10年间，全省年均造林种植作业面积1万公顷，其中国营707公顷，使林业建设逐步走上了正轨。到50年代后期，由于大炼钢铁和大办食堂刮起的乱砍滥伐歪风，使森林资源和林业生产遭到严重破坏。

60年代，全省林业事业随着国民经济建设的恢复得到了发展。甘肃省政府成立了厅局级的林业局，地、州、市设立了相应的林业管理机构。为了加强对天然林的经营管理，成立了祁连山、子午岭两个林业局，西秦岭、康南等8个林业总场和石羊河机械造林林场，形成了比较符合全省实际情况的地、县国营林场管理体制。同时，为使林业科研与林业生产实践相结合，探索不同类型的林业建设途径，还成立了以综合培育次生林为主的小陇山林业实验林场，以及民勤沙井子防沙林实验场和治理干旱、半干旱水土流失区的崂口林业实验场等一批林业试验基地。在造林上也有了新的突破，全省成立了70个造林国营林场并大力发展社队集体林场，形成了一支规模较大的群众性造林专业队伍。但1966年开始的“文化大革命”使林业建设又遭到严重破坏。各级林业行政、事业单位被撤销、合并，一大批林业干部被下放、改行，大面积的林地被垦种粮。据1978年清查，全省遭到严重破坏的森林面积达29.9万公顷，占天然林面积的17.4%。

进入70年代，社队林场开始恢复，陆续发展到15000多个，农田林网和荒山造林速度也逐年加快，造林种植作业面积年均达到6.7万公顷左右。

党的十一届三中全会以来，各项林业建设飞速发展，各级林业管理机构相继恢复并得到加强，由于放宽了各项林业政策，国营林场改变了单一的经营模式，开始发展多种经营、综合利用。国有林区护林防火工作大大加强，森林火灾年均发生次数由50年代的177起、烧毁林地1万公顷减少到43起、283公顷。群众造林工作也有较大发展。自1984年以来，全省每年人工造林都在20万公顷左右，使甘肃的林业生产建设进入一个新的发展阶段。

**林业建设成就**

林业机构建设 ①行政事业：从1978～1982年，全省林业机构逐步建立健全，省级机构有省林业厅及其直属单位林业勘察设计院、林业科学研究所、治沙研究所、省林业学校、野生动物自然保护管理局、莲花山自然保护局、兴隆山自然保护局、林木种子公司、病虫害防治站、林业技术推广总站、干旱造林研究中心、林业公安处和林产公司、林化公司、物资站、白龙江林业管理局以及省绿化委员会办公室、三北防护林体系建设办公室、林学会等。②国营林业企事业单位和乡村林场：共有国营经营林场110个、造林林场97个、森工林场19个，固定职工3万多人，经营总面积500多万公顷，总蓄积量1.4亿立方米，占全省总蓄积量的80%以上。国营苗圃136个，经营面积3494公顷，职工1833人；乡村集体林场10766个，经营面积25万公顷；乡村苗圃7164处，经营圃地8667公顷；农民个人育苗63413处，拥有苗圃地1.5万公顷。③科研机构：全省自1978～1983年建立各级林业科研机构14个，有职工662人，其中科技人员246人，在林业各个领域进行科学研究工作；并建立了具有北方干旱荒漠地区特色的我国第一座沙生植物园。④林业教育事业：1978年恢复了省林业学校，1984年又成立了庆阳林业学校，现有中专在校生800多人。还有2所技工学校。1984年，由省政府批准，分别在白龙江林业管理局和小陇山林业实验局成立了林业职工中等专业学校，在校生达361人。甘肃农业大学原设有林学系。1986年经甘肃省人民政府批准成立的甘肃农业大学林学院，现有在校学生近200人、教职员工48人，具有讲师以上职称的20人。从1958年建系以来，已培养林科大学毕业生500多人。⑤截止1984年，有省、地两级林木种子机构9处，职工64人，县级种子站24个，职工82人，有种子仓库3860平方米，检验室500平方米。全省划定自然保护区18处，总面积100万公顷，占全省总土地面积的2.2%，有10处已建立管理机构，共有职工336人。1983～1984年，全省相继成立林木病虫害防治检疫站57个，其中地、州(市)9个，县(市)站47个，现有职工173人。各重点林区都设立了林业公安机构，共有公安局、派出所79个，建立了一支有676人的林业公、检、法队伍。

林业生产建设　据1985年清查，全省人工造林保存面积86.6万公顷，蓄积量1300万立方米。“四旁”植树8亿多株。绿化铁路350公里，公路9682公里，干渠1.2万公里。从1978～1985年的“三北”防护林一期工程建设，超额14.1%完成了任务，造林保存面积52.5万公顷；工程地区森林覆盖率由3.9%提高到6.2%。河西地区已有31.6万多公顷的耕地基本实现了农田林网化，占灌区农田面积的53%。

截止1984年，全省累计完成林业投资6亿多元；次生林抚育改造35万公顷；封山(滩)育林26.6万公顷；为国家生产木材950万立方米。病虫(鼠)害防治面积累计62.9万公顷(其中飞机防治16.6万公顷)，年均防治能力由60年代的3300多公顷增加到6万公顷，建立种子生产基地30处，面积4400多公顷。

据1980年“五·五”森林资源清查，全省林业用地面积613.2万公顷，活立木总蓄积1.7亿立方米。其中有林地面积177万公顷，蓄积1.64亿立方米，有林地中用材林面积93.6万公顷，蓄积1亿立方米；防护林面积68.4万公顷，蓄积4846万立方米；薪炭林面积0.8万公顷，蓄积0.4万立方米，特种用途林面积10.7万公顷，蓄积1170万立方米；经济林面积3.4万公顷。森林覆盖率3.9%。

全省林业建设主要项目年生产水平目前是：森林采伐24万立方米，造林种植作业面积20万公顷(其中国营2.6万公顷)，次生林抚育1万公顷，低价值林分改造0.8万公顷，四旁植树5000万株，育苗2.6万公顷，纤维板4000立方米，造纸1000吨。

**1986年林业建设**　完成经济林造林面积4.6万公顷，超计划74%；泡桐1000万株，超计划14.8%；沙棘1.4万公顷，超计划3.5%；飞播0.7万公顷。四旁植树10014万株，其中义务植树5553万株，人均4.4株。全省育苗1.9万公顷(其中新育0.85万公顷)。还完成补植造林8.1万公顷，中幼林抚育10.6万公顷，新封山育林5.3万公顷，次生林改造0.9万公顷，迹地更新0.33万公顷。生产木材58.6万立方米，锯材7.3万立方米，机制纸1200吨。综合利用、多种经营等方面也有了较大的发展。并在稳定管理体制、分类指导和提高造林效益等方面进行了有益的探索。

根据省委、省政府的统一部署，在认真调查研究的基础上，分别提出了保护和发展甘南、子午岭、陇南、祁连山等不同地区森林资源的具体方案；总结推广了秦安县叶堡乡集中力量，绿化全乡的经验；通过对国营林场的整顿、改造，涌现了小陇山林业实验局、合水林业总场、敦煌县阳关林场、平凉市四十铺苗圃等一批充满经济活力的国营林业场、圃；野生动物保护和自然保护区管理工作逐步走向正轨，在抢救大熊猫和鸟类等方面取得了新的成绩。

存在的主要问题是：育苗任务只完成96%，且品种不完全对路；抚育管护跟不上的状况还未得到根本转变。国营林场多种经营发展缓慢，经济危困的局面还没有彻底改变，林业资金多头管理分散使用，使效益不够理想等。

**经验教训**　从甘肃林业发展来看，最基本的经验就是要尊重科学，按自然规律和经济规律办事，讲求生态效益、社会效益和经济效益，所制订的方针政策和各项措施，要符合林业生产周期长，连续性强的特点：①林业管理体制与机构要相对稳定。37年来，全省林业管理体制和组织机构，3起2落，每次大的变动都给林业事业带来很大危害。特别是1969年的精简下放，撤销林业机构，林业科技人员改行，给林业生产的发展造成了不可弥补的损失。②保持山林权属政策的连续性。林业政策的连续性是保证林业生产发展的重要条件。历史证明，山林权属每经历一次变动，森林必遭一次破坏。如林业“三定”以来，全省国营林业局、场将54万公顷(其中有林地14.6万公顷)蓄积1820万立方米的森林划给群众经营，同时，划“三荒”地120万公顷。这部分林子经营质量差、乱砍滥伐严重。③尊重科学，合理配置林种、树种。20世纪80年代以来，在西秦岭山地建设用材林基地；中部干旱地区主要发展薪炭林，以解决水土流失和群众燃料紧缺的问题；在河西地区则坚持南建祁连山水源涵养林，北建固沙林，中建农田防护林网的方针，确保河西商品粮基地建设；在陇南地区结合流域治理，营造百万亩经济林基地等，已初见成效。④国营林场要搞活经济，增加活力。⑤加快智力开发，培养林业科技人才，振兴甘肃林业，要依靠科学技术，注重人才开发。据1985年统计，全省林业系统有专业科技人员3565人，按有林地计算，每1000公顷才有1个技术人员。从1980～1985年，科技成果取得6项林业部三等奖，1项省科技一等奖，1项省科技成果二等奖和1项三等奖，但还远不适应林业发展的需要。今后，要在积极办好2个林业学校、1个林学院的基础上，进一步开展在职职工的代培和培训农村林业技术员的工作(近2年已培训8万余人)，普及林业知识，提高科学技术水平，实行林业生产技术承包制。

**奋斗目标** 到本世纪末，全省森林面积扩大到666万公顷，森林覆盖率提高到14%，林分蓄积量由现在的1.7亿立方米，增加到2亿立方米，森林生产率由2.06%提高到2.5%，林业总产值实现翻两番。

(甘肃省林业厅)

## 青海省林业

**自然概貌** 青海省位于东经89°35′～103°04′，北纬31°39′～39°19′，面积7215.14万公顷。境内横亘着唐古拉山、东昆仑山、祁连山、阿尔金山等山脉，全省平均海拔3000米以上。按照地形，可划分为祁连山地、柴达木盆地和青南高原3个部分。其中，祁连山地位于本省东北部，面积11万平方公里。该区的东部山势较低，一般海拔在2500～3000米左右，气候条件较好，土壤也比较肥沃，是青海省主要天然林区和产粮区。全省河流纵横，平均流量每秒0.5立方米以上的干、支流有217条，总长近1万公里。其中黄河年径流量达282.29亿立方米，水力资源丰富。省内湖泊众多，水域面积占全省总面积的1.8%。全省辖1个地级市、1个地区、6个民族自治州，30个县、7个民族自治县、1个县级市。1985年，全省总人口为407.38万人。

青海省属典型的大陆性气候，干燥、多风、寒冷、缺氧，全省年均气温－5.6～8.6°C，全年日照时数2300～3600小时，太阳辐射强。降水地区分布差异大，青南高原年降水量一般在500毫米以上，祁连山区250～500毫米，柴达木盆地一般不足100毫米。

**森林资源** 1949年以前，全省乔、灌木林面积145.6万公顷。森林植被类型主要是寒温性常绿针叶林，其次为温性针叶林和少量寒温性落叶针叶林，以及部分落叶阔叶林，在柴达木盆地还有荒漠植被。天然林主要分布在以下几个区域。①祁连山系：主要是次生林，乔、灌木林面积为36.29万公顷，林木蓄积550万立方米，以寒温性针阔叶林为主，主要树种有青海云杉、祁连圆柏以及青扦、油松、桦、山杨等。②西倾山系：南部多原始森林，北部是次生林，以寒温性针叶林为主，树种有青海云杉、紫果云杉、祁连圆柏以及桦、山杨等。乔、灌木林面积为24.22万公顷，林木蓄积465万立方米。③巴颜喀拉山系：全部是原始森林，主要树种为紫果云杉、川西云杉、鳞皮云杉、冷杉等。乔、灌木林面积为60.58万公顷，林木蓄积679万立方米。④唐古拉山系：森林主要分布在澜沧江和金沙江流域，以寒温性针叶林为主，树种有川西云杉、大果圆柏、细枝圆柏和少量桦树等。乔、灌木林面积为33.94万公顷，林木蓄积500万立方米。⑤柴达木盆地：主要是荒漠灌丛，树种有柽柳、梭梭、沙拐枣、麻黄、白刺、胡杨等。面积34.77万公顷，林木蓄积为108万立方米。

据查，全省鸟类有290种，兽类110种，属国家一类保护动物有10种，二类的有20种，三类的有9种。其中野骆驼、野牦牛、野驴、藏羚、盘羊、白唇鹿、雪豹、黑颈鹤、苏门羚、黑鹳等均为稀有珍贵禽兽，具有重要的经济和科研价值。青海的狩猎资源亦很丰富。

**林业发展概况** 建国以来，青海省林业建设大体经历了4个阶段。

第一阶段(1950～1957)是国民经济恢复和协调发展时期，青海省林业建设从无到有，由点到面展开。1949年以前，青海省没有专设林业机构。建国后，省和部分州、县相继设立了林业局、农林局或林业站，分别负责管理全省和各地的林业建设。全省各主要林区建立了森林经营所，加强了森林管护。同时，狠抓了林业队伍的建设，先后调进林业技术人员近百名，并举办林业技术培训班，建立农林学校，培养了一批人才，为青海林业建设奠定了基础。这一时期，在努力管理好现有森林的同时，积极开展植树造林，共完成造林播种作业面积47万亩，林业产值年递增40%以上。

第二阶段(1958～1965)，兴办了一批国营和集体林场，集体林场8年造林播种作业面积达83万亩。并开发了麦秀、祁连、玛可河等新林区。全省林业职工一度曾发展到6000多人。但是造林质量差，保存率低，特别是大刮"共产风"，没收自留树，严重挫伤了群众的造林积极性。同时，超量采伐，森林资源遭到破坏。1958～1962年，林业产值(按1980年不变价计算，下同)由3220万元减少到839万元，年平均递减28.5%。

第三阶段(1966～1976)，全省林业机构基本瘫痪，青海省林业局及所属森林调查、森林经营和治沙3个专业队被撤销，2/3业务干部被迫改行。1966～1969年，省级林业行政管理，归口由省农牧厅农林局园林组负责，一度林业干部只有2人。整整4年全省没有开展造林。1970年成立省农林局，下设林业组，以后又改设林业处。1966～1976年，年平均造林播种作业面积不足4万亩，林业产值由2069万元下降到1291万元。

第四阶段(1977～)，党的十一届三中全会以来，中共青海省委和省人民政府根据党中央和国务院的部署，为保护森林发展林业采取了一系列重大决策，1981年作出了《关于保护森林发展林业的若干补充规定》，1983年发布了《关于种草种树的指示》，1985年3月批转了青海省农林厅《关于国营林场、苗圃体制改革问题的意见》。恢复和建立林业机构，东部农区各县相继建立了林业局。绿化事业引起了全社会的关注，仅1985年就完成造林播种作业面积79.3万亩，林业产值达到4400万元。

**林业建设成就**

*建立和完善组织机构* 中华人民共和国成立以后，青海省成立了农牧厅，下设农林科；1951年成立青海省农林厅，下设林业局；1956年还一度设立青海省林业局。至1986年末，全省林业系统职工人数为3854人，其中固定职工2662人。全省林业机构设置情况是：①林业行政机构。省设农林厅林业局，西宁市、海东行署和黄南、海南、海北、海西、玉树、果洛州以及适宜发展林业的县(市)，设立林业局或农林局、农牧局。全省林业行政职工178人。②林业技术推广站。省设林业技术推广总站和治沙试验站各一个，州、地、市级设林业站5个，县级设林业站25个。固定职工2476人。此外，还有正在筹建的乡级林业站24个。③国营林场57个。其中：造林林场12个，固定职工283人，经营面积38.2万亩。经营林场45个，固定职工800人，经营面积3248万亩。这些林场大多是建立于50～60年代。④林业系统有国营苗圃82个，1986年育苗0.85万亩，占全省育苗总面积的16%，产苗量占40%以上；另有林木种苗站和森林病虫防治检疫站11个。⑤林业公安机构，青海省林业局下设公安科，负责全省林业公安工作；主要林区和部分县已设立林业公安派出所26个，干警87人，还有5个派出所业已批准成立，正在积极筹备。各林区还有护林检查站72个，沙生植物保护站6个。全省有专职护林员800余名。⑥省林业局下设林业勘察设计院1处。⑦建省级自然保护区2个，即青海湖鸟岛自然保护区，管理机构为鸟岛管理处，有职工27人；孟达自然保护区，设孟达自然保护区管理局，现有职工37人。⑧森工企业2个，固定职工426人。其中黄南州麦秀林场，因资源枯竭，业经黄南州人民政府批准，将于1987年转为经营林场。玛可河林业局也因资源枯竭，经省人民政府同意，调减计划木材生产任务和免交5年的所得税。

*林业科研和教育* 青海省早在20世纪50年代初就筹建了林业科研机构。目前，省级设农林科学院林业所，省、州、地、县各林业部门，也都承担一定的试验、科研任务。30多年来，取得了较好成绩。干旱浅山柠条雨季直播造林和提前整地技术，已广泛应用于生产，基本解决了干旱地区造林技术问题，提高了造林成活率，这项技术1982年获国家农委、国家科委农业技术推广奖。黑颈鹤的区域分布、数量及其生态习性专业考察成果获林业部科技成果三等奖。房木害虫——梳角窃蠹的防治研究，解决了青海省东部农区民房严重蛀蚀问题，防治效率达80%以上，荣获青海省科技进步奖。此外，在林木良种、造林、森林经营和森林保护方面，有40多个项目分别荣获林业部、青海省人民政府或青海省农林厅颁发的科技成果和科技推广奖。

林业教育也有了很大的发展，在建立完善林业教育机构的同时，到1986年，全省共培养林业技术人员710余人，培训职工995人次，有在校学生227人。

*扩大森林资源* 据1979年森林资源清查，全省林业用地面积为303.73万公顷，其中：有林地19.45万公顷；疏林地9.4万公顷，灌木林地161.33万公顷，未成林造林地2.67万公顷。森林覆盖率为0.3%。全省活立木蓄积为2303.18万立方米，其中有林地蓄积1715.42万立方米，疏林地蓄积490.49万立方米，散生木蓄积18.43万立方米，四旁树78.84万立方米。

建国以来，人工造林有了较大的发展，据1979年森林资源清查结果，有人工林4.93万公顷。1978年，青海省有18个县纳入"三北"防护林体系。1983年，提出了种草种树的战略方针。"六五"期间共完成造林播种作业面积188万亩，至1985年，全省累计封山育林188万亩，已有57万亩荒山、残次林恢复了林草植被。四旁植树也发展很快，目前全省有四旁树约1.5亿株。在林种上，以营造防护林为主，防护林、薪炭林、用材林、经济林结合；树种上以灌木为主，乔、灌、草结合。在水、热条件较好的河、湟谷地，1984～1986年，营造速生丰产林0.8万亩。在水土流失地区，初步得到治理的有500多万亩。一期工程顺利完成的"三北"防护林体系在改善生态环境方面正在起着重要作用。

**1986年林业建设** ①封山育林累计完成176万亩，其中当年新封59.1万亩；四旁植树2650万株，超计划33%；迹地更新1.3万亩；幼林抚育97万亩；成林抚育6.2万亩；育苗5.2万亩，留床苗木3.8亿株；采种基地建设4.5万亩；种子园0.1万亩；采集林木种子2.81万公斤；生产木材6.5万立方米；还进行林木病虫鼠害防治31万亩。②国营林场和苗圃，进一步贯彻落实青海省人民政府批转青海省农林厅《关于国营林场苗圃体制改革问题的意见》的通知，扩大了自主权，非统配木材实行议价议销，多种经营收入不上缴。1986年，完成国营造林播种作业面积2.3万亩，为计划任务的135%。多种经营也有了发展，建木材加工厂12处，蕨菜、松针粉及粮油加工车间10多处。群众植树造林和基地营林建设，推行"双包"责任制，县、乡领导和绿化委员会成员承包绿化任务；业务部门承包技术指导。③一批重点工程顺利起步。"七五"期间全省重点抓好5项建设工程：东部农区14县实现农田林网化；拉脊山至青沙山北坡封山育林，建成70万亩水源涵养用材林；沙珠玉至切吉防风固沙林建设，种草种树10万亩；海西增产粮食项目中农田防护林带的建设；湟中县的防护林建设，使该县森林覆盖率由现在的11.3%提高到18.2%。经过一年的努力，除海西农田防护林带建设因整个工程项目尚未实施外，其他四项重点工程，已经作出或正在进行规划设计，并按设计施工。

**经验教训** ①在绿化工作中，坚持因地制宜，分类指导的原则。全省确定了东部川水地区以建设农田林网为主，有条件的地方积极发展经济林；浅山地区以营造草、灌为主，草、灌、乔结合，大力营造水土保持薪炭林；脑山地区以封山育林为主，封造结合，建设水源涵养林及用材林；风沙地区积极营造农田防护林及防风固沙林，大搞种草育草；天然林区进行森林更新和抚育改造。②切实保护和管好森林资源。青海的森林大多分布在黄河、长江和澜沧江上游，具有重要的保持水土和涵养水源的功能。党的十一届三中全会以来，根据中央的部署，青海省切实加强了森林管护工作。各级党政领导重视森林管护，每年防火期一到，都发出通知，提出具体要求，落实防范措施，深入基层，检查指导。落实"谁种谁有的政策"，认真开展了林业"三定"，给群众发了林权证，妥善处理了林权纠纷3500多起，查处毁林案件1000多起。落实林木管护责任制。国有天然林区，分区划段把管护责任承包到人，明确责权利。大面积的乡村荒山造林，实行统一规划，分户营造，设点专人管护，以法治林。1981～1986年，全省发生偷盗林木等案件16779起，查处12453起，破案率达74%。严格控制采伐量。全省森林年生长量为38万立方米，核定采伐量为15万立方米。木材运输实行签证管理。开展森林病虫害防治，1980～1986年，共完成防治面积115万亩，一般杀虫率达75%左右。在加强森林管护的同时，相继开发了祁连、麦秀、居布、玛可河等原始林区，并对28万亩次生林进行了抚育间伐，至1986年止，共生产木材232.9万立方米，总产值2.1亿元，上缴利税4329万元，征收育林费1800万元。③加强野生动物资源的管理和保护。60年代，省政府就成立了野生动物资源管理机构，省人民政府先后制定了《青海省野生动物资源管理条例》和多次颁发了关于加强保护野生动物的布告、通知，划定了保护区、禁猎区，要求严禁猎捕国家一、二类保护动物，其他动物在禁猎期也禁止猎捕。在野生动物聚集地区，农林部门有专人负责，乡、村建立了群众性的保护组织。1985年，海西等地大雪成灾，野生动物死亡严重，省政府规定，格尔木、治多、杂多、曲麻莱、玛多等市、县的受灾区，全面禁猎3年。在切实加强保护的同时，还有计划地开展了猎捕利用。现在每年生产野生毛皮约36万张、野禽2000多对、野味115吨、鹿茸1700多公斤、鹏翎1300多套等，总产值达200多万元。1986年还在都兰县试办了国际猎场，先后接待4批外籍猎人。此外，野生动物的饲养繁殖也取得了一定成绩，现有鹿场63个，共饲养5000多只，每年可产鹿茸1000多公斤。养貂也取得了较好成绩。④必须保持林业管理体制的长期稳定。30多年来，集体林木和群众私有林木因权属的多次变更，遭到严重破坏。但国有天然林区的林权一直是稳定的，管理机构也变动不大，护林防火工作始终没有放松，因此国有天然林区除少量的偷砍盗伐外，基本没有遭到大的破坏。

青海林业的发展依然存在着一些问题，主要表现在①造林成活率不高，林木管护是个薄弱环节；②科技推广工作尚待加强，青海获奖的林业科技项目有40多项，但大多没有得到推广应用，有些地区甚至出现了技术倒退的现象；③苗圃建设跟不上林业发展的需要。

**奋斗目标** 从1986年起到本世纪末：①完成造林1275万亩；封山育林750万亩；②四旁植树1.5亿株；③全省森林(包括灌木林)总面积达到3586万亩(不包括新造幼林)，加上四旁树，覆盖率提高到3.3%。

(青海省林业局)

## 宁夏回族自治区林业

**自然概貌** 1958年10月成立的宁夏回族自治区，位于东经104°17′～107°40′，北纬35°14′～39°22′。地处黄河中游。全区总面积6.64万平方公里。1986年人口424.33万，其中回族占总人口的30.9%。全区辖2市和2个地区，共17个县(市)和7个市辖区。首府银川市。宁夏的平原、川地和盆地占土地总面积的31%，沙漠占7%，其余为山地和丘陵。宁夏海拔一般为1100～2200米，以贺兰山最高，主峰3556米。境内河流均系黄河水系。主要有黄河、清水河、苦水河、葫芦河和泾河等。黄河在本区流程397公里，平均年过境水量325亿立方米。农业自流灌溉，使宁夏平原素称“塞上江南”。宁夏的气候为温带大陆性半湿润—干旱气候。全区年平均气温5～9°C，气温年较差22.2～33.9°C，日较差一般11～15°C，≥10°C积温1900～3300°C，年日照总时数2200～3300小时。年降水量180～650毫米。其中夏季(6～8月)占44～73%。无霜期123～162天。

*森林资源* 宁夏是贫林缺材的省(区)之一。1949年时，有六盘山、贺兰山和罗山等处林相残败的天然次生林约6.67万公顷，蓄积量约30万立方米；人工林467公顷，蓄积量约2万立方米；森林覆盖率1%。由于在气候上跨暖温带和中温带，森林类型有常绿针叶林、常绿针叶与落叶阔叶混交林、落叶阔叶林3种。主要建群种有青海云杉、油松、山杨、辽东栎、白桦、山柳等。森林动植物资源较多，有高等植物788种，属于国家重点保护的有桃儿七、黄芪等5种；动物有200种，属于国家保护的珍贵动物有金钱豹、林麝、红腹锦鸡等18种。森林土壤主要有山地草甸土、山地棕壤和山地褐土3种类型。林区内文物古迹、风光名胜有贺兰山小滚钟口、拜寺口双塔、泾源老龙潭、中卫沙坡头和银川中山公园等。

**林业发展概况** 宁夏林业建设的对象是沙漠、黄土丘陵和3个天然次生林区。20世纪50年代，根据中央关于“普遍护林、重点造林”的方针，进行林业的恢复和建设。首先，制定了天然林管理办法，建立林区管理机构，并在3个天然林区实行了卓有成效的封山育林工作。使历史遗留的天然残林得到恢复和生长。人工造林，确定了“以重点营造防护林为主，发动群众零星植树，适当营造用材林”的方针。随着互助合作运动的深入开展，全面开展了防沙护岸造林，重点营造水土保持林和经济用材林的群众运动。并总结出“沙内设点，沿沙布防，连点成网，前挡后拉”的造林治沙经验。到了60年代，林业建设的重点是：①引黄灌区铁路、公路、渠道和城镇、居民点的绿化；②在山区结合水土保持营造水土保持林和薪炭林；③天然次生林区由单纯封护转入封、护、育、造并举，开展人工造林和次生林改造。在造林树种上，进行杨树引种驯化试验，并突破了小叶杨种子长途运输发芽率低的难题。70年代，宁夏“四旁”植树有了新的进展，从“四旁”发展到引黄灌区和山区川道区的农田林网，涌现出中卫县、贺兰县东部地区和同心县下马关乡等地的农田林网化先进典型。在种苗上狠抓了以大队集中育苗为主的4级育苗建设，从而打破了自治区内长期苗木不足的被动局面。引种的合作杨在区内普遍推广，效益显著。进入80年代，通过林业“三定”落实各种形式的林业生产责任制，涌现出一批从事林业开发性生产的承包大户和新的经济联合体。林业建设的重点是工程造林。包括“三北”防护林体系工程、世界粮食计划署援建的西吉防护林工程、“三西”(甘肃河西、定西和宁夏西海固)贫困地区的种草种树工程、银川西部的银西防护林工程和引黄灌区11个县(市)的农田林网化建设。这些工程都实行经济合同，严格检查验收，确保了造林质量。

**林业建设成就**

*林业组织机构建设* 建国前，宁夏只有省农林处、谢家寨林业实验场和贺兰山森林管理所3个林业机构。职工30人，其中技术干部6人。36年来，宁夏林业机构经过不断改革和完善，已经成为一个包括造林经营、林政管理、勘查设计、科研推广、宣传教育等在内的一整套机构。到1985年，自治区行政管理机构为宁夏回族自治区林业厅，全区各地、市成立林业处(局)，县成立林业科，配备林业干部282人。

林业科研、教育是在建国后逐渐发展起来的。1958年在宁夏农业科学研究所内设立森林室。1978年扩大为宁夏回族自治区农林科学院林业研究所，下设5个研究室、1个试验站，职工120人，其中科技人员50多人。此外，还有1个地区林业研究室和2个县林科所。同时，科技推广机构也逐步建立，自治区建林业技术推广总站，各地、市、县建林业技术推广站，大部分的乡建立了乡级林业站，另有9个果树站和13个森林病虫害检疫站。初步形成了区、地、县、乡上下相通、左右相连的林业科技开发、推广体系和技术服务网络。1952年，在永宁农业学校内设林业班，林业教育开始起步。截止1986年，全区有宁夏农学院园林系，在校学生160人；在宁夏农业学校有林业专业；委托外省代培2个林业中专班；宁夏林业学校正在筹建。为改善林区职工子弟上学难的问题，在六盘山林区兴办了1所职工子弟学校，在校中、小学生200多人。

经过36年的林业建设，全区现有40个国营林场和27个国营苗圃，14个园艺场，拥有职工6381人，经营总面积532万亩，使国营林果造育体制基本形成。另外，有乡、村集体林场608个，专业劳力2000余人；集体苗圃200个，专业劳力350人。

在森林保护方面，全区已建立自治区、地、县森林病虫害防治检疫站13个，配备了一批专业人员，开展了病虫鼠害防治和种苗木材检疫工作，取得了一定成果。在林区和重点林场建立和健全了林业公安机构。全区已有5个林业公安局(所)。

*扩大森林资源* 36年来，由于采取了封山育林、抚育改造和大力植树造林等一系列有效措施，天然次生林得到恢复和发展，人工林面积成倍增长。

引黄灌区11个县、市的农田林网化程度平均达80%,使整个银川平原自然景观发生了根本性变化。南部山区林草面积近几年有突破性的发展，使局部地区水土流失减少。生态的改善，促进了农牧业的发展。群众的温饱基本解决了。在阴湿山区营造的10多万亩水源涵养用材针叶林，是宁夏造林树种上的一项大的突破。据“五五”森林资源清查统计，全自治区有林业用地面积62.09万公顷；有林地面积9.51万公顷；活立木总蓄积422.16万立方米。其中人工林面积7.69万公顷,蓄积96.07万立方米；防护林面积6.86万公顷；用材林面积1.68万公顷；经济林0.97万公顷；“四旁”树7485.31万株。全自治区森林覆盖率1.4%。无林地45.55万公顷。

建立自然保护区　宁夏的自然保护区建设从50年代后期起步，80年代得到迅速发展。到1986年，全区已建立贺兰山、六盘山和罗山的森林植被自然保护区，固原云雾山草原植被自然保护区，中卫沙坡头沙生植被及旅游自然保护区，青铜峡库区鸟类及河滩森林植被自然保护区和灵武白芨滩以天然毛条为主的沙生植被自然保护区7处，面积11.74万公顷，占全区总面积1.77%。

保持水土　地处黄土高原，全国最贫困地区之一的西吉县，自1982年以来，在世界粮食计划署的粮食援助和国家的扶持下，进行大规模的防护林建设。4年全县农户和集体造林种植作业面积60.7万亩，种草50.8万亩，四旁植树2563.7万株。还因地制宜地修建了大量反坡梯田、等高沟和鱼鳞坑。这些工程措施和林草植被相结合，发挥了良好的水土保持作用，土壤侵蚀率下降了62.4%，小气候得到明显改善，成为综合治理黄土高原的先进典型，受到国内外专家的肯定。

林产品产量　宁夏近几年年产木材4万多立方米(绝大部分是小径杨、柳木)。年总产干鲜果品3500余万公斤，其中苹果产量2700万公斤，特产宁夏枸杞子的年产量70～80万公斤，远销国内外。木本油料核桃、花椒年产量1～2万公斤。林产工业从无到有，已建成4个人造板厂。1985年生产纤维板0.31万立方米，刨花板0.3万立方米。1981年建立了生产林业机械的工厂，年产木工多用机床1000台左右。

**1986年林业建设**　西吉、盐池、中卫、贺兰、青铜峡等5个县、市造林绿化受到了“三北”防护林建设领导小组和林业部的表彰。果品总产4062万公斤，创历史最高水平，产值4000多万元。

在林业工作上，这一年取得的主要成就是：①制定落实了“七五”林业总体规划，从宁夏实际出发，调整了战略布局，确定毛乌素沙漠的治理、黄土丘陵水土保持薪炭林基地、六盘山阴湿区针叶速生林基地等8个不同类型的林业建设重点项目；②积极调整林业内部生产结构，开展多种经营，资源开发利用，加快灌区商品水果基地建设；③加强了林业宣传。在北京中国美术馆举办了《塞上绿云——宁夏林业建设成就摄影艺术展览》；④有11项科技项目分别获得林业部和自治区科技进步奖。在生产中推广了杨树钻孔深栽、容器育苗、果树密植等10多项应用技术，制定颁布了宁夏造林、育苗技术规程、主要造林树种苗木标准以及工程造林管理办法等技术规定。

**经验教训**　①放宽政策，鼓励农民搞林业。林业“三定”后，全区已划自留山120万亩，集体林场140万亩林地全部承包给农户和联户经营。谁造谁有，长期不变，允许继承和转让。农民个人造林的比重由1983年的10%，上升到1985年的60%。②重视林木良种繁育和推广。60年代开始以杨树为主的选、育、引研究，经过10多年的艰苦努力，取得了可喜的成果。其中引进的合作杨、新疆杨、华北落叶松等树种已成为宁夏的主要造林绿化树种。宁夏回族自治区林业研究所以银白杨为母本，新疆杨为父本，经过13年育种杂交选育成优良无性系——银新杨，是营造丰产林的又一个好树种，已推广栽培。③封山育林是加速恢复林草植被既经济又有效的方法。只要把封山育林同山区群众的切身利益结合起来，封山以后，管理保护好，一般3～5年初见成效，10年左右大见成效。固原水沟林场封护3年，植被盖度达到0.75，生物量每亩695公斤，每亩有乔灌木7000株(丛)，树木平均高110厘米。封山育林较早的固原赵千户林场，经过10年封护起来的山杨林，平均每亩有树180株，每亩材积2.5立方米。由于植被的恢复和发展，多年不见的珍稀鸟兽来到林中栖息，水土流失也基本制止。固原地区已封山育林70万亩。近几年来，还在封山育林区域内造林8.5万多亩，其中针叶树4.9万余亩，成活率高，生长快，可以与天然乔灌木形成混交林，提高了林分质量，加快了成林速度。

**奋斗目标**　力争在本世纪末，使宁夏的森林覆盖率提高到12%。　　(宁夏回族自治区林业厅)

# 新疆维吾尔自治区林业

**自然概貌** 新疆维吾尔自治区位于我国西北部，总面积164.7万平方公里。全区主要有13个民族，人口1308.16万。全区设10个地(市)，5个自治州，85个县(市)。

新疆地处欧亚大陆腹地，四周高山环抱，境内盆地广大。天山横亘中部，东西绵延1700公里，形成了天山以南的南疆、以北的北疆和哈密、吐鲁番盆地一带的东疆3个自然区域。天山山脉海拔3000～5000米。北面有阿尔泰山，海拔2000～3000米。南面的昆仑山，海拔达6000米以上。全疆共有大小河流570条，多为内陆河，主要靠高山冰川、积雪融化补给。塔里木盆地和准噶尔盆地中部广布沙漠，全区沙漠约占总面积的22%。全区干旱少雨，为典型的大陆性气候，是干旱、半干旱的沙漠区。全区年平均降水量170毫米，全年日照平均2550～3500小时，昼夜温差10℃以上。南疆无霜期200～220天，北疆150天左右。

*森林资源* 1949年，全区森林面积36.5万公顷。新疆森林的主体是天山北坡和阿尔泰山脉呈垂直分布的云杉、落叶松针叶林。天山云杉纯林一般分布在海拔1400～2700米的阴坡、半阴坡，阿尔泰山落叶松分布于海拔1300～2300米。全区有野生动物586种。羚羊、野马、野驴、野骆驼、野牦牛、河狸、天鹅等40多种珍稀动物受到国家保护。野生植物有569种，其中具有较高经济价值和药用价值的达300多种，如贝母、甘草、当归、雪莲等。新疆林区还分布有丰富的金属和非金属矿藏资源。如铁、金、芒硝、云母、石膏等。

“荒漠绿洲，灌溉农业”，是新疆农业经济的显著特点。山区的森林作为水源涵养林的重要组成部分，对全区农业灌溉用水起着重要的保障作用。而胡杨林、河谷林则主要分布在南疆塔里木盆地周围及一些河道两岸；梭梭、红柳等荒漠灌木林比较广泛地分布在南北疆浩瀚的荒漠地带；以防风固沙为目的的人工农田防护林，主要分布在平原绿洲，对改善新疆的生态环境也起着重要作用。

**林业发展概况** 新中国成立后，党和国家把林业摆上建设日程，开始了有计划地发展建设。①平原绿化造林。新疆在第一个五年计划期间，年均造林4.4万亩，但保存率低。60年代改扦插为植苗造林，造林的质量和保存率均有提高。1962年，区党委提出“以农田防护林为主”的造林方针，开始了有计划的农村林业建设。1965年，全区造林面积达到15万亩。“文化大革命”期间，许多林带被人为破坏，偷砍滥伐十分严重，森林资源被严重破坏。党的十一届三中全会以后，中央制定了一系列保护森林、发展林业的方针政策，使新疆林业建设发展到一个新的阶段。“六五”期间，全区共造林320万亩，保存250万亩，造林面积和成活面积分别比上一个五年计划增加58%和55%。②森工营林。从第一个五年计划开始，新疆就对地理条件比较好的天山中东部林区进行了大规模的开发利用，一直到1960年，由于重采轻造、单一经营，采伐面积大幅度上升，使一大批采伐迹地不能更新。60年代初期，天山中东部林区较普遍地开展了人工更新造林，山区苗圃也随之建立起来。到1980年，所有山区林场基本都建立了苗圃，育苗面积达1000亩以上，基本满足更新造林的需要。但是，由于新疆自治区经济建设用材需要量一直减不下来，造成老林区可采资源枯竭，经济危困。1980年，国家确定天山林区为水源涵养林以后，自治区在将27个过伐林场先后改为经营性林场，停止了这些林场的主伐生产，加强了营林工作的同时，实行木材产量“一本帐”的措施，使自治区的木材采伐量得到了有计划地控制。采伐面积已逐年减少。从1980年起，已能做到头年的采伐迹地第二年更新，并开始偿还部分更新欠帐。

**林业建设成就** 50年代初期，新疆省人民政府设农林厅，下属4个伐木公司，开始有组织地进行木材生产。1955年，自治区成立以后，组建了林业厅、森工局，按县设立山区林场，逐步建成包括资源调查规划、森林采伐、木材运输、木材加工、综合利用和筑路工程等在内的森林工业体系。现在，新疆林业已发展成一个拥有造林育林，森工生产，综合利用，多种经营，林产品产、供、销等内容的产业部门。共拥有100多个林业企事业单位，23000多名林业职工。

*扩大森林资源* 据1980年全区森林资源清查，全区林业用地面积269.37万公顷，有林地面积112.09万公顷，其中防护林52.95万公顷，用材林49.47万公顷，薪炭林3.34万公顷，特种用途林1.23万公顷，经济林5.1万公顷。疏林地51.37万公顷，灌木林地33.59万公顷。建国后，人工造林面积累计达22.97万公顷，有“四旁”植树18058.07万株，还有64.79万公顷的宜林荒山荒地尚未造林。全区森林覆盖率为0.7%。森林活立木总蓄积量为23473.65万立方米，其中，有林地蓄积20027.83万立方米，疏林地蓄积3173.99万立方米，散生木蓄积29.58万立方米，四旁树蓄积242.25万立方米。针叶树蓄积

19249.77万立方米，阔叶树蓄积778.06万立方米。建国后，人工林蓄积189.97万立方米。

农田防护林建设　新疆从50年代起，就着手进行农田防护林建设。尤其是党的十一届三中全会以来，随着林业“三定”工作的完成，林业政策不断放宽，以农田防护林建设为中心的农村林业发展迅猛，全疆53个“三北”县(市)经过8年努力，累计完成造林保存面积270万亩，其中农田防护林138万亩，保护农田面积1540万亩。超额50%完成“三北”防护林建设第一期工程的计划。这期间，南疆有5县1市相继实现了农田林网化。特别是和田县的农田防护林采取“窄林带、小网格”、“网、片、带”、“乔、灌、草”相结合，对全国农田林网化建设起到了积极的推动作用。到1985年，全区营造农田林网的耕地面积已达2500万亩，对自治区连续3年实现农业稳产高产创造了有利条件。

此外，据统计，从1980年开始，全疆34个胡杨林、河谷林、荒漠灌木林管理场(站)，通过引洪育林或封滩育林恢复胡杨林150万亩，引洪发展薪炭林100万亩，封河育林恢复河谷林10万亩，封沙育林恢复荒漠灌木林80万亩。

森林保护与建立自然保护区　近几年，中共新疆维吾尔自治区党委对林业提出了“坚持保护，积极发展，合理利用”的方针，把森林保护摆在首位。①依法治林：在重点林区建立了2个林区公安局和21个林区派出所，初步形成了一支拥有210名干警的林业公安队伍。20多年来，这支林业执法队伍为保护森林资源和林业建设事业，查处了大量的破坏森林的违法案件。②自然保护区建设：为保护新疆丰富的动植物资源和生态系统，从1980年开始，在合理区划的基础上，建立了16个各种类型的自然保护区，保护区总面积为224万公顷，占全自治区总面积的1.4%。其中，野生动物类型的自然保护区6个，森林植物类型自然保护区7个，自然景观类型的自然保护区3个。这些自然保护区里的珍稀动物数量已趋于稳定，有的略有增加。稀有植物种群受到保护。③森林病虫害防治：这项工作近年来有很大进展。1985年，全疆已建立森林病虫害防治站和森林植物检疫站14个，每年防治病虫害的能力已从1955年的几十亩增加到40万亩以上。1980年开展森林病虫害普查，查清森林病害213种，主要病虫种类20多种，检疫对象20种，各种森林昆虫417种。④护林防火：全区贯彻实施“预防为主，积极扑灭”的方针。从自治区到地、州、县共成立了68个护林防火机构，专业人员622人，义务护林员11200人。1984年，成立了天西、阿山两支季节性快速机降扑火队伍，建立了无线电摇控预测预报系统，开展飞机巡航和机降灭火试验。1980～1985年，森林火灾次数和烧毁林地面积与50年代比较大大减少，森林火灾受害率降至0.1%以下。

森工生产　1950～1985年，全疆累计森工基建总投资1.62亿元。修筑各种等级林区公路5400公里，各种中型桥梁20余座。林业企业拥有各种机械设备和运输设备近3000台(件)，共生产原木1131万立方米，锯材150万立方米，纤维板1.8万立方米，森工总产值达11.95亿元。上缴利税2.7亿元。

林木良种繁育　新疆林木种子公司在全区建立了11处林木良种基地，并拥有74个国营苗圃，每年提供大量的初级良种穗条、种子。年育苗面积已达27万多亩，基本满足了全区造林绿化用苗。1984年，新疆维吾尔自治区林业厅与中国林木种子公司联合建立4处林木良种基地。从1984年起，4处基地7年联营总投资247万元，规划到1990年建设6287亩良种林，每年采收良种4300公斤，提供优良穗条337万根，提供优良无性系苗木289万株，每年可供造林42万亩。

林业科研和教育　到1985年，全区共有林业科研机构13个，科研人员209人(直属系统)，比1980年增加100多人。1980～1985年，共取得各项林业科研成果30项。其中，1项荣获全国科技成果奖，2项荣获林业部奖，19项荣获自治区科技成果奖。在营造防护林方面取得的科研成果，已在生产上得到推广应用。

林业教育方面，在新疆八一农学院林学系、新疆林业中等专业技术学校和林业干部学校任教的教职工已达300多人，在校学生1000人。1980～1985年，共培养大中专林业技术人才1200多人。

**1986年林业建设**　1986年，新疆各项林业建设事业有了新的进展。完成当年成活率在85%以上的造林面积90.7万亩。全区完成育苗面积22.4万亩。全区更新造林面积完成8.03万亩，其中人工植苗更新造林3.1万亩。山区更新造林面积6.98万亩。除完成了上年采伐面积的更新外，补还迹地更新欠帐2.69万亩。

森工生产方面，全区共生产木材42.11万立方米，其中当年采伐34.82万立方米。加工锯材26.5万立方米，人造板1.26万立方米。完成上调国家统配材35.28万立方米。完成森工基建投资1499.7万元，创产值5904万元。

1986年的林业工作重点是：①平原林业重点是营造“三北”防护林体系。一年来，“三北”二期工程进展迅速，有13个县(市)和新疆生产建设兵团的5个农垦田(场)实现了农田林网化。②山区林业企业以深化企业改革为中心，搞活经济，提高经济效益。厂(场)长负责制试点工作稳步发展。

**经验教训**　①要坚决保护好现有森林资源。全区天然森林资源经过36年采伐利用，40个山区林场中已有27个林场现无可采资源，不得不停止主伐。其他林场若按照现有生产条件和采伐生产规模，将只能维持10～30年。而在目前山区森林结构中，作为后继资源的幼林还不到10%，木材生产的后继力量十分薄弱。由于对保护资源，维护生态平衡的重要性宣传不够，在流域治理上忽视了对荒漠森林植被所属生态水源的安排，毁林开荒面积过大，导致平原森林资源急剧减少。据统计，塔河流域的胡杨林1978年比1958年减少了62%、427.5万亩；准噶尔盆地的荒漠灌木林植被1982年比1958年减少了68.4%、7691万亩。毁林大于造林，沙化超过绿化，不少地方沙进人退，生态环境不断恶化。②要搞好农林牧结合，互相促进，协调发展。新疆林牧区分布犬牙交错，近年来，不少山区林场采取了林牧联防护林的方法，进而实行了吸收林区牧民参加营林采伐生产活动等，出现了林牧联防护林，共建山区经济的喜人景象。③林业经济薄弱，财政支持有限。多年来，由于森林工业的经营思想、计划体制、价格体系、经济政策、基建投资等方面的失误，一是造成基本建设跟不上生产需要，局部集中过量采伐，使雪线上升，水源涵养能力减弱，生态环境日益恶化。二是造成经济危困，营林更新费用仅靠有限的育林基金支持，远不能满足需要。④自治区计划内木材产量过大，从1980年以来，年年调减木材采伐量，却成效甚微。1980～1985年木材产量每年减少2.16万立方米，平均递减率只有0.04%。⑤农村实行“三定”政策后，不少林业专业户经营困难，也是一个带有普遍性的问题。

（新疆维吾尔自治区林业厅）

## 台湾省林业

**自然概貌** 台湾省是我国最大的亚热带岛屿，全岛面积357.77万公顷。台湾省年平均气温20～24℃，年平均降水量2000毫米左右，东北沿海高达3000毫米。境内山脉南北走向，纵贯全岛，将台湾分为东西两大部分。高山和丘陵占全岛面积2/3，海拔2000米以上的山峰有115座，从西至东有阿里山、玉山、中央山脉及台东山脉。

山区森林土壤为山地黄壤，山地黄棕壤，黄壤及山地棕色灰化土；丘陵阶地为砖红壤；平原为肥沃冲积土；海滨多为沙土与红树林土。

**森林资源**

*森林分布* 台湾省的森林随海拔变化形成不同的垂直分布。500米以下为热带气候。岛的南端有热带雨林，中部、北部山区500～1800米属亚热带常绿林带，1800～3000米为暖温带混交林，有红桧林、台湾扁柏林，3000米以上的森林接近亚寒带针叶林。具体分为：①红树林。分布于台湾南端高雄前庄海湾泥滩，树高达4～5米，组成树种有红茄苳，木榄等。北部新竹仙脚，基隆、台北、淡水等地的海岸红树林茂盛，仅有秋茄树一种。沿海泥地有苦槛兰。②次生林及四旁绿化树木。平原地区常见树种有枫香、楝树、栓皮栎、黄豆树等20余种。栽培的经济树种有：木棉、龙眼、桉、竹、椰子等。在南部低海拔地带栽培橡胶、咖啡、可可、胡椒。③马尾松林。见于北部及东部沿海地带。④热带雨林。仅分布于恒春半岛南端及东南兰屿、火烧岛。树种主要有：恒春莲叶桐、肉豆蔻、恒春山榄等。雨林中没有龙脑香料的树种。⑤亚热带常绿阔叶树林。均为天然林，面积广，分布于海拔250～1800米地带，主要树种有米槠、栲树、淋漓栲、青冈、台湾琼楠、小花樟树、樟树、黄杞、赤杨等。⑥黄山松林。在中部山区海拔750～2800米地带，多为大面积纯林。⑦红桧、台湾扁柏林。这是台湾山区海拔1000～2900米地带最主要的森林，也是台湾木材生产的主要来源。⑧台湾冷杉林。分布于中部山区上部海拔2800～3000米地带，纯林。

*森林面积与蓄积* 据台湾林务局与农复会于1978年4月出版的“台湾之森林资源及土地利用”调查报告资料：①全省有林地为186.47万公顷，森林覆盖率为52%。其中生产林地178.65万公顷（见表1），非生产林地7.82万公顷。②全省生产林地蓄积量共32642.1万立方米，其林分级别蓄积量及每公顷平均蓄积见表2。

1926年，台湾森林面积215万余公顷，约占全岛土地面积60%。1895～1945年日本军国主义侵占台湾，对森林大肆掠夺，造成森林面积缩小，蓄积量及木材年产量锐减。1942年面积已降为172.9万公顷；采伐量1941年曾近190万立方米。台湾森林的蓄积量，40年代以前，大致保持在2亿多立方米，1944年降至不足1.6亿立方米。从50年代起有所回升，1977年以来，基本保持在3.26亿立方米。

表1 台湾生产林地面积分类

| 林地种类 | 林地面积（公顷） |
|---|---|
| 生产林地 | 1786500 |
| 其中：针叶林 | 415200 |
| 针阔叶林 | 156400 |
| 阔叶林 | 1081900 |
| 竹林 | 133000 |

**表 2　台湾省生产林地林分级别及森林蓄积**

| 林分级 | 蓄积量(立方米) | 百分率(%) | 每公顷蓄积(立方米) |
|---|---|---|---|
| 无蓄积林分 | 129000 | 0.04 | 3.07 |
| 幼龄林林分 | 5598000 | 1.71 | 14.03 |
| 杆材林分 | 43021000 | 13.18 | 92.08 |
| 制材林分 | 153347000 | 46.98 | 336.65 |
| 异龄林林分 | 124326000 | 38.09 | 294.25 |
| 合　计 | 326421000 | 100.00 | 182.72 |

台湾森林中大部分为天然林(见表 3)，主要分布在海拔较高的山地。全岛生产林地中，针叶林占 18.94%，阔叶林占 72.47%，竹林占 5.78%。全省林地约 83%为国有林，私有林 17%。依用途主要分经济林和保安林两大类。

**表 3　台湾省生产林地各主要森林类型面积**

单位：公顷

| 森林类型 | 面　积 | 百分率(%) |
|---|---|---|
| 针叶林 | 415200 | 23.24 |
| 　云杉、冷杉、铁杉林 | 106700 | 5.97 |
| 　桧木林 | 74600 | 4.17 |
| 　针叶树人工林 | 158600 | 8.88 |
| 　其他针叶树林 | 75300 | 4.22 |
| 针阔叶树混交林 | 156400 | 8.76 |
| 阔叶树林 | 1081900 | 60.55 |
| 　阔叶树人工林 | 278600 | 15.59 |
| 竹林 | 133000 | 7.45 |
| 合计 | 1786500 | 100 |

*主要树种*　台湾现有高等植物 180 多科，4000 多种。其中乡土树种为 1600 多种。经济价值较大的树种 180 多种。高海拔地生态条件恶劣，造林树种以红桧、扁柏、台湾杉、香杉、肖楠为主；交通方便的中低海拔则栽植柳杉、杉木、枫香、樟树、光腊树等树种。台湾约有 22 种竹，其中以毛竹属中的毛竹及桂竹，簕竹属中的长枝竹及簕竹，慈竹属中的麻竹及绿竹等用途最广，蓄积量最高。

**林业管理**　1945 年台湾光复后，原农林厅林产管理局主管全省林业生产。1960 年林产管理局改为林务局，将原 7 个山林管理所及 7 个林场改为 13 个林区管理处，由林务局管辖。林务局设林政组、森林经理组、造林组、林产组、供销组等机构。

在森林资源清查工作中，1954～1956 年完成了全省森林资源及土地利用的航测调查。1959 年提出“台湾林业政策、经营方针及改革方案”等草案。1977 年正式开始使用电子计算机处理林业资料，至 1981 年底正式纳入计算机处理的项目共有 31 项。

1952 年前，台湾造林事业发展缓慢，每年平均造林面积只有 1 万公顷，技术落后，树种单调。台湾农复会开始营造人工林后，年造林种植作业面积达到 3 万公顷。1961 年后，由于农村人口大量流入城市，农村劳力缺乏，只好多用机械造林和化学除草剂。1973 年成立了 15 个造林机耕队以参加公、私林的造林工作。1960～1965 年，年造林面积约为2.8 万公顷，造林成活率约为 75%。1964 年的造林总面积中，私有林占 38.42%。

台湾山地雨量多而且集中，每年夏秋之间又常遭台风侵袭，极易造成水土流失。因此，近来台湾在林业经营改革问题上实行的重点对策是确保现有林地面积不再缩减，加强林相的改造以提高林木生产量。为了加强水土保持工作就需要扩大保安林区，减少森林采伐，力求造林面积与采伐面积保持一定的比例，并改造劣质天然林。林务局于 1980 年完成了台湾 1∶400000 森林土壤图，作为选种、施肥的依据。采用容器育苗后，樟树育苗期已由 1 年缩短为 3～6 个月；红桧、台湾杉、香杉、肖楠由 2 年缩短为 1 年。1966～1976 年对 38600 公顷森林进行了抚育疏伐；营造复层林以改良林相，增进水源涵养的功能。在森林保护中，除采用生物防治法外，还主张在造林工作中，营造混交林，调节林分郁闭度，适地适树，选用抗病、虫树种。

由于台湾农耕地不足，人口增加，特用经济林增加，对林地滥垦严重。1955～1959 年，林务局 7 个山林管理所的滥垦面积达 1200 公顷左右；1960～1965 年，各林区管理处滥垦的面积显著增加，造成水土严重流失。

**森林利用**　台湾省有林地面积虽占全岛面积 1/2 以上，但单位面积资源并不丰富，木材供应量也极不稳定，无法满足本省的需求。全省重要林区多集中于中、北部；林场则集中在阿里山、太平山、八仙山、大雪山。

台湾所产木材大部分供本省消费。过去每年木材出口量达 10 万立方米以上，主要是红桧等珍贵材种，主要出口国是日本。20 世纪 50 年代以后，增加了如枕木、家具等的出口量。自胶合板工业发展以来，木材进口量激增；同时，随着造纸和化纤工业的发展，也需要进口大量木材。台湾不同用材林蓄积利用量见表 4。

1976 年，台湾实行了“林业经营改革方案”。为缓和市场对木材需求激增与保持水土之间的矛盾，规定年采伐量不得超过 100 万立方米。1975～1976 年，年木材采伐量已达 82 万立方米，从 1977 年起，已降为 68.9 万立方米，1980 年为 58.2 万立方米，1981 年为 52.9 万立方米。林业改革方案规定每年采伐面积与造林面积分别为 1.2 万公顷和 3.012 万公顷。70年代以来，台湾进口木材绝大部分来自印度尼西亚及马来西亚。1970年进口了150万立方米，首次超过自产木材。1976年高至394万立方米，1978年超过600万立方米。至1979年，进口量达677.6万立方米，达近年最高纪录。其后，虽因经济萎缩有所下降，但1981年仍达598.1万立方米，上升幅度为1968年的5倍。台湾进口的木材，多为用于胶合板工业的柳桉木，见表5。

**表4 台湾不同用材林蓄积利用量**

| 用材类别 | 蓄积（立方米） | 百分率（%） |
|---|---|---|
| 用材林 | 275875000 | 84.52 |
| 锯材利用部份 | 192112000 | 58.86 |
| 枝丫材利用部份 | 83763000 | 25.66 |
| 杆材林木 | 50546000 | 15.48 |
| 总蓄积量 | 326421000 | 100.00 |

**科研教育机构** 台湾省林业试验所设中埔等5个分所，4个工作站，1个松脂试验场。台湾大学、台湾中兴大学内设森林学系，并各包括1所实验林场。此外，在嘉义和屏东两地农专亦各设有森林科。

**表5 台湾省原木生产及进口原木数量**

| 年度 | 自产材（立方米） | 进口材（立方米） |
|---|---|---|
| 1976年 | 820694 | 3944835 |
| 1977年 | 689435 | 5465650 |
| 1978年 | 674107 | 6955193 |
| 1979年 | 653529 | 6776873 |
| 1980年 | 582138 | 5633229 |
| 1981年 | 529684 | 5981638 |

（中国林业科学研究院林业研究所 施行博）

# 法制建设 林政管理 政策实施

## 林业法制建设

**【综 述】** 社会主义林业法制，包括林业立法、执法、守法和监督法律实施等内容，也就是依法治林。

中华人民共和国建国前夕，中国人民政治协商会议制定的《共同纲领》中明确提出“保护森林，并有计划地发展林业”。1950 年 6 月公布的《中华人民共和国土地改革法》作出了大森林均收归国有，由人民政府管理经营以及对没收、征收的山林等如何分配的规定。政务院于 1950 年 6 月 15 日公布了《关于禁止砍伐铁路沿线树木的通令》，于 1950 年 12 月批准东北人民政府发布了《东北国有森林管理暂行条例》等。这些政策法令成为各级林业主管部门确定和维护林木、林地权属，制止各种破坏林木行为，以及司法部门查处毁林案件，林政部门对森林采伐、木材运输和木竹市场进行管理的主要依据。我国第一个五年计划开始后，林业法制有了新的发展。1953 年政务院批准在黑龙江、吉林、内蒙古国有林区建立林业公安局、派出所，派驻林业法庭，并建立了森林警察队伍。从 1954 年起，各省、自治区林业主管部门在林区主要道口设立木材检查站，制止非法运输木材。农业合作化运动在全国开展以后，在党和政府制定的有关农业合作化的决议、章程、指示中，对林木入社、林业收益分配以及护林造林等都作了规定。到了高级社阶段，农民有史以来第一次将私有山林过渡为集体所有，加之有些地方没有完全按照自愿互利的政策办事，引起部分群众思想波动，给林业法制工作增加了难度。“大跃进”和人民公社化运动期间，由于生产关系急剧变化，打乱了林业所有制，破坏了建国以后初步建立起来的林业法制，使森林资源遭受严重破坏。1960 年冬，中央开始纠正农村工作中“左”的错误，1961 年 6 月，中共中央公布了《关于确定林权、保护山林和发展林业的若干政策规定(试行草案)》(简称“林业十八条”)，各地在落实“林业十八条”过程中，组织清理了林权，颁发了林权证，毁林情况大为减少。1963 年 5 月 27 日，国务院发布《森林保护条例》，是我国建国以来制定的第一个保护森林的重要法规。它的实施，为林业建设贯彻“调整、巩固、充实、提高”的方针，提供了重要保证。

党的十一届三中全会以来，我国林业法制建设进入一个崭新阶段。

**林业立法工作** 1979 年 2 月 23 日第五届全国人民代表大会常务委员会第六次会议原则通过了《中华人民共和国森林法(试行)》。1984 年 9 月 20 日，第六届全国人民代表大会常务委员会第七次会议审议通过了《中华人民共和国森林法》，并于 1985 年 1 月 1 日起施行。《森林法》公布之后，林业部立即组织起草了与森林法配套的十几件林业法规草案，在此基础上拟订了《“七五”林业立法计划》，其中包括法律、行政法规 14 件，部门规章 17 件。现在已公布的林业行政法规有《森林法实施细则》、《森林及野生动物类型自然保护区管理办法》；部门规章有《制定森林年采伐限额暂行办法》(林业部公布)、《关于森林案件管辖范围及森林刑事案件立案标准的暂行规定》(林业部、公安部联合公布)、《关于集体林区木材市场管理暂行规定》(林业部、国家工商行政管理局联合公布)等。与此同时，全国已有 16 个省、自治区、直辖市人大常委会或政府根据《森林法》和林业行政法规规定的原则，结合本地区的实际情况，制定了 41 个地方林业法规和林业行政规章。一些林区市、县还制定了有关保护森林发展林业的行政管理办法。许多乡、村定了乡规民约。林业建设基本做到了有法可依，有章可循。但从总的来看，林业立法工作刚刚开始，今后立法任务还很繁重。为了加强管理，林业部确定了法规工作归口管理单位，制定了《林业部法规管理工作的几项规定》，要求每个司局确定一二名兼管法规工作的人员，各省、自治区、直辖市林业厅(局)确定一名熟悉法规业务的人员作为林业部与地方的法规联系人，使立法工作初步走上了轨道。

**林业公检法和林政管理队伍** 1980 年 12 月，林业部、司法部、公安部、最高人民检察院联合发出《关于在重点林区建立与健全林业公安、检察、法院组织机构的通知》。1984 年 5 月，国务院批准建立林业公安局，主要担负保卫森林资源安全，维护林区治安秩序，保障林业生产建设顺利进行的任务。据 1986 年底统计，全国已有 26 个省、自治区、直辖市设立林业公安机构，有13个省、自治区设立林业检察机构，14个省、自治区设立林业审判机构，森林警察部队也有所加强，全国共有林业公安干警2.7万多人，林业检察和审判人员4500多人。在此期间，林政管理机构也得到充实和加强。据1986年统计，已有专职林政管理人员5.5万多人，基层还有相当数量的专职兼职护林人员。

**宣传贯彻《森林法》和培训林业法制队伍** 《森林法》公布后，各地根据林业部、最高人民检察院、最高人民法院、中央绿化委员会联合通知的要求，采取多种形式，广泛开展了贯彻《森林法》的宣传活动。为了提高林业法制队伍的素质，林业部先后举办了林业立法培训班和林政干部培训班。为了推动林业经济法的理论研究和学术交流，经主管领导部门批准，现在正积极筹建林业经济法研究会。

**加强对《森林法》贯彻执行的检查监督** 中央纪律检查委员会于1982、1983两年期间，会同林业等部门派出15个检查组赴河南、广东、黑龙江等15个省、自治区进行督促检查，协助地方查处重大毁林案件。各级党委和政府也积极配合，总共派出2.5万多个检查组、20多万名干部深入林区协助工作。全国人大、全国政协和一些省及地方各级人大也派出人员到林区检查林业执法情况，有力地促进了《森林法》的贯彻落实。 （徐 怡）

**【林业法规的制定情况】** 据1985年林业部统计，从1949～1985年，共制定林业法规及具有法规性的文件近1100件。其中，全国人大常委会通过的法律4件，国务院发布和国务院批准部门发布的53件，林业部和林业部与有关部委联合发布的1000多件。

我国林业立法工作，经历了不断发展和完善的过程。在建国初期，整个国民经济处于恢复阶段，林业建设的规模不大，工作重点是护林防火、封山育林、重点造林。为了适应这些工作的需要，由政务院和林垦部先后发布了有关林业的通令、决定、指示和通知30多件。如政务院发布的《关于全国林业工作的指示》、《关于禁止砍伐铁路沿线树木的通令》、《关于严防森林火灾的指示》等。第一个五年计划期间，为了适应造林事业的发展和木材生产规模扩大的新形势，国务院和林业部发布了160多件法规和法规性文件。其中，国务院发布或批准的主要有《关于进一步加强木材市场管理的指示》、《关于进一步加强防火工作的指示》、《国有林主伐试行规程》；林业部发布的主要有《育林基金管理办法》、《国营林场经营管理试行办法》。1958～1965年，是林业大发展时期，也是林业立法最多的时期。在这期间制定的法规和法规性文件约占总数的一半以上。内容也较以前广泛，包括种苗、造林、采伐、更新、护林防火、野生动物保护、基本建设、林化生产、育林基金、劳动保护等方面。《森林保护条例》就是在这个时期制定的，在1979年《森林法(试行)》公布前，它起着《森林法》的作用。1966年到党的十一届三中全会以前这段时间，由于受到十年动乱的干扰、破坏，许多林业法规、政策都遭到批判，被迫停止执行。新制定的法规和法规性文件也较少。党的十一届三中全会以后，在中央关于加强社会主义法制的指示指导下，林业法规工作得到了很大发展，7年中共制定各种林业法规和法规性文件270多件。1979年公布的《森林法(试行)》是党的十一届三中全会以后全国人大常委会通过的第一部经济法，是我国林业立法史上的里程碑，它的公布有力地促进了我国林业的发展。1984年9月20日第六届全国人民代表大会常务委员会第七次会议通过的《中华人民共和国森林法》，使我国林业立法工作开始走上了正轨，为建立完善的林业法规体系奠定了基础，也为振兴我国林业提供了重要的法律保证。

长期以来，由于我国法制不健全，林业法规和政策之间的界限不够明确，因此在过去法规制定的工作中有以下几个特点：①在已公布的法规和法规性文件中，属于法规的少，只有240多件，约占总数的22%。由于有些法规性文件缺乏国家强制执行的规定，所以过了一段时间，贯彻不下去了，又要重新发文件加以强调。如护林防火、造林、制止乱砍滥伐等工作就重复多次地发了内容基本相同的文件。②继续有效的法规少。据统计，继续有效的还不到总数的30%，而其余大部分则为一时一事而制定的，所以有效期短。而且在有效的法规中，70%是党的十一届三中全会以后制定的，在党的十一届三中全会以前制定的文件中，继续有效的仅占总数的9%。③全国人大常委会通过和国务院发布或批准的少，总共只有57件，仅占总数的0.5%。④“暂行”、“试行”的较多，总共约100件，占总数的9%。有的“暂行”“试行”了10多年，影响了法规的贯彻执行。⑤法规内容比较散乱，缺乏规范性，法规之间衔接不够紧密，有的还相互矛盾。因此，现有的法规还不能适应当前林业改革、开放搞活的新形势和以法治林工作的需要。

在党中央“一手抓建设，一手抓社会主义法制”的精神指导下，1986年，林业立法工作有了新的进展。主要表现在：林业部党组加强了对法规工作的领导，明确了法规工作的归口单位；部长办公会议通过了《林业部法规管理工作的几项规定》；制定了“七五”林业立法计划；有计划地制定了10多件林业法规和法规性文件，其中主要有国务院批准林业部发布的《森林法实施细则》、国家工商行政管理局和林业部联合发布的《关于集体林区木材市场管理的暂行规定》等。这些法规的发布，进一步完善了林业法规体系。与此同时，1986年还按照林业立法计划的要求，向国务院报送了《森林采伐更新条例》、《野生动物保护法》；起草了《森林防火条例》、《种子法》(与农牧渔业部联合起草)。 （潘少成）

## 林政管理

【综 述】 林政管理是各级林业行政主管部门依照国家的法律和政策，对森林资源的保护、培育、采伐、运输和销售等主要经营活动，实行组织、协调、控制和监督等职能活动。林政管理的主要任务是，对森林法及有关林业法规贯彻实施进行监督；进一步稳定山林的所有权和经营权；落实森林限额消耗的各项措施，加快森林的培育进程和实现永续利用的目标。

**发展沿革** 中华人民共和国建国初期，百废待兴，木材需要量大，同时，由于林业政策法律和林政管理机构不完善，乱砍滥伐一度十分严重，急需加强林政管理，搞好森林保护。党和国家先后发布了有关保护森林的一系列政策法令。1949 年，中国人民政治协商会议制定的《共同纲领》作出了“保护森林，并有计划地发展林业”的规定。1950 年，第一次全国林业会议又确定了“普遍护林，重点造林，合理采伐和合理利用”的林业建设方针；同年 5 月，政务院发布《关于全国林业工作指示》中指示：公有林(包括国有林)应由中央人民政府林垦部或中央委托的各级林业机构经营采伐，统筹供应公私用材。1950 年末，全国木材会议决定在全国范围内实行木材统一调配，加强木材管理；在此期间，各大行政区和各省、自治区普遍发布了制止乱砍滥伐的布告或命令。1953 年，全国开始实行国家严格管理下的木材交易自由政策，禁止木商在市场上的投机倒把活动。这些政策法令成为地方各级人民政府的林业主管部门保护林木，确定林地权属，制止各种破坏林木的违法行为，协助司法部门查处毁林案件，以及对森林采伐、木材运输和木竹市场进行管理的主要依据。在此期间，为了适应形势发展的需要，各级林业主管部门，都陆续设置了林政管理的机构和人员，并在全国范围内实行木材统一调配，加强了木材管理，使木材的生产和流通都逐步纳入计划轨道，对维护林区正常生产秩序，防止森林破坏，保障林木、林地所有者的合法权益，促进林业生产的发展，起到积极作用。这一时期的林政管理为整个林政管理打下了良好的基础。尤其是在国民经济调整期间，由于贯彻《中共中央关于确定林权、保护山林和发展林业若干政策规定》(试行草案)和国务院 1963 年 5 月 27 日发布的《森林保护条例》等一系列政策决定，使森林保护得到了加强，林政管理工作进展顺利。十年动乱期间，各级林政管理机构被取消，山林大面积被破坏。

党的十一届三中全会以来，我国林业建设出现了历史性的变革。随着农村经济体制改革的开展和深入，林业经济体制改革也相应进行。为改变过去长期山林权属不稳、界线不清、责任不明的混乱状况，中共中央、国务院 1981 年 3 月 8 日作出了《关于保护森林发展林业若干问题的决定》，并把稳定山权林权、划定自留山、确定林业生产责任制(简称林业“三定”)列为《决定》中的首要问题。由于开展林业“三定”，尤其是多种形式的林业生产责任制的推行，林业经营形式向多样化发展。1985 年以来，南方集体林区木材取消统购，实行议购议销，在流通体制上实行了以林业部门为主的多渠道经营，对解决木材生产上价格长期背离价值、搞活木材流通起到了积极作用。1985 年 1 月 1 日正式实施的《中华人民共和国森林法》，对保护森林、振兴林业提供了法律保证。1986 年 4 月国务院批准、1986 年 5 月林业部发布的《中华人民共和国森林法实施细则》对林政管理工作做了更加具体的规定。

**主要成绩** 建国以后，尤其是党的十一届三中全会以来，我国林政管理取得了一定的成绩：

①积极宣传《森林法》，提高人民群众知法、懂法、守法的自觉性。《森林法》颁布实施以后，全国普遍掀起了宣传贯彻《森林法》的高潮，各省、自治区、直辖市利用广播、电视、报纸、印发小册子等多种形式进行宣传。林业部及时向各省印发《森林法》100 多万册。湖南省翻印《森林法》200 多万册，发至基层林业工作人员手中。福建省委宣传部将《森林法》列入全省普法内容，省高级法院、高级检察院、公安厅、林业厅联合发出通知，对违反《森林法》的法律责任条款作出具体规定。黑龙江省印刷省林业厅编写的《森林法》学习问答宣传材料 5 万份，供全省林政人员学习用。山东省林业厅林政处编写的《〈森林法〉讲话》一书，纳入了省法律常识丛书，已由山东人民出版社出版发行。宁夏回族自治区 1986 年编写了 200 万字的《森林法》宣讲材料和中小学教材，用于普法宣传。据四川省 20 个市、地、州的不完全统计，翻印《森林法》小册子和宣传资料 1824 万册。

②制定一系列规章制度，完善林业法规体系。1984 年 9 月《森林法》公布以来，全国有 16 个省、自治区、直辖市以人大或政府的名义公布的有关林木

采伐、木材运输、市场管理等方面的法规41件，其中1986年共完成24件。内蒙古自治区第六届人大常委会于1986年12月27日正式颁布实施《内蒙古自治区森林管理条例》。广东省省政府批准公布实施了《广东省木材市场管理暂行办法》、《广东省森林和野生动物类型自然保护区管理实施细则》。辽宁省六届人大常委会第二十三次会议1986年12月审议通过《辽宁省实施〈中华人民共和国森林法〉办法》，并于1987年1月1日正式施行。1986年7月，吉林省六届人大常委会第二十次会议通过《吉林省森林管理条例》。一些林区县、市还制定了有关保护森林发展林业的行政管理办法。吉林省已制定的林业管理法规有60多件，90%以上的乡镇有护林乡规民约。这些法规的制定，不仅完善了以《森林法》为主的林业法规体系，而且使森林培育、保护、利用等经营活动基本做到有法可依、有章可循。

③加强林政队伍建设，提高林政工作人员素质。由于国营林业局、场自主权的扩大，家庭承包责任制的普遍推行，南方集体林区木材市场开放和实行多渠道经营等政策，使林政管理任务更加复杂和繁重。为此，加强林政队伍建设，提高林政工作人员的素质，已开始被各级政府所重视。据全国29个省、自治区、直辖市统计，截止1986年，已有25个省、自治区、直辖市先后设置了林政处。目前全国省、地、县三级林政工作人员达1.84万人。全国有9万多个乡镇设立了1.48万个林业工作站，有专职林政工作人员2.37万人。为提高林政工作人员的政治素质和业务素质，林业部与部分省、自治区、直辖市林业厅(局)分别举办了多期不同类型的林政管理训练班。1986年，黑龙江全省举办《森林法》学习班240期，培训骨干5万多人；四川省办训练班1760多期，培训县、区、乡骨干21万人次，基层干部受教育面达75%左右。通过对法学基本知识和《森林法》的学习，不仅提高了林政管理干部的理论水平，也解决了实际工作中遇到的问题，对各级林政管理工作的开展起到了积极作用。

④积极调处山林纠纷，促进林区安定团结。解决山林纠纷，是防止乱砍滥伐森林，增进林区安定团结的一项重要措施。山林纠纷大部分为历史遗留问题，情况复杂，政策性强。为做好这一工作，福建、河南、广东、四川、浙江、安徽等省(区)先后成立了；调处山林纠纷的领导组织，并对调处工作做了较详细的政策规定。截止1984年上半年，全国调处纠纷128万多起，占纠纷总起数的91%。但省际山林权纠纷大都没有解决，截止1984年末全国省际纠纷仍有1360多起，争执面积达140多万亩。除新疆外，其余28个省、自治区、直辖市都有纠纷少则二三起，多则数百起。

林政管理工作还存在着机构不健全、人员素质不高、相应的规章制度不完善等方面的问题。因此，必须加强林政管理，以适应林业生产发展的需要。

(满家正)

**【林政机构建设】** 建国初期，林业的首要任务是保护森林。中央林垦部根据中央人民政府政务院关于建立林业组织机构问题的指示，于1950年设立了林政司，主管全国的护林防火、封山育林、清理林权和制定山林管护法规等工作。东北行政区人民政府也于同年在农林部下设林政局，各省人民政府农林厅设立林政处。1951年冬，林垦部改为林业部后，林业内部机构设置也作了相应调整。林政司改为森林经营司，包括护林、育林和山林管理三个科。1954年，森林经营司扩建为森林经营局，下设林政、保护、山林采伐管理和抚育更新四个处。这一机构的加强，对贯彻执行"普遍护林护山，大力造林育林，合理采伐利用木材"的林业建设方针起到了积极的作用。

"文化大革命"中，由于受"左"的错误思想的干扰，林业政策法令被废止，机构被撤销，行政管理工作普遍被削弱，出现了全国性的森林大破坏。

党的十一届三中全会后，党和国家立即着手恢复、重建各部门机构，恢复成立林业部。特别是《森林法》(试行)公布后，各地对林政管理工作更加重视。1982年，全国各省、自治区、直辖市林业厅(局)相继恢复，为加强林政管理工作，林业部设立了林政司，负责全国林业法规、林业政法和林政三项工作。各地林业主管部门也相继进行了机构调整，设立了林政处。为了适应林业改革和林业法制建设新形势的需要，公、检、法部门和中央绿化委员会、林业部于1984年联合发出通知，要求各地"进一步充实林政机构"。1986年，国务院批准的《森林法实施细则》明确提出了"地方各级人民政府应加强林业法制和林政管理工作，建设好林政、林业公安队伍"，使林政管理机构的建设有了法律依据。

目前，全国林政管理机构建设已初具规模，为今后建成全国林政管理体系奠定了基础。截止1986年底，全国林政管理队伍已发展到5.5万人，这支队伍中包括林政管理机构人员1.84万人，林业工作站中的林政管理人员2.37万人，木材检查站木材检查人员1.27万人。此外，在林区广大群众中吸收了90多万名林业积极分子，担任专职或兼职护林员。这支新型林政管理队伍活跃在林业生产和商品流通领域第一线，在贯彻林业法规、组织、调节、监督和管理方面起到积极作用。到1986年，全国除上海、江苏、青海和甘肃四省、市尚未建立林政机构外，其余25个省、自治区、直辖市林业主管部门均设立了林政处。有19个省、自治区的172个地区建立了林政科，占全国地(市)总数的53%；18个省、自治区的970个县建立了林政股，占全国县(市)数的

43%。其中：吉林、辽宁、黑龙江、湖北、广东、福建、四川、山东和河北等省全部或大部建立了县级林政机构，并调整和充实了林政管理干部。个别省、市尚无建立专门林政机构的也都设立了专职林政人员。

林政管理工作具有连续性、广泛性和政策性强的特点，是一项长期工作。在开放、搞活的新形势下，林政管理工作的任务更为繁重。当前存在的问题是：不少地方林政管理机构不健全，林政管理队伍人员不足，大量基层工作无人完成，使《森林法》各项规定不能落在实处，远远不能适应林业改革发展的需要。因此，加强林政管理机构的建设应引起各地林业主管部门足够的重视。在1986年全国森林保卫和林政管理工作会议上，对林政管理机构的职责范围作了明确规定。就全国而言，当前林政管理工作主要应包括以下几方面：积极配合有关部门宣传林业政策、法规；贯彻执行林业政策、法规并解决存在问题；组织拟订林业规章制度，完善林业法规体系；依法对森林限额消耗、凭证采伐、运输、销售等经营活动进行管理、监督，及时制止和查处违法行为；依法办理征用、占用林地的审批手续；组织调处山林权属纠纷；及时查处毁林案件，依法行使林业行政处罚权。 （章 宏）

**【加强征用、占用林地管理】** 国家因勘察设计、修筑工程设施、开采矿藏的需要，依照法律规定，使用集体所有的林地为征用林地；使用全民所有的林地为占用林地。

建国初期，为适应国家建设的需要和统筹兼顾、经济合理地使用土地，中央人民政府政务院于1953年公布了《国家建设征用土地办法》，1958年对此法进行了修订。对征用土地的原则、程序、批准权限和经济补偿等都做了具体规定。但对征用林地需要砍伐林木没有明确的补偿原则。1982年5月公布施行了《国家建设征用土地条例》，对此作了较为明确的规定。林业部于1965年3月23日批复陕西省林业厅《关于工程建设单位占用林地的批复》中明确了占用国有林地必须报请省林业行政部门批准，伐除林木给予经济补偿的规定。1985年1月1日施行的《中华人民共和国森林法》和1986年5月10日林业部公布的《中华人民共和国森林法实施细则》明确了对征用、占用林地2000亩以上，由省、自治区、直辖市人民政府报国务院批准，和给予林木所有者补偿实际损失等的规定。多数省、自治区、直辖市也相应制订了具体规定、办法和经济补偿标准。如辽宁省制定的《辽宁省实施〈中华人民共和国森林法〉办法》中，对征用、占用林地伐除林木，除将采伐下来的木材交森林经营单位或林木所有者外，并向森林经营单位或林木所有者补偿实际损失做了具体规定：伐除人工幼林，补偿全部造林投资及培育费；伐除人工中龄林，按主伐期出材量实际价值补偿70—100%；伐除人工成熟林，按出材实际价值补偿10—15%；伐除天然林，按人工林补偿标准补偿；伐除防护林、特种用途林和珍贵树木，按人工林补偿标准的1—3倍补偿；伐除经济林，按实际投资或实际产值协商议定，合理补偿等。使征用、占用林地的管理工作，逐步纳入轨道，并取得了一定效果。

近两年来，各省(区)征用、占用林地报经国务院批准，林业部代为审查的共有903.6公顷(13559.6亩)，其中，辽宁省报批输电线路536.5公顷(8047.2亩)，云南省报批输电线路185.2公顷(2779亩)，山西省报批平朔露天煤炭公司181.9公顷(2728.4亩)。 （王益春）

**【调处山林权属争议】** 山林权属争议也叫山林权纠纷或林权纠纷，属于民事产权纠纷的一种。建国37年来，由于我国的林业政策不稳定，有些山林权属，特别是乡、村公有林，没有正式确认所有权；有些历史的和土地改革时期的遗留问题，长期以来没有解决；社会主义改造时期所有权的变动，和人民公社时因公社体制调整，新划界址不清或者调整不合理等原因，致使一部分林界不清，权属不明，形成山林权属争议。由于山林权属纠纷引起乱砍滥伐甚至械斗，造成人民生命财产损失，林区社会不安定。如广西桂林地区5个县(全州、灌阳、资源、龙盛、恭城)与湖南省8个县(东安、零陵、双牌、道县、江永、江华、城步、新宁)交界，有山林权属争议38起，争议面积21.18万亩。据1975—1983年统计，仅广西的灌阳、恭城、全州、龙盛4县，由于山林权属纠纷被绑架39人、被打伤135人，死亡2人。鉴于这种情况，1979年、1980年国务院连续发布了坚决制止乱砍滥伐森林的布告和紧急通知，1982年中共中央、国务院发布了《关于禁止乱砍滥伐森林的紧急指示》，都规定了不准砍伐有争议的林木和任何一方不准先发山林权证等具体规定。1985年1月1日颁布执行的《中华人民共和国森林法》第十四条，对林木、林地所有权和使用权争议的调解处理，都作了明确规定。1981年，根据中共中央、国务院发布的《关于保护森林发展林业若干问题的决定》，在全国开展了林业“三定”工作，狠抓了山林纠纷的调处工作，截止1984年，已解决了128万多起。但是，省际山林权纠纷大都没有解决，还有1360多起，争议面积140多万亩。1984年，国务院发布了《批转林业部、民政部等部门关于调处省际山林权纠纷问题的报告的通知》中，规定了八条政策原则，对促进调处解决省际之间的山林权争议起了很大作用。

近两年来，各省、自治区、直辖市人民政府积极认真地抓山林权属纠纷的调解工作，大部分省、自治区、直辖市都制订了调处山林权属纠纷的具体政策、法规，还组织有关部门成立处理纠纷办公室，调处解决了一批省际山林权属纠纷。如浙江省与福建省有山林权属争议703处，涉及15个县、77个乡、134个村和4个国营林场。为了尽快解决这些历史遗留问题，1984年浙江省丽水地区行政公署和福建省建阳、宁德两地区行政公署共同协商，达成了两项调处山林权属争议工作的原则协议，统一了政策规定，促进浙江、福建两省间山林权属争议的解决。有的省把处理好山林权属争议，贯彻落实国务院国发〔1984〕95文通知精神，列入省政府议事日程。1985年、1986年，林业部作为国务院工作组成员之一，调处解决了河北、内蒙古两省、区的围场县与克什克腾旗，以及四川、青海两省的色达县与达日县的两处边界争议。（王益春）

**【森林采伐管理】** 森林采伐管理，是指林业主管部门按照国家法律和有关行政法规，对森林采伐活动进行的组织、指挥、监督和调节。

森林采伐直接关系森林的更新、生长和生态效益的发挥。合理采伐森林，是实现森林资源"越采越多，越采越好，青山常在，永续利用"的重要措施之一。因此，在建国初期，我国就确定了"合理采伐"的森林采伐管理工作的总原则。

1950年5月16日，中央人民政府政务院发布的《关于全国林业工作指示》提出，采伐林木要制定合理的采伐计划，任何单位不得自行采伐。这一时期，全国各大区以及各省、自治区都对森林采伐作了原则规定。如1949年11月29日，东北林务管理局公布施行的《东北国有林暂行伐木条例》规定，采伐国有林应取得采伐许可证。1950年2月11日，福建省人民政府公布施行的《福建省山林保护及管理暂行办法》规定，采伐公有林或私有林应当于采伐前填具伐木申请书，提交更新造林计划，呈请当地县人民政府核准，发给采伐证后方可采伐。但鉴于我国私有林地区（现称为南方集体林区）的林业生产状况，1953年政务院财政经济委员会提出，在私有林地区实行"中间全面管理，两头适当控制"的木材经营管理政策，以促进南方私有林区森林采伐的统一经营。这一政策的主要内容有，允许农民采伐、出售自己的木材，不必经政府批准；严格管理木材的购销和在大城市间的长距离运销等。因此，在私有林地区，凭证采伐林木的制度基本没有实施。

60年代，经国务院批准林业部发布的《国有林主伐试行规程（修订本）》，对国有林的采伐审批及监督作了具体规定，为国有林的采伐提供了比较详细的行为规范。该规程规定了采伐国有林必须提交采伐更新设计文件，由上级主管机关批准后进行采伐。但修订后的规程，取消了1956年公布的《国有林主伐试行规程》中，关于采伐国有林须申领林木采伐许可证的规定。这期间，采伐国有林实行了伐区拨交验收制度，取代了林木采伐许可证制度。

1979年公布的《中华人民共和国森林法（试行）》规定，国有林根据国家下达的计划进行采伐，集体林按照合同采伐。同时，对社队在自有林内采伐自用木材的审批权，也作了详细规定。

1985年施行的《中华人民共和国森林法》和1986年公布的《中华人民共和国森林法实施细则》对森林的采伐管理作了明确、具体的规定，为合理采伐森林提供了法律保障。

我国现行的森林采伐管理主要是通过核定年森林采伐限额，确定年度木材生产计划，实行依法凭证采伐制度。

**核定年森林采伐限额**　核定年森林采伐限额是依照法定程序和方法，对本经营区内的森林、林木进行科学测算，提出并经国家批准的年度采伐森林的资源消耗最大限量。它包括了所有经人为采伐活动而引起的资源消耗量。全民所有的森林和林木，以国营林业企业事业单位、农场、厂矿为基本单位；集体所有和农村居民自留山的森林、林木，以县为基本单位，提出本单位的年采伐限额建议指标。

根据我国现有森林资源状况，大多数省、自治区以"消耗量低于生长量"为制定年采伐限额的原则；用材林的成熟林和过熟林蓄积量超过用材林的总蓄积量2／3的个别省、自治区，是以"合理经营，永续利用"为制定年采伐限额的原则。对于用材林以外的林种，是按照林业部1985年《制定年森林采伐限额暂行规定》中第六条"对其他林种的森林和林木应以符合合理经营的要求为依据"的规定，制定年森林采伐限额。

**确定年度木材生产计划**　37年来，我国木材生产计划，仅反映了国家统配材部分。在总的采伐消耗中，有很大一部分是通过"层层加码"或巧立名目的超计划方式进行的，客观上森林采伐是处于无计划状态。这不仅造成我国森林严重过伐，同时也妨碍了对全社会木材生产和供应的计划管理。所以有必要由国家来制定统一的木材生产计划，实行全国木材生产计划的"一本帐"管理。因此，《森林法实施细则》第十七条规定，除了采伐农村居民自留山上的薪炭林以外，凡采伐全民所有制单位经营的森林和林木、集体所有制单位所有的森林和林木以及农村居民自留山的林木，都必须纳入国家的年度木材生产计划。《森林法》第二十六条也规定了年度木材生产计划不得超过批准的年采伐限额。

年度木材生产计划经国家批准下达后，即成为控制全国总采伐量的法定指标，所有地方部门和单位都应当严肃认真地贯彻执行，不得以任何借口超计划采伐。国务院办公厅〔1986〕75号文规定:“对森林采伐,要实行责任制。计划外采伐须经过国务院主管部门批准,否则要追究林业部门和地方政府的责任。”

**依法凭证采伐** 凭证采伐制度是保证年采伐限额和年度木材生产计划得以全面落实的具体管理措施。通过施行凭证采伐制度,把单位和个人分散采伐林木的数量,纳入到国家年采伐限额和年度木材生产计划中去,以实现“严格控制森林年采伐量”的目的。实行林木采伐许可证制度,首先能够防止一些林木所有者与经营者滥用采伐权而破坏森林,从而有效地预防对森林生态效益的损害;其次,可以有效地制止非森林、林木所有者和经营者采伐他人的森林和林木,以保护森林、林木所有者或经营者的合法权益;第三,能够帮助和引导森林经营者科学地经营利用森林资源;第四,可以有效地对林木采伐和更新实行监督,对违章采伐及时进行纠正。

《森林法》及《森林法实施细则》规定,除了采伐竹子和不是以生产竹材为主要目的的竹林以及农村居民自留地、房前屋后自有的零星林木以外,任何单位和个人对自己所有或经营的林木进行任何形式的采伐,都必须依法经有权核发采伐证的部门批准,并按采伐许可证的规定进行采伐。

采伐许可证,是由林业主管部门根据采伐林木者的申请,依法发放的允许采伐者从事采伐活动的凭证。采伐许可证是采伐活动的行为依据,采伐者应当依法提交申请文件,经审批取得采伐证后,才可按规定内容进行采伐,并及时完成更新任务。

根据《森林法及其实施细则》规定,有权发放采伐许可证的单位是政府的林业行政管理机关或其委托授权的单位;发证的前提是不得超限额发证;发证的主要依据是现有可采森林资源和木材生产计划。 (印 红)

**【木材凭证运输管理】** 木材凭证运输管理,是指林业主管部门依照国家法规及政策,对非生产过程中的木材运输,进行的协调和监督活动。

50年代已有部分地区开始实行木材凭证运输制度。1950年东北人民政府公布的《东北林区木材运输暂行管理办法》规定,在东北区境内及往关内或其他行政区运输木材,必须取得东北森工总局或各省林政机关发给的木材运输证明,方准起运。1952年6月,广西省人民政府颁布的《广西省木材运输管理暂行办法》和《广西省木材出境检查暂行办法》中规定,运输木材必须取得中南或广西省农林厅印制委托各木材公司签发的运输证明,方准起运。经过检查站时必须将运输证及有关附件交检查站查验后,认定为合法经营的木材,由检查站在运输证上加盖印章,准予放行。这一时期所实行的木材凭证运输管理制度,目的是防止滥伐盗运,杜绝木材抢购、投机买卖和控制木材的不合理流向。从50年代中期到70年代末,国家实行木材统一调配和管理,木材流通严格纳入了计划轨道。因此,这期间木材运输主要凭林业部门和物资部门的木材调拨通知书运输。

1979年《中华人民共和国森林法(试行)》公布后,木材凭证运输制度得到了完善。《森林法(试行)》规定,运输木材、竹子和木竹制品、半成品出县的,必须有县林业主管部门发给的运输证明,出省、自治区的,必须有省、自治区林业部门发给的运输证。这期间,木材凭证运输管理已明确归口林业主管部门,为进一步改变木材运输管理的混乱局面打下了基础。

1985年1月1日起实施的《中华人民共和国森林法》,在总结了多年的木材运输管理经验的基础上,对木材凭证运输管理做了原则规定。《中华人民共和国森林法》和1986年4月28日国务院批准的《中华人民共和国森林法实施细则》规定,从林区运出木材,必须持有林业主管部门发给的运输证件,国家统一调拨的木材除外;依法发放的木材运输证件,从木材起运点到终点全程有效。目前,实行木材运输凭证管理制度,目的是保障林区木材运输的正常秩序,防止非法采伐的木材进入流通领域,防止偷漏育林基金、更改资金和国家税款。木材凭证运输制度和林木凭证采伐制度配合实施,就能有效地监督采伐计划的执行,更好地保护森林资源和促进林区经济的发展。

木材运输证件是由林业主管部门根据运输者的申请所发放的允许从林区运出木材的合法凭证。木材运输证的内容包括所运木材的树种、材种、规格、数量,运输起止地点和有效期限等等。从林区运出木材者,应首先向林业主管部门提出运输申请,经有权发证的部门审查其木材来源、用途和流向,以及是否按规定交纳了税费等,凡符合有关木材运输管理规定的,发给运输证件。国家统一调拨的木材,凭调拨通知书或调拨计划,由省、自治区、直辖市林业主管部门加盖木材调运专用章即可运输。农村居民采伐自留地和房前屋后个人所有的林木,在自用有余需要外运销售时,可凭乡政府或村民委员会发给的自产证明,到县林业主管部门申领木材运输证。

林区木材运输的监督机构是木材检查站。早在50年代,西南大区和广西等省就设立了木材检查站。目前,全国各省、自治区设立的木材检查站,是根据《森林法》第三十三条第二款规定设立的。木材检查站的设立,由县级林业主管部门根据实际需要提出设站方案,逐级呈报审核后,经省级人民政府批准设立。非林业主管部门和未经省级人民政府批准，不得设立木材检查站。到1986年底，全国已有22个省、自治区建立了木材检查站，总站数已达3076个，共有木材检查人员12798人。1986年12月，林业部和公安部就木材检查站有关问题联合发出通知。通知要求各地林业部门、公安机关互相配合，做好木材运输检查工作。林业主管部门需新增设木材检查站时，由省、自治区、直辖市林业主管部门与公安机关协商后，联合报请同级人民政府审批。

木材检查站的主要任务是：宣传森林法规和有关林业政策；对运出林区的木材进行监督；对违章运输木材的行为按规定处理；按时向上级主管部门报告木材运输情况。凡按《森林法》规定设立的木材检查站，受国家法律保护，任何单位和个人不得以任何借口，妨碍其依法执行任务。（印　红）

**【全国林政、立法干部培训班】** 为了提高林政干部的业务素质，1985年9～11月，林业部林政保护司在北京林业管理干部学院举办了首次全国林政干部培训班。来自全国22个省、自治区的省、地、县三级林政干部68人参加了培训。在开学典礼上，董智勇副部长就全国的林业形势和林政工作的重要性发表了讲话。在3个月的学习期间，学员们系统学习了法学概论、林学概论和森林法概论。这次办班，对加强林政管理，保证《森林法》的顺利实施起到良好作用，也培养了宣传《森林法》的教学人才，从而推动了《森林法》的普及和教育。如广东、福建等省的学员回去后，将笔记进行整理，编印成册，承担教学任务，举办《森林法》培训班。1986年9～10月，林业部林政保护司在林业干部管理学院又举办了第二期林政干部培训班。来自15个省、自治区的53人参加了学习。通过学习，对于集体林区木材市场放开后如何加强林政管理，用《森林法》等法律保证林业经济体制改革，将起到很大作用。

为了提高林业立法干部的业务素质，推动地方林业立法工作的正常进行，保证《森林法》及其他林业法规的顺利实施，1986年11月16～21日，林业部林政保护司在北京林业管理干部学院举办了中华人民共和国成立以来的首次林业立法干部训练班。来自全国27个省、自治区、直辖市和林业部各司局及在京直属单位的法规工作联系人50人参加了培训。国务院法制局副局长黄曙海、李培传，研究室主任高帆，就立法工作指导思想、程序、技术和法规起草工作中的几个问题，深入浅出地进行了讲解。这次办班，将促进中央和地方林业立法工作的顺利开展和进行。（段庆浩）

## 政策实施

**【林业“三定”已显示较好的效果】** 为切实解决山林权属不稳、林业经营中权责利不明、宜林荒山荒地绿化造林速度缓慢等问题，党中央和国务院在1981年3月8日发布的《关于保护森林发展林业若干问题的决定》中，把稳定山权林权、划定自留山、确定林业生产责任制（简称林业“三定”）作为保护森林、发展林业的首要问题提了出来，要求各级党委和人民政府认真抓紧解决。

林业“三定”是贯彻党的十一届三中全会精神，进一步解放思想，落实党的农村经济政策的一项重要措施；是制止乱砍滥伐森林、保护森林、发展林业的一项根本大计；也是关系到山区安定团结，涉及国家、集体和社员群众经济利益，使山区农民尽快富裕起来的一件大事。各省、自治区、直辖市对这一工作都十分重视。截至1982年，全国有10个省、自治区的党委和人民政府专门发了文件，13个省、自治区、直辖市人民政府成立了由主要负责人参加的领导小组。全国各地共组织了70多万人的工作队，协助基层工作，使林业“三定”工作得以顺利展开。

截至1984年，全国除上海、西藏外，已完成林业“三定”的县为1781个，占全国应开展林业“三定”工作县的77.5%；完成林业“三定”的生产队有475.4万个，占应开展林业“三定”生产队总数的88.2%；完成定权发证的山林面积达14.5亿亩；建立各种形式的林业生产责任制的山林面积达11.8亿亩；给近5700万农户划定自留山4.7亿亩。在开展林业“三定”的27个省、自治区、直辖市中，按照全国林业“三定”会议确定的5项标准（即：山林纠纷得到调处，国家、集体、个人的山林权属已经明确，发放的证书与实际相符；给社员划定了自留山或指定了种树地点；因地因林制宜地建立了林业生产责任制；制止了乱砍滥伐，重大毁林案件得到处理；建立了护林组织，订立了乡规民约，建立了林业“三定”档案）进行验收。其中，天津、山西、吉林、福建、江西、青海、安徽等7个省、直辖市已于1984年全部完成这项工作，辽宁、江苏、湖南、广东、云南、甘肃、宁夏、新疆等8个省、自治区完成了80%以上，北京、内蒙古、黑龙江、浙江、湖北、四川、贵州、陕西等8个省、自治区、直辖市完成了70%，河南、山东、河北等3省完成50%。

实践证明，林业“三定”是顺乎民心、合乎民意的。普遍反映，林业“三定”是党和政府的爱民政策。凡领导重视、政策对头、工作扎实的地方，林业“三定”就搞得好，其效果也就显著。

**调动了群众植树造林、发展林业的积极性** 通过林业“三定”，大多数地方的林业生产关系得到了适当调整，责权利进一步明确。特别是给社员划定自留山后，出现了国家、集体、个人都来兴办林业的新局面。浙江省1983年新造林的1/3～1/2是造在自留山上的。湖南省在林业“三定”中共划定自留山2124.7万亩。安徽省阜阳地区，在林业“三定”后出现了群众集资540万元造林的新气象。安徽省东至县在开始林业“三定”工作的第一年就完成了自留山造林的70%。福建省的许多农民在自留山上办起了小茶园、小果园、小松园、小竹园。

**加强了林政管理，较为有效地制止了乱砍滥伐** 在开展林业“三定”工作的过程中，为维护已确定的山林权属，各地相继制定了护林公约，建立了护林组织。湖北省咸宁地区的群众把定权发证说成：“定权如定心，定心保住林。”群众自觉遵守采伐林木的规定，并协助护林人员做好保护林木的工作。自发放林权证以来，咸宁地区基本没有出现乱砍滥伐现象。广东省粤北地区的翁源、乐昌两县，过去每年有成百上千立方米的林木被乱砍。林业“三定”以后，韶关市委和市政府对这两个县采取有效措施，主要领导人深入现场，查处乱砍滥伐事件，公安机关依法逮捕盗伐林木的为首分子，从而基本刹住了这一地方的乱砍滥伐歪风。

**整顿和巩固了社队林场，保护了后备森林资源** 林业“三定”前，由于农业生产关系的调整，特别是农业实行包产到户和包干到户的责任制后，林业经营中的责权利分离产生的矛盾更加突出。一些权属不清的社队林场中出现了社员不安心、生产停顿等混乱局面。在林业“三定”中，绝大多数地方坚持了承包林木不毁场的原则，采取整顿、巩固的办法，使一大批社队林场得以巩固和发展。湖北省咸宁地区原有的社队林场，通过林业“三定”，得到进一步巩固，同时还新办了30多个新场，保护和扩大了森林资源。安徽省有8500多个社队林场，除少数林场外，都做到了山林权属、劳力、报酬、办场资金四落实，使林场得到了巩固和发展。

**调处了大量的山林纠纷** 调处山林权属纠纷是搞好定权发证的一项重要工作，也是防止乱砍滥伐林木、增进林区安定团结的一项重要措施。据统计，截至1984年，通过林业“三定”，调处了128万多起山林纠纷，占山林纠纷总数的91.3%，一些“老大难”的历史积案也得到了解决。为进一步做好林权纠纷的调处工作，福建、河南、广东、四川、浙江、安徽等省成立了调处山林纠纷的领导小组；广东、福建、辽宁、浙江等省还就此作出了专门规定。近年来，各省调处山林纠纷工作又有新的进展。福建省1986年共调处山林纠纷802起，涉及面积达79.6万亩。截至1986年，吉林省共调处山林纠纷6904起，占发生山林纠纷总数的95%；黑龙江省共调处山林纠纷2019起，占发生山林纠纷总数的97.6%。由于解决了大量的山林纠纷问题，改变了一些地方争占山林、抢伐林木、甚至结伙械斗的混乱状况，消除了不安定因素，促进了林区的安定团结和林业生产的发展，为全面完成林业“三定”任务奠定了基础。

当然，林业“三定”工作也还遗留一些问题，主要有：有的地方工作粗糙，草率发证，一些老的林权纠纷问题没有根本解决，还引起了新的林权纠纷；有的地方推行林业生产责任制时没有做到因地制宜，效果不显著。目前，不少省、自治区的林业部门正在积极组织力量，抓紧解决林业“三定”的遗留问题。 （满家正）

**【速生丰产用材林基地建设有较大进展】** 我国森林资源贫乏，木材供需矛盾尖锐。早在1960年初，林业部就提出造林要实行“基地化、林场化、丰产化”的方针，但由于十年动乱的干扰，致使这一方针未能付诸实施。70年代初，又开始进行南方杉木林基地规划。国家从1976年起拨出专款，在南方12个省、自治区开展了以培育杉木为主的用材林基地建设，取得了一定成绩。然而，由于投资不足，经营管理粗放，没有达到预期的目的。党的十一届三中全会以后，在总结国内、外林业发展经验的基础上，1980年中共中央、国务院在《关于大力开展植树造林的指示》中再次提出：“大力营造速生丰产林，在资金和物资上给予重点保证，进行集约经营。”随后，林业部把建设速生丰产用材林基地列为我国林业战略重点之一，并提出：争取到本世纪末，每年由新的速生丰产用材林基地提供3000万立方米木材。

从1980年开始，林业部先后在山东、山西、湖北、广东、贵州、江西、广西、辽宁、湖南、黑龙江、浙江、安徽、四川、云南、陕西、河南等20个省、自治区的118个县、113个国营林场，同地方合资营造丰产林。到1986年底，共造丰产林10.6万公顷。据试点单位的大量样地调查资料，速生丰产林单位面积林木蓄积量比相同林龄的现有林增加50%以上，可以大大缩短采伐期。例如，海南行政区临高县3年生的267公顷桉树丰产林，平均树高7.2米，平均胸径6.2厘米，每公顷蓄积达51立方米；山东省单县大沙河林场4年生鲁克斯杨（I-69杨）平均树高16.2米，平均胸径19.5厘米，每公顷的蓄积量达107.25立方米。江西省景德镇市枫树山林场3年生的湿地松丰产林，平均树高2.28米，平均地径6厘米。事实证明，只要目标明确，并有足够资金，坚持集约经营和科学管理，速生丰产的目的是完全可以达到的。在试点的推动下，一个营造速生丰产林的高潮正在全国范围内兴起。

经过几年的建设，速生丰产用材林基地已具雏形。南方集体林区自然条件优越，是基地建设的重点。以桉、杉、松为主要树种的建筑用材、造纸材基地面积最大。长江中下游两岸及滨湖地区以意大利杨为主的造纸材林基地，华北、中原黄河故道、大河两岸的杨树造纸材林基地，林粮间作的泡桐用材林基地，东北地区以落叶松、杨树为主的矿柱林、造纸材林基地等，也都有了一定规模。据统计，到1986年，全国已营造速生丰产用材林基地近200万公顷。

在基地建设中，各地进一步完善了林业生产责任制，乡村集体林场得到了巩固，联户林场迅速发展。“集体出山、林场投资、山权不变、林权归场、收益分成”的场乡联办林场，为宜林荒山不多的国营林场大面积营造丰产林闯出了一条新路，初步形成了国营林场、乡村集体林场、联户林场、场乡联办林场和专业户承包等多种经营形式并存的格局。

速生丰产用材林基地建设，过去主要依靠国家投资。资金数量有限，建设进度较慢。近几年，采取国家投资、银行贷款、使用育林基金、需材部门投资、群众自筹等多渠道集资的办法，扩大资金来源。1986年，国家发放的3亿元林业项目贴息贷款中，有42%用于营造速生丰产用材林，加快了基地建设的步伐。广东省除与林业部合资六七百万元在海南行政区和台山县营造桉、松丰产林外，省财政每年还拿出1291万元，省农业银行从1984年开始连续3年每年发放贷款1000万元，用于营造丰产林。1985年南方集体林区木材放开经营后，产材县的育林基金和林农收入增加，投入丰产林基地建设的资金也就更多。连山县太堡区几年来采伐杉木66公顷，从林价收入中拿出45万元作为还林资金，营造丰产林340公顷。

许多地方在资金使用上改变了无偿补助的做法，逐步实行有偿投资造林的改革。有的合资造林，收益分成；有的贷款造林，谁贷谁还，把投资和效益挂起钩来，提高了营林质量和投资效果。

各地的速生丰产用材林基地建设都严格按工程项目管理。一是做到先规划、后施工，科学造林，即施工前有作业设计，按作业设计施工。二是严格检查验收制度。除认真检查造林的各主要环节外，还进行阶段检查验收，实行目标管理。三是建立从调查设计、采种育苗、整地栽植、幼林抚育及后期管理措施等一套管理制度和技术档案，初步形成了“总体设计—作业设计—检查验收—档案管理”的完整的科学管理体系，使基地建设步入有目标、有效益的轨道。

营造速生丰产用材林是一项高投入、高产出、高效益的重大工程，没有足够的资金作后盾是难以实现的。从目前来看，国家基本建设投资有限，林业项目贷款又是存贷结合，受当地银行存款数量制约，很不稳定。因此，基地建设受到资金的限制。为到本世纪末实现由新的丰产林基地每年提供3000万立方米木材的奋斗目标，必须增加投入，加快建设速度。（孙书晋）

**【国营林业企业经过全面整顿】** 1982年中共中央、国务院发布《关于国营工业企业进行全面整顿的决定》，要求从1982年起，用两三年时间有计划有步骤地、点面结合地、分期分批地对所有国营工业企业进行经营管理、职工队伍建设、领导班子建设等5个方面的全面整顿。

遵照中共中央、国务院的决定，国营林业企业在各省、自治区和直辖市林业部门的领导下，分期分批地进行了全面整顿。全国林业系统参加整顿的国营大中型企业共169个，其中骨干企业69个。至1985年12月27日全部整顿完毕，经各省、自治区、直辖市林业主管部门检查合格，颁发了企业整顿合格证。4000多个国营小型企业、林场、苗圃，也先后完成了5项整顿工作。

在4年的企业整顿中，国营大中型林业企业调整了领导班子，改变了企业领导职数偏多、年龄偏大、文化程度偏低、专业人员偏少的状况；推行了岗位责任制、经济责任制和各种承包经营责任制，改善了经营机制；健全了各项规章制度，加强了企业内部的各项管理和基础工作；增强了队伍建设，职工思想觉悟和文化、技术、业务素质有所提高；开始转变经营思想，经济结构得到初步调整；进行了企业文明建设和林区治理，遵纪守法和社会安定团结的局面形成；国营林业企业的各种效益有了提高。

根据各整顿单位的实际情况，经各省、自治区、直辖市人民政府审核推荐，1986年1月，国家经济委员会命名内蒙古自治区绰尔林业局、吉林省三岔子林业局、林业部大兴安岭林管局新林林业局为国家级“全国企业整顿先进单位”。1986年7月，经林业部复查审核，又命名了91个林业企事业单位为部级“全国林业企业整顿先进单位”。这些单位是：温泉苗圃；涿县苗圃、黄土梁子林场；左云县苗圃、横河林场、孝文山林场、北平林场；克一河林业局、满归林业局、阿龙山林业局、牙克石林业建筑工程局、三根河林场；他本札兰苗圃、普乐堡林场、和隆林场；松江河林业局、白河林业局、露水河林业局、横道河林场、洮南机械林场、梨树县机械林场；桃山林业局、南岔林业局、绥棱林业局、大海林林业局、穆棱林业局、佳木斯木材综合加工厂、正阳河木材综合加工厂、哈尔滨木器加工厂、南岔木材水解厂、黑龙江省林业设计研究院、安达苗圃、黑山林场、通天一林场、孟家岗林场、涌泉林场、青山林场；东善桥林场；建德林场、开化县林场、宁波木材分公司；桥头庵苗圃、长山林场；龙岩林业汽车保修厂、武平县林化厂、福建省林业工程公司、邵武市苗圃、碧卿林场；赣州木材厂、黎山林场；冠县苗圃、济南市郊区苗圃、原山林场、昆嵛山林场；温县苗圃、南湾林场；太子山林场管理局、官塘驿林场；株洲木材厂、益阳地区汽车运输公司、宁乡县苗圃、金洞林场；鱼珠木材厂、樟木头林场；西江木材水运局、国营大桂山林场；松潘林业局、炉霍林业局、普威林业局、大渡河木材水运局、富顺林场；龙里林场；江边林业局、昆明林业机械厂、西山林场；宁西林业局、河口林场；舟曲林业局、小陇山林业实验局、平凉市苗圃；上北山林场；盐池机械林场；富蕴林场；塔河林业局、呼中林业局、图强林业局；常州林业机械厂、泰州林业机械厂、牡丹江木工机械厂、上海林业物资供应分公司、大兴安岭林业建筑工程公司等。据被表彰的南岔、桃山、穆棱、绥棱、大海林、三岔子、松江河、露水河、白河、绰尔、阿龙山、满归、克一河、新林、塔河、呼中、图强、松潘、炉霍、普威、江边、宁西、舟曲等23个林业局的更新普查结果，共采伐149.4万公顷，更新152.6万公顷，造林13.7万公顷，更新及造林面积都超过了采伐面积。南岔林业局的人工林保存面积已超出百万亩；松江河、绥棱、大海林、穆棱林业局的人工林保存面积都已超过50万亩；江边林业局的人工林保存面积已达47万亩。剔除物价等因素的影响后，这23个林业局1985年的总产值为7.4亿元，为整顿前的1981年的120.7%；销售收入达11.4亿元，为整顿前的137.7%；实现利润1.86亿元，为整顿前的121.5%。（郝丕炎）

**【厂长负责制试点工作顺利进行】** 从1984年第三季度起，林业系统试行了厂长负责制。经林业部及各省、自治区、直辖市政府批准的试点企业有：黑龙江省桃山、大海林、亚布力、桦南林业局；吉林省白石山林业局；内蒙古自治区图里河林业局、牙克石栲胶联合厂；林业部大兴安岭林业管理局塔河、十八站林业局，常州林业机械厂。1985年后，经林业主管部门同意，各地试点相继扩大，东北、内蒙古国有林区的林业企业分批铺开。其中，图里河等21个林业局（厂）还试行了厂长任期目标责任制。此后，整个国有林区的试点继续扩展，南方集体林区的广东、江西等省的试点企业也占各省企业数的20～40%。

试点企业的广大职工学习《中共中央关于经济体制改革的决定》和中共中央、国务院颁布的《国营工业企业法（草案）》以及有关厂长负责制、企业基层党组织、职工代表大会的三个条例，逐步明确了试行厂长负责制是我国工业企业领导体制的重大改革。其最终目的是：促进企业发展，适应我国总体经济体制改革的需要，建设具有中国特色的社会主义。

根据中共中央、国务院颁发的条例，试点企业制定了本企业的厂长负责制、党委工作、职工代表大会及工会工作的《条例》或《细则》，规定党、政、工各自的职责范围、工作程序和权限。由于明确划分和规定了职责，有些试点企业已实现“政出一门、令出一室、批钱一支笔、采伐一本帐、销售一个口”；有的工厂已实现开发、技术、设备、质量一体化和产供销一条龙。试行厂长任期目标责任制的企业，确定了企业内部各层次物质文明建设和精神文明建设的质与量指标，使工作有遵循，行动有规范，衡量有尺度，监督有内容，显示出厂长负责制的优点。

试点企业的领导，普遍坚持了“工作上分，目标上合；职责上分，思想上合；制度上分，关系上合”。领导成员之间，注意互相尊重，密切配合；互相关心，排忧解难；互相学习，取长补短；互相支持，维护团结。基层党领导严格做到“保证不包办，监督不刁难，参与不干预，放手不旁观”。厂长能“掌权不蛮干，监督不反感”。工会组织积极审议企业的大政方针，支持厂长的行政指挥。这一切，都有利于试点企业取得成效。

试行厂长负责制后，企业总体经营目标和年度计划得到较好的实现。1985年，林业部大兴安岭林业管理局呼中林业局长提出了“五个突破，八个第一”，使各项指标全部实现；1986年再次提出“三项发展，两项增长，一项加强，七个巩固”的目标，这一年的营林成绩显著，各项指标比上一年完成得好。桦南林业局为促进企业的经济振兴，广泛开展多种经营，做到单项产值一年净增60%。各试点企业内经营承包日益完善，形式多样，比重增加。桦南林业局实行厂长负责制仅一年，汽车运输和纸浆厂即扭亏为盈。广东省鱼珠木材厂把11个车间改为外向的经营分厂，促其自主发展，增强应变能力。试点企业的管理水平也有提高。江西省赣州木材厂加强了质量管理，两种人造板的质量已达省优水平。呼中林业局本着“立体开发”的思想，生产的麦饭石已投放市场。西北林业机械厂在不足2个月的时间里为全厂职工配齐净水设备，改善了职工饮水质量。常州林业机械厂只用2个月就完成了全厂工时修订，相当于年增产80台装载机。

随着试行厂长负责制，企业改革逐步深化。塔河林业局进行了9项改革，为缓解陆路运输紧张状况，开辟了木材水运，提高了企业的经济效益；对外同10余个城市的协作项目有23个，引进技术15

项；实行了技术工人招聘；医疗机构与铁路系统联合，调动了医护人员的积极性。大兴安岭林业管理局图强林业局，根据加强管理的需要，使生产、营林、基建、林产、多种经营各成体系，恢复公司为经营实体。黑龙江省桃山林业局建立起经营指挥、宏观控制、行政管理、科技教育4个系统，强调提高效率，科室设置及人员配备均减少了1/3。

试点企业的经济效益明显。1984年，常州林业机械厂的总产值、实现利润、上交利税、全员劳动生产率，比上一年增长45～56%。在试点工作中，不少企业获得光荣称号。1985年，吉林省大石头林业局被省、自治州命名为先进党委和思想政治工作模范单位、全总“职工之家”、青年“振兴企业承包竞赛最佳集体”。常州林业机械厂两次夺得国家质量银牌，3个国家级单项先进，5项省、市先进企业称号，通过了国家1级计量验收。（郝丕炎）

**【国有林区集体经济正发展壮大】** 国有林区林业企业的集体经济始于1958年。当时，由于林区家属人数逐年增加，为弥补林区生活物资的不足，安排好职工生活和家属劳动，国营林业局组织林业职工和家属，以集体生产形式，在边远高寒林区开展农副业生产，开荒种粮、菜，饲养猪、禽等。

60年代后期，随着林区知识青年逐年增加，突破了原有的经营规模和范围。各林业企业相继办起工农业结合的知青厂、场、队，林区集体经济逐步从单纯的农副业生产转向全面发展。集体经济的发展，不仅有利于满足林区职工群众对粮食及蔬菜、肉蛋食品的需要，而且又通过兴办以林区木材采伐、造材、加工剩余物为主要原料的林副业生产积累了资金，使企业的年产值逐年上升。目前，林区集体经济已成为林业企业内极为重要的组成部分，是国营经济的重要补充。

1986年，在重点国有林区的林业企业中，从事集体经济活动的总人数已达70万人，已接近企业职工总数。其中，安置知识青年达50多万人。多数青年都得到了妥善安排，成为集体经济企业的骨干。集体经济现有固定资产总值达7亿多元。到1986年底，集体所有制的种植场、饲养场、木材综合利用工厂、建材厂以及各种加工服务网点，已发展到6000多处。不少林区还发展了个体经济，饲养、种植专业户及商业、饮食、服务等个体经营户，已有3万多户。集体经济经营耕地近200万亩，年产粮食5万多吨，生产各种蔬菜290多万吨。集体经济组织劳力为企业造林、人工更新、成林抚育，至今已有100多万亩。林区集体经济还发展畜牧养殖、中药材生产，种植人参、木耳、黑豆果等。

集体经济与全民所有制经济是企业内两种不同的经济形式。在集体经济发展初期，全民所有制企业在经济上给了一定扶持。集体经济企业在具有相当经济实力之后，就成为独立核算、自负盈亏的经济实体。党的十一届三中全会后，林业企业集体经济坚持以林为主、综合经营、全面发展，贯彻“以营林为基础”的方针，实行以全民所有制经济为主、带动集体、支持个人，统筹安排，全面发展，兼顾了国家、集体和个人的利益。

集体经济企业从事的生产劳动，有造林、营林、种植、养殖、采集、加工、建材、商业、饮食业、服务业等行业。在放宽各项林业政策及实行专业承包后，涌现出不少青年专业承包队；一些家庭林场与企业签订长期定包合同，上山经营承包森林，搞伐区迹地更新、林相改造和开展森林资源的综合利用。在种植、养殖、采集等方面实行专业承包，扭转了过去“大帮哄”、吃大锅饭的局面，改变了长期亏损的状况。有的专业户，男女老少一齐上，使林区种植业、养殖业得到了较快发展，个人收入有明显增加。（刘守纲）

**【逐步发展的林业合作经济】** 林业合作经济，是在实行林业生产责任制、确定各种山林权属的基础上，为适应林业经济和生产发展的需要，首先在群众中产生，由下而上，由点到片，逐步发展起来的。它的出现，既保持了林业经营者责权利的统一，又照顾到了林业生产要有一定规模的客观要求。

林业合作经济的内容广泛，形式多样。它冲破了地区、部门、所有制和隶属关系等界限，沟通了横向的经济联系，密切了产供销的联结。林业合作经济可以通过不同的经济形式和经营方式，把一切有利于发展生产的要素结合起来，以取得最大的经济效益。从当前各地兴办的林业合作经济来看，大体上有如下几种类型：

**集体所有的乡、村林场**　这种形式主要表现为：乡(镇)、村及村民小组办集体林场。据1983年统计，全国现有这类集体林场约17.5万个，经营面积2.5亿亩，其中有林地面积1.6亿亩。这些林场大多建立于50年代后期和60年代前期，是由集体投资、投劳创建起来的。经过二三十年的曲折发展，这类林场已成为林业合作经济中的一个重要组成部分。福建省现有集体林场2620个，经营山林总面积1041.3万亩，其中人工林面积占全省人工林保存面积的1/6；湖北省乡、村集体林场经营的山林面积约1000万亩，占全省山林面积的38%。这些林场在管理体制上实行独立核算，自主经营，自负盈亏；在经营形式上建立生产责任制，内部推行灵活多样的承包形式，走以林为主、多种经营的道路；在利益分配上坚持国家、集体、个人三者兼顾的原则。江西省新干县现有326个集体林场，经营着47万亩山地，人工造林34万亩，是乡、村经营林业的主要力量。该县城上乡岗上村1963年开始创办集体林场，现经营面积为9100亩，占全村山地面积的76%。1982年开始有了收入，他们除每年返回1万多元用于林场扩大再生产外，还拿出8.4万元支付1982～1986年这4年中群众应上交的各种款项，用3万余元办学及兴建村里其他公共福利事业，还直接分配给农民5万余元，减轻了群众负担，增加了群众收入。

**集体所有的股份制合作经济** 这种合作经济组织，以折股联营为主要形式，采取分股不分山、分利不分林的办法。一般情况是：将现有集体山林折价折股，分给农民股份，由农民(股东)选举产生股东会，由股东会统一负责山林经营管理及产前、产中、产后服务。股东会把各项林业生产联产承包给农民，以家庭经营为主。林业的收益分配，在扣除公共积累和生产费用之后，按股票实行一年一度的分红。福建省三明市现有这种类型的合作经济组织1411个，有78330户农民联产或联责管护1450.27万亩山林；有37407户农民承包荒山迹地造林106.94万亩。该市沙县高砂乡有14个行政村，每个村都建立了林业股东会，全乡折价折股山林139637亩，总股值达1330多万元，全乡有97.5%的人享受股份分红。1985年，全乡股份公司纯收入126万多元，其中集体提留40%，用于股份公司管理费、村公益事业费、山林管护费等，60%用于股份分红，每股可分11.12元。

**不同所有制单位间联合，组成合作经济** 这种形式，主要是地方林业局、国营工矿企事业单位、乡村集体、农民之间组合成的合作经济。一般情况是：林业局或国营工矿企事业单位提供资金、技术及各种服务，集体提供山场及组织具体生产活动，农民提供劳力，收益按协商比例分成。云南省会泽县实行县、区、乡、群众各级办林场。县负责提供营林投资、种苗和技术指导；区、乡负责组织群众上山造林，调解林权纠纷；群众负责投工投劳。林木有收入后，除偿还贷款外，按县、区各占1成，乡占2成，群众占6成的比例分成。全县这种形式的造林已达16万亩。湖南省岳阳县7个乡村1986年初与岳阳造纸厂联营共建造纸材基地，厂方按亩投资，农民出劳力，负责造林和管理，采伐时就地设点，厂方按市价收购，仅1985年冬、1986年春，厂方就投资236万元，由乡村规划营造了7.4万亩火炬松。

**农户之间根据生产需要形成的各种联合体** 这种合作经济形式多样，各具特色，较为灵活。一般情况是：结构松散，进出自由，规模有大有小，联合时间有长有短，联合的生产环节有多有少，基本上保持了农户承包时对山林的权利、责任和利益。江西省遂川县新江乡组成“三分三统、借材还材”的松散型林业合作体，以村民小组为合作的基本范围，以各方当年的采伐指标为依据，统一在1户或若干户的山场上砍伐木材，由各户自行决定销售。当年砍伐山场的户主与其他农户记清借材的材种和数量，以后由村民小组安排轮流砍伐山场，逐步归还借材。砍伐后，由合作体统一造林，分户抚育，统一护林，分户管理。云南省永平县安吉乡茶李村17户彝族农民，自愿联合，开展林工商综合经营，仅1985年1年营造云南松及各类经济林木2600多亩，开展林副产品运销及加工的收入达4.1万元，得纯利1.1万元。

林业合作经济对发展生产力起了推动作用。随着生产力的发展，林业生产责任制的进一步落实，今后合作经济也需要进一步完善和发展。

① 要充分发挥地区性(乡、村)林业合作经济的作用。乡村林业合作经济组织，内联林农，外向市场，是城乡结合、林工商结合的纽带。积极组织产前信息服务、产中组织协调和产后流通服务，吸引和团结周围农民兴林致富，是合作经济的主要任务。

② 发展林业流通领域中的联合。对商品生产者来说，产销、加工、运输是社会化的经营环节。林农在这些环节上更需要社会的帮助，需要社会规模的协作。积极引导和促进林业流通领域内的合作，可以做到物尽其用、货畅其流，带动林业生产的发展。

③ 要不断完善现有的各种林业合作经济。主要是在利益分配上要确定一个使合作各方都较为满意的分配比例，既要使合作者得到较多的利益，又要使合作经济不断壮大。

④ 健全合作经济组织的管理制度，制定合作章程，规定合作者的权利和义务，真正体现“自愿、互利、平等、协商”的原则。 (张健民)

# 附 重要林业法规目录选编(1949～1986)

## 总　类

中华人民共和国宪法　1982年12月4日中华人民共和国第五届全国人民代表大会第五次会议通过，1982年12月4日全国人民代表大会公告公布施行

中华人民共和国土地改革法　1950年6月28日中央人民政府委员会第八次会议通过，1950年6月30日公布施行

中华人民共和国刑法　1979年7月1日第五届全国人民代表大会第二次会议通过，1979年7月6日全国人民代表大会常务委员会委员长令第五号公布，1980年1月1日起施行

中华人民共和国环境保护法(试行)　1979年9月13日第五届全国人民代表大会常务委员会第十一次会议原则通过，1979年9月13日全国人民代表大会常务委员会令第二号公布施行

国家建设征用土地条例　1982年5月4日第五届全国人民代表大会常务委员会第二十三次会议原则通过，1982年5月14日国务院公布施行

水土保持工作条例　1982年6月30日国务院颁布施行

中华人民共和国森林法　1984年9月20日第六届全国人民代表大会常务委员会第七次会议通过

国务院关于《中华人民共和国森林法实施细则》的批复　1986年4月28日　国函〔1986〕57号

中华人民共和国草原法　1985年6月18日第六届全国人民代表大会常务委员会第十一次会议通过，自1985年10月1日起施行

第五届全国人民代表大会常务委员会关于植树节的决议　1979年2月23日通过

中共中央　国务院关于大力开展植树造林的指示　1980年3月5日

中共中央　国务院关于保护森林发展林业若干问题的决定　1981年3月8日　中发〔1981〕12号

第五届全国人民代表大会第四次会议关于开展全民义务植树运动的决议　1981年12月13日第五届全国人民代表大会第四次会议通过

国务院关于开展全民义务植树运动的实施办法　1981年12月13日第五届全国人民代表大会第四次会议通过

中共中央　国务院关于深入扎实地开展绿化祖国运动的指示　1984年3月1日　中发〔1984〕3号

中共中央　国务院关于进一步活跃农村经济的十项政策　1985年1月1日　中发〔1985〕1号

## 造林经营类

国务院　中央军委关于军队参加营区外义务植树的指示　1982年2月12日　(1982)3号

国家林业总局关于颁发《国有林抚育间伐、低产林改造技术试行规程》的通知　1978年12月28日　(78)林经字59号　附：国有林抚育间伐、低产林改造技术试行规程

国家林业总局关于印发《林木种子经营管理试行办法》和《林木种子发展规划》的通知　1978年12月23日　(78)林造字28号　附：林木种子经营管理试行办法；林木种子发展规划

国家林业总局、国家建委、铁道部、交通部、水电部关于大力开展植树造林绿化祖国的联合通知　1979年2月6日　(79)林造字1号　(79)铁工务字第116号　(79)交公路字150号　(79)水电管字003号

林业部关于进一步加强林木种子工作的意见　1980年2月1日　(80)林种字1号

林业部、财政部关于颁发《国营苗圃经营管理试行办法》的通知　1981年3月14日　(81)林种字1号　(81)财农字35号　附：国营苗圃经营管理试行办法

林业部关于林木种子进出口业务由中国林木种子公司直接经营的函　1981年7月25日　(81)林种字8号　附：国家进出口管理委员会批准中国林木种子公司直接经营林木种子进出口业务；林木种子进出口业务暂行管理办法

林业部关于印发《造林技术规程(试行)》的通知　1982年4月28日　(82)林造字2号　附：造林技术规程(试行)

林业部关于加强林木种子经营管理的通知　1985年3月29日　林种〔1985〕125号

林业部、国家计委、财政部、国家物价局关于搞活和改善国营林场经营问题的通知　1986年1月24日　林造〔1986〕38号

林业部关于调整林业生产结构大力发展经济林的通知　1986年2月26日　林造〔1986〕69号

林业部关于印发《国营林场森林经营采伐试点暂行办法》的通知　1986年6月6日　林造〔1986〕208号　附：国营林场森林经营采伐试点暂行办

法

林业部关于加强对国营林场的管理和维护其合法权益的决定 1986年9月15日 林造〔1986〕384号

林业部印发《关于速生丰产用材林基地建设若干问题的暂行规定》的通知 1986年9月19日 林造〔1986〕389号 附：关于速生丰产用材林基地建设若干问题的暂行规定

## 森林资源管理类

国务院关于发布《水土保持工作条例》的通知 1982年6月30日 国发〔1982〕95号 附：水土保持工作条例

林业部关于加强县级林业区划工作的通知 1982年6月29日 (82)林资字4号 附：县级林业区划原则要求；县级林业发展规划大纲

林业部关于颁发《森林资源调查主要技术规定》的通知 1982年12月25日 (82)林资字第10号 附：森林资源调查主要技术规定

林业部关于印发《制定年森林采伐限额暂行规定》的通知 1985年6月8日 林资〔1985〕233号 附：制定年森林采伐限额暂行规定

林业部关于颁发《森林资源档案管理办法》的通知 1985年6月10日 林资〔1985〕232号 附：森林资源档案管理办法

林业部关于年森林采伐限额报批办法的通知 1985年8月29日 林资〔1985〕373号

## 林政保护类

国务院关于发布《中华人民共和国进出口动植物检疫条例》的通知 1982年6月4日 国发〔1982〕88号 附：中华人民共和国进出口动植物检疫条例

国务院关于严格保护珍贵稀有野生动物的通令 1983年4月13日 国发〔1983〕62号

国务院关于林业部、濒危物种进出口管理办公室《关于妥善处理大熊猫皮张的报告》的批复 1985年4月2日 (85)国函字50号

国务院批转林业部、民政部等部门《关于调处省际山林权纠纷问题的报告》的批复 1984年7月17日 国发〔1984〕95号 附：关于调处省际山林权纠纷问题的报告

国务院批转林业部《关于审定国家级森林和野生动物类型自然保护区请示》的通知 1986年7月9日 国发〔1986〕75号

林业部关于印发《杨树苗木检疫暂行规定》的通知 1979年8月29日 (79)林经字102号 附：杨树苗木检疫暂行规定

林业部关于引进林木种子、苗木履行检疫审批手续的通知 1981年4月29日 (81)林护字28号

林业部、国家科委关于加强猕猴资源管理和科研工作的通知 1983年5月18日 林发(护)〔1983〕323号

林业部、公安部、国家体委关于严格管理狩猎用小口径步枪的通知 1983年5月21日 林发(护)〔1983〕298号

林业部关于禁止非法生产和销售猎枪的通知 1983年8月8日 林发(护)〔1983〕569号

林业部关于核发林木采伐许可证的意见 1985年1月19日 林发(护)〔1985〕21号

林业部关于做好护林防火工作的通知 1985年3月23日 林安〔1985〕114号

公安部、最高人民检察院、最高人民法院关于盗伐滥伐森林案件改由公安机关管辖的通知 1985年5月13日 (85)高检令(二)字第1号

林业部、公安部关于盗伐、滥伐森林案件划归公安机关管辖后有关问题的通知 1985年6月20日 林安〔1985〕249号

林业部关于公布《森林和野生动物类型自然保护区管理办法》的通知 1985年7月6日 林护〔1985〕273号 附：森林和野生动物类型自然保护区管理办法

林业部、公安部关于森林案件管辖范围及森林刑事案件立案标准的暂行规定 1986年8月20日 林安〔1986〕342号

林业部、公安部关于林区木材检查站有关问题的通知 1986年12月30日 林护〔1986〕569号

## 森林采伐木材运输类

国务院批转林业部、铁道部、国家物资管理总局制定的《木材统一送货办法》 1964年5月6日 (64)国经字201号 附：木材统一送货办法

国务院办公厅转发《关于研究解决国有林区森林工业问题会议纪要》的通知 1986年10月6日 国办发〔1986〕75号 附：关于研究解决国有林区森林工业问题会议纪要

农林部关于颁发《森林铁路技术管理规程》的通知 1978年1月10日 (78)农林(林)字第6号 附：森林铁路技术管理规程

国家林业总局关于颁发《造材技术规程》的通知 1978年8月12日 (78)林木字5号 附：造材技术规程

国家林业总局关于颁发《贮木场管理办法》的通知 1978年8月12日 (78)林木字23号 附：贮木场管理办法

国家林业总局关于颁发《南方木材水运管理办法》的通知　1978年8月11日　(78)林木字4号　附：南方木材水运管理办法

国家林业总局关于颁发《木材检验条例》的通知　1978年8月12日　(78)林木字22号　附：木材检验条例

国家林业总局关于颁发《南方木材生产汽车运输管理办法(试行)》的通知　1978年11月13日　(78)林木字35号　附：南方木材生产汽车运输管理办法(试行)

林业部关于颁发《东北林区汽车运材技术管理规程(试行)》的通知　1979年8月29日　(79)林木字32号　附：东北林区汽车运材技术管理规程(试行)

林业部关于颁发《集材拖拉机技术管理规程》的通知　1980年1月10日　(80)林(木)字第1号　附：集材拖拉机技术管理规程

林业部关于颁发《东北、内蒙古林区林业企业采伐、营林调查设计规程》的通知　1980年5月3日　(80)林木字24号　附：东北、内蒙古林区林业企业采伐、营林调查设计规程

林业部关于加强东北、内蒙古林区林业企业营林工作若干问题的规定　1981年9月25日　(81)林木字19号

林业部关于印发《东北、内蒙古林区林业企业伐区拨交验收办法》的通知　1981年10月7日　(81)林木字26号　附：东北、内蒙古林区林业企业伐区拨交验收办法

林业部关于印发《东北、内蒙古林区林业企业更新造林质量检查验收办法》、《东北、内蒙古林区林业企业抚育间伐质量检查验收办法》的通知　1981年10月7日　(81)林木更字32号　附：东北、内蒙古林区林业企业更新造林质量检查验收办法；东北、内蒙古林区林业企业抚育间伐质量检查验收办法

林业部关于颁发《国有林区伐区作业质量检查评比标准》的通知　1981年10月9日　(81)林木生字30号　附：国有林区伐区作业质量检查评比标准

林业部关于颁发《林业公路养护管理规程》的通知　1982年1月11日　(82)林木字3号　附：林业公路养护管理规程

林业部颁发《林业部关于加强贮木场经营管理的规定》的通知　1982年3月13日　(82)林木字12号　附：林业部关于加强贮木场经营管理的规定

林业部关于印发《集材索道技术管理规程(试行)》的通知　1982年10月19日　(82)林工字139号　附：集材索道技术管理规程(试行)

林业部关于颁发《西南、西北林区林业企业采伐营林调查设计规程》的通知　1984年3月19日　林发(工)字〔1984〕第102号　附：西南、西北林区林业企业采伐营林调查设计规程

林业部关于改进木材运输管理工作的通知　1985年2月4日　林发(护)〔1985〕41号

国家工商行政管理局、林业部关于集体林区木材市场管理的暂行规定　1986年8月19日　(86)工商181号

林业部关于林业企业实行林参间作制的暂行规定　1986年9月30日　林工〔1986〕407号

## 林产工业类

国务院办公厅转发林业部《关于加强松香集中统一管理的请示》的通知　1982年1月28日　国办发〔1982〕4号　附：林业部关于加强松香集中统一管理的请示

林业部关于颁发《栓皮采集试行规程》的指示　1963年6月6日　(63)林产化字36号　附：栓皮采集试行规程

林业部关于加强松香再加工计划管理的通知　1982年2月17日　(82)林产字5号

林业部关于正式颁发执行《林产工业设备管理条例》的通知　1982年6月17日　(82)林产字29号　附：林产工业设备管理条例

林业部关于颁发《松脂采集规程》的通知　1983年2月28日　林发(产)〔1983〕143号　附：松脂采集规程

林业部、财政部、中国人民银行、中国农业银行关于松香储备的有关规定　1983年5月26日　林发(产)〔1983〕366号

林业部关于印发《年产两千立方米纤维板生产工艺规程》的通知　1980年4月23日　(80)林产字23号　附：年产两千立方米纤维板生产工艺规程

林业部办公厅关于印发《林产化工优质产品评选具体办法(修订稿)》的通知　1984年12月18日　林办〔1984〕259号　附：林产化工优质产品评选具体办法(修订稿)

林业部关于加强林业专项化肥使用管理的通知　1985年5月14日　林物〔1985〕189号

林业部印发《关于改进林化产品生产经营管理暂行办法(试行)》的通知　1985年5月14日　林函〔1985〕108号　附：关于改进林化产品生产经营管理暂行办法(试行)

## 计划财务类

国务院关于制止木材变相议价和随便加价的通知

1981年10月10日 国发〔1981〕150号

国务院关于对农林特产收入征收农业税的若干规定 1983年11月12日 国发〔1983〕179号

国务院批转国家计委等部门《关于解决南方集体林区木材放开后的价格和木材调拨问题的报告》的通知 1985年4月27日 国发〔1985〕64号 附：关于解决南方集体林区木材放开后的价格和木材调拨问题的报告。

国务院办公厅转发国家计委《关于解决南方集体林区木材放开后有关问题的意见》的通知 1985年7月15日 国办发〔1985〕51号 附：关于解决南方集体林区木材放开后有关问题的意见

林业部关于颁发《林业安全生产工作管理办法(试行)》和《林业安全生产责任制的暂行规定》的通知 1979年8月29日 (79)林计字223号 附：林业安全生产工作管理办法(试行)；林业安全生产责任制的暂行规定

林业部关于颁发《林业生产劳动定额管理办法》的通知 1979年12月27日 (79)林计字405号 附：林业生产劳动定额管理办法

林业部关于颁发《林业企业劳动定额技术人员职权条例(试行)》的通知 1982年2月18日 (82)林计字18号 附：林业企业劳动定额技术人员职权条例(试行)

林业部关于颁发《东北、内蒙古林业企业编制定员管理办法》和《东北、内蒙古林业企业机构设置与定员标准》的通知 1983年8月19日 林发(计)〔1983〕585号 附：东北、内蒙古林业企业编制定员管理办法；东北、内蒙古林业企业机构设置与定员标准

国家计委、国家经委、林业部、国家物资局、国家统计局关于执行全国木材生产计划"一本帐"的通知 1983年9月13日 计农〔1983〕1333号

林业部关于颁发《林业基本建设优质工程奖励评选条例(试行)》的通知 1984年4月13日 林发(工)〔1984〕178号 附：林业基本建设优质工程奖励评选条例(试行)

林业部转发劳动人事部《关于印发国营大中型企业职工工资标准的通知》的通知 1985年10月7日 林计〔1985〕417号 附：劳动人事部《关于印发国营大中型企业职工工资标准的通知》；森林工业企业干部工资标准表；森工木材采运企业工人工资标准(六类工资区)表

林业部关于修订《森工企业干部工资标准》的通知 1985年11月25日 林计〔1985〕179号 附：森林工业企业干部工资标准表

林业部关于修改《东北、内蒙古木材采运生产统一劳动定额》计件单价的通知 1985年12月13日 林计〔1985〕559号

林业部关于颁发《林业基本建设工程质量监督暂行办法》的通知 1986年5月13日 林计〔1986〕163号 附：林业基本建设工程质量监督暂行办法

林业部关于颁发《林业行业工程勘察设计证书分级标准》的通知 1986年8月30日 林计〔1986〕364号 附：林业行业工程勘察设计证书分级标准

林业部关于加强出口木材生产管理的通知 1986年10月21日 林计〔1986〕450号

林业部、财政部关于在国有林区建立"育林基金"的联合通知 1961年12月25日

财政部、林业部关于转发《国务院关于森工企业从销货收入中预留维持再生产基金和育林基金的批复》的通知 1963年1月23日 (63)财经地字第90号 (63)林财企字第15号 附：国务院关于森工企业从销货收入中预留维持再生产基金和育林基金的批复

林业部、财政部关于颁发《国有林区育林基金使用管理暂行办法》希遵照执行的通知 1962年3月28日 附：国有林区育林基金使用管理暂行办法

林业部关于东北、内蒙古森工企业加工用次等原木全部缴纳育林费的通知 1964年1月31日 (64)林财企昭字第53号

财政部、林业部、中国农业银行关于建立集体林育林基金的联合通知 1964年2月5日 (64)财农申字第73号 (64)林财营昭字第45号 (64)农银公胡字第28号 附：集体林育林基金管理暂行办法

林业部、财政部关于颁发《林业资金使用管理的暂行规定》的联合通知 1964年4月24日 (64)林财营昭字第108号 (64)财农申字第95号 附：林业资金使用管理的暂行规定

林业部关于新建森工企业生产安排和费用划分等暂行规定的通知 1964年6月10日 (64)林财企昭字第256号

林业部、财政部关于林业种子周转金使用和管理暂行办法的通知 1964年11月4日 (64)林财营昭字第301号 (64)财农字第600号 附：林业种子周转金使用和管理暂行办法

财政部、林业部关于次生林抚育改造作业费改由林业事业费开支的通知 1964年11月17日 (64)财农字第651号 (64)林财营昭字第318号

林业部关于森工企业财产损失处理的暂行规定 1964年12月4日 (64)林财企昭字第475号

林业部颁发《关于森工企业若干费用划分的补充规定》的通知 1965年3月24日 (65)林财企昭

字第87号　附：关于森工企业若干费用划分的补充规定

林业部关于撤销《等外原木免缴育林基金的规定》的通知　1965年4月7日　(65)林财营字第53号

林业部颁发《东北、内蒙古林区实行以煤代木后对困难职工烧煤补助的暂行规定》的通知　1965年11月25日　(85)林财企昭字第353号　附：东北、内蒙古林区实行以煤代木后对困难职工烧煤补助的暂行规定

农林部、财政部关于颁发《育林基金管理暂行办法》的通知　1972年5月26日　(72)农林(计)字第52号　(72)财事字第250号　附：育林基金管理暂行办法

林业部关于颁发《林业部属高等院校预算包干试行办法》的通知　1980年7月8日　(80)林财字119号　附：林业部属高等院校预算包干试行办法

林业部关于印发《林业部属高等院校建立学校基金和奖励制度试行办法的实施细则》的通知　1980年8月9日　(80)林财字139号　附：林业部属高等院校建立学校基金和奖励制度试行办法的实施细则

林业部、财政部关于提高育林基金和更改资金标准的通知　1980年10月31日　(80)林财字205号　(80)财企字569号

林业部关于重新明确林产品价格管理权限的通知　1981年2月10日　(81)林财字17号

林业部、财政部关于制发《林业多种经营周转金使用管理的几项规定》的联合通知　1981年8月11日　(81)林财字190号　(81)财农字197号　附：关于林业多种经营周转金使用管理的几项规定

林业部、财政部关于提高南方各省(区)育林基金、更改资金提取标准的通知　1981年11月26日　(81)林财字237号

林业部、中国农业银行关于放好林业贷款促进林业发展的联合通知　1983年8月17日　林发(财)〔1983〕410号

林业部、中国人民建设银行关于试行《中央级营林投资拨款暂行规定》的通知　1984年4月3日　林发(财)〔1984〕182号　附：中央级营林投资拨款暂行规定

林业部关于建立林业局月份主要财务指标快报制度的通知　1985年6月27日　林财〔1985〕255号

林业部关于颁发《林业对外经贸业务收费办法》的通知　1985年7月3日　林财〔1985〕264号　附：林业对外经贸业务收费办法

国家物价局、林业部、财政部关于颁发《南方木材指导价格方案》的通知　1985年10月22日　(1985)价农字348号　附：关于南方木材实行指导价格的方案

林业部、财政部、中国工商银行、中国农业银行关于颁发《育林基金预决算暂行规定》的通知　1985年11月2日　林财〔1985〕468号　附：育林基金预决算暂行规定

林业部关于明确剥皮木片价格管理权限的通知　1985年11月9日　林财〔1985〕493号

国家物价局、林业部关于调整南方国营林业企业上调木材价格的通知　1985年11月21日　(1985)价农字399号

林业部关于编报一九八六年国营森工企业月份主要财务指标快报的通知　1985年12月31日　林财〔1985〕588号

财政部、林业部、国家物价局关于更正《南方木材指导价格方案》中有关农林特产农业税问题的通知　1985年12月31日　(85)财农字第329号

林业部、财政部关于南方集体林区木材开放后有关育林基金、更改资金征收、使用和管理问题的通知　1986年1月11日　林财〔1986年〕20号

中国农业银行、林业部、财政部关于发放林业项目贷款的联合通知　1986年4月10日　(86)农银函字第123号

林业部、国家物价局关于松脂收购价和松香、松节油出厂价、供应价实行国家指导价的通知　1986年4月1日　林财〔1986〕128号

## 科技教育类

国务院批转劳动人事部、农牧渔业部、林业部、财政部《关于加强农林第一线科技队伍的报告》　1983年4月22日　国发〔1983〕74号　附：关于加强农林第一线科技队伍的报告

林业部关于一九八三年评选国家优质产品和部优质产品的通知　1983年2月7日　林发(科)〔1983〕48号　附：林业部优质产品评选办法

林业部关于印发《林业部产品质量监督检验工作暂行条例》的通知　1985年6月6日　林科〔1985〕225号　附：林业部产品质量监督检验工作暂行条例

林业部关于加强全国林业科学技术开发、推广重点项目管理工作的通知　1986年5月7日　林科〔1986〕162号

林业部、国家物资局、国家物价局关于贯彻执行国家新木材标准有关事项的通知　1986年10月15日　林科〔1986〕441号

林业部关于印发高等林业院校教材工作的三个文件

的通知 1983年11月28日 林发(教)〔1983〕799号 附：高等林业院校教材工作回顾及今后意见；高等林业院校教材编审委员会工作条例；高等林业院校教材编审工作程序

林业部印发《关于改革部属林业大学、林学院招生计划和毕业生分配办法的意见》的通知 1985年12月31日 林教〔1985年〕577号 附：关于改革部属林业大学、林学院招生计划和毕业生分配办法的意见

林业部印发《关于发展林业中等专业学校的实施意见》和《关于大力发展林业职业中学的几点意见》两个文件的通知 1986年4月2日 林教〔1986〕112号 附：关于发展林业中等专业学校的实施意见；关于大力发展林业职业中学的几点意见

林业部印发《关于改革和发展林业教育的决定》的通知 1986年7月9日 林教〔1986〕260号 附：关于改革和发展林业教育的决定

## 其 他

林业部颁发《林业科学技术档案管理办法(试行)》的通知 1982年3月9日 (82)林办字5号 附：林业科学技术档案管理办法(试行)

林业部关于印发《林业部文书档案管理办法》的通知 1983年10月15日 林发(办)〔1983〕712号 附：林业部文书档案管理办法

## 附 录

林业部关于废止部分部颁法规的通知 1984年6月1日 林发(办)〔1984〕284号 附：废止法规统计表

林业部关于废止有关林业法规文件的通知 1985年3月26日 林办〔1986〕95号 附：废止的有关林业法规文件

(林业部办公厅)

# 林业经济统计（1949～1986）

## 营林生产

### 全国营林产值及其占农业总产值比重

单位：亿元

| 年别 | 营林产值 | 农业总产值 | 营林产值占农业总产值% | 年别 | 营林产值 | 农业总产值 | 营林产值占农业总产值% |
|---|---|---|---|---|---|---|---|
| 1949年 | 1.6 | 271.8 | 0.6 | 1972年 | 30.3 | 1088.0 | 2.8 |
| 1950年 | 1.7 | 317.6 | 0.5 | 1973年 | 33.2 | 1179.0 | 2.8 |
| 1951年 | 2.1 | 357.0 | 0.6 | 1974年 | 36.3 | 1228.0 | 3.0 |
| 1952年 | 2.9 | 417.0 | 0.7 | 1975年 | 37.1 | 1285.0 | 2.9 |
| 1953年 | 3.0 | 426.8 | 0.7 | 1976年 | 42.9 | 1317.4 | 3.3 |
| 1954年 | 3.4 | 440.7 | 0.8 | 1977年 | 42.1 | 1339.2 | 3.2 |
| 1955年 | 4.6 | 477.7 | 1.0 | 1978年 | 44.4 | 1458.8 | 3.0 |
| 1956年 | 8.8 | 508.4 | 1.7 | 1979年 | 45.0 | 1584.3 | 2.8 |
| 1957年 | 9.3 | 536.7 | 1.7 | 1980年 | 50.5 | 1645.9 | 3.1 |
| 1958年 | 14.0 | 550.0 | 2.6 | 1981年 | 98.4 | 2369.2 | 4.2 |
| 1959年 | 15.2 | 475.0 | 3.2 | 1982年 | 106.8 | 2632.3 | 4.1 |
| 1960年 | 13.9 | 415.0 | 3.4 | 1983年 | 117.7 | 2884.0 | 4.1 |
| 1961年 | 7.0 | 405.0 | 1.7 | 1984年 | 140.1 | 3390.7 | 4.1 |
| 1962年 | 7.3 | 430.3 | 1.7 | 1985年 | 146.4 | 3873.0 | 3.8 |
| 1963年 | 9.2 | 480.4 | 1.9 | | | | |
| 1964年 | 10.4 | 545.3 | 1.9 | 1949～1952年 | 8.3 | 1363.4 | 0.6 |
| 1965年 | 12.0 | 589.6 | 2.0 | 1953～1957年 | 29.1 | 2390.3 | 1.2 |
| 1966年 | 12.5 | 640.9 | 1.9 | 1958～1962年 | 57.4 | 2275.3 | 2.5 |
| 1967年 | 13.0 | 651.3 | 2.0 | 1963～1965年 | 31.6 | 1615.3 | 2.0 |
| 1968年 | 13.5 | 634.5 | 2.1 | 1966～1970年 | 69.0 | 3284.8 | 2.1 |
| 1969年 | 14.0 | 641.8 | 2.2 | 1971～1975年 | 164.7 | 5870.1 | 2.8 |
| 1970年 | 16.0 | 716.3 | 2.2 | 1976～1980年 | 224.9 | 7345.6 | 3.1 |
| 1971年 | 27.8 | 1090.1 | 2.5 | 1981～1985年 | 609.4 | 15149.2 | 4.0 |

注：1. 1949～1970年是按1957年不变价格计算，1971～1980年是按1970年不变价格计算，1981～1985年是按1980年不变价格计算。

2. 如按新口径（不包括村及村以下办工业）计算，农业总产值1984年为2800.5亿元，1985年为2912.2亿元。

## 全国国营造林面积

单位：万亩

| 年 别 | 国营造林面积 | 年 别 | 国营造林面积 |
|---|---|---|---|
| 1949～1952年 | 206.2 | 1975年 | 1410.1 |
| 1953年 | 40.9 | 1976年 | 1415.6 |
| 1954年 | 98.4 | 1977年 | 1197.2 |
| 1955年 | 169.2 | 1978年 | 1087.2 |
| 1956年 | 371.7 | 1979年 | 1240.6 |
| 1957年 | 296.9 | 1980年 | 1021.5 |
| 1958年 | 656.7 | 1981年 | 852.7 |
| 1959年 | 941.0 | 1982年 | 844.3 |
| 1960年 | 1121.4 | 1983年 | 962.5 |
| 1961年 | 481.1 | 1984年 | 1042.2 |
| 1962年 | 392.1 | 1985年 | 1150.1 |
| 1963年 | 437.0 | 1986年 | 712.8 |
| 1964年 | 758.7 | | |
| 1965年 | 986.1 | | |
| 1966年 | 1166.6 | 1949～1952年 | 206.2 |
| 1967年 | 945.0 | 1953～1957年 | 977.1 |
| 1968年 | 775.9 | 1958～1962年 | 3592.3 |
| 1969年 | 843.5 | 1963～1965年 | 2181.8 |
| 1970年 | 754.3 | 1966～1970年 | 4485.3 |
| 1971年 | 1071.6 | 1971～1975年 | 6964.0 |
| 1972年 | 1540.8 | 1976～1980年 | 5962.1 |
| 1973年 | 1593.3 | 1981～1985年 | 4851.8 |
| 1974年 | 1348.2 | 1949～1986年 | 29933.4 |

注：1986年造林面积按成活率达到85%以上计算，如按老口径计算为940.9万亩。

## 各地区国营造林面积

单位：万亩

| 地区 | 1949～1952年 | 1957年 | 1965年 | 1978年 | 1980年 | 1985年 | 1986年 |
|---|---|---|---|---|---|---|---|
| 全国总计 | 206.2 | 296.9 | 986.1 | 1087.2 | 1021.5 | 1150.1 | 712.8 |
| 北京 | 0.5 | 1.5 | 1.9 | 1.5 | 1.7 | 1.7 | 2.0 |
| 天津 | — | — | — | 0.8 | 0.1 | 0.1 | 0.1 |
| 河北 | 16.9 | 13.1 | 30.9 | 43.3 | 31.7 | 19.2 | 4.3 |
| 山西 | 36.5 | 16.6 | 59.1 | 59.9 | 49.6 | 33.7 | 14.3 |
| 内蒙古 | 20.0 | 8.5 | 33.2 | 30.1 | 254.3 | 168.3 | 85.8 |
| 辽宁 | 32.7 | 5.9 | 45.3 | 98.8 | 50.9 | 23.6 | 13.6 |
| 吉林 | 12.5 | 8.7 | 30.0 | 117.6 | 71.7 | 57.7 | 43.4 |
| 黑龙江 | — | 4.4 | 15.9 | 280.7 | 147.4 | 261.8 | 201.4 |
| 上海 | — | — | 0.1 | 0.4 | 0.1 | 0.3 | 0.3 |
| 江苏 | 4.0 | 11.8 | 70.1 | 6.5 | 6.6 | 5.0 | 4.6 |
| 浙江 | 2.2 | 6.4 | 23.4 | 7.6 | 6.7 | 1.8 | 1.3 |
| 安徽 | — | 6.3 | 20.2 | 12.6 | 20.7 | 13.3 | 8.3 |
| 福建 | 1.8 | 4.6 | 26.4 | 17.6 | 19.4 | 23.3 | 14.0 |
| 江西 | 5.9 | 39.3 | 43.4 | 47.3 | 46.7 | 46.6 | 43.3 |
| 山东 | 7.1 | 7.3 | 20.3 | 3.6 | 3.6 | 3.2 | 2.3 |
| 河南 | 10.2 | 22.5 | 34.5 | 12.1 | 13.0 | 9.3 | 4.3 |
| 湖北 | 15.2 | 10.2 | 31.7 | 19.0 | 23.8 | 24.4 | 16.6 |
| 湖南 | 0.9 | 11.1 | 29.5 | 22.8 | 21.5 | 18.2 | 16.4 |
| 广东 | 11.2 | 37.4 | 90.4 | 27.3 | 15.4 | 27.0 | 32.7 |
| 广西 | 5.6 | 26.7 | 61.1 | 53.5 | 30.4 | 140.2 | 24.0 |
| 四川 | 5.2 | 11.6 | 165.0 | 89.5 | 30.2 | 34.3 | 30.7 |
| 贵州 | 1.3 | 5.6 | 50.8 | 14.4 | 60.1 | 21.7 | 15.1 |
| 云南 | 4.6 | 12.0 | 55.4 | 51.4 | 40.7 | 50.3 | 21.0 |
| 西藏 | — | — | — | 0.2 | 0.2 | 0.2 | 1.0 |
| 陕西 | 5.8 | 10.9 | 31.4 | 40.9 | 41.4 | 48.8 | 26.7 |
| 甘肃 | 5.4 | 11.1 | 11.5 | 16.3 | 15.4 | 57.4 | 46.0 |
| 青海 | 0.3 | 0.9 | 0.5 | 1.0 | 0.8 | 2.3 | 2.2 |
| 宁夏 | — | — | 2.9 | 4.2 | 6.8 | 9.6 | 7.3 |
| 新疆 | 0.4 | 2.5 | 1.2 | 6.3 | 10.6 | 46.8 | 29.8 |

注：1986年造林面积按成活率达到85%以上计算。如按老口径计算为940.9万亩。

# 各地区国营用材林造林面积

单位：万亩

| 地 区 | 1980年 | 1981年 | 1982年 | 1983年 | 1984年 | 1985年 | 1986年 |
|---|---|---|---|---|---|---|---|
| 全国总计 | 789.7 | 703.0 | 641.6 | 786.1 | 730.4 | 934.2 | 548.1 |
| 北 京 | 1.0 | 0.5 | 0.8 | 1.9 | 0.1 | 0.2 | 0.1 |
| 天 津 | 0.1 | 0.1 | 0.2 | 0.1 | — | 0.1 | 0.1 |
| 河 北 | 30.6 | 19.3 | 18.6 | 10.9 | 10.3 | 17.5 | 3.6 |
| 山 西 | 43.2 | 35.4 | 36.9 | 32.4 | 32.3 | 29.9 | 11.7 |
| 内蒙古 | 105.4 | 92.0 | 106.1 | 120.5 | 110.6 | 111.7 | 58.0 |
| 辽 宁 | 46.6 | 26.8 | 18.9 | 19.1 | 21.1 | 19.6 | 8.2 |
| 吉 林 | 60.3 | 40.7 | 41.2 | 43.7 | 44.6 | 42.8 | 34.9 |
| 黑龙江 | 144.9 | 183.4 | 158.8 | 246.9 | 184.9 | 233.3 | 183.9 |
| 上 海 | — | — | — | 0.2 | — | — | — |
| 江 苏 | 5.3 | 4.8 | 2.9 | 4.1 | 6.1 | 3.3 | 3.0 |
| 浙 江 | 5.7 | 2.8 | 1.8 | 1.8 | 2.0 | 1.6 | 0.9 |
| 安 徽 | 18.3 | 17.5 | 9.9 | 9.7 | 10.8 | 12.8 | 7.4 |
| 福 建 | 17.6 | 14.4 | 11.0 | 9.6 | 18.3 | 22.4 | 13.0 |
| 江 西 | 40.4 | 35.9 | 35.1 | 31.5 | 39.5 | 42.6 | 39.6 |
| 山 东 | 3.1 | 2.2 | 2.1 | 2.6 | 3.9 | 2.6 | 1.2 |
| 河 南 | 12.5 | 11.5 | 11.0 | 9.0 | 8.2 | 7.7 | 3.2 |
| 湖 北 | 21.4 | 16.4 | 13.9 | 14.5 | 19.3 | 22.6 | 14.9 |
| 湖 南 | 20.9 | 17.9 | 15.8 | 15.4 | 18.9 | 17.3 | 15.3 |
| 广 东 | 13.9 | 22.3 | 16.7 | 25.0 | 25.5 | 24.5 | 18.3 |
| 广 西 | 29.1 | 24.9 | 20.1 | 23.6 | 15.9 | 137.3 | 21.5 |
| 四 川 | 30.0 | 17.6 | 17.5 | 49.6 | 28.1 | 32.4 | 29.0 |
| 贵 州 | 58.2 | 9.7 | 8.7 | 10.1 | 13.8 | 20.9 | 14.5 |
| 云 南 | 39.8 | 34.1 | 40.0 | 43.6 | 47.9 | 47.8 | 17.7 |
| 西 藏 | 0.2 | — | 0.6 | 0.6 | 0.2 | 0.1 | 0.8 |
| 陕 西 | 29.0 | 49.5 | 35.5 | 34.6 | 30.3 | 37.0 | 14.6 |
| 甘 肃 | 10.5 | 18.9 | 13.6 | 19.1 | 31.6 | 24.5 | 21.3 |
| 青 海 | 0.4 | 0.9 | 1.1 | 1.3 | 1.6 | 0.9 | 1.2 |
| 宁 夏 | 0.5 | 1.5 | 1.1 | 2.1 | 0.7 | 1.5 | 1.4 |
| 新 疆 | 0.8 | 2.0 | 1.7 | 2.6 | 3.9 | 19.3 | 8.8 |

注：1986年造林面积按成活率达到85%以上计算，如按老口径计算为729.0万亩。

# 各地区国营经济林造林面积

单位：万亩

| 地　区 | 1980年 | 1981年 | 1982年 | 1983年 | 1984年 | 1985年 | 1986年 |
|---|---|---|---|---|---|---|---|
| 全国总计 | 23.4 | 15.9 | 24.9 | 18.7 | 25.6 | 16.7 | 23.8 |
| 北　京 | — | — | — | — | — | — | 0.1 |
| 天　津 | — | — | — | — | — | — | — |
| 河　北 | 0.5 | 0.3 | 0.2 | 0.2 | 0.3 | 0.3 | 0.1 |
| 山　西 | 0.3 | — | — | — | — | 0.1 | 0.1 |
| 内蒙古 | 4.4 | 1.1 | 5.6 | 4.7 | 4.5 | 4.0 | 2.6 |
| 辽　宁 | 0.5 | 0.1 | 0.1 | 0.1 | 0.5 | 0.5 | 2.5 |
| 吉　林 | 0.6 | 0.1 | 0.1 | — | 0.3 | 0.2 | 1.5 |
| 黑龙江 | 0.4 | 0.8 | 2.5 | 0.1 | 1.3 | 0.4 | 2.4 |
| 上　海 | — | — | — | — | — | — | — |
| 江　苏 | 0.3 | 0.3 | 0.1 | — | 0.1 | 0.7 | 0.2 |
| 浙　江 | 0.3 | 0.2 | 0.6 | 0.3 | 0.1 | 0.1 | 0.2 |
| 安　徽 | 2.1 | 1.0 | 0.5 | 0.3 | 0.3 | 0.3 | 0.3 |
| 福　建 | 1.3 | 0.7 | 0.4 | 0.9 | 0.3 | 0.2 | 0.3 |
| 江　西 | 5.6 | 3.5 | 3.6 | 3.5 | 1.9 | 1.0 | 0.8 |
| 山　东 | — | — | — | — | — | 0.2 | 0.6 |
| 河　南 | 0.2 | 0.4 | 0.2 | 0.5 | — | 0.1 | 0.3 |
| 湖　北 | 1.6 | 1.1 | 1.5 | 0.8 | 7.0 | 0.6 | 1.0 |
| 湖　南 | 0.4 | 1.6 | 0.3 | 0.5 | 0.6 | 0.6 | 0.7 |
| 广　东 | 0.7 | 0.7 | 0.6 | 0.6 | 0.3 | 0.5 | 2.5 |
| 广　西 | 0.8 | 0.8 | 2.4 | 1.9 | 4.5 | 2.1 | 1.6 |
| 四　川 | — | 0.1 | 2.0 | 0.2 | — | 0.2 | 0.2 |
| 贵　州 | 1.5 | 0.3 | 0.2 | 0.1 | — | 0.1 | 0.4 |
| 云　南 | 0.3 | 0.9 | 1.2 | 1.1 | 1.2 | 1.6 | 2.6 |
| 西　藏 | — | — | — | — | 0.1 | — | — |
| 陕　西 | 0.5 | 0.1 | 0.5 | 0.6 | 0.2 | 0.3 | — |
| 甘　肃 | 0.7 | 1.4 | 1.8 | 1.8 | 1.9 | 2.4 | 2.0 |
| 青　海 | — | — | — | 0.2 | 0.1 | 0.1 | — |
| 宁　夏 | 0.1 | 0.1 | 0.1 | — | — | — | 0.1 |
| 新　疆 | 0.3 | 0.3 | 0.4 | 0.3 | 0.1 | 0.1 | 0.7 |

注：1986年造林面积按成活率达到85%以上计算，如按老口径计算为30.4万亩。

## 各地区国营防护林造林面积

单位：万亩

| 地 区 | 1980年 | 1981年 | 1982年 | 1983年 | 1984年 | 1985年 | 1986年 |
|---|---|---|---|---|---|---|---|
| 全国总计 | 197.1 | 105.7 | 150.1 | 130.6 | 251.2 | 170.9 | 122.4 |
| 北 京 | — | 0.2 | 0.1 | — | — | 0.1 | — |
| 天 津 | — | 0.1 | — | — | — | — | — |
| 河 北 | 0.6 | 1.1 | 1.0 | 1.9 | 1.4 | 1.3 | 0.5 |
| 山 西 | 5.8 | 2.3 | 6.0 | 3.3 | 6.0 | 2.3 | 1.3 |
| 内蒙古 | 143.1 | 31.2 | 33.6 | 45.8 | 58.6 | 48.5 | 24.1 |
| 辽 宁 | 3.4 | 0.5 | 2.1 | 4.3 | 5.7 | 1.7 | 2.7 |
| 吉 林 | 9.8 | 7.2 | 6.7 | 12.7 | 15.8 | 12.2 | 6.3 |
| 黑龙江 | 0.4 | 30.0 | 37.1 | 20.3 | 103.4 | 24.1 | 14.0 |
| 上 海 | 0.1 | 0.1 | 0.2 | 0.2 | 0.3 | 0.3 | 0.3 |
| 江 苏 | 0.4 | 0.6 | 0.5 | 0.7 | 0.8 | 0.9 | 0.9 |
| 浙 江 | — | — | — | — | — | — | — |
| 安 徽 | — | — | 0.2 | — | — | 0.2 | 0.5 |
| 福 建 | 0.3 | 0.3 | 0.3 | 0.4 | 0.5 | 0.4 | 0.3 |
| 江 西 | 0.1 | — | — | 0.2 | 0.5 | 0.3 | 0.1 |
| 山 东 | 0.4 | 0.1 | 0.2 | 0.4 | 0.3 | 0.4 | 0.3 |
| 河 南 | — | 0.6 | 0.4 | 0.7 | 0.2 | 1.5 | 0.7 |
| 湖 北 | 0.2 | 1.0 | 0.3 | 0.5 | 0.5 | 1.1 | 0.7 |
| 湖 南 | — | 0.1 | 0.8 | 0.7 | 0.1 | 0.1 | 0.3 |
| 广 东 | 0.4 | 1.0 | 0.5 | 1.4 | 0.9 | 1.1 | 10.3 |
| 广 西 | 0.3 | 0.6 | 0.8 | 1.0 | 0.3 | 0.6 | 0.7 |
| 四 川 | — | 0.7 | 0.4 | 0.3 | 0.1 | 1.6 | 1.1 |
| 贵 州 | — | — | — | 0.6 | 0.8 | 0.7 | 0.2 |
| 云 南 | 0.2 | — | 0.8 | 0.5 | — | 0.4 | 0.3 |
| 西 藏 | — | — | — | — | — | — | — |
| 陕 西 | 11.8 | 10.6 | 32.5 | 11.1 | 13.8 | 11.5 | 12.0 |
| 甘 肃 | 4.0 | 6.8 | 13.7 | 14.2 | 21.0 | 25.9 | 20.2 |
| 青 海 | 0.4 | 0.6 | 0.8 | 0.6 | 0.5 | 1.3 | 0.9 |
| 宁 夏 | 6.0 | 3.3 | 6.0 | 4.8 | 8.2 | 8.0 | 5.3 |
| 新 疆 | 9.4 | 6.7 | 5.1 | 4.0 | 11.5 | 24.4 | 18.4 |

注：1986年造林面积按成活率达到85%以上计算，如按老口径计算为157.9万亩。

# 全国迹地更新面积

单位：万亩

| 年别 | 合计 | 其中 | |
|---|---|---|---|
| | | 国营 | 人工更新 |
| 1949～1952年 | 33.8 | 33.8 | 33.7 |
| 1953年 | 24.8 | 24.8 | 24.1 |
| 1954年 | 58.2 | 58.2 | 45.1 |
| 1955年 | 58.8 | 58.8 | 47.8 |
| 1956年 | 141.2 | 141.2 | 72.7 |
| 1957年 | 83.7 | 83.7 | 66.1 |
| 1958年 | 586.7 | 312.6 | 290.5 |
| 1959年 | 840.5 | 535.6 | 513.2 |
| 1960年 | 725.6 | 465.8 | 452.9 |
| 1961年 | 235.6 | 173.5 | 155.3 |
| 1962年 | 159.5 | 112.1 | 129.0 |
| 1963年 | 274.5 | 189.6 | 220.3 |
| 1964年 | 309.8 | 231.1 | 255.3 |
| 1965年 | 358.4 | 322.6 | 316.3 |
| 1966年 | 481.5 | 350.6 | 340.5 |
| 1967年 | 454.5 | 329.6 | 417.4 |
| 1968年 | 360.0 | 241.5 | 314.6 |
| 1969年 | 349.5 | 251.0 | 300.0 |
| 1970年 | 487.5 | 276.6 | 397.7 |
| 1971年 | 461.3 | 315.4 | 379.5 |
| 1972年 | 478.5 | 331.7 | 389.3 |
| 1973年 | 535.1 | 352.8 | 440.1 |
| 1974年 | 543.0 | 372.5 | 477.4 |
| 1975年 | 633.0 | 424.6 | 550.0 |
| 1976年 | 631.2 | 439.5 | 561.5 |
| 1977年 | 624.6 | 428.6 | 554.3 |
| 1978年 | 687.6 | 489.7 | 586.4 |
| 1979年 | 614.0 | 431.9 | 532.9 |
| 1980年 | 632.9 | 451.0 | 554.3 |
| 1981年 | 663.9 | 433.3 | 557.7 |
| 1982年 | 658.2 | 458.6 | 562.9 |
| 1983年 | 763.2 | 482.6 | 634.4 |
| 1984年 | 828.0 | 501.5 | 714.1 |
| 1985年 | 957.4 | 552.2 | 817.4 |
| 1986年 | 866.1 | 471.8 | 727.7 |
| 1949～1952年 | 33.8 | 33.8 | 33.7 |
| 1953～1957年 | 366.7 | 366.7 | 255.8 |
| 1958～1962年 | 2547.9 | 1599.6 | 1540.9 |
| 1963～1965年 | 942.7 | 743.3 | 791.9 |
| 1966～1970年 | 2133.0 | 1449.3 | 1770.2 |
| 1971～1975年 | 2650.9 | 1797.0 | 2236.3 |
| 1976～1980年 | 3190.3 | 2240.7 | 2789.4 |
| 1981～1985年 | 3870.7 | 2428.2 | 3286.5 |
| 1949～1986年 | 16602.1 | 11130.4 | 13432.4 |

注：1986年迹地更新面积按成活率达到85%以上计算。

## 全国育苗面积

单位：万亩

| 年 别 | 合 计 | 其中：国营 |
|---|---|---|
| 1949～1952年 | 27.9 | 17.6 |
| 1953年 | 21.2 | 11.5 |
| 1954年 | 15.4 | 10.7 |
| 1955年 | 25.2 | 14.9 |
| 1956年 | 114.7 | 27.5 |
| 1957年 | 105.6 | 32.8 |
| 1958年 | 115.7 | 22.8 |
| 1959年 | 88.4 | 31.8 |
| 1960年 | 93.6 | 31.7 |
| 1961年 | 76.7 | 33.4 |
| 1962年 | 52.2 | 27.2 |
| 1963年 | 80.8 | 34.2 |
| 1964年 | 166.6 | 47.9 |
| 1965年 | 267.1 | 56.3 |
| 1966年 | 332.5 | 45.2 |
| 1967年 | 286.9 | 40.9 |
| 1968年 | 236.3 | 28.3 |
| 1969年 | 216.0 | 26.7 |
| 1970年 | 274.6 | 31.1 |
| 1971年 | 423.5 | 40.9 |
| 1972年 | 463.1 | 53.3 |
| 1973年 | 571.1 | 59.8 |
| 1974年 | 681.9 | 54.7 |
| 1975年 | 708.4 | 68.8 |
| 1976年 | 709.4 | 58.8 |
| 1977年 | 668.1 | 61.4 |
| 1978年 | 620.3 | 71.6 |
| 1979年 | 604.6 | 63.3 |
| 1980年 | 589.3 | 60.0 |
| 1981年 | 519.7 | 65.2 |
| 1982年 | 538.2 | 71.8 |
| 1983年 | 652.1 | 67.9 |
| 1984年 | 765.7 | 87.4 |
| 1985年 | 689.1 | 69.3 |
| 1986年 | 531.1 | 60.5 |

## 全国幼林抚育面积

单位：万亩

| 年 别 | 合 计 | 其中：国营 |
|---|---|---|
| 1949～1952年 | 122.5 | 8.4 |
| 1953年 | 184.3 | 31.2 |
| 1954年 | 372.8 | 57.2 |
| 1955年 | 1022.6 | 186.5 |
| 1956年 | 2988.5 | 594.2 |
| 1957年 | 3173.0 | 624.3 |
| 1958年 | 3264.3 | 315.6 |
| 1959年 | 3350.1 | 603.4 |
| 1960年 | 2049.7 | 511.8 |
| 1961年 | 1485.3 | 723.7 |
| 1962年 | 1292.8 | 610.4 |
| 1963年 | 1944.1 | 1136.8 |
| 1964年 | 2882.6 | 1530.8 |
| 1965年 | 1794.6 | 1264.3 |
| 1966年 | 1983.0 | 1371.0 |
| 1971年 | 4991.8 | — |
| 1972年 | 5522.7 | 2480.1 |
| 1975年 | 6267.9 | 2864.3 |
| 1976年 | 6785.4 | 2973.6 |
| 1977年 | 7519.5 | 3047.2 |
| 1978年 | 7509.3 | 3128.2 |
| 1979年 | 7606.5 | 3233.7 |
| 1980年 | 7567.8 | 3242.7 |
| 1981年 | 7522.3 | 3181.8 |
| 1982年 | 7954.1 | 3173.2 |
| 1983年 | 8447.8 | 2944.4 |
| 1984年 | 10253.8 | 3723.8 |
| 1985年 | 11311.4 | 3489.2 |
| 1986年 | 11988.1 | 3643.6 |

## 全国主要林产品产量（一）

单位：万吨

| 年 别 | 油茶籽 | 油桐籽 | 乌桕籽 | 生 漆 | 核 桃 |
|---|---|---|---|---|---|
| 1949～1952年 | 28.2 | 44.7 | 11.8 | 0.4 | — |
| 1953年 | 23.1 | 40.9 | 11.9 | 0.2 | — |
| 1954年 | 38.3 | 45.9 | 14.1 | 0.1 | — |
| 1955年 | 32.6 | 47.1 | 12.1 | 0.1 | 5.7 |
| 1956年 | 34.7 | 49.3 | 13.2 | 0.2 | 11.4 |
| 1957年 | 49.4 | 51.8 | 12.5 | 0.2 | 10.3 |
| 1958年 | 57.6 | 54.0 | 10.7 | 0.2 | — |
| 1959年 | 66.6 | 59.1 | 12.3 | 0.2 | 8.9 |
| 1960年 | 34.0 | 32.4 | 8.0 | 0.2 | 7.7 |
| 1961年 | 28.2 | 21.5 | 5.5 | 0.1 | 4.0 |
| 1962年 | 22.3 | 18.3 | 8.1 | 0.1 | 4.0 |
| 1963年 | 28.1 | 32.9 | 9.6 | 0.1 | 4.6 |
| 1964年 | 23.2 | 35.7 | 8.8 | 0.2 | 4.2 |
| 1965年 | 35.6 | 13.0 | 8.2 | 0.2 | 4.8 |
| 1966年 | 35.7 | 26.4 | 8.5 | 0.2 | 4.2 |
| 1967年 | 29.7 | 32.6 | 8.0 | 0.2 | 4.1 |
| 1968年 | 40.6 | 36.7 | 8.3 | 0.1 | 4.0 |
| 1969年 | 38.7 | 39.4 | 8.1 | 0.2 | 4.7 |
| 1970年 | 35.9 | 35.7 | 8.1 | 0.1 | 5.1 |
| 1971年 | 43.2 | 25.9 | 7.2 | 0.2 | 7.0 |
| 1972年 | 52.7 | 33.0 | 8.7 | 0.3 | 7.2 |
| 1973年 | 49.2 | 30.2 | 8.0 | 0.3 | 8.1 |
| 1974年 | 54.7 | 37.5 | 7.7 | 0.2 | 8.0 |
| 1975年 | 42.5 | 37.0 | 7.7 | 0.2 | 6.5 |
| 1976年 | 20.1 | 30.2 | 8.6 | 0.3 | 7.1 |
| 1977年 | 41.6 | 34.0 | 7.3 | 0.2 | 7.6 |
| 1978年 | 47.9 | 39.1 | 8.5 | 0.2 | 11.3 |
| 1979年 | 61.7 | 32.5 | 8.1 | 0.3 | 9.1 |
| 1980年 | 49.0 | 30.3 | 9.3 | 0.3 | 11.9 |
| 1981年 | 65.4 | 36.0 | 9.5 | 0.3 | 10.7 |
| 1982年 | 49.4 | 33.9 | 8.5 | 0.3 | 10.3 |
| 1983年 | 43.5 | 36.8 | 8.5 | 0.3 | 11.9 |
| 1984年 | 53.6 | 36.2 | 8.1 | 0.2 | 12.8 |
| 1985年 | 61.9 | 37.9 | 7.1 | 0.2 | 12.2 |
| 1986年 | 43.8 | 34.6 | 6.9 | 0.3 | 13.6 |
| 1949～1952年 | 28.2 | 44.7 | 11.8 | 0.4 | — |
| 1953～1957年 | 178.1 | 235.0 | 63.8 | 0.8 | ※27.4 |
| 1958～1962年 | 208.7 | 185.3 | 44.6 | 0.8 | ※24.6 |
| 1963～1965年 | 86.9 | 81.6 | 26.6 | 0.5 | 13.6 |
| 1966～1970年 | 180.6 | 170.8 | 41.0 | 0.8 | 22.1 |
| 1971～1975年 | 242.3 | 163.6 | 39.3 | 1.2 | 36.8 |
| 1976～1980年 | 220.3 | 166.1 | 41.8 | 1.3 | 47.0 |
| 1981～1985年 | 273.8 | 180.8 | 41.7 | 1.3 | 57.9 |
| 1949～1986年 | 1462.7 | 1262.5 | 317.5 | 7.4 | 243.0 |

注：1949～1952、1953、1954、1958年的核桃数当年没有统计，所以在使用带※号的数字时要注意年度。

## 全国主要林产品产量(二)

单位：万吨

| 年　别 | 松　脂 | 棕　片 | 五 倍 子 | 板　栗 |
|---|---|---|---|---|
| 1971 年 | 35.6 | — | — | — |
| 1972 年 | 31.8 | — | — | 3.4 |
| 1973 年 | 33.0 | 1.4 | 0.4 | 5.1 |
| 1974 年 | 37.4 | 1.6 | 0.2 | 5.4 |
| 1975 年 | 30.3 | 2.6 | 0.3 | 4.3 |
| 1976 年 | 30.6 | 2.9 | 0.2 | 5.9 |
| 1977 年 | 29.3 | 2.4 | 0.2 | 3.9 |
| 1978 年 | 33.8 | 2.7 | 0.2 | 6.2 |
| 1979 年 | 40.4 | 2.3 | 0.2 | 4.7 |
| 1980 年 | 42.1 | 2.4 | 0.2 | 6.7 |
| 1981 年 | 56.2 | 2.2 | 0.3 | 5.1 |
| 1982 年 | 47.0 | 2.5 | 0.4 | 5.5 |
| 1983 年 | 30.4 | 3.0 | 0.5 | 6.5 |
| 1984 年 | 36.9 | 3.4 | 0.3 | 8.3 |
| 1985 年 | 34.4 | 3.6 | 0.3 | 8.3 |
| 1986 年 | 41.6 | 3.3 | 0.4 | 9.5 |
| 1971～1975 年 | 168.1 | * 5.6 | * 0.9 | * 18.2 |
| 1976～1980 年 | 176.2 | 12.7 | 1.0 | 27.4 |
| 1981～1985 年 | 204.9 | 14.7 | 1.8 | 33.7 |
| 1971～1986 年 | 590.8 | 36.3 | 4.1 | 88.8 |

注：1971、1972 年的棕片、五倍子当年没有统计，1971 年的板栗也无统计，在使用带*号的数字时要注意年度。

## “三北”地区国营造林面积

单位：万亩

| 地　区 | 1979年 | 1980年 | 1981年 | 1982年 | 1983年 | 1984年 | 1985年 | 1986年 |
|---|---|---|---|---|---|---|---|---|
| **合　计** | **173.1** | **232.9** | **238.3** | **270.5** | **282.5** | **315.1** | **288.1** | **222.7** |
| 北　京 | — | — | — | 3.1 | — | 0.9 | 1.3 | 1.1 |
| 河　北 | 3.0 | 1.9 | 3.9 | 14.9 | 2.9 | 6.9 | 11.6 | 3.2 |
| 山　西 | 8.4 | 8.7 | 5.4 | 12.8 | 8.5 | 15.5 | 11.1 | 5.4 |
| 内蒙古 | 108.3 | 100.6 | 103.6 | 107.1 | 126.2 | 135.9 | 123.4 | 56.9 |
| 辽　宁 | 0.4 | 23.5 | 11.3 | 9.3 | 14.6 | 12.5 | 9.3 | 7.9 |
| 吉　林 | 10.2 | 33.4 | 21.8 | 20.5 | 31.9 | 32.7 | 26.9 | 18.7 |
| 黑龙江 | 2.7 | 16.9 | 22.5 | 26.0 | 36.5 | 29.7 | 30.6 | 27.5 |
| 陕　西 | 24.9 | 27.6 | 48.2 | 48.8 | 27.9 | 28.9 | 21.8 | 21.0 |
| 甘　肃 | 9.6 | 11.9 | 12.4 | 17.2 | 22.1 | 39.6 | 38.0 | 42.1 |
| 青　海 | 0.2 | 0.8 | 1.2 | 1.2 | 1.6 | 1.4 | 2.0 | 1.8 |
| 宁　夏 | 5.1 | 7.1 | 5.7 | 7.9 | 8.1 | 9.4 | 9.6 | 7.3 |
| 新　疆 | 0.3 | 0.5 | 2.3 | 1.7 | 2.2 | 1.7 | 2.5 | 29.8 |

注：1986年造林面积按成活率达到85%以上计算。

## “三北”地区全部育苗面积

单位：万亩

| 地　区 | 1979年 | 1980年 | 1981年 | 1982年 | 1983年 | 1984年 | 1985年 | 1986年 |
|---|---|---|---|---|---|---|---|---|
| **合　计** | **148.7** | **172.1** | **162.1** | **224.1** | **235.0** | **234.9** | **199.0** | **188.9** |
| 北　京 | — | — | — | 8.0 | 5.1 | 4.6 | 4.8 | 3.8 |
| 河　北 | 6.7 | 5.9 | 5.5 | 17.2 | 10.6 | 7.7 | 9.8 | 11.2 |
| 山　西 | 12.2 | 15.6 | 12.5 | 17.5 | 20.9 | 24.5 | 18.0 | 21.9 |
| 内蒙古 | 30.0 | 37.0 | 26.3 | 30.7 | 24.8 | 22.6 | 19.5 | 15.6 |
| 辽　宁 | — | 9.1 | 11.6 | 16.5 | 15.6 | 14.4 | 13.0 | 11.7 |
| 吉　林 | 12.5 | 15.6 | 21.5 | 23.6 | 15.5 | 17.5 | 14.2 | 12.1 |
| 黑龙江 | 15.2 | 18.7 | 23.3 | 44.8 | 66.1 | 56.8 | 36.3 | 29.9 |
| 陕　西 | 22.3 | 20.7 | 17.3 | 16.9 | 19.0 | 18.6 | 23.9 | 18.7 |
| 甘　肃 | 19.3 | 19.1 | 14.9 | 21.0 | 24.5 | 32.8 | 29.2 | 29.8 |
| 青　海 | 3.7 | 5.3 | 4.3 | 4.1 | 4.4 | 5.2 | 5.5 | 5.2 |
| 宁　夏 | 12.9 | 11.0 | 10.2 | 9.0 | 9.5 | 11.7 | 7.2 | 4.1 |
| 新　疆 | 13.9 | 14.1 | 14.7 | 14.8 | 19.0 | 18.5 | 17.6 | 24.9 |

# 全国国营林场基本情况

| 项目 | 单位 | 1965 年 | 1975 年 | 1980 年 | 1984 年 | 1985 年 | 1986 年 |
|---|---|---|---|---|---|---|---|
| 一、林场个数 | 个 | 3564 | 3893 | 3870 | 4145 | 4128 | 4171 |
| 其中：造林林场 | 个 | 2100 | 2380 | 2304 | 2217 | 2185 | 2201 |
| 经营林场 | 个 | 1464 | 1513 | 1484 | 1777 | 1792 | 1816 |
| 二、经营管理面积 | 万亩 | 102124 | 69406 | 68123 | 77928 | 76465 | 80306.3 |
| 其中：有林地 | 万亩 | 43695 | 34551 | 35101 | 36611 | 36907 | 37825.4 |
| 宜林地 | 万亩 | 25466 | 16346 | 13053 | 14018 | 13654 | 15397.8 |
| 三、经营范围蓄积量 | | | | | | | |
| 其中：林木 | 万立方米 | 186081 | 104566 | 100977 | 153392 | 138007 | 163470 |
| 毛竹 | 万根 | — | 24229 | 16743 | 21228 | 21707 | 20173 |
| 四、全部职工年末人数 | 人 | 281914 | 380739 | 507793 | 498000 | 512311 | 536177 |
| 其中：固定职工 | 人 | — | 322159 | 349345 | 384668 | 391496 | 398553 |
| 职工中：工人 | 人 | 230236 | 307008 | 435906 | 406312 | 410123 | 428320 |
| 五、职工家属人数 | 人 | — | 421240 | 452045 | 483641 | 497340 | — |
| 其中：劳动力 | 人 | — | 104359 | 98936 | 125400 | 143195 | — |
| 六、年末主要设备数量 | | | | | | | |
| 拖拉机 | 台 | 1240 | 5410 | 9172 | 7861 | 7235 | 7058 |
| 汽　车 | 辆 | 1164 | 1624 | 4687 | 6059 | 6941 | 8262 |
| 大牲畜 | 头 | 34821 | 89424 | 117753 | 55008 | 72933 | 74575 |
| 七、现有主要经营保护设施 | | | | | | | |
| 公　路 | 公里 | 10419 | 18981 | 30667 | 38213 | 36811 | 39435 |
| 林　道 | 公里 | 28114 | 57863 | 63173 | 74161 | 82187 | 94072 |
| 防火线 | 公里 | 38352 | 73112 | 71461 | 81350 | 86818 | 160069 |
| 瞭望台 | 座 | 808 | 970 | 989 | 1384 | 1315 | 1335 |
| 林区通讯线路 | 公里 | 38745 | 45271 | 44622 | 52636 | 51936 | 51326 |
| 八、年末实有耕地面积 | 万亩 | — | 66.1 | 89.3 | 2245 | 2384 | — |
| 九、本年造林面积 | 万亩 | 803.7 | 941.1 | 616.6 | 588 | 608.1 | 426.7 |
| 十、本年育苗面积 | 万亩 | 24.5 | 24.1 | 22.2 | 23.3 | 25.8 | 19.2 |

注：1986 年造林面积按成活率达到 85%以上计算。

# 森林工业生产

## 独立核算的森林工业企业工业净产值

单位：亿元

| 年别 | 森林工业净产值 | | | 全国工业净产值 | 森林工业占全国工业净产值% |
|---|---|---|---|---|---|
| | 合计 | 比上年增加额 | 比上年增长% | | |
| 1977年 | 25.4 | — | — | 1133.0 | 2.2 |
| 1978年 | 29.0 | 3.6 | 14.2 | 1355.0 | 2.1 |
| 1979年 | 32.8 | 3.8 | 13.1 | 1485.6 | 2.2 |
| 1980年 | 39.0 | 6.2 | 18.9 | 1648.4 | 2.3 |
| 1981年 | 43.7 | 4.7 | 12.1 | 1668.9 | 2.6 |
| 1982年 | 48.6 | 4.9 | 11.2 | 1752.9 | 2.8 |
| 1983年 | 50.4 | 1.8 | 3.7 | 1929.7 | 2.6 |
| 1984年 | 55.7 | 5.3 | 10.5 | 2246.0 | 2.5 |
| 1985年 | 60.5 | 4.8 | 8.6 | 2767.4 | 2.2 |

注：1.本表工业净产值按当年价格计算。
2.全国工业净产值系全国独立核算工业企业的工业净产值数。

## 林业系统工业总产值

单位：万元

| 年别 | 总计 | 木材采运企业 | 木材加工企业 | 林产化学企业 | 机械制造及修理企业 | 其它工业企业 |
|---|---|---|---|---|---|---|
| 1952年 | 81738 | 60751 | 20252 | 71 | — | 664 |
| 1957年 | 145079 | 107965 | 35105 | 266 | — | 1743 |
| 1962年 | 135298 | 109910 | 19159 | 1625 | 4485 | 119 |
| 1975年 | 372135 | 249896 | 84566 | 19471 | 13655 | 4547 |
| 1978年 | 419836 | 277869 | 91717 | 20623 | 19904 | 9723 |
| 1980年 | 465910 | 290777 | 117565 | 22200 | 25551 | 9817 |
| 1981年 | 592267 | 384213 | 145976 | 30095 | 24099 | 7884 |
| 1982年 | 612565 | 395304 | 156852 | 29403 | 25839 | 5167 |
| 1983年 | 569205 | 406274 | 107250 | 23946 | 25953 | 5782 |
| 1984年 | 601347 | 423665 | 111035 | 27557 | 25994 | 13096 |
| 1985年 | 582220 | 404794 | 101911 | 27580 | 30816 | 17119 |
| 1986年 | 625615 | 463579 | 100468 | 28512 | 23077 | 9979 |

注：1952年是按1952年不变价格计算的；1957年、1962年是按1957年不变价格计算的；1975～1980年是按1970年不变价格计算的；1981～1986年是按1980年不变价格计算的。

# 森林工业总产值及其占全国工业总产值比重

| 年别 | 森林工业总产值(亿元) | 全国工业总产值(亿元) | | 森林工业总产值比重(%) | | 森林工业总产值指数(以1952年为100) |
|---|---|---|---|---|---|---|
| | | 总计 | 其中:重工业 | 占全国工业 | 占全国重工业 | |
| 1952年 | 22.3 | 343 | 122 | 6.5 | 18.3 | |
| 1953年 | 30.4 | 447 | 167 | 6.8 | 18.2 | 136.3 |
| 1954年 | 35.9 | 520 | 200 | 6.9 | 18.0 | 161.0 |
| 1955年 | 32.4 | 549 | 229 | 5.9 | 14.1 | 145.3 |
| 1956年 | 40.0 | 703 | 320 | 5.7 | 12.5 | 179.4 |
| 1957年 | 42.4/40.6 | 784/704 | 379/330 | 5.4/5.8 | 11.2/12.3 | 190.1 |
| 1958年 | 48.8 | 1090 | 590 | 4.5 | 8.3 | 228.5 |
| 1959年 | 57.1 | 1484 | 874 | 3.8 | 6.5 | 267.3 |
| 1960年 | 60.4 | 1650 | 1100 | 3.7 | 5.5 | 282.9 |
| 1961年 | 36.2 | 1019 | 588 | 3.6 | 6.2 | 169.4 |
| 1962年 | 31.6 | 850 | 455 | 3.7 | 6.9 | 147.9 |
| 1963年 | 33.6 | 922 | 518 | 3.6 | 6.5 | 157.2 |
| 1964年 | 37.7 | 1103 | 627 | 3.4 | 6.0 | 176.4 |
| 1965年 | 39.9 | 1394 | 691 | 2.9 | 5.8 | 186.9 |
| 1966年 | 41.0 | 1686 | 881 | 2.4 | 4.7 | 191.5 |
| 1967年 | 35.0 | 1453 | 705 | 2.4 | 5.0 | 163.5 |
| 1968年 | 28.0 | 1380 | 669 | 2.0 | 4.2 | 130.8 |
| 1969年 | 34.0 | 1853 | 963 | 1.8 | 3.5 | 158.8 |
| 1970年 | 36.3 | 2421 | 1370 | 1.5 | 2.6 | 169.6 |
| 1971年 | 38.8/45.6 | 2782/2389 | 1663/1366 | 1.4/1.9 | 2.3/3.3 | 181.3 |
| 1972年 | 51.6 | 2547 | 1461 | 2.0 | 3.5 | 205.3 |
| 1973年 | 56.0 | 2789 | 1588 | 2.0 | 3.5 | 222.7 |
| 1974年 | 57.2 | 2796 | 1563 | 2.0 | 3.7 | 227.4 |
| 1975年 | 61.1 | 3219 | 1826 | 1.9 | 3.3 | 242.8 |
| 1976年 | 65.7 | 3262 | 1836 | 2.0 | 3.6 | 261.1 |
| 1977年 | 70.0 | 3728 | 2098 | 1.9 | 3.3 | 278.1 |
| 1978年 | 77.4 | 4231 | 2425 | 1.8 | 3.2 | 308.4 |
| 1979年 | 84.8 | 4591 | 2611 | 1.8 | 3.2 | 336.5 |
| 1980年 | 86.7 | 4992 | 2648 | 1.7 | 3.3 | 344.0 |
| 1981年 | 86.2/104.9 | 5199/5178 | 2524/2515 | 1.7/2.0 | 3.4/4.2 | 343.2 |
| 1982年 | 112.3 | 5577 | 2762 | 2.0 | 4.1 | 367.2 |
| 1983年 | 116.1 | 6164 | 3104 | 1.9 | 4.2 | 379.6 |
| 1984年 | 126.8 | 7030 | 3546 | 2.0 | 3.6 | 414.5 |
| 1985年 | 133.1 | 8295 | 4181 | 1.6 | 3.2 | 435.2 |
| 1953～1957年 | 181.1 | 3003 | 1295 | 6.0 | 14.0 | 812.1 |
| 1958～1962年 | 234.1 | 6093 | 3607 | 3.8 | 6.5 | 1096.0 |
| 1963～1965年 | 111.2 | 3419 | 1836 | 3.3 | 6.1 | 520.5 |
| 1966～1970年 | 174.3 | 8793 | 4588 | 2.0 | 3.8 | 814.2 |
| 1971～1975年 | 271.5 | 13740 | 7804 | 2.0 | 3.5 | 1079.5 |
| 1976～1980年 | 384.6 | 20804 | 11618 | 1.8 | 3.3 | 1528.1 |
| 1981～1985年 | 593.2 | 32244 | 16108 | 1.8 | 3.7 | 1939.7 |

注：1.分年产值：1952～1956年按1952年不变价格计算；1957年按1952年、1957年两种价格计算；1958～1970年按1957年不变价格计算；1971年按1957年、1970年两种不变价格计算；1972～1980年按1970年不变价格计算；1981年按1970年、1980年两种不变价格计算；1982～1985年按1980年不变价格计算。

2.分时期产值：1957年按1952年不变价格计算；1971年按1970年不变价格计算；1981年按1980年不变价格计算。

## 全国木材产量

单位：万立方米

| 年 别 | 产 量 | 年 别 | 产 量 |
|---|---|---|---|
| 1949 年 | 567.0 | 1973 年 | 4466.9 |
| 1950 年 | 664.4 | 1974 年 | 4607.1 |
| 1951 年 | 764.4 | 1975 年 | 4702.7 |
| 1952 年 | 1233.2 | 1976 年 | 4572.8 |
| 1953 年 | 1753.9 | 1977 年 | 4967.2 |
| 1954 年 | 2220.6 | 1978 年 | 5162.3 |
| 1955 年 | 2093.3 | 1979 年 | 5438.9 |
| 1956 年 | 2104.8 | 1980 年 | 5359.3 |
| 1957 年 | 2786.9 | 1981 年 | 4942.3 |
| 1958 年 | 3579.4 | 1982 年 | 5041.3 |
| 1959 年 | 4517.7 | 1983 年 | 5232.3 |
| 1960 年 | 4129.3 | 1984 年 | 6384.8 |
| 1961 年 | 2193.5 | 1985 年 | 6323.4 |
| 1962 年 | 2374.6 | 1986 年 | 6502.4 |
| 1963 年 | 3250.2 | | |
| 1964 年 | 3800.0 | 1949～1952 年 | 3229.0 |
| 1965 年 | 3978.0 | 1953～1957 年 | 10959.5 |
| 1966 年 | 4192.4 | 1958～1962 年 | 16794.5 |
| 1967 年 | 3249.6 | 1963～1965 年 | 11028.2 |
| 1968 年 | 2791.2 | 1966～1970 年 | 17298.3 |
| 1969 年 | 3283.3 | 1971～1975 年 | 22097.5 |
| 1970 年 | 3781.8 | 1976～1980 年 | 25500.5 |
| 1971 年 | 4067.3 | 1981～1985 年 | 27924.1 |
| 1972 年 | 4253.5 | 1949～1986 年 | 141334.0 |

## 各地区木材产量

单位：万立方米

| 地区 | 1949年 | 1957年 | 1965年 | 1978年 | 1980年 | 1985年 | 1986年 |
|---|---|---|---|---|---|---|---|
| 全国总计 | 567.0 | 2786.9 | 3978.0 | 5162.3 | 5359.3 | 6323.4 | 6502.4 |
| 北京 | — | — | — | — | — | 5.3 | 6.2 |
| 天津 | — | — | — | — | — | — | — |
| 河北 | — | 13.3 | 3.4 | 16.0 | 13.8 | 21.7 | 23.0 |
| 山西 | — | 8.7 | 11.0 | 15.4 | 14.9 | 13.4 | 12.8 |
| 内蒙古 | 161.2 | 196.5 | 391.4 | 1.2 | 414.0 | 502.1 | 627.0 |
| 辽宁 | — | 13.6 | 20.8 | 49.8 | 50.9 | 78.5 | 85.4 |
| 吉林 | 136.5 | 251.1 | 474.6 | 612.6 | 633.1 | 635.0 | 685.7 |
| 黑龙江 | 269.3 | 800.7 | 1302.4 | 1953.3 | 1624.4 | 1666.9 | 1774.0 |
| 上海 | — | 9.4 | — | — | — | — | — |
| 江苏 | — | 2.5 | 0.6 | — | — | 0.7 | 2.0 |
| 浙江 | — | 100.2 | 85.7 | 65.5 | 69.5 | 210.1 | 171.0 |
| 安徽 | — | 52.9 | 51.5 | 48.5 | 45.7 | 60.1 | 53.2 |
| 福建 | — | 249.2 | 297.5 | 376.1 | 383.1 | 564.8 | 610.3 |
| 江西 | — | 135.5 | 153.5 | 257.5 | 301.8 | 297.1 | 285.0 |
| 山东 | — | 5.6 | 0.2 | 4.3 | 3.6 | 5.8 | 7.5 |
| 河南 | — | 24.4 | 4.0 | 10.0 | 15.5 | 10.0 | 14.9 |
| 湖北 | — | 63.4 | 62.5 | 71.0 | 73.9 | 117.7 | 119.6 |
| 湖南 | — | 196.4 | 192.2 | 262.0 | 238.3 | 338.7 | 303.3 |
| 广东 | — | 224.0 | 335.8 | 356.4 | 341.3 | 432.9 | 349.4 |
| 广西 | — | 125.3 | 95.2 | 186.9 | 178.5 | 284.6 | 292.5 |
| 四川 | — | 149.9 | 198.6 | 375.6 | 415.7 | 422.4 | 425.3 |
| 贵州 | — | 56.5 | 66.1 | 82.9 | 89.9 | 93.1 | 90.0 |
| 云南 | — | 50.7 | 112.6 | 211.7 | 245.6 | 331.5 | 341.3 |
| 西藏 | — | — | 11.0 | 24.4 | 23.6 | 31.6 | 25.7 |
| 陕西 | — | 11.2 | 26.6 | 58.3 | 55.1 | 80.0 | 79.4 |
| 甘肃 | — | 12.8 | 21.7 | 74.1 | 61.0 | 56.6 | 58.6 |
| 青海 | — | 3.6 | 5.3 | 6.1 | 6.6 | 9.7 | 10.7 |
| 宁夏 | — | — | — | 0.5 | 0.7 | 5.2 | 6.5 |
| 新疆 | — | 29.5 | 53.8 | 42.2 | 58.8 | 47.9 | 42.1 |

## 全国锯材、胶合板、纤维板、刨花板产量

| 年别 | 锯材（万立方米） | 胶合板（立方米） | 纤维板（立方米） | 刨花板（立方米） |
|---|---|---|---|---|
| 1949～1952年 | 1151.4 | 44539 | — | — |
| 1953年 | 664.0 | 35353 | — | — |
| 1954年 | 759.9 | 46542 | — | — |
| 1955年 | 678.2 | 51752 | — | — |
| 1956年 | 890.8 | 56435 | — | — |
| 1957年 | 824.1 | 69835 | — | — |
| 1958年 | 1187.6 | 125715 | 29 | — |
| 1959年 | 1454.7 | 153068 | 11633 | — |
| 1960年 | 1622.9 | 147575 | 59571 | — |
| 1961年 | 778.7 | 74337 | 21506 | — |
| 1962年 | 672.8 | 74211 | 15541 | 5413 |
| 1963年 | 826.4 | 104316 | 18639 | 13034 |
| 1964年 | 1063.9 | 119542 | 27951 | 21389 |
| 1965年 | 1160.1 | 138975 | 50188 | 31439 |
| 1966年 | 1117.8 | 150425 | 62394 | 18492 |
| 1967年 | 1157.4 | 122333 | 34626 | 10879 |
| 1968年 | 909.1 | 105850 | 25854 | 9037 |
| 1969年 | 1004.8 | 146663 | 41792 | 12095 |
| 1970年 | 1100.3 | 170684 | 54706 | 14989 |
| 1971年 | 1104.9 | 172129 | 87257 | 18690 |
| 1972年 | 957.8 | 182441 | 108152 | 26780 |
| 1973年 | 993.1 | 188409 | 131368 | 32188 |
| 1974年 | 1009.0 | 176166 | 133448 | 30291 |
| 1975年 | 1069.1 | 192142 | 154868 | 26668 |
| 1976年 | 1001.1 | 184416 | 170164 | 26473 |
| 1977年 | 1125.2 | 208491 | 221324 | 28933 |
| 1978年 | 1105.5 | 252154 | 328781 | 43569 |
| 1979年 | 1271.4 | 292402 | 429321 | 52855 |
| 1980年 | 1368.7 | 329900 | 506200 | 78200 |
| 1981年 | 1301.1 | 351100 | 568300 | 76700 |
| 1982年 | 1360.9 | 394100 | 669900 | 102700 |
| 1983年 | 1394.5 | 454800 | 734500 | 127400 |
| 1984年 | 1508.6 | 489700 | 735900 | 164800 |
| 1985年 | 1590.8 | 538700 | 895000 | 182100 |
| 1986年 | 1505.2 | 610800 | 1027000 | 210300 |
| 1949～1952年 | 1151.4 | 44539 | — | — |
| 1953～1957年 | 3817.0 | 259917 | — | — |
| 1958～1962年 | 5716.7 | 574906 | 108280 | 5413 |
| 1963～1965年 | 3050.4 | 362833 | 96778 | 65862 |
| 1966～1970年 | 5289.4 | 695955 | 219372 | 65492 |
| 1971～1975年 | 5133.9 | 911287 | 615093 | 134617 |
| 1976～1980年 | 5871.9 | 1267363 | 1655790 | 230030 |
| 1981～1985年 | 7155.9 | 2228400 | 3603600 | 653700 |
| 1949～1986年 | 38691.8 | 6956000 | 7325913 | 1365414 |

## 各地区锯材产量

单位：万立方米

| 地区 | 1953年 | 1957年 | 1965年 | 1978年 | 1980年 | 1985年 | 1986年 |
|---|---|---|---|---|---|---|---|
| **全国总计** | **664.0** | **824.1** | **1160.1** | **1105.5** | **1368.7** | **1590.8** | **1505.2** |
| 北京 | 26.4 | 29.6 | 35.2 | 46.5 | 54.7 | 46.0 | 44.8 |
| 天津 | — | — | — | 30.0 | 26.4 | 26.1 | 26.5 |
| 河北 | 36.1 | 30.8 | 42.6 | 25.7 | 26.4 | 26.0 | 28.0 |
| 山西 | 4.9 | 6.9 | 7.4 | 6.3 | 6.8 | 7.3 | 6.2 |
| 内蒙古 | 3.3 | 31.1 | 41.0 | 5.2 | 47.4 | 85.1 | 74.7 |
| 辽宁 | 93.7 | 63.9 | 76.8 | 70.4 | 66.9 | 70.4 | 80.2 |
| 吉林 | 90.0 | 107.5 | 127.2 | 134.2 | 160.8 | 244.7 | 218.6 |
| 黑龙江 | 222.6 | 258.9 | 325.6 | 320.8 | 344.0 | 378.5 | 401.1 |
| 上海 | 35.9 | 41.3 | 64.4 | 54.0 | 57.1 | 71.7 | 64.1 |
| 江苏 | 9.9 | 16.3 | 44.0 | 35.4 | 47.3 | 47.5 | 76.8 |
| 浙江 | 14.3 | 22.2 | 25.8 | 21.1 | 33.5 | 45.4 | 52.5 |
| 安徽 | 1.3 | 6.7 | 13.0 | 17.0 | 19.4 | 32.1 | 20.5 |
| 福建 | 38.9 | 44.1 | 55.0 | 51.8 | 86.6 | 70.3 | 35.3 |
| 江西 | 6.8 | 9.1 | 14.9 | 14.0 | 21.1 | 25.0 | 19.5 |
| 山东 | 11.8 | 18.4 | 33.3 | 26.4 | 24.8 | 32.3 | 33.2 |
| 河南 | 2.4 | 5.9 | 10.6 | 12.0 | 25.1 | 22.1 | 25.8 |
| 湖北 | 13.6 | 20.2 | 22.5 | 19.8 | 30.0 | 85.1 | 27.3 |
| 湖南 | 8.0 | 8.5 | 16.4 | 12.9 | 12.1 | 6.0 | 9.3 |
| 广东 | 25.4 | 26.9 | 47.0 | 31.7 | 36.6 | 29.3 | 30.7 |
| 广西 | 2.5 | 5.9 | 16.1 | 13.0 | 11.6 | 20.2 | 13.0 |
| 四川 | 4.9 | 30.1 | 52.0 | 65.0 | 92.8 | 64.2 | 64.2 |
| 贵州 | — | 2.3 | 14.1 | 7.5 | 12.3 | 8.8 | 10.4 |
| 云南 | 0.7 | 10.0 | 32.0 | 35.3 | 56.0 | 57.5 | 48.7 |
| 西藏 | — | — | 4.0 | 10.4 | 10.6 | 12.4 | 11.4 |
| 陕西 | 3.8 | 8.8 | 14.7 | 15.2 | 20.2 | 18.5 | 25.4 |
| 甘肃 | 2.7 | 8.7 | 8.5 | 12.7 | 18.5 | 23.2 | 22.7 |
| 青海 | 0.2 | 2.7 | 3.4 | 5.4 | 5.5 | 6.5 | 7.3 |
| 宁夏 | — | — | 0.5 | — | — | 0.7 | 0.5 |
| 新疆 | 3.9 | 7.3 | 12.1 | 5.8 | 14.2 | 27.9 | 26.5 |

## 各地区胶合板产量

单位：立方米

| 地　区 | 1953年 | 1957年 | 1965年 | 1978年 | 1980年 | 1985年 | 1986年 |
|---|---|---|---|---|---|---|---|
| **全国总计** | **35353** | **69835** | **138975** | **252154** | **329900** | **538700** | **610800** |
| 北　京 | 283 | 4712 | 12095 | 23901 | 26100 | 26200 | 22200 |
| 天　津 | — | — | — | 7187 | 10100 | 12000 | 10000 |
| 河　北 | 5017 | 7451 | 5338 | 2922 | 8800 | — | — |
| 山　西 | — | — | — | — | — | — | — |
| 内蒙古 | — | — | — | — | 1100 | 2200 | 3800 |
| 辽　宁 | 42 | 324 | 2243 | 3515 | 4900 | 5200 | 1300 |
| 吉　林 | 9330 | 15155 | 17509 | 35384 | 40600 | 79800 | 98400 |
| 黑龙江 | 8955 | 21556 | 41437 | 46355 | 60000 | 125500 | 135800 |
| 上　海 | 11726 | 17880 | 46858 | 69477 | 82100 | 90500 | 95000 |
| 江　苏 | — | — | — | 1860 | 7400 | 28800 | 31100 |
| 浙　江 | — | 54 | — | 3375 | 5800 | 6200 | 8000 |
| 安　徽 | — | — | — | 3036 | 4000 | 5300 | 5800 |
| 福　建 | — | — | 248 | 10211 | 15400 | 36900 | 42600 |
| 江　西 | — | — | 3062 | 7812 | 17700 | 47600 | 54500 |
| 山　东 | — | 42 | 3858 | 5412 | 5200 | 7200 | 10200 |
| 河　南 | — | — | — | 676 | 100 | 800 | 2600 |
| 湖　北 | — | — | 1134 | 3170 | 3100 | 4400 | 4600 |
| 湖　南 | — | — | — | 3547 | 4800 | 6000 | 8400 |
| 广　东 | — | — | 41 | 3145 | 4900 | 12700 | 21000 |
| 广　西 | — | — | 1826 | 10532 | 13900 | 5800 | 10300 |
| 四　川 | — | 2661 | 2517 | 4207 | 5400 | 13700 | 13800 |
| 贵　州 | — | — | 809 | — | — | 2800 | 100 |
| 云　南 | — | — | — | 3066 | 4800 | 14000 | 18300 |
| 西　藏 | — | — | — | — | — | — | — |
| 陕　西 | — | — | — | 2512 | 3000 | 3900 | 5600 |
| 甘　肃 | — | — | — | 632 | 700 | 1200 | 7300 |
| 青　海 | — | — | — | 220 | — | — | — |
| 宁　夏 | — | — | — | — | — | — | — |
| 新　疆 | — | — | — | — | — | — | 100 |

## 各地区纤维板产量

单位：立方米

| 地　　区 | 1958 年 | 1962 年 | 1965 年 | 1978 年 | 1980 年 | 1985 年 | 1986 年 |
|---|---|---|---|---|---|---|---|
| 全国总计 | 29 | 15541 | 50188 | 328781 | 506200 | 895000 | 1027000 |
| 北　　京 | — | 766 | 1814 | 14765 | 21900 | 24600 | 26600 |
| 天　　津 | — | — | — | 7992 | 12800 | 12100 | 15000 |
| 河　　北 | — | 836 | 1841 | 5292 | 9200 | 52600 | 53300 |
| 山　　西 | — | 68 | — | 7241 | 12900 | 17800 | 18200 |
| 内 蒙 古 | — | 75 | — | — | 15500 | 20400 | 29000 |
| 辽　　宁 | — | 770 | 1998 | 16827 | 34800 | 54000 | 51100 |
| 吉　　林 | — | 13 | 281 | 26342 | 33300 | 64900 | 79200 |
| 黑 龙 江 | — | 127 | 18034 | 49748 | 70000 | 89700 | 95400 |
| 上　　海 | 26 | 6561 | 11131 | 41740 | 49800 | 64000 | 64000 |
| 江　　苏 | — | 1485 | 2329 | 16522 | 26000 | 28300 | 49900 |
| 浙　　江 | — | 510 | 866 | 11543 | 24500 | 56500 | 70100 |
| 安　　徽 | — | 255 | 1002 | 9829 | 14200 | 27400 | 34300 |
| 福　　建 | — | 197 | 879 | 17034 | 22000 | 46000 | 63800 |
| 江　　西 | — | 150 | 530 | 4084 | 9200 | 18200 | 20900 |
| 山　　东 | — | 236 | 968 | 18380 | 28000 | 47400 | 64300 |
| 河　　南 | — | 195 | — | 4975 | 10300 | 14100 | 13600 |
| 湖　　北 | — | 751 | 1456 | 6779 | 12900 | 34700 | 43300 |
| 湖　　南 | — | 477 | 1142 | 9038 | 13400 | 63800 | 70600 |
| 广　　东 | — | 1334 | 1798 | 28965 | 33900 | 46000 | 41100 |
| 广　　西 | — | 415 | 1554 | 3647 | 7800 | 25200 | 24900 |
| 四　　川 | — | 240 | 1949 | 13024 | 12500 | 33600 | 33000 |
| 贵　　州 | — | — | — | 680 | 2600 | 1400 | 1500 |
| 云　　南 | — | — | 45 | 2570 | 9000 | 15500 | 16000 |
| 西　　藏 | — | — | — | — | — | — | — |
| 陕　　西 | 3 | 36 | 571 | 5319 | 11600 | 18600 | 27000 |
| 甘　　肃 | — | 44 | — | 2995 | 2400 | 6800 | 3600 |
| 青　　海 | — | — | — | 2218 | 2800 | 1000 | 3200 |
| 宁　　夏 | — | — | — | 301 | 800 | 3000 | 4900 |
| 新　　疆 | — | — | — | 931 | 2100 | 7400 | 9200 |

## 各地区刨花板产量

单位：立方米

| 地区 | 1962年 | 1965年 | 1970年 | 1978年 | 1980年 | 1985年 | 1986年 |
|---|---|---|---|---|---|---|---|
| **全国总计** | **5413** | **31439** | **14989** | **43569** | **78200** | **182100** | **210300** |
| 北京 | — | 2614 | 2970 | 11789 | 12000 | 26100 | 30200 |
| 天津 | — | — | — | — | — | 2000 | 300 |
| 河北 | — | — | — | 379 | 1500 | — | — |
| 山西 | 37 | 318 | — | — | — | — | — |
| 内蒙古 | — | — | — | — | — | 300 | 200 |
| 辽宁 | 556 | 24 | — | 1910 | 4100 | 8000 | 4400 |
| 吉林 | — | 5088 | — | 4416 | 3700 | 18900 | 23500 |
| 黑龙江 | 811 | 9433 | 258 | 3821 | 10000 | 28800 | 28900 |
| 上海 | 1707 | 8062 | 7911 | 6015 | 13300 | 9500 | 9000 |
| 江苏 | 1379 | 1028 | — | 3013 | 700 | 1000 | 2500 |
| 浙江 | 418 | 944 | 2132 | 1614 | 2100 | 15300 | 15200 |
| 安徽 | — | — | — | 257 | 400 | 2600 | 1300 |
| 福建 | — | — | — | 2106 | 2600 | 3400 | 2600 |
| 江西 | — | — | — | — | — | 4200 | 4800 |
| 山东 | — | — | — | 177 | 7700 | 20000 | 27600 |
| 河南 | 33 | — | — | 635 | 200 | 10300 | 8600 |
| 湖北 | 292 | 280 | — | 2138 | 1100 | 11900 | 16500 |
| 湖南 | — | — | 215 | 944 | 500 | 400 | 2900 |
| 广东 | — | 59 | 38 | 1117 | 3100 | 4200 | 10800 |
| 广西 | — | 125 | — | 553 | 2500 | 3200 | 3400 |
| 四川 | 180 | 3225 | 1465 | 492 | 10600 | 3200 | 3500 |
| 贵州 | — | 239 | — | 224 | 800 | — | 2600 |
| 云南 | — | — | — | — | 300 | 2900 | 2300 |
| 西藏 | — | — | — | 410 | — | — | — |
| 陕西 | — | — | — | 1214 | 500 | 1800 | 2400 |
| 甘肃 | — | — | — | 198 | 200 | — | — |
| 青海 | — | — | — | — | — | — | — |
| 宁夏 | — | — | — | 147 | 200 | 3100 | 3500 |
| 新疆 | — | — | — | — | 100 | 1000 | 3300 |

# 全国竹材、林化工业产品产量

| 年别 | 竹材(万根) | 林化工业产品 (吨) | | |
|---|---|---|---|---|
| | | 松香 | 栲胶 | 紫胶 |
| 1949～1952年 | 2710 | 78056 | 88 | 180 |
| 1953年 | 2643 | 22267 | 120 | 15 |
| 1954年 | 5021 | 45905 | 157 | 105 |
| 1955年 | 5902 | 80091 | 568 | 142 |
| 1956年 | 12490 | 109992 | 1275 | 154 |
| 1957年 | 9348 | 116799 | 1633 | 143 |
| 1958年 | 14873 | 98373 | 3679 | 245 |
| 1959年 | 15547 | 79387 | 11266 | 201 |
| 1960年 | 8869 | 78429 | 13650 | 245 |
| 1961年 | 4993 | 39227 | 6661 | 332 |
| 1962年 | 6076 | 33595 | 4800 | 241 |
| 1963年 | 6853 | 97982 | 6078 | 180 |
| 1964年 | 6726 | 162914 | 9276 | 220 |
| 1965年 | 7031 | 167172 | 13064 | 440 |
| 1966年 | 6991 | 178943 | 15789 | 640 |
| 1967年 | 7223 | 166119 | 14320 | 800 |
| 1968年 | 6603 | 181911 | 13100 | 1400 |
| 1969年 | 6619 | 204158 | 18969 | 1100 |
| 1970年 | 6958 | 189288 | 22098 | 1800 |
| 1971年 | 7542 | 200411 | 23209 | 1873 |
| 1972年 | 7629 | 240074 | 21850 | 1076 |
| 1973年 | 11493 | 261467 | 17581 | 1302 |
| 1974年 | 9954 | 289287 | 18085 | 1562 |
| 1975年 | 9073 | 266224 | 20861 | 915 |
| 1976年 | 10439 | 237773 | 19066 | 807 |
| 1977年 | 10799 | 259150 | 23959 | 783 |
| 1978年 | 11181 | 282027 | 30130 | 1384 |
| 1979年 | 10507 | 297034 | 33831 | 2234 |
| 1980年 | 9621 | 327283 | 36314 | 2134 |
| 1981年 | 8656 | 406214 | 40159 | 1095 |
| 1982年 | 10183 | 400784 | 36000 | 1397 |
| 1983年 | 9601 | 246916 | 34131 | 1045 |
| 1984年 | 9117 | 307993 | 36523 | 1489 |
| 1985年 | 5641 | 255736 | 36875 | 2102 |
| 1986年 | 7716 | 293500 | 42059 | 1661 |
| 1949～1952年 | 2710 | 78056 | 88 | 180 |
| 1953～1957年 | 35404 | 375054 | 3753 | 559 |
| 1958～1962年 | 50358 | 329011 | 40056 | 1264 |
| 1963～1965年 | 20610 | 428068 | 28418 | 840 |
| 1966～1970年 | 34394 | 920419 | 84276 | 5740 |
| 1971～1975年 | 45691 | 1257463 | 101586 | 6728 |
| 1976～1980年 | 52547 | 1403267 | 143300 | 7342 |
| 1981～1985年 | 43198 | 1617643 | 183688 | 7128 |
| 1949～1986年 | 292628 | 6702481 | 627224 | 31442 |

## 各地区竹材产量

单位：万根

| 地区 | 1953年 | 1957年 | 1965年 | 1978年 | 1980年 | 1985年 | 1986年 |
|---|---|---|---|---|---|---|---|
| **全国总计** | **2643** | **9348** | **7031** | **11181** | **9621** | **5641** | **7716** |
| 江苏 | — | 86 | 130 | — | 110 | 39 | 59 |
| 浙江 | 858 | 3247 | 1844 | 2280 | 1591 | 1189 | 786 |
| 安徽 | 290 | 733 | 523 | 641 | 662 | 654 | 428 |
| 福建 | 200 | 814 | 1085 | 1454 | 1110 | 667 | 742 |
| 江西 | 750 | 1377 | 1288 | 2164 | 1963 | 556 | 1100 |
| 河南 | — | 2 | 8 | — | 24 | 5 | 6 |
| 湖北 | 211 | 367 | 540 | 648 | 424 | 123 | 603 |
| 湖南 | 130 | 1485 | 765 | 1985 | 1591 | 779 | 1869 |
| 广东 | 80 | 418 | 355 | 535 | 566 | 888 | 993 |
| 广西 | 124 | 470 | 306 | 992 | 1041 | 222 | 466 |
| 四川 | — | 134 | 95 | 156 | 98 | 124 | 122 |
| 贵州 | — | 151 | 92 | 148 | 150 | 100 | 104 |
| 云南 | — | 27 | — | 178 | 291 | 295 | 438 |
| 陕西 | — | 37 | — | — | — | — | — |

## 各地区紫胶产量

单位：吨

| 地区 | 1953年 | 1957年 | 1965年 | 1978年 | 1980年 | 1985年 | 1986年 |
|---|---|---|---|---|---|---|---|
| **全国总计** | **15** | **143** | **440** | **1384** | **2134** | **2102** | **1661** |
| 福建 | — | — | — | 38 | 41 | 7 | 21 |
| 湖南 | — | — | — | 10 | 4 | 3 | 3 |
| 广东 | — | — | — | 12 | 104 | 80 | 54 |
| 广西 | — | — | — | — | 90 | 125 | 85 |
| 四川 | — | — | — | 58 | 100 | 99 | 56 |
| 贵州 | — | — | — | 2 | 2 | — | |
| 云南 | — | 143 | 440 | 1264 | 1793 | 1788 | 1442 |

## 各地区栲胶产量

单位：吨

| 地区 | 1953年 | 1957年 | 1965年 | 1978年 | 1980年 | 1985年 | 1986年 |
|---|---|---|---|---|---|---|---|
| 全国总计 | 120 | 1633 | 13064 | 30130 | 36314 | 36875 | 42059 |
| 北京 | — | — | — | — | — | — | — |
| 天津 | — | — | — | — | — | — | — |
| 河北 | — | — | 147 | 1099 | 1293 | 487 | 400 |
| 山西 | — | — | — | 410 | 416 | 19 | 312 |
| 内蒙古 | — | — | 6038 | — | 7951 | 8322 | 8622 |
| 辽宁 | — | — | 539 | 1304 | 855 | — | — |
| 吉林 | — | — | — | 392 | — | — | — |
| 黑龙江 | — | — | — | 7067 | — | — | — |
| 上海 | — | — | — | — | — | — | — |
| 江苏 | — | — | — | — | — | — | — |
| 浙江 | — | 123 | 934 | 1201 | 1713 | 489 | 818 |
| 安徽 | — | — | — | 301 | 402 | 454 | 661 |
| 福建 | — | — | 23 | 633 | 602 | 798 | 486 |
| 江西 | — | — | — | — | — | — | — |
| 山东 | — | — | — | — | 1200 | 884 | 1100 |
| 河南 | — | — | 702 | 944 | 1598 | 2138 | 2225 |
| 湖北 | — | 1039 | 2615 | 2595 | 4113 | 4120 | 4414 |
| 湖南 | — | — | — | 600 | 1170 | 1373 | 1830 |
| 广东 | — | — | — | 1448 | 1359 | 1639 | 1694 |
| 广西 | — | — | — | 6975 | 7177 | 8245 | 10076 |
| 四川 | — | — | 696 | 357 | 1063 | 1414 | 1039 |
| 贵州 | — | — | 53 | 397 | 527 | 610 | 416 |
| 云南 | — | — | 31 | 1358 | 1427 | 2175 | 4249 |
| 西藏 | — | — | — | — | — | — | — |
| 陕西 | 120 | 471 | 1286 | 3049 | 3448 | 3708 | 3717 |
| 甘肃 | — | — | — | — | — | — | — |
| 青海 | — | — | — | — | — | — | — |
| 宁夏 | — | — | — | — | — | — | — |
| 新疆 | — | — | — | — | — | — | — |

## 各地区松香产量

单位：吨

| 地区 | 1953年 | 1957年 | 1965年 | 1978年 | 1980年 | 1985年 | 1986年 |
|---|---|---|---|---|---|---|---|
| 全国总计 | 22267 | 116799 | 167172 | 282027 | 327283 | 255736 | 293500 |
| 河北 | — | — | 574 | — | — | — | — |
| 山西 | — | — | 5 | — | — | — | — |
| 吉林 | — | — | — | 595 | 863 | 572 | 503 |
| 浙江 | 800 | 863 | 652 | 1640 | 4433 | 1184 | 2122 |
| 安徽 | — | 129 | 352 | 909 | 2031 | 1567 | 2150 |
| 福建 | 1423 | 23173 | 20684 | 49947 | 62577 | 51801 | 55647 |
| 江西 | 320 | 8584 | 34508 | 39145 | 42153 | 23008 | 30261 |
| 山东 | — | — | — | 2 | — | — | — |
| 河南 | — | — | 1 | — | — | — | — |
| 湖北 | — | 50 | 9 | 10 | 5 | 139 | 129 |
| 湖南 | 2127 | 10242 | 16595 | 11756 | 17487 | 4867 | 5737 |
| 广东 | 8258 | 46008 | 57492 | 89983 | 104303 | 89378 | 103566 |
| 广西 | 8064 | 23822 | 33289 | 77365 | 81521 | 75116 | 83087 |
| 四川 | 1000 | 2850 | 1794 | 2748 | 3348 | 2395 | 2742 |
| 贵州 | 229 | 931 | 785 | 1144 | 1992 | 140 | 31 |
| 云南 | 46 | 147 | 364 | 6744 | 6531 | 5569 | 7525 |
| 陕西 | — | — | 68 | 39 | 39 | — | — |

## 林业系统林区道路年末实有量

单位：公里

| 道路名称 | 1978年 | | 1980年 | | 1985年 | | 1986年 | |
|---|---|---|---|---|---|---|---|---|
| | 计 | 其中：本年新增 | 计 | 其中：本年新增 | 计 | 其中：本年新增 | 计 | 其中：本年新增 |
| 大铁专用线 | 491.8 | 12.2 | 519.4 | 6.3 | 596.6 | 18.1 | 598.2 | 9.2 |
| 森林铁路 | 11239.9 | 423.1 | 10999.4 | 502.6 | 10412.0 | 523.0 | 10234 | 397 |
| 其中：干线 | 3876.5 | 13.0 | 3848.6 | 64.8 | 3618.0 | 28.0 | 3561 | 11 |
| 支线 | 3541.0 | 186.6 | 3460.4 | 206.9 | 3045.0 | 116.0 | 2943 | 73 |
| 岔线 | 3122.8 | 223.5 | 2772.1 | 224.5 | 2933.0 | 379.0 | 2951 | 313 |
| 公路 | 88177.1 | 7538.1 | 96207.9 | 5815.9 | 158483.0 | 10042.0 | 164784 | 10701 |
| 其中：正规公路 | 43486.6 | 3365.2 | 51413.5 | 3559.2 | 74328.0 | 3458.0 | 77016 | 3460 |
| 运材公路 | 71294.4 | 6884.8 | 83429.5 | 4459.4 | 134778.0 | 7822.0 | 138675 | 6612 |

## 林业系统森林工业企业主要专业设备

| 设 备 名 称 | 计算单位 | 1957年 | 1962年 | 1965年 | 1978年 | 1980年 | 1984年 | 1985年 | 1986年 |
|---|---|---|---|---|---|---|---|---|---|
| 油 锯 | 台 | 174 | 4034 | 6131 | 16893 | 15575 | 11311 | 10723 | 10354 |
| 电 锯 | 台 | 274 | 320 | 892 | 2177 | 2184 | 2095 | 1836 | 1866 |
| 森铁机车 | 台 | 286 | 612 | 731 | 878 | 878 | 724 | 740 | 647 |
| 森铁车辆 | 台 | 14800 | 28474 | 31281 | 28647 | 24427 | 20558 | 23610 | 20796 |
| 汽 车 | 辆 | 706 | 3602 | 5410 | 24004 | 26282 | 28044 | 29139 | 29878 |
| 其中：运材汽车 | 辆 | 706 | 2584 | 4092 | 13735 | 15107 | 13978 | 14040 | 14557 |
| 汽车拖车 | 台 | 644 | 2697 | 3287 | 7043 | 7097 | 7106 | 7094 | 7322 |
| 拖拉机 | 台 | 994 | 2650 | 3983 | 9730 | 9949 | 10268 | 10286 | 10065 |
| 其中：集材用拖拉机 | 台 | 888 | 1120 | 2313 | 6564 | 6390 | 6138 | 6323 | 6951 |
| 绞盘机 | 台 | 243 | 1598 | 3528 | 9900 | 9662 | 8853 | 9023 | 8940 |
| 起重机 | 台 | 165 | 171 | 325 | 622 | 840 | 855 | 617 | 634 |

## 东北、内蒙古林区森林工业企业主要技术经济指标

| | | 1957年 | 1962年 | 1965年 | 1978年 | 1980年 | 1984年 | 1985年 | 1986年 |
|---|---|---|---|---|---|---|---|---|---|
| 每台集材拖拉机集材量 | 立方米/台 | 6019 | 3530 | 5452 | 772 | 4492 | 4418 | 4284 | 4355 |
| 每辆运材汽车运材量 | 立方米/辆 | 6063 | 4175 | 5482 | 5824 | 5431 | 5038 | 4804 | 4754 |
| 每台运材森铁机车运材量 | 立方米/台 | 29078 | 18816 | 34949 | 33902 | 32128 | 24159 | 26442 | 26110 |
| 贮木场原条出材率 | % | — | — | — | 86.6 | 87.7 | 88.9 | 89.4 | 89.8 |
| 锯材出材率 | % | 69.1 | 67.6 | 70.2 | 69.4 | 69.5 | 71.9 | 71.4 | 70.1 |
| 锯材一等品率 | % | — | — | 68.3 | 74.8 | 72.6 | 83.7 | 84.5 | 84.5 |
| 胶合板一、二等品率 | % | — | 93.5 | 90.2 | 85.1 | 92.8 | 85.3 | 85.2 | 78.3 |
| 纤维板一、二等品率 | % | — | — | — | 63.2 | 73.9 | 86.6 | 87.5 | 84.8 |
| 刨花板一、二等品率 | % | — | — | — | — | — | 13.8 | — | — |

# 劳动工资

## 林业系统企事业及机关单位个数

单位：个

| | 1965 年 | 1978 年 | 1980 年 | 1985 年 | 1986 年 |
|---|---|---|---|---|---|
| 合　计 | 15798 | 16064 | 18338 | 28678 | 30043 |
| 一、工业部门 | 1101 | 2106 | 1894 | 2406 | 2607 |
| 1. 木材采运企业 | 950 | 1641 | 1432 | 1872 | 2047 |
| 2. 木材加工企业 | 50 | 231 | 223 | 298 | 310 |
| 3. 林产化学企业 | 47 | 119 | 123 | 118 | 124 |
| 4. 机械制造及修理企业 | 29 | 85 | 86 | 72 | 66 |
| 5. 其他工业企业 | 25 | 30 | 30 | 46 | 60 |
| 二、建筑业和资源勘探部门 | 298 | 223 | 278 | 354 | 366 |
| 1. 建筑业 | 230 | 160 | 180 | 204 | 202 |
| 2. 勘察设计机构 | 45 | 49 | 76 | 150 | 164 |
| 3. 筹建机构及生产准备人员 | 23 | 14 | 22 | — | — |
| 三、农林部门 | 12373 | 11077 | 12659 | 20864 | 21907 |
| 其中：林场 | 3564 | 3834 | 3870 | 4128 | 4171 |
| 苗圃 | 1985 | — | — | 2114 | 2136 |
| 林业工作站 | 5039 | — | — | 10901 | 11479 |
| 四、交通运输和邮电部门 | 3 | 12 | 22 | 52 | 68 |
| 五、商业饮食服务业和物资供销部门 | 141 | 458 | 507 | 1405 | 1495 |
| 六、城市公用事业部门 | 2 | 3 | 7 | 27 | 36 |
| 七、科学研究部门 | | 566 | 719 | 659 | 653 |
| 八、文教卫生部门 | 251 | 147 | 162 | 258 | 211 |
| 九、金融部门 | 4 | 10 | 1 | — | — |
| 十、机关和团体 | 1625 | 1462 | 2089 | 2653 | 2700 |

注：1978、1980 年的苗圃和林业工作站个数当时未统计，故缺。

# 林业系统按部门分职工年末人数

单位：万人

| 年别 | 各部门合计 | (一)工业部门 | | | | (二)建筑业和资源勘探部门 | (三)农林部门 | (四)科学文教卫生部门 | (五)其他部门 |
|---|---|---|---|---|---|---|---|---|---|
| | | 计 | 其中 | | | | | | |
| | | | 木材采运企业 | 木材加工企业 | 林产化学企业 | | | | |
| 1952年 | 31.54 | 30.42 | 28.68 | 1.44 | 0.05 | 1.12 | — | — | — |
| 1953年 | 47.07 | 39.71 | 37.22 | 2.09 | 0.04 | 2.00 | 3.86 | 0.18 | 1.32 |
| 1954年 | 39.96 | 34.04 | 30.91 | 2.71 | 0.06 | 1.30 | 2.74 | — | 1.88 |
| 1955年 | 34.32 | 27.14 | 24.15 | 2.56 | 0.06 | 0.76 | 3.85 | — | 2.57 |
| 1956年 | 55.74 | 31.67 | 28.49 | 2.76 | 0.08 | 0.79 | 8.61 | — | 14.67 |
| 1957年 | 54.71 | 39.60 | 35.93 | 3.18 | 0.09 | 1.75 | 8.35 | — | 5.01 |
| 1958年 | 118.09 | 71.75 | 66.31 | 4.21 | 0.32 | 5.72 | 36.33 | 0.89 | 3.40 |
| 1959年 | 148.75 | 93.81 | 84.87 | 4.29 | 0.83 | 15.11 | 30.15 | 1.54 | 8.14 |
| 1960年 | 151.69 | 97.77 | 87.36 | 5.82 | 1.17 | 13.12 | 35.50 | 2.09 | 3.21 |
| 1961年 | 125.29 | 75.12 | 68.74 | 3.98 | 0.66 | 9.24 | 35.68 | 1.69 | 3.56 |
| 1962年 | 107.61 | 66.59 | 61.60 | 3.06 | 0.60 | 9.44 | 27.41 | 1.38 | 2.79 |
| 1963年 | 112.96 | 65.39 | 60.38 | 3.11 | 0.49 | 9.91 | 33.53 | 1.38 | 2.75 |
| 1964年 | 117.68 | 61.03 | 56.31 | 3.35 | 0.80 | 14.06 | 37.40 | 1.81 | 3.38 |
| 1965年 | 124.04 | 61.27 | 55.14 | 3.17 | 0.76 | 18.79 | 37.13 | 2.04 | 4.81 |
| 1966年 | 127.57 | 63.08 | 56.50 | 3.36 | 0.72 | 19.21 | 37.37 | 2.20 | 5.71 |
| 1967年 | 118.23 | 66.94 | 60.00 | 4.54 | 0.50 | 12.97 | 30.53 | 1.02 | 6.77 |
| 1968年 | 116.52 | 67.61 | 60.44 | 4.79 | 0.51 | 11.68 | 29.84 | 0.87 | 6.52 |
| 1969年 | 127.80 | 73.44 | 65.60 | 5.01 | 0.61 | 14.58 | 31.72 | 0.80 | 7.26 |
| 1970年 | 133.30 | 79.80 | 70.63 | 5.67 | 0.74 | 13.24 | 32.77 | 0.66 | 6.83 |
| 1971年 | 161.29 | 101.60 | 85.47 | 10.43 | 1.56 | 13.20 | 39.98 | 1.39 | 5.12 |
| 1972年 | 170.56 | 107.84 | 92.63 | 8.98 | 1.69 | 14.63 | 42.41 | 1.64 | 4.04 |
| 1973年 | 161.93 | 101.98 | 86.46 | 8.75 | 1.97 | 13.20 | 40.84 | 2.21 | 3.70 |
| 1974年 | 162.68 | 100.96 | 85.80 | 8.64 | 1.70 | 12.50 | 43.03 | 2.56 | 3.63 |
| 1975年 | 162.81 | 99.14 | 83.27 | 9.21 | 1.74 | 11.63 | 45.64 | 2.74 | 3.66 |
| 1976年 | 166.69 | 100.91 | 85.01 | 9.15 | 1.73 | 10.64 | 48.68 | 2.83 | 3.63 |
| 1977年 | 173.38 | 99.87 | 83.61 | 9.12 | 1.84 | 10.17 | 56.51 | 3.13 | 3.70 |
| 1978年 | 212.11 | 118.73 | 100.33 | 10.40 | 1.94 | 12.35 | 67.33 | 4.53 | 9.17 |
| 1979年 | 213.21 | 120.28 | 102.15 | 10.69 | 1.87 | 12.01 | 67.34 | 4.65 | 8.93 |
| 1980年 | 217.56 | 122.47 | 103.08 | 11.50 | 1.97 | 12.70 | 66.93 | 5.66 | 9.80 |
| 1981年 | 225.68 | 127.01 | 107.01 | 12.12 | 2.13 | 13.11 | 68.17 | 5.84 | 11.55 |
| 1982年 | 228.87 | 126.62 | 105.70 | 12.94 | 2.20 | 13.64 | 69.69 | 6.25 | 12.67 |
| 1983年 | 226.56 | 123.28 | 103.82 | 11.48 | 2.25 | 12.71 | 70.09 | 6.24 | 14.24 |
| 1984年 | 226.42 | 122.32 | 102.58 | 11.78 | 2.28 | 12.98 | 69.01 | 6.26 | 15.85 |
| 1985年 | 234.42 | 126.98 | 107.12 | 11.81 | 2.35 | 12.98 | 72.19 | 6.30 | 15.97 |
| 1986年 | 241.77 | 130.76 | 110.87 | 12.57 | 2.36 | 12.83 | 74.88 | 6.42 | 16.88 |

注：“其他部门”包括交通运输、金融及国家机关等单位。

# 林业系统各地区职工年末人数

单位：万人

| 地　　区 | 1952年 | 1957年 | 1965年 | 1978年 | 1980年 | 1985年 | 1986年 |
|---|---|---|---|---|---|---|---|
| **全国总计** | **31.54** | **54.71** | **124.04** | **212.11** | **217.56** | **234.42** | **241.77** |
| 北　京 | — | 0.53 | 1.09 | 1.77 | 1.96 | 0.46 | 0.62 |
| 天　津 | — | 0.07 | — | 0.73 | 0.92 | 0.09 | 0.10 |
| 河　北 | — | 0.42 | 1.05 | 2.80 | 2.67 | 2.37 | 2.42 |
| 山　西 | — | 0.32 | 1.09 | 2.50 | 2.44 | 2.50 | 2.50 |
| 内蒙古 | 1.54 | 4.03 | 10.18 | 0.99 | 5.17 | 23.49 | 23.97 |
| 辽　宁 | — | 0.73 | 0.89 | 3.57 | 3.05 | 3.21 | 3.28 |
| 吉　林 | 5.24 | 4.05 | 10.49 | 21.34 | 21.06 | 24.18 | 27.13 |
| 黑龙江 | 18.33 | 19.45 | 33.65 | 73.37 | 53.38 | 58.14 | 60.18 |
| 上　海 | — | 0.26 | 0.14 | 0.81 | 0.88 | 0.12 | 0.12 |
| 江　苏 | — | 0.39 | 1.32 | 3.70 | 2.92 | 3.34 | 3.34 |
| 浙　江 | 0.03 | 1.34 | 1.80 | 3.27 | 3.46 | 3.88 | 3.93 |
| 安　徽 | 0.23 | 1.18 | 2.13 | 3.32 | 3.47 | 3.64 | 3.78 |
| 福　建 | 0.75 | 3.07 | 7.26 | 9.57 | 9.56 | 9.60 | 9.40 |
| 江　西 | 0.53 | 1.37 | 6.79 | 10.14 | 10.61 | 10.32 | 11.58 |
| 山　东 | — | 0.57 | 1.32 | 2.84 | 2.51 | 2.34 | 2.46 |
| 河　南 | — | 0.51 | 1.46 | 3.00 | 2.15 | 2.44 | 2.46 |
| 湖　北 | 0.06 | 0.75 | 2.83 | 4.25 | 4.44 | 5.66 | 5.40 |
| 湖　南 | 0.24 | 3.04 | 7.12 | 7.87 | 8.09 | 8.27 | 8.72 |
| 广　东 | 0.06 | 1.98 | 7.37 | 9.94 | 10.19 | 11.03 | 11.30 |
| 广　西 | 0.15 | 1.76 | 2.92 | 7.93 | 6.94 | 6.72 | 6.95 |
| 四　川 | 2.23 | 4.44 | 11.80 | 17.40 | 16.81 | 16.22 | 16.57 |
| 贵　州 | 0.11 | 1.15 | 2.20 | 2.57 | 2.68 | 2.91 | 2.90 |
| 云　南 | 0.48 | 0.69 | 4.40 | 7.29 | 6.81 | 7.16 | 7.49 |
| 西　藏 | — | — | — | 0.42 | 0.52 | 0.36 | 0.38 |
| 陕　西 | 0.07 | 0.40 | 1.68 | 3.60 | 3.36 | 3.66 | 4.08 |
| 甘　肃 | 0.15 | 0.24 | 1.56 | 3.96 | 3.70 | 4.13 | 4.17 |
| 青　海 | 0.17 | 0.04 | 0.17 | 0.21 | 0.27 | 0.37 | 0.39 |
| 宁　夏 | — | — | 0.19 | 0.58 | 0.64 | 0.82 | 0.76 |
| 新　疆 | 0.05 | 0.12 | 1.14 | 1.67 | 2.11 | 2.35 | 2.36 |
| 部直属单位 | — | — | — | 0.70 | 24.79 | 14.64 | 13.03 |

注：(1)1957、1965年部直属单位的职工年末人数已包括在有关省、自治区、直辖市的数字中。

(2)1952、1957年"建筑业"职工年末人数只有全国总计数，(1952年1.12万人，1957年1.81万人)因无分省资料本表未列出，故分省数相加小于全国总计。

# 林业系统职工平均人数和工资

| 年别 | 各部门合计 | (一)工业部门 | | | | | (二)建筑业和资源勘探部门 | (三)农林部门 | (四)科学文教卫生部门 | (五)其他部门 |
|---|---|---|---|---|---|---|---|---|---|---|
| | | 计 | 其中 | | | | | | | |
| | | | 木材采运企业 | 木材加工企业 | 林产化学企业 | 机械制造及修理企业 | | | | |
| 平均人数(万人) | | | | | | | | | | |
| 1962年 | 108.01 | 67.30 | 61.90 | 3.24 | 0.64 | 1.35 | 8.41 | 27.73 | 1.51 | 3.06 |
| 1965年 | 121.91 | 60.11 | 54.37 | 3.12 | 0.76 | 1.45 | 18.00 | 37.24 | 2.01 | 4.55 |
| 1978年 | 213.67 | 118.20 | 99.97 | 10.22 | 2.03 | 4.48 | 13.77 | 68.37 | 4.41 | 8.92 |
| 1980年 | 215.75 | 119.29 | 100.35 | 11.14 | 1.94 | 4.60 | 14.37 | 66.96 | 5.56 | 9.57 |
| 1981年 | 220.51 | 121.80 | 102.46 | 11.61 | 2.07 | 4.39 | 14.54 | 67.43 | 5.56 | 11.18 |
| 1982年 | 228.27 | 124.46 | 103.81 | 12.76 | 2.15 | 4.41 | 15.39 | 69.99 | 6.14 | 12.29 |
| 1983年 | 225.36 | 121.20 | 101.89 | 11.36 | 2.23 | 4.39 | 14.39 | 65.60 | 6.15 | 18.02 |
| 1984年 | 225.67 | 120.82 | 101.36 | 11.63 | 2.26 | 4.09 | 14.42 | 68.94 | 6.13 | 15.36 |
| 1985年 | 228.58 | 122.07 | 102.50 | 11.67 | 2.29 | 3.91 | 13.55 | 71.03 | 6.21 | 15.72 |
| 1986年 | 235.45 | 125.47 | 106.04 | 12.35 | 2.30 | 2.88 | 14.02 | 73.09 | 6.29 | 16.58 |
| 工资总额(万元) | | | | | | | | | | |
| 1962年 | 67974 | 47972 | 44409 | 2240 | 354 | 875 | 5641 | 111460 | 996 | 1905 |
| 1965年 | 85717 | 49082 | 44670 | 2440 | 538 | 1092 | 13849 | 17916 | 1379 | 3491 |
| 1978年 | 155719 | 96564 | 84067 | 7601 | 1587 | 3099 | 12039 | 37784 | 2855 | 6477 |
| 1980年 | 186310 | 114386 | 97497 | 10087 | 1618 | 3942 | 14498 | 45335 | 4177 | 7914 |
| 1981年 | 198495 | 121489 | 104161 | 10540 | 1798 | 3763 | 15374 | 47887 | 4548 | 9197 |
| 1982年 | 208833 | 125901 | 107177 | 11654 | 1929 | 3859 | 16684 | 50918 | 5093 | 10237 |
| 1983年 | 211309 | 122397 | 105092 | 10318 | 1865 | 3788 | 16291 | 54591 | 5582 | 12448 |
| 1984年 | 236076 | 137739 | 117476 | 12180 | 2245 | 4156 | 17901 | 59211 | 6098 | 15127 |
| 1985年 | 259347 | 149619 | 127844 | 13003 | 2443 | 4317 | 18970 | 66703 | 6926 | 17129 |
| 1986年 | 305803 | 173706 | 149025 | 15389 | 2868 | 3811 | 20729 | 81921 | 8051 | 21396 |
| 平均工资(元) | | | | | | | | | | |
| 1962年 | 629 | 713 | 717 | 691 | 553 | 648 | 671 | 413 | 660 | 623 |
| 1965年 | 703 | 817 | 822 | 782 | 708 | 753 | 769 | 481 | 686 | 767 |
| 1978年 | 729 | 817 | 841 | 744 | 782 | 692 | 874 | 553 | 647 | 726 |
| 1980年 | 864 | 959 | 972 | 906 | 834 | 857 | 1009 | 677 | 751 | 827 |
| 1981年 | 900 | 997 | 1017 | 908 | 869 | 857 | 1057 | 710 | 818 | 823 |
| 1982年 | 915 | 1011 | 1032 | 913 | 897 | 875 | 1084 | 728 | 829 | 833 |
| 1983年 | 938 | 1010 | 1031 | 909 | 837 | 863 | 1132 | 832 | 908 | 691 |
| 1984年 | 1046 | 1140 | 1159 | 1047 | 993 | 1016 | 1241 | 859 | 995 | 985 |
| 1985年 | 1135 | 1226 | 1247 | 1114 | 1067 | 1104 | 1400 | 939 | 1115 | 1089 |
| 1986年 | 1299 | 1384 | 1405 | 1246 | 1247 | 1323 | 1479 | 1121 | 1280 | 1290 |

## 林业系统工业企业全员价值劳动生产率

单位：元／人年

| 年 别 | 合 计 | 木材采运企业 | 木材加工企业 | 林产化学企业 | 机械制造及修理企业 | 其他工业企业 |
|---|---|---|---|---|---|---|
| 1971 年 | 3491 | 3014 | 6783 | 9034 | 2864 | 2255 |
| 1972 年 | 3276 | 2731 | 7382 | 9389 | 3101 | 2087 |
| 1973 年 | 3489 | 2899 | 7620 | 8829 | 3220 | 1991 |
| 1974 年 | 3573 | 2950 | 7735 | 10909 | 3421 | 2927 |
| 1975 年 | 3634 | 2970 | 8108 | 9202 | 3657 | 3522 |
| 1976 年 | 3569 | 2946 | 7846 | 9127 | 3304 | 3596 |
| 1977 年 | 3765 | 3043 | 8183 | 10500 | 4043 | 3950 |
| 1978 年 | 3607 | 2877 | 8369 | 10173 | 4423 | 4308 |
| 1979 年 | 3752 | 2969 | 8919 | 10915 | 4593 | 4007 |
| 1980 年 | 3801 | 2947 | 9116 | 10994 | 5603 | 4480 |
| 1981 年 | 4594 | 3588 | 11202 | 14068 | 5138 | 4500 |
| 1982 年 | 4551 | 3507 | 11079 | 13659 | 5471 | 3695 |
| 1983 年 | 4346 | 3618 | 9080 | 10777 | 5821 | 4127 |
| 1984 年 | 4496 | 3703 | 9299 | 12255 | 6448 | 4273 |
| 1985 年 | 4370 | 3544 | 8119 | 12114 | 7846 | 3960 |
| 1986 年 | 4387 | 3519 | 8387 | 12824 | 8405 | 4780 |

## 林业系统木材采运工人实物劳动生产率

单位：立方米/人年

| 年 别 | 合 计 | 东北内蒙古林区 | 南方集体林区 | 西南林区 | 西北林区 |
|---|---|---|---|---|---|
| 1971 年 | 89.9 | 110.4 | — | 51.7 | 33.0 |
| 1972 年 | 75.3 | 110.7 | 22.2 | 52.5 | 42.1 |
| 1973 年 | 75.8 | 121.5 | 43.3 | 51.6 | 43.8 |
| 1974 年 | 84.8 | 123.9 | 44.1 | 51.7 | 45.2 |
| 1975 年 | 76.1 | 129.1 | 40.8 | 59.2 | 54.9 |
| 1976 年 | 81.7 | 130.9 | 41.7 | 53.8 | 42.5 |
| 1977 年 | 72.6 | 130.3 | 37.0 | 59.4 | 52.6 |
| 1978 年 | 73.0 | 139.2 | 39.9 | 66.5 | 53.7 |
| 1979 年 | 69.8 | 142.9 | 40.8 | 75.3 | 70.0 |
| 1980 年 | 69.1 | 144.6 | 37.5 | 71.1 | 67.3 |
| 1981 年 | 68.6 | 138.0 | 38.2 | 59.3 | 59.5 |
| 1982 年 | 61.7 | 137.8 | 34.8 | 59.7 | 61.8 |
| 1983 年 | 68.6 | 140.1 | 39.5 | 63.4 | 73.5 |
| 1984 年 | 70.4 | 138.8 | 42.1 | 74.1 | 65.1 |
| 1985 年 | 124.7 | 137.4 | — | 85.7 | 50.7 |
| 1986 年 | 119.2 | 134.6 | — | 72.8 | 65.7 |

## 东北、内蒙古林区木材采运工人实物劳动生产率

单位：立方米／人年

| 年 别 | 合 计 | 内 蒙 古 | 吉 林 | 黑 龙 江 |
|---|---|---|---|---|
| 1952年 | 63.4 | 73.0 | 78.7 | 57.2 |
| 1953年 | 78.2 | 104.2 | 81.7 | 74.2 |
| 1954年 | 96.7 | 88.3 | 93.6 | 98.9 |
| 1955年 | 129.3 | 112.6 | 129.0 | 115.7 |
| 1956年 | 133.7 | 157.8 | 124.8 | 130.7 |
| 1957年 | 105.6 | 103.8 | 129.4 | 100.6 |
| 1958年 | 109.3 | 109.5 | 133.9 | 103.8 |
| 1959年 | 108.9 | 106.5 | 123.1 | 105.6 |
| 1960年 | 104.0 | 99.5 | 104.6 | 105.5 |
| 1961年 | 66.0 | 58.5 | 73.3 | 66.1 |
| 1962年 | 78.1 | 75.0 | 70.4 | 82.3 |
| 1963年 | 91.8 | 84.8 | 83.9 | 97.1 |
| 1964年 | 116.9 | 102.4 | 109.6 | 125.1 |
| 1965年 | 177.1 | 161.0 | 169.7 | 185.3 |
| 1966年 | 190.2 | 184.3 | 183.4 | 195.3 |
| 1967年 | 128.1 | 110.1 | 130.7 | 131.5 |
| 1968年 | 109.6 | 107.5 | 96.1 | 113.2 |
| 1969年 | 119.6 | 123.6 | 124.5 | 117.8 |
| 1970年 | 135.2 | 100.6 | 155.0 | 130.7 |
| 1971年 | 110.4 | 71.3 | 150.4 | 101.4 |
| 1972年 | 110.7 | 77.0 | 136.4 | 104.6 |
| 1973年 | 121.5 | 91.6 | 136.4 | 117.9 |
| 1974年 | 123.9 | 104.1 | 137.8 | 120.5 |
| 1975年 | 129.1 | 124.2 | 137.5 | 126.9 |
| 1976年 | 130.9 | 127.8 | 134.4 | 130.0 |
| 1977年 | 130.3 | 129.7 | 126.9 | 131.2 |
| 1978年 | 139.2 | 143.1 | 133.5 | 140.8 |
| 1979年 | 142.9 | 137.2 | 143.7 | 144.0 |
| 1980年 | 144.6 | 135.4 | 145.7 | 146.5 |
| 1981年 | 138.0 | 130.5 | 133.7 | 141.5 |
| 1982年 | 137.8 | 134.9 | 128.9 | 141.6 |
| 1983年 | 140.1 | 133.8 | 129.8 | 145.1 |
| 1984年 | 138.8 | 135.1 | 134.2 | 141.3 |
| 1985年 | 137.4 | 131.3 | 133.1 | 140.4 |
| 1986年 | 134.6 | 123.0 | 132.3 | 138.5 |

# 林业基本建设投资

## 林业系统按事业分营林基本建设投资完成额

单位：万元

| | 1979年 | 1980年 | 1981年 | 1982年 | 1983年 | 1984年 | 1985年 | 1986年 |
|---|---|---|---|---|---|---|---|---|
| 总　　计 | 57403.8 | 57302.7 | 51230.9 | 54403.4 | 46577.8 | 53300.4 | 61898.0 | 59191 |
| 造林 | 19890.6 | 20412.2 | 19452.1 | 16833.9 | 14642.4 | 18420.9 | 18923.0 | 17129 |
| 其中：国营造林 | 15413.2 | 16162.9 | 15635.5 | 9151.2 | 6672.6 | 8109.3 | 7558.0 | 7491 |
| 飞机播种造林 | — | — | — | 304.5 | 993.6 | — | — | 1206 |
| 速生丰产林 | — | — | — | 937.6 | 1163.5 | 2698.7 | 2577.0 | 2637 |
| “三北”防护林 | 4477.4 | 4249.3 | 3816.6 | 4465.0 | 4063.8 | 5158.4 | 5051.0 | 3410 |
| 幼林抚育 | — | — | — | 4928.6 | 3775.6 | 3959.4 | 3972.0 | 4815 |
| 成林抚育 | 9262.6 | 6884.3 | 4667.3 | 3656.8 | 4172.0 | 3727.2 | 3369.0 | 2942 |
| 低产林改造 | 610.9 | 799.1 | 548.2 | 3136.0 | 842.0 | 1483.4 | 1470.0 | 1245 |
| 林木良种 | 1293.1 | 1155.5 | 1549.2 | 1138.5 | 1144.8 | 1173.7 | 1095.0 | 1144 |
| 护林防火 | 3407.1 | 2533.2 | 1932.9 | 1983.0 | 1438.2 | 1281.0 | 1336.0 | 1725 |
| 森林病虫害防治 | 287.1 | 366.4 | 480.5 | 388.2 | 305.8 | 324.7 | 303.0 | 677 |
| 自然保护区 | 239.8 | 274.7 | 284.7 | 344.8 | 447.1 | 763.0 | 645.0 | 682 |
| 森林公园 | — | — | — | — | — | 583.1 | 639.0 | 341 |
| 林野调查规划设计 | 324.8 | 686.5 | 478.7 | 472.7 | 579.0 | 955.9 | 795.0 | 670 |
| 文化教育卫生 | 1439.4 | 2202.5 | 3311.1 | 3381.3 | 2883.2 | 3317.1 | 4505.0 | 4488 |
| 科学试验研究 | 1213.2 | 1644.9 | 1537.9 | 1495.9 | 1336.4 | 1583.7 | 2372.0 | 2464 |
| 营林机械制造与修理 | 333.2 | 142.4 | 67.2 | 157.7 | 145.3 | 154.6 | 42.0 | 42 |
| 林业水利设施 | 302.8 | 644.6 | 993.6 | 1209.7 | 1049.3 | 369.3 | 431.0 | 280 |
| 其　　他 | 18799.2 | 19556.4 | 15927.5 | 15276.3 | 13816.7 | 15203.4 | 22001.0 | 20547 |

注：本表1979、1980、1981年的幼林抚育投资数，由于当年未统计，故缺。

# 林业系统营林、森林工业基本建设投资完成额

单位：万元

| 年 别 | 合 计 | 其中：国家投资 | 营林 计 | 营林 其中：国家投资 | 森林工业 计 | 森林工业 其中：国家投资 |
|---|---|---|---|---|---|---|
| 1950 年 | 1009.7 | 1009.7 | — | — | 1009.7 | 1009.7 |
| 1951 年 | 1665.6 | 1665.6 | — | — | 1665.6 | 1665.6 |
| 1952 年 | 5523.9 | 5523.9 | — | — | 5523.9 | 5523.9 |
| 1953 年 | 13873.6 | 13873.6 | 512.3 | 512.3 | 13361.3 | 13361.3 |
| 1954 年 | 12414.9 | 12414.9 | 423.0 | 423.0 | 11991.9 | 11991.9 |
| 1955 年 | 11482.8 | 11482.8 | 725.2 | 725.2 | 10757.6 | 10757.6 |
| 1956 年 | 17732.9 | 17732.9 | 7507.1 | 7507.1 | 10225.8 | 10225.8 |
| 1957 年 | 21393.2 | 21393.2 | 3332.0 | 3332.0 | 18061.2 | 18061.2 |
| 1958 年 | 32666.0 | 32666.0 | 3787.0 | 3787.0 | 28879.0 | 28879.0 |
| 1959 年 | 61239.8 | 51647.5 | 9290.4 | 7765.1 | 51949.4 | 43882.4 |
| 1960 年 | 84021.0 | 74052.2 | 15516.0 | 13795.7 | 68505.0 | 60256.5 |
| 1961 年 | 34396.3 | 31284.1 | 7051.3 | 6460.1 | 27345.0 | 24824.0 |
| 1962 年 | 39329.2 | 29084.8 | 12064.7 | 6989.6 | 27264.5 | 22095.2 |
| 1963 年 | 63497.6 | 52505.6 | 18144.2 | 13892.2 | 45353.4 | 38613.4 |
| 1964 年 | 81208.6 | 68758.8 | 23769.5 | 19278.3 | 57439.1 | 49480.5 |
| 1965 年 | 80974.1 | 69974.4 | 19365.8 | 16567.7 | 61608.3 | 53406.7 |
| 1966 年 | 79469.0 | 62657.3 | 18654.3 | 13557.5 | 60814.7 | 49099.8 |
| 1967 年 | 60233.4 | 44232.2 | 17788.8 | 13880.7 | 42444.6 | 30351.5 |
| 1968 年 | 47492.1 | 34054.3 | 15174.8 | 11742.2 | 32317.3 | 22312.1 |
| 1969 年 | 56251.6 | 39680.4 | 16373.4 | 11179.3 | 39878.2 | 28501.1 |
| 1970 年 | 62234.5 | 42977.1 | 15587.9 | 9713.1 | 46646.6 | 33264.0 |
| 1971 年 | 76122.5 | 50339.0 | 20033.7 | 9972.5 | 56088.8 | 40366.5 |
| 1972 年 | 89978.2 | 58054.9 | 25347.8 | 12982.7 | 64630.4 | 45072.2 |
| 1973 年 | 93597.3 | 64052.2 | 27733.1 | 16088.8 | 65864.2 | 47963.4 |
| 1974 年 | 99316.7 | 63436.2 | 29138.7 | 16325.3 | 70178.0 | 47110.9 |
| 1975 年 | 98806.3 | 55519.3 | 30737.5 | 15491.3 | 68068.8 | 40028.0 |
| 1976 年 | 68668.9 | 49658.7 | 30723.0 | 15086.7 | 37945.9 | 34572.0 |
| 1977 年 | 58757.4 | 46008.4 | 24983.8 | 15142.6 | 33773.6 | 30865.8 |
| 1978 年 | 85175.0 | 65368.8 | 31248.8 | 15691.9 | 53926.2 | 49676.9 |
| 1979 年 | 116652.9 | 90757.6 | 57403.8 | 34415.5 | 59249.1 | 56342.1 |
| 1980 年 | 138573.3 | 68480.7 | 57302.7 | 28797.2 | 81270.6 | 39683.5 |
| 1981 年 | 133189.8 | 61024.5 | 51230.9 | 21747.3 | 81958.9 | 39277.2 |
| 1982 年 | 118845.8 | 68432.1 | 54403.4 | 22528.5 | 64442.4 | 45903.6 |
| 1983 年 | 119644.2 | 73556.6 | 46577.8 | 26435.2 | 73066.4 | 47121.4 |
| 1984 年 | 132163.4 | 81782.4 | 53300.4 | 30891.4 | 78863.0 | 50891.0 |
| 1985 年 | 138598.0 | 78732.0 | 61898.0 | 31375.0 | 76700.0 | 47357.0 |
| 1986 年 | 138053.0 | 81753.0 | 59191.0 | 29510.0 | 78862.0 | 52243.0 |
| 1950～1952 年 | 8199.2 | 8199.2 | — | — | 8199.2 | 8199.2 |
| 1953～1957 年 | 76897.4 | 76897.4 | 12499.6 | 12499.6 | 64397.8 | 64397.8 |
| 1958～1962 年 | 251652.3 | 218734.6 | 47709.4 | 38797.5 | 203942.9 | 179937.1 |
| 1963～1965 年 | 225680.3 | 191238.8 | 61279.5 | 49738.2 | 164400.8 | 141500.6 |
| 1966～1970 年 | 305680.6 | 223601.3 | 83579.2 | 60072.8 | 222101.4 | 163528.5 |
| 1971～1975 年 | 457821.0 | 291401.6 | 132990.8 | 70860.6 | 324830.2 | 220541.0 |
| 1976～1980 年 | 467827.5 | 320274.2 | 201662.1 | 109133.9 | 266165.4 | 211140.3 |
| 1981～1985 年 | 642441.2 | 363527.6 | 267410.5 | 132977.4 | 375030.7 | 230550.2 |
| 1950～1986 年 | 2574252.5 | 1775627.7 | 866322.1 | 503590.0 | 1707930.4 | 1272037.7 |

# 全国基本建设投资完成额中营林、森林工业所占比重

| 年别 | 全国基本建设投资完成额(亿元) | | | 营林、森林工业投资占全国投资% | | | 营林投资占农业投资% | 森林工业投资占工业投资% |
|---|---|---|---|---|---|---|---|---|
| | 总计 | 其中: | | 合计 | 营林 | 森林工业 | | |
| | | 农业 | 工业 | | | | | |
| 1950年 | 11.34 | — | — | 0.89 | — | 0.89 | — | — |
| 1952年 | 43.56 | 6.46 | 18.89 | 1.27 | — | 1.27 | — | 2.92 |
| 1953年 | 90.44 | 7.85 | 36.07 | 1.53 | 0.05 | 1.48 | 0.65 | 3.70 |
| 1954年 | 99.07 | 4.13 | 45.12 | 1.25 | 0.04 | 1.21 | 1.02 | 2.66 |
| 1955年 | 100.36 | 6.19 | 48.86 | 1.14 | 0.07 | 1.07 | 1.17 | 2.20 |
| 1956年 | 155.28 | 12.11 | 78.62 | 1.14 | 0.48 | 0.66 | 6.20 | 1.30 |
| 1957年 | 143.32 | 12.71 | 79.44 | 1.49 | 0.23 | 1.26 | 2.62 | 2.27 |
| 1958年 | 269.00 | 28.00 | 171.80 | 1.21 | 0.14 | 1.07 | 1.35 | 1.68 |
| 1959年 | 349.72 | 36.28 | 213.23 | 1.75 | 0.27 | 1.48 | 2.56 | 2.44 |
| 1960年 | 388.69 | 49.90 | 227.89 | 2.16 | 0.40 | 1.76 | 3.11 | 3.01 |
| 1961年 | 127.42 | 17.80 | 75.07 | 2.70 | 0.55 | 2.15 | 3.96 | 3.64 |
| 1962年 | 71.26 | 14.42 | 39.85 | 5.51 | 1.69 | 3.82 | 8.37 | 6.84 |
| 1963年 | 98.16 | 23.19 | 49.51 | 6.47 | 1.85 | 4.62 | 7.82 | 9.16 |
| 1964年 | 144.12 | 28.19 | 73.42 | 5.63 | 1.65 | 3.98 | 8.43 | 7.82 |
| 1965年 | 179.61 | 24.57 | 94.07 | 4.51 | 1.08 | 3.43 | 7.88 | 6.55 |
| 1966年 | 209.42 | 24.41 | 119.44 | 3.79 | 0.89 | 2.90 | 7.64 | 5.09 |
| 1967年 | 140.17 | 23.07 | 71.72 | 4.30 | 1.27 | 3.03 | 7.71 | 5.92 |
| 1968年 | 113.06 | 13.86 | 63.64 | 4.20 | 1.34 | 2.86 | 10.95 | 5.08 |
| 1969年 | 200.83 | 19.99 | 115.97 | 2.80 | 0.82 | 1.98 | 8.19 | 3.44 |
| 1970年 | 312.55 | 26.26 | 191.35 | 1.99 | 0.50 | 1.49 | 5.94 | 2.44 |
| 1971年 | 340.84 | 32.14 | 209.51 | 2.23 | 0.59 | 1.64 | 6.23 | 2.68 |
| 1972年 | 327.98 | 35.82 | 188.27 | 2.74 | 0.77 | 1.97 | 7.08 | 3.43 |
| 1973年 | 338.10 | 40.24 | 187.14 | 2.77 | 0.82 | 1.95 | 6.89 | 3.52 |
| 1974年 | 347.71 | 39.75 | 188.39 | 2.86 | 0.84 | 2.02 | 7.33 | 3.73 |
| 1975年 | 409.32 | 41.96 | 237.65 | 2.41 | 0.75 | 1.66 | 7.33 | 2.86 |
| 1976年 | 376.44 | 44.50 | 217.90 | 1.82 | 0.82 | 1.00 | 6.90 | 1.74 |
| 1977年 | 382.37 | 44.79 | 225.42 | 1.53 | 0.65 | 0.88 | 5.58 | 1.50 |
| 1978年 | 500.99 | 56.47 | 294.50 | 1.70 | 0.62 | 1.08 | 5.53 | 1.83 |
| 1979年 | 523.48 | 62.50 | 281.76 | 2.23 | 1.10 | 1.13 | 9.18 | 2.10 |
| 1980年 | 558.89 | 59.69 | 292.04 | 2.48 | 1.03 | 1.45 | 9.60 | 2.78 |
| 1981年 | 442.91 | 35.23 | 230.60 | 3.01 | 1.16 | 1.85 | 14.54 | 3.55 |
| 1982年 | 555.53 | 34.12 | 260.60 | 2.14 | 0.98 | 1.16 | 15.94 | 2.47 |
| 1983年 | 594.13 | 35.45 | 282.28 | 2.01 | 0.78 | 1.23 | 13.13 | 2.59 |
| 1984年 | 743.15 | 37.12 | 341.59 | 1.78 | 0.72 | 1.06 | 14.36 | 2.31 |
| 1985年 | 1074.37 | 36.94 | 446.49 | 1.29 | 0.58 | 0.71 | 16.76 | 1.72 |
| 1953～1957年 | 588.47 | 42.99 | 288.11 | 1.31 | 0.21 | 1.10 | 2.90 | 2.24 |
| 1958～1962年 | 1206.09 | 146.40 | 727.84 | 2.09 | 0.40 | 1.69 | 3.26 | 2.80 |
| 1963～1965年 | 421.89 | 75.95 | 217.00 | 5.35 | 1.45 | 3.90 | 8.07 | 7.58 |
| 1966～1970年 | 976.03 | 107.59 | 562.12 | 3.13 | 0.86 | 2.27 | 7.77 | 3.95 |
| 1971～1975年 | 1763.95 | 189.91 | 1010.96 | 2.60 | 0.75 | 1.85 | 7.00 | 3.21 |
| 1976～1980年 | 2342.17 | 267.95 | 1311.62 | 2.00 | 0.86 | 1.14 | 7.53 | 2.03 |
| 1981～1985年 | 3410.09 | 178.86 | 1561.56 | 1.88 | 0.78 | 1.10 | 14.95 | 2.40 |
| 1953～1985年 | 10708.69 | 1009.65 | 5679.21 | 2.27 | 0.75 | 1.52 | 7.99 | 2.87 |

注：全国基本建设投资完成额为全民所有制范围。

# 林业系统各地区营林基本建设投资完成额

单位：万元

| 地区 | 1953年 | 1957年 | 1965年 | 1978年 | 1980年 | 1985年 | 1986年 |
|---|---|---|---|---|---|---|---|
| 全国总计 | 512.3 | 3332.0 | 19365.8 | 31248.8 | 57302.7 | 61898.0 | 59191.4 |
| 北京 | 6.4 | — | 232.0 | 260.0 | 1604.3 | 888.0 | 480.0 |
| 天津 | — | — | — | — | — | 8.0 | 8.0 |
| 河北 | 19.3 | 101.9 | 456.2 | 1120.1 | 1484.5 | 623.0 | 1998.0 |
| 山西 | 61.5 | 216.2 | 1184.9 | 656.7 | 2162.0 | 2526.0 | 2016.0 |
| 内蒙古 | 29.1 | 294.8 | 1764.7 | 1008.0 | 5027.6 | 1957.0 | 1862.0 |
| 辽宁 | 4.2 | 27.4 | 715.5 | 1756.7 | 1987.6 | 1944.0 | 1739.0 |
| 吉林 | 4.2 | 156.5 | 1050.5 | 3101.5 | 3065.8 | 4422.0 | 4622.0 |
| 黑龙江 | 48.4 | 686.9 | 1645.8 | 3252.0 | 7799.7 | 4081.0 | 4001.0 |
| 上海 | — | — | 12.1 | — | 52.0 | 163.0 | 184.0 |
| 江苏 | — | 20.7 | 411.1 | 572.2 | 820.0 | 173.0 | 283.0 |
| 浙江 | 3.8 | 5.0 | 363.7 | 1004.6 | 982.6 | 777.0 | 906.0 |
| 安徽 | 1.3 | 10.7 | 387.4 | 533.0 | 696.0 | 1252.0 | 1164.0 |
| 福建 | 18.1 | 109.9 | 543.3 | 1105.2 | 1989.5 | 1913.0 | 2179.0 |
| 江西 | 10.5 | 43.0 | 877.0 | 700.4 | 3656.7 | 6973.0 | 8245.0 |
| 山东 | 1.5 | 18.0 | 670.7 | 559.7 | 645.0 | 1177.0 | 769.0 |
| 河南 | — | 196.0 | 955.7 | 475.4 | 1215.6 | 841.0 | 1068.0 |
| 湖北 | 24.9 | 8.8 | 660.6 | 1199.0 | 1902.2 | 2806.0 | 2934.0 |
| 湖南 | 1.0 | 3.3 | 716.4 | 968.8 | 1608.5 | 1164.0 | 1526.0 |
| 广东 | 27.4 | 79.8 | 1427.7 | 4887.2 | 5634.5 | 2547.0 | 3083.0 |
| 广西 | 1.8 | 26.2 | 801.4 | 2426.4 | 3319.5 | 2720.0 | 2292.0 |
| 四川 | 5.3 | 74.4 | 1224.8 | 1129.9 | 2045.1 | 3787.0 | 4647.0 |
| 贵州 | 5.1 | 33.9 | 388.1 | 743.3 | 917.0 | 964.0 | 1194.0 |
| 云南 | 1.2 | 107.9 | 463.0 | 934.7 | 2311.9 | 1482.0 | 1257.0 |
| 西藏 | — | — | — | 27.7 | — | 16.0 | 36.0 |
| 陕西 | 14.2 | 71.4 | 772.0 | 883.3 | 2569.2 | 2005.0 | 2280.0 |
| 甘肃 | 3.7 | 65.6 | 674.1 | 1345.0 | 2071.6 | 7542.0 | 1301.0 |
| 青海 | 9.6 | 20.5 | 64.1 | 163.0 | 187.9 | 601.0 | 548.0 |
| 宁夏 | 5.1 | — | 69.3 | 265.0 | 763.7 | 561.0 | 598.0 |
| 新疆 | 14.3 | 44.5 | 126.1 | 170.0 | 782.7 | 1442.0 | 871.0 |
| 部直属单位 | 190.4 | 908.7 | 707.6 | — | — | 4543.0 | 5100.0 |

## 林业系统国营林场营林基本建设投资完成额

单位：万元

| 年　别 | 合　计 | 其中：国家投资 |
|---|---|---|
| 1966年 | 17439.7 | 12473.2 |
| 1967年 | 16140.1 | 12951.0 |
| 1968年 | 13980.5 | 11055.5 |
| 1969年 | 14236.4 | 9973.4 |
| 1970年 | 13758.2 | 8558.9 |
| 1971年 | 17460.3 | 8451.3 |
| 1972年 | 20630.5 | 10369.4 |
| 1973年 | 20108.7 | 11641.0 |
| 1974年 | 22475.8 | 12897.1 |
| 1975年 | 23130.0 | 11709.4 |
| 1976年 | 23097.0 | 11410.9 |
| 1977年 | 19609.8 | 11524.2 |
| 1978年 | 24353.8 | 11792.8 |
| 1979年 | 35141.2 | 18507.2 |
| 1980年 | 36654.9 | 15191.2 |
| 1981年 | 30014.1 | 9663.3 |
| 1982年 | 29944.6 | 10531.0 |
| 1983年 | 22262.5 | 12251.3 |
| 1984年 | 23533.1 | 12182.8 |
| 1985年 | 25916.0 | 10641.0 |
| 1986年 | 25112.0 | 10436.0 |
| 1966～1970年 | 75554.9 | 55012.0 |
| 1971～1975年 | 103805.3 | 55068.2 |
| 1976～1980年 | 138856.7 | 68426.3 |
| 1981～1985年 | 131670.3 | 55269.4 |
| 1966～1986年 | 474999.2 | 244211.9 |

## 林业系统各地区国营林场基本建设投资完成额

单位：万元

| 地区 | 1965年 | 1978年 | 1980年 | 1985年 | 1986年 |
|---|---|---|---|---|---|
| 全国总计 | 13892.4 | 24353.8 | 36654.9 | 25916.0 | 25112.0 |
| 北京 | 163.0 | 163.2 | 306.6 | 369.0 | 272.0 |
| 天津 | — | — | — | 8.0 | 8.0 |
| 河北 | 456.2 | 935.3 | 1016.2 | 250.0 | 403.0 |
| 山西 | 918.7 | 389.7 | 1022.5 | 990.0 | 934.0 |
| 内蒙古 | 1439.0 | 654.1 | 3073.5 | 531.0 | 516.0 |
| 辽宁 | 354.2 | 1074.7 | 1124.6 | 935.0 | 901.0 |
| 吉林 | 850.4 | 2742.2 | 2176.9 | 2608.0 | 2595.0 |
| 黑龙江 | 617.4 | 1651.9 | 4237.3 | 1345.0 | 1790.0 |
| 上海 | 9.1 | — | 35.5 | 46.0 | 54.0 |
| 江苏 | 229.0 | 336.8 | 226.3 | 134.0 | 162.0 |
| 浙江 | 363.7 | 923.9 | 707.5 | 508.0 | 487.0 |
| 安徽 | 387.4 | 476.2 | 531.8 | 820.0 | 730.0 |
| 福建 | 482.5 | 1061.2 | 1933.5 | 1696.0 | 1792.0 |
| 江西 | 877.0 | 424.4 | 1793.2 | 2336.0 | 3086.0 |
| 山东 | 399.7 | 264.0 | 289.5 | 156.0 | 236.0 |
| 河南 | 492.9 | 428.9 | 958.0 | 260.0 | 252.0 |
| 湖北 | 666.6 | 1146.0 | 1572.2 | 1592.0 | 1834.0 |
| 湖南 | 704.0 | 880.9 | 966.0 | 285.0 | 220.0 |
| 广东 | 1427.7 | 4800.7 | 5444.4 | 1745.0 | 2066.0 |
| 广西 | 777.2 | 2137.1 | 3174.8 | 2192.0 | 1376.0 |
| 四川 | 265.4 | 402.3 | 658.7 | 2160.0 | 2369.0 |
| 贵州 | 354.4 | 662.5 | 771.4 | 373.0 | 374.0 |
| 云南 | 379.0 | 426.1 | 852.1 | 426.0 | 285.0 |
| 西藏 | — | — | — | — | — |
| 陕西 | 465.6 | 642.7 | 1293.3 | 768.0 | 1280.0 |
| 甘肃 | 571.2 | 1227.7 | 1792.9 | 2354.0 | 538.0 |
| 青海 | 45.7 | 88.7 | 170.9 | 185.0 | 168.0 |
| 宁夏 | 69.3 | 242.6 | 295.0 | 193.0 | 254.0 |
| 新疆 | 126.1 | 170.0 | 230.3 | 651.0 | 130.0 |

## 林业系统造林基本建设投资完成额

单位：万元

| 年　份 | 合　计 | 其中：国营林场 |
|---|---|---|
| 1966年 | 11196.6 | 10149.3 |
| 1967年 | 8400.6 | 7933.2 |
| 1968年 | 7021.0 | 6244.8 |
| 1969年 | 6856.7 | 6420.2 |
| 1970年 | 6559.8 | 5555.1 |
| 1971年 | 9129.3 | 8542.0 |
| 1972年 | 12925.3 | 10563.0 |
| 1973年 | 14244.6 | 12065.8 |
| 1974年 | 13973.4 | 11736.4 |
| 1975年 | 17115.5 | 14314.0 |
| 1976年 | 15474.6 | 12841.5 |
| 1977年 | 12046.3 | 9963.9 |
| 1978年 | 13870.7 | 12131.9 |
| 1979年 | 21036.3 | 15492.6 |
| 1980年 | 19614.6 | 14817.9 |
| 1981年 | 21074.7 | 15055.5 |
| 1982年 | 18928.8 | 11688.2 |
| 1983年 | 15652.7 | 8359.2 |
| 1984年 | 19306.1 | 9617.5 |
| 1985年 | 19592.0 | 8475.0 |
| 1986年 | 17798.0 | 8180.0 |
| 1966～1970年 | 40034.7 | 36302.6 |
| 1971～1975年 | 67388.1 | 57221.2 |
| 1976～1980年 | 82042.5 | 65247.8 |
| 1981～1985年 | 94554.3 | 53195.4 |
| 1966～1986年 | 301817.6 | 220147.0 |

注：林业系统造林基本建设投资完成额1958年为235.6万元，1959年3367.9万元，1960年10555.3万元，1961年5244.4万元，1962年6071.2万元，1963年6629.6万元，1964年10311.2万元，1965年11151.9万元，其中国营林场9136.7万元。

# 林业系统各地区森林工业基本建设投资完成额

单位：万元

| 地　　区 | 1950年 | 1957年 | 1965年 | 1978年 | 1980年 | 1985年 | 1986年 |
|---|---|---|---|---|---|---|---|
| 全国总计 | 1009.7 | 18061.2 | 61608.3 | 53926.2 | 81270.6 | 76700 | 78862 |
| 北　　京 | — | 57.5 | 534.0 | 1001.6 | 1214.8 | — | — |
| 天　　津 | — | — | — | 55.6 | 156.4 | — | — |
| 河　　北 | — | 37.4 | 28.0 | 100.0 | — | — | — |
| 山　　西 | — | 10.1 | — | 577.1 | 218.3 | — | — |
| 内 蒙 古 | — | 2535.9 | 9839.1 | 1272.2 | 7391.7 | 11280 | 12125 |
| 辽　　宁 | — | 39.8 | — | 160.0 | 276.9 | 25 | 3 |
| 吉　　林 | 268.4 | 1449.0 | 6511.7 | 4335.7 | 8495.7 | 7687 | 7330 |
| 黑 龙 江 | 740.1 | 7361.1 | 22405.0 | 15885.6 | 33297.5 | 16565 | 16179 |
| 上　　海 | — | 16.1 | 182.0 | 15.5 | 2.9 | — | — |
| 江　　苏 | — | 17.7 | 206.0 | 252.3 | 474.6 | — | — |
| 浙　　江 | — | 212.0 | 813.7 | 680.1 | 612.0 | 266 | 326 |
| 安　　徽 | — | 220.8 | 587.4 | 561.4 | 636.6 | 825 | 1040 |
| 福　　建 | — | 910.6 | 2883.4 | 3645.0 | 3516.6 | 2922 | 2350 |
| 江　　西 | — | 243.2 | 1624.3 | 2402.3 | 3473.5 | 1477 | 1691 |
| 山　　东 | — | 20.0 | — | 162.0 | 209.5 | 90 | 550 |
| 河　　南 | — | 33.5 | 32.0 | 517.8 | 307.4 | — | 95 |
| 湖　　北 | — | 462.3 | 848.9 | 1258.0 | 1669.0 | 1310 | 1649 |
| 湖　　南 | — | 574.8 | 1743.6 | 3039.5 | 2661.7 | 2401 | 2541 |
| 广　　东 | — | 410.4 | 1783.2 | 2737.8 | 1432.3 | 3252 | 3370 |
| 广　　西 | — | 370.8 | 750.1 | 2428.5 | 2699.8 | 570 | 961 |
| 四　　川 | — | 1472.9 | 4685.1 | 6789.8 | 4667.8 | 3891 | 6735 |
| 贵　　州 | — | 237.2 | 940.0 | 650.8 | 685.9 | 286 | — |
| 云　　南 | — | 515.4 | 2958.0 | 2897.0 | 3807.8 | 4566 | 5782 |
| 西　　藏 | — | — | 32.5 | 37.9 | 127.6 | 308 | 177 |
| 陕　　西 | — | 75.0 | 897.2 | 973.1 | 841.3 | 660 | 536 |
| 甘　　肃 | 0.1 | 416.4 | 685.2 | 605.2 | 718.7 | 361 | 508 |
| 青　　海 | 1.1 | 20.3 | 219.4 | 69.3 | 93.5 | 148 | 182 |
| 宁　　夏 | — | — | — | — | — | 6 | — |
| 新　　疆 | — | 341.0 | 418.5 | 815.1 | 1580.8 | 2017 | 1500 |
| 部直属单位 | — | — | — | — | — | 15787 | 13232 |

## 林业系统各地区森林工业基本建设国家投资完成额

单位：万元

| 地区 | 1950年 | 1957年 | 1965年 | 1978年 | 1980年 | 1985年 | 1986年 |
|---|---|---|---|---|---|---|---|
| **全国总计** | **1009.7** | **18061.2** | **53406.7** | **49676.9** | **39683.5** | **47357.0** | **52243.0** |
| 北京 | — | 57.5 | 525.0 | 920.2 | 1090.8 | — | — |
| 天津 | — | — | — | 55.6 | 108.1 | — | — |
| 河北 | — | 37.4 | 28.0 | 100.0 | — | — | — |
| 山西 | — | 10.1 | — | 423.2 | 53.5 | — | — |
| 内蒙古 | — | 2535.9 | 8472.1 | 1272.2 | 1620.5 | 5311.0 | 6795.0 |
| 辽宁 | — | 39.8 | — | 160.0 | 276.9 | 25.0 | 3.0 |
| 吉林 | 268.4 | 1449.0 | 5053.4 | 4335.7 | 3159.5 | 6847.0 | 6863.0 |
| 黑龙江 | 740.1 | 7361.1 | 17719.0 | 14804.2 | 10330.8 | 13809.0 | 14080.0 |
| 上海 | — | 16.1 | 182.0 | 15.5 | 2.9 | — | — |
| 江苏 | — | 17.7 | 206.0 | 232.8 | 403.2 | — | — |
| 浙江 | — | 212.0 | 813.7 | 384.1 | 570.0 | 217.0 | 150.0 |
| 安徽 | — | 220.8 | 587.4 | 380.1 | 406.3 | 378.0 | 266.0 |
| 福建 | — | 910.6 | 2871.8 | 3645.0 | 3014.2 | 2109.0 | 1205.0 |
| 江西 | — | 243.2 | 1624.3 | 2402.3 | 2199.1 | 1139.0 | 1491.0 |
| 山东 | — | 20.0 | — | 150.0 | 209.5 | 90.0 | 550.0 |
| 河南 | — | 33.5 | 32.0 | 423.3 | 277.8 | — | 20.0 |
| 湖北 | — | 462.3 | 847.2 | 995.0 | 823.1 | 361.0 | 361.0 |
| 湖南 | — | 574.8 | 1743.5 | 3031.1 | 2484.1 | 2049.0 | 2221.0 |
| 广东 | — | 410.4 | 1752.5 | 2722.2 | 1227.4 | 1431.0 | 921.0 |
| 广西 | — | 370.8 | 750.1 | 2410.9 | 2019.6 | 186.0 | 659.0 |
| 四川 | — | 1472.9 | 4143.4 | 5444.5 | 4149.1 | 2796.0 | 5040.0 |
| 贵州 | — | 237.2 | 940.0 | 650.8 | 591.4 | 145.0 | — |
| 云南 | — | 515.4 | 2882.2 | 2807.3 | 2138.1 | 1040.0 | 1927.0 |
| 西藏 | — | — | 30.5 | 33.6 | 30.0 | — | — |
| 陕西 | — | 75.0 | 894.7 | 878.1 | 532.9 | 412.0 | 493.0 |
| 甘肃 | 0.1 | 416.4 | 685.2 | 597.2 | 593.0 | 219.0 | 266.0 |
| 青海 | 1.1 | 20.3 | 210.7 | 52.0 | 76.3 | 97.0 | 100.0 |
| 宁夏 | — | — | — | — | — | 6.0 | — |
| 新疆 | — | 341.0 | 412.0 | 350.0 | 1295.4 | 1136.0 | 1121.0 |
| 部直属单位 | — | — | — | — | — | 7554.0 | 7711.0 |

## 林业系统按用途分的森林工业基本建设投资完成额

单位：万元

| 年份 | 生产性建设 | 非生产性建设 | |
|---|---|---|---|
| | | 合计 | 其中：住宅 |
| 1958年 | 25730.3 | 3148.7 | 1160.9 |
| 1959年 | 45072.3 | 6877.1 | 4434.9 |
| 1960年 | 59390.7 | 9114.3 | 5098.5 |
| 1961年 | 23614.8 | 3730.2 | 2024.2 |
| 1962年 | 24574.8 | 2689.7 | 1809.4 |
| 1963年 | 40815.4 | 4538.0 | 3006.1 |
| 1964年 | 49176.0 | 8263.1 | 4721.0 |
| 1965年 | 53253.7 | 8354.6 | 3996.6 |
| 1966年 | 54257.7 | 6557.0 | 2589.7 |
| 1967年 | 36997.5 | 5447.1 | 1678.9 |
| 1968年 | 27506.6 | 4810.7 | 1335.5 |
| 1969年 | 34013.0 | 5865.2 | 2851.7 |
| 1970年 | 39873.4 | 6773.2 | 2987.5 |
| 1971年 | 45240.4 | 10848.6 | 5144.5 |
| 1972年 | 53149.7 | 11480.5 | 5098.3 |
| 1973年 | 53153.8 | 12710.4 | 5375.8 |
| 1974年 | 55559.9 | 14618.1 | 6465.3 |
| 1975年 | 55899.4 | 12169.4 | 5262.4 |
| 1976年 | 31079.9 | 6866.0 | 2951.7 |
| 1977年 | 27893.1 | 5880.5 | 2871.6 |
| 1978年 | 44572.8 | 9353.4 | 4670.6 |
| 1979年 | 45233.1 | 14016.0 | 7352.9 |
| 1980年 | 52901.3 | 28369.3 | 15438.9 |
| 1981年 | 48629.6 | 33329.3 | 18877.4 |
| 1982年 | 40207.4 | 24235.0 | 14259.2 |
| 1983年 | 41692.1 | 31374.3 | 17017.0 |
| 1984年 | 49828.0 | 29035.0 | 14824.0 |
| 1985年 | 43118.0 | 33582.0 | 14903.0 |
| 1986年 | 49858.0 | 29004.0 | 13626.0 |
| 1958～1962年 | 178382.9 | 25560.0 | 14527.9 |
| 1963～1965年 | 143245.1 | 21155.7 | 11723.7 |
| 1966～1970年 | 192648.2 | 29453.2 | 11443.3 |
| 1971～1975年 | 263003.2 | 61827.0 | 27346.3 |
| 1976～1980年 | 201680.2 | 64485.2 | 33285,7 |
| 1981～1985年 | 223475.1 | 151555.6 | 79880.6 |
| 1958～1986年 | 1252292.7 | 383040.7 | 191833.5 |

## 林业系统按主要行业分的森林工业基本建设投资完成额

单位：万元

| 年　别 | 木材采运 | 木材加工 | 林产化学 | 机械制造及修理 | 电力 |
|---|---|---|---|---|---|
| 1950年 | 895.8 | 8.0 | 2.2 | 8.8 | — |
| 1951年 | 1419.6 | — | 72.3 | 172.6 | — |
| 1952年 | 4843.7 | 11.0 | 322.8 | 184.5 | — |
| 1953年 | 9566.7 | 985.1 | 14.5 | 375.6 | — |
| 1954年 | 9145.2 | 670.8 | 22.1 | 306.3 | — |
| 1955年 | 8489.8 | 570.6 | 46.4 | 130.4 | — |
| 1956年 | 7640.0 | 721.6 | 151.0 | 120.4 | — |
| 1957年 | 14329.3 | 1153.1 | 221.4 | 351.0 | — |
| 1958年 | 22102.9 | 2268.9 | 2343.1 | 1985.9 | — |
| 1959年 | 37519.1 | 6585.1 | 1986.5 | 1788.5 | — |
| 1960年 | 44272.8 | 10551.4 | 3942.8 | 2630.4 | — |
| 1961年 | 19186.0 | 2982.5 | 1824.5 | 1568.4 | 886.5 |
| 1962年 | 20781.9 | 1253.2 | 503.9 | 1501.8 | 856.0 |
| 1963年 | 19938.0 | 2447.9 | 1488.2 | 1548.7 | 1433.2 |
| 1964年 | 51369.1 | 2684.6 | 2370.7 | 2710.3 | 1415.9 |
| 1965年 | 44704.6 | 4028.1 | 1352.4 | 2845.7 | 1653.0 |
| 1966年 | 44155.6 | 3176.4 | 1338.4 | 1941.6 | 1145.8 |
| 1967年 | 31292.2 | 3534.9 | 1100.5 | 1155.3 | 1340.7 |
| 1968年 | 25513.9 | 2068.4 | 612.0 | 997.8 | 626.3 |
| 1969年 | 26521.3 | 4497.1 | 799.1 | 1287.5 | 4303.4 |
| 1970年 | 25329.0 | 3601.2 | 1991.3 | 2098.5 | 741.5 |
| 1971年 | 31304.6 | 3222.1 | 3335.7 | 3268.3 | 996.4 |
| 1972年 | 38070.4 | 3384.4 | 3917.1 | 4890.8 | 1558.4 |
| 1973年 | 48231.4 | 3983.4 | 2633.1 | 4035.8 | 2025.7 |
| 1974年 | 36840.8 | 3724.9 | 1563.6 | 4433.3 | 2277.8 |
| 1975年 | 36160.4 | 3464.3 | 1309.7 | 4088.8 | 2229.9 |
| 1976年 | 21484.3 | 3130.0 | 813.3 | 1732.3 | 1503.6 |
| 1977年 | 19145.9 | 3267.0 | 916.5 | 2446.9 | 678.8 |
| 1978年 | 32916.4 | 3305.4 | 612.7 | 3063.9 | 1494.0 |
| 1979年 | 35889.9 | 5078.6 | 1504.5 | 3127.6 | 1994.9 |
| 1980年 | 38250.5 | 9278.3 | 1339.7 | 3986.4 | 2848.3 |
| 1981年 | 41868.5 | 8960.8 | 2675.6 | 1541.2 | 2717.6 |
| 1982年 | 27505.2 | 15583.9 | 1088.7 | 1383.7 | 3747.4 |
| 1983年 | 33150.6 | 12715.2 | 1845.4 | 1768.0 | 3599.9 |
| 1984年 | 35268.0 | 9901.0 | 5588.0 | 2109.0 | 3619.0 |
| 1985年 | 31590.0 | 15711.0 | 1714.0 | 1029.0 | 3246.0 |
| 1986年 | 29075.0 | 21635.0 | 1275.0 | 958.0 | 1528.0 |
| 1950～1952年 | 7159.1 | 19.0 | 397.3 | 365.9 | — |
| 1953～1957年 | 49171.0 | 4101.2 | 455.4 | 1283.7 | — |
| 1958～1962年 | 143862.7 | 23641.1 | 10600.8 | 9475.0 | 1742.5 |
| 1963～1965年 | 116011.7 | 9160.6 | 5211.3 | 7104.7 | 4502.1 |
| 1966～1970年 | 152812.0 | 16878.0 | 5841.3 | 7480.7 | 8157.7 |
| 1971～1975年 | 190607.6 | 17779.1 | 12759.2 | 20717.0 | 9088.2 |
| 1976～1980年 | 147687.0 | 24059.3 | 5186.7 | 14357.1 | 8519.6 |
| 1981～1985年 | 169382.3 | 62871.9 | 12911.7 | 7830.9 | 16929.9 |
| 1950～1986年 | 1005768.4 | 180145.2 | 54638.7 | 69573.0 | 50468.0 |

注：本表系森林工业基本建设投资额的主要行业部分，各项相加不等于总计数。

## 林业系统按构成分的森林工业基本建设投资完成额

单位：万元

| 年　别 | 建筑安装工程 | 设备、工具器具购置 | 年　别 | 建筑安装工程 | 设备、工具器具购置 |
|---|---|---|---|---|---|
| 1950年 | 433.8 | — | 1974年 | 45509.4 | 22275.9 |
| 1951年 | 1291.1 | — | 1975年 | 43836.9 | 22082.2 |
| 1952年 | 4115.0 | — | 1976年 | 27391.4 | 8693.4 |
| 1953年 | 8212.7 | 3191.6 | 1977年 | 24617.2 | 8088.5 |
| 1954年 | 7857.4 | 3367.8 | 1978年 | 38194.2 | 13856.9 |
| 1955年 | 5336.3 | 5093.6 | 1979年 | 45029.1 | 12293.9 |
| 1956年 | 7676.4 | 1623.7 | 1980年 | 60953.4 | 16493.2 |
| 1957年 | 13211.8 | 3818.9 | 1981年 | 63510.4 | 15310.2 |
| 1958年 | 18537.8 | 8798.8 | 1982年 | 49095.8 | 12838.4 |
| 1959年 | 33538.1 | 16141.1 | 1983年 | 57257.2 | 11872.8 |
| 1960年 | 43338.4 | 23701.2 | 1984年 | 60470.0 | 14488.0 |
| 1961年 | 15556.3 | 10753.2 | 1985年 | 58435.0 | 12440.0 |
| 1962年 | 15581.7 | 10866.9 | 1986年 | 53486.0 | 18978.0 |
| 1963年 | 30439.0 | 13499.8 | | | |
| 1964年 | 41612.9 | 13894.5 | | | |
| 1965年 | 42194.0 | 16804.4 | 1950～1952年 | 5839.9 | — |
| 1966年 | 44384.4 | 18470.1 | 1953～1957年 | 42294.6 | 17095.6 |
| 1967年 | 32643.6 | 8256.5 | 1958～1962年 | 126552.3 | 70261.2 |
| 1968年 | 22793.3 | 6154.0 | 1963～1965年 | 114245.9 | 44198.7 |
| 1969年 | 26833.0 | 10037.3 | 1966～1970年 | 156805.5 | 56156.2 |
| 1970年 | 30151.2 | 13238.3 | 1971～1975年 | 211452.4 | 99576.7 |
| 1971年 | 37466.5 | 15728.9 | 1976～1980年 | 196185.3 | 59425.9 |
| 1972年 | 41986.0 | 19947.1 | 1981～1985年 | 288768.4 | 66949.4 |
| 1973年 | 42653.6 | 19542.6 | 1950～1986年 | 1195630.3 | 432641.7 |

注：本表系森林工业基本建设投资额的主要构成部分，建筑安装工程和设备工具、器具购置数相加不等于总计数。

# 林业系统森林工业基本建设新增固定资产及木材新增生产能力

| 年别 | 新增固定资产 | | 木材新增生产能力 | |
|---|---|---|---|---|
| | 金额(万元) | 交付使用率(%) | 数量(万立方米) | 每万立方米木材新增生产能力所需基本建设投资(万元/万立方米) |
| 1950年 | 800.0 | 79.2 | — | — |
| 1951年 | 1381.0 | 82.9 | — | — |
| 1952年 | 5150.0 | 93.2 | — | — |
| 1953年 | 12560.0 | 94.0 | 79.73 | 119.99 |
| 1954年 | 10410.0 | 86.8 | 76.21 | 120.00 |
| 1955年 | 11719.0 | 108.9 | 70.75 | 120.00 |
| 1956年 | 7968.0 | 77.9 | 63.66 | 120.01 |
| 1957年 | 16331.3 | 90.4 | 118.66 | 120.76 |
| 1958年 | 22834.9 | 79.1 | 252.62 | 87.49 |
| 1959年 | 35566.9 | 68.5 | 193.91 | 193.49 |
| 1960年 | 49086.6 | 71.7 | 146.00 | 303.24 |
| 1961年 | 19337.0 | 70.7 | 48.40 | 396.40 |
| 1962年 | 20693.2 | 75.9 | — | — |
| 1963年 | 33554.4 | 74.0 | 47.10 | 423.31 |
| 1964年 | 46219.1 | 80.5 | 73.30 | 700.81 |
| 1965年 | 60644.8 | 98.4 | 154.45 | 289.44 |
| 1966年 | 49434.2 | 81.3 | 110.10 | 401.05 |
| 1967年 | 22355.4 | 52.7 | 82.75 | 378.15 |
| 1968年 | 18231.4 | 56.4 | 76.98 | 331.44 |
| 1969年 | 26243.2 | 65.8 | 66.30 | 400.02 |
| 1970年 | 33818.8 | 72.5 | 79.74 | 317.64 |
| 1971年 | 41082.9 | 73.2 | 133.00 | 235.37 |
| 1972年 | 49475.7 | 76.6 | 125.30 | 303.83 |
| 1973年 | 55976.8 | 85.0 | 131.38 | 367.11 |
| 1974年 | 55760.0 | 79.5 | 115.49 | 319.00 |
| 1975年 | 53349.2 | 78.4 | 106.39 | 339.89 |
| 1976年 | 26972.2 | 71.1 | 80.60 | 266.55 |
| 1977年 | 28855.8 | 85.4 | 64.00 | 299.15 |
| 1978年 | 40634.7 | 75.4 | 77.77 | 423.25 |
| 1979年 | 44043.1 | 74.3 | 89.22 | 402.26 |
| 1980年 | 67182.1 | 82.7 | 49.80 | 768.08 |
| 1981年 | 74562.1 | 91.0 | 29.75 | 1407.34 |
| 1982年 | 47497.1 | 73.7 | 33.28 | 826.48 |
| 1983年 | 62643.0 | 85.7 | 44.70 | 741.62 |
| 1984年 | 67364.0 | 85.4 | 54.91 | 642.29 |
| 1985年 | 55645.0 | 72.5 | 40.00 | 789.75 |
| 1986年 | 62386.0 | 79.1 | 43.80 | 663.81 |
| 1950～1952年 | 7331.0 | 89.4 | — | — |
| 1953～1957年 | 58988.3 | 91.6 | 409.01 | 120.22 |
| 1958～1962年 | 147518.6 | 72.3 | 640.93 | 224.46 |
| 1963～1965年 | 140418.3 | 85.4 | 274.85 | 422.09 |
| 1966～1970年 | 150083.0 | 67.6 | 415.87 | 367.45 |
| 1971～1975年 | 255644.6 | 78.7 | 611.56 | 311.67 |
| 1976～1980年 | 207687.9 | 78.0 | 361.39 | 408.66 |
| 1981～1985年 | 307711.2 | 82.0 | 202.64 | 835.88 |
| 1950～1986年 | 1337768.9 | 78.3 | 2960.05 | 339.78 |

## 林业系统各地区森林工业基本建设新增固定资产

单位：万元

| 地区 | 1957年 | 1965年 | 1978年 | 1980年 | 1985年 | 1986年 |
|---|---|---|---|---|---|---|
| 全国总计 | 16331.3 | 60644.8 | 40634.7 | 67182.1 | 55645.0 | 62386 |
| 北京 | 82.0 | 913.0 | 893.9 | 736.1 | — | — |
| 天津 | — | — | 82.2 | 165.7 | — | — |
| 河北 | 30.0 | 33.0 | 64.0 | — | — | — |
| 山西 | 11.5 | — | 94.3 | 124.3 | — | — |
| 内蒙古 | 2548.6 | 9742.6 | 994.6 | 6987.8 | 8383.0 | 9412 |
| 辽宁 | 39.8 | — | 83.9 | 70.0 | — | 3 |
| 吉林 | 936.2 | 7461.9 | 3473.1 | 7163.9 | 6474.0 | 9176 |
| 黑龙江 | 7891.9 | 23513.0 | 12978.0 | 28908.0 | 13804.0 | 11850 |
| 上海 | 21.2 | 379.0 | 10.5 | 2.9 | — | — |
| 江苏 | 17.7 | 176.0 | 271.8 | 482.3 | — | — |
| 浙江 | 162.7 | 512.8 | 688.5 | 331.4 | 312.0 | 273 |
| 安徽 | 201.3 | 27.6 | 453.7 | 196.3 | 321.0 | 408 |
| 福建 | 684.4 | 2861.5 | 1442.1 | 3174.3 | 1255.0 | 506 |
| 江西 | 126.1 | 1660.1 | 1080.1 | 2773.0 | 789.0 | 748 |
| 山东 | 20.0 | — | 97.0 | 163.8 | 70.0 | 398 |
| 河南 | 31.0 | 27.4 | 433.3 | 119.8 | — | 192 |
| 湖北 | 363.5 | 340.6 | 1143.0 | 1175.7 | 1090.0 | 1502 |
| 湖南 | 430.9 | 1523.3 | 2722.0 | 2757.1 | 329.0 | 605 |
| 广东 | 369.7 | 1330.9 | 1515.1 | 935.5 | 1034.0 | 3013 |
| 广西 | 268.3 | 1168.0 | 770.2 | 1688.5 | 676.0 | 578 |
| 四川 | 1298.0 | 3738.1 | 5875.1 | 3262.6 | 2671.0 | 5056 |
| 贵州 | 171.0 | 542.0 | 588.2 | 273.5 | 12.0 | — |
| 云南 | 508.2 | 2071.0 | 2535.2 | 3015.9 | 2905.0 | 4975 |
| 西藏 | — | — | 34.7 | 61.1 | 231.0 | 220 |
| 陕西 | 32.8 | 528.4 | 796.1 | 711.8 | 673.0 | 151 |
| 甘肃 | 64.2 | 1680.0 | 645.3 | 624.7 | 231.0 | 302 |
| 青海 | 20.3 | 181.7 | 53.8 | 89.2 | 124.0 | 163 |
| 宁夏 | — | — | — | — | 6.0 | — |
| 新疆 | — | 232.9 | 815.0 | 1186.9 | 1776.0 | 1754 |
| 部直属单位 | — | — | — | — | 12479.0 | 11101 |

## 林业系统森林工业基本建设新增森林铁路和公路里程

单位：公里

| 年 别 | 森林铁路 | 公 路 | 年别 | 森林铁路 | 公 路 |
|---|---|---|---|---|---|
| | | | 1973年 | 321.3 | 3868.5 |
| 1950年 | 363.0 | — | 1974年 | 440.7 | 4126.5 |
| 1951年 | 521.0 | — | 1975年 | 452.9 | 4163.9 |
| 1952年 | 470.0 | — | 1976年 | 44.4 | 3344.2 |
| 1953年 | 296.9 | 162.0 | 1977年 | 79.8 | 2588.5 |
| 1954年 | 541.9 | 66.0 | 1978年 | 29.7 | 4792.7 |
| 1955年 | 506.1 | 112.5 | 1979年 | 123.4 | 4332.6 |
| 1956年 | 437.2 | 225.3 | 1980年 | 260.0 | 3799.5 |
| 1957年 | 550.6 | 825.2 | 1981年 | 217.9 | 3435.0 |
| 1958年 | 713.0 | 8185.2 | 1982年 | 80.6 | 2592.2 |
| 1959年 | 420.2 | 6410.2 | 1983年 | 59.3 | 3028.2 |
| 1960年 | 1009.0 | 3315.7 | 1984年 | 54.8 | 3399.3 |
| 1961年 | 324.0 | 1394.2 | 1985年 | 62.5 | 1936.7 |
| 1962年 | 334.9 | 744.1 | 1986年 | 56.5 | 2199.3 |
| 1963年 | 667.4 | 1014.8 | | | |
| 1964年 | 1012.1 | 1588.8 | 1950～1952年 | 1354.0 | — |
| 1965年 | 1106.1 | 2519.2 | 1953～1957年 | 2332.7 | 1391.0 |
| 1966年 | 542.3 | 4315.9 | 1958～1962年 | 2801.1 | 20049.4 |
| 1967年 | 32.9 | 2537.1 | 1963～1965年 | 2785.6 | 5122.8 |
| 1968年 | 371.5 | 2495.9 | 1966～1970年 | 1669.0 | 13608.8 |
| 1969年 | 248.9 | 1618.5 | 1971～1975年 | 1887.9 | 22791.1 |
| 1970年 | 473.4 | 2641.4 | 1976～1980年 | 537.3 | 18857.5 |
| 1971年 | 365.2 | 3756.8 | 1981～1985年 | 475.1 | 14391.4 |
| 1972年 | 307.8 | 6875.4 | 1950～1986年 | 13899.2 | 98411.3 |

## 林业系统森林工业基本建设竣工房屋建筑面积

单位：万平方米

| 年 别 | 房屋竣工面积 | 其中：住宅 | 年 别 | 房屋竣工面积 | 其中：住宅 |
|---|---|---|---|---|---|
| 1958年 | 71.61 | 29.89 | 1977年 | 73.52 | 31.47 |
| 1959年 | 234.05 | 126.16 | 1978年 | 103.93 | 48.98 |
| 1960年 | 242.55 | 104.06 | 1979年 | 139.79 | 70.56 |
| 1961年 | 66.89 | 38.33 | 1980年 | 245.34 | 136.60 |
| 1962年 | 55.43 | 38.37 | 1981年 | 251.84 | 150.79 |
| 1963年 | 69.91 | 37.60 | 1982年 | 150.92 | 97.97 |
| 1964年 | 107.45 | 56.38 | 1983年 | 187.50 | 114.75 |
| 1965年 | 121.96 | 54.45 | 1984年 | 162.30 | 95.37 |
| 1966年 | 121.77 | 48.65 | 1985年 | 132.42 | 73.40 |
| 1967年 | 63.25 | 24.36 | 1986年 | 118.45 | 63.81 |
| 1968年 | 71.37 | 23.45 | | | |
| 1969年 | 104.63 | 33.92 | | | |
| 1970年 | 118.43 | 57.11 | 1958～1962年 | 670.53 | 336.81 |
| 1971年 | 186.70 | 86.71 | 1963～1965年 | 299.32 | 148.43 |
| 1972年 | 167.39 | 79.71 | 1966～1970年 | 479.45 | 187.49 |
| 1973年 | 168.01 | 72.44 | 1971～1975年 | 838.49 | 383.05 |
| 1974年 | 164.25 | 78.09 | 1976～1980年 | 653.05 | 328.89 |
| 1975年 | 152.14 | 66.10 | 1981～1985年 | 884.98 | 532.28 |
| 1976年 | 90.47 | 41.28 | 1958～1986年 | 3944.27 | 1980.76 |

## 林业系统森林工业基本建设竣工房屋造价

单位：元/平方米

| 年 别 | 竣工房屋造价 | 其中：住宅 | 年 别 | 竣工房屋造价 | 其中：住宅 |
|---|---|---|---|---|---|
| 1978年 | 103.5 | 91.8 | 1983年 | 162.9 | 150.9 |
| 1979年 | 104.1 | 95.2 | 1984年 | 171.4 | 156.5 |
| 1980年 | 110.6 | 106.5 | 1985年 | 200.6 | 183.5 |
| 1981年 | 128.9 | 121.8 | 1986年 | 213.0 | 197.0 |
| 1982年 | 137.8 | 132.0 | | | |

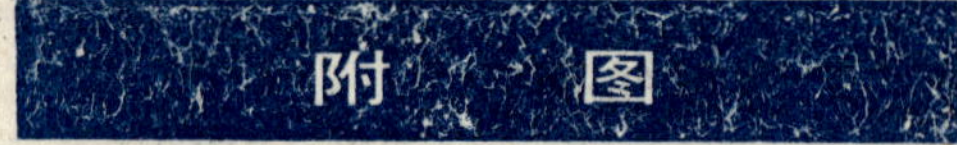


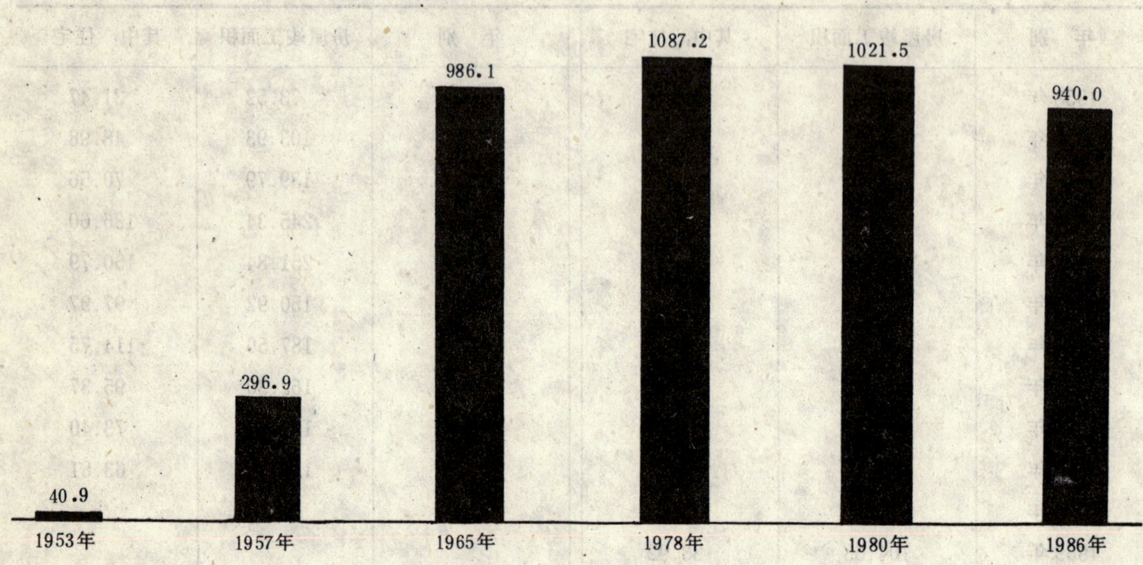


图1 国营造林面积（万亩）

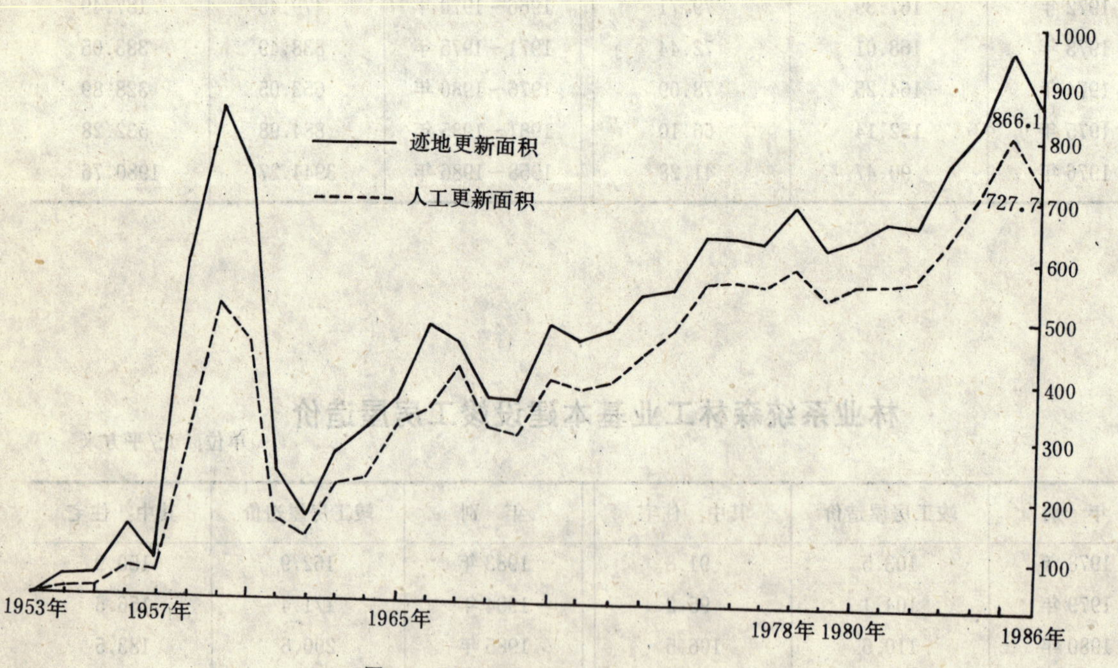


图2 迹地更新面积（万亩）

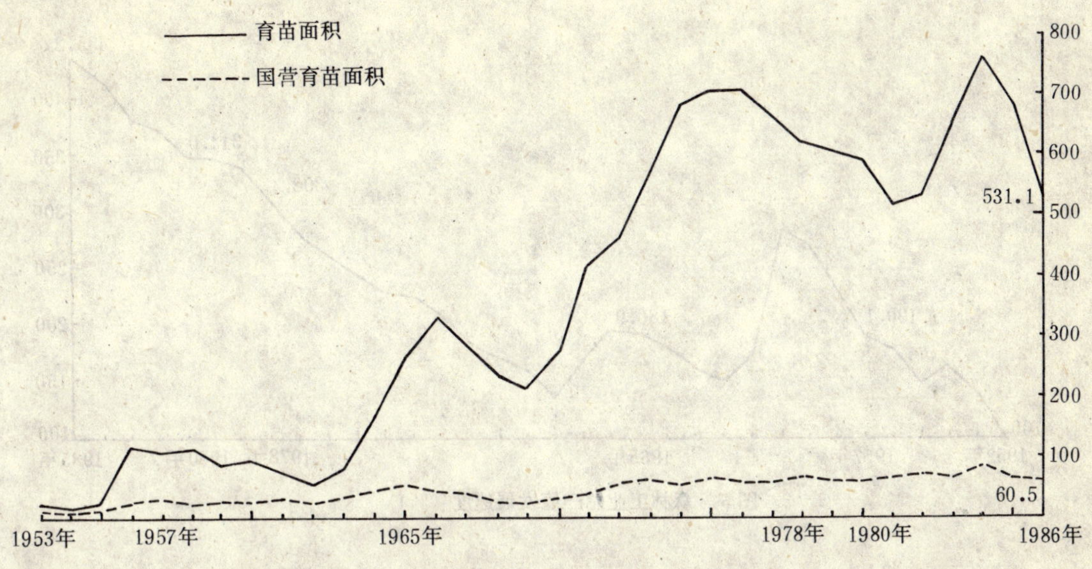


图3　育苗面积（万亩）

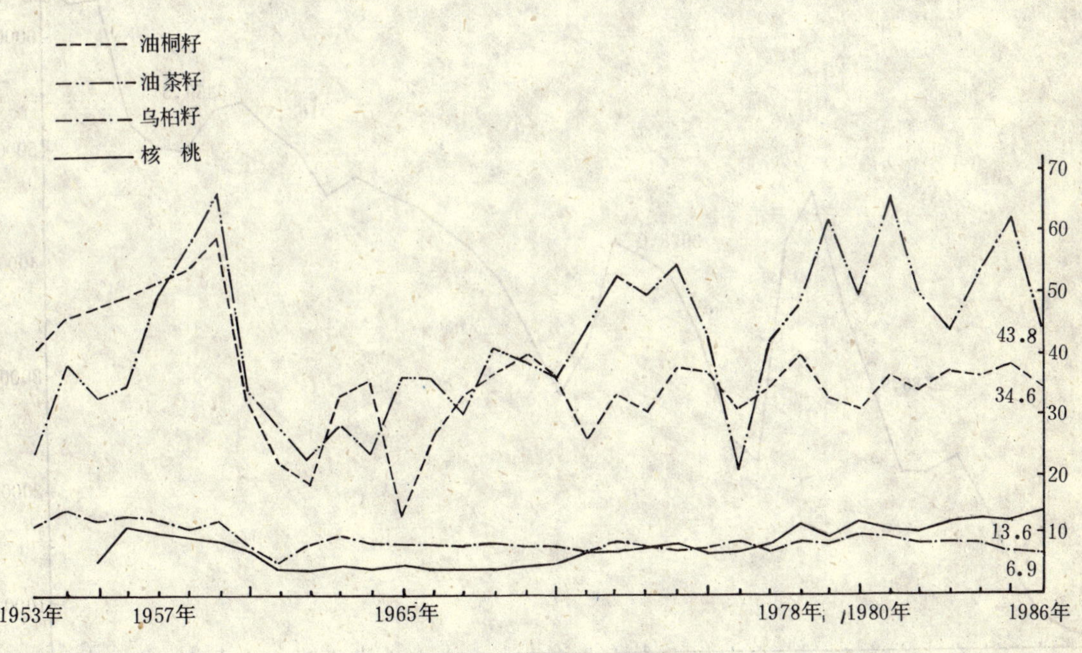


图4　主要林产品产量（万吨）

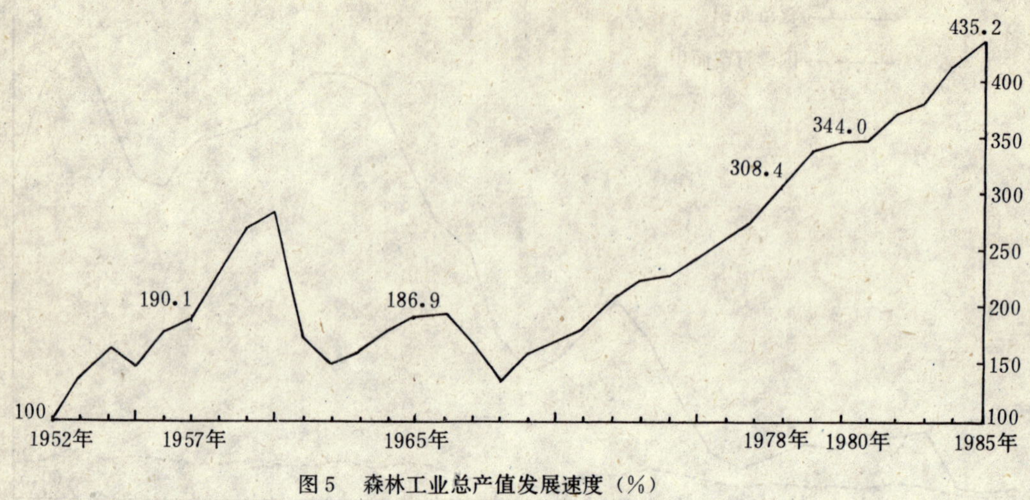


图5 森林工业总产值发展速度（%）

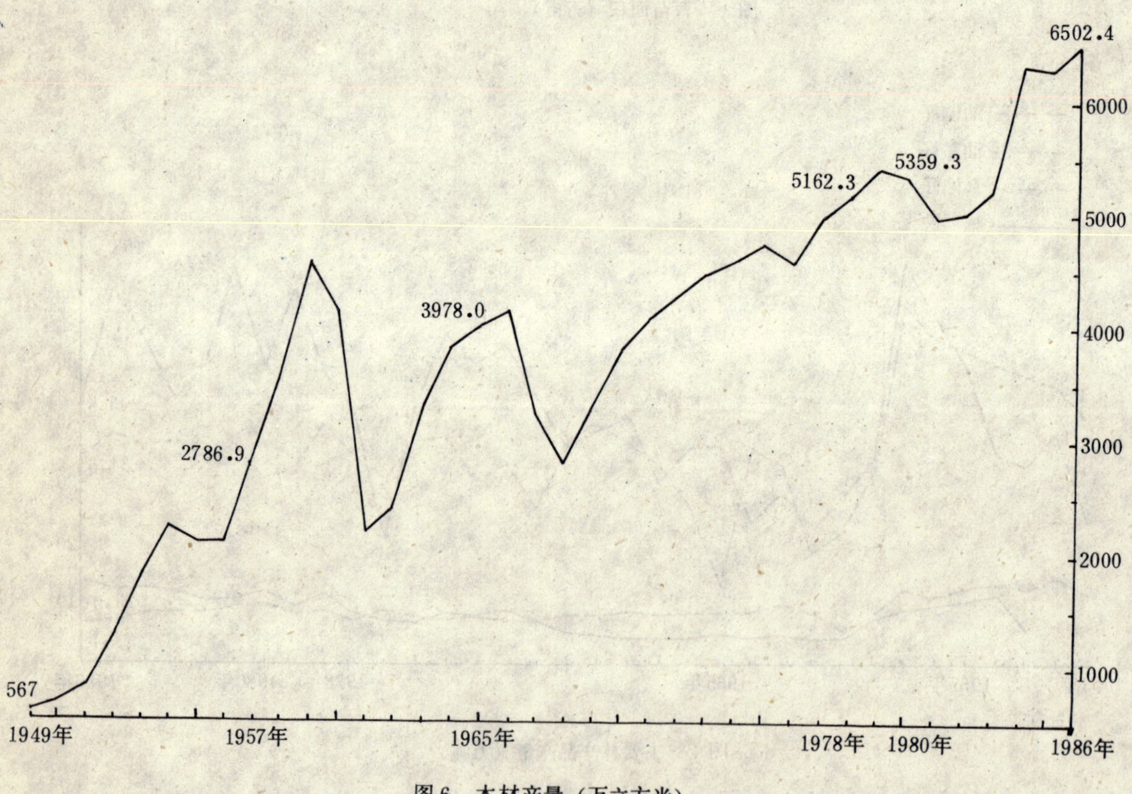


图6 木材产量（万立方米）

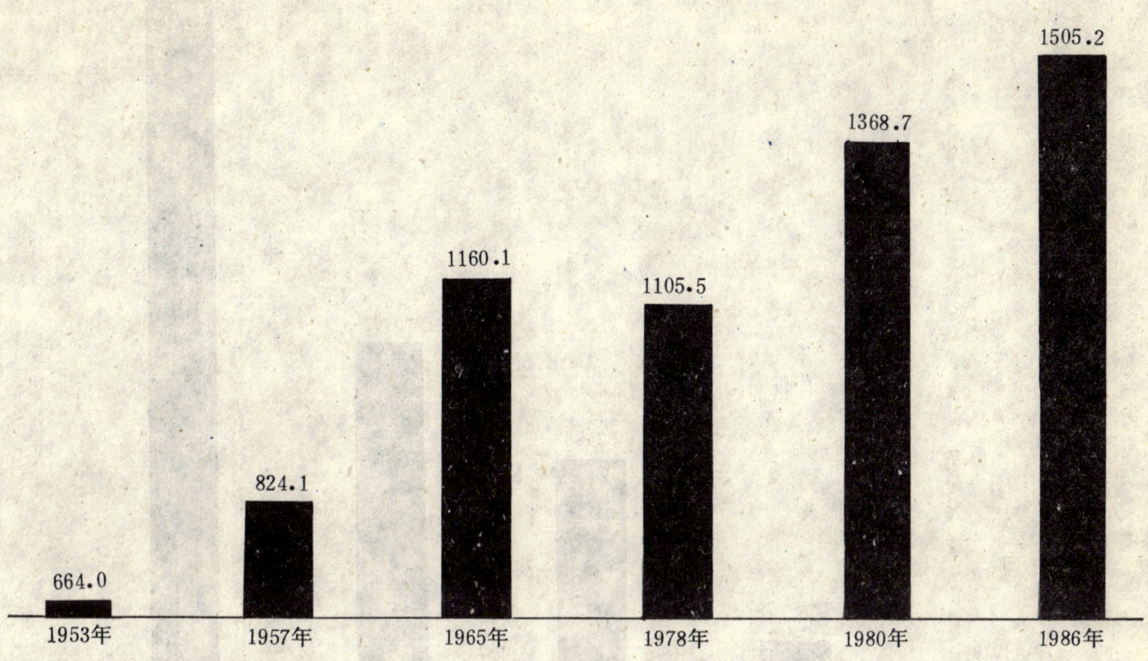


图7 锯材产量（万立方米）

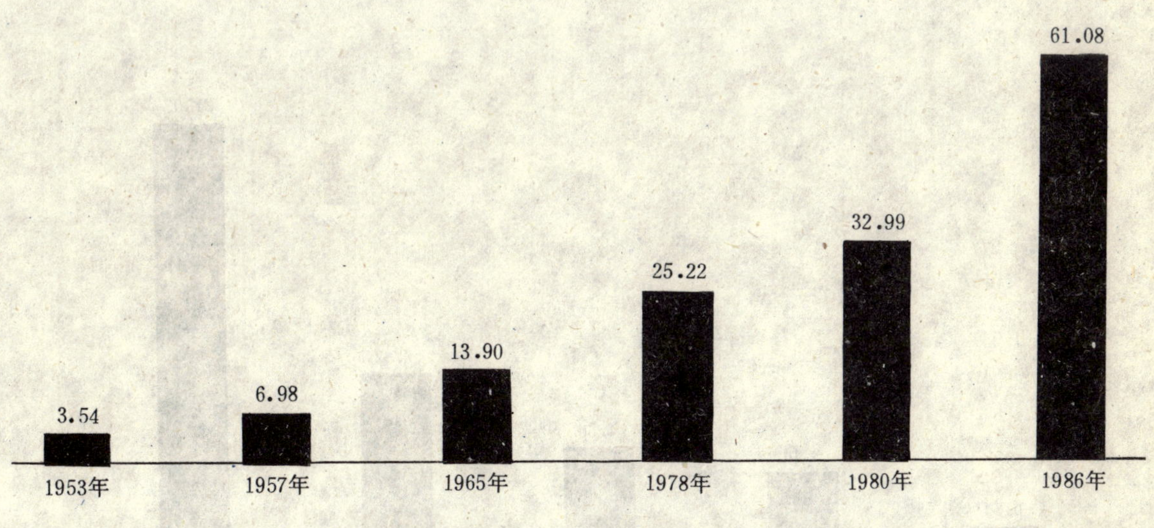


图8 胶合板产量（万立方米）

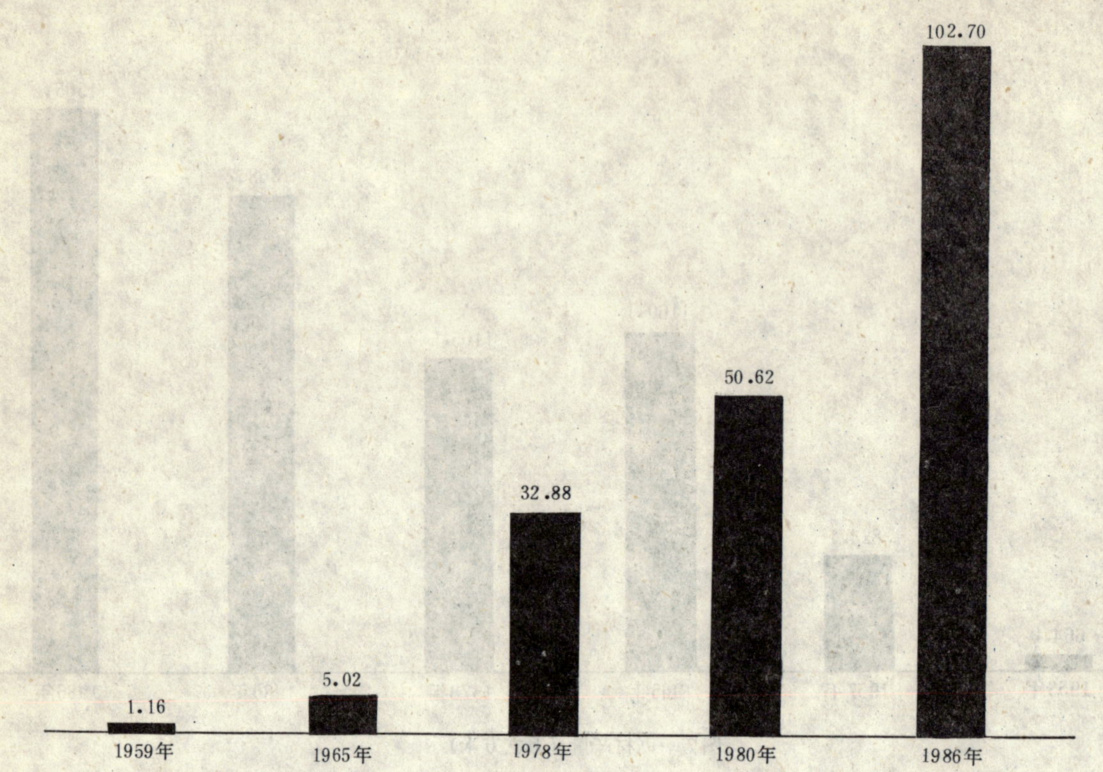


图9 纤维板产量（万立方米）

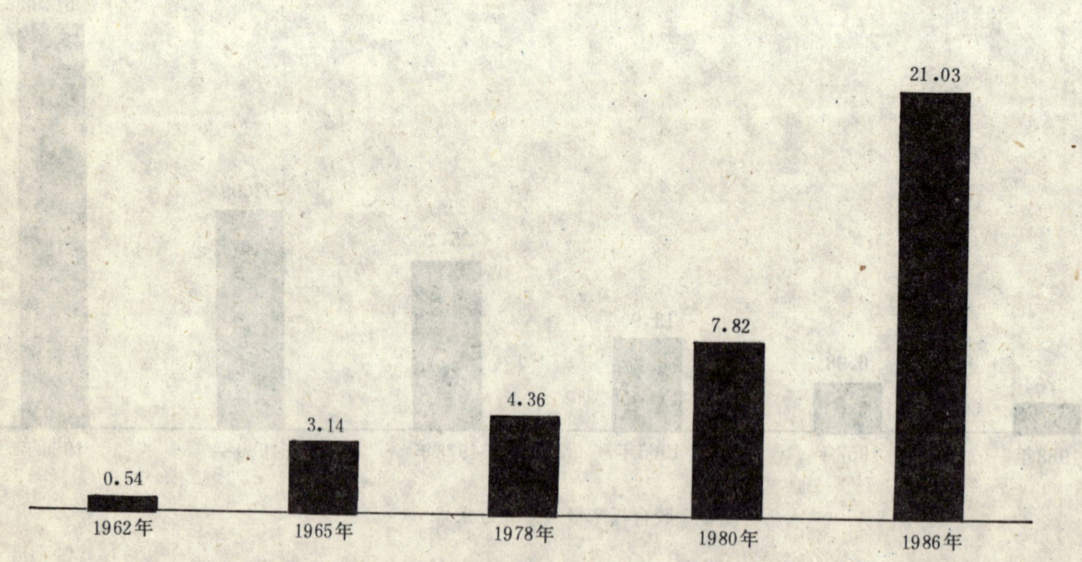


图10 刨花板产量（万立方米）

2.23
11.68
16.72
28.20
32.73
29.35
1953年
1957年
1965年
1978年
1980年
1986年

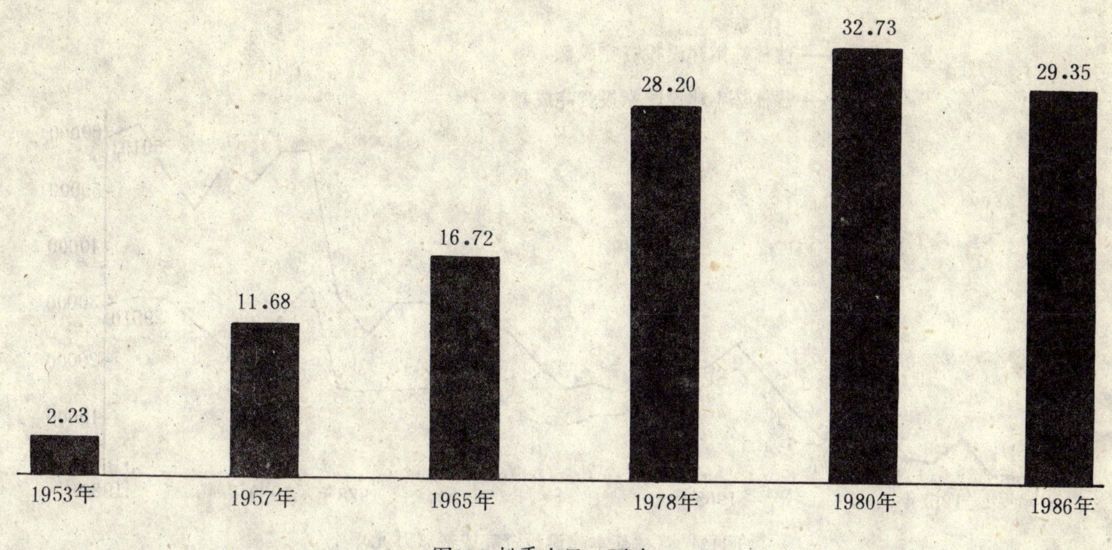

图11 松香产量（万吨）

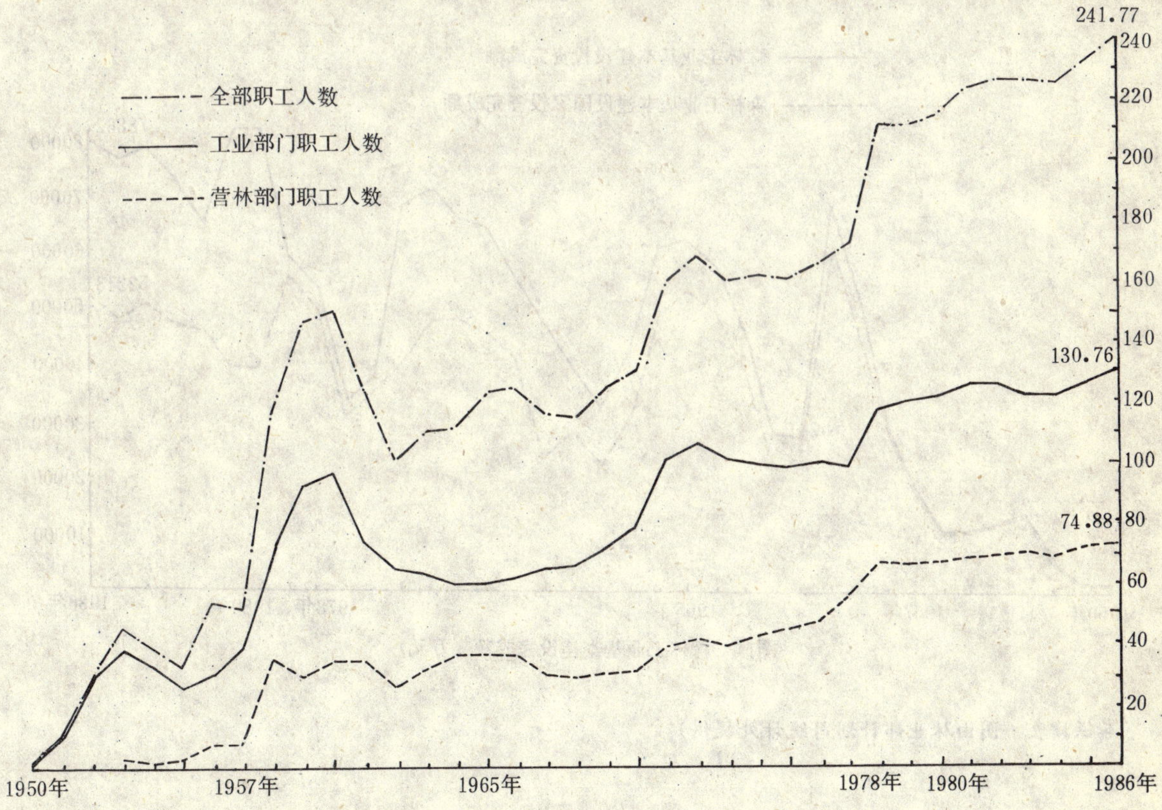

全部职工人数
工业部门职工人数
营林部门职工人数
241.77
130.76
74.88
240
220
200
180
160
140
120
100
80
60
40
20
1950年
1957年
1965年
1978年
1980年
1986年

图12 职工人数（万人）

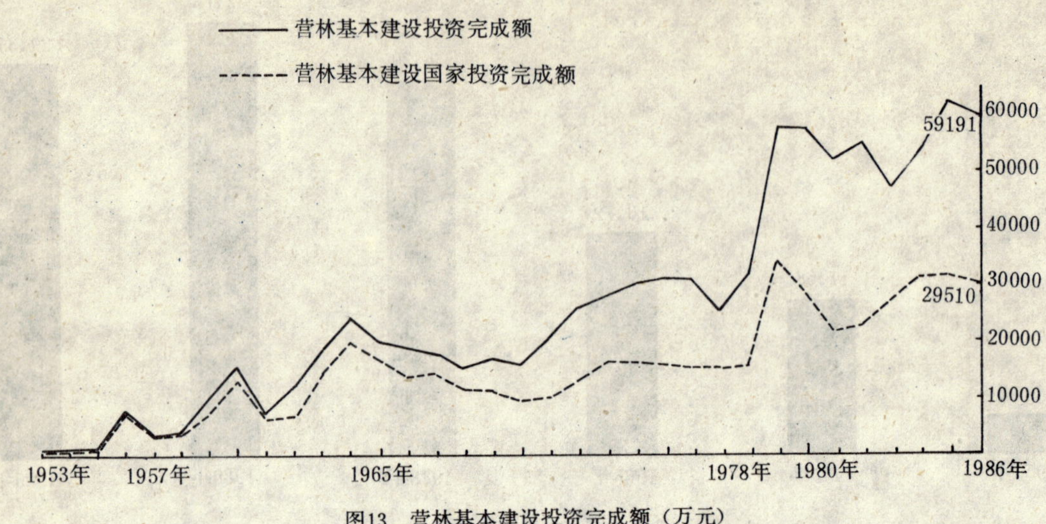


图13 营林基本建设投资完成额（万元）

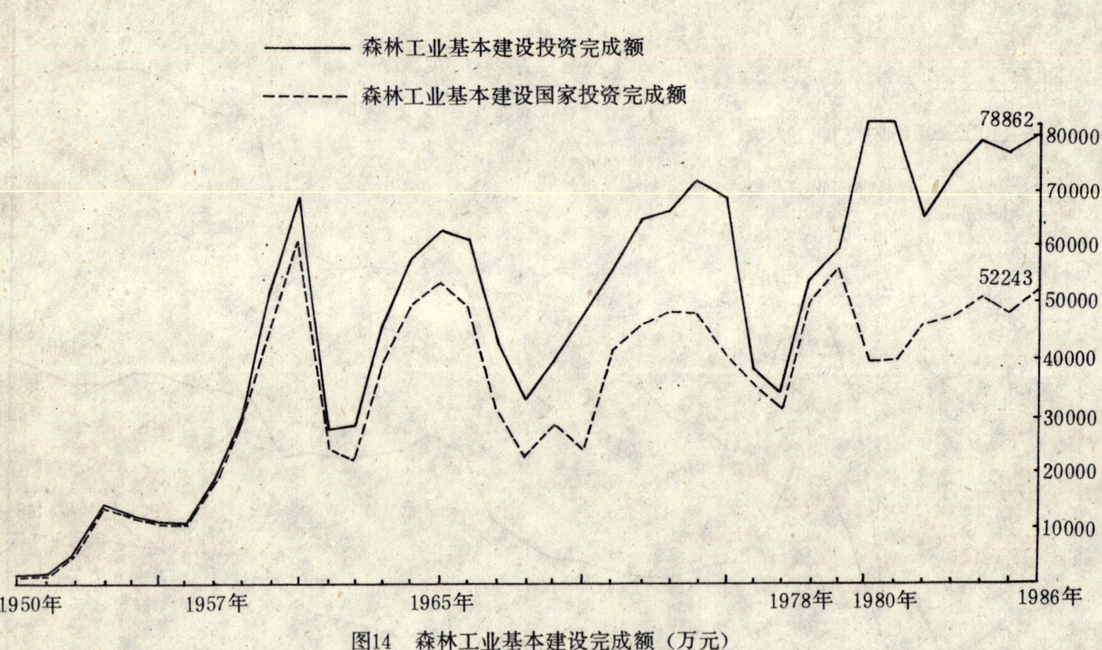


图14 森林工业基本建设完成额（万元）

（本栏目表、图由林业部计划司统计处提供）

# 林业基本建设与财务

**【林业基本建设综述】**　林业基本建设是指林业系统利用各种资金来源进行扩大再生产(新建、改建、扩建、复建)和简单再生产，形成固定资产的经济活动过程。林业基本建设包括营林基本建设和森林工业基本建设两个部分。1958年以前，营林基本建设投资列入事业费。1958年以后，虽然改为基本建设投资，但从林业部到各省(区)林业厅(局)，都没有专职基本建设管理机构，在勘察设计、施工管理方面，未按国家规定的基本建设程序办理，它属于广义的农业建设范畴；森林工业基本建设自1950年起，一直是工业基本建设投资，从林业部到各有关省(区)均设有专职基本建设管理机构，严格按照国家规定的基本建设程序和有关的基本建设规章制度办事，它属于工业建设范畴。

**基本建设程序**　林业基本建设项目从酝酿、规划、设计到建成投产，大中型项目一般要经过以下八个阶段：

①根据国民经济和社会发展的长远规划，结合行业和地区发展规划的要求，提出项目建议书，向国家推荐项目；②进行勘测、试验和各种建设方案的可行性研究；③编制设计任务书，对建设项目进行决策；④进行初步设计并提出总概算；⑤初步设计和总概算经审查批准后，列入国家年度基本建设计划；⑥作好施工前的各项准备工作，编制施工组织设计，提出开工报告；⑦组织施工，并根据工程进度，做好生产准备；⑧项目按批准的设计内容建成，经投料、试车、验收合格后正式投产或交付使用。

**大中型项目划分标准**　根据国家计委《关于基本建设项目和大中型划分标准的规定》，林业基本建设项目规模划分标准如表1。

林业基本建设项目采取按隶属关系分级管理、分级审批的原则。项目建议书及设计任务书的审批权限：大、中型项目，由林业部提出审查意见，报国家计委批准，小型项目由林业部审批。初步设计的审批权限：大型项目的初步设计和总概算由林业部提出审查意见，报国家计委批准，中型项目的初步设计和总概算，由林业部审批，抄报国家计委备案，国家指定的中型项目的初步设计和总概算报国家计委审批；小型项目的初步设计由林业部审批。

**表1　林业基本建设项目规模划分标准**

| 项目 | 计算单位 | 大型 | 中型 | 小型 |
|---|---|---|---|---|
| 森林工业木材采运林区 | 均为大中型 | | | |
| 独立林业局 | 年产木材万立方米 | 30以上 | 15—30 | 15以下 |
| 其他森林工业 | 总投资万元 | 1500以上 | 1000—1500 | 1000以下 |
| 营　林　林业建设 | 总投资万元 | 1000以上 | | 1000以下 |

**发展概况**　林业基本建设的发展，经历四个阶段：

国民经济恢复和“一五”时期(1949～1957年)。营林基本建设方面，主要进行了护林防火设施的建设和防护林建设，此期基本建设投资1.26亿元，全是国家投资。森林工业基本建设方面，主要进行原有森工企业的恢复和开发新林区的准备工作。在小兴安岭、长白山等国有林区，共恢复改建10个林业局，新建40个林业局。此期基本建设投资7.26亿元，其中恢复时期投资0.82亿元，“一五”时期投资6.44亿元。营林与森工投资的比例为1∶5.8。

“二五”及调整时期(1958～1965年)。营林基本建设方面，主要抓了国营林场的建设和飞机播种造林试点，此期基本投资10.90亿元，其中国家投资8.85亿元。森林工业基本建设方面，主要加强了林区道路建设，重点开发大兴安岭林区和金沙江林区，新建、续建了一批综合木材加工厂和林产化工厂。在国有林区新建47个林业局，同时开发了集体林区。此期基建投资36.83亿元，其中“二五”时期投资20.39亿元，调整时期投资16.44亿元。营林与森工投资比例为1∶4.2。

十年动乱时期及以后的两年(1966～1978年)。由于受极“左”路线影响和破坏，营林和森工建设都呈现“长、散、乱、费”的局面。此期营林基本建设投资30.35亿元，其中国家投资17.69亿元。森林工业基本建设投资67.25亿元，其中“三五”时期

22.21亿元，“四五”时期32.48亿元，“五五”前3年12.56亿元，在国有林区新建林业局33个，营林与森工投资比例为1∶3.9。

党的十一届三中全会后的7年(1979～1985年)。在国家“调整、改革、整顿、提高”方针的指导下，林业基本建设开始振兴。此期营林基本建设投资38.2亿元，其中国家投资19.6亿元；森林工业基本建设投资51.55亿元，在国有林区新建林业局2个。

**机构** 为加强森林工业基本建设的管理，1952年林业部设立了基本建设科，1953年成立了基本建设司，不久改为基本建设局，局下设设计与施工等科。同时，各有关省、区也相应建立了基本建设管理单位。1958年，林业部将调查设计局与基本建设局合并，组建林业部建设局，主管森林调查、林区规划、工程设计与施工。1960年，又把两个局分开。基本建设局下设四个业务处：计划处负责勘察设计计划及建筑安装工程计划的编制、审批和基本建设统计、调度工作；设计处负责总体设计、单项工程设计的审批，工程设计标准规范的编制及设计管理工作；施工处负责施工管理、工程竣工验收及施工规范的编审工作；厂电处负责各类工厂及电站建设的管理工作。“文化大革命”时期，1967年林业部实行军管；1970年农业部和林业部合并为农林部，在部的计划大组中设基本建设计划小组；1972年末成立农林部基本建设局。1978年，在国家林业总局中设基本建设局。1979年，撤销国家林业总局，恢复林业部，设基本建设局。1982年，随着国家建委的撤销，林业部撤销了基本建设局，在林业工业局中设基本建设处。1984年底，基本建设处划归林业部计划司领导。基本建设局被撤销后，各有关省(区)的林业厅(局)，也大都撤销了基本建设处，把基本建设的管理工作放在计划财务处中。

(范立宾　苏玉璋)

## 营林基本建设

**【综　述】** 营林基本建设是指国家用营林基本建设投资完成的营林建设项目。营林建设项目在1978年以前，统计部门只列完成的总投资额等简单的几项统计指标。1979年后，在投资中分别列出：造林(包括国营造林、速生丰产林、“三北”防护林)、幼林抚育、成林抚育、低产林改造、林木良种(包括母树林、种子园)、护林防火、森林病虫害防治、自然保护区、森林公园、林野调查规划设计、文化卫生教育、科学研究试验、营林机械制造与修理、林业水利设施等15个项目。在用基本建设投资完成的实物工程量和购置的主要设备中分别列出：造林面积(包括国营造林、飞机播种造林、速生丰产林、“三北”防护林)、幼林抚育面积、成林抚育面积、低产林改造面积、林木良种面积(包括母树林、种子园)、森林病虫害防治面积，营林机械设备制造增加的台数，学校增加的学生席位，公路、林道、通讯线路、输变电线路、防火线等完成的长度，瞭望台完成的座数，拖拉机、汽车、动力喷灌机、割灌机、植树机、挖坑机等购置的数量，以及每年竣工的厂房、仓库、商业用房、服务业用房、办公用房、住宅、集体宿舍、教育用房、文化体育用房、医疗用房、科学试验用房等建筑面积数。这些项目和完成数量基本可以说明我国营林基本建设工作取得的成就。

营林基本建设，根据我国基本建设发展情况，结合林业系统的实际，可分为四个时期：

国民经济恢复和“一五”时期(1949～1957年)。这时期营林基本建设投资1.26亿元，全部是国家投资，主要用于护林防火、造林等方面。为了及时报告火情，除加强群众性护林防火教育和组织群众扑火队伍外，第一个五年计划期间全国修建林道10469公里，架设林区电话线13633公里，建立护林防火瞭望台1610座，设置森林火险天气预报站。

第一个五年计划期间，全国营造豫东沙荒防护林69万亩，保护农田255万亩，东北西部农田防护林也初具规模，黄河淮河中上游配合水利工程，建设防风固沙林取得了良好效果，使全国控制水土流失面积达到69.2万平方公里。

第二个五年计划及调整时期(1958～1965年)。这时期营林投资10.90亿元，其中国家投资8.85亿元。主要建设任务是，加强国营林场领导，提高管理水平，摸索建场经验，发展国营林场，从37处国营林场发展到3564处，经营面积10.2亿亩。其中森林面积4.4亿亩，林场职工28.1万人，造林4135万亩。1959年，在四川省凉山彝族自治州飞机播种造林10.3万亩，获得初步成功。

十年动乱及以后两年(1966～1978年)。由于十年动乱，林业建设遭到严重的破坏，这个时期营林基建投资30.35亿元，效益不明显。飞机播种造林做了一些工作，1972年南方各地共完成飞机播种任务1980万亩。

党的十一届三中全会以后(1979～1985年)。这时期营林基本建设投资38.2亿元，其中国家投资19.6亿元，主要用于：造林128575万元(其中国营造林7870万元、“三北”防护林31281万元)、幼龄林抚育16637万元、成林抚育35739万元、低产林改造8889万元、、林木良种8550万元、护林防火13911万元、森林病虫害防治2456万元、自然保护区2999万元、林野调查规划设计4293万元、文化卫生教育21039万元、科学试验研究11184万元、林业水利设施5000万元、营林机械制造与修理1042万元，其他120581万元。

用上述营林基本建设投资完成的主要实物工程量和购置的主要设备有：造林15683万亩(其中国营造林4777万亩、“三北”防护林7718万亩)、幼林抚育14354万亩、成林抚育3424万亩、低产林改造539万亩、林木良种383万亩、房屋竣工的建筑面积729万平方米、公路13209公里、林道66612公里、通讯线路19033公里、输电线路4459公里、防火线123349公里、瞭望台1145座，购置汽车4042台、拖拉机1762台。　　(范立宾　苏玉璋)

**【营林基本建设投资】** 从1952年至1985年，全国累计营林基本建设投资额为80.71亿元，占全国同期基本建设总投资的0.77%，占全国同期农林水气部门基本建设总投资的7.87%。

在各历史时期中，“一五”时期全国营林基本建设投资为1.25亿元，占全国基本建设投资的0.21%，占全国农林水气部门基本建设投资的2.9%，是营林投资比例最低的时期。“调整”时期，全国营林基本建设投资为6.13亿元，占全国基本建设投资的1.45%，占农林水气部门投资的8.07%，是占全国基本建设投资比例最高时期。“五五”时期，全国营林基本建设投资20.16亿元，占全国基本建设投资的0.86%，占农林水气部门投资的7.53%，是营林基本建设投资比例居中的时期。“六五”时期，全国营林基本建设投资26.74亿元，占全国基本建设投资的0.78%，占农林水气部门基本建设投资的14.95%，是营林基建投资占农林水气部门基建投资比例最高的时期。

表2　各时期营林基本建设投资与有关部门投资的百分比

| 时期 | 营林基本建设投资(亿元) | 营林投资占全国基建投资的百分比 | 营林投资占农林水气投资的百分比 |
|---|---|---|---|
| 一五 | 1.25 | 0.21% | 2.9 % |
| 二五 | 4.77 | 0.40% | 3.26% |
| 调整 | 6.13 | 1.45% | 8.07% |
| 三五 | 8.36 | 0.86% | 7.77% |
| 四五 | 13.28 | 0.75% | 7.00% |
| 五五 | 20.16 | 0.86% | 7.53% |
| 六五 | 26.74 | 0.78% | 14.95% |

从以上数字可以看出，30余年来，全国营林基本建设投资比例一直偏低，虽然营林投资在农林水气部门基本建设投资中逐年有些增长，但在全国基本建设总投资中，“三五”时期以后逐年有所下降，而水利基本建设投资比例较大，从1952年到1985年，营林与水利基本建设投资比例为1：7.7。

从营林基本建设投资分配来看，也有重造林而轻抚育管理的倾向，往往注意抓当年造林面积完成数字，而放松了抚育管理，以致二三年后保存率只有30%左右。

世界上许多国家随着森林对人类的作用的认识逐步深化，不断增加林业建设投资。如罗马尼亚每年用于林业建设的投资就占国民经济预算的11%左右；苏联是个多林国家，他们林业投资在1960～1980年20年间增长9倍多。我国当前大量增加基本建设投资还有困难，国家应该从政策上让林业从多方面筹集资金，在资金使用上要研究最佳方案，尽量节约使用。　　(范立宾　苏玉璋)

## 森林工业基本建设

**【综　述】** 森林工业基本建设主要包括木材采运工业、林产工业、机械制造与维修、林区电站的建设以及林区城镇建设。

**森林采运工业**　也称木材采运工业，一般由伐区作业、运材、贮木场作业三个环节组成。运输是木材采运的主要环节，外部运输道路及企业内部路网的建设是林业局生产活动的决定因素之一。

林区道路建设。为开发东北、内蒙古大片原始林区，1950～1981年间，国务院批准由铁道部门共建标准轨铁路14条，长度2713公里。

1950～1957年，东北、内蒙古林区新建窄轨森林铁路3687公里。1958～1965年，全国新建森林铁路5586公里，其中南方集体林区152公里。以后，林区公路的数量逐渐增加，1957年仅有林区公路1391公里，1958～1962年，仅国有林区就新建公路20049公里。1962年后，国有林区平均每年新建公路3600公里。至1985年，全国共有标准轨专用线596.6公里，森林铁路10412公里，公路158483公里(其中运材公路134778公里)。此外，南方11省(区)疏浚了木材水运河道5.7万公里。林业局内外

表3 东北、内蒙古林区修建标准轨铁路

| 线 别 | 起止经由 | 长度(公里) |
|---|---|---|
| 长林线 | 浑江～泉阳～白河 | 217 |
| 长林线 | 浑江～大栗子 | 74 |
| 密林线 | 虎林～东方红 | 60 |
| 鹤北线 | 鹤岗～鹤北 | 42 |
| 汤林线 | 南岔～伊春～乌伊岭 | 257 |
| 汤林线 | 伊春～翠峦 | 21 |
| 嫩林线 | 嫩江～加格达奇～西林吉 | 663 |
| 嫩林线 | 林海～碧水 | 115 |
| 嫩林线 | 加格达奇～伊图里河 | 212 |
| 嫩林线 | 塔河～十八站 | 56 |
| 牙林线 | 牙克石～满归 | 446 |
| 牙林线 | 潮中～莫尔道嘎 | 75 |
| 博林线 | 博克图～松岭 | 138 |
| 白阿线 | 白城～阿尔山 | 337 |
| 合 计 | | 2713 |

运输路网的形成，对林区开发建设以及巩固边防，繁荣地方经济，发挥了重要的作用。

我国木材运输方式的变化较大。50年代，以水运为主，1949年东北三省的木材运输，有70%依靠流送，南方11省、区的水运到材量占80%以上。60年代，以陆运为主，初期发展森铁，后期发展公路。70年代以后，以公路为主。此时，东北林区基本上已没有木材水运，南方林区木材水运的比重下降了20%。

木材采运主要设备。到1985年止，全国林业系统共有：伐木打枝锯10981台，集材拖拉机6323台，集材索道2176公里/1933条，运材汽车14040辆，森铁机车740台，森铁车辆23610辆，汽车拖车7094台，机动船769艘/54213马力，装卸车机械10334台。

基本建设投资情况。1950～1985年，森林工业基本建设投资162.91亿元，其中木材采运投资97.67亿元，占60.0%。1986年，森林工业基本建设投资7.8862亿元，其中木材采运投资2.9075亿元，占37%。

**林产工业** 包括木材加工工业及林产化学工业。1983年，林业系统有制材厂(车间)150个，胶合板厂(车间)87个，纤维板厂(车间)123个，刨花板厂(车间)37个，松香厂204个，栲胶厂28个，紫胶厂9个，制浆造纸厂21个，活性炭厂34个。

1950～1985年，木材加工工业的基本建设投资15.85亿元，占森林工业基本建设投资的9.7%；林产化学工业的基本建设投资5.34亿元，占森林工业基本建设投资的3.2%。1986年木材加工工业、林产化学工业的基本建设投资分别为2.1635亿元、0.1275亿元，占森林工业基本建设投资的27%、1.6%。

**林业机械制造与维修** 到1983年，全国共有林业机械制造企业42个。按隶属关系划分，林业部直属企业16个，中央与地方双重领导企业1个，省属企业18个，地属企业7个；按产品类别划分，营林机械制造厂11个，木材采运机械厂20个，人造板机械厂5个，林业工具厂1个。固定资产原值4040万元，工业总产值23275万元，总产量25731台。在机械维修方面，建有检修厂134个，维修网点1097个，年大修能力1万多台，建立了三级检修系统。

1950～1985年，林业机械制造与维修的基本建设投资6.8亿元，占森林工业基本建设投资的4.2%。1986年基本建设投资958万元，占森林工业基本建设投资的1.2%。

**林区电站** 1983年止，林业企业自办的火力发电站已有23个，总装机容量168380千瓦，年发电量近5.1亿度，架设了高压架空输电线路1709公里。建立电业局3个，共有职工1万余名。东北、内蒙古林区的82个林业局，有38个局靠自办电站供电，其中大、小兴安岭林区用电，60%靠自办电站供应。1961～1985年，林区电力投资4.89亿元，占森林工业基本建设投资的3.0%。"三五"时期占3.7%，"六五"时期达到4.5%。1986年电力建设投资1528万元，占森林工业基本建设投资的1.9%。

**林区城镇建设** 中华人民共和国成立后，随着森林工业的发展，在林区建设了大批文化福利设施，林业职工的生活不断得到改善。国家、集体和个人在住宅方面的投资都有所增加。1958～1985年，用于林区住宅的总投资为17.82亿元，同期住宅竣工面积为1917万平方米。随着林区的开发，建设了许多林区城镇。以伊春市为例，在其所辖范围内共建16个市、镇，总人口由50年代的几千人发展到现在的77万人。 (范立宾 苏玉璋)

**【森林工业基本建设投资效益分析】**

**固定资产交付使用率** 1950～1985年，森林工业基本建设投资为162.91亿元，在此期间形成固定资产127.53亿元，平均固定资产交付使用率为78.3%。在未形成固定资产的投资中，一部分被在建工程占用，一部分因损失浪费而消耗。森林工业固定资产交付使用率在工业部门平均数以上，"一五"时期最好，达到91.6%，调整时期达到85.4%，"六五"前3年达到82.0%，"三五"时期较差，仅达到67.6%。

**投资利税率** 1950～1985年，森林工业基本建设投资为162.91亿元，在此期间向国家提供的利润和税金为190.3亿元，平均利税率为116.8%，在工交部门中，森林工业投资效果系数是较高的。“一五”时期为3.48，“三五”时期为1.55，调整时期为0.74，“四五”时期为0.69。“五五”时期为1.34，“六五”前3年为1.29。

**生产建设与生活建设比例** 1958～1985年，森林工业基本建设投资155.647亿元，其中生产性投资占77.3%；非生产性投资占22.7%，而其中用于住宅建设的投资只占11.4%。建设的标准较低，造成生产与生活建设的比例失调。

**森工生产内部投资比例** 1950～1985年，森林工业基本建设投资162.91亿元中，木材采运投资占60.0%，木材加工占9.7%，林产化工占5.34%，机械制造与维修占4.2%，电力占3.0%。由于木材综合利用投资少，林区采伐、造材、加工的剩余物，得不到合理利用，造成了损失浪费。

**森工投资与营林投资** 从森林工业投资的利税率来看，经济效益较好。但森林工业生产只计算从伐木到贮木场这一阶段的成本，而不计算从育苗造林到成材这一过程的成本。开发林区的投资比较充足，而造林、抚育更新的资金不足，以致更新跟不上采伐，造成森林面积减少，自然生态失去平衡。

**森林工业投资变化幅度** 总的趋势是上升的，但从逐年来看，起伏变化很大。1957年之后，1960、1965、1974、1980年较高，1961、1968、1977年则较低。一个新建林业局上马之后，如果遇到投资紧缩，就将拖延建设周期，经济效益必然不好。森林工业投资宜保持稳定上升，不宜大起大落；在计划安排上应集中力量保证重点项目，按合理工期建成投产，在获得良好经济效益的同时，获得良好的生态效益和社会效益。 （范立宾　苏玉璋）

**【国有林区林业局建设】** 到1983年止，全国国有林区共有131个林业局。其中黑龙江省40个，大兴安岭林业管理局8个，内蒙古自治区17个，吉林省17个，四川省23个，云南省17个，陕西省5个，甘肃省3个，新疆维吾尔自治区1个。这131个林业局的有林地面积2169.8万公顷，占全国有林地面积的19%，蓄积26.99亿立方米，占全国森林总蓄积的30%，到1983年底累计完成基本建设投资89.16亿元，占1950～1983年全国森林工业基本建设投资的61%。 （范立宾　苏玉璋）

**【南方集体林区林业重点县建设】** 南方集体林区9省(区)中，森林蓄积量在300万立方米以上的县，列为林业重点县，共有158个。其中广东省17个，安徽省5个，湖北省7个，福建省30个，浙江省7个，湖南省19个，贵州省18个，广西壮族自治区22个，江西省34个。这158个县的森林面积2.8亿亩(1869.9万公顷)，占9省(区)森林面积的48%，森林蓄积94739万立方米，占9省(区)森林蓄积的64%。1981年木材产量895.6万立方米，为当年9省(区)木材产量的57%。有国营林场382个，建有公路80602.2公里，其中林业投资修建的公路占26%。为加强重点县的建设，1979～1983年，先后对湖南省的沅陵、双牌、资兴县，福建省的明溪县，贵州的黎平县，江西省的铜鼓县编制审批了总体设计。 （范立宾　苏玉璋）

**【1986年森林工业重点项目建设】**

**黑龙江省鹤北林业局** 1984年，经国家批准列入全国123项重点建设项目中，按合理工期，1986年末应全部建成投产。该局经营面积38.2万公顷，有林地面积26.5万公顷，蓄积量2853万立方米，成、过熟林2438万立方米，核定年产木材40万立方米，1984年国家计委批准该局总体设计概算为1.24亿元。主要工程量为：房建工程30万平方米，运材道路567公里，桥梁5座长500米，通讯线路437公里，输电线路89公里，制材厂1处，年加工原木8万立方米，建设林场19个。1986年因材料调价等原因，林业部批准修正概算为1.334亿元，建设林场17个。到1986年末，基本建成。

该工程的总体设计是黑龙江省林业设计研究院按“林业局(场)总体设计规程”编制的，合江林业勘察设计院和合江林业管理局设计室参加了施工图设计。在局址设有年吞吐能力40万立方米的贮木场，各林场采伐的木材以汽车运到贮木场，然后装火车外运。局址建筑是砖混结构楼房和砖木结构平房。局办公室楼3500平方米，招待所1800平方米，百货及副食商店2500平方米，幼儿园1000平方米，俱乐部文化宫3200平方米，综合服务楼1800平方米，家属住宅18942平方米，公、检、法、消防、商粮财贸、中小学校等共41082平方米。主要街道为沥青路面，上下水道，集中供热，建有街心公园，是设施比较齐全的林区城镇。

**湖南人造板厂** 是国家的重点建设项目之一。由林业部和湖南省合资经营。总投资人民币1.38亿元，进口全套设备用外汇2000万美元，由湖南省向科威特阿拉伯发展基金会贷款解决。中国投资国际招标公司通过国际招标采购方式，为湖南人造板厂进口了成套加工设备。1984年6月19日和1985年2月6日分别与联邦德国辛北尔坎普公司和海尔本公司签订了供货合同。由联邦德国二公司提供二次加工、刨花板、胶合板等车间设备。上述设备已分别于1985年9月和1986年3月到货。

1985年初，项目建设单位对土建和安装工程在国内进行了招标。湖南省第四建筑公司中标。土建工作于1985年3月27日破土动工，到1986年5月底，生产区各主要车间已全面开工。由广州铁路局长沙分局承建的厂区和铁路专用线也提前完工。到1986年7月1日，胶合板车间已完成主体结构，其他土建和安装工程正在进行。按合同工期，计划1987年7月1日正式投产。

该厂生产规模为：刨花板与胶合板车间各年产5万立方米；刨花板二次加工(贴面刨花板)年产180万平方米。 (范立宾　苏玉璋)

【1986年验收投产的大中型林产工业项目】

**福州人造板厂一期工程**

工程地点：福建省福州市鳌峰洲

项目批准单位：国家计委计农〔1979〕512号、〔1980〕395号批准计划任务书，国家建委〔81〕建发交字280号批准初步设计

建设单位：福州人造板厂筹建处

主要设计单位：林业部林产工业设计院、福建省林业勘察设计院

主要施工单位：福建省第六建筑公司，上海基础公司，福建省工业设备安装公司，福建省林业工程公司，福建省南平林业机械厂

建设规模：年产中密度纤维板5万立方米

工程内容：①年产5万立方米中密度纤维板生产线；②日产30吨尿醛树脂胶生产线；③出力14吨/小时、压力16.4公斤/平方厘米锅炉一台；④公用工程(部分与二期工程合用)

工程用地：占地面积27.54万平方米(包括二期工程用地)

建筑面积：33955平方米

工程概算：正式批准投资概算7860万元，加上1984年、1985年投资贷款利息及增补零配件等总费用为9810.45万元

投资完成：自开工至1985年底止，累计完成投资8900.84万元，未完及扫尾工程909.62万元，交付使用资产6582.55万元

建设进度：1981年8月11日破土动工，1982年5月开始安装设备，1983年11月投料试车，1984年4月转入试生产，1985年10月组织初验，1986年4月正式验收

验收评价：一期工程设计比较合理，工艺比较先进，引进的成套设备主机是好的，能构成生产线，生产出设计文件规定的产品，但配套设备尚需改进。生产性工程及辅助性公用设施已按设计要求建完，除锅炉外，基本能满足生产要求。工业卫生、劳动保护、消防设施等基本符合国家规定。土建施工质量优良，安装工程质量符合验收标准，其中中密度生产车间优良，职工宿舍和其他必要的生活福利设施以及生产准备工作基本适应投产初期的要求。竣工图纸和技术资料基本完整。对于部分配套设备、污水处理、环保治理、纤维板生产车间噪音、消防、投资回收等主要遗留问题，提出了处理意见。

**临江林业局刨花板厂一期工程**

工程地点：吉林省临江林业局

项目批准单位：国家计委计农〔1982〕366号文批准设计任务书，国家计委计二(1983)437号批准初步设计

建设单位：临江林业局刨花板厂筹建处

主要设计单位：联邦德国比松公司，林业部林产工业设计院，通化地区设计室

主要施工单位：吉林省安装公司，通化市第一建筑公司

建设规模：年产刨花板5万立方米

建筑面积：29600平方米

工程概算：概算为4590万元，1984年12月确定投资包干指标为4734.5万元，1986年6月批准调增383.4万元，总投资为5117.9万元，超出原批初步设计概算527.9万元，增加11.5%

投资完成：到1986年3月，实际完成投资额4267.9万元，交付使用资产4164.25万元

建设进度：1983年6月8日正式破土动工，1984年6月开始设备安装，1985年8月开始投料试车，1986年4月预验收，1986年6月30日正式验收

验收评价：设计质量良好，建筑质量合格，安装工程质量优良。该项工程已按国家批准的设计任务书建成，形成了生产能力。对于厂区消防、厂区消防管道网路、建立卫生所、进口备品备件、经济效益分析、企业生产经营等问题，提出了处理意见。

**南岔木材水解厂中密度纤维板分厂**

建设单位：南岔木材水解厂

建设根据：国家计委1982年6月30日计农〔1982〕521号关于南岔木材水解厂中密度纤维板分厂设计任务书的批复，国家计委1983年11月29日计二(83)1739号批准南岔木材水解厂中密度纤维板分厂的初步设计

建设内容：①年处理原料88000立方米的削片车间；②日产40吨尿醛树脂胶制胶车间；③每小时产汽35吨的锅炉房；④年产5万立方米的中密度纤维板车间

设计单位：林业部林产工业设计院，东北电力设计院，哈尔滨铁路局工务处，南岔木材水解厂，瑞典桑斯·德菲布拉特公司，挪威泰诺公司

施工单位：伊春林业管理局

建设进度：纤维板车间　1984年2月17日动工，1985年4月28日安装完毕，1986年2月调试完毕、2月11日投料试生产、6月正式交付使用；制胶车间　1984年10月10日动工，1985年8月

12日安装完毕、11月7日交接，1986年8月正式验收

主要技术经济指标：①建设项目竣工率100%；②建筑安装总价值1181.9万元；③全员劳动生产率7510元/人年；④工程概算60037869元，完成概算投资59791869元，工程决算58991054元，降低800815元，降低率3.03%

经济效益：每立方成本600～650元，平均售价770元，全年可实现利润600～850万元，投资回收期7～10年

评　价：土建施工、设备安装优良；三废治理达到“三同时”；产品质量达到省颁标准。

（范立宾　苏玉璋）

## 林业工程勘察与设计

【综　述】 勘察设计工作是基本建设的重要环节。勘察设计的质量，关系到建设项目的投资、产品质量、生产成本、劳动生产率等一系列涉及经济效益的问题。

建国前的林业工程，特别是林业局建设这样的工程，没有完整的设计文件。建国初期，许多林业工程设计、施工都由林业建设工程公司承担，有些工程一个技术人员既是设计人员，也是施工人员。“一五”后期才组建设计公司，勘察设计工作才逐步走上了轨道。

20世纪50年代初，既无勘察设备，也缺少技术人员，道路、桥梁工程勘察用挖探坑观察基础土壤等简单试验方法代替钻机，测量工作用罗盘仪或三个测竿倒等方法。1952年后，陆续由国家分配学土木建筑和道路桥梁等专业的大学毕业生，又装备了经纬仪、水准仪、钻机等勘察设备，勘察设计工作有了发展。1954年，编制了第一个林业局总体设计——丰林森林工业局设计。1956年，森林工业部由苏联聘请一批大片林区规划和森工局总体设计专家。专家们从苏联带来30多种全苏国家标准(ΓOCT)、森工局建设设计中使用的标准、规范、定额等技术指导性文件。当时，组织技术人员翻译上述文件，并结合我国实际情况，编制了《森工采伐企业建设设计与预算编制办法》等几种标准、规范、定额、样本，作为采伐运输设计院制定的技术指导性文件，发给有关技术人员使用，并送给有关林业设计院参考，把我国森工设计水平提高了一步。

“二五”及调整时期。这个时期设计的主要任务是为新开发的林区编制设计，在新建的47个林业局中，有乌依岭、迎春、东风、得尔布尔、阿里河、泉阳、露水河、观音桥、普威、碧泉、云台山、太白、洮河等林业局编制了总体设计，有些未报部审批。南方集体林区在建设中，也大部分编制了区域或流域的林区总体设计，其中仅江西省赣南林区总体设计经省基本建设委员会批准，湖南沅水上游林区总体设计审查两次，因产量和投资数额意见不一致，省基本建设委员会未批。在林产工业方面，除编制纤维板厂、制材厂、木材干燥和松香厂等设计外，还参与牙克石栲胶厂（民主德国）、南岔水解厂（苏联）、铁力木材干馏厂（波兰）、敦化松根浸提厂（波兰）、友好纤维板厂（瑞典）的土建、采暖通风、给水排水、电气等专业的配套设计，这些工厂是从民主德国、苏联、波兰、瑞典等国家引进的成套设备，工艺设计是国外编制的，我们参与这些建设项目的配套设计，有利于提高林产工业设计水平。这个时期还组织编制了《工厂企业与民用建设设计暂行办法》、《林业局（场）总体设计规程》、《森林工业基本建设设计文件审批暂行办法（草案）》、《运材道设计规程》、《森林工业基本建设设设计工作条例》、《森林工业基本建设设计及概预算编制暂行办法》、《林业基本建设预算定额》和《木材水运工程预算定额》。修订了《林区窄轨铁路设计技术规范》和《运材道设计规程》，作为林业部部颁标准印发全国林业系统执行。这是林业基本建设工作按国家规定的基本建设程序办事、设计施工等项工作比较协调的时期。设计队伍有较大发展，部直属林产工业设计院、东北、华东、中南、西北、西南林业勘察设计院（队）先后成立，各省（区）林业厅设计院也有发展，全国共有林业勘察设计队伍5000余人，能承担大中型林业建设项目的设计。并为阿尔巴尼亚、越南、朝鲜等国家编制了工厂设计及林区开发规划。

十年动乱时期及以后两年。这段时间设计工作处于停顿状态。1967～1969年，部属东北、华东、中南、西北、西南林业勘察设计院（队）先后下放给所在省，林产工业设计院被撤消，各项规章制度被废止，各省（区）林业设计院（队）的技术人员也被下放到基层劳动，只有少数技术人员应敷领导部门交办的工作。

党的十一届三中全会以后，是林业勘察设计部门恢复、发展时期。恢复了部直属的林产工业设计院，组建了西南林业勘察设计院，各省、区林业勘察设计院也得到恢复和加强。到1985年末，全国林业系统有县团级以上的设计单位34个，职工总数为10118人，其中技术人员5185人，占职工总数的

51.20%。这个时期重点抓了人造板厂的设计，主要的建设项目有：从美国引进的福州中密度纤维板厂(年产量：中密度纤维板5万立方米)。从联邦德国引进的吉林省临江刨花板厂(年产量：刨花板5万立方米)。从联邦德国等厂家通过招标引进的湖南人造板厂(年产量：胶合板5万立方米、刨花板5万立方米、人造板二次加工180万平方米)。这些工厂的工艺设计由设备出口厂负责编制，土建、采暖通风、给水排水、电气等专业设计和辅助生产车间、民用福利设施、住宅等生活用房、办公楼等由国内设计，有些项目是合作设计。通过这批工厂的设计，进一步提高了林产工业工程设计水平。

(范立宾　苏玉璋)

**【林业勘察设计队伍建设】** 1952年，东北荣军工程公司与东北森林工业总局基建处合并，改名东北人民政府林业部建设工程公司，设于哈尔滨。当时公司有二室(其中一个是设计室)、六科、三个工程队，共1627人，其中技术人员172人，除承担民用建筑设计施工外，还承担森林铁路、桥梁等的勘察设计任务。

1953年，东北人民政府林业部建设工程公司一分为二，以设计室为基础，从吉林、牡丹江、伊春、佳木斯林业管理局抽调部分技术力量和分配来的大学生组建东北森林工业管理局设计公司；同年9月，与建设工程公司的设计室合并，改为林业部设计公司。

1955年初，林业部决定将设计公司撤销，一分为五，即林业部设计公司(北京)、黑龙江林业设计公司(哈尔滨)；吉林林业设计公司(长春)；牙克石林业设计公司(牙克石)；伊春林业工程公司(伊春)。

1956年，林业部设计公司改为森林工业部采伐运输设计院。1958年，随着森林工业部的撤销，撤销了采伐运输设计院，一部分技术人员下放给牙克石林业勘察设计院，一部分与东北制材管理局设计公司、林业部森林工业司设计室的技术人员合并，组建林产工业设计院。并先后组建了部直属东北、华东、中南、西北林业勘察设计院。与此同时，各林业重点省(区)也陆续建立了省(区)林业勘察设计院(队)。

1965年，为加强西南地区金沙江林区开发建设工作，从林业部直属设计院、调查队中借调一部分技术人员支援金沙江林区开发，成立西南林业设计总队。总队下设八个大队，一、二、三大队负责林业局总体设计、道路桥梁设计等；四、五、六大队负责森林资源调查；七大队负责木材水运设计；八大队负责工厂设计。以后这部分人员多数留在云南省。

1967～1969年，在各省(区)的部直属设计院(队)下放给所在省林业厅。林产工业设计院被撤销，大部分技术人员被下放到黑龙江省舒兰县林业部舒兰“五七”干校。1970年合并到林业部鄢陵“五七”干校，部分技术人员借调给黑龙江省林业勘察设计院和昆明人造板机器厂。1973年，农林部组建农林部设计院，主要承担农林水产方面的设计和农林部直属院校、科研单位的设计，这时一些技术人员陆续从“五七”干校和借调单位回到北京。

1979年，林业部成立，恢复林产工业设计院。西南林业设计总队的 、八大队解散后，许多技术人员流散，1979年二、七大队划归当时组建的西南林业勘察设计院。随着林业基本建设事业的发展，各省、区林业勘察设计队伍也有不同程度的发展。到1983年末，全国林业系统有县团级以上的设计单位26个，共有职工8701人，其中高级工程师22人、工程师2110人、助理工程师1446人、技术人员908人。

(范立宾　苏玉璋)

**【林业勘察设计单位完成任务及装备】**

**完成任务情况** 1979年末，据西南、大兴安岭、牙克石3个林业勘察设计院统计，完成勘察任务如下：(1)工程测量，专业生产人数25人，完成任务22.9标准平方公里，劳动生产率0.92标准平方公里/人·年；(2)工程地质勘探，专业生产人数29人，完成任务874.52标准米，劳动生产率30.2标准米/人·年；(3)水文地质勘探，专业生产人数29人，完成任务4278.80标准米/人·年，劳动生产率147.54标准米/人·年；(4)物探，专业生产人数4人，完成任务102.3标准米，劳动生产率25.6标准米/人·年。

1979年末，据全国林业系统24个设计单位统计，共完成：(1)初步设计276项，施工图713项；(2)完成设计项目投资数，初步设计56556万元，施工图20343万元；(3)建筑面积，初步设计284299平方米，施工图498985平方米；(4)折合甲号图张数，初步设计897张，施工图21456张；(5)标准设计102项，建筑面积48327平方米，折合甲号图1051张。

1985年末，据林业系统24个勘察单位统计，共完成勘察工作：(1)工程测量，专业生产人数452人，完成2049标准平方公里，劳动生产率4.53标准平方公里/人·年；(2)水文地质勘探，专业生产人数206人，完成29081标准米，劳动生产率141.2标准米/人·年；(3)工程地质勘探，专业生产人数320人，完成59608标准米，劳动生产率186.3标准米/人·年；(4)物探，专业生产人数16人，完成11990标准点，劳动生产率749.4标准点/人·年。

1985年末，据林业系统34个勘察设计院统计，共完成设计任务：(1)初步设计280项，施工图

838项；（2）设计项目的投资数，初步设计72126万元，施工图75274万元；（3）建筑面积，初步设计492088平方米，施工图1044035平方米，（4）折合甲号图，初步设计389228张，施工图4281290张。

1986年末，据林业系统24个勘察单位统计，共完成：（1）工程测量，专业生产人数819人，完成299标准平方公里，劳动生产率0.37标准平方公里/人·年；（2）工程地质勘探，专业生产人数366人，完成87551标准米，劳动生产率239.2标准米/人·年；（3）水文地质勘探，专业生产人数160人，完成23698标准米，劳动生产率148.1标准米/人·年；（4）物探，专业生产人数12人，完成3471标准点，劳动生产率289.3标准点/人·年。

1986年末，据林业系统34个勘察设计院统计，共完成设计任务：（1）初步设计310项，施工图640项；（2）设计项目的投资数，初步设计77846万元，施工图47921万元；（3）建筑面积，初步设计581132平方米，施工图767714平方米；（4）折合甲号图纸，初步设计3127张，施工图13470张，（5）完成标准设计6项，建筑面积4480平方米。

从列出的1979、1985、1986年3年完成的勘察、设计任务看，1985年完成的工作量多些，1986年勘察设计任务下降，这与国家基本建设总任务有关。预计1987年基本建设实行"三保三压"后，林业建设项目还要减少，现在许多设计单位都到轻工、能源交通等部门和地方去承担任务。

**技术装备情况** 1979年，据林业系统24个设计院统计，技术装备情况如下：工程地质钻机60台、水文地质钻机17台、物探仪6台、常规测量仪器1406台、光电测距仪1台、台式电子计算机171台、载重交通车辆140台、金属切削机床45台、复印机3台、转绘仪1台、移动电话8台。

1985年末，据林业系统34个勘察设计院统计，技术装备情况如下：钻机88台、物探设备12台(套)、机床67台、经纬仪543台、水准仪527台、载重汽车134台、轿车18台、旅行车47台、吉普车52台、大客车27台、电子计算机111台、电子计算器6164个、林勘车15辆。

1986年末，据林业系统34个勘察设计院统计，技术装备情况如下：钻机92台、物探设备15台(套)、机床65台、经纬仪531台、水准仪475台、载重汽车136台、轿车27台、旅行车67台、吉普车52台、大客车31台、电子计算机208台、电子计算器6267个。

从1985、1986两年装备变化看，钻机、物探增加了，经纬仪等常规测量仪器减少了，有些设计院增添了远红外测距仪等较先进的设备没有反映出来，轿车、旅行车增加，电子计算机一年就增加了97台。（范立宾 苏玉璋）

**【林业工程优秀设计评选】** 为提高设计质量，1979年第一次开展评选林业系统优秀设计工作。通过初评、现场考察、总评三个阶段，评选出优秀设计44项，其中一等3项，二等22项，三等19项。

1981年进行第二次林业系统优秀工程设计评选，这一次是按国家建委统一部署评选70年代优秀工程设计，共评出70年代林业工程优秀设计16项，其中一等2项，二等14项。经报请国家建委参加国家级优秀设计评选，荣获国家70年代优秀工程设计奖2项，即湖南省沅水、潇水钢筋混凝土吊排船和福建省永定县林产化工厂松香车间设计；国家表扬项目3项，即福建省光泽县大里峰——山门坑公路设计、内蒙古自治区牙克石林区莫尔道嘎林业局公路13支线设计、贵州省锦屏县小江河双曲拱桥设计。

1984年进行第三次林业系统优秀工程设计评选。这次是按国家计委统一部署、在国家级优秀设计评选前进行的，准备把部优秀设计一等奖项目推荐给计委参加国家级优秀设计评选，共评出林业系统优秀工程设计10项，其中一等3项，二等1项，三等6项。经报请计委，荣获国家级优秀工程设计奖的3项，即吉林省白河林业局兴隆林场设计、四川省大渡河牛坪子木材水运收漂工程设计和广西梧州松脂厂歧化松香皂车间设计。

（范立宾 苏玉璋）

## 林业工程施工

**【综　述】** 林业工程施工是把施工图设计的内容，放到建设现场，变成现实的建筑物、构筑物，成为可供生产和使用的固定资产过程。

森林工业建设项目，都必须有批准的初步设计和完整的施工图，在列入年度国家基本建设计划后，作好备料等施工准备工作。建设单位要提出开工报告，经批准后才能开工。施工单位要根据施工图编制施工预算和施工组织设计，施工前还要做好施工图会审工作，在施工过程中要严格按照设计要求和施工验收规范的规定，合理组织施工，确保工程质量。工程建设完成，经试生产考核后，应及时组织竣工验收，交付生产。

林业工程施工队伍是中华人民共和国成立后，根据林区开发建设需要逐步发展起来的，技术水平和装备水平不断提高。现在除一般民用建筑、道路桥梁等工程外，还可以承担大型木材综合加工厂，林产化工厂、5万立方米/年的刨花板厂、5万立方米/年的中密度纤维板厂等人造板厂、装机5万瓩的电站、大型机场跑道和高层的民用建筑工程施工。

施工队伍的组建，东北林区1950年在铁力、朗乡等小兴安岭林区和牡丹江、辽东等林区组建了木材生产企业内部的自营施工队，每支施工队从几十人到几百人不等，主要是为木材采运生产服务，修建运材道路、桥梁和居住建筑、办公室等。这支施工队伍在老林区发展较快。1952年，由东北荣军工程公司与东北森林工业总局基建处合并，成立东北人民政府林业部建设工程公司，其中施工队伍有3个工程队，共1000余人，除承担一般工业与民用建筑工程施工外，也承担森林铁路、公路及桥梁工程的施工任务。1953年，将施工队伍独立，成立东北森林工业管理局建设工程公司，仍设哈尔滨市。1953年9月改为林业部建设工程公司，从这时起，森林工业基本建设工程的专业施工队伍形成。1955年，根据林区建设需要，将建设工程公司一分为五，与当地原有施工队伍合并，建立了吉林、牡丹江、哈尔滨、伊春森林工业管理局工程公司和牙克石筑路工程局。以后，根据木材生产和基本建设工作需要，曾多次变动，除牙克石筑路工程局、牡丹江林业工程公司仍旧存在外，吉林与通化工程公司合并改名吉林省林业工程公司驻延吉市，哈尔滨工程公司并掉，就地下放，伊春林业工程公司1957年撤销，1963年又成立，1968年撤销，1972年再次成立。目前，这批专业施工队伍有所壮大，除承担林业系统工程外，还可以承包其他部门的施工任务。

随着南方林区开发需要，50年代末60年代初，四川、江西、福建、广西、湖南等省(区)也相继组建施工队伍。目前，有些施工队伍壮大成为省(区)的林业工程公司。如福建省林业工程公司在厦门机场跑道、福州马尾港等工程施工中都得到当地基建主管部门的好评。

由于北方国有林区林业局每年自建的工程规模小，而且很分散，请专业施工队不合算，因此多数林业局又成立了自营工程处或知青施工队，承担本局施工任务。

截至1985年末，林业系统共有县团级以上施工队伍20个，职工总数39903人，其中固定职工29215人。大兴安岭林业管理局、牙克石林业管理局、黑龙江省森林工业总局、吉林省林业厅四个单位所属林业局等单位的自营工程处有职工48557人，其中固定职工34954人。再加上南方各省(区)林业厅所属各单位的自营施工队，林业系统施工队伍总数已超过10万人。 (范立宾 苏玉璋)

**【林业建筑安装企业生产及装备】** 1985年，林业系统20个专业安装企业职工总人数39903人，全年施工房屋建筑面积505860平方米，竣工面积248885平方米，完成森林铁路整体工程3公里、路基18公里、土石方18万立方米；完成公路整体工程418公里、路基402公里、路面322公里、土石方1271万立方米；施工大中桥梁47座3102米，竣工32座2466米；完成输电线路5公里，通讯线路136公里。完成总产值21656万元，其中施工产值20670万元，建筑安装附属生产产值668万元，建筑安装运输产值318万元，全员劳动生产率5427元/人。

1985年，林业系统20个专业建筑安装企业，职工总数39903人，装备的主要施工设备有：单斗挖掘机8台，推土机562台，铲运机18台，履带起重机6台，轮胎式起重机7台，汽车起重机45台，塔式起重机30台，载重汽557台，自卸汽车596台，拖车车组36台，装载机98台，混凝土搅拌机287台，混凝土运输车2台，空气压缩机71台，打桩机7台。 (范立宾 苏玉璋)

**【林业系统优质工程评选】** 从1979年起，林业部每隔2年评选1次优质工程，到1986年共评选4次。1979年评出工程质量优秀的工程队6个，工程质量信得过班组12个，工程质量优秀标兵20个。其余3次共评出优质工程49项，其中获林业部优质工程一等奖的1项、二等奖的12项，三等奖的36项。福建连城县曲东林区公路和广西梧州松脂厂歧化松香皂车间获国家银质奖。

1986年，有13个建设工程获林业部优质工程奖：二等奖2项：吉林省德惠布海农田防护林建设工程；黑龙江省东京城林业局老黑山林场。三等奖11项：黑龙江省迎春林业局索伦林场，黑龙江省鹤北林业局高峰林场，吉林省白河林业局黄松蒲林场场址工程，吉林省辉南森林经营局刨花板厂一期工程，吉林省汪清林业局职工医院，内蒙古自治区牙克石林业管理局统建工程，内蒙古自治区牙克石林业管理局阿里河林业局阿西干线运材公路，内蒙古自治区牙克石林业管理局满归林业局激流河大桥，福建省漳平县下村大桥，四川省炉霍林业局罗科马公路及友谊桥，大兴安岭行署办公楼及林产工业展销楼。 (范立宾 苏玉璋)

**【林业工程建设标准、规范、定额】** 50年代，为适应林业工程建设的需要，在苏联专家帮助下，采伐运输设计院编制了几种院级标准规程和办法，由于缺乏经验，仅编制两种部级标准。60年代制订的标准规范定额的数量和质量均有提高，但有些系数、参数还多数采用国外和国内有关部门的，自己测试的较少。新编设计施工规范6种，修订2种；新编经济定额7种，修订2种。70年代编制工作陷于停顿，仅新编规范1种，修订3种。1984～1986年，新编规范1种，修订5种。为提高标准规范的质量，最近几年开展了专题调查研究和试验工作。如林区路网密度的调查研究、林区道路路面试验和木材水运工程水筏道、栏木架、阔叶树干燥后可流送的日期等试验研究，为以后编制标准规范打下了基础。

根据国家计委的要求，1983年，组织编制了《林业工程建设标准规范体系表》，已纳入国家的工程建设标准规范体系之中，明确了"七五"及以后林业工程标准规范工作的目标。

为加强标准规范的管理工作，建立了7个规范管理组，管理人员35人，均为工程师或高级工程师；建立规范联系人制度，联系人175人，分布于全国林业基本建设管理、设计、施工、教学等单位。专业管理与群众管理相结合，使标准规范的编制、管理、使用之间的关系更为密切，从而提高了标准规范的水平。

此外，还编制了林区公路桥涵工程标准图39种54册；编制贮木场设备通用图11种39册；编制《木材水运工程设计手册》、《贮木场设计手册》、《林区公路工程设计技术手册》、《林业施工机械手册》、《机务工作手册》及《公路工程设计文件组成》等。

（范立宾　苏玉璋）

**【林业基本建设技术情报信息】** 随着技术情报工作的发展，1980年林业部基建局设立全国林业基本建设技术情报中心站，下设8个专业情报站，即林产工业、木材水运、南方林区道路桥梁、林区建筑材料、北方林业局(场)总体设计与道桥地质勘探、贮木场、林区工程冻土、林区节能和开发新能源。1986年初，又增加了南、北方两个施工技术情报站，共有10个专业情报站。1981年，中心站委托牙克石情报站召开林区工程冻土技术情报交流会，1982年在北京召开纤维板污水处理技术情报交流会，1986年在广州召开电子计算机林业工程软件技术情报交流会，并举办了技术情报学习班。几年来，各专业情报站除结合自己的专业做些调查研究外，还出版专业技术资料汇编及专业网刊。1983年，由全国林业基本建设技术情报中心站把原来8个专业情报刊物合并，创办了《林业建设》。（范立宾　苏玉璋）

# 林业劳动保护

**【综　述】** 保护劳动者在生产过程中的安全和健康，是我国一项重要政策，是企业经营管理一项基本原则，是提高经济效益的一个基本条件。

中华人民共和国成立后，废除了资本家和封建把头剥削和压迫工人的不合理的劳动制度，对旧企业进行了民主改革和生产改革。东北林区的林业企业首先建立了劳动保护管理机构和安全生产规章制度，开展了安全教育和安全卫生大检查，初步改善了劳动条件。

1953年，我国开始进入有计划的经济建设时期。各地林业企业认真贯彻和落实国家第一个五年计划中所提出的"进一步改善企业中劳动保护设施，努力避免发生人身和设备事故"的方针和要求，广泛发动群众，针对生产上存在的不安全、卫生条件差等问题，采取了技术革新和技术革命，增设安全防护设施，改进操作方法，推广使用先进机具等措施。由此，各地森林采伐和集材由笨重的手工操作逐步转向半机械化、机械化作业，大大减轻了工人繁重的体力劳动，减少了伤亡事故。1956～1963年，国务院先后颁发了《工厂安全卫生规程》、《建筑安装工程安全技术规程》、《工人职员伤亡事故报告规程》和《国务院关于加强企业生产中安全工作的几项规定》。根据这些规程、规定要求，国有林区的林业企业建立健全了安全生产的管理机构，配备了专职安全人员，培训了劳动保护干部，制定了一些安全技术操作规程，对工人实行了发放个人劳动防护用品和保健食品的制度。与此同时，国家安排的用于改善劳动条件的安全措施经费逐年有所增加，重点解决了一些安全防护和尘毒治理方面的问题。职业性森林脑炎是威胁工人生命安全的一大历史性病症，从1952年开始就加强了疫苗的研制、生产、发放、接种等几个环节的工作，使森林脑炎的发病率逐年下降。

党的十一届三中全会以后，林业劳动保护工作进入了一个新的发展时期。根据国家"安全第一，预防为主"的劳动安全方针和"管生产必须同时管安全"的原则，各级林业主管部门逐步落实以安全生产责任制为主的各项规章制度，广泛进行安全生产的宣传教育。在经济承包的过程中，对安全生产实行目标化管理，形成党、政、工、青各部门一齐抓安全的大好局面。劳动保护工作得到进一步加强，企业的安全卫生状况不断改善。经过几年努力，全国森工企业职工因工伤亡事故大幅度下降，职业性森林脑炎基本上得到控制。"六五"期间职工因工死亡和重伤人数，分别比"五五"期间下降37.99%和47.09%。其中，木材采运企业职工因工死亡和重伤人数分别下降37.85%和49.46%。1985年，全国森工企业职工因工死亡和重伤人数分别比1984年下降 23.07%和 17.71%，1986 年比 1985 年又分别下降了 11.48%和 6.34%。此外，1986 年还消除了一次死亡 3 人以上的重大伤亡事故。

1979 年以来，在劳动保护方面主要做了以下几项工作：

**建立、健全劳动安全法规** 林业系统在贯彻国家劳动保护法规的同时，根据林业生产的实际和经验，制定了一系列劳动安全法规，如林业部 1979 年 8 月 29 日颁发了《林业安全生产责任制的暂行规定》和《林业安全生产管理办法》，1986 年 5 月 29 日颁发了《木材采伐运输安全技术规程》等法规性文件。各地林业主管部门和林业企业也制定和颁发了地区性的劳动安全法规 30 多项。这些法规的贯彻执行，使林业劳动保护工作走上法制的轨道，使职工在生产中有法可依，有章可循。这对于加强职工的劳动安全法制教育，提高职工遵章守纪的自觉性和依法处理伤亡事故都起到了积极作用。

**建立、健全劳动安全管理机构** 林业劳动安全实行国家监察、行政管理和群众监督相结合的管理体制。林业部设立安全卫生处，主管全行业的劳动保护工作。国有林区各省、自治区的林业主管部门和各林业企业大都建立了劳动安全管理机构，到 1986 年配备的专职安全技术、安全监察人员共有 3835 人。其中，由国家任命的林业劳动安全监察员 400 人，交通安全监理员 90 人。此外，企业中还有不脱产的工人安全检查员 6500 人。其它省、自治区林业主管部门也都设专人负责劳动安全工作，并采取在企业设立安全生产委员会，林场(车间)设安全生产领导小组，班组设不脱产工人安全员等方式管理安全生产工作，充分发挥依靠职工群众参加安全生产管理和群众性安全监督的作用。

**加强宣传教育** 不断对职工进行安全生产的宣传教育，是企业劳动保护工作的一项重要内容。各地林业企业坚持按照林业部颁发的《林业安全生产教育的几项规定》的要求，对职工进行局(厂)、场(车间)、工段(班组)三级安全教育和对新工人、调换工种工人进行岗位安全教育，使职工了解安全生产方针、政策，熟悉本岗位安全操作规程，掌握正确的操作技能和处理事故的方法。对特种作业工人还举办了短期训练班，进行专业安全技术知识教育。经考核合格后，才能独立顶岗操作。

1982 年以来，东北、内蒙古的林业企业建立劳动保护教育室 30 多处，利用广播、电视、幻灯、板报和举办安全生产知识竞赛、事故教训展览等多种形式，对广大职工和家属进行安全生产宣传教育，收到了良好效果。

各地林业主管部门根据当地的生产特点，开展不同形式的安全生产竞赛活动。通过竞赛和表彰先进，把企业的安全生产工作同领导责任、企业整顿验收和经济利益挂起钩来，增强企业领导搞好安全生产工作的责任感，推动了企业的安全工作。在 1984 年的“安全月”活动中，有 8 个省、自治区的林业企业消除了因工死亡事故，黑龙江省的桃山林业局、吉林省的和龙林业局和四川省的毛尔盖林业局受到国家“安全月”活动领导小组的表彰。

**干部培训** 1981 年和 1986 年，林业部分别举办了两期全国林业劳动保护干部训练班，共培训专职劳动保护干部 244 人。1986 年的干训班除学习国家的劳动保护政策和林业安全生产技术外，还学习了安全系统工程、林业人机工程等现代劳动安全管理理论，为在林业劳动保护工作中推行现代化的科学管理方法打下了基础。1980～1986 年，国有林区各省、自治区的林业主管部门举办了 24 期省级劳动保护干部训练班，培训安全技术干部和安全监察员 1400 多人。各地林业企业平均每年举办了 105 期林场主任、工段长安全技术培训班，培训 4200 多人。

为了配合干部培训和宣传教育，林业部还组织编写、出版了普及林业安全技术知识的《林业劳动保护》、《林业劳动保护基础知识问答》、《木材采运安全生产教育挂图》等图书。

**劳动保护科学研究** 林业部于 1983 年在林业部哈尔滨林业机械研究所成立劳动保护研究室。该室对制材锉锯机的除尘装置、林业工人个人劳动防护用品进行了研究，其中林业防护鞋的研制已于 1986 年通过部级鉴定。他们还对油锯手患局部振动病的情况进行了卫生学调查，为改进油锯和预防局部振动病积累了部分有价值的资料。各地林业主管部门对机械的安全防护、尘毒危害治理等的课题，也组织力量进行了研究。福建省林业工程公司于 1985 年研制成功的CLLG—Ⅱ型凿岩机除尘装置，通过三级干式除尘，使除尘效率达到 99.95%，消除了干式凿岩时的粉尘危害，达到国内先进水平。

（韩俊阁　董新民）

**【职业病防治】**

**职业性森林脑炎** 森林脑炎是发生在寒带和亚热带林区、由森林脑炎病毒(嗜神经病毒)引起的自然疫源性传染病。它是由带有病毒的蜱(壁虱)叮咬而传播给人而发病的，是林业森林采伐和野外作业的职工易患的职业病。1952 年，在东北的吉林、牡丹江、佳木斯、辽东等林区发现大量森林脑炎病人，死亡率达 22.6%。党和政府十分重视，国务院及时派出由卫生部研究院和中国医科大学的科学工作者组成的调查组深入林区，与当地林业职工医院共同进行调查研究，制定了综合防治措施。主要是：研制森林脑炎疫苗；对职工普遍进行森林脑炎疫苗接种；进行药物驱蜱；实行自检、互检和个体防护。由于措施得力，贯彻坚决，使森林脑炎的发病率迅速得到了控制。多年来，林业部和东北林区的林业主管部门及时总结和交流防治经验，研究治疗和护理方法。1980年5月，黑龙江省森林工业总局召开了“森林脑炎防治工作经验交流会”。东北、内蒙古林区逐步建立、完善了林业管理局级中心医院、林业局级职工医院、林场卫生所及管理局、林业局级卫生防疫站的医疗防疫体系，从而提高了森林脑炎的防治能力，使发病率大为减少。据黑龙江省森工总局提供的统计资料表明，该省牡丹江林区的年平均发病率由1963年的0.43‰，下降到1979年的0.048‰。目前，森林脑炎这一林业职工的职业病已基本得到控制。

**职业性局部振动病** 局部振动病是由于长期使用振动工具而引起的以末梢循环障碍为主的疾病(俗称白指病)。森林采伐企业中长期从事油锯伐木和油、电锯造材的工人易患此病。1981年，林业部配合中国预防医学中心卫生研究所在林业部大兴安岭林业管理局和福建省邵武林业局对油锯伐木工人患职业性局部振动病的情况进行了综合调查。1983年，局部振动病诊断标准及处理原则经全国卫生标准技术委员会审查通过，1985年由卫生部作为国家标准正式发布实行。

目前，林业系统为预防职业性局部振动病采取的主要措施有：(1)研究和制造减振、降噪声的新型油锯，如南京林业大学和西北林业机械厂研制的YG-5B防振油锯。(2)对油、电锯操作工人实行轮换工作制和间歇作业方式。(3)给油、电锯操作工人发放保健津贴。(4)对使用振动工具作业的工人定期进行健康检查。(5)对出现局部振动病症状的工人及时调换工作，并积极进行治疗。(6)对确诊为职业性局部振动病的患者按工伤处理，享受国家劳动保险待遇。多年来，由于积极采取了上述综合防治措施，国有林区职业性局部振动病的患病率由1979年的7.75%下降到1985年的4.12%。

(韩俊阁 董新民)

# 林 业 财 务

**【国家调整对森工企业的经济政策】** 森工企业自建国以来，长期实行以采为主、重采轻育的经济体制，木材销售收入除留少量的育林基金外，再扣除采伐成本和税金，其余作为利润上交财政部。这种体制，造成投入采伐的资金有保障，营林的资金没有保障，营林投入很少，带来采育失调的严重后果。为此，国务院颁发了〔1986〕75号文件，决定：一，减少一部分木材产量；二，木材提价增加的收入，中央与地方财政都不拿，全部用于林业；三，免征调节税、所得税，或定额上交，代替利改税的制度；四，给农业增加的投资，要给林业一定的数额；五，给林业增加多种经营贴息贷款，“七五”期间每年2亿元，以增加对营林的投入，缓解和改善林业经济情况。

(刘金凯)

**【调整北方木材价格】** 我国木材价格长期偏低，比价很不合理。1986年，国务院决定，调整东北、内蒙古国有林区木材价格，调增幅度为44%，从10月1日起实施，调价增加的收入，全部留给林业部门，主要用于增加营林的投入。

(刘金凯)

**【改革国营林场、苗圃会计制度】** 建国以来，国营林场、国营苗圃没有统一的会计制度，不利于加强经营管理，也给全国会计报表汇总带来一定困难。经过调查研究和对所拟订的制度初稿进行多次讨论、修改，林业部、财政部于1986年10月正式颁发了《国营林场、苗圃会计制度》，从1987年1月1日起试行，为林场、苗圃下一步财务制度的改革创造了一定条件。

(刘金凯)

**【中国林业会计学会成立】** 为了推进林业财务会计的改革，探索具有中国特色的社会主义林业的财务会计理论和科学实践，为促进林业发展、实现林业现代化服务，经林业部批准，正式成立林业会计学会，并于1986年10月16日召开了成立大会，通过了《林业会计学会章程》，选举了第一届理事、常务理事。

(刘金凯)

**【育林基金】** 育林基金是国家为发展林业，不断更新和扩大森林资源而设立的专项基金。凡采伐或收购木材、竹材的单位和直接出售木材、竹材的单位或林农，均须按规定征缴育林基金。

国有林区育林基金制度是在20世纪50年代初期建立的。这项基金由采运企业在销售木材时，从木材销售收入中提取。提取标准原来是每立方米木材提5元，1962年增加到10元。1982年增加到15元。从1987年1月1日起，改为按木材销售收入的21%提取。1970年前由林业部集中管理，1970年后下放给地方林业部门管理。

集体林区育林基金制度，从1964年起改按甲种育林基金和乙种育林基金征缴。开始是按收购或直接采伐木材、竹材数量每立方米木材(或每百根竹材)征收7元(其中甲种育林基金5元)，1981年提高到12元。从1986年起，改按木材、竹材售价的规定比例征缴，即由经营木材、竹材的单位和用户，按集体社队或林农出售价(在木材、竹材市场上直接销售的按第一次成交价)的15%提取，并向所在省(自治区)各级林业主管部门缴纳。集体林区育林基金一直由地方林业部门管理。

育林基金是预算外资金，由地方林业部门和地方财政部门管理，具体使用范围是按林业部、财政部共同制定的有关规定执行。 (王翠槐)

# 人　　物

## 历任林业部(林垦部、森林工业部)正、副部长

梁　希

罗隆基

刘文辉

罗玉川

雍文涛

杨　钟

李范五

李相符

惠中权

刘 达

张克侠

张庆孚

周骏鸣

陈 离

唐子奇

张 昭

梁昌武

杨天放

荀昌五

张世军

杨 珏

马玉槐

郝玉山

杨延森

汪 滨

刘 琨

张磐石

王殿文

董智勇

刘广运

徐有芳

**梁　希**　(1883.12.28～1958.12.10)　林学家，教育家。男，浙江乌程(今湖州)人，字叔五。清末秀才。1905年入浙江省武备学堂，后赴日本士官学校学习，1907年加入中国同盟会。1912年回国，参加了辛亥革命。1913年重返日本，入东京帝国大学学习林科。1916年回国，任教于北京农业专门学校。1923年赴德国萨克森德累斯顿高等林业专门学校研究林产制造化学。1927年回国后，曾任北京农业大学教授兼森林系主任，浙江大学农学院森林系主任，南京中央大学农学院教授，创建森林化学室。1935年当选为中华农学会理事长。抗日战争时期，积极参加进步活动，与许德珩等共同发起组织九三学社。1946年后，任中国科协总会理事长。1949年，任南京大学校务委员会主席。建国后，历任政务院财经委员会委员，林垦部、林业部部长，中国林学会首届理事长，中华全国科学技术普及协会主席，中国科学技术协会副主席，第二、三、四、五届九三学社中央副主席。第一届全国人大代表，第一、二届全国政协常务委员；中国科学院生物学部委员，中国人民保卫世界和平委员会常务委员。先后编写过多种关于木材工艺和林产化学方面的教材，著有《林产制造化学》，翻译过不少日、德、英文林业科技文献资料，对我国木材学和林产化学的建立与发展作出了贡献。有《梁希文集》行世。

(林业部人事司)

**罗隆基**　(1898～1965.12.7)　男，汉族，江西安福人，字努生。1919年，曾以学生代表身份参加"五四"运动。1921年，清华大学毕业后赴美国留学，入威士康星大学、哥伦比亚大学，获博士学位。回国后，任光华大学教授，创办《新月》杂志任主编，因发表反对国民党一党专政的言论而遭逮捕。1931年，在北京与张君劢组织"再生社"，翌年改组为中国国家社会党，任中央常务委员。1932年以后，任天津《益世报》主笔，南开大学教授，北京《晨报》社长，曾发表文章反对日本军国主义侵略中国。1937年，任云南大学教授。1939年，与张澜、沈钧儒等人在重庆联合发起组织统一建国同志会。1941年，脱离国社党，参加发起组织中国民主政团同盟(后改组为中国民主同盟)任中央常务委员兼宣传部长，曾代表民盟出席国民参政会和1946年在重庆召开的政治协商会议。1946年，任民盟总部机关报《民主报》社长，从事民主活动。1947年，在南京被国民党监禁。1949年，出席中国人民政治协商会议第一届全体会议。建国后，任政务院政务委员，1956年任森林工业部部长，民盟中央副主席，中国人民外交学会副会长，中国保卫世界和平大会常务委员兼宣传部长，世界和平理事会理事。第一届全国人大常委会委员，第一、二届全国政协常务委员，第三、四届全国政协委员。　(中央统战部干部局)

**刘文辉**　(1895～1976.6.24)　男，汉族，四川大邑人，字自乾。1917年，毕业于保定军官学校第二期，历任川军营、团、旅、师长，成都卫戍司令。1926年，任国民革命军二十四军军长。1928年，任四川省主席、川康边防总指挥。1933年，与刘湘混战败退雅安。1935年，任西康省主席。川康绥靖公署副主任，国民党中央执行委员，西康省党部主任委员。抗日战争时期，先后与中国共产党领导人董必武、周恩来等有联系。1941年，与李相符、马哲民等人组织以"全民团结，坚持抗战，反对独裁，实行民主"为宗旨的秘密政治团体"唯民社"，任社长，出版了《唯民》周刊、《青年园地》、《大学》月刊，开办了大学书店，出售进步书籍。1942年，应刘的请求，中共中央南方局派王少春在雅安刘部设一秘密电台，负责与中共中央和南方局联系。1944年，加入中国民主同盟任中央委员。1948年，任中国国民党革命委员会川康分会主任，从事反蒋活动。1949年12月，在彭县率部起义，配合解放军入川，阻击国民党军队向川康边境逃窜，掩护中共地下工作人员，为西康解放作出了贡献。起义后，任西南军政委员会副主席、西南行政委员会副主席，国防委员会委员，民革中央委员、四川省主任委员，四川省政协副主席。1955年，获一级解放勋章。1959年，任林业部部长。第一、二、三届全国人大代表、第四届全国人大常委会委员，第一届全国政协委员，第二、三、四届全国政协常务委员。

(中央统战部干部局)

**罗玉川**　(1909.9～　　)　男，河北满城人。1930年加入中国共产党。曾任中共满城县工委书记，完(县)满(城)易(县)中心县委书记，晋察冀三地委宣传部部长，冀中四地委书记、五地委和八地委组织部部长，冀中行政公署主任，河北省政府副主席。建国后，历任农业部副部长、党组书记，中共平原省委副书记、省人民政府副主席，林业部副部长，森林工业部副部长，林业部副部长，农林部副部长兼国家林业总局局长，林业部部长、顾问。中共八、十一、十二大代表，中共中央顾问委员会委员，第三、四、五届全国人大代表。　(林业部人事司)

**雍文涛**　(1912.6.13～　　)　男，汉族，贵州遵义人。1934年在上海参加中国左翼教育工作者联盟，次年加入中国共产党。曾任中共湖北省委特派员、鄂西特委书记，新四军鄂豫挺进支队政治部代主任，延安中共中央党务研究室研究员，中共吉林省延边分省委副书记。建国后，历任东北人民政府林业部部长、财经委员会副主任，林业部副部长，森林工业部副部长，林业部副部长，中共中央中南局常委兼秘书长，中共广东省委书记兼广州市委第一书记，国务院文教办公室常务副主任，中共中央宣传部副部长，中共北京市委书记，广东省委书记，教育部副部长，林业部副部长、部长、顾问，中央绿化委员会副主任委员，中国绿化基金会主席，中共中央整党工作指导委员会委员兼办公室主任。中共七、十二大代表，中共中央顾问委员会委员，第五届全国人大代表。著有《林业建设问题研究》一书。（林业部人事司）

**杨 钟** (1932.1.17～ ) 男，四川西充人。1950年任四川省岳池县减租退押工作团副区队长，1952年加入中国共产党。历任岳池县副区长，中共南充市郊区区委书记、市委农村工作部部长，广安县委书记，武胜县委书记、代理第一书记，南充地委农村工作部副部长，广安县委书记、县革命委员会主任，四川省副省长，林业部部长兼中央绿化委员会副主任委员、中国野生动物保护协会会长。中共第十二届中央候补委员。（林业部人事司）

**李范五** (1912.5.3～1986.5.7) 男，黑龙江穆棱人，曾用名张松。1932年在北平大学俄文法政学院学习期间参加反帝大同盟，同年加入中国共产党。曾任中共黑龙江省穆棱、宁安县委书记，牡丹江市吉东特委组织部部长、代理书记。1936年赴苏联莫斯科东方大学学习，1938年回国，任延安抗日军政大学东北干部训练队指导员，中共中央东北工作委员会秘书长，中央调查部总务处处长，中共合江省委副书记兼省政府副主席、省军区政委，松江省政府副主席。建国后，历任林垦部、林业部副部长、党组书记，中共黑龙江省委书记处书记、省委第二书记、省长。中共七、八大代表，第一、二、三届全国人大代表，第六届全国政协委员。（林业部人事司）

**李相符** (1905.12～1963.10.20) 男，汉族，安徽桐城人，笔名林中。1925年入日本东京帝国大学林科，1928年加入中国共产党。1929年毕业后被捕入狱，1931年释放回国，曾任中共陕西省委宣传部长。1932年，任浙江大学讲师、副教授。1934年，任武汉大学教授。抗日战争期间，在豫鄂边区从事敌后抗日的组织宣传工作，曾任平汉铁路农林总场场长，豫南民运专员办事处专员，第五战区文化工作委员会委员，抗敌工作委员会政治指导部副主任，曾负责办训练班，培训抗日骨干，创办《大洪报》宣传中国共产党的抗日方针、政策。1939年初，抗敌工作委员会被国民党明令解散后，任四川大学森林系教授。1941年，与刘文辉、马哲民等人组织以“全民团结，坚持抗战，反对独裁，实行民主”为宗旨的秘密政治团体“唯民社”，任该社出版的《唯民》周刊、《青年园地》月刊、《大学》月刊编辑。1944年，参加中国民主同盟，任民盟四川省支部委员，筹建组织成都市民主青年协会，负责指导川大民主青年协会工作和学生运动。1946年，被川大校长解聘后到南京民盟总部，任民盟中央委员兼组织委员会副主任委员。1949年，出席中国人民政治协商会议第一届全体会议。建国后，任林垦部、林业部副部长。1953年，调任北京林学院院长、中共北京林学院党委书记。1962年，任中国林学会第三届理事长、中国林业科学研究院副院长。第二、三届全国政协委员。著有《小规模造林法》。（中央统战部干部局）

**惠中权** (1916.12.21～1968.4.1) 男，陕西清涧人。1934年加入中国共产党。曾任中共陕西省甘泉、靖边县委书记。1942年陕甘宁边区高级干部会议上被选为模范县委书记，并得到毛泽东“实事求是，不尚空谈”的亲笔题词。后任中共三边地委组织部部长，中共中央西北局政策研究室研究员，陕甘宁边区政府民政厅、建设厅、农业厅副厅长。建国后，历任西北军政委员会农林部部长，中共华南垦殖局党委副书记、副局长，中共广东省海南区党委书记兼海南垦殖局局长，林业部副部长。中共七、八大代表，第三届全国人大代表。（林业部人事司）

**刘 达** (1911～ ) 男，黑龙江肇源人，又名刘成栋。1935年入辅仁大学中国语言文学系，同年加入东北抗日救国联合会，曾参加“一二·九”学生运动。1936年加入中国共产党。“七七”事变后参加抗日战争，长期在晋察冀根据地工作。抗战胜利后，被派往东北，曾任哈尔滨市市长等职。1948年，任东北农学院院长、党委书记，后兼任东北森林工业总局局长。1955年，任林业部副部长。1956年，任森林工业部副部长。1958年，任东北林学院院长兼党委书记。1963年后，曾任中国科学技术大学党委书记，国家标准计量局局长。1977年后，任清华大学校长兼党委书记。1983年起，任清华大学名誉校长。中共十二大代表，第五届全国人大代表、第六届全国人大常委会委员，全国人大教科文卫委员会委员。（清华大学校长办公室）

**张克侠** (1900.10.7～1984.7.7) 男，河北献县人，中共党员。1923年毕业于保定军官学校，后加入西北军。1925年参加北伐战争，曾任北伐军营长。1927年赴苏联莫斯科中山大学学习，次年回国，历任西北军师参谋长，察绥抗日同盟军高级参谋，第六战区司令部副参谋长，国民党第五十九军参谋长，三十三集团军参谋长、副总司令，第三绥靖区副司令官。1948年，同何基沣在贾旺、台儿庄率部起义，后参加渡江战役。1949年起，历任第三野战军第三十三军军长，上海淞沪警备区参谋长，华东军政委员会农林部部长，华东行政委员会森林工业管理局局长，林业部副部长兼中国林业科学研究院院长，中国林学会第二届理事长。1955年获一级解放勋章。第四届全国人大代表，第五届全国政协常务委员。 （林业部人事司）

**张庆孚** （1901～1968.9） 男，江苏江阴人。1925年加入中国共产党，次年毕业于上海大学英文系，曾任黄埔军校政治教官，国民革命军三十五军三师、十九军一师政治部主任，师、军部党团书记。1928年起，任上海政法学院教授，延安红军大学、抗日军政大学、军政学院政治教员，中共东北军区军需学校党委书记，中南军区军需部政治部主任。建国后，历任林业部办公厅主任、副部长。中共八大代表，第三、四届全国政协委员。

（林业部人事司）

**周骏鸣** （1902.2～ ） 男，河南确山人。1933年6月参加革命，同年加入中国共产党。第二次国内革命战争时期，历任中共确山县委书记，中共河南省委委员、省委军委书记，鄂豫边区党委委员，鄂豫边区红军游击队政治指导员，队长。抗日战争爆发后，鄂豫皖地区红军游击队改编为新四军第四支队时，担任新四军第四支队八团队团队长。1939年7月，任新四军第五支队副司令员。1941年1月起，担任新四军第二师参谋长。1943年春赴延安中央党校学习。第三次国内革命战争时期，历任淮南军区司令员，华中军区参谋长，华东军区副参谋长，华东军区后勤部司令员。建国初期，任华东军区副参谋长。1954年起，历任中华人民共和国水利部副部长、林业部副部长。1960年以后，任黑龙江省农牧厅副厅长。1979年起，任河南省政协副主席。 （政协河南省委员会办公厅）

**陈　离** （1893.4～1977.5.3） 男，汉族，四川安岳人，曾用名静珊。1911年入四川陆军军官学堂，1914年毕业后，在川军邓锡侯部任排、连、营、团、旅、师长。1933年，入陆军大学将官班受训。1937年底，出川参加抗日战争，任二十二集团军四十五军中将副军长兼一二七师师长。在台儿庄会战中，参加堵击敌军于滕县的战役，负重伤，后任第五战区干训团主任。在此期间，与八路军总司令朱德和新四军五师李先念部有联系，曾赠送新四军和抗日游击队枪枝、子弹、电台、作战地图、棉衣等物资。因他与中共党员的联系被国民党发现，1942年被撤职，回到成都邓锡侯部，任四川省防空司令部副司令。1945年，任成都市长。1947年，调任四川泸县七区专员。回川后，仍继续帮助革命工作，多次掩护、援救中共地下工作人员，并与中共党员曹荻秋、张执一等保持联系。1949年12月，在彭县参与刘文辉、邓锡侯起义的活动。1950年，任西南军政委员会委员兼水利部副部长。1954年，任长江水利规划委员会副主任。1956年，任武汉市政协副主席。1958年，任湖北省副省长。1959年，调任林业部副部长。民革中央委员，第一、二、三、四届全国人大代表。 （中央统战部干部局）

**唐子奇** （1907.3.26～ ） 男，湖南浏阳人。1927年参加贺龙二十军教导团，参加了南昌起义。同年加入中国共产主义青年团，1932年加入中国共产党。曾任湘赣苏区红军第十七师侦察参谋、科长，八路军三五九旅参谋长，陕西省绥（德）米（脂）葭（今佳县）吴（堡）清（涧）警备区司令部参谋长，抗日军政大学七分校教育长，晋绥军区第六军分区司令员，晋绥军区总兵站站长，西北野战军第六纵队参谋长。建国后，历任林垦部林政司司长，森林工业部部长助理，林业部副部长。第五、六届全国政协委员。 （林业部人事司）

**张　昭** （1911.9～ ） 男，辽宁昌图人。"九一八"事变，参加学生抗日义勇军，1932年参加"一·二八"淞沪抗战，1933年参加热河抗战。1938年参加革命，1939年加入中国共产党。曾任东北救亡总会华北分会宣传部长，河北省昌乐县长，东北四平地区专员，辽北省民政厅副厅长，齐齐哈尔市副市长，嫩江省第三行政专员公署、合江省第一行政专员公署专员，合江省民政厅厅长、秘书长。建国后，曾任林业部造林司司长、部长助理、常务副部长，国家水产总局副总局长、党组副书记。

（农牧渔业部人事司）

**梁昌武** （1918.1～ ） 男，山东东平人。1938年参加东平县救亡协会、东平县抗日政府战地服务团。1939年参加八路军，任115师政治部民运部干事，同年加入中国共产党。曾任山东省支前办事处人民武装部部长，华东军区支前司令部人民武装部、运输部副部长。建国后，历任华东合作总社秘书长，华东行政委员会森林工业管理局副局长，林业部计划司副司长、司长，林业部副部长，农林部副部长，国家林业总局副局长，林业部副部长。

（林业部人事司）

**杨天放** （1918.10～ ） 男，安徽桐城（今枞阳）人。1938年加入中国共产党。曾任中共冀中区党委党校系总支书记，中共河北省赵县县委宣传部部长，冀中军区后勤部兵工生产管理处副处长，中共晋察冀边区工业局党委组织部部长，华北人民政府企业部人事处副处长。建国后，历任重工业部人事司、劳资司司长，第一机械工业部劳资司司长、办公厅副主任、仪表局局长、第一工业局局长，沈阳市副市长，林业部副部长。 （林业部人事司）

**荀昌五** （1906～ ） 男，河北曲阳人。1931年加入中国共产党。曾任中共曲阳县委书记，曲阳县游击队政委，晋察冀边区人民武装抗日委员会主任，晋察冀边区人民武装部副部长。1949年后，任华北人民革命大学教务主任，华北行政委员会农林局副局长，林业部林产工业司司长、部长助理、副部长。第五届全国政协委员。 （林业部人事司）

**张世军** （1920.7～ ） 男，辽宁沈阳人。1937年入山西新军教导师任指导员、教导员，次年加入中国共产党。曾任晋察冀军区政治部《子弟兵报》编辑、记者，冀中军区编辑科科长，《前线报》社副社长、社长、总编辑，沈阳市政府秘书长，黑龙江省克山、通肯、拜泉县县长。1948年后，历任黑龙江省农林厅厅长、省人民政府秘书长，中共黑龙江省委秘书长、省委林业部部长、省委常委，林业部副部长兼东北林业总局局长，黑龙江省革命委员会副主任，林业部副部长、顾问。 （林业部人事司）

**杨珏** （1915.12～ ） 男，山西乡宁人。1937年春参加山西省牺牲救国同盟会，同年加入中国共产党。曾任晋东南总工会主席，中共太行五地委城市工作部部长、地委副书记、书记，太行区委宣传部副部长。1949年起，历任中共安阳地委书记，平原省委秘书长，河南省委副书记、书记，国家经委副主任，国家林业总局副局长，林业部副部长，中国农村发展研究中心副主任。中共中央纪律检查委员会委员。 （林业部人事司）

**马玉槐** （1917.6.3～ ） 男，回族，河北任丘人。1938年加入中国共产党。曾任冀中区、晋察冀边区回民抗战建国总会主任，冀中军区回民支队政委、第九军分区副政委。1949年起，历任北京市回民工作委员会主任，民政局局长兼民族事务委员会主任，回民学院院长，中国伊斯兰教协会副主任，中国伊斯兰教经学院院长，中国印度尼西亚友好协会副会长，中共宁夏回族自治区委员会书记处书记、自治区人民委员会党组书记、自治区人民委员会副主席，林业部副部长、顾问，中央绿化委员会办公室副主任，中国绿化基金会副主席。第一、二、三届全国人大代表，第六届全国政协委员。

（林业部人事司）

**郝玉山** （1916～ ） 男，陕西米脂人。1933年参加秀延县游击队，次年加入中国共产党。曾任米脂独立五营、基干游击队政委，中共陕西省定边县委书记，三边军分区政治部主任。建国后，历任宁夏省建设厅厅长，广东省海南行政公署第一副主任，中共广东省海南区党委第一副书记，广东省农业厅厅长，甘肃省计委副主任，宁夏回族自治区人民委员会副主席，中共中央西北局农村工作部副部长，林业部副部长。 （林业部人事司）

**杨延森** （1920.8～ ） 男，上海市人。1938年加入中国共产党。曾任陕甘宁边区荣誉军人学校政治教员，吉林省通化利华林木公司经理，辽东省林务局局长。建国后，历任东北森林工业总局处长，黑龙江省伊春林业管理局副局长，中共伊春市委副书记，林业部副部长，中共中央纪律检查委员会驻林业部纪律检查组组长。 （林业部人事司）

**汪滨** （1923.11～ ） 男，河南新安人。1938年任晋西南战地工作服务团团员，1940年加入中国共产党。曾任晋绥军区第八军分区政治部干事，延安中共中央办公厅秘书处速记员，湖北省罗田县七区区长、中共罗田县七区区委书记。建国后，历任湖北省新洲县县长，林业部经营局处长、森林保护司副司长，国家林业总局副局长，林业部副部长，中央绿化委员会办公室专职副主任。

（林业部人事司）

**刘琨** （1923.8.21～ ） 男，山东荣成人。1940年加入中国共产党。曾任中共山东省文西县九区区委宣传委员，东海专员公署实业督察员，胶东支前纵队三大队大队长，滨北、胶州行政公署科长。建国后，历任林业部造林司处长、办公室主任，造林司（局）副司（局）长，国营林场总局副局长，国家林业总局副局长，林业部副部长兼北京林业管理干部学院院长。 （林业部人事司）

**张磐石** （1905.5.6～ ） 男，山西寿阳人。1932年加入中国共产党。曾任北平中国社会科学家联盟党团书记，中共天津市委宣传部代部长，太行文化教育出版社编辑部部长，华北《新华日报》丛书编辑部部长，《冀南日报》总编辑，中共太行区党委宣传部部长，中共晋冀鲁豫中央局、中共中央华北局宣传部副部长，中共中央华北局机关报《人民日报》社社长兼总编辑。建国后，历任中共中央华北局宣传部部长，中共中央华北局第四副书记，中共中央宣传部副部长，林业部副部长。第一、二届全国政协委员，第五、六届全国政协常务委员。

（林业部人事司）

**王殿文** （1924.2～ ） 男，河北献县人。1942年在山东北海地委蓬莱县工作队工作，次年加入中国共产党。曾任中共黑龙江省肇东县委宣传部部长。建国后，历任肇东县县长，绥化森林工业管理局副局长，黑河专员公署副专员，黑龙江省林业厅副厅长，国务院农林办公室林业组副组长，农业部办公厅主任，林业部计划局局长、副部长。

（林业部人事司）

**董智勇** （1927.9～　　） 男，河北滦县人。1952年毕业于东北农学院森林系，1956年加入中国共产党。历任林业部政策研究室科长、工程师、森林保护局副局长，山西省雁北行政公署副专员，林业部副部长兼林业部科学技术委员会主任委员、中国野生动物保护协会副会长。（林业部人事司）

**刘广运** （1932.2～　　） 男，江苏铜山人。1948年入冀鲁豫行政公署干部学校学习，后任冀鲁豫行政公署财政处、平原省财政厅科员。1954年加入中国共产党。历任林业部政策研究室科长，农林部政策研究室副处长，林业部办公厅副主任、主任、副部长。（林业部人事司）

**徐有芳** （1939.12～　　） 男，安徽广德人。1963年毕业于安徽农学院林学专业，1973年加入中国共产党。历任吉林省林业厅工程师、副处长，露水河林业局副局长，吉林省林业厅副厅长兼省林业工业联合公司经理，林业部林业工业局局长、副部长。（林业部人事司）

## 专家、劳动模范

陈　嵘

郝景盛

郑万钧

刘慎谔

沈鹏飞

吴中伦

阳含熙

关君蔚

成俊卿

叶培忠

熊文愈

马大浦

张子良

邵均

傅焕光

叶雅各

程复新

朱惠方

干铎

陈植

殷良弼

李驹

申宗圻

周桢

**陈 嵘** (1888～1971.1.10) 男，浙江安吉人，字宗一。1913年于日本北海道帝国大学林科毕业。1925年获美国哈佛大学硕士学位。曾创办浙江省甲种农业学校，任校长。后任江苏省立第一农业学校林科主任，金陵大学教授、森林系主任。1917年参加发起成立中华农学会，并任第一届会长兼总干事长。建国后，历任中央林业科学研究所所长，中国林业科学研究院林业研究所所长。第三届全国政协委员，中国林学会第一、二、三届副理事长和第三届代理事长。1953年加入九三学社。毕生致力于树木分类学、造林学、林业史的教学与研究。热爱林业科学事业，临终前将2万卷珍贵藏书献给中国林业科学研究院，78000元积蓄捐给中国林学会，作为奖励基金。著有《中国树木分类学》、《造林学各论》、《造林学特论》、《造林学概要》、《中国森林史料》等。

（林业部人名词典办公室）

**郝景盛** (1903～1955) 男，河北正定人。1931年毕业于北京大学生物系。1934～1938年公费留学德国，获自然科学和林学两个博士学位。1939年初回国，曾任重庆中央大学森林系教授，昆明北平研究院植物研究所研究员、所长，东北大学农学院森林系教授、院长。建国后，历任中国科学院植物研究所研究员，林业部总工程师。1953～1954年兼任山西省林业顾问。早年从事植物分类学研究，后转向森林学。著有《中国北部忍冬科图志》、《中国杨属植物志》、《中国柳属植物志》、《造林学》、《中国木本植物属志》、《中国裸子植物志》、《林学概论》、《红松林经营法则》、《主要林木收获、材积和生长表》等。

（中国大百科全书出版社）

**郑万钧** (1904.6.24～1983.7.25) 男，江苏徐州人，号伯衡。1923年毕业于江苏省立第一农业学校林科。1939年获法国图卢兹大学科学博士学位。回国后，曾任中国科学社生物研究所研究员，云南农林植物研究所研究员、副所长，云南大学、中央大学教授。建国后，历任南京大学农学院教授、森林系主任，南京林学院副院长、院长，中国林业科学研究院研究员、院长、名誉院长。中国林学会第一届理事，第二、三届副理事长，第四届理事长。国务院学位委员会农学评议组成员。中国科学院生物学部委员。1950年加入九三学社。1956年加入中国共产党。九三学社第五、六届中央委员，第三届全国人大代表，第四、五届全国政协委员。毕生从事林学、树木学的教学与研究，尤长于裸子植物分类，命名了约100个树木新种和3个新属。1948年与胡先骕共同命名的水杉，被称为植物"活化石"。对中国裸子植物门的研究获1982年国家自然科学二等奖。主编《中国主要树种造林技术》、《中国植物志》(第七卷)和《中国树木志》(共4卷，已出第一、二卷)。

（林业部人名词典办公室）

**刘慎谔** (1897～1975) 男，山东宁海(今牟平)人，字士林。1920年到法国留学，1926年获法国克莱孟大学理学硕士学位，1929年获巴黎大学理学博士学位。1929年回国后，在林镕、夏纬瑛、孔宪武等的协助下，创办了北平研究院植物研究所，任所长兼研究员，并在北平大学农学院农业生物系及中法大学生物系任植物学教授。建国后，历任东北农学院植物调查研究所所长，中国科学院林业土壤研究所研究员兼副所长，中国植物学会副理事长，沈阳市副市长。重要著作有《针叶林的附生植被》(法文)、《东北木本植物图志》、《东北资源植物手册》、《东北药用植物志》、《历史植物地理学》等。他领导的森林采伐更新理论的研究获1978年全国科学大会奖。1985年，《刘慎谔文集》出版。

（中国大百科全书出版社）

**沈鹏飞** (1893.7.5～1983.1.6) 男，广东番禺人，字云程。1907年入"两广"方言学堂学习。1911年被遴选到清华学堂留美预备班，1917年毕业，赴美国俄勒冈州大学学习森林工业，获学士学位，后又在耶鲁大学攻读林学，获硕士学位。1923年回国，曾任广东农业专门学校、北京农业大学、中山大学、上海暨南大学、同济大学、广西大学教授、系主任、农学院院长，代理中山大学校长，上海暨南大学校长。建国后，历任中山大学、华南农学院、广东林学院、中南林学院、华南农业大学教授、系主任、院长，广州暨南大学顾问，广东省林学会理事长，中国林学会第四届理事会名誉理事长，中国遥感学会名誉理事长，农工民主党第八届中央委员，农工民主党第五届广东省委副主任委员。20年代，曾创办中山大学白云山第一模范林场。30年代，与郑万钧筹办南京中山陵园植物园。曾发表《调查西沙群岛报告》、《重视森林经理，发展森林经理——我国森林经理的实践意义和问题》、《南方林业遥感试验场建设探讨与工作报告》等论文，著有《橡胶林经理》，主编西南华南地区高等林业院校教材《森林经理学》。

（中国大百科全书出版社）

**吴中伦** (1913～ ) 男，浙江诸暨人。1940年毕业于金陵大学农学院森林系。1947年获美国耶鲁大学林学硕士学位。1950年在美国杜克大学获森林博士学位。历任林业部造林司总工程师，国家林业总局副局长，中国林业科学研究院研究员、副院长。中国科学院生物学部委员。国务院学位委员会农学评议组成员，中国林学会第二届常务理事、第三届秘书长，第四届副理事长，第五、六届理事长。第三届全国人大代表，第六届全国政协委员。1956年获全国先进工作者称号。1957年加入中国共产党。

主编《杉木》、《国外树种引种概论》等。译有《植物群落的研究》。 (林业部人名词典办公室)

**阳含熙** (1918.4.29～ ) 男，江西南昌人。1939年毕业于金陵大学森林系，1949年获澳大利亚墨尔本大学植物学院森林科学硕士，1950年获英国牛津大学森林学院林学硕士。1951年回国后，曾先后任浙江大学森林系副教授，东北农学院林学系副教授，中国林业科学研究院林业科学研究所研究员，中国科学院自然资源综合考察委员会研究员，中国科学院生物学部研究员；并担任中国科学院自然资源考察委员会学术委员会主任，中国林学会理事、顾问，中国人与生物圈国家委员会秘书长、副主席，中国生态学会副理事长，中国生态经济学会副理事长，联合国人与生物圈协调理事会副主席，英国《环境管理科学》杂志编辑，中国国际文化交流中心理事，第五、六届全国政协委员，第三届中国民主同盟中央委员等职。1956年与1962年两次到越南执行援助任务，荣获越南政府胡志明友谊奖章和奖状。主要论文和著作有：《华南桉树生长情况与栽培方法》、《杉木速生丰产规律与栽培技术研究》、《杉木的根系》、《越南森林植物资源》、《植物生态学和植物生理生态学》等。

(人与生物圈国家委员会秘书处)

**关君蔚** (1917～ ) 男，满族，奉天沈阳(今辽宁沈阳)人。1941年于日本东京高等农林学校毕业。曾任北京大学农学院副教授。建国后，历任河北农学院副教授，北京林学院、北京林业大学教授、水土保持系主任。1985年加入中国共产党。中国林学会第二、五届理事。发表《泥石流的运动规律及其防治途径的研究》、《山区建设与水土保持》等论文。主编高等林业院校交流讲义《水土保持学》。

(林业部人名词典办公室)

**成俊卿** (1915～ ) 男，四川江津人。1942年于四川大学农学院森林系毕业。1951年在美国华盛顿大学林学院获林学硕士学位。历任安徽农学院副教授，中国林业科学研究院木材工业研究所研究员。中国林学会第二、四届理事，第六届全国政协委员。发表《泡桐属木材的性质和用途的研究》等论文。著有《中国热带及亚热带木材识别、材性和利用》、《中国裸子植物材的解剖性质和用途》。主编《木材学》。

(林业部人名词典办公室)

**叶培忠** (1899～1978) 男，江苏江阴人。1927年毕业于金陵大学农学院森林系。1930年任英国爱丁堡皇家植物园研究员。1932年回国后，曾任南京中山植物园技师，四川省农业改进所林业试验场场长，甘肃天水水土保持实验区技正、主任。建国后，历任武汉大学、华中农学院、南京林学院教授。1956年加入中国共产党。先后选育和培育出优良品种小叶杨、银白杨、黑松×云南松杂交种、亚美杂种马褂木。主持建立我国第一个杉木第一代种子园。主编高等林业院校交流讲义《树木育种学》，编著有《植物繁殖》。 (林业部人名词典办公室)

**熊文愈** (1915～ ) 男，四川崇庆人。1940年于四川大学农学院森林系毕业，留校任教。1946年赴美国留学，1947年获美国耶鲁大学林学硕士，1951年在美国明尼苏达大学获哲学博士学位后，留校任林学院研究员。1953年回国，历任南京林学院、南京林业大学副教授、教授、林学系主任。国务院学位委员会农学评议组成员，中国林学会第三、四、五届理事，江苏省生态学会理事长。1955年参加九三学社。1979～1980年任美国爱达荷大学林学院客座教授。1981年加入中国共产党。与他人合作完成的《毛竹丰产和北移区划的研究》成果，1978年获全国科学大会奖。主编华东华中区高等林业院校教学用书《森林学》。并与他人合作编著《竹林培育》。

(林业部人名词典办公室)

**马大浦** (1904～ ) 男，安徽太湖人。1932年毕业于中央大学农学院森林系。1937年在美国明尼苏达大学研究院获科学硕士学位。曾任广西大学教授，中正大学、中央大学教授、森林系主任，安徽省农林局局长。建国后，历任南京大学教授、森林系主任，南京林学院、南京林业大学教授、林学系主任、副院长、院长、名誉院长。国务院学位委员会农学评议组成员，中国林学会第四届副理事长。1950年加入九三学社，1956年加入中国共产党。主编《主要树木种苗图谱》、华东华中区高等林业院校教学用书《造林学》。 (林业部人名词典办公室)

**张子良** (1905～1972) 男，陕西清涧人。1936年在延安任中共中央党校管理科长，同年加入中国共产党。1938年曾任中共中央办公厅总务处、供给处副处长、处长，冀热辽中央分局行政处处长，牡丹江金矿局局长。1948年起，历任合江省林务局、东北林务总局副局长，伊春森林工业管理局局长，东北森林工业管理局副局长，林业部木材生产局局长。1956年任森林工业部部长助理，1958年任林业部带岭林业实验局党委书记，林业部带岭林业干部学校校长。1944年、1945年在延安时分别获得中共中央直属机关群英代表大会、陕甘宁边区政府授予的“特等模范工作者”称号。1959年出席全国先进生产者代表会议。 (林业部人名词典办公室)

**张万宏** (1911～ ) 男，湖南会同人。1954年创建全省第一个林农合作社，并任社长，同年加入中国共产党。后任会同县四岔路杉木种子园党支部书记，黔阳地区革命委员会副主任。第二、三、四、五届全国人大代表。长期从事杉木育苗、培育和管理，总结出“穴大、根舒、深栽、压实、不反山”的经验在全省推广。1979年获全国劳动模范称号。

（林业部人名词典办公室）

**邵　均**　（1903～1977）　男，江苏宜兴人。1921年毕业于江苏省立第一农业学校森林科。1927年毕业于日本北海道帝国大学农学部林科。曾任河北农学院教授、森林系主任，四川大学教授，农林部岷江林管处主任。1944年后，历任浙江大学农学院、东北林学院教授、森林系主任。1957年起，任黑龙江省林业厅副厅长、省林业科学研究院副院长。第四届黑龙江省政协副主席，中国林学会第一届理事，第二、三届常务理事。1951年加入中国民主同盟。第二、三届民盟中央委员，民盟黑龙江省委第一、二、三届副主任委员、第三届代主任委员。著有《树干解析法》、《测树学》、《森林经理学》、《森林手册》。　（林业部人名词典办公室）

**傅焕光**　（1892～1972）　男，江苏太仓人。1918年毕业于菲律宾大学林科。曾任江苏省立第一农业学校校长，南京中山陵园主任技师，国民党政府农林部林业司科长兼四川教育学院教授，甘肃天水水土保持实验区主任，中央林业实验所所长，中华林学会理事。建国后，任华东林业总局副局长，1953年任安徽省林业厅研究室主任、厅副总工程师，安徽省林业科学研究所副所长。中国林学会第三届理事，第三届全国人大代表。著有《中山陵园小志》、《陵园》、《中国农业和农业教育》。

（林业部人名词典办公室）

**叶雅各**　（1894～1967）　男，广东番禺人，又名叶雅谷。1919年毕业于美国耶鲁大学森林学院，获硕士学位。1921年起曾任金陵大学教授、森林系主任，武汉大学生物系教授、工学院院长、农学院院长。1928年任国立武汉大学建筑设备委员会委员，参与选定珞珈山校址、制定校园总体规划的工作，并负责造林绿化。1950年任湖北农学院教授、森林系主任，1951年起，任湖北省农林厅、林业厅副厅长、省林业局局长。中国林学会第一、二届理事，第三届常务理事。发表《杉木筒状整枝》、《杉木是强阳性》等论文。　（林业部人名词典办公室）

**程复新**　（1894～1956）　男，山东东平人。1917年毕业于燕京大学理科。1931年毕业于美国纽约州立林学院，获林学硕士学位。曾任浙江大学、四川大学、河北农学院森林系教授、系主任。1948年加入中国民主同盟。建国后，历任四川大学农学院院长，四川省农林厅、林业厅厅长。中国林学会第一届理事。四川省林学会第一届理事长、省科学技术普及协会第一届主席。著有《台湾之森林》、《中国木本植物学名解》，编著有《中国木材识别检索表》。

（林业部人名词典办公室）

**朱惠方**　（1902～1978）　男，江苏丹阳人。1927年毕业于奥地利垦殖大学研究院。曾任北平大学农学院、金陵大学农学院教授，长春大学农学院教授、院长，台湾大学农学院教授、森林系主任，美国纽约州立大学林学院研究员。1956年回国后，历任中国林业科学研究院木材工业研究所副所长、研究员。中国林学会第二届理事，第三届副理事长，第五届全国政协常务委员。发表《中国经济木材之识别（针叶树材部分）》、《国产33种竹材制浆应用上纤维形态结构的研究》等论文。主持“塑合木材的研究”成果，获1978年全国科学大会奖。编有《英汉林业词汇》，主编《英汉林业科技词典》。

（林业部人名词典办公室）

**干　铎**　（1903～1961）　男，湖北广济人。1923年在北京大学德国文学系肄业。1929年毕业于日本东京帝国大学林学实科，继在日本农林省目黑林业试验场当研究生。1932年回国。历任湖北农业改进所技师，湖北农学院、中央大学教授。建国后，历任南京大学教授、校务委员会秘书长，南京林学院教授、林学系主任、副院长。九三学社发起人之一，九三学社第三、四届中央委员、第五届中央常委，第三届全国政协委员。主编《森林经营规划学》、《中国林业技术史料初步研究》。

（林业部人名词典办公室）

**陈　植**　（1899～　　）　男，江苏崇明（今属上海市）人。1922年毕业于日本东京帝国大学农学部林学科。曾任中央大学、云南大学、中山大学教授，河南大学农学院院长。建国后，历任南昌大学、华中农学院、南京林学院、南京林业大学教授。1956年加入九三学社。长期从事造园学、造林学、林学史的教学与研究。著有《造园学概论》，编著有《造林学原论》、《观赏树木学》，与他人合编《中国历代名园记选注》等。　（林业部人名词典办公室）

**殷良弼**　（1894～1982）　男，江苏无锡人。1917年于北京农业专门学校林科毕业。1920年于日本东京帝国大学农学部林学科毕业。曾任北平大学农学院、西北农学院、浙江英士大学农学院教授。建国后，历任北京农业大学教授、森林系主任，北京林学院教授、副教务长。1951年参与发起组建中国林学会，任第一、二、三届常务理事，第四届理事，北京市林学会第一届理事长。1956年加入九三学社。编有《林产制造学》、《实用伐木运材及工程学》等。

（林业部人名词典办公室）

**李　驹**　（1900～1982）　男，广东梅县人，号超然。1921年毕业于法国高等园艺学校，1923年于法国巴黎热带植物学院毕业。同年回国后，曾任中山大学园艺科主任、教授，上海劳动大学、中央大学农学院、重庆大学农学院、四川大学农学院教授、园林系主任。1928年与胡昌炽教授等人发起成立中国园艺学会，并当选为首届理事长。建国后，历任北京林学院教授、园林系主任。编有《苗圃学》等。

（林业部人名词典办公室）

**申宗圻** （1917～ ） 男，江苏苏州人。1940年毕业于金陵大学农学院森林系。1945年留学美国耶鲁大学。1946年回国，任北京大学农学院讲师。建国后，历任北京农业大学农学院讲师，北京林学院、北京林业大学教授、森林工业系主任。中国林学会第二、三、四届理事，中国林学会第五届木材工业分会副理事长。从1956年起，先后与第二机械工业部、北京市第二棉纺厂、北京煤炭科学研究院、北京市木材厂等有关单位合作，研制成功压缩木磨球、压缩木织布木梭、压缩木锚杆。曾发表《木材的压缩》等论文，主编全国高等林业院校试用教材《木材学》。

（林业部人名词典办公室）

**周 桢** （1898～1982） 男，浙江青田人。1922年毕业于国立北京农业大学林科。1923～1927年留学德国，在萨克森德累斯顿高等林业专门学校专攻森林经理学。回国后，曾任浙江西湖林场场长、浙江大学农学院森林系副教授、北平大学农学院森林系教授兼林场场长。1937年抗日战争爆发后，随校迁至西安，任西北联合大学农学院森林系教授。1938年7月，农学院单独设立，称西北农学院，继任该院森林系教授。1940年后任中正大学森林系教授，福建农学院森林系教授、院长。1948年到台湾，任台湾大学农学院森林系教授、系主任、院长。著有《森林经理学》、《测树学》、《林价算法和较利学》、《台湾伐木事业》、《台湾森林经理》等。

（中国大百科全书出版社）

# 机关团体

## 中央绿化委员会

中央绿化委员会，是按照国务院、中央军委〔1982〕7号文件规定，于1982年2月28日正式成立。中共中央书记处书记、国务院副总理万里任主任委员；林业部部长雍文涛、中国人民解放军总后勤部部长洪学智、国务院秘书长杜星垣、国家建委主任韩光任副主任委员；委员有19名：共青团中央书记处书记李海峰、全国妇联书记处书记王云、全国总工会书记处书记刘实、教育部副部长曾德林、国家计委副主任甘子玉、国家经委副主任邱纯甫、中国人民解放军副总参谋长迟浩田、中国人民解放军总政治部副主任颜金生、中国人民解放军总后勤部副部长范子瑜、国家民航总局局长沈图、财政部副部长田一农、农业部副部长刘培植、水利电力部副部长李伯宁、交通部副部长王西萍、铁道部技术顾问（副部级）吴钰、煤炭部副部长贾慧生、轻工业部副部长杨玉山、林业部副部长马玉槐、国家城建总局副局长秦仲方。雍文涛兼任中央绿化委员会办公室主任。

1983年5月7日，中央绿化委员会进行了调整。主任委员仍为中共中央书记处书记、国务院副总理万里；副主任委员为林业部顾问雍文涛、中国人民解放军总后勤部部长洪学智、国务院秘书长杜星垣、林业部部长杨钟、城乡建设环境保护部部长李锡铭；委员有共青团中央书记处候补书记张宝顺、全国妇联书记处书记王云、全国总工会书记处书记刘实、教育部副部长张文松、国家计委副主任何康、国家经委顾问邱纯甫、中国人民解放军副总参谋长何正文、中国人民解放军总政治部副主任颜金生、中国人民解放军总后勤部顾问范子瑜、中国民用航空局局长沈图、财政部副部长迟海滨、农牧渔业部牧工商总公司董事长刘培植、水利电力部副部长李伯宁、交通部副部长王展意、铁道部技术顾问吴钰、煤炭工业部副部长胡富国、轻工业部纪律检查组组长杨玉山、林业部顾问马玉槐、城乡建设环境保护部副部长廉仲。杨钟任中央绿化委员会办公室主任，并主持日常工作；中央绿化委员会办公室副主任为马玉槐、范子瑜、廉仲、汪滨（专职副主任）。

中央绿化委员会办公室设在林业部，下设城市组（设在国家城建总局）、农村组（设在林业部）、部队组（设在中国人民解放军总后勤部）。1983年5月，又成立了中央绿化委员会办公室综合组（设在林业部）。

根据国务院《关于开展全民义务植树运动的实施办法》的规定，中央绿化委员会的任务是：统一领导全国全民义务植树运动和整个造林绿化工作。

中央绿化委员会成立以来，每年都由主任委员万里主持召开一次全体委员会议，听取有关全国绿化工作进展情况的报告，议定有关推动全民义务植树运动的措施和决定，研究解决绿化工作中的问题。经历次会议审定、决定、建议或倡议的大事有：决定成立中国绿化基金会；审定中国植树节节徽；决定于1984年表彰221个全民义务植树先进单位；通过了《关于各部门绿化任务分工负责的建议》、《关于植纪念树造纪念林的倡议》和《关于进一步推动绿化工作的建议》等。

中央绿化委员会成立以后，全国29个省、自治区、直辖市和2400多个地（市）、县（旗）相继成立了绿化委员会；国务院有10多个部委建立了本系统的绿化委员会；中国人民解放军各大军区、各军兵种以及师团以上单位，都成立了绿化委员会或绿化领导小组。中央绿化委员会致力于推动全民义务植树运动的广泛开展，加速了国土绿化的进程。全国每年约有2亿多人参加全民义务植树活动，5年来共义务植树50多亿株。

中央绿化委员会大力开展了绿化国土的宣传活动。为深入宣传第五届全国人大第四次会议于1981年12月13日通过的《关于开展全民义务植树运动的决议》和国务院《关于开展全民义务植树运动的实施办法》，中央绿化委员会发出了《关于进一步加强绿化宣传教育的函》，要求各部门、各级党政机关和新闻单位加强绿化宣传教育工作。5年来，编印出版了《关于开展全民义务植树运动的重要文件》、《全民义务植树》等宣传、学习资料；编写出版了造林绿化技术丛书；定期出版了内部发行的期刊《国土绿化》。在每年植树节前后，中央绿化委员会办公室同宣传部门密切协作，利用报纸、电视、广播等各种形式，发表社论、评论，发布消息、报道，广泛宣传中央绿化委员会全体委员会议的精神，对推动造林绿化起到了重要作用。

为加强对绿化工作的督促检查，总结并推广各地的先进经验，中央绿化委员会办公室先后两次召开了各省、自治区、直辖市绿化委员会办公室主任会议，明确了各级办公室的任务，总结、交流了开展全民义务植树和绿化工作的经验。1983 年 3 月，中央绿化委员会、共青团中央联合发出《关于在全国青少年中开展义务植树竞赛的决定》；1986 年 1 月，国家教育委员会、中央绿化委员会联合发出《关于开展校园绿化大力营造学校林的通知》。各地的各类学校积极行动，大搞校园绿化。中央绿化委员会办公室先后 3 次组织北京、天津、上海、南京、武汉、广州等 15 个大城市进行绿化检查。根据《关于开展全民义务植树运动的决议》中有关规定，经中央绿化委员会第三次全体会议决定，在全国表彰了 221 个全民义务植树先进单位，并颁发了奖状和证书。1985 年 1 月 9 日至 12 日，中央绿化委员会和共青团中央联合召开全国青少年绿化祖国表彰大会，表彰了 400 个青少年绿化祖国突击队和 600 名绿化祖国突击手，并向他们颁发了奖状、证书和奖品。

为促进我国国土绿化，学习绿化先进经验，中央绿化委员会组织了国际交往活动，先后组团考察了朝鲜人民民主共和国全民义务植树及国土绿化、德意志联邦共和国矿区绿化和日本国的国土绿化及林业发展。中央绿化委员会接待并组织日中绿化交流协会代表团来华植树的友好活动和技术交流，还接待了美中友协等来华访问的外国客人。1985 年 6 月 28 日，中央绿化委员会和林业部在北京联合举办了“国际森林年”报告会。

（中央绿化委员会办公室）

## 中国绿化基金会

中国绿化基金会，是经 1984 年 2 月 18 日中央绿化委员会第三次全体会议决定，并根据 1984 年 3 月中共中央、国务院颁发的《关于深入扎实地开展绿化祖国运动的指示》中有关规定成立的。1984 年 10 月 26 日，国务院第 47 次会议，批准乌兰夫任中国绿化基金会名誉主席、雍文涛任主席。1985 年 1 月 19 日，国务院批准中国绿化基金会理事会组成人员名单。

中国绿化基金会（简称基金会）通过基金的筹集和使用，致力于扩大绿地，绿化国土，治理山河。基金会是为建设我国良好生态环境和对全球性生态平衡作出贡献的非盈利性人民团体。其主要任务是：做好宣传教育工作，面向社会，面向群众，宣传绿化国土的重要性、迫切性、艰巨性和长期性，普及绿化知识，增强人们的绿化观念，使广大群众自觉投入绿化祖国的群众运动，投资投劳，献计献策。

基金会拟通过多种形式和渠道，广泛筹集绿化资金，协助各级政府和有关部门兴办绿化工程项目；并根据捐赠绿化资金者的意愿或急需绿化的情况，安排好绿化项目，管好、用好绿化基金。基金会要加强国际交往，扩大对外影响，同国外有关国土保安、绿化的团体和单位加强联系，参加有关的国际合作与交流。要加强对外宣传，争取海外侨胞、港澳同胞和国际友人以及友好团体、组织支援中国绿化事业，争取国际援助的绿化项目。

中国绿化基金会名誉主席是乌兰夫，顾问是黄华。雍文涛任主席，许家屯、马玉槐、柴泽民任副主席，王化云、庄希泉、许涤新，汪滨、汪菊渊、吴中伦、罗玉川、胥光义、张平化、张宝顺、侯学煜、秦仲方、黄甘英、焦若愚、蒋毅、蔡若虹等 16 人任理事，汪滨兼任秘书长。基金会设办公室，负责处理日常事务工作。基金会每两年召开一次全体理事会，每年召开两次常务会议。

1985 年 9 月 27 日，基金会在北京召开了第一次全体理事会议。乌兰夫、黄华出席会议，并发表了重要讲话。这次会议，审议通过了中国绿化基金会章程、会徽和基金管理使用办法。

基金会自成立以来，得到关心我国绿化事业的社会各界人士和广大人民群众的热情关注和大力支持。许多工人、农民、学生、解放军指战员、城镇居民、专家、学者以及国际友人和团体纷纷来信，对振兴我国绿化事业表示关切，认为大力植树种草种花是一项十分紧迫的任务，愿为绿化祖国的伟大事业献策、献资、献力。根据国内外捐赠者的意愿，基金会正在甘肃省兰州的皋兰山、山西省太原的天龙山、北京市的十三陵林场和十三陵水库等地，相继进行四项纪念林的绿化项目。

（中国绿化基金会办公室）

## 中华人民共和国林业部

中华人民共和国林业部（简称林业部）是国务院主管全国林业的行政机关。林业部的主要任务是：贯彻执行党和国家的林业方针、政策和法令，动员和依靠全国各族人民，植树造林，绿化祖国，保护和合理利用森林资源，对各省、自治区、直辖市的林业工作进行业务指导。

1949年10月，中华人民共和国成立后，根据中央人民政府组织法，设立了中央人民政府林垦部，管理全国林业和垦殖工作。梁希任部长。

1951年11月5日，经中央人民政府第13次会议决定，改林垦部为林业部，垦务工作移交农业部管理。1954年11月30日，中央人民政府林业部改名为中华人民共和国林业部。

1956年5月12日，全国人大常务委员会第40次会议决定，成立中华人民共和国森林工业部，罗隆基任部长。此后，营林和森林工业分别归林业部和森林工业部管理。1958年2月11日，第1届全国人大第5次会议决定撤销森林工业部，与林业部合并。1959年4月28日，第2届全国人大第1次会议决定，任命刘文辉为林业部长。林业部下设20个司局。1970年5月，林业部与农业、农垦、水产等5个单位合并为中华人民共和国农林部，沙风任部长。农林部下设林业组（后改为林业局）。1978年5月，成立国家林业总局，罗玉川任总局长。1979年2月16日，恢复中华人民共和国林业部，罗玉川任部长。1980年9月29日，第5届全国人大常务委员会决定，任命雍文涛为部长。1982年5月4日，第5届全国人大常务委员会第23次会议决定，任命杨钟为部长。

中华人民共和国林业部现任部长杨钟，副部长董智勇、刘广运、徐有芳，顾问马玉槐、张世军。

林业部机关现有司局为：办公厅、政策研究室、林业工业局、造林经营司、资源司、林政保护司、公安局、计划司、财务司、科学技术司、教育司、宣传司、外事司、人事司、行政司、老干部管理局、机关党委以及在银川市的职能局——“三北”防护林建设局，另有审计室、中央纪律检查委员会驻林业部纪律检查组。

林业部在京直属单位有：林业部林业机械公司、林业部物资供应公司、林业部林产工业公司、中国林产品经销公司、中国林木种子公司、中国林业国际合作公司、中国林业科学研究院、林业部林产工业设计院、林业部调查规划设计院、中国林业出版社、北京林业大学、北京林业管理干部学院。

**办公厅**　主要任务是：协助部领导处理机关日常工作，贯彻执行部机关各项工作制度，负责秘书、综合、档案、信访、保卫工作和司局间的协调工作等。

**政策研究室**　主要任务是：对林业重大方针政策问题进行调查研究，为部领导决策服务。

**林业工业局**　主要任务是：贯彻执行全国林区森林采育利用等方面的有关方针政策，负责森林的采伐运输、林业企业的资源培育和机电设备等管理工作。

**造林经营司**　主要任务是：贯彻执行造林经营方面的有关方针政策，负责国营、集体和个人的育苗、造林及农村义务植树方面的管理工作。制定育苗、造林和抚育管理方面的技术规程和管理办法，并组织贯彻执行。会同有关单位编制植树造林（包括竹林、经济林）的长远规划和年度规划。

**资源司**　主要任务是：负责全国森林资源清查、区划、规划，管理造林营林的调查设计工作，为制定林业方针政策，指导林业生产，搞好国土整治，提供基础资料、规划设计文件和依据。

**林政保护司**　主要任务是：组织草拟属于全局性的林业方面的法律和法规，负责林政管理，病虫害防治和检疫，野生动物和自然保护区的管理，鸟类环志，濒危物种进出口管理等工作。

**公安局**　主要任务是：督促查处毁林等案件，指导检查护林防火工作，了解掌握重点林区的社会治安情况，保护森林资源。

**计划司**　主要任务是：管理林业计划、统计、劳动工资和基本建设方面的业务，贯彻执行党和国家经济建设的方针政策，负责林业计划的编制、综合平衡、统计分析以及建设工程、劳动工资、安全卫生的管理，为部领导决策提供依据和建议。

**财务司** 主要任务是：贯彻执行党和国家的财经政策和各项规章制度，制订林业财务工作的各种制度，负责林业物价的管理工作，协同有关部门进行经济效益的综合分析。

**科学技术司** 主要任务是：贯彻执行党和国家有关科技工作的方针政策，管理林业科学技术发展工作，归口管理林业方面的标准、计量和质量工作。

**教育司** 主要任务是：管理高、中等林业教育、职工教育和干部培训，指导林区中小学、林业职业教育，组织授予林业学科专业学位权的审议和申报工作。

**宣传司** 主要任务是：采用各种形式，组织宣传国家林业方针、政策、法令和林业科学知识以及林业建设的先进经验等。

**外事司** 主要任务是：贯彻执行我国的对外方针政策，归口管理对外经济技术合作和科技交流，负责同国际组织、外国政府或组织的业务联系，组织出国活动及来访人员的接待工作。

**人事司** 主要任务是：主管部机关和直属单位的人事工作和科技干部管理工作。

**行政司** 主要任务是：管理部机关的行政事务工作，负责部机关的行政、财务、房管、基建、接待和工人的管理等服务工作。

**老干部管理局** 主要任务是：贯彻执行中共中央、国务院关于老干部工作的方针政策，检查落实按规定老干部应享受的政治、生活待遇，负责离退休干部的管理工作。

**机关党委** 主要任务是：宣传和贯彻党的路线及有关方针政策，负责部机关的党务工作和思想政治工作，组织部机关干部职工的政治理论学习。

**西北华北东北防护林建设局(简称“三北”局)** 是林业部的职能局，局址在宁夏回族自治区银川市。主要任务是：贯彻执行中共中央、国务院关于建设“三北”防护林的有关方针、政策，组织有关省、自治区、直辖市编制规划方案、长远计划和年度计划，督促、检查计划执行情况和总结、交流经验。

**审计室** 是林业部机关的处级单位。主要任务是：维护各项经济法规，严格财经纪律，促进经济效益的提高。

**中央纪律检查委员会驻林业部纪律检查组** 主要任务是：在中纪委的领导和林业部党组的指导下，维护党的章程和其他重要的规章制度，整顿党风，检查党的路线、方针、政策和决议的贯彻执行情况。

**林业部林业机械公司** 成立于1979年4月3日。主要任务是：在林业部的领导下，领导并管理所属企事业单位的人事、财务、产品生产、销售等工作。协同林业部物资供应公司管理所属林机企事业单位的物资供应工作。

**林业部物资供应公司** 成立于1979年2月2日。主要任务是：在林业部领导下，贯彻执行国家有关物资工作和能源管理工作的方针政策。按国家规定的供应体制，负责林业系统生产建设所需物资的供应、管理、节约和能源管理等项工作。

**林业部林产工业公司** 成立于1981年2月19日。主要任务是：在林业部的领导下，督促和检查林产工业行业与合营企业贯彻执行党和国家的方针政策的情况。按照国家计划，组织公司所属单位完成各项基本建设计划、技术改造计划和生产销售计划。代部对林产工业进行行业管理，负责技术培训、新技术和新产品的开发利用。经营木材加工和林化产品，开展林产工业产品的进出口贸易等。

**中国林产品经销公司** 成立于1979年6月29日。主要任务是：按照国家有关林业方面的方针政策，开展林产品及林副特产品的经营和产销服务工作。疏通流通渠道，发挥林业部门经营木材的主渠道作用，促进商品生产，搞活林区经济，为林业生产服务。

**中国林木种子公司** 成立于1979年2月5日。主要任务是：制定并组织执行林木种子管理方面的各项规章制度，编制林木种子生产建设发展的长远规划和年度计划，负责林木种子的经营和良种繁育的管理工作以及林木种苗进出口业务等。

**中国林业国际合作公司** 成立于1983年2月13日。主要任务是：开展各种形式的对外经济技术合作，按照国际惯例，对外开发森林，承包工程，提供技术服务和劳务合作。在国内外创建和经营合营企业，承担有关经济援助任务，办理林业产品、设备、技术进出口和花卉出口等业务。

**中国林业科学研究院** 是林业部的综合性林业科研单位。主要任务是：面向经济建设，紧密联系林业生产，开展科学研究，以应用技术研究为主，相应地开展应用基础理论研究，大力开展开发研究，以解决林业生产建设中重大的科技问题和经济问题。

**林业部林产工业设计院** 是林业部直属的事业单位。主要任务是：承担木材加工、人造板、林产化学等工业建设的设计和咨询工作，以及与林业工业有关的配套工程设计、民用建筑设计、非标准设备(含压力容器)设计。

**林业部调查规划设计院** 是林业部直属的生产性事业单位。主要任务是：根据林业部下达的计划及有关部门和单位的要求，完成林业资源调查、林业规划设计等任务。

**中国林业出版社**　主要任务是：贯彻执行党和国家的出版方针政策，组织广大著（译）者编著、翻译、出版各类林业图书、教材和期刊，为林业现代化服务。

**林业部林业机械制造行业管理办公室**　在林业部的领导下，按照国务院关于机械工业要面向全行业的要求，对全国林业机械制造工业实行行业管理。负责制定发展林业机械制造行业的技术政策，编制行业规划，组织横向联合与信息交流。

（林业部办公厅）

## 中国野生动物保护协会

中国野生动物保护协会（以下简称协会）成立于1983年12月。

协会是从事野生动物保护管理、科研教育、驯养繁殖、自然保护区管理工作者以及广大野生动物爱好者参加的群众性团体；是中国科学技术协会的团体会员。协会的主要任务：团结、组织全国的野生动物保护管理工作者、专家、学者和野生动物爱好者，为保护、发展和合理利用我国野生动物资源，拯救和保护濒危珍稀动物，推动我国野生动物保护工作的发展而作出贡献。协会的主要职责：组织会员认真贯彻党和国家有关保护野生动物的方针、政策和法令；积极开展拯救和保护珍稀野生动物的宣传教育、科学研究、学术交流和科学普及活动；为国家野生动物保护管理部门及经营利用等有关单位，提供业务咨询和技术服务；在国内外开展筹募保护野生动物资金的活动；同世界各国野生动物保护和自然保护组织建立联系，参与有关的国际合作和交流。

1983年12月，协会在北京召开成立大会暨理事会第一次会议，通过了协会章程，选举产生了领导机构。理事会由135人组成，常务理事有42人。胡乔木担任名誉会长；会长杨钟；副会长董智勇、谢文清、秦力生、朱荣、郑作新；秘书长李贵令。1985年5月，协会理事会在北京召开第二次会议。这次会议，听取协会的工作报告，调整领导机构，理事人数达153人，常务理事71人。会议确定了协会会徽，同意接纳申请入会的外国友好人士为协会通讯会员，并决定将林业部林政保护司主办的《野生动物》杂志改由协会与其合办，作为协会刊物。

协会一成立，便配合林业主管部门的抢救大熊猫工作，广泛开展了募捐活动。全国许多城乡及日本、美国、加拿大、联邦德国和香港等9个国家和地区的友好团体和人士，约1000万人参加了捐款活动。1984年和1986年，协会从捐款中拨给四川、陕西、甘肃3省26万元，用于抢救大熊猫；拨给青海省、新疆维吾尔自治区13万元，用于抢救被大雪围困的珍稀野生动物；拨给陕西省洋县10万元，用于保护朱鹮。

自1984年至1986年，协会同有关单位合作，举办较大规模的科普宣传活动13次，有25万人次参加。1986年，协会同中华人民共和国濒危物种进出口办公室、北京自然博物馆，在北京联合举办“虎年虎展”，参观人数达13万人；同《我们爱科学》杂志社、中央电视台少年儿童部、中国国际广播电台以及中国科技报社联合举办“我最喜欢的十种动物”评选活动，我国29个省、自治区、直辖市以及孟加拉、日本、印度等18个国家和地区的3.5万名小朋友参加了这一活动。为配合1985年至1987年国际湿地年宣传活动，协会于1986年拨专款6万元，组织黑龙江、吉林、辽宁、山东、江西、湖南等6省野生动物保护协会，开展保护湿地的宣传活动。协会组织有关专家、学者编写《中国的兽类》、《中国的鸟类》、《中国的爬行类》、《中国的两栖类》4种工具书。协会出版的双月刊杂志《野生动物》年发行量达1万份。

1985年3月，协会被批准为中国科学技术协会的团体会员后，于1986年6月派员出席在北京召开的中国科协第3次全国代表大会。中国科学技术协会国际科技会议中心、香港天龙影业有限公司、中国野生动物保护协会和英国剑桥大学生物系，于1986年商定，1987年7月在北京举行野生动物保护国际会议。

协会理事会设科学技术、生境保护、科普宣传、基金管理等4个专业委员会。截止1986年，山西、四川、广东、福建、辽宁、吉林、黑龙江、河南、贵州、陕西、宁夏、江苏、湖北、甘肃、山东、安徽、河北、广西、湖南、江西、浙江、上海和北京等23个省、自治区、直辖市先后成立了省级协会。目前，全国共有会员8000余人。

自1984年至1986年，协会接待来华访问的国际有关组织和11个国家或地区野生动物保护、自然保护和其他方面的工作者71批278人次。1984年12月，协会接待了“美国青少年抢救大熊猫小组”来华访问。该小组为抢救我国大熊猫在美国筹款10万美元，在华期间受到全国妇联主席康克清的接见。世界野生生物基金会日本委员会为抢救我国大熊猫作出了积极贡献，应协会邀请来华访问。协会安排日本客人参观了我国的自然保护区。1984年10月，协会加入国际自然与自然资源保护联盟后，于1985年9月和1986年4月分别接待了来访的该联盟湿地干事杜根和亚洲湿地协调官员斯克特。双方就在我国进行湿地保护合作项目和开展保护湿地宣传活动进行了商谈。此外，协会还同美国、联邦德国、英国、日本等开展了引进东北虎、野马及进行繁殖保护珍稀野生动物的合作。

与此同时，协会组织各地林业主管部门及野生动物保护部门的有关人员，先后赴美国、加拿大、澳大利亚、爱尔兰、西班牙、新加坡、日本及香港8个国家和地区，进行考察、访问或组织动物展出。

协会成立以来，先后7次选送大熊猫、金丝猴赴美国、加拿大、爱尔兰及香港等国家和地区展出。1984年7月，第23届奥运会期间，应美国有关方面和一些知名人士的请求，经国务院批准，协会从北京动物园选送大熊猫赴美国洛杉矶动物园展出，1985年7月，从卧龙自然保护区选送大熊猫赴加拿大多伦多展出，1984年11月，从成都动物园选送金丝猴赴美国圣地牙哥展出，都受到了借展城市的政府和民间社团的热情接待，增进了人民之间的了解和友谊。洛杉矶、多伦多两市市长，向出席开幕式的中国代表团赠送了象征友谊常存的城市钥匙。展出为保护我国珍稀野生动物筹集了一笔资金。1986年11月，赴爱尔兰参加大熊猫展出闭幕式的中方人员受到了爱尔兰总统的接见，总统赞扬了协会为增进中爱两国人民的友谊所作出的贡献。

1984年11月，协会秘书长李贵令等5人，应邀出席了在西班牙马德里召开的国际自然与自然资源保护联盟第16届大会。1986年9月和10月，协会先后组织了2个由动物学科专家参加的考察组，分赴美国和澳大利亚考察自然保护区建设和野生动物保护管理工作。（中国野生动物保护协会）

## 中国农林工会全国委员会

中国农林工会全国委员会(以下简称农林工会)正式成立于1959年6月。农林工会筹建于1952年12月，其前身是中华全国总工会农林水利工会工作委员会。1955年3月改组该委员会，分别成立中国林业工会筹备委员会和中国农业水利工会筹备委员会。1959年6月，这两个筹备委员会合并成立中国农林工会全国委员会。“十年动乱”期间，被迫停止工作；1978年10月，正式恢复工作。

中国农林工会全国委员会是中华全国总工会下属的一个全国性产业工会，分为农业(包括农垦、渔业、气象等)及林业两大系统。林业系统的工作范围，主要在黑龙江、吉林、四川、云南、陕西、内蒙古、新疆、甘肃等8个国有林区省、自治区，以及南方集体林区的福建、广东、湖北等省。中国农林工会全国委员会下设林业工作处，这11个省、自治区均有林业工会。南方集体林区的其它省、自治区均有农林水利工作委员会。根据“产业与地方相结合”的组织领导原则，农林工会同省、自治区、直辖市工会对它们实行双重领导。在国有林区的伊春、大兴安岭、松花江、牡丹江、合江等5个林业管理局设有林业工会；在吉林省的延边朝鲜族自治州林业管理局，四川省的阿坝藏族自治州、凉山彝族自治州、甘孜藏族自治州林业管理局，以及云南省金沙江林业管理局，也设有林业工会。

1983年召开的中国工会“十大”，确定了新时期工会工作的方针，即以四化建设为中心，为职工说话办事，维护职工的合法权益，加强对职工的思想政治教育和文化技术教育，建设一支有理想、有道德、有文化、有纪律的职工队伍，充分发挥工人阶级在两个文明建设中的主力军作用。根据这个总方针，中华全国总工会为产业工会确定的工作任务是：对本系统工会工作的主要方面和具有产业特点的重大问题进行调查研究；组织系统的经验交流，使党和国家的林业方针政策及工运方针在林业系统内贯彻落实，并对地方产业工会工作给予指导。

1953年中华全国总工会农林水利工作委员会主任为宋川，副主任为王显周。1955年中国林业工会筹备委员会主任为宋川，副主任为刘建农、范继先，秘书长为王一华。1959年6月，中国农林工会全国委员会主席为何英才，秘书长为王力生。1963年至1966年，宋川任副主席，张苏文任秘书长，1980年2月，中国农林工会全国委员会恢复后，阎兴民任秘书长，宋川任顾问。1981年7月，李克任副主席，欧阳辉(女)任秘书长。1982年7月，吕保柱任副主席；1986年12月，庞家驹任副主席。

党的十一届三中全会以后，林业系统自上而下恢复和整顿工会组织，在短短的两年里，8个国有林区省、自治区和131个木材采运企业，55个木材加工和林业机械修造企业，都相继健全了工会的组织机构。现在，国有林区的315个县团级以上的企事业单位中，有专职工会干部4888人。国有林区全民所有制企业的职工中，工会会员已占职工总数的90%以上。

为贯彻落实中共中央(1981)24号文件精神，推进企业的民主管理，农林工会同林业部于1981年11月在北京联合召开了全国林业企业民主管理座谈会。这次会议，促进了林业系统职工代表大会制的推行。目前，大部分事业单位和县团级以上的企业单位已推行职工代表大会制。1983年6月，农林工会在云南省召开了部分省、自治区基层工会主席座谈会，要求各级林业工会协助党政领导为职工办好事。1984年8月，农林工会在吉林省临江林业局召开了12省、自治区林业工会主席、组织部长及部分基层工会主席座谈会，总结、交流了黑龙江省桃山林业局工会在改革中做好工会工作的经验，研究了经济体制改革中工会工作面临的新形势，提出了加强工会工作的要求。林业部同农林工会于1986年12月在吉林省大石头林业局联合召开了加强企业管理、开展合理化建议及小技术革新活动座谈会，并联合发布了《关于在全国国有林区进一步开展合理化建议和技术革新活动的决定》。

农林工会在1982年和1986年曾两次进行了全国性职工队伍状况的调查，为提高职工队伍素质和建设一支“四有”(有理想、有道德、有文化、有纪律)林业职工队伍提供了依据。从1984年开始，在林业系统中开展了建设“职工之家”的活动。现在，国有林区林业企业各级工会组织建成“职工之家”的单位已占总数的70%左右。1986年3月，农林工会同林业部、农牧渔业部联合下发了《关于充分发挥农林系统各级工会参政议政作用的暂行规定》，对推动企业工会参政、议政，参与改革，起到了积极作用。

(中国农林工会全国委员会)

## 林业部科学技术委员会

林业部科学技术委员会（以下简称科技委）成立于1980年1月。

科技委是在林业部领导下，以实行决策科学化、民主化为宗旨的科技问题审议机构，是技术、经济、经营管理方面的咨询机构。其主要任务是：负责审议和咨询部领导交办的林业生产建设发展的中长期计划和林业科技发展规划、引进外资和新技术引进计划、重大林业建设项目、重要的技术法规、技术经济政策、重点科技攻关项目、重大科技成果奖励，以及其它需审议或咨询的重大事项。

组成科技委的人员，有知名的林学专家、学者；富有开创精神并有所建树的中青年科技工作者以及在“改革、开放、搞活”中颇有成就的领导干部和管理干部。科技委委员分为专职、兼职、特邀三类，实行聘任制，一般由单位推荐，经过遴选，部长聘任，每届任期3年。科技委设顾问若干人。科技委主任委员由林业部主管科技工作的副部长兼任，并同副主任委员、常务委员组成常设机构。科技委办公室负责科技委的日常工作。

林业部第一届科学技术委员会自1980年1月至1983年7月，有委员65人，按专业分为营林、森工两组，其中常务委员10人。雍文涛任主任委员，梁昌武、杨天放、杨延森、郑万钧任副主任委员。林业部第二届科学技术委员会自1983年7月至1986年12月，有委员104人，董智勇任主任委员，黄枢、刘永良、杨迈之任副主任委员，刘永良兼任秘书长。林业部第三届科学技术委员会自1986年12月至今，有委员109人，其中常务委员17人，另有顾问11人。董智勇任主任委员，吴博、黄枢、吕军任副主任委员，吕军兼任秘书长。这一届科技委委员分为营林、森工、软科学3个组。

科技委自成立以来做了大量的审议、论证工作。1980年11月，在北京召开的科技委第一次全体会议讨论、审议了林业科学技术长远发展规划的初步设想，评审了1978年、1979年优秀科技成果奖。1981年及1982年，多次召开科技委常委会、常委扩大会和各专业组会议，主要的审议内容有：林业科技“六五”规划汇报提纲，1981年度对外科技交流合作计划，木材综合利用及森林资源的综合利用技术政策、中长期计划，四川省发生特大洪灾的原因与森林生态的关系问题，申请联合国世界银行贷款项目，林业区划(初稿)，1981年部优产品项目，申报林业科技成果推广奖励项目，林木种子生产基地建设规划。1983年7月，在安徽省滁县地区召开的第二届科技委成立大会上，对《林业发展战略论证提纲》、《发展速生丰产林技术政策》和《发展木材综合利用技术政策》进行了审议、论证。1984年4月，科技委在北京组织进行了《1986—2000年林业科技发展规划轮廓设想》的论证。1985年6月，同中国林学会合作，组织有关专家对太行山地区进行了调查研究，并于当年7月召开了绿化太行山论证会。1986年12月，在湖北省武汉市召开的第三届科技委成立大会上，评审了1986年科学技术进步奖，对《2000年林业科技、经济和社会发展纲要》和《林业技术政策要点》进行了审议和论证。

（林业部科学技术委员会办公室）

## 中国林学会

中国林学会的前身是中华森林会和中华林学会。1917年成立的中华森林会，于1928年更名为中华林学会。中华人民共和国成立后，该会会员梁希、陈嵘、沈鹏飞、熊良弼、张楚宝、唐耀等于1951年2月26日发起成立中国林学会。从成立至今，除"十年动乱"时期中断12年外，已历经5届理事会，现为第6届理事会。

中国林学会，是在中国共产党领导下，由中国林业科学技术工作者自愿组成的学术性群众团体，是中国共产党联系广大林业科技工作者的纽带和桥梁，是中国科学技术协会（简称中国科协）的组成部分。中国林学会，现挂靠中华人民共和国林业部。

中国林学会的宗旨是：团结、动员广大林业科技工作者，为繁荣我国林业科学事业，促进林业科技战线出成果、出人才，加速实现我国林业现代化作出贡献。现阶段的中心任务是：团结广大会员和林业科技工作者，积极投身改革，搞好学会自身建设，为实现林业"七五"计划和长远奋斗目标贡献才智。

中国林学会最高权力机构是全国会员代表大会，每3年召开一次。全国代表大会决定学会的工作方针和任务；审查学会的工作报告；选举理事会；制定或修改会章；颁发学会奖。代表大会闭会期间的领导机构是理事会，原则上每年召开一次会议。第一届理事会从1951年2月至1960年2月，有理事35人，候补理事15人。梁希为理事长，张楚宝为秘书长。1953年又增选陈嵘为副理事长，唐耀为副秘书长。第二届理事会从1960年2月至1962年12月，有理事77人，其中常务理事27人。张克侠为理事长，张昭、陈嵘、朱济凡、郑万钧为副理事长，陶东岱为秘书长，李万新为副秘书长。第三届理事会从1962年12月至1978年12月（其间中断12年），有理事79人，其中常务理事25人。李相符为理事长，陈嵘、乐天宇、郑万钧、朱济凡、朱惠方为副理事长，吴中伦为秘书长，陈陆圻、侯治溥为副秘书长。第四届理事会从1978年12月至1982年12月，有理事120人，其中常务理事13人。张克侠、沈鹏飞为名誉理事长，郑万钧为理事长，陶东岱、朱济凡、李万新、刘永良、吴中伦、杨衔晋、马大浦、陈陆圻、王恺、张东明为副理事长，吴中伦兼任秘书长，陈陆圻（兼）、王恺（兼）、范济洲、王云樵为副秘书长。第五届理事会从1982年12月至1985年12月，有理事97人，其中常务理事13人。吴中伦为理事长，李万新、陈陆圻、王恺、吴博、陈致生为副理事长，陈致生兼任秘书长，荀昌五、陶东岱、杨衔晋、朱济凡、程崇德、刘成洲为顾问。第六届理事会从1985年12月至今，有理事94人，其中常务理事16人。吴中伦为理事长，王恺、王庆波、冯宗炜、陈陆圻、吴博、周正为副理事长，1986年增选陈统爱为副理事长。

中国林学会理事会有三方面的直属机构，即工作委员会、专业学术组织和学会办事机构。工作委员会是理事会的参谋和咨询部门，现有8个，即组织工作委员会、学术工作委员会、科普工作委员会、国际学术交流工作委员会、评奖工作委员会、《林业科学》编辑工作委员会、《森林与人类》编辑工作委员会和林学名词审定工作委员会。专业学术组织是按学科（或专业）独立开展学术活动的学会二级组织，现有24个，即林业经济、木材工业、林产化学化工、森林采运、森林经理、林业机械、林业教育、林业史等8个分科学会，造林、经济林、杨树、水土保持、林业情报、计算机应用、森林病害、森林昆虫、树木学、森林生态、森林土壤、树木遗传育种、树木引种驯化、树木生理生化、林业气象等15个专业委员会，以及林业区划研究会。学会的办事机构设办公室、学术活动部（含咨询部）、科学普及部、国际部、《林业科学》编辑部、《森林与人类》编辑部。附中国林学会直属机构示意图。

各省、自治区、直辖市都建有林学会，是中国林学会的组成部分，受所在省、自治区、直辖市科协领导，其会员即为中国林学会会员，至1986年底，已达43245人。

中国林学会的主要任务之一是开展学术活动。自1951年至1986年，较为重要的学术活动有：（1）中国林 学会的40多名学者参加了中华全国自然科学专门学会联合会召开的农林学科1955年学术讨论会，深入讨论了北京西山造林问题。（2）召开了1962年学术年会，分专业讨论了杨树、杉木、毛竹、油松、油茶、核桃、速生丰产的科学技术和开展木材综合利用等问题，提出了《对当前林业工作的几项建议》。（3）组织有关治理长江的座谈和考察。中国林学会于1980年10月约请林业、水利、水土

## 中国林学会直属机构示意图

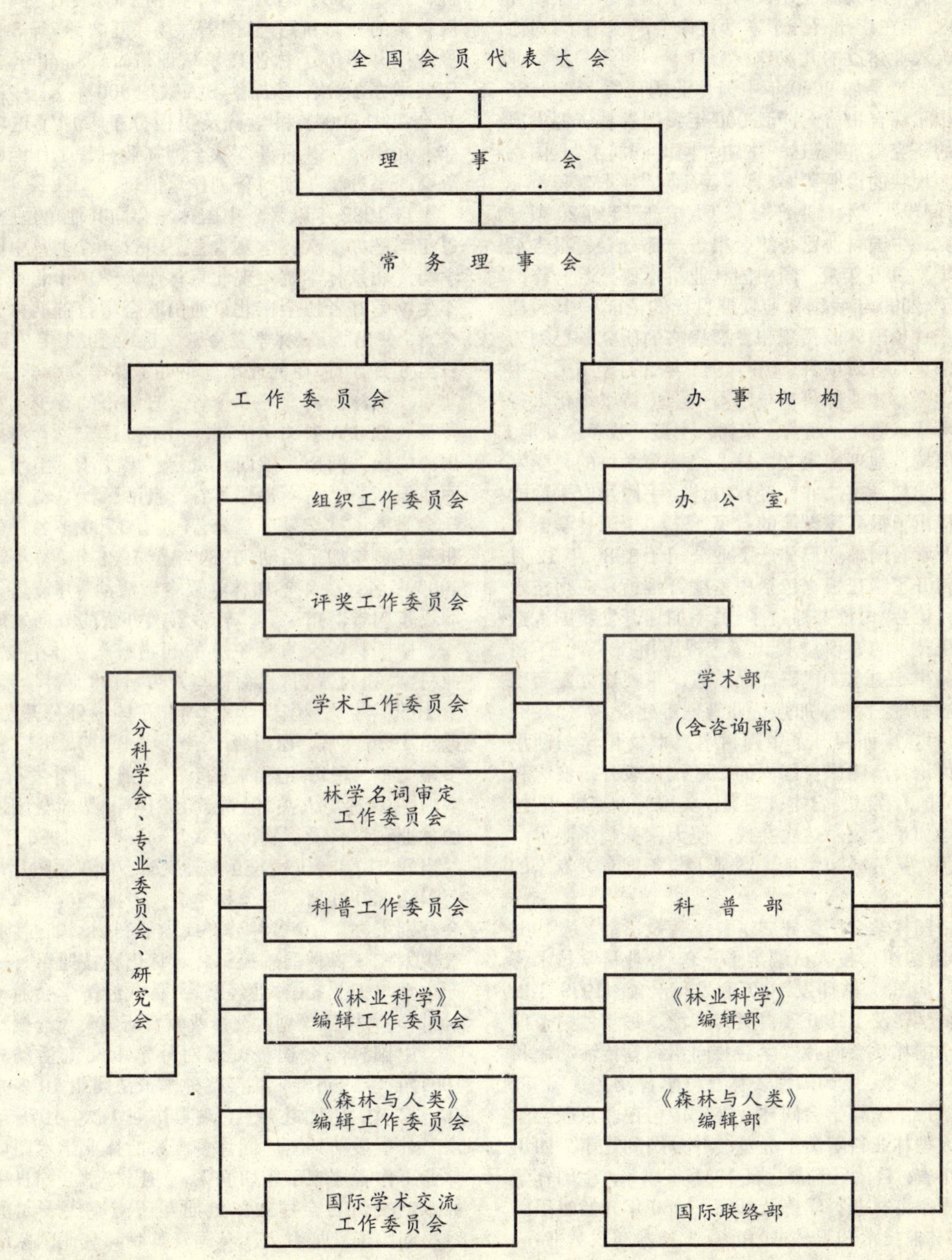

保持、经济等各学科的专家、学者座谈，并于1981年7月至9月，在中国水利学会的协助下，组成多学科考察组，赴江西、湖南、四川、湖北四省实地考察，嗣后提出了考察报告《涵养水源是治理长江的根本大计》，引起了社会重视。(4)组织会员于1981年和1982年参与由国家科委、国家农委及中国科协主持的海南岛大农业建设与生态平衡学术考察，并于1983年在广州召开了学术讨论会，提出了《对海南岛大农业建设的几点建议》。(5)组织一批林业科技工作者参加2000年中国林业的研究，于1986年提出了综合报告《公元2000年我国森林资源发展趋势的研究》。围绕这一主题，同时开展了“我国森林资源现状的诊断”、“森林覆盖率”、“林木生长量”、“抚育间伐”、“木材生产”、“速生丰产”等约20项专题研究。中国科协已将综合报告与部分专题报告汇成专集。1986年夏，同中国林业科学研究院合作，提出了《2000年我国林业发展目标的论证》。其后期工作——我国林业预测和发展战略的研究，已列为林业部重点科研项目。(6)1984年5月至6月，中国林学会与林业部科学技术委员会主持了绿化太行山的考察。造林、经营、果树、土壤、牧草、立地、水土保持、地理、水文、林业经济等学科的科学家参加了实地考察，并就经营方针、手段及应采取的措施提出了很多建设性的意见。(7)中国林学会木材工业学会同林业部林产工业公司于1986年12月联合召开了刨花板（包括中密度纤维板）应用技术学术讨论会，讨论并通过了《关于加速开发我国人造板应用技术的建议》，提出了重视应用技术研究、树立商品生产观念、提高产品质量、重视建立配套工业、合理调整价格、加强行业管理等建议。(8)1986年11月在广西召开了中国树木提取物化学与利用学术讨论会，除来自国内的258位代表外，澳大利亚、英国、芬兰、日本、瑞典、美国等国家的18位专家参加了会议。这次会议，使大家开阔了眼界，收集了大量资料和信息，增强了与各国有关专家的联系。

中国林学会广泛开展了科学普及活动。从1964年开始，组织科技人员编绘了一套《林业科学技术普及展览挂图》，共印发10万套发行全国。1979年以来，科学普及工作开展得更为广泛。每年植树节前后，中国林学会同各省学会共同组织宣传活动，利用电台、报纸、书刊等发表林业科学普及文章。1982年10月，中国林学会同林业部宣传司在北京联合举办了大型林业科普美术展览，并分别到辽宁、四川等7个省、自治区巡展。自1981年以来，中国林学会多次举办林业科学普及画廊。1980年开始组织编写的《林业技术知识丛书》和《森工技术知识丛书》，至今已出版88种。1982年组织编写了《薪炭林营造技术》，共16个树种、18种；还汇编了《新疆核桃良种资源及引种》和《核桃嫁接技术》。为适应农村和林区经营林业的需要，组织编绘了《木材安全生产》、《植树造林》、《森林病虫害》3种挂图，摄制了《低产核桃改造》、《杨树小老树改造》、《三北防护林体系》、《南方主要病虫害》等17部科学普及幻灯片。其中，《低产核桃改造》获全国林业科普创作二等奖，《铁核桃树》获三等奖。近几年来，摄制了《水土保持》、《山区种参的一条新路》、《国营林场兴旺之路》等5部录像片；并举办了林业技术培训班，1984年至1986年共举办10次，参加学习人数达800多人。中国林学会组织500多科学普及积极分子参加了这项工作。几年来，共召开5次全国林业科普工作经验交流会，举办了1期科普创作培训班。

自1982年以来，中国林学会同其他单位合作，每年都举办1次林学夏令营。1982年7月，中国林学会、北京林学院（现北京林业大学）和北京青少年生物爱好者协会在北京西山联合举行首期林学夏令营，并出版了《林学夏令营文选》。1983年7月27日至8月3日，在河北承德举办了林学夏令营总营，北京、天津、河北等9个省、直辖市的青少年和辅导员共350人参加了活动，山东、辽宁、青海、四川、安徽、河南、陕西、贵州、黑龙江、山西、广西、云南、上海、福建等省、自治区、直辖市的林学会举办了林学夏令营分营，共有1700多名青少年和辅导员参加了活动。1984年至1986年，每年都有4000多名青少年参加林学夏令营活动，并使这一活动逐步向省、市、县，较多层次办营的方向发展。

中国林学会直接主办的刊物有：学术刊物《林业科学》和科普刊物《森林与人类》。《林业科学》创刊于1955年，是全国性学术季刊，在国内外公开发行。截至1986年底，已出版22卷，共88期，刊载1200多篇文章，现每期国内发行7500册，国外发行400多册。《森林与人类》创刊于1981年，是向全国发行的林业科学普及读物，为双月刊。截至1986年底，共出刊31期，刊载650多篇文章、940幅图片，发行量达32000册。各分科学会、专业委员会和研究会分别主办了10多种公开或内部刊物，如《林业调查规划》、《森林遥感简讯》、《林化科技通讯》、《林产化学与工业》、《林业经济》、《林业经济学会通讯》、《杨树》、《林区规划》、《林业教育研究》、《泡桐》等。

中国林学会积极开展对外学术交流活动。自1957年至1966年，共接待外国来访团组10多个、40多人次，组团赴芬兰、瑞典访问1次。1978年以来，外事活动频繁，同许多国家的林业学术团体和林业工作者建立了密切联系。中国林学会同日中农林水产交流协会建立了定期互访交流代表团的关系；同美国、加拿大、英国及英联邦其他国家的林业团体和林业工作者建立了联系。1980年至1986年，中国林学会组织出国团组16个、约90人次，接待来访的外国林业代表团组 33 个、约 200 人次。1983 年和 1984 年，中国林学会派遣 3 批共 10 人赴日本国实习。1981 年，受国家经委委托，中国林学会在京举办了联合国工业发展组织创议的亚非国家人造板和家具工业讲习班。中国林学会的代表，在国际杨树委员会第 16 届和第 17 届大会上当选为执行委员。经联合国粮农组织批准，该委员会第 18 届会议将于 1988 年在中国召开。

从 1982 年以来，中国林学会开展了奖励表彰活动。中国林学会现设中国林学会基金奖和“劲松奖”。中国林学会基金奖的基金来源，主要是著名林学家陈嵘先生捐赠的 7.8 万余元，沈鹏飞、杨衔晋、李范五、吴中伦、周慧明、朱容、乌仁高娃、卢成林、齐振荣等以及内蒙古林学会也有捐赠。现有基金 9 万余元。每 3 年评一次基金奖，分学术奖、科普奖、建议奖和学会工作奖 4 大类。基金奖获奖名单，由评奖委员会评定，在全国会员代表大会上颁发。1982 年颁发 46 项，1985 年颁发 103 项。中国林学会“劲松奖“，每 3 年进行 1 次，由个人申请，所在省、自治区、直辖市林学会推荐，经中国林学会批准并颁发。“劲松奖”包括奖章、奖状和奖品等。1984 年，全国有 16000 余名会员获奖。中国林学会还对从事林业工作 50 年以上的林业科技工作者进行了表彰，颁发荣誉证书。1985 年，中国林学会第六次全国会员代表大会共表彰 116 人（会后补办 17 人）。

（中国林学会办公室）

## 中国水土保持学会

中国水土保持学会是经国家体制改革委员会、中国科学技术协会批准，于 1985 年 3 月成立的。

中国水土保持学会是中国科学技术协会的组成部分，是水土保持科学技术工作者组成的学术性群众团体，是党和政府发展水土保持科学技术事业的助手。其主要任务是：开展水土保持学科的学术交流，组织编写有关科技书刊；对国家科学技术政策和经济建设中的重大问题发挥咨询作用，接受委托开展技术服务；对会员开展更新知识的教育，普及科学技术知识，传播先进技术，反映会员的意见和呼声，并举办为会员服务的其他业务活动。

在 1986 年 5 月 26 日至 29 日召开的第一次代表大会上，选举产生了由 97 人组成的第一届理事会和由 19 人组成的常务理事会，并推选了名誉理事长和名誉理事。钱正英、蒋德麒任中国水土保持学会名誉理事长。中国水土保持学会理事长为杨振怀，副理事长为董智勇、陈耀邦、阎树文、张有实、杨文治，秘书长由阎树文兼任，副秘书长为高博文。中国水土保持学会设办公室、组织组、学术组、科普组、对外联络组，办事机构设在北京林业大学内。

在中国科协、国务院水土保持协调小组和有关部委的领导下，中国水土保持学会自成立以来做了一些工作。一是从 1986 年 9 月 17 日至 10 月 16 日举办了为期一个月的第一次全国水土保持科学技术研讨班，来自全国 20 个省、自治区、直辖市的 34 位同志参加了研讨班，其中具有工程师职称的占 60%。中国水土保持学会聘请德意志联邦共和国的聪德尔教授、日本国的东三郎博士等 7 位外国专家在研讨班上讲学；中国科学院地质研究所副研究员陈明扬、中国水土保持学会副理事长兼秘书长阎树文教授、水利电力部农水司方华荣总工程师等 8 人，分别作了中心发言。二是创办了《水土保持报》和组织编译了《水土保持译丛》。

中国水土保持学会，计划在今后的若干年里，举办多种形式的水土保持学科研讨班，努力了解世界水土保持学科各主要学派的不同观点，促进水土保持学科的繁荣。（中国水土保持学会）

## 中国记协林业新闻工作者协会

中国记协林业新闻工作者协会（简称林业记协），经中国记协书记处批准，于 1984 年 12 月 21 日在北京成立。

林业记协是中华全国新闻工作者协会的团体会员，由全国各林业报刊、林业宣传单位和有关新闻单位，从事林业新闻、摄影工作并做出一定成绩的编辑、记者和工作人员组成。其宗旨是：团结广大林业新闻、摄影工作者，更好地开展林业宣传工作，推动林业事业的发展，为我国林业现代化建设做出积极贡献。其任务是：（1）组织林业新闻、摄影工作者开展林业宣传报道工作；（2）在中华全国新闻工作者协会和中国摄影家协会的指导和帮助下，参加和举办新闻、摄影业务的交流活动，推动林业新闻、摄影业务改革，提高宣传效果；（3）帮助会员学习林业方针政策、林业科学知识和业务知识，研究林业新闻、摄影业务，以适应新时期对林业宣传工作的要求；（4）举办林业好新闻、好作品、好报刊及优秀林业新闻、摄影工作者的评选活动，充分调动大家的积极性，努力提高新闻和摄影的质量；（5）积极开展与各国林业新闻、摄影工作者之间的交往；（6）维护林业新闻及摄影工作者的正当权益，及时向有关部门反映他们的呼声和意见。

林业记协第一届理事会共有理事97人，其中常务理事34人。理事长为刘广运，副理事长为吴兰芬、黄正根、袁毅平，秘书长为袁有德，副秘书长为章维、张丛密。理事会下设新闻部和摄影部。常务理事会每年举行一次；根据需要，不定期召开理事长办公会。全国除西藏自治区和台湾省暂时没有会员外，其余28个省、自治区、直辖市均有会员，现有会员418人。这些会员以省、自治区、直辖市为单位，分别组成地方会员小组，各设组长、副组长1至2人。组长、副组长负责组织会员开展林业宣传活动。

林业记协自成立以来组织开展了一些重要的宣传活动。自1985年10月26日至1986年5月12日，林业记协联合首都9家新闻单位举办了第二届全国林业好新闻评选活动。自1985年6月1日至8月26日，同北京林业大学联合举办了全国林业新闻干部进修班。1984年邀请首都有关新闻单位的11名记者分赴华东、中南、西南9省林区，进行了为期1个月的采访，撰写并发表林业稿件20余篇。成立以来的两年中，在湖南省举办了华东地区摄影训练班；在江西省婺源、德兴举办了西北5省（区）摄影训练班；在安徽省举办了黄河以南各省的林业摄影创作训练班；在宁夏回族自治区举办了"三北"地区林业摄影创作训练班；在中国美术馆举办了全国花卉摄影艺术展览、湘西行——国家森林公园摄影艺术展览、塞上绿云——宁夏林业建设成就摄影展览和物华天宝——安徽林业摄影艺术展览。1986年12月，在北京召开了全国林业宣传工作暨林业记协全体理事会议。这次会议，总结了林业记协成立两年来的工作，讨论确定了林业宣传工作的任务。

（中国记协林业新闻工作者协会）

## 中国林业体育协会

中国林业体育协会（简称林业体协）于1986年5月15日在北京成立。

林业体协是全国林业系统的群众性体育团体，接受国家体委和中华全国体育总会的指导，在林业部和全国农林工会领导下进行工作。林业体协的宗旨是：积极宣传、贯彻党和国家有关体育工作的方针政策，组织和领导全国林业系统开展各项体育运动，丰富和活跃林业职工的业余文体生活，增强职工体质，振奋革命精神，为国家培养体育人才，努力开创林业战线体育工作的新局面；在开展各项体育活动中，增强职工勇敢、顽强、乐观、拼搏的革命精神，使之成为有理想、有道德、有文化、有纪律的一代新人；贯彻、落实中共中央《关于社会主义精神文明建设指导方针的决议》精神，更好地为两个文明建设服务，为实现党的总任务、总目标服务。

林业体协第一届理事会，由56名理事组成，其中常务理事21名。林业体协主席为董智勇，副主席为吕保柱、刘之杰，秘书长由刘之杰兼任，副秘书长为常滨、李石刚、刘志清，技术顾问为郝树田。

林业体协成立后，于1986年10月22日至25日在长沙市湖南省林业学校召开了全国中等林业学校首届学生田径运动会。来自全国23个省、自治区的42所中等林业学校的570名男女运动员参加了运动会。

为迎接将于1987年举行的第六届全国运动会和第六届全国冬季运动会，林业体协于1986年6月10日和11月22日先后两次召开部分常务理事会和第一届第二次部分理事会。会议决定：（1）报名参加男子篮球、女子篮球、越野滑雪、中国象棋、田径等项竞赛。(2)定于1986年11月19日至28日在陕西省西安市举办全国林业系统部分省、自治区"森林杯"篮球赛和1986年12月3日至10日在吉林省长白山正式参加第六届冬运会越野滑雪竞赛活动。（3）组建和集训林业代表队，于1987年4月20日分别参加第六届全运会沈阳和汕头赛区的男篮预赛和女篮预赛。（4）计划于1987年内在林业部大兴安岭林业管理局举办全国林业系统首届中国象棋赛。(5)加强体育设施建设，计划协助有关省、自治区林业系统兴建几所重点业余体育学校，配合林业部教育司为林业企事业单位培养体育干部、教师和教练员，并创造条件建立运动员训练基地。(7)分别在各大区委托林业系统的有关单位，筹备乒乓球、羽毛球、排球等项比赛。

上述决定，有的已付诸实施，有的正在实施。

（中国林业体育协会办公室）

## 林业文学工作者协会

林业文学工作者协会成立于1986年5月。

林业文学工作者协会是由全国从事林业文学创作的作者、报刊的文学编辑和有关单位的负责人组成的群众性团体。其宗旨是：团结和组织广大林业文学工作者，在党的文艺方针指引下开展林业文学创作、评论和理论研究等活动，活跃和丰富林业职工的文化生活，推动两个文明建设。其主要任务是：组织会员学习党的方针政策，提高思想和创作水平；加强与有关文学团体和报刊的联系，取得他们的指导与帮助；团结广大林业文学爱好者，积极开展文学创作活动，不断壮大林业文学创作队伍；支持和关心会员的创作活动，维护会员创作的合法权益；交流林业文学创作经验，组织优秀作品的评奖活动。

在林业文学工作者协会成立大会上，讨论通过了协会章程，选举产生了领导机构。第一届理事会有39名理事，其中常务理事15名。顾问为古华，理事长为董智勇，副理事长为袁有德、王光亚、丁道希、苑藻，秘书长为王光亚。会后，编印了《林业文学工作者协会成立大会专辑》，着手筹备发展协会会员的工作。

1986年12月，林业文学工作者协会在北京召开了第一届常务理事会议，发展了第一批会员，共135人。会议研究了协会的各项工作，决定抓好林业文学工作者协会的发展会员工作，不断壮大林业文学创作队伍；加强通联工作，积极组织作者创作更多、更好的林业文学作品；建立和扩大林业文学工作者协会的宣传阵地，将原有的文学杂志《林苑》改名为《林业文学》，由林业文学工作者协会同伊春市文联合办。这次会议提出，要统一认识，加强领导，并在创作、培训、园地建设等方面制定了工作规划。

（林业文学工作者协会）

## 林业花卉协会

林业花卉协会，经林业部批准，于1986年1月24日在北京成立。

林业花卉协会是开发利用林业系统花木资源，组织推广先进的科学技术和生产经验，促进花卉事业发展的行业组织。在有关发展花卉事业的方针政策的指导下，林业花卉协会配合有关生产经营单位，协调花卉科学研究，开拓花卉生产渠道，沟通经济信息，交流先进经验，提高花卉生产的经营管理水平和经济效益，为全国城乡的绿化、美化、香化和社会主义精神文明建设服务。

林业花卉协会的会长是刘琨。李式樵、姜凤章、王守儒任副会长；陈俊愉任顾问。林业花卉协会的办事机构，设在林业部造林经营司，负责处理日常工作。

1986年11月20日至23日，林业花卉协会在浙江省富阳县召开了第一届理事会。来自全国各省、自治区、直辖市的82名理事出席了会议。第一届理事会议，通过了《林业花卉协会章程》，总结、交流了各地花木的生产经验，研究了协会的工作要点。在1986年内，林业花卉协会曾组织有关单位，深入浙江、广东、广西、云南、山东、河南、辽宁、甘肃、青海等省、自治区进行花木资源及生产经营情况的调查；并在江苏省江都县举办了一期全国花木生产技术培训班，部分国营林场、国营苗圃的技术人员参加了学习。

截至1986年底，浙江、上海、江西、河南、黑龙江等省或直辖市已相继成立了花卉协会或花卉盆景协会。

（林业花卉协会）

## 林业职业技术教育研究会

林业职业技术教育研究会于1986年8月在北京成立。

林业职业技术教育研究会是从事林业职业技术教育的理论工作者和实际工作者组成的群众性学术团体，接受林业部和中国职业技术教育研究会指导。其主要任务是：组织会员对有关林业职业技术教育的重大问题进行研究，开展学术交流，举办学术讨论会和专题报告会，对优秀学术论文和成果开展评奖活动；对有关林业职业技术教育的方针、政策和改革措施，提供咨询，提出建议。

林业职业技术教育研究会第一届理事会由55人组成。董智勇任理事长，张观礼、王毓峰、于肇华、姚庆渭任副理事长。理事会设组织委员会、学术委员会和中等专业教育委员会，办事机构设在林业部中等专业教育研究中心。

林业职业技术教育研究会已拟定"七五"期间的研究课题规划和1986年至1987年课题计划。林业职业技术研究会现有会员184人。福建、四川、安徽等省也相继成立了研究会。

（林业职业技术教育研究会）

## 林业职工教育研究会

林业职工教育研究会（以下简称研究会）于1985年7月在北京成立。

研究会是全国林业系统研究职工教育的群众性学术团体，是林业职工教育工作的咨询机构。研究会是中国职工教育研究会的团体会员，接受林业部职工教育领导小组的指导。罗玉川、刘琨、戈华为研究会第一届理事会名誉会长，董智勇任会长，赵川雨、张启任副会长。研究会设秘书处，负责处理日常事务工作，现设在北京林业管理干部学院内。研究会出版刊物《林业职工教育通讯》。研究会在1986年批准了林业系统的49个单位为团体委员。目前，吉林、福建等省相继成立了林业职工教育研究组织。

（林业职工教育研究会）

## 中国林业经济学会

中国林业经济学会成立于1980年6月。是由林业经济专业的科研、教学、生产以及管理单位或个人自愿组成的学术性群众团体。学会的宗旨和任务是，在中国共产党的领导下，坚持四项基本原则，坚持新时期党的路线、方针和政策，坚持辩证唯物主义，坚持实事求是的科学态度，贯彻"百花齐放，百家争鸣"的方针，团结和组织全国林业经济工作者，为不断提高林业经济科学水平，为林业的宏观决策和加速我国林业建设做出贡献。

中国林业经济学会在学会理事会领导下开展工作，由学会秘书处负责处理日常工作。1980年6月中国林业经济学会在北京成立，召开了第一次会员代表大会，大会选举产生了63名学会理事，雍文涛任中国林业经济学会理事长，杨延森、王长富、朱江户、丁方任副理事长。并原则通过了《中国林业经济学会会员章程》。1983年12月，中国林业经济学会召开第二次会员代表大会，修改了《中国林业经济学会会员章程》，选举产生了65名理事会理事，8名理事会顾问。雍文涛任理事长，王长富、朱江户、丁方、陈统爱、刘金恺、李占魁任副理事长。

中国林业经济学会成立以来，按照学会的宗旨和要求，结合本专业的特点开展了一系列的工作：

开展学术交流，促进林业经济学科发展，学会就我国林业生产建设中急待解决的问题，召开学术讨论会、座谈会共27次，收到论文近千篇，为我国林业发展决策提供依据，促进了林业经济学科的发展；学会根据林业经济管理专业需要，结合基层林业管理，开展各种形式的咨询服务活动，举办各种讲座班和到林区进行专题咨询考察，普及林业经济知识；组织编辑出版理论著作和学术刊物，现学会共创办《林业经济》、《林业问题》及《林业经济学会通讯》3个刊物，其中《林业经济》国内外公开发行，1984年、1986年分别组织编辑出版了《中国林业经济论文集》、《林业建设问题研究》；加强对外学术交流工作，邀请国外林业经济学者来华作学术报告，组织有关专家到国外进行学术考察。

（中国林业经济学会秘书处）

# 专　文

## 要加快林业建设的步伐

（1978年）

罗　玉　川

### 一、加快发展林业是关系我国社会主义四化建设的大事

建国以来，我国林业建设取得了较大成绩。据“四五”计划时期森林资源清查资料，全国植树造林保存面积为4.2亿亩，其中国营造林的保存面积有9000万亩。西北地区营造防风固沙林700万亩、水土保持林2100万亩；南方各省、自治区营造以杉木为主的用材林8000万亩；华北、中原地区平原“四旁”植树约40亿株。全国森林面积达到18.3亿亩，林木蓄积量95亿立方米，森林覆盖率达到12.7%，对防风固沙、保持水土、调节气候、保障农业增产发挥了一定的作用。

森林工业也有很大发展。28年来，共生产木材8.1亿立方米、各种人造板510万立方米、松香380万吨和大量的其他林产品，为国家积累资金122亿元，为同期国家森林工业投资的137%。木材年产量由中华人民共和国成立初期的567万立方米增加到4130万立方米，提高了6.3倍。人造板工业从无到有，现在年产量45万立方米。松香年产量25万吨，其中出口14万吨，占世界第一位。

到1977年，全国共修建林区道路11万多公里，建成大中型森工企业286个、国营林场3900个，林业职工有180万人。同时，人民公社和生产大队办的林场、采育场已发展到24万多个。这是进一步发展林业的有利条件。

我国林业建设虽然取得较大成绩，但林业的发展仍较缓慢。一是森林覆盖率低。世界上森林较多的国家，如美国、苏联、日本、瑞典、加拿大等，森林覆盖率都在30%以上，我国只有12.7%，且分布不均。这就不能有效地调节气候，涵养水源，保持水土，防风固沙。这是我国自然灾害频繁、农业产量低而不稳的一个重要原因。二是采伐多、更新少，造林多、保存少。中华人民共和国成立以来，主要林区已采伐森林7000万亩，目前尚有采伐迹地1200万亩没有更新，有些由于采伐方式不合理变成了疏林。全国的实际造林保存面积只占造林累计面积的三分之一。三是林区道路少。世界林业发达国家的林区内，平均每公顷林地的道路一般都在6米以上，我国在已开发的林区内还不到1米。道路太少的结果是：管护森林困难，火灾不易发现和扑灭；大量中幼林不能抚育间伐，林木生长量很低；林区开发布局不合理，木材产量增长缓慢。四是森林资源利用率低。世界林业发达国家都在大力发展木材综合利用，可利用一半左右的采伐剩余物和加工剩余物。我国目前采伐剩余物和加工剩余物的工业利用率只有9%。大量的木材资源被白白浪费，这就更加剧了木材供应的紧张局面。

国民经济的飞速发展，要求林业必须迅速改变落后状况，加快发展速度。首先，这是农业发展的紧迫需要。要改变西北粮食低产区的面貌，在内蒙古、宁夏河套地区建设商品粮基地，在广大草原地区发展畜牧业，就必须在西北风沙线上营造防护林和在黄河中游营造水土保持林。要在苏北、皖南、江汉平原建设商品粮基地，就必须在淮河、汉水上游大搞植树造林和绿化“四旁”。没有森林作为屏障，不能风调雨顺，农牧业生产就要受到影响。

随着工农业的发展，木材供不应求的矛盾也将更加突出。据初步平衡，按林业十年规划的指标，

1980年木材缺口为1000万立方米，1985年为1700万立方米。从长远来看，建设6个大区经济体系，华北、西北两个大区木材不能自给；全国14个大工业基地、6个煤田中，有8个工业基地、4个煤田是在缺材区。这些地区如不尽快把林业搞上去，木材调入量将大量增加。这不仅给交通运输造成更大压力，一旦有事，这些地区的生产建设将陷入更加被动的局面。

现在，世界上许多工业发达国家都越来越重视森林的综合效能，采取法律措施，保护森林，发展林业。据日本调查，日本的森林年贮水量达2300亿吨，阻止水土流失57亿立方米，提供氧气5200万吨，栖息鸟类8000多万只，其总价值相当于日本1972年全国经济预算。日本为了控制森林采伐量，每年都要从国外进口几千万立方米木材。我国森林资源少，且分布不均，如何保护和合理利用林区，加速发展林业，更是一件关系到我国长远建设和子孙后代的大事，必须引起各级领导的高度重视。我们一定要从建设现代化的社会主义强国的全局出发，认真执行农林牧结合的方针，切实加强造林、护林工作，加快林业的发展。

## 二、林业建设的奋斗目标和主要措施

根据党中央提出的新时期总任务的要求，我们设想，到本世纪末林业建设的奋斗目标是：(一)实现毛泽东关于“绿化祖国”的宏伟遗愿，把一切人力所及的荒山荒地都种起树来，提高森林覆盖率，逐步实现“大地园林化”的伟大理想；(二)大力提高森林经营水平，把林木生长量由目前每公顷年生长1.8立方米提高到3立方米以上，使现有森林做到“越采越多，越采越好，青山常在，永续利用”；(三)森林分布和木材生产基本适应6个大区经济体系的需要；(四)实现林业生产机械化、自动化，管理科学化，大幅度地提高劳动生产率；(五)木材年产量达到2亿立方米；(六)在林业科学技术的主要方面，包括林木的生理生态和木材的基础理论研究，以及林木速生丰产、木材采运技术、木材综合利用技术等，赶上世界先进水平。

实现上述目标，从现在到1985年是关键的8年。要在西北、华北、东北西部建成防护林体系，形成一道绿色万里长城；在南方基本建成速生用材林基地和经济林基地。应采取以下措施：

**(一)大力植树造林**。一是为从根本上改变西北、华北、东北西部的农牧业生产条件，规划营造一条以防风固沙林为骨干和农田牧场防护林、水土保持林相结合的万里防护林带。二是在华北、中原地区大搞农田林网化和“四旁”绿化。晋、冀、鲁、豫、辽、苏、皖、京、津、沪，这7个省、3个市林木稀少，很不适应农业的发展，木材供需矛盾也十分尖锐。要推广河南鄢陵、山西夏县的经验，结合农田基本建设，大搞农田林网化和“四旁”绿化，同时在宜林荒山荒地营造速生用材林基地。三是在南方建设速生用材林基地。粤、桂、湘、鄂、闽、浙、赣、川、滇、黔和苏、皖、豫南部，气候温和，雨量充沛，树木生长快。要充分利用这个条件，根据因地制宜、适地适树的原则，积极推广湖南桃源和株洲县的经验，大力营造以杉木为主的速生用材林基地(包括竹林)，着重抓好200多个重点县的建设。四是建设以木本油料为主的经济林基地，重点抓好南方150个商品油基地县的建设。

**(二)切实保护好森林资源，加速后备资源的培育**。首先要在全国人民中广泛开展爱林护林教育，树立护林光荣、毁林可耻的新风尚。要严明法纪，对那些破坏森林的重大案件和犯罪分子，要严肃处理，坚决打击。各级护林防火组织必须迅速恢复和加强，实行防火区域负责制，严格清理盲目流入林区的人员，增修护林防火公路，增强防火、灭火的能力。要加速后备资源的培育，及时抚育间伐中幼林。但由于投资、物资设备等问题没有解决，目前抚育的进度极慢。建议国家把抚育森林所需的资金、物资纳入计划，给予保证。

**(三)把现有林区建设成巩固的木材生产基地**。要整顿好现有林业企业，加强队伍建设，端正方向、路线，充分发挥现有企业的潜力。为了合理布局、合理经营，在投资上要优先安排现有林业局的建设。同时，要加快新建林业局的建设，增加新的木材生产能力。所有林业局都要注重人工更新，坚持以营林为基础的方针，逐步做到采伐量不超过生长量。要组织广大职工家属和知识青年参加林区建设，大搞造林育林和农副业生产，把国有林区逐步建成工农结合、城乡结合、有利生产、方便生活的社会主义新林区。粤、桂、湘、闽、浙、赣、黔、鄂、皖等9个省、自治区的集体林区，由于基本建设跟不上，边远林区得不到开发，木材产量长期上不去。要推广广东省怀集县的经验，搞好规划设计，合理调整生产布局，积极开发边远林区，提高经营水平和木材产量。

**(四)加速国营林场的开发建设**。现在，已转入抚育间伐的国营林场有1800个，有些林木已经可以采伐利用。但大部分林场的交通运输条件差，平均每公顷的道路0.4米，有1200个林场不通公路，2300个林场没有汽车，无法开展生产活动。为了加快建设国营林场，建议国家把所需要的投资和物资设备列入国家计划，专项安排。各省、自治区对林场集中地区要设立中层管理机构，全面规划，加强领导。

(五)**把森林资源综合利用迅速搞上去**。大力发展木材综合利用，是解决我国木材供应不足的重要途径。当前应着重抓好现有企业的挖潜、革新、改造，迅速达到和超过设计能力，重点改造年生产能力1万立方米以上的12个胶合板厂，同时积极在林区增加木材综合利用的加工能力，逐步改变林业企业的产品结构。

(六)**大力修筑林区道路**。为迅速提高森林经营水平，必须大力提高林区道路密度。计划到1990年，把东北林业企业的道路密度提高到每公顷4米，西南林业企业和国营林场提高到2米，南方林区和西北林业企业提高到3米，共需新修道路25万公里，平均每年2万公里。今后的林业基本建设投资应优先安排修路，并要千方百计地降低工程造价，少花钱，多修路。林业企业要发动职工和家属筑路；南方林区要结合山区建设，实行民办公助。

(七)**加速实现林业机械化**。要根据全国农业机械化规划的精神，迅速制订、落实好林业机械化规划。要按照专业化协作的原则，统筹安排现有重点林业机械制造厂和有关林机修配厂的生产。同时，要抓好现有林业机械的选型和定型，特别是大功率运材设备的试制和定型工作，逐步形成一套适应我国特点的、技术比较先进的林业机械制造体系，向林业机械的标准化、系列化、通用化方向发展。

(八)**抓好木材的节约代用**。解决木材供需矛盾，必须开源节流并重。要广泛开展木材节约代用，继续推广水泥轨枕、水泥电柱和矿井金属支护的应用。建议今后新建铁路和通讯线路，应尽可能多地采用水泥制品；煤炭部门和冶金部门要逐步扩大金属支护的用量。要恢复坑木、枕木、建筑模板的回收制度，抓好木材的回收利用。要逐步扩大造纸用材中阔叶材和木片的比重。军工、民用包装材要以人造板代替，扭转制造军工箱只用红白松和杉木的做法。各行各业都要改变用材习惯，大材不小用，优材不劣用。城市应推广杭州市对基建、包装所需木材实行"统一加工、成品供应"的办法，大力节约木材。

(九)**加强林业科研、教育工作**。加速林业科学技术现代化，是实现林业现代化的关键。要抓紧整顿林业科研机构，恢复林业机械、林业经济研究所，把中国林业科学研究所尽快办成现代化的林业科研中心；建立黑龙江带岭、江西大岗山、广西大青山和内蒙古磴口等4个现代化的综合林业科学试验基地，为林业生产采用先进科学技术提供经验；要加强各省、自治区的林业科研机构，建立和健全三级林业科研网，广泛开展林业科学试验的群众运动。要加速发展林业教育事业，为林业现代化大力培养人才。拟将东北、南京、云南、湖南这4所林学院收归国家林业总局直接领导，并筹建西北林学院。同时，要恢复和发展各省、自治区的高、中等林业院校。

(十)**加强党对林业的领导**。这是加速发展社会主义林业的关键。实践证明，凡是林业搞得好的地方，都是由于那里的党委重视林业。各地都要认真学习党中央最近关于加强林业工作的一系列重要指示，深刻理解"农、林、牧三者互相依赖，缺一不可，要把三者放在同等地位"的重大意义，充分认识林业在国民经济中的重要作用，把林业工作提到党委的议事日程，切实加强领导。要建立和健全各级林业机构。

## 三、需要解决的几个政策问题

(一)**坚决维护国家和集体的森林所有权，任何单位和个人不得侵占**。国有林统一由国营林业单位经营，不准将国有山林划归集体或其它单位，也不准将集体的山林划给个人。已经侵占或未经国务院批准划出的国有山林，必须限期如数退还。要严禁毁林开荒、毁林搞副业。林区中的厂矿企业、农场、牧场、机关和部队等单位，必须严格遵守国家护林政策法令，认真保护森林。这些单位需要的木材，要列入国家计划，统一调拨供应，不得擅自采伐和出售木材。

(二)**坚持谁造谁有的政策**。坚决执行国造国有，社造社有，队造队有，社员在宅旁、房前屋后或者生产队指定的其它地方种树自种自有的政策。林权归谁所有，产品归谁支配。凡社队违反政策，收砍了群众的自有树，应作价赔偿。

(三)**缺材省、自治区的地方用材要限期自给**。多年来，国家每年从东北林区调往华北、中原地区12个省、自治区、直辖市的木材约1000多万立方米，造成交通运输紧张。为改变这些缺材省、自治区、直辖市长期依赖国家调入木材的局面，调动他们植树造林的积极性，尽快做到地方用材自给，国家对缺材省、自治区、直辖市的木材供应要实行"定额调入，逐年递减，限期自给"的办法。

(四)**正确确定和贯彻执行集体林区的生产方针**。集体林区的林业县和木竹集中的社队，应当实行"以林为主，全面发展"的方针，集中主要力量发展林业生产。为贯彻执行这一方针，各省、自治区应根据实际情况，具体划定林区县和林区社队，并明确其生产的主攻方向，合理安排粮食购销指标。对林区缺粮社队，在完成林业生产任务的前提下，要保证社员口粮标准不低于邻近产粮区的水平。国家收购木竹和主要林产品，要继续实行奖售政策。集体林区道路建设、河道整治和农林机械，国家要给以帮助。

**（五）应将木材生产统一列入国家计划。**我国森林资源很少，木材必须同粮食等统配物资一样，实行严格管理，统一由林业部门有计划地组织采伐利用。对各省、自治区的林区开发建设，国家要给予投资，木材由国家统一分配；对有木材调出任务的省、自治区，确定适当的调留比例，以鼓励地方发展林业的积极性。要坚决扭转目前木材生产任务层层加码、大量消耗森林资源的状态。

**（六）加强竹、柴、炭和木竹制品的经营管理。**有条件的地方，应由林业部门统一经营；条件不具备的地方，由林业和供销等部门，根据保护森林资源和合理利用枝丫、小材小料的原则，共同制定计划，报省、自治区计划委员会批准，林业部门负责组织生产，供销部门负责购销。其它任何单位和个人，不得擅自进入林区采伐、加工和收购。托运木材、竹子和木竹制品，必须由县以上林业部门签发运输证明。

**（七）调整木材价格。**南方集体林区的木材收购价1973年作了调整，但仍偏低。据湖南省调查，以1954年价格为基础，稻谷的现行价格提高了77%；茶油提高了133%；棉花提高了36%；而木材只提高了33%。不少社队搞木材生产的劳动日值低于从事其它农副业的收入，影响社员经营林业的积极性。东北林区木材出厂价多年未调整，目前还是1965年的价格，比南方集体林区的木材每立方米少10元。东北的木材质优价低，极不合理。因此，南方木材收购价和东北林区木材出厂价都需要适当调整。

**（八）为保证营林事业的发展，国家造林投资应专项下达。**目前，林业上的问题还比较多，在前进的道路上确实存在不少困难。今后的任务更加艰巨，但形势对我们非常有利。特别是党中央对林业工作的一系列重要指示，为我们进一步指明了前进的方向，给我们以巨大的鼓舞和鞭策。在党中央的英明领导下，我们要坚决贯彻落实党的十一大和五届人大的精神，明确加快发展林业的方针、政策和办法，充分调动广大林业职工和社员群众的社会主义积极性，把林业建设搞上去，为实现新时期的总任务作出积极贡献。

# 发展林业一定要同振兴地方经济，帮助群众脱贫致富紧密结合起来

（1986年9月）

雍文涛

最近，我到云南、贵州、四川三省调查林业改革情况。这三个省大多是山区，改善生态环境、改善经济状况都十分迫切。林业改革如何适应这些特点？通过沿途参观访问，得到不少实践工作的启示，尤其是贵州省毕节地区的一个联户组织对我启发更大。

毕节是一个贫瘠山区，山高坡陡。1985年的人均工农业产值仅250元，全区70%的人口年收入在120元以下，粮食不足200公斤。然而，就在这个地区的大方县鸡场区化联林药场，这个包干到户后自愿联合起来的较大面积承包荒山、退耕地的联户组织，却呈现出一派生机勃勃的喜人景象。他们1983年春办场，几年来，实行“兴林兴副，以苗以副养林，以林为主多种经营互补，全面发展山区”的经营方针，到1985年，全场人均收入697元，人均粮食282.5公斤，大大高于全区的平均水平。

通过学习和总结，得出了一个十分有益的启示：发展林业一定要同振兴地方经济、帮助群众脱贫致富紧密结合起来。

多年来，在营林生产上，只造用材林，造针叶林，而把茶、桑、果及药用植物人为地分由外贸、供销、农业及医药等单位经营。林业部门在指导集体及个人造林时大多采取国营造林的办法，强调用乔木树种造林，强调每块林地株行有距。化联林药场的同志就冲破了这个框框，他们经过认真分析，认为致富的根本在于治山，要治山就要造林，而要造好林又必须首先解决群众当前的困难，尤其是粮食问题。在谈到这个问题时，他们还向我讲了下面几句贵州常用的俗语作证：“人是铁，饭是钢，没有饭吃筛糠糠。”他们在退耕坡地上只沿着地块的堤埂

种一行树，以保持水土，其余土地在树木长大郁闭之前则继续种粮食，实行林粮间作，解决吃饭问题。他们种树造林不是单纯造松杉用材林，而是多树种一齐上，有杜仲、泡桐、漆树、香椿、女真、马尾松、千头柏等，有用材树种，也有杜仲、漆树等药用、经济树种。从开始到现在都培育树苗出售，收入比重颇大，既解决场内需要，实际上也起到以苗养林的作用，不仅在林业内部实行长、中、短结合，而且种药材、建酒厂，还养鹿、养花、养鱼、挖煤、开商店。这样做，完全跳出了过去经营林业就是经营用材林、就是“栽树——伐木——卖原木”的单一模式。到1985年底，该场已经发展到44户101个劳动力，经营林地1.3万多亩，水面262亩。办场3年来，集体积累累计(包括集体的固定资产和其它财产折价)79.49万元，劳均7870元，人均4990元，集体储备粮1万多公斤。1985年投资兴办了一所小学，在场适龄儿童普及了小学教育。

化联林药场的经验，为联户林场提供了一条兴林致富的好路子。然而，它的意义远不止此。就毕节地区来说，全区23.6%土地的坡度在25度以上，水土流失很严重，仅纳雍县10年时间就丧失8万亩耕地。现在，他们开始退耕还林还草，但有的地方退耕以后还不了林，有的又复耕了。其中很重要的一个原因，就是粮食问题。纳雍县的群众讲：“退了耕，挖了心，没有粮食找谁拚；种了树，勒了肚，没得饭吃咋个做。”这个问题，处理不好，则是一个尖锐的农村社会问题。毕节地区金沙县平洛乡有一个村，从1985年冬，将坡度在25度以上的坡地全部退耕还林。但是，他们过分强调了正规造林，严格要求株行距为4×5尺，而且从1986年3月起全部林地封山育林15年，这期间严禁在林区开垦种植，放牧牲畜。这样一退耕，全村一下子减少耕地500亩，人均口粮减少70公斤。农民一下失去这么多的生产资料和口粮，给生产、生活都带来不小的困难。退耕地数量多，造用材林补助的时间长，群众收入少、粮食缺，政府又有困难，因而，退耕还林难，已不是偶见现象。有的地方还出现退了耕也补了粮，但农民无力购买，只好卖了粮食指标再买回一点粮食糊口的凄惨情况。可见，退耕还林，决不是单纯退了耕种上树就了事。它要求：既要做到退耕种树种草，改善植被；又要同时能开辟增加人民收入的门路，解决近期的收入问题，特别是口粮问题，进而发展经济，使农民走向脱贫致富。化联林药场从建场开始就把注意力放在稳定群众生活上，把治山与治穷紧密联系在一起，因地制宜地实行3个结合，即农林牧结合、乔灌草结合和长中短结合，走出一条发展林业与发展当地经济、帮助群众治穷致富相结合的好路子。全国各地退耕还林任务不小，不少地方也都存在退耕还林难的问题，化联林药场的经验很值得借鉴。

多年来，由于在营林生产上，只造用材林，造针叶林，林业的经营范围越缩越小。尽管“以林为主，多种经营，以短养长”的方针提倡了多年，却难以贯彻，长短结合未能普遍进行。而过去造的用材林，短的20年，一般要30年、40年甚至更长的时间才能成材利用，产生效益。而已经造的用材林，又得不到稳定的投资，处于半饥半饱的经营状况。从1949年到1984年，全国累计造林19.7亿亩，据“五五”时期森林资源清查统计，保存面积只有41717万亩，保存率只有21%。平均每亩的蓄积量只有1.43立方米。之所以如此，主要由于“重造轻管”，造林还有点钱，抚育则全无费用。从计划上讲，造林费是按亩发给的，订计划时为保持或多要投资，造林上的高数字总是下不来。因而，无论从面积或蓄积量看，造林的效益都是很差的。这种只注意造林数字，不讲造林质量和效益的做法，极大地挫伤了集体和林农造林的积极性。

值得注意的是，单纯发展用材林的做法，在不少承包大户中流行。四川省江油县西平乡一家造林专业户，承包了几千亩荒山，近几年陆续造了1550亩马尾松用材林，县里给他补助款13760元，贷款1.2万元，他个人也投入不少资金。但他的处境仍属困难：一是贷款利息要偿付，二是管护需要费用但无周转金，三是继续造用材林没有力量。在计算他今后马尾松成材的收入时，前景很好，但约有10年左右的时间没有经济效益，困难不小。县里今年从县财政上支持补助他3000元，林业局也补助他2000元。仅此一户，县已感到负担不轻。据贵州省林业厅和四川省林业厅同志介绍，不少林业大户处境困难，甚至有垮了的。其主要原因，多是出在单纯搞用材林，没有搞多种经营和实行长短结合、以短养长上面。

近几年，在营林方面，不断出现探索营林新路子的例子。云南省楚雄彝族自治州林业局就提出如下论点和意见：“按照改革的精神，解放思想，扩大视野，打破单一经营用材林的思想，充分利用各地的自然资源优势，本着因地制宜的原则，广开门路，开展以林为主的多种经营活动……实行乔、灌、草、花结合，用材林、经济林、薪炭林、防护林、水源林并举。由于经济林(包括茶桑果)和薪炭林一般三五年即有收益，草和花见效更快，当年即可受益，从而相对缩短了林业周期，促进了林业的发展，并为以短养长、长中短结合开辟了一条行之有效的途径，而且好些林业专业户、重点户就是沿着这条途径走上致富之路的。”

《人民日报》1986年8月20日头版登了题为《荒山坡地种果树，致富路上迈新步》的报道，说：“由于前几年只注意发展用材林，而用材林生长期长，见效慢，群众积极性不高，不少地区贫困面貌依旧。去年以来，各地在调查研究中，从一些靠发展经济林率先致富的户受到启发，把发展经济林作为当前林业发展的重点，让群众尽快摆脱贫困。”“据地处伏牛山深处的卢氏、栾川、蒿县三个县不完全统计，共栽植和嫁接山楂、苹果、核桃、板栗、油桐、山萸肉等各种经济林木1500多万株，已有21000多户农民建起了具有一定规模的家庭经济林园。”

福建省建阳地区林业局，通过调查，提出“开展多层次立体林业经营”，即“从空间结构上体现乔灌草结合，从经营时间安排上做到长中短结合”，认为这种多层次结构长中短结合的立体经营模式“光合作用面积大，光能的转化率和土地利用率高，生物量也较大”。且有很多好处：“首先是合理开发利用山地资源，扩大绿色植被，有利于保持水土，提高林地肥力，改善森林生态环境，促进林木的生长；再是可以逐步改变林业内部的产品结构，增加林副特产的总量，满足社会需要，对搞活林区经济，兴林致富，有普遍意义；其三，林地的集约经营，多层次重复利用，把农村富余劳动力转移到多层次经营上来，向生产的广度和深度进军……发展林粮、林果、林药间作，可以耕代抚，既可以较少的投入取得较多的产出，使林业经营在中、短期得到经营效益……又解决了营林生产周期长，后续资金不足的困难。”虽然在建阳地区的2400万亩有林地中，林地套种、多种经营仅12万亩左右，比重还很小，但从该地区27个专业户(场)的典型调查材料统计，造林面积303609亩，套种面积为56658亩，套种率为19.8%，平均每亩套种纯收入近20元。如果全国人工造林保存面积中，有5%象建阳地区那样实行套种多种经营，平均每亩收入也有20元的话，每年收入即可达4亿元，比国家每年对林业的投资还要高。

农林牧、乔灌草、长中短相结合的林农复合经营形式，在我国历史久远，流传至今。我国南方属于正规造林的杉木林，几百年来，就经久不衰地实行林农结合经营。上述列举例证，正是中国优良传统的继承和发展。

还有一个值得注意的问题，就是在山区造用材林、针叶林时把阔叶杂树林一律砍掉，这是解放以来一直沿用的办法。例如，毕节地区的毛栗(灌木板栗，果实小但味甜好吃)、灌木杨梅等很有经济价值的，也一律清除。这些灌木林，保持水土功能很好，采摘果实售价也不低。这种做法，实际上是一面造长期才有收入的针叶林，一面却把短期有收入的阔叶杂树毁掉；是一面造林，一面毁林，得不偿失，而且也违背林业科学家提倡的种混交林的合理要求。

以上例子说明，营林生产必须与发展当地经济相结合、治山必须与治穷相结合的思想，正在被广泛地探索，也正在被实践。这些探索和实践，吸引许多从事林业的工作者的注意力，确实为营林生产的广大集体及个体林业经营者指出一条新路子。

发展林业必须与发展当地经济相结合，治山必须与治穷相结合，在森工生产及自然保护区建设中存在类似的问题。集体林区的森工企业，多处在农林交错地区，与周围的群众有着千丝万缕的联系。过去由于森工企业实行垂直领导，利润所得全部上缴到省，当地群众只有护林防火任务，却得不到什么好处，再加上山权、林权等问题，森工企业与当地群众矛盾不少，有的还十分尖锐。近几年来，云南省楚雄地区经过体制改革，逐步端正了林场的经营思想。以该地区的新村林场为例，近年主动帮助当地群众做了四件好事：一是无偿承担了25公里林区公路的养护，保证了农民生产的木材外运；二是派出有经验的职工指导农民搞中龄林的抚育；三是派技术员指导农民搞经济林木(核桃、板栗等)的嫁接；四是为农民代销抚育材。经过林场的帮助，全乡人均林业收入逐步增加，1983年为103元，1984年140元，1985年204元。林场自己在帮助农民推销抚育材中也得到合理的利润，改变了连续几年吃国家补贴5万元的局面，还自筹资金新修公路9公里，买汽车1辆，修建新房，场群关系大大改善。通过几年的实践，他们深深体会到，林场要确立为林农服务的思想，帮助农民发展林业商品生产。地方经济发展了，林场也就能巩固和发展。过去较长一段时间把森工企业放在地方经济发展之外，不仅地方的贫困面貌依旧，森工企业更是步履艰难。但是，一旦与发展地方经济相结合，与党的富民政策相结合，路子也就越走越宽了。

自然保护区的保护工作是否搞得好，决定环节之一是处理好与当地居民的关系。自然保护区，不仅周围有居民，保护区内也住有不少居民。在划为自然保护区前，这些居民与山林的关系是靠山吃山，山林就是他们的生活来源。一旦划为自然保护区后，什么都不能动了，这就带来一个如何生活的问题。居住在西双版纳自然保护区的居民，多为少数民族，实行刀耕火种，毁林开荒不断发生，迄今严重影响西双版纳自然保护区的保护工作的巩固。近几年，自然保护区内的基诺族居民在科技部门的帮助下，在林下种植药材砂仁，很快致富，人均收入由以前的95.6元提高到400多元，其中砂仁收入占了近一半。由于砂仁是蔽阴才能生长的植物，适宜在林下种植，既可收获药材，也使森林得到保护。西双版纳森林资源丰富，通过采集、饲养、种植等行业，在不损害生态保护的条件下增加群众收入的潜力还很大，应当作为自然保护区的一项重要工作内容。通过开发这些项目，发展当地经济，使人民生活日臻富裕，从而达到有效保护的目的。

四川省卧龙自然保护区提出“保护、科研、富民、接待(对考察参观者)”的八字方针，明确“富民”是自然保护区的一项重要任务。他们发现区内居民有一些耕地的马铃薯生长较好，于是帮助群众认真抓了落实面积、培育良种、精耕细作、防治病虫害等工作，使马铃薯亩产达1000公斤以上，高的达2500多公斤。4年来，年年增产，1983年产376.5万公斤，1985年产475万公斤，可换大米100万公斤，人均口粮达610公斤，收入485元，比自然保护区周围的汶川县的人均收入高180多元。群众的生活安定了，也就改善了同自然保护区的关系。

自然保护区需要实行富民政策。要富民，就要发展商品生产。据我们调查的几个自然保护区的情况来看，区内的资源十分丰富，但有待开发，如采集沙棘果、沙棘叶、蕨菜、蕨根(加工制粉条)、大黄(既可入药，茎部又可作食品)、川贝(可采集或种植)，核桃、板栗、樱桃等的种植或嫁接，以及种饲料(黑麦草)养牛养羊等，潜力不少。这些项目，不仅不影响生态环境，而且能增加群众收入。实践证明，要使当地人民改变刀耕火种、捕杀珍贵动物的情况，移风易俗，改善关系，除了加强科学文化工作、加强教育管理工作以外，经济上采取积极措施，提高居民经济水平，是必不可少的。

最后，提两点建议：

**一、在指导集体或个人经营林业的问题上，必须从单纯造用材林、造针叶林的老框框中解脱出来，实行乔、灌、草、花卉并举，用材林、经济林、薪炭林、防护林、水源林并举。**根据乔灌草相结合、农林牧相结合及长中短相结合的原则，因地制宜地进行具体指导，是把发展林业与发展地区经济紧密结合、治山与治穷紧密结合的有效办法。这是从群众实践中产生并证明既符合自然规律、也符合经济规律的好路子。但在不少的林业部门和不少的指导林业生产的领导中，这个思想并不明确。“栽树——伐木——卖原木”的单一林业经营模式还有较深的影响，不仅妨碍林业事业的发展，也妨碍党的富民政策的落实。很有必要提出这个问题，加以讨论和求得解决。

**二、由于山区农民收入低、粮食缺，因此，解决退耕还林问题，国家扶持是必要的，特别是要给予口粮上的扶持。**当然，重要的是要从发展山区生产上着眼，在国家的必要扶持下，不断增强后续力量。山区人均土地面积还是比较多的，从改善生态环境中，在多种经营、以短养长增加的收入中，逐步积蓄力量，对粮地实行集约经营，在少量土地上收入更多的粮食，解放出大批土地兴林致富，是一个带方针性的问题，更是一个实际的政策问题。

# 努力完成“七五”计划，为实现林业的振兴而奋斗

(1986年)

杨　钟

六届全国人大四次会议批准的国民经济和社会发展第七个五年计划，是我国四化建设的宏伟蓝图，是推进改革的奋斗纲领。林业发展计划是国家“七五”计划的重要组成部分。全面实现林业“七五”计划提出的各项任务和奋斗目标，是林业战线广大职工和人民群众共同肩负的历史重任。

“六五”计划期间，党中央、国务院对林业的建设和改革作出了一系列重大决策。党和国家的领导同志亲自过问林业，作调查、抓典型，作了许多重要指示，推动了林业战线的拨乱反正和调整、改革、创新。在全体林业职工和广大群众的共同努力下，超额完成了“六五”期间的造林育林、木材生产、林产化工、科研、基本建设等任务。林业生产建设开始进入持续、稳定、协调发展的新时期。

这里必须指出，在回顾过去，肯定成绩的同时，还要清醒地看到，林业存在的困难和问题，以及我们肩负的重任。我国林业长期以来由于受“左”的错误影响和资金投入较少，积留的问题很多，“六五”期间虽然作了一些调整，但许多制约林业发展的重大问题还未得到根本解决。森林蓄积量还在下降，林种结构和产业结构很不合理，一些森工企业的可采资源枯竭和经济困难局面没有得到解决，科技教

育仍是薄弱的环节，林业内部和外部的许多经济关系还没有理顺。这种状况，与实现2000年林业发展目标的要求距离很大，需要我们在“七五”期间努力解决，为增强林业发展的后劲，为改善自然生态环境，为满足四化建设和人民生活对林产品的需要做出新的贡献。

第七个五年计划时期，是实现我国2000年国民经济和社会发展目标的关键时期。同样，也是林业实现本世纪末战略目标奠定基础的关键时期。按照形势的需要、林业的特点和实际可能，“七五”期间林业计划的基本方针和主要任务是：

1. 改革和完善林业经济体制，革新生产技术，力争五年或者更长一些时间，基本上奠定具有中国特色的新型社会主义林业的基础。

2. 继续贯彻以营林为基础，普遍护林，大力造林，采育结合，永续利用的方针，尽快使我国森林蓄积下降的局面转向上升发展。

3. 加强重点建设、技术改造和智力开发，从物质、技术和人才方面，为90年代的林业发展积累后劲。

4. 努力提高林业的生态效益、经济效益和社会效益，在发展生产的基础上，增加职工和林农的经济收入，逐步改善林区生产条件和生活条件。

实现上述任务，关系重大，意义深远。我们必须识大体顾大局，进一步端正林业工作的业务指导思想，锐意改革，奋发创新，切实做好以下几项工作。

**(一)坚持把改革放在首位**

改革是社会主义生产关系和上层建筑的自我完善。把经济体制改革和政治体制改革结合起来，就能为林业除弊兴利，增强发展的生机和活力。我们要按照国家整体改革的要求，对林业管理体制、投资体制、经营体制、流通体制、价格体系及其他制约林业发展的问题进行系统地改革。这些改革，凡属自己职权范围能解决的，就应主动去改。涉及其它行业和部门的问题，要主动协商，取得配合和支持。涉及全局的重大问题，要主动提出意见，与整体经济改革相衔接，有计划、有步骤地去改。

改革是一项伟大而艰巨的行动。在当前新旧两种体制同时运行的阶段，互相摩擦、冲撞的问题很多，变化也非常大。我们要努力学习，勤奋实践，认清形势，掌握动态，增强预见性，加强应变能力，坚定不移、积极慎重地把改革推向前进，取得预期的效果。

**(二)深入发动群众，开展植树育林**

实现“七五”计划的造林育林任务，必须充分依靠社会力量，贯彻国家、集体、个人一起上的方针，实行“封、造、管”并举。特别要抓好2500万亩速生丰产林的营造和中幼林的抚育，搞好各种基地和骨干工程的建设，积极解决农村烧柴困难，使森林资源的数量和质量都有持续稳定的增长，把各种灾害损失降低到最小限度。这就需要继续稳定林权，不断完善各种形式的林业生产责任制，支持和鼓励林业合作经济和各种横向联系的发展，扩大林业企(事)业的经营自主权，疏通林产品的流通渠道，增加和用好国家对林业的投资，把各方面的积极性和有利条件都充分发挥起来，形成一股巨流，推进林业发展。

**(三)调整木材生产布局，合理利用森林资源**

我国现有的131个国营林业局，172个集体林区县，4100多个国营林场，是为国家提供木材和林副产品的主要基地，也是维护自然生态环境的主体。重点保护和经营好这些基地，是各级领导和广大职工、林农的一项紧迫任务。“七五”期间，要通过改革和建设，使这些基地较快地恢复和发展。当前要按森林法的规定和合理经营的要求，调整木材产量，妥善解决集中过伐的问题，奠定永续利用的基础。对过量采伐的地方，要调减木材生产任务。对可采资源枯竭的单位，要强化营林，开放经营，增加投入，尽快恢复生机。地处长江上游的西南、西北林区，要逐步转变为经营性质的采伐，保持森林的防护作用。大兴安岭、牙克石、思茅等林区和15个续建局，要按国家的计划安排，集中力量，加快开发，尽快形成生产能力，弥补过伐地区调减下来的产量。

南方九省区要扶持和鼓励集体林区县的广大林农发展木竹生产，恢复和增加资源。国家要有计划地选择一批资源集中，成过熟林丰富的重点县，优先扶持开发和建设。

**(四)调整生产结构，提高经济效益**

林业生产结构的调整，要着眼于形成以林为主，多种经营，综合利用，以短养长，协调发展的格局。各地必须充分利用林区多种资源的优势，按照各自的资源条件、市场情况和经济效益，统筹安排产品结构，积极发展木材综合利用和多种经营。在抓好现有森工企业技术改造的同时，要发展一批大中型人造板厂和林纸、林化企业。要充分利用林区资源，积极发展种植、养殖、采集、加工、采矿、建材、旅游等产业，切实改变单一经营的局面，形成多层次、多门类、高效益的产业结构，把资源优势转化为经济优势。这种调整必须因地制宜，合理布局，注重实效，避免盲目性。通过结构调整和集约经营，使林产品质量、数量和经济效益都有一个较大的提高，为本世纪末实现林业工业和多种经营总产值翻两番打下实实在在的基础。

**(五)积极发展林业科研、教育事业**

林业振兴寄希望于把传统的生产工艺、技术转移到现代化的科学技术基础上来。而这种转移的关键又在于认真贯彻经济建设必须依靠科学技术，科学技术必须面向经济建设的方针。林业科研机构的管理体制和研究课题必须调整，科学研究和技术推广必须配套成龙。积极实施林业“星火”计划，推广见效快的“短平快”科技成果，取得现实的经济效益。

科技进步的核心是人才，人才的培养靠教育。因此，“七五”期间，要大力发展教育事业，加强林区中小学教育，积极发展中等林校和林业技工学校，调整高等林业院校与中等林校的专业设置和招生比例，加强林区干部培训、职工业余教育和技术教育，把提高教学质量，培养合格人才放在首位，逐步形成一支政治素质好，技术水平高的林业职工队伍。

我们要认真落实知识分子政策，努力改善林业科技人员和教师的工作条件和生活条件；对有重大贡献的各类技术人员和教师，要给予表彰和嘉奖，使他们尽心尽力，为林业建设服务。

**(六)开展横向联合，发挥林区优势**

林区有自己的优势和劣势。打破条块分割和封闭经营的格局，发展横向经济联合是变资源优势为经济优势的主要途径。林业企业和科研单位都应依据自愿、平等、互利的原则，冲破行业、所有制和地区界限，积极开展横向联合。用外引内联的形式吸引资金、技术、设备和人才。各级领导部门要提供信息、排除障碍，采取措施，因势利导，正确指导横向联合的健康发展。

“七五”期间，林业生产建设任务是繁重的，困难也是很多的。但是，党和国家对林业的重视，“七五”期间投资的大量增加，改革、开放造成的宽松环境，全国人民对林业的关心和支持，林业职工和农民群众的积极性，都是战胜困难和积极进取的有利条件。只要我们继续解放思想、坚持改革，把党的政策和实际情况很好地结合起来，充分发动和依靠群众，在“创造”二字上狠下功夫，不图虚名，讲求实效，任何困难都是可以战胜的，实现“七五”期间林业发展目标是大有希望的。

# 发展林业的战略思想与林业在国民经济中的地位和作用

## ——1986年10月6日在中央人民广播电台星期讲座上的广播讲话

董智勇

在谈这个问题前，首先提供一些我国森林资源和生态环境的现状。我国是一个森林很少的国家，现有森林1.15亿多公顷(合17亿多亩)，占国土总面积的12%；森林蓄积量有100亿立方米。在世界160多个国家和地区中，按森林覆盖率来说，我国排在第120位；按平均每人占有的有林地面积来说，我国排在第121位；按平均每人占有的森林蓄积量来说，我国排在第57位。经过几千年历史性的破坏，我国现有森林已经为数不多，且分布很不均匀。因为森林少，使我国的生态环境不断恶化，出现了严重的生态平衡失调的危机。主要表现在：

第一，山区、丘陵地区缺乏森林覆盖，水土流失十分严重。每当暴雨集中到一个山区，往往给下游造成洪涝灾害。中华人民共和国成立初期，全国水土流失面积为116万平方公里，现已增加到150万平方公里，每年流失土壤总量达100亿吨。流失的土壤中的氮、磷、钾等养分，相当于4000万～5000万吨化肥。黄河中游严重的水土流失，造成水库淤积。例如，由于泥沙淤积，三门峡水库大大降低了综合利用功能；山西省每年因泥沙淤积而损失的库容为5000万立方米；陕西省每年由于淤积而损失的库容为8000万立方米。全国的水库，因泥沙淤积而损失的库容，每年约有10多亿立方米。明朝以来，华北平原已有数十次局部性的特大洪水灾害。北京、天津都有多次被淹的记录。中华人民共和国成立以后的30多年中，也多次冲毁交通线，淹没大面积农田，致使受淹地区农作物失收，工厂停产，陆路交通中断，严重地威胁着工农业生产和人民生命的安全。

第二，我国沙漠化的土地面积正在不断扩大。我国西北地区邻近蒙古高原，气候干燥。由于那里的大部分森林早被毁灭，因而成为蒙古高原沙漠东侵的通道。目前，我国沙漠和沙漠化土地约有128万平方公里，还有大批土地正在向沙漠化发展。所谓沙漠化，是指使土地退化的范围广泛的生态变化。这种变化，使这些地区本来就很脆弱的生态环境更加恶化，气候变坏，灾害频繁。加上过度放牧，破坏草原，不仅使土壤严重沙化，又使草原的退化不断发展。我国目前潜在沙漠化危险的土地差不多已有 15 万平方公里。

第三，除了毁林开荒、毁草开荒和陡坡开荒造成水土流失和洪涝灾害外，不少地方不顾后果地围湖造田，缩小了水面，严重削弱了江河干流对洪水的吞吐能力，增加了洪水对两岸人民的威胁。此外，水产的过度捕捞，导致水产资源的破坏；城市工业“三废”处理不力和大量使用杀虫药剂，使水资源严重污染；一些地区由于过度开采地下水，使地下水位日益下降；由于排灌不当，我国盐渍化土地不仅没有减少，反而又有发展；城市噪声的扩展，危及人们的健康；乱捕滥猎野生动物，使一些野生动物处于濒危和灭绝的危险。特别是人口的增长，使生态环境的破坏也就越加严重；生态环境不好，又造成多种疾病的蔓延。

总的看来，我国城乡生态平衡失调的情况是严重的。只有认清这些问题的严重性，才能提高我们的认识，才能更好地实现党中央关于保持生态平衡的号召，充分发挥社会主义制度的优越性，促进社会主义建设的健康发展。现实的状况充分证明，生态平衡一旦失调，其后果必然要表现在经济上，使整个国民经济蒙受巨大损失。

现简述我国发展林业的战略思想，以及林业在国民经济中的地位和作用。

当代科学技术的发展，越来越多地出现了直接对人类社会生活有重大影响的问题，涉及资源、能源、生态平衡、人口、交通运输等等问题。这些问题同人类社会和经济发展有密切关系。例如，世界各国从来没有象今天这样认识到森林资源的重大社会意义和生态意义，因为森林的破坏和消失带来一系列的社会、经济问题。从世界森林资源变迁的历史中可以看出，人类社会的发展和森林资源的消长是紧密联系在一起的。也可以说，人类社会的发展史也是森林资源不断减少的历史。在很长的历史阶段中，森林资源既是人类生产生活的富源，同时又被当作人类自身的生存和发展，特别是工业、农业发展的对立物而被消灭着。但是，在封建社会的历史阶段中，人口的增长和经济的发展比较缓慢，对破坏森林这一点并未引起人们的重视，而且认为这是理所当然的事。到了资本主义社会，人口的急剧增加和工农业生产的高速发展，特别是近代科学技术的发展，森林被掠夺式的采伐利用而大量减少，随之出现了一系列生态问题。长期以来，人类对自然界的这种破坏一直在进行着。只是到了近代，特别是近几十年来，由于破坏自然资源，尤其是破坏森林超过了一定的限度，使生态和经济过程中的矛盾对立而日益暴露出来。恩格斯早在 100 多年前就告诫我们：“……不要过于得意我们对自然界的胜利。对于我们每一次胜利，自然界都报复了我们。”自然界对人类的报复，实质上是由于生态系统遭受破坏而引起的。我国古代有一个“伊甸国”，6000 年前，这是我们祖先的一个聚居地，就是现在陕西省西安市郊的半坡村。可以推想，当时的半坡，山青水秀，林木茂密，景色迷人。我们的祖先就在这里安居，开始人类文明的进程。包括半坡在内的黄河流域，曾是中华民族的摇篮。而今天，已是一片童山濯濯的黄土高原。

由于生态系统遭受破坏，造成生态性灾难的事例，在外国也随处可见。1934 年 5 月 11 日清晨，从美国西部刮起了一阵阵遮天蔽日的黑色风暴，狂风卷着泥沙拔地而起，自西向东迅速蔓延，整整刮了三天三夜。黑风暴所到之处，田地干裂，庄稼枯萎，河水断流，水井干枯，牲畜渴死，千百万人流离失所。造成这场黑风暴的原因，是人们毁坏了大片大片的森林和草原，广阔的原野成了不毛之地，在炎热的阳光下，大地象个蒸笼，越接近地面气温越高，靠近地面的热空气迅速上升，形成了一个低气压中心，周围的冷空气迅速涌来补充，强烈的冷、热空气对流，很快形成了一柱柱旋风，挟着泥沙扶摇直上，并且连片成群，席卷大半个美国，最终造成大灾难。

我国是一个多山的国家，所谓“七山一水二分田”。由于历史的原因，森林遭到持续不断的砍伐和破坏，现存的森林已经不多，加上国土面积一半以上是干旱半干旱地区，几条大江大河的中下游流域几乎没有森林，光山秃岭到处可见，因此，风沙、水、旱、病虫等自然灾害的发生十分频繁，造成生态性的灾难，给国家建设和人民生活带来的危害是十分严重的。众所周知，物质资料的生产离不开自然资源，而自然资源又是生物和环境的综合体，因而生态和经济是不可分割的。生态性的灾难所造成的恶果，最终必然由经济承担。传统的经济学只是把人类社会单独抽象出来加以研究，并没有注意到自然界的问题，甚至认为自然资源是取之不尽的。因为那时人类社会的经济活动对自然界的影响不大，而且当时的生产力和科学技术水平也使人们不可能意识到这个问题。他们对自然界干预的程度和范围都极其有限。历史的实践证明，生态危机是人类社会发展的历史产物。同样，实践也证明，重新建立有利于人类生存和发展的生态系统，实现生态平衡，不仅是可能的，而且也是一种历史的必然。近几十年来，我国和世界上其它国家的科学家正在进行生态经济学基础理论的研究，涉及到人类经济活动与自然生态的关系、合理利用自然资源和保护环境等方面。科学家们已经分别开展了多方面的研究，例如农田生态经济学、森林生态经济学、草原生态经济学、城市生态经济学等等。人们进一步认识到，森林是陆地生态系统中最大的一个生态系统。它既是最重要的环境保护屏障，关系到农业的稳产高产，关系到城市生态系统的净化；又是重要的可再生资源。它的状况如何，既关系到人类生存与发展的环境，也关系到国民经济的发展。过去，由于人们认识上的局限性，只把森林当成木材和林产品的原料基地，着重于森林的经济效益，忽视了森林的生态效益。长期以来，用孤立的眼光看待森林，从本质上歪曲了森林在整个生态系统中的地位。因此，正确认识、评价森林的地位和作用就显得十分必要。全世界现有森林面积占陆地生态系统的三分之一，是一个大系统；林业作为一个产业系统，是国民经济的一个子系统。它应当为人们生产出更多更好的物质财富。森林又是全球生态系统的一个子系统，它要求不断改善环境，创造出一个合理的高效能的符合人类生存发展的生态系统。我认为，把林业和森林看作一个系统是十分重要的。因为随着生产力的提高和科学技术的进步，人类对森林的需要和依赖也越来越多。森林的存在和发展，直接关系到人类生产生活的物质条件和生存发展的环境条件。作为一个国家，如果森林资源少，其国民经济所需的木材和林产品可以依靠进口来满足。但是，就森林能改善环境条件这一点来说，就无法靠进口来满足，实际上这也是不可能的。从这个意义上说，各国只有依靠自己的力量，掌握客观规律，去改造自己的环境条件。我国在世界上有很高的威望，我国林业建设的每一项成就都会引起世界各国的关注。我们有党中央的正确领导和优越的社会主义制度，有丰富的人力资源，又有优越的发展林业的自然条件，完全可以在改变我国的自然面貌和经济面貌方面作出显著成绩，并对人类作出应有贡献。因此，正确认识和评价森林的生态、经济地位之后，随之而来的就必须在经营林业的战略思想上有一个彻底的转变。

几十年来，我国广大林区执行了“以原木生产为中心”的方针，形成了“大木头挂帅”，导致森林资源危困的局面，带来了经济上、社会上、环境保护上的严重后果。我们必须把“木材利用”的指导思想转变到“生态利用”的原则上来。因为只有在保持最大的生态效益基础上，才能获得源源不断的木材及其它林产品。也就是说，要按生态经济的原则经营林业。这一战略思想的总要求，就是把森林当作一个整体，一个具有完整功能的生态系统。按照这一要求，把各类森林和树木，如山地森林、平原林业、各类防护林和经济林、城市绿化和四旁植树、自然保护区等，纳入统一的经营范围，用系统的思想方法做好发展林业的区划、规划和布局，保护、经营好现有林，并有计划有步骤地发展林业。事实证明，只有遵循生态经济的原则，才谈得上最大的经济效益。过去滥伐森林或者过量采伐森林，尽管在短期内取得了相当可观的经济效益，但我们为此而付出的沉重代价甚至用几代人的时间和经济力量都补偿不了。生态平衡的破坏，其后果必然通过经济而表现出来。我国完全有条件做到合理经营林业。但是，要实现这个目的，还需要我们做艰苦的努力，一要靠正确的经济政策和技术政策，二要靠人民群众科学技术和文化水平的不断提高。就林业的实质来说，是对森林资源的经营与管理，把森林看成一个系统，从整体上来认识森林、研究森林。森林是由树木与其它植被组成的植物群落。当我们把森林作为一种资源成为管理对象而不作为严格的生物现象时，它就包括了广泛的、复合的生物社会。这种生物社会包括森林、牧地、林中空地、沼泽、野生动物和植物、微生物等。作为人类可经营利用的资源，森林又是一个复合的经营系统。它包括土壤、水资源、树木、野生动、植物、微生物、风景和旅游场所，从多方面满足人类的需要。因此，应该正确认识森林资源的结构和组成、森林的经营和利用，并把它们建设成为一种永续利用的基础，以维持自然生态的平衡和实现森林资源多种效益的永续利用。这正是经营管理林业的最终目标。

我国的森林，主要分布在东北、内蒙古和西南高山地区以及河流的上游。我们对有些地方的天然林，长期以来未能很好地考虑森林的永续利用，重采轻育的情况比较突出。60年代初提出了“以营林为基础”和“越采越多，越采越好，青山常在，永续利用”等原则，长期以来未能得到重视。现在看来，那时提出的永续利用，主要出发点也是着重于木材生产。从当前世界林业的发展趋势来看，林业的中心任务再也不能停留在木材生产上了，应该充分发挥森林的多种效益，而且应该强调森林生态效益的永续利用的原则。

上述经营林业的战略思想，必须遵循生态经济的原则和永续利用的原则。我们编制林业发展规划和制定经营措施，也必须以上述原则为指导思想。对此，在实际工作中必须统一认识。否则，沿袭老框框，走老路子，必然严重阻碍林业的发展。

森林曾经作为地球生命发展史上的一个里程碑和人类的摇篮而存在。数十万年的历史过去了，人类从森林那里获得了生存的空间、土地、能源等等，而发展了自己。尽管目前森林还是陆地上最大的生态系统，但全世界的森林每年正以1000万到2000万公顷的速度被消灭。面对现实，不能不使人担心，森林的前途会如何呢？这就自然地向人们提出了一个重大问题。这里，首先是一个如何评价森林的地位和作用的问题。

森林作为一个生态系统，它具有自己独特的特点和优势：第一，空间优势。森林外貌高大，乔木一般高达30米左右，热带雨林的树木可高达60～70米。所以，森林是陆地生态系统中垂直空间的优势者。第二，时间优势。森林树木寿命较长，如针叶林可达百年以上，有的树种可以生活到千年以上。这种持续的时间优势，再加它的空间优势，必然对周围环境产生稳定而持久的影响。第三，种群优势。森林中的各种生物种类极为繁多，除各种乔木、灌木、草本、苔藓和地衣外，还包括各种动植物资源以及各种微生物等，构成了复杂的食物链(网)，形成了与自然环境相适应的、稳定的森林生态系统。第四，生产优势。每公顷森林的生物量约在100～400吨之间，相当于农田或草原生物量的20～100倍。就生产力而言，每公顷每年的干物质生产力，阔叶林为6～7吨，针叶林为6吨左右，高于草原单位面积的干物质生产力。第五，演替优势。一般说来，在没有人为干预下，森林有一种自趋成熟的演替发展趋势。也就是说，地球上凡是能生长森林的地方，最终都能生长森林。除生产木材、林产品及加工产品外，森林还有巨大的生态效益和环境效益。它具有涵养水源、保持水土、防风固沙、保护农田、净化大气、防治污染以及供旅游、疗养的巨大作用，而且越来越成为城市生态系统中不可缺少的部分。

林业作为一个产业，是国民经济的一个组成部分。中央提出："发达的林业，是国家富足、民族繁荣、社会文明的标志之一。"这就表明，发展林业是直接关系到我国两个文明建设的大事，中央把林业的重要性提高到了一个相当高的位置上来，并把发展林业作为一项基本国策。如何对待林业，人们有不同认识。现在，人们一般把林业列入农业范畴，所谓农林牧副渔，也就是通常所说的大农业中的林业。也有人认为，林业无非是挖坑栽树，砍伐修路。因此，人为地把林业划分为林业和森林工业。三十多年来，始终把林业划归农业范畴，把森林工业划归工业和采掘业范畴，在国家的投资安排以及一系列的经济政策上实行了不同的做法和规定。实践证明，这不利于林业事业的发展。我认为，林业是一个多学科的知识密集型的高度综合的产业。林业是以经营木本植物为主体的生物生态系统的产业。林业包括种植业、养殖业、林产微生物业、林产运输业、林产贸易业、人造板工业、林产化学加工业、林产机械工业、野生动物的保护和繁殖、森林旅游业等等。它既不同于农业，也不同于工业，是一个独立的产业部门。由于林业生产周期长，资金周转缓慢，经营面积比较辽阔，森林资源的恢复比较艰巨，产业结构的复杂性和经营活动的社会性，使这一产业只靠经营者本身是难以发展起来的。这就决定了林业产业必须采取经济扶持的原则。世界上林业搞得好的国家，都是制定了有力的经济扶持政策，积极扶持林业的发展。我相信，在经济体制改革的过程中，通过改革，林业必然会走上健康发展的道路。

# 当前林业呈现的两种趋势

## ——在1986年10月全国农村工作会议上的讲话

刘 广 运

随着林业战线改革的逐步深入，全国范围内的林业建设呈现发展的趋势，主要表现在：一、过去处于无林少林的广大平原地区，造林绿化有了突破性的发展。华北、中原的422个平原县、市中，已有145个达到了平原绿化标准，林木覆盖率已由建国初期的2%上升到现在的10.7%。二、长期遭受水土流失、风沙危害的"三北"广大地区，经过几年的难苦奋斗，防护林体系建设第一期工程已经胜利完成，使这些地区的林木覆盖率由1978年的4%提高到1985年的5.9%，许多地方的自然环境有所改善。三、全民义务植树的群众运动有力地推动了许多地方绿化事业的发展，特别是近几年大中城市的绿化、美化成绩显著，面貌大有改观。四、林业内部产业结构作了较大调整，林业经济长期单一经营的局面有所改变。1985年全国国有林区林业企业的多种经营和综合利用产值达16亿元，相当于林业企业总产值的36%。

但是，我们必须清醒地看到林业形势中的另一个趋势，就是现有老林区面貌改变不大，甚至仍在萎缩、衰败。所谓的老林区，主要是指以我国东北、内蒙古、西南和西北现有林业局为主的国有林区和南方九省、区重点林区县为主的集体林区。这两大林区，不仅是我国木材生产、供应的主要基地，而且是我国主要的自然生态屏障。森林是陆地生态系统的主体，这些老林区的兴衰，直接关系到我国国土保安、农业稳产、四化建设和子孙后代的长远利益。可是，这些地区目前处境十分困难。一是森林资源急剧下降。近十年来，全国国有林区现有林业局的森林面积从2700多万公顷减少到2200多万公顷，减少了21.3%；森林蓄积量从28.7亿立方米减少到22.4亿立方米，减少了28.1%，净减6.3亿立方米，尤其是用材林中的成熟林面积减少了近一半，蓄积量减少了23.4%。目前，在现有林业局中，近20%的林业局可采资源已基本枯竭。按现有生产水平，到本世纪末，有不少林业局的可采森林将全部采光。集体林区的森林资源也在大幅度下降，50年代南方集体林区蓄积量在300万立方米以上的林业重点县已减少36.1%。能提供商品材的县比50年代减少了42%。如不采取抢救措施，到本世纪末，南方集体林区的林业重点县也将大部分无法再为国家提供建设用材。二是林区山区经济长期处于贫困状况。森林资源的急剧下降，给林业企业带来了经济困难。据统计，全国贫困地区中，有81.4%的贫困县在林区山区。国有林区森工企业经济危困的情况在全国其它工业行业中是少有的：1985年有25个林业局亏损，有24个林业局上缴税利后又靠财政退库过日子；1985年人均留利只有214元，有22%的林业局没发奖金，发了一个月奖金的只占半数以上，能发两个月奖金的仅有5个局，占4%；林区社会的经济包袱十分沉重。由于企业经济极为困难，多余的林区职工无法转产，离退休人员和待业青年无法安置，直接影响了林区的安定团结。

现有老林区存在的上述问题，不仅危及林业自身，更重要的是，这些老林区大多处在我国大江大河的源头，老林区境况恶化所带来的危害，将直接威胁着今后农牧业的发展，影响着我国的自然生态环境的改善。

这里，给我们提出这么一个问题：为什么这几年在原来无林少林的地区，林业是个上升发展的势头，而在老林区却是下降、萎缩的趋势呢？前者是改革的结果，这是毫无疑义的。而后者则要从老林区旧的经济体制、现行的林业政策上去追根溯源。从根本上说，主要是老林区旧的经济体制、各种经济政策忽视了林业的特点，违背了林业的自然规律和经济规律造成的。具体地说，一是搞单一的原木生产，实行单一的全民模式，对培育森林、永续利用和发挥森林的多种功能、多种效益兼顾不够。二是在计划体制上，不按合理经营森林的原则确定木材产量，而是按需定产，长期统购，木材生产任务过重，集中过量采伐，使森林资源的消耗量长期超过森林的生长量。三是在价格体系上，单纯地把森林当作自然物索取，不承认林木资源的价值，只计采运成本。木材价格很低，使采伐后的森林资源得不到及时的投入和补偿，违背了林业再生产的特点和价值规律。四是在经济政策上，忽视林业生产周期长、要兼顾生态效益和经济效益的特点；不承认由于木材采运距离越来越远，木材径级越采越小，木材质量越来越次，生产成本必然增加，社会负担很重等实际情况，实行重取轻投，企业无力承受这些经济压力。五是在投资政策上，以原木生产为中心，资金、物资与木材挂钩，忽视了森林资源培育和林区综合利用的投入。六是在管理体制上，条块分割、产销脱节，责权分离。“国家要木材，地方要利润，企业要生存，老百姓要活命”，互相冲撞，难于协调。就林业内部来说，基础工作薄弱，经营粗放，管理落后，内部机制运行不灵，经济效益不高也是重要的原因。

回顾这几年林业改革的历史进程，肯定成功的经验，认识存在的问题，目的是找出解决问题的办法，更好地把林业改革引向深入，使林业正在上升、发展的地区继续前进，使仍在走下坡路的老林区摆脱困境，走出谷底，尽快步入良性循环。我们的初步设想是：(一)必须大力造林、育林，增加森林资源，提高覆盖率，这是解决我国林业问题的根本出路。“七五”期间乃至今后一个较长时期，林业改革的指导思想应当从充分发挥森林的生态效益、社会效益和经济效益出发，把“三个效益”有机地结合起来，逐步理顺目前林业内部和外部的各种经济关系，经过“七五”或者更长时间的努力，把林业经济体制的新框架建立起来，振兴林业，以适应四化建设和我国生态环境对林业的需要。(二)在战略布局上，现有老林区要坚持休养生息的方针。要加强森林的培育，增加后备资源，为老林区作出新贡献准备后劲。在自然条件优越的东南部地区、平原农区，有重点地发展速生丰产林，争取在较短时间里为国家建设和人民生活提供更多的用材。继续在“三北”地区、太行山、长江上中游、海防沿线水土流失、风沙危害严重的地方，大力种树种草，增加植被，改善生态环境；增强国土保安能力。(三)在经营方针上，要继续调整产业结构，进行综合开发，立体开发，发展多种经营、多种产业，逐步形成以林业为主的多门类的产业结构，把林业资源优势转化为经济优势。为实现今后林业改革的目标：

**第一，要继续提高对林业的认识，广泛动员全**

**社会办林业**。环顾世界各国，一个国家保护森林的好坏与林业发展的快慢，都和这个国家的政府、社会、人民对林业的认识有着密切关系。因此，必须进行广泛的宣传，使全社会真正认识到绿化祖国、发展林业是我国的一项基本国策，从而提高人们造林、育林的自觉性。同时，要认真落实林业政策，坚持谁造谁有，继续稳定和完善各种形式的联产承包责任制，发展多种形式的经济联合，充分调动社会各个方面的积极性，实行国家、集体、个人一起上。农村林业发展的经验证明，关键是靠县委和县政府的正确领导。广东省委和省政府为了加快绿化山河的步伐，在全省范围内建立了县、市领导任期目标责任制，把造林任务落到各级领导干部身上，并决定每年由省政府组织两次检查。凡成绩显著的给予嘉奖，凡检查不合格的，出示"黄牌"警告，无所作为的要自动辞职。省委、省政府还决定从地方财政收入中每年拿出1%到3%投入林业。目前，在省委领导的示范下，各县、市领导正在扎扎实实地大办造林绿化点，并广泛发动群众种树种草，发展林业。

我们相信，只要各级党政部门对林业有了认识，切实加强领导，大力支持，下功夫研究解决问题，动员全社会办林业，林业的问题就不难解决，林业改革的步伐也必将越来越快。

**第二，理顺木材价格体系，恢复林业商品生产的本来面目**。这是恢复和扩大森林资源的关键所在。长期以来，我国木材价格构成极不合理，其中一个重大失误就是没有实行林价制度，不承认森林具有价值，木材价格中没有计算营林成本。这样，不仅使培育森林资源的劳动得不到补偿，导致森林的无偿采伐和浪费，而且造成林业企业利润的虚假现象，加剧了林业的经济负担。这种不合理的价格体系，可以说是老林区走向衰败的根本原因。我们的意见是，国有林区的木材价格在去年微调的基础上，争取在国家调整生产资料价格时作较大的提高，并用不太长的时间把国有林区的木材价格、集体林区木材价格基本拉平。与此同时，仿效世界各国的经验，尽快把我国的林价制度建立起来，实行森林有偿划拨与采伐，从而保证森林资源的恢复与发展。

**第三，对林业实行特殊的扶持政策，变重取轻投为多投少取**。长期以来，国家对林业投入很少，加上低价高税，造成林业经济越来越虚弱。今后除了林业部门本身提高经营管理水平、增强自我造血功能外，必须增加国家的资金投入。一是要实行优惠的税收政策，减免税费。在今后相当长的时期内，森工采运企业是限产减利单位，失去了负担国家税利的能力，不宜按一般工业企业实行利改税制度。国务院最近决定国有林区的森工企业除继续上交产品税外，所得税、调节税等其它税收全部免交，这是搞活林业企业的重要政策。但实行的木材产品税率(10%)仍然偏高，特别是南方集体林区重复课税，既收产品税，又收农林特产税，这种做法应当尽快改变。二是要增加对林业的投入。林业投资历来占全国基本建设投资的比重很小。1980年以前，森林工业投资平均占全国基建投资的1.7%，"六五"期间又有下降，只占1.39%。这种投资比例关系，只能造成林业建设严重欠帐。今后林业投资所占比重应逐年提高。同时，对那些只有生态效益、社会效益的林业投资不宜实行"拨改贷"制度，仍应改为基本建设拨款。三是要增加林业长期低息(贴息)贷款，用于造林育林和发展林区多种经营。去年国家给林业3亿元贴息贷款，最近国务院又决定1987年再给林业增加一些贴息贷款，这项贷款主要用于发展速生丰产林和调整林业生产结构。从去年的执行情况看，为了保证资金的落实，希望财政、银行部门大力支持。同时也希望各省区认真解决发放中存在的问题，实行有重点地投放，以便取得最佳的经济效益。

**第四，进一步理顺南方集体林区木材放开后的经济关系**。1985年国家决定取消集体林区木材统购，实行议购议销。这对于理顺木材价格，控制木材消费，增加林农经济收入，改变林区贫困面貌，起到了积极作用。但目前的问题是，各种税费名目繁多，数额很大，中间经营环节的费用和利润太高，林农的收入增长不多，林业也没有从中筹集到必要的资金。由于国家投资"同上交木材挂钩"，使林业建设资金大幅度下降，林区建设不能正常进行，边远地区更是无力开发，部分森工企业没有能力转产，经济十分困难，亟需扶持。

为了巩固和发展木材放开经营后的成果，首先要减少中间税费，增加林农收入，调动农民经营林业的积极性，使农民现在得到的收入只能增加，不能减少。同时要压缩木材购销差价，不给中间商提供少纳税或偷税漏费等获取高额经营利润的条件。其次，建议国家计委继续安排集体林区的森工投资，取消"钱木挂钩"的办法。各省区要从木材放开经营后增加的财政收入中安排部分林业建设资金。

**第五，认真落实国有林区的各项改革措施，为林区休养生息创造条件**。最近国务院办公厅转发了《关于研究解决国有林区森林工业问题的会议纪要》，要求各省区、各部委认真贯彻执行。我们将与各省区和有关部门共同努力，以实现《纪要》的决定，包括调减森林过伐量和落实各项经济政策。例如：今年木材提价增加的收入，除交纳产品税外，中央和地方财政都不拿，全部用于林业。免征调节税、所得税。能源交通基金以1985年为基数，增收免交。向林区征收的养路费，由地方给林业部门返还一部分。教育费附加征收后，全部返还给林业企业。今后给农业上增加的投资，要给林业一定的份额。每年给森林工业多种经营贴息贷款2亿元。我们一定要利用好中央给国有林区改革的外部有利条件，逐项加以落实，尽快使老林区摆脱困境。

**第六，大力加强林业的经营管理，不断提高林业经济效益。**在继续调整和改善发展林业的外部条件的同时，要花更大的力气搞好林业的基础工作，建立健全林业内部的经济运行机制，挖掘林业自身的潜力。要进一步加强对森林资源的保护和管理，切实制止计划外采伐，做到以较少的资源消耗获得最大的经济效益。最近各地遵照国务院有关规定的精神，正在整顿农村公路管理秩序，请各省、区领导同志对法定的木材检查站予以关注，不要因为管理职责的调整而削弱林政管理的职能和力量。与此同时，要认真管好用好国家的林业资金，要象山西省那样，推行工程造林的办法，卓有成效地建设速生丰产林等各种林业基地。要继续推进林区产业结构的调整和改善，搞活山区经济，使林业与农牧业得以协调发展，更好地为四化建设服务。

# 更新观念，推动林业经营向效益型转化

## ——在1986年12月16日全国林业计划会议上的讲话

徐有芳

37年来的林业工作，取得了一定成绩。广大林业职工为保护生态环境、支援国家经济建设、繁荣山区经济做出了贡献。近几年来，在党中央和国务院的关心和重视下，各级林业部门认真贯彻执行了“以营林为基础，普遍护林，大力造林，采育结合，永续利用”的方针，林业生产建设有了较快的发展。其主要表现，一是逐步端正了林业的业务指导思想，大力植树造林，普遍开展护林，把工作重点开始转向提高森林覆盖率和整治国土上，过去无林少林的广大平原、西北黄土高原和“三北”风沙干旱地区，造林绿化取得了显著成效。二是对林业的特点有了进一步认识，林业经营开始出现三个明显的转变，即从单一经营转向综合经营，林业产业结构和产品结构有了较大改变；从产品分配型转向商品生产型，林工、林商有了较快发展；从速度型转向效益型，重视了造林质量，开始抓了工程造林。三是林业经济体制改革逐步深入，各种形式的林业经济责任制进一步完善，调动了亿万林农和广大林业职工发展林业的积极性；简政放权，推行局（场）、厂长负责制，扩大了国营林场和森工企业的经营自主权；南方集体林区开放木材市场和北方木材提价，为南方林业重点县、国有林区森工企业和国营林场的深入改革，创造和改善了必要的外部条件。

当然，林业的发展还不平衡，平原和少林地区的林业发展快一些；而在国有林区和南方集体林区，森林资源消耗失控的状况还没有根本改变。林业生产建设的经济效益低，基础薄弱，改革中出现的不少新问题也有待我们去解决。但是，只要我们积极努力，目前的好形势会有更大的发展，正如中央领导同志指出的那样：林业有问题，也有希望。只要明确正确的指导思想，确定正确的战略布局，采取正确的方针和政策，林业振兴就大有希望。

为了进一步理顺林业发展中的内部和外部关系，并为本世纪末林业大发展奠定基础，要在继续贯彻落实党的十二届六中全会作出的关于社会主义精神文明建设指导方针决议的同时，根据我国国民经济和社会发展总任务，从林业的实际情况出发，围绕改革，做好工作。

**一、在造林、营林工作上要实行分类指导，突出重点。**

我国森林覆盖率低，荒山秃岭面积大，造林任务非常繁重，各地的气候和地理条件又不一样，在营林工作中面临的困难很多。首先是工作量大，自然条件复杂；其次是资金不足。实践证明，植树造林不能只采取一般号召和一般指导。“六五”期间，平原地区、“三北”地区的森林覆盖率有所增加，国有林区的森林覆盖率有所减少。其原因，除有的地方过量采伐外，主要还是营林工作没有跟上。因此，必须区别不同情况，进行分类指导，即突出重点、带动一般。要对经济效益、生态效益、社会效益统筹考虑，有区别地进行指导。在拟订2000年林业发展规划时，根据我国的自然条件和经营条件，在全国划了20块速生丰产林基地片，准备在占现有林地15%或更多一点的面积上采取集约经营措施，为国家提供90%的商品材。这是第一类。第二类是国土整治，重点是以防护林为主，建设生态型林业。在生态型林业建设中，要抓好重点工程建设，如“三北”防护林、京津周围的绿化、长江中上游水源涵养林、沿海防护林以及森林公园等建设。第三类是庭园林业(有的称农村林业)，包括房前屋后和自留山上的造林。类别不同，培育目的不同，在经营手段和资金投入上就必须区别对待。分类指导要突出重点。建设用材林的重点，是搞速生丰产用材林。我国木材供需矛盾尖锐，这就迫使我们建设好商品材基地。一是要真正做到科学造林，培育良种，适地适树，集约经营森林；二是根据不同用途，进行定向培育，缩短林木培育周期；三是在资金上给以重点保证。建设生态型林业，除重点保证防护林工程外，对自然保护区、一般防护林和森林公园等适当给予补助，但主要靠省里投入资金。要统一规划，分类指导，突出重点，坚持国家、集体、个人一起上，把营林工作搞上去。

**二、进一步解放思想，破除传统的林业观念，继续推进林业经济体制的改革。**

改革是发展林业的动力，是加快林业建设的重要保证。当前，发展林业的突出问题，一是技术，二是资金。只有通过改革，这些问题才能逐步得到解决，林业发展才有希望。把改革引向深入的首要问题，是进一步解放思想，破除传统的林业观念。长期以来，人们对林业有一种观念：似乎林业就是挖坑、栽树、砍树；离开挖坑、栽树、砍树，就不是林业，就是不务正业。这个不正确的观念，导致视野狭窄。一些国营林场造完林就觉得无事可做，守着一大片地方受穷，甚至有的连工资都开不出去。一些林业企业耗尽可采资源后，面临经济危困。这种传统的林业观念要破除，新的林业观念要树立起来。林业要综合开发、多种经营，开矿，办企业，搞食品加工，发展第三产业，门路十分广阔，要进行立体开发，以工副业养林业。不树立新的林业观念，就不可能提高森林覆盖率，也不可能使林业经济进入良性循环。为此，一是全国4000多个国营林场和森林资源已经枯竭或濒于枯竭的林业企业，要根据各自的自然条件，兴办采矿业、养殖业、种植业、加工业。各林场或各企业的每个单位，都要争取搞出一、两个拳头产品，走林农牧渔综合经营、林工商并举的道路，做到以短养长、以工养林。二是根据各地的自然条件，建立名特优产品的生产、出口基地，如建银杏、板栗等干鲜果品生产基地，山野菜和药材生产基地，食品和饮料加工基地，以及黑荆树、湿地松等林化工业原料林基地等。三是利用林业的自然资源优势和地理条件建设森林公园，发展旅游和狩猎等第三产业，增加收入。把改革引向深入，还要在进一步扩大企业自主权的基础上，积极推进横向经济联合，建立紧密的或半紧密的跨地区、跨行业的联合体。通过横向经济联合，进一步发挥各自的优势，吸引人才、技术和资金。可以实行定向培育、集约经营，建立各种形式的林纸、林矿、林工、林贸、林商等经济联合体。

股份制是一种好的形式。一是可以改善国家对企业的经济管理，有助于政企分离，改善投资行为。二是有利于形成企业自我约束、自我发展的机制。职工入股后，职工与企业不再只是干活领工资的关系，而是增加了一层与企业的资产关系，职工会关心本钱的变化。这样，对企业和职工都具有更强的动力和压力。南方集体林区放开经营后，福建省搞的“折股联营，按股分红”，坚持“分股不分山，分利不分林”的组合形式，就是股份制的雏型。

**三、下决心把工作做细，切实提高林业经济效益。**

建国以来，林业为国家建设作出了重大贡献。但同时也存在不少问题，必须予以高度重视，并进行综合治理。要采取各种有效措施，提高森林的生态效益、社会效益和经济效益，力争在“七五”、“八五”期间，经过多方面的努力，使森林资源和企业经济转入良性循环。为了深入改革，发展林业，一是要确定好木材总产量，要下决心逐步把森林过伐量调减下来；二是要全面贯彻“以营林为基础，普遍护林，大力造林，采育结合，永续利用”的方针，全面开展更新造林、成林抚育，加快后备资源的培育。

要从提高经济效益出发，全面安排好林业生产建设。第一，要加强资源管理工作。资源管理是林业工作的薄弱环节，不能再忽视了。首先要把国有林区、国营林场的资源管理系统健全、强化起来，可以从林价收入中解决二类资源调查的经费。第二，要加强统计工作。随着有计划的商品经济的发展，及时、准确的信息反馈已成为科学决策和指导生产的重要依据。因此，各级林业主管部门都应切实抓好统计工作，贯彻执行《统计法》，使统计工作更好地为林业生产建设服务。第三，要加强财务管理。现有的资金管理不善，有的地方在资金使用中存在着浪费现象，有些地方该收的钱没有收上来。当前，应该按照国家规定，把该收的钱收上来，管好用好，发挥现有资金的作用和效益。第四，要加强物资管理。第五，要加强基本建设管理。在1986年清理在建项目中，发现的主要问题是战线太长，前期工作有主观性、片面性。因此，新上工程项目，应该实事求是，扎扎实实地做好前期工作。第六，要加强产品质量管理。经最近检查，有相当一部分木材、锯材和胶合板不符合标准，其规格、质量达不到要求，损害了用户的利益，对此应予以高度重视。第七，要加强市场调查，抓好流通环节。林业生产从育苗植树起的一切活动都是商品生产过程，因此必须加强市场调查。尤其是今后要立体开发、综合开发，形成以林业为主的多门类产业结构，就更应密切注意市场动态。

只要认清大好形势，解放思想，抓住有利时机，就一定能把林业搞上去。

# 中国林业大事记

## （1949～1986）

### 1949年

**10月1日**

中华人民共和国成立。中央人民政府设林垦部，全称：中央人民政府林垦部。

1949年9月29日在中国人民政治协商会议第一届全体会议上通过的《中国人民政治协商会议共同纲领》第三十四条规定林业政策："保护森林，并有计划地发展林业"。

**10月19日**

国家任命梁希为林垦部部长，李范五、李相符为副部长。

**12月28日**

林垦部邀请来北京参加全国农业生产会议的各地林业代表座谈林业工作的方针任务等问题。

### 1950年

**2月28日至3月8日**

林垦部在北京召开第一次全国林业业务会议，确定林业工作的方针和任务是：普遍护林，重点造林，合理采伐和合理利用。并决定筹备开发大兴安岭林区。

**3月11日**

林垦部、交通部联合发布《关于公路行道树栽植试行办法》。

**3月20日**

林垦部发布《关于春季造林的指示》，要求：发动群众普遍栽树；有计划地营造防护林；尽可能普遍地有计划地推行封山育林；鼓励农民大量培植油桐、竹子等林木；重点培植薪炭林；开展育苗。

**5月16日**

中央人民政府政务院发布《关于全国林业工作指示》，明确规定林业建设的方针是：普遍护林，选择重点有计划地造林，并大量采种育苗；合理采伐，节约木材；进行重点的林野调查；及时培养干部。还对全国林业机构设置等问题作了规定。

**5月26日**

林垦部发布《关于华北西北等区雨季造林的指示》。

**6月15日**

政务院发布《关于禁止砍伐铁路沿线树木的通令》。

**6月30日**

毛泽东主席发布《关于实施〈中华人民共和国土地改革法〉的命令》。该法第十八条规定："大森林、大水利工程、大荒地、大荒山、大盐田和矿山及湖、沼、河、港等均收归国有，由人民政府管理经营之。其原由私人投资经营者，仍由原经营者按照人民政府颁布之法令继续经营之。"

**7月6日**

林垦部发出《关于发动群众育苗的通知》。

**9月20日至30日**

政务院财政经济委员会、农业部、林垦部在北京召开全国农林计划会议，会议讨论并初步确定了1951年及1951年至1953年三年的农林生产的计划、方针、任务、经费等。

**10月8日**

林垦部、教育部联合召开林业教育会议，决定在南京大学、金陵大学、安徽大学、武汉大学、中山大学等7所大学开办学制为2年的林业专修科。

**10月19日**

政务院、人民革命军事委员会发布《关于各级部队不得自行采伐森林的通令》。

**11月20日至26日**

林垦部在北京召开全国木材会议，决定统一调配木材，管理木商，合理使用木材，并讨论了1951年的木材生产与分配问题

### 1951年

**2月2日**

政务院发布《关于一九五一年农林生产的决定》，指出："实行山林管理，严禁烧山和滥伐，划定樵牧区域，发动植树种果，推行合作造林……公有荒山荒地，鼓励群众承领造林。造林后，林权归造林者所有。"

**2月14日至24日**

林垦部在北京召开全国林业会议，对护林、造林以及合理采伐利用等问题进行了讨论。会议决定：实行普遍护林护山；选择重点进行封山育林，典型示范，逐渐推广；在淮河、辽河、永定河及黄河上游选择重点营造水源林，在豫东、东北西部、西北的三边、榆林等地营造防沙林；合理采伐森林，统一调配木材；继续重点调查勘测林野；大量培养林业专业干部。

**2月26日**

中国林学会在北京成立，选举梁希为第一届理事会理事长。

**3月17日**

政务院发布《关于春季严禁烧荒烧垦防止森林火灾的指示》。

**4月21日**

政务院发布《关于适当处理林权，明确管理保护责任的指示》，规定：

正进行土地改革地区，地主的森林和一般大森林，按《土地改革法》分别处理；暂不进行土地改革地区，一切较大森林提前收归国有，设林业机关协同地方政府管理保护；未明确划定林权的森林，其较大者应明令公布为国有财产，由当地人民政府和林业机关管理保护；零块分散的山林，按《土地改革法》规定分别进行清理和确定林权，由县人民政府发给林权证明；西北、西南、中南等少数民族地区的森林，一般仍按其旧有的管理习惯不变。

**8月13日**

政务院发布《关于节约木材的指示》，对木材的采伐、使用、节约、代用、经营、管理等方面作了详细规定。

**9月11日至20日**

全国林业行政会议在北京举行。会议认为今后林业工作的方针任务是：保护山林，发动和组织群众，把森林的严重破坏情况停止下来；迅速开发新林区，并厉行节约木材；开始进行大规模造林。

**11月5日**

中央人民政府决定，将林垦部改为林业部，垦务工作交农业部主管。

## 1952年

**1月9日**

东北人民政府发布《关于营造东北区西部防护林带的决定》，规定防护林营造范围：南起辽东半岛和山海关，北至兴安岭以南的富裕、甘南等地，长约1100公里，宽约300公里，造林面积约300万公顷，包括60个县、旗(其中内蒙古7个旗)，受益面积20余万平方公里。

**2月16日**

林业部发布《关于一九五二年春季造林工作的指示》，明确规定“谁种归谁”政策和“民造公助”方针，并要求各地积极推动合作造林和封山育林。

**3月4日**

中共中央发布《关于防止森林火灾问题给各级党委的指示》；政务院发布《关于严防森林火灾的指示》，要求各地实行按级负责制，发动群众，结合农业生产，搞好护林防火。

**7月4日至11日**

教育部召开全国农学院院长会议，拟订高等农林院系调整方案，决定成立北京林学院、东北林学院和南京林学院，保留12个农学院的森林系，在新疆八一农学院增设森林系。

**8月7日**

国家任命罗玉川为林业部副部长。

**11月20日**

政务院财政经济委员会发布《关于自一九五三年度起全国统一试行木材规格、木材检尺办法、木材材积表的命令》。

**11月22日至28日**

林业部在北京召开全国林业会议，确定今后除继续贯彻普遍护林、重点造林、合理采伐利用的方针外，应有目的、有计划地造林和开发新林区。除继续营造东北西部防护林及冀西、豫东、永定河下游的防沙林外，开始筹划营造从沽源到陕坝的察、绥防护林带及由府谷到定边的陕北防护林带；为配合治黄、治淮工程，在泾河及无定河等流域开始营造防洪林；在淮河上游、永定河上游营造防洪林；苏北、山东、河北按计划营造海岸防护林。

**12月19日**

政务院通过《关于发动群众继续开展防旱抗旱运动并大力推动水土保持工作的指示》，提出：首先应在山区丘陵和高原地带有计划地封山、造林、种草和禁开陡坡……

**12月31日**

政务院财政经济委员会决定由林业部统一领导全国国营木材生产和木材管理工作，指出：林业部按照国家计划，统一布置全国国营木材生产；统一资金和财政管理；实行全国统一的木材规格、木材检尺办法与木材材积表；根据国家木材分配计划，组织统一调拨；对私有林区进行统一收购与管理。各省设森林工业局或森林工业管理局，直接受林业部领导。

## 1953年

**2月19日**

林业部发布《关于东北国有林内划定母树及母树林有关问题的决定》。

**2月28日**

林业部发布《关于护林防火的指示》。

**4月22日**

私有林地区森林工业局长会议提出：采取在国家严格管理下的木材交易自由政策，即“中间全面管理，两头放松”的政策；掌握合理的价格政策；保护林农私有权，保护私有林木。

**5月18日**

政务院财政经济委员会批准，全国木材产销业务全部划归林业部门统一经营管理。

**6月27日**

政务院财政经济委员会批准，林业部建立中国木材公司。

**7月9日**

政务院举行185次会议。会议通过《关于发动群众开展造林、育林、护林运动的指示》。

**7月12日**

政务院财政经济委员会、林业部、商业部发出联合指示，决定从7月1日起，把木材业务划归林业部统一经营管理，煤建公司经营木材的业务、资金、干部和上缴利润任务全部移交给林业部。

**7月31日**

林业部召开林业干部教育座谈会，确定了中等林业学校的办学方针任务。

**9月18日**

国家任命雍文涛为林业部副部长。

**9月30日**

政务院发布《关于发动群众开展造林、育林、护林工作的指示》，确定开展造林、育林、护林工作应成为各级人民政府，特别是山区各级人民政府的主要任务之一，应成为各级人民代表大会的重要议题之一。各级人民政府在布置农村工作时，应将林业工作列为应有内容，并作统一计划和统一安排。

**12月12日至23日**

林业部召开私有林区森林工业局长会议，提出：今后应正确理解和贯彻“中间全面管理，两头放松”的政策；领导教育林农组织起来，走互助合作的道路；对林区的木商有区别地加以利用、限制，并逐步排挤代替；正确掌握价格政策。

### 12月22日至1954年1月14日

林业部在北京召开全国林业工作会议，提出：(一)对国有林逐步实行合理经营管理，即经过调查设计和通盘规划，作出长期的、科学的、合理的经营管理方案，按方案进行经营；(二)在林业工作中，促进群众的互助合作；(三)划分农村经济区，明确山区生产方针，把领导林业生产作为当地党政的任务。

## 1954年

### 3月27日

毛泽东同志给东北森林工业劳动模范大会复电。

### 3月31日

林业部颁发《育林基金管理办法》。

### 5月22日

人民革命军事委员会总参谋部、总政治部发布《关于部队参加植树造林工作的指示》。

### 6月19日

国家任命惠中权为林业部副部长。

### 7月8日

林业部与财政部联合发出《关于征收私有林育林费问题的联合通知》。

### 7月12日

林业部决定：大区森林工业机构撤销后，在东北成立吉林、哈尔滨、伊春三个森林工业管理局，在西南成立川康森林工业管理局，其余按原有省森林工业局不动。

### 7月22日

林业部发布《关于加强和扩大森林更新和抚育工作的指示》。

### 8月2日至12日

林业部召开全国中等林业教育会议。

### 8月12日

林业部发布《关于进一步开展与改进造林工作指示》，要求各地特别注意以下工作：(一)进一步开展山区的经济区划工作；(二)进一步开展林业生产的互助合作运动；(三)进一步加强造林技术指导，提高造林成活率；(四)进一步整顿、巩固、提高、发展国营苗圃，同时积极稳步地发展群众育苗。

### 10月27日至11月12日

高等教育部、农业部和林业部联合召开第二次全国高等农林教育会议。

### 11月30日

中央人民政府林业部改称为中华人民共和国林业部。

### 12月10日

国务院发布《关于进一步加强木材市场管理工作的指示》。

### 12月27日至1955年1月15日

林业部在北京召开第五次全国林业会议，确定今后三年内抓紧三项带有关键性的中心工作：(一)继续进行林业区划与山区生产规划；(二)经过国家规划设计，确定林业重点建设项目，并开始施工；(三)依靠和促进农村的互助合作，把林业生产纳入互助合作运动中去。

## 1955年

### 1月31日

国家任命刘成栋为林业部副部长。

### 2月21日至28日

林业部召开黄河流域营林座谈会，研究黄河中上游水土流失严重地区的造林问题。

### 3月24日至4月24日

林业部召开国有林区森林工业局长会议，进一步明确森林工业部门的基本任务：既要保证供应发展国民经济建设所需的木材，又要为森林更新、森林扩大再生产创造良好条件。

### 5月10日

国务院批复林业部，同意试行《全国木材统一支拨暂行办法》。

### 5月23日至6月7日

林业部召开私有林区森林工业局长会议，研究对木材收购计划适当控制问题，并确定从1956年1月起，私有林区森林工业改行商业制度。

### 7月30日

中华人民共和国第一届全国人民代表大会第二次会议通过《关于根治黄河水利综合规划的决议》。

### 10月10日至20日

农业部、林业部、水利部和中国科学院在北京联合召开第一次全国水土保持工作会议。

### 10月22日至11月10日

林业部在北京召开第六次全国林业会议，确定1956年的两大任务是：保护、经营和管理好现有森林；加强造林工作，提高造林质量。并且要求抓住三个中心环节，即积极参加和支持农业合作化运动，以合作化运动为中心进行山区生产规划和开展林业工作；进行林业重点建设项目的勘测设计；搞好干部训练。

## 1956年

### 1月14日

中华人民共和国政府和朝鲜民主主义人民共和国政府签订《关于在鸭绿江、图们江中运送木材议定书》。

### 1月23日

中共中央提出《1956年到1967年全国农业发展纲要草案》，第十八条规定："发展林业，绿化一切可能绿化的荒地荒山"。

### 1月31日

林业部颁发《国有林主伐试行规程》。

### 3月1日至11日

青年团中央、林业部、黄河水利委员会在延安联合召开五省、自治区(陕西、甘肃、山西、河南、内蒙古)青年造林大会。会议期间，收到中共中央致五省区青年造林大会的贺电，传达了毛泽东主席向全国人民发出的"绿化祖国"的伟大号召。会议通过了《关于绿化黄土高原和全面开展水土保持工作的决议》。

### 3月10日

林业部颁发《绿化规格(草案)》和《关于十二年绿化规划的几个意见》。

### 4月18日

中共中央、国务院发布《关于加强护林防火工作的紧急指示》。

### 5月12日

全国人民代表大会常务委员会决定，成立中华人民共和国森林工业部。

**5月18日**

青年团中央和林业部发出《关于发动广大青少年进行采种、育苗工作的指示》。

**6月4日**

国家任命罗隆基为森林工业部部长，张克侠为林业部副部长。

**6月5日**

国务院发出《关于保护和发展竹林的通知》。

**6月19日**

林业部发出《关于组织群众及时垦复抚育油桐的通知》。

**8月18日**

国家任命张庆孚为林业部副部长。

**8月28日**

国家任命罗玉川、雍文涛、刘成栋为森林工业部副部长。

**8月20日至9月10日**

森林工业部在北京召开国有林区森林工业局长会议。

**10月15日至11月1日**

林业部在北京召开第七次全国林业会议，决定：认真贯彻政策，保持群众对林业生产的积极性；作好国营造林工作；在国有林区贯彻主伐规程和进行抚育更新；搞好山区生产规划和绿化规划；整顿机构，训练干部；改善职工生活福利。

**11月20日**

国务院发布《关于新辟和移植桑园、茶园、果园和其他经济林木减免农业税的规定》。

**12月27日**

林业部颁发《森林抚育采伐规程》。

**12月29日**

林业部、青年团中央、全国科学技术普及协会发出《关于加强林业宣传的联合通知》。

## 1957年

**1月11日至17日**

林业部在北京召开全国林业宣传工作座谈会。

**1月14日**

国务院山区规划办公室发出《山区生产规划纲要》。

**1月18日**

林业部颁发《采种规程》。

**1月26日**

林业部颁发《国营林场经营管理试行办法》。

**2月20日**

国务院山区生产规划办公室与林业部在西安召开三门峡水库周围地区的山区生产规划会议，研究布置水库周围山区生产规划工作。

**2月27日**

林业部发布《关于进一步做好防治森林虫害的指示》。

**3月5日**

林业部颁发《关于机关、团体、企业等部门以及林区居民采伐国有林的几项规定》。

**3月23日**

林业部发布《关于积极开展国有林迹地更新工作的指示》。

**3月25日**

森林工业部发布《关于要求各地加强木材管理工作的指示》。

**4月8日**

国务院发出《关于进一步加强护林防火工作的通知》。

**4月12日**

林业部颁发《林木种子品质检验技术规程》。

**4月29日**

林业部发出《山区林业规划纲要》。

**5月24日**

国务院通过《水土保持暂行纲要》，并决定设立水土保持委员会，负责领导全国水土保持工作。

**6月3日**

农业部、农垦部、公安部、林业部联合发布《关于农林牧业生产用火管理暂行办法》。

**7月23日**

林业部批准各省、市、自治区上报的148个林业模范单位和44名模范个人。

**7月25日**

国务院颁发《中华人民共和国水土保持暂行纲要》。第六条规定：各地应该在合理规划山区生产的基础上，有计划地进行封山育林、育草，保护林木和野生树、草等护山护坡植物。第七条规定：25度以上的陡坡，一般应该禁止开荒。

国务院批复同意林业部、农业部、粮食部、食品工业部《关于垦复和发展油茶等木本油料问题的联合报告》。

**9月5日至12日**

林业部、森林工业部在北京联合召开国有林区林业厅长和森林工业管理局长座谈会。会议研究了林业和森林工业体制问题，并以两部党组名义向中央提出了《关于我国林业与森林工业体制的意见》。

**10月22日**

全国人民代表大会常务委员会基本通过《1956年到1967年全国农业发展纲要(修正草案)》。第十八条规定：从1956年起，在12年内，在自然条件许可和人力可能经营的范围内，绿化荒山荒地。在一切宅旁、村旁、路旁、水旁，只要有可能，都要有计划地种起树来。

**11月1日至28日**

中共中央农村工作部在北京召开山区生产座谈会。11月28日朱德副主席到会作《全国支援山区．山区支援全国》的讲话；邓子恢副总理作总结报告，阐述发展山区生产的方向、任务和措施。

**11月10日至27日**

林业部在北京召开全国林业厅、局长座谈会，讨论林业建设长远规划和林业体制问题。

**12月28日**

国务院批复同意森林工业部《关于下放企事业单位的报告》。

## 1958年

**1月11日**

林业部发出《关于加强种子检验工作的通知》。

**2月11日**

第一届全国人民代表大会第五次会议通过，将森林工业部与林业部合并为林业部。

**2月27日**

共青团中央委员会、全国科学技术普及协会、全国妇女联合会、林业部决定，1958年在全国范围内广泛开展宣传绿化祖国的重大意义和普及林业科学技术知识的活动。

**3月12日**

林业部党组向中共中央提出第二个五年林业和森林工业计划的初步安排。“二·五”期间，林业和森林工业的基本任务是：大力开展群众性的造林运动，适当发展国营造林，迅速绿化一切可能绿化的荒山荒地；加强森林经营管理，提高森林生长率，更好地发挥森林在国民经济中的防护作用和经济作用；大力开发利用现有森林资源，大量增产木材；积极发展木材机械加工和化学加工工业，提高木材利用率。达到控制水土流失，保障农业丰收，供应国民经济建设对木材和其他林产品需要的目的。

**4月7日**

中共中央、国务院发布《关于在全国大规模造林的指示》。内容包括：(一)做好规划；(二)坚持依靠合作社造林为主，同时积极发展国营林场的方针；(三)努力提高造林质量；(四)做好更新和护林工作。

**5月20日至6月15日**

林业部在北京召开全国林业厅、局长会议。会议认为，当前林业工作的任务是：大力贯彻实现党的社会主义建设总路线，鼓足干劲，力争上游，多快好省地发展我国林业建设。做到：(一)全党动手，全民动员，抓紧时机，大量造林。(二)依靠群众，依靠地方，点多面广，大搞林区基本建设，修路修河，全面展开森林经营利用工作，更多地增产木材和林副产品。(三)做好规划，积极发展木材加工和林产化学工业，推行综合利用，迅速提高木材利用率。

**8月26日至9月30日**

林业部在杭州市召开全国林木丰产现场会议。会议代表参观了浙江、福建、湖南、贵州4省11个县的几十个现场。

**9月5日**

国家任命周骏鸣为林业部副部长。

**9月13日**

中共中央发布《关于采集植物种子绿化沙漠的指示》。

**10月22日至27日**

林业部在北京召开林业教育改革会议，全面研究制订了高等林业教育改革方案。

**10月27日**

经国务院科学规划委员会批准，林业部成立中国林业科学研究院。

**11月3日至13日**

林业部在北京召开全国林业厅、局长会议，讨论实现园林化问题和1959年的任务，还强调大力发展木材综合利用，大搞人造板加工工业。

**10月27日至11月20日**

中共中央农村工作部、国务院第七办公室、国务院科学规划委员会在内蒙古自治区呼和浩特市联合召开新疆、内蒙古、甘肃、青海、陕西、宁夏六省、自治区治沙规划会议。

**11月20日**

林业部、轻工业部、商业部发出《关于大力组织栲胶生产的联合通知》。

**11月21日**

国家科学技术委员会批准"直接使用原木"、"加工用原木"、"原木检验规程"为国家标准，自1959年1月1日起开始试行。

## 1959年

**1月10日至18日**

林业部在北京召开全国林业宣传工作会议。

**1月22日**

林业部提出适地适树、细致整地、良种壮苗、适当密植、抚育保护、改革工具等造林的六项基本措施。

**2月13日**

林业部发布《关于积极开展狩猎事业的指示》。

**2月23日至3月5日**

全国林业科学技术工作会议在北京召开。

**4月28日**

国家任命刘文辉为林业部部长。

**5月13日**

林业部发出《关于加强劳动保护工作的通知》。

**6月25日至7月14日**

林业部在北京召开全国林业厅、局长会议，着重研究了林区生产方针、人民公社发展林业的各项政策、如何解决缺材地区的用材问题。

**8月25日**

国家任命罗玉川、张克侠、雍文涛、周骏鸣、陈离、唐子奇为林业部副部长。

**9月24日**

公安部、林业部发布《关于加强护林防火工作的联合指示》。

**11月23日**

雍文涛副部长在全国林业计划会议上作总结报告，指出：1960年林业战线的方针和任务是：继续在全国范围内，本着全面开发、全面利用的方针，大力开发新林区；大搞技术革新和技术革命，努力提高生产水平；贯彻增产原木和大搞人造板同时并举，木材采伐和森林更新同时并举，综合利用森林资源，以林为主，多种经营的方针。

**12月21日至1960年1月2日**

林业部在北京召开全国林业厅、局长会议，着重讨论了林业的基地化、林场化、丰产化问题。

## 1960年

**1月7日**

国务院转发商业部、林业部《关于由林业部统一归口安排和管理全国木材市场的报告》。

**1月29日**

中华人民共和国政府和苏维埃社会主义共和国联盟政府在莫斯科签订《关于护林防火联防协定》。中国方面全权代表、林业部副部长张克侠和苏联方面全权代表、农业部副部长格里高里·加夫里洛维奇·彼得洛夫分别在《协定》上签字。双方议定：沿中苏两国国境线，中国方面东起图们江、苏联方面东起哈山湖，西至双方和蒙古人民共和国交界处止，两侧各50公里的地区，为双方共同护林防火地区。《协定》共8条，自签订之日起开始生效，有效期5年。

**2月5日至14日**

林业部在北京召开全国林业科学技术工作会议。

**2月16日**

林业部发出《关于加强次生林经营工作的通知》。

**3月16日**

中共中央批转林业部党组《关于机关、团体、工矿、企业分工造林绿化的意见》。

**3月17日至25日**

林业部在河南省郑州市召开全国森林保护工作会议。

**4月1日**

经国务院批准，林业部颁发《国有林主伐试行规程(修订本)》。

**4月7日**

国务院发布《关于加强松香生产和采购供应工作的指示》。

**4月29日**

国家任命张昭为林业部副部长。

**5月9日**

林业部发布《新造林清查暂行办法(草案)》。

**6月16日**

国家科学技术委员会批准成立南京林业研究所、林产化学工业研究所、林业经济研究所和林业机械研究所。

**10月至11月**

林业部举办国营林场场长训练班，贯彻"以林为主，林粮并举，综合利用，多种经营"的国营林场办场方针。

## 1961年

**1月25日至2月6日**

林业部在北京召开黄河流域各省、自治区林业厅、局长会议，决定：紧紧围绕生产度灾，以抚育、补植、管理好现有幼林为中心，大搞林粮间作；积极开展森林保护、更新和次生林的改造利用，并根据可能条件积极发展造林；作好准备，迎接第三个五年计划期间林业建设的更大发展。

**3月3日**

林业部、公安部、农业部、农垦部联合颁布《关于烧垦烧荒、烧灰积肥和林副业生产安全用火试行办法》。

**3月25日**

林业部发出《关于开展国营森林更新普查工作的通知》。

**4月14日**

周恩来总理视察云南西双版纳地区时说："这里是富饶美丽之乡，如果破坏了森林，将来也会变成沙漠。我们共产党人就成了历史的罪人，后代就会骂我们。"他嘱咐当地负责同志："一定要研究这个问题，要解决好合理开垦，保护好自然资源，改造好大自然界。要做人民的功臣，可不要做历史的罪人。"

**6月26日**

中共中央颁布《关于确定林权、保护山林和发展林业的若干政策规定(试行草案)》。《规定》分18条，对山林所有权、山林的经营管理和收益分配、木材的采伐和收购，以及群众造林等有关政策作出了明确规定。

**7月8日**

国家经济委员会、林业部决定：国家经委物资管理总局木材局的工作，由国家经委物资管理总局和林业部共同领导。

**7月9日**

国家任命梁昌武为林业部副部长。

**7月19日至8月8日**

刘少奇主席视察大兴安岭和小兴安岭林区，作了一系列重要讲话。主要内容是：充分利用森林资源，尽可能满足国家和社会各方面的需要；林区要节约木材，不烧大木头，要烧树枝，并利用小木头供应农村需要；采伐方式要服从于更新，要依靠人工更新，也要实行天然更新加人工补植；林场留点自留地，职工家属可组织合作社，发展集体经济。还谈了林区工资政策和木材价格、林业规章制度和林业局体制、组织林区群众进行森林经营、领导干部民主作风等问题。8月8日，刘少奇主席在哈尔滨召集东北、内蒙古林业工作会议领导小组成员和中共黑龙江省委书记处同志开会，提出：森林采伐要实行轮伐的方针；迹地更新要两条腿走路，实行天然更新和人工更新两种办法；还提出在林区每30平方公里范围内设一个营林村经营森林的设想。

**9月1日至20日**

林业部在北京召开南方11省、自治区林业厅、局长会议，根据中共中央关于《农村人民公社六十条》、《林业政策十八条》规定，总结几年来林业工作的经验和教训，着重研究人民公社的林业生产问题。会议指出：必须迅速确定林权，调动社队和群众发展林业的积极性；在林区既保证粮食生产，又搞好林业生产和多种经营；普遍加强山林管理，积极恢复和扩大森林资源，依靠群众造林，并积极发展国营造林；木材生产实行社队经营和国家经营同时并举的方针；加快林区基本建设，保证木材生产稳定增长。

**10月25日**

国务院批转林业部、商业部《关于发展紫胶生产问题的报告》。

**11月24日**

中国政府和朝鲜政府决定将1956年1月14日签订的关于在鸭绿江、图们江中运送木材议定书的有效期延长5年，并根据该议定书第十九条的规定，签订补充协定书。

**12月7日**

林业部在昆明设立西南地区航空护林站，并在成都设立分站。

**12月18日**

财政部、林业部发出联合通知，在东北、内蒙古国有林区的森林工业企业建立"育林基金"和"更新改造资金"，从每立方米原木成本中提取10元作为育林基金，供更新、造林、育林之用；另提取5元作为更新改造资金，用于伐区延伸、转移的线路和相应的工程设施等。

**12月28日**

林业部颁发《开展国有速生林造林规划设计提纲》。

## 1962年

**1月16日**

林业部在广州市召开全国林业科技工作会议，酝酿讨论《林业科技十年规划》，贯彻《科研十四条》。

**2月17日**

国务院发出《关于开荒、挖矿、修筑水利和交通工程应注意水土保持的通知》，指出：应当认真贯彻《农村人民公社工作条例(修正草案)》中的有关规定，严禁破坏森林和牧场；严禁乱垦乱牧。水土流失严重地区的水土保持林、农田防护林、固沙林、大水库周围和大江河及其主要支流两岸规定范围以内的森林，山区和水土流失地区铁路两侧的森林，一般规定为禁垦区，并应造林护岸和防沙。

**2月18日至26日**

林业部在哈尔滨召开东北、内蒙古地区护林防火工作会议。

**3月19日**

财政部、林业部颁发《国有林区采伐企业更新改造资金管理试行办法》，规定每立方米原木成本提取5元作更新改造资金，专款专用。

**3月28日**

财政部、林业部颁发《国有林区育林基金使用管理暂行办法》，规定每立方米原木暂征育林基金10元，专款专用。

**4月1日**

国务院批转林业部《关于加强护林防火工作的报告》。

**4月13日**

林业部发布《东北、内蒙古林区国营森林更新工作试行条例》，要求各级林业部门和采伐单位贯彻执行"采育结合"的方针，全面加强森林更新工作，执行"以人工更新为主，人工更新和天然更新相结合"的原则。

**4月15日**

国务院发布《关于节约木材的指示》。

**5月11日**

林业部颁发《国营林场经营管理狩猎事业的几项规定》。

**6月7日**

中共中央发出《关于南方五省、区林业问题的批示》，转发中共中央办公厅南方五省、区调查组《关于福建等五省、区的林业情况和八项建议的报告》。

**6月11日**

林业部发出通知，决定在次生林区建立重点林业局、场，并对其方针任务、领导关系、计划财务、物资供应等有关问题作了规定。

**6月16日至7月5日**

林业部在北京召开华东、中南、西南三大区所属各省、市、自治区的林业工作会议，讨论南方各省、自治区森林遭到严重破坏的问题，提出了制止破坏，扭转局面，发展林业的具体措施；并决定各省林业厅建立国营林场管理机构，直接管理大型林场。

**7月16日至28日**

林业部在北京召开华北、西北、东北三大区所属各省、市、自治区的林业工作会议，检查十几年来的林业工作，研究今后的工作任务。

**8月17日**

中共中央转发中央办公厅整理的森林破坏材料，要求各地采取有效措施，制止森林破坏，争取3年或5年改变这种不利的局面。材料指出：(一)部分地区农林牧矛盾比较尖锐，农挤牧，牧挤林，或者农直接破坏林，急需统一安排农林牧的生产和基建工作；(二)有些地方林业人员精简太多，工作无法进行，营林和更新问题很大；(三)造林经费层层下拨，许多地方随便挪用，使造林工作遇到很大困难；(四)防护林遭到了相当严重的破坏，必须积极保护和继续营造。

**8月22日**

国务院农林办公室发出通知，要求各地迅速采取有效措施，严格禁止毁林开荒、陡坡开荒。

**8月30日**

中国林业科学研究院在广东省海南岛尖峰岭设立热带林业试验站。

**9月13日**

中共中央、国务院批转国家经济委员会、计划委员会《关于充分利用木材资源、大力开展木材的节约代用工作的报告》。

**9月14日**

国务院发出《关于积极保护和合理利用野生动物资源的指示》。

**10月18日**

国务院颁发《1963年对集体所有制木材生产的收购指标和奖售问题的规定》。

**10月31日**

国家计划委员会转发林业部、轻工业部《关于在河南、福建、四川、吉林四省建立造纸木材、竹材基地问题的报告》。

**11月2日**

周恩来总理指示："林业的经营要合理采伐，采育结合，越采越多，越采越好，青山常在，永续利用。"

**11月18日**

中共中央、国务院作出《关于成立东北林业总局的决定》。

**12月3日至10日**

林业部在河北省保定市召开全国木材加工工业会议。会议认为：必须大力节约木材，合理加工，积极发展以人造板为中心的木材综合利用，努力提高木材利用率。

## 1963年

**1月4日**

林业部召开全国森林工业基本建设会议。

**1月13日至15日**

中共黑龙江省委受林业部委托，在哈尔滨市召开铁道兵参加林业建设工作会议，研究铁道兵到林区参加林业基本建设的一些具体问题。

**1月16日**

财政部、林业部、中国人民银行总行发出通知，决定：垦复和抚育竹子、油茶、油桐所必需的生产资金，可以从长期农业贷款中适当解决。

**2月23日**

国家任命杨天放为林业部副部长。

**2月7日至3月7日**

中共中央、国务院在北京召开全国农业科学技术工作会议，林业组扩大会议着重讨论《林业科技十年规划》，以及20年林业建设设想和重大林业技术政策。

**3月3日**

中共中央批转中南局《关于发展造林事业的决定》和《对重点林区工作的几点意见》两个文件。中央在批示中指出："各地党委对于造林事业必须予以充分重视"；"在造林事业中，要着重抓好国营造林，并要积极地发动群众造林，使造林工作普遍开展起来。"

**3月4日至18日**

林业部在武汉市召开全国林业调查规划工作会议，总结建国以来林业调查规划工作，讨论今后5年的任务。

**3月15日**

财政部、林业部颁发《关于社队造林补助费使用的暂行规定(草案)》。

**3月16日**

国务院批转林业部《关于加强东北、内蒙古地区护林防火工作的报告》。

**4月4日**

林业部发布《森林工业基本建设工作条例(草案)》和《森林工业基本建设设计及概算预算编制暂行办法(草案)》。

**4月15日**

林业部发出通知，贯彻中央指示，积极发展木本油料作物。

**5月27日**

国务院颁发《森林保护条例》，分为总则、护林组织、森林管理、预防和扑救火灾、防治病害虫害、奖励和惩罚、附则等7章43条。

6月6日

林业部颁发《松脂采集试行规程》和《栓皮采集试行规程》。

7月6日

国家计划委员会、国家经济委员会、林业部发布《关于加强木材管理工作的规定》。

8月7日

林业部颁发《栲胶分析方法》、《橡碗栲胶》和《落叶松树皮栲胶》3项部颁标准。

8月12日

林业部颁发《松香》、《松节油》两项部颁标准。

8月27日

经国务院农林办公室、财贸办公室批准，林业部、财政部、中国人民银行总行发布《关于竹子、油茶、油桐长期无息贷款使用的暂行规定(草案)》。

9月18日

林业部颁发《关于高等林业院校修订教学大纲和实习大纲的原则规定(修正草案)》。

10月5日

林业部决定建立高等林业学校毕业生劳动实习一年的制度，1963年进行试点。

10月23日

国家任命荀昌五为林业部副部长。

11月5日

林业部发出《关于扩大营林村试点的通知》。《通知》说：自1961年刘少奇主席视察东北、内蒙古林区工作，提出建立营林村以来，试办营林村的工作取得了初步效果。为了进一步积累经验，要求各林业局在今冬明春试建1—2个营林村。营林村是全民所有制的经济组织，按人民公社办法经营管理，作为国有林区营林的基层事业单位。

12月10日至30日

林业部在北京召开全国国营林场工作会议，决定：国营林场贯彻执行“以林为主，林副结合，综合经营，永续作业”的方针，今后逐步发展为采、育、造综合经营，永续作业的林业企业。

## 1964年

1月17日

中国林业科学研究院成立亚热带林业研究站、木材采运研究所、木材工业研究分所、林业科学研究分所。

1月22日

林业部发出《关于安排引种油橄榄的通知》，并印发《油橄榄栽培技术规程》。

1月27日

中共中央、国务院批准成立大兴安岭特区。特区的主要任务为开发大兴安岭林区，由林业部直接领导，同时接受黑龙江省和内蒙古自治区领导。

2月5日

财政部、林业部、农业银行发出《关于建立集体林育林基金的联合通知》，规定提取的此项基金只供社队集体更新，造林、育林、护林之用。

2月10日

中共中央、国务院批转林业部、铁道部《关于开发大兴安岭林区的报告》，批准成立开发大兴安岭林区会战指挥部，由郭维城任指挥，张世军任副指挥，罗玉川任党委书记兼政委。

3月3日

周恩来总理在云南省昆明市海口林场亲手栽植从国外引种的油橄榄树。

4月24日

林业部、财政部颁发《林业资金使用管理的暂行规定》。

6月23日

中共中央、国务院决定撤销伊春市，成立伊春特区，其林业企业工作以林业部领导为主，地方工作以黑龙江省领导为主。

6月29日至8月8日

朱德委员长、董必武副主席等国家领导人赴河北、辽宁、吉林、黑龙江和内蒙古等省、自治区视察工作，对林业工作作了指示。

8月2日至15日

林业部在哈尔滨市召开全国林业科技工作会议，国家科学技术委员会林业组扩大会议同时举行。

8月20日

林业部颁发《更新跟上采伐的标准》，规定：“每年完成的更新面积相当于上年的采伐面积，其中人工更新面积要相当于上年的皆伐面积。”

10月7日

林业部决定在东北、内蒙古林区积极试验、推广采育兼顾伐。

11月6日

中国人民解放军总政治部、林业部联合发出《关于部队参加植树造林问题的通知》。

## 1965年

2月18日至3月1日

林业部在北京召开北方13省、市、自治区林业厅、局长座谈会。

3月29日至4月15日

林业部在北京召开南方11省、市、自治区林业工作会议，要求：制定林业建设规划；统一管理山林和木竹生产；坚持不懈地抓好营林工作；合理采伐，合理利用，大力增产木材；全面加强林业基本建设；积极开展林业科学实验；加强组织领导，改进工作作风和工作方法。

4月16日

国务院发出《关于加强东北林区防火灭火的紧急通知》。

4月17日

国家任命张世军为林业部副部长。

7月15日

林业部作出《关于在国有林区建立营林村的决定》，指出：在国有林区建设营林村，是建设社会主义新林区的一个重要方面，是一个带有方向性的问题。要求各林业管理局和林业局加强领导，制定一个到1970年的建村规划。

林业部颁发《关于国有林区建立营林村若干问题的暂行规定》和《关于营林村建村经费开支标准的具体规定》。

8月6日

中共中央西北局作出《关于建立黄河中游水土保持建设兵团的决定》，指出：黄河中游水土保持建设兵团(后来改称中国人民解放军西北林业建设兵团)的任务是在水土流失严重、人烟稀少的地区造林种草，结合建设一些必要的水土保持工程，控制水土流失，并帮助和指导周围人民公社做好水土保持工作。

**8月31日**

中共中央、国务院发布《关于解决农村烧柴问题的指示》。

**9月23日**

国务院批准成立开发金沙江林区会战指挥部，由梁昌武任指挥。

**12月15日**

全国供销合作总社党组、林业部党组联合向中共中央、国务院提出《关于迅速恢复发展毛竹生产的报告》。

## 1966年

**2月1日至22日**

林业部在北京召开全国林业工作会议，总结了16年来林业建设的经验，讨论了第三个五年计划期间林业建设的方针任务。

**2月23日**

周恩来总理接见出席全国林业工作会议的西北林业建设兵团和有关省、自治区林业厅的负责同志，指出："林业工作要面向全国，主要任务还是造林。造林是百年大计，要好好搞。造林要两条腿走路，要依靠6亿农民。四旁植树也是个大工作。""黄土高原这个地方是我们祖宗的摇篮地，一方面是文化发源地，一方面是森林破坏了。我们要恢复森林面貌，而且发展得更好。"

**4月8日**

中央军委批准惠中权兼任中国人民解放军西北林业建设兵团司令员，李登瀛任政治委员。

## 1967年

**9月2日**

国务院决定将牡丹江、伊春、哈尔滨、完达山4个林业管理局下放给黑龙江省领导。

**9月23日**

中共中央、国务院等发出《关于加强山林保护管理，制止破坏山林、树木的通知》，指出："要认真执行国务院发布的《森林保护条例》，积极作好护林宣传教育工作，加强山林管理，同一切破坏森林的行为作斗争。"

**10月6日**

中共中央、国务院等发布《关于对林业部实行军事管制的决定(试行草案)》，任命王云为军管会主任，李光勋为副主任。

## 1968年

**2月21日**

国务院、中央军委发出《关于护林防火工作的通知》。

**4月10日**

林业部军管会决定将东北林业总局下放给黑龙江省领导。

**9月16日**

林业部军管会向中共中央、国务院、中央军委等提出《关于解决西北林业建设兵团建制等问题的意见》，建议撤销兵团部机关，兵团所属各师、独立团划归所在省、自治区建制，生产由省、自治区统一安排。

**10月16日**

林业部军管会决定：将东北航空护林局、万山实验林场、东北地区森林植物检疫站、东北森林防火研究所、东北林业勘察设计院、林产工业研究所、中国林业科学研究院东北林业研究所、森林调查第十一大队、牡丹江林业学校下放黑龙江省领导；将设在内蒙古、黑龙江、吉林等省、自治区的航空护林站下放给所在省、自治区领导(其中加格达奇航空护林站下放大兴安岭特区领导)。

**12月24日**

林业部军管会决定：将河北省赛罕坝机械林场、雾灵山实验林场、内蒙古自治区白狼实验林场、山西孝文山实验林场、吉林省马鞍山实验林场、安徽省老嘉山机械林场、河南省开封机械林场、甘肃省张掖机械林场、连城实验林场和小陇山实验林业局下放给所在省、自治区领导。

## 1969年

**1月9日**

林业部军管会发出通知：将林业部直属的吉林林业管理局(包括所属企、事业单位)及森林调查第二大队、白城子林业机械学校下放给吉林省领导；内蒙古林业管理局(包括所属企、事业单位)下放给内蒙古自治区领导。

**1月21日**

林业部军管会函告四川、云南、甘肃省革命委员会：将金沙江、白龙江两个地区的林业企、事业单位分别下放给各有关省领导。

**3月4日**

林业部军管会发出《关于将西北、中南、华东三个林业设计院和第五、九两个森林调查大队下放给有关省的通知》。

**10月10日至22日**

林业部、商业部在河南省鄢陵县联合召开全国农村植树造林、增柴节煤现场经验交流会。

## 1970年

**2月16日**

铁道、交通、林业三部军管会联合发出《关于加速铁路、公路绿化的通知》，对铁路、公路绿化造林的地权，树权以及收益分配问题，作了原则规定。

**5月1日**

农业部、林业部合并，成立农林部。

**5月15日**

国务院发出《关于加强护林防火工作的通知》。

**8月23日**

农业、林业科学研究院合并，成立中国农林科学研究院。林业研究所下放河北省，木材工业研究所下放江西省、林业经济研究所撤销，林产化学工业研究所下放广东、广西、黑龙江等省、自治区，亚热带林业研究站下放浙江省，紫胶研究所下放广东、广西、云南等省、自治区，情报研究所大部分人员下放。

## 1971年

**3月25日**

国务院、中央军事委员会发出《关于加强护林防火工作的通知》，提出：最近有些林区连续发生山火，烧毁大片森林，要求与森林毗连的省、地、县之间加强联防工作，坚持联防制度。各地要切实加强对护林防火工作的领导，建立和健全各级护林防火组织，确定专人负责。

8月12日至9月19日

国务院在北京召开全国林业工作会议，讨论研究发展林业的方针、政策、规划和1972年计划。

11月29日

国务院批转商业部、外贸部、农林部《关于发展狩猎生产的报告》。

## 1972年

1月15日至24日

农林部、商业部、外贸部在广州市召开全国松香、紫胶生产座谈会。

6月9日至18日

农林部在福建省邵武县召开人造板生产座谈会，讨论研究了人造板生产发展规划，决定加强企业管理，挖掘现有设备潜力，加强人造板设备的制造和维修，加强科研设计。

11月28日至12月13日

农林部在北京召开全国护林防火工作会议。

## 1973年

8月10日至23日

农林部在山西省运城地区召开全国造林工作会议，讨论了进一步加快绿化步伐，提高造林质量等问题。认为当前要特别注意解决以下问题：(一)坚决维护国家和集体的山林、树木所有权；(二)坚决执行现阶段农村人民公社"三级所有，队为基础"的基本政策；(三)鼓励社员在房前屋后或生产队指定的地方种树，自种自有；(四)对竹木集中产区的社队，按《六十条》规定，实行"以经营竹木为主，竹木生产和粮食生产相结合"。

10月10日

农林部颁发《森林采伐更新规程》。《规程》分总则、森林采伐、森林更新、采伐更新管理、附则5章、24条。

11月5日至14日

农林部、轻工业部、交通部、商业部、国家计划委员会物资总局在黑龙江省牡丹江市联合召开枝丫、木片和小木制品生产供应会议。

12月10日至20日

农林部在湖北省咸宁地区召开全国林业调查工作会议。

## 1974年

11月10日至16日

农林部在杭州召开防治松毛虫经验座谈会。

11月28日至12月5日

农林部在广西壮族自治区召开南方地区国营林场经验交流会议。

## 1975年

6月20日至27日

农林部在湖南省耒阳县召开15省、自治区油茶生产经验现场交流会。

8月10日至27日

农林部、公安部在哈尔滨市召开全国森林防火现场会议。

10月8日至17日

农林部在天津市召开全国纤维板厂"工业学大庆"经验交流会。

10月13日至20日

国家计划委员会、煤炭部、农林部在辽宁抚顺、阜新两地区召开工矿企业造林现场会议。

12月10日

农林部发出《关于保护、发展和合理利用珍贵树种的通知》。

## 1976年

1月3日至9日

农林部在北京召开营林工作座谈会。

8月21日

农林部发出《关于福建省部分地区发生大规模破坏森林事件的调查报告》。

11月25日至12月7日

农林部在湖南株洲市召开南方14省、自治区用材林和油料林基地造林现场会议。

## 1977年

3月12日至30日

农林部在北京召开全国林业、水产会议，研究发展林业、水产的方针、任务，讨论规划，制订措施，表彰林业、水产战线的先进典型单位和先进集体。受奖旗和奖状的大庆式林业企业16个，林业先进单位73个，林业先进集体159个。

5月22日至29日

农林部、商业部、对外贸易部在广西壮族自治区玉林地区召开全国松香生产会议。

6月2日

农林部、公安部和最高人民法院组成联合工作组，调查福建省破坏山林案件处理情况。

8月2日

农林部发出《关于福建省处理破坏山林案件情况的通报》。

9月16日至23日

农林部在河南省许昌、商丘地区召开华北中原地区平原绿化现场会议。

10月10日至20日

农林部在黑龙江省朗乡林业局召开12省、自治区森林工业学大庆座谈会。

## 1978年

3月1日

国务院批复同意将广西壮族自治区花坪林区列为国家重点自然保护区。花坪林区是中国特有珍贵树种银杉的原产地。

4月10日至28日

国家计划委员会、农林部、商业部、对外贸易部和供销合作总社在北京联合召开全国桐油会议。

4月24日

国家林业总局成立。

7月1日

国务院转发方毅同志《关于保护和开发利用西双版纳自然资源的报告》。

8月11日

国家林业总局颁发《南方木材水运管理办法》。

8月12日

国家林业总局颁发《木材检验条例》、《贮木场管理办法》和《造林技术规程》。

9月5日至12日

国家林业总局在山东省兖州县召开第二次华北、中原地区平原绿化现场会议。会议代表参观了山东省兖州、聊城、冠县的绿化现场。

### 9月23日至10月12日

国家林业总局在北京昌平县召开全国林业局长会议。会议总结了建国以来林业建设的经验教训，讨论了《森林法(草案)》和林业发展规划，研究了加快发展林业的措施。

### 11月15日至21日

国家林业总局和中国民用航空总局在四川省西昌市联合召开全国飞机播种造林经验交流会。

### 11月15日至23日

国家林业总局在福建省召开全国林木种子工作会议。

### 11月25日

国务院批转国家林业总局《关于在"三北"(东北、华北、西北)风沙危害、水土流失的重点地区建设大型防护林的规划》，指出：大力造林种草，特别是有计划地营造带、片、网结合的防护林体系，是改变这一地区农牧业生产条件的一项重大战略措施。有关省、自治区要把这项建设工程列入农田基本建设规划，统筹安排，采取有力措施，按期完成。《规划》规定：从1978年至1985年，在此地区建设8000万亩的防护林。8年规划实现以后，加上原有的造林保存面积，使"三北"防护林达到1.2亿亩。

### 12月15日

国务院批转国家林业总局《关于加强大熊猫保护、驯养工作的报告》，提出：在四川省马边与美姑县交界的大风顶、青川县的唐家河、南坪县的九寨沟和陕西省秦岭佛坪与洋县交界的岳坝，再划4个自然保护区；在四川省的卧龙、甘肃省的白水江和陕西省拟划的岳坝3个自然保护区建立大熊猫驯养繁殖中心。

### 12月23日

国家林业总局发布《林木种子经营管理试行办法》和《林木种子发展规划》。

### 12月25日至31日

国家林业总局在河南省信阳市召开南方用材林基地建设座谈会，认为今后应把宜林荒山面积大的山区、半山区作为建设商品用材林基地的重点；丘陵区一般以发展木本油料为主，同时积极营造用材林。造林树种一般以杉木为主，同时因地制宜发展其他用材树种。

## 1979年

### 1月15日

国务院发布《关于保护森林，制止乱砍滥伐的布告》，在维护森林所有权、严禁乱砍滥伐、严禁毁林开荒、加强木材市场管理、健全护林防火组织和制度、大力提倡植树造林、开展爱林护林教育，以及加强对林业工作的领导等方面，作了十条规定。

### 2月6日

国家林业总局、国家建设委员会、铁道部、交通部、水利电力部联合发出《关于大力开展植树造林绿化祖国的通知》，指出：植树造林，绿化祖国是全党、全国人民的伟大事业。搞好铁路、公路、河渠堤防两侧、水库周围和城镇造林绿化是铁路、交通、水利、城建、园林部门的重要职责。要求上述部门作好植树造林规划，加快绿化步伐；办好苗圃，搞好育苗；认真贯彻"谁种谁有"的政策；发动本部门职工和组织有关社队群众植树造林；建立健全护林制度，加强林木管护；严格遵守采伐规定；建立和健全相应的造林绿化机构。

### 2月16日

中共中央、国务院决定撤销农林部、成立农业部、林业部，任命罗玉川为林业部部长，雍文涛为副部长。

### 2月17日至23日

第五届全国人民代表大会常务委员会第六次会议原则通过《中华人民共和国森林法(试行)》；根据国务院的提议，决定3月12日为我国的植树节。

### 3月2日至3月5日

共青团中央、林业部在延安联合召开全国青年造林大会。中共中央、国务院给大会发了贺电。大会向全国青少年倡议争当"绿化祖国的突击手"。

### 4月4日

林业部、中国民用航空总局颁发《飞机播种造林技术规程(试行)》。

### 4月17日

胡耀邦写信给中共河北易县县委，指出：易县荒山荒坡很多，要造林。"造用材林，造核桃、柿子、栗子、枣子等干果林。社造、队造、户造一齐上。搞种子播，搞营养钵播，搞苗圃播。扎扎实实干"。

### 5月3日

国家任命杨珏、马玉槐、梁昌武、唐子奇、荀昌五、杨天放、张世军、郝玉山、杨延森、汪滨、刘琨为林业部副部长。

### 6月8日

国家任命张磐石为林业部副部长。

### 6月6日至12日

林业部在河南省新乡市召开全国林业宣传工作座谈会。

### 6月19日

林业部发布《森林工业企业经济核算条例(试行)》和《关于严肃财经纪律的规定(试行)》。

### 7月3日

国务院批复同意福建省革命委员会《关于将武夷山自然保护区列为国家重点自然保护区的报告》。

### 7月24日至8月5日

林业部在北京召开全国中等林业教育和干部培训工作会议。

### 8月24日至31日

林业部在河北省保定市召开第三次华北、中原地区平原绿化会议。会议根据中共中央关于农业问题的两个文件和《森林法(试行)》的有关规定，研究平原绿化工作和植树造林政策问题。

### 8月29日

林业部发布《杨树苗木检疫暂行规定》、《林业安全生产工作管理办法(试行)》和《林业安全生产责任制的暂行规定》。

### 10月6日

林业部、中国科学院、国家科学技术委员会、国家农业委员会、环境保护领导小组、农业部、国家水产总局、地质部联合发出《关于加强自然保护区管理、区划和科学考察工作的通知》。

### 11月3日

国务院批准成立"三北"防护林建设领导小组。

### 12月17日至25日

林业部在北京召开林业科技工作座谈会。

### 12月27日至1980年1月3日

林业部在北京召开营造速生丰产林座谈会。

### 12月28日至1980年1月15日

林业部在北京召开南方9省、自治区林业工作座谈会，提出：调整林业经济结构，正确处理农林牧的相互关系，真正建立起农林牧相结合的大农业；重点林区县和林区社队要落实“以林为主，全面发展”的生产方针；林业内部要调整好森工和营林的关系，改变重采轻造的错误做法，改变目前单一经营的片面做法，把整个林业经济搞活。

## 1980年

### 3月5日

中共中央、国务院发布《关于大力开展植树造林的指示》，主要内容有：(一)在实现四个现代化的历史进程中，大规模地开展植树造林，加速绿化祖国，是摆在我们面前的一项重大战略任务。(二)实行大地园林化，把森林覆盖率提高到30%，是全国人民一项建设社会主义、造福子孙后代的长期奋斗目标，力争到本世纪末使全国森林覆盖率达到20%。(三)坚持贯彻社队集体造林为主，积极发展国营造林，并鼓励社员个人植树的方针，国家、集体、个人都来兴办林业。(四)办好社队林场，实行群众造林和专业队管理结合，加强经营管理，积极巩固和发展造林成果。(五)实行科学造林、育林，切实加强技术指导，纠正植树造林只求数量，不顾质量的偏向。(六)各级党委和人民政府都要把林业建设列入自己的议事日程，认真加强领导，主要领导同志要亲自抓。

### 3月10日

首都北京召开植树造林动员大会。

### 3月5日至31日

林业部召开国有林区林业工作座谈会，讨论国有林区的调整和林业长远发展规划。

### 4月24日至5月4日

林业部在北京召开全国林业调查规划工作会议。

### 4月24日至5月5日

林业部在北京召开全国林业基本建设会议和林业基本建设技术情报工作会议。

### 5月18日

国务院批准林业部、外交部、中国科学院等单位《关于同日本签订候鸟保护协定的请示》。

### 8月30日

国家任命雍文涛为林业部部长，罗玉川改任林业部顾问。

### 9月11日

国务院批复同意将广西岽岗自然保护区列为国家重点自然保护区。

### 9月15日至23日

全国自然保护区专业组在四川省成都市召开自然保护区区划工作会议，提出《关于自然保护区区划工作的意见》。

### 9月20日至30日

林业部在江苏省泗阳县召开第四次平原绿化会议。代表们参观了江苏省丰县、泗阳县和山东省兖州县的绿化现场，总结交流了三年来平原绿化工作的成绩、经验和问题。

### 11月12日至20日

林业部科学技术委员会和国家科学技术委员会林业组在北京召开第一次全体委员会议，并对1978年和1979年全国林业科学技术成果进行了评审。

### 12月1日

林业部、公安部、司法部和最高人民检察院联合发出《关于在重点林区建立与健全林业公安、检察、法院机构的通知》，要求在全国重点国有林区的国营林业局、木材水运局建立林业公安局、林区检察院和森林法院(后改为林业法院)。

### 12月5日

国务院发布《关于坚决制止乱砍滥伐森林的紧急通知》。

## 1981年

### 2月9日

国务院发出《关于加强护林防火工作的通知》。

### 2月16日至3月7日

国务院在北京召开全国林业会议，讨论林业调整问题。

### 3月3日

中华人民共和国政府和日本政府在北京签订《保护候鸟及其栖息环境协定》。双方共同保护来回迁飞于两国之间的227种候鸟，并对这些候鸟的保护、猎捕、国际贸易、栖息地的保护等做了规定。

### 3月5日至12日

林业部在杭州召开全国松香会议。

### 3月8日

中共中央、国务院发布《关于保护森林发展林业若干问题的决定》，明确规定保护森林发展林业的方针、政策，提出当前林业调整和今后林业发展的战略任务。

### 3月10日

林业部和国家城市建设总局联合发出《关于开展爱护树木、花草文明教育活动的通知》。

### 3月12日

中国—世界野生生物基金会联合委员会共同拟定的《关于保护大熊猫研究中心的议定书和行动计划谅解备忘录》，由中国驻日内瓦代办处代表中方签字生效。4月在成都市举行联合委员会会议，批准《关于保护大熊猫研究中心基本建设扩大初步设计》，签订《保护大熊猫研究中心1981年6月至12月的合作计划》。

### 3月14日

林业部、财政部联合颁发《国营苗圃经营管理试行办法》。

### 5月13日

林业部发出《林木选择育种技术要领》。

### 6月2日至6日

林业部在北京召开林业宣传工作座谈会。

### 6月5日至11日

林业部在北京召开8省、市林业“三定”(稳定山权林权、划定自留山、确定林业生产责任制）工作座谈会，研究林业“三定”有关政策问题。

**7月21日**

国务院办公厅转发林业部《关于稳定山权林权，落实林业生产责任制情况简报》，要求各地尽快作出部署，组织力量在明春以前完成这项工作。

**9月22日至25日**

共青团中央、林业部在北京召开全国青少年绿化祖国突击手(队)表彰大会，表彰了100个绿化祖国突击队，50名绿化祖国突击手。

**9月22日至26日**

林业部在北京召开林业职工教育工作会议。

**9月25日**

国务院批转林业部等8个部门《关于加强鸟类保护、执行中日候鸟保护协定的请示》。

**10月14日**

轻工业部、财政部、林业部联合颁发《关于造纸厂建立纸浆林基地和提取育林费试行办法》。

**10月26日至31日**

林业部在北京召开13省、自治区林业“三定”工作座谈会，总结交流经验，研究进一步搞好林业“三定”问题。

**11月26日**

林业部、财政部联合发出通知，规定从1982年1月1日起，国有林区和集体林区育林基金和更改资金的提取标准，在现行提取标准的基础上每立方米原木增加5元。

**12月13日**

第五届全国人民代表大会第四次会议通过《关于开展全民义务植树运动的决议》。

**12月28日至1982年1月2日**

林业部在北京召开全国林业厅(局)长会议，传达中共中央书记处关于开展全民义务植树运动的指示精神，就如何贯彻五届人大四次会议通过的《关于开展全民义务植树运动的决议》进行深入讨论，研究代国务院草拟的《关于开展全民义务植树运动的实施办法》草案，安排1982年全民义务植树的工作。

## 1982年

**1月4日**

国务院办公厅发出《关于成立首都绿化委员会的通知》。《北京日报》公布首都绿化委员会成员名单。

**1月30日**

共青团中央、林业部联合发出《关于批转共青团福建省建瓯县委、县林业局“带领青少年为‘绿色金库’添新翠”经验的通知》，要求进一步动员3.7亿青少年大力植树、栽花、种草，美化家乡，美化环境。

**2月2日**

中央军委主席邓小平指示：空军要参加支援农业、林业建设的专业飞行任务，要搞20年，为加速农牧业建设、绿化祖国山河作贡献。

**2月8日**

加拿大国际发展研究中心提供援助建设的“竹类研究项目”在北京签字。

**2月12日**

林业部发出《关于进一步搞好杨树苗木检疫工作的通知》。

**2月23日**

林业部、文化部、中国科学技术协会、共青团中央发出《关于配合全民义务植树运动，广泛开展有关科普宣传活动的联合通知》。

**2月27日**

国务院颁发《关于开展全民义务植树运动的实施办法》。

**2月28日**

中央绿化委员会成立。中共中央书记处书记、国务院副总理万里兼任主任委员；林业部部长雍文涛、中国人民解放军总后勤部部长洪学智、国务院秘书长杜星垣、国家建设委员会主任韩光兼任副主任委员。中央绿化委员会办公室设在林业部，下设3个组：城市组设在国家城建总局；农村组设在林业部；部队组设在总后勤部。

**3月1日**

《人民日报》发表题为《人人都要履行植树造林的光荣义务》的社论。

**3月3日**

中央军委批准成立全军绿化委员会。总后勤部部长洪学智任主任委员，总参谋部副总参谋长迟浩田、总政治部副主任颜金生、总后勤部副部长范子瑜任副主任委员。

**3月6日**

国家劳动总局、国家经济委员会、全国总工会、林业部联合发出《关于推动工矿企业和职工、家属积极投入植树造林运动的通知》。

**3月9日**

联合国粮食计划署援助建设的“宁夏回族自治区西吉防护林工程项目”在北京签字。

**3月11日**

中共中央办公厅发出通知，号召各地开展文明礼貌月和植树节活动。

首都绿化委员会在人民大会堂召开全民义务植树绿化首都动员大会。中央绿化委员会主任委员万里号召全国各族人民积极行动起来，贯彻人大《决议》，把义务植树绿化祖国的活动年年岁岁、世世代代开展下去。

**3月31日至4月9日**

林业部在四川省成都市召开全国林产工业技术改造会议。

**4月9日**

国家任命杨钟为林业部部长，兼中央绿化委员会副主任委员；刘琨、王殿文、董智勇为副部长；雍文涛为顾问，兼中央绿化委员会副主任委员；马玉槐、张世军为顾问。

**4月23日至30日**

林业部在浙江省金华市召开全国中等林业教育工作会议。

**4月25日至30日**

林业部在江苏省常州市召开全国林业标准化工作会议。

**5月26日至6月8日**

林业部在山西省吉县召开全国县级林业区划工作经验交流学习会议(北方片)，讨论制定《县级林业区划原则要求》和《县级林业发展规划大纲》。

**5月28日**

林业部、教育部联合发出《关于东北、吉林、内蒙古林学院试行面向林区招生的通知》，在大兴安岭、伊春、通化、延边、牙克石林区招收林业职工及其子女。

**6月4日**

国务院发出《关于〈中华人民共和国进出口动植物检疫条例〉的通知》。

6月26日至7月6日

林业部在北京召开全国林业“三定”工作会议，研究完成这项任务的措施和有关政策问题。

6月26日至7月10日

林业部在北京召开全国林木种子生产基地规划座谈会。

7月22日至29日

林业部在北京召开全国森林资源清查和管理工作会议。

7月30日

林业部发出《关于国营林场、苗圃进行全面整顿的通知》，要求根据中共中央、国务院《关于国营工业企业进行全面整顿的决定》精神，对国营林场、苗圃进行全面整顿。

8月13日至18日

林业部在内蒙古自治区呼和浩特市召开全国森林病虫害普查内业工作座谈会。

8月16日

国务院水土保持协调小组在北京召开全国第四次水土保持工作会议。会后，由水电部、农牧渔业部、林业部联合组织工作组调查重点水土流失地区的治理情况。

8月26日

煤炭部、林业部在黑龙江省鸡西市联合召开全国重点煤矿营造坑木林会议。

8月26日

林业部发出《关于全国林木种子生产基地建设规划的通知》。

8月31日至9月9日

林业部在北京召开全国飞机播种造林会议，讨论、修改《飞机播种造林技术规程(试行)》，落实1983年飞机播种造林任务。

9月6日至18日

芬兰林业代表团来华访问，双方在北京签署《中芬1983～1984年林业工作组第二次会议议定书》。

9月12日

在中国共产党第十二次全国代表大会上，林业部黄枢当选为中央委员会候补委员，罗玉川、雍文涛为中央顾问委员会委员，杨珏为中央纪律检查委员会委员。

10月8日

国务院召开常务委员会，讨论关于制止乱砍滥伐森林问题。

10月20日

中共中央、国务院发出《关于制止乱砍滥伐森林的紧急指示》，要求各地省委、县委和县人民政府采取果断措施，限期制止乱砍滥伐森林的事件。

10月18日至25日

林业部在北京召开全国林业企业整顿工作会议。

11月2日

林业部向全国人大法制委员会作《关于林区检察院和森林法院组建情况的报告》。

11月11日至19日

林业部在北京召开全国林业宣传工作座谈会。

12月1日

林业部颁发《中华人民共和国林业部林业科学技术研究成果管理办法》。

12月2日

意大利政府提供无偿援助建设的“油橄榄生产项目”实施计划在北京签字。

12月6日至10日

中国林木种子公司、中国标准化协会在北京联合召开全国林木种子标准化学术交流会。

12月20日

全国林业科技成果评奖授奖大会在重庆召开，评选出68项受奖林业科技成果，其中一等奖2项，二等奖15项，三等奖51项。

12月21日至27日

林业部在辽宁省大连市召开全国鸟类保护和环志工作座谈会。

12月26日

邓小平在全民义务植树运动情况的汇报材料上作了重要批示：“这个报告令人高兴。这件事，要坚持二十年，一年比一年好，一年比一年扎实。为了保证实效，应有切实可行的检查和奖惩制度。”

## 1983年

1月3日

国务院颁发《植物检疫条例》。

1月5日

中央绿化委员会在北京召开全民义务植树工作会议。胡耀邦、邓小平在开会前作了批示。万里讲话，要求继续提高对开展全民义务植树运动的认识，进一步加强组织领导，扎扎实实，持之以恒地开展这项运动。

1月7日至15日

国家计划委员会、国家经济委员会、林业部、国家物资局、中国包装总公司在北京联合召开全国木材节约代用会议。

2月21日至3月2日

中国候鸟保护代表团赴日本参加《中日候鸟保护协定》首次工作会议。

2月23日

国务院批准建立中国林业对外工程公司。

3月9日

中央绿化委员会、共青团中央决定：自1983年起，在全国青少年中开展义务植树竞赛活动。

3月28日

林业管理干部学院在北京大兴县黄村成立，培训对象主要是林业系统的县团级以上领导干部。

4月13日

国务院发出《关于严格保护珍贵稀有野生动物的通知》。

5月7日

中央绿化委员会领导成员调整：中共中央书记处书记、国务院副总理万里兼任主任委员，国务院秘书长杜星垣、林业部顾问雍文涛、中国人民解放军总后勤部部长洪学智、林业部部长杨钟、城乡建设环境保护部部长李锡铭兼任副主任委员，杨钟兼任办公室主任，马玉槐、范子瑜、廉仲兼任办公室副主任。

5月19日

中央绿化委员会增加汪滨为办公室专职副主任。

6月21日至7月1日

林业部在北京召开全国林业厅、局长会议，着重研究建立和完善林业生产责任制问题。

7月16日

林业部在安徽省滁县召开林业部第二届科学技术委员会成立大会。

8月2日至10日

林业部在吉林省长春市召开全国林木种子工作座谈会。

8月10日至18日

林业部在新疆维吾尔自治区乌鲁木齐市召开全国林业系统自然保护

区工作会议。

**8月11日至16日**

林业部在北京召开全国造林调查设计工作会议。

**8月12日**

共青团中央、林业部、农牧渔业部、教育部联合发出通知，决定在全国青少年中开展采集草种树种、支援甘肃改变自然面貌的活动。

**8月13日**

5月以来，四川、陕西省等大熊猫活动地区竹子开花、枯死，严重威胁大熊猫生存。林业部向国务院呈报《关于抢救大熊猫的紧急报告》。

**8月17日**

林业部、中国农业银行发出《关于发放林业贷款，促进林业发展的联合通知》。

**9月19日**

国家计划委员会、国家经济委员会、林业部、国家物资局、国家统计局联合发出《关于执行全国木材生产计划"一本帐"的通知》指出：实行"一本帐"后，国家计划中列"木材"和"木材上调量"两个指标；从1984年起，按此两项进行统计。

**9月21日至24日**

林业部在北京召开绿化大西北座谈会。会议认为：应因地制宜，采取多种途径，加快绿化大西北的进度。

**10月5日**

国家任命刘广运为林业部副部长。

林业部中等专业教育研究中心在南京成立。

**10月6日**

林业部决定：南京林产工业学院改名为南京林学院，云南林学院改名为西南林学院。

**10月19日至23日**

林业部在河南省郑州市召开第五次全国平原绿化会议。80个绿化成绩突出的县、市被命名为全国平原绿化先进县、市。

**11月13日至19日**

林业部在辽宁省大连市召开全国护林防火会议，表彰了80个全国护林防火先进单位。

**11月24日**

林业部向国家计划委员会报送《加速绿化太行山的规划意见》。

**12月15日**

首都各界隆重纪念我国杰出的林学家、教育家、爱国主义者、原林业部部长梁希诞辰一百周年。

**12月22日**

中国野生动物保护协会在北京成立。会议选出中共中央书记处书记胡乔木为名誉会长，林业部部长杨钟为会长，林业部副部长董智勇、广播电视部副部长谢文清、农牧渔业部副部长朱荣、中国科学院顾问秦力生和著名鸟类学家郑作新为副会长。

## 1984年

**1月5日至9日**

国家经济委员会、国家科学技术委员会、农牧渔业部、林业部在北京召开全国农林科技推广工作经验交流会。

**1月10日**

铁道部和共青团中央决定开展"万里铁路万里林"活动。

**1月13日**

国务院常务委员会议审议通过《森林法(修改草案)》。

**2月15日至18日**

共青团中央、农牧渔业部、中国科学技术协会在北京召开全国农村学科学用科学青年标兵奖和全国青少年采种支援甘肃活动表彰大会，表彰了5个先进省、市，105个先进单位。

**2月18日**

中央绿化委员会在北京召开第三次全体会议，表彰221个全民义务植树先进单位，审定和通过中国植树节节徽和《中国绿化基金会章程》。

**3月1日**

中共中央、国务院发出《关于深入扎实开展绿化祖国运动的指示》。

**3月5日至10日**

林业部在四川省成都市召开大熊猫抢救工作汇报会。

**3月16日**

胡耀邦在视察河北省唐县，同群众一起，在城北峪山西麓庙尔沟南坡直播油松、臭松、刺槐等混交林1.5亩。

**3月19日**

林业部颁发《西南西北林区林业企业采伐营林调查设计规程》。

**4月3日**

林业部和中国人民建设银行联合颁发《中央级营林投资拨款暂行规定》。

**5月8日**

林业部和全军绿化委员会联合发出《关于委托中等林业学校举办部队干部中专班》的通知。

**5月30日至6月17日**

林业部董智勇副部长率领中国科技代表团赴朝鲜，出席中朝科技合作谈判。

**6月26日至30日**

林业部科学技术委员会和中国林学会在山西省太原市联合召开"绿化太行山规划论证会"。

**6月28日**

"三北"防护林建设领导小组成员进行了调整，宋平任领导小组组长，李瑞山、吕克白、杨钟任副组长。

**7月4日**

六届人大常委会召开第六次会议，林业部杨钟部长受国务院委托，向会议作了关于《中华人民共和国森林法(修改草案)》的说明。

**8月1日至4日**

林业部在北京召开全国林业出版工作会议。

**8月12日**

胡耀邦视察黑龙江省伊春林区，作了重要讲话。

**8月20日至26日**

共青团中央、林业部、水利电力部在山西省河津县召开宁夏、内蒙古、陕西、山西、河南、山东6省、自治区青少年营造黄河防护林第一次协调会。

**8月25日至9月1日**

林业部在烟台市召开全国林业厅、局长会议，研究国营林场、社队林场的改革，巩固和发展林业专业户、林业经济联合体等问题。

**9月5日**

中央纪律检查委员会在湖北省蒲圻县召开吉林、浙江、福建、湖北、湖南、广西、甘肃7省、自治区制止乱砍滥伐森林经验交流会。

**9月20日**

第六届全国人民代表大会常务委员会第七次会议通过《中华人民共

和国森林法》。

**9月29日**

中共中央、国务院发出《关于帮助贫困地区尽快改变面貌的通知》。

**10月10日**

国务院经济法规研究中心和林业部在北京联合召开贯彻《森林法》座谈会。

**10月26日至31日**

林业部在北京召开林业厅、局长座谈会，讨论《森林法》实施办法草稿。

**12月18日至27日**

林业部在辽宁省大连市召开1985年全国林业计划会议。

**12月17日至22日**

林业部在北京召开全国林业宣传工作会议。

**12月20日至25日**

林业部在湖北省襄樊市召开第三届全国林业科技成果评审会，对1982、1983年度林业科技成果进行评审，评选出优秀科技成果129项。

## 1985年

**1月1日**

《中华人民共和国森林法》开始施行。

**1月4日**

中国(广州)林产品联营股份公司开业。

**1月4日至8日**

黑龙江、吉林、广东、福建、江西、云南六省林业公安座谈会在京召开。

**1月8日**

中共中央、国务院批复林业部、文化部、建设部《关于通盘处理大熊猫的赠送以及出国展出或演出等涉外问题的请示》。

**1月12日**

全国青少年绿化祖国表彰大会闭幕。中央绿化委员会、团中央做出决定，对13个地(市)和104个县级团委分别授予"全国青年采种支甘活动红旗单位"和"全国青少年采种支甘活动先进单位"的称号。

**1月19日**

国务院批准中国绿化基金会组成人员名单如下：名誉主席：乌兰夫；顾 问：黄 华；主 席：雍文涛；副主席：许家屯、马玉槐、柴泽民；理 事：王化云、庄希泉、许涤新、汪 滨、汪菊渊、吴中伦、罗玉川、胥光义、张平化、张宝顺、侯学煜、秦仲方、黄甘英、焦若愚、蒋 毅、蔡若虹；秘书长：汪滨(兼)。

林业部以林发(护)〔1985〕21号文件印发了《关于核发林木采伐许可证的意见》。

**1月20日至26日**

全国林业外事工作会议在山东省烟台市召开。

**1月28日**

林业部决定：将白城林业机械化学校改为白城林业学校。学制4年，学校规模为1280人

**1月29日至2月3日**

《当代中国林业》审定会议在北京林业管理干部学院召开。

**1月30日**

马玉槐陪同国务委员兼国家计委主任宋平赴承德地区了解植树造林情况。

**2月4日**

林业部以林发(护)〔1985〕41号文件发出《关于改进木材运输管理工作的通知》。

**2月10日至14日**

林业调查设计工作会议在京召开。

**2月11日**

林业部向华东、中南、西南等地区的15个省、自治区、直辖市林业厅(局)发出《关于抓紧春季植树造林的通知》。

**2月15日**

据《人民日报》报道，国家决定，从今年起，集体林区取消木材统购，开放木材市场，允许林农和集体的木材自由上市，实行议购议销。

**2月18日**

林业部发出《关于1983年度国有林区林业企业伐区作业质量检查评比情况的通报》。通报表扬了伐区作业质量优胜的临江等55个局(场)和连续3年保持先进的上甘岭等18个局。

**2月24日**

国务院办公厅、中央军委办公厅转发了林业部、农牧渔业部《关于迅速扑灭陕西省境内美国白蛾的报告》。

**3月3日**

林业部批准林业部调查规划院改名为"林业部调查规划设计院"。

**3月5日**

董智勇副部长率领中国政府科技代表团赴菲律宾参加为期10天的中菲科技合作委员会第七次会议。

**3月7日**

据《人民日报》报道：中央绿化委员会第四次全体会议3月6日在郑州召开，万里同志主持会议并讲话。河南省省长何竹康、林业部部长杨钟、解放军副总参谋长何正文、建设部顾问曹洪涛、团中央后补书记张宝顺、煤炭部副部长胡富国分别发言。会议讨论通过了《关于部门绿化任务分工负责的建议》和《关于植纪念树造纪念林的倡议》。杜润生、刘杰等也出席了会议。李鹏参加了3月5日的预备会。

**3月8日**

据《人民日报》报道：3月7日，万里等领导同志到郑州邙山植树。

**3月10日至14日**

林业部"六五"国家科技攻关工作会议在京召开。

**3月10日**

中央绿化委员会向各省、自治区、直辖市绿化委员会和全军绿化委员会发出电报，要求各地认真贯彻中央绿化委员会第四次会议精神。

**3月11日**

林业部和中国音协联合举办的"绿叶奖"征歌活动结束，66首歌曲获奖。

**3月13日**

据《人民日报》报道：3月12日植树节， 胡耀邦、 邓小平、彭真、杨得志、余秋里、张廷发、胡乔木、姚依林、秦基伟、陈慕华、邓力群、胡启立、乔石、郝建秀等中央领导同志，来到北京天坛公园，在祈年殿东侧参加植树劳动。

**3月16日**

林业部宣传司等10家新闻、出版单位联合举办的全国林业科普征文活动结束，共评选出获奖作品41

篇。

**3月19日**

据《人民日报》报道：3月18日，李先念在遵义市凤凰山上植树，纪念遵义会议50周年。

根据胡耀邦提议，3月18日结束的北京市八届四次人代会作出决定，规定每年四月的第一个星期日为全市人民“义务植树日”。

**3月22日至4月5日**

第三届森林风光美展在中国美术馆展出。

**3月23日**

林业部发出《关于做好护林防火工作的通知》。通知要求林区各级林业主管部门和企事业单位要把护林防火工作作为一项重要任务来抓，把森林火灾损失减少到最低限度。

**3月29日**

林业部以林种[1985]125号文件印发了《关于加强林木种子经营管理的通知》。

**3月**

日本政府为援助我国保护、抢救大熊猫的工作无偿赠送我国价值近5000万日元的设备。这批设备于3月底以前从日本运抵上海。

**4月**

林业部决定对部属林学院毕业生分配办法进行改革。即给学校留出毕业生数的15%作为机动，由学校与用人单位商议，提出分配建议，使学校在毕业生分配工作中有较多的自主权。

**4月5日**

全国国有林区多种经营座谈会在黑龙江省海林林业局召开。

**4月6日**

林业部决定，将南方森林植物检疫所与北方森林植物检疫所合并，所址设在沈阳。

**4月16日至30日**

王殿文副部长率中国林业代表团赴巴西访问，并与巴方签署了《中华人民共和国林业部副部长访巴纪要》。

**4月17日**

林业部、中央绿化委员会、农牧渔业部和空军后勤部组成联合工作组，赴陕西省调查了解美国白蛾封锁扑灭情况。

**4月18日至24日**

林业部在北京召开南方11省林业厅长会议，讨论研究南方集体林区木材开放以后的情况和问题。

**4月20日至5月4日**

林业部与中国工艺美术学会在中国美术馆联合举办中国“根的艺术”展览。

**4月20日至5月3日**

董智勇副部长率代表团前往阿根廷，出席《濒危野生动植物种国际贸易公约》第五次成员国大会。

**4月25日**

国务委员、国家计委主任、“三北”防护林建设领导小组组长宋平，在河北省石家庄市主持召开了“三北”防护林建设领导小组第三次会议，总结第一期工程建设经验，研究讨论第二期工程规划设想。“三北”防护林建设领导小组副组长、国家计委副主任徐青，林业部杨钟部长、刘广运副部长、马玉槐、荀昌五、郝玉山等出席了会议。

**5月**

林业部林机公司荣获西班牙《国际商业评论》出版社颁发的“一九八五年优良服务与优质产品国际奖”。

**5月2日至10日**

新西兰政府主管林业、土地和毛利族事务的部长韦特雷，应我部邀请，率林业代表团一行4人访问我国。国务院副总理李鹏会见了韦特雷一行。杨钟部长与韦特雷部长签定了《中新林业交流合作谅解备忘录》。

**5月4日**

杨钟部长在林业部接见了参加全国新长征突击手表彰大会的林业战线代表冯国军、范祖德、程德林、李平贵、甘发凯，并听取了汇报。

刘琨副部长率中国林业代表团一行8人赴德意志联邦共和国访问。

中央绿化委员会办公室在四川省成都市召开全国各省自治区、直辖市绿化委员会办公室主任会议。

**5月13日**

最高人民检察院、最高人民法院和公安部联合发出《关于盗伐滥伐森林案件改由公安机关管辖的通知》。

**5月14日至22日**

全国重点林区物资工作会议在福建省厦门市召开。

**5月16日至23日**

林业科技推广工作座谈会在北京召开。

**5月17日至5月19日**

中国野生动物保护协会第二次理事会在京召开。林业部杨钟部长在会上作了报告。

**5月24日**

林业部决定停办上海木材工业学校。

**5月25日至29日**

全国封山育林会议在江西省九江市召开。

**5月27日**

林业部发出《关于抓好雨季造林的通知》。

**6月6日**

林业部颁发《林业部产品质量监督检验工作暂行条例》。

**6月7日**

最高人民检察院(85)高检人厅字第34号文件同意在林业部内设置检察院、法院工作办公室。

**6月8日**

林业部颁发《制定年森林采伐限额暂行规定》。

**6月10日**

林业部颁发《森林资源档案管理办法》。

**6月21日**

国务院批准《森林和野生动植物类型自然保护区管理办法》。

**6月22日**

中央绿化委员会和林业部联合发出《关于积极开展“国际森林年”宣传活动的通知》。

**6月25日**

国务院同意恢复林业部西南航空护林站，站址设在云南省昆明市。

**6月28日**

林业部和中央绿化委员会在北京举行国际森林年报告会。全国人大常委会副委员长黄华、全国政协副主席杨成武出席了报告会。杨钟部长主持会议，王殿文副部长、中国人与生物圈国家委员会副主席、联合国人与生物圈理事会副主席阳含熙、中国林学会理事长吴中伦和联合国粮农组织驻京代表处官员德尔曼在会上讲话。

**7月2日**

第九届世界林业大会在墨西哥首

都墨西哥城开幕。105个国家和地区的2209名代表出席这次为期10天的大会。林业部副部长董智勇率代表团参加了这次大会。会议就保护森林资源和野生动物、开展植树活动以阻止沙漠化、制定森林政策和法令、改进森林管理、加强林业科技研究等主要问题进行讨论。

**7月6日**

经国务院批准，林业部公布了《森林和野生动物类型自然保护区管理办法》。

**7月**

林业部批准北京林学院成立园林规划建筑设计所。

**7月10日至20日**

全国国有林区森工改革座谈会在黑龙江省伊春市桃山林业局召开。

**7月16日**

国家经委体改局原则同意林业部关于18个林机厂分批下放的意见。

**7月29日**

中国林业职工教育研究会成立大会暨第一届年会在北京林业管理干部学院举行。

**8月1日**

林业部林业机械行业管理办公室成立。

**8月6日**

林业部批准北京林学院、东北林学院和南京林学院改为北京林业大学、东北林业大学和南京林业大学。

**8月7日**

据《人民日报》报道：中央绿化委员会办公室和中央五讲四美三热爱活动委员会办公室联合发出通知，要求各地积极宣传、组织开展栽种"三棵纪念树"的活动。栽"三棵纪念树"活动是指新婚夫妇合栽一棵"同心树"；生了孩子，父母合栽一棵与孩子一起成长的"同龄树"；一个人去世了，家属、亲友共栽一棵寄托哀思、怀念旧情的"长生树"。

**8月11日至16日**

全国林业科技工作会议在山东省济南市召开，研究讨论林业科技体制改革问题，同时，在会上颁发1982年和1983年林业科技成果奖。

**8月18日至20日**

全国林业高等院校第一届学生田径运动会在北京林业大学举行。

**8月29日**

林业部决定成立速生丰产林建设领导小组。刘广运副部长任组长。

**9月20日**

国有林区企业管理座谈会在西安举行。这次座谈会着重研究了如何加强国有林区企业经营管理，眼睛向内，挖掘内部潜力，增强企业活力的问题。

**9月27日**

中国绿化基金会全体理事会议在人民大会堂云南厅召开。参加会议的有绿化基金会名誉主席、顾问、主席、副主席、理事共计16人。会议由绿化基金会主席雍文涛主持，名誉主席乌兰夫讲话，秘书长汪滨作中国绿化基金会工作情况汇报。全体理事审议了绿化基金会章程、绿化基金管理使用办法、中国绿化基金会会徽等有关事宜。

**10月7日至14日**

林业部和加拿大国际发展研究中心在杭州联合召开国际竹子学术讨论会，15个国家的35位外国代表和50名国内专家参加了讨论会，董智勇副部长主持开幕式并讲话。

**10月14日**

全国森林和野生动物自然保护区摄影展览在中国美术馆开幕。开幕式由"人与生物圈"中国委员会副主席阳含熙主持，全国政协副主席周培源和全国科协副主席裴丽生为开幕式剪彩，杨钟部长讲了话。中国摄影家协会副主席吴印咸、"人与生物圈"中国委员会主席秦力生及中宣部、文化部等有关部门领导和科学家共300余人出席了开幕式。

**10月18日**

南方11省、自治区林业厅长及木材公司经理会议在福建省漳州市召开。会议内容：分析贯彻中央发布一号文件以来，南方集体林区的发展形势，总结交流做好木材经营工作的经验；讨论如何加强行业管理，疏通产销渠道，充分发挥林业部门主渠道作用；落实恢复部分统配材计划；研究实行指导价格和各种费用收缴办法，保证林农应得利益和国家税费收入；健全木材信息网络，搞好木材市场预测与咨询服务等。

**10月22日**

林业部、财政部和国家物价局联合下达了《关于南方木材指导价格的方案》。

**10月27日**

全国林业公安工作会议在云南省昆明市召开。

**11月2日**

林业部、财政部、中国工商银行和中国农业银行联合颁发《育林基金预决算暂行规定》。

**11月4日至18日**

全国林业教育工作会议在湖南省长沙市召开。会议着重研究了贯彻《中共中央关于教育体制改革的决定》、改革和发展林业教育等问题，并对部属院校和部属企事业单位所属学校的1583名教龄分别在30年和25年以上的教师和优秀教师进行了表彰，并向他们颁发了荣誉证书。

**11月19日至21日**

保护抢救大熊猫工作表彰大会在陕西省汉中市召开。

**11月23日**

加拿大贝克基金会向中国林业科学研究院竺肇华颁发了"树木之人"奖，奖励他在泡桐研究工作中做出的贡献。联合国秘书长、加拿大总督和总理分别致电祝贺。

**12月13日至18日**

中国林学会第六届全国会员代表大会在河南省郑州市召开。中国科协、林业部和中国农学会的代表及特邀代表出席会议。

**12月30日**

林业部根据最高人民检察院(85)高检人厅字34号函并征得最高人民法院同意，成立"林业部检察院法院工作办公室"。

## 1986年

**1月11日**

中国消防协会批准在林业系统成立中国消防协会森林消防专业委员会。

**1月14日**

我国同联合国粮农组织签署了使用法国政府信托基金18万美元进行木本树种固氮研究的合作项目协议。

**1月15日**

林业部1985年国优、部优产品授奖大会在北京举行。获国家质量奖的林业工业产品有9项，其中金质奖2项、银质奖7项；获林业部优质产品奖的有14项。

**1月17日至26日**

在西柏林国际农业科教影片比赛中，我国参赛影片《森林与我们》获银穗奖。

**1月24日**

林业花卉协会正式成立，刘琨副部长任会长，李式樵兼任秘书长。协会办事机构设在林业部造林经营司。

**1月24日**

联合国粮农组织总干事萨乌马致函杨钟部长，正式通知中华人民共和国已被接收为亚洲太平洋区域林业委员会正式成员。

**1月26日**

林业部、国家计委、财政部和国家物价局联合发出《关于搞活和改善国营林场经营问题的通知》。

**1月31日**

国家教育委员会、中央绿化委员会联合发出《关于学校开展校园绿化和营造学校林的通知》。

**2月5日**

中共中央办公厅致函林业部"三北"防护林建设局转中共靖边县委员会，祝贺靖边县1年造林100万亩。

**2月17日**

中国野生动物保护协会、中华人民共和国濒危物种进出口管理办公室和北京自然博物馆共同主办的"虎年虎展"在北京自然博物馆开幕。

**2月17日至23日**

全国林业计划会议在京召开，会议内容主要是：贯彻全国计划会议精神，落实"七五"及1986年林业生产、基本建设计划，研究进一步完善林业计划体制改革实施办法。

**2月19日**

林业部颁布《国营林业局、国营林场编制森林经营方案原则规定(试行)》。

**2月24日**

中国林机公司与香港国际展览咨询公司签订了《关于联合举办1987年北京国际林业机械技术交流展览会的协议》。中国林机公司经理许伟和香港国际展览咨询公司总经理邓祥霖在协议书上签字。

**2月27日**

中央绿化委员会第五次全体委员会议在北京召开。国务院副总理、中央绿化委员会主任委员万里主持会议并讲话，林业部部长、中央绿化委员会副主任委员杨钟作了工作汇报。会议通过了《关于进一步推动绿化工作的建议》。

**3月1日**

凌晨1时零7分，黑龙江省沾河林业局发生震级为里氏5.3级地震。

**3月6日**

林业部发出《关于一些省、区连续发生森林火灾的通报》。

**3月6日**

林业部和最高人民检察院联合发出《关于调整林业检察任务和机构等问题的通知》。

**3月7日**

林业部确定东北林业大学人员编制为2892人(不含3个实验林场和干训部)。其中，教师编制966人，科研编制300人；确定研究生(含进修生)的规模为学校发展规模总数的10%。

**3月10日**

公安部、林业部联合发出《关于江西庐山等地发生重大山林火灾的通报》。

**3月12日**

林业部和《少年科学画报》社联合举办的"我爱大森林"智力竞赛活动结束。在这次竞赛中，全国共有850名少年儿童获奖，其中，一等奖50名，二等奖100名，三等奖200名，鼓励奖500名。

**3月22日**

国务院发出《关于切实加强护林防火工作的紧急通知》。

**3月22日至28日**

林业部学位委员会在陕西西安召开林业系统第三批博士和硕士学位授予单位复审会。会议审议通过了博士学位授权点11个，博士导师16人，硕士学位授权点29个。提交国务院学位委员会审批。

**3月30日**

国务院发出《关于云南等省森林火灾严重情况的通报》。

**3月**

林业部批准建立大兴安岭林业学校(与大兴安岭林业干部中等专业学校合建)。该校学制为4年，设林业和采运两个专业，规模为680人。

**4月1日**

根据国务院指示，林业部派往云南省的护林防火工作组一行7人(林业部5人、公安部2人)，由汪滨带队到达昆明，调查了解青龙寺、刺桐关森林火灾情况，协助进行扑火和善后处理工作。

**4月2日**

国务院任命徐有芳为林业部副部长。

林业部与中国民航局、空军司令部联合表彰飞播造林先进集体和先进个人。对68名在飞播造林工作中成绩显著、贡献突出的同志颁发了荣誉证书。

林业部颁发《关于发展林业中等专业学校的实施意见》和《关于大力发展林业职业中学的几点意见》。

**4月7日**

《人民日报》报道：全国义务植树活动的倡导者邓小平和胡耀邦、李先念、彭真等在天坛公园参加植树活动。

**4月8日至18日**

杨钟部长应日本农林水产大臣羽田孜的邀请，率中国林业代表团访问日本。考察日本国土绿化和林业发展的长远规划及对策，同时与日本有关部门商讨日方提出的援助我建立水土保持培训中心、向我捐赠抚育间伐木材和合作繁殖朱鹮等事宜。在日期间，代表团访问了东京、北海道、京都、大阪等地。

**4月10日**

林业部、中国农业银行、财政部联合发出《关于发放林业项目贷款的联合通知》。

**4月15日至19日**

全国国营林场(苗圃)工作会议在陕西户县召开。会议重申了国营林场的作用和地位，总结了兴办国营林场(苗圃)三十多年的建设成就和经验，明确了今后努力的方向。

**4月16日**

林业部确定南京林业大学人员编制为2142人，其中教师编制570人，科研编制270人，确定研究生(含进修生)的规模为学校发展规模总数的10%。

**4月17日至23日**

国家教委、农牧渔业部和林业部在南京召开普通高等学校农科、林科本科专业目录审定会。会议审议通过了林科本科分为20个专业，其中试办专业4个。

**4月22日**

林业部确定北京林业大学人员编制2164人，其中教师编制580人，科研编制270人，确定研究生（含进修生）的规模为学校发展规模总数的10%。

**4月23日**

杨钟部长会见世界粮食计划署执行干事英格拉姆一行，就双方在林业上的合作问题交换了意见。

**4月24日**

福州人造板厂正式建成并通过验收。徐有芳副部长和福建省蔡宁林副省长主持了竣工验收仪式。

**4月26日**

京津周围地区绿化小组在北京成立。马玉槐任组长，刘广运、刘江任副组长，成员由北京、天津、河北和中央有关部委领导同志组成。

**4月27日**

全国林业物资工作会议在福建厦门召开。

**4月28日**

国务院批准《中华人民共和国森林法实施细则》。

**4月**

国务院批准林业部参加国务院旅游协调小组。

**5月6日至10日**

全国县级林业区划、规划实施现场会在河南省西峡县召开。

**5月6日至12日**

全国林业政策研究座谈会在北京召开。会议讨论研究了各地林业政策研究情况，提出了今后林业政策研究的方向。

**5月10日**

经国务院批准，林业部发布《中华人民共和国森林法实施细则》。

**5月12日**

世界野生生物基金会正式通知我部，已同意江西鄱阳湖、吉林向海两个自然保护区合作项目，提供金额9.8万瑞士法郎。

**5月12日**

第二届全国林业好新闻评选揭晓，88家中央和省级报刊、电台、电视台的202篇作品获奖，其中一等奖29篇、二等奖173篇。

**5月15日**

中国林业体育协会在北京成立。国家体委副主任徐寅生、全国总工会书记处书记王申祥、林业部副部长董智勇、徐有芳出席了成立大会。协会办事机构设在林业部林业工业局。

**5月15日至22日**

华北、中原八省、市平原绿化现场经验交流会在河南商丘召开。会议表彰了145个平原绿化先进县。

**5月16日**

林业部向全国林业部门发出电报，要求各地深入做好《森林法实施细则》的宣传贯彻工作。

**5月19日**

林业部确定中南林学院人员编制为1700人，其中教师编制505人，科研编制150人，确定研究生（含进修生）的规模为学校发展规模总数的5%。

**5月20日**

中央绿化委员会发出《关于进一步加强绿化宣传教育的函》。

**5月28日至31日**

林业文学工作者协会成立，董智勇副部长任理事长。在协会成立大会上，林业部和四川省人民政府宣布授予傅仇以“森林诗人”的称号。

**5月29日**

林业部颁发《木材采伐运输安全技术规程》。

**5月**

在全国科技奖励大会上，林业部有32项重大科技成果受到奖励，其中一等奖1项、二等奖10项、三等奖21项。

**5月**

林业部与大兴安岭林业管理局微机远程通讯联机成功。

**6月6日**

国务院批转林业部调查组《关于云南省青龙寺、刺桐关重大森林火灾情况调查报告》。

**6月11日**

国家经委以经体[1986]415号文件批准成立中国林业机械协会，该协会为社会经济群众团体。

**6月17日**

林业部党组决定组建《中国林业报》社，筹办《中国林业报》。保留《中国林业》杂志社，将其并入报社。《中国林业报》1987年1月开始试刊，7月1日正式出刊。

**6月19日**

林业部确定西北林学院人员编制为1068人，其中教师编制356人，科研编制80人，确定研究生（含进修生）的规模为学校发展规模总数的5%。

**6月20日**

林业部确定西南林学院人员编制为1046人，其中教师编制349人，科研编制80人，确定研究生（含进修生）的规模为学校发展规模总数的5%。

**6月30日**

临江刨花板厂正式建成并通过验收。徐有芳副部长和吉林省王金山副省长主持了竣工验收仪式。

**7月2日**

大兴安岭新林林业局、黑龙江省桃山林业局和常州林业机械厂获国家经委“全国设备管理优秀单位奖”。

**7月5日至10日**

中国消防协会森林消防专业委员会成立。

**7月6日**

国务院同意将林业部提出的长白山等20处自然保护区列为国家级森林和野生动物类型自然保护区。

**7月9日**

林业部印发《关于改革和发展林业教育的决定》。

**7月20日**

国务院学位委员会批准林业部部属高等林业院校、中国林业科学研究院11个学科、专业点获得博士学位授予权，28个学科、专业点获得硕士学位授予权，批准16人为博士导师。

**7月30日**

林业部发出通报，命名91个林业企事业单位为“全国林业企业整顿先进单位”。

**7月**

林业部颁发《林业工程质量监督条例》。

**8月1日**

全国林业厅局长会议在北京召开。这次会议主要讨论和修改《二〇〇〇年全国林业发展纲要》和《林业技术政策要点》。

**8月10日**

国务院领导同志同意由中央绿化委员会表彰奖励一批全国绿化先进单位和劳动模范，获奖劳模可享受部级劳模待遇。

**8月13日**

全国林业职工技术教育研究会成立。研究会共选出理事55名，常务理事18名。董智勇副部长任理事长。

林业部林业机械行业管理办公室和林业部林机公司在北京联合召开了1986年林业机械工作会议。

英国赠送的39头麋鹿运抵江苏省大丰县自然保护区，使原产我国，后曾绝迹的野生珍稀动物回归故里。

**8月19日**

林业部、国家工商行政管理局联合颁发《关于集体林区木材市场管理的暂行规定》。

**8月20日**

林业部、公安部联合颁布《关于森林案件管辖范围及森林刑事案件立案标准的暂行规定》。

**8月25日**

全国国有林区森林工业经济体制改革座谈会在吉林省三岔子林业局召开。

**8月31日**

林业部、国家物价局联合发出《关于调整整顿东北、内蒙古国有林区木材价格的通知》，并颁发了《关于调整整顿东北、内蒙古国有林区木材价格方案》。

**9月2日至5日**

全国薪炭林工作座谈会在北京召开。

**9月5日至10日**

全国林政管理和森林保卫工作会议在山东烟台召开。

**9月10日**

董智勇副部长会见澳大利亚初级产品部副部长米勒，双方通报了两国林业发展情况，就中澳林业交流与合作事宜进行了友好会谈。

**9月11日**

林业部颁布《林业企业实行林参间作的暂行规定》。

**9月17日至20日**

林业部林机公司为主承担制造的我国第一套"年产3万立方米刨花板成套设备试制"项目通过国家级鉴定。

**9月20日**

林业部、公安部、司法部等8单位联合举办的首届"法律知识竞赛"活动结束。

**9月25日**

林业部印发《关于纠正林业行业不正之风的意见》。

**9月26日**

在布鲁塞尔召开的国际杨树委员会第33届执行委员会会议通过决议，接受中国申请，决定第18届国际杨树委员会大会于1988年在中国召开。

**9月**

田纪云副总理对大兴安岭和小兴安岭林区进行考察。考察后提出三项要求：(一)提高对林业的认识；(二)确立正确的指导思想和经营方针；(三)认真研究管理体制问题。

**9月**

林业部发出《关于速生丰产用材林基地建设若干问题的暂行规定》。

**9月**

林业部发出《关于加强对国营林场的管理和维护其权益的决定》。

**10月7日至13日**

全国林产工业工作会议在湖南长沙召开。会议总结了"六五"期间林产工业生产建设工作，研究了今后林产工业发展的方针、政策和措施，讨论了理顺林产工业的内部和外部关系、加强对生产建设的组织领导等问题。

**10月13日至26日**

董智勇副部长率领中国林业代表团一行7人访问澳大利亚。10月19日，董智勇副部长同澳大利亚政府代表、教育部长瑞安签署了《关于保护候鸟及其栖息环境的协定》。

**10月15日**

林业部、国家物资局和国家物价局联合发出《关于贯彻执行国家新木材标准有关事项的通知》。

**10月15日至21日**

中央绿化委员会办公室在广西南宁召开全国绿化委员会办公室主任会议。

**10月16日**

林业会计学会成立。

**10月17日**

林业部、财政部联合发出《关于1986年调整木材价格当年增加收入处理意见的通知》。

**10月22日**

林业部、财政部联合颁发《国营林场、苗圃会计制度》。

**10月22日**

全国林业中等专业学校首届学生田径运动会在湖南长沙举行。全国23个省、自治区的42所中等林业专业学校570名运动员参加了运动会。

**10月24日至30日**

英国女王丈夫、菲利普亲王爱丁堡公爵，以世界野生生物基金会会长身份访华。徐有芳副部长陪同其参观了广东省的福田自然保护区、江西省的鄱阳湖自然保护区、四川卧龙自然保护区和云南省的西双版纳自然保护区。

**10月27日**

首届全国林产品展销会在北京开幕，国家副主席乌兰夫为展销会剪彩。展销会期间，田纪云、陈慕华、杜润生以及参加中央农村工作会议的代表先后参观了展销会。

**10月30日**

林业部发出《关于表彰奖励1983年至1985年全国森林防火先进集体和先进个人的通报》。

**10月31日**

林业部、农牧渔业部决定，1987年在中央广播学校开办林业专业并招收第一批学员，今后每三年招生一次。

**11月15日至12月1日**

刘广运副部长率领中国林业代表团一行7人访问美国。11月20日，刘广运副部长同美国内政部副部长麦克劳林签署了《关于自然保护交流与合作协定书》。

**11月17日至20日**

全国林业系统自然保护区工作会议在北京召开。会议总结了自然保护区工作的经验，分析了目前存在的问题，提出了今后努力的方向。会议还表彰了一批自然保护区工作先进单位和先进个人。

**11月17日至22日**

全国林业公安政治工作会议在四川成都召开。

**11月20日**

林业花卉协会第一届理事会在浙江富阳召开，会议通过了《林业花卉协会章程》。

**12月2日至7日**

第七届全国林产品交易会在陕西西安举行，成交木材468.8立方米，成交金额达13亿元。

**12月3日至7日**

全国森林防火会议在江西九江召开，会议总结了1986年森林防火工作的经验教训，检查了贯彻国务院《切实加强护林防火工作的紧急通知》的情况，研究全面治理森林火灾的措施，对1983年至1985年全国森林防火先进单位和个人进行了表彰。

**12月5日至8日**

"三北"防护林建设领导小组第四次会议暨一期工程表彰大会在京召开。国务委员宋平和张平化出席了会议。

**12月6日**

杨钟部长会见墨西哥农业和水利资源部部长爱德华多·佩斯凯拉·奥莱亚。双方商定互派林业技术考察组进行技术交流。

**12月8日**

万里、习仲勋、胡启立、宋平等领导同志会见"三北"防护林建设先进集体和先进个人表彰大会的全体代表。

**12月10日至14日**

南方速生丰产用材林基地造林良种化座谈会在江苏吴县召开。

**12月15日至23日**

林业部科学技术委员会第三届委员会议在湖北武汉召开。会议修改并通过了《林业部科学技术委员会章程》，审议、论证了《二〇〇〇年林业科技、经济和社会发展纲要》，审议了《林业技术政策要点》，评定了1984年至1985年林业科学技术进步奖142项。第三届科技委由116名委员、特邀委员组成。

**12月16日至24日**

全国林业计划会议在河北石家庄召开。会议总结了1986年林业生产、基本建设计划执行情况，部署了1987年林业生产建设计划，研究了《关于加强林业基本建设管理工作暂行规定》等四个管理办法。

**12月22日至27日**

全国林业宣传工作暨林业记协理事会议在北京召开。会议主要总结近两年来的林业宣传工作，研究了今后的宣传任务。

**12月28日**

全国林业调查规划设计先进单位、先进个人表彰大会在北京召开。大会共表彰了先进单位30个，先进个人121名。

（林业部办公厅）

# 对外科技交流、经济合作与贸易

**【对外科技交流、经济合作与贸易综述】** 中华人民共和国建立后，国家十分重视对外开展林业科技交流、经济合作和经济贸易，在林业(垦)部设立技术合作科和专家工作室，1957年成立外事处。1961年成立对外联络司。“文化大革命”时期，林业部被撤销，林业外事工作由农林部外事局承担。1979年恢复林业部后，设立外事局，1982年改为外事司。外事司负责贯彻执行党的对外政策，组织林业对外交流与合作，业务归口管理中国林业国际合作公司。这个公司实行企业化经营，主管对外开发森林，引进技术设备，承包工程和劳务出口等业务。

37年来，随着我国政治经济形势和林业建设事业的发展变化，林业对外交流与合作经历了起步、发展(重点发展同社会主义国家合作，侧重同发展中国家合作)、十年动乱曲折和对外开放全面发展的4个发展阶段。50年代是林业对外交流与合作的起步阶段，工作重点是引进苏联、东欧社会主义国家林业建设经验和先进技术。60年代，林业对外交流与合作的工作重点转向发展中国家，提供林业科技咨询和经济技术援助。从60年代后期开始的“文化大革命”，使林业对外交流与合作基本上处于停顿状态。1978年党的十一届三中全会以后，林业对外交流与合作进入了对外开放全面发展的新阶段。

**引进国外林业技术和管理经验** 从50年代起到60年代初，以发展同苏联、东欧社会主义国家的交流与合作为重点，有选择地引进西方国家的技术。

①聘请外国专家为建立华南橡胶垦植基地提供技术指导。1952年后，为了在广东省雷州半岛、海南岛，广西壮族自治区和云南的热带地区开垦橡胶生产基地，聘请了58名苏联专家提供技术指导。专家们在建立国营橡胶垦植场、拖拉机站、驾驶学校、橡胶研究机构等方面承担了技术咨询和人员培训的任务。

②聘请外国专家为开展森林调查提供技术指导。1954年后，先后聘请了211名苏联专家对东北、西南、西北等国有大片林区开展森林航空测量、调查进行技术指导。同时，培训了一支森林航测、航调队伍，为后来全面开展森林航空调查奠定了初步基础。

③聘请外国专家为开展造林设计提供技术咨询。为了提高造林设计的技术水平，1957～1958年聘请了11名苏联专家，重点对北方干旱、半干旱山地和黄土高原造林、铁路沿线造林以及南方营造用材林的设计业务提供技术指导。同时，为22个省(区)编制了造林典型设计。专家们为各省(区)培训了222名从事造林设计的技术人员。

④聘请外国专家为开展大片林区开发总体规划和新建森林工业局的总体设计提供技术咨询。50年代，为了开展大兴安岭林区开发总体规划和新建森林工业局的总体设计，聘请了19名苏联专家。一些专家对热带林和特种林的森林经理进行了技术指导。

⑤聘请外国教师在重点林学院任教。为了引进苏联林业教学经验，1951～1957年聘请了7名苏联教师在东北林学院、北京林学院和南京林学院担任森林学、森林经理、林业经济、造林学、木材采运机械化、木材加工、林产化工等课程的教学任务。

⑥聘请外国专家提供林业经济管理方面的技术咨询。50年代先后聘请了10名苏联专家在林业部机关和直属单位任技术顾问、技术专家，对林业技术经济政策、管理体制、经济计划、生产建设提供技术咨询。

⑦引进林产工业成套技术设备。50年代从苏联、东欧国家引进11项成套技术和设备。从苏联引进了木材水解厂成套技术设备，从民主德国引进了栲胶厂成套设备，从波兰引进了硬质纤维板厂和松根浸提厂技术设备，从瑞典引进了纤维板厂成套设备。林产工业成套技术的引进为我国的林产工业的技术进步创造了良好条件。

50年代，还派出了林业经济、技术、管理方面的考察团、组赴苏联、东欧考察，并派出了留学生学习国外林业经验。50年代，林业对外交流与合作为顺利实现我国林业发展的第一个五年计划，为后来林业技术进步、经济管理水平的不断提高奠定了基础。

**对外提供林业经济技术援助** 60年代和70年代，在开展对外林业科技交流的同时，逐步把对外活动重点转向对外提供经济技术援助。

①援助越南发展林业建设。根据中越两国政府科技合作协定，中国林业专家组42人从1962年10月起陆续到达越南执行技术援助任务。1965年2月，专家组圆满完成任务回国。中国林业专家组在越南工作期间，积极协助越南林业总局进行林业建设。在森林资源清查、森林经理调查、林区开发规划、林业局总体设计、森林采伐、木材生产、经营管理、机构建设、人才培训等方面对越南进行了全面的技术指导。中国专家组具体协助越南林业总局完成了越南重点大片林区——孝红林区的森林资源调查，开发建设规划，完成了葵州林业局的森林经理调查和建局总体设计，对宜坛林场的森林采伐、运材进行了技术指导。通过森林调查、开发规划和总体设计的实践为越南培训了数百名技术人员。中国林业专家组还协助越南林业总局创建了森林调查总队和规划设计院，为越南的林业建设奠定了技术基础和组织基础。

②援助柬埔寨、缅甸创建胶合板工业。60年代初，根据中柬两国政府协议，林业部援助柬埔寨建设了第一个胶合板厂——金边胶合板厂。1965年又协助柬方对该厂进行了技术改造。根据中缅两国政府协议，林业部援助缅甸建设的第一个胶合板厂——斯瓦胶合板厂于60年代初建成投产。1966年根据缅方要求，林业部派出专家组进行了技术指导。中柬两国专家和中缅两国专家密切合作创建的柬埔寨胶合板厂和缅甸胶合板厂为两国填补了胶合板工业的空白，为两国发展人造板奠定了基础。

③援助阿尔巴尼亚创建人造板工业。为了援助阿尔巴尼亚进行经济建设，增强自力更生能力，根据中阿两国政府协议，林业部从60年代初起，通过提供成套设备、派遣专家等方式，先后援助阿尔巴尼亚建成了阿尔巴桑纤维板厂、斯库台纤维板厂、斯库台纤维板厂油漆车间和地拉那刨花板厂。这4个工厂的建成为阿尔巴尼亚奠定了人造板工业体系，开展了木材综合利用，为家具业、建筑业开辟了新的原料来源，供应了工农业生产和城乡建设的需要。中阿合作建设的人造板厂生产出的产品早在60年代就打入了国际市场。

④援助坦桑尼亚开展森林采伐、建设木材加工厂。根据中坦两国政府协议，70年代，林业部派专家援助坦桑尼亚在桑给巴尔岛开展森林采伐并提供成套设备建成了木材加工厂。

⑤援助朝鲜建设栲胶工业。为了帮助朝鲜充分利用树皮加工林产品，开辟鞣革材料来源，根据中朝两国政府协议，林业部于60年代向朝鲜提供成套设备，援助朝鲜建成了渭渊栲胶厂。

60年代，林业部对外提供经济技术援助的同时，同一些社会主义国家和为数不多的资本主义国家继续开展林业科技交流。

“文化大革命”时期，林业对外交流与合作基本上处于停顿、维持状态。

**林业对外交流与合作的新阶段** 党的十一届三中全会制定了改革、开放、搞活的方针以来，林业部认真贯彻执行了党的对外开放政策，使林业对外交流与合作发展到一个崭新的阶段。在此时期发展扩大了林业国际活动，推进了对外科技交流的全面发展，开创了对外经济技术合作的新局面。

对外科技交流 与50、60年代相比，其特点是：

①林业国际活动迅速发展。1972年10月，农林部首次派代表团出席了第七届世界林业大会。大会期间，我国代表团副团长秦凤翥同联合国粮食及农业组织(以下简称粮农组织)代表渥斯图毕就恢复中国在粮农组织的活动问题交换了意见。在此基础上，我国代表团团长梁昌武同粮农组织总干事布尔马举行了会谈，双方同意就恢复中国在粮农组织的活动问题继续进行磋商，导致1973年我国正式恢复在粮农组织的活动。此后一段相当长的时期内，我国很少参加林业国际活动。直到党的十一届三中全会以后，我国林业国际活动才得以发展、扩大。林业国际活动的扩大，对于发挥我国的国际影响、掌握世界动向、发展同各方面的友谊合作产生了重要影响。

②对外科技交流不断向着多领域、多渠道、多层次、多样化的方向发展。派出的考察团、组和接待来访外宾不断增加。1978～1986年派出代表团、组和对外交流人员376批、1411人次。“六五”期间，向亚洲、欧洲、美洲、大洋洲的国家和地区派出了考察访问人员。这些国家和地区是：日本、朝鲜、泰国、巴基斯坦、孟加拉国、印度、尼泊尔、菲律宾、印度尼西亚、斯里兰卡、马来西亚、香港、苏联、罗马尼亚、波兰、捷克斯洛伐克、民主德国、保加利亚、匈牙利、意大利、英国、法国、联邦德国、希腊、瑞士、西班牙、挪威、芬兰、瑞典、丹麦、美国、加拿大、智利、巴西、阿根廷、澳大利亚、新西兰以及阿尔及利亚、摩洛哥等39个国家和地区。1978～1986年，接待外国来访人员315批，1282人次。“六五”期间，接待了来自24个国家和地区以及国际组织的来访人员。这些来访人员分别来自日本、泰国、朝鲜、孟加拉国、巴基斯坦、印度、香港、南斯拉夫、捷克斯洛伐克、保加利亚、联邦德国、意大利、法国、英国、瑞士、芬兰、瑞典、挪威、丹麦、美国、加拿大、墨西哥、澳大利亚、新西兰等国家、地区和国际组织。

加强了同国外林业部门和国际组织的联系和交流，科技交流渠道不断扩大。1979年以来，林业部先后同芬兰、加拿大、新西兰、墨西哥、澳大利亚、美国等国的林业部门和业务对口机构签订了双边交流协议。

对外科技交流的方式向着多样化、多层次发展。林业对外科技交流已不局限于交换考察团组，逐步走向利用各种形式，深入地开展各个专业领域里的合作的新阶段。出国培训、进修、讲学与合作研究，接待专业旅游、捐献旅游，出展野生动物，吸引狩猎，举办讨论会、交流会、展览会等已成为对外科技交流的多种形式。建立院际、所际、校际交流关系，发展同非政府组织的联系，推进了多层次交流的发展。

通过对外科技交流引进了新技术、新工艺、新品种和国外管理经验，引进了智力，培养了人才，为制定林业发展战略、政策、法令，为林业改革、科技攻关提供了借鉴。

对外经济技术合作　80年代以来，林业对外经济技术合作，出现了新局面。林业部同世界粮食计划署、联合国开发计划署、联合国粮农组织、世界野生生物基金会等国际组织，开展了在林业发展项目方面的合作。同加拿大国际发展署、加拿大国际发展研究中心、澳大利亚发展援助局、澳大利亚国际农业研究中心、日本国际协力事业团、联邦德国技术合作公司、瑞典中国贸易理事会等政府援助机构和非政府组织建立了合作关系。从1981～1986年底，对外签订的经济合作项目总金额为1.34亿美元。这些合作项目分别用在造林、水土保持、木材综合利用、森林资源调查、森林防火、林业集约经营、科学研究等7个领域的现代化建设。

①“六五”期间：1981～1985年，同10个国际组织和政府援助机构签订了28个向我国提供无偿援助的经济技术合作项目，总金额为1.04亿美元。同“五五”期间接受无偿援助78.8万美元相比，增加了131倍。同联合国开发计划署合作的中国林业科学研究院木材综合利用中心，同粮农组织-意大利政府合作的湖北省发展油橄榄生产项目，同粮农组织合作的木材测试中心，同日本国际协力事业团合作的黑龙江木材综合利用中心，同加拿大国际发展研究中心合作的竹子、泡桐、藤类研究项目，同澳大利亚国际农业研究中心合作的黑荆树项目等，有力地促进了林业科学研究。同联合国开发计划署合作的森林资源调查现代化项目加强了森林资源清查的现代化手段。同世界粮食计划署合作的山东省、四川省营造丰产林、宁夏回族自治区西吉县营造防护林和湖南省油茶林改造，同澳大利亚合作的广西壮族自治区桉树示范林等项目，都加快了当地人工林的营造步伐。同加拿大发展署合作的大兴安岭防火中心和朗乡林业局森林集约经营以及同联邦德国合作的森林生物防治中心、杨树丰产林等项目，对于加强森林保护、经营，改进造林技术发挥了重要作用。同世界粮食计划署合作的抢救大熊猫项目加强了卧龙保护区建设。同世界野生生物基金会合作的大熊猫研究中心项目开展了大熊猫的科学研究。

② 1986年：1986年同世界粮食计划署、日本国际协力事业团、加拿大国际发展研究中心、澳大利亚国际农业研究中心、联合国粮农组织、粮农组织-法国政府等国际组织和政府援助机构达成了10个经济技术合作项目的合作协议。根据协议向我国提供的无偿援助总额为3018万美元，同“六五”期间每年平均获得无偿援助2092万美元相比，增加了31%。主要项目包括：辽宁省西部水土保持林、河北省平山县防护林、黑龙江林科院锉锯中心、木本树种固氮、小径材指接、造纸液提炼胶粘剂、桉树高产栽培技术以及为“林业发展项目”提供技术咨询等项目。

③利用国外贷款：“六五”期间，争取到使用贷款的4个项目，总贷款额为9830万美元。使用世界银行贷款，加强了林业教育和森林调查规划现代化，开展了国营林场商品材基地建设和林业科研、推广机构的现代化建设。使用科威特贷款，建设了湖南人造板厂。

对外经济贸易　主要是引进国外成套设备。80年代以来，通过成套设备引进建成的大型林产工业项目包括：北京市木材厂刨花板车间、福州中密度纤维板厂、吉林省临江林业局刨花板厂、黑龙江省南岔中密度纤维板厂车间，增加了人造板的生产能力17万立方米。广西壮族自治区梧州歧化松香厂引进成套设备，发展了松香二次加工工业。

对外经济技术合作项目使用国外贷款和引进成套技术，对于加快林业现代化建设，促进林业技术进步，奠定了技术基础。

此外，在国外创办的林业合资企业正在发挥着越来越明显的作用。向国外派遣留学生的工作有了较快的进展。　　（秦凤翥）

## 出席重要国际会议

**【综　述】**　中华人民共和国建国以来，林业部派代表团出席了一系列有关林业的国际会议。仅1972～1982年就派员出席了28次重要国际会议。通过出席各种国际会议，有利于及时了解世界林业形势和技术发展趋势；了解各国林业情况，为我国林业发展提供有益的经验和信息。参加重要国际会

议的讨论，可以维护我国正当权益；并向世界介绍我国林业情况和发展成就。（秦凤翥）

【世界林业大会】 世界林业大会是各国林业工作者和各国林业部门领导人讨论全球林业问题的盛大聚会，一般每六年举行一次。第一届世界林业大会于1926年在意大利举行，第二届至第六届世界林业大会分别在匈牙利、芬兰、印度、美国、西班牙举行。第七届世界林业大会于1972年10月4～18日在阿根廷首都布宜诺斯艾利斯举行。会议讨论的主题是“当今世界林业的中心问题与科技发展趋势”。我国以农林部副部长梁昌武为团长，汪滨、秦凤翥为副团长的代表团第一次出席了会议。梁昌武副部长被选为大会副主席。第八届世界林业大会于1978年10月16～28日在印度尼西亚首都雅加达举行。会议主题是“森林为人民”。国家林业总局副局长汪滨率中国代表团出席了会议。第九届世界林业大会于1985年7月1～10日在墨西哥首都墨西哥城举行。会议主题是“森林资源在社会综合发展中的作用”。林业部副部长董智勇率中国代表团出席了会议。会上董智勇被选为大会第二副主席兼第三委员会主席。中国代表团在会上发表了《中国林业及其在社会发展中的作用》、《“三北”防护林建设工程》、《中国的平原绿化》和《中国林业科技与研究》等4篇论文。（秦凤翥）

【联合国粮食及农业组织林业委员会会议】 联合国粮食及农业组织（以下简称粮农组织）林业委员会会议是各国成员讨论林业活动的会议，每两年在意大利首都罗马粮农组织总部举行一次。我国1973年恢复了在粮农组织的活动后，1980年5月26～30日，中国林业科学研究院副院长吴中伦、林业部外事司副处长杨禹畴以观察员身份出席了第五届会议。会议讨论了木材能源和林业发展的战略方针。第六届会议于1982年5月3～7日举行，会议主要讨论了粮农组织在确定林业目标方面的作用。林业部造林司司长黄枢为代表、外事司副处长杨禹畴为顾问出席了会议。第七届会议于1984年5月7～11日举行。会议展望了2000年世界林业的前景，讨论了粮农组织的中期目标、第九届世界林业大会的安排和1985年为国际森林年的建议。我国出席会议的代表为林业部外事司司长秦凤翥，候补代表为林业经济研究所副所长侯知正，翻译为王森。秦凤翥被选为会议起草委员会成员。第八届会议于1986年4月21～25日举行。会议总结、讨论了粮农组织过去两年的工作，讨论了今后两年的工作计划，并讨论了热带林业委员会通过的热带林行动计划。我国出席会议的代表为林业部外事司副司长赵忠仁，候补代表为林业经济研究所副所长金锡洙，顾问翻译为王森。（秦凤翥）

【亚洲和太平洋区域林业委员会会议】 亚洲和太平洋区域林业委员会会议是联合国粮食及农业组织的一个区域性林业会议，定期讨论该组织在本区域的林业活动，交流林业情况，讨论共同关心的林业问题，每两年举行一次。1981年4月6～10日，中国林业科学研究院副院长吴中伦、林业部外事司副处长杨禹畴以观察员身份出席了在斐济首都苏瓦举行的第十一届会议。出席这次会议的成员国有：印度尼西亚、马来西亚、菲律宾、斯里兰卡、尼泊尔、孟加拉国、日本、南朝鲜、越南、澳大利亚、新西兰、巴布亚新几内亚、斐济、文莱、西撒摩亚等15个国家。英国派观察员出席会议，联合国开发计划署、亚太区域经济与社会理事会、国际劳工组织、国际林业研究组织联盟等国际组织也派观察员出席了会议。会议交流了本区域林业发展情况，讨论了减少原木出口、增加木材加工产品出口等问题，审议了联合国粮食及农业组织在本区域的林业活动和合作项目的实施情况。（秦凤翥）

【国际林业研究组织联盟会议】 国际林业研究组织联盟（以下简称国际林联）成立于1890年，最初只有几个西欧国家参加，经过逐步发展，现已成为具有权威性的林业科研组织联盟。到1981年，已发展到92个成员国，参加的林业研究组织500多个，包括约1.2万名科学家。每五年举行一次大会。

国际林联第十七届大会于1981年9月7～12日在日本大阪举行。来自各成员国的约1500人出席了会议。中国林业科学研究院副院长吴中伦、林业部科学技术局副局长吴博率领的中国林业科技代表团一行8人第一次出席了会议。本届会议的中心议题是“今天的研究为了明天的森林”。在全体会议上亚洲银行、美国林务局、联合国粮食及农业组织等机构的代表分别作了题为《保持世界常绿》、《我们要不要准备明天的森林》、《林业研究和发展为了自力更生》、《林业科学研究方面的国际合作》等4篇主题报告。会议代表分别在6个学科部会议上宣读了335篇论文。

国际林联第十八届大会于1986年9月7～13日在南斯拉夫举行。出席会议的有来自70多个国家的1700多人。由林业部科学技术司司长吴博率领的中国林业科技代表团一行9人出席了会议。我国台湾省林业科学工作者也出席了会议。本届大会的主题是“林业科学为社会服务”。大会印发了《林业与人类》、《林业与环境》、《林业与自然保护》、《林业与森林效益》、《林业与经济》、《第三世界林业与发展》、《木材质量与合理利用》、《微机在林业中的应用》等8本各国代表的论文选编。中国林业科技代表团向大会提供了10篇论文。（秦凤翥）

**【国际杨树委员会会议】** 国际杨树委员会于1947年成立，有32个成员国，每两年召开一次执行委员会会议，每四年举行一次大会。我国1980年正式加入国际杨树委员会。国际杨树委员会第十六届大会于1980年11月4～12日在土耳其举行。由中国林业科学研究院赵天锡率领的中国杨树考察组于考察途中出席了会议。

国际杨树委员会第31次执行委员会于1982年9月6～8日在意大利举行，中国林业科学研究院周以良、张绮文出席了会议。会议的任务是为1984年召开国际杨树委员会第十七届大会进行筹备工作。

国际杨树委员会第十七届大会于1984年9月20日至10月10日在加拿大举行。由中国杨树委员会副主任徐纬英率领的中国杨树代表团一行5人出席了会议。出席本届大会的有来自23个国家的128名代表。上届杨树委员会主席维亚赫向大会作了《杨树和柳树为社会经济发展提供新的前景》的报告。我国代表团向大会提供了《国家报告》，散发了8篇学术论文，反映了我国在杨树丰产栽培、生理、解剖和经济方面的研究情况。（秦凤翥）

**【濒危野生动植物种国际贸易公约成员国会议】** 《濒危野生动植物种国际贸易公约》是1973年在美国首都华盛顿召开的有80多个国家全权代表参加的会议上缔结的。1976年在瑞士举行了第一届会议。第二届会议于1979年3月9～30日在哥斯达黎加举行，我国以观察员身份出席了会议。

濒危野生动植物种国际贸易公约成员国第四届会议于1983年4月19～30日在博茨瓦纳举行。由林业部森林保护司副司长李贵令率领的中国代表团第一次以成员国身份出席了会议。

濒危野生动植物种国际贸易公约成员国第四届会议于1985年4月22日至5月3日在阿根廷首都布宜诺斯艾利斯举行。由林业部副部长董智勇率领的中国代表团出席了会议。出席会议的有67个成员国的200多名代表和32个国际组织，57个非官方机构的观察员出席了会议。会议修改了18个决议草案，讨论通过了《控制"可辨认"部分和衍生物》、《对非洲象牙贸易》等22个限制濒危野生动植物种国际贸易的决议。会议还审议了19个成员国分别提出的93项限制野生动植物种进出口的提案。

濒危野生动植物种国际贸易公约亚洲地区第一届会议于1982年5月17～20日在尼泊尔首都加德满都举行，林业部森林保护司副司长马全民以观察员身份出席了会议。（秦凤翥）

**【联合国粮食及农业组织专业讨论会】** 联合国粮食及农业组织(以下简称粮农组织)-瑞典国际开发署联合主办的第七次林业为乡村发展服务专家磋商会于1985年3月18～22日在意大利首都罗马举行。林业部科学技术司处长方堪出席了会议。粮农组织-芬兰政府联合举办的森林工业适用技术讨论会于1985年9月30日至10月6日在印度尼西亚首都雅加达举行，中国林业科学研究院科技情报研究所赫广森出席了会议。粮农组织主办的亚太地区林业为乡村发展讨论会于1985年10月2日在泰国首都曼谷举行，林业部外事司司长秦凤翥应邀出席了会议。粮农组织主办的森林基因资源专家组会议于1985年10月10～13日在意大利首都罗马举行，中国林业科学研究院潘志刚应邀出席了会议。

（秦凤翥）

**【国际标准会议】** 国际标准组织锯材原木技术委员会(ISO/TC55)会议于1982年11月14～30日在苏联乌兹别克加盟共和国首府塔什干举行。林业部科学技术司副司长李景林、北京林学院副院长沈国舫以观察员身份出席了会议。捷克斯洛伐克、法国、芬兰、瑞典、匈牙利、波兰、坦桑尼亚、苏联等8个国家以积极成员国的身份出席了会议。会议讨论通过了18项国际标准建议草案。

国际标准组织软木技术委员会(TC87)第八次会议于1983年11月15～18日在法国首都巴黎举行。林业部科技司副司长李景林以观察员身份出席了会议。南京林产工业学院副教授孙达旺、西安林产化学工厂工程师李大年也出席了会议。会议讨论修订了16种软木产品的34项国际标准建议草案。

（秦凤翥）

**【人造板和家具工业讨论会】** 联合国工业发展组织(以下简称工发组织)和林业部联合举办的人造板和家具工业讨论会于1981年3月23日至4月7日在北京举行。这次会议是工发组织为普及人造板技术，推广经验的一次培训班性质的会议。应邀参加会议的有斐济、加纳、印度、牙买加、毛里求斯、菲律宾、新加坡、苏丹、坦桑尼亚、泰国、乌干达11个国家及香港地区的18名代表。此外还有工发组织邀请的7名外国顾问和6名中国专家。我国派了25名观察员出席了讨论会，在北京有关单位的33名工程技术及管理人员列席了会议。

会议期间，中外专家就人造板、家具及贴面板的生产技术和最新发展动向作了16次讲课性发言，林业部和轻工业部有关人员分别向会议介绍了中国人造板和家具工业概况。代表们就发展中国家发展人造板和家具工业问题进行了讨论。代表们认为，采用适合本国国情的"中间技术"是发展中国家迅速发展木材综合利用的方针。（秦凤翥）

**【中国树木提取物化学与利用学术讨论会】** 经林业部和中国林学会批准，由中国林学会林产化学化工学会召开的中国树木提取物化学与利用学术讨论会于1986年11月23～30日在南宁市举行。参加会议的有来自我国21个省、自治区、直辖市的258名科研、教学、生产、设计部门的代表。澳大利亚、英国、芬兰、日本、瑞典、美国等6个国家的18名代表应邀出席了会议。中国林产化学化工学会理事长贺近恪作了题为《中国树木提取物生产与科研的发展》的报告。中外专家在会上发表了有关松香、松节油、单宁、生漆、精油以及有关化学和利用的论文126篇。

中外专家进行了学术交流，讨论了建立交流合作关系的有关问题。

林业部副部长董智勇、广西壮族自治区人民政府副主席成克杰等参加了会议。中外专家们认为，这次具有国际性质的学术会议达到了检阅成绩、沟通信息、增进友谊、促进联系与合作的目的。

（秦凤翥）

**【其他国际会议】** 国际自然和自然资源保护同盟召开的第三次世界国家公园大会于1982年10月11～22日在印度尼西亚举行，林业部森林保护司副司长李贵令以观察员身份出席了会议。会议交流了各有关国家国家公园和自然保护区的情况和经验，研究了今后十年国家公园发展方向和工作任务。讨论通过了《第三次世界国家公园大会宣言》和《关于国家公园、自然保护区的20项建议》。会议期间，我出席会议人员参观了爪哇岛的巴鲁兰国家公园。

国际渔猎保护协会第十届会议于1985年3月20～23日在美国举行，林业部林政保护司副处长徐学智出席了会议。参加这次会议的有来自40多个国家的800多名代表。会议交流了各国渔猎保护工作情况，讨论了抢救濒危野生动物等问题。我国代表在会上介绍了中国野生动物保护管理情况。

第十一届国际松香会议1984年10月23～24日在美国举行。会议交流了世界松香、松节油生产和市场现状，探讨了松香生产、供求趋势。林业部栗子安、沈守恩出席了会议。（秦凤翥）

## 对外科技交流

**【综　述】** 林业对外科技交流从中华人民共和国建立初期的50年代就已开始，当时交流的对象主要是东欧几个社会主义国家，对我国林业的发展起到了积极的作用。自1978年起，在党的对外开放政策的指导下，林业对外科技交流发展迅速，取得了显著的成效。

派遣出国人员和接待来访外宾逐年增加。1978～1986年林业部派往国外的考察团组、进修和培训人员、访问学者、出席国际专业学术会议人员共计376批、1411人次；接待外国考察团组、专家学者等315批、1282人次。其中：1978年时，各类出国人员仅有16批、80人次；接待来访外宾17批、103人次。到1985年，派出的各类出国人员增加到66批、260人次；接待来访的各类外宾71批、221人次。1986年，林业部向25个国家和地区派出科技交流人员79批、306人次；接待国外各类外宾51批、185人次。出国人数达到历史最高水平，其中相当一部分是出国进修、培训和参加国际专业学术会议的人员。

对外科技交流逐步向多层次、多渠道、多形式的方向发展。1979年以来，林业部同美国、日本、澳大利亚、加拿大、芬兰、新西兰、墨西哥、巴西、联邦德国等国家政府的林业及自然保护的主管部门签订了协定、协议书、备忘录、意向书等，确定了正式的交流渠道。与此同时，林业部所属的各高等院校、科研、调查设计部门，以及学会、协会等也与国外对口单位建立了直接的交流关系。地方林业部门也同国外的省、州一级林业部门建立了交流关系。对外科技交流活动形成了多层次、多种渠道同时发展的好形势。在交流形式方面，最初阶段以考察为主，现在除考察、讲学、技术座谈、参加学术会议以外，还出现了合作研究、联合试验、技术咨询、共同调查、联合举办研讨会、接待专业旅游、狩猎、展览野生动物等多种形式的交流活动。

通过上述形式的交流活动，增进了同各国林业工作者的友谊；了解了世界各国，特别是林业发达国家在发展林业方面的政策、法令和科学的管理方法，这对于制定我国林业的法令、政策，制订林业发展战略和中、长期发展计划，提供了参考和借鉴；学到了一些先进的适用技术，不少科技交流成果为国内的生产部门解决了生产中某些关键技术问题，使科研部门的科技攻关取得了突破性的进展；为高等院校培养了一大批教学骨干，开设了一批新的课程，填补了一些空白学科；为调查设计部门提供了新的技术和方法；引进了新的品种资源，其中包括桉树、杨树等造林树种，板栗、杏、甜柿等经济林木，还有鹤类、猎豹、野马、麋鹿等濒危野生动物，主要森林病虫害的天敌资源，高产紫胶虫品种等；引进了技术，培养了人才。通过科技交流渠道派出的进修或培训人员中，已有相当一部分学成回国，他们正在林业科技、教育、生产中发挥出骨干作用，有的已成为专家、教授，有的已被选拔到各级领导岗位。科技交流推动了同国外的经济合作。近几年，在进行科技交流的同时，还出现了一些其他的交流形式，如为国外举办自费汉语学习班和接待专业旅游者、狩猎人员，到国外展览野生动物，促进了同各国人民的友好关系，为国家增加了外汇收入，为保护大熊猫等濒危野生动物募集到了资金。

（苏云山）

**【对外签订的重要协议、协定】**

**1956年1月14日** 中朝两国政府签订了《中华人民共和国政府和朝鲜民主主义人民共和国政府关于在鸭绿江和图们江运送木材的议定书》，1961年11月24日双方又签订了补充议定书。1964年7月21日和1966年4月8日两次续签，1977年4月13日两国政府重新签订了这个议定书。

**1960年1月29日** 中苏两国政府在莫斯科签订了《中华人民共和国政府和苏维埃社会主义共和国联盟政府关于护林防火联防协定》。

**1979年5月29日** 中芬两国政府签订的关于经济、工业和科学技术合作协定，设立了混合委员会，下设林业工作组。林业工作组会议每两年举行一次，轮流在北京和赫尔辛基举行，至今已举行过四次会议。

**1980年3月3日** 中日两国政府在北京签订了《中华人民共和国政府和日本国政府关于保护候鸟及其栖息环境的协定》。

**1980年5月7日** 林业部与美国爱达荷州在爱达荷州签订了《中华人民共和国林业部与美国爱达荷州友好合作备忘录》。

**1981年4月** 林业部同加拿大环境部在北京签订了《中加林业交流与合作谅解备忘录》。1983年7月，林业部部长杨钟访问加拿大时，同加拿大环境部部长罗伯兹续签了这个备忘录。

**1985年5月3日** 林业部部长杨钟同新西兰林业部部长韦特雷在北京换文确认《中国和新西兰林业科技交流与合作谅解备忘录》。

**1985年7月10日** 林业部同墨西哥农林水利资源部签订《中墨林业合作意向书》。

**1986年10月20日** 中澳两国政府在堪培拉签订了《中华人民共和国政府和澳大利亚政府关于保护候鸟及其栖息环境协定》。

**1986年11月19日** 中美双方在华盛顿签订了《中华人民共和国林业部和美利坚合众国内政部关于自然保护交流与合作议定书》。 （苏云山）

**【中国林业代表团出访】** 50年代和60年代，我国与国外在林业领域的交往较少，党的十一届三中全会以后，为了促进我国与其他林业发达国家的交流与合作，从宏观上了解国外发展林业的经验，促进我国林业现代化建设的发展，由林业部部长罗玉川、雍文涛、杨钟分别率领中国林业代表团访问了美国、加拿大、日本、新西兰、澳大利亚、奥地利、罗马尼亚等国。由林业部副部长杨珏、梁昌武、唐子奇、杨天放、张世军、汪滨、刘琨、王殿文、董智勇、刘广运率领的中国林业代表团分别访问了日本、朝鲜、芬兰、瑞典、挪威、丹麦、联邦德国、瑞士、巴西、阿根廷、墨西哥等国。通过中国林业代表团出访，了解了世界林业发展的趋势、经营管理的现状、技术成就和有关国家林业法令、政策，对于借鉴国外的经验制定我国林业发展战略和中长期规划，加速林业现代化建设起到了积极推动作用，为开展双边林业技术合作奠定了基础。 （苏云山）

**【接待外国重要代表团来访】**

**1980年5月** 新西兰林业部部长温·杨来访，全面了解了我国林业政策、法令、经营管理等方面的情况。

**1981年5月** 中日候鸟协定签订不久，日本国务大臣、环境厅长官鲸冈兵辅来访。谷牧副总理在人民大会堂会见了鲸冈一行，鲸冈向谷牧副总理提出，希望日中两国共同对朱鹮进行保护和人工繁殖。

**1981年9月** 联合国粮食及农业组织助理总干事罗达斯访华，参观了山东省聊城地区的林业。

**1981年4月** 加拿大环境部部长罗伯兹来访，同林业部共同签署了《中加林业交流与合作谅解备忘录》。

**1984年10月** 朝鲜民主主义人民共和国林业部副部长全勇茂率朝鲜林业代表团来访，考察了我国东北林区。王任重副委员长会见了代表团一行，向他们介绍了我国林业政策。

**1985年5月** 新西兰林业部部长韦特雷率新西兰林业代表团来访，杨钟部长与韦特雷部长换文确认《中新林业交流与合作谅解备忘录》。李鹏副总理会见了韦特雷一行。

**1985年6月** 丹麦女王丈夫亨利克亲王以世界野生生物基金丹麦委员会会长名义来访，先后访问了四川省卧龙自然保护区和武汉、广州市。

**1986年9月** 美国哥伦布市长瑞纳哈特率哥伦布市代表团来访，向林业部赠送2只猎豹。

**1986年10月** 英国女王伊丽莎白二世丈夫爱丁堡公爵菲利普亲王以世界野生生物基金会会长名义来访。在徐有芳副部长的陪同下，先后考察了广东省福田自然保护区、江西省鄱阳湖自然保护区、四川省卧龙自然保护区和云南省西双版纳自然保护区。 （苏云山）

**【组派专业考察组出国考察】** 1949～1983年，林业部通过科技交流渠道派往国外的林业代表团和考察组共149批、705人次。1978～1985年派出的专业考察组达140批、734人次。1986年1年中，派出参加各种科技交流活动的人员79批、306人次，其中专业考察人员204人次。考察的国家遍及五大洲大部分林业发达的国家。考察的内容包括：林业政策、林业财务、科研教育、林业标准化、科技情报、防护林、林木遗传育种、水土保持、林区多种经营、热带林木综合利用、速生丰产林营造、经济林抚育、固沙造林、竹子栽培利用、森林病虫害防治、林业机械设计制造、林产工业、森林资源管理、自然保护区规划管理、野生动物保护研究、森林采伐运输、森林防火灭火技术、森林经营管理等。

通过到国外考察，加强了与各国林业部门的联系和交往，了解了世界林业发展的新动向、新成就，引进了新的技术、新的管理经验、新的动植物品种资源，对推动我国林业现代化建设起到了积极作用。（苏云山）

**【派遣人员出国进修培养】** 在党的对外开放政策指引下，引进国外智力工作得到了不断发展。1980年，通过科技交流途径派出的进修人员只有18人次，到1983年上升到21人次，1984年增加到43人次。1985年以后，利用世界银行贷款向国外选派了大批进修人员。其中1985年派出136人次，1986年派出138人次。加上通过双边科技交流途径派出的进修人员1985年和1986年平均每年达200人次。

通过派遣人员出国进修培养，对于加强同国外的学术交流，了解国际上林业科学技术的最新成果和发展趋势，为科技、教育、生产部门培养人才起到重要作用。据了解，从国外学成归国的人员中，绝大多数已成为科研、教育部门的骨干，有的成为研究室、教研室或科研课题组的负责人，有的则被破格晋升为教授、副教授或高级研究人员。有的被提拔到各级领导岗位，有的还获得科研成果奖。在林业高等院校，参加出国进修的教师还用在国外学到的知识开设了许多门新课，填补了一些空白学科。（苏云山）

**【聘请外国专家来华讲学、合作研究】** 建国初期，我国就开始聘请外国专家来华。当时，主要聘请了苏联、波兰、民主德国的专家。50年代共聘376人次，这些专家主要在经营管理、森林调查设计、林业开发规划等方面担任技术顾问。1951～1957年间，北京林学院、东北林学院、南京林学院还聘请了7名苏联教师讲授森林学、森林经理、造林学、林业经济、采伐机械化、木材加工、林产化学等课程。

1978年以后，对外学术交流日益频繁。中国林业科学研究院、北京林业大学、东北林业大学、南京林业大学聘请了一大批国际上知名的林学家来华讲学或共同研究。中南林学院、西北林学院、西南林学院和其他一些部属单位近几年也开始聘请专家工作。北京林业大学设立的林业经济研究班（硕士生）2年内连续聘请6位日本知名教授来校授课。通过聘请国外专家来华讲学与合作研究使更多的人有机会了解国外学术新动向、新发展。有的外籍华人教授通过讲学传授新的实用技术或产品配方，对我国林业科研、生产做出了贡献。有的专家在讲学期间还指导进行试验和鉴定。有的专家讲学后还资助我国青年教师到国外进修或攻读学位。（苏云山）

**【访问学者】** 随着我国国际地位的提高，我国在林业科学领域内的学术地位也日益被国外重视。近几年，英国、美国、日本、联邦德国、澳大利亚等一些发达国家的大学和科研机构开始邀请我国学者去国外讲学或合作研究。1979～1986年，仅派往美国的访问学者就达30多人次。

通过派访问学者出国讲学或共同研究，为我国专家登上国际舞台创造了机会，使我国在国际上的学术地位得到提高。如赴澳大利亚和美国讲学的专家，通过讲学和学术报告，纠正了一些西方学者认为东方的造园艺术发源于日本的观点。有的访问学者通过到国外参加共同研究，使一些科学研究课题获得突破性进展。东北林业大学赴日本的访问学者在与日本学者共同合作研究“中性纸试验”课题时，取得明显效果，填补了国内空白。（苏云山）

**【接待专业旅游和狩猎】** 接待外国专业旅游和狩猎人员是近几年刚刚试办的新项目。1983年5～10月，林业部和黑龙江省林业厅一起接待了国际鹤类基金会组派的赴黑龙江省扎龙自然保护区观鹤组9批、72人次。1985年林业部和江西省林业厅共同接待了国际鹤类基金会派往江西省鄱阳湖自然保护区观鹤组一行10人。1985年林业部和青海省农林厅共同接待了3名美国狩猎人员，1986年共接待了4批16人次狩猎人员。（苏云山）

**【引进国外优良品种】** 建国后，我国通过科技交流途径从世界不同气候带引进了大批林木种子和苗木。仅1961～1965年就引进了优良种子、苗木100种以上，大大地丰富了我国的品种资源。

贯彻党的十一届三中全会对外开放政策以后，引种工作有了更快的发展。我国同日本、朝鲜、联邦德国等许多国家的林业部门建立了固定的品种交换渠道。1979～1983年，引进林木种苗400多种、2000多批号，仅杨树就达80多个无性系。全国建立了30多个引种试验站，特别是意大利I-214、I-63、I-69、I-72号良种杨树试种后效果突出。截止1983年的统计，意大利杨和沙兰杨已在全国各地“四旁”植树达4亿株，成片造林100万亩。引种的桉树片林达561万亩，“四旁”栽植9.5亿株。近年来从国外引进的紫胶虫已成活，产胶量高于我国原有品种，而且胶质也好，很有发展前途。从国外引进的杏、板栗、甜柿品种接穗已嫁接成活。1964年从阿尔巴尼亚引进的油橄榄已在南方10多个省、自治区安家落户，栽植近千万株。除林木种子、苗木外，近几年我国还通过科技合作途径从国外引进了珍稀和濒危的野生动物种和病虫的灭敌资源。全世界共有15种鹤，我国原有9种。最近从国外引进7种，其中5种是不产于我国的。1986年还从英国无偿引回了39头原产于我国、但在我国野外早已绝迹的麋鹿，从联邦德国引进野马，从朝鲜引进虎和豹等物种。此外，还从国外引进了松毛虫、松干蚧、松突圆蚧等主要病虫害的有效天敌和病毒。（苏云山）

**【引进国外先进技术】** 实行对外开放以来，通过组派专业考察组出国考察或派人出席国际学术会议，及时了解了国际林业发展趋势，引进了一批先进的实用技术。这些技术已在科研和生产中发挥了效益。

从西欧引进的杨树埋干深栽技术已在我国北方一些地方推广，对于提高造林的成活率、加速干旱半干旱地区的造林绿化起到了促进作用。从东欧引进的嫩枝扦插育苗法和从北欧引进的塑料卷式育苗法已在我国局部地区推广。从巴西引进的采用优树萌枝扦插，实现桉树速生丰产技术已在我国试验成功。引进国外的技术方法，我国研制成功了低压三聚氰胺装饰板，填补了塑料贴面板领域的一项空白。借鉴国外经验，我国有关部门在研究高效低毒的林药“镇草宁”方面获得重大突破。有关设计部门利用在国外考察时学到的技术、数据设计制造出我国第一台油介质锅炉，不久可望通过鉴定。中国林业科学研究院的科研人员利用在国外学到的检测技术，首次在我国发现松材线虫，为及早研究、防治这种病害争取了时间。通过出席国际标准化会议的我国代表了解了世界林业技术标准化的现状和发展趋势，收集了大量的国际标准资料，为修订、制订我国林业标准起到了借鉴作用。（苏云山）

**【引进国外先进管理经验】** 50年代初期，大量引进了苏联的管理经验。党的十一届三中全会以后，贯彻执行了党的对外开放政策，借鉴林业发达国家发展林业的政策、观念和科学的管理方法，为制定我国林业政策提供了很好的参考，如建立林价制度、林业基金和公库制度、造林贷款制度等。在护林防火、灭火方面，参考北美一些国家的作法，调整了森林防火组织机构，新建了一些中心防火站，扩大了航空灭火队伍，加强了监测情报系统。在林产化学方面，通过到国外考察，引进先进的管理经验，对黑龙江省柴河纸板厂技术改造提出了新的改造措施，实践证明，提高了质量，降低了成本。通过去北欧和加拿大考察森工企业管理，用国外开发森林的经验，修改了大兴安岭开发建设方案，探索出一条开发建设新林区的道路。赴美国考察人造板二次加工对制定“七五”期间林产工业发展计划起到参考作用。（苏云山）

## 对外经济技术合作

**【综　述】** 从1981年起，林业部开始使用国外无偿提供的资金（以下简称外资），促进我国国内的林业建设。据统计，到1986年底，已签订协议的外资总额约1.22亿美元（表1）。

根据外资来源的性质，林业部分别将外资使用在造林、经济林、森林资源清查与管理等方面（表2）。

引进外资对促进我国林业建设产生了积极作用，主要表现在：①使用世界粮食计划署资金的造林项目，采用了该署规定的管理程序，并结合我国实际情况，编制出切实可行的比较科学的项目管理办法，从而使造林成效大大提高。这一经验已开始推广到国内其他造林工程上，效果良好。②引进了一批新技术、新设备。例如黑龙江省森林工业总局通过实施《森林调查规划现代化》项目，吸取了瑞典森林清查经验，设计出适合我国东北天然林区的森林清查新方法，达到了高精度、高工效、低成本的目标。③培养了人才。通过外资项目，许多国外知名专家被聘请来华指导，一大批科技人员出国考察和进修。仅1986年，通过项目来华的专家达156人，出国学习和考察人员93人，许多早期出国进修人员目前已成为各有关单位的技术骨干。（李禄康）

**【中国与联合国开发计划署合作项目】** 联合国开发计划署是联合国的多边援助机构。1980年，在原对外经济联络部的协调下，林业部开始接受该署的援助。现已签署的项目见表3。（李禄康）

**【中国与联合国粮食及农业组织合作项目】** 联合国粮食及农业组织（以下简称粮农组织）是联合国专门机构之一，是各国政府间负责粮食及农业问题的一个国际组织，总部设在意大利首都罗马。从1973

表 1　林业部门使用外资一览

| 外资机构 | 外资金额（美元） | 占外资总额（%） |
|---|---|---|
| 总　　计 | 122 064 362 | 100.00 |
| 世界粮食计划署 | 91 634 400 | 75.1 |
| 加拿大国际发展署 | 11 266 320 | 9.2 |
| 德国技术合作公司 | 4 592 640 | 3.8 |
| 日本国际协力事业团 | 3 413 200 | 2.8 |
| 澳大利亚发展援助局 | 2 567 890 | 2.1 |
| 联合国粮食及农业组织 | 2 247 000 | 1.8 |
| 联合国开发计划署 | 2 206 000 | 1.8 |
| 世界野生生物基金会 | 2 000 000 | 1.6 |
| 加拿大国际发展研究中心 | 1 341 926 | 1.1 |
| 澳大利亚国际农业研究中心 | 594 986 | 0.5 |
| 瑞典中国贸易理事会，瑞典纸浆与纸张协会，瑞典贸易理事会 | 200 000 | 0.2 |

注：为便于统计，所有外资均以 1986 年 10 月的外汇兑换率折算成美元。

表 2　林业部门使用外资领域分类

| 使用外资领域 | 金额（美元） | 占外资总额（%） |
|---|---|---|
| 总　　计 | 122 064 362 | 100.00 |
| 造林 | 78 982 480 | 64.7 |
| 经济林 | 15 859 000 | 13.0 |
| 森林资源清查与管理 | 7 691 000 | 6.3 |
| 森林保护 | 6 314 880 | 5.2 |
| 木材综合利用 | 5 061 903 | 4.1 |
| 主要造林树种研究 | 3 567 117 | 2.9 |
| 野生动物管理与保护 | 2 912 000 | 2.4 |
| 新学科、新技术的开发研究 | 794 116 | 0.7 |
| 其他 | 881 816 | 0.7 |

表 3　与联合国开发计划署的合作项目

| 项目名称和内容 | 金额（美元） | 执行期（年） | 执行单位 |
|---|---|---|---|
| 总　　计 | 2 206 000 | | |
| 1. 杨树集约栽培　技术人员出国考察，引进少量仪器设备和育种材料，聘请外国专家来华讲学 | 100 000 | 1980～1981 | 中国林业科学研究院 |
| 2. 技术考察　(1) 林业科技管理(美国、加拿大)；(2) 自然和野生动物保护(澳大利亚、新西兰)；(3) 木材干燥与防腐(法国)；(4) 林业教育(日本) | 100 000 | 1980～1981 | 林业部外事司 |
| 3. 木材综合利用中心　聘请外国专家来华讲学，引进刨花板、胶合板等人造板试验设备，技术人员出国考验和进修 | 1 420 500 | 1981～1988 | 中国林业科学研究院 |
| 4. 黑龙江省森林调查和规划的现代化　聘请外国专家来华讲学和咨询，技术人员出国考察和进修，引进小型计算机 | 515 000 | 1983～1987 | 黑龙江省森林工业总局 |
| 5. 干旱与半干旱地区造林技术考察　宁夏回族自治区西吉县防护林工程的有关领导和技术人员赴土耳其考察水土流失区的造林种草技术，引进红豆草 | 20 000 | 1983 | 宁夏回族自治区林业厅 |
| 6. 改进山东省的杨树人工林　山东莘县和冠县丰产林工程的有关领导和技术人员赴意大利和土耳其考察杨树栽培技术和杨木利用，引进杨树优良品系，聘请意大利杨树专家来华讲学 | 50 500 | 1986～1987 | 山东省林业厅 |
| 7. 聘请国外华裔专家来华讲学和指导　联合国开发计划署资助旅费和生活费。到 1986 年底，已有 5 名华裔专家来华工作 | 金额不详 | | 林业部外事司 |

年起，我国开始与该组织合作。从 1973～1979 年，粮农组织曾 4 次组织发展中国家的林业工作者来华考察群众造林和小型林业工业等。1981 年粮农组织主管林业的助理总干事罗达斯曾来华访问。到 1986 年底，林业部与该组织的合作项目已达 8 个，总金额 224.7 万美元，具体项目情况见表 4 。

**表 4　与联合国粮食及农业组织合作的项目**

| 项目名称和内容 | 金额（美元） | 执行期（年） | 执行单位 |
|---|---|---|---|
| **总　　计** | **2 247 000** | | |
| 1. 林业遥感培训班　引进了遥感设备，聘请外国专家来华讲学 | 125 000 | 1980 | 林业部调查规划院和东北林学院 |
| 2. 提高松香质量及利用再加工　引进 1 台分析仪器，科研人员赴美国和葡萄牙考察并聘请外国专家来华工作 | 105 000 | 1982～1983 | 中国林业科学研究院 |
| 3. 发展油橄揽生产　项目地点在湖北省林业科学研究所和宜昌地区林业科学研究所。设立了 2 个示范园，3 个气象站，及温室、加工车间和化验室。技术人员出国考察和进修，聘请专家来华工作 | 1 706 000 | 1984～1987 | 湖北省林业厅 |
| 4. 加强木材工业研究所测试中心 | 82 000 | 1984～1985 | 中国林业科学研究院 |
| 5. 改进防护林设计规划和抚育管理　辽宁省北票市和建平县造林工程的有关领导和技术人员赴突尼斯、法国考察防护林的规划设计和抚育管理经验，并引进部分草种 | 20 000 | 1985 | 辽宁省林业厅 |
| 6. 采集热带树木种子 | 10 000 | 1985 | 中国林业科学研究院 |
| 7. 桉树无性繁殖技术　聘请巴西著名桉树专家坎品霍斯来华讲学，并从巴西引种 | 17 000 | 1986 | 林业部造林经营司 |
| 8. 木本树种固氮的改良　科研人员赴法国、塞内加尔考察，引进木麻黄和沙棘品系，以改进我国现有的木麻黄、沙棘品质 | 182 000 | 1986～1987 | 中国林业科学研究院 |

（李禄康）

【中国与世界粮食计划署合作项目】　世界粮食计划署是由联合国同粮食及农业组织于 1962 年创建的多边援助机构，总部设在意大利首都罗马，资金来自各国政府的认捐。林业部从 1981 年起开始与该署合作，到 1986 年底，共有 6 个合作项目，总额为 9163 万美元，具体项目情况见表 5 。

**表 5　与世界粮食计划署合作的项目**

| 项目名称和内容 | 金额（美元） | 执行期（年） | 执行单位 |
|---|---|---|---|
| **总　　计** | **91 634 400** | | |
| 1. 在宁夏回族自治区西吉县通过种植树木和牧草来控制侵蚀和促进发展　规定造林 43000 公顷，种牧草 45500 公顷 | 22 833 800 | 1982～1987 | 宁夏回族自治区林业厅 |
| 2. 在山东、四川省通过林业发展，保护土地和进行木材生产　山东省的项目地点在莘县和冠县，规定造林 10500 公顷。四川省的项目地点在珙县和古蔺县，规定造林 18500 公顷。两省均按丰产林标准施工 | 26 395 000 | 1982～1989 | 山东省林业厅和四川省林业厅 |

（续）

| 项目名称和内容 | 金额（美元） | 执行期（年） | 执行单位 |
|---|---|---|---|
| 3.发展和保护四川省卧龙自然保护区 规定种竹和混交林1000公顷，修路202公里，建住房、中小学校和一座小水电站，总用工量82万个 | 887 000 | 1984～1985 | 四川省林业厅 |
| 4.改进湖南省油茶种植场 项目地点在耒阳、常宁和永兴3个县，规定改造和更新老油茶林16000公顷 | 14 153 000 | 1985～1990 | 湖南省林业厅 |
| 5.辽宁省水土保持 项目地点在辽宁省西部的北票市和建平县。规定营造水土保持林、防护林和薪炭林共47590公顷，种牧草22950公顷 | 15 215 600 | 1986～1991 | 辽宁省林业厅 |
| 6.河北省造林 项目地点在平山县。规定营造水源涵养林、水土保持林和经济林共24000公顷，修建谷坊29876个 | 12 150 000 | 1986～1991 | 河北省林业厅 |

（李禄康）

**【中国与世界野生生物基金会合作项目】** 世界野生生物基金会（以下简称基金会）成立于1961年，是民间的资助机构，总部设在瑞士日内瓦。林业部与该基金会有两项合作。

第一项合作是1980年5月中国方面与基金会就建立保护大熊猫研究中心进行了会谈，并于6月30日在荷兰签订了关于建立保护大熊猫研究中心的议定书。根据议定书的规定，基金会提供200万美元的资助，其中100万美元为现金，100万美元为人员培训和设备，在四川省卧龙建立保护大熊猫研究中心。第一阶段合作从1980～1985年，现已建成实验室、饲养场、兽医院，设立了无线电跟踪装置，进行了竹子的生化分析。10名外国专家来华工作，5名中国专家出国考察和进修，并出版了《卧龙大熊猫》（中、英文）一书。第二阶段合作从1985～1989年，主要内容是对大熊猫的栖息地进行全面调查，从而制定出保护大熊猫的科学管理计划。

第二项合作是1986年7月31日林业部与基金会签订的关于中国重新引进麋鹿的议定书。根据议定书，基金会已提供39头麋鹿，并负责运到中国上海，然后由中国方面负责运往江苏省大丰麋鹿自然保护区饲养。（李禄康）

**【中国与日本国际协力事业团合作项目】** 日本国际协力事业团是日本外务省下属的对外援助机构，负责向发展中国家提供无偿经济技术援助。林业部与该机构有一个合作项目，即黑龙江省木材综合利用研究项目。日方提供5.3亿日元，执行期1984～1989年。项目地点在黑龙江省林业科学研究院木材综合利用研究所，执行单位是黑龙江省林业科学研究院。日方为项目提供了制材、锉锯、复合材、刨花板、材性、木材干燥、胶合等方面的科研仪器和设备，日本有专家在项目地点长期工作，并接受中国科研人员赴日本进修。根据协议，研究成果将属双方共有。（李禄康）

**【中国与联邦德国德国技术合作公司合作项目】** 德国技术合作公司是德意志联邦共和国经济合作部下属机构，负责对发展中国家的经济合作。林业部与该公司合作项目见表6。

**表6　与联邦德国德国技术合作公司的合作项目**

| 项目名称和内容 | 金额（联邦德国马克） | 执行期（年） | 执行单位 |
|---|---|---|---|
| **总　计** | **6 400 000** | | |
| 1.山西省杨树造林育种 项目地点在雁北地区。已引进132个杨树品系，通过试验，培育出适合雁北条件的优良无性系 | 3 300 000 | 1984～1987 | 山西省林业厅 |

（续）

| 项目名称和内容 | 金额（联邦德国马克） | 执行期（年） | 执行单位 |
|---|---|---|---|
| 2．北方森林病虫害生物防治研究中心　项目地点在林业部北方森林植物检疫所（沈阳）。德方提供技术及设备，并培训我国技术人员。项目完成后，该所将承担北方森林病虫害的防治技术的研究与指导 | 3 100 000 | 1984～1987 | 林业部林政保护司 |

（李禄康）

**【中国与瑞典中国贸易理事会等3个机构合作项目】** 瑞典中国贸易理事会、瑞典纸浆与纸张协会和瑞典贸易理事会联合向林业部提供20万美元的无偿援助，用于技术咨询。执行期为1986年，执行单位是林业部科学技术司。林业部利用该项资金聘请专家来华，为世界银行贷款的林业科技推广项目编制设备清单和林业推广五年计划，并派出12人赴瑞典考察2周。（李禄康）

**【中国与加拿大国际发展署合作项目】** 加拿大国际发展署是加拿大政府对发展中国家提供援助的机构。林业部与该署的合作项目见表7。

**表7　与加拿大国际发展署的合作项目**

| 项目名称和内容 | 金额（加元） | 执行期（年） | 执行单位 |
|---|---|---|---|
| 总　　计 | 15 700 000 | | |
| 1．朗乡林业综合集约经营　项目地点在黑龙江省朗乡林业局。通过项目实施，将进一步加强和改善营林、采运、木材加工和资源调查与管理系统 | 10 000 000 | 1984～1989 | 黑龙江省森林工业总局 |
| 2．加格达奇森林防火中心　建立森林火灾监测系统和通讯系统 | 5 700 000 | 1984～1989 | 大兴安岭林业管理局 |

（李禄康）

**【中国与加拿大国际发展研究中心合作项目】** 加拿大国际发展研究中心成立于1970年，宗旨是促进和支持发展中国家的科研工作。总部设在渥太华，主管亚洲和太平洋事务的办事处设在新加坡。林业部从1982年开始与该中心合作，目前已有6个项目具体项目情况见表8。

**表8　与加拿大国际发展研究中心的合作项目**

| 项目名称和内容 | 金额（加元） | 执行期（年） | 执行单位 |
|---|---|---|---|
| **总　　计** | **1 870 020** | | |
| 1．中国泡桐人工林培育　建立泡桐人工基因库，进行泡桐选优育种，研究农桐间作方式。引进一批设备，聘请加拿大和法国专家来华指导。我国专家赴法国、加拿大、日本、新加坡、突尼斯考察，科技人员出国进修和参加国际会议 | 693 640 | 1982～1987 | 中国林业科学研究院 |
| 2．中国竹类研究　在浙江省吉安县建成竹种园，进行抗寒性选育研究和栽培试验，引进部分设备，聘请外国专家来华工作，技术人员出国考察 | 465 400 | 1982～1987 | 中国林业科学研究院 |

（续）

| 项目名称和内容 | 金额（加元） | 执行期（年） | 执行单位 |
|---|---|---|---|
| 3.用亚硫酸废液研制刨花板用胶粘剂　目前研制出的胶粘剂正处于中试阶段 | 200 080 | 1983～1986 | 中国林业科学研究院 |
| 4.薪炭林栽培　主要是种源试验 | 136 000 | 1986～1988 | 中国林业科学研究院 |
| 5.棕榈藤类研究　选择优良适生藤种，研究人工栽培技术，以便在华南推广。试验地设在广东省广州市、海南行政区和高州县 | 206 000 | 1985～1988 | 中国林业科学研究院 |
| 6.小径材指接 | 168 900 | 1986～1989 | 中国林业科学研究院 |

（李禄康）

**【中国与澳大利亚发展援助局合作项目】** 澳大利亚发展援助局是澳大利亚外交部的下属机构，负责对发展中国家的经济技术援助。林业部与该机构有一个合作项目，即广西壮族自治区东门桉树示范林项目。澳方提供 417 万澳元，执行期为 1981～1986 年，项目地点在广西壮族自治区东门林场，执行单位是广西壮族自治区林业厅。澳方为项目提供 16 个桉树种、32 个种源，一批造林、植物和土壤化学试验设备。澳方有专家在东门林场长期工作，中方部分科技人员去澳大利亚进修和赴巴西考察。现在中澳双方正在研究实施第二期计划。（李禄康）

**【中国与澳大利亚国际农业研究中心合作项目】** 澳大利亚国际农业研究中心是澳大利亚外交部下属机构，成立于 1982 年，负责以澳大利亚专长技术与发展中国家进行农业科研方面的合作。林业部与该中心的合作项目见表 9。

**表 9　与澳大利亚国际农业研究中心的合作项目**

| 项目名称和内容 | 金额（澳元） | 执行期（年） | 执行单位 |
|---|---|---|---|
| **总　计** | **966 200** | | |
| 1.黑荆树研究　研究黑荆树适生环境，建立种子基地，为发展黑荆树人工林创造条件 | 317 900 | 1985～1987 | 中国林业科学研究院 |
| 2.阔叶树引种　从澳大利亚引进木麻黄、桉和相思属各种（品系），以便选育出适合我国的品系。试验点设在广东省海南行政区、湛江市，云南省昆明市和福建省漳州市 | 248 300 | 1985～1987 | 中国林业科学研究院 |
| 3.科技咨询　聘请咨询专家编制世界银行贷款的科技项目设备清单和总体规划，同时派 7 人赴澳大利亚考察 4 周 | 400 000 | 1986 | 林业部科学技术司 |

（李禄康）

## 利用外资

**【综　述】** 80 年代以来，林业部积极利用外资，加强林业现代化建设。“六五”时期，使用国外贷款 9830 万美元。其中，世界银行第一期科研教育贷款 700 万美元，第二期科研教育贷款 943 万美元；世界银行“林业发展项目”贷款 4730 万美元；科威特阿拉伯基金会贷款3500万美元。这些贷款主要用于林业人才培训、林业调查规划技术设备现代化、林业科学研究、建立林业技术推广体系、国营林场商品材基地建设和大型人造板厂的建设。

利用外资使用国外贷款，开辟了筹集林业建设资金的新渠道，补充了林业资金来源，加快了林业现代化建设的步伐。（秦凤翥）

**【利用科威特贷款】** 为了同科威特商谈湖南人造板厂补偿贸易项目，由外事局副局长秦凤翥率领的林业部工作组于1980年5月9～19日访问了科威特，同科威特阿拉伯基金会总干事费萨尔先生进行了会谈。我方向基金会介绍了拟建的湖南人造板厂的有关情况，探讨了请基金会提供贷款的可能性。双方同意就这一项目的贷款问题继续商谈。随后，林业部向基金会正式提出项目申请书。1981年10月，中国政府经济代表团访问科威特，经过会谈双方确认了林业部工作组同基金会商妥的湖南人造板厂贷款项目。1982年1月，林业部同科威特基金会代表团就湖南人造板厂贷款项目在北京举行了最后会谈，双方商定由科威特向我方提供1000万第纳尔（约折合3500万美元）。贷款期20年，年息1.5%。在此基础上，两国政府于1982年11月8日正式签署了贷款协定。贷款将用以建设年产胶合板、刨花板各5万立方米、刨花板二次加工180万平方米的湖南人造板厂。（秦凤翥）

**【利用世界银行贷款】** 包括科研教育和林业发展项目两类。

**科研教育贷款** “六五”期间，林业部使用世界银行第一期科研教育贷款700万美元，其中430万美元用于加强北京林业大学的教学能力和现代化建设，270万美元用于为林业部调查规划设计院提供林业调查规划技术设备；使用第二期科研教育贷款943万美元，用于北京林业大学（150万）、东北林业大学（350万）、南京林业大学(300万)、南京林业学校（43万）和林业部调查规划设计院（100万）的现代化建设。

**“林业发展项目”贷款** 1981年以来，林业部同世界银行就确立林业贷款项目问题进行了多次会谈。1985年9月5日，我国政府同世界银行签署了“林业发展项目”的贷款协定。根据协定，世界银行将向我国提供4730万美元的贷款。林业部将“林业发展项目”贷款用于以下几个方面：①加强林业科学研究。使用638万美元分别用于加强四川省林业科学研究所、陕西省林业科学研究所、广东省林业科学研究所和广西壮族自治区林业科学研究所，以提高科研水平。②建立林业技术推广体系。为了进一步普及林业技术，使用202万美元，用于甘肃省林业技术推广站，山东省临沂地区林业技术推广站，河北省定县、河南省禹县、辽宁省桓县、四川省南部、湖南省衡东、湖北省潜江、福建省建瓯、浙江省建德等10个县林业技术推广站。③国营林场商品材基地建设。使用3890万美元，在黑龙江、四川、广东3省、27个县的92个国营林场建设12片商品材生产基地。主要工程包括：营造人工林8.2万公顷，抚育、间伐12.2万公顷，新建和改建林区道路1930公里，房屋建设15.7万平方米。（秦凤翥）

## 设备技术引进和合资企业

**【综　述】** 中华人民共和国成立以后，50年代后期，开始了林业技术和设备的引进工作。党的十一届三中全会以后，实行对外开放政策，林业进出口贸易和对外经济往来不断扩展。1983年2月13日，经国务院批准，成立中国林业对外工程公司，1984年经批准更名为中国林业国际合作公司。主要经营范围为林业技术设备进出口、在国外开发森林、对外承包各种工程、在国内外建立合资经营企业、劳务合作和对外援助等。

为了加速开发林区，发展木材生产和木材综合利用，培养专业技术人员，配合我国林业科学技术发展的需要，自50年代后期至1986年底，共引进80项中、小型成套设备和先进生产技术。

前期主要从东欧、北欧引进人造板设备。50年代后期引进的15项成套设备和技术中，通过对苏联、东欧平衡贸易的方式引进11项，通过自由外汇支付的方式从联邦德国、瑞典引进4项。60年代前期，通过对波兰平衡贸易方式，引进中型湿法纤维板与松根浸提设备5套。70年代中、后期，以自由外汇支付方式从日本、联邦德国引进人造板板面直接印刷、平压法刨花板生产、辊压法贴面、微薄木生产等设备5套。80年代以来，以自由外汇(包括中央和地方外汇)支付方式引进设备和技术共31项，包括从美国引进、安装在吉林省大兴沟林业局、北京市琅山苗圃和新疆维吾尔自治区乌鲁木齐市、吐鲁番地区的大型育苗温室，安装在内蒙古自治区红花尔基林业局的林木种子加工设备，从美国、联邦德国等国引进的年产5万立方米的刨花板，年产3万与5万立方米中密度纤维板和人造板二次加工成套设备，从日本引进的歧化松香皂成套设备以及从美国和苏联引进的护林防火用的直升飞机等。此外，37年以来，还进口了各项单项机械设备、仪器等约3000台(套)，各种配件约10万件，总金额1.8亿美元。

从1980年起，国家拨出专款扶持发展人造板工业，注意加强现有企业的技术改造，重点放在提高人造板生产能力、产品质量、经济效益和解决纤维板污水处理等问题上。因此，引进工作也从过去以单纯的机械设备为主过渡到以设备的制造技术为主，对加强设备的国产化和加速现有企业的技术改造起到一定的积极作用。为改造现有企业，从意大利、联邦德国、日本、法国等引进的技术有：上海人造板机器厂热压机制造技术，信阳木工机械厂旋切机、带锯机制造技术，苏州林业机械厂单板干燥机、刨切单板设备及制造技术，牡丹江木工机械厂封边机制造技术，吉林省敦化林业局纤维板污水处理技术等。

为利用国外资源解决我国木材不足，1983年中国林业国际合作公司派员赴巴西购买1个胶合板厂和1个制材厂，并成立了中巴合资经营的巴西华西木材工商股份有限公司。1984年9月试产成功后，转入边生产边建设。截止1986年底，企业转亏为盈，积累了在国外办企业的经验。国内合资经营企业——琅山苗圃刚刚起步，有待于进一步总结经验教训。 (吴国蓁)

**【北京市木材厂刨花板车间技术改造】** 1978年末与联邦德国比松公司签订了北京市木材厂刨花板车间技术改造合同。通过采用高温、高压、低消耗、电子扫描、电视监测等先进工艺，引进定量施胶、气流铺装、单层热压等37台(套)设备，使刨花板车间产量自8000立方米增至3万立方米。

刨花板车间改造工程于1981年交接验收，1982年正式投产，仅用一年半时间，产品的产量、质量都达到国际技术指标。产品获1982年国家银质奖和国家优秀进口奖。产品投产后，解决了北京市部分家具用材，缓解了市场家具供应紧张情况，节约了大量原木。 (陆桐年)

**【临江林业局刨花板厂引进刨花板和刨切单板生产设备】** 吉林省临江林业局刨花板厂是经国家批准、吉林省用出口计划外水曲柳木材换取的外汇兴建的，建设分两期工程进行。一期工程：1982年4月20日与联邦德国比松公司签订了合同，引进80年代初期国际先进水平的年产5万立方米刨花板生产设备，用汇560万美元。1983年6月8日破土动工，1984年7月投入试生产，1986年7月1日经国家验收正式交付投产。产品经与外商共同考核鉴定，各项指标均达到或超过国家标准，并已销往北京、上海、河北、河南、青岛及香港和日本，深受国内外用户好评。二期工程：1985年2月16日与加拿大通用木业公司签订了合同，引进先进的180万立方米贴面刨花板和5000立方米刨(旋)切单板的生产设备，用汇305万美元。1987年2月底开始设备安装，预计1987年7月试车。 (张 苓)

**【福州人造板厂引进中密度纤维板技术设备】** 为填补我国人造板工业空白，林业部与福建省决定兴建国内规模较大的综合性人造板企业福州人造板厂，引进美国华盛顿铁工厂先进的中密度纤维板技术和成套设备。

1981年6月26日国家批准第一期工程，建设年生产5万立方米中密度纤维板和日产30吨脲醛树脂生产线的初步设计。建筑面积33955平方米，总概算为9810万元，其中外汇投资折合人民币6372万元。

该项工程于1981年8月11日破土动工，1982年5月开始设备安装，1983年11月开始联动试车并生产出第一批中密度纤维板；1984年4月试生产，1985年10月组织初验，1986年4月26日验收。产品产量良好，达到设计要求标准，产品供不应求。 (沈北灵)

**【湖南人造板厂用国际招标采购方式引进设备】** 湖南人造板厂是林业部和湖南省合资经营的国内最大的人造板生产企业之一，是利用科威特阿拉伯基金会贷款自1984年开始引进的国家重点建设项目之一。总投资为1.38亿元人民币，用现汇2000万美元。

该厂建成后，年生产刨花板、胶合板各5万立方米，刨花板二次加工180万平方米。设备通过国际招标采购方式引进。1984年2月19日和1985年2月6日分别与联邦德国辛北尔康普公司和海尔伯恩有限公司签订了供货合同。1985年3月27日土建工作开始，1986年底基本完工。1986年二季度设备安装开始，3个车间的设备和电气安装工作已基本结束。预计1987年4月单机调试，7月1日全线联试，全厂设备考核验收后开始试投产。 (蔡清芬)

**【梧州松脂厂引进歧化松香生产装置】** 为了发展松香二次加工及配合国内丁苯橡胶生产发展的需要，1979年初与日本荒川化学株式会社、产业贸易株式会社、日立造船厂签定了合同，在广西壮族自治区梧州松脂厂引进年产8000吨歧化松香、1.1万吨歧化松香钾皂及年处理12吨催化剂和废水处理等全套装置，总投资为2056万元。

该工程从1980年开工建设，1982年10月建成投产，建设期为2年零10个月。自投产以来，生产正常，产品质量达到世界先进水平，各项原材料消耗都达到或低于合同规定的指标，经济效益也比较好。在国内丁苯橡胶生产厂还没有全部投产，生产能力不能充分发挥的情况下，投产后4年就还清了国内投资贷款。1987年以后，我国新建的大型橡胶合成厂将陆续投产，梧州松脂厂歧化松香的生产能力将充分发挥，取得更大的经济效益。歧化松香技术的引进，也为我国松香再加工的发展起到了积极的促进作用。（林宝石）

**【敦化林业局引进纤维板污水处理技术】** 吉林省敦化林业局纤维板厂是我国纤维板生产的大型企业，年产纤维板2万吨。由于采用湿法生产，每1吨产品排放污水40～60吨。该厂地处牡丹江上游，污水排出后全部流入牡丹江，严重地污染水域，影响该地区的生产和生活用水。

为了解决污水处理问题，通过对世界纤维板污水处理技术的考察分析，林业部决定从法国伊索雷尔公司引进全封闭水循环处理技术、关键设备和软件。引进技术(软件)合同已于1985年12月7日签署，用汇276万法郎。硬件合同1986年底已签订，用汇22万法郎，1987年5月到货。

到目前为止，施工图设计已完成，改造工作正在进行。计划1987年7月全部实施改造方案，年底前全封闭水循环系统安装完毕。（孟娅丹）

**【单机技术引进】** 林业部信阳木工机械厂于1985年5月与日本富士制作所签订了F-12TWLⅡ型双联跑车带锯机，FHT-094型油压数控自动跑车，FO-12JS型自动送料装置3种不同类型制材设备的技术转让合同，1985年8月生效。合同总价款6748.5万日元。油压数控全自动跑车、自动送料装置于1986年四季度投入试生产。

1985年8月30日，中国林业国际合作公司与联邦德国蒂芬巴赫有限公司签订为上海人造板机器厂引进胶合板热压机组技术合同。根据合同规定，德方1986年7月上旬交付第一批技术资料，8月份交付最后一批技术资料。

1986年11月8日，中国林业国际合作公司与意大利科伦博-克雷蒙那-维拉圣塔公司签订为信阳木工机械厂引进旋切机技术引进合同。合同生效后5个月开始交付技术资料。合同总价款为8.4亿意大利里拉。（何卫时　蔡清芬）

**【红花尔基林业局引进林木种子加工设备】** 1982年8月，林业部从美国麦克森联合公司引进了1套林木种子加工成套设备，其中主要包括：粉碎机、供热燃料炉、干燥装置、球果种子分离机、种子分级机、种子精选机等。设备安装在内蒙古自治区红花尔基林业局，1983年11月正式投入生产。加工出的种子脱离净度高达95%以上，种子加工成本由原来70元／公斤降低到46.94元／公斤，每月可干燥1600公斤球果，日加工种子22.5公斤。1983年加工樟子松球果55万公斤。（张立华）

**【引进大型温室育苗成套设备】** 1980～1984年，林业部先后从美国哈利·夏普公司和埃比基公司引进了4套大型温室成套设备，分别安装在北京市林业局琅山苗圃、吉林省大兴沟林业局、新疆维吾尔自治区乌鲁木齐南山林场和吐鲁番地区葡萄瓜类研究所。

以琅山苗圃引进的温室为例，温室建筑面积5443平方米，由11间组成，顶盖为拱形，由铝合金钢管做骨架，上覆瓦楞状纤维玻璃，为全封闭式结构。室内有：P500型湿度和温度控制系统。在水、蒸汽、电正常供应的情况下，室内温度保持在25℃左右。当室外温度在37℃时，室内温度可控制在30℃以下。室内温度不低于17℃时，空气湿度可保持在60～80%，并能抵御12级大风，能承受24厘米厚的雪压，可抵御直径1.5～2厘米的冰雹，纤维玻璃光透度为94%。温室装有自动控制供热和通风等专用设备。

生产实践证明：温室育苗性能好，生产周期短，经济效益显著。如桧柏播种苗露地育苗每亩5万至7万株2年出圃，而温室亩产可达20万株，节省了苗圃用地。苗木生长健壮，可直接移植，成活率在90%以上。（张立华）

**【进口护林防火用直升飞机】** 为利用现代化手段，及时扑灭森林火灾，林业部于1978年从美国贝尔公司购买了2架贝尔212型直升飞机和1套红外探火仪；于1980年从苏联购买了4架米8型直升飞机。贝尔212直升飞机航速200～500公里／小时，可载7名武装灭火人员，红外探火仪可及时探测地面上面积10平方厘米的火星；米8直升飞机航速180～200公里／小时，可载27名武装灭火人员。这两种直升飞机转弯起飞灵活，降落场地小，很适合林区灭火工作。引进之后，已分别于1980年和1981年在大兴安岭林区投入使用。在使用中，这批直升飞机显示出了不受地形影响、能将森林警察专业灭火队快速运到火场、及时扑打小火的优越性。同时，专业队乘直升飞机打火发挥了威力，使大火灾发生的次数大幅度下降。现在大兴安岭林区在直升飞机覆盖范围内，专业队乘机单独打火和提前到达火场，与地面扑火队伍配合打火的年平均次数，约占该林区同期火灾次数的70%左右，其中80%的火是当日扑灭的。（徐天荣）

**【国内合资经营企业】** 1985年中国林业国际合作

公司同北京市林业局琅山苗圃签订了经济合同，决定共同投资，成立生产花卉和观叶植物的经济联合体企业。

该企业现有温室土地8亩(5440平方米)、露天土地20亩、塑料大棚5个(5亩)、组织培养室7间。年产鲜切花20万支、盆花10万盆以及其他花卉制品。实行自主经营，独立核算，自负盈亏。各自隶属关系不变，合营期15年。为了提高花卉质量和产量，提高经济效益，拟吸引外资，引进先进技术和花卉苗木优良品种，学习国外温室花卉生产管理经验。(程建瓴)

**【中国巴西合资经营企业】** 林业部中国林业国际合作公司于1984年6月6日在巴西亚马孙州玛瑙斯市投资成立了中巴合资的巴西华西木材工商股份有限公司(以下简称华西公司)。这是我国在巴西，也是在南美的第一个投资企业。总投资为400万美元，中方95%，巴方5%。

华西公司以开发、利用和经营巴西丰富的热带木材为主要目标。华西公司下设华西胶合板公司(有限公司)和锯材公司(股份公司)。现有职工约270人，其中260余人为巴西当地的职工。目前，两厂单班生产的产量已超过设计能力，创建厂以来的最高记录。产品绝大部分销在巴西市场，少量出口欧洲、美洲。从1986年起，企业已做到收支平衡，略有盈利。

华西公司的成立，为研究和探索开发、利用亚马孙地区的丰富的热带雨林资源创造了有利条件，同时也为我国林业对外开放和国际经济合作提供窗口和信息。(王永淦)

## 国家公费留学生

**【综 述】** 我国自1952年成立独立的林学院以后，根据当时高等教育部的统一安排，林业部先后派遣了近百名留学生到苏联、罗马尼亚、民主德国等国家攻读大学本科和攻读副博士研究生，学习林业方面有关学科。这些留学生于1963年前陆续回国，目前多数人都在高等林业院校和各级林业科研单位工作。

“文化大革命”时期，留学生派遣工作停止。1978年8月4日，教育部发出《关于增派出国留学生的通知》，指出这次主要是增派学习理、工科(包括农、医)有关专业人员公费出国留学。1978年，林业部据此开始恢复出国留学生的派遣工作。

1979年12月，教育部和国务院科技干部局在北京召开出国留学人员工作会议，会议明确指出，在选派工作中，必须坚持以培养高等教育师资为主，以自然科学为主，以技术科学为主的原则。

1980年10月，教育部、外交部、国务院科技干部局等在北京召开了出国留学人员管理工作会议。会议明确提出要适当增加管理科学和社会科学的派出名额，同时提出培养高等师资的派出不应少于总派出人数的60%。根据上述原则，林业部自1978～1981年共派出国家公费留学人员83人，其中进修生43人、研究生36人、大学生4人，分别派往美国、日本、加拿大、澳大利亚、联邦德国、奥地利、瑞典、芬兰、罗马尼亚等国家。其中为高等学校培养师资的留学生占2/3。

1982年选派国家公费进修生11人，北京林学院、东北林学院、南京林学院代选代培国家公费出国研究生20人，分别派往美国、日本、联邦德国、加拿大、澳大利亚、瑞典、芬兰、法国。

1983年，林业部根据中共中央和国务院有关规定，对被选人员进行严格审查，最后选送国家公费出国进修生14人、出国研究生4人，赴美国、日本、加拿大、联邦德国、奥地利、澳大利亚、瑞典、芬兰。

1984年，林业部根据教育部及国家科委科技干部局下达的计划，选派国家公费出国进修生19人、研究生9人赴美国、加拿大、日本、澳大利亚、联邦德国、英国、法国、瑞典、瑞士、奥地利、苏联等11个国家。1984年第四季度教育部、国家科委科技干部局、中央引进国外智力领导小组办公室在北京联合召开会议，确定除国家原计划派出3000名留学生外，另通过自筹人民币，国家提供外汇指标，并结合重点攻关项目，增派留学生3000名。据此，林业部结合“三北”防护林工程，增派4名进修生赴新西兰、联邦德国、澳大利亚、苏联等国家进修。根据高等学校具体情况，该4名进修生也一并纳入公费渠道派出。

1985年，林业部根据国家下达的计划，共选派20名国家公费进修生和以进修方式派出攻读博士学位的硕士毕业生2人、硕士研究生8人，赴美国、加拿大、联邦德国、芬兰、澳大利亚、新西兰、荷兰、瑞典、日本学习。同年，中央引进国外智力领导小组办公室资助留学回国人员科研补助费人民币10万元，美元4000元，同时给予优秀留学生、回国已满4年的中国林业科学研究院徐冠华提供3个月的国外学术休假往返旅费。这是我国林业系统第一次实行教学、科研人员学术休假制度。

为提高派出留学生的效益，1986年派遣工作实行按学科成组配套派出，共派出进修生15名，赴美国、日本、联邦德国、瑞典、挪威、加拿大、澳大利亚、苏联、意大利、法国学习。另外，国家教育委员会资助外汇指标10万美元，自筹人民币，由北京林业大学、东北林业大学和中国林业科学研究院选送17名中年教学、科研骨干，分赴美国、加拿大、日本、联邦德国等国家进行为期3～6个月的合作科研及短期进修。（刘 唯）

## 林业部1986年外事活动大事记

**1月14日** 我国政府同联合国粮食及农业组织签署了使用法国政府信托基金180000美元，进行木本树种固氮研究的合作项目协议，执行期2年（1986～1988年）。

**1月17日至26日** 林业部应邀派人参加了西柏林国际农业科教影片比赛，我国参赛影片《森林与我们》获银穗奖。

**1月18日** 董智勇副部长会见澳大利亚驻华大使罗斯，对方转交了霍克总理致董智勇副部长的信，信中提到借展大熊猫问题。

**1月20日** 杨钟部长出席塞拉利昂共和国总统约瑟夫·赛义杜莫莫就职庆典后，在巴黎转机时，于2月4日与法国农业部部长级代表苏雄进行了会谈，双方一致同意进一步加强中法两国在林业领域里的合作。

**1月24日** 联合国粮食及农业组织总干事萨乌马致函杨钟部长，通知接受中华人民共和国为亚洲和太平洋区域林业委员会正式成员。

**1月30日** 刘广运副部长会见加蓬水利森林和植树部长埃尔韦·穆津加一行4人，应外宾要求介绍了我国干旱半干旱地区造林情况。

**2月4日** 董智勇副部长会见日本国际贸易促进协会副会长萩原定司，萩原转交了日中友协会长宇都宫德马致董智勇副部长的信，信中建议中日两国在朱鹮的保护和繁殖方面进行合作。

**2月15日至4月9日** 外事司司长秦凤翥率领国外森林开发考察组去美国进行调查研究，提出了关于建议林业部《在美国投资开发森林的可行性研究报告》。

**2月24日** 林业部林业机械公司与香港国际展览咨询公司签订了关于联合举办《1987年北京国际林业机械技术交流展览会的协议》，林业机械公司经理许伟和香港国际展览咨询公司总经理邓祥霖在协议上签字。4月29日，双方联合举行了该展览会第一次情况发布会，有关国家驻华使馆官员和商社代表25人出席。展览会筹备小组成员许伟、刘效林、杨禹畴、李贵和主持发布会。

**2月28日** 中央绿化委员会办公室副主任汪滨会见美中友协代表团，美中友协决定在美国募捐，以对中国的国土绿化提供捐献。

**3月1日** 刘琨副部长致函联合国粮食及农业组织助理总干事罗达斯，正式承诺1987年在中国北京举办亚洲和太平洋区域林业委员会第十三届会议。

**3月7日** 董智勇副部长会见联合国教育科学及文化组织驻京代表泰勒博士，对方建议在中尼边境地区加强自然保护区管理方面的合作。

**3月10日至22日** 美国陶氏化学公司专家组访华，分别在北京和哈尔滨举办化学除草剂讲习班，并无偿提供除草剂进行了小面积开辟防火道和苗圃除草试验。

**3月27日** 杨钟部长会见联邦德国北威州农业、环境和土地规划部国务秘书奔特鲁普一行7人。奔特鲁普一行是应四川省林业厅的邀请来华访问的。

**4月1日** 我国同世界粮食计划署合作在辽宁省北票市和建平县营造水土保持林的工程项目正式开工。中国政府同世界粮食计划署于1986年3月21日在北京签署了项目协议。项目期限5年，项目主要活动是造林种草70540公顷，中国政府投资1780万元人民币，世界粮食计划署投入相当于1521万美元的粮食。

**4月2日至14日** 美国林产品协会主席惠伦一行4人，应林业部邀请来华访问，徐有芳副部长于4月4日会见了该团，双方商定于1987年3月在中国举办中美林产品研讨会。

**4月8日至18日** 杨钟部长应日本农林水产大臣羽田孜的邀请，率中国林业代表团访问日本，代表团成员有杨禹畴、徐国忠、李昌鉴等。代表团访问了东京、北海道、京都、大阪等地。

**4月9日至11日** 中美农业工作组第五次会议在北京举行，恢复了中美政府间农林业交流和合作，会上确定了5个林业交流项目。

**4月15日** 徐有芳副部长会见加拿大国际发展署署长卡尔森女士，双方就林业合作问题交换了意见。卡尔森一行访问了黑龙江省林区，参观了中加合作的黑龙江省朗乡林业局森林集约经营项目。

**4月23日** 杨钟部长会见世界粮食计划署执

行干事英格拉姆一行，双方就林业合作问题交换了意见。

**4月21日至29日** 外事司副司长赵忠仁率代表团一行3人出席了在意大利首都罗马举行的联合国粮食及农业组织第八届林业委员会会议。

**5月12日** 世界野生生物基金会通知林业部，同意提供98000瑞士法郎，资助江西鄱阳湖、吉林向海2自然保护区合作项目。

**5月14日至23日** 由匈牙利人民共和国农业和食品工业部副部长基拉伊·埃尔内为团长的匈牙利林业代表团一行5人应林业部邀请访华，在黑龙江省、吉林省和北京市参观考察。

**5月15日至24日** 中国和澳大利亚两国有关部门就候鸟保护问题在北京举行了会谈，澳大利亚国家公园和野生动物保护管理局局长奥文顿同外事司司长秦凤翥代表各自一方，草签了《中华人民共和国政府和澳大利亚政府保护候鸟及其栖息环境的协定》。

**5月21日至6月8日** 美国爱达荷大学林学院院长亨迪一行访华。双方同意继续发展交流关系。亨迪代表第四届世界自然资源保护大会主席邀请林业部派4人出席将于1987年9月在美国举行的大会。

**6月13日至20日** 日本环境厅自然保护局局长加藤陆美一行3人应林业部邀请来华访问，双方就合作保护朱鹮问题交换了意见。

**6月13日** 徐有芳副部长会见澳大利亚农业研究中心主席马克维尔，双方就林业合作问题交换了意见。

**6月16日** 中日两国合作的黑龙江木材综合利用项目工作会议和土建工程落成仪式在哈尔滨市举行。黑龙江省副省长王连铮为落成仪式剪彩，日本国际协力事业团参与神足胜浩、黑龙江省森林工业总局局长冯兴义、林业部外事司司长秦凤翥出席了工作会议和落成仪式，会上林业部同日方商定，日方为合作建设黑龙江锉锯培训中心提供3000万日元的无偿援助。

**6月29日至7月20日** 美国森林病虫害专家组来华考察，并在东北林业大学举行了中美森林病虫害防治研讨会。中国、美国、加拿大3国有关学者应邀到会。

**7月** 经国务院批准，我国正式参加《国际热带木材协定》，并于7月27日至8月4日派员出席了在瑞士日内瓦举行的该协会第一届理事会第三次会议。

**8月11日至17日** 加拿大联邦财政委员和秘书处主任巴杜尔夫人访华，由外事司副司长赵忠仁陪同参观了中加合作黑龙江省朗乡林业局森林集约经营项目。徐有芳副部长于8月16日会见了巴杜尔夫人一行。

**8月13日** 根据林业部与世界野生生物基金会签订的中国重新引进麋鹿的协议，39头麋鹿运抵江苏省大丰县自然保护区，使原产我国、后曾绝迹的珍稀野生动物回归故里。

**8月至10月** 由林业部同日本北海道大学合作的中日联合调查白唇鹿工作在青海省展开，初步查清了白唇鹿在该地区的栖息情况。

**8月至12月** 根据林业部同美国纽约动物学会达成的协议，由纽约动物学会参加的中美联合调查雪豹工作，在青海、新疆展开。

**9月4日至23日** 科学技术司司长吴博率领的中国林业代表团一行9人出席了在南斯拉夫卢布尔雅那举行的国际林业研究组织联盟第十八届大会。

**9月7日至16日** 美国哥伦布市市长瑞纳哈特一行19人应林业部的邀请来华访问，9月8日哥伦布市向中国林业部赠送猎豹仪式在北京动物园举行，董智勇副部长等出席了交接仪式。

**9月11日** 董智勇副部长会见澳大利亚发展援助局副局长特雷尔一行，双方就加强林业合作问题交换了意见。

**9月14日至10月4日** 为执行《中国、新西兰林业合作交流的会谈纪要》，由计划司副司长颜士中率领的中国林业技术考察组一行7人访问新西兰，就中新林业交流与合作的意向性项目交换了意见。

**9月15日至22日** 由13个国家组成的世界粮食计划署捐助国代表团参观了我部同世界粮食计划署合作的山东省聊城营造丰产林项目和拟争取新项目的沂蒙山区，外事司司长秦凤翥参加了全程陪同。

**9月26日** 在比利时首都布鲁塞尔召开的国际杨树委员会第三十三届执行委员会会议通过决议，接受中国申请，决定第十八届国际杨树委员会大会于1988年在中国举行。

**10月5日至22日** 应林业部邀请，以日本林业技术协会理事长猪野旷为团长的日本造林治山考察团一行8人来华访问，杨钟部长于10月6日会见了猪野旷一行。该团考察了北京、甘肃、陕西、河南、上海等地。

**10月10日** 杨钟部长会见加拿大太平洋林业研究中心主任麦克唐纳一行，双方就林业合作问题交换了意见。

**10月11日** 刘广运副部长会见西班牙巴斯克自治区林业协会主席图拉多一行，双方就发展中西林业合作问题交换了意见。图拉多是应林业部的邀请于10月3～12日来我国访问的。

**10月12日** 刘广运副部长会见了出席中国、联邦德国混合委员会粮农工作组第七次会议的联邦德国食品农林部国务秘书卡鲁斯(副部长级)，就加强林业合作问题交换了意见。

**10月13日至26日** 董智勇副部长率领中国林业代表团一行7人访问了澳大利亚，10月19日同澳大利亚政府代表、教育部部长瑞安正式签署了《中华人民共和国政府和澳大利亚政府关于保护候鸟及其栖息地的协定》。代表团成员有屈树业、杨禹畴、卿建华等。

**10月14日至16日** 中国芬兰两国政府经济贸易混合委员会项目下的中芬林业工作组第四次会议在北京举行，并签订了中芬林业交流议定书，工作组中方主席秦凤翥、芬方主席高尔佩拉分别在议定书上签字。

**10月24日至30日** 英国女王伊丽莎白二世丈夫爱丁堡公爵菲利普亲王，以世界野生生物基金会会长身份访华。由徐有芳副部长等陪同，访问了广东、江西、四川、云南4省，参观了福田、鄱阳湖、卧龙、西双版纳4个自然保护区。

**11月1日** 中日合作木材综合利用项目联合委员会第三次工作会议在哈尔滨市举行，日本国际协力事业团开发部长铃木进，林业部外事司副司长赵忠仁等出席了会议。

**11月3日** 杨钟部长会见了马来西亚沙捞越首席部长一行，双方介绍了各自林业和木材工业发展情况，表达了加强相互交流和合作的愿望。

**11月6日** 杨钟部长会见并宴请了随同墨西哥总统德拉马德里访华的农业和水利资源部部长佩斯凯拉，双方商定互换林业考察组，以增进了解，加强合作。

**11月15日至12月1日** 刘广运副部长率领中国林业代表团一行7人访问了美国，于11月20日同美国内政部副部长麦克劳林签署了《中华人民共和国林业部同美利坚合众国内政部关于自然保护交流合作议定书》。代表团成员有卿建华、李石刚、陈光武、刘景恒等。

**11月23日** 中国树木化学提取物学术讨论会在南京市召开，美国、日本、澳大利亚等国的17位学者应邀出席会议。董智勇副部长出席会议。

**11月25日至12月5日** 林政保护司司长李贵令率领候鸟保护代表团赴日出席《中日保护候鸟及其栖息环境协定》第三次工作会议。

**12月1日** 我国同世界粮食计划署合作的在河北省平山县营造水土保持林工程正式开工。河北省副省长张润身、林业部外事司司长秦凤翥、河北省省林业厅副厅长王育仁出席了开工典礼。我国政府同世界粮食计划署1986年10月10日签署了项目协议。

**12月13日** 中国、澳大利亚技术合作《东门桉树示范林项目》中澳协调会第七次会议在南宁市举行，澳方项目主任佩格、林业部外事司司长秦凤翥、广西壮族自治区林业厅副厅长荣世光等出席了会议。

**12月19日** 我国同联合国开发计划署合作的森林资源调查项目三方评审会议在北京举行，联合国驻华代表孔雷飒、林业部外事司司长秦凤翥、国际经济交流中心副主任韩林出席了会议。

(傅桂真)

# 重要会议

【第一次全国林业会议】 1950年2月28日至3月8日，经中央人民政府政务院批准，由林垦部在北京主持召开。出席会议的有华北、东北、西北、华东、中南、西南行政区，华北五省和新疆、内蒙古等地区的代表50多人。梁希部长、李相符副部长出席了会议。会议主要研究了当前林业工作的方针、任务和1950年的工作计划，并讨论了《林权划分办法》(草案)、《采伐条例》(草案)、《封山育林办法》(草案)、《关于林业组织机构与领导关系的决定》(草案)、《奖励造林暂行办法》(意见)。还研究了《中央人民政府林垦部关于春季造林的指示》(草案)。

会议确定当前林业工作的方针任务是：普遍护林、有重点的造林；合理采伐和合理利用；整理木材工业；开始或准备进行森林调查规划，并筹备开发大兴安岭林区。

会议议定，1950年的工作重点和计划安排是：加强护林工作，林垦部训练调查测量干部200名、封山育林4312万亩，采种362.48万斤、育苗4.9亿株、造林176.73万亩、采伐木材406.43万立方米，增修森林铁路370公里。 (毕忠镇)

【全国农林计划会议】 1950年9月20日至9月30日，由中央人民政府政务院财政经济委员会和农业部、林垦部联合主持在北京召开。出席会议的有各大行政区、华北5省及内蒙古自治区等农林部门的负责同志。会议讨论并确定了1951年农林生产计划及1951～1953年三年计划轮廓，讨论了农林事业经费和贷款以及农产品收购和价格政策，农林行政机构、统计调查等问题。并初步确定了农林生产计划的方针、任务、经费等重要问题。

会议议决目前林业工作的重点仍是护林、重点造林，为了配合防涝防旱，今后几年内应首先营造保安林。计划1951～1953年3年内在黄河、淮河、汉水、永定河、辽河等上游开始或准备营造水源林；在察、绥、甘、宁等省开始筹划营造防护林带，在有条件的地区实施封山育林，普遍发动群众利用隙地植树，在有群众条件的地区组织合作造林。造林面积，1951年226万亩，1953年747万亩，3年累计1416万亩。

坚持合理采伐合理利用的方针，1951年国有林区木材采伐418万立方米，1953年552万立方米，3年合计1458万立方米。

进行森林调查，1951年调查面积7676万亩，1953年12986万亩，3年累计29671万亩，其中东北区为重点。

分配林业经费1951年为1.4亿斤小米。要求林垦部对林业经费的使用拟出使用办法呈请批准后公布施行。 (毕忠镇)

【全国农学院院长会议】 1952年7月4日至11日，由高等教育部在北京主持召开。出席会议的有全国各农学院院长，政务院财政经济委员会及所属农业、林业、水利各部和中国科学院的代表，以及其他部门有关人员共60余人。

会议认为，目前农学院应采取调整、整顿、充实的方针，根据这个方针，会议通过了全国农学院院系调整及专业设置计划的方案。其中明确：

北京林学院由北京农业大学、河北农学院、平原农学院的三个森林系合并成立，校址北京，设造林、森林工程、林业经营三个专业。

东北林学院由东北农学院森林系、黑龙江省北安农业专科学校森林科合并成立，校址哈尔滨，设造林、林业经营、森林工程三个专业及林业专修科。并由华东抽出一部分师资充实。

南京林学院由南京大学、金陵大学、浙江大学三校农学院森林系及林业专修科合并成立，校址南京，设造林、林业经营、森林工程三个专业及林业专修科。

山东农学院、河南农学院、安徽农学院、华中农学院、湖南农学院、西北农学院、新疆八一农学院、福建农学院、华南农学院、广西农学院、四川农学院、云南农学院、贵州农学院13所院校保留或增设林学系，设林业专业。

根据上述方案，并做适当调整后，北京林学院、东北林学院、南京林学院于1952年底前先后成立。 (朱莹元)

【全国高等农林教育会议】 1954年10月27日至

11月12日，由高等教育部、农业部、林业部联合在北京主持召开。出席会议的有全国高等农、林院校的校长、院长、教务长、系主任、教研组主任和有关部门的负责同志156人。国务院副总理邓子恢、陈毅、农业部部长廖鲁言，林业部部长梁希到会讲了话。

会议进一步明确了高等农林教育的方针、任务和培养目标。会议认为，高等农林教育的具体方针任务是：为祖国培养大批具有一定马列主义水平，忠于社会主义事业，体格健壮，掌握先进农业科学理论和技术的高级农林技术和管理干部，以适应国家农林生产的需要。高等林学院系主要是培养林业经营所、调查设计站、生产合作社、技术推广站和森林工业的高级技术和管理干部，同时有一部分到高中等林业学校、科学研究和行政机关工作。

会议还初步确定了第一个五年计划期间全国高等农林学校院系专业的增设和调整以及学校招生任务和发展规模的大体规划，并原则上确定了高等农林学校的领导关系。会议确定，北京、东北、南京三所林学院由高等教育部委托林业部直接管理，各农学院的林学系仍属农学院系统。 （朱堃元）

**【五省(区)青年造林大会】** 1956年3月1日至11日，由共青团中央、林业部、黄河水利委员会在延安联合主持召开。参加会议的有陕西、甘肃、山西、河南、内蒙古自治区青年团和林业部门负责人及地区、县(旗)的青年代表1204人。会议期间，收到中共中央致五省、区青年造林大会的贺电，传达了毛泽东主席向全国人民发出的“绿化祖国”的伟大号召。《贺电》对造林工作提出：不但要快造，而且要造好；不但要多栽，而且要栽活；不但要植树，而且要育苗；不但要造林，而且要护林等要求。还对动员青年参加植树造林活动作了重要指示。

会议通过《关于绿化黄土高原和全面开展水土保持工作的决议》，并号召五省区青少年为绿化黄土高原开展以下几项具体活动：第一，普遍建立青年造林突击队，展开造林竞赛活动；第二，广泛发动青少年参加采集树种的活动；第三，普遍组织青年学习造林技术，掌握造林基本知识；第四，建立青年护林队(组)，开展群众性的护林运动。代表们还在宝塔山、杨家岭等地栽了纪念树，造了纪念林。

（韩天福）

**【全国中等林业学校校长会议】** 1959年8月由林业部在四川成都主持召开。出席会议的有全国各中等林业学校的校长和有关方面的负责同志。林业部副部长张克侠主持会议并讲了话。会议总结了一年多来教育革命的经验，检查了前一阶段中等林业学校工作中存在的生产劳动过多，评比竞赛频繁，规章制度废除不当，专业设置过多以及削弱理论教学等问题。提出了整顿、巩固、提高中等林业学校的意见；要求坚持把现有的学校办好，特别是各校新设森林专业一定要巩固提高；要抓住中等林业教育的特点，使毕业学生应能在高级技术人员指导下，独立处理当地林业生产上一般技术问题；要发挥教师在教学中的主导作用，学生除参加生产劳动直接获得生产知识外，也要养成良好的读书风气；合理安排学校各项活动，不同的年级应安排不同的劳动内容。

这次会议对全国中等林业专业学校维持正常教学秩序，提高教学质量有一定作用。当年9月教育部向中央各业务部和各省、自治区、直辖市教育部部门转发了这次会议的文件。 （李葆珍）

**【南方各省、自治区林业厅(局)长会议】** 1961年9月1日至20日由林业部主持在北京召开。参加会议的有华东、中南局的负责同志和湘、鄂、皖、闽、浙、赣、粤、桂、川、黔、滇11个省、自治区林业厅(局)长及工作人员60余人。林业部副部长惠中权、唐子奇出席了会议。会议根据中共中央《关于农村人民公社六十条》和《林业政策十八条》的规定，总结了几年来林业工作的经验和教训，着重研究了社队林业生产问题，安排了今后的工作。

会议认为，11年来南方11省、自治区的林业工作在中央和各省、区领导下，通过广大职工和社员的努力，取得了很大成绩，共生产木材1.1亿立方米、造林3.2亿亩、森林工业基建投资6.7亿元、修建森林铁路和钢轨平车道610公里、整修河道炸礁433万立方米，从而开辟了林区交通，促进了林区经济的发展。但大跃进以来，事业发展太快，由于认识不足，工作没有跟上，出现了只砍伐，不更新；注意造林忽视抚育；造林质量不高，林区资源减少等问题。

会议指出，确定山林权属是充分调动群众积极性，恢复和发展林业生产的关键，必须认真贯彻中央关于林业政策十八条的规定，加速林权的处理。随着林权工作的开展，广大群众经营山林的积极性必将调动起来，各级林业部门要加强组织领导，普遍地加强山林管理，因地制宜地采取封山育林、迹地更新和人工造林等多种多样的方法，积极恢复和扩大森林资源，促进林业生产的发展。（毕忠镇）

**【全国森林调查、规划工作会议】** 1963年3月4日至18日，由林业部在武汉市主持召开。出席会议的有各省、自治区林业(农林)厅(局)长和省、自治区林业勘测设计院、森林调查队和营林调查队的负责同志以及国家经委木材局、中共中央西北局农林水利处、东北林业总局、林学院校和科学研究单位的代表120余人。林业部副部长罗玉川出席了会议。

会议主要任务是检查1958年至1963年的林业调查规划工作，交流和总结经验，研究第三个五年计划的工作方针、任务和各项措施。

会议总结1958年至1963年林业调查规划工作所取得的成绩是，全国的森林资源已基本查清，以造林为主的国营林场，大部分经过了踏查规划和调查设计，基本满足了造林施工的需要。但“大跃进”期间，人事权下放过多，技术力量有很大的削弱，不少地区的调查队伍未能专职专用，加之贪多图快，致使调查质量有不同程度的降低。此外，调查规划设计成果利用率低，不能及时掌握资源变化情况。

会议认为，第三个五年计划期间，林业调查设计、规划工作的方针应该是：“全面安排，加强领导，充实队伍，提高质量，着重进行森林经理、林区规划与大片造林基地的调查设计，以保证林业生产建设的需要。”其任务为森林经理调查面积3578.8万公顷；森林经理复查面积1438.4万公顷；森林资源调查1009.7万公顷；主要林区规划46个；国营造林调查设计1.4亿亩。完成任务的主要措施是，统一工作计划，建立健全调查规划管理机构，充实人员，吸收林业局伐区调查队和国营林场技术人员参加调查规划工作。建立健全规章制度，执行统一的规程和技术标准，建立森林资源统计报表和森林资源档案制度。培训调查规划设计人员和专业调查人员，以适应完成任务的需要。（张美祥）

**【全国林业统计会议】** 1963年6月25日至7月16日由林业部在北京主持召开。出席会议的有各省、自治区、直辖市林业厅(局)和部属林业总局、林业管理局、带岭实验局的计划处长和主要统计干部70余人。林业部副部长张昭、国家统计局副局长王一夫出席了会议并先后在会上讲了话。会议总结了13年来林业统计工作的经验；学习了国务院发布的《统计工作试行条例》；讨论了若干重要的统计制度方法问题，修订了林业部起草的《统计工作试行条例实施细则》；根据党的八届十中全会精神，研究了今后林业统计工作的任务，部署了下半年的工作。

会议认为，10多年来，我国林业统计工作取得了很大成绩，积累了不少经验，统计数字的及时性和准确性有所提高，开始走上了健全发展的道路。但是林业统计工作，可提供的依据，还不够充分、及时、全面、系统，有些重要统计数字，还不确实等。会议指出，统计工作是党在制订经济政策和实行计划管理上的重要工具，如何加速林业和森林工业的发展，林业统计工作的作用十分重要，因此必须在现有基础上加强组织建设，充实机构、健全制度以及不断地提高工作质量，以适应生产发展的要求。（毕忠镇）

**【全国国营林场工作会议】** 1963年12月10日至30日由林业部在北京主持召开。各省、自治区、直辖市林业主管部门的负责同志150人参加会议。林业部副部长惠中权在会议上作了“继续贯彻调整、巩固、充实、提高的方针，进一步发展林业事业”的重要报告。

会议决定：国营林场贯彻执行“以林为主，林副结合，综合经营，永续作业”的方针，抓好如下几项工作：一是认真进行林场的社会主义教育和“五反”运动，整顿职工队伍。加强思想政治工作；二是积极进行林场的调整工作，进一步提高国营林场的经营管理水平；三是加强技术管理，把提高造林、营林质量放在第一位；四是认真抓好大片用材林基地的建设，集中力量，打歼灭战；五是调整国营林场的管理体制。（全正道）

**【全国林业厅(局)长会议】** 1966年2月1日至22日由林业部在北京主持召开。出席会议的有各大区主管林业工作的负责同志，各省、自治区、直辖市林业(农林)厅(局)长和重点林业县、局、场、站的负责人共230余人。林业部副部长惠中权、陈离、张昭、荀昌五出席了会议。会议主要任务是贯彻中央“备战备荒为人民”的指示；总结交流营林工作的经验；研究第三个五年计划期间林业工作的方针任务和1966年的工作。会议期间刘少奇主席、周恩来总理等中央领导接见了出席会议的全体代表。谭震林副总理到会做了重要讲话。

会议认为，16年来林业生产建设取得了很大成绩，全国已成长起来的新造幼林2亿多亩；建成社队林场、专业队10万多个；国营林场3500多个。16年来，林业建设积累了丰富的经验，并开始摸索我们自己发展林业的道路。今后的任务是，调动广大群众的积极性，在普遍管好现有林的基础上，要求五年内造林更新2亿亩，封山育林1亿亩，并大搞“四旁”植树，积极扩大森林资源。会议议定1966年的工作重点是：继续贯彻依靠社队、集体造林为主，同时积极发展国营造林的方针，进一步贯彻自采、自育、自造林，自力更生发展林业生产。切实办好社队林场和专业队；加强林业场、站、圃等基层工作，加强薄弱环节，狠抓基础工作；广泛开展群众性的科学实验和技术革新，加快林业建设的步伐。（毕忠镇）

**【全国林业工作会议】** 1971年8月12日至9月19日，由国务院在北京主持召开。参加会议的有各省、自治区、直辖市革命委员会生产指挥部(组)、农林(林业、农业)局(站)的代表，部分地区、县的代表，社队和先进模范人物代表，林业院校、科研单位代表等共530多人。国务院副总理华国锋、李先念主持了这次会议并讲了话，农林部革委会主任沙风、副主任刁炳章、梁昌武出席了会议。

会议的主要任务是总结经验、发扬成绩、树典型、找差距、大力开展群众性的植树造林运动，加速实现林业上《纲要》；研究林业发展的方针、政策；讨论提高木材产量，调整生产布局，逐步扭转北木南调和 1972 年生产计划等问题。并讨论了《当前林业工作中几个政策问题》、《关于改革育林基金制度的意见》、《关于加速林业机械化的初步规划》等文件草案。

会议指出，建国以来我国林业建设取得了很大成绩，有力地支援了社会主义建设，但也还存在不少问题；全国还有 10 亿多亩宜林荒山荒地和大量"四旁"没有绿化起来；木材生产十年徘徊，成了国民经济中的一条短线。根据存在问题讨论制定了《全国林业发展规划草案》，要求"五年或稍长一点时间绿化"四旁"；五年、七年或更多一点时间绿化荒山荒地；缺材省(区)五年、十年、十五年左右做到地方用材自给"。（毕忠镇）

**【全国林业调查工作会议】** 1973 年 12 月 10 日至 20 日，由农林部在湖北省咸宁地区主持召开。参加会议的有 27 个省、自治区、直辖市林业(农林)厅(局)的负责同志及林业院校和科研单位的代表，共 172 人。

会议认真学习了中央有关发展林业的指示，总结交流了经验，讨论了林业调查规划工作的任务及如何加强领导，提高工作水平，更好地为林业生产建设服务等问题。

会议认为，我国林业调查规划工作，必须认真贯彻执行党的各项方针政策，实行专业队伍与群众相结合，定期清查，查清查准，查管结合，合理规划，为林业生产建设服务，其主要任务是：查清全国森林资源和宜林荒山荒地及森林资源的消长变化情况；大片林区的规划；国营林业局(场)和集体林的调查规划；大片用材林基地和各种防护林的造林调查规划设计；总结调查规划成果的使用情况。

会议认为，林业调查分为：1.全国森林资源和宜林荒山荒地清查；2.森林和造林规划设计调查；3.伐区、造林、营林作业设计调查等三类是必要的。

会议指出，"四五"期间完成一次全国森林资源及宜林荒山荒地清查是当前林业调查规划工作的迫切任务，要求各地加强领导，组织力量，切实做好这项工作，同时还要根据生产要求，有计划地开展各项调查规划设计。（刘于鹤）

**【全国造林工作会议】** 1973 年 8 月 10 日至 23 日，由农林部主持，在山西省运城地区召开。农林部副部长梁昌武出席了会议，与会代表共 715 人，其中地、县负责同志 270 人。会议检查了 1971 年全国林业工作会议的贯彻情况，总结交流了经验；着重讨论了进一步加快绿化步伐，提高造林质量等问题。会前分片参观了甘肃康乐、辽宁新金、安徽涡阳等县植树造林和湖南米石杉木林基地；会议期间全体代表又参观了夏县、平陆、运城等县的造林绿化。

会议认为，当前要特别注意解决以下问题：一，坚决维护国家和集体的山林、树木所有权；二，坚决执行现阶段农村人民公社"三级所有队为基础的"基本政策；三，鼓励社员在房前屋后或在生产队指定的地方种树，自种自有；四，对竹木集中产区的社队，应按《农村人民公社六十条》规定，实行"以经营竹木为主，竹木生产和粮食生产相结合"。（韩天福）

**【全国林业、水产会议】** 1977 年 3 月 12 日至 3 月 30 日，由农林部在北京主持召开，出席会议的有各省、自治区、直辖市革委会、农办和林业、水产局的负责同志，海区渔业指挥部、地县委革委会、林业、水产企事业单位和科研、院校的负责同志，先进集体的代表和先进个人共 1500 余人。中央和国务院领导同志接见了全体代表，李先念、陈永贵副总理到会做了重要讲话。农林部部长杨立功、副部长梁昌武、肖鹏出席了会议。梁昌武副部长在会上作了《彻底批判"四人帮"，掀起林业建设新高潮》的讲话。

会议认真学习了毛主席的《论十大关系》、中共中央〔1977〕10 号文件和中央工作会议的精神；联系实际大揭大批了"四人帮"篡党夺权、破坏林业、水产建设的罪行；交流了林业、水产战线的生产经验；研究了发展林业、水产的方针、任务；讨论审议了《全国林业发展规划》。大会表彰了林业、水产战线的先进典型单位和先进集体。受奖旗和奖状的林业先进单位 73 个、先进企业 16 个、先进集体 159 个。

出席会议的 29 个先进县和 16 个先进森工企业分别向全国各兄弟单位发出了开展社会主义劳动竞赛的倡议书。（毕忠镇）

**【全国林业调查规划工作会议】** 1980 年 4 月 24 日至 5 月 4 日，由林业部在北京主持召开。出席会议的有全国各省、自治区、直辖市林业(农林)厅(局)负责同志，林业调查规划和林业科研、教学单位的代表 170 余人。林业部副部长唐子奇、杨延森出席了会议。会议学习了中共中央、国务院《关于大力开展植树造林的指示》和林业部雍文涛副部长在国有林区工作座谈会上的讲话。杨延森副部长作了"关于加强林业调查规划工作，适应林业生产新形势"的报告。规划局刘均一局长作了"建国以来林业调查规划工作总结"报告。会议期间，特邀代表、山西省政协副主席、全国劳动模范李顺达和雷州林业局、小陇山林业局以及山西、湖北、河北、辽宁等省的代表在会上介绍了经验。

会议着重讨论研究了三个问题：1.总结建国以来林业调查规划工作正反两个方面的经验教训；2.努力探讨适合我国国情的林业调查规划工作的路子；3.确定调整时期的林业调查规划工作的方针、政策和任务，制订完成任务的技术方法和措施。通过这次会议总结了经验，明确了任务，为林业调查规划工作开创了新的局面。（邱凤扬）

**【东北、内蒙古林区林业企业营林工作会议】** 于1981年4月2日至10日，由林业部在吉林省长春市主持召开。出席会议的有黑龙江、吉林、内蒙古三省、区林业厅（总局）和管理局、林业局的领导共130余人。会议根据中共中央、国务院《关于保护森林发展林业若干问题的决定》，着重研究了林区工作的调整、森工营林工作的统一和发展规划等问题。

会议提出了以营林为基础，以培育森林为中心的企业调整十条任务和要求。重点是坚持采育结合，采育平衡，造林育林要大上，森林更新要做到一年跟上采伐，五年还清旧账；采伐要逐步定产，做到年消耗量不超过生长量。

会议认为，强调森工营林统一，就是从实现森林永续利用出发，把思想和工作真正统一到以营林为基础的轨道上来，彻底纠正以原木为中心，重采轻造的错误做法。要把营林计划与森工计划统一起来，从采种育苗、整地、造林到成林抚育等各项营林计划都要列入整个林业计划之内，使更新计划与采育计划相适应。在企业经营方针上，要把林区经营的着眼点，放在培育和扩大森林资源上；要把营林列为考核企业的首要指标。

会议指出，第六个五年计划期间营林发展规划，主要是着重解决集中过量采伐，更新造林，成林抚育速度慢，采伐更新质量低和营林内部比例失调等问题。规划的目标是，1982年前更新跟上采伐，1985年前还清更新欠账。

会议还讨论通过了加强企业营林工作的有关决定和提高营林质量的具体办法。（张亚夫）

**【全国飞机播种造林工作会议】** 1982年8月31日至9月9日，由林业部在北京主持召开。出席会议的有22个省、自治区、直辖市林业（农林）厅（局）的代表，并邀请了中国民用航空局、中国人民解放军空军司令部和航空工业部的同志参加会议。会议传达和贯彻了邓小平同志7月在林业部《关于飞机播种造林情况和设想的报告》上所作的："每年四千万元为数不大，完全纳入国家计划，地方做好规划和地面工作，保证质量。这个方针，坚持二十年，可能得到较大实效"的重要批示；总结和交流了飞播造林经验及如何管好用好这一专项经费的方法；讨论并确定了"巩固成绩，稳步发展，播管并重，讲求实效"的飞播造林工作方针。

会议要求：1.认真管好现有飞播造林，促进成林成材；2.开辟新播区要先进行试验，取得成功后再逐步推广；3.不能盲目贪大求快，合理设计，精心施工，提高"三率"，即有效面积率、落种准确率和成苗率；4.贯彻"一分播九分管"的精神，把南方和北方的飞播造林保存率分别提高到50%、40%。5.坚持播在谁的土地上，林木归谁所有的政策和飞播造林经费以自力更生为主，国家补助为辅和择优扶持的原则。（张景春　张耀恒）

**【全国部分省（区）非统购木材产销交流会】** 1982年11月19日至28日，由林业部主持在山东省济南市召开。出席这次会议的有黑龙江、吉林、内蒙古、福建、江西五个产材省、区和大兴安岭林业管理局，以及来自南北方13个需材省、区和商业、轻工、煤炭、石油、农业、物资等有关部门1800多人。会议的主要内容是，根据中共中央、国务院发布《关于保护森林发展林业的若干决定》的精神，对旧的木材流通管理制度进行改革尝试，做好产销双方的服务，疏通木材流通渠道，搞活林区经济。

会上共签订合同5371份；成交非统购木材约147万立方米；棍、柄材1803万根；成品半成品折合材积80余万立方米，加上竹类和人造板林副产品等，成交总金额近4亿元。

会议认为，这次会议的重要意义有三点，一是为非统购木材管理和疏通产销渠道摸索了经验，开辟了一条新的木材交易方式，打破了木材单一的分配渠道；二是产销直接见面，有利于森林资源的保护和利用；三是活跃林区经济，支援了农业、轻工业市场用材，开展易物交易，为林区换回有用的生产生活物资。（郭春生）

**【全国全民义务植树工作会议】** 1983年1月5日至11日，由中央绿化委员会在北京主持召开。出席会议的有29个省、自治区、直辖市绿化委员会主任、副主任，全军绿化委员会负责同志和工作人员，部分城市、农村、部队及中央直属机关等义务植树典型单位的代表共264人。中央绿化委员会主任万里主持会议并讲了话；雍文涛副主任代表中央绿化委员会作了题为"把绿化祖国的伟大群众运动继续推向前进"的报告；李锡铭副主任就城市义务植树和绿化问题讲了话。

与会同志学习了邓小平同志在雍文涛、杨钟同志《关于全民义务植树运动情况的汇报》材料上的重要批示："这个报告令人高兴。这件事，要坚持20年，一年比一年好，一年比一年扎实。为了保证实效，应有切实可行的检查和奖惩制度。”会议以邓小平同志的批示为指导思想，检查总结交流了1982年全国全民义务植树运动开展第一年的工作经验，研究解决存在问题和安排1983年的全民义务植树工作。

会议结束时，万里做了总结讲话，他着重指出，要继续提高对开展全民义务植树运动的认识；要进一步加强对义务植树工作的组织领导，要求各级党政领导同志和所有单位的负责人，都要亲自抓，千方百计的抓；要把义务植树运动扎扎实实地开展下去，要防止一阵风，大喊大叫一阵子，运动一阵子，虎头蛇尾那一套。（马宝国）

**【全国造林调查设计工作会议】** 1983年8月11日至16日，由林业部在北京主持召开。出席会议的有各省、自治区、直辖市林业(农林)厅(局)造林处、调查设计院(队)负责人，以及组织调查设计工作有成绩的地区、县、国营林场和一些基层调查队的代表共110余人。林业部部长杨钟、副部长刘琨到会并讲了话。会议主要内容是，总结建国以来造林调查设计工作的经验教训，重申以往关于调查设计有关规定的重要作用，明确在基层建立调查专业队伍普及造林调查设计和按科学设计施工是提高造林成效的关键措施。经讨论研究，会议提出以下要点：

1.重申1980年全国林业调查规划工作会议和1982年林业资源调查与管理工作会议的规定。今后一切造林工程都必须按主管部门批准的设计文件施工，切实抓好区划、规划、设计检查和验收。

2.尽快完成县级林业区划和林业发展规划的工作，以便为造林调查设计提供科学依据。

3.在造林任务大的县(旗)和大型国营林场建立适应需要的小调查队，编制可在当地林业系统内部调剂或在省范围内统筹安排，经费来源，原则上搞什么设计花什么钱。

4.国家、省级和地区级的林业调查队除应继续承担跨区的大片造林规划和基层队伍无力承担的重点造林工程的设计以外，主要应承担起广大基层林业调查队伍的技术培训，制订技术规程或细则、技术指导等任务。

5.县、场林业调查队伍，要以林业院校毕业年富力强、事业心强、能吃苦耐劳的专业技术人员为建队骨干，抓紧进行技术培训，配备必要的仪器、设备和交通工具。

6.各县、场林业调查队统一执行省(区、市)林业调查勘测人员劳保福利标准。（陈莲叶）

**【全国林业物资管理暨节能工作经验交流会议】** 1983年12月18日至22日，由林业部在山东省济南市主持召开。出席会议的有24个省、自治区、直辖市林业(农林)厅(局)物资部门和节能部门的负责人，林业部直属直供企、事业单位主管物资和节能工作的负责人，以及物资管理和节能工作先进单位、先进集体、先进工作者，共计460人。林业部副部长杨天放出席会议并讲了话。会议主要任务是总结党的十一届三中全会以来林业物资工作和节能工作的主要成绩和经验，研究和部署1984年及今后一个时期物资工作和节能工作的主要任务。

会议期间有24个单位作了大会发言，72个单位做了书面发言，交换了资料，广泛交流了经验。大会还表彰了全国林业系统物资管理工作先进单位25个、先进集体10个、先进工作者17人；节能工作先进单位18个、先进集体14个、先进工作者13人。通过这次会议改善了林业物资管理工作的状况，促进了节能工作的开展。（陈崇欣）

**【南方林区搞活经济会议】** 1984年7月16日至22日，由林业部主持在贵州省锦屏县召开。出席会议的有湘、鄂、皖、闽、浙、赣、粤、桂、川、黔、滇11个产材省、自治区的省、地、县三级林业部门的负责同志100余人。林业部副部长王殿文出席会议并讲话。会议的主要内容是，学习贯彻中共中央中发〔1984〕1.3号文件和中央领导同志对如何解放思想，大胆改革，发展商品生产，搞活林区经济等方面的有关指示，总结经验，分析集体林区经济发展出现的新情况、新特点、探讨南方林区如何松绑放宽，发展商品生产等重大问题。

与会代表就建立南方林业发展的新模式；林产品流通管理机构设置和方法；集资开发林区的途径等内容提出了不少好的建议和办法。对贵州省首先开展引资造林、集资开发林区，以木换粮换物等作法予以肯定，并对他们允许买卖青山、中幼林折价转让等有关政策很感兴趣，认为这都有益于促进林业向商品经济转变，加速林业的发展。

会议指出，要按南方集体林区的特点发展林业；放宽政策，疏理产销渠道；搞好林业“三定”，返利于民，以林养林；广开集资渠道，扩大林业资金来源；改革管理体制，加强系统建设，提高队伍素质。会议要求南方各省林业部门在新的形势下切实抓好山区战略转移，争取在活跃林区经济上有个突破，为建设南方新林业作出贡献。（郭春生）

**【全国林业出版工作会议】** 1984年8月1日至4日，由林业部在北京主持召开。出席会议的有，中共中央宣传部出版局、文化部出版局、中国林业出版社特约顾问和特约编审、16个省、自治区、直辖市林业厅(局)、农业出版社、中国林业出版社等单位的代表共124人。林业部部长杨钟、副部长董智勇、刘广运出席会议并讲话。文化部出版局副局长刘杲、文化部出版委员会副主任、科技出版委员会主任常紫钟同志也到会讲话。

会议回顾了林业出版工作取得的成绩，加深了对这一工作重要性的理解。建社30多年来，在中国林业出版社和各地出版部门的共同努力下，出版各种林业图书、期刊2000余种，发行达3000万册，在林业建设中发挥了一定的作用。随着林业形势的不断发展，林业出版工作也有一个解放思想、开阔视野的问题，要树立大林业思想，面向现代化，面向世界，面向未来，多方面、多层次，调整好各类图书的比例关系。

会议讨论并通过了《中国林业出版社1984—1990年选题规划》。会议强调，林业出版工作应为林业生产、科学技术、教育事业服务，为广大林业职工、广大农民和其它社会读者服务；要缩短出书周期，改变出书慢的局面；林业部要早下决心，及早筹建印刷厂。

会议期间，林业部还聘请了68名各方面的专家教授和科技人员为中国林业出版社的特约顾问和特约编审，并由董智勇副部长颁发了聘书。

（王邱文）

**【全国林业宣传工作会议】** 1984年12月17日至22日，由林业部在北京主持召开。出席会议的有各省、自治区、直辖市林业（农林）厅（局）主管宣传工作的处室负责同志，全国林业新闻工作者协会的代表，中央各新闻单位的同志共120余人。林业部部长杨钟、副部长刘广运出席了会议并讲了话。会议主要任务是总结交流开展林业宣传工作的经验；讨论研究如何进一步加强和改进林业宣传工作；商议成立全国林业新闻工作者协会；讨论拟定1985年林业宣传要点。

会议总结了近几年来林业宣传工作所取得的成绩和进步，认为，从中央到地方都加强了林业宣传，并在宣传中突出了林业改革，加强了对森林生态效益、森林与环境、森林与人类发展关系的宣传，使人们对林业的认识有了较大提高。在宣传形式上和方法上都有了改进，电影、电视、摄影、美术等形象宣传有显著发展；集中宣传和经常性的宣传相结合有了成效。在组织上，林业部门的宣传力量、宣传阵地得到加强。

会议传达学习了中央农村工作会议精神，讨论了林业建设和林业改革的任务，总结交流了经验，研究了今后的宣传任务，明确了1985年林业宣传工作重点。

（丁付林）

**【全国青少年绿化表彰大会】** 1985年1月9日至12日，由中央绿化委员会和共青团中央主持，在甘肃省兰州市召开。这次会议的主要任务是，进一步学习和贯彻中共中央、国务院有关植树造林的政策和指示；总结交流延安造林大会以来青少年植树造林活动的基本经验；表彰400个绿化祖国突击队和600名绿化祖国突击手；部署今后一个时期的绿化工作，动员广大青少年更大规模的种草种树，把绿化祖国的活动推向新的阶段。

会议提出，全国青少年1985年和“七五”期间绿化活动的主要任务是：第一，卓有成效地建设“一河两线”青年绿化工程；第二，动员青年开发“两山”，大力发展“两户一体”；第三，广泛深入地开展义务植树活动，向一切可以绿化的地方进军；第四，继续开展“采种支甘”活动，为开发大西北作贡献。

（韩天福）

**【全国林业外事工作会议】** 于1985年1月20日至26日，由林业部在山东省烟台市主持召开。出席会议的有来自全国27个省、自治区、直辖市林业（农林）厅（局）负责外事工作和有关单位的代表110多人。林业部副部长刘琨、烟台市党委副书记李太启出席了会议。

会议认为，自党的十一届三中全会以来，各级林业部门认真贯彻执行对外开放政策，积极扩大对外技术交流和经济合作，取得了可喜的成绩，对我国林业现代化建设起到了促进作用。在林业科技交流方面有林业科技考察、引进品种资源、引进智力等。在引进先进设备方面，几年来已从国外引进大型成套设备和技术改造项目12项。此外，我国在巴西创办了“华西木材工业有限公司”，与巴西政府共同开发该国的森林资源。

会议指出，我国林业外事工作由于长期受“左”的束缚，思想还不够开放，步子迈得还不够大，必须进一步加快改革速度。要广开渠道、扩大领域，大力推进对外科技交流，开发智力，培养人才，借鉴外国的经验，促进林业科技的进步。同时要进一步推进对外经济合作，积极扩大利用外资的规模，为我国林业现代化建设服务。 （毕忠镇）

**【全国国有林区经济体制改革座谈会】** 1985年7月10日至20日由林业部在黑龙江省桃山林业局主持召开。会议的主要内容是，认真贯彻《中共中央关于经济体制改革的决定》，总结交流国有林区经济体制改革的经验，开拓国有林区林业企业改革的路子。

会议指出，国有林区面临着森林资源危机和企业经济危困的局面。近年来，森林资源继续“过伐”，资源枯竭的林业企业急需休养生息。今后林业的指导思想是以营林为基础，采育结合，综合开发，全面发展，使林业生产由恶性循环转为良性循环。要认真调整产业结构，变林区资源优势为经济优势，彻底改变企业经济危困状况。林区的生产建设，要有长远的发展规划，合理经营，永续利用，充分发挥林区生态效益和经济效益。要大胆革除阻碍生产力发展的某些政策、规章、制度、管理方法。在计划体制、管理体制、投资方案、税收政策、木材价格、劳动制度、经济结构、产业结构、行业管理等方面都存在许多积弊，不进行改革无法前进。要进一步端正林区经营指导思想、坚持按林业的特点和经济规律办事，理顺国家与林业企业以及企业内部各方面的关系，不断增强企业活力，使国家这块重要的林业生产基地得到巩固和发展。

（李世贤、赵晓琦）

**【全国林业科技工作会议】** 1985 年 8 月 11 日至 16 日，由林业部主持在山东省济南市召开。出席会议的有各省、自治区、直辖市林业（农林）厅（局）主管科技工作的厅（局）长，林业科学研究院（所）长及有关专家，部直属林业设计院、规划院及林业大专院校领导，国务院有关部委和新闻单位的代表共 230 余人。

会议讨论修改了林业部《关于林业科学技术体制改革的若干意见》（讨论稿）；分析了我国林业科技事业的现状和发展趋势以及存在问题和原因；总结交流了初步改革的经验；奖励了 1982、1983 年度的 126 项林业科技优秀成果。会议认为，实现林业现代化的关键是依靠科学技术的进步。一方面，对林业科技的中长期发展要有一个明确的要求和切实的规划；另一方面，必须将已取得的当前适用的科技成果，努力加以推广，尽快转化为生产力。对近期生产中急需的科学技术，要加强研究，争取早出成果，多出成果。对引进技术要积极消化，投入使用。

会议指出，为进一步解决科技和经济结合的问题，要解决体制问题，使新的科技体制有利于技术进步和经济发展。我国林业科技战线当前的任务是，采取切实的步骤，争取五年左右使我国林业科技体制基本上转到新的轨道上来。对改革拨款制度，一定要从林业的实际出发，分别情况稳妥从事，减下来的事业费仍要用于科学研究，而且随经济的发展，科技经费要逐年有所增加。科研基金的筹集问题，林业部决定，从 1986 年开始拿出自有资金的 30% 用于科研、教育。建议各省、自治区、直辖市林业部门仿照执行。

会议强调，林业科技改革总的要求就是，要革除弊端，理顺关系，大力加强开发研究和近期能取得实际价值的应用研究，努力做好科技成果的推广，促进林业科技的发展。（何淑筠）

**【中国绿化基金会理事会议】** 中国绿化基金会理事会议，于 1985 年 9 月 27 日在北京召开。会议由中国绿化基金会主席雍文涛主持。中华人民共和国副主席、中国绿化基金会名誉主席乌兰夫，全国人民代表大会常务委员会副委员长、中国绿化基金会顾问黄华出席了会议，并作了重要讲话。中国绿化基金会副主席马玉槐、柴泽民及理事到会。

会议期间，雍文涛主席就成立中国绿化基金会的必要性；中国绿化基金会的宗旨和任务；当前工作的初步设想等几个问题发表了讲话。

中国绿化基金会秘书长汪滨将成立中国绿化基金会筹备工作的详细过程；中国绿化基金会成立一年多的工作；国内外企业、团体、个人的捐赠及基金使用情况等，向与会理事作了汇报。

会议还审议通过了中国绿化基金会章程、基金管理使用办法、中国绿化基金会会徽。（全志刚）

**【全国林业公安工作会议】** 1985 年 10 月 28 日至 11 月 2 日，由林业部和公安部在云南省昆明市联合主持召开。出席会议的有各省、自治区、直辖市林业（农林）厅（局）、公安厅（局）负责同志，以及各省、自治区、直辖市林业公安处（局）的负责同志。林业部副部长刘琨、刘广运，公安部副部长胡之光参加了会议并作了报告。

会议明确了林业公安机关的性质、任务、职权和管理体制、经费、装备以及队伍建设等重大问题。

1．林业公安工作是公安工作的一个重要方面。林业公安机关是公安机关的组成部分，是公安机关派驻林区的治安行政力量。主要任务是保卫森林资源安全、维护林区社会治安，保障林业生产建设顺利进行。林业公安机关原则上行使同级地方公安机关的职责权限。

2．林业部公安局编入公安部业务局序列，实行双重领导。各省、自治区、直辖市林业（农林）厅（总局、局）公安处（局）要编入公安厅（局）业务处序列，受林业厅（总局、局）和公安厅（局）双重领导。省级以下的林业公安机关，已按系统领导为主的县级林业公安局，执行现行的领导和管理体制；地、县公安机关的派出机构设立的林业公安分处、分局、派出所分别受同级林业部门和派出机关的双重领导；地、县两级设立的林业公安科（股），要分别编入同级公安机关序列，受同级林业部门和公安机关的双重领导。

3．林业公安机关的经费可按现行财政体制纳入同级行政或事业经费解决；属于企业的，由企业管理费解决。其技术装备，根据林业公安工作特点参照公安部的有关规定执行。

4．要下决心配齐、配好各级林业公安机关的领导班子，大力加强思想政治工作，从严治警，干警的培训要纳入同级林业、公安部门的教育规划，认真落实。干警的政治、生活待遇，要执行国家对公安干警的统一规定。

会议认为，林业公安工作具有长期性、艰巨性，各级林业部门和公安机关都要加强对林业公安的领

导，帮助解决实际问题。 （朱 秋）

**【保护和抢救大熊猫会议】** 分别于1984年3月在四川省成都市、1984年12月在甘肃省兰州市、1985年11月在陕西省汉中市由林业部主持召开。出席会议的有四川、陕西、甘肃三省和地(市)、县抢救大熊猫领导小组的负责同志，林业部门主管自然保护工作的负责同志和有关单位的代表。林业部副部长董智勇出席会议并讲话。通过会议，及时了解灾情，交流了经验、表彰了先进，推动了救灾工作的开展。

成都会议听取了四川、陕西、甘肃三省和受灾县的灾情汇报，全面部署了救灾工作。根据反映的情况，林业部向国务院报送了《关于抢救大熊猫工作的情况的报告》。 田纪云副总理召集有关部、委领导同志会议，研究救灾工作， 指出抢救大熊猫工作任务艰巨，需坚持多年，并拨出专项救灾经费，支持救灾工作。

兰州会议总结了救灾工作开展一年来的经验，提出了深入开展救灾工作的要求。

汉中会议是保护抢救大熊猫工作的表彰大会，会议表彰先进集体49个，先进个人47名，以及为救灾工作作出贡献的新闻单位5个，新闻工作者17名。会议肯定了一些行之有效的抢救措施：在大熊猫分布地区建立专业巡逻队和监测站；实行保护承包责任制；扶持当地群众开辟新的生产门路；加强护林防火，严格入山管理。 （张玉山）

**【全国林业教育工作会议】** 1985年11月4日至18日，由林业部主持在湖南长沙市召开。出席这次会议的有全国各省、自治区、直辖市林业（农林）厅（局）和各高等林业院校的领导以及部分高等农业院校林学系的负责人，国家教育委员会、湖南教育委员会、财政部等单位的代表共200余人。中顾委委员原林业部部长罗玉川、湖南省副省长曹文举、林业部副部长董智勇出席了会议。与会同志认真学习了《中共中央关于教育体制改革的决定》，分析了林业教育的现状和存在问题，研究了林业教育发展趋势，共同讨论修改了《林业部关于贯彻〈中共中央关于教育体制改革的决定〉的意见》。

会议认为，要充分认识教育在林业现代化建设中的战略地位，要振兴中国林业不狠抓教育不行，要提高林业经营管理水平，提高经济效益不狠抓教育也不行。不仅仅是林业部要抓好教育，各级林业部门都要把教育做为战略重点来抓。会议指出，今后林业教育除办好现有高等林业院校本、专科外，同时大力发展林业职业技术教育，发展和加强林业成人教育。

会议强调，改革和发展林业教育要从全局的发展观点出发，遵照党中央已做出的关于教育改革的决定，扎扎实实、持之以恒地进行。当前林业教育改革的重点应放在"最大限度地普及教育、最大限度地提高教育质重"。 （毕忠镇）

**【中央绿化委员会第五次全体委员会议】** 1986年2月27日，中央绿化委员会在北京召开了第五次全体委员会议。出席会议的有中央绿化委员会全体委员和有关方面的负责同志。中央书记处书记、国务院副总理、中央绿化委员会主任委员万里主持了这次会议，并做了重要讲话。中央绿化委员会副主任委员、林业部部长杨钟向会议汇报了1985年全国绿化工作主要情况及今后需要抓好的几项工作。会议通过了《关于进一步推动绿化工作的建议》。

中央绿化委员会是经国务院、中央军委批准成立的，并于1982年2月27日召开了第一次全体委员会议。在这次会议上宣布了中央绿化委员会主任委员、副主任委员及委员名单。会议要求全国县以上各级政府成立绿化委员会，统一领导本地区的义务植树运动和造林绿化工作。号召一切可以参加植树的人行动起来，做出应有的贡献。

1983年1月5日中央绿化委员会在北京召开了第二次全体委员会议，万里同志主持并讲了话。会议研究了关于召开"全国全民义务植树工作会议"的有关事项。讨论通过了雍文涛同志代表中央绿化委员会向工作会议做的《把绿化祖国的伟大群众运动继续推向前进》的报告。

1984年2月18日，中央绿化委员会在北京召开了第三次全体委员会，万里同志主持并讲了话。会议讨论通过成立"中国绿化基金会"，原则同意"中国绿化基金会章程"；讨论通过"中国植树节节徽"；讨论通过要表彰的全国全民义务植树先进单位名单。

1985年3月6日至8日，中央绿化委员会在河南省郑州市召开了第四次全体委员会议，万里同志主持并讲了话。会议讨论通过了《关于各部门绿化任务分工负责的建议》和《关于植纪念树造纪念林的倡议》。 （毕忠镇）

**【林业系统第一、二、三批博士和硕士学位授予单位审定会】** 分别于1981年6月(北京市)、1983年8月（山东省泰安市）、1986年3月（陕西省西安市）由林业部、国务院学位委员会联合主持召开。出席会议的有林业部学位委员会委员，林业系统生产、科研和高等林业院校有关专家、学者及工作人员80余人。会议根据《中华人民共和国学位条例》、《中华人民共和国学位条例暂行实施办法》和《国务院学位委员会关于审定学位授予单位的原则和办法》，对高等林业院校、系和中国林业科学研究院等单位提出的申请学位授予权的材料进行了认真的评议。

三次会议先后通过并经国务院学位委员会批准

了21个学位授予单位，并按国务院学位委员会公布的学科、专业目录，审议通过（业经国家批准）了博士学位授权点21个；硕士学位授权点95个；博士指导教师27人。其中北京林业大学博士学位授权点7个，硕士学位授权点14个；东北林业大学博士学位授权点6个，硕士学位授权点15个；南京林业大学博士学位授权点6个，硕士学位授权点12个；中国林业科学研究院博士学位授权点2个，硕士学位授权点12个。（朱堃元）

**【全国国营林场、苗圃工作会议】** 1986年4月15日至19日，由林业部在陕西省户县主持召开。会议学习了中央领导同志关于林业工作的重要指示，回顾了国营林场、苗圃三十多年来的发展历程，总结交流了党的十一届三中全会以来改革、搞活的经验，分析了形势，研究了解决问题的措施。会议认为：兴办国营林场、苗圃，建立新的林业基地，是党和国家在林业建设上的一项重要决策。建国以来，国营林场、苗圃从少到多，从小到大，逐步发展壮大，造林速度快，投资效益高，生态效益、社会效益显著，正在成为林业科技推广的重要基地和我国林业经济的重要支柱。会议在分析了面临的新形势后指出：国营林场、苗圃的优越性和资源、劳力的潜力，还远远没有充分发挥出来，要充分利用优越条件，发扬积极开拓的精神，把国营林场、苗圃推向科学管理、集约经营、充满活力的新阶段。会议要求着重做好七项工作。一是进一步松绑放权；二是认真探索与完善林业生产责任制；三是继续调整产业结构，努力开拓新的生产领域；四是加强科学管理，提高集约经营水平；五是认真抓好经营采伐试点工作；六是依靠地方政府和当地群众，处理好场群关系；七是加强对国营林场、苗圃的领导，切实提高职工队伍的素质。（陈培源）

**【全国普通高等学校农科、林科本科专业目录审订会】** 1986年4月17日至23日，由国家教育委员会、农牧渔业部、林业部联合在南京主持召开。出席会议的有来自全国45所农、林院校（含部分综合性大学）、有关生产科研单位和业务主管部门的专家、学者160余人。国家教育委员会副主任朱开轩、农牧渔业部副部长相重扬、林业部副部长徐有芳出席了会议。会议对提交大会的全国普通高等学校农科、林科本科专业目录送审稿进行了审议。

会议认为，修订农林科专业目录，必须从我国的实际出发，以“三个面向”为指针，遵循教育的客观规律，适应农林生产建设的发展、科技的发展和经济体制改革的需要，有利于培养有理想、有道德、有文化、有纪律的高级农林科学技术人才和管理人才。本着上述指导思想，与会同志对送审稿进行了认真的讨论和修改，最后经国家教育委员会审核并发布了《普通高等学校农科、林科本科专业目录》。修订后的专业目录中，共列林科本科专业6类20种，其中试办专业4种。与现专业比较：保留原专业名称的10种；拓宽专业面或调整专业内容后，更改专业名称的4种；撤并现有专业8种；新增设专业6种。（朱堃元）

**【林业政策研究工作座谈会】** 1986年5月6日至12日，由林业部在北京主持召开。出席会议的有全国林业（农林）厅（局）办公室和政研室的负责人及有关单位的同志。杨钟部长主持会议并发表讲话，主要是分析林业政策研究面临的形势，指出政策研究的思路和重点，以及强调建立一支精干的调查研究队伍。中共中央书记处农村政策研究室主任杜润生到会作了重要指示，提出林业的政策研究要集中在改革上，研究的基点是要把林木当作商品来对待，而且必须放在整个国民经济的现实环境中去研究，同时还要注意研究选择适当的经营形式。到会的各省、自治区、直辖市林业厅（局）的有关同志，围绕林业的经济体制改革，交流了工作经验，并确定了今后一个时期的需研究的重点课题。（董庆余）

**【全国林业厅（局）长会议】** 1986年8月1日至8日，由林业部在北京主持召开。全国29个省、自治区、直辖市和7个计划单列市的林业厅（局）长，以及国务院有关部门、高等林业院校、科研和设计单位的同志，共200余人参加。会议审议了《一九八六——二〇〇〇年林业发展纲要》和《林业技术政策要点》，研究了南方集体林区木材放开经营和发放林业贴息贷款工作中存在的问题。会议指出：发展林业要遵循生态经济的原则、永续利用的原则和经济扶持的原则，要大力造林育林，努力提高森林覆盖率，有计划地增加木材等林产品的产量，发展联合与合作。重点应抓好国有林区131个林业局和4100多个国营林场的林业基地建设，抓好南方集体林区158个重点林业县的基地建设；建设一批速生丰产林和经济林基地，重点营造防护林，并加速平原农区的林业发展。会议认为，当前要加快林业经济体制改革的步伐；要提高全社会对林业的认识，调动各方面的积极性；要大力抓好林业教育和科技工作；要做好资源清查和管理工作；要健全林业法制，以法治林兴林。关于南方集体林区木材放开经营，会议认为中央的这一决定是正确的，今后需要进一步理顺关系，完善和配套改革措施。会议还对如何管好、用好国家发放的贴息贷款作了研究。

（陈培源）

**【全国国有林区森林工业经济体制改革座谈会】** 1986年8月25日由林业部主持在吉林省三岔子林

业局召开。会议主要内容是，进一步贯彻落实《中共中央关于经济体制改革的决定》，回顾检查1985年7月在黑龙江省桃山林业局召开的全国国有林区经济体制改革座谈会以来的工作情况，促使国有林区的经济向良性循环转化。

会议认为，一年来由于国家对林业采取了一些扶持政策，因此国有林区的森林工业经济体制改革已出现了良好的开端，一些困难的局面开始缓解。但就国有林区整体而言，资源恶化趋势没有停止，经济危困没有转变，企业的生产和发展仍陷于重重困难之中。

会议指出，对国有林区存在的问题应分步解决。首先要合理定产，停止“过伐”，大力培育森林资源；理顺木材价格体系，建立林价制度；调整税利政策，改革财务制度；增加对森工企业的投入，调整投资方向和产品结构，稳定森林工业经营范围，保障企业的经营自主权。同时要改革管理体制，加强行业管理；大力推进横向经济联合；把全民和集体经济划开经营，扶持集体经济健康发展；迅速发展多种经营，实行立体开发，变资源优势为经济优势；实行行政、企业职责分开，正确发挥政府机构和企业管理职能。（李世贤、赵晓琦）

【全国林政管理和森林保卫工作座谈会】 1986年9月5日至10日，由林业部在山东省烟台市主持召开。出席会议的有各省、自治区、直辖市林业（农林）厅（局）主管林政工作、林业公安局（处）主管森保工作和省林业检查处的负责同志，省林业审判庭长和典型单位的代表共90余人。会议交流了林政管理和森保工作的经验，讨论修改了《关于加强林政管理的意见》、《关于当前加强森林资源安全保卫工作的意见》和《关于当前办理盗伐、滥伐森林案件中具体应用法律的若干问题的解答》三个文件。

会议认为，近几年来，全国林政管理和林业公安工作有了较大的发展，取得了一定的成绩。各地在进行法制建设的同时，加强了森林采伐、木材运输和木竹销售的管理工作，特别是注意抓了林政、林业公安机构的建设，充实了管理人员，这对保护森林资源，稳定林区治安起到了积极作用。

会议指出，各地应进一步提高对林政管理、林业公检法工作的重要性的认识，加强协作，共同完成保护森林资源的重任。为此，林政管理应抓好：加强林业立法工作，使林政管理逐步纳入法制轨道；建立、健全林政管理机构；加强对森林经营活动的检查监督；加强林政管理队伍的自身建设。林业公检法工作应继续贯彻《全国林业公安工作会议纪要》精神，认真抓好：端正林业公安工作的指导思想，明确任务；加强公安机关森保部门建设；认真查处森林案件；切实加强森保工作领导。（章　宏）

【全国林产工业工作会议】 1986年10月8日至14日，由林业部在湖南省长沙市主持召开。出席会议的有各省、自治区、直辖市林业（农林）厅（局）和科研、设计、院校等单位的领导同志和部分企业的负责人以及国务院有关部、委、局、公司的同志共230余人。会议着重讨论修改了《关于发展林产工业的若干意见》和《关于加强林产工业行业管理的办法》两个文件（稿）。

会议认为，我国是一个贫林国家，充分合理利用森林资源，提高森林资源利用率，是发展我国林业的一项重要方针。林产工业的发展直接影响国民经济，特别是林业的发展速度。充分合理的综合利用森林资源，大力发展林产工业，扩大产品品种，提高产量质量和经济效益，满足“四化”建设、人民生活需要和对外出口应作为基本指导思想。

会议讨论修改了《关于发展林产工业若干意见》（稿），明确了以下要点：合理调整生产布局；明确产品方向，有计划地发展商品生产；搞好市场销售，做到产销结合；重视产品应用研究，开拓使用领域；实行经济扶持的政策；建立原料基地，保证生产企业的原料供应；加速技术进步；加强行业管理，促进林产工业的发展。（李继书）

【全国林产品展销会】 1986年10月27日至11月11日，由林业部在北京主持召开。出席会议的有28个省、自治区、直辖市的林业部门和部直属单位。展销品共分27大类3000多个品种，其中有荣获国家和部优质奖的各种木材加工品24种、林产化工产品32种、林机产品26种和名列全国之首的各种干鲜果品以及各省的名、特、优产品。国家副主席乌兰夫为展销会开幕剪彩，林业部部长杨钟致开幕词。会议的主要目的是，向中央、国务院和有关部委汇报情况，宣传、展示林业系统在林业生产、开展多种经营、综合利用方面的成就，沟通产销信息，疏通渠道，加强横向联合，促进林业商品生产的发展，活跃市场。

国务院副总理田纪云、国务委员陈慕华、中央书记处农村政策研究室主任杜润生参观了展销会。田纪云副总理说：“林业的文章很多，这次展出的东西说明林业的多种经营潜力很大，天上、地下可以立体开发。只要认真抓起来，改变单一经营，林业的困难就可以解决，职工也可以富起来，对四化建设也是很大贡献。”

展销会还为正在北京举行的全国农村工作会议的全体代表举办了专场，中央、国家机关和各省、自治区、直辖市主管农业的领导同志共计400多人参观了展销会。展出期间，日本、联邦德国等国驻华使馆、外国和港澳地区驻华商社等外宾和友人，先后参观展览，并洽谈了生意。

展销会展出15天，共接待观众和宾客15万人次，总展销零售金额约200万元，签订供货合同46份，总金额达1200万元，签订购销意向协议书31份，金额达4000万元，并开展了技术转让等业务活动。（李聚桢）

**【全国森林防火会议】** 1986年12月3日至7日，由林业部在江西省九江市主持召开。出席会议的有各省、自治区、直辖市护林防火指挥部或林业（农林）厅（局）有关领导，有关单位的负责同志及新闻单位共120余人。江西省委副书记许勤、黑龙江省副省长王连铮、湖北省副省长韩南鹏参加了会议。林业部副部长董智勇出席会议并作了总结讲话。

与会代表根据1986年3月22日国务院《关于切实加强护林防火工作的紧急通知》的精神和要求，总结交流了各地护林防火工作的经验，针对当前存在的问题研究了措施，并对1983年至1985年全国63个护林防火先进单位和79个先进个人进行了奖励。

会议认为，党的十一届三中全会以来，党中央、国务院对林业工作非常重视，森林防火工作也进一步得到改善，取得了一定成绩，森林火灾呈下降趋势。1983年至1985年3年平均森林火灾受害率在2‰左右（建国35年年均森林火灾受害率8.59‰）。但是全国的森林火灾问题没有从根本上得到解决，大多数林区森林防火工作基础条件差，防火设施薄弱，控制火灾的能力不高，受气候条件影响很大。因此，会议强调，各级领导要提高对森林防火工作的认识，以生态经济的原则来指导森林防火，建立健全各级森林防火指挥机构，严格防火制度，加强野外火源管理，加强防火设施和专业队伍的建设，努力解决好防火建设投资和经费渠道。

会议提出，在"七五"期间，力争使全国的森林火灾受害率下降到3‰或2‰；到本世纪末，全国重点林区要基本达到"四网二化"的目标，使森林火灾受害率下降到2‰或1‰。（杜永胜）

**【林业部科学技术委员会第三届委员会议】** 1986年12月15日至23日，由林业部在武汉市主持召开。出席会议的有本届科技委委员、顾问，国家科委、中国科学院、中国社会科学院等单位的特邀委员，部分省、自治区、直辖市林业厅、局的代表，湖北省人大、省政府的领导及有关单位的新闻工作者共190余人。会议主要任务是讨论修改《林业部科学技术委员会章程》、选聘科技委员会委员、评审1986年科学技术进步奖、审议论证《二〇〇〇年林业科技、经济和社会发展规划纲要》和《林业技术政策要点》。

经过认真讨论修改后的《林业部科学技术委员会章程》明确规定，林业部科学技术委员会是林业部领导实行决策民主化、科学化为宗旨的科技问题审议机构，又是技术经济、管理方面的咨询部门；会议经过认真讨论，选聘出科技委委员及特邀委员109人、顾问11人，组成第三届林业部科技委员会，下设营林、森工、软科学三个组，分别开展工作；会议在预审的基础上评审出1986年科技进步奖142项，其中一等奖1项、二等奖22项、三等奖119项；与会的众多林业专家、学者、管理行家就林业奋斗目标、发展纲要和为实现这些目标而制定的林业技术政策问题进行了广泛的审议和论证，修改和完善了林业部《二〇〇〇年林业科技、经济和社会发展规划纲要》和《林业技术政策要点》。

会议还就科技委1987年工作任务做了具体安排。（秦兰梅）

# 国际林业信息

## 营 林

**【综 述】** 近20多年来,国外营林技术取得了一些新的进展。主要表现在：培育林木良种工作发展迅速,生物技术的应用使林木育种有了突破性的进展,选种工作正向改良化种子园方向迈进；营造速生用材林已经证明是某些少林国家解决木材供应问题的有效途径；森林经营的集约化不仅成为发达国家经营森林的实践，同时也是发展中国家追求的目标；以改善农村人民生活为中心的社会林业在许多发展中国家发挥了重要的作用，并已显示了强大的生命力；遥感技术和电子计算机在林业上的应用越来越普遍；建立国家公园和扩大自然保护区面积，发展旅游事业已成为工业化国家的共同趋势。

（施昆山）

**【林木良种】** 树木遗传育种是提高林木产量和改善材质的重要途径之一。建立种子园是当前世界上培育优良造林用种的共同趋势。苏联到1980年为止,共建立林木种子园8300公顷，采种区14.82万公顷。1985年，主要树种种子园可生产种子305吨，仅占全苏造林用种需要量的1％左右。据预计，到2000年，种子园提供的种子将占全苏造林用种的25%。2017年可实现良种化。美国1980年共有种子园5000公顷，其中80%为南方松种子园。南方造林用种的43%是由种子园提供的。日本1982年种子园产种12900公斤，采穗圃采条6000多万根，分别占需要量的30%和20%。芬兰和瑞典的主要造林树种所采用的良种比例都已超过50%。

林木组织培养取得了显著进展，现在开始初步应用于生产。美国已用火炬松组培苗进行小面积造林，法国对花旗松进行了生产性繁殖试验，联邦德国用组培法大规模繁殖欧洲山杨优良无性系。70年代末以来，同功酶在林木育种中的应用研究明显增多，现已能用来有效地鉴别母树或无性系及鉴定杂交的可靠性，并在种子阶段就可预估杂种率。美国科研人员利用美国榆和中国北方野榆进行细胞融合已获得成功。

（施昆山）

**【育 苗】** 70年代以来,国外森林苗圃作业技术进展很快。林业发达国家的森林苗圃趋向大型化、机械化和化学化，主要育苗作业都已实现了机械化。

容器育苗进展尤为迅速，加拿大、芬兰和瑞典的容器苗比重都已达30%以上。瑞典和芬兰是发展容器苗较早的国家，它们的某些容器育苗作业，从生产容器、充填培养基直到育苗，已经实现了高度机械化、连续化和自动化。加拿大在育苗容器种类的研制和应用上居于领先地位。

在裸根苗育苗方面，新西兰发明了一种新的播种方法。这种方法改传统的条播法为方形播法，用盒式剪根法(三维法)代替平面剪根法，从而避免了苗木根系间的相互缠绕及其它损伤，起出的苗木就地装入特制的盒中,这样,苗木根系从起出到栽植只暴露于空间两次，使造林成活率大为提高。这种方法已推广到其它国家试用。

（施昆山）

**【造 林】** 据估计，1980年全世界共有人工林面积1.36亿公顷，1985年可增加到1.62亿公顷。苏联和美国的年造林面积都在100万公顷左右。智利和新西兰的辐射松人工林及意大利的杨树造林等都已成为本国木材供应的主要来源。大多数国家的人工造林都以植苗为主，直播造林日趋减少。芬兰在60年代以前,一直以直播造林为主,50年代曾高达80%，1980年已下降到19.3%。其它许多国家的直播造林比重都在10%以下。飞播造林只在少数国家应用。植苗多以手工进行，植树机的研制与应用进展缓慢。

（施昆山）

**【森林经理】** 遥感已越来越多地应用于林地分类、森林资源清查等方面。美国等发达国家在林业上对卫星资料的应用已由试验阶段过渡到实用阶段。到1980年6月，美国已有32个州用陆地卫星资料建立了州级自然资源信息系统。苏联研制出与部门自动化管理系统林业管理子系统相连接的自动化处理航空和航天象片信息系统。航空象片目前仍然是进行森林资源清查的重要手段。电子计算机在森林调查中的应用已经普及。

（施昆山）

**【森林经营】** 发达国家大多实现了森林的集约经

营。联邦德国和瑞典的森林经营水平最高，这两个国家的林木生长量分别达到5.5立方米/公顷·年和3.3立方米/公顷·年。美国和日本的部分森林也实现了高度的集约化经营。瑞典和芬兰的采伐迹地均以人工更新为主。

林木施肥的规模尚小，目前仅限于小部分人工林。据估计，截止1980年，全世界林地施肥面积只有1600万公顷，还不到郁闭林面积的1%。芬兰经施肥的林地面积占林地总面积的10.7%，瑞典占5%。

抚育间伐基本上实现了机械化。70年代末，苏联抚育间伐机械化为90%，芬兰为83%。美国研制出没有难闻气味、对动物毒害小的除莠剂用于除杀灌木和非目的林木。 (施昆山)

**【森林保护】** 山火是森林的主要威胁。从世界范围来看，森林火灾有日趋严重的势头。目前的科学技术水平尚不能对林火进行有效的控制，多数国家的林火在很大程度上仍受气候的支配。例如，防火技术比较先进的加拿大，1980年和1981年连续两年发生特大山火，分别烧毁森林482万和541万公顷，造成数亿加元的损失。目前，只有美国、芬兰和瑞典的林火灾害基本上呈下降的趋势。

近一二十年来，发达国家的森林防火、灭火技术取得了很大进展。许多国家加强了森林燃烧理论方面的研究。美国和加拿大建立了国家森林火险等级系统，改进了火险天气预报的计算方法和程序编制。红外线探火已普遍应用于林火的探测。美国试用U-2飞机载Paedalus多光谱扫描器和Firchild CCD线列式扫描器，可直接用数字把图象信息发送给地面接收站。苏联机载红外探测器在航高600米和航速90～160公里/小时时能发现30×30厘米以上的火苗。飞机和直升机巡逻与瞭望台定点探测已成为发现林火的重要手段。卫星遥感也在林火探测中得到应用。航空喷洒化学药剂和水及人工催化降雨逐渐成为森林灭火的常规手段。地面消防车、手工灭火工具仍然是扑灭地面火的有效工具。美国、加拿大、苏联等国还试用索状炸药开设防火线和迎面火控制线。空降灭火在苏联和美国有很大发展，美国1979年跳伞灭火达6690人次。

长期以来，化学防治一直是森林病虫害防治的主要方法。随着对生态环境的关注及化学药剂本身存在的缺点，人们一直想找出一种更好的防治方法来取代化学防治方法。近20年来，许多国家都在大力研究、开发生物防治的理论和技术，以图取代或弥补化学防治之不足，但进展缓慢。可以预计，化学防治在今后相当长的一段时间内，仍将是病虫害防治的重要手段。特别是在苗圃、幼林、经济林等易于施药的场合，化学药剂的使用将进一步扩大。化学杀菌、杀虫药剂将继续向高效、低毒、内吸的方向发展。持效期长和渗透性强的药剂、烟剂在林木病虫害防治上有着广阔的前景。以营林措施为基础的综合治理林木病虫害的方法最终将成为主要的手段。 (施昆山)

## 木材采运工业

**【木材年产量】** 世界木材产量1976年为26.7亿立方米，此后持续增长，1983年突破30亿立方米，1984年达到30.5亿立方米。据估计，到2000年，世界木材需求量将达40亿立方米左右。

主要木材生产国家美国、苏联、中国、巴西、加拿大、瑞典、芬兰、日本的历年木材产量(包括薪炭材)及工业原木产量见表1。 (陈如平)

**表1 世界主要国家木材产量**

(单位：亿立方米)

| | 1976年 | 1980年 | 1984年 |
|---|---|---|---|
| 世界 | 26.74398 | 29.15752 | 30.50542(14.55641) |
| 美国 | 3.39867 | 4.18453 | 4.38058(3.36136) |
| 苏联 | 3.84500 | 3.56600 | 3.55600(2.75300*) |
| 中国 | 1.99514* | 2.22156* | 2.31650*(0.77014*) |
| 巴西 | 1.71021 | 2.07654* | 2.22177*(0.57670*) |
| 加拿大 | 1.40274 | 1.58842 | 1.61005(1.54808) |
| 瑞典 | 0.54679 | 0.49219 | 0.53339(0.48915) |
| 芬兰 | 0.32320 | 0.47119 | 0.40875(0.37722) |
| 日本 | 0.36066 | 0.34622 | 0.32819*(0.32232*) |

注：括号内为工业原木产量；*为联合国粮农组织估计数，中国包括台湾省。

**【机械化水平及综合劳动生产率】** 美国、苏联、加拿大、瑞典、芬兰等国从70年代开始由木材采运生产的机械化而进入全面机械化阶段。在机械化阶段，主要作业采用只能完成一道工序的机械或机动工具，如伐木油锯、集材拖拉机、运材汽车等第一代机械。这些机械作业时需辅以繁重的手工劳动。这个阶段的综合劳动生产率约为500～1000立方米/人·年。全面机械化阶段的主要特点是采用各种单工序机和多工序机组成的机械系统，亦即第二代机械，工人双手不触及劳动对象，而只是驾驶和操纵机械。近15年来，上述国家大力提高全面机械化比重，瑞典1985年前在皆伐作业中已达72%、间伐作业中为28%(间伐材已占木材产量的30%)；美国东部纸浆材生产中70年代末为20～30%；加拿大计划在80年代使皆伐作业实现全面机械化；芬兰1985年前达到20%，预计1990年将为26%；苏联1985年主要生产工序(伐木、集材、打枝、贮木场造材)达到24～30%，到2000年将提高到70～80%。进入全面机械化阶段以来，综合劳动生产率有较大提高。美国、加拿大1975年分别达到12立方米/人·日、8.77立方米/人·日；瑞典1980年为13.4立方米/人·日；苏联1975年为570立方米/人·年(其山区为310立方米/人·年)，1985年已提高到613立方米/人·年；尚处于机械化阶段的日本，综合劳动生产率1981年为1.7立方米/人·日(国有林为2.08立方米/人·日，民有林为1.68立方米/人·日)。 (陈如平)

【经营水平】 第二次世界大战后，西方一些国家开始由消极保护利用天然林进入自觉发展现代化林业的新阶段，通过对林地实行高度集约经营，不断扩大林木资源并大力发展木材采伐、加工及制浆造纸生产，特别是近20多年通过发展综合经营、永续生产的林工或林工纸综合企业，使每公顷林地出材量及每公顷林地产品产值大为提高。林工纸综合企业的典型代表——美国惠好公司，1981年每公顷林地产出原木8.7立方米(每生产1万立方米原木产出2400吨木片)、胶合板及板材2.8立方米、纸和纸浆1.7吨，即每公顷林地每年提供价值1600美元的林产品。苏联有的林工综合企业每公顷林地产出木材3.16立方米，除林产品外，还发展养殖业、林副产采集加工业等。苏联1960～1979年期间在已开发的少林、中等有林地区建立了45个林工综合企业，计划于1985～1986年加速组建67个这种企业；对于多林地区的新开发林区，计划建立20～22个大型林工纸综合企业，其中，4个已建成。目前，每公顷林地的利用水平，联邦德国、奥地利已达到4.2立方米，瑞典为2.6立方米，苏联(欧洲部分)为1.6立方米，东欧国家高于苏联的水平。 (陈如平)

【林道网密度】 联邦德国、奥地利已达到30米/公顷。美国国有林1977年达到7米/公顷。瑞典、芬兰1980年前分别达到10米/公顷、8米/公顷。日本1983年国有林、民有林分别达到4.67米/公顷、3.62米/公顷。苏联典型的林工综合企业已达到4.7米/公顷，而整个森林工业部所辖企业远未达到这个水平。 (陈如平)

【生产工艺】 按木材在运材中的形态来分，目前广为采用的是原木生产工艺和原条生产工艺。今后，随着全树生物利用日益受到重视，伐倒木生产工艺和木片生产工艺将有一定的发展；随着间伐量的增长，带枝木段生产工艺在燃料木片有销路的地区可能被采用。苏联近30年来以原条运材为主，1984年其比重为95%，而伐倒木运材、原木运材各占2.5%。据规划，到2000年，伐倒木运材将增加到20～26%，木片运材、原木运材将各占3%。瑞典、芬兰两国长期以来以原木运材为主。瑞典1978年占95.3%，芬兰1984年占98%。从长远看，原条、伐倒木、木片、带枝木段等生产工艺将日益受到重视。北美两国的西部大径级林区以原木、长原木运材为主，东部纸浆材原条运材的比重在70年代中期占5～7%，并有增大的趋势。 (陈如平)

【运材类型】 发达国家以汽车运材为主。但水运在加拿大、苏联、芬兰、瑞典还占有一定比重，70年代后期占总采伐量的比重分别为40%、38%、30%、10%。森铁运材在苏联木材陆运中虽呈下降趋势，然而1984年仍占12%，目前正通过技术改造以充分发挥其效率。冰雪道运材在苏联、加拿大还有少量，在苏联占3%。 (陈如平)

【机械设备】

**伐区机械** 目前，平原、丘陵林区全面机械化生产所采用的伐区机械系统，都是由各种自行式单工序机与多工序机配套而成。这些机械都采用伐区专用底盘。瑞典、芬兰采用的是轮式底盘，三轴的居多，发动机功率95～120千瓦。苏联采用的是履带式底盘，发动机功率73.6、99.3千瓦。北美两国主要采用轮式底盘。这些机械广泛地应用了液压传动、液压操纵、微处理机控制自动选择最佳档位、微处理机对工作装置进行程序控制等先进技术。山地林区的伐区作业目前仍停留在机械化阶段，但所用的第一代机械和机具效率已大为提高，而且正加紧研制适于高坡(坡度为40%以上)作业的第二代机械，如伐木机、伐木归堆机等。

**油锯** 近几年，除减轻重量、提高比功率外，特别注重降低振动和噪音，增设自动停链装置、冬季用加温把手、定向伐木气垫楔等。日本的油锯已装有微处理机指示发动机转数，运转时间及锯链润滑油异常。1984年，世界名牌油锯的重量为5.3～7.5公斤，发动机功率1.1～3.0千瓦，发动机全负荷时噪音不超过国际标准的规定而为97.5～107.5分贝(A)，单缸油锯前、后把手最大振动加速度为7.88、

17.68 米/秒$^2$，锯链制动时间不超过 0.1 秒。

**拖拉机**　在坡度 25°以下的林区，拖拉机已成为主要的集材机械。北美两国以 66～110 千瓦四轮驱动、折腰转向的专用集材拖拉机为主，近期已有 200 台采用了高浮动低压宽面轮胎以提高通过性能。北欧两国主要采用带液压起重臂的轮式自装集材机。苏联以履带式专用集材拖拉机为主，由于增大了功率，其台年集材量已提高到 6150 立方米。日本过去以索道集材为主，而今拖拉机集材比重也已增至 54%。由于抚育伐、人工林间伐日渐受到重视，小型四轮集材拖拉机、履带式拖拉机及三轮集运车在日本已有广泛应用。

**索道**　在坡度 25°以上的山区，随着林道网密度的提高，以固定式绞盘机为动力的多跨索道在北美、欧洲已趋减少，代之而起的是以大、中、小型自行式带钢架杆的绞盘机为动力的单跨索道。美国西部国有林的索道集材比重占 13%，将推广采用无线电遥控抓具、遥控捆木索自动解索、尼龙索和尼龙滑轮等轻型索具。以改进后固定式绞盘机为动力的各种集材索道在日本、苏联仍有较广泛的应用。小型无线电遥控绞盘机在奥地利、日本广泛用于人工林间伐的小集中及集材作业中。

**其他集材方式**　塑料滑道、铝制滑道在日本、奥地利有所应用。小马力的单轨车在日本用于集材或林道作业。直升飞机在美国、苏联等国已用于陡峭山区的珍贵树种集材。直升飞机与气球相结合的飞艇集材装置在开发研制中。

**装运机械**　发达国家的装运作业已基本实现全面机械化。北美大多用轮式装载机、汽车起重机装车、大型汽车列车运材。北欧多用带铰接式液压起重臂的运材汽车。苏联以不同载量的履带式翻臂装载机与轻、中、重型汽车列车配套使用。发达国家的新型运材汽车都采用涡轮增压器、发动机制动器及子午线轮胎以提高动力性、牵引性及通过性，驾驶室装有无线电对讲设备、载量显示装置以提高运材效率。在干线上发展带二、三节拖车的汽车列车运材，可使生产效率提高 40～50%，运材成本降低 18%，燃油消耗降低 10%。

**贮木场机械**　全面机械化的贮木场，卸车、归楞、装车作业采用带抓具的悬臂龙门起重机、塔式起重机或轮式装载机，打枝、造材、选材等初加工作业采用由固定式设备如打枝机、造材锯机、选材输送机、抛木机组成的半自动生产线，作业过程可由电子计算机控制。有些国家的小型贮木场采用轮式底盘上或有轨车辆上装设打枝、造材装置及液压起重臂的自行式加工机。纸浆材大捆造材机也有应用。

**伐倒木或采伐剩余物削片机械**　为将小径木、次质阔叶材及枝丫梢头等削制成木片，用作人造板原料、造纸原料或燃料，西方国家在伐区运材公路旁用自行式削片机削片，用带集装箱的汽车或自卸汽车运输木片。苏联在贮木场除削制木片外，还将薪材、次质阔叶材劈制成杵子作造纸原料。

发达国家在改进第一代机械、发展第二代机械的同时，正积极预研第三代工艺和机械设备，以实现生产自动化。例如，推广计算机辅助设计、计算机辅助制造；广泛采用新型高强度轻质制件及其它新型材料；在汽车、拖拉机的动力和传动部分以及各种机械设备的工作装置部分，广泛引进电子控制技术，以收集和分析数据，实现优化控制和操纵，乃至引进无人驾驶、遥控及机器人技术等等。

（陈如平）

## 木材加工工业

**【综　述】**　近 20 多年来，由于世界性的木材供求矛盾日益加剧和材质的不断下降，以及木材加工技术的不断改进和完善，工业发达国家从 60 年代初开始普遍调整了森林工业政策。新政策的主要内容是：在稳定或少量增加木材采伐量的前提下，通过发展木材综合利用来增加林产品产量；通过优先发展精加工产品（包括人造板、纸和纸板等）和扩大加工层次来增加单位木材原料的产值；走以工养林、以林促工、林工结合的发展道路。

发达国家贯彻上述政策采取的主要措施是增加林产工业投资在森林工业总投资额中的比重；改进木材消费结构和产品结构。主要作法是：①在木材总采伐量中压缩薪炭材比重，增加工业材比重；②在工业材中压缩原木利用比重，扩大加工用材比重；③在工业加工材中压缩初级产品（主要是锯材）比重，提高人造板和纤维用材比重；④在人造板中采取优先发展刨花板和中密度纤维板的方针。

（林凤鸣）

**【锯　材】**　近 10 多年来，世界制材工业发展缓慢，有些传统上大量生产锯材的国家，如日本、苏联、瑞典等，其锯材产量已出现大幅度下降的趋势。但制材工业依然是木材工业中最主要的和耗用木材原料最多的工业部门。1984 年世界锯材总产量达 4.53 亿立方米，其木材耗用量仍占工业材总产量（14.6 亿立方米）的一半以上。目前，生产和进口锯材最多的国家如表 2、表 3 所示：

表 2 1973～1984 年锯材主要生产国的产量变化

（单位：万立方米）

| | 1973 年 | 1984 年 | 1973～1984 年增长率(%) | 1984 年占世界产量的比重(%) |
|---|---|---|---|---|
| 世界 | 44396.2 | 45348.7 | 2.1 | 100 |
| 苏联 | 11600 | 9600 | −17.2 | 21.2 |
| 美国 | 9123.3 | 8788 | −3.7 | 19.4 |
| 加拿大 | 3622.4 | 4987.5 | 37.7 | 11 |
| 日本 | 4465.8 | 2866.7 | −35.8 | 6.3 |
| 瑞典 | 1374.4 | 1201 | −12.6 | 2.6 |

表 3 1973～1984 年锯材主要进口国的进口情况

（单位：万立方米）

| | 1973 年 | 1984 年 | 1973～1984 年增长率(%) | 1984 年占世界进口量比重(%) |
|---|---|---|---|---|
| 世界 | 7209.4 | 8188.2 | 13.6 | 100 |
| 美国 | 2236 | 3147.8 | 40.8 | 38.4 |
| 英国 | 1097.2 | 746.6 | −32 | 9.1 |
| 意大利 | 504.6 | 518.7 | 2.8 | 6.3 |
| 日本 | 368 | 455.2 | 23.7 | 5.6 |
| 联邦德国 | 476.2 | 445.3 | −6.5 | 5.4 |

当前，发达国家制材工业面临的首要问题是优质大径材资源日趋减少和小径木、劣质材日益增多。如苏联在 1976～1983 年间，大径级锯材原木的比重由 42.5%减少到 38.7%。二等锯材原木由 43.7%减少到 38.2%，而四等原木却由 18%上升到 24.5%。素以盛产优质大径材著称的美国西海岸地区，木材小头直径也由原来的 30 厘米降至 20 厘米。至于在美国南方，今日的锯材原木小头直径一般还不到 10 厘米。制材工业面临的第二个问题是制浆造纸业和人造板工业对原料的激烈竞争，从而引起原料价格的大幅度上涨。此外，作为锯材最大用户的建筑业不景气，也制约了制材工业的发展。

制材工业的特点是小厂多，加工分散，设备参差不齐。因此，整个制材行业的技术改造任务很重，即使发达的国家也正在经历着不断向集中化、专业化和现代化发展的过程。一些设备陈旧、经营管理不善的小厂在不断被淘汰，大、中型厂的技术改造尚未完全结束。如在 1950 年，瑞典曾有 7000 多家制材厂，到 1979 年已减少了一半，目前全年开工的制材厂只剩下 1000 家左右，但其产量却占全国总产量的 95%。美国、苏联和其他发达国家的情况也是如此。

由于自然地理条件不同，北美大径材居多，苏联和北欧以小径材为主，因此加工工艺和设备也不完全一致。北欧和苏联仍以排锯、圆锯为主，北美则以带锯做主力锯，但加工小径木都已广泛应用各种类型的削片——制材联合机。当前，进行技术改造的目标仍是致力于提高出材率，提高产品等级率和提高劳动生产率。改造的主要手段则是在原有工艺和设备的基础上，通过引用电子设备和激光等先进技术，对原木分选、检测、锯解、成材的检验分等和干燥、刨(磨)光等实行自动控制。北欧和北美的制材技术目前继续居世界领先地位。大型制材企业都已实现了生产自动化，今后的方向是使制材生产线与成材二次加工(包括干燥、刨光和浸渍处理等)生产线连为一体，从而实现全厂的群体控制。为了提高劳动生产率和成材质量，近年来，发达国家还广泛采用了以砂代刨工艺、硬质合金锯片、薄型锯条、高张紧力带锯机、新型锯卡子和高精度摇尺装置。 （林凤鸣）

【胶合板】 胶合板是人造板中历史最久的一个产品。1984 年，世界胶合板的总产量已达 4396 万立方米，占世界人造板总产量(1.077 亿立方米)的 40.8%，居三板之首。目前，生产胶合板最多的国家是：美国、日本、印度尼西亚、苏联、加拿大和南朝鲜(表 4)。

表 4 1973～1984 年主要胶合板生产国的产量变化

（单位：万立方米）

| | 1973 年 | 1984 年 | 1973～1984 年增长率(%) | 1984 年占世界产量比重(%) |
|---|---|---|---|---|
| 世界 | 4218 | 4396 | 4.2 | 100 |
| 发达国家 | 3607.6 | 3290.1 | 8.8 | 74.8 |
| 发展中国家 | 610.4 | 1105.9 | 81.2 | 25.2 |
| 美国 | 1805.4 | 1798.4 | −0.4 | 40.9 |
| 日本 | 859.6 | 729.1 | −15.2 | 16.6 |
| 印度尼西亚 | 0.9 | 382 | 423.44 | 8.7 |
| 苏联 | 214.2 | 238.5 | 11.3 | 5.4 |
| 加拿大 | 245.1 | 184.6 | −24.7 | 4.2 |
| 南朝鲜 | 148.1 | 130.4 | −12 | 3.0 |

与其他人造板相比，胶合板属劳动密集型产业。近年来，由于拥有丰富热带林资源的国家采取限制原木出口和优先发展胶合板工业的政策，某些发展中国家的胶合板产量(如印度尼西亚)增长十分迅速，而大多数发达国家，尤其是缺乏胶合板原料的西欧和北欧国家，已明显呈现萎缩状态。胶合板曾是联邦德国木材工业的重要产品，而今天几乎已被

刨花板全部替代，残存下来的少数企业已转产一些特殊用途的胶合板或层积材。在亚洲地区，一些过去依靠廉价进口原木生产胶合板的国家和地区，如日本、南朝鲜、我国台湾省和新加坡等大批胶合板企业倒闭，剩下来的很多厂已转向胶合板的二次加工。

胶合板工业当前面临的主要问题也是原料问题。大径材，特别是常用树种日趋短缺，材质下降，小径木和未利用树种比重加大。另一个问题是刨花板和纤维板，特别是定向刨花板、华夫刨花板和中密度纤维板与胶合板的竞争。面对这种情况，发达国家目前仍在大量生产胶合板的企业采取的主要对策，是加快技术改造步伐和发展胶合板的深度加工。从目前情况看，胶合板行业的技术改造还未结束，改造的主要方向是：①扩大原料范围；②提高木材利用率；③提高劳动生产率；④降低能耗。

复合板(或称碎料夹心胶合板)是70年代出现的新产品，其优点是可以合理、充分利用原料，简化生产工艺，便于实现生产全过程的自动化。预期今后会有较大的发展。　　(林凤鸣)

**【刨花板】**　在人造板当中，刨花板发展速度最快，生产工艺和产品结构变化最多。1984年，世界总产量已达4347万立方米，比1973年增长36%。产量超过百万立方米的已有12个国家(见表5)。目前，世界刨花板的主要产地仍集中在发达国家。近年来，苏联由于采取了优先发展代用材(刨花板、纤维板和工艺木片)的政策，在新建一系列大型现代化刨花板厂的同时，普遍改造了老的刨花板企业，刨花板产量急剧增长。到1984年，其刨花板产量已跃居世界首位，超过了美国和联邦德国。而西欧和美国，由于原料和市场需求的限制，刨花板工业已出现生产过剩的局面。刨花板属于技术和资金密集型的现代化产业，先进的技术设备和较大的投资是妨碍发展中国家刨花板工业发展的主要原因。

刨花板的生产技术已先后经历了挤压、平压和辊压等工艺阶段，近年又出现了各种形式的连续平压工艺。挤压工艺由于产品质量低，已处于被淘汰地位。在产品方面，除原有的单层和多层及渐变结构板外，作为新一代人造板的定向结构刨花板和华夫刨花板近年来在北美蓬勃发展。此外，尚有以非木质原料(如亚麻秆、甘蔗渣等)和各种无机粘合剂(如水泥、石膏等)为原料的刨花板。近几年来，尽管北美的普通刨花板厂生产能力过剩，产品滞销，但仍有很多公司投资兴建新型人造板厂。其主要原因是定向刨花板和华夫刨花板的性能好，强度高，可以取代胶合板广泛用于建筑领域，而其成本却低于胶合板。

表5　1973～1984年主要刨花板生产国的产量变化

(单位：万立方米)

| | 1973年 | 1981年 | 1984年 | 1973～1984年增长速度(%) |
|---|---|---|---|---|
| 世界 | 3195.5 | 4005 | 4346.7 | 36 |
| 苏联 | 308 | 539 | 686 | 122.7 |
| 美国 | 635.2 | 610 | 652.3 | 2.7 |
| 联邦德国 | 556.5 | 624.3* | 599.2 | 7.7 |
| 加拿大 | 56.2 | 141.1 | 203.4 | 261.9 |
| 法国 | 196.4 | 216.9 | 176 | −10.4 |
| 比利时—卢森堡 | 180 | 161.0 | 175 | −2.8 |
| 意大利 | 170 | 148 | 130 | −23.5 |
| 波兰 | 47.8 | 104 | 124.4 | 160.3 |
| 日本 | 64.5 | 114.1 | 122.1 | 89.3 |
| 西班牙 | 90.8 | 130 | 121 | 33.3 |
| 奥地利 | 87.5 | 115.6 | 115.2 | 31.7 |
| 罗马尼亚 | 55 | 89.6 | 100.1 | 82 |
| 发展中国家 | 121.3 | 248.3 | 286.1 | 135.9 |

*　为1980年数字。

发达国家刨花板厂的生产规模普遍较大，一般认为年生产能力低于5万立方米便是不经济的。目前，美国和联邦德国刨花板厂的年平均生产能力已超过14万立方米，苏联在1981～1985年间对老厂进行技术改造后，其年均生产能力已由2.7万立方米提高到7.5万立方米。随着生产设备的日臻完善和电子计算机、各种自动检测、计量和控制手段在各个工序的普遍应用，如利用微型机控制板坯成型，使耗胶量减少2.5%，通过增设高频预热装置，使热压时间由每毫米板厚7秒减至4.5秒(与胶粘剂的改进也有直接关系)，生产每立方米板材所需工时由50年代的19小时减到目前的不足1小时。

(林凤鸣)

**【纤维板】**　纤维板产品按容重划分，有硬质纤维板(或高密度纤维板)、中密度纤维板和软质纤维板(或绝缘板、低密度板)3种主要类型，其生产工艺有湿法、半干法和干法3种。近10年来，纤维板生产日趋萎缩，除苏联等少数国家外，多数发达国家都出现了明显下降的趋势(见表6)。

造成纤维板工业日趋衰落的主要原因，是这种板材对原料要求比刨花板高，耗能多，湿法工艺耗水量大，产品品种单一(中密度板除外)，生产成本高，应用范围小，因此无力与其他人造板竞争。但是，中密度板的发展却是一支独秀，从70年代以来已从北美逐渐扩展到除非洲以外的各个地区。从1985年至今，全世界又新建和扩建了32家中密度纤维板厂，其中亚洲12家(中国5家)，北美11家(美国9家)。总产量达300多万立方米。中密度纤维板是在刨花板工业鼎盛时期出现的，其所以能立足，并求得发展，关键是其质量好。据欧洲纤维板制造者联合会估计，到80年代末，该地区对中密度纤维板的需求量将达到770万立方米。

纤维板工业属于技术和资金密集型产业，整个生产过程早已实现连续化和自动化作业。企业规模比较大，如美国年生产能力为14.1万立方米，波兰为10.5万立方米，瑞典为8.6万立方米。近年来主要技术进展表现在：①备料工段采用了木片水洗和低温机械磨浆工艺(TMP)和将粗磨和精磨集中在一台设备的一次磨浆工艺。②在干法生产中出现了气流管道施胶和多种成型方法，除气流成型外，还出现了纤维定向成型新工艺。③在湿法生产中，通过改善封闭循环用水系统，使每吨板的污水排放量由30立方米降至2立方米(瑞典)。④在热压工段，推广应用了无垫板框式进料系统和蒸汽与高频联合热压的先进工艺。

**表6　1973～1984年主要纤维板生产国的产量变化**

(单位：万立方米)

| | 1973年 | 1981年 | 1984年 | 1973～1984年增长率(%) |
|---|---|---|---|---|
| 世界 | 1741.4 | 1557.3 | 1559.3 | －10.5 |
| 美国 | 752.5 | 490 | 470.4 | －37.4 |
| 苏联 | 188.3 | 308.5 | 321.3 | 70.6 |
| 巴西 | 35.1 | 78 | 72.7 | 107.1 |
| 加拿大 | 113.4 | 74 | 69 | －39.2 |
| 波兰 | 63.9 | 54.3 | 60 | －6.1 |
| 日本 | 74.8 | 54.5 | 56.2 | －24.9 |
| 瑞典 | 97.5 | 49.3 | 40.9 | －58.1 |
| 罗马尼亚 | 29.1 | 30.9 | 40.3 | 38.5 |

(林凤鸣)

## 林产化学工业

**【综　述】** 林产化学工业的发展，每一个国家因资源等情况的不同而有不同的内容和重点。总起来，有以下5种情况：①木材制浆造纸是目前产量最大的林产化工生产，各国都在努力发展。②松香等天然树脂生产因资源的消长，第一、二世界国家的产量多数在减少，第三世界国家的产量在增加，而总的生产和消费水平20年来基本稳定。③以木材为原料，利用干馏法制取化学品，除苏联等森林资源丰富的少数国家外，已不生产，但木炭与活性炭的产量与日俱增。如木炭，1984年世界的产量达到1967万吨，比1973年增长了29.7%。木材气化用作能源也受到重视。④利用纤维水解生产糠醛在发展，利用废材生产饲料酵母、酒精只有苏联等少数国家在发展。⑤林业资源生产的食用、药用化学品日益受到人们的重视。

林产化工的特点是利用太阳能，通过生物合成，再经分离、提取或者进一步加工生产各种产品，所以在资源上，如果利用合理，是取之不尽，用之不竭的；在能源上也是节省的，甚至是增加的(如木材气化)。而其产品多数都有独特的性能，不为或不易被石油合成产品所代替。因而其发展的前途是无限广阔的。　(沈守恩)

**【松　香】** 松香以其来源的不同，有脂松香(从活松树采得松脂加工的产品)、木松香(用含松脂的树根等浸提而得)和浮油松香(从松木造纸废液回收)3种。世界松香年产量约110万吨，其中脂松香约占58%，浮油松香约占36%，木松香约占8%。世界生产松香的主要国家，除中国以外，有美国、苏联、葡萄牙、巴西、墨西哥、印度、日本、西班牙等。1970、1980、1985年的世界主要松香生产国的松香产量见表7。三类松香的生产比重，因国家不同而变化很大。美国1910年以前基本上是脂松香，以后木松香开始发展起来，到40年代约各占一半，此后浮油松香兴起，到1985年浮油松香达到77%，木松香降为22%，脂松香下降到不足2%。苏联的脂松香也由20年前的95%降为现在的65%，木松香和浮油松香则上升到35%。北欧3国(瑞典、芬兰、挪威)由于木材制浆造纸工业发达，全部为浮油松香。其他国家仍以脂松香为主。

国外松脂生产普遍采用化学采脂法，劳动生产率高。美国用硫酸法伐前采脂，每人年采脂20吨。葡萄牙实行中长期硫酸法采脂，每人年采脂10吨，高的达到20吨。葡萄牙还采取留营养带的窄割面采脂法，树皮愈合快，能够在同一割面轮回采脂。美国为了扩大木松香的原料，成功地研究了用农药“百草枯”或“杀草快”处理活松树边材，获得明子化的充脂材。

松脂加工普遍实现了集中生产，用蒸汽法加工淘汰了分散的直接火加工。松脂蒸馏已部分实现连

表7 世界主要松香生产国松香产量

（单位：千吨）

| 国别 | 1980年 | 1985年 |
|---|---|---|
| 中国 | 327 | 285 |
| 美国 | 321 | 254 |
| 苏联 | 160 | 190 |
| 葡萄牙 | 94 | 84 |
| 巴西 | — | 45 |
| 墨西哥 | 42 | 28 |
| 印度 | 34 | 30 |
| 日本 | 23 | 21 |
| 西班牙 | 18 | — |

注：苏联的产量系估计数。

续化和自动化。

工业发达国家，如美国、日本，目前已很少直接使用松香。松香、松节油都经过再加工使用。其再加工产品已有100多种，形成系列化，主要是酯类产品，约占再加工产品的60%。松节油主要加工成香料。最近美国用$\alpha$-蒎烯合成芳樟醇已获得成功，并投入生产。 (沈守恩)

**【栲 胶】** 世界栲胶总产量约50万吨，品种20多种。主要产品为荆树栲胶、坚木栲胶和栗木栲胶3种，其产量占总产量的50%左右。其次为橡碗栲胶，产量占总产量的10%。荆树栲胶主要产于巴西、南非和坦桑尼亚；坚木栲胶主产于阿根廷；栗木栲胶主产于法国；橡碗栲胶主产于土耳其和中国（见表8）。

表8 栲胶主产国产量

| 主产国 | 年产量（万吨） | 原料品种 |
|---|---|---|
| 坦桑尼亚 | 2.2 | 荆树皮 |
| 南非 | 7.5 | 荆树皮 |
| 巴西 | 7.8 | 荆树皮 |
| 阿根廷 | 9.2 | 坚木 |
| 巴拉圭 | 1.8 | 坚木 |
| 法国 | 3.9 | 栗木 |
| 印度 | 1.1 | 柯子 |
| 土耳其 | 2.3 | 橡碗 |

当前世界栲胶生产的趋向是：①重视建立原料基地。除少数有大量天然资源可供利用的国家，如阿根廷利用坚木以外，都重视建立原料基地，特别是巴西、南非，以营造黑荆树林发展栲胶生产。巴西有黑荆树人工基地林15万公顷；南非的黑荆树基地林已达20万公顷。②增加产品品种，扩大产品用途。为了适应需要，扩大使用，国外都在努力增加产品品种。如法国生产的栗木栲胶，有天然栗木栲胶、天然未澄清的栗木栲胶、特制栗木栲胶和特制单宁V四类，共有N、B、A、ASD、AES、NA、NSD、NES等9个品种；阿根廷生产的坚木栲胶有热溶、冷溶、半冷溶、脱色半冷溶等品种，同时生产胺化栲胶（Floccotan）用于水处理等。

(沈守恩)

**【紫 胶】** 世界产紫胶的国家有印度、泰国、中国、缅甸、越南。年产紫胶原胶量约3万吨，折合成紫胶片约2万吨。其中印度占50%，泰国占40%，中国占近10%。紫胶生产的一个重要特点是产量很不稳定，这是因为紫胶虫的生活受自然条件的影响很大，并因此引起国际市场紫胶价格的大幅度波动。国外主产国家对紫胶虫都实行科学放养。印度培育优良的胶虫和优良速生高产的寄主树以发展生产，已培养成库斯米、兰古尼虫种和久树等寄主树，出产紫胶原胶颜色浅，产量高，同时建立种胶场以推广优良品种。在产品利用方面，用合成树脂改性紫胶以提高紫胶的耐热和耐水性能；同时扩大紫胶的用途，如加入到橡胶中以改善橡胶的加工性能，作为尿素化肥的涂层，以提高尿素有效利用率等。

(沈守恩)

**【纸和纸板】** 1984年世界纸和纸板的产量为18768万吨，其中包装纸和纸板7801万吨，占41.6%。包装纸和纸板的产量中，美国占33.2%，日本占10.3%，加拿大占7.6%，苏联占5.1%，瑞典占4.9%。

纸和纸板的发展趋势：在原料上重视开发阔叶材的利用；产品向高档薄型化发展；生产工艺向高得浆率、低污染方向发展。技术上采用多硫化钠法工艺，可提高得浆率3%（对阔叶材）和8～11%（对针叶材）；添加蒽醌可提高得浆率2%，并可降低碱耗，克服硫酸盐法的臭气污染。设备上造纸机向宽网幅、高速度、高效率、低能耗方向发展。在生产组织上基本上都是把营林、采伐、制浆造纸、木材加工结合起来，实行一体化经营。 (沈守恩)

**【木材热解】** 木材热解工业包括木材炭化、木材干馏、木材气化和活性炭生产。木炭是木材热解的一项主要产品，一直是缓慢发展的。木材干馏除了获得木炭以外，还提取醋酸、甲醇、木焦油等产品，现在只有苏联、南斯拉夫、波兰等少数国家有生产。木材气化是以生产木煤气为主，当前正作为一项能源受到人们重视。而活性炭生产，由于工业应用与

环境保护的需要，正在发展。（沈守恩）

**【活性炭】** 活性炭生产最多、应用最广的国家是美国、日本、法国、英国、联邦德国和荷兰。根据有关刊物发表的统计数据，世界活性炭设备生产能力达75万吨，销售总额达70万吨。美国1983年共有22家工厂，生产能力25万吨。日本有工厂14家，1983年产量5.4万吨，其中颗粒活性炭3.2万吨，粉状活性炭2.2万吨。法国年产量约5万吨，主要为粉状活性炭。

活性炭生产用原料，主要为木屑、木炭和果壳，其次是煤和石油沥青。而各种废料，如城市垃圾、废塑料和废轮胎等也正在开发利用。活性炭的品种有粉状活性炭、不定型颗粒活性炭和定型颗粒活性炭。近几年，在美国、日本、西欧还有活性炭纤维、各种规格的活性炭板、胶体活性炭、空球形活性炭和复合活性炭等。其使用范围，也从食品、制药和化学工业等方面进入到工业废水、城市污水、有害有毒气体处理等环境保护，以及饮水净化方面，而且用量已跃居首位。活性炭制造工艺有物理法和化学法。化学法主要是氯化锌法。由于氯化锌法污染环境，并对设备腐蚀较大，产品中又残留化学药剂，应用范围受到限制，因此国外当前主要是物理法。采用化学法的，也改变了药剂，主要采用了磷酸。活性炭生产工艺的另一种趋向是将物理法和化学法相结合起来的物理—化学法。

活性炭生产的主要设备是活化装置。国外常用的是回转炉、斯里普炉、耙式多段炉和流态化炉等。美国、欧洲等国家多采用耙式炉和回转炉。日本主要是采用回转炉和流态化炉。（沈守恩）

**【木材和其他植物纤维水解】** 水解工业的主要产品有酒精、酵母、糠醛、葡萄糖、木糖、木糖醇、乙酰丙酸等。

木材水解工业最发达的国家是苏联。过去以生产酒精为主，现在主要生产饲料酵母，因为酵母的蛋白质含量高达45～50%，具有生命必需的维生素。苏联现在年产酒精约13万吨，酵母约50万吨。其次是巴西，以发展木材水解来解决能源问题，建有年产8000吨酒精的工厂。世界糠醛年产量20～25万吨，美国是糠醛生产最多的国家。美国的魁克燕麦公司的产量就占43%。美国的糠醛主要是国内用，出口约占17%。由于能源和饲料等的需要，水解生产正在重新受到一些国家的重视。苏联一直在发展水解生产，美国的能源部，加拿大、新西兰、联邦德国等政府都拨出款项，研究水解生产技术。苏联研究连续高压水解和浓硫酸水液比水解，瑞典研究连续水解，美国等研究酶水解等。（沈守恩）

## 国际林业组织

**【国际林业研究组织联盟】** 国际林业研究组织联盟简称国际林联创建于1890～1892年。其宗旨是：使研究技术合理化，测试方法标准化，促进林业研究的国际合作。

国际林联通过6个学部（森林环境和造林；森林植物和森林保护；森林作业和技术；规划、经济、生长、收获、经营和政策；林产品；综合性学科）及其下设的200多个组来进行工作，每3～5年召开一次大会。至1986年，国际林联已有600多个团体会员，包括100个国家的1.5万名科学家。几十年来，林业研究的国际协调工作主要由国际林联来实施。

国际林联的管理执行机构为执行局，由林联主席、副主席、前任主席、林联秘书、各学部协调员、9名地区委员和其它委员（最多4名）组成。现任林联主席为美国的巴科曼教授。

国际理事会为管理国际林联事务的最高权力机构，于每届大会期间召开。每一国家的团体会员指定其代表出席理事会。

我国由中国林业科学研究院作为团体会员，于1979年参加了国际林联，并派代表团出席了第十七届（1981年）和第十八届（1986年）国际林联大会。在第十八届大会上，我国的王定选当选为执行局委员。第十九届大会将于1990年在加拿大召开。

国际林联秘书处设在奥地利的维也纳。其通讯地址为：

IUFRO Secretariat
Schönbrunn, Tirolergarten
A-1131 Vienna, Austria

（陈平安）

**【联合国粮食及农业组织】** 联合国粮食及农业组织简称粮农组织，是联合国专门机构之一，成立于1945年10月。现有158个成员国，总部设在意大利罗马。我国于1973年11月派代表团出席粮农组织第十七届大会，当选为理事国。我国在罗马设有驻粮农组织代表处。

粮农组织在世界各区域及联合国总部设有区域代表处或联络处。亚太区域代表处设在泰国曼谷。在许多发展中国家设驻国代表，驻华代表处在北京。

粮农组织与100多个国际组织有不同性质的正式关系，现有农业、林业、渔业、开发、经济及社会政策、一般事务及新闻、行政及财务共7个部。其最高权力机构为所有成员国组成的大会。大会每两年举行一次，选举产生理事会作为自己的管理机构。理事会由49个理事国组成，下设计划、财政、章程及法律事务、商品问题、农业、林业、渔业和世界粮食安全8个委员会。粮农组织总部现有工作人员3500人，区域和国家代表处及实地项目工作人员3500人。粮农组织大会选举总干事1人，现任总干事萨乌马，另有副总干事1人，助理总干事若干人担任各部部长和区域代表。

**主要任务** 粮农组织的主要任务有四个方面：①受各国政府和开发资助机构委托，为农业社会实施技术咨询及援助计划。②收集、分析和传播情报。③向各国政府就政策和规划问题提出咨询。④为各国政府集会和讨论粮食及农业问题提供机会。

根据粮农组织章程，“农业”一词及其衍生词，包括渔业、海洋产品、林业和初级林产品。粮农组织的语文为阿拉伯文、中文、英文、法文和西班牙文。

每年，粮农组织诞生日(10月16日)为世界粮食日。

**资金来源** 粮农组织的资金来源包括：①正常计划，为本组织的内部预算。1986～1987两年共4.37亿美元，由各成员国按规定比例缴纳。②实地计划，为特别预算，包括各实地援助项目。1985年度为2.82亿美元，其中发达国家信托基金占49%，联合国开发计划署占41%，本组织正常预算内的技术合作计划占10%。

技术援助实地项目可为大型投资项目铺平道路。粮农组织的投资援助计划由其投资中心实施，并帮助发展中国家寻求外部资金。1966～1985年期间共帮助100多个发展中国家取得外国和本国投资共282亿美元。世界银行为最重要的投资机构。粮农组织还与其他多边投资机构，如国际农业发展基金、联合国投资开发基金、亚洲开发银行等，以及阿拉伯和其它国家开发银行进行合作。

在联合国和粮农组织共同领导下，1961年在罗马成立了世界粮食计划署，以“粮食用于发展”的方式进行各种开发项目的援助。从1963年至1985年，共援助世界各国价值75亿美元的粮食。我国林业受援项目共6个，约9000万美元。

**林业部** 林业部属于粮农组织内部机构之一，现任助理总干事为罗达斯。林业部下设：森林资源司(包括森林资源发展处，森林及荒芜地保护处，林业教育、就业及机构处)，森林工业司(包括森林采伐及运输处，木材机械加工产品处，纸浆及造纸处)，还有政策及规划处，林业项目执行处，计划管理及联络科，规划及投资研究科，统计及经济分析科，行政管理支持科。

**有关林业的常设组织**

林业委员会 职责：①定期研究国际性林业问题，以便成员国和粮农组织得以采取一致行动予以解决。②审议粮农组织在林业方面的工作计划及其执行情况。③就粮农组织在林业方面的未来工作计划及其实施向总干事提出咨询意见。④审议由理事会或总干事提交委员会的，或由委员会根据其议事规则应某一成员国的请求而列入议程的有关林业的特定事项，并作出适当的建议。⑤就委员会研究的事项，视情况向理事会提出报告，并向总干事提出咨询意见。

各区域林业委员会 亚太地区为亚洲和太平洋区域林业委员会。其宗旨是：为制定林业政策提出咨询，审议和协调其在本区域内的实施情况；交流情报；对有关技术问题的适当做法和行动，通过附属机构提出咨询；就今后问题提出适当建议。附属机构有：执行委员会、林业教育和培训特设研究组、林业科研特设研究组。第十三届亚太林业委员会将于1987年在中国召开。

国际杨树委员会 国际杨树委员会1947年在法国成立，1957年纳入粮农组织，其总部设在粮农组织内。其宗旨是：研究杨树和柳树栽培的科学、技术、社会和经济方面的问题；促进科研工作者、种植者和使用者之间交流观点和有关种苗等方面材料；安排共同的科研计划；举办本组织大会，考察各国杨树栽培生长等情况；通过总干事向粮农组织大会报告工作和提出建议，以及通过总干事和有关国家政府向国家一级杨树委员会提出建议。附属机构有：执行委员会及其下属的植物命名和登记分委员会、杨木采伐及利用工作组、杨树病害工作组、杨树虫害工作组、杨树育种特设委员会、杨柳科植物生物量生产系统特设委员会。中国林业科学研究院林业研究所所长王世绩当选为现任执行委员。第十八届委员会将于1988年在中国召开。

木质人造板产品委员会 其宗旨是：就粮农组织负责的与人造板产品有关的正常计划以及联合国开发计划署的实地项目或其它实地项目的制定和实施，向总干事提出建议；就粮农组织所研究的问题，提出专题或分项及其优先次序；就国际上应收集、汇编、分析、出版的人造板工业技术、统计和经济数据的类目，提供指导准则。

热带森林发展委员会 其宗旨是：①与其它有关组织协作行动，研究热带森林发展项目的技术、经济、环境、机构和社会问题，尤其是对于发展中国家，着重于保护、生产、利用、加工、销售以及科研和培训等方面。②审议有关保护和管理热带森林生态系统的国际性计划和活动；就各国政府和国际组织的协调工作和一致行动，进行研究并提出报告，以确保热带森林和有关资源的发展和合理利用。

1985 年第七届委员会通过了热带林业行动计划。

纸浆及造纸专家咨询委员会　其宗旨是：就粮农组织在纸浆及造纸方面计划的制定和实施，以及该计划应如何进一步发展的途径，向总干事提出咨询。

林业教育咨询委员会　其宗旨是：就粮农组织林业、水源区、草场管理、森林工业、野生动物和国家公园的教育和培训计划的制定和实施，以及这些计划应如何进一步发展的途径，向总干事提出咨询。

森林基因资源专家组　其宗旨是：协助粮农组织计划和协调勘查、利用及保存林木基因资源方面的工作，协助拟定短期及长期行动计划，以及向成员国政府提供情报。

油橄榄生产委员会　其宗旨是：①定期审议油橄榄生产形势。②确定需要进行研究加以解决的问题，在"粮农组织改进地中海和近东地区油橄榄生产的区域间项目"的范围内，与有关各国合作，制定各种计划。③审议粮农组织区域间项目的执行情况，讨论取得的成果，提出今后工作的指导方针。④确保区域间项目参加国之间的协调和合作。⑤讨论有关区域间项目的技术问题。

除上述常设组织外，粮农组织还就专门事项组织各种专业会议，学术讨论会等。

**世界林业大会**　是重要的林业国际会议，粮农组织成立后由其主持召开，并提供支持。

第一届世界林业大会于 1926 年在意大利罗马召开。第二届大会于 1930 年在匈牙利布达佩斯召开。第三届大会于 1949 年在芬兰赫尔辛基召开。第四届大会于 1954 年在印度德腊东召开。第五届大会于 1960 年在美国西雅图召开。第六届大会于 1966 年在西班牙马德里召开。第七届大会于 1972 年在阿根廷布宜诺斯艾利斯召开。第八届大会于 1978 年在印度尼西亚雅加达召开。第九届大会于 1985 年在墨西哥首都墨西哥召开。我国派代表团出席了第四届、第七届、第八届、第九届大会。下届大会将于 1991 年召开。

粮农组织在林业方面的出版物有：林产品年鉴、育林(季刊)和林业技术文献。粮农组织还设有森林资源情报体系，建立了全球森林数据库。

粮农组织总部的通讯地址为：

FAO Headquarters
Via delle Terme di Caracalla
00100 Rome, Italy

(陈平安)

**【世界林业科学院】**　世界林业科学院[①]成立于 1966 年。其宗旨是：在国际水平的基础上推动木材科学的协同发展。涉及的科学领域包括林业、木材、木材工艺、纤维工艺和其它生物质的利用。

该院定期举行包括工作会议和学术讨论的全体会议。其领导机构为理事会，由 15 位院士组成，负责制定政策和全面管理。理事任期 6 年。主席、副主席由院士选出，秘书(兼司库)由主席提名，经理事会 2/3 多数票通过当选。主席、副主席和秘书组成执行委员会。本届主席为美国的科特院士，秘书为美国的柯克院士。秘书处设在当届秘书所在的国家和单位。其通讯地址如下：

IAWS Secretariat
Forest Products Laboratory
One Gifford Pinchot Drive
Madison, WI 53705-2398, U.S.A.

该院有两种成员：院士；赞助成员。院士应是积极从事广义的木材研究的具有高水平的木材科学家。新院士由院士根据法定规则选举产生。赞助成员[②]由理事会选举。赞助单位如是学术研究机构，可被选为学术组织成员。赞助单位有权指定专人或一名院士作为代表。该院 1966～1984 年期间共选出院士 159 人。赞助的学术组织成员 21 个，其它赞助成员 10 个。我国当选的院士是中国林业科学研究院林产化学工业研究所研究员贺近恪。

所有成员都有参加院的会议、报告会和其他各种学术或教育活动的同等权利。该院的学术刊物为《木材科学及技术》。(陈平安)

**【国际林学会联合会】**　国际林学会联合会成立于 1969 年。其宗旨是：为了全世界林业实践和林业专业的进步以及林业工作者素质的提高，促进国际间的合作。联合会将全世界林业工作者联合起来，它的会员是由各国林业工作者组成的各国林学会。

国际林学会联合会大会是联合会会员的全体会议，通常每 5 年召开 1 次，选举主席、副主席和执行干事。联合会的国际理事会会议在每届大会期间召开，理事会由每个会员组织(学会或协会)选派 1 名代表组成，负责联合会的各项事宜。联合会下设的执行局负责实施国际理事会的政策，由主席、副主席、执行干事以及 5 名由国际理事会从会员组织中选出的人士组成。

联合会在两届大会之间的活动，由国际理事会设立的专门委员会和执行局设立的临时或常设委员会负责进行。如：林业教育专门委员会、林业工作者对公众责任专门委员会，以及林业术语委员会、

① 援用加籍华裔院士周石榕翻译的并已在国际上公开使用的中文名称。
② 赞助成员是积极从事或支持木材科学研究或在科学技术理论和实践基础上进行木材利用的教育、科研、工业或政府机构及个人。

会员资格委员会等。根据工作需要还可设立有关的工作组，如职业鼓励工作组，林业文献工作组，林业工作者与电视媒介工作组等。委员会和工作组要尽量吸收来自各会员组织的有关林业工作者参加工作。

联合会第四届大会于1984年在加拿大召开，加拿大的帕耶博士当选为主席。联合会的秘书处设在主席所在国。本届秘书处通讯地址为：

TUSF Secretariat
Institut Forestier du Canada
151, rue Slater, Suite 815
Ottawa, Ontario, Canada KLP 5H3

（陈平安）

## 国际性林业学术刊物

**【《林业科学》】** 《林业科学》是由美国森林工作者协会编辑出版的一种反映林业科学研究成果和技术进步的学术性刊物，季刊。编辑部设在美国的马里兰州。《林业科学》于1955年创刊，从1977年开始向世界征订。

《林业科学》主要刊载林业基础科学研究和林业最基本问题的研究及解决方法等方面的文章。是具有一定国际威望的林业理论刊物。内容包括：林业经营、造林、森林生物、生物统计以及森林保护。另外，也有适当的文献评论文章。常设栏目有：论文、短讯、书评等。

《林业科学》深受我国林业科学研究人员、教学人员的好评，对我国林业的学术研究有较大的参考价值。（高佩荣）

**【《林业杂志》】** 《林业杂志》是苏联高等和中等教育部的学术性刊物，双月刊。杂志的全称是：《高等学校通报：林业杂志》。编辑部设在苏联的阿尔汉格尔斯林业技术学院。创刊于1957年。

《林业杂志》主要刊载高等学校研究人员在林业领域中的科学论文，报导科学研究成果在林业生产中运用的情况，交流林业和森林工业中的先进经验，并且发布高等林业院校和著名林学家的活动情报。

《林业杂志》内容广泛，学术性强，所载文章多为专业论文，着重于基础理论方面的论述。适用于林业和森林工业科学研究人员、技术人员以及林业院校的教师和高年级学生参考。《林业杂志》常辟栏目有：森林工业、森林利用、木材机械加工和木材学、木材化学、生产经营与组织、经验交流、国外动态、短讯和林业新书介绍。

此杂志由于具有学术性、理论性、研究性强的特点，对于从事林业和木材加工工业基础理论研究的学者和研究人员是一份有益的刊物。（高佩荣）

**【《日本林学会志》(日文)】** 《日本林学会志》1919年创刊，月刊。由日本林学会编辑出版，编辑部设在东京。

《日本林学会志》主要刊载有关森林基础科学、造林学，森林防疫、森林保护和森林利用等方面的研究论文、简报、学会记事以及文献介绍和日本林学会动态报道等。常辟栏目是：林业科学研究论文、短报、综述、杂记、摘录、新刊介绍等。

刊物的特点是：办刊宗旨明确，所载文章把关严格，出刊周期短，只有本学会的会员才有资格为此刊物投稿。该刊物对了解日本林业研究、林业生产和林业情报有重要参考价值。（高佩荣）

**【《木材与木制品》】** 《木材与木制品》杂志于1896年创刊，月刊。从1966年开始征订，由Vance出版。它是美国木工方面最早的刊物之一，其编辑室设在美国伊利诺斯州的林肯希尔。该刊物反映家具制作、细木工操作及木制品生产情况，主要刊载木材的研究与发展、木工机械设备、木材新产品与新工艺、市场、包装、废料利用、胶合板工艺等方面的文章。另外，每期中都有部分木材加工方面的文摘。

该刊物代表着西方国家木材加工工业的研究水平，能够反映美国和西欧各国木工科学研究的现状和发展趋势，对于林业、木材加工工业的科学工作者有着启迪思路、开阔视野的作用，对木材工业的科学理论研究也有一定参考价值。（高佩荣）

**【《林业文摘》】** 《林业文摘》是由英国联邦林业局主办、出版的林业文献检索刊物。它于1939年创刊，原为季刊，1975年起改为月刊，1971年正式公开征订。刊物编辑部设在英国的牛津。

《林业文摘》主要摘录世界各地发表的林业论文和报告。内容包括：林业、造林、森林测量和管理、自然环境、森林火灾、植物生物学、遗传和育种、变异、进化、真菌学和病理学、森林昆虫和其他无脊椎动物、林区经营、狩猎和野生动物、鱼类、防护林、水源经营、土壤保持、土地利用、天然保护、树木栽培、树木学和林业气象学。刊物分3部分：短讯、综述、文摘。

该刊物的特点是：林业文献覆盖面积大，报道较迅速，并已加入CAB机检系统，为快速检索林业文献提供了保证。它对林业科研、教学和生产单位均有较大的参考价值，是林业情报调研的有力助手，也是目前我国林业系统使用最为广泛的检索刊物之一。它查找方便，索引有：主题索引、分类索引和种属索引。 （高佩荣）

【《林产文摘》】《林产文摘》是英国联邦农业局出版的林产品文献检索刊物，月刊。它原系《林业文献》中的林产部分，自1978年第39卷起分开出版。编辑部设在英国牛津。

本刊主要摘录各国期刊和其它出版物中发表的有关木材采运、造林、木材及其它林产品的销售和利用等方面的文献。着重于木材性质、木材保存、木质纤维和碎料板、木材加工机械和木材工程等方面，也包括纸浆和造纸、林产化学加工等。附有作者、树种和主题索引，以及年度索引。

常设栏目：综合出版物与综合技术，林产品与林产工业总论，木材性质，木板提取、保存与测量，木板损坏与保护，木材综合利用，单板、组合板、胶合板、人造板、改良材，胶剂，纸浆工业与木材化学利用，林产品的其它用途、竞争材料，市场与贸易、经济，作者与主题索引。 （高佩荣）

# 林业发达国家

## 日本林业

日本由北海道、本州、四国、九州4个大岛和3000多个小岛组成，面积372200平方公里，人口1.198亿(1984年)，气候温和湿润，年均降水量1800毫米。

**资源及经营** 日本很早就有“山林之国”的美称。其1986年3月末时的森林面积为2526万公顷，蓄积量28.62亿立方米，森林覆盖率达68%，居世界第六位。然而每公顷平均蓄积量仅89立方米，人均森林面积和蓄积量分别为0.2公顷和20立方米，只相当于世界平均水平的1/4。日本森林类型有亚热带林、暖温带林、温带林及亚寒带林。中部山区1600米以下为温带林，以上是亚寒带针叶林，2500米处生长着伏地松等矮生树种，森林的高度极限也就到此。

**表9 日本的森林资源**

（单位：千公顷、千立方米）

| 所有制＼项目 | 总计 | | 人工林 | | 天然林 | | 无林地等 | | 竹林 |
|---|---|---|---|---|---|---|---|---|---|
| | 面积 | 蓄积 | 面积 | 蓄积 | 面积 | 蓄积 | 面积 | 蓄积 | 面积 |
| | 25279 | 2483748 | 9895 | 1054113 | 13994 | 1428443 | 1246 | 1192 | 144 |
| 国有林 | 7907 | 803898 | 2396 | 166566 | 4828 | 636314 | 683 | 1018 | 0 |
| 公有林 | 2639 | 231113 | 1100 | 94698 | 1417 | 136241 | 118 | 174 | 4 |
| 私有林 | 14733 | 1488737 | 6399 | 792849 | 7749 | 655888 | 445 | 0 | 140 |

注：表内数字为1981年3月末的统计结果。

日本的森林分国有、公有和私有，其面积和蓄积量分别占总数的31.5%、9.5%和59%（见表9）。私有林由283万个经营户组成，其中规模不足20公顷的占98%，并且大多为农林兼营。日本森林主要分布在山区和丘陵。据统计，其防护林面积1985年3月末达793万公顷。尤为重要的是1973年以来，国民要求发挥森林各种公益效能的呼声十分强烈，从而使森林的作用范围更加广阔了。为适应日益兴旺的森林游憩活动的需要，1984年4月末，国家建立了27处国立公园(202万公顷)、54处国定公园(129万公顷)、92处自然休养林(11.3万公顷)，都、道、府、县设立的自然公园297处(201万公顷)。1975年，仅自然公园的利用者就高达8.2亿人次。

**林业发展沿革** 1869年起，明治政府实行林权划分，从此拉开了国家林业的序幕。1947年的林政统一和1950年开展的土地改革运动又为其后林业高速发展创造了条件。1951年，国家将1897年颁布的旧《森林法》修订为新法，至今又进行过4次修改。该法具有普遍的针对性，内容涉及森林计划、扶持监督营林的实施、防护林、土地使用、罚则等，宗旨是通过对森林的永续经营和提高生产力来谋求达到保全国土，促进国民经济发展的目的。从1950年到1972年，虽然山村人口大量外流，进口材不断增加，但林业仍然随着国家经济的腾飞而迅速进入鼎盛时期。这个期间的年平均采伐量达7962万立方米，为历史最高水平。另外，国家通过制订各种法规，发放补助金、长期低息贷款，实行保险、合作分红造林育林等多种扶持林业的措施，使人工林面积达到1011万公顷，占总面积40%以上。主要造林树种有柳杉、扁柏、落叶松、赤松、黑松、花柏等。近年来，以幼龄人工林的成长为主体，蓄积量年平均增长7800万立方米。日本国内的木材需求量曾经高达12000万立方米。由于1973年和1980年的两次国际石油危机，使国家经济遭受沉重打击，木材需求锐减，材价下跌，各项经营费用增加，国有林负债累累；私有林主不得不把经营重点转向其他方面。现在面临的问题是：在林业生产严重衰退，财务状况持续恶化而森林资源不断增加的情况下，如何增加收入、缩减开支，以搞活林业。

**科学研究** 它主要通过国家林业试验场和公立林业试验场实施。前者创立于1907年，下属有11个部、5个试验站和7个分场。有科研人员508人、行政事务人员215人、辅助试验人员48人。年预算达61亿日元，其中科研经费22亿日元。科研目标是：①森林多种利用的基础研究；②林产品增产技术；③环境保护施业技术；④森林公益效能的维持与增强；⑤森林保护技术；⑥林业机械化与劳动安全；⑦林业技术的系统化与经营的现代化；⑧木材用途的开发与深加工；⑨木材资源的有效利用；⑩国外林业情报的收集与热带林业技术的开发。日本的林业技术普及工作由林野厅负责，它通过在各行政机关(都、道、府、县)及下属基层部门配置的林业专门技术员和改良指导员(近3000人)来开展工作。这些人除进行技术普及指导和科研外，还为各地培养了大批技术骨干。

**教育** 到1980年为止，全国设有林业学科的大学共26所，在校学生5000人左右。学制4年(基础课1年半，专业课2年半)。大学生以上是硕士研究生(攻读2年)和博士研究生(攻读3年以上)。还有79所高中设置林学科，学生达9427名。另外，在不少县以及国有林部门内都设有林业短期大学和林业技术实习指导设施，以便为更多的人提供学习和进修的机会。

附：日本3所国立重点大学的林业学科设置。

**北海道大学**

农学部
- 林学科：林政学、森林法律学、森林美学、森林土壤学、治沙工程学、森林学、树木学、树木生理学、林木育种学、森林病理学、造林学、森林测量学、森林土木工程学、森林动物学、林业机械学等
- 林产学科：木材组织学、木材结构学、木材物理学、木质材料学、木材化学、树木生理化学、有机化学、林产制造学、纸浆造纸学、木材加工化学、材料力学、结构力学、木材保护学
- 附属实习林地

**东京大学**

农学部
- 林学科：森林经理学、造林学、林政学、森林水文学、治沙工程学、森林利用学、森林景观规划学、森林植物学、森林动物学。
- 林产学科：木质材料学、木材物理学、木材化学、纸浆造纸学、高分子材料化学、林产化学
- 附属实习林地

**京都大学**

农学部
- 林政学、森林经理学、森林生态学、治沙学、林业工程学、园艺学、森林计量学、森林保护学、林产机械学、林产化学、木材工程学、木材结构学、木材加工材料学、木材化学、林木生理学等
- 附属实习林地

(黎红旗)

## 印度林业

印度国土面积约300万平方公里。全国大部分地区为热带季风气候，一年分寒、暑和雨季。冬季最低气温为0°C，夏季最高气温达50°C。雨量分布不均，全年80%以上雨量集中在西南季风旺盛期。卡西山区平均降雨量高达1.25万毫米，塔尔沙漠平均降雨量不足100毫米。1981年人口为6.852亿。

**森林资源** 印度林地总面积约为7214.5万公顷，林地占国土总面积的23%。国有林占林地总面积的95%，公有林3%，私有林2%。其中有林地面积为5161.9万公顷，森林覆盖率为16.7%。据卫星资料分析，1982年的森林覆盖率为14%。森林破坏日趋严重，1981～1985年间，平均每年毁林58.8万公顷。23%的林地已经退化。印度森林蓄积量为26.24亿立方米，平均蓄积量为49立方米/公顷，郁闭林为67.3立方米/公顷。年生长量为0.5立方米/公顷。1985年木材产量1350万立方米，绝大部分用作薪材。

印度共有16个森林类型：热带常绿林、热带半常绿林、热带湿润常绿林、海岸和沼泽林、热带干旱落叶林、热带旱生林、热带干旱常绿林、亚热带阔叶山地林、亚热带松林、亚热带干旱常绿林、山

地湿润温带林、喜马拉雅山森林、喜马拉雅干旱森林、高山森林、湿润高山灌木林、干旱高山灌木林。主要树种有柚木、娑罗双、龙脑香类、桉树等。

**林业立法及林业政策** 印度于1856年公布第一个《森林法》,1878年和1927年做过修改。1952年公布新森林政策，目标是：保护和扩大森林资源，林地覆盖率由25%扩大到33%。1972年公布《野生动物保护法》。1974年提出《森林政策草案》,该草案进一步强调保护生态环境，不得随意侵占林地。

**社会林业** 为推动林业发展，1973年印度政府提出生产林业和社会林业。生产林业的对象是国有林，主要由林业发展公司来经营。印度称这一计划是英·甘地经济增长和农村发展设想的组成部分。

印度森林破坏严重，烧柴日益短缺，农用材的需要量越来越大，要摆脱农村经济困难，使农民富裕起来，不能单纯靠农业，必须发展与农业关系极为密切的林业。全国有大量闲散劳力和宜林地，社会林业乃是把广大农村劳力和土地资源连接起来的纽带。社会林业的核心是：通过林业和其它土地利用相结合的综合经营形式，如农林结合、林牧结合等，组织广大农民群众植树造林和对林木进行集约经营，以便既美化环境，保护农业，防止水土流失，又向农民提供烧柴、木材和饲料等。

社会林业的主要经营形式包括：①农户(场)林业；②路边和水渠边营造人工林；③乡村林业；④恢复村庄附近的退化林；⑤林区林户造林；⑥城市林业。这些林业经营形式除农户(场)林业是在私有土地上造林外，其余都在国有或集体土地上由农民造林护林，收入按比例分成。

20世纪80年代初，印度又提出10年社会林业计划，要求10年造林4000万公顷，林带20万公里。

印度对社会林业的投资逐年增加，1974年以前总支出为1900万美元，1974～1979年5220万美元，1980～1985年35190万美元。1980年社会林面积143万公顷，1985年达550万公顷。

印度社会林业也存在一些问题。农村贫富悬殊，富农不愿参加社会林业。在乡村空地上植树造林影响放牧，加之政府收入分成比例较高，一些地方对社会林业积极性不高。也有人担心政策有变，怕造林后收归国有。

**营造薪炭林** 薪材奇缺，已成为印度严重的社会问题之一。因此，20世纪70年代初，印度开始大规模营造薪炭林。1976～1980年营造薪炭林19.1万公顷。从1980年开始的第六个五年计划，决定加速薪炭材的营造。按照规划，每个人拥有薪炭林40公顷。社会林业通常纳入社会林林业计划。

印度很重视科学培育薪炭林，已成立两个生物量研究中心。国家森林研究所也从事薪炭林的试验研究。研究的重点是树种选择。选择的薪炭林树种不仅适于用作生活燃料，而且适应小工厂、小电厂等工业燃料的需要。薪炭树种要有速生，易成活，萌生力强，适应性强，热值高等特点。现已编出不同地区的薪炭林树种名录。

**林业发展公司** 林业发展公司是国营企业，主要任务是：按照科学、合理地开发森林资源的方针，发展森林工业，向当地供应木材、薪炭材和其它林产品，开拓采运机械和劳务合作的市场，改善游垦，美化环境，发展游憩，吸收先进林业技术等。

森林发展公司的投资方式有4种：①邦和中央政府均摊资金，并利用公共机构贷款；②全部由邦政府投资；③印度政府和公共机构贷款；④中央政府投资和利用公共机构的贷款。

现在各邦都有一个森林发展公司，其中有一半是中央参与投资的。 (沙 琢)

## 苏联林业

苏联国土面积2240万平方公里，人口2.763亿(1984年)。位于欧洲东半部和亚洲北部。由北至南跨寒带、温带和亚热带三个气候带，总的说来属大陆性气候。

**森林资源** 林业用地共12.594亿公顷，其中，国家森林12.397亿公顷，集体农庄森林1970万公顷。国家森林中由苏联国家林业委员会(下称国家林委)主管的和拨给其他部与部门使用的分别为11.828亿公顷和0.569亿公顷。有林地(郁闭度在0.3以上的林地)全国一共8.109亿公顷，其中，国家森林7.921亿公顷(国家林委主管7.455亿公顷),集体农庄森林0.188亿公顷。在全国森林总面积中，人工林面积1973年达1110万公顷，其中520万公顷是防护林。78.2%的森林分布在乌拉尔以东，所以山地森林比重很大。森林覆盖率全国平均值为36.2%,但地区差别极大。如按加盟共和国分，俄罗斯联邦最高，为44.9%,塔吉克等却不到或稍为超过3%。森林总蓄积量达762亿立方米，其中成、过熟林蓄积量为478.9亿立方米。但是单位面积森林年生长量和蓄积量都较小，分别为1.38立方米/公顷和105立方米/公顷。森林中针叶林比重很大，在总蓄积量和总面积上分别占全国森林的80.8%和74.2%。

苏联的林地、有林地、森林蓄积量和针叶林蓄积量分别占世界的22.1%、20.7%、22.7%和52.8%,这几项的人均拥有量均远在世界平均水平之上。最近3次资源清查表明，其有林地、森林总蓄积量和森林覆盖率都在增长。

**管理体制** 在组织形式上营林与森工分开，前者由国家林委主管，后者由森工部(全称苏联木材采运、制浆造纸和木材加工工业部)主管。经过1965年以来的多次改革，林委系统现仍实行3～4级管理：苏联国家林委——加盟共和国林业部(委)——州(边区)林业局和自治共和国林业部——营林企业(对于不设州、边区或自治共和国这一级行政机构的加盟共和国来说，就是3级管理)；森工部系统则是2级管理：苏联森工部——生产联合公司。70年代，林业生产积聚化进程开始加快，尤其在森工系统，森工综合体、综合性林业企业越来越多，在林业中所占比重越来越大。综合性林业企业这种组织形式的发展，有可能结束营林与森工分治的传统。

苏联林业管理的第二个特点是具有比较明确的目的性和计划性。目的性和计划性的突出表现之一是对森林的分类管理。除上述划分为国家森林与集体农庄森林外，还将全国森林划分为3类：第Ⅰ类是以防护作用为主的森林，第Ⅲ类是以经济利用(提供木材)为主的森林，第Ⅱ类则是在确保防护作用的前提下兼起经济利用作用的森林。在具体经营管理中，对这3类森林分别制定有详细的规定(营林措施、采伐规程等)。第二个表现是最近三个五年计划里长期计划对中期和年度计划起到了较好的指导作用。第三个表现是专项综合规划计划方法用得越来越多。1981年开始实施的关于在乌拉尔以西地区组建集约育林企业的专项综合规划，是一项以制浆造纸企业为龙头，走林纸结合道路的专项综合规划，是对苏联林业的发展具有深远意义的一个步骤。

苏联林业管理的第三个特点是重视法制管理，立法比较完备，执法相当严峻。苏联制定过3次《森林法》(1918年、1923年、1977年)，此外还有其他一系列森林法规。1985年，苏联政府又确定非法采伐等11个方面的行为为破坏森林的行为，成倍提高了罚款额。

**发展与现状** 50年代以前，采取粗放、外延式的经营方式搞林业，以木材采运为优先发展部门。60年代初，开始转上集约化发展道路，机械化水平和劳动生产率迅速提高。70年代下半期，林业和整个国民经济一样陷入“失速”和停滞不前的局面，集约化发展的速度缓慢。1986年，开始实施“加速战略”。

目前，苏联营林生产规模居世界前列，防护林建设水平较高，森工发展水平却远不如欧美先进林业国家(参见附表10～16)。作为民用工业一部分的森工之所以落后，根本原因在于长期以来对民用工业的技术和机器的发展不够重视，其次是林业科研和投资等方面政策的失误。如林业科研对应用研究重视不够，对科研成果的推广尤其不力，导致科研——应用周期太长等恶果；投资政策一直不重视投资效果，新建和未完工的工程太多；对现有固定资产进行技术改造和改装的投资不足，对木材深度加工和综合利用投资不足，等等。

**科研教育** 林业科研机构分属5个系统：科学院、国家林委、森工部、各加盟共和国、高等院校。共有近百个科研单位，遍布各大林区，专业和学科比较齐全。营林方面有18个研究所、7个研究室、16所高等院校从事营林科研与设计。森工方面则有20多个科研机构，其中绝大多数属森工部系统，少数几个属科学院系统。林业科技情报系统是1967年开始建立的，现已形成一个比较完备的林业科技情报网，每年发行的索引、文摘、快报和述评等达80多万份。在科研方向上，目前正针对上述主要问题采取加速改革措施。

林业教育事业规模庞大，但教育质量欠佳——主要是毕业生缺乏应有的实践知识技能和从事林业工作的心理素养。全苏有22所大学和45所中等技校的营林系科培养营林专业人才，在校学营林的学生有4.2万，每年毕业生达9000人。培养森工高级技术人才的有18所高等院校，森工部每年从中得到5000名毕业生。森工部系统自办中等森工技术学校51所，另有9个常设培训班的联合工厂。51所技校每年毕业生人数达1.8万人，其中1万人是全日制学部的。此外，还办有专门培训公司和工厂各级领导人的全苏采运加工工业领导干部与专业干部进修学院，在校生每年达1万名。

**表10 苏联营林财政情况**

| 项目＼年度 | 1955 | 1960 | 1965 | 1970 | 1975 | 1980 | 1983 |
|---|---|---|---|---|---|---|---|
| 营林开支(万卢布) | 21000 | 26740 | 49080 | 60180 | 76520 | 91040 | 97230 |
| 其中：营林事业费 | 20120 | 24670 | 44360 | 41420 | 56610 | 61420 | — |
| 投　资 | 880 | 2070 | 4720 | 18360 | 19910 | 29620 | — |
| 营林收入(万卢布) | 24060 | 31750 | 30790 | 76860 | 85600 | 69750 | 133890 |
| 其中：森林收入 | 19040 | 23990 | 24110 | 55000 | 46770 | 44120 | 81300 |
| 企业自有资金 | 5020 | 7760 | 6680 | 21860 | 23360 | 25630 | 26220 |
| 收支盈余(万卢布) | +3060 | +5010 | −18290 | +16680 | +9080 | −1290 | +36660 |
| 森林收入占国家预算收入(%) | — | 0.3 | 0.2 | 0.3 | 0.2 | 0.2 | 0.2 |

表 11 40 年代以来苏联营林发展概况

| 项目 \ 年度 | | 1940 | 1950 | 1960 | 1970 | 1980 |
|---|---|---|---|---|---|---|
| 森林经理调查 | （万公顷） | 2200 | 1640 | 3990 | 4150 | 4780 |
| 森林更新 | （万公顷） | 25.44 | 92.01 | 157.19 | 158.20 | 162.66 |
| 植播造林 | （万公顷） | 23.19 | 57.70 | 82.37 | 115.52 | 120.07 |
| 抚育伐 | （万公顷） | 109.60 | 88.70 | 107.54 | 347.90 | 348.76 |
| 林地排水 | （万公顷） | 0.88 | 2.51 | 7.30 | 21.95 | 22.93 |

表 12 营林作业机械化水平（%）

| 项目 \ 年度 | 1965 | 1980 | 1985 |
|---|---|---|---|
| 植　播 | 38 | 53 | 50 |
| 整　地 | 82 | 98 | 94 |
| 人工林抚育 | 42 | 60 | 60 |

表 13 森工投资

| 投资 \ 年度 | 1953～1958 | 1959～1965 | 1971～1975 | 1976～1980 |
|---|---|---|---|---|
| 总投资（亿卢布） | 23.55 | 55.20 | 62.0 | 67.0 |

表 14 森工生产概况

| 项目 \ 年度 | 1940 | 1950 | 1960 | 1970 | 1975 | 1980 | 1985 |
|---|---|---|---|---|---|---|---|
| 木材采运量（亿立方米） | 2.470 | 2.660 | 3.695 | 3.850 | 3.951 | 3.767 | 3.788 |
| 木材消费量（亿立方米） | 1.135 | 1.570 | 2.630 | 2.958 | 3.252 | 3.284① | — |
| 森工产值（亿卢布） | — | — | — | 213 | 256 | 252 | 248 |
| 森工产值占工业总产值（%） | — | — | 6.9 | 5.2 | 4.6 | 4.1 | 4.1 |

注：①为 1978 年的木材消费量。

表 15 森工主要产品产量①

| 年度 \ 种类 | 锯材（万立方米） | 刨花板（万立方米） | 纤维板（亿平方米） | 胶合板（万立方米） | 纸（万吨） | 松香（万吨） | 木炭（万吨） | 纸浆（万吨） |
|---|---|---|---|---|---|---|---|---|
| 1970 | 12049.4 | 199.1 | 2.08 | 204.5 | 420 | 16.65 | 9.8② | 250 |
| 1980 | 9820 | 511.8 | 4.69 | 202.2 | 528.8 | 22.00 | 8.0 | 712.3 |
| 1985 | 10000③ | 582.3 | 5.65 | 224 | 575 | 25.96 | 8.88 | 832.0 |

注：①整个“锯材”一栏均为全苏产量数字，其余主要产品产量均为森工部一个部的产量。
②为 1972 年的产量数字。
③ 1985 年锯材数字为估计数字。

表 16 苏美两国每 1000 立方米运出木材主要产品和产值对比

| 国别 \ 种类 | 锯材（立方米） | 胶合板（立方米） | 刨花板（立方米） | 纤维板（立方米） | 纸浆（吨） | 木质素（吨） | 水解酵母（吨） | 产值（万卢布） |
|---|---|---|---|---|---|---|---|---|
| 苏联 | 286 | 5.7 | 14.0 | 1337 | 19.8 | 5.6 | 1.37 | 2.34 |
| 美国 | 270 | 45.2 | 19.1 | 2979 | 118.6 | 15.9 | — | 5.90 |

注：表中数字均为 1980 年的数字。

（何永晋）

## 法 国 林 业

法兰西共和国面积为551208平方公里，人口约5396.3万。大部分地区属海洋性温带阔叶林气候。南部地区属亚热带地中海式气候。

**森林资源** 法国现有1480万公顷森林，森林覆盖率27%；而战后初期仅有1140.7万公顷，覆盖率20.7%。30余年来覆盖率增加6.3%。法国国有及集体林生长量5～6立方米／公顷·年。目前，法国立木总蓄积量16亿立方米，年总生长量5400万立方米，年商品材产量3000万立方米。法国的森林资源独占欧洲经济共同体的一半，人均有林面积0.28公顷，人均占有蓄积量30立方米，木材自给率61%(联邦德国为41%)。据预测，由于战后营造的森林已陆续进入主伐期，年商品材产量将达到4500万立方米。法国已成为一个潜在的木材生产大国。

法国森林分5个类型区：即①大西洋平原区，是一个以橡树和山毛榉为主的阔叶林区，这里有世界上颇有名气的100万公顷的针叶人工林区——朗德森林(朗德原是一个类似中国北大荒的地方)。②东部平原丘陵区，以阔叶树为主。③地中海地区，以常绿阔叶林为主要特色。④海拔1500米以下中山地区，包括中央高原、浮日山区等，主要树种是栎类、山毛榉、赤松、云杉、冷杉等。⑤高山地区，以云杉及落叶松为主。

法国的森林资源特点是：私有林多，林地散碎，林权分散；阔叶林多，次生林多；分布不均，西北个别省的森林覆盖率在5%以下，西南、东北和东南地区都在30%以上。

**管理体制** 法国的森林分国有，省、市、镇或社会团体所有及私有3大类。国有林171万公顷，集体林250万公顷，两项均委托给国家森林局经营。私有林约1000万公顷。

**经营管理** 法国的森林经营思想随着经济及社会发展的需求而变迁。战后因木材极其短缺，曾专门设立了国民林业基金会(FFN)，征用木材工业及贸易税，用于扶持民间发展高产用材林，目标是营造200万公顷人工林。这一目标已基本实现。法国杨树栽培业在世界上的地位，就是因此而奠定的。20世纪60年代以来，随着工业化、农业现代化的实现以及城市的发展，生态需求突出起来。因此，法国的森林经营目标变为首先是生态保护，第二是木材生产，第三是森林游憩，经营格局及措施随之作相应调整。

法国把其森林划分为生产性森林、防护性森林及自然保护区或国家公园等。生产性森林类似我国的用材林，面积多于防护林。防护林包括山地恢复工程(从1860年始建)范围内的造林、大西洋及地中海海岸防风固沙林、城市森林及农区防护林等。目前法国的受保护自然生态系统已达380万公顷，占国土面积的6.9%。通常各林种都要承担上述3类目标功能。如防护林与游憩林也要生产木材，生产性森林也要向公众开放。著名的地中海森林已成为海滨旅游胜地。

法国森林的经营目标是多功能森林。森林经营的不同目标客观上决定了森林功能发生离异和走向专业化的趋势，决定了专门的木材培育产业的产生。法国把国有林和集体林委托给国家森林局(ONF)经营，委托要求是保存并不断扩大这部分森林，尽可能多生产木材及保证公众森林游憩，国家除征收有关税收外，无权要求上缴利润。ONF通过出售木材及其它经营活动获得收入，除维持各项经营开支(包括工资、基建)外，还要做到在生产与非生产性森林之间平衡投资。ONF自1964年成立以来，基本上完成了上述任务。法国国有林及集体林这种所有权与经营权分离的管理经验，值得借鉴。

法国的私有林分属160万个林主所有，其中，经营不足10公顷面积的林主有150万个。这种千家万户有林局面的形成除一些历史原因外，无疑还与战后FFN的扶持与鼓励有关。星罗棋布的私有林，对迅速提高森林覆盖率起了很大作用，但多数林主并不热心经营。目前，法国正大力推行私有林兼并与合作政策，并推行“单一经营计划”(一种经批准必须实施的集约经营计划，实行这种计划的林主会得到国家财政优惠)。

**森林工业** 目前法国森林采伐能力不足，每年有1000万立方米成熟蓄积闲置，另有约近2000万立方米采伐量不能进入流通领域，约3000万立方米商品材中相当一部分以原木形式出口而同时却进口锯材或其它林产品。全法国近年林产品外贸赤字在百亿法郎以上，居石油之后。一方面有雄厚的资源，另一方面又存在巨大外贸赤字，这种现象说明法国森林工业没有与营林业同步发展。

法国的采运企业有7000个，制材企业有6000个，其中大型企业甚少，多是家庭式的。60年代，法国总制材能力只有880万立方米，近年增加到1000万立方米，小企业减少，设备与技术有所进步，但仍远不能适应需要。

法国的制浆造纸企业多远离林区，以采购原料为主，没有大型林纸联合企业，生产成本比美国高130～160%。因自身难保，更顾不上参与国产材的开发。其他，如人造板、家具等木材工业的情况大体类似。整个法国森林工业有企业8万家，就业人数64.3万，总的特点是小而多。这种状况严重制约了营林业的发展。近年，政府正采取措施，努力改造森林工业，以迎接从本世纪90年代开始的木材生产高峰。

(侯元兆)

## 瑞典林业

瑞典地处欧洲北部，是林业发达国家之一。全国国土面积449964平方公里，1984年人口为833.2万人。根据树种组成，林区大致可分为两类：针叶林区和水青冈林区。

**森林资源**　瑞典森林面积为2363.9万公顷，覆盖率达58%。立木蓄积量为25.73亿立方米，其中95%在林内，其余为散生。年生长量为8932万立方米，其中8567万立方米在林内，其余分布在非林地上。在全部森林资源中，欧洲赤松所占的面积最大，约为29.5%，挪威云杉占26%；针叶混交林占20%，针阔叶混交林占12.5%，其余为阔叶林。就蓄积量而言，欧洲赤松占37%，挪威云杉占46%，阔叶树种占14%，其余为枯立木。在年生长量中，欧洲赤松占32%，挪威云杉占49%，桦木占13%，其他树种占6%。

**管理体制与行政设施**　全国森林约有一半为私有林，1／4为公司林，其余为国有林和公有林。瑞典农业部下设的国家林业总局是政府的林业职能部门。其职责是贯彻《森林法》；协调全国林业工作；组织安排某些应在全国范围内统一进行的林业活动；负责就林业政策问题向政府提出建议。此外，国家林业总局还领导各省的半官方机构——省林业委员会，监督各类非国有林，主要是私有林的经营管理情况。全国的私有林按地区划分为270个小区，每个小区都配有林业技术人员，对私有林主提供技术指导。这些技术人员分别归他们所在省的林业委员会领导。国有林由瑞典政府工业部所属的国有林管理局管理，该局下辖6个管理区，从事国有林的经营、木材销售和森林更新。

**森林经营**　早在19世纪末至20世纪初，瑞典就形成了比较合理的林业经营指导思想。1903年通过的第一部《森林法》体现了均匀采伐、长期利用的思想。1948年通过的第二部《森林法》又提出，应把林业作为一种能产生工业利润的经济事业来经营，林地必须用来生产木材。1979年，国会通过的《关于林业政策指导方针的法案》中规定：林业工作的目标应是合理利用林地和森林的木材生产能力，以保证稳定、高额和优质的木材产量。与此同时，还应注意自然保护和公众的其他利益。该法案还明确规定，国家对私有林的某些营林措施实行财政补贴，补贴额占实际支出的30～90%。

瑞典森林的经营利用水平相当高。从20世纪20年代到50年代，每年采伐量接近4000万立方米；近20年来，达6000万立方米左右。在半个多世纪里，每年森林采伐量约占总蓄积量的3%，在这样高强度的利用下，森林总蓄积量仍从20年代的17.6亿立方米增长到80年代的25.7亿立方米。这一方面归因于有效的立法措施和经济扶持，另一方面归因于成功地采用了先进的林业技术和现代化的工业手段。

**森林工业**　瑞典的木材工业也很先进，表现为：①木材的利用水平高，全国每年采伐的木材，约有97%左右用于生产锯材、人造板、纸浆和纸张，薪炭材只占3%左右。②劳动生产率高，如全国平均制材生产率超过450立方米／人·年，胶合板生产率超过180立方米／人·年，纤维板生产率超过264吨／人·年，刨花板生产率超过550立方米／人·年。③林产品的原材料消耗量低，如生产1吨纤维板用原料2.43立方米，生产1立方米刨花板用原料1.9立方米。

**教育科研**　瑞典的林业教育形式有3种，即高等教育、专业教育和进修教育。①高等教育机关主要是瑞典农业大学林学院，学制为4年半至5年，培养目标是科研人员、林业官员、林业讲师、林业顾问等。另有一种林业技术学院，主要接受林业技术人员进行深造，也接受一部分林业技术学校毕业生，培养目标是林业工程师。②专业教育部门为林业专科学校和林业技术学校，林业专科学校的培养目标是林业技术员，毕业后可担任营林员、营林长、木材贸易人员、基层林业技术人员等。林业技术学校的培养对象为技术工人和领工员。③进修教育的主要形式是办学习班。从事进修教育的单位有：瑞典劳工市场教育中心、木材采运研究基金会、林业界联合会、国有林管理局以及各级林业学校。

瑞典的林业科学研究有相当悠久的历史，由于机构和人员都比较稳定，保证了研究工作的连续性。在树木育种、造林技术、采伐运输、木材加工、废材利用等方面均有较高水平。　（朱石麟）

## 芬兰林业

芬兰地处北欧，面积为337032平方公里，属温带针叶林气候。

**林业概貌**　芬兰是北欧的林业发达国家。现有森林2322万公顷，占国土面积76.7%。其中有2006.5万公顷为正常森林，315.7万公顷为低产森林（每公顷生长量为0.1～1立方米）。正常森林的总立木蓄积量为16.6亿立方米，平均年生长量为3.4立方米／公顷。由于全国南北自然条件差异很大，南部的生长量为4.6立方米／公顷，而北部则只有1.7立方米／公顷。芬兰森林的树种组成极为单纯，有欧洲赤松、挪威云杉、疣皮桦和毛桦，分别占61.9%、27.1%、1.1%、5.9%。其余为其它阔叶树。芬兰森林的所有制结构见表17：

表 17 森林所有制结构分布

| 项目 | 所有制 | 私有 | 公司所有 | 国有 | 其它 |
|---|---|---|---|---|---|
| 面积 | 南部 | 76.8% | 11.6% | 7.2% | 4.4% |
| | 北部 | 36.8% | 4.0% | 55.2% | 4.0% |
| | 全国 | 55.8% | 7.6% | 32.3% | 4.2% |
| 蓄积量 | 南部 | 81.8% | 9.0% | 5.4% | 3.9% |
| | 北部 | 43.7% | 4.6% | 46.7% | 5.1% |
| | 全国 | 70.5% | 7.7% | 17.5% | 4.2% |

**行政设施** 为了统一管理全国森林，芬兰政府设有农林部，部内设林业司，掌握林业方针政策。有关林业工资、劳动保护、教育、培训、木材水运经济等问题，主要归其他有关部门掌握。农林部下另设林业总局，具体负责全国的森林管理。根据芬兰国会通过的《林业行政法》，林业总局的职责为：①维护林业发展的长期利益，采取必要的措施以改进林业经营条件；②抚育、保护和利用国有森林，在照顾到公众利益的前提下致力于提高木材产量，保证有效的经济收益；③以有关的林业法令为依据，监督和促进各类非国有林的经营和管理。全国的国有林划分为北、中、南 3 个管理区，每个管理区下设若干个林场，林场的面积从一至数十万公顷不等。全国的私有林分归 30 万户林主所有，由两个中央私有林委员会（分管芬兰语林主和瑞典语林主）和 19 个区私有林委员会进行管理，每个区私有林委员会在其辖区内分设 2～5 个私有林指导区，配备具有高等教育水平的林学家指导工作。

**经营管理** 林业在芬兰国民经济中占有重要地位，林业和林产品工业产值占国民生产总值 9.1%，其出口值占全国出口总值 37.0%（1984 年）。

芬兰的林业法制健全，有一套完整的成文法，如《私有林法》规定对私有林实行科学管理；《森林改良法》规定采取积极措施提高森林生产力；《私有林委员会法》和《林主协会组织法》等规定有关各方的权利和义务；《林业税法》则详细规定林主的合理税务负担。芬兰的林业经营管理一直保持在相当高的水平，每年都开展大量的营林工作。1984 年，共造林 14.05 万公顷，实生林改造 28.63 万公顷，林木修枝 1.1 万公顷，林地施肥 7.95 万公顷，沼泽林地排水改造 7.75 万公顷，修筑林区道路 4827 公里，进行皆伐和各类择伐、间伐 51.45 万公顷，采伐木材 4585 万立方米。

**科研教育** 芬兰的林业技术水平较高。林木育种工作成绩显著，目前欧洲赤松种子园生产的良种已能满足全国苗圃的需要，到 80 年代末期将能满足更新造林用种的全部需要；挪威云杉种子园生产的良种到 1990 年能满足全部需要；桦木种子园的良种目前已能满足全部需要。在木材工业中，胶合板生产技术较为突出，所生产的设备很先进。林业科学研究在全国的科研事业中占有重要位置。林业司所辖的芬兰林业研究所为全国 4 大研究机构之一，主要从事林业研究。另外，在科学技术研究中心内设有林产品实验室，从事木材加工研究。

芬兰的林业教育极为发达。高等教育部门有赫尔辛基大学农林学院，其林业类专业每年招生 80 人；赫尔辛基工业大学的林产品学系每年招生 60 人。全国共有 28 所林业中等技术学校，每年招生 1500 人。 （朱石麟）

## 联邦德国林业

联邦德国位于欧洲中部，国土面积 247975 平方公里，人口 6120 万。全境可分为 4 个主要地形区：①北德平原，海拔不到 100 米；②中德高地，在东西走向的高地中间有南北走向的河谷；③南德高地；④巴伐利亚高原和阿尔卑斯山区。气候温和。多数地区年降水量在 600～800 毫米。

**林业概貌** 18 世纪初，德国的天然林几乎伐尽，然而大规模造林却人为地改变了森林的结构和树种。联邦德国现有森林 737.1 万公顷，森林覆盖率为 29%。针叶林与阔叶林的比例为 2∶1。主要树种有云杉、欧洲松、冷杉、山毛榉、栎树。生产林占 94%。

**经营管理** 联邦德国于 1949 年成立之后，政府便制定实施林业为国民经济，为保护生态环境，为社会福利服务的政策。林业经营技术和方法基本上达到了经济效益、生态效益和社会效益的一体化。森林经营的一体化主要表现在以下几个方面：①所有森林都生产木材（除自然保护区和禁伐林外），在正常自然条件下保持稳产。现国有林平均每公顷蓄积量高达 230 立方米，年生长量达 6 立方米，而每公顷的木材采伐量控制在 5.3 立方米。主要林区巴伐利亚州的公有林和大、小私有林的平均每公顷林木蓄积量也分别达到 214、272 和 231 立方米。②以森林为主体，以保护生态环境和提供休憩场所为目的的自然公园占国土面积的 1／5。③使用“森林效益图”区划森林，国有林按森林效益目的进行森林经理和经营工作。④研究符合天然林生态环境的人工林结构取得了重大成果。联邦德国的森林永续经营思想和经营技术在世界上居先进地位。但是，1980 年以来，森林突然大片死亡，对这一现象至今不能完满解释，但基本上肯定是大气污染所致。1985 年进行森林调查，发现有 52%的森林受害，其中最严重的是冷杉、欧洲松和云杉。现政府已把这一课题列为国家重点科研项目。

**木材工业** 联邦德国的木材工业十分发达，木材综合利用水平在世界上属领先地位。木材的年消费量约4000余万立方米，其中国产材3000万立方米左右，不足部分靠进口。80年代中期木材产品的年产量：锯材约1000万立方米，刨花板585万立方米，纸和纸板900万吨，木浆130万吨，纤维素80万吨，单板40余万立方米，胶合板34万立方米，硬质纤维板22万立方米(1979年起软质纤维板作为保密数字不再公布，1978年产量为34万立方米)。

近年，联邦德国加强了森林抚育措施，所以小径木的供应量增加。这一形势促进了制材工业的改革，70年代中期以来普遍发展使用制材削片联合机。刨花板工业的发展目前已经越过顶峰期，由于市场饱和，导致产量下降，许多小厂倒闭。造纸工业为节约原料，增加了废纸的利用量，现在所用的原料一半是废纸。

**科研教育** 联邦德国林业和木材工业当前最重要的研究项目是：大气污染和酸雨引起的森林死亡病理以及防治措施；优良树种的遗传育种和种源研究；森林净化水质研究；林业和木材工业的机械化、现代化技术；木材的合理利用；废材的化学利用；热带、亚热带森林资源的分布、利用及贸易问题。

在林业科技图书资料的检索服务方面，联邦德国已普及使用电子计算机联机检索。联邦粮食、农业和林业部建立了本系统的ELFIS数据库，由联邦林业和木材研究院负责标引和著录工作，通过农业文献情报中心汇总后，输入联邦医药文献情报中心的计算机设备，供国内外人员检索。

哥廷根、弗赖堡、慕尼黑3所大学设有林学系，培养高级林务官。另有维恩斯特凡、希尔德海姆／霍尔兹明登、罗腾堡3所高等林业专科学校培养次高级技术林务官。汉堡大学设木材专业，着重基础科学教育。罗森海姆高等专科学校培养木材工业技术工程师。有18所中级林业技术职业学校，4所中级木材专业职业学校。 (邵青还)

## 加拿大林业

加拿大位于北美洲的北半部。国土面积992.23万平方公里，人口2490万(1983年)，其中农业人口占4%。除北部极地区域为寒带苔原气候外，大部分地区为大陆性温带针叶林气候。

全国地形可分为6个类型：东部山区；圣劳伦斯谷地；加拿大高地；西中部大平原；西部科迪勒拉山区；北极群岛区。

**林业概貌** 加拿大森林覆盖率为47.6%。林地面积4.36亿公顷，可供生产木材的森林约1.9亿公顷，林木蓄积量196亿立方米，其中80%为针叶，20%为阔叶。年允许木材采伐量为2.28亿立方米。加拿大的森林中约有140多种乡土树种，但具有商业价值的只有30种。主要树种有云杉、松、香脂冷杉、杨、花旗松和槭树等。森林以公有为主，省有林占80%，私有林只占8%。

**森林工业在国民经济中的地位** 森林工业是加拿大最大的产业部门，其附加产值1981年达123亿加元，占全国制造业总附加产值的14%。每年上缴国家的税金达30亿加元。在加拿大就业人员中，每10人中就有1人从事林业或与林业有关的行业。森林工业的出口值1983年达133亿加元，占全国各类商品出口总值的15%。

加拿大是世界林产品出口的主要国家。1984年，在世界507亿美元的林产品出口总值中，加拿大占22.7%。在世界木浆和纸制品出口量中，有32.9%和25.3%来自加拿大。世界市场上的新闻纸，加拿大生产的占61.3%。不列颠哥伦比亚省是加拿大最重要的林业省份，以生产锯材和木质板为主；魁北克省和安大略省是最大的木浆与纸制品生产地。这3个省的森工总产值占全国的85%以上。

**经营管理** 全国的森林主要由各省负责经营。联邦政府只在环境部内设立林务局，负责全国的林业政策、财政、税收、科研和贸易，对各省的森林经营给以财政上的资助。省对森林的经营和采伐主要采取租赁的办法，把省有林租赁给公司，由双方签订合同，明确规定承租条件和应履行的各种义务，例如林木采伐年龄、允许采伐量、更新义务、林价及税收等。合同期一般为10年或20年，最多25年。每5年要进行一次调整。合同期满后，经双方同意，还可继续延长。承租公司要定期向省林业主管部门提交合同执行情况的报告，省林业部门也经常派人检查公司执行合同的情况。

长期以来，加拿大一直存在着重采轻造现象。在采运方面，它拥有先进的机械设备、工艺和技术，森林工业为国家创造了大量财富，但森林更新却得不到充足的经费，森林经营比较粗放，大量采伐迹地长期得不到更新。近年来，政府开始重视森林更新，增加营林方面的投入，造林面积逐渐增加。1982年，植树造林19万公顷，直播造林5万公顷，比1975年增加了47%。造林中良种的比率尚很低，种子园提供的种子仅占造林用种的2%。容器苗生产发展很快，1984年已占全部苗木产量的48.7%。造林主要靠手工进行。造林前一般都进行整地。航天技术已用于森林调查和森林防火。从70年代起，逐步形成并完善了卫星资料、航天照片与电子计算机相结合的森林调查规划技术体系。在这个体系中，大比例尺航天照片已成为加拿大的技术优势。森林防火设备和技术较先进，飞机巡逻辅以地面瞭望台观察是发现火情的主要手段。目前，林火仍是加拿大森林的主要灾难。1980年和1981年，林火烧毁的森林面积分别为480万和540万公顷。1981年的林火损失达8亿加元。

**木材采运** 加拿大的木材采运技术居世界先进水平，各项作业早已实现机械化。自70年代以来，广泛采用了各种伐木机、伐木归堆机、伐木集材机及打枝机等伐区机械，劳动生产率1982年比1971年提高了22.5%。目前，伐木仍以油锯为主，平原地区伐木联合机的使用逐渐增加。平原和半山区的集材方式以原条作业为主，多采用折腰轮式拖拉机，有些地区采用抓钩式集材机。陡坡山区集材作业普遍采用以大型自行式钢架杆绞盘机为动力的半悬式集材索道。部分地区还试用气球、直升飞机和飞艇集材。运材以大型汽车为主。

**科研教育** 林业科研主要由联邦环境部林务局负责，它有一个全国林业研究所，6个区域性林业研究中心，拥有数百名科学家和技术人员。1981～1982年，加拿大林业科研支出为5640万加元，比1977～1978年增加52%。森林工业方面的科学研究主要由6家大公司负责。1979年森林工业投入的科研经费达5560万加元，占全国林业科研经费的39%。

全国现有6所林学院，在校学生总数近2000人，每年毕业学生400名左右。教育经费近几年迅速增加，每所学院每年大约有28.9万加元。有林业技术学校24所，每年毕业生人数约600人。

（杨素兰）

## 美 国 林 业

美利坚合众国地处北美洲南部，国土面积936.3万平方公里。人口23880万（1985年），其中农业人口占2.5%。美国基本上属于温带和亚热带气候，仅佛罗里达半岛南端属于热带。年日照时数在2000～4000小时，无霜期大部分在100天以上，平均年降水量为762毫米。

**林业概貌** 美国的森林资源比较丰富，森林面积2.98亿公顷，居世界第四位。森林覆盖率32.7%，人均森林面积1.3公顷。用材林活立木蓄积量201亿立方米，年净生长量6.14亿立方米。72%的森林为私有，公有林只占28%。天然林中约有800多个树种，其中阔叶树695种，针叶树90种，热带树25种。主要树种有花旗松、西部黄松、火炬松、长叶松、栎类和山毛榉等。用材林蓄积量和生长量及原木和林产品产量如表18、表19所示。

**经营管理** 林业在美国经济中占有重要地位。林业及与林业有关的经济活动所创造的产值占国民生产总值的4%左右，直接和间接从业人员逾300万人。

表18 美国用材林蓄积量和生长量

| | 单位 | 总计 | 针叶 | 阔叶 |
|---|---|---|---|---|
| 活立木蓄积量 | | | | |
| 总计（1977年） | 百万立方米 | 20135 | 12908 | 7227 |
| 每公顷 | 立方米 | 103 | 157 | 68 |
| 总生长量 | 百万立方米 | 725 | 413 | 312 |
| 年枯损量（1976年） | 百万立方米 | 111 | 65 | 46 |
| 年净生长量 | | | | |
| 总计（1976年） | 百万立方米 | 614 | 348 | 266 |
| 每公顷 | 立方米 | 3.14 | 4.23 | 2.49 |
| 采伐强度 | | | | |
| 采伐量/蓄积量 | m³/100立方米 | 1.61 | 1.91 | 1.08 |

表19 美国原木和林产品产量

| | 原木 | 锯材 | 胶合板 | 刨花板 | 纤维板 | 木浆 | 纸与纸板 |
|---|---|---|---|---|---|---|---|
| | （单位：千立方米） | | | | | （单位：千吨） | |
| 1975 | 307723 | 75903 | 14579 | 4190 | 6236 | 36808 | 45248 |
| 1980 | 418453 | 84024 | 14857 | 6269 | 5098 | 46187 | 56839 |
| 1981 | 408953 | 75441 | 16300 | 6100 | 4900 | 47200 | 57667 |
| 1982 | 396686 | 70177 | 13300 | 5200 | 4500 | 44786 | 54899 |
| 1983 | 436915 | 87712 | 17090 | 6520 | 4790 | 47660 | 58804 |
| 1984 | 438058 | 87880 | 17984 | 6923 | 4704 | 50423 | 62366 |

美国是世界上木材和林产品生产量最大的国家，但同时又是进口量最多的国家。每年纯进口木材和木制品约4～5千万立方米，占消费量的10%左右。美国的人口占世界人口总数的5%左右，但它却消耗了全世界15%的木材，44%的胶合板，32%的纤维板，18%的刨花板，38%的木浆和37%的纸与纸板。1984年，美国林产品净进口值达48.8亿美元，相当于同年全世界林产品出口总值的10%。

联邦政府中主管林业的部门是农业部的林务局，其主要任务是经营数千万公顷的国有林，协调私有林和州有林，并从事林业科研。林务局对国有林实行四级管理，即中央总部、大林区、林管区和营林区。林务局1986年的财政预算为21亿美元。

长期以来，美国的森林经营活动一直是以多种利用和永续生产的原则为指导思想，并已通过法律的形式固定下来。在美国，各类所有制森林的经营水平差异颇大。占全国用材林14%的公司所有林基本上都已实现了集约经营，其单位面积林木年生长量和采伐量都超过了4立方米／公顷，采伐迹地的更新以人工为主，造林面积占全国的57%。惠好公司是一家拥有4.6万职工、200多家工厂的大型林、纸、木综合企业。它在所拥有的200多万公顷的林地上，大多实现了称之为“高产林业”的农业式集约栽培。它的原料自给率达88%，是全国各公司中最高的。那些非工业私有林（占全国的58%）则由于缺乏财力和技术人员，森林经营粗放，林地生产潜力远没有发挥出来。因此，政府对这部分私有林采取了一些扶持措施，如提供造林补助、减免税收、提供技术咨询等。一些大的公司为了确保原料来源，对小私有林主也采取了不少援助措施，如提供技术咨询和苗木等。“标准林场”运动就是森林协会为了鼓励小私有林主造林和育林而发起的，收到了良好的效果。

**科技与生产水平** 美国的森林更新以天然更新为主，人工更新仅占1/4左右。全国每年森林采伐面积约320万公顷，造林面积一般为70~80万公顷，近年来增加较快，1984年已达100万公顷。造林用种大部分采自天然采种区，种子园提供的种子不足1/3。南部地区良种比例要大一些，占43%。其中95%是从第一代种子园采集的，5%来自第二代种子园。种子的采收、处理、检验和贮藏都有一系列严格的操作程序。苗圃作业基本上实现了机械化。容器苗的比重逐渐增加，1980年约占10%。造林以手工为主，植苗比重达96%。造林成活率估计为80%左右。

航天遥感和电子计算机已在森林调查和森林防火中大量应用。全国绝大多数森林都处于有组织的防火保护之下。现代化的探火系统和通讯设备可迅速发现初起之火，并能及时派出灭火队员赶赴火场。因而近几十年来，森林火灾次数和毁林面积显著减少。

木材采运作业的主要工序早在60年代中期就已实现了机械化。60年代后，各种伐木机械、多工序联合机、折腰式集材拖拉机和自装式集材机相继出现，劳动生产率有很大提高。美国的制材和木质板工业的机械化水平也较高，有些工序已实现了自动化。近年来出现了华夫板和定向板等新型木质板，并显示了很好的发展前景。

**科研教育** 公有系统的林业科研主要由林务局负责，在全国按地区设立8个林业试验站（有81个研究中心和40多个研究所）和1个林产品研究所。1980年投入科研力量为1552个科学家·年，科研经费1亿多美元。森工企业的科研力量和经费更为雄厚，仅惠好公司1977年的林业科研支出就达4600万美元。整个公司企业的科研经费估计相当于公有系统的4~5倍。

1982年，全国共有51所大学设有林学院或林学系。学制一般为4年，在校学生人数约为2万人，每年毕业学生4000~5000人。1978年全国有林业技术学校78所，在校学生3600人，每年毕业约1000人。学制一般为2年，毕业后多从事技术员工作。城市林业已发展成为一门新的学科，目前美国已有近30所林学院、系开设了城市林业课程。

（施昆山）

## 巴西林业

巴西位于南美洲的中东部，国土面积为851万平方公里，人口1.16亿。

**森林资源** 巴西是世界上森林资源最丰富的国家之一，森林面积为4.259亿公顷，森林覆盖率为52%，人均森林面积3.67公顷。森林蓄积量约为584.45亿立方米，居世界第二位。人均蓄积量50.38立方米。在总蓄积量中，阔叶树为515.95亿立方米，占88%；针叶树仅有1.9亿立方米；其余的为疏林和热带旱生林等。

多样化的生态环境决定了植物类型的多样化。根据联合国粮农组织1981年的统计，其主要植被和覆盖率为：

| | |
|---|---|
| 亚马孙湿润、高湿润林 | 41% |
| 其它地区湿润、高湿润林 | 2.95% |
| 红树林 | 0.3% |
| 疏林 | 20% |
| 沼泽林 | 1.5% |
| 热带旱生林 | 9.6% |
| 草地 | 6% |
| 合计 | 81.35% |

亚马孙热带雨林是世界上现存面积最大的雨林，有3.4亿公顷，为巴西国土面积的41%，占全世界同类森林的36%。这里的热带雨林分为4种类型：①上亚马孙的高湿润林，占亚马孙雨林的10%。②亚马孙高地林，占亚马孙雨林的80%，巴西坚果树就生长在这里。③季节水淹林，约占8%，资源丰富，木材产量高，是亚马孙雨林的主伐区。主要用材树种有维罗拉豆蔻、大叶桃花心木、缘心木和拉美香椿。④永久性水淹林，占2%。亚马孙雨林有乔木树种2100多个，其中400种具有商品价值，现在大量采伐的仅为24种，供出口的7种。总蓄积量为479.45亿立方米。亚马孙也是全世界最大的动植物基因库和淡水储备地。据不完全统计，这里拥有2500多种鱼，8600多种鸟和2万余种木本植物。

狭叶南洋杉林是巴西最主要的亚热带树种，面积约120万公顷，蓄积量为1.9亿立方米。巴西疏林地有1.7亿公顷，主要用作薪炭材，蓄积量约为58.60亿立方米。热带旱生林是巴西特有的林地景观，面积有8000万公顷，总蓄积量约为8亿立方米。

自本世纪初，特别是60年代以来，巴西大力营造人工林，使人工林面积跃居世界第四位。主要造林树种有狭叶南洋杉、桉、云南石梓、湿地松和加勒比松等。1980年，巴西人工林面积达385.5万公顷。

**林业在国民经济中的地位** 林业生产对巴西经济有着重要作用。1979年，林业产值约占全国总产值的6%；1980年，木材制品出口创汇值达9.8亿美元。木材是巴西重要的能源，1977年，薪炭材消费量占全国能源消费量的23%，相当于1.18亿立方米原木。林业就业人员约30万人。

**经营管理** 1965年，巴西颁布了新的《森林法》，后来又陆续发布了保护动植物区系法和巴西国家公园条例。巴西政府在营造人工林财政补贴政策中规定，可以用25%的上缴税造林。由于这些法规和政策的实施，目前巴西已拥有26个国家公园和14个生物保护站，全国保护区面积达1063万公顷。南方人工林已成为主要的造纸原料和钢铁能源基地。

巴西的天然林经营粗放，但人工林集约程度较高。1983年，巴西木材采伐量约为3.83亿立方米。1985年主要林产品消费量为(单位：立方米／千人)：

| | |
|---|---|
| 原木 | 443 |
| 薪炭材 | 1405 |
| 成材 | 87 |
| 胶合板 | 5 |
| 碎料板 | 5 |
| 硬质板 | 4 |
| 中密度纤维板 | 4 |

黑荆树栲胶是巴西的主要林化产品，年产7万吨。

**科研教育** 巴西林业科技水平较低，1967年才成立国家林业开发研究所。据不完全统计，现有18个林业研究机构，科研人员8500人。在人工林育苗、木材酒精研究方面居世界先进水平。对亚马孙林区的系统研究始于60年代，现在对亚马孙研究的重点是如何在永续利用的基础上，保证森林的经济作用和生态作用。1986年，全国有关造林、遗传、经营管理和种子生产的研究课题达1366项。

巴西林业教育形式有2种：中等技术教育和高级教育。现有14所林业院校。最著名的是里约热内卢联邦农业大学的林业学院，创立于1975年。

(王秉勇)

# 国外林业资料统计

## 部分国家森林资源

| 国家 | 森林面积(千公顷) | 立木蓄积量(百万立方米) | 年生长量(千立方米) | 森林覆盖率(%) | 资料来源 |
|---|---|---|---|---|---|
| 世界 | 2800000 | 310000 | | 22 | 世界森林资源，农业出版社，1980年 |
| 美国 | 298300 | 20135 | 613500 | 32.7 | An Analysis of the Timber Situation in the United States 1952-2030,1982 |
| 苏联 | 810900 | 76200 | 910000 | 36.4 | 苏联林业经济学，1985再版，(俄文) |
| 加拿大 | 436400 | 19644 | 228000 | 47.6 | Forest Inventory, 1984,加拿大林务局 |
| 日本 | 25330 | 2717 | 78000 | 68 | 日本林业现状，日本林野厅，1986 |
| 瑞典 | 23500 | 2454 | 80000 | 57 | |
| 芬兰 | 23222 | 1660 | 68380 | 76.2 | Yearbook of Forest Statistics,1985,芬兰林业研究所出版 |
| 联邦德国 | 7371 | 1022 | 34770 | 29 | 1985年联邦德国农林水统计年鉴 |
| 法国 | 14800 | 1600 | 54000 | 27 | 国外林业发展战略调研文集，中国林业科学研究院科技情报研究所 |
| 印度 | 51619 | 2900 | | 16.7 | |
| 印度尼西亚 | 122227 | 8300 | | 64 | 日本《木材工业》，1981, Vo 1.36, No.416 |
| 巴西 | 425900 | 58445 | | 52 | Los Recursos Forestales de la America Tropical, FAO, 1981 |

## 部分国家造林面积

（单位：千公顷）

| 国家＼年份 | 截止1965年共有人工林 | 1966 | 1970 | 1975 | 1980 | 1981 | 1982 | 1983 | 1984 |
|---|---|---|---|---|---|---|---|---|---|
| 美国 | 10353 | 512 | 631 | 769 | 918 | — | — | — | 1000 |
| 苏联 | 18400 | 1280 | 1280 | 1269 | 108 | — | — | — | — |
| 加拿大 | 60 | 69 | 77 | 165 | 218 | 217 | 243 | — | — |
| 日本 | 7080 | 368 | 354 | 229 | 164 | 156 | 148 | 136 | 120 |
| 瑞典 | — | 150 | 136 | 164 | 170 | — | — | — | — |
| 芬兰 | — | 133 | 138 | 121 | 129 | 141 | 151 | 146 | 141 |
| 联邦德国 | — | 63 | 50 | — | — | — | — | — | — |
| 巴西 | 500 | — | 226 | 400 | — | — | — | — | — |
| 智利 | 354 | 42 | — | 83 | 72 | | | | |
| 印度 | 954 | — | 122 | — | 184 | | | | |
| 新西兰 | 462 | 13 | 25 | — | — | | | | |

## 1949～1984年部分国家木材生产量

（单位：千立方米）

| 国家＼年份 | 1949 | 1960 | 1970 | 1975 | 1980 | 1981 | 1982 | 1983 | 1984 |
|---|---|---|---|---|---|---|---|---|---|
| 世界 | 866100 | 1900652 | 2387661 | 2564987 | 2915752 | 2904060 | 2905494 | 3013547 | 3050542 |
| 美国 | 265358 | 308915 | 327945 | 307723 | 418453 | 408953 | 396686 | 436915 | 438058 |
| 苏联 | 335000① | 369500 | 385000 | 395100 | 356600 | 358200 | 355900 | 355600 | 355600[F] |
| 加拿大 | 88929 | 96429 | 121435 | 115276 | 158842 | 144572 | 129673 | 156965 | 161005 |
| 日本 | 43423 | 62083 | 49797 | 35087 | 34622 | 31958 | 32813 | 32813 | 32819[F] |
| 瑞典 | 37100 | 44900 | 59967 | 57334 | 49219 | 49884 | 50940 | 53004 | 53339 |
| 芬兰 | 24100 | 48089 | 45130 | 31690 | 47119 | 44579 | 37656 | 38408 | 40875 |
| 联邦德国 | 32846 | 25278 | 28196 | 28453 | 32877 | 31339 | 31005 | 28160 | 26778 |
| 法国 | 25365 | 41205 | 30853 | 37431 | 39378 | 37863 | 37399 | 38675 | 38681 |
| 印度 | 27870 | 16944 | 110770 | 197875[F] | 221692[F] | 225958[F] | 230249[F] | 234559[F] | 238861[F] |
| 印度尼西亚 | 2039 | 80725 | 110685 | 117933 | 141416 | 139142 | 140404 | 145608 | 148194 |
| 马来西亚 | 1760 | 6259 | 24135 | 26358 | 36435[F] | 34654 | 38584 | 41440 | 40212 |
| 泰国 | 2279 | 2820 | 18745 | 34856<br>34884[F] | 38198 | 38249 | 39016 | 39866 | 40857 |
| 尼日利亚 | 805 | 30421 | 56860 | 66368 | 81474 | 84011[F] | 86601[F] | 89266[F] | 92042[F] |
| 扎伊尔 | 10256② | 11075 | 13940 | 25122 | 28986 | 29803 | 30725 | 31660 | 32597 |
| 巴西 | 101395 | 106450* | 158760 | 164608 | 207654[F] | 211213[F] | 214823[F] | 218482[F] | 222177[F] |

注：①为1951年数字；②1954年数字；F为FAO估计数字；*为非官方统计数字。

## 1949～1984年部分国家薪炭材产量

（单位：千立方米）

| 国家＼年份 | 1949 | 1960 | 1970 | 1975 | 1980 | 1981 | 1982 | 1983 | 1984 |
|---|---|---|---|---|---|---|---|---|---|
| 世界 | 377600 | 872408 | 1113067 | 1281960 | 1474366 | 1515748 | 1545664 | 1570386 | 1594901 |
| 美国 | 60265 | 42480 | 15292 | 19142[F] | 91358 | 101922 | 101922[F] | 101922[F] | 101922[F] |
| 苏联 | 150000① | 108000 | 86500[F] | 82200 | 78900 | 80900 | 83300 | 80300 | 80300[F] |
| 加拿大 | 22492 | 6882 | 4138 | 3765 | 4618 | 5488 | 5673 | 6197 | 6197[F] |
| 日本 | 12655 | 17591 | 4446 | 933 | 571 | 597 | 580 | 580[F] | 586[F] |

（续）

| 国家 \ 年份 | 1949 | 1960 | 1970 | 1975 | 1980 | 1981 | 1982 | 1983 | 1984 |
|---|---|---|---|---|---|---|---|---|---|
| 瑞典 | 9000 | 5000 | 3300 | 2524$^{F}$ | 4424$^{F}$ | 4424$^{F}$ | 4424$^{F}$ | 4424$^{F}$ | 4424$^{F}$ |
| 芬兰 | 6900 | 13426 | 7680 | 6180 | 4099 | 4089 | 3305 | 3242 | 3153 |
| 联邦德国 | 9013 | 3122 | 1596 | 3000 | 3550 | 4000 | 4200 | 3800 | 3800$^{F}$ |
| 法国 | 11350 | 20000 | 4400 | 10700$^{F}$ | 10412$^{F}$ | 10412$^{F}$ | 10418$^{F}$ | 10418$^{F}$ | 10424$^{F}$ |
| 印度 | 14803 | 11618 | 99000 | 181375$^{F}$ | 201929$^{F}$ | 206137$^{F}$ | 210370$^{F}$ | 214622$^{F}$ | 218866$^{F}$ |
| 印度尼西亚 | 797 | 75314 | 98000 | 99600$^{F}$ | 110829$^{F}$ | 112951$^{F}$ | 115021$^{F}$ | 117052$^{F}$ | 119059$^{F}$ |
| 马来西亚 | 436 | 622 | 5035 | 5996$^{F}$ | 6758$^{F}$ | 6922$^{F}$ | 7081$^{F}$ | 7241$^{F}$ | 7410$^{F}$ |
| 泰国 | 492 | 1471 | 14450$^{F}$ | 29830$^{F}$ | 33480$^{F}$ | 34229$^{F}$ | 34976$^{F}$ | 35727$^{F}$ | 36458$^{F}$ |
| 尼日利亚 | 260 | 28500* | 54000$^{F}$ | 62259$^{F}$ | 74114$^{F}$ | 76651$^{F}$ | 79241$^{F}$ | 81906$^{F}$ | 84682 |
| 扎伊尔 | 8600② | 9500* | 12200 | 23079$^{F}$ | 26657$^{F}$ | 27446$^{F}$ | 28262$^{F}$ | 29104$^{F}$ | 29976$^{F}$ |
| 巴西 | 90000 | 90000* | 135000$^{F}$ | 133978$^{F}$ | 150414$^{F}$ | 153868$^{F}$ | 157370$^{F}$ | 160921$^{F}$ | 164507$^{F}$ |

注：① 1951 年数字；　② 1954 年数字；　F为FAO估计数字；　＊为非官方统计数字。

## 1949～1984 年部分国家工业用材产量

（单位：千立方米）

| 国家 \ 年份 | 1949 | 1960 | 1970 | 1975 | 1980 | 1981 | 1982 | 1983 | 1984 |
|---|---|---|---|---|---|---|---|---|---|
| 世界 | 488500 | 1028244 | 1274594 | 1283027 | 1441386 | 1388312 | 1359830 | 1443161 | 1455641 |
| 美国 | 205093 | 266435 | 312653 | 288581 | 327095 | 307031 | 294764 | 334993 | 336136 |
| 苏联 | 355600② | 261500 | 298500 | 312900 | 277700 | 277300 | 272600 | 275300 | 275300$^{F}$ |
| 加拿大 | 66437 | 89547 | 117297 | 111511 | 154224 | 139084 | 124000 | 150768 | 154808 |
| 日本 | 30768 | 44492 | 45351 | 34154 | 34051 | 31361 | 32233 | 32233 | 32233$^{F}$ |
| 瑞典 | 28100 | 39900 | 56667 | 54810 | 44795 | 45460 | 46516 | 48580 | 48915 |
| 芬兰 | 17200 | 34663 | 37450 | 25510 | 43020 | 40490 | 34351 | 35166 | 37722 |
| 联邦德国 | 23833 | 22156 | 26500 | 25453 | 29327 | 27339 | 26805 | 24360 | 22978 |
| 法国 | 11865 | 21205 | 26453 | 26731 | 28966 | 27451 | 26981 | 28257 | 28257 |
| 印度 | 13067 | 5326 | 9770 | 16500$^{F}$ | 19763$^{F}$ | 19821$^{F}$ | 19879$^{F}$ | 19937$^{F}$ | 19995$^{F}$ |
| 印度尼西亚 | 1242 | 5411 | 12585 | 18333 | 30587 | 26191 | 25383 | 28556 | 29135 |
| 马来西亚 | 1372 | 5637 | 19100 | 20362 | 29677$^{F}$ | 27732 | 31503 | 34199 | 32802 |
| 泰国 | 1850 | 1349 | 4295 | 5026 | 4718 | 4020 | 4040 | 4139 | 4399 |
| 尼日利亚 | 546 | 1921 | 2860 | 4109 | 7360 | 7360$^{F}$ | 7360$^{F}$ | 7360$^{F}$ | 7360$^{F}$ |
| 扎伊尔 | 1656① | 1575* | 1740 | 2043 | 2329 | 2357 | 2463 | 2556 | 2621 |
| 巴西 | 1338② | 16450* | 24550 | 30630 | 57240$^{F}$ | 57345$^{F}$ | 57453$^{F}$ | 57561$^{F}$ | 57670$^{F}$ |

注：①为 1954 年数字；　② 1950 年数字；　F为FAO估计数字；　＊为非官方统计数字。

## 1949～1984 年部分国家锯材产量①

（单位：千立方米）

| 国家 \ 年份 | 1949 | 1960 | 1970 | 1975 | 1980 | 1981 | 1982 | 1983 | 1984 |
|---|---|---|---|---|---|---|---|---|---|
| 世界 |  | 341304② | 412801 | 405042 | 451038 | 428261 | 420796 | 450417 | 453487 |
| 美国 | 75935 | 77709 | 81817 | 75903 | 84024 | 75441 | 70177 | 87712 | 87880 |
| 苏联 | 80200③ | 108890② | 120494 | 116000 | 98200 | 98100 | 97500 | 97000 | 96000 |
| 加拿大 | 15737 | 19268 | 26932 | 26715 | 44324 | 39671 | 37746 | 48069 | 49875 |
| 日本 | 9010 | 27558 | 42827 | 36812 | 36955 | 32519 | 32537 | 29670 | 28667 |
| 瑞典 | 5678 | 8737 | 12269 | 10933 | 11299 | 10502 | 11213 | 11762 | 12010 |
| 芬兰 | 4103 | 8437 | 7350 | 4981 | 10258 | 8280 | 7322 | 8023 | 8265 |

（续）

| 国家＼年份 | 1949 | 1960 | 1970 | 1975 | 1980 | 1981 | 1982 | 1983 | 1984 |
|---|---|---|---|---|---|---|---|---|---|
| 联邦德国 | 7598 | 8045 | 7685 | 9276 | 10516 | 9416 | 8714 | 9413 | 10016 |
| 法国 | 5800 | 7962 | 9711 | 8733 | 9719 | 9016 | 9049 | 9005 | 9361 |
| 波兰 | 7318④ | 6938 | 7165 | 8484 | 7386 | 6751 | 6368 | 6762 | 6679 |
| 奥地利 | 2338 | 5077 | 5376 | 5002 | 6739 | 6427 | 5844 | 6308 | 6612 |
| 捷克斯洛伐克 | 4377④ | 4190 | 3762 | 4348 | 4923 | 4956 | 5093 | 5143 | 5227 |
| 罗马尼亚 | 4336④ | 4220 | 5441 | 4757 | 4677 | 4500 | 4568 | 4878 | 4868 |
| 南斯拉夫 | 5574 | 2423 | 3084 | 3550 | 4239 | 4229 | 4432 | 4413 | 4658 |
| 巴西 | 4505 | 5700* | 8035 | 10129 | 14881 | 15852 | 15852 | 15852 | 15852 |
| 印度 | — | — | 2796 | 6804 | 10976F | 10976F | 10976F | 10976F | 10976F |
| 澳大利亚 | 2875 | 3689 | 3559 | 3511 | 3389 | 3553 | 3364 | 2991 | 3221 |

注：①包括枕木；　②1961年数字；　③1955年数字；　④1954年数字；　F为FAO估计数字；
＊为非官方统计数字。

## 1949～1984年部分国家和地区胶合板产量

（单位：千立方米）

| 国家＼年份 | 1949 | 1960 | 1970 | 1975 | 1980 | 1981 | 1982 | 1983 | 1984 |
|---|---|---|---|---|---|---|---|---|---|
| 世界 | 3580 | 15470 | 32959 | 34288 | 39275 | 40060 | 37075 | 42452 | 43960 |
| 美国 | 2074 | 7910* | 14078 | 14579 | 14857 | 16300 | 13300 | 17090 | 17984 |
| 苏联 | 810① | 1354 | 2045 | 2196 | 2022 | 2035 | 2015 | 2103 | 2385 |
| 加拿大 | 256 | 1000 | 1851 | 2051 | 2338 | 2086 | 1682 | 2064 | 1846 |
| 日本 | 147 | 1286 | 7058 | 6168 | 8000 | 7096 | 6740 | 7291 | 7291F |
| 瑞典 | 40 | 60 | 75 | 113 | 87 | 72 | 65 | 71 | 66 |
| 芬兰 | 231 | 414 | 706 | 415 | 639 | 603 | 596 | 580 | 592 |
| 联邦德国 | 214 | 665 | 569 | 400 | 429 | 354 | 331 | 334 | 336 |
| 意大利 | 80 | 150 | 420 | 400 | 400 | 500 | 425 | 325 | 346 |
| 罗马尼亚 | — | 95 | 291 | 291 | 291 | 277 | 283 | 233 | 248 |
| 法国 | 100 | 390 | 643 | 551 | 527 | 516 | 477 | 483 | 476 |
| 印度尼西亚 | — | 3 | 7 | 107* | 1011* | 1552* | 2487* | 3138* | 3820* |
| 南朝鲜 | — | — | — | 1436 | 1575 | 1599 | 1423 | 1491 | 1304 |
| 巴西 | 70 | 124 | 342* | 660 | 826 | 902 | 902F | 902F | 902F |
| 新加坡 | — | — | 215F | 334F | 482F | 482F | 482F | 482F | 482F |

注：①为1950年数字；　F为FAO估计数字；　＊为非官方统计数字。

## 1949～1984年部分国家纤维板产量

（单位：千立方米）

| 国家＼年份 | 1949 | 1960 | 1970 | 1975 | 1980 | 1981 | 1982 | 1983 | 1984 |
|---|---|---|---|---|---|---|---|---|---|
| 世界 | 1510 | 4334 | 14226 | 15749 | 16074 | 15573 | 14713 | 15691 | 15593 |
| 美国 | 761 | 1623 | 5825 | 6236 | 5098 | 4900 | 4500 | 4790 | 4704 |
| 苏联 | 130②* | 214 | 1360 | 2617* | 3002 | 3085 | 3002 | 3213 | 3213F |
| 加拿大 | 148 | 191 | 935 | 964 | 723 | 740 | 580 | 723 | 690 |
| 日本 | 49 | 129 | 708 | 497 | 668 | 545 | 564 | 551 | 562 |
| 瑞典 | 233 | 608 | 1026 | 775 | 610 | 493 | 439 | 437 | 409 |
| 芬兰 | 55 | 192 | 380 | 235 | 298 | 223 | 239 | 238 | 214 |
| 联邦德国 | 42 | 47 | 94 | 320 | 279 | 239 | 243 | 262 | 272 |
| 波兰 | 15*② | 104 | 401 | 699 | 670 | 543 | 607 | 583 | 600 |

（续）

| 国家＼年份 | 1949 | 1960 | 1970 | 1975 | 1980 | 1981 | 1982 | 1983 | 1984 |
|---|---|---|---|---|---|---|---|---|---|
| 罗马尼亚 | — | 25③ | 267 | 292 | 311 | 309 | 311 | 404 | 403 |
| 意大利 | 36 | 50 | 76 | 233 | 200 | 220 | 201 | 208 | 250 |
| 法国 | 30 | 112 | 365 | 241 | 266 | 257 | 202 | 213 | 195 |
| 西班牙 | 5④ | 20 | 70 | 80 | 376 | 405 | 320 | 360 | 330 |
| 巴西 | 10*① | 50* | 269 | 504 | 780* | 780F | 602* | 727* | 727F |

注：① 1952 年数字； ② 1951 年数字； ③ 1962 年数字； ④ 1950 年数字； F为FAO估计数字； ＊为非官方统计数字。

## 1955～1984 年部分国家刨花板产量

（单位：千立方米）

| 国家＼年份 | 1949 | 1960 | 1970 | 1975 | 1980 | 1981 | 1982 | 1983 | 1984 |
|---|---|---|---|---|---|---|---|---|---|
| 世界 | 406 | 2686 | 19130 | 30713 | 41332 | 40050 | 38464 | 40820 | 43467 |
| 美国 | 192*① | 480 | 3127 | 4190 | 6269 | 6100 | 5200 | 6520 | 6923 |
| 苏联 | — | 161 | 1994 | 3994 | 5118 | 5390 | 5583 | 5749 | 6860 |
| 加拿大 | 18① | 42* | 283 | 566 | 1267 | 1411 | 1054 | 1581 | 2034 |
| 日本 | 6 | 70 | 350 | 699 | 1312 | 1141 | 1232 | 1221 | 1221F |
| 瑞典 | 5*① | 71 | 389 | 928 | 1193 | 1094 | 952 | 980 | 978 |
| 芬兰 | 1① | 86 | 380 | 667 | 809 | 707 | 636 | 605 | 541 |
| 联邦德国 | 181 | 946 | 3778 | 5444 | 6243 | 5741 | 5486 | 5768 | 5992 |
| 法国 | 59 | 154 | 1237 | 1964 | 2289 | 2169 | 1988 | 1904 | 1760 |
| 西班牙 | 5 | 8 | 444 | 825 | 1330 | 1300 | 1300 | 1200 | 1210 |
| 波兰 | — | 29 | 336 | 692 | 1087 | 1040 | 1073 | 1193 | 1244 |
| 意大利 | 31* | 46 | 920 | 1500 | 1500 | 1480 | 1430 | 1380 | 1300 |
| 罗马尼亚 | — | 48 | 315 | 756 | 938 | 896 | 917 | 864 | 1001 |
| 奥地利 | 11 | 63 | 479 | 773 | 1309 | 1156 | 1045 | 1126 | 1152 |
| 巴西 | 2 | 5 | 112* | 407 | 660 | 660F | 660F | 660F | 660F |

注：① 1956 年数字； F为FAO估计数字； ＊为非官方统计数字。

## 1949～1984 年部分国家木浆产量

（单位：千吨）

| 国家＼年份 | 1949 | 1960 | 1970 | 1975 | 1980 | 1981 | 1982 | 1983 | 1984 |
|---|---|---|---|---|---|---|---|---|---|
| 世界 | 28190 | 59178 | 102118 | 102132 | 125729 | 124952 | 119392 | 128198 | 135350 |
| 美国 | 12144 | 22967 | 37318 | 36808 | 46187 | 47200 | 44786 | 47660 | 50423 |
| 苏联 | 2000*① | 3212 | 6679 | 8585 | 8824 | 9067 | 9222 | 9803 | 9803 |
| 加拿大 | 6904 | 10397 | 16609 | 14831 | 19945 | 19275 | 17007 | 19221 | 20451 |
| 日本 | 541 | 3524 | 8801 | 8613 | 9773 | 8601 | 8617 | 8848 | 9110 |
| 瑞典 | 2881 | 4949 | 8142 | 8415 | 8699 | 8530 | 7706 | 8668 | 9241 |
| 芬兰 | 1613 | 3699 | 6222 | 5188 | 7246 | 7344 | 6714 | 7163 | 8031 |
| 联邦德国 | 676 | 1451 | 1732 | 1531 | 1996 | 2021 | 2005 | 2081 | 2222 |
| 法国 | 519 | 1144 | 1787 | 1753 | 1815 | 1771 | 1749 | 1872 | 2035 |
| 挪威 | 893 | 1523 | 2182 | 1657 | 1494 | 1608 | 1523 | 1641 | 1864 |

（续）

| 国家＼年份 | 1949 | 1960 | 1970 | 1975 | 1980 | 1981 | 1982 | 1983 | 1984 |
|---|---|---|---|---|---|---|---|---|---|
| 西班牙 | 123② | 137 | 602 | 919 | 1262 | 1291 | 1282 | 1349 | 1402 |
| 捷克斯洛伐克 | 320 | 581 | 649 | 748 | 861 | 881 | 1066 | 1131 | 1247 |
| 葡萄牙 | 3 | 84 | 427 | 547 | 645 | 685 | 871 | 950 | 1096 |
| 巴西 | 170*① | 270* | 811 | 1208 | 3047 | 2952 | 3279 | 3428 | 3433 |
| 奥地利 | 329 | 706 | 933 | 976 | 1281 | 1255 | 1228 | 1208 | 1268 |
| 新西兰 | 21 | 266 | 576 | 953 | 1122 | 1205 | 1134 | 1042 | 1158F |

注：① 1952 年数字；　② 1950 年数字；　*为非官方统计数字。

## 1954～1984 年部分国家纸与纸板产量

（单位：千吨）

| 国家＼年份 | 1954 | 1960 | 1970 | 1975 | 1980 | 1981 | 1982 | 1983 | 1984 |
|---|---|---|---|---|---|---|---|---|---|
| 世界 | 51596 | 73519 | 128087 | 130840 | 170113 | 170920 | 166807 | 176375 | 187683 |
| 美国 | 23046 | 29629 | 46117 | 45248* | 56839* | 57667* | 54899* | 58804 | 62366 |
| 苏联 | 2268 | 3227 | 6701 | 8583 | 8733 | 8954. | 8978 | 9556 | 9556F |
| 加拿大 | 6776 | 7934 | 11253 | 10067 | 13390 | 13835 | 12408 | 13353 | 14222 |
| 日本 | 1922 | 4513 | 12973 | 13600 | 18088 | 16980 | 17453 | 18442 | 19344 |
| 瑞典 | 1394 | 2151 | 4359 | 4473 | 6182 | 6131 | 5919 | 6349 | 6870 |
| 芬兰 | 1089 | 1978 | 4260 | 3994 | 5919 | 6135 | 5895 | 6388 | 7318 |
| 联邦德国 | 2301 | 3434 | 5516 | 5287 | 7580 | 7828 | 7784 | 8273 | 9159 |
| 法国 | 1626 | 2616 | 4134 | 4100 | 5152 | 5148 | 5067 | 5262 | 5567 |
| 意大利 | 739 | 1469 | 3549 | 3496 | 4934 | 4855 | 4503 | 4259 | 4722 |
| 英国 | 3079 | 4063 | 4903 | 3615 | 3788 | 3379 | 3227 | 3208 | 3587 |
| 西班牙 | 227 | 345 | 1281 | 1853 | 2566 | 2589 | 2685 | 2754 | 2952 |
| 奥地利 | 443 | 592 | 1017 | 1254 | 1616 | 1671 | 1708 | 1789 | 1922 |
| 挪威 | 563 | 807 | 1417 | 1147 | 1373 | 1373 | 1305 | 1368 | 1562 |
| 巴西 | 315 | 474 | 1219 | 1688 | 3361 | 3102 | 3329 | 3426 | 3768 |
| 印度 | 190 | 411 | 861 | 911 | 1204 | 1680 | 1790 | 1825 | 1980 |
| 澳大利亚 | 313 | 513 | 1052 | 1142 | 1430 | 1427 | 1465 | 1430 | 1520 |

注：*为非官方统计数字；　F为FAO估计数字。

## 1961～1984 年部分国家林产品进口值

（单位：千美元）

| 国家＼年份 | 1961 | 1965 | 1970 | 1975 | 1980 | 1981 | 1982 | 1983 | 1984 |
|---|---|---|---|---|---|---|---|---|---|
| 世界 | 6786323 | 9078828 | 14147129 | 28827475 | 62252434 | 55898021 | 54214358 | 52544752 | 55796946 |
| 美国 | 1482888 | 1833974 | 2299971 | 3956636 | 7582065 | 7708680 | 8089165 | 8986565 | 10618392 |
| 苏联 | 100545 | 116022 | 198722 | 569099 | 843750 | 987208 | 962424 | 964892 | 958992 |
| 加拿大 | 108445 | 145700 | 161453 | 607490 | 696797 | 855288 | 632385 | 840528 | 1005374 |
| 日本 | 293296 | 582026 | 1879825 | 3536738 | 9613496 | 6291624 | 6653136 | 6070072 | 6130610 |
| 瑞典 | 53081 | 65509 | 106813 | 326587 | 659674 | 700829 | 487313 | 432557 | 498909 |
| 芬兰 | 11560 | 48328 | 51580 | 189712 | 241974 | 240124 | 299208 | 304664 | 337289 |
| 联邦德国 | 672402 | 936225 | 1328920 | 2613041 | 6358004 | 5325712 | 4786254 | 4859031 | 5090947 |
| 英国 | 1182011 | 1475864 | 1781153 | 3217028 | 5809525 | 5539331 | 5499479 | 5162626 | 5328861 |

（续）

| 国家 \ 年份 | 1961 | 1965 | 1970 | 1975 | 1980 | 1981 | 1982 | 1983 | 1984 |
|---|---|---|---|---|---|---|---|---|---|
| 意大利 | 355677 | 432933 | 743474 | 1360061 | 3944022 | 3050922 | 2860004 | 2418424 | 2787186 |
| 法国 | 282914 | 443120 | 706575 | 1668086 | 3517209 | 3012169 | 2671536 | 2532391 | 2534491 |
| 荷兰 | 277584 | 405193 | 568470 | 1131634 | 2656458 | 2130865 | 2035348 | 1888108 | 2128450 |
| 沙特阿拉伯 | — | — | 16631 | 89571 | 574190 | 637236 | 687484 | 703854[F] | 703854[F] |
| 埃及 | 59907 | 60261 | 51846 | 185155 | 390629 | 568619 | 531243 | 589970 | 599886 |
| 墨西哥 | 28536 | 38965 | 91603 | 176732 | 609382 | 632455 | 641857 | 367388 | 382816 |
| 巴西 | 44270 | 16304 | 54156 | 163632 | 274223 | 282154 | 298915 | 161444 | 174669 |
| 澳大利亚 | 144769 | 165339 | 218291 | 483644 | 750838 | 808975 | 865174 | 600962 | 750071 |

注：F为FAO估计数字。

## 1961～1984年部分国家林产品出口值

（单位：千美元）

| 国家 \ 年份 | 1961 | 1965 | 1970 | 1975 | 1980 | 1981 | 1982 | 1983 | 1984 |
|---|---|---|---|---|---|---|---|---|---|
| 世界 | 6039869 | 8057202 | 12562049 | 25815997 | 55883287 | 51220101 | 46629397 | 47711484 | 50682020 |
| 美国 | 520951 | 777380 | 1622856 | 3503749 | 6989970 | 6528381 | 5705983 | 5650690 | 5741883 |
| 苏联 | 358688 | 575824 | 838118 | 1858796 | 2704200 | 2611551 | 2491716 | 2580804 | 2608994[F] |
| 加拿大 | 1535433 | 1934677 | 2742876 | 4880954 | 10523237 | 10428262 | 9401340 | 10239884 | 11598828 |
| 日本 | 135221 | 144346 | 222731 | 558934 | 878732 | 861769 | 811078 | 733728 | 715479 |
| 瑞典 | 828462 | 1089065 | 1548741 | 3429052 | 5629888 | 5182554 | 4597252 | 4713215 | 5149572 |
| 芬兰 | 811687 | 940645 | 1219508 | 2253393 | 5470497 | 4987673 | 4318610 | 4160497 | 4642464 |
| 联邦德国 | 115658 | 142640 | 308593 | 959170 | 2309119 | 2181142 | 2244497 | 2182510 | 2465277 |
| 法国 | 177377 | 200134 | 305859 | 718500 | 1461967 | 1302799 | 1194145 | 1270695 | 1379726 |
| 奥地利 | 224941 | 225279 | 331864 | 679063 | 1876113 | 1543326 | 1311861 | 1282141 | 1276721 |
| 荷兰 | 67925 | 105599 | 156636 | 314004 | 967420 | 844181 | 746256 | 814599 | 854194 |
| 挪威 | 176570 | 217686 | 298434 | 588256 | 955987 | 860146 | 756489 | 727077 | 787237 |
| 马来西亚 | 61770 | 121023 | 302635 | 536877 | 1987252 | 1661259 | 2091369 | 2223981 | 2139590 |
| 印度尼西亚 | 2063 | 3092 | 87997 | 473237 | 1879002 | 966198 | 809263 | 1113001 | 1134997 |
| 巴西 | 52015 | 73275 | 113472 | 177072 | 864592 | 944317 | 695384 | 822032 | 1028594 |
| 智利 | 12172 | 20399 | 40264 | 128312 | 458761 | 368597 | 320900 | 312108 | 371229 |
| 新西兰 | 20959 | 31738 | 75977 | 150760 | 436765 | 433126 | 350180 | 330386 | 333302 |

注：F为FAO估计数字。

（资料统计均为中国林业科学研究院科技情报研究所提供）

# 附　　录

## 专业名词解释

**林　业**　(forestry)　国民经济的重要组成部分，包括森林培育和森林工业两大部分。其主要任务是：绿化荒山荒地，发展人工林，根治国土，改善环境条件；保护、管理和扩大森林资源，增加森林蓄积和覆盖率；实行森林永续经营，合理开发利用森林资源，提供木材、经济林产品和林副产品；采用新的科学技术，建立先进的育林和森工生产技术体系，逐步实现林木良种化、经营集约化、生产机械化和全盘机械化，以充分发挥森林的生态效益、经济效益和社会效益，适应国民经济发展和人类生存、生活的需要。

**森林法**　(forest law)　由国家立法机关制定，并用行政手段保证实施的林业建设的基本法。它是国家宪法在林业中的具体体现，是经济法体系中的一个重要组成部分。国家通过森林法可以调整国家机关、企事业单位，其他社会组织以及它们与公民之间的有关林业方面的经济关系，是国家组织、领导、管理林业和以法治林的法律依据。贯彻实施森林法有利于保护、发展和合理经营利用森林资源。

我国以法治林，可以溯至唐虞，奴隶社会以后逐渐产生了保护和管理山林的制度和各种禁令。近代森林立法始于中华民国初期，1912 年制定了《林政纲领十一条》，在此基础上于 1914 年正式颁布了《森林法》，并进行多次修订。20 世纪 20 年代至 40 年代，中国共产党领导下的各根据地的革命政权，对山林曾作了许多法律规定。如 1928 年的《井岗山土地法》，1929 年的《兴国土地法》，1941 年陕甘宁边区的《植树造林条例》等。中华人民共和国成立后，党和政府根据保护山林，发展林业的需要，多次制定有关林业法规和条例，并颁布实行了有关发展林业的通知、措施和决定。1979 年制定试行，1984 年正式颁布了《中华人民共和国森林法》。

**林业政策**　(forestry policy)　国家和政党为保护森林资源、发展林业生产而制定的行动规范和准则。林业政策是国家经济政策的组成部分，是政府在林业方面的施政目标，也是林业管理的基础。各级林业部门根据林业政策指导、干预和影响林业的发展方向，协调解决林业发展过程中存在的问题。有些政策还可以以法律形式固定下来，成为国家的法规，在执行过程中具有强制性。制定林业政策主要根据本国的自然、经济条件，森林资源状况，国家经济发展状况及发展趋势，考虑到人民生活及世界其他国家对林产品的需要等要求，使林业政策同一个国家的总路线、总政策、总目标相一致。同时要正确处理国家、集体和个人三者利益的关系；正确处理长期利益和近期利益的关系；生态效益、社会效益和经济效益的关系等。

**植树节**　(Arbor Day)　国家根据其自然和社会条件，以法律形式规定宣传森林效益，并动员群众参加义务植树造林活动的节日。按时间长短分植树日、植树周、植树月，统称植树节。通过这种活动，提高人们对森林的认识，达到爱林护林和扩大森林资源，改善生态环境的目的。

**林业教育**　(forestry education)　培养各级、各类林业科学技术人才，宣传普及林业科学知识和技能的社会活动。是国家教育事业的组成部分。林业教育的根本任务是：根据国民经济计划对林业科学技术人才的需要，培养德才兼备的林业科学技术人才；使整个社会对森林的作用和林业在国民经济中的地位，有一个全面而深刻的认识，以增强保护森林资源、重视林业建设的观念。中国现阶段林业教育类型主要有高等教育(本科、专科和研究生教育)、中等教育、职工教育和职业技术教育以及基础教育(林区中、小学)等。

**林业科学**　(forestry science)　研究培育、保护、经营、扩大和综合开发利用森林资源的科学。它以地学、生物学，特别是森林生态学为理论基础，以系统工程等为研究方法，主要探索森林的发生发展规律、森林组成中各成分之间及其与环境诸因素之间的相关关系；研究采种、育苗、造林、抚育、间伐和主伐的理论与技术；森林病虫害和其他危害，及其防治措施；林火管理和利用；土壤侵蚀原理、小流域的综合治理和防护林体系；林业政策，林业经济理论和林业企业组织计划和管理；木材生产工艺和机械化作业技术；林产加工工艺与设备以及木材综合利用的技术措施等，以指导林业建设，获得最佳的生态效益、社会效益和经济效益。

根据林业科学研究的方向和任务，现在林业科学体系包括6大类：

林业基础科学　是使林业科学各分支研究深化、提高和创新的理论，广泛应用于林学、森林环境科学和经济管理科学领域中。如树木学、树木生理学、生物化学、林木遗传学、木材学、测量学、测树学、森林水文学、森林气象学、森林土壤学、林业经济学等均为各有关分支学科的相应的基础学科。

林　学　是林业科学的骨干，包括造林、森林经营、森林经理、森林保护、森林动物等学科。

森林环境科学　主要解决各种防护林的建立、划定和经营管理问题，以及防护效益的测定和评价；维护、改善和美化自然环境的技术措施等，以达到实现并保持生态平衡和保健、游憩的目的。主要学科有：水土保持学、治沙学、水利工程学、园林规划设计学、园林植物栽培学、风景园林学等。

其他三类是森林工程科学、林产加工科学和林业经济管理科学。

**木材流通**　(timber circulation)　木材及木制品通过买卖形式，从林业生产领域进入消费领域的一种活动。在商品经济条件下，经过流通环节把木材产品转化为商品，从而顺利地实现其价值和使用价值。研究木材流通问题，一方面，使木材以最短的时间和最少的花费从生产领域进入消费领域；另一方面，能加快林业企业和林业生产单位，乃至整个社会的资金周转速度，使社会主义计划经济在运行中能自觉地经常保持实物平衡和价值平衡。

**森　林**　(forest)　以乔木为主体的植被类型。俄国林学家Г. Ф. 莫洛作夫(1867～1920)提出森林是“林木、伴生植物、动物及其与环境的综合体”。随着生物学和林学的发展，对森林的认识已超过上述范围。森林群落学、地植物学、植物学着眼森林生物组成的植物区系和外貌结构，称之为森林植物群落。从生态学角度，根据森林的结构(组成和配置关系)和功能(能量转换和物质循环)，称之为森林生态系统。林业经营侧重森林的经济效益，看作是再生资源实体。

**森林资源**　(forest resources)　林木、竹类和林地(含水资源)以及林区范围内的其他植物和动物的总称。狭义的森林资源是以乔木为主体的组成部分。森林资源为人类提供生产和生活物资，提供文化福利、环境保护以及生存条件。森林数量的变化，不仅影响所在地区的生态状况，而且影响整个地球生物圈。

根据联合国粮农组织第五次(1968～1972)世界森林资源清查的结果，全世界有森林面积28亿公顷，森林覆盖率为22%。现在世界森林以每年1800万～2000万公顷的速度减少，主要发生在亚太地区发展中国家、拉丁美洲和非洲。

**野生动物**　(wild animals)　依赖森林或草原的生物资源和环境条件，取食、栖息、生存和繁衍的动物种群。包括爬行类、两栖类、兽类、鸟类、昆虫以及原生动物、微生物等。但野生动物一般指兽类和禽类。

**森林生态学**　(forest ecology)　研究森林生物和森林环境、森林生物和生物之间相互联系、相互作用和相互依存的学科，是生态学的一个重要分支。生态学(Ecology)一词来源于希腊字Oikos(家或生活场所)和Logy(科学或研究)，是1866年德国博物学家E. H. 黑克尔提出，涵义为研究生物与其生活环境之间的相互关系的科学。将生态学基础理论和研究方法应用于森林生物群体，形成森林生态学。森林生态学的发展又充实、丰富了生态学的理论。研究内容包括森林环境(气候、土壤和生物因子)、森林生物群落(植物、动物和微生物)和森林生态系统。通过研究森林与环境因子之间的相互关系、变化规律，阐明森林结构、功能及其调节、控制的原理，为不断扩大森林资源、提高其各种生物生产量，充分发挥森林多种效能和维护自然界生态平衡提供科学理论基础，具有深刻的意义。其分支学科，森林生态学因研究重点和范围不同，又分为几个较小分支：

树木生态学(森林个体生态学)　主要研究树种起源、地理分布、生物学特性、适应能力(抗性)、生长发育规律、形态解剖特征及其与环境条件的关系。

森林种群生态学　研究森林生物(主要是树木)的种群结构(年龄、数量、大小)发生发展、分布规律(格局)、季节变化、环境条件、繁殖更新和消长动态等。

森林群落生态学　主要研究森林的地理分布、区系组成、结构特征、类型划分、生境变化、发展演替以及开发利用等。

森林系统生态学　是系统论和生态学的结合，

把森林看作是一个巨大的生态系统，研究其中各子系统的组成排序、整体结构、发展演替、动态变化，探索物能流动、信息传递规律和系统的潜在生产力，通过计算模拟，提出最优结构和高级功能的模型，以期充分发挥森林生态系统的最大经济、生态和社会效益。

**森林生态系统** (forest ecosystem) 以乔木为主体的生物群落(植物、动物、微生物)及其非生物环境(光、热、水、气、土壤等)综合组成的动态系统，是生物与环境、生物与生物之间的相互作用、物质交换、能量流动的景观单位。生态系统一词是1935年英国植物学家A. G. 坦斯利提出的。他将系统概念引入生态学中，认为生态与环境有不可分割的依存关系，形成动能流转的有序协调的综合整体。这一理论的充实发展逐渐形成生态学的一个重要分支。到20世纪40年代以后，生态系统由理论阶段进入科学实验阶段。将生态系统的概念、理论和研究方法应用于各类生物群落和生物环境，又形成生态系统的若干边缘分支。森林生态系统就是其中之一，与草原、荒漠、冻原、沼泽等大型的自然生态系统合称为陆地生态系统。陆地生态系统又与淡水生态系统和海洋生态系统合称为地球生态系统，即生物圈。

**森林效益** (beneficial effects of forest) 森林生物群体的物质生产、能量贮备及其对周围环境的影响而表现的价值。森林的水平分布广，占有空间大，成分复杂，结构稳定，固定太阳能的效率最高，第一性生产率和生物量最大。森林生物通过生理代谢、生化反应、物理和机械作用，既调节、制约、改善其生态环境条件，又直接或间接地影响与森林相近的其他生物群落的生态环境条件。内容包括经济效益、生态效益和社会效益。

**森林经济效益** (economic effects of forest) 提供物质和能源的森林效益。也称直接效益。主要有：①木材，是森林主产品，为工业重要原料。可制作原木、坑木、板方材、三板材(纤维板、胶合板、刨花板)、削片等，用于建筑、车辆、船舶、枕木、矿柱、造纸和家具制造等。②能源，世界每年做为薪炭燃烧而耗费木材约有12亿立方米，占世界木材总产量40%。在发展中国家，薪炭能源占总能源的80%以上。有的国家正试验从森林植物中提炼石油，以解决能源危机。③食物，森林林木种子不少可用来榨油食用。做为油料资源树种主要有核桃、花椒、油茶、油橄榄、油棕等。可做为食品的有板栗、枣、柿、香榧等。从森林植物枝、干、叶中还可以提取食用淀粉、维生素、糖等。林副产品中蘑菇、猴头、木耳、银耳等都是佳肴珍品。狩猎资源，森林中的鸟兽、两栖类、爬行类等占陆生动物资源的绝大多数，出产大量肉、皮、毛、羽、骨、蛋、角等。熊掌、猴脑列为山珍。④化工原料，如松脂、单宁、紫胶、芳香油、橡胶、生漆等。⑤医药资源，森林是生产中西药的巨大宝库，森林中的药用植物如刺五加、毛冬青、人参、灵芝、猪苓、贝母、虫草以及来源于动物的熊胆、鹿茸、麝香、五灵脂等都是名贵中药。20世纪70年代已从喜树、三尖杉等提炼出抗癌药物。⑥种质基因资源。⑦科研材料或基地，如遗传、进化、生态、水文以及有关生物科学的研究都可利用森林的生物资源和环境条件。

**森林生态效益** (ecological effects of forest) 通过森林环境(生物与非生物)的调节和改善而有利于生物种群生息、繁衍的森林效益。主要有：①调节气候，浓密的林冠阻挡太阳辐射，使林内呈现巨大的温室效应。与无林地相比，冬暖夏凉、夜暖昼凉，温差变小，有利于林下植物生长和动物栖息。在生长季节森林强大的蒸腾作用有助于热能消耗而温度下降；同时空气湿度增加，则易形成雾、露、霜、凇等水平降水。对垂直降水也有一定的影响。②涵养水源、保持水土、防风固沙。森林的覆盖、截留降水作用，使土壤免于雨水溅击和地面径流的冲涮。而降水渗透到地下，变成缓慢的地下径流，既有利于削弱洪水量，又有利于森林水分、土壤的保存。③减少自然灾害，如旱灾、洪灾、雹灾、虫灾等。夏季森林使地面温度降低，减少了空气垂直温差变化，上升气流速度减弱，因而削弱了成雹条件。④改良土壤，枯枝落叶层经微生物分解变为有机质而增加了土壤肥力。

**森林社会效益** (social effects of forest) 森林生态效益的一种，是森林对人类生存、生育、居住、活动以及心理、情绪、感觉的健康作用。社会效益难与生态效益截然分开。主要包括：①改善水质，降水经森林土壤渗透过滤，浊水成为清水，水中含毒物质如砷、汞、铅以及氰、氯、氟等化合物以及病菌被阻滞在土壤里。②净化空气，森林通过光合作用吸收$CO_2$，放出$O_2$；林冠枝叶表面具有吸附灰尘、有毒微粒，吸收毒气如$SO_2$、CO、氟化物、氯气等作用，并释放出氧离子和杀菌素，从而使空气清新，消除污染，对人有延年益寿作用。③杀菌和医疗作用，森林植物的叶、芽、花、果均能分泌出一种芳香挥发物即杀菌素，可杀死空气中的细菌、病菌和原生动物等。氧离子也可杀死多种细菌。因此森林常常成为患病者疗养的理想场所。④减弱噪声，当噪声级超过50分贝，对人就会产生有害影响。由于枝叶树干阻挡吸收，声波衰减利于消除噪声。

⑤森林具有优美的林冠，通直的树干，千姿百态的叶、枝、花、果等，并随季节变化而呈现各种颜色，绚丽多彩，令人赏心悦目。

**森林生态平衡** (forest eclogic balance) 森林生物种群内部及其与非生物环境间的协调关系，表现为森林生态系统各组成(因子)间结构有序、功能正常和效益显著的动态平衡。生态平衡的标志是：①生物种群及数量、结构相对稳定；②生物群落与非生物环境相互适应；③物能流动系统有序度高；④信息反馈和负反馈作用明显；⑤生产力和生物量均达到最高水平。保护森林资源、实行永续经营、限制采伐量不大于生长量等是保护生态平衡，保障森林生态系统整体效益的根本措施。

**自然保护区** (nature reservation) 为保存具有代表性的自然景观，保护野生动、植物种类和基因资源，发挥自然植被的生态效益、社会效益或其他特定目的而划作保护的森林、草原、古迹、水域等自然地区。自然保护区可供科学研究、文化教育和旅游、娱乐等活动之用，所以又有天然实验室和天然博物馆之称。

**森林立地** (forest site) 森林生长的地段(空间位置)中诸环境因子的总称。生态学上称为生境。森林立地是森林生产力的基础，对森林更新、树种选择、地力维持和经营管理关系密切。林业上根据立地质量划分地位级或地位指数，以评价森林生产力和制订相应的营林措施。

**森林地理** (forest geogrophy) 森林在地球表面的分布。研究森林地理，在于了解世界或某一地区各种森林类型的起源、演变和分布范围，并分析它和地貌、气候、土壤，以及其他植物群落的相互关系，以正确制定林业区划、各项林业政策和技术措施。森林在世界上的分布很不均匀，森林类型也极为复杂。纬度增高，热量依次递减；经度不同，使降水量有很大差异。这种变化形成森林分布的水平地带性。在相同经纬度内，随着海拔升高引起热量和水分的重新分配，导致森林分布的垂直地带性。全世界分成北方针叶林带、温带落叶阔叶林及针叶林带、亚热带森林带、热带森林带和南半球森林区。

**针叶林** (coniferous forest) 由针叶树为建群树种组成的各类森林总称。包括常绿、落叶、耐寒、耐旱、喜温、喜湿等类型的针叶纯林和混交林。广泛分布于世界各地，而以北半球为主。横跨欧、亚、北美大陆北部的针叶林最为典型。主要由云杉(Picea)、冷杉(Abies)、落叶松(Larix)和松属(Pinus)等一些耐寒树种组成，通常称为北方针叶林，也称泰加林。北方针叶林的分布，北以水平树木线以北的极地冻原为界，南接针阔混交林，属寒带和温带地区的地带性森林类型，是世界最大的原始针叶林，也是世界最主要的木材生产基地。

**针叶阔叶混交林** (coniferous and broad-leaf forest) 简称针阔混交林，温带地区的地带性森林类型，主要由常绿针叶树种和落叶阔叶树种混交组成。

**落叶阔叶林** (deciduous broad-leaf forest) 温带、暖温带地区地带性的森林类型。因其冬季落叶、夏季葱绿，又称为夏绿林。在热带、亚热带海拔较高的山地也有分布；此外，在草原、荒漠的局部水分条件适宜地段也可出现。组成群落的乔木全部是冬季落叶的阔叶树种，林下灌木大多数也是冬季落叶的种类，草本植物到了冬季地上部分枯死或以种子越冬。芽具芽鳞，是适应严冬气候的一种保护形式。

**常绿阔叶林** (evergreen broad-leaf forest) 亚热带湿润地区由常绿阔叶树种组成的地带性森林类型。日本称常绿阔叶林为照叶树林，欧美称之为月桂树林，中国称之为常绿栎类林或常绿樟栲林。主要是组成这类森林的建群树种都具樟科月桂树(Laurus nobilis)叶片的特征，常绿、革质、稍坚硬，叶表光滑无毛，叶片排列方向与太阳光线垂直。

**热带雨林** (tropical rain forest) 热带潮湿地区的高大茂密而常绿的森林类型。由无御寒抗旱能力的树种组成，乔木种类非常丰富，层次多而界限不明，没有明显优势种。乔木具板状根、支柱根、气生根和老茎生花现象。层间藤本植物和附生、寄生植物发达，并有绞杀植物(是一些粗大缠藤和气生根发达的树种，常缠绕或包卷支持它的树木，将其绞杀至死)。它主要分布在南美洲亚马孙河谷盆地，非洲刚果盆地，亚洲马来半岛及其附近地区，澳大利亚东北部及太平洋群岛等。

**热带季雨林** (tropical monsoon forest) 干、湿季交替显著的热带季风区森林类型。由耐旱的热带常绿和落叶阔叶树种组成，且有明显的季相变化。与热带雨林相比，其树高较低，植物种类较少，结构比较简单，优势种较明显，板状根和老茎生花现象不普遍，层间藤本、附生、寄生植物也较少。它不连续分布于亚洲、非洲、美洲的热带季风区，而以东南亚受季风影响较大的地区最为典型。

**珊瑚岛常绿林** (coral-island forest) 热带珊瑚岛

屿上的一种常绿森林类型。由于珊瑚岛面积小、海拔低、地势平、母质和土壤因子的特殊性使岛上的植物分布和植被发育均受到一定限制：种类贫乏，林木低矮，层次结构简单，常以单优势种的单层乔木出现。世界珊瑚岛分布限于北回归线及南回归线之间的热带海洋中，以西南太平洋分布较为广泛。

**红树林** (mangroves) 生长在热带海湾、河口浅滩地段上的一种植被类型。主要由红树科树木组成。红树林在涨潮时林冠过半淹没在海浪中，退潮后林木挺立在泥滩上。它具有盐生和适应生理干旱的形态结构，细胞渗透压很高，支柱根和呼吸根发达，以及“胎生”方式繁殖等，形成特殊的海滨森林。它分布在南北回归线之间，局部地区因受暖流影响，可达北纬 32°和南纬 42°。

**稀树草原** (savanna) 热带年雨量不足 1000 毫米的地区的典型植被类型。由多年生耐旱禾草组成，还混有耐旱灌木和零散的孤立乔木。主要分布在热带森林和热带荒漠之间，气候炎热干旱，土壤浅薄瘠贫，是森林难以生长的生境。稀树草原在非洲分布最广，而且典型，称为萨王纳。

**灌木林** (shrubbery) 以灌木为主体的森林类型。它具单层树冠，林层高度一般在 5 米左右，不具主干，簇生，盖度大于 30～40%。灌木林的生态幅度较乔木林广，其分布范围常比乔木林为大。在气候较干燥和寒冷、不适宜乔木生长的地方，常有灌木林分布。例如，法国的马基群落、加里哥群落和美国加利福尼亚的沙帕拉群落，是有名的天然灌木林；智利及澳大利亚西部和南部也有相似的灌木林类型。中国从平地到 3000～5000 米的高山，也能见到天然灌木林。天然灌木林可分为原生和次生的两类。

**森林培育** (silviculture) 由森林建立至成熟采伐前的全部培育过程，简称育林。森林培育由前期的造林和后期的森林经营两个阶段组成。造林是人工林的营造，主要内容为树种选择、苗木培育、整地、种植、直至郁闭前的幼林抚育、管理等，以保证幼林形成。森林经营以天然林和人工林郁闭后的抚育、管理为内容，以改善森林结构和环境、提高森林生产力、保证森林更新和发挥森林多种效益。

**集约经营** (intensive management) 在一定面积的土地上，投入较多的生产资料和劳动，采用新的技术措施，进行精耕细作的农业经营方式。是“粗放经营”的对称。林业生产的集约经营，也称“**集约林业**”(intensive forestry)，即对森林采用最好的造林和经理技术，以保证其单位面积上取得高水平的产量(数量和质量)的林业活动。与其相对照的是“**粗放林业**”(extensive forestry)，即在单位面积作业费和投资额都较低条件下所经营的林业。

**造　林** (forestation) 无林地上建造新林的生产过程，常作为人工造林的同义语。无林地系指适宜造林的荒山、荒地、采伐迹地、火烧迹地、滩涂地、沙荒地、废矿基地等，一般统称宜林地。造林范畴通常指从采种、育苗、栽植(或播种)到幼林郁闭时止的生产过程。其形成的森林称人工林。

人工林与天然林相比较，其优点是：可以大大缩短森林的成熟期；在人为控制下，立木分布均匀，有利于土地、光能的充分利用；可以选择目的树种，形成纯林或混交林；根据树种特性和营林目的，可形成单层或复层森林结构；通过集约经营，能保持较高的森林生产率；经营管理方便，易实行机械化作业。

研究人工造林的理论和技术的学科称造林学，是林木培育学(林木栽培学)的一个分支。19 世纪以来，世界各国对人工造林开展了大量的研究工作，并已形成了完整的造林理论和技术体系。造林学的基础学科是树木学、林木育种学、树木生理学、森林生态学、森林土壤学、森林气象学、森林气候学，并与森林经营、森林保护、森林经理、林业经济以及林业机械等学科有着密切的联系。

**适地适树** (matching species with the site) 立地条件与树种特性相互适应的原则。是选择造林树种的一项基本原则。生物与其生态环境的辩证统一是生物界的一条基本法则。适地适树就是根据这条基本法则提出的要求。中国很早就认识到适地适树在植树造林中的重要性。西汉刘安撰写的《淮南子》中说：“欲知地道，物其树”，指出了树木生长与自然条件的密切关系。北魏贾思勰写的《齐民要术》里则有更进一步的阐述：“地势有良薄，山泽有异宜。顺天时，量地利，则用力少而功多，任情返道劳而无获。”适地适树这个术语在 20 世纪 50 年代后期才见诸于中国文献中。日本也有类似的术语。

**林木育种** (forest tree breeding, forest tree improvement) 利用植物遗传进化的基本规律，按照预定的目的对林木进行遗传改良的技术。林木育种的根本机理是利用林木种群在自然或人为条件作用下产生的变异与分化，从中选择、分离和繁殖符合目的的群体或个体。主要的途径有引种驯化、种源试验、选择育种、杂交育种以及单倍体和多倍体育种、辐射诱变等。繁育良种的方式有母树林、种子园和采穗圃。在生产上对经过选择和改良的林木繁殖材料统称为良种。但林木育种的根本任务是创育品种，其品质和产量符合生产需要、性状能稳定遗传，且适应一定自然和栽培条件。

林木良种作为造林基本繁殖材料，在充分利用自然生产潜力、提高林产品品质和产量、增强林木抗性以及在发挥森林多种效益等方面均有不可替代的重要作用。研究林木育种理论与技术的学科称为林木育种学。它以遗传学为基础，同时与树木学、森林生态学、树木生理学、造林学、生物统计学等有密切的关系。

**林木种子** (forest tree seed) 木本植物的繁殖器官。林业生产中常把播种材料统称为种子。按照植物学的划分，可分为5种类型：①真正的种子，如松属、杨属。②果实，有翅果，如臭椿、白榆；有坚果，如栎属、椴树属；有瘦果，如桑树；有颖果，如毛竹。③果实的一部分，如核桃、楝树。④种子的一部分，如银杏、紫玉兰。⑤无融合生殖形成的种子，如柑桔类等。

林木种子一般具有完善的保护层，丰富的营养物质和一个胚。胚是一个植株的雏形，兼有父本和母本的遗传性状，条件适宜时，便能萌发成为独立的与亲本相似的植株。许多林木种子具有休眠习性，能避免在不利条件下发芽，增加后代成活机率，使木本植物分布广泛，成为陆地上自然群落的重要成分。

**林木种子园** (tree seed orchard) 繁育林木良种种子的园地，简称种子园。它是由选择的优良无性系或家系组成的人工林，并采取隔离措施和集约经营措施，以杜绝或减少外界花粉的污染，保证高产、稳产和便于采集，因此比起母树林来，它更能生产遗传品质和播种品质均较高的林木种子。只有通过种子园大量繁殖育成的良种，才能在生产上产生效果。

种子园的营建在1787年已有记载，到1880年，爪哇建立了金鸡纳(*Cinchona ledgeriana Moens*)无性系种子园，1931年英国建立落叶松杂种种子园。迄今已有约50个国家对近百个树种作了选优和建园工作。中国从20世纪60年代开始建立试验性种子园。

林木种子园的种类，按繁殖方法可分为无性系和实生苗两类种子园；按繁殖材料的改良程度可分为初级种子园和改良代种子园；按树种的亲缘关系可分为杂交种子园和产地种子园。此外，在芬兰建有桦树塑料大棚种子园。

无性系种子园 由优树或原种母树的嫁接苗或其他无性繁殖苗建成的园圃，目前采用较普遍。其优点是无性繁殖能保持原有的优良品质；处于母树的发育阶段，开花结实较实生苗早；优良基因型可多次繁殖，系谱比较清楚，近亲繁殖控制较有效。但有些树种无性繁殖困难，繁殖成本高。

实生苗种子园 用优树控制授粉或自由授粉的种子育出苗木的园圃，其优点是建园工作简单，能把子代测定和种子生产结合起来；在一个试验中能完成两个世代的选择工作。但近亲繁殖较难控制；每个苗木的结实基础不同，不便选择和利用。

初级种子园 又称普通种子园，未经子代测定的繁殖材料建立起的园圃，包括初级无性系种子园和初级实生苗种子园。这种种子园只是为了满足当前林业生产的需要，提供遗传品质得到一定改良的繁殖材料。

改良代种子园 由经过改良的繁殖材料建立的园圃，如由初级种子园子代建立的第二代种子园或更高世代的种子园。这是发展方向。

杂交种子园 由不同树种繁殖材料建立起的园圃，目的在于获得具有杂种优势的种子。在落叶松树种中利用这一类型的种子园较多。

产地种子园 建园材料属同一树种的不同地理类型，以生产不同种源的杂种。

**母树林** (seed production stand) 在选择天然林或人工林优良林分的基础上，通过疏伐等措施而设立的、以采收林木种子为基本经营目的的林分。又称种子林。母树林是随着造林事业的发展而出现的。在造林事业的初期阶段，多为随意采种。所采种子的遗传品质和播种品质参差不齐，且采种作业点分散，产量也不易控制。母树林结实早，种子质量好，产量高，采种方便，种子的成本也低。所以至20世纪中叶，丹麦、瑞典、芬兰、美国、日本、澳大利亚、苏联及欧洲一些国家相继建立母树林，并取得成绩。但母树林仅是良种繁育的初级形式，现在许多林业先进的国家提倡和发展种子园，原有母树林逐渐失去其作为提供造林用种的作用。中国由于造林用种量大，建立和经营母树林仍是提供造林用种的一个重要途径。

**采穗圃** (cutting orchard) 提供优质插穗或接穗的林木良种基地。采穗圃和种子园构成良种繁殖的主要形式。采穗圃生产的穗条生长健壮，粗细适中，发根率较高，遗传品质有保证；且对采穗圃集约管理，可提高产量，降低成本。采穗圃分普通采穗圃和改良采穗圃，前者是无性系，是只经表型选择、而未经子代测定的园圃；后者是经过子代测定选择无性系，培育苗木的园圃。

法国、意大利等研究杨树育种的国家，较早地建立了杨树采穗圃。日本用柳杉无性系造林已有很长的历史。中国对无性繁殖虽然在公元前已有记载，但建立采穗圃还是近年来的事，采用的树种有杨树类、水杉、池杉、桉树类、千年桐、乌桕等。

**苗　圃**　(nursery)　生产苗木的基地。苗木是造林、绿化的物质基础，其培育技术务求集约，以达到苗木优质高产、经营成本低廉的目的。

**造林调查设计**　(survey and design for forestation)　在调查自然条件和经济条件的基础上，根据造林目的对预定造林的土地提出适宜的林种、树种和各项造林技术措施及其实施方案的技术工作。

内容包括属于外业方面的测量，林班、小班区划以及各项基本条件的调查；属于内业方面的调查资料整理、分析，并进行造林技术设计。

造林技术设计是根据造林学、树木学、森林生态学等理论以及适地适树的原则，结合当地的造林经验，进行确定各立地类型造林树种的选择、造林密度、树种组成、整地方法、造林方法和抚育措施等技术事项。

**用材林**　(forest for timber production)　以生产木材为主要目的的林种。木材是最主要的林产品，在国民经济和文化生活中占有重要的地位。用材林又分为：①一般用材林，培育大径通用材种；②专用用材林，专门培育某一材种，如矿柱林、纤维造纸林、胶合板材林等。

培育用材林总的目标是速生、丰产和优质。速生是缩短培育规定树种的年限；丰产是提高单位面积上的木材蓄积量和生长量；优质是包括对干形、节疤及材性等方面的要求。

为使用材林形成一定的生产能力，实行合理轮伐，永续利用；同时也为了便于经营和开发，用材林在布局上宜适当集中，形成基地。近几十年来，世界各国为了增产木材，采用集约经营的办法培育用材林。

**防护林**　(forest for protection)　主要为了改善生态环境、涵养水源、保持水土或发挥其他有益影响而经营的森林。《中华人民共和国森林法》根据森林的不同效益将森林划分为防护林、用材林、经济林、薪炭林和特种用途林。在遭受干旱、风沙、水土流失等自然灾害的地区营造防护林，可减免自然灾害的侵袭，保障农牧业生产的发展，并可提供木料、饲料、肥料、燃料等，增加经济收入。

**水源涵养林**　(watershed protection forest)　用于调节、改善水源流量和水质的一种防护林，简称水源林。一般水源林分布在河川上游的水源地区。对于调节径流，防止水旱灾害、合理开发、利用水资源具有重要意义。

水源林的水源涵养作用表现在：①调节坡面径流，削减河川汛期径流量。②调节地下径流，增加河川枯水期的径流量。③减少径流泥沙含量，防止水库、湖泊淤积。河川径流中泥沙含量的多少与水土流失相关。水源林一方面对坡面径流具有分散、阻滞和过滤等作用；另一方面其庞大的根系层对土壤有团结固持作用。在合理布局下还能吸收由林外进入林内的坡面径流并把泥沙沉积在林内。

**水土保持林**　(forest for soil and water conservation)　为了防止、减少水土流失而营造的一种防护林。在水土保持综合治理措施中，水土保持林是生物措施的主要组成部分。

据考证，南宋嘉定年间(1206～1224)魏岘所著《四明它山水利备览——自序》是古籍中较早较系统阐述森林的水土保持作用的一部著作。清代道光年间，梅曾亮(1786～1856)在其《书棚民事》一书中，对于森林的水土保持作用诸如林冠截持降雨、林地枯枝落叶和林地土壤的保水作用等，进一步作了详细的描述。

水土保持林的作用主要表现在：①对于降水和地表径流的调节作用。通过林中乔、灌木林冠层对天然降水的截留，改变了降落在林地上的降水形式，削弱了降水强度和其冲击地面的能量。林地地被物以大于其自身干重 2～3 倍的重量吸收林地降水。同时以较大的地表粗糙度削弱地表径流。②固持土壤(体)的作用。森林植物强大的根系和地上部分，具有良好的固岸、固坡、防冲、护滩、缓流以至减免滑坡、崩塌等危害作用。

水土流失的综合治理，以中、小流域为基本单位。水土保持林的配置在不同地形条件下，各有不同的要求。按水土保持林的配置形式和防护特点，可细分为：分水岭地带防护林、护坡林、护牧林、梯田地坎防护林、沟道防蚀林、山地池塘水库周围防护林以及山地河川护岸护滩林等。水土保持林应注意与水土保持工程设施相结合。

**固沙林**　(forest for sand fixation)　防止风蚀沙化，固定流沙的一种防护林。为抗御风沙侵袭危害农田、牧场、铁路、公路、渠道、水库和其他重要设施以及为防沙化扩展，利用乔、灌木和多年生草本植物组成片状、带状或块状人工植被。造林时辅以沙障，可以改变和调节近地层空气动力状况，保护乔、灌木的存活。

早在 17～18 世纪，欧洲一些国家，在海岸种草，种松树。在日本，用灌木编栅插入沙地形成人工沙堤，堤面种草。近年来，又采用飞机播种固沙。苏联于 1895 年就开始在卡拉库沙漠铁路两侧设立草方格沙障固沙。从 20 世纪 50 年代起，有的国家除用植物固沙外，在重要设施上还采用原油、重油、渣石、沥青乳液固沙。

**农田防护林** (shelterbelt an farmland) 为改善农田小气候和保证农作物丰产、稳产而营造的防护林。由于呈带状，又称农田防护林带；林带相互衔接组成网状，也叫农田林网。在林带影响下，林网范围内形成特殊的小气候环境。其作用表现为：①可以降低风速，在农田防护林保护的耕地上，平均降低风速40～50%；②调节温度，夏季林带内的气温可低1～4℃，冬天林内可提高气温1～3℃；③增加空气湿度和土壤湿度，一般林带内日平均绝对湿度可比空旷地增0.8～2.2毫巴，日平均相对湿度比空旷地增高2～3%，比林缘外土壤湿度平均高2～4%；④拦截地表径流，使较多降水渗入地下；由于林木的吸水作用和林冠的蒸腾作用，可降低地下水位。利用农田防护林的这一特点在盐碱化的土地上，往往结合排水改良盐碱地。

农田防护林的结构因林带宽度、行数、乔灌木树种搭配和造林密度不同而有差异。表现在透光度(疏透度)与通风系数的变化。

**经济林** (forests for special uses) 以利用木材以外的其他林产品，如果实、树皮、树枝、树叶、树脂、树汁、花蕾、嫩芽等为主要经营目的的森林，又称特种经济林。

**薪炭林** (fuelwood forest) 以生产烧柴或木炭为主要经营目的的森林。它和防护林、用材林、经济林、特种用途林构成中国的五大林种。自20世纪70年代初期发生矿物能源危机以来，国际上开始重视能源林的发展与研究。所谓能源林是指以生产能源为主要目的而营造和经营的森林。能源的形式可能是传统的薪材、木炭等固体燃料，也可能是液体燃料。传统的薪炭林是能源林的一种。

**林农间作** (interplanting of crops and trees) 营造人工林的同时间作农作物的栽培方式。在中国有悠久的历史，至今仍在一些地区普遍采用。这种栽培方式的优点主要表现在：①由于林地提早被覆盖，能充分地利用光能；②林木和作物的根系分布层次和吸收营养物质不尽相同，可充分利用土壤肥力；③因有作物覆盖且经常中耕，可以防止杂草竞争，减免病虫为害；④促进幼林生长，增加短期收益。但是，林农间作的优点，只有在间作合理的情况下才能表现出来。由于造林树种，作物种类，立地条件和耕作技术的不同，间作效果往往有很大差别。

**营　林** (silviculture, management) 森林培育的重要组成部分，又称森林经营。指从幼林郁闭到林分成熟期间，并完成主伐更新的一系列经营管理技术措施。它根据林学基础理论，特别是树木生理学、森林生态学、森林气象学、土壤学、森林病理学、森林昆虫学、森林防火、森林经理和林业经济等方面的知识，按照各地的自然地理特点、社会经济条件，采取营林措施，改善林分和林地的条件，促进林木生长发育，以求获得最大的经济效益、生态效益和社会效益。营林的内容主要包括森林主伐与更新，森林抚育采伐，幼林抚育和森林保护、护林防火等。但有时森林保护独立成体系。

**抚育间伐** (intermediate cutting) 从幼林郁闭起到成熟林主伐前一个龄级止，定期采伐部分林木的营林措施。又称森林抚育采伐或间伐。其目的主要是保证目的树种和优良林木的优势地位，改善林分品质，提高木材质量，缩短森林培育期限，增强森林防护作用，更好地发挥森林的多种效益。此外，还可提供大量中、小径材，是中间利用的手段。抚育间伐分透光伐和疏伐。透光伐是在幼龄林时期以调整林分组成为主要目的抚育间伐；而疏伐则是在壮龄林以后至成熟林前一个龄级的林分内，为调节目的树种个体间的矛盾而进行的抚育间伐。

**皆　伐** (clear cutting method) 一般是在一个采伐季节内将伐区上的林木全部伐除的森林主伐方式。伐后迹地一般采用人工更新，在目的树种天然更新有保障时，也可采用天然更新或人工促进天然更新。伐区的形状一般采用带状或块状。带宽大于250米的称大面积皆伐，因易造成迹地条件恶劣，目前极少采用；带宽小于250米或采伐块不超过5公顷的称小面积皆伐。皆伐的优点是集中采伐，便于机械化；伐区上没有保留木(少量母树除外)，不会有风倒危害；简便易行，便于人工更新；不必象渐伐和择伐那样选择采伐木和确定采伐强度。但与其他主伐方式相比，皆伐后气温变幅大；土壤变干或沼泽化，杂草、灌木易生长；且伐后降低美观程度，不宜鸟兽栖居。

**次生林** (secondary forest) 原始森林经过多次不合理的采伐和严重的破坏以后，自然形成的森林。与原始林一起同属天然林，但其立地特点、树种组成、林分结构和起源，既不同于原始林，也不同于人工林。它是在不合理采伐、樵采、火灾、垦殖和过度放牧以后，失去原始林的森林环境，为各种次生群落所代替；或在人工林采伐迹地上，由栽培树种形成的萌生林与入侵树种形成混交林，也属于次生林。对次生林改造的方式分带状改造、块状改造和全面改造。具体的作法视林分特点而定：可采用皆伐后人工更新；以抚育采伐为主，结合局部栽植；以人工栽植为主，结合局部抚育采伐；以及林冠下补播、补植，以后逐渐伐去上层林木等。

**狩　猎**　(hunting)　捕捉野生鸟兽的活动。目的在于获取肉品、毛皮、角、骨等供食用、观赏或加工成药材、工艺品，保护稀有珍贵鸟兽；控制害鸟和害兽。此外，狩猎还是一种文体活动。其特点是与其他部门(如林业、农业)共同使用一块土地，甚至利用其他部门不用，而又有野生动物资源的土地，如荒山、荒漠等，具有投资少、收益快、能充分利用野生资源的好处。狩猎的方法有枪猎法、网猎法、套猎法、夹猎法、窖猎法、礁和压拍子猎法、笼和箱猎法、圈猎法、犬猎法和猎禽猎法等。

**封山育林**　(closed hillsides to facilitate reforestation)　利用森林的天然更新能力，在自然条件适宜的山区，实行定期封山，禁止垦荒、放牧、樵采，禁绝山火，以恢复森林植被的一种育林方式。是中国最古老的传统的育林方法。具有投资少、恢复植被快和减少水土流失的特点。根据山地生产力的高低、治理的轻重缓急和山区生产方向，对山地分区划片，确定较长时间禁止一切人为活动(全封)，或季节性地开山(半封)，也可定期分片轮开轮封。对荒山荒地可造林后封山，也可封山后再造林，以提高造林成活率和保存率。

**森林病害**　(forest diseases)　病原物或不良气象、土壤等非生物因素对林木侵袭造成的灾害，使林木在生理上、组织上和形态上发生一系列的病理变化，导致生长不良，产量、质量下降，甚至引起林木枯死和生态条件恶化。引起森林病害的病原物主要有细菌、病毒、类菌原体、真菌、寄生性种子植物，其中真菌所致病害种类最多。非生物因素如过低的温度、旱、涝、盐碱及土壤中缺少某些必要元素等导致森林病害发生。随着工业的发展，由环境污染造成的病害日渐增多。

**森林害虫**　(forest pests)　林木机体任何部分受昆虫为害造成的灾害。受害虫侵袭或寄生的林木，在形态上、组织上或生理—生态上出现一系列不正常的变化，导致生长发育不良，产量和质量下降，甚至引起林木和整个林分的死亡，使生态环境恶化。根据森林害虫的危害部位和为害方式分为：根部害虫，如鳞翅目的地老虎、直翅目的蝼蛄等；干部害虫，主要有鞘翅目的小蠹、天牛、吉丁虫等；枝梢害虫，钻蛀为害的有鳞翅目的螟蛾类、鞘翅目的象甲类等，刺吸为害的有同翅目的蚜虫、粉虱、叶蝉等；叶部害虫，种类繁多，如鳞翅目的枯叶蛾、毒蛾，鞘翅目的叶甲等；种实害虫，有鳞翅目的螟蛾、卷蛾，鞘翅目的象虫等。

**综合防治**　(integrated pest management, integrated pest control)　从林业生产的全局出发，在了解害虫种群动态与环境相互关系的基础上，采用彼此相辅相成的防治方法把害虫种群数量抑制在不产生经济损失的水平上，同时使各种防治措施对森林生态系统的不利影响减少到最低限度。综合防治，应以预防为主，防与治结合，充分发挥生态系统中的有利因素，限制不利因素，以保护林木正常生长发育。

**植物检疫**　(plant quarantine)　国家为防止危害性病、虫、杂草种子随同农林产品运输传播蔓延而采取的整套措施。根据国家和地方法令，植物检疫机构会同有关方面对应施检疫的林产品种类和禁止带入、带出的病、虫、杂草(植物检疫对象)实施检疫。国际间的检疫叫"对外植物检疫"，国内地区间的检疫叫"国内植物检疫"。

**森林火灾**　(forest fire disaster)　失去人为控制，对森林、森林生态系统和经济带来一定破坏和损失的森林燃烧。森林火灾的发生要具有森林的可燃物，火源和氧气三要素。森林火灾的种类有地表火、林冠火和地下火 3 种。根据林业部规定，凡火烧成片林木(包括竹林)面积在 10 亩以上千亩以下者为森林火灾，1000 亩至 5 万亩者为森林大火灾，超过 5 万亩者为森林特大火灾。森林火灾在短期内烧毁大面积的森林，破坏林分结构，加重水土流失，驱走或烧死林内的珍鸟益兽，并污染大气，破坏环境，甚至波及附近村、镇，造成人畜伤亡。

**森林经理**　(forest management)　科学组织经营管理森林资源的一套技术体系，包括森林资源信息收集和处理、拟定决策和信息反馈的循环反复过程。森林经理的目的和任务是：在地域上把森林分成便于经营管理的不同功能与要求的等级单位，全面掌握其自然和经济信息，然后提出决策性的经营方案；在执行过程中，定期复查资源动态，检查评价经营效果，不断修订和完善原订方案，加强森林经营的质量管理，以实现合理开发森林资源、充分发挥森林的再生作用和多种效益，达到永续利用的目的。

**森林资源调查**　(forest inventory)　以林地、林木及其空间范围内生长的动、植物及其环境为对象的林业调查，简称森林调查。其中主要对象为林地和林木。目的在于及时掌握森林资源的数量、质量及其生长、消亡等动态规律，以及这些规律与自然环境、经济、经营等条件之间的关系，以便制定国家、地方和生产单位的生产计划，保证森林资源在国民经济建设中得到充分利用，并不断提高其潜在的生产力。森林资源调查分：①以全国(或大区)为对象的森林资源调查，简称一类调查；②为编制规划设计进行的调查，简称二类调查；③为作业设计而进行的调查称三类调查。

**森林永续利用** (sustained yield of forest) 也称森林永续经营、森林永续作业，均衡、持久地合理利用森林的多种效益，使森林资源永续不竭，是森林经营的基本原则。其实质是协调森林培育和利用之间的关系；按照人类社会的需要，采取各种经营措施和技术手段，保持或创造森林生态系统平衡发展的条件。在现代林业中，森林永续利用的内容包括：①合理利用林地，不断提高林地生产力；②不断地生产木材，相对均衡地供应木材，并在森林资源扩大再生产的基础上适当地扩大采伐量；③合理经营利用其他林副产品及森林动物；④保持森林生态平衡，发挥和扩大森林防护效益和卫生保健功能；⑤逐步提高林业生产的经济效果，增加林业收益，为国民经济提供积累。

**森林经营方案** (forest working plan) 根据国家任务，对一定地域内的森林资源按时间顺序和空间秩序安排林业生产措施的技术性文件。又称施业案。它是在森林区划和森林资源调查的基础上，通过一系列自然和经济论证而编制的。以林业局或林场为对象编制的森林经营方案是森林经理工作的基本形式，也是传统工作内容。其基本内容包括说明书、调查簿、龄级表、森林资源统计表、森林经营措施规划设计表及其他规划设计表、图面材料等。

**林分蓄积量** (volum of forest stand) 林分中全部林木的材积，简称蓄积。用单位面积蓄积(立方米/公顷)表示。测定方法有实测法和目测法两大类。实测法又分全部实测和局部实测。按林木材积测算方法可分为标准木法和数表法。

**林木生长量** (increment, growth) 林分中立木的直径、断面积、树高、材积等测树因子随年龄增加而变化的数量。在森林经理工作中，生长量是确定森林成熟年龄和采伐量的基本依据。生长量大小，不仅与树种特性、年龄结构、立地条件及气候等自然条件有关，而且与经营管理水平有密切关系。

**森林采伐量** (determination of the cutting) 林业企业在经理期内所计算和确定的容许采伐的森林面积(公顷或亩)和蓄积(立方米)。因计算和确定的采伐量是经理期一般为10年内的年平均数字，故简称年伐量。确定企业内的年伐量，是要通过采伐和更新，逐步调整现有的森林结构，实现森林永续利用。森林采伐量由主伐利用和间伐利用两部分产量组成。森林调整是按同龄林和异龄林分别进行。因此，针对不同林分、不同作业方式计算采伐量的公式很多，现有100余种。

**林业遥感** (remote sensing used in forestry) 应用遥感手段获取林区地面物体信息的一整套技术。遥感仪器从高空或远处接收的物体反射或发射的电磁波信息，经过处理后，或成为能识别的影象，或成为计算机数字图象处理用的磁带记录。这些结果被用来观察和认识森林生长发育的环境、调查森林资源、监测森林自然灾害和进行林业生产管理以及科学研究工作。由于运载遥感仪器的工具不同，分航空遥感和航天遥感两大类，包括应用飞机、气球等航空工具，或人造卫星、火箭、宇宙飞船及航天飞机等航天工具。林业遥感和传统地面调查相比，具有宏观性，获取信息快，重复周期短、成本低等特点。航空遥感已成为森林调查和灾情监测的必要手段。航天遥感已在全国或大林区的森林资源清查得到应用。从技术发展角度看，林业遥感有着广阔的前景。

**森林工业** (forest industry) 以森林为对象的木材生产和以木(竹)材或森林植物为原料的林产加工工业。在林业生产中，是继森林培育之后的收获、加工利用阶段，因此是林业的相对独立的组成部分。它包括森林采伐运输业、木材加工工业和林产化学加工工业三个主要工业部门，而林业机械是实现森林工业现代化不可缺少的内容。其任务是合理开发利用森林资源，为国家建设、社会生产和人民生活提供林产品，是国民经济的重要部门之一。

**森林采伐运输** (forest harveting and transport) 森林主产品——木(竹)材的生产过程。又称森林采运，木材采运。是森林培育之后的收获阶段，分为森林采伐、木材运输和贮木场作业三个阶段。其生产内容是把成、过熟林伐倒，以伐倒木、原条或原木的形式集运到贮木场或木材市场。森林采伐运输的主要任务是合理开发森林资源，以满足国民经济建设和人民生活的需要，与木材加工业、林产化学加工业组成森林工业。

**森林采伐** (forest harvesting) 从伐区获取木材的生产作业。是森林采伐运输的第一阶段，即伐区生产阶段。森林采伐包括伐区调查、伐区工艺设计、准备作业、采伐作业和采伐迹地清理等内容。

**集 材** (skidding, yarding) 将各伐倒地点的原木、原条或伐倒木汇集到山上楞场的作业。其作业方式有人、畜力集材，滑道集材，拖拉机集材，绞盘机集材，架空索道集材，空中集材和联合机集材。集材距离一般几百米，最多几千米。木材体积庞大而笨重，又在自然条件下作业，因此所需费用约占伐区作业总费用的60～70%。在集材作业中，要正确选择集材方式，合理组织集材工艺，协调采伐和山上楞场作业，提高集材设备的效率，才能保护生态环境，减少损伤，保护林木，并提高劳动生产率和降低生产费用。

**林道网** (forest road net work) 由林区公路、森林铁路的干线、支线和岔线构成的道路网。以单位面积内的林道总长度，即米/公顷表示其密度。林道网密度小，道路修建费也小，但运材距离长，作业困难。反之，虽然运材距离缩短，但修路和养路费用增加，占地面积也扩大。世界上一般采用美国D. M. 马秋思提出的"损益分歧点"理论，使运材费和林道修筑费的总和最少。但这个理论不适用于陡坡条件，且只能说明林道长度，不能解决林道网的布局。林道网密度反映一个国家森林经营水平，林业发达的国家，如联邦德国，林道网密度为20～40米/公顷。

**木材水运** (log transport by water) 通过水路将伐区生产的木材运送到贮木场的作业。运送的方式有单漂流送、排运和船运三种。其优点是简便易行，较陆运省费用。但单漂流送和排运受季节限制较大。木材水运在中国南方占相当的比重。

**木材陆运** (log land transportation) 通过陆路将伐区生产的以木材为主的林产品由山上楞场运输到贮木场的作业。按道路结构和运材设备分为：汽车运材(木材公路运输)、森铁运材(森林铁路运输)，平车道运材、索道运材、缆车道运材、冰雪道运材等，其中常用的有汽车运材和森铁运材。

**森铁运输** (rail road transportation) 木材陆运的方式之一。利用森林铁路运输木材，又称森林铁路运材。森林铁路一般为窄轨，轨距762毫米，限制坡度20～30‰。牵引机械用蒸汽机车、内燃机车和电力机车，木材装载在台车上。森铁运材适用于地形平缓、采伐量大和使用年限长的林区。

**汽车运输** (truck hauling) 木材陆运的方式之一。借助载重汽车和挂车在林区公路上运材，也称木材公路运输。林区公路是利用自然土壤混加砂砾、胶结性材料筑成。汽车分轻型、中型和重型三种，主要用中型和重型。由汽车和挂车组成的汽车列车，按挂车不同分为长材汽车列车，全挂汽车列车、半挂汽车列车等。汽车运材具有投资少、见效快、机动性强、适应性广、可深入伐区等优点。

**贮木场** (log yard) 林区原木商品最终生产、贮存、保管和调拨销售的场所，又称最终楞场。在木材生产和流通之间起缓冲和调节作用。在森林采伐运输中，是继森林采伐、木材运输之后的生产阶段。与陆运衔接的称陆运贮木场；与水路衔接的称水运贮木场，又称出河场。贮木场的工艺流程根据木材运输方式和到材方式（原材或原条）而定，一般原木运输时为卸车(或出河)、选材、归楞。原条陆运时为卸车、造材、选材、归楞和装车等。

**木材加工** (wood processing, wood conversion) 以木材为原料，经机械或机械与化学方法处理，其产品仍保持木材基本特性的加工过程。在森林工业中，它和林产化学加工同属森林采伐运输的后续工业，是木材综合利用的重要部门。木材加工的技术包括木材切削、木材干燥、木材胶合、木材表面装饰等。为了改善木材的功能，还进行木材防火、木材防腐、木材改性的技术处理。木材加工的产品有初加工产品，如电杆、坑木和各种锯材等；有成材的再加工，如家具、建筑构件、车辆等；还有再造加工产品，即人造板、胶合木等。

**纤维板** (fiber broad) 由木质纤维素纤维交织成型，并利用其固有胶粘性能制成的人造板。木质纤维素纤维由木材废料或其他植物纤维原料经切碎、软化、纤维分离获得，再经成型、热压等工序制成。纤维板按产品密度分非压缩型和压缩型两大类，非压缩型又称软质纤维板；压缩型有中密度纤维板（又称半硬质纤维板）和硬质纤维板。非压缩型纤维板质轻多孔，为隔热、吸音的好材料。压缩型纤维板坚硬密实，可供家具、汽车、房屋内部装修使用。

**胶合板** (plywood) 由不同纹理方向的单板胶合而成的一种木质人造板。其相邻层单板纹理通常互成90°。胶合板的结构多为奇数层，特殊情况为偶数。纵横方向的物理、机械性质几乎一致。常用的有三合板，五合板。由于强度较原来木材高，胀缩比变化减小，强重比（单位体积重量内的强度）较高，幅面大、施工方便，可供制造飞机、船舶、火车车厢及家具、建筑用材。

**刨花板** (particle board) 由木材或其他木质纤

维素材料制成的碎料，施加胶粘剂后经铺模、热压等工序胶合成的一种人造板。又称碎料板。可供船舶、家具、包装箱等用材。

**木材防腐** (wood preservation) 使木材免受虫、菌等生物侵蚀的技术，以延长木材的使用寿命，减少木材的消耗。造成木材腐朽的有木腐菌类、昆虫和海生软体动物等。防腐处理的方法有水中储存，排除生物体必需的空气；木材干燥，含水率降到20%以下，阻滞木腐菌的活动；木材表面碳化，阻碍木腐菌摄取营养；但当前用的是化学药剂浸注法。化学药剂按其性质可分为：油质防腐剂，如煤杂酚油、蒽油等；水溶性防腐剂，如氯化锌、氟化钠等；能溶于有机溶剂中的五氯苯酚等；混合防腐剂，如氟酚剂等。

**木材干燥** (wood seasoning, wood drying) 在热力和木材内、外水蒸汽压力差的作用下，使木材含水率降到适用值的过程。木材经过干燥后，重量减轻，节约调拨和运输中的劳力和费用；防蛀防腐，可延长使用年限；不易变形、翘曲，弹性增大，有利于提高木制品质量。通常木材干燥用的方法是气干法、窑干法。随着科学技术的发展，采用新的方法和工艺，如远红外线干燥、微波干燥等。

**胶粘剂** (wood abhesives) 将木材等两种质地相同或不同物体的表面胶接起来，使之成为一个整体的材料。木材加工工业的产品，如人造板、层压制品、装饰覆面板等生产均需不同性能的胶粘剂，它对节约木材和简化生产工艺起到重要作用。尤其把金属或塑料等不同性能的材料与木材或木质材料胶合，制成各种性能的复合材料，能提供某些特殊用途。按胶粘剂的来源分天然和合成两类。天然胶粘剂有淀粉类、蛋白胶类、天然橡胶和无机胶粘剂（如硅酸钠）等。合成胶粘剂有热固性树脂、热塑性树脂胶、合成橡胶类（如氯丁橡胶、丁晴橡胶）等。

**林产化学加工** (chemical processing of forest proucts) 以森林植物为主要原料，借化学或化工方法加工成产品的过程，和森林采伐运输工业、木材加工工业一起构成森林工业的三大组成部分。其加工范围有木材制浆造纸、树木提取物加工、木材热解和气化、植物原料水解和林副特产品加工利用等五大门类。

**栲　胶** (tannin extracts) 商品名。由富含单宁的植物原料经水浸提和浓缩等步骤加工制得的化工产品。通常为棕黄色到深棕色粉状或块状。主要用于鞣皮、制革业，又称之为植物鞣剂。此外，还用作选矿抑制剂、锅炉水处理剂、钻井泥浆稀释剂等，凝缩类栲胶还用作木工用单宁酚醛胶粘剂。富含单宁的植物原料有槲树皮、落叶松树皮，橡碗或栗木等。栲胶主要成分是单宁，此外还含有非单宁和不溶物。

**树　脂** (resin) 松科树种的分泌细胞分泌出的高分子有机化合物。固态、半固态，透明或半透明。具贝壳状裂痕，易燃烧，受热变软，熔化发粘。不溶于水，多溶于多种有机溶剂中。分天然树脂和合成树脂两大类。天然树脂的主要成分是由二萜烯和它的氧化衍生物组成的多种树脂酸，如松脂、冷杉树脂等，主要用于涂料工业，也用于造纸、医药、绝缘材料和胶粘剂等方面。合成树脂又称人造树脂，是由天然原料经化学加工或由各种单体聚合而成的树脂，其性质较天然树脂为优，如松香衍生物的甘油松香脂等。

**松　脂** (pine oleooresin, pine gum) 割开松属树体流出来的含油树脂。是树木生理活动的产物，主要由萜类化合物组成。刚流出的松脂是无色透明的油状液体，暴露在空气中，随着萜烃化合物逐渐挥发而变稠，最后成为白色或黄色的固态物质，即毛松香。不溶于水，能溶于醇、醚、氯仿等有机溶剂中。松脂是生产松香和松节油的原料。

**松　香** (rosin colop hony) 松脂经加工除去松节油后的热熔物，常温下为固体，主要成分为树脂酸。质脆硬，淡黄色至黄红色，断面有光泽。受热易熔融，不溶于水，能溶于醇、醚和氯仿等有机溶剂。松香具防潮、防腐、绝缘、乳化、粘合等性能，广泛用于造纸，生产肥皂、油墨、橡胶、胶粘剂等工业部门。

**松节油** (turpentine) 松属树含油树脂加工时逸出的挥发分冷凝所得的油状液体，是精油的一种。通常为松香的联产品，主要成分为萜烯化合物。按原料和制取方式，松节油分脂松节油、木松节油、硫酸盐松节油和干馏松节油。松节油为无色透明液体，易挥发，溶于有机溶剂，不溶于水。主要用于油漆、油墨溶剂，以及选矿、医药和作为有机合成的原料。

**木材热解** (wood pyrolysis) 木材或木质原料在隔绝空气或通入适量空气或其他介质条件下受热降解的化学反应过程。包括木材干馏、木材气化、木炭制造和松烟制造等。主要产物是液态的木醋液和木焦油，气态的木煤气和固态的木炭。

**木材干馏** (destructive distillation of wood, dry distillation of wood) 木材或木质原料在干馏釜中隔绝空气进行热解，并进一步加工其初级液体产品的化学工艺过程。根据采用原料，主要有阔叶材干馏、松根干馏和桦皮干馏等。木材干馏生成的气体，通过冷凝装置，能凝结的部分是木焦油和木醋液(焦木酸)，不能冷凝的部分是木煤气，剩余的固体为木炭。木材干馏是以采收液体产品为主要目的的一种木材炭化作业。

**木　炭** (wood charcoal) 木材或木质原料经过不完全燃烧或者在隔绝空气的条件下热解所残留的多孔固体燃料。工艺不同可分别烧制成黑炭和白炭。其主要成分为无定型碳。用于工业生产，如液体脱色剂、气体吸附剂、黑色火药等。过去用作冶炼燃料。

**活性炭** (activated carbon) 经过活化制成的含碳物质。活化是使炭的表面形成发达的内孔结构和产生含氧官能团。活性炭孔隙度大，吸附能力强。是常用的重要的吸附剂，用于抗菌素制备、溶剂回收、有毒气体防御、空气和饮用水净化等。药用活性炭作为内服药可治中毒和腹泻等。

**木材水解** (wood hydrolysis) 是植物水解的一种。木材所含高聚糖在催化剂存在下与水作用成单糖的解聚过程。常用的催化剂有酸和酶两类。在较完全水解条件下生成的单糖主要有葡萄糖和木糖，此外尚有一定数量的甘露糖、半乳糖、阿拉伯糖等。水解过程中还能得到一定数量的醋酸、蚁酸、糠醛和甲醇等挥发性副产物。固体残渣为水解木质素。根据水解时用酸的浓度和水解条件不同，分为稀酸水解、浓酸水解和酶水解三种方法。

**生　漆** (Chinese lacquer) 从漆树树干割口分泌出的乳白色或黄色粘稠液体涂料，又称大漆、国漆、天然漆等。生漆在空气中容易氧化干燥，表面结成黑色光亮坚硬的漆膜，附着力、遮盖力、耐久力和防腐蚀力强，而且耐水、耐热、耐溶剂浸蚀、耐摩擦等，广泛用作建筑、家具和工业器材设备的涂料。

**虫白蜡** (Chinese insect-wax) 白蜡虫雄虫吸吮寄主植物树液后分泌的蜡质经精加工而成的固体蜡，又名白蜡、虫蜡、川蜡等。它熔点高，硬度大，性质稳定，不溶于水而易溶于苯、汽油等有机溶剂，具有防潮、防锈、润滑、着光等特性。用于制造精密铸造蜡模、地板蜡、汽车和家具上光蜡等。

**紫　胶** (lac) 是紫胶虫吸取寄主树树液后分泌出的紫色天然树脂，又叫虫胶、赤胶、紫铆。它主要含有紫胶树脂、紫胶蜡和紫胶色素。紫胶树脂粘着力强、光泽好，对紫外线稳定、电绝缘性能良好，兼有热塑性和热固性，能溶于醇和碱，耐油、耐酸，作为清漆、抛光剂、胶粘剂、绝缘材料和模铸材料等，广泛用于国防、电气、医药、造纸、印刷和食品等工业部门。紫胶蜡广泛用于电器工业、抛光剂等。紫胶色素是良好的食用红色素。

**五倍子** (Chinese gallnouts) 五倍子蚜虫在寄主植物复叶的叶轴、叶翅和小叶上营瘿繁殖成疣状虫瘿的总称，又名盐肤子、盐梅子等。五倍子蚜虫是同翅目蚜总科瘿棉蚜科五节根蚜亚科昆虫。它在夏寄主植物盐肤等树木上营瘿，在冬寄主(提灯藓属)植物上越冬。五倍子在商业上分角倍、肚倍和倍花，主要加工产品有工业单宁酸、医药用单宁酸、试剂单宁酸、没食子酸和焦性没食子酸等。

**软　木** (cork) 木栓层非常发达的树种的外皮产物，也称栓皮。这些树种有栓皮栎、栓皮槠等。软木制品种类甚多，有天然软木制品，如软木塞、垫、文体用品等；烘焙软木制品，如低温隔热软木砖；胶结软木制品，软木细粒和粉末与胶粘剂混合后压制而成，如低压静密封垫片等；软木橡胶制品，用作发动机的低、中压静密封材料。

**林业机械化** (mechanization of forestry) 用机器和设备部分或全部装备林业，代替手工劳动的过程。广义的林业生产包括森林培育、森林采伐运输和木材加工等部门。但现代的木材加工工业已成为相对独立的工业体系，正逐步向自动化连续生产过渡。林业生产多在偏远山区和人烟稀少的地区进行，劳动强度大，生产条件差。用机械装备林业，能减轻工人的体力劳动，改善劳动条件，提高劳动生产率，降低生产成本，对加速林业的发展，提高作业质量有重要的意义，是林业现代化的基本内容。

**营林机械** (silvicultural machinery) 森林培育过程中使用的各类动力机械和作业机械的总称，主要包括拖拉机、内燃机、电动机等动力机械，以及林木种子采集机械、种子处理机械，林地清理机械、整地机械、育苗机械、造林机械、幼林抚育机械、森林抚育采伐机械、护林防火机械、病虫害防治机械等。

**林业用地** (forestry used land) 用于林业生产的土地，不论其目前有无林木，统称林业用地。

**森林覆盖率** (forest cover percentage) 有林地

面积占国土总面积的比例。即：$\frac{\text{有林地面积}}{\text{国土面积}} \times 100\%$

**有林地** (forested land) 树冠郁闭度0.3以上(不含0.3)的天然林和人工林，包括防护林、用材林、薪炭林、特用林、经济林、竹林等林种林地。

**林 分** (forest stand) 由于有林地中各种林地资源的计量标准不一，对其中计算木材蓄积量的各林种均划入林分，包括防护林、用材林、薪炭林、特用林。

**已成林** (closed plantation land) 即造林后生长稳定，且郁闭度已达0.3以上标准的林地。

**未成林造林地** (unestablished plantation) 造林成活率达到合理造林株数40%以上，尚未郁闭但有成林希望的新造林地。

**灌木林地** (shrub land) 以培育灌木为目的，或分布在乔木生长界限以上，以及专为防护用途，覆盖度大于40%的灌木林地。

**无林地** (non-forested land) 包括宜林荒山荒地、采伐迹地、火烧迹地、宜林沙荒等。

**说 明：**

词条部分，其中9条由徐玲供稿，9条由编辑部辑录，其余均为中国大百科全书出版社《中国大百科全书·农业》卷试写条目（定性叙述）。

## 中外名称对照

1. 本表收入本卷条目中的部分外国人名、公司，外国和国际组织机构，外国林业刊物的名称，按中译名拼音字母顺序排列（作者未提供外文或外文不全者未列）。
2. 圆括号（ ）标注表示缩写。
3. 方括号〔 〕标注表示所属国家或国际机构。

| | |
|---|---|
| 阿尔汉格尔斯林业技术学院〔苏联〕 | Архантельский лесомеханический институт |
| 埃比基公司〔美国〕 | (ABG) |
| 埃尔韦·穆津加 | Herve Mout-Singa |
| 澳大利亚发展援助局 | Australian Development Assistant Bureau (ADAB) |
| 澳大利亚国际农业研究中心 | Australian Centre of International Agricultural Research (ACIAR) |
| 巴科曼 | Buckman, R. E. |
| 比松公司〔联邦德国〕 | Bison Werke |
| 濒危野生动植物种国际贸易公约 | Convention on International Trade in Endangered Species of Wild Fauna and Flora |
| 布伦姆国际鸟类保护基金会〔联邦德国〕 | Brehum Fonds für Internationalen Vogelschutz |
| 德国技术合作公司〔联邦德国〕 | Deutche Gesellscharft für Technische Zusammenarbeit |
| 蒂芬巴赫有限公司〔联邦德国〕 | J. Dieffenbacher GmbH & Co. |
| 《高等学校通报：林业杂志》〔苏联〕 | Из. Вуз Лесной Журнал |
| 国际标准化组织（标准化组织） | International Organization for Standardization (ISO) |
| 国际发展研究中心〔加拿大〕 | International Development Research Centre (IDRC) |
| 国际林学会联合会 | International Union of Societies of Foresters (IUSF) |

| | |
|---|---|
| 国际林业研究组织联盟 | International Union of Forestry Research Organizations (IUFRO) |
| 国际农业发展基金 | (IFAD) |
| 国际杨树委员会〔粮农组织〕 | International Poplar Commission |
| 国际自然和自然资源保护联盟 | International Union for Conservation of Nature and Natural Resources |
| 哈利·夏普公司〔美国〕 | Harry Sharp & Son |
| 海尔伯恩有限公司〔联邦德国〕 | Heilborn GmbH |
| 华盛顿铁工厂〔美国〕 | Washington Iron Works |
| 加拿大国际发展署 | Canadian International Development Agency (CIDA) |
| 柯克 | Kirk, K. |
| 科伦博-克雷蒙纳-维拉圣塔公司〔意大利〕 | COLOMBO E CREMONA |
| 科特 | Côte, W. A. |
| 联合国工业发展组织（工发组织） | United Nations Industrial Development Organization (UNIDO) |
| 联合国开发计划署（开发计划署） | United Nations Development Programme (UNDP) |
| 联合国教育、科学及文化组织（教科文组织） | United Nations Educational, Scientific and Cultural Organization (UNESCO) |
| 联合国粮食及农业组织（粮农组织） | Food and Agricultural Organization of the United Nations (FAO) |
| 粮农组织林业委员会 | Committee on forestry of FAO |
| 《林业科学》〔美国〕 | Forest Science |
| 林业教育咨询委员会〔粮农组织〕 | Advisory Committee on Forestry Education |
| 《林业文摘》〔英国〕 | Forestry Abstracts |
| 《林产文摘》〔英国〕 | Forest Products Abstracts |
| 瑞典贸易理事会 | Swedish Trade Council |
| 瑞典纸浆与纸张协会 | Swedish Pulp and Paper Association |
| 瑞典中国贸易理事会 | Sweden-China Trade Council |
| 罗达斯 | Rodas, M. A. Flores |
| 麦克森联合公司〔美国〕 | R. W. McPherson & Associater |
| 美国农业部林务局 | Forest Service of Agriculture Department of the United States |
| 《木材科学及技术》〔世界林业科学院〕 | Wood Science and Technology |
| 《木材与木制品》〔美国〕 | Wood and Wood Products |
| 木质人造板产品委员会〔粮农组织〕 | Committee on Wood-Based panel Products |
| 帕耶 | Paillé, G. |
| 热带森林发展委员会〔粮农组织〕 | Committee on Forest Development in the Tropics |
| 日本国际协力事业团 | Japan International Co-operation Agency(JICA) |
| 萨乌马 | Saouma, Edouard |
| 森林基因资源专家组〔粮农组织〕 | Panel of Experts on Forest Gene Resources |
| 世界粮食计划署 | World Food Programme (WFP) |
| 世界林业大会 | World Forestry Congress |
| 世界林业科学院 | International Academy of Wood Science (IAWS) |
| 世界野生生物基金会 | World Wildlife Fund |

| | |
|---|---|
| 通用木业公司〔加拿大〕 | General Wood & Veneers Ltd. Group |
| 韦特雷 | Wetere, Koro |
| 温·杨 | Wenn Young |
| 辛北尔康普公司〔联邦德国〕 | G. Siempelkamp GmbH & Co. |
| 亚洲和太平洋区域林业委员会（亚太林委会） | Asia Pacific Forestry Commission (APFC) |
| 亚洲开发银行 | Asian Development Bank |
| 依索雷尔公司〔法国〕 | Isorel |
| 英格拉姆 | Ingram, James C. |
| 油橄榄生产委员会〔粮农组织〕 | Olive Production Committee |
| 纸浆及造纸专家咨询委员会〔粮农组织〕 | Advisory Committee of Experts on Pulp and Paper |

# 索　引

**说明：**

一、本索引是条目、文章、统计表头、文件标题和条目内容的主题索引。

二、索引主题按汉语拼音字母顺序排列。第一字同音时，按声调、笔划、笔顺排列；音字均相同时，依次按后面汉字音、声调、笔划、笔顺排列。用阿拉伯数字开头的主题，依次排列在汉字索引条的最后面。

三、空条不设索引；“林业大事记”和“附录”内容不作分析索引。

四、凡属统计表、图索引，索引后标(表)、(图)。

五、凡属分类目录的主题索引均用黑体字。

六、索引后面的数字，表示主题内容所在的页码。

B

E

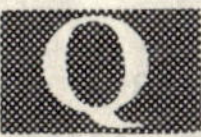

## R



## S

(京)新登字 033 号

**中 国 林 业 年 鉴**
CHINA FORESTRY YEARBOOK
1949～1986

中国林业出版社出版 (北京西城区刘海胡同 7 号)
新华书店北京发行所发行 中国科学院印刷厂印刷
787×1092 毫米 16 开本 46.25 印张 彩图 12 页 1545 千字
1987 年 12 月第一版 1992 年 4 月第 3 次印刷
定价：35.00 元
ISBN 7-5038-0288-X / Z · 0008

# 国家领导人

## 题词

充分利用森林資源，尽可能滿足國家和人民群众各方面的需要。

刘少奇 一九五一年七月

推廣木材的綜合利用

朱德 一九五八年十月十六日

植樹造林，緑化祖國，造福後代。

鄧小平 一九八二年十一月

為實現綠化祖國的
宏偉目標而奮鬥！

葉劍英
十一月十二日

# 绿化祖国

乌兰夫

把綠化祖國，作為一項
建設社会主義的長期战
略任务来抓紧抓好。

徐向前
一九八二年十一月